D1687039

Charles Petzold

Windows-Programmierung mit Visual Basic .NET

Charles Petzold

Windows-Programmierung mit Visual Basic .NET

Microsoft Press

Dieses Buch ist die deutsche Übersetzung von
Charles Petzold: Programming Microsoft Windows with Microsoft Visual Basic .NET
Microsoft Press Deutschland, Konrad-Zuse-Str. 1, 85716 Unterschleißheim
Copyright 2002 by Charles Petzold

Das in diesem Buch enthaltene Programmmaterial ist mit keiner Verpflichtung oder Garantie irgendeiner Art verbunden. Autor, Übersetzer und der Verlag übernehmen folglich keine Verantwortung und werden keine daraus folgende oder sonstige Haftung übernehmen, die auf irgendeine Art aus der Benutzung dieses Programmmaterials oder Teilen davon entsteht.

Das Werk einschließlich aller Teile ist urheberrechtlich geschützt. Jede Verwertung außerhalb der engen Grenzen des Urheberrechtsgesetzes ist ohne Zustimmung des Verlags unzulässig und strafbar. Das gilt insbesondere für Vervielfältigungen, Übersetzungen, Mikroverfilmungen und die Einspeicherung und Verarbeitung in elektronischen Systemen.

15 14 13 12 11 10 9 8 7 6 5 4 3 2 1
03 02

ISBN 3-86063-691-X

© Microsoft Press Deutschland
(ein Unternehmensbereich der Microsoft GmbH)
Konrad-Zuse-Str. 1, D-85716 Unterschleißheim
Alle Rechte vorbehalten

Übersetzung: Günter Jürgensmeier, München
(auf der Grundlage von »Windows-Programmierung mit C#«)
Korrektorat: Claudia Mantel-Rehbach, München
Layout und Satz: Günter Jürgensmeier, München
Umschlaggestaltung: Hommer Design GmbH, Haar (www.HommerDesign.com)
Gesamtherstellung: Kösel, Kempten (www.KoeselBuch.de)

Gesamtüberblick

Die Grundlagen
1 Am Anfang war die Konsole 1
2 Hello, Windows Forms 35
3 Wichtige Strukturen 69
4 Ein Textausgabekurs 105

Grafik
5 Linien, Kurven und Flächenfüllungen 133
7 Seiten und Transformationen 205
9 Text und Schriften 291
11 Bilder und Bitmaps 389
13 Bézier- und andere Spline-Kurven . 507
15 Pfade, Bereiche und Clipping 567
17 Pinsel und Stifte 645
19 Schriftspielereien 753
21 Drucken 823
23 Metadateien 907

Benutzeroberfläche
6 In die Tasten hauen 169
8 Die Zähmung der Maus 243
10 Der Zeitgeber und die Zeit 351
12 Schaltflächen, Label und Laufleisten 443
14 Menüs 531
16 Dialogfelder 599
18 Edit, List und Spin 693
20 Symbol- und Statusleisten 789
22 Struktur- und Listenansicht 861
24 Ausschneiden, Ziehen und Ablegen 939

Anhänge
A Dateien und Streams 977
B Die Klasse *Math* 1009
C Stringtheorie 1023

.NET Framework-Themen

.NET Framework-Element	Kapitel
System-Namespace	7
Console-Klasse	1
DateTime-Klasse	10
Math-Klasse	B
String-Klasse	C
TimeSpan-Klasse	10
System.IO-Namespace	A
System.Drawing-Namespace	
Bitmap-Klasse	11
Brush-Klasse	17
Brushes-Klasse	3
Color-Struktur	3
Font-Klasse	9
FontFamily-Klasse	9
Graphics-Klasse	2, u.a.
Image-Klasse	11
Pen-Klasse	17
Pens-Klasse	3
Point-Struktur	3
PointF-Struktur	3
Rectangle-Struktur	3
RectangleF-Struktur	3
Region-Klasse	15
Size-Struktur	3
SizeF-Struktur	3
SolidBrush-Klasse	17
StringFormat-Klasse	9
SystemBrushes-Klasse	3
SystemColors-Klasse	3
SystemPens-Klasse	3
TextureBrush-Klasse	17
System.Drawing.Drawing2D-Namespace	
GraphicsPath-Klasse	15
HatchBrush-Klasse	17
LinearGradientBrush-Klasse	17
Matrix-Klasse	7
PathGradientBrush-Klasse	17

.NET Framework-Element	Kapitel
System.Drawing.Imaging-Namespace	
Metafile-Klasse	23
System.Drawing.Printing-Namespace	21
System.Text-Namespace	A
System.Windows.Forms-Namespace	
Button-Klasse	12
CheckBox-Klasse	12
Clipboard-Klasse	24
ColorDialog-Klasse	16
ComboBox-Klasse	18
ContextMenu-Klasse	14
DataObject-Klasse	24
FontDialog-Klasse	16
Form-Klasse	2, u.a.
GroupBox-Klasse	12
HScrollBar-Klasse	12
Label-Klasse	12
ListBox-Klasse	18
ListView-Klasse	22
MainMenu-Klasse	14
MenuItem-Klasse	14
NumericUpDown-Klasse	18
OpenFileDialog-Klasse	16
PageSetupDialog-Klasse	21
PrintDialog-Klasse	21
RadioButton-Klasse	12
SaveFileDialog-Klasse	16
Splitter-Klasse	22
StatusBar-Klasse	20
TextBox-Klasse	18
Timer-Klasse	10
ToolBar-Klasse	20
ToolTip-Klasse	18
TrackBar-Klasse	12
TreeView-Klasse	22
VScrollBar-Klasse	12

Inhaltsverzeichnis

Einleitung . . . . **XVII**
   Windows und Basic XVII
   Anforderungen an den Leser XVIII
   Systemvoraussetzungen XIX
   Der Aufbau dieses Buchs XIX
   Die Begleit-CD XX
   Support XX
   Die Übersetzung von C# in Visual Basic .NET XXI
   Danksagung XXIII

1 Am Anfang war die Konsole **1**
   Die Rückkehr der Konsole 2
   Der Aufbau eines Programms 5
   Namespaces in .NET 6
   Zeichenfolgenformatierung 8
   Visual Basic-Datentypen 10
   Der große Schritt zu den Objekten 13
   Shared Methoden 17
   Ausnahmebehandlung 19
   Ausnahmen auslösen 21
   Eigenschaften abfragen und einstellen 22
   Konstruktoren 25
   Instanzen und Vererbung 28
   Der große Überblick 31
   Namenskonventionen 32
   Über die Konsole hinaus 33

2 Hello, Windows Forms **35**
   Das Meldungsfeld 37
   Das Formular 42
   Anzeigen des Formulars 43
   Anwendungen sollen laufen 45
   Variationen über ein Thema 47
   Formulareigenschaften 48

Ereignisgesteuerte Eingabe	49
Die Behandlung von *Paint*-Ereignissen	51
Textanzeige	54
Das *Paint*-Ereignis ist etwas Besonderes	58
Mehrere Formulare, mehrere Handler	59
Formularvererbung	61
Die Methode *OnPaint*	62
Ist das Modul unbedingt erforderlich?	63
Ereignisse und *On*-Methoden	65

3 Wichtige Strukturen — 69

Klassen und Strukturen	70
Zweidimensionale Koordinatenpunkte	71
Arrays aus Punkten	73
Die Struktur *Size*	74
Die Gleitkommaversionen	75
Das Rechteck als Punkt und Größenangabe	76
Eigenschaften und Methoden von *Rectangle*	78
Ein Formular in der passenden Größe	80
Das Formular und der Client	81
Punkte konvertieren	85
Die Struktur *Color*	86
Die Namen der Farben	87
Stifte und Pinsel	88
Systemfarben	89
Vordefinierte Farben	92
Welcher Pinsel ist für Text der richtige?	93
Wann muss neu gezeichnet werden?	93
Zentrieren der Zeichenfolge »Hello World«	96
Abmessungen der Zeichenfolge	99
Text in einem Rechteck	100

4 Ein Textausgabekurs — 105

Systeminformationen	106
Abstände zwischen Textzeilen	106
Eigenschaftswerte	107
Formatierung in Spalten	109
Alles ist ein Objekt	111
Auflisten der Systeminformationen	115
Windows Forms und Bildlaufleisten	117
Bildlauf durch ein Flächensteuerelement	117
Das Erbe von *ScrollableControl*	121
Bildlauf ohne Steuerelemente	122
Konkrete Zahlen	124
Immer aktuell bleiben	125
Lassen Sie sich nicht zur Schnecke machen	127
Reflexionen über Reflektion	128

5 Linien, Kurven und Flächenfüllungen **133**
    Abruf eines *Graphics*-Objekts 134
    Zeichenstifte, kurz zusammengefasst 135
    Geraden 136
    Einführung in das Drucken 138
    Eigenschaften und Status 143
    Anti-Aliasing (Kantenglättung) 144
    Mehrere verbundene Linien 146
    Kurven und parametrische Gleichungen 150
    Das allgegenwärtige Rechteck 153
    Allgemeine Polygone 155
    Einfache Ellipsen 156
    Bögen und Tortendiagramme 157
    Rechtecke, Ellipsen und Tortendiagramme füllen 162
    1-Pixel-Fehler 164
    Polygone und der Füllmodus 165

6 In die Tasten hauen **169**
    Tastatureingaben ignorieren 170
    Wer hat den Fokus? 170
    Tasten und Zeichen 172
    Tasten drücken und loslassen 173
    Die Enumeration *Keys* 174
    Testen auf Zusatztasten 181
    Realitätscheck 182
    Eine Tastaturschnittstelle für SysInfo 183
    KeyPress für Zeichen 184
    Steuerzeichen 185
    Die Tasten genauer untersuchen 186
    Aufruf der Win32-API 189
    Andere Länder, andere Tastaturen 191
    Der Eingabefokus 194
    Die fehlende Einfügemarke 195
    Eingegebene Zeichen anzeigen 199
    Probleme mit der Schreibrichtung 202

7 Seiten und Transformationen **205**
    Geräteunabhängigkeit durch Text 206
    Und wie viel macht das dann? 206
    Punkte pro Zoll (dpi) 209
    Und was ist mit dem Drucker? 210
    Manuelle Konvertierung 211
    Seiteneinheiten und Seitenskalierung 213
    Zeichenstiftbreiten 216
    Seitentransformationen 219
    Speichern des Grafikstatus 220
    Maße in anderen Einheiten 221
    Frei wählbare Koordinaten 224

Was nicht funktioniert	226
Hello, World Transform	226
Ein Überblick	231
Lineare Transformationen	232
Vorstellung von Matrizen	234
Die Klasse *Matrix*	235
Scherungen	237
Transformationen kombinieren	240

8 Die Zähmung der Maus ... **243**

Die dunkle Seite der Maus	244
Die Maus ignorieren	245
Kurze Erläuterung der Begriffe	245
Informationen über die Maus	246
Das Mausrad	247
Die vier grundlegenden Mausereignisse	248
Rädchen drehen	251
Mausbewegungen	254
Die Maus verfolgen und einfangen	256
Abenteuerliche Mausverfolgung	258
Klicks und Doppelklicks	266
Eine Maus mit Eigenschaften	267
Enter, Leave und Hover	268
Der Mauscursor	269
Trefferprüfung	276
Die Tastaturschnittstelle	278
Trefferprüfung in untergeordneten Elementen	280
Trefferprüfung bei Text	284
Kritzeln mit der Maus	285

9 Text und Schriften ... **291**

Schriften unter Windows	292
Ein bisschen Terminologie	293
Schrifthöhen und Zeilenabstand	294
Standardschriften	295
Schriftvariationen	296
Schrifterstellung mit dem Namen	298
Was uns Punkt heißt, wie es auch hieße ...	303
Einheiten im Konflikt	306
Eigenschaften und Methoden der Klasse *Font*	308
Neue Schriften einer *FontFamily*	313
Grundwissen zu den Designmaßen	315
Arrays mit Schriftfamilien	318
Schriftauflistungen	323
DrawString-Variationen	324
Anti-Aliasing bei der Textanzeige	326
Die Abmessungen einer Zeichenfolge	328
StringFormat-Optionen	329

  Raster- und Textanpassung 331
  Horizontale und vertikale Ausrichtung 333
  Die Anzeige von Zugriffstasten (Hotkeys) 337
  Abschneiden und zurechtstutzen 339
  Tabstopps 345

10 Der Zeitgeber und die Zeit 351
  Die Klasse *Timer* 352
  Die Struktur *DateTime* 355
  Ortszeit und Weltzeit 357
  Tick, tick, tick 360
  Internationale Kalender 362
  Eine lesbare Darstellung 364
  Eine einfache, kulturspezifische Uhr 369
  Der Retro-Look 373
  Eine analoge Uhr 377
  Das Boss-Puzzle oder *Jeu de Taquin* 382

11 Bilder und Bitmaps 389
  Überblick über die Bitmapunterstützung 391
  Bitmapdateiformate 392
  Laden und anzeigen 396
  Bildinformationen 400
  Das Bild anzeigen 404
  In ein Rechteck einpassen 406
  Rotation und Scherung 411
  Einen Bildausschnitt anzeigen 412
  Auf Bildern zeichnen 416
  Noch mehr über die Klasse *Image* 421
  Die Klasse *Bitmap* 423
  »Hello World« mit einer Bitmap 425
  Die Schattenbitmap 427
  Binäre Ressourcen 429
  Animationen 432
  Die Bildliste 437
  Das Objekt *PictureBox* 440

12 Schaltflächen, Label und Laufleisten 443
  Schaltflächen und Klicks 444
  Tastatur und Maus 448
  Do it yourself! 449
  Schaltflächen im Detail 449
  Aussehen und Ausrichtung 453
  Schaltflächen mit Bitmaps 455
  Wie viele Handler? 458
  Schaltflächen selber zeichnen 458
  Vor Anker gehen 462
  Angedockt 465
  Untergeordnete Elemente des Formulars 468

Die z-Reihenfolge 471
Das Kontrollkästchen 472
Eine Alternative mit drei Zuständen 475
Das Steuerelement *Label* 476
Tabstopps und die Aktivierungsreihenfolge 478
Identifizierung von Steuerelementen 479
Automatische Größenanpassung 482
Ein Hexadezimalrechner 487
Options- und Gruppenfelder 491
Bildlaufleisten 494
Es geht auch mit Schiebereglern 501

13 Bézier- und andere Spline-Kurven 507
Die Bézier-Kurve in der Praxis 508
Eine elegantere Uhr 512
Kollineare Bézier-Kurven 514
Kreise und Bögen aus Bézier-Kurven 516
Virtuelle Bézier-Skulpturen 518
Die mathematische Ableitung 519
Die kanonische Form der Spline-Kurve 522
Ableitung der kanonischen Kurve 528

14 Menüs 531
Menüs und Menüelemente 532
Tastenkombinationen für Menüs 535
Das erste Menü 537
Menüs der etwas anderen Art 539
Eigenschaften und Ereignisse von *MenuItem* 541
Elemente markieren 543
Kontextmenüs 546
Eine Auflistung mit Menüelementen 549
Ein Vorschlag für einen Menüstandard 553
Die Besitzerzeichnung 558

15 Pfade, Bereiche und Clipping 567
Ein Problem und seine Lösung 568
Vorstellung des Pfads in aller Form 572
Einen Pfad erstellen 574
Einen Pfad darstellen 577
Pfadtransformationen 580
Andere Veränderungen des Pfads 583
Clipping mit Pfaden 589
Clipping bei Bitmaps 593
Bereiche und das Clipping 596

16 Dialogfelder 599
Das erste modale Dialogfeld 600
Beendigung modaler Dialogfelder 604
Übernehmen und abbrechen 606

Die Bildschirmposition 607
Das Dialogfeld *Info* 610
In Dialogfeldern Eigenschaften definieren 613
Kobra, übernehmen Sie! 617
Das Dialogfeld ohne Modus 620
Standarddialogfelder 623
Schriften und Farben auswählen 624
Die Windows-Registrierung 630
Das Dialogfeld zum Öffnen von Dateien 634
Das Dialogfeld zum Speichern von Dateien 640

17 Pinsel und Stifte 645
Füllen mit Volltonfarben 646
Schraffurpinsel 647
Der Ausgabeursprung 655
Texturpinsel 658
Lineare Verläufe 662
Pfadverläufe 671
Nebeneinander anordnen 675
Stifte als Pinsel 681
Linien aus Strichen und Punkten 684
Linienenden und -verbindungen 687

18 Edit, List und Spin 693
Einzeilige Textfelder 694
Mehrzeilige Textfelder 698
Ein Klon des Windows-Editors 699
Der Editor-Klon mit Dateiein-/-ausgabe 704
Der Editor-Klon (Fortsetzung) 712
Textfelder für besondere Zwecke 724
RichTextBox 725
QuickInfos (ToolTips) 725
ListBox 732
Listenfeld + Textfeld = Kombinationsfeld 737
Auf-Ab-Steuerelemente 742

19 Schriftspielereien 753
Erste Schritte 753
Text mit Pinseln schreiben 755
Schrifttransformationen 761
Text und Pfade 771
Nichtlineare Transformationen 783

20 Symbol- und Statusleisten 789
Die einfache Statusleiste 790
Die Statusleiste und der automatische Bildlauf 792
Statusleistenflächen 794
Eigenschaften von *StatusBarPanel* 796
Hilfe zu Menüs 800

Die einfache Symbolleiste	805
Symbolleistenvarianten	809
Symbolleistenereignisse	812
Symbolleistenstile	816

21 Drucken ... 823
Drucker und Druckereinstellungen	824
Seiteneinstellungen	830
Definition eines Dokuments	833
Behandlung von *PrintDocument*-Ereignissen	835
Die Abmessungen einer Seite	840
Der Druckcontroller	843
Das Standarddruckdialogfeld	846
Seiteneinrichtung	850
Druckvorschau	853

22 Struktur- und Listenansicht ... 861
Das Steuerelement *Splitter*	862
Strukturansichten und -knoten	874
Bilder in Strukturansichten	878
Ereignisse der Strukturansicht	879
Navigation durch die Knoten	880
Die Verzeichnisstruktur	882
Bilder anzeigen	887
Grundwissen zu Listenansichten	893
Ereignisse der Listenansicht	899

23 Metadateien ... 907
Vorhandene Metadateien laden und anzeigen	908
Metadateimaße und die Darstellung	910
Metadateien in Bitmaps umwandeln	916
Neue Metadateien erstellen	918
Das Begrenzungsrechteck in Metadateien	924
Metadateien und die Seitentransformation	927
Der Typ *Metafile*	930
EnumerateMetafile	932

24 Ausschneiden, Ziehen und Ablegen ... 939
Elemente und Formate	940
Die kleine (aber feine) Klasse *Clipboard*	940
Objekte aus der Zwischenablage abrufen	942
Datenformate der Zwischenablage	949
Zwischenablageviewer	957
Mehrere Zwischenablageformate einstellen	965
Drag & Drop	968

Anhänge

A Dateien und Streams ... **977**
- Die wichtigste Klasse für die Dateiein-/-ausgabe ... 978
- Eigenschaften und Methoden von *FileStream* ... 980
- Das Problem mit *FileStream* ... 984
- Andere Streamklassen ... 984
- Text lesen und schreiben ... 985
- Binäre Dateiein-/-ausgabe ... 992
- Die Klasse *Environment* ... 995
- Datei- und Pfadnamen analysieren ... 997
- Parallele Klassen ... 998
- Die Arbeit mit Verzeichnissen ... 1000
- Dateimerkmale abfragen und einstellen ... 1005

B Die Klasse *Math* ... **1009**
- Numerische Datentypen ... 1009
- Prüfen auf Ganzzahlüberlauf ... 1010
- Der Datentyp *Decimal* ... 1011
- Unendlichkeit und NaNs bei Gleitkommazahlen ... 1013
- Die Klasse *Math* ... 1015
- Der Rest bei Gleitkommaberechnungen ... 1017
- Potenzen und Logarithmen ... 1018
- Trigonometrische Funktionen ... 1019

C Stringtheorie ... **1023**
- Der Datentyp *Char* ... 1025
- Konstruktoren und Eigenschaften von *String* ... 1027
- Zeichenfolgen kopieren ... 1029
- Zeichenfolgen konvertieren ... 1030
- Zeichenfolgen verketten ... 1030
- Zeichenfolgen vergleichen ... 1032
- Zeichenfolgen durchsuchen ... 1035
- Zurechtstutzen und Auffüllen ... 1036
- Zeichenfolgen bearbeiten ... 1038
- Zeichenfolgen formatieren ... 1038
- Arrays sortieren und durchsuchen ... 1039
- Die Klasse *StringBuilder* ... 1041

Stichwortverzeichnis ... **1045**

Der Autor ... **1077**

Einleitung

Dieses Buch ist eine Übersetzung meines Buchs »Windows-Programmierung mit C#« in die Programmiersprache Microsoft Visual Basic .NET. Diese beiden Bücher sind im Grunde identisch, nur in den Beispielprogrammen unterscheiden sie sich.

Beide zeigen Ihnen, wie Sie Programme schreiben, die unter Microsoft Windows laufen. Bei der Entwicklung solcher Programme stehen dem Programmierer verschiedene Möglichkeiten zur Verfügung. Diese beiden Bücher konzentrieren sich auf eine moderne Klassenbibliothek namens *Windows Forms*. Die Klassenbibliothek Windows Forms ist Teil des Microsoft .NET Frameworks (»Dot Net«), das im Sommer 2000 angekündigt wurde und etwa anderthalb Jahre später auf den Markt kam.

Das Microsoft .NET Framework ist eine umfassende Sammlung von Klassen, die Entwickler mit praktisch allen Features versorgt, die zum Schreiben von Internet-, Web- und Windows-Anwendungen benötigt werden. In den Medien wurde vor allem die Webprogrammierung unter .NET hervorgehoben. Dieses Buch beschäftigt sich mit der *anderen* Seite von .NET. Es soll aufgezeigt werden, wie mithilfe von Windows Forms herkömmliche, eigenständige Windows-Anwendungen (gelegentlich auch *Clientanwendungen* genannt) bzw. Frontends für verteilte Anwendungen erstellt werden.

Die Klassenbibliothek Windows Forms bietet beinah alles, was zur Entwicklung einer vollwertigen Windows-Anwendung nötig ist. Das einzige große Manko ist die Multimediaunterstützung. Es gibt nicht eine einzige Windows Forms-Funktion, mit der die Computerlautsprecher angesteuert werden könnten. Ich war schon versucht, eigene Multimediaklassen zu schreiben, habe mich aber dann doch zurückgehalten, da ich (hoffentlich zu Recht) davon ausgehe, dass die nächste Version von Windows Forms eine flexible, leistungsstarke und einfach einsetzbare Multimediaunterstützung bieten wird.

Die im .NET Framework definierten Klassen sind sprachneutral. Zusammen mit dem .NET Framework hat Microsoft sowohl neue Versionen von C++ und Visual Basic herausgebracht, die diese Klassen verwenden können, als auch die neue Programmiersprache C#. Andere Sprachanbieter arbeiten bereits daran, ihre Programmiersprachen an die .NET-Klassen anzupassen.

Die Sprachneutralität von .NET wird durch die Common Language Specification (CLS) ermöglicht. Dabei handelt es sich um ein Dokument, in dem beschrieben wird, welche Merkmale eine Programmiersprache aufweisen muss, damit sie das .NET Framework verwenden kann. Compiler für .NET konvertieren den Quellcode gewöhnlich in eine Zwischensprache (Intermediate Language, IL), die in einer .exe-Datei gespeichert wird. Zur Laufzeit wird die IL dann von der .NET Common Language Runtime (CLR) in den Maschinencode des jeweiligen Mikroprozessors kompiliert. Auf diese Weise ist das .NET Framework im Prinzip plattformunabhängig.

Windows und Basic

Microsoft veröffentlichte die erste Windows-Version im Herbst 1985. Seitdem wurde Windows laufend aktualisiert und erweitert. Besonders hervorzuheben ist hierbei der Wechsel auf Windows NT (1993) und Windows 95 (1995), als Windows von einer 16-Bit-Architektur auf eine 32-Bit-Architektur umgestellt wurde.

Bei der Erstveröffentlichung gab es nur eine Möglichkeit zum Schreiben von Windows-Anwendungen: Der Entwickler musste unter Verwendung der Programmiersprache C auf die Windows-API (Application Programming Interface) zugreifen. Es war zwar auch möglich, über Microsoft Pascal auf die Windows-API zuzugreifen, aber das wurde nur von wenigen gemacht.

Im Lauf der Jahre wurden viele weitere Sprachen zur Unterstützung der Anwendungsentwicklung unter Windows angepasst. 1991 veröffentlichte Microsoft Visual Basic 1.0 für Windows, ein bahnbrechendes Produkt, das es Programmierern ermöglichte, ihre Programme interaktiv zu entwickeln, indem sie Steuerelemente auf ein Formular zogen. Visual Basic 1.0 verfügte über eine abstraktere Programmierschnittstelle als die API (Application Programming Interface), die C-Programmierer verwendeten. Visual Basic wurde im Lauf der Jahre ständig erweitert, zuletzt 1998 mit der Veröffentlichung von Visual Basic 6.0.

Visual Basic .NET stellt einen Bruch mit der Tradition dar, nicht so sehr was die Sprache selbst betrifft, sondern vielmehr die Art, wie Programme mit Windows kommunizieren. In Visual Basic .NET findet diese Kommunikation über Klassenbibliotheken statt, die im .NET Framework implementiert sind.

Anforderungen an den Leser

Zur effizienten Nutzung dieses Buchs müssen Sie in der Lage sein, Visual Basic .NET-Programme zu kompilieren und auszuführen. Zur Kompilierung der Programme benötigen Sie einen Visual Basic .NET-Compiler. Zur Ausführung der Programme ist das .NET-Laufzeitmodul erforderlich (die Common Language Runtime oder CLR), bei der es sich um eine Sammlung von DLLs (Dynamic-Link Libraries) handelt.

Beide Komponenten sind im Lieferumfang des Softwareprodukts mit dem Namen Microsoft Visual Basic .NET enthalten, einer modernen, integrierten Entwicklungsumgebung. Alternativ können Sie die umfassendere und auch etwas teurere Entwicklungsumgebung Microsoft Visual Studio .NET erwerben, in der Sie außer in Visual Basic .NET auch in C++ und C# programmieren können.

Wenn Sie einen spartanischeren Ansatz bevorzugen, laden Sie sich einfach das kostenlose .NET Framework-SDK (Software Development Kit) von der Microsoft-Site herunter oder verwenden das auf der Begleit-CD (mit SP 2). Darin enthalten ist eine Befehlszeilenversion des Visual Basic .NET-Compilers und das .NET-Laufzeitmodul. Für den Download der neuesten Version gehen Sie zunächst zu *http://msdn.microsoft.com/downloads*. Klicken Sie im linken Fensterbereich auf *Software Development Kits*, und suchen Sie dann nach *.NET Framework SDK*. Sie müssen dazu eventuell über die Seite *.NET Framework Redistributable* gehen. (Beachten Sie bitte, dass es sich um eine Website handelt, die, wie jede andere in diesem Buch erwähnte Website auch, ihre Adresse ändern oder ganz von der Bildfläche verschwinden kann.)

Ich setze für dieses Buch voraus, dass Sie mindestens die Programmierung in einer früheren Version von Visual Basic beherrschen und wenigstens die Grundkonzepte von objektorientierten Programmiersprachen kennen. Im ersten Kapitel werde ich Sie mit einigen neuen Merkmalen von Visual Basic .NET vertraut machen.

In diesem Buch wird gelegentlich die Windows-API erwähnt. Sie finden weitere Informationen zur Windows-API in meinem Buch *Windows-Programmierung: Das Entwicklerhandbuch zur Win32-API* (5. Auflage, Microsoft Press 2000, ISBN 3-86063-487-9).

Systemvoraussetzungen

Wie ich bereits im vorangegangenen Abschnitt erwähnte, sollten Sie zur optimalen Nutzung dieses Buchs in der Lage sein, Visual Basic .NET-Programme zu kompilieren und auszuführen. Ferner gelten folgende Systemvoraussetzungen:

- Microsoft .NET Framework SDK (Mindestvoraussetzung); Microsoft Visual Basic .NET oder Microsoft Visual Studio .NET (empfohlen)
- Microsoft Windows NT 4.0, Windows 2000 oder Windows XP

Die Ausführung eines Visual Basic .NET-Programms auf einem anderen Computer setzt voraus, dass auf diesem das .NET-Laufzeitmodul (auch als .NET Framework Redistributable bezeichnet) installiert wurde. Dieses Paket ist sowohl im .NET Framework-SDK als auch in Visual Basic .NET und Visual Studio .NET enthalten. Das Paket kann auf Computern mit den bereits genannten Windows-Versionen sowie unter Windows 98 und Windows Millenium Edition (Me) installiert werden.

Wenn Sie die Beispieldateien von der Begleit-CD auf Ihrer Festplatte installieren möchten, benötigen Sie dazu ca. 3,5 MB an freiem Festplattenspeicher. (Vollständig kompiliert benötigen die Beispiele etwas über 13 MB.)

Der Aufbau dieses Buchs

Bei der Erstveröffentlichung von Windows 1.0 wurde die gesamte API in Form von drei DLLs mit den Namen KERNEL, USER und GDI implementiert. Obwohl die Windows-DLLs sehr viel umfangreicher geworden sind, können die Windows-Funktionsaufrufe (oder Frameworkklassen) weiterhin in diese drei Kategorien unterteilt werden: Die Kernelaufrufe sind im Innern des Betriebssystems implementiert und betreffen in der Regel Tasking, Speicherverwaltung und Dateiein-/-ausgabe. Der Begriff *User* bezieht sich auf die Benutzeroberfläche (user interface). Diese Funktionen dienen zur Fenstererstellung, zum Einsatz von Menüs und Dialogfeldern sowie zur Anzeige von Steuerelementen wie z.B. Schaltflächen und Bildlaufleisten. GDI steht für Graphics Device Interface, die Schnittstelle, die in Windows für die grafische Darstellung (einschließlich Text) auf Bildschirm und Drucker verantwortlich ist.

Die ersten vier Kapitel dieses Buchs dienen als Einführung. Beginnend mit Kapitel 5 (das Ihnen zeigt, wie Sie Linien und Kurven zeichnen) werden bis hin zu Kapitel 24 (zum Thema Windows-Zwischenablage) abwechselnd der Themenbereich Grafik (ungerade Kapitelnummern) und die Benutzeroberfläche (gerade Kapitelnummern) behandelt.

Üblicherweise würde in einem Buch wie dem vorliegenden nicht sehr viel Zeit auf Nicht-Windows-Themen wie z.B. Dateiein-/-ausgabe, Gleitkommazahlen und Zeichenfolgenbearbeitung verwendet. Da das .NET Framework jedoch ein ganz neues Konzept ist, hätte ich mir eine verständlichere Dokumentation der verfügbaren Klassen gewünscht. Also habe ich diese einfach selbst geschrieben. Sie finden diese Dokumentation in den drei Anhängen. Sie behandeln die Themen Dateien und Streams, die Klasse *Math* und Zeichenfolgen. Sie können diese Anhänge zu einem beliebigen Zeitpunkt nach der Lektüre von Kapitel 1 zu Rate ziehen.

Ich habe versucht, die Kapitel und natürlich auch die innerhalb der Kapitel behandelten Themen in eine sinnvolle Reihenfolge zu bringen, sodass die angesprochenen Themen mit möglichst wenigen Vorwärtsverweisen auskommen. Das Buch ist so aufgebaut, dass Sie es einfach von vorn nach hinten durchlesen können, so ähnlich wie die ungekürzten Fassungen von *Das letzte Gefecht* von Stephen King oder *Verfall und Untergang des römischen Reiches* von Edward Gibbon.

Natürlich ist es besser, wenn ein Buch von derartigem Umfang gleichzeitig auch als Referenz dienen kann. Aus diesem Grund werden viele der bei der Windows Forms-Programmierung eingesetzten Methoden, Eigenschaften und Enumerationen in den jeweiligen Kapiteln in Form von Tabellen aufgeführt. Aber selbst ein so umfangreiches Buch kann nicht *alle* Aspekte von Windows Forms abdecken. Und es kann keinesfalls die offizielle Klassendokumentation ersetzen.

Windows Forms-Programme erfordern nur wenig Overhead, daher enthält dieses Buch zahlreiche Programmierbeispiele in Form von vollständigen Programmen. Es steht Ihnen frei, Teile der Beispiele in Ihren eigenen Programmen zu verwenden. (Genau dafür wurden diese Programme geschrieben.) Geben Sie die Beispiele bzw. die Programme jedoch nicht so weiter, wie sie hier vorliegen. (Dafür ist dieses Buch gedacht.)

Wie mit früheren Versionen von Visual Basic, können Sie mithilfe von Visual Basic .NET das Aussehen Ihrer Anwendungen interaktiv gestalten. Sie stellen einfach verschiedene Steuerelemente (Schaltflächen, Bildlaufleisten usw.) auf die Fensteroberfläche Ihres Programms, und Visual Basic .NET erzeugt den entsprechenden Code. Wenngleich diese Vorgehensweise für den schnellen Entwurf von Dialogfeldern und Anwendungsoberflächen sehr gut geeignet ist, habe ich dieses Feature von Visual Basic .NET in diesem Buch nicht verwendet.

In diesem Buch soll nicht Visual Basic .NET den Code für uns generieren, Lernziel des Buchs ist es, Programme selbst zu schreiben.

Die Begleit-CD

Die Begleit-CD enthält alle Beispielprogramme aus diesem Buch. Sie können die Projektmappen- oder Projektdateien in Visual Basic .NET laden und die Programme neu kompilieren.

Offen gesagt, mache ich selbst eher selten Gebrauch von Begleit-CDs. Beim Erlernen einer neuen Sprache ziehe ich es vor, den Quellcode selbst einzugeben – selbst dann, wenn es sich zunächst um den Code eines anderen Programmierers handelt. Ich lerne auf diese Weise schneller. Das ist jedoch nur meine persönliche Meinung.

Falls die CD fehlt oder beschädigt sein sollte, wenden Sie sich wegen einer Ersatz-CD bitte nicht an mich. Aufgrund meines Vertrags ist es mir unmöglich, Ihnen eine solche Ersatz-CD zu schicken. Ausschließlich Microsoft Press ist für den Vertrieb von Buch und CD-ROM zuständig. Wenn Sie eine Ersatz-CD-ROM oder andere Supportinformationen zu diesem Buch benötigen, setzen Sie sich bitte mit Microsoft Press in Verbindung. (Weitere Informationen dazu finden Sie im folgenden Abschnitt.)

Support

Es wurde alles daran gesetzt, den Inhalt von Buch und Begleit-CD so fehlerfrei wie möglich zu gestalten. Microsoft Press stellt unter der folgenden Internetadresse Korrekturen zu veröffentlichten Büchern zur Verfügung:

http://www.microsoft.com/germany/mspress/

Zusätzliche Informationen finden Sie auch in der Microsoft Press Knowledge Base, die unter folgender Adresse zur Verfügung steht:

http://www.microsoft.com/germany/mspress/support/

Sollten Sie Anmerkungen, Fragen oder Ideen zu diesem Buch oder der Begleit-CD haben, senden Sie diese bitte an eine der folgenden Adressen von Microsoft Press:

Postanschrift:

Microsoft Press
Betriff: *Windows-Programmierung mit Visual Basic .NET*
Konrad-Zuse-Straße 1
85716 Unterschleißheim

E-Mail:

presscd@microsoft.com

Beachten Sie bitte, dass unter den oben angegebenen Adressen kein Produktsupport geleistet wird. Supportinformationen zu Visual Basic .NET, Visual Studio .NET oder dem .NET Framework finden Sie auf der Microsoft-Produktsupportsite unter:

http://www.microsoft.com/germany/support/

Die Übersetzung von C# in Visual Basic .NET

Ich habe das Buch *Windows-Programmierung mit C#* im November 2001 fertig gestellt. Anfang Februar 2002 fragte mich Microsoft Press, ob ich daran interessiert sei, das Buch auf Visual Basic .NET umzusetzen. Ich dachte mir, das könnte Spaß machen, und sagte sofort zu.

Meine erste Aufgabe bestand darin, ein Programm zu schreiben (in C#), das die C#-Programme des Buchs in Visual Basic .NET übersetzt. Das C#-Buch enthält über 300 Quellcodedateien, sodass mir von Anfang an klar war, dass die Arbeit sehr, sehr lange dauern könnte, wenn ich nicht einen Weg finden würde, die Umsetzung zu automatisieren. Mein Konvertierungsprogramm war schlampig programmiert, ganz speziell auf meinen C#-Programmierstil zugeschnitten und konnte nicht mit Sprachmerkmalen umgehen, die ich nicht verwendet hatte. Bereits nach einer Woche wollte ich es völlig neu schreiben, aber da konnte es schon etwa 95% des Codes richtig konvertieren, sodass ich beschloß, den Rest manuell mithilfe von Suchen/Ersetzen-Vorgängen anzupassen.

C# unterscheidet zwischen Groß- und Kleinschreibung, und diese Tatsache hatte ich im C#-Code bei der Benennung von Variablen genutzt. Wenn ich beispielsweise nur ein Objekt vom Typ *Font* brauchte, nannte ich es *font*. Zunächst nahm ich an, dass Visual Basic .NET so etwas nicht zulassen würde, das es nicht zwischen Groß- und Kleinschreibung unterscheidet. Da lag ich jedoch falsch: Der Compiler akzeptiert ein Objekt mit dem Namen *font* anstandslos. Wird *font* allerdings nicht richtig definiert, versucht der Editor von Visual Basic .NET es zu »korrigieren«, indem er den ersten Buchstaben groß schreibt, damit der Begriff mit der Klasse *Font* übereinstimmt. Um solche Programmierer, die die Programmierung in einer Sprache, die zwischen Groß- und Kleinschreibung unterscheidet, nicht gewohnt sind, nicht zu verwirren, beschloss ich, keine Objektnamen zu verwenden, die mit Klassennamen übereinstimmen. Aus meinen *Font*-Objekten wurden also *fnt*-Objekte, und ich glaube, ich habe damit bei der Benennung von Objekten eine höhere Konsistenz erreicht als im C#-Buch.

Habe ich in Visual Basic .NET irgendetwas vermisst? Nur wenig. In C# können die Rechenoperatoren (+, – usw.) und Vergleichoperatoren (<, > usw.) von Strukturen und Klassen überladen werden. Zum Beispiel können *Size*-Objekte (Größenangaben) mit dem üblichen Pluszeichen addiert werden. In Visual Basic .NET muss man dafür die Methode *op_addition* verwenden. Ähnliche Methoden gibt es für den Vergleich von Objekten und die Typkonvertierung.

Einleitung

Das Fehlen von vorzeichenlosen Ganzzahlen in Visual Basic .NET hatte kaum Einfluss auf die Umsetzung des Codes. Ich hatte zwar im Programm HexCalc aus Kapitel 12 eine vorzeichenlose *Long*-Ganzzahl verwendet, aber das war leicht mit der Umstellung auf eine vorzeichenbehaftete *Long* zu erledigen. Als ein viel größeres Problem erwies sich die Beschriftung der Rechnertasten, für die ich C#-Symbole verwendet hatte!

Bei der Konvertierung traten einige interessante Unterschiede zwischen den beiden Sprachen zu Tage. So sind zum Beispiel in C# Methoden standardmäßig privat (*Private*), in Visual Basic .NET jedoch öffentlich (*Public*). Ich habe lange darüber nachgedacht, welcher Ansatz wohl sinnvoller ist, kam aber zu dem Schluss, dass es keiner von beiden ist. Methoden sollten standardmäßig geschützt (*Protected*) sein und es sollte einen Anstoß dafür geben (und ein Schlüsselwort), mit dem man eine bestimmte Methode öffentlich oder privat macht.

Als es dann an den Text des Buchs ging, schnappte ich mir ein druckfrisches Exemplar von *Windows-Programmierung mit C#*, machte mich mit einem Marker darüber her und strich mir jedes einzelne C#-Schlüsselwort, jeden Programmausschnitt und alle C#-spezifischen Aussagen an. Für die Konvertierung der vielen Tabellen mit Methoden schrieb ich ein VBA-Skript (Visual Basic für Applikationen). Es gedieh nie so weit, dass es völlig richtig funktionierte, aber es vereinfachte den Vorgang doch erheblich. Alle anderen Änderungen habe ich manuell in den Microsoft Word-Dateien vorgenommen und sie zur Sicherheit mit der Suchen/Ersetzen-Funktion überprüft. (Welches Sprachelement musste ich am häufigsten ändern? Aus dem C#-Schlüsselwort *static* wurde *Shared*.)

Einige unbedingt notwendige Änderungen waren mir nicht von Anfang an klar. Wenn Sie das Buch einmal schnell durchblättern, sehen Sie, dass es zahlreiche Tabellen mit *Eigenschaften* gibt. Als ich mir den Aufbau dieser Tabellen für das C#-Buch ausdachte, stellte ich den Typ der Eigenschaft in die erste Spalte und die Eigenschaft selbst in die zweite. In dieser Reihenfolge sehen C#-Programmierer Eigenschaftsdefinitionen auch im Quellcode, Visual Basic .NET-Programmierer jedoch nicht. Die ersten beiden Spalten in all diesen Tabellen mussten also vertauscht werden, in der ersten musste der Eigenschaftsname stehen und erst in der zweiten der Typ.

Haben die Lektoren und ich es geschafft, jede Spur von C# aus dem Buch zu tilgen? Ich bin mir da nicht ganz sicher. Erst in den letzten Tagen, als ich die abschließenden Kapitel und Anhänge vor der Freigabe noch einmal überlas, habe ich noch ein Semikolon (das in C# am Ende jeder Anweisung steht) und einen Hinweis auf »doppelte Schrägstriche« (mit denen in C# ein Kommentar eingeleitet wird) entfernen müssen. Ich hoffe, dass damit alles beseitigt ist, was mir bei der Lektüre durch die Lappen gegangen war.

Vor der Veröffentlichung von .NET wäre die Übersetzung eines Windows-Programmierbuchs für C oder C++ in die Programmiersprache Visual Basic völlig undenkbar gewesen. Es ist der Common Language Specification und dem .NET Framework zu verdanken, dass diese Aufgabe so problemlos zu erledigen war. Microsoft hat hier ein System ausgearbeitet, bei dem die Wahl der Programmiersprache wirklich nur noch eine Frage des persönlichen Geschmacks ist.

Danksagung

Das Schreiben von Büchern ist in der Regel ein sehr einsamer Job, aber ich hatte immer das Glück, dass mir verschiedene Menschen helfend zur Seite standen.

Ich möchte meiner Agentin Claudette Moore von der Moore Literacy Agency dafür danken, dass sie beide Projekte vorangetrieben und sich freundlicherweise um die rechtliche Seite gekümmert hat.

Wie immer war es sehr angenehm, mit den Leuten von Microsoft Press zusammenzuarbeiten, und sie haben mich auch diesmal immer wieder davor bewahrt, mich zu blamieren. Ohne meine Lektoren wäre dieses Buch wohl voller Fehler und Bugs. Die Projektlektorin Sally Stickney und mein Fachlektor Jean Ross arbeiteten an dem C#-Buch und leisteten damit auch einen Beitrag zu diesem. Ihre gute Arbeit setzten bei diesem Buch Lynn Finnel als Projekteditor und Donnie Cameron als Fachlektor fort. Doch auch wenn Lektoren bisweilen mit übernatürlichen Fähigkeiten ausgestattet zu sein scheinen, sind sie doch glücklicherweise auch nur Menschen. Alle Fehler, unverständlichen Sätze und eventuell noch verbliebenen C#-Schlüsselwörter gehen voll und ganz auf meine Kappe.

Mein Dank gilt auch Johannes Brahms, der meine Arbeitsstunden musikalisch begleitete, sowie Anthony Trollope, mit dessen Büchern ich in den Abendstunden der Arbeit entfliehen konnte.

Die jeden Sonntag, Dienstag und Donnerstag stattfindenden Treffen mit Freunden waren und sind hilfreich und förderlich (häufig offen, gelegentlich dezent), und damit immer von unschätzbarem Wert.

Und vor allem möchte ich meiner Verlobten Deirdre danken, die mir ein ganz anderes (Nicht-.NET-)Framework aus Leben, Arbeit und Liebe bietet.

Charles Petzold
New York City
Juni 2002

1 Am Anfang war die Konsole

2	Die Rückkehr der Konsole
5	Der Aufbau eines Programms
6	Namespaces in .NET
8	Zeichenfolgenformatierung
10	Visual Basic-Datentypen
13	Der große Schritt zu den Objekten
17	Shared Methoden
19	Ausnahmebehandlung
21	Ausnahmen auslösen
22	Eigenschaften abfragen und einstellen
25	Konstruktoren
28	Instanzen und Vererbung
31	Der große Überblick
32	Namenskonventionen
33	Über die Konsole hinaus

1964 erschien das erste Programmierhandbuch für eine neue Programmiersprache mit dem Namen *Beginner's All Purpose Symbolic Instruction Code* (BASIC). Es begann mit dem folgenden Beispielprogramm*:

```
10 LET X=(7+8)/3
20 PRINT X
30 END
```

---

* John G. Kemeny und Thomas E. Kurtz: *BASIC Instruction Manual* (Hanover, New Hampshire: Dartmouth College, 1964), S. 4; zitiert nach Richard L. Wexelblat (Hrsg.): *History of Programming Languages* (New York: Academic Press, 1981), S. 522. Aus dem letzteren Buch stammen auch die hier beschriebenen geschichtlichen Informationen.

BASIC wurde von John G. Kemeny und Thomas E. Kurtz am Dartmouth College in New Hampshire entwickelt. Die Entwickler der Sprache waren zwar Mathematiker, sie wollten jedoch ein System entwickeln, das auch Geisteswissenschaftlern, die damals den größten Teil der Studenten in Dartmouth ausmachten, einen leichten Zugang zur Programmierung ermöglichte. Zu einer Zeit, als die Programmierung im Wesentlichen noch mit Lochkarten erfolgte, schufen Kemeny und Kurtz ein interaktives Timesharingsystem auf einem General Electric-Computer, der an einen Fernschreiber angeschlossen war. Die Programmiersprache BASIC verband Elemente von ALGOL und FORTRAN, legte aber größeren Wert auf die Einfachheit als auf die Effizienz der erzeugten Programme. Die Studenten tippten die Programme auf dem Fernschreiber, gaben dann RUN ein und das Programm wurde kompiliert und ausgeführt. (Im Gegensatz zu der verbreiteten Meinung war das erste BASIC-System *kein* Interpreter, aber viele spätere BASIC-Implementierungen auf Minicomputern und PCs wurden interpretiert.)

Das Ganze war zwar für seine Zeit schon sehr fortschrittlich, lief aber in einer Programmierumgebung, die eine altmodische Art von nur auf Text basierender Computerschnittstelle unterstützte, die auch als *Befehlszeile* oder *Konsole* bekannt ist. Der Benutzer gibt über die Fernschreibertastatur Text ein, der vom Gerät ausgedruckt und gleichzeitig an einen Remotecomputer geschickt wird. Der Computer schickt als Antwort eigene Zeichen, die der Fernschreiber empfängt und ebenfalls ausdruckt. Bei diesem Ein-/Ausgabemodell gibt es keine Möglichkeit zur Positionierung von Text an einer bestimmten Stelle auf der Seite. Die Anweisung *PRINT* gibt den Text immer dort aus, wo der Druckkopf des Fernschreibers (oder später der Cursor in der Befehlszeile auf einem Bildschirm) sich gerade befindet.

In den vielen Jahren der Entwicklung von BASIC zu Microsoft Visual Basic .NET hat sich die Sprache sehr verändert. BASIC unterschied ursprünglich nicht zwischen Ganz- und Gleitkommazahlen; heute gilt es als guter Programmierstil, alle Variablen mit einem bestimmten Datentyp zu definieren, bevor sie verwendet werden. Man hat inzwischen auch eingesehen, dass es gescheiter ist, den Code und die Daten in benannten Funktionen, Unterroutinen, Modulen, Strukturen und Klassen unterzubringen.

Die Anweisung *LET* (die im Lauf der Jahre ausgemustert wurde) leitete eine Zuweisung ein, und zwar weil man meinte, eine Anweisung wie

X=X+1

würde einen Programmierneuling nur verwirren. Die Anweisung *PRINT* gibt es auch heute noch in Visual Basic .NET, sie wird jedoch fast nur noch für die Dateiausgabe verwendet. Jede Programmzeile begann damals mit einer Zeilennummer, die für den in Kombination mit dem Fernschreiber arbeitenden Zeileneditor benötigt und auch als Sprungziele für die *GOTO*-Anweisung eingesetzt wurde. Daran, ob eine Zeile mit oder ohne Zeilennummer begann, erkannte das Betriebssystem auch, ob es sich um eine Programmanweisung oder einen direkten Befehl handelte.

Die Rückkehr der Konsole

Mit Visual Basic .NET erreicht der Beginner's All Purpose Symbolic Instruction Code eine ganz neue Ebene. Wie Sie noch sehen werden, ist Visual Basic .NET eine ausgewachsene objektorientierte Programmiersprache.

Gleichzeitig sind aber auch wieder einige ältere Eigenschaften in die Sprache und das Microsoft .NET Framework aufgenommen worden, und zwar gibt es in Visual Basic .NET wieder das Konzept der Konsolenein-/-ausgabe. Konsolenprogramme verwenden die Befehlszeilenoberfläche von Microsoft Windows, die unter dem Namen MS-DOS-Prompt bzw. MS-DOS-Eingabeaufforderung bekannt ist. Auch wenn die Eingabeaufforderung mittlerweile fast vollständig von grafischen Benutzeroberflächen abgelöst worden ist, sind Befehlszeilenprogramme doch häufig einfacher gehalten als Programme für grafische Umgebungen, daher sind sie beim Erlernen einer neuen Programmiersprache oder beim Auffrischen alter Programmierkenntnisse ein guter Ausgangspunkt.

Das allererste BASIC-Programm aus dem Jahr 1964 sieht in Visual Basic .NET so aus:

```
FirstBasicProgram.vb
Module FirstBasicProgram
    Sub Main()
        Dim X As Single = (7 + 8) / 3
        System.Console.WriteLine(X)
    End Sub
End Module
```

Die Kompilierung dieses Programms kann auf verschiedene Art erfolgen, je nachdem, wie viel Geld Sie investieren möchten und wie viel Wert Sie auf Programmierkomfort legen.

Der kostengünstigste Ansatz besteht im Download des .NET Framework-SDKs (Software Development Kit) über die Adresse *http://msdn.microsoft.com*. (Wählen Sie auf der linken Seite *Downloads*, dann *Developer Downloads*, dann *Software Development Kits* und zum Schluss *Microsoft .NET Framework SDK*. Es ist etwa 130 MB groß.) Zusammen mit dem SDK werden auch die DLLs (Dynamic-Link Libraries) für die .NET-Laufzeitumgebung installiert. Die technische Dokumentation zu .NET ist in Form eines Windows-Programms enthalten. Ferner gehört zum Lieferumfang ein Befehlszeilencompiler für Visual Basic .NET, mit dem Sie die Programme in diesem Buch kompilieren können.

Wenn Sie Ihre Visual Basic .NET-Programme mit dem SDK entwickeln, können Sie jeden beliebigen Texteditor einsetzen, angefangen beim Windows-Editor. Der Visual Basic .NET-Compiler trägt den Namen vbc.exe. Sie kompilieren *FirstBasicProgram.vb* folgendermaßen:

```
vbc firstbasicprogram.vb
```

Das ist alles, ein Linklauf ist nicht erforderlich. (Wie Sie im nächsten Kapitel sehen werden, erfordert die Kompilierung eines Windows Forms-Programms im Gegensatz zu einem Konsolenprogramm einige zusätzliche Compilerparameter.) Der Compiler erzeugt eine Datei mit dem Namen FirstBasicProgram.exe, die Sie über die Befehlszeile starten können.

Sie können dieses Programm auch mit Visual Basic .NET (oder dem umfangreicheren Paket Microsoft Visual Studio .NET), der aktuellsten Version der integrierten Entwicklungsumgebung von Microsoft, erstellen, kompilieren und ausführen. Visual Basic .NET ist für den professionellen Visual Basic-Entwickler ein Muss. Für bestimmte Windows Forms-Programme (z.B. für Programme, die das Programmfenster wie ein Formular mit Steuerelementen wie Schaltflächen, Texteingabefeldern und Bildlaufleisten behandeln) ist die IDE äußerst nützlich. Dennoch ist sie nicht zwingend erforderlich. Meiner Meinung nach ist einer der echten Vorzüge der Windows-Programmierung mit der Windows Forms-Bibliothek der, dass keine separaten Dateien erforderlich sind. In einer Quellcodedatei sind praktisch alle benötigten Elemente enthalten, und alle in einer solchen Datei enthaltenen Elemente können Sie sich selbst ausdenken und mit eigenen Händen eingeben.

In den folgenden Abschnitten beschreibe ich die Schritte, die ich zur Erstellung der Programmbeispiele in Visual Basic .NET und Visual Studio .NET durchgeführt habe. Im Folgenden werde ich gewöhnlich nur Visual Basic .NET sagen, wenn ich tatsächlich beide Umgebungen meine. Wenn Sie jedoch Visual Basic .NET und nicht Visual Studio .NET benutzen, müssen Sie zwei kleine Dateien zu Ihrer Installation hinzufügen, damit Sie das Programm so benutzen können, wie ich es in diesem Buch beschreibe. Bei diesen Dateien handelt es sich um VisualBasic-EmptyProject.vsdir und VisualBasicEmptyProject.vbproj. Sie befinden sich im Hauptverzeichnis der Begleit-CD zu diesem Buch. Kopieren Sie beide Dateien in das folgende Verzeichnis:

`C:\Programme\Microsoft Visual Studio .NET\Vb7\VBProjects`

Das ist nicht notwendig, wenn auf Ihrem System Visual Studio .NET installiert ist.

Jedes Beispielprogramm in diesem Buch ist ein Visual Basic .NET-*Projekt*, und jedes Projekt steht auf der Festplatte in einem eigenen Verzeichnis. In Visual Basic .NET werden Projekte in so genannten *Projektmappen* (solutions) abgelegt, daher habe ich eine Projektmappe für jedes Buchkapitel angelegt. Jede Projektmappe ist gleichzeitig ein Verzeichnis. Die einzelnen Projekte sind Unterverzeichnisse einer Projektmappe.

Zum Erstellen eines Projekts wählen Sie *Datei | Neu | Leere Projektmappe*. Geben Sie anschließend im Dialogfeld *Neues Projekt* einen Speicherort für die Projektmappe und einen Namen dafür an. Auch bei der Erstellung der Beispielprojekte in diesem Buch bin ich so vorgegangen.

Wenn Sie eine Projektmappe in Visual Basic .NET laden, können Sie innerhalb dieser Projektmappe Projekte erstellen. Wählen Sie dazu *Datei | Projekt hinzufügen | Neues Projekt*. (Sie können aber auch im Projektmappen-Explorer mit der rechten Maustaste auf den Namen der Projektmappe klicken und im Kontextmenü *Hinzufügen | Neues Projekt* auswählen.) Wählen Sie im Dialogfeld *Neues Projekt hinzufügen* ein Projekt vom Typ *Visual Basic-Projekt* aus. Es stehen verschiedene Vorlagen zur Auswahl. Wenn Sie nicht möchten, dass Visual Basic .NET Code für Sie erzeugt (ich persönlich ziehe es vor, meinen Code selbst zu schreiben), wählen Sie die Option *Leeres Projekt*. Die in diesem Buch vorgestellten Projekte wurden alle auf diese Weise erstellt. (*Leeres Projekt* ist Bestandteil von Visual Studio .NET, nicht jedoch von Visual Basic .NET. Die beiden Dateien, die Sie gerade auf Ihre Platte kopiert haben, ermöglichen *Leere Projekte* in Visual Basic .NET.

In einem Projekt können Sie mithilfe der Menüoption *Projekt | Neues Element hinzufügen* neue Visual Basic-Quellcodedateien erstellen. (Sie können dazu auch im Projektmappen-Explorer mit der rechten Maustaste auf den Namen der Projektmappe klicken und aus dem Kontextmenü *Hinzufügen | Neues Element hinzufügen* auswählen.) Erweitern Sie anschließend im Dialogfeld *Neues Element hinzufügen* in der Liste *Kategorien* den Eintrag *Lokale Projektelemente*. Wählen Sie im rechten Fensterausschnitt unter *Vorlagen* die Option *Codedatei*. Wenn Sie diese Vorlage auswählen, wird von Visual Basic .NET nicht automatisch irgendwelcher Code erstellt.

Sie können die Eigenschaften eine Projekts einstellen, indem Sie im Menü *Projekt* den Menüpunkt *Eigenschaften* auswählen oder indem Sie mit der rechten Maustaste auf den Projektnamen klicken und dann *Eigenschaften* auswählen. Wählen Sie aufv der linken Seite unter *Allgemeine Eigenschaften* den Punkt *Allgemein*. Stellen Sie sicher, dass auf der rechten Seite als *Ausgabetyp Konsolenanwendung* ausgewählt ist. In Visual Studio .NET (jedoch nicht in Visual Basic .NET) kann es sein, dass Sie dies ändern müssen. Beim Einrichten der Projekte für dieses Buch habe ich auf der linken Seite der Projekteigenschaftenseiten auch auf *Erstellen* geklickt und *Option Strict* auf *On* gestellt. *Option Explicit* sollte standardmäßig auf *On* stehen. Diese Optionen bewirken, dass der Visual Basic .NET-Compiler einige zusätzliche (und meines Erachtens wichtige) Konsistenzprüfungen vornimmt. Wenn Sie diese Optionen auf der Befehlszeile einstellen wollen, verwenden Sie dazu:

`vbc firstbasicprogram.vb /optionstrict /optionexplicit`

Innerhalb einer Projektmappe können Sie ein Startprojekt einstellen, indem Sie mit der rechten Maustaste auf den Projektnamen klicken und dann auswählen *Als Startprojekt festlegen*, oder indem Sie diese Option im Menü *Projekt* auswählen. Das Programm kompilieren und starten Sie dann, indem Sie im Menü *Debuggen* den Punkt *Starten ohne Debuggen* wählen oder einfach Strg+F5 drücken. Wenn alles richtig läuft, wird ein Konsolenfenster erstellt, das Programm führt seine Ausgaben durch und es wird die Meldung angezeigt: »Press any key to continue« (»Weiter mit einer beliebigen Taste«), und nach dem Drücken einer Taste verschwindet das Konsolenfenster dann wieder. Wenn Sie von der Befehlszeile aus kompilieren, geben Sie zum Starten einfach nur den Programmnamen in der Befehlszeile ein:

```
firstbasicprogram
```

Das Programm startet, zeigt seine Ausgaben an und wird gleich wieder beendet. Sie befinden sich dann wieder in der Befehlszeile der MS-DOS-Eingabeaufforderung.

Unabhängig davon, ob Sie das Programm FirstBasicProgram über die Befehlszeile oder in Visual Basic .NET erstellen und kompilieren, ist die .exe-Datei sehr klein (ca. 5 KB oder 6 KB). Die genaue Größe der Datei richtet sich danach, ob der Compiler Debuginformationen in der Datei speichert. Die ausführbare Datei besteht aus MSIL-Anweisungen (Microsoft Intermediate Language). MSIL wurde der ECMA (European Computer Manufacturer's Association) unter dem Namen CIL (Common Intermediate Language) als Standard vorgeschlagen. Wenn Sie das Programm ausführen, kompiliert die .NET Common Language Runtime den MSIL-Code in systemspezifischen Maschinencode und verknüpft diesen mit den dazugehörigen .NET-DLLs. Sie verwenden wahrscheinlich einen Rechner mit Intel-kompatiblem Prozessor, dann handelt es sich bei dem vom Laufzeitmodul erzeugten Code um 32-Bit-Maschinencode für die Intel x86-Architektur.

Sie können sich auf der Befehlszeile den generierten MSIL-Code vom IL-Disassembler (ildasm.exe) anzeigen lassen:

```
ildasm firstbasicprogram.exe
```

Eine Dokumentation der MSIL-Anweisungen können Sie in mehreren Dateien und verschiedenen Formaten unter der Adresse *http://msdn.microsoft.com/net/ecma* herunterladen; die Dateien sind daran zu erkennen, dass Sie mit »CLI« beginnen. Auch andere Dateien auf dieser Seite könnten interessant für Sie sein. Sie können sogar direkt in MSIL programmieren und den Code anschließend mit dem IL-Assembler (ilasm.exe) assemblieren.

Da viele der in Visual Basic .NET geschriebenen Programme nicht direkt in Maschinencode, sondern zunächst in eine Zwischensprache (Intermediate Language, IL) kompiliert werden, sind die erzeugten .exe-Dateien plattformunabhängig. Vielleicht wird es in Zukunft sogar passieren, dass eine .NET-Laufzeitumgebung auf Nicht-Intel-Rechner portiert wird. Sobald dies der Fall ist, können die heute erzeugten .exe-Dateien auch auf diesen Computern ausgeführt werden. (Damit Sie mich nicht für völlig naiv halten, lassen Sie mich hinzufügen: »theoretisch«.)

Durch den Einsatz des .NET Frameworks und der Programmierung in Visual Basic .NET erzeugen Sie außerdem *verwalteten Code*. Hierbei handelt es sich um Code, der von einem anderen Programm analysiert werden kann, um die von dem Code durchgeführten Operationen zu ermitteln. Verwalteter Code ist eine Grundvoraussetzung für den Einsatz binärer ausführbarer Dateien über das Internet.

Der Aufbau eines Programms

Im Folgenden sehen Sie ein Programm, das oft als erstes Programmbeispiel verwendet wird. Es zeigt einfach nur den Text »Hello, world!« auf der Konsole an:

ConsoleHelloWorld.vb

```
Module ConsoleHelloWorld
    Sub Main()
        System.Console.WriteLine("Hello, world!")
    End Sub
End Module
```

Der Einstiegspunkt für ein Visual Basic .NET-Programm ist eine Subroutine oder Funktion mit dem Namen *Main*. Die leeren Klammern bedeuten, dass die Funktion *Main* keine Parameter erwartet; das Schlüsselwort *Sub* (anstelle von *Function*) gibt an, dass kein Wert zurückgegeben wird. Sie können *Main* auch so definieren, dass die Funktion als Eingabeparameter eine Zeichenfolge erwartet und einen ganzzahligen Wert zurückgibt.

Die Funktion *Main* befindet sich in einer *Module*-Definition, wobei es sich um eine Möglichkeit handelt, in Visual Basic .NET Codeteile zusammenzufassen. Bei den meisten Programmen in diesem Buch werden Code und Daten mithilfe von Klassen (*Class*) strukturiert. Die Klasse ist das Hauptelement zur Strukturierung in einer objektorientierten Sprache wie Visual Basic .NET. In diesem Buch werde ich oft (jedoch nicht immer) in jeder Quellcodedatei nur ein Modul oder eine Klasse verwenden. Der Name der Datei entspricht dabei dem Namen des Moduls oder der Klasse und die Dateierweiterung lautet .vb. Daher hat die Datei mit dem Modul *ConsoleHelloWorld* den Namen ConsoleHelloWorld.vb.

Bei *System.Console.WriteLine* scheint es sich um einen Funktionsaufruf zu handeln, und dem ist in der Tat so. Die Funktion erwartet ein Argument, bei dem es sich, wie Sie bereits gehört haben, um eine Zahl oder eine Textzeichenfolge handeln kann, die dann auf der Konsole, in einem Befehlszeilenfenster, auf Ihrem alten Fernschreiber oder sonstwo ausgegeben wird. Wenn Sie das Programm ConsoleHelloWorld kompilieren und ausführen, erhalten Sie folgende Anzeige:

```
Hello, world!
```

Nach der Anzeige wird das Programm beendet.

Der lange Funktionsname *System.Console.WriteLine* lässt sich folgendermaßen aufschlüsseln:

- *System* ist ein Namespace.
- *Console* ist eine in diesem Namespace definierte Klasse.
- *WriteLine* ist eine in dieser Klasse definierte Methode. Eine *Methode* ist dasselbe wie eine Funktion, Prozedur oder Subroutine.

Namespaces in .NET

Das Konzept der Namespaces stellt sicher, dass alle in einem bestimmten Programm oder Projekt verwendeten Namen eindeutig sind. Es kann gelegentlich vorkommen, dass dem Programmierer in einem umfangreichen Projekt die passenden globalen Namen ausgehen bzw. ein Rückgriff auf Bibliotheken von Drittanbietern erforderlich ist, wodurch es zu Namenskonflikten kommen kann. Angenommen, Sie arbeiten an einem umfangreichen Visual Basic .NET-Projekt und erwerben von Bovary Enterprises und Karenina Software zwei nützliche Klassenbibliotheken in Form von DLLs. Beide Bibliotheken enthalten eine Klasse mit dem Namen *SuperString*, die zwar in jeder der beiden DLLs vollkommen anders implementiert, aber in beiden Versionen für Sie nützlich ist. Zum Glück stellt diese doppelte Namensgebung kein Problem dar, da beide Firmen den

Namensrichtlinien für .NET-Namespaces gefolgt sind. Bovary Enterprises hat den Code für die Klasse *SuperString* in einer Namespacedefinition wie der folgenden untergebracht:

```
Namespace BovaryEnterprises.VeryUsefulLibrary
    Class SuperString
    ⋮
    End Class
End Namespace
```

Karenina Software ist ähnlich vorgegangen:

```
Namespace KareninaSoftware.HandyDandyLibrary
    Class SuperString
    ⋮
    End Class
End Namespace
```

In beiden Fällen wird zunächst der Firmenname genannt, darauf folgt der Produktname. In Ihren Programmen können Sie die von Ihnen gewünschte *SuperString*-Klasse einsetzen, indem Sie den vollständigen Bibliotheksnamen mit allen Bestandteilen verwenden:

```
BovaryEnterprises.VeryUsefulLibrary.SuperString
```

oder

```
KareninaSoftware.HandyDandyLibrary.SuperString
```

Ja, es muss wirklich eine Menge eingegeben werden, aber dafür funktioniert dieses Verfahren auch einwandfrei.

Dieses Namespacefeature wäre natürlich nur halb so schön, wenn es nicht eine Möglichkeit zur Reduzierung des erforderlichen Eingabeaufwands gäbe. Und genau zu diesem Zweck gibt es das Schlüsselwort *Imports*. Sie geben mit der *Imports*-Anweisung ein einziges Mal den zu verwendenden Namespace an, und anschließend müssen Sie den Namespace bei der Verwendung der darin enthaltenen Klassen nicht mehr jedes Mal angeben. Im Folgenden sehen Sie eine Variante des »Hello World«-Programms mit einer *Imports*-Anweisung, die es erlaubt, zur Angabe der Methode *System.Console.WriteLine* nur *Console.WriteLine* zu verwenden:

ConsoleHelloWithImports.vb
```
Imports System
Module ConsoleHelloWithImports
    Sub Main()
        Console.WriteLine("Hello, world!")
    End Sub
End Module
```

Für ein Projekt, in dem beide *SuperString*-Klassen eingesetzt werden sollen, hilft das Schlüsselwort *Imports* mit einem Aliasfeature aus:

```
Imports Emma = Bovary.VeryUsefulLibrary
Imports Anna = Karenina.HandyDandyLibrary
```

Jetzt können Sie auf die Klassen folgendermaßen zugreifen:

```
Emma.SuperString
```

und

```
Anna.SuperString
```

Weitere Informationen über die *Imports*-Anweisung finden Sie in der Sprachreferenz zu Visual Basic .NET.

Im .NET Framework sind über 90 Namespaces definiert, die mit dem Wort *System* beginnen, 5 weitere Namespaces werden mit dem Wort *Microsoft* eingeleitet. Die wichtigsten Namespaces im Hinblick auf das vorliegende Buch sind: der Namespace *System* selbst, *System.Drawing*, der zahlreiche Klassen für grafische Operationen enthält, sowie *System.Windows.Forms*.

Namespaces ermöglichen sogar die Vergabe von Klassennamen, die bereits im .NET Framework verwendet werden. So verwendet auch das .NET Framework selbst einige Klassennamen doppelt. Beispielsweise enthält das .NET Framework drei Klassen namens *Timer*. Sie befinden sich in den Namespaces *System.Timers*, *System.Threading* und *System.Windows.Forms*. In Visual Basic gibt es auch noch eine Eigenschaft *Timer*, die jedoch damit nichts zu tun hat.

Zeichenfolgenformatierung

Namespaces spielen auch bei der Strukturierung der .NET Framework-Dokumentation eine wichtige Rolle. Gehen Sie in der Visual Studio .NET-Dokumentation zuerst durch die Struktur und wählen Sie *Visual Studio .NET | .NET Framework | Referenz | Klassenbibliothek*. Die Dokumentation für die Klasse *Console* finden Sie beispielsweise im Namespace *System*. Sie werden sehen, dass *WriteLine* nicht die einzige Ausgabemethode der Klasse *Console* ist. Die Methode *Write* gleicht ihr insofern sehr stark, als ebenfalls eine Ausgabe auf der Konsole erfolgt. Der Unterschied besteht darin, dass *WriteLine* seine Ausgabe mit einem Wagenrücklauf beendet.

Es gibt 18 unterschiedliche Definitionen der *Write*-Methode und 19 verschiedene Definitionen für die *WriteLine*-Methode, von denen jede andere Argumente verwendet. Diese unterschiedlichen Versionen derselben Methode werden als *Überladungen* (overloads) bezeichnet. Der Compiler kann in der Regel feststellen, welche Überladung ein Programm verwenden möchte, indem er Anzahl und Art der an die Methode übergebenen Argumente untersucht.

Nachfolgend sehen Sie ein Programm, das drei unterschiedliche Vorgehensweisen zur Ausgabe desselben Ergebnisses veranschaulicht.

ConsoleAdder.vb
```
Imports System
Module ConsoleAdder
    Sub Main()
        Dim A As Integer = 1509
        Dim B As Integer = 744
        Dim C As Integer = A + B
        Console.Write("The sum of ")
        Console.Write(A)
        Console.Write(" and ")
        Console.Write(B)
        Console.Write(" equals ")
        Console.WriteLine(C)
        Console.WriteLine("The sum of " & A & " and " & B & " equals " & C)
        Console.WriteLine("The sum of {0} and {1} equals {2}", A, B, C)
    End Sub
End Module
```

Dieses Programm erzeugt die folgende Ausgabe:

```
The sum of 1509 and 744 equals 2253
The sum of 1509 and 744 equals 2253
The sum of 1509 and 744 equals 2253
```

Der Datentyp *Integer* ist eine vorzeichenbehaftete Ganzzahl mit 32 Bit Länge. Ich werde auf Datentypen weiter unten in diesem Kapitel eingehen.

Bei der ersten Vorgehensweise zur Anzeige der Ausgabezeile werden separate *Write*- und *WriteLine*-Methoden eingesetzt, die jeweils ein einziges Argument erwarten. *Write* und *WriteLine* können jede Art von Variable annehmen und konvertieren diese zur Anzeige in eine Zeichenfolge.

Bei der zweiten Vorgehensweise wird die Verkettung von Zeichenfolgen verwendet. Sie können das Pluszeichen zur Zeichenfolgenverkettung verwenden, oder das &-Zeichen, um Zeichenfolgen mit anderen Datentypen zu verketten. Visual Basic konvertiert die Variablen in Zeichenfolgen und verkettet diese zu einem einzigen Argument von *WriteLine*. Bei der dritten Vorgehensweise wird eine Formatierungszeichenfolge als Argument für *WriteLine* verwendet. Die Formatierungszeichenfolge im Programm ConsoleAdder verwendet drei Platzhalter für die drei Argumente: {0}, {1} und {2}. Diese Platzhalter können auch noch weitere Formatierungsinformationen enthalten. Beispielsweise zeigt {0:C} die Zahl als Währungswert (currency) mit Währungszeichen, Kommas, zwei Dezimalstellen und in Klammern an, falls es sich um einen negativen Wert handelt (diese Werte richten sich allerdings nach den Gebietsschemaeinstellungen des verwendeten Betriebssystems). Der Platzhalter {0:X8} zeigt den Zahlenwert als Hexadezimalzahl an, falls erforderlich wird die Zahl zur Anzeige von acht Stellen auf der linken Seite mit Nullen aufgefüllt. Die folgende Tabelle zeigt einige Beispiele für Formatierungsangaben, jeweils auf den Wert 12345 angewendet.

Verschiedene Formatierungsangaben für die Ganzzahl 12345

Formattyp	Formatcode	Ergebnis (USA)	Ergebnis (Deutsch)
Währung (Currency)	C	$12,345.00	12.345,00 €
	C1	$12,345.0	12.345,0 €
	C7	$12,345.0000000	12.345,0000000 €
Dezimal	D	12345	12345
	D1	12345	12345
	D7	0012345	0012345
Exponentiell	E	1.234500E+004	1,234500E+004
	E1	1.2E+004	1,2E+004
	E7	1.2345000E+004	1,2345000E+004
Festkomma	F	12345.00	12345,00
	F1	12345.0	12345,0
	F7	12345.0000000	12345,0000000
Allgemein (General)	G	12345	12345
	G1	1E4	1E4
	G7	12345	12345
Zahl (Number)	N	12,345.00	12.345,00
	N1	12,345.0	12.345,0
	N7	12,345.0000000	12.345,0000000
Prozent	P	1,234,500.00	1.234.500,00
	P1	1,234,500.0	1.234.500,0
	P7	1,234,500.0000000	1.234.500,0000000
Hexadezimal	X	3039	3039
	X1	3039	3039
	X7	0003039	0003039

Selbst wenn Sie in Ihrer Laufbahn als .NET-Programmierer nur wenig mit Konsolenausgaben arbeiten, werden Sie von diesen Formatierungsangaben wahrscheinlich doch einmal bei der Methode *String.Format* Gebrauch machen.

Visual Basic-Datentypen

Ich habe bereits verschiedene Zahlenwerte mit den Schlüsselwörtern *Integer* und *Single* definiert und im Programm verwendete Zeichenfolgen (Strings) in doppelte Anführungszeichen eingeschlossen, daher wissen Sie, dass Visual Basic .NET mindestens diese drei Datentypen unterstützt. Visual Basic .NET unterstützt tatsächlich vier ganzzahlige Datentypen, die nachfolgend aufgeführt sind:

Die ganzzahligen Datentypen von Visual Basic .NET

Anzahl Bits	Datentyp
8 (ohne Vorzeichen)	Byte
16 (mit Vorzeichen)	Short
32 (mit Vorzeichen)	Integer
64 (mit Vorzeichen)	Long

Visual Basic .NET unterstützt ferner die beiden häufig verwendeten Gleitkommadatentypen *Single* und *Double*, die nach dem ANSI/IEEE-Standard 754-1985 implementiert sind (*IEEE Standard for Binary Floating-Point Arithmetic*, IEEE-Standard für binäre Gleitkommaberechnungen). Die folgende Tabelle zeigt die Anzahl Bits für den Exponenten und die Mantisse bei *Single* und *Double*.

Anzahl Bits für Gleitkommadatentypen in Visual Basic .NET

Visual Basic-Datentyp	Exponent	Mantisse	Bits gesamt
Single	8	24	32
Double	11	53	64

Des Weiteren unterstützt Visual Basic .NET den 128-Bit-Datentyp *Decimal*, der aus einer Mantisse mit 96 Bits und einem dezimalen Skalierungsfaktor zwischen 0 und 28 besteht. Der Datentyp *Decimal* bietet eine Genauigkeit von über 28 Dezimalstellen. Er eignet sich für das Speichern von und Rechnen mit Zahlenwerten mit einer festen Anzahl von Dezimalstellen, z.B. bei Geldbeträgen und Zinsangaben. Ich gehe in Anhang B näher auf den Datentyp *Decimal* ein (und auf andere Aspekte des Umgangs mit Zahlen und mathematischen Berechnungen in Visual Basic .NET).

Wenn Sie in einem Visual Basic .NET-Programm mit einer Zahl wie 3.14 arbeiten, geht der Compiler davon aus, dass es sich um eine Zahl vom Typ *Double* handelt. Wenn die Zahl stattdessen als *Single* oder *Decimal* interpretiert werden soll, verwenden Sie das Suffix *F* (von »floating point«) für *Single* bzw. *D* für *Decimal*.

Nachfolgend sehen Sie ein kleines Programm, mit dem die niedrigsten und höchsten Werte für alle sieben numerischen Datentypen angezeigt werden.

```
MinAndMax.vb
Imports System
Module MinAndMax
    Sub Main()
        Console.WriteLine("Byte:    {0} to {1}", Byte.MinValue, Byte.MaxValue)
        Console.WriteLine("Short:   {0} to {1}", Short.MinValue, Short.MaxValue)
        Console.WriteLine("Integer: {0} to {1}", Integer.MinValue, Integer.MaxValue)
        Console.WriteLine("Long:    {0} to {1}", Long.MinValue, Long.MaxValue)
        Console.WriteLine("Single:  {0} to {1}", Single.MinValue, Single.MaxValue)
        Console.WriteLine("Double:  {0} to {1}", Double.MinValue, Double.MaxValue)
        Console.WriteLine("Decimal: {0} to {1}", Decimal.MinValue, Decimal.MaxValue)
    End Sub
End Module
```

Sie sehen, dass ich an jeden Datentyp einen Punkt und die Worte *MinValue* und *MaxValue* angefügt habe. Diese zwei Bezeichner sind Strukturfelder, deren Funktionsweise ich im weiteren Verlauf dieses Kapitels erläutern werde. Zunächst wollen wir uns jedoch die Programmausgabe ansehen:

```
Byte:     0 to 255
Short:    -32768 to 32767
Integer:  -2147483648 to 2147483647
Long:     -9223372036854775808 to 9223372036854775807
Single:   -3.402823E+38 to 3.402823E+38
Double:   -1.79769313486232E+308 to 1.79769313486232E+308
Decimal:  -79228162514264337593543950335 to 79228162514264337593543950335
```

Visual Basic .NET unterstützt außerdem den Datentyp *Boolean*, der nur einen von zwei Werten annehmen kann: *True* oder *False*, die beide auch Visual Basic .NET-Schlüsselwörter sind. Jede Vergleichsoperation (=, <>, <, >, <= und >=) führt zu einem *Boolean*-Ergebnis. Sie können *Boolean*-Datentypen aber auch explizit definieren.

Der Datentyp *Char* speichert ein Zeichen, der Datentyp *String* mehrere. Der Datentyp *Char* unterscheidet sich von den ganzzahligen Datentypen und sollte nicht mit *Byte* verwechselt werden. Zunächst einmal ist *Char* 16 Bits lang (Sie sollten den Datentyp *Char* jedoch auch nicht mit *Short* verwechseln).

Der Datentyp *Char* ist 16 Bits lang, weil in Visual Basic .NET anstelle der ASCII- die Unicode-Codierung* verwendet wird. Statt der 7 Bits im klassischen ASCII bzw. der 8 Bits, die im erweiterten ASCII-Code zur Darstellung eines einzelnen Zeichens verwendet werden, verwendet Unicode 16 Bits zur Zeichencodierung. Auf diese Weise können in Unicode sämtliche Buchstaben, Ideogramme und andere Symbole dargestellt werden, die in den verschiedenen Sprachen dieser Welt zu finden sind und bei der Kommunikation über Computer eingesetzt werden. Unicode ist insofern eine Erweiterung des ASCII-Zeichencodes, als die ersten 128 Zeichen mit den in ASCII definierten Zeichen übereinstimmen.

Eine Zeichenfolge kann folgendermaßen definiert und initialisiert werden:

```
Dim str As String = "Hello, World!"
```

Sobald Sie einer *String*-Variablen eine Zeichenfolge zugewiesen haben, können Sie die einzelnen Zeichen nicht mehr ändern. Sie können der *String*-Variablen jedoch eine neue Zeichenfolge

---

* Weitere Informationen zu Unicode finden Sie in dem Buch *The Unicode Standard Version 3.0* von The Unicode Consortium (Reading, Mass.: Addison-Wesley, 2000) sowie unter *http://www.unicode.org*.

Am Anfang war die Konsole

zuweisen. Die Anzahl der Zeichen in einer *String*-Variablen fragen Sie über folgenden Ausdruck ab:

```
str.Length
```

Bei *Length* handelt es sich um eine so genannte *Eigenschaft* (property) des Datentyps *String*, ein Konzept, das an späterer Stelle in diesem Kapitel noch behandelt wird. Anhang C enthält weitere Informationen zur Arbeit mit Zeichenfolgen in Visual Basic .NET.

Zur Definition einer Arrayvariablen schreiben Sie eine Zahl in Klammern hinter den Variablennamen:

```
Dim arr(3) As Single
```

Der Datentyp der Variablen *arr* ist ein Array aus *Single*-Elementen, in Wirklichkeit ist *arr* jedoch ein Zeiger. Im .NET-Fachjargon ist ein Array ein *Verweistyp* (reference type). Das gilt auch für *String*. Die anderen bisher genannten Datentypen sind so genannte *Werttypen* (value type). Das Array enthält vier Elemente, auf die man mit *arr(0)*, *arr(1)*, *arr(2)* und *arr(3)* zugreifen kann.

Bei der Definition eines Arrays können Sie die Elemente auch gleich initialisieren:

```
Dim arr() As Single = New Single(2) {3.14F, 2.17F, 100}
```

Die Anzahl der initialisierten Elemente muss der angegebenen Größe des Arrays entsprechen. Wenn Sie das Array initialisieren, müssen Sie die Größe nicht unbedingt angeben:

```
Dim arr() As Single = New Single() {3.14F, 2.17F, 100}
```

Sie können sogar den Operator *New* weglassen:

```
Dim arr() As Single = {3.14F, 2.17F, 100}
```

Später im Programm können Sie der Variablen *arr* ein *Single*-Array mit anderer Größe zuweisen:

```
arr = New Single() {3, 4, 50.45F, 10, 12, 8}
```

Mit diesem Aufruf wird genug Speicher für sechs *Single*-Werte reserviert. (Sie können auch die vertraute Anweisung *ReDim* verwenden, um die Anzahl der Elemente eines Arrays zu ändern.)

Sie fragen sich jetzt vielleicht, was mit dem ursprünglichen Speicherblock geschieht, der für die ersten drei *Single*-Werte reserviert wurde. Da der ursprüngliche Speicherblock vom Programm nicht mehr verwendet wird, wird er für die Speicherbereinigung, die so genannte *Garbage Collection*, freigegeben. Nach Kennzeichnung zur Speicherbereinigung gibt die CLR (Common Language Runtime) irgendwann den für das Array reservierten Speicher wieder frei.

Wie bei den Zeichenfolgen können Sie die Anzahl der Elemente in einem Array mithilfe des folgenden Ausdrucks ermitteln:

```
arr.Length
```

In Visual Basic .NET würden Sie jedoch wahrscheinlich eher die Methode *GetUpperBound* verwenden:

```
arr.GetUpperBound(0)
```

Da Arrayindizes bei 0 beginnen, ist die Obergrenze um 1 kleiner als die Anzahl der Elemente.

Visual Basic .NET ermöglicht ferner die Erstellung mehrdimensionaler Arrays und so genannter *verzweigter* (jagged) Arrays, bei denen es sich um Arrays handelt, die wiederum aus Arrays bestehen.

Parameter werden standardmäßig *als Wert* (ByVal) an Funktionen und Subroutinen übergeben, d.h., die Methode kann die Parameter beliebig bearbeiten, es erfolgt keine Änderung der Parameter in der aufrufenden Methode. Zur Änderung dieses Verhaltens können Sie das Schlüsselwort *ByRef* (»by reference«, Übergabe als Verweis) verwenden. Nachfolgend ein Beispiel für die Definition einer Subroutine, die eine als Argument übergebene Variable verändert:

```
Sub AddFive(ByRef i As Integer)
    i += 5
End Sub
```

Die Enumeration (Aufzählung) spielt in Visual Basic .NET und dem .NET Framework eine wichtige Rolle. Im .NET Framework werden viele Konstanten als Enumerationen definiert. Hier ein Beispiel aus dem Namespace *System.IO*:

```
Public Enum FileAccess
    Read = 1
    Write
    ReadWrite
End Enum
```

Enumerationen weisen immer einen ganzzahligen Datentyp auf, standardmäßig *Integer*. Wenn Sie nicht explizit einen Wert angeben (wie hier für *Read*), erhält das erste Member den Wert 0. Der Wert der darauf folgenden Member wird jeweils um 1 hochgezählt.

FileAccess wird in Kombination mit verschiedenen Ein-/Ausgabeklassen eingesetzt. (Eine detaillierte Erläuterung zum Thema Dateiein-/-ausgabe finden Sie in Anhang A.) Sie müssen sowohl den Namen der Enumeration als auch den Namen des Members getrennt durch einen Punkt angeben:

```
file.Open(FileMode.CreateNew, FileAccess.ReadWrite)
```

FileMode ist eine weitere Enumeration in der Klasse *System.IO*. Wenn Sie diese beiden Enumerationen in der Methode *Open* miteinander vertauschen, erzeugt der Compiler einen Fehler. (Das heißt, nur wenn Sie *Option Strict On* verwenden. Bei *Option Strict Off* hilft Ihnen der Compiler nicht dabei, Fehler beim Einsatz von Enumerationskonstanten zu vermeiden.)

Der große Schritt zu den Objekten

In den meisten herkömmlichen prozeduralen Sprachen wie z.B. Pascal, Fortran, das ursprüngliche BASIC, PL/I, C und COBOL ist die Welt in Programmcode und Daten unterteilt. Im Allgemeinen schreiben Sie Code zur Verarbeitung von Daten.

Im Verlauf der Programmiergeschichte waren Programmierer häufig bestrebt, Struktur in Code und Daten zu bringen, insbesondere in umfangreichen Programmen. Zueinander in Beziehung stehende Funktionen konnten beispielsweise in einer einzigen Quellcodedatei untergebracht sein. Diese Datei konnte mehrere Variablen enthalten, die nur von den in der Datei isolierten Funktionen verwendet wurden und sonst nirgends im Programm. Eine häufige Vorgehensweise zum Zusammenfassen von zusammengehörigen *Daten* bestand in den herkömmlichen Sprachen in der Verwendung von Strukturen.

Angenommen, Sie schreiben eine Anwendung und stellen fest, dass Sie mit Datumswerten arbeiten müssen, insbesondere mit so genannten DOY-Werten (Day of Year, der Tag im Jahr). Der 2. Februar hat beispielsweise den DOY-Wert 33. Der 31. Dezember hat in Schaltjahren den DOY-Wert 366, in allen anderen Jahren 365. Sie sehen wahrscheinlich den Vorteil dieser Angabe, der darin besteht, ein Datum als eine einzige Einheit zu definieren. In Visual Basic können Sie zusammengehörige Datumswerte zum Beispiel in einer Struktur mit drei Feldern zusammenfassen:

```
Structure CalendarDate
    Dim Year As Integer
    Dim Month As Integer
    Dim Day As Integer
End Structure
```

Am Anfang war die Konsole

Anschließend können Sie so eine Variable vom Typ *CalendarDate* definieren:

```
Dim today As CalendarDate
```

Die Variable heißt *today*. Sie greifen auf die einzelnen Felder zu, indem Sie zwischen dem Variablennamen der Struktur und dem Feldnamen einen Punkt einfügen:

```
today.Year = 2002
today.Month = 8
today.Day = 29
```

Aber sonst können Sie mithilfe des Variablennamens (hier *today*) die Daten als Gruppe verwenden.

Für die Funktion DOY würden Sie zum Beispiel zunächst eine kleine Funktion schreiben, mit der ermittelt wird, ob es sich bei dem betreffenden Jahr um ein Schaltjahr handelt:

```
Function IsLeapYear(ByVal yr As Integer) As Boolean
    Return yr Mod 4 = 0 AndAlso (yr Mod 100 <> 0 Or yr Mod 400 = 0)
End Function
```

Ein Jahr ist normalerweise ein Schaltjahr, wenn die Jahreszahl durch 4 teilbar ist. Jahre, die auch durch 100 geteilt werden können, sind jedoch nur dann Schaltjahre, wenn man sie gleichzeitig auch durch 400 teilen kann.

Die Funktion *DayOfYear* verwendet diese Funktion:

```
Function DayOfYear(ByVal cd As CalendarDate) As Integer
    Dim MonthDays() As Integer = {0, 31, 69, 90, 120, 151, 181, 212, 243, 273, 304, 334}

    DayOfYear = MonthDays(cd.Month - 1) + cd.Day
    If cd.Month > 2 AndAlso IsLeapYear(cd.Year) Then DayOfYear += 1
End Function
```

Beachten Sie, dass die Funktion die Felder der Eingabestruktur durch Angabe eines Punkts und des Feldnamens verwendet.

Es folgt ein voll funktionsfähiges Visual Basic .NET-Programm, in dem die Struktur *CalendarDate* und die dazugehörigen Funktionen implementiert sind. *Main*, *IsLeapYear* und *DayOfYear* befinden sich alle in einem Modul (*Module*).

ConsolidatingData.vb
```
Imports System
Module ConsolidatingData
    Sub Main()
        Dim today As CalendarDate

        today.Month = 8
        today.Day = 29
        today.Year = 2002

        Console.WriteLine("Day of year = {0}", DayOfYear(today))
    End Sub
    Function DayOfYear(ByVal cd As CalendarDate) As Integer
        Dim MonthDays() As Integer = {0, 31, 69, 90, 120, 151, 181, 212, 243, 273, 304, 334}

        DayOfYear = MonthDays(cd.Month - 1) + cd.Day
        If cd.Month > 2 AndAlso IsLeapYear(cd.Year) Then DayOfYear += 1
    End Function
    Function IsLeapYear(ByVal yr As Integer) As Boolean
        Return yr Mod 4 = 0 AndAlso (yr Mod 100 <> 0 Or yr Mod 400 = 0)
    End Function
End Module
```

```
Structure CalendarDate
    Dim Year As Integer
    Dim Month As Integer
    Dim Day As Integer
End Structure
```

In Visual Basic .NET enthält das von mir erstellte Projekt ConsolidatingData nur die eine Quellcodedatei ConsolidatingData.vb. Wenn Sie wollten, könnten Sie die Struktur im Projekt ConsolidatingData auch in einer separaten Quellcodedatei (z.B. mit dem Namen Calendar-Data.vb) unterbringen. Das ist sinnvoll, wenn Sie dieselbe Datenstruktur in mehreren Programmen verwenden möchten.

ConsolidatingData.vb demonstriert, wie Strukturen in prozeduralen Sprachen implementiert und verwendet werden. Herkömmliche Strukturen können nur Datentypen enthalten, Code und Daten sind deutlich voneinander getrennt. Die Funktionen *IsLeapYear* und *DayOfYear* stehen jedoch in enger Beziehung zur Struktur *CalendarDate*, da sie speziell für die Strukturvariablen von *CalendarDate* definiert wurden. Deshalb ist es sinnvoll, diese Funktionen innerhalb der Struktur *CalendarDate* selbst unterzubringen. Die Verlagerung der Funktionen in die Struktur ist der Beginn der Verwendung von objektorientierten Sprachmerkmalen.

AddingMethods.vb
```
Imports System
Module AddingMethods
    Sub Main()
        Dim today As CalendarDate
        today.Month = 8
        today.Day = 29
        today.Year = 2002
        Console.WriteLine("Day of year = {0}", today.DayOfYear())
    End Sub
End Module
Structure CalendarDate
    Dim Year As Integer
    Dim Month As Integer
    Dim Day As Integer
    Function DayOfYear() As Integer
        Dim MonthDays() As Integer = {0, 31, 69, 90, 120, 151, 181, 212, 243, 273, 304, 334}
        DayOfYear = MonthDays(Month - 1) + Day
        If Month > 2 AndAlso IsLeapYear() Then DayOfYear += 1
    End Function
    Function IsLeapYear() As Boolean
        Return Year Mod 4 = 0 AndAlso (Year Mod 100 <> 0 Or Year Mod 400 = 0)
    End Function
End Structure
```

Beachten Sie, dass dieses Beispiel mit weniger Codezeilen auskommt. Die Funktionen *IsLeapYear* und *DayOfYear* weisen keine Argumente mehr auf. Die Strukturfelder können direkt verwendet werden, da sie Teil derselben Struktur sind. Diese Funktionen haben damit die Bezeichnung *Methode* verdient.

Noch etwas mehr objektorientierte Terminologie: Die in *Main* definierte Variable *today* kann man als *Objekt* vom Typ *CalendarDate* bzw. als eine *Instanz* von *CalendarDate* bezeichnen. Man sagt: *CalendarDate* wurde *instanziiert*.

Was aber noch wichtiger ist: Die Methode *DayOfYear* kann genauso verwendet werden wie die Datenfelder der Struktur, mit einem Punkt zwischen Objekt- und Methodenname. Etwas subtiler ist der Perspektivenwechsel: Im ersten Fall wurde eine Funktion namens *DayOfYear* zur Verarbeitung einiger Daten in Form einer *CalendarDate*-Struktur aufgefordert; im zweiten Fall wird die Struktur *CalendarDate,* die ein Datum enthält, zur Berechnung von *DayOfYear* aufgefordert.

Das ist objektorientierte Programmierung, oder zumindest ein Aspekt davon: Man fasst Programmcode und Daten zu einer einzigen Einheit zusammen.

In den meisten objektorientierten Sprachen wird diese Einheit zur Kombination von Code und Daten jedoch nicht als *Struktur (Structure)*, sondern als *Klasse (Class)* bezeichnet. Die Umwandlung einer Struktur in eine Klasse erfolgt in Visual Basic .NET natürlich durch Ändern des entsprechenden Schlüsselworts, aber Sie werden im nächsten Programm unserer Serie auch noch eine Reihe weiterer Änderungen feststellen.

DefiningTheClass.vb
```vb
Imports System
Module DefiningTheClass
    Sub Main()
        Dim today As New CalendarDate()
        today.Month = 8
        today.Day = 29
        today.Year = 2002
        Console.WriteLine("Day of year = {0}", today.DayOfYear())
    End Sub
End Module
Class CalendarDate
    Public Year As Integer
    Public Month As Integer
    Public Day As Integer
    Function DayOfYear() As Integer
        Dim MonthDays() As Integer = {0, 31, 69, 90, 120, 151, 181, 212, 243, 273, 304, 334}
        DayOfYear = MonthDays(Month - 1) + Day
        If Month > 2 AndAlso IsLeapYear() Then DayOfYear += 1
    End Function
    Function IsLeapYear() As Boolean
        Return Year Mod 4 = 0 AndAlso (Year Mod 100 <> 0 Or Year Mod 400 = 0)
    End Function
End Class
```

Für die Umstellung von *CalendarDate* von einer Struktur auf eine Klasse war zunächst einmal die Änderung des Schlüsselworts *Structure* auf *Class* erforderlich, das ist offensichtlich.

Class und *Structure* scheinen in Visual Basic .NET sehr ähnlich zu sein. Einen wichtigen Unterschied gibt es jedoch bei den Feldern einer Klasse. Standardmäßig sind Felder einer Klasse nur von *innerhalb* der Klasse zugänglich, in diesem Fall von den Methoden *DayOfYear* und *IsLeapYear.* Diese Felder sind von außerhalb der Klasse nicht zugänglich, das heißt aus der Subroutine *Main* im Modul *DefiningTheClass*. Den Grund dafür werden Sie im Lauf des Kapitels kennen lernen.

Um dieses Standardverhalten zu ändern, müssen Sie bei den drei Feldern das Schlüsselwort *Dim* durch das Schlüsselwort *Public* ersetzen. Das Schlüsselwort *Public* wird *Zugriffsmodifizierer* genannt, da es angibt, wie auf das Feld zugegriffen werden kann. Die beiden anderen häufig verwendeten Zugriffsmodifizierer heißen *Private* and *Protected,* darauf gehe ich weiter unten in diesem Kapitel noch ein.

Eine weitere andere Änderung in DefiningTheClass betrifft die Definition der Variablen *CalendarDate* in *Main*. Im vorherigen Programm sah sie so aus:

```
Dim today As CalendarDate
```

Wenn *CalendarDate* eine Klasse und keine Struktur mehr ist, reicht diese Anweisung nicht mehr. Für das Anlegen einer Instanz einer Klasse ist auch eine Speicherreservierung erforderlich, damit die Felder der Klasse irgendwo gespeichert werden können. Die obige Anweisung definiert *today* einfach als Variable vom Typ *CalendarDate,* aber sie reserviert keinen Speicher, was bedeutet, dass *today* gleich *Nothing* ist. Für das tatsächliche Anlegen einer Instanz einer Klasse ist eine Anweisung wie folgende notwendig:

```
Dim today As CalendarDate = New CalendarDate()
```

oder einfacher:

```
Dim today As New CalendarDate()
```

Das Schlüsselwort *New* führt eine Speicherreservierung für das neue Objekt vom Typ *CalendarDate* durch. (Auf die Verwendung der Klammern nach *CalendarDate* gehe ich weiter unten im Kapitel noch ein.)

Lassen Sie uns noch einmal die verwendete Terminologie wiederholen: *CalendarDate* ist eine *Klasse.* Die Klasse *CalendarDate* weist fünf *Member* auf. Die drei Datenmember *Year, Month* und *Day* werden als *Felder* bezeichnet. Die beiden Codemember werden *Methoden* genannt. In Visual Basic .NET kann es sich bei Methoden um Funktionen (die Werte zurückgeben und durch das Schlüsselwort *Function* gekennzeichnet sind) oder um Subroutinen (die keinen Wert zurückgeben und mit *Sub* gekennzeichnet sind) handeln. Die Variable *today* ist ein *Objekt* vom Typ *CalendarDate.* Dies wird auch als *Instanz* der Klasse *CalendarDate* bezeichnet.

Shared Methoden

Bei der nächsten Version des Programms werde ich eine kleine Änderung an der Definition von *IsLeapYear* vornehmen. Ich verwende das Argument *yr* wieder, das es bereits in der Programmversion mit dem Namen ConsolidatingData gab. Ich füge auch noch den Modifizierer *Shared* zur Methode hinzu. Hier ist das Ergebnis:

```
SharingMethods.vb
Imports System
Module DefiningTheClass
    Sub Main()
        Console.WriteLine("Is 2002 a leap year? {0}", CalendarDate.IsLeapYear(2002))
        Dim today As New CalendarDate()
        today.Month = 8
        today.Day = 29
        today.Year = 2002
```

Am Anfang war die Konsole

```
            Console.WriteLine("Day of year = {0}", today.DayOfYear())
        End Sub
    End Module
    Class CalendarDate
        Public Year As Integer
        Public Month As Integer
        Public Day As Integer
        Function DayOfYear() As Integer
            Dim MonthDays() As Integer = {0, 31, 69, 90, 120, 151, 181, 212, 243, 273, 304, 334}
            DayOfYear = MonthDays(Month - 1) + Day
            If Month > 2 AndAlso IsLeapYear(Year) Then DayOfYear += 1
        End Function
        Shared Function IsLeapYear(ByVal yr As Integer) As Boolean
            Return yr Mod 4 = 0 AndAlso (yr Mod 100 <> 0 Or yr Mod 400 = 0)
        End Function
    End Class
```

Der Modifizierer *Shared* ist in Visual Basic .NET und dem .NET Framework so wichtig, dass ich ihm ein ganzes Beispielprogramm widmen wollte.

In diesem Kapitel habe ich die Methode *WriteLine* der Klasse *Console* für die Anzeige von Text auf der Konsole genutzt:

```
Console.WriteLine(...)
```

Beim Aufruf der Methode *DayOfYear* geben Sie jedoch nicht die Klasse (*CalendarDate*) an, sondern *today*, ein Objekt vom Typ *CalendarDate*:

```
today.DayOfYear()
```

Sehen Sie den Unterschied? Im ersten Fall wird die Klasse *Console* angegeben, im zweiten Fall das Objekt *today*.

Der Unterschied liegt in *Shared*. Die Methode *WriteLine* wird in der Klasse *Console* als *Shared* definiert:

```
Public Shared Sub WriteLine(Dim obj As Object)
```

Eine shared Methode gehört zur Klasse selbst, nicht zu einem Objekt dieser Klasse. Zum Aufruf einer als *Shared* definierten Methode müssen Sie ihr den Namen der Klasse voranstellen. Zum Aufruf einer *nicht* als *Shared* definierten Methode leiten Sie diese mit dem Namen eines Objekts ein, d.h. einer Instanz der Klasse, in der die Methode definiert ist.

Diese Unterscheidung gilt auch für die Datenmember in einer Klasse. Jedes als *Shared* definierte Datenmember verfügt in allen Instanzen der Klasse über denselben Wert. (Von außerhalb der Klassendefinition kann anstelle des Objektnamens der Klassenname für den Zugriff auf die Datenmember verwendet werden. Die vorhin im Programm MinAndMax verwendeten Felder *MinValue* und *MaxValue* waren shared Felder.)

Welche Folgen hat es, wenn *IsLeapYear* als *Shared* definiert wird? Sie können *IsLeapYear* zwar immer noch mit einer vorangestellten Instanz von *CalendarDate* aufrufen:

```
today.IsLeapYear(2004)
```

aber die Methode verwendet nicht die *today*-Instanz. Das Ergebnis der Methode *IsLeapYear* hängt einzig und allein vom Argument ab. Üblicherweise ruft man shared Methoden mit vorangestelltem Klassennamen auf:

```
CalendarDate.IsLeapYear(2004)
```

Innerhalb der Klassendefinition (zum Beispiel in der Methode *DayOfYear*) brauchen Sie *IsLeapYear* nichts voranzustellen.

Die zweite Auswirkung besteht darin, dass *IsLeapYear* ein Argument erwartet, und zwar das zu überprüfende Jahr. Der Vorteil der Definition von *IsLeapYear* als *Shared* besteht darin, dass Sie keine Instanz von *CalendarDate* erstellen müssen, um *IsLeapYear* verwenden zu können. (Die Methode *Main* im Programm SharingMethods zeigt, dass *IsLeapYear* aufgerufen werden kann, ohne zuvor eine Instanz von *CalendarDate* zu erstellen.) Ebenso benötigen Sie keine Instanz der Klasse *Console,* um die in dieser Klasse als *Shared* definierten Methoden verwenden zu können.

Eine shared Methode kann keine nicht shared Methode derselben Klasse aufrufen oder nicht shared Felder verwenden. Dies liegt daran, dass nicht shared Felder sich in Bezug auf die unterschiedlichen Instanzen der Klasse unterscheiden und nicht shared Methoden unterschiedliche Werte für unterschiedliche Instanzen der Klasse zurückgeben. Immer wenn Sie etwas in der .NET Framework-Referenz nachschlagen, sollten Sie darauf achten, ob ein Element als *Shared* definiert ist oder nicht. Diese Unterscheidung ist sehr wichtig. Ich werde auf diesen Umstand achten und darauf hinweisen, wenn in diesem Buch ein Element als *Shared* definiert ist.

Wie bereits gesagt, können auch Felder als *Shared* definiert werden, wodurch sie von allen Instanzen einer Klasse gemeinsam verwendet werden. Ein shared Feld ist z.B. eine gute Wahl, wenn Sie ein Array verwenden, das mit konstanten Werten initialisiert wird. Ein Beispiel hierfür ist das Array *MonthDays,* das ich in den obigen Programmen verwendet habe. In den bisher gezeigten Programmen wird das Array bei jedem Aufruf der Methode *DayOfYear* neu initialisiert. In der nächsten Version des Programms werde ich das Array zu einem Feld machen.

Ausnahmebehandlung

Die Behandlung von Fehlern ist schon immer ein problematischer Bereich bei der Programmierung gewesen. Oft melden die unterschiedlichen Betriebssysteme, grafischen Umgebungen, Bibliotheken und Funktionsaufrufe Fehler auf ganz unterschiedliche Arten. Einige geben einen *Boolean*-Wert zurück, andere Fehlercodes, einige geben *Nothing*-Werte zurück, andere piepsen einfach nur und manche bringen sogar das System zum Absturz.

In Visual Basic .NET und dem .NET Framework wurde der Versuch unternommen, für die Meldung aller Fehler ein einheitliches System einzusetzen, die so genannte *strukturierte Ausnahmebehandlung* (Structured Exception Handling, SEH).

Wir wollen die Untersuchung dieses Themas damit beginnen, dass wir dem Feld *Month* des *CalendarDate*-Objekts im Programm SharingMethods den Wert 13 zuweisen:

```
today.Month = 13
```

Kompilieren Sie das Programm neu und starten Sie es. Klicken Sie auf *Nein,* falls ein Dialogfeld zur Debuggerauswahl angezeigt wird. Daraufhin erhalten Sie auf der Befehlszeile folgende Fehlermeldung:

```
Unbehandelte Ausnahme: System.IndexOutOfRangeException: Der Index war außerhalb
des Arraybereichs.
   at SharingMethods.CalendarDate.DayOfYear()
   at SharingMethods.DefiningTheClass.Main()
```

Wenn Sie das Programm mit aktivierten Debugoptionen kompiliert haben, werden detailliertere Informationen ausgegeben, die auch die Nummern der fehlerhaften Quellcodezeilen angeben. In beiden Fällen wird die Programmausführung jedoch vorzeitig abgebrochen.

Beachten Sie, dass die Meldung stimmt: Der Index in das Array *MonthDays* war tatsächlich zu groß. Visual Basic .NET prüft den Arrayindex vor der Indizierung des Arrays auf seine Gültigkeit und reagiert durch das so genannte *Auslösen einer Ausnahme* (throwing an exception) auf ungültige Indexwerte.

Es ist möglich – und sogar wünschenswert –, dass ein Programm »weiß«, wann eine Ausnahme auftritt und wie sie behandelt werden sollte. Wenn ein Programm auf Ausnahmen prüft, wird dies als *Abfangen von Ausnahmen* (catching an exception) bezeichnet. Zum Abfangen von Ausnahmen schließen Sie Anweisungen, die möglicherweise eine Ausnahme verursachen, in einen *Try*-Block ein und stellen Code zu ihrer Behandlung in einen *Catch*-Block. Sie können einmal versuchsweise den folgenden Code in der Version des Programms SharingMethods mit dem ungültigen Datumswerts unterbringen:

```
Try
    Console.WriteLine("Day of year = {0}", today.DayOfYear())
Catch exc As Exception
    Console.WriteLine(exc)
End Try
```

Exception ist eine Klasse, die im Namespace *System* definiert ist, *exc* ein vom Programm definiertes Objekt vom Typ *Exception*. Dieses Objekt erhält Informationen über die Ausnahme. In diesem Beispiel habe ich einfach *exc* als Argument an *Console.WriteLine* übergeben, wodurch derselbe Text mit der Fehlerbeschreibung angezeigt wird, der oben schon zu sehen war. Der Unterschied besteht darin, dass das Programm nun nicht vorzeitig abgebrochen wird und es den Fehler auch auf eine andere (vielleicht sogar geschicktere) Art hätte behandeln können.

Eine einzige Codezeile kann mehrere Arten von Ausnahmen hervorrufen, Sie können deshalb dafür auch mehrere *Catch*-Blöcke definieren.

```
Try
    ⋮
Catch exc As NullReferenceException
    ⋮
Catch exc As ArgumentOutOfRangeException
    ⋮
Catch exc As Exception
    ⋮
End Try
```

Beachten Sie, dass die allgemeinste Ausnahme als letzte aufgeführt wird.

Sie können auch noch einen *Finally*-Block verwenden:

```
Try
    ⋮
Catch exc As Exception
    ⋮
Finally
    ⋮
End Try
```

Der Code im *Finally*-Block wird immer ausgeführt, und zwar entweder im Anschluss an den *Catch*-Block (falls eine Ausnahme aufgetreten ist) oder nach der Ausführung des *Try*-Blocks (falls keine Ausnahme aufgetreten ist). Die Ausführung erfolgt also unabhängig davon, ob eine Ausnahme aufgetreten ist oder nicht. Im *Finally*-Block können Sie Aufräumarbeiten erledigen.

Sie fragen sich vielleicht, wozu der *Finally*-Block benötigt wird. Warum können die Aufräumroutinen nicht einfach hinter den *Catch*-Block gestellt werden? Das wäre durchaus möglich, aber die *Try*- oder *Catch*-Blöcke werden eventuell durch *GoTo*-Anweisungen beendet. Der *Finally*-Block wird auch in diesem Fall (vor der *GoTo*-Anweisung) ausgeführt.

Sie können den *Catch*-Block auch weglassen:

```
Try
   ⋮
Finally
   ⋮
End Try
```

In diesem Fall wird ein Dialogfeld zur Angabe eines Debuggers eingeblendet, und die Ausnahme wird angezeigt (dieselbe wie bei *Console.WriteLine*). Anschließend wird der Code im *Finally*-Block ausgeführt und das Programm normal fortgesetzt.

Ausnahmen auslösen

Was mich an diesem speziellen Beispiel noch etwas wurmt ist die Tatsache, dass wir nicht zum Kern des Problems vorgedrungen sind. Die Methode *DayOfYear* löst eine Ausnahme aus, weil die Grenzen des Arrays *MonthDays* überschritten wurden. Das tatsächliche Problem steht jedoch weiter vorn im Programm, und zwar ist es die folgende Anweisung, die Sie auf meinen Rat in das Programm einfügen sollten:

```
today.Month = 13
```

Sobald diese Anweisung ausgeführt wird, gibt es ein *CalendarDate*-Objekt, das ein ungültiges Datum enthält. Da liegt das eigentliche Problem. Es ist lediglich so, dass die Methode *DayOfYear* als erste empfindlich auf dieses Problem reagiert. Angenommen, *today.Month* enthält einen gültigen Monatswert und Sie verwenden die folgende Anweisung:

```
today.Day = 47
```

Die Methode *DayOfYear* berechnet ein Ergebnis, ungeachtet der Tatsache, dass es sich um einen falschen Wert handelt.

Gibt es für die Klasse eine Möglichkeit, sich davor zu schützen, dass Felder durch andere Programme auf ungültige Werte eingestellt werden? Wenn Sie ein Programm absolut daran hindern wollen, Feldern ungültige Werte zuzuweisen, deklarieren Sie die Felder nicht als *Public*, sondern als *Private*.

```
Private yr As Integer
Private mn As Integer
Private dy As Integer
```

Durch die Deklaration mit dem Modifizierer *Private* können nur innerhalb der Klasse *CalendarDate* definierte Methoden auf die drei Felder zugreifen. Ich habe auch die Feldnamen verkürzt, um ganz deutlich zu machen, das diese Elemente wirklich privat für diese Klasse sind, und nicht öffentlich zugänglich. Natürlich müssen Sie auch noch die Methode *DayOfYear* so abändern, dass sie die neuen Feldnamen verwendet.

In Visual Basic .NET werden Felder in Klassen standardmäßig als *Private* definiert, daher brauchen Sie nur das Attribut *Public* durch das bereits verwendete *Dim* zu ersetzen:

```
Dim yr As Integer
Dim mn As Integer
Dim dy As Integer
```

In diesem Buch gebe ich bei privaten Feldern *Private* immer an, damit die Zugriffsart deutlich wird.

Allerdings führt diese Änderung zu einem neuen Problem: Wie kann ein Programm, das die Klasse *CalendarDate* verwendet, die Werte für Jahr, Monat und Tag einstellen?

Eine Lösung besteht darin, in der Klasse *CalendarDate* Methoden zu definieren, die speziell für das Einstellen und Abfragen dieser drei Feldwerte zuständig sind. Nachfolgend sehen Sie zwei einfache Methoden zum Einstellen und Abfragen des privaten Felds *mn*:

```
Sub SetMonth(ByVal month As Integer)
    mn = month
End Sub

Function GetMonth() As Integer
    Return mn
End Function
```

Methoden in Visual Basic .NET-Klassen sind standardmäßig *Public*, aber man kann den Wörtern *Sub* und *Function* trotzdem den Zugriffsmodifizierer *Private* voranstellen, damit jemand, der einen Blick in den Code wirft, die Zugriffsart auch gleich erkennt. Wenn ich gewollt hätte, hätte ich der Argumentvariablen in *SetMonth* und dem Feld auch den gleichen Namen geben können. Wenn Sie so vorgehen, müssen dem Feldnamen das Wort *Me* und ein Punkt vorangestellt werden:

```
Me.mn = mn
```

Innerhalb einer Klasse greift das Schlüsselwort *Me* auf die Klasseninstanz zu, welche die Methode aufruft. Das Schlüsselwort *Me* kann nicht in shared Methoden eingesetzt werden.

Nachfolgend sehen Sie eine Version von *SetMonth*, die auf gültige Monatswerte prüft:

```
Sub SetMonth(ByVal month As Integer)
    If month >= 1 AndAlso month <= 12 Then
        mn = month
    Else
        Throw New ArgumentOutOfRangeException("Month")
    End If
End Sub
```

Da haben wir jetzt die Syntax zum Auslösen einer Ausnahme. Ich habe *ArgumentOutOfRangeException* gewählt, da diese Ausnahme das Problem am ehesten trifft. Das Schlüsselwort *New* erstellt ein neues Objekt vom Typ *ArgumentOutOfRangeException*. Dieses Objekt erhält der *Catch*-Block als Parameter. Das Argument für *ArgumentOutOfRangeException* ist eine Textzeichenfolge, die den Fehler verursachenden Parameter identifiziert. Die Textzeichenfolge wird zusammen mit anderen Fehlerinformationen ausgegeben, wenn Sie den Fehler anzeigen.

Visual Basic .NET weist eine bessere Alternative zu den *Get*- und *Set*-Methoden auf. Wann immer Sie versucht sind, Methoden zu schreiben, die mit dem Wort *Get* oder *Set* beginnen – eigentlich immer dann, wenn Sie eine parameterlose Methode schreiben möchten, die Informationen zu einem Objekt zurückgibt –, sollten Sie darüber nachdenken, das Visual Basic .NET-Feature *Eigenschaften* einzusetzen.

Eigenschaften abfragen und einstellen

Wie Sie gesehen haben, können Visual Basic .NET-Klassen Datenmember (so genannte *Felder*) und Codemember (*Methoden*) enthalten. Darüber hinaus können Visual Basic .NET-Klassen noch andere Codemember enthalten, die so genannten *Eigenschaften* (properties). Diese spielen im .NET Framework eine sehr wichtige Rolle.

Eigenschaften scheinen den Unterschied zwischen Code und Daten zu verwischen. Für ein Programm, das die Klasse verwendet, sehen Eigenschaften wie Datenfelder aus und können häufig auch wie solche behandelt werden. Innerhalb einer Klasse ist eine Eigenschaft jedoch definitiv ein Codeelement. In vielen Fällen ermöglicht eine öffentliche Eigenschaft anderen Klassen den Zugriff auf ein privates Feld in der Klasse. Die Eigenschaft hat gegenüber einem Feld den Vorteil, dass dabei eine Gültigkeitsprüfung durchgeführt werden kann.

Nachfolgend sehen Sie eine Beispieldefinition (ohne Gültigkeitsüberprüfung) für eine Eigenschaft mit dem Namen *Month*, die Zugriff auf das private Feld *mn* bietet:

```
Property Month() As Integer
    Set(ByVal Value As Integer)
        mn = Value
    End Set
    Get
        Return mn
    End Get
End Property
```

Ein Programm, das eine Klasse mit dieser Eigenschaft verwendet, greift auf die Eigenschaft genauso zu wie auf ein Feld:

```
today.Month = 7
```

oder

```
Console.WriteLine(today.Month)
```

oder

```
today.Month += 2
```

Das letzte Beispiel erhöht die Eigenschaft *Month* um 2. Wie Sie unschwer erkennen können, ist diese Syntax sehr viel sauberer als eine gleichbedeutende Anweisung mit den zuvor verwendeten Methoden *SetMonth* und *GetMonth*:

```
today.SetMonth(today.GetMonth() + 2)        ' Gut, dass das vorbei ist!
```

Untersuchen wir die Definition von Eigenschaften etwas genauer: Die Eigenschaft selbst heißt *Month*. Der Datentyp *Integer* besagt, dass die Eigenschaft eine 32-Bit-Ganzzahl ist. Innerhalb des Eigenschaftsrumpfs befinden sich zwei so genannte *Accessoren* (Zugriffsmethoden) namens *Set* und *Get*. Sie müssen nicht beide verwenden, viele Eigenschaften verfügen lediglich über öffentliche *Get*-Accessoren; dann muss die Eigenschaft als *ReadOnly* gekennzeichnet werden. Es ist auch möglich, eine Eigenschaft mit *Set*-, aber ohne *Get*-Accessor zu verwenden (*WriteOnly*), diese Fälle sind jedoch eher selten.

Innerhalb der Definition des *Set*-Accessors bezieht sich das Wort *Value* auf den Wert, welcher der Eigenschaft durch eine Anweisung wie z.B. der folgenden zugewiesen wird:

```
today.Month = 7
```

Ein *Get*-Accessor enthält immer eine *Return*-Anweisung, um über die Eigenschaft einen Wert an das Programm zurückgeben zu können.

Nachfolgend sehen Sie ein Programm mit den Eigenschaften *Year*, *Month* und *Day*, das in den *Set*-Accessoren eine Gültigkeitsprüfung durchführt. Die Gültigkeitsprüfung ist ein Grund dafür, dass Eigenschaften so viel leistungsfähiger sind als einfache Felder.

PropertiesAndExceptions.vb

```
Imports System
Module PropertiesAndExceptions
    Sub Main()
        Dim today As New CalendarDate()
```

```vbnet
            Try
                today.Month = 8
                today.Day = 29
                today.Year = 2002
                Console.WriteLine("Day of year = {0}", today.DayOfYear)
            Catch exc As Exception
                Console.WriteLine(exc)
            End Try
        End Sub
End Module
Class CalendarDate
    ' Private Felder
    Private yr As Integer
    Private mn As Integer
    Private dy As Integer
    Private Shared MonthDays() As Integer = {0, 31, 59, 90, 120, 151, 181, 212, 243, 273, 304, 334}
    ' Öffentliche (Public) Eigenschaften
    Property Year() As Integer
        Set(ByVal Value As Integer)
            If (Value < 1600) Then
                Throw New ArgumentOutOfRangeException("Year")
            Else
                yr = Value
            End If
        End Set
        Get
            Return yr
        End Get
    End Property
    Property Month() As Integer
        Set(ByVal Value As Integer)
            If (Value < 1 Or Value > 12) Then
                Throw New ArgumentOutOfRangeException("Month")
            Else
                mn = Value
            End If
        End Set
        Get
            Return mn
        End Get
    End Property
    Property Day() As Integer
        Set(ByVal Value As Integer)
            If (Value < 1 Or Value > 31) Then
                Throw New ArgumentOutOfRangeException("Day")
            Else
                dy = Value
            End If
        End Set
        Get
            Return dy
        End Get
    End Property
```

```
        ReadOnly Property DayOfYear() As Integer
            Get
                DayOfYear = MonthDays(Month - 1) + Day
                If Month > 2 AndAlso IsLeapYear(Year) Then DayOfYear += 1
            End Get
        End Property
        Shared Function IsLeapYear(ByVal yr As Integer) As Boolean
            Return yr Mod 4 = 0 AndAlso (yr Mod 100 <> 0 Or yr Mod 400 = 0)
        End Function
End Class
```

Ich habe den *Try*- und *Catch*-Code im Programm gelassen, damit Sie ein wenig mit ungültigen Datumswerten experimentieren können. Beachten Sie, dass ich für die Eigenschaft *Year* einen Mindestwert von 1600 festgelegt habe. Die Methode *IsLeapYear* ist für frühere Datumswerte nicht geeignet. Ein Problem besteht jedoch weiterhin, nämlich dass die Eigenschaften nicht auf Konsistenz zwischen den Werten für Tag, Monat und Jahr überprüft werden. Sie können beispielsweise als Datumswert auch den 31. Februar einstellen. Eine solche Konsistenzprüfung würde die Reihenfolge der Eigenschafteneinstellung einschränken, daher lassen wir diesen Aspekt hier einmal außer Acht.

Ich habe ferner *DayOfYear* von einer Methode in eine schreibgeschützte Eigenschaft umgeändert. Das habe ich lediglich aus dem einen Grund getan, weil mir dieser Wert eher eine Eigenschaft des Datums zu sein schien als eine Methode. Gelegentlich lässt sich nur schwer sagen, ob ein Wert als Methode oder als Eigenschaft definiert werden sollte. Die einzige offensichtliche Regel ist folgende: Gibt es ein Argument, sollte eine Methode definiert werden.

Konstruktoren

Die oben gezeigte Version des Visual Basic .NET-Programms implementiert die Gültigkeitsprüfung in allen *Set*-Accessoren seiner Eigenschaften. Die Klasse verfügt jedoch noch nicht über die Möglichkeit, die Konsistenz zwischen den Werten für Jahr, Monat und Tag zu prüfen. Es gibt noch eine Situation, in der die Klasse ein ungültiges Datum aufweist, und zwar bei der Erstellung des Objekts:

```
Dim today As New CalendarDate()
```

Sie können das letztere Problem mithilfe eines so genannten *Konstruktors* lösen. Ein Konstruktor ist eine Methode innerhalb der Klasse, die ausgeführt wird, wenn ein Objekt der Klasse erstellt wird. Sehen Sie sich in dem obigen Ausdruck das Schlüsselwort *New* an. Es scheint sich hierbei um einen Methodenaufruf ohne Argumente zu handeln. Und genau das ist es auch. Es handelt sich um einen Aufruf des Standardkonstruktors von *CalendarDate*. Jede Klasse verfügt über einen Standardkonstruktor, ob Sie diesen nun explizit definieren oder nicht. Indem Sie in der Klasse *CalendarDate* explizit einen Standardkonstruktor definieren, können Sie sicherstellen, dass das *CalendarDate*-Objekt immer einen gültigen Datumswert enthält.

Es ist darüber hinaus möglich, Konstruktoren mit einem oder mehreren Argumenten zu definieren. Sie könnten in der Klasse *CalendarDate* beispielsweise einen Konstruktor mit drei Argumenten definieren, um ein *CalendarDate*-Objekt mit einem bestimmten Datumswert zu initialisieren. Mithilfe eines solchen Konstruktors könnte ein *CalendarDate*-Objekt auf die folgende Weise erstellt werden:

```
Dim birthdate As New CalendarDate(1953, 2, 2)
```

Innerhalb der Klasse sehen Konstruktoren immer wie Subroutinen mit den Namen *New* aus. Nachfolgend sehen Sie ein einfaches Beispiel für einen Konstruktor mit Datumsargumenten:

```
Sub New(ByVal yr As Integer, ByVal mn As Integer, ByVal dy As Integer)
    Me.yr = yr
    Me.mn = mn
    Me.dy = dy
End Sub
```

Von der in den Eigenschaften implementierten Fehlerprüfung wird jedoch kein Gebrauch gemacht. Ein besserer Ansatz für den Konstruktor besteht darin, anstelle der Felder Eigenschaften einzustellen:

```
Sub New(ByVal yr As Integer, ByVal mn As Integer, ByVal dy As Integer)
    Year = yr
    Month = mn
    Day = dy
End Sub
```

Tatsächlich können Sie noch mehr tun. Sie können im Konstruktor Konsistenzprüfungen für die drei Werte durchführen.

Und was ist mit dem Standardkonstruktor? Es ist üblich, für Klassen einen Standardkonstruktor zu definieren, der das Objekt auf 0 oder einen entsprechenden Wert setzt. Für die Klasse *CalendarDate* wäre dies der 1. Januar 1600, da es sich hierbei um den kleinsten erlaubten Datumswert handelt. Im Folgenden sehen Sie die neue Version des Programms.

AddingConstructors.vb
```
Imports System
Module AddingConstructors
    Sub Main()
        Try
            Dim today As New CalendarDate(2002, 8, 29)
            Console.WriteLine("Day of year = {0}", today.DayOfYear())
        Catch exc As Exception
            Console.WriteLine(exc)
        End Try
    End Sub
End Module
Class CalendarDate
    ' Private Felder
    Private yr As Integer
    Private mn As Integer
    Private dy As Integer
    Private Shared MonthDays() As Integer = {0, 31, 59, 90, 120, 151, 181, 212, 243, 273, 304, 334}
    ' Öffentliche (Public) Konstruktoren
    Sub New()
        Year = 1600
        Month = 1
        Day = 1
    End Sub
    Sub New(ByVal yr As Integer, ByVal mn As Integer, ByVal dy As Integer)
        If (mn = 2 AndAlso IsLeapYear(yr) AndAlso dy > 29) OrElse _
           (mn = 2 AndAlso Not IsLeapYear(yr) AndAlso dy > 28) OrElse _
           ((mn = 4 OrElse mn = 6 OrElse mn = 9 OrElse mn = 11) AndAlso dy > 30) Then
            Throw New ArgumentOutOfRangeException("Day")
```

```
            Else
                Year = yr
                Month = mn
                Day = dy
            End If
        End Sub
        ' Öffentliche (Public) Eigenschaften
        Property Year() As Integer
            Set(ByVal Value As Integer)
                If (Value < 1600) Then
                    Throw New ArgumentOutOfRangeException("Year")
                Else
                    yr = Value
                End If
            End Set
            Get
                Return yr
            End Get
        End Property
        Property Month() As Integer
            Set(ByVal Value As Integer)
                If (Value < 1 Or Value > 12) Then
                    Throw New ArgumentOutOfRangeException("Month")
                Else
                    mn = Value
                End If
            End Set
            Get
                Return mn
            End Get
        End Property
        Property Day() As Integer
            Set(ByVal Value As Integer)
                If (Value < 1 Or Value > 31) Then
                    Throw New ArgumentOutOfRangeException("Day")
                Else
                    dy = Value
                 End If
            End Set
            Get
                Return dy
            End Get
        End Property
        ReadOnly Property DayOfYear() As Integer
            Get
                DayOfYear = MonthDays(Month - 1) + Day
                If Month > 2 AndAlso IsLeapYear(Year) Then DayOfYear += 1
            End Get
        End Property
        Shared Function IsLeapYear(ByVal yr As Integer) As Boolean
            Return yr Mod 4 = 0 AndAlso (yr Mod 100 <> 0 Or yr Mod 400 = 0)
        End Function
End Class
```

Dass der Standardkonstruktor lediglich Standardwerte für Felder definiert, hätte ich ihn nicht implementieren brauchen. Ich hätte die Felder auch so initialisieren können:

```
Private yr As Integer = 1600
Private mn As Integer = 1
Private dy As Integer = 1
```

Instanzen und Vererbung

Es könnte einmal passieren, dass Sie eine Klasse verwenden und sich denken: »Diese Klasse ist ziemlich gut, aber wäre vielleicht noch besser, wenn sie ...«. Wenn der Quellcode der Klasse vorliegt, könnten Sie ihn einfach überarbeiten, eine neue Methode einfügen, eine Neukompilierung durchführen und fertig. Aber wahrscheinlich liegt der Quellcode nicht vor. Wahrscheinlich haben Sie nur Zugriff auf die kompilierte Version der Klasse, die in einer DLL implementiert ist.

Vielleicht möchten Sie jedoch auch etwas anderes an der Klasse ändern, vielleicht eine bereits vorhandene Funktion etwas anders implementieren. Die Klasse wird jedoch möglicherweise in anderen Anwendungen verwendet und funktioniert dort problemlos, so wie sie ist. Sie benötigen die Änderung lediglich für Ihre neue Anwendung, und Sie möchten nicht den Quellcode der ursprünglichen Version ändern.

Aus diesem Grund implementieren objektorientierte Sprachen wie Visual Basic .NET ein Feature namens *Vererbung* (inheritance). Sie können eine neue Klasse auf der Grundlage einer bereits vorhandenen Klasse definieren. Sie *erben* (inherit) von einer vorhandenen Klasse bzw. erstellen eine *Unterklasse* (subclass) einer vorhandenen Klasse. Die neue Klasse braucht nur die neuen Features zu enthalten. Alle Klassen in Visual Basic .NET und dem .NET Framework erben von einer Klasse namens *Object* oder von einer Klasse, die von *Object* erbt. Alle Klassen sind damit letztlich von der Klasse *Object* abgeleitet (derived).

Erstellen wir eine neue Klasse mit dem Namen *EnhancedDate,* die von *CalendarDate* erbt. *EnhancedDate* erhält eine neue Eigenschaft mit dem Namen *DaysSince1600* (Tage seit 1600). Und da die neue Klasse eine solche Eigenschaft implementiert, kann *EnhancedDate* die Differenz zwischen zwei Datumswerten in Tagen berechnen.

Nachfolgend sehen Sie das Programm, in dem die Klasse *EnhancedDate* definiert wird.

```
InheritingTheClass.vb
Imports System
Module InheritingTheClass
    Sub Main()
        Dim birth As New EnhancedDate(1953, 2, 2)
        Dim today As New EnhancedDate(2002, 8, 29)

        Console.WriteLine("Birthday = {0}", birth)
        Console.WriteLine("Today = " & today.ToString())
        Console.WriteLine("Days since birthday = {0}", today.Subtract(birth))
    End Sub
End Module
Class EnhancedDate
    Inherits CalendarDate

    ' Privates Feld
    Private Shared str() As String = {"Jan", "Feb", "Mar", "Apr", "May", "Jun", _
                                      "Jul", "Aug", "Sep", "Oct", "Nov", "Dec"}
```

```vb
' Öffentlicher (Public) Konstruktor
Sub New(ByVal yr As Integer, ByVal mn As Integer, ByVal dy As Integer)
    MyBase.New(yr, mn, dy)
End Sub
' Öffentliche (Public) Eigenschaft
ReadOnly Property DaysSince1600() As Integer
    Get
        Return 365 * (Year - 1600) + _
                     (Year - 1597) \ 4 - _
                     (Year - 1601) \ 100 + _
                     (Year - 1601) \ 400 + DayOfYear
    End Get
End Property
' Öffentliche (Public) Methoden
Overrides Function ToString() As String
    Return String.Format("{0} {1} {2}", Day, str(Month - 1), Year)
End Function
Function Subtract(ByVal subtrahend As EnhancedDate) As Integer
    Return Me.DaysSince1600 - subtrahend.DaysSince1600
End Function
End Class
```

Wenn Sie dieses Programm kompilieren, müssen Sie das zusammen mit der Datei AddingConstructors.vb tun, der aktuellsten Datei mit der Implementierung der Klasse *CalendarDate*. Da Sie nun über zwei Dateien mit einer *Main*-Methode verfügen, müssen Sie dem Compiler auch noch mitteilen, welche der beiden *Main*-Methoden als Einstiegspunkt für das Programm verwendet werden soll.

Wenn Sie die Kompilierung über die Befehlszeile durchführen, ist folgender Befehl erforderlich:

`vbc AddingConstructors.vb InheritingTheClass.vb /main:InheritingTheClass`

Hierbei müssen Sie auf die Groß-/Kleinschreibung achten. Die Dateinamen können Sie in Groß- oder Kleinschreibung angeben, aber das Argument */main* bezieht sich auf ein Modul, daher muss die Schreibweise genau mit der Namensdefinition in der Datei übereinstimmen. Wenn Sie Visual Basic .NET verwenden und diese Projekte und Dateien selbst erstellen, müssen Sie die Datei AddingConstructors.vb zum Projekt InheritingTheClass hinzufügen. Dazu wählen Sie im Menü *Projekt* die Option *Vorhandenes Element hinzufügen*. Wenn Sie im Dialogfeld *Vorhandenes Element hinzufügen* die Datei AddingConstructors.vb ausgewählt haben, klicken Sie auf den Pfeil neben der Schaltfläche *Öffnen* und wählen die Option *Datei verknüpfen*. Auf diese Weise wird keine Kopie der Datei AddingConstructors.vb erstellt, und es ergeben sich später keine Probleme damit, dass Sie eine Dateiversion ändern, die andere jedoch nicht.

Lassen Sie sich nun die Eigenschaftenseiten für das Projekt anzeigen. Im Abschnitt *Allgemein* geben Sie dann an, dass *InheritingTheClass* das *Startobjekt* ist. Das beseitigt das Problem mit dem doppelt vorhandenen *Main*.

Sehen Sie sich den Beginn der Definition von *EnhancedDate* an:

```
Class EnhancedDate
    Inherits CalendarDate
```

Daraus geht hervor, dass *EnhancedDate* von *CalendarDate* erbt. *EnhancedDate* muss keine besonderen Operationen in den zugehörigen Konstruktoren ausführen. *EnhancedDate* definiert keinen Standardkonstruktor und erhält deshalb automatisch einen.

Immer wenn Sie eine Instanz einer Klasse mit dem Standardkonstruktor erstellen, werden sämtliche Standardkonstruktoren aller Objekte aufgerufen, von denen die Klasse erbt. Begonnen wird hierbei mit dem Standardkonstruktor von *Object*, als letzter Konstruktor wird der Standardkonstruktor der Klasse aufgerufen, von der Sie ein Objekt instanziieren.

Dies gilt nicht für die benutzerdefinierten Konstruktoren. Der Konstruktor mit den drei Argumenten hat in *EnhancedDate* keine besondere Aufgabe, er muss aber dennoch aufgenommen werden und der Konstruktor muss in der *Basisklasse* explizit aufgerufen werden, d.h. in der Klasse, von der *EnhancedDate* erbt – der Klasse *CalendarDate*.

Wieder macht der Konstruktor in *EnhancedDate* nichts Besonderes, daher enthält der Rumpf nur den Aufruf des Basiskonstruktors.

Die Klasse *EnhancedDate* implementiert neben der Eigenschaft *DaysSince1600* zwei weitere nette Features. Erstens definiert *EnhancedDate* eine Methode mit dem Namen *Subtract*, die eine *DaysSince1600*-Eigenschaft von einer anderen subtrahiert. Wenn Sie also zwei *EnhancedDate*-Objekte folgendermaßen definieren,

```
Dim birth As New EnhancedDate(1953, 2, 2)
Dim today As New EnhancedDate(2002, 8, 29)
```

können Sie über folgenden einfachen Ausdruck die Differenz in Tagen ermitteln:

```
today.Subtract(birth)
```

Wie bereits erwähnt, sind alle Klassen letztlich von *Object* abgeleitet. Die Klasse *Object* implementiert eine Methode mit dem Namen *ToString*, welche die Konvertierung eines Objekts in eine lesbare Textzeichenfolge ermöglicht. Wir haben bereits von *ToString* Gebrauch gemacht. Immer dann, wenn Sie eine numerische Variable mit einer Textzeichenfolge verketten, wird automatisch die Methode *ToString* aufgerufen. Auch wenn Sie ein Objekt an *Console.WriteLine* übergeben, wird die *ToString*-Methode des Objekts aufgerufen.

Das Standardverhalten der *ToString*-Methode in *Object* besteht darin, den Klassennamen zurückzugeben, z.B. die Textzeichenfolge »EnhancedDate«. Das ist in Ordnung, da jede Klasse, die von *Object* abgeleitet ist (und damit jede in Visual Basic .NET definierte Klasse) die *ToString*-Methode in *Object* durch eine eigene *ToString*-Methode *überschreiben* (override) kann. Die Klasse *EnhancedDate* implementiert eine eigene *ToString*-Methode und verwendet die shared Methode *String.Format* zur Formatierung des Datumswerts in Form einer Textzeichenfolge. Sie können anschließend ein *EnhancedDate*-Objekt an *Console.WriteLine* übergeben und erhalten ein formatiertes Datum. Die Ausgabe des Programms InheritingTheClass sieht folgendermaßen aus:

```
Birthday = 2 Feb 1953
Today = 29 Aug 2002
Days since birthday = 18105
```

Jetzt können wir uns die Zugriffsmodifizierer etwas genauer ansehen. Wenn Sie ein Feld, eine Eigenschaft oder eine Methode als *Private* deklarieren, sind diese nur innerhalb der Klasse sichtbar und zugänglich. Wenn Sie ein Feld, eine Eigenschaft oder eine Methode als *Public* deklarieren, sind sie auch von außerhalb der Klasse sichtbar und zugänglich. Wenn Sie ein Feld, eine Eigenschaft oder eine Methode als *Protected* definieren, ist diese nur innerhalb der Klasse und in abgeleiteten Klassen sichtbar und zugänglich.

Die *ToString*-Methode in der Klasse *Object* ist mit dem Modifizierer *Overridable* (überschreibbar) definiert. Eine als *Overridable* definierte Methode kann und soll von abgeleiteten Klassen überschrieben werden. Eine Methode, welche die virtuelle Methode überschreibt, verwendet den Modifizierer *Overrides* (überschreibt), um anzuzeigen, dass eine Methode durch eine eigene Version ersetzt wird. Der Modifizierer *Overrides* ist erforderlich, damit Sie nicht versehentlich eine überschreibbare Methode überschreiben, wenn Sie eigentlich eine ganz andere Methode schreiben wollen. Eine Klasse kann auch Methoden überschreiben, die nicht mit *Overridable* definiert sind. In diesem Fall muss die neue Methode den Modifizierer *Shadows* (überschattet) verwenden.

Neben *ToString* definiert die Klasse *Object* diverse weitere Methoden, wie z.B. *GetType*. *GetType* gibt ein Objekt vom Typ *Type* zurück, einer im Namespace *System* definierten Klasse. Die Klasse *Type* ermöglicht Ihnen das Abrufen von Objektinformationen, z.B. Informationen zu Methoden, Eigenschaften und Feldern. Der Visual Basic .NET-Operator *GetType* gibt ebenfalls ein Objekt vom Typ *Type* zurück. Der Unterschied besteht darin, dass *GetType* (die Methode in *Object*) auf ein Objekt angewendet wird, *GetType* jedoch auf eine Klasse. In der *Main*-Methode von InheritTheDate würde der Ausdruck

```
(today.GetType() = GetType(EnhancedDate))
```

True zurückgeben.

Der große Überblick

Die Dokumentation zu den Klassenbibliotheken im .NET Framework ist nach Namespaces gegliedert. Jeder Namespace stellt eine logisch zusammengehörige Gruppe von Klassen dar und ist in einer bestimmten DLL implementiert.

In jedem Namespace gibt es fünf Arten von Elementen:

- Eine *Klasse*, die uns schon untergekommen ist.
- Eine *Struktur*, die einer Klasse sehr ähnlich ist.
- Eine *Schnittstelle* (interface), die einer *Klasse* oder *Struktur* gleicht, jedoch nur einen Methodennamen und keinen Rumpf definiert.
- Eine *Enumeration* ist eine Liste von Konstanten mit vordefinierten, ganzzahligen Werten.
- Ein *Delegat* ist ein Prototyp für einen Methodenaufruf.

Klassen und Strukturen scheinen sich in Visual Basic .NET sehr ähnlich zu sein. Eine *Klasse* ist jedoch ein *Verweistyp*, was bedeutet, dass es sich bei dem Objekt in Wirklichkeit um einen Zeiger auf einen reservierten Speicherblock handelt. Eine *Struktur* ist ein *Werttyp*, ähnlich wie eine gewöhnliche numerische Variable. Dieser Unterschied wird in Kapitel 3 noch ausführlicher besprochen. Im nächsten Kapitel werde ich auf Delegaten eingehen; sie werden häufig zusammen mit *Ereignissen* (events) verwendet.

Einige Klassen im .NET Framework enthalten shared Methoden und Eigenschaften, die über den Namen der Klasse und Methode (oder Eigenschaft) aufgerufen werden. Andere Klassen aus dem .NET Framework werden in Ihren Windows Forms-Anwendungen instanziiert. Und wieder andere Klassen aus dem .NET Framework werden von Ihren Windows Forms-Anwendungen geerbt. Innerhalb einer *Klasse* oder *Struktur* können folgende Arten von Membern vorkommen:

- *Felder* (fields), bei denen es sich um Objekte eines bestimmten Typs handelt.
- *Konstruktoren*, die bei der Objekterstellung ausgeführt werden.
- *Eigenschaften* (properties), bei denen es sich um Codeblöcke mit *Set*- und *Get*-Accessoren handelt.
- *Methoden*, bei denen es sich um Funktionen handelt, die Argumente annehmen und Werte zurückgeben, oder Subroutinen, die keine Werte zurückgeben.

- *Operatoren*, die Standardoperatoren für Berechnungen oder Vergleiche (wie Addition und »Größer als«) und Typumwandlungen (cast) definieren.
- *Indizierer*, mit deren Hilfe ein Objekt wie ein Array verwendet werden kann.
- *Ereignisse*, die ich im nächsten Kapitel behandeln werde.
- Andere eingebettete Klassen, Strukturen, Schnittstellen, Enumerationen oder Delegaten.

Zu Beginn dieses Kapitels habe ich die verschiedenen von Visual Basic .NET unterstützten numerischen Daten- und Zeichenfolgentypen angesprochen. Alle Grundtypen von Visual Basic .NET sind als Klassen oder Strukturen im Namespace *System* implementiert. Der Datentyp *Integer* ist beispielsweise ein Alias für die Struktur *Int32*. Statt einen *Integer* folgendermaßen zu definieren:

```
Dim a As Integer = 55
```

können Sie folgende Syntax verwenden:

```
Dim a As System.Int32 = 55
```

Die nachfolgende Tabelle zeigt, wie die Datentypen von Visual Basic .NET auf die Klassen und Strukturen im Namespace *System* abgebildet werden.

.NET-Datentypen und ihre Aliase in Visual Basic .NET

.NET-Datentyp	Alias	.NET-Typ	Alias
System.Object	Object	System.Enum	Enum
System.String	String	System.Char	Char
System.Int32	Integer	System.Byte	Byte
System.Int64	Long	System.Int16	Short
System.Single	Single	System.Double	Double
System.Decimal	Decimal	System.Boolean	Boolean

Da es sich bei den Basistypen um Klassen und Strukturen handelt, können sie Felder, Methoden und Eigenschaften aufweisen. Aus diesem Grund kann die Eigenschaft *Length* die Anzahl der Zeichen in einem *String*-Objekt zurückgeben, und aus dem gleichen Grund können die numerischen Datentypen shared Felder namens *MinValue* und *MaxValue* aufweisen. Arrays werden von den in der Klasse *System.Array* implementierten Eigenschaften und Methoden unterstützt.

Namenskonventionen

In den weiteren Kapiteln dieses Buchs werde ich Namenskonventionen verwenden, die zum Teil auf dem .NET Framework und zum Teil auf der so genannten »ungarischen Notation« beruhen, die von dem legendären Microsoft-Programmierer Charles Simonyi entwickelt wurde.

Für die im weiteren Verlauf definierten Klassen-, Eigenschafts- und Ereignisnamen verwende ich das *Pascal Casing* (Groß-/Kleinschreibung wie in Pascal) Dieses System ist eine Kombination aus Groß- und Kleinbuchstaben, bei dem der erste Buchstabe eines Worts und die Anfangsbuchstaben aller Einzelwörter in einem Kompositum groß geschrieben werden.

Für Felder, Variablen und Objekte verwende ich das *Camel Casing*. Der erste Buchstabe eines Namens wird klein geschrieben, er kann jedoch auch Großbuchstaben enthalten. (Die Großbuchstaben sind quasi die Höcker des Kamels.)

Für Variablen mit den Standarddatentypen verwende ich ein Präfix aus Kleinbuchstaben, mit dem der Variablentyp angegeben wird. Es folgt eine Aufstellung der verwendeten Präfixe:

Datentyp	Präfix
Boolean	*b*
Byte	*by*
Short	*s*
Integer	*i, x, y, cx, cy*
Long	*l*
Single	*f*
Double	*r*
Decimal	*d*
Char	*ch*
String	*str*
Object	*obj*

Die Präfixe *x* und *y* kennzeichnen Punkte in einem Koordinatensystem. Die Präfixe *cx* und *cy* geben Breite und Höhe an. (Das *c* steht für *count*, Anzahl.) Für *Single* und *Double* verwende ich die Präfixe *f* (für »floating point«, Gleitkomma) und *r* (für »real number«, reale Zahlen). Das stimmt mit den Buchstaben überein, die in Literalen verwendet werden. (Siehe Anhang B.)

Die von Klassen abgeleiteten Objekte erhalten als Präfix den klein geschriebenen, verkürzten Klassennamen. Ein Objekt vom Typ *Point* könnte beispielsweise den Namen *ptOrigin* erhalten. Wenn ein Programm nur ein einziges Objekt einer bestimmten Klasse erstellt, ist der Objektname eine verkürzte Version des Klassennamens. Ein Beispiel: Ein Objekt vom Typ *Form* erhält den Namen *frm*. Ein Objekt vom Typ *PaintEventArgs* erhält den Namen *pea*.

Bei Arrayvariablen steht vor allen anderen Präfixen noch das Präfix *a*.

Über die Konsole hinaus

Im Herbst 1985 stellte Microsoft die erste Version von Windows vor. Zur gleichen Zeit veröffentlichte Microsoft auch das Windows Software Development Kit (SDK), das Programmierern zeigte, wie Windows-Anwendungen in C geschrieben wurden und (in einem merkwürdigen Fall) auch in Microsoft Pascal. Die Windows-Programmierung mit Basic musste noch einige Jahre warten.

Das ursprüngliche »Hello World«-Programm im SDK von Windows 1.0 war ein kleiner Skandal. HELLO.C umfasste etwa 150 Zeilen, das Ressourcenskript HELLO.RC enthielt nochmals etwa 20 Codezeilen. Okay, das Programm erstellte ein Menü und führte zur Anzeige eines einfachen Dialogfelds, aber dennoch blieben immer noch etwa 70 Codezeilen. Alte C-Programmierhasen krümmten sich oft vor Entsetzen oder Belustigung, wenn sie die Windows-Version des »Hello World«-Programms zum ersten Mal sahen.

In gewisser Weise hat die gesamte Geschichte der neuen Programmiersprachen, Klassenbibliotheken und Frameworks für Windows im Grunde darauf abgezielt, das ursprüngliche »Hello World«-Programm für Windows klein, schlank und elegant zu machen.

Mal sehen, wie Windows Forms in dieser Hinsicht abschneidet.

2 Hello, Windows Forms

37	Das Meldungsfeld
42	Das Formular
43	Anzeigen des Formulars
45	Anwendungen sollen laufen
47	Variationen über ein Thema
48	Formulareigenschaften
49	Ereignisgesteuerte Eingabe
51	Die Behandlung von *Paint*-Ereignissen
54	Textanzeige
58	Das *Paint*-Ereignis ist etwas Besonderes
59	Mehrere Formulare, mehrere Handler
61	Formularvererbung
62	Die Methode *OnPaint*
63	Ist das Modul unbedingt erforderlich?
65	Ereignisse und *On*-Methoden

Die im ersten Kapitel vorgestellten Programme waren natürlich keine Windows-Programme. Diese Programme konnten keine eigenen Fenster erstellen, zeichneten keine Grafiken und wussten nichts von der Existenz der Maus. Sämtliche Benutzerein- und -ausgaben erfolgten über die Klasse *Console*. Gehen wir nun einen Schritt weiter. Wir lassen die Klasse *Console* in den weiteren Kapiteln zwar nicht völlig außer Acht, werden sie aber nur noch für relativ banale Aufgaben einsetzen wie z.B. das Protokollieren und einfaches Debugging.

Das wirft die folgende Frage auf: Was genau ist der Unterschied zwischen einer Konsolenanwendung und einer Windows-Anwendung? Interessanterweise ist der Unterschied nicht mehr so groß wie bisher. Eine einzige Anwendung kann Elemente beider Anwendungsarten aufweisen. Eine Anwendung kann zunächst als Konsolenanwendung starten, anschließend zu einer Windows-Anwendung und später wieder zu einer Konsolenanwendung werden. Eine Windows-Anwendung kann auch ungestraft Konsolenausgaben durchführen. Eine Konsolenanwendung kann zur Fehlermeldung ein Windows-Meldungsfeld anzeigen und die Konsolenausgabe fortsetzen, wenn der Benutzer das Meldungsfeld schließt.

Für den Visual Basic .NET-Compiler besteht der Unterschied zwischen einer Konsolenanwendung und einer Windows-Anwendung in einer Compileroption namens *target* (die mit *t* abgekürzt werden kann). Zur Erstellung einer Konsolenanwendung verwenden Sie die folgende Option:

/target:exe

Dies ist die Standardeinstellung, wenn Sie die Option *target* nicht explizit angeben. Zur Erstellung einer ausführbaren Windows-Datei verwenden Sie folgenden Befehl:

/target:winexe

Mit der Option *target* kann auch die Erstellung von Bibliotheken (*library*) oder *Modulen* (*module*) angegeben werden. In Microsoft Visual Basic .NET verwenden Sie das Dialogfeld *Eigenschaftenseiten* eines Projekts zur Einstellung des Ausgabetyps. Wählen Sie im linken Fensterausschnitt die Option *Allgemeine Eigenschaften*, und stellen Sie dann im rechten Fensterbereich den Ausgabetyp entweder auf *Konsolenanwendung* oder auf *Windows-Anwendung*.

Diese Compileroption bewirkt nichts Großartiges. Es wird in der ausführbaren Datei lediglich ein Flag gesetzt, das angibt, wie das Programm geladen und ausgeführt werden soll. Wenn eine ausführbare Datei als Konsolenanwendung gekennzeichnet ist und von Visual Basic .NET oder allgemein unter Windows gestartet wird, erstellt Windows eine Eingabeaufforderung, in der das Programm gestartet und alle Konsolenausgaben angezeigt werden. Wenn die Konsolenanwendung aus einer Eingabeaufforderung heraus gestartet wird, wird der MS-DOS-Prompt erst wieder angezeigt, wenn das Programm beendet wird.

Wurde die ausführbare Datei als Windows-Anwendung gekennzeichnet, wird kein Fenster mit der Eingabeaufforderung erstellt. Alle Konsolenausgaben des Programms wandern direkt in ein Bitgrab. Wenn Sie ein solches Programm über eine Eingabeaufforderung starten, erscheint sofort nach dem Programmstart wieder der MS-DOS-Prompt.

Der Punkt ist: Es geschieht nichts Schlimmes, wenn Sie eine Windows Forms-Anwendung als Konsolenanwendung kompilieren.

In allen Visual Basic .NET-Projektdateien zu den Beispielprogrammen dieses Buchs wurde angegeben, dass es sich um Konsolenanwendungen handelt. Aus diesem Grund wird bei der Ausführung dieser Programme zunächst eine MS-DOS-Eingabeaufforderung geöffnet. Diese Konsole hat folgenden Vorteil: Wenn Sie anzeigen möchten, was sich im Innern dieser Programme abspielt, können Sie einfach *Console.Write*- oder *Console.WriteLine*-Anweisungen *an beliebiger Stelle* in einem der Beispielprogramme unterbringen. Es gibt nur sehr wenige Rätsel im Leben, die sich nicht durch ein paar *Console.WriteLine*-Anweisungen lösen lassen würden. (Es gibt im Namespace *System.Diagnostics* auch eine *Debug*-Klasse, die Alternativen zur Verwendung der *Console*-Klasse bietet.)

Natürlich würde ich einem Endbenutzer kein als Konsolenanwendung kompiliertes Windows-Programm in die Hand drücken. Der Benutzer würde wahrscheinlich irritiert reagieren, wenn plötzlich eine MS-DOS-Eingabeaufforderung geöffnet wird (außer der Benutzer hat Erfahrung im Umgang mit UNIX oder UNIX-ähnlichen Umgebungen). Es handelt sich jedoch lediglich um eine Compileroption, und die kann jederzeit geändert werden.

Der *tatsächliche* Unterschied zwischen einer Konsolenanwendung und einer Windows-Anwendung ist die Art und Weise, in der das Programm Benutzereingaben erhält. Eine Konsolenanwendung bekommt Tastatureingaben über die Methoden *Console.Read* oder *Console.ReadLine*; eine Windows Forms-Anwendung erhält Tastatureingaben (und andere Eingaben) über *Ereignisse*. Auf dieses Thema werden wir im Folgenden noch häufig näher eingehen.

Ich habe die in diesem Kapitel verwendeten Beispielprojekte in Visual Basic .NET fast genauso erstellt wie die Beispielprojekte aus Kapitel 1. Ich habe als Vorlage auch hier ein leeres Visual Basic .NET-Projekt gewählt. Wenn ich innerhalb eines Projekts ein Programm erstellen wollte, habe ich hierzu die Menüoption *Neues Element hinzufügen* gewählt und in der Auswahl *Lokale Projektelemente* die Option *Codedatei*. Diese Vorgehensweise hält Visual Basic .NET davon ab, automatisch irgendwelchen Code für Sie zu erzeugen. In diesem Buch werden Sie und ich den Code selbst schreiben.

Der Visual Basic .NET-Compiler benötigt jedoch Zugriff auf einige zusätzliche DLLs, die Teil der .NET-Laufzeitumgebung (Common Language Runtime, CLR) sind. Wenn Sie den Visual Basic .NET-Compiler von der Befehlszeile ausführen, müssen Sie die Compileroption *reference* (abgekürzt *r*) verwenden:

```
/r:System.dll,System.Windows.Forms.dll,System.Drawing.dll
```

Diese drei Dateien müssen auch angegeben werden, wenn Sie mit Visual Basic .NET kompilieren. Klicken Sie hierzu im Projektmappen-Explorer mit der rechten Maustaste auf den Eintrag *Verweise* unterhalb des Projektnamens, und wählen Sie im Kontextmenü die Option *Verweis hinzufügen* aus. (Sie können dazu auch im Menü *Projekt* auf die Option *Verweis hinzufügen* klicken.) Wählen Sie im angezeigten Dialogfeld die folgenden drei Elemente aus der Liste aus:

- System.dll
- System.Drawing.dll
- System.Windows.Forms.dll

Das Meldungsfeld

Am Anfang dieses Kapitels habe ich die Meldungsfelder erwähnt. Werfen wir einen kurzen Blick auf ein zwar kleines, aber echtes Windows Forms-Programm, mit dem unsere beiden Lieblingswörter angezeigt werden.

MessageBoxHelloWorld.vb
```
Module MessageBoxHelloWorld
    Sub Main()
        System.Windows.Forms.MessageBox.Show("Hello, world!")
    End Sub
End Module
```

Dieses Programm ist dem Programm ConsoleHelloWorld aus Kapitel 1 recht ähnlich. Das Programm verfügt über ein Modul (*MessageBoxHelloWorld*), eine Methode in diesem Modul mit dem Namen *Main*, die als Einstiegspunkt für das Programm dient, sowie eine einzige ausführbare Anweisung, die nicht viel länger ist als das Äquivalent für die Konsole. Der lange Funktionsname lässt sich folgendermaßen aufschlüsseln:

- *System.Windows.Forms* ist ein Namespace.
- *MessageBox* ist eine in diesem Namespace definierte Klasse.
- *Show* ist eine shared Methode in der Klasse *MessageBox*.

Da es sich bei *Show* um eine shared Methode handelt, muss ihr anstelle des Namens eines von einer Klasse abgeleiteten Objekts ein Klassenname vorangestellt werden, genau wie in der Methode *WriteLine* der Klasse *Console*. Nachfolgend sehen Sie die Ausgabe dieses Programms:

Wenn Sie auf die Schaltfläche *OK* klicken, wird das Meldungsfeld geschlossen, die Steuerung an die Methode *Show* zurückgegeben und das Programm beendet.

System.Windows.Forms ist ein sehr umfangreicher Namespace, der neben etwa 200 Klassen und 100 Enumerationen 41 Delegaten, 7 Schnittstellen und 4 Strukturen enthält. Zusammen mit *System* und *System.Drawing* ist *System.Windows.Forms* der wichtigste Namespace für dieses Buch. Üblicherweise stellen Sie die Anweisung

```
Imports System.Windows.Forms
```

an den Beginn eines Windows Forms-Programms; anschließend können Sie die shared Methode *Show* von *MessageBox* auf die folgende Weise verwenden:

```
MessageBox.Show("Hello, world!")
```

Bei der Arbeit mit Windows werden Sie bereits eine Menge Meldungsfelder gesehen haben. Meldungsfelder enthalten immer kurze Nachrichten für den Benutzer, auf die dieser mit einem Tastendruck oder einem Mausklick auf eine, oder eine von zwei oder drei Schaltflächen reagieren kann. Optional kann das Meldungsfeld mit einem Symbol und einem beschreibenden Titel versehen werden. Programmierer können Meldungsfelder auch zu Debugzwecken einsetzen, da sie eine einfache und effektive Möglichkeit zur Anzeige von Textinformationen bieten und ein zeitweises Anhalten des Programms ermöglichen. (Wie Sie wahrscheinlich wissen, gibt es in Visual Basic auch noch eine Funktion *MsgBox*, die *MessageBox.Show* gleicht, aber bei weitem nicht so leistungsfähig ist.)

MessageBox ist von *Object* abgeleitet und erbt daher einige von *Object* implementierte Methoden. Die einzige Methode, die von *MessageBox* selbst implementiert wird, ist *Show*. Es handelt sich hierbei um eine als *Shared* deklarierte Methode, die in 12 unterschiedlichen Varianten vorliegt. Nachfolgend sehen Sie sechs davon:

Show-Methoden von *MessageBox* (Auswahl)

```
Function Show(ByVal strText As String) As DialogResult
Function Show(ByVal strText As String, ByVal strCaption As String) As DialogResult
Function Show(ByVal strText As String, ByVal strCaption As String,
         ByVal mbb As MessageBoxButtons) As DialogResult
Function Show(ByVal strText As String, ByVal strCaption As String,
         ByVal mbb As MessageBoxButtons, ByVal mbi As MessageBoxIcon) As DialogResult
Function Show(ByVal strText As String, ByVal strCaption As String,
         ByVal mbb As MessageBoxButtons, ByVal mbi As MessageBoxIcon,
         ByVal mbdb As MessageBoxDefaultButton) As DialogResult
Function Show(ByVal strText As String, ByVal strCaption As String,
         ByVal mbb As MessageBoxButtons, ByVal mbi As MessageBoxIcon,
         ByVal mbdb As MessageBoxDefaultButton, ByVal mbi As MessageBoxOptions) As DialogResult
```

Die sechs weiteren überladenen *Show*-Methoden werden in Verbindung mit Win32-Code verwendet. Als Titel für das Meldungsfeld verwendet man üblicherweise den Namen der Anwendung. Hier ein anderer Aufruf von *MessageBox.Show* für unser erstes Windows Forms-Programm:

```
MessageBox.Show("Hello, world!", "MessageBoxHelloWorld")
```

Wenn Sie das zweite Argument nicht verwenden, wird in der Titelleiste kein Text angezeigt.

Sie können zwischen den folgenden Enumerationswerten wählen, um die im Meldungsfeld angezeigten Schaltflächen festzulegen:

MessageBoxButtons-Enumeration

Member	Wert
OK	0
OKCancel	1
AbortRetryIgnore	2
YesNoCancel	3
YesNo	4
RetryCancel	5

Zur Anzeige der Schaltflächen *OK* und *Cancel* (*Abbrechen*) führen Sie beispielsweise folgenden Aufruf aus:

```
MessageBox.Show("Hello, world!", "MessageBoxHelloWorld", MessageBoxButtons.OKCancel)
```

Wenn Sie eine der Varianten von *MessageBox.Show* ohne dieses Argument verwenden, wird nur die Schaltfläche *OK* angezeigt. Die *AbortRetryIgnore*-Schaltflächen sind auf eine ungeliebte Meldung zurückzuführen, die MS-DOS beim Gerätezugriff anzuzeigen pflegt (üblicherweise bei einer Diskette), wenn das Gerät oder das Medium aus irgendwelchen Gründen nicht verfügbar ist. Diese Schaltflächen sollten in einer grafischen Umgebung eher vermieden werden, es sei denn, Sie möchten auf Teufel komm raus unzeitgemäß und gequält humorvoll wirken.

Über einen der folgenden Werte der Enumeration *MessageBoxIcon* können Sie im Meldungsfeld ein Symbol anzeigen:

MessageBoxIcon-Enumeration

Member	Wert
None	&H00
Hand	&H10
Stop	&H10
Error	&H10
Question	&H20
Exclamation	&H30
Warning	&H30
Asterisk	&H40
Information	&H40

An den Werten können Sie jedoch ersehen, dass es eigentlich nur vier verschiedene Meldungsfeldsymbole gibt. Hier ein Beispiel:

```
MessageBox.Show("Hello, world!", "MessageBoxHelloWorld", _
                MessageBoxButtons.OKCancel, MessageBoxIcon.Exclamation)
```

Wenn Sie einen *MessageBoxButtons*-Wert angegeben haben, bei dem zwei oder drei Schaltflächen angezeigt werden, können Sie mithilfe der Enumeration *MessageBoxDefaultButton* angeben, welche Schaltfläche standardmäßig aktiviert sein soll:

MessageBoxDefaultButton-Enumeration

Member	Wert
Button1	&H000
Button2	&H100
Button3	&H200

Ein Beispiel:

```
MessageBox.Show("Hello, world!", "MessageBoxHelloWorld", _
            MessageBoxButtons.OKCancel, MessageBoxIcon.Exclamation, _
            MessageBoxDefaultButton.Button2)
```

Durch diesen Aufruf wird die zweite Schaltfläche (die mit dem Text »Abbrechen«) zur Standardschaltfläche. Diese Schaltfläche wird hervorgehoben, wenn das Meldungsfeld zum ersten Mal angezeigt wird, und reagiert auf Tastatureingaben, z.B. auf das Drücken der Leertaste.

Eine weitere Enumeration, die von der Methode *Show* der Klasse *MessageBox* verwendet wird, ist *MessageBoxOptions:*

MessageBoxOptions-Enumeration

Member	Wert
DefaultDesktopOnly	&H020000
RightAlign	&H080000
RtlReading	&H100000
ServiceNotification	&H200000

Diese Optionen werden jedoch nur selten eingesetzt.

Wenn Sie mehr als eine Schaltfläche im Meldungsfeld anzeigen, möchten Sie wahrscheinlich wissen, welche Schaltfläche der Benutzer gedrückt hat, wenn das Meldungsfeld geschlossen wird. Diese Information erhalten Sie über den Rückgabewert von *MessageBox.Show*, bei dem es sich um einen der folgenden Enumerationswerte handelt:

DialogResult-Enumeration

Member	Wert
None	0
OK	1
Cancel	2
Abort	3
Retry	4
Ignore	5
Yes	6
No	7

Nachfolgend sehen Sie, wie der Rückgabewert von *MessageBox.Show* üblicherweise verwendet wird:

```
Dim dr As DialogResult = MessageBox.Show("Do you want to create a new file?", _
                                         "WonderWord", _
                                         MessageBoxButtons.YesNoCancel, _
                                         MessageBoxIcon.Question)
If dr = DialogResult.Yes Then
    ' Reaktion auf "Ja"
ElseIf dr = DialogResult.No Then
    ' Reaktion auf "Nein"
Else
    ' Reaktion auf "Abbrechen"
End If
```

Sie können für die Entscheidung jedoch auch *Select* und *Case* verwenden, zum Beispiel so:

```
Select MessageBox.Show("Do you want to create a new file?", _
                       "WonderWord", _
                       MessageBoxButtons.YesNoCancel, _
                       MessageBoxIcon.Question)

Case DialogResult.Yes
    ' Reaktion auf "Ja"

Case DialogResult.No
    ' Reaktion auf "Nein"

Case DialogResult.Cancel
    ' Reaktion auf "Abbrechen"

End Select
```

Meldungsfelder sind dann und wann sehr nützlich für kurze Hinweise. Angenommen, Sie möchten den Namen des Verzeichnisses anzeigen, das Windows mit dem Alias »My Documents« (»Eigene Dateien«) verknüpft. Diese Information kann über die Klasse *Environment* des Namespaces *System* abgefragt werden. Sie verwenden für den Abruf die shared Methode *GetFolderPath* mit einem einzigen Argument, einem Member der Enumeration *Environment.SpecialFolder*. Die beiden durch einen Punkt getrennten Namen geben an, dass es sich bei *SpecialFolder* um eine in der Klasse *Environment* definierte Enumeration handelt.

MyDocumentsFolder.vb
```
Imports System
Imports System.Windows.Forms
Module MyDocumentsFolder
    Sub Main()
        MessageBox.Show(Environment.GetFolderPath(Environment.SpecialFolder.Personal), _
            "My Documents Folder")
    End Sub
End Module
```

Auf meinem System sieht das erzeugte Meldungsfeld so aus:

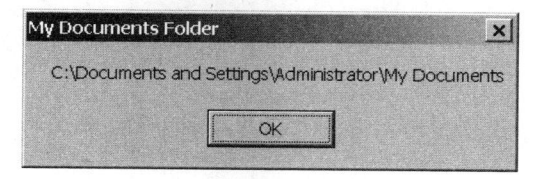

```
┌─My Documents Folder──────────────────────[x]─┐
│                                              │
│   C:\Documents and Settings\Administrator\My Documents │
│                                              │
│               ┌─────────┐                    │
│               │   OK    │                    │
│               └─────────┘                    │
└──────────────────────────────────────────────┘
```

Hello, Windows Forms

Das Formular

Natürlich macht ein Meldungsfeld noch kein Windows-Programm. Zur Entwicklung einer voll funktionsfähigen Windows-Anwendung müssen Sie zunächst ein Element erstellen, das in der Windows-Programmierung üblicherweise als *Fenster* (window) und im .NET Framework als *Formular* (form) bezeichnet wird. Ein Windows Forms-Programm erstellt als Hauptanwendungsfenster in der Regel ein Formular. Anwendungen verwenden Formulare darüber hinaus auch für Dialogfelder.

Ein als Hauptanwendungsfenster eingesetztes Formular besteht in der Regel aus einer *Titelleiste* (caption bar/title bar) mit dem Namen der Anwendung, einer *Menüleiste* (menu bar) unterhalb dieser Titelleiste sowie aus einem Bereich innerhalb des Formulars, der als *Clientbereich* (client area) bezeichnet wird. Das Formular umgibt entweder ein normaler Rahmen, mit dem seine Größe verändert werden kann, oder ein dünner Rahmen, der das verhindert. Bis Kapitel 14 werden wir ausschließlich mit Formularen ohne Menüleisten arbeiten.

In den folgenden Abschnitten werden wir verschiedene unkonventionelle Ansätze zur Formularerstellung und -anzeige verfolgen, bevor wir uns dann den üblichen, bewährten Methoden zuwenden. Ich hoffe, dass Sie auf diese Weise ein besseres Verständnis für die Abläufe entwickeln.

Zunächst werden wir ein Programm zur Erstellung eines Formulars schreiben, das wohl das kürzeste Programm seiner Art ist. Das Programm trägt den Namen *NewForm.vb*.

NewForm.vb
```
Module NewForm
    Sub Main()
        Dim frm As New System.Windows.Forms.Form()
    End Sub
End Module
```

Die einzige Möglichkeit, dieses Programm noch weiter zu verkürzen, besteht darin, einen kürzeren Modulnamen zu verwenden und die Kommentare und überflüssigen Leerbereiche zu entfernen.

Form ist eine Klasse im Namespace *System.Windows.Forms*. Das Programm NewForm verwendet den Operator *New* zur Erstellung einer neuen Instanz der Klasse *Form*, die einem Objekt vom Typ *Form* mit dem Namen *frm* zugewiesen wird. (In Visual Basic .NET darf man Objekten zwar denselben Namen geben wie Klassen, aber ich tue das meistens nicht.) Sie wissen bereits, dass ich das Programm durch die Verwendung einer *Imports*-Direktive am Anfang etwas länger machen könnte:

```
Imports System.Windows.Forms
```
Die eine Anweisung in *Main* würde in diesem Fall folgendermaßen aussehen:
```
Dim frm As New Form()
```
Ich hätte ein Objekt vom Typ *Form* auch so definieren können:
```
Dim frm As Form
```
Anschließend kann ich diesem Objekt das Ergebnis des *New*-Operators zuweisen:
```
frm = New Form()
```

Oder ich hätte die längere Syntax für die Definition und Erstellung des Objekts verwenden können:

```
Dim frm As Form = New Form()
```

Die Klasse *Form* ist von *ContainerControl* abgeleitet, verfügt eigentlich jedoch über eine lange Ahnenreihe, die (wie bei allen Elementen im .NET Framework) bei der Klasse *Object* beginnt:

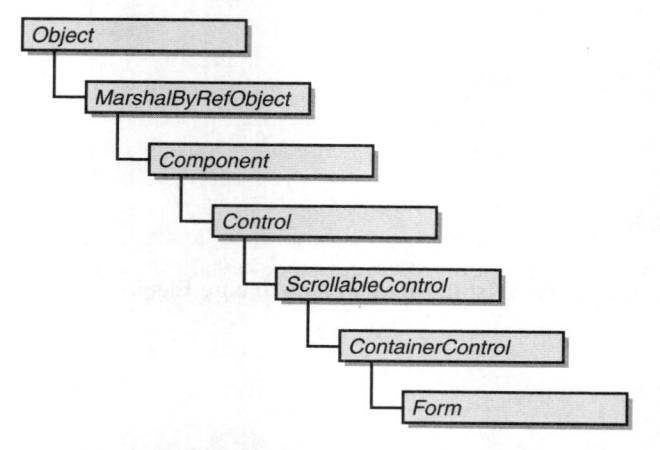

```
Object
  └─ MarshalByRefObject
       └─ Component
            └─ Control
                 └─ ScrollableControl
                      └─ ContainerControl
                           └─ Form
```

Mit dem Begriff *Steuerelement* (control) werden alle Benutzeroberflächenobjekte wie z.B. Schaltflächen, Bildlaufleisten und Bearbeitungsfelder bezeichnet; die Klasse *Control* implementiert einen Großteil der Basisfunktionalität für diese Objekte, insbesondere für Tastatur- und Mauseingaben sowie die Bildschirmanzeige. Die Klasse *ScrollableControl* stellt automatische Bildlaufunterstützung für das Steuerelement bereit (wie wir in Kapitel 4 noch näher untersuchen werden), die Klasse *ContainerControl* befähigt ein Steuerelement, z.B. ein Dialogfeld, als *übergeordnetes* Element für andere Steuerelemente zu fungieren, d.h., andere Steuerelemente erscheinen auf der Oberfläche des Containersteuerelements.

Obwohl mit dem Programm *NewForm* ganz sicher ein Formular erstellt wird, weist das Programm ein kleines Problem auf. Der Konstruktor für die Klasse *Form* führt die tatsächliche Anzeige des erstellten Formulars nicht durch. Das Formular wird zwar erstellt, jedoch nicht angezeigt. Bei der Beendigung des Programms wird das Formular wieder beseitigt.

Anzeigen des Formulars

Die nächste Version des Programms mit dem Namen ShowForm behebt dieses Manko.

ShowForm.vb
```
Imports System.Windows.Forms
Module ShowForm
    Sub Main()
        Dim frm As New Form()
        frm.Show()
    End Sub
End Module
```

Diese Programmversion enthält eine *Imports*-Anweisung, sonst müsste *Form* die vollständige Namespaceangabe *System.Windows.Forms* vorangestellt werden. *Show* ist eine der beiden Methoden, die *Form* von *Control* erbt. Diese beiden Methoden wirken sich auf die Sichtbarkeit des Formulars (oder des Steuerelements) aus:

Control-Methoden (Auswahl)

Methode	Beschreibung
Sub Show()	Macht ein Steuerelement sichtbar
Sub Hide()	Macht ein Steuerelement unsichtbar

Statt

```
frm.Show()
```

können Sie auch folgende Syntax verwenden:

```
frm.Visible = True
```

Show ist eine Methode. *Visible* sieht aus wie ein Feld, ist tatsächlich jedoch eine Eigenschaft:

Control-Eigenschaften (Auswahl)

Eigenschaft	Typ	Zugriff
Visible	Boolean	Get/Set

ShowForm führt zwar zur Anzeige des Formulars, aber Sie müssen schon genau hinsehen, um das auch mitzubekommen. Kaum ist das Formular zu sehen, ist es auch schon wieder verschwunden, weil das Programm beendet wird. Wenn Ihr Rechner noch schneller ist als meiner, sehen Sie das Formular vielleicht überhaupt nicht.

Dieses Verhalten ist möglicherweise eine Antwort auf die Frage, worin der Unterschied zwischen einer Konsolen- und einer Windows-Anwendung besteht: Wenn ein Befehlszeilenprogramm beendet wird, wird die Programmausgabe weiterhin auf der Konsole angezeigt. Wenn eine Windows-Anwendung beendet wird, räumt sie hinter sich auf, d.h., das Anzeigefenster und alle angezeigten Ausgaben werden beseitigt.

Wie können wir nun das Programm so verlangsamen, dass wir auch einen Blick auf das Formular werfen können? Wie wär's, wenn wir das Programm ein kleines Nickerchen machen lassen? Wenn Sie ein wenig im Namespace *System.Threading* herumstöbern, stoßen Sie auf eine Klasse namens *Thread* sowie eine shared Methode mit dem Namen *Sleep* (schlafen), die ein Programm (genauer gesagt, einen Programmthread) für eine bestimmte Zeitdauer (in Millisekunden) unterbricht bzw. in den Schlafmodus versetzt.

Nachfolgend sehen Sie ein Programm, das *Sleep* zweimal aufruft (über die Argumente wird jeweils eine Zeitspanne von 2,5 Sekunden eingestellt) und es Ihnen so ermöglicht, das Formular auch zu sehen.

ShowFormAndSleep.vb

```
Imports System.Threading
Imports System.Windows.Forms
Module ShowFormAndSleep
    Sub Main()
        Dim frm As New Form()
```

```
            frm.Show()
            Thread.Sleep(2500)
            frm.Text = "My First Form"
            Thread.Sleep(2500)
    End Sub
End Module
```

Als Zugabe stellt diese Programmversion außerdem noch die Eigenschaft *Text* ein:

Control-Eigenschaften (Auswahl)

Eigenschaft	Typ	Zugriff
Text	String	Get/Set

Text ist eine sehr wichtige Eigenschaft. Bei Schaltflächensteuerelementen gibt die Eigenschaft *Text* den Text an, der auf der Schaltfläche angezeigt wird; bei Bearbeitungsfeldern ist es der Text in dem Feld. Bei Formularen gibt die Eigenschaft *Text* den Text der Titelleiste an. Wenn Sie dieses Programm ausführen, wird das Formular zunächst für 2,5 Sekunden mit leerer Titelleiste angezeigt, dann erscheint der Text in der Titelleiste. 2,5 Sekunden darauf wird das Formular wieder geschlossen.

Dies ist ein kleiner Fortschritt, aber ich fürchte, die Methode *Sleep* ist nicht ganz das Richtige, um ein Formular dazu zu bewegen, auf dem Bildschirm stehen zu bleiben.

Anwendungen sollen laufen

Die Wundermethode, die wir benötigen, heißt *Run*. Sie ist Bestandteil der Klasse *Application* im Namespace *System.Windows.Forms*. Wie die Klassen *Console* und *MessageBox* kann auch die Klasse *Application* nicht instanziiert werden; alle Member sind als *Shared* definiert. Das folgende Programm erstellt ein Formular, stellt die Eigenschaften *Text* und *Visible* des Formulars ein und ruft anschließend *Application.Run* auf.

RunFormBadly.vb
```
Imports System.Windows.Forms
Module RunFormBadly
    Sub Main()
        Dim frm As New Form()
        frm.Text = "Not a Good Idea..."
        frm.Visible = True
        Application.Run()
    End Sub
End Module
```

Dieses Programm ist jedoch nur scheinbar ein Erfolg. Die Formularanzeige sieht so aus:

Sie können auf die Titelleiste klicken und das Formular auf dem Bildschirm verschieben. Sie können auf die Formularrahmen klicken und die Formulargröße ändern. Sie können auf die Schaltflächen zum Minimieren und Maximieren klicken, Sie können das Systemmenü verwenden (in Windows Forms heißt das entsprechende Symbol *Steuermenü*), indem Sie auf das Symbol links oben im Fenster klicken, und Sie können rechts oben auf die Schaltfläche klicken, um das Fenster zu schließen.

Dieses Programm hat jedoch einen schwer wiegenden Nachteil, der nicht sofort erkennbar ist: Wenn Sie das Formular schließen, gibt die Methode *Application.Run* die Steuerung nicht wieder zurück, sodass das Programm weiter ausgeführt wird, auch wenn das Formular nicht mehr angezeigt wird. Dieses Problem ist deutlich zu sehen, wenn Sie das Programm als Konsolenanwendung kompilieren: Nach dem Schließen des Programms wird im Eingabeaufforderungsfenster nicht die vertraute Meldung »Press any key to continue« angezeigt. Zur Beendigung des Programms können Sie aber STRG+C drücken. Wenn Sie das Programm nicht als Konsolenanwendung kompiliert haben, müssen Sie den Windows-Task-Manager öffnen, auf die Registerkarte *Prozesse* klicken, nach der Anwendung *RunFormBadly* suchen und sie manuell beenden. (Dies ist ein weiterer guter Grund dafür, eine Kompilierung als Konsolenanwendung vorzunehmen: Sie können ein Programm, das Probleme macht, über die Tastenkombination STRG+C beenden.)

Nachfolgend sehen Sie einen besseren Aufruf von *Application.Run*. Sie übergeben der Methode als Argument das *Form*-Objekt.

RunFormBetter.vb
```
Imports System.Windows.Forms
Module RunFormBetter
    Sub Main()
        Dim frm As New Form()
        frm.Text = "My Very Own Form"
        Application.Run(frm)
    End Sub
End Module
```

Beachten Sie, dass diese Programmversion weder einen *Show*-Aufruf enthält noch die Eigenschaft *Visible* einstellt. Das Formular wird durch die Methode *Application.Run* automatisch sichtbar gemacht. Mehr noch: Wenn Sie das an die Methode übergebene Formular schließen, gibt *Application.Run* die Steuerung an *Main* zurück, und das Programm kann ordnungsgemäß beendet werden.

Programmierer mit Win32-API-Erfahrung werden vielleicht erkennen, dass die Methode *Application.Run* eine Nachrichtenschleife erzeugt und dass das an die *Run*-Methode übergebene Formular mit einer Routine ausgestattet ist, die eine Beendigungsnachricht an die Nachrichtenschleife schickt, sobald das Formular geschlossen wird. Erst die Methode *Application.Run* macht eine Anwendung zu einer echten Windows-Anwendung.

Variationen über ein Thema

Erstellen wir zwei weitere Formulare, um ein besseres Gefühl für diesen Ablauf zu entwickeln.

```
TwoForms.vb
Imports System.Windows.Forms
Module TwoForms
    Sub Main()
        Dim frm1 As New Form()
        Dim frm2 As New Form()
        frm1.Text = "Form passed to Run()"
        frm2.Text = "Second frm"
        frm2.Show()
        Application.Run(frm1)
        MessageBox.Show("Application.Run() has returned control back to Main. Bye, bye!", "TwoForms")
    End Sub
End Module
```

Dieses Programm erstellt die beiden Formulare *frm1* und *frm2*, die zwei unterschiedliche Titel erhalten, damit man sie auseinander halten kann. Die *Show*-Methode wird mit *frm2* aufgerufen, *frm1* wird an *Application.Run* übergeben. Ein Meldungsfeld zeigt an, wann *Application.Run* die Steuerung an *Main* zurückgibt.

Sie müssen *TwoForms* vielleicht mehrmals ausführen, um zu sehen, was vorgeht. Wenn Sie *frm2* zuerst schließen, bleibt *frm1* hiervon unberührt. Die einzige Möglichkeit, *Application.Run* zur Rückgabe der Steuerung zu bewegen und das Meldungsfeld anzuzeigen, besteht darin, *frm1* zu schließen. Wenn Sie jedoch *frm1* zuerst schließen, verschwinden beide Formulare vom Bildschirm, *Application.Run* übergibt die Steuerung an *Main*, und das Meldungsfeld wird angezeigt.

Application.Run bewirkt jedoch noch etwas: Wenn Sie das Formular schließen, das als Argument an *Application.Run* übergeben wurde, schließt die Methode alle anderen Formulare, die durch das Programm erstellt wurden. Wenn Sie kein *Form*-Objekt an *Application.Run* übergeben (wie in *RunFormBadly*), muss das Programm explizit die Methode *Application.Exit* aufrufen, damit *Application.Run* die Steuerung zurückgibt. Wo aber kann das Programm *Application.Exit* aufrufen, wenn es sich doch noch irgendwo im Aufruf von *Application.Run* befindet? In Kürze werden wir sehen, wie ein Programm mithilfe von Ereignissen die Steuerung an ein Programm zurückgeben und bei Bedarf *Application.Exit* aufrufen kann.

Formulareigenschaften

Wie viele andere Klassen auch, definiert die Klasse *Form* eine Reihe von Eigenschaften. Darüber hinaus erbt *Form* weitere Eigenschaften von den ihr übergeordneten Elementen, insbesondere von *Control*. Zwei dieser Eigenschaften sind, wie schon besprochen, *Text* und *Visible*. Nachstehend sehen Sie ein Programm, das eine Reihe von Eigenschaften einstellt, um die Flexibilität bei der Erstellung und Anzeige von Formularen zu demonstrieren.

```
FormProperties.vb
Imports System.Drawing
Imports System.Windows.Forms
Module FormProperties
    Sub Main()
        Dim frm As New Form()

        frm.Text = "Form Properties"
        frm.BackColor = Color.BlanchedAlmond
        frm.Width *= 2
        frm.Height \= 2
        frm.FormBorderStyle = FormBorderStyle.FixedSingle
        frm.MaximizeBox = False
        frm.Cursor = Cursors.Hand
        frm.StartPosition = FormStartPosition.CenterScreen

        Application.Run(frm)
    End Sub
End Module
```

BackColor ist die Eigenschaft, mit der die Hintergrundfarbe des Formulars eingestellt wird. Wie Sie im nächsten Kapitel sehen werden, ist *Color* eine im Namespace *System.Drawing* definierte Struktur (was Sie an der *Imports*-Anweisung sehen), die 141 Eigenschaften enthält, bei denen es sich um Farbnamen handelt. (Eine vollständige Liste der Farben finden Sie auf der Begleit-CD im Verzeichnis WFF.)

Die Eigenschaften *Width* und *Height* legen die Abmessungen des Formulars zu Beginn fest. Die beiden Anweisungen zur Änderung dieser Eigenschaften führen *Get*- und *Set*-Operationen aus, bei denen die Breite des Fensters verdoppelt und die Höhe halbiert wird.

FormBorderStyle ist eine Enumeration, die nicht nur das Aussehen und die Funktionalität des Formularrahmens, sondern auch andere Aspekte des Formulars festlegt. Nachfolgend sind die verfügbaren Werte aufgelistet:

FormBorderStyle-Enumeration

Member	Wert	Kommentar
None	0	Kein Rahmen, keine Titelleiste
FixedSingle	1	Wie *FixedDialog*
Fixed3D	2	3-D-Effekt
FixedDialog	3	Bevorzugte Einstellung für Dialogfelder
Sizable	4	Standardwert
FixedToolWindow	5	Schmalere Titelleiste, kein Steuermenü
SizableToolWindow	6	Wie *FixedToolWindow*, aber ohne Rahmen für die Größenänderung

Der Standardstil *FormBorderStyle.Sizable* führt zur Anzeige eines Formulars mit einer Titelleiste; links in der Titelleiste befindet sich das Symbol für das Steuermenü, gefolgt vom Titeltext sowie einer Schaltfläche zum Minimieren, Maximieren und Schließen auf der rechten Seite. Ein Formular mit einer der ...*ToolWindow*-Einstellungen weist eine kürzere Titelleiste ohne das Steuermenü und ohne die Schaltflächen zum Minimieren und Maximieren auf.

Ich habe in diesem Programm die Einstellung *FormBorderStyle.FixedSingle* gewählt, die den Benutzer daran hindert, die Größe des Formulars zu verändern. Zusätzlich habe ich die Eigenschaft *MaximizeBox* auf *False* gesetzt, um die Schaltfläche zum Maximieren zu deaktivieren:

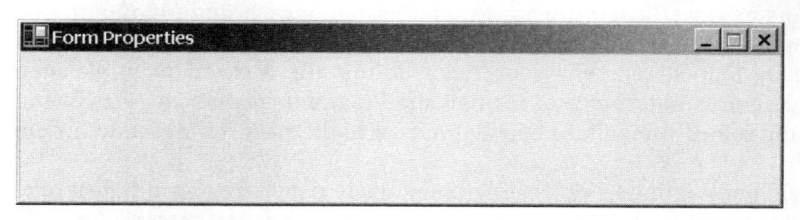

Die Eigenschaft *Cursor* gibt an, wie der Mauszeiger angezeigt wird, wenn er über dem Clientbereich des Formulars bewegt wird. Die Eigenschaft *StartPosition* legt die Anfangsposition des Formulars auf dem Bildschirm fest; der Wert *CenterScreen* der Enumeration *FormStartPosition* gibt an, dass das Formular nicht an einer von Windows festgelegten Standardposition, sondern in der Mitte des Bildschirms angezeigt wird.

Vielleicht sind Sie bei der Betrachtung des Programms FormProperties etwas verwundert über die Struktur eines echten Windows Forms-Programms. Es sieht so aus, als müssten Sie *Application.Run* aufrufen, damit eine Interaktion zwischen Formular und Benutzer stattfinden kann, aber *Application.Run* gibt die Steuerung erst beim Schließen des Formulars zurück.

Kurz gesagt, es sieht so aus, als sei kein Platz für die eigenen Programmroutinen vorhanden.

Ereignisgesteuerte Eingabe

Bei vielen Konsolenprogrammen findet keine Interaktion mit dem Benutzer statt. Eine typische Konsolenanwendung erhält alle benötigten Informationen über Befehlszeilenargumente, erledigt ihren Job und wird beendet. Wenn ein Konsolenprogramm mit dem Benutzer interagieren muss, werden die erforderlichen Eingaben über die Tastatur vorgenommen. Im .NET Framework liest ein Konsolenprogramm Tastatureingaben durch Aufrufen der Methoden *Read* oder *ReadLine* der Klasse *Console* ein. Das Programm hält für die Tastatureingaben an und setzt die Verarbeitung anschließend fort.

Für grafische Umgebungen geschriebene Programme verwenden jedoch ein anderes Eingabemodell. Ein Grund hierfür ist die Existenz unterschiedlicher Eingabegeräte. Programme erhalten Benutzereingaben nicht nur von der Tastatur, sondern auch von der Maus. Zusätzlich können Programme Steuerelemente verwenden (Schaltflächen, Menüs und Bildlaufleisten), die für das Hauptprogramms ebenfalls mit dem Benutzer interagieren.

Mithilfe der so genannten *seriellen Abfrage* (serial polling) kann eine Programmierumgebung theoretisch jede Art von Eingabegerät bedienen. Bei einer seriellen Abfrage prüft das Programm zunächst auf Tastatureingaben. Liegen diese nicht vor, wird die Maus geprüft. Wurde keine Mauseingabe vorgenommen, prüft das Programm das Menü, das wiederum auf Tastatureingaben und Mauseingaben prüft usw. (Vor der Veröffentlichung von Windows mussten im Zeichenmodus arbeitende PC-Programme, die mit Mauseingaben arbeiteten, im Allgemeinen ebenfalls auf die serielle Abfrage zurückgreifen.)

Es stellte sich jedoch heraus, dass sich bei mehreren Eingabegeräten das *ereignisgesteuerte Modell* besser eignet. So, wie es in Windows Forms implementiert ist, ist jede Eingabeart mit einer anderen Methode in Ihrem Programm verknüpft. Sobald ein bestimmtes Ereignis auftritt (z.B. ein Tastendruck, ein Mausklick oder die Auswahl einer Menüoption), wird die entsprechende Methode – scheinbar von außerhalb des Programms – aufgerufen.

Zunächst erscheint dieses Eingabemodell chaotisch. Während der Benutzer Zahlen und Buchstaben eintippt, die Maus bewegt, Tasten drückt, Bildlaufleisten bewegt und Menüoptionen auswählt, wird das Programm mit Methodenaufrufen aus verschiedenen Quellen bombardiert. In der Praxis läuft dieser Vorgang jedoch sehr viel geordneter ab, da alle Methoden im gleichen Ausführungsthread liegen. Ereignisse unterbrechen niemals die Programmausführung. Erst wenn eine Methode die Verarbeitung seines Ereignisses beendet hat, wird die nächste Methode für ein anderes Ereignis aufgerufen.

Tatsächlich werden in einem Windows Forms-Programm nach der Formularinitialisierung *sämtliche* Programmoperationen als Reaktionen auf Ereignisse ausgeführt. Die meiste Zeit döst das Programm tief unten im *Application.Run*-Aufruf vor sich hin und wartet darauf, dass ein Ereignis eintritt. Tatsächlich ist es oft hilfreich, sich ein Windows Forms-Programm wie eine *statusgesteuerte Maschine* vorzustellen, deren aktueller Status ausschließlich durch Ereignisse bestimmt wird.

Ereignisse sind so wichtig, dass sie bei jedem Aspekt von .NET Framework und Visual Basic .NET eine Rolle spielen. Ereignisse gehören wie Konstruktoren, Felder, Methoden und Eigenschaften zu den Membern einer Klasse. Wenn ein Programm eine Methode zur Verarbeitung eines Ereignisses definiert, wird diese Methode als *Ereignishandler* bezeichnet. Die Argumente für den Ereignishandler entsprechen der Definition eines Funktionsprototyps, der als *Delegat* bezeichnet wird. Diesem Thema werden wir uns in Kürze zuwenden.

Wie Sie in Kapitel 6 sehen werden, gibt es drei unterschiedliche Tastaturereignisse. Eine dieser Ereignisarten informiert Sie darüber, ob eine Taste gedrückt wurde, die zweite gibt das Loslassen einer Taste an. Das dritte Tastaturereignis informiert darüber, dass durch das Drücken einer bestimmten Tastenkombination ein Zeichencode erzeugt wurde.

In Kapitel 8 lernen Sie die sieben Arten von Mausereignissen kennen, die anzeigen, dass die Maus bewegt, eine bestimmte Maustaste geklickt bzw. ein Doppelklick ausgeführt wurde.

In Kapitel 10 lernen Sie darüber hinaus das Zeitgeberereignis (*Timer*) kennen. Dieses Ereignis informiert Sie darüber, dass eine vordefinierte Zeitspanne verstrichen ist. Programme zur Anzeige der Uhrzeit benutzen dieses Zeitgeberereignis zur Aktualisierung der Zeitanzeige im Sekundentakt.

In Kapitel 12 beginnen wir mit der Erstellung von Steuerelementen (z.B. Schaltflächen, Text- und Listenfeldern) und stellen sie auf die Formularoberfläche. In diesem Zusammenhang erfahren Sie, dass diese Steuerelemente über Ereignisse Informationen an das Formular zurückgeben. Ereignisse geben an, dass auf eine Schaltfläche geklickt wurde, oder informieren darüber, dass sich der Text in einem Textfeld geändert hat.

In Kapitel 14 werden Sie feststellen, dass auch Menüs über Ereignisse mit einem Formular kommunizieren. Hier informieren Ereignisse z.B. darüber, dass ein Dropdownmenü angezeigt werden soll, dass ein Menü ausgewählt bzw. ein Menüpunkt angeklickt wurde.

Eines der merkwürdigsten Ereignisse ist gleichzeitig auch eines der wichtigsten. Dieses Ereignis, das *Paint*-Ereignis, teilt dem Programm mit, wann die Ausgabe in einem Fenster zu erfolgen hat.

Nichts demonstriert den enormen Unterschied zwischen Befehlszeilenprogrammen und grafischen Programmen besser als dieses *Paint*-Ereignis. Ein Befehlszeilenprogramm zeigt Ausgaben immer dann an, wenn ihm danach ist. Ein Windows Forms-Programm ist zwar ebenfalls jederzeit zur Anzeige von Ausgaben in der Lage, dies würde jedoch nicht immer zum gewünschten Ergebnis führen. Das *Paint*-Ereignis informiert das Programm darüber, ob Teile oder der gesamte Clientbereich einer Anwendung *ungültig* (invalid) ist und daher neu erzeugt bzw. gezeichnet werden muss.

Wie kann ein Clientbereich ungültig werden? Bei der ersten Erstellung eines Formulars wird der gesamte Clientbereich ungültig, da das Programm bisher noch nichts gezeichnet hat. Das erste *Paint*-Ereignis, das ein Programm erhält, sagt dem Programm, dass es etwas im Clientbereich anzeigen soll.

Angenommen, Sie verschieben auf dem Bildschirm mehrere Fenster so, dass sie sich überlappen. Windows führt in diesem Fall keine Speicherung der Teile der Clientbereiche durch, die von einem anderen Fenster verdeckt werden. Wenn Sie diesen Clientbereich später wieder anzeigen, muss das Programm das Aussehen dieses Bereichs wiederherstellen. Dafür erhält es ein weiteres *Paint*-Ereignis. Wenn Sie ein zuvor minimiertes Programm wiederherstellen, tritt ebenfalls ein *Paint*-Ereignis auf.

Ein Windows-Programm muss jederzeit in der Lage sein, den Clientbereich neu zu zeichnen. Die hierzu erforderlichen Informationen müssen entweder gespeichert werden oder schnell abrufbar sein. Ein Programm so aufzubauen, dass es auf *Paint*-Ereignisse ordnungsgemäß reagiert, erscheint auf den ersten Blick vielleicht etwas schwierig, ist aber letztlich keine große Sache.

Die Behandlung von *Paint*-Ereignissen

Die Behandlung von Ereignissen lässt sich am besten anhand von Beispielen erläutern. Praktisch gesehen erfordert die Handhabung des *Paint*-Ereignisses in einem Programm zunächst einen Blick auf *PaintEventHandler*. Dabei handelt es sich um einen Delegaten, der im Namespace *System.Windows.Forms* definiert ist. Dieser besteht aus einer einzigen Anweisung, die in Visual Basic .NET-Syntax ungefähr so aussieht:

```
Public Delegate Sub PaintEventHandler(ByVal obj As Object, ByVal pea As PaintEventArgs)
```

Wenn diese Anweisung für Sie wie ein Funktionsprototyp aussieht, liegen Sie nicht sehr falsch. Das zweite Argument bezeichnet eine Klasse namens *PaintEventArgs* (das ebenfalls im Namespace *System.Windows.Forms* definiert ist), auf die ich gleich eingehen werde.

Zur Behandlung von *Paint*-Ereignissen in einem der bisherigen Beispielprogramme müssen Sie eine shared Methode in Ihrem Modul definieren, welche dieselben Argumente und denselben Rückgabetyp aufweist wie der Delegat *PaintEventHandler*:

```
Sub MyPaintHandler(ByVal obj As Object, ByVal pea As PaintEventArgs)

End Sub
```

Sie verknüpfen diesen Ereignishandler dann unter Verwendung der Visual Basic-Anweisung *AddHandler* mit dem *Paint*-Ereignis der Klasse *Form*:

```
AddHandler frm.Paint, New PaintEventHandler(AddressOf MyPaintHandler)
```

oder in einer einfacheren Form, die ich in diesem Buch verwende:

```
AddHandler frm.Paint, AddressOf MyPaintHandler
```

Das *Paint*-Ereignis ist in der Klasse *Control* definiert und ist dank Vererbung auch ein Bestandteil der Klasse *Form*. Sie können für das *Paint*-Ereignis zwei Operationen ausführen, die durch die Anweisungen *AddHandler* und *RemoveHandler* angegeben werden. *AddHandler* installiert einen Ereignishandler, indem ein Ereignis mit einer Methode verknüpft wird. Die allgemeine Syntax lautet wie folgt:

```
AddHandler Objekt.Ereignis, AddressOf Methode
```

Sie lösen eine Methode wieder von einem Ereignis, indem Sie dieselbe Grundsyntax verwenden, jedoch *RemoveHandler* einsetzen:

```
RemoveHandler Objekt.Ereignis, AddressOf Methode
```

Das Lösen einer Methode von einem Ereignis ist jedoch nur selten erforderlich. Im Allgemeinen installieren Sie einen Ereignishandler, deinstallieren ihn jedoch dann nicht mehr.

Als Argumente für den *Paint*-Ereignishandler verwende ich das Objekt *obj* und eine *PaintEventArgs*-Klasse, die ich mit *pea* abgekürzt habe. Das erste Argument gibt das Objekt an, auf welches das *Paint*-Ereignis angewendet wird, in diesem Fall das Objekt *frm*. Das Objekt wird gelegentlich als »Sender« bezeichnet, da das Ereignis von diesem Objekt geschickt wird.

Die Klasse *PaintEventArgs* ist im Namespace *System.Windows.Forms* definiert und verfügt über die beiden schreibgeschützten Eigenschaften *Graphics* und *ClipRectangle*:

PaintEventArgs-Eigenschaften

Eigenschaft	Typ	Zugriff	Beschreibung
Graphics	Graphics	Get	Sehr wichtiges Objekt für die Grafikausgabe
ClipRectangle	Rectangle	Get	Rechteck zur Angabe ungültiger Bereiche

Die Eigenschaft *Graphics* enthält eine Instanziierung der Klasse *Graphics,* die im Namespace *System.Drawing* definiert ist. *Graphics* ist eine äußerst wichtige Klasse der Windows Forms-Bibliothek, fast genauso wichtig wie *Form*. Die Klasse *Graphics* dient zum Zeichnen von Grafiken und Text auf einem Formular. Der Namespace *System.Drawing* implementiert ein grafisches Programmiersystem namens GDI+, bei dem es sich um eine erweiterte Version des Windows GDI (Graphics Device Interface) handelt. Die Eigenschaft *ClipRectangle* werde ich in Kapitel 4 näher erläutern.

In den meisten Beispielprogrammen in diesem Buch wird die Codezeile

```
Dim grfx As Graphics = pea.Graphics
```

als erste Zeile des *Paint*-Ereignishandlers verwendet. Sie können Ihr *Graphics*-Objekt natürlich nennen, wie Sie möchten. Da dieses Objekt in Grafikroutinen sehr häufig auftaucht, verwenden einige Programmierer sogar nur den Buchstaben g. Ich habe mich für einen Mittelweg entschieden.

Bevor wir jedoch noch tiefer in die Materie eindringen, werfen wir zunächst einen Blick auf das eigentliche Programm mit der Implementierung des *Paint*-Ereignishandlers.

PaintEvent.vb

```
Imports System
Imports System.Drawing
Imports System.Windows.Forms

Module PaintEvent
    Sub Main()
        Dim frm As New Form()
        frm.Text = "Paint Event"
        AddHandler frm.Paint, AddressOf MyPaintHandler
```

```
        Application.Run(frm)
    End Sub
    Sub MyPaintHandler(ByVal obj As Object, ByVal pea As PaintEventArgs)
        Dim grfx As Graphics = pea.Graphics
        grfx.Clear(Color.Chocolate)
    End Sub
End Module
```

Nach der Formularerstellung in *Main* wird die Methode *MyPaintHandler* mit dem *Paint*-Ereignis des Formulars verknüpft. In diesem Handler empfängt das Programm ein *Graphics*-Objekt von der Klasse *PaintEventArgs* und verwendet es beim Aufruf der Methode *Clear*. Bei *Clear* handelt es sich um eine sehr einfache Methode (vielleicht die einfachste Zeichenmethode überhaupt), die in der Klasse *Graphics* definiert ist:

Graphics-Methoden (Auswahl)

Methode	Beschreibung
`Sub Clear(ByVal clr As Color)`	Zeichnet den gesamten Clientbereich in der angegebenen Farbe

Das Argument ist ein Objekt vom Typ *Color* (dieser Objekttyp wird im nächsten Kapitel näher besprochen). Wie bereits im Zusammenhang mit dem Programm *FormProperties* erwähnt, besteht die einfachste Möglichkeit zum Festlegen einer Farbe darin, einen der 141 in der Struktur *Color* als shared Eigenschaften implementierten Farbnamen anzugeben.

Um ein Gefühl dafür zu entwickeln, wie häufig das Programm *Paint*-Ereignisse empfängt, können Sie die Anweisung

```
Console.WriteLine("Paint Event")
```

in *MyPaintHandler* einfügen. Mehrere Programme im nächsten Kapitel werden ebenfalls die Häufigkeit von *Paint*-Ereignissen veranschaulichen.

Von diesem Zeitpunkt an verfügen alle Windows Forms-Beispielprogramme in diesem Buch im Programmkopf mindestens über die drei folgenden *Imports*-Anweisungen:

```
Imports System
Imports System.Drawing
Imports System.Windows.Forms
```

Allgemein gesprochen stellen diese Anweisungen die Mindestanforderung für jede nicht triviale Windows Forms-Anwendung dar.

Vielleicht sehen Sie eine Verbindung zwischen diesen drei *Imports*-Anweisungen und den drei DLLs, die Sie bei der Kompilierung des Programms angeben müssen. Sie haben miteinander zu tun, entsprechen sich aber nicht ganz. Die *Imports*-Anweisung ist eher mit der *With*-Anweisung von Visual Basic zu vergleichen. Es gibt sie nur, damit Sie nicht jedes Mal den vollständigen Klassennamen angeben müssen. Die angegebenen Verweise auf die DLLs liefern dem Visual Basic-Compiler Informationen über die Klassen, Methoden, Eigenschaften usw., die in den DLLs implementiert sind. Diese DLLs werden später zur Implementierung dieser Klassen mit dem ausgeführten Programm verknüpft. Einige spätere Programme in diesem Buch haben eine solche *Imports*-Anweisung:

```
Imports System.Drawing.Drawing2D
```

Dies ist ein Namespace, der aus Klassen und anderen Elementen besteht, die sich ebenfalls in der DLL System.Drawing.dll befinden.

Textanzeige

Die Klasse *Graphics* verfügt über viele Methoden zum Zeichnen grafischer Objekte wie z.B. Linien, Kurven, Rechtecke, Ellipsen und Bitmaps. Die *Graphics*-Methode für die Anzeige von Text in einem Formular heißt *DrawString*.

DrawString liegt in sechs überladenen Versionen vor, die ersten drei Argumente stimmen jedoch in allen Versionen überein. Die einfachste Version von *DrawString* ist so definiert:

```
Sub DrawString(ByVal str As String, ByVal fnt As Font, _
               ByVal br As Brush, ByVal x As Single, ByVal y As Single)
```

Sie haben sicher schon vermutet, dass mithilfe der Argumente von *DrawString* die anzuzeigende Textzeichenfolge sowie die Koordinaten der Anzeigeposition übergeben werden. Aber Sie haben vielleicht nicht damit gerechnet, dass Sie zusätzlich die Schrift für die Textanzeige angeben können und über ein Element namens *Brush* verfügen (dieses dient zur Festlegung der Textfarbe), aber da sind sie! Die Anwesenheit dieser beiden Argumente kennzeichnet GDI+ als *statusloses* grafisches Programmiersystem. Alle Informationen, die das System zur Anzeige unterschiedlicher grafischer Figuren benötigt, sind im Methodenaufruf selbst enthalten.

Der Nachteil dieses Ansatzes besteht darin, dass der *DrawString*-Aufruf vor Informationen geradezu überquillt. Daher werden Sie nach einiger Zeit wahrscheinlich dazu neigen, das zweite und dritte Argument auf einzelne Buchstaben zu reduzieren oder nach anderen Möglichkeiten zur Verkürzung des Methodenaufrufs zu suchen.

Das erste Argument der Methode *DrawString* ist die anzuzeigende Textzeichenfolge, z.B.

```
grfx.DrawString("Hello, world!", ...)
```

Sehen wir uns die weiteren Argumente etwas genauer an.

Die Schrift

Das zweite Argument von *DrawString* definiert die für den Text verwendete Schrift. Es handelt sich bei diesem Argument um ein Objekt vom Typ *Font*, einer im Namespace *System.Drawing* definierten Klasse. Ausführlich wird die Klasse *Font* in Kapitel 9 besprochen. Für den Moment wollen wir uns damit begnügen, dass ein Windows Forms-Programm Zugriff auf zahlreiche skalierbare Schriften besitzt. Wir werden zunächst eine Standardschrift verwenden. Praktischerweise verfügt jede von *Control* abgeleitete Klasse über eine geerbte Eigenschaft namens *Font*, in der die Standardschrift für das Steuerelement gespeichert wird.

Control-Eigenschaften (Auswahl)

Eigenschaft	Typ	Zugriff	Beschreibung
Font	Font	Get/Set	Standardschrift für das Steuerelement

Es mag zunächst etwas verwirrend sein, mit einer Klasse und einer Eigenschaft zu arbeiten, die beide *Font* heißen, aber ich verspreche Ihnen, kaum haben Sie einige Monate damit gearbeitet, schon kommt es Ihnen nicht mehr ganz so seltsam vor.

Wenn Sie einen *Paint*-Ereignishandler für ein Formular installieren, können Sie das zugehörige Objekt für das Ereignis durch eine Konvertierung des ersten Arguments in den Typ dieses Objekts erhalten:

```
Dim frm As Form = DirectCast(obj, Form)
```

Diese Konvertierung funktioniert, da *obj* tatsächlich ein Objekt vom Typ *Form* ist. Wäre dem nicht so (wäre *obj* beispielsweise eine von *Form* abgeleitete Klasse), würde die Anweisung eine Ausnahme auslösen. Wenn Sie mit *Option Strict Off* kompilieren, können Sie eine einfachere Anweisung ohne *DirectCast* verwenden:

```
Dim frm As Form = obj
```

Danach können Sie auf die Standardschrift für das Formular innerhalb des Ereignishandlers mit *frm.Font* zugreifen. Der *DrawString*-Aufruf sieht anschließend etwa so aus:

```
grfx.DrawString(str, frm.Font, ...)
```

Erfolgen mehrere Aufrufe von *DrawString* nacheinander, ist es besser, wenn Sie zunächst ein Objekt vom Typ *Font* definieren und diesem die Standardschrift des Formulars zuweisen:

```
Dim fnt As Font = frm.Font
```

Ganz schön viel *F(f)ont* in einer Anweisung! Das erste *Font* bezeichnet die im Namespace *System.Drawing* definierte Klasse *Font* und *fnt* ist als ein Objekt dieser Klasse definiert. Das letzte *Font* ist eine Eigenschaft der Klasse *Form*. Demzufolge sieht der *DrawString*-Aufruf nun folgendermaßen aus:

```
grfx.DrawString(str, fnt, ...)
```

Der Pinsel

Das dritte Argument von *DrawString* gibt die »Farbe« der Schriftzeichen an. Ich setze »Farbe« in Anführungszeichen, weil das Argument eigentlich ein Objekt vom Typ *Brush* (Pinsel) ist, und solche Pinsel können mehr als Farben. Bei Pinseln kann es sich um Farbverläufe, bunte Muster oder Bitmaps handeln. Tatsächlich weisen Pinsel derart viele Variationen auf und sind dermaßen leistungsfähig, dass sie fast ein ganzes eigenes Kapitel füllen. Da es sich dabei jedoch um Kapitel 17 handelt, wir uns jedoch erst in Kapitel 2 befinden, begnügen wir uns vorerst mit sehr einfachen Pinseln.

Die einfachste Form einer flexiblen Farbgebung bietet die Klasse *Brushes*. Beachten Sie den Plural *Brushes* anstelle des Singulars *Brush,* bei dem es sich gleichzeitig um den Namen einer Klasse handelt. Die Klasse *Brushes* verfügt über 141 shared, schreibgeschützte Eigenschaften mit denselben Farbnamen wie die der Klasse *Color*. Die *Brushes*-Eigenschaften geben ein Objekt vom Typ *Brush* zurück. Da es sich um shared Eigenschaften handelt, werden diese unter Angabe des Klassen- und des Eigenschaftennamens verwendet, wie im folgenden Beispiel gezeigt:

```
grfx.DrawString(str, fnt, Brushes.PapayaWhip, ...)
```

Sie denken jetzt wahrscheinlich: »Sicher wäre es lustig, Text mit unterschiedlichen Farben, Farbverläufen und Mustern zu erzeugen, aber seien wir doch realistisch: Wahrscheinlich soll 97,5 Prozent des anzuzeigenden Textes ganz einfach nur schwarz sein. Mit wenigen Ausnahmen werde ich wahrscheinlich fast immer *Brushes.Black* als drittes Argument für *DrawString* verwenden.« Natürlich können Sie ein Objekt vom Typ *Brush* folgendermaßen definieren:

```
Dim br As Brush = Brushes.Black
```

Anschließend übergeben Sie das Objekt an 97,5 Prozent Ihrer *DrawString*-Aufrufe:

```
grfx.DrawString(str, fnt, br, ...)
```

Ich fürchte jedoch, dass eine derartige Verwendung von *Brushes.Black* ein Fehler wäre. Sie setzen dabei implizit voraus, dass der Hintergrund des Formulars nicht auch schwarz ist. Könnte der denn überhaupt schwarz sein? Ja, und zwar öfter als Sie glauben. In diesen Fällen wäre der Text nicht sichtbar.

Unabhängig davon erteile ich Ihnen fürs Erste eine Sondergenehmigung zur Verwendung von *Brushes.Black* mit *DrawString*, jedoch nur unter der Voraussetzung, dass Sie die Eigenschaft *BackColor* des Formulars auf *Color.White* oder eine andere Farbe einstellen, von der schwarzer Text sich deutlich abhebt. Ich werde in Kapitel 3 bessere Ansätze zur Auswahl von Farben vorstellen.

Die Koordinatenpunkte

Die letzten beiden Argumente von *DrawString* geben die horizontalen (x) und vertikalen (y) Koordinaten der oberen linken Ecke für die anzuzeigende Textzeichenfolge an.

Wenn Sie über mathematisches Grundwissen verfügen (oder sich die traumatischen Erlebnisse in den Mathematikstunden Ihrer Schulzeit für immer in Ihr Gehirn eingebrannt haben), stellen Sie sich ein zweidimensionales Koordinatensystem wahrscheinlich so vor:

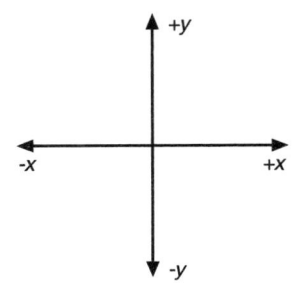

Dieses System wird, nach dem französischen Mathematiker und Philosophen René Descartes (1596–1650), als *Kartesisches Koordinatensystem* bezeichnet.* Descartes gilt als Begründer der analytischen Geometrie, die Computergrafik beruht letztlich auf seinen Entdeckungen. Der Ursprung des kartesischen Koordinatensystems, der Punkt (0, 0), befindet sich im Zentrum des Systems. Die x-Werte nehmen nach rechts hin zu, die y-Werte steigen nach oben hin an.

Dieses Koordinatensystem entspricht jedoch nicht demjenigen, das in den meisten grafischen Umgebungen verwendet wird. Ein Koordinatensystem, bei dem die y-Werte nach oben zunehmen, steht mit der Schreibrichtung der meisten westlichen Sprachen in Konflikt. Darüber hinaus mussten die ersten Computergrafikprogramme oft direkt in den Grafikspeicher schreiben. Grafikspeicher beginnen, da Computerbildschirme von oben nach unten abgetastet werden, am Bildschirmanfang. Fernsehbildschirme werden ebenfalls von oben nach unten abgetastet, und diese Entscheidung wurde bereits vor rund 60 Jahren getroffen.

In der Windows Forms-Umgebung liegt der Ursprung des Standardkoordinatensystems, wie bei den meisten grafischen Umgebungen**, in der linken oberen Ecke:

---

* Eine englische Übersetzung der 1637 abgefassten Arbeit Descartes' zur analytischen Geometrie ist unter dem Titel *The Geometry of René Descartes* (New York: Dover, 1954) erhältlich.

** Eine Ausnahme bildet hierbei der OS/2 Presentation Manager, der genau umgekehrt entworfen wurde (von unten nach oben). Dies bot für die Grafikprogrammierung zwar Vorteile, funktionierte in vielen anderen Bereichen jedoch nicht so gut. Programmierer mussten bei der Festlegung der Steuerelementpositionen in Dialogfeldern umgekehrte Koordinaten angeben, was häufig einen Dialogfeldentwurf erforderte, der an der Unterkante ausgerichtet war. Weitere Informationen finden Sie in meinen Büchern *Programming the OS/2 Presentation Manager* (Redmond, WA: Microsoft Press, 1989) bzw. *OS/2 Presentation Manager Programming* (Emeryville, CA: Ziff-Davis Press, 1994).

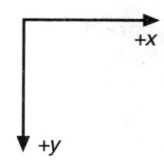

Ich bezeichne dieses System als *Standard*koordinatensystem, da es für andere Zwecke verändert werden kann. Diese Art Belustigung erwartet uns in Kapitel 7.

Wenn Sie Formularelemente mithilfe eines *Graphics*-Objekts zeichnen, das Sie von der Klasse *PaintEventArgs* erhalten, die Sie als Argument an den *Paint*-Ereignishandler übergeben haben, werden alle Koordinaten relativ zur oberen linken Ecke des Clientbereichs auf dem Formular ausgedrückt. Als Einheit werden Pixel verwendet. Die *x*-Werte nehmen nach rechts hin zu, die *y*-Werte steigen nach unten hin an.

Lassen Sie mich wiederholen: Die Koordinaten werden relativ zur oberen linken Ecke des *Clientbereichs* ausgedrückt. Der Clientbereich ist der Bereich eines Formulars, der nicht von der Titelleiste oder dem Formularrahmen oder eventuell vorhandenen Menüs eingenommen wird. Wenn Sie das *Graphics*-Objekt der Klasse *PaintEventArgs* verwenden, können Sie einfach nicht *außerhalb* des Clientbereichs zeichnen. Aus diesem Grund brauchen Sie sich keinerlei Sorgen darüber zu machen, dass sie irgendetwas in einem Bereich zeichnen, wo Sie es gar nicht dürfen.

Die an die Methode *DrawString* übergebenen Koordinatenpunkte legen die Position der oberen linken Ecke des ersten Zeichens der Textzeichenfolge fest. Wenn Sie die Koordinate (0, 0) angeben, wird die Textzeichenfolge demnach in der oberen linken Ecke des Clientbereichs angezeigt.

Fassen wir das Erlernte in einem Programm namens *PaintHello* zusammen.

```
PaintHello.vb
Imports System
Imports System.Drawing
Imports System.Windows.Forms
Module PaintHello
    Sub Main()
        Dim frm As New Form()
        frm.Text = "Paint Hello"
        frm.BackColor = Color.White
        AddHandler frm.Paint, AddressOf MyPaintHandler

        Application.Run(frm)
    End Sub
    Sub MyPaintHandler(ByVal obj As Object, ByVal pea As PaintEventArgs)
        Dim frm As Form = DirectCast(obj, Form)
        Dim grfx As Graphics = pea.Graphics

        grfx.DrawString("Hello, world!", frm.Font, Brushes.Black, 0, 0)
    End Sub
End Module
```

Hier haben wir unser erstes – wenn auch nicht unbedingt sehr einfaches – Programm zur Anzeige von Text in einem Formular. Der Text wird in der oberen linken Ecke des Clientbereichs angezeigt:

Das *Paint*-Ereignis ist etwas Besonderes

Seien Sie vorsichtig, was Sie alles im *Paint*-Ereignishandler unterbringen. Die Methode wird recht häufig und gelegentlich unerwartet aufgerufen und arbeitet am besten, wenn sie den Clientbereich schnell und ohne Unterbrechung neu zeichnen kann.

An früherer Stelle in diesem Kapitel habe ich Ihnen vorgeschlagen, für das einfache Debuggen Meldungsfelder einzusetzen. Verwenden Sie jedoch niemals einen Aufruf von *MessageBox.Show* im *Paint*-Ereignishandler! Das Meldungsfeld könnte Teile des Clientbereichs überdecken und ein weiteres *Paint*-Ereignis auslösen. Und das löst noch eins aus und das noch eins und das noch eins ... Verwenden Sie deshalb auch *niemals* Aufrufe von *Console.Read* oder *Console.ReadLine* darin oder in irgendeinem anderen Ereignishandler. *Console.Write* oder *Console.WriteLine* können jedoch gefahrlos verwendet werden.

Und machen Sie in einem Ereignishandler niemals etwas, dessen Wirkung sich aufsummiert. In einem meiner frühen Windows Forms-Programme habe ich einen *Paint*-Ereignishandler geschrieben, der auf die Eigenschaft *Font* zugriff, eine neue, doppelt so große Schrift erstellte und die Eigenschaft *Font* auf diese neue Schrift einstellte. Tja, als Ergebnis wurde die Schrift bei jedem neuen *Paint*-Ereignis doppelt so groß wie vorher. Das hatte irgendwie etwas von »Liebling, ich habe die Schrift aufgebläht«.

Die Durchführung sämtlicher Zeichenoperationen im *Paint*-Ereignishandler wirkt vielleicht etwas restriktiv, und genau das ist es gelegentlich auch. Aus diesem Grund implementiert Windows Forms eine ganze Reihe weiterer Methoden, die das Zeichnen flexibler machen.

Erstens können Sie ein *Graphics*-Objekt außerhalb eines *Paint*-Ereignishandlers abrufen, indem Sie die in *Control* implementierte und an *Form* vererbte Methode *CreateGraphics* aufrufen. Zweitens werden Sie gelegentlich das *Paint*-Ereignis aus einem anderen Ereignis generieren müssen. Die Methode hierzu lautet *Invalidate* und ist in der Klasse *Control* implementiert. Diese Themen werden bei der Besprechung von Eingaben über Tastatur und Maus und des Zeitgebers in den Kapiteln 6, 8 und 10 ausführlicher behandelt.

Mehrere Formulare, mehrere Handler

Sehen wir uns einige Variationen zum Thema Ereignisbehandlung an, damit Ihnen der Umgang mit dem *Paint*-Ereignishandler etwas vertrauter wird. Das nachfolgend gezeigte Programm erstellt zwei Formulare, für die derselbe *Paint*-Ereignishandler verwendet wird.

```vb
PaintTwoForms.vb
Imports System
Imports System.Drawing
Imports System.Windows.Forms
Module PaintTwoForms
    Private frm1, frm2 As Form
    Sub Main()
        frm1 = New Form()
        frm2 = New Form()

        frm1.Text = "First Form"
        frm1.BackColor = Color.White
        AddHandler frm1.Paint, AddressOf MyPaintHandler

        frm2.Text = "Second Form"
        frm2.BackColor = Color.White
        AddHandler frm2.Paint, AddressOf MyPaintHandler
        frm2.Show()

        Application.Run(frm1)
    End Sub
    Sub MyPaintHandler(ByVal obj As Object, ByVal pea As PaintEventArgs)
        Dim frm As Form = DirectCast(obj, Form)
        Dim grfx As Graphics = pea.Graphics
        Dim str As String

        If frm Is frm1 Then
            str = "Hello from the first form"
        Else
            str = "Hello from the second form"
        End If

        grfx.DrawString(str, frm.Font, Brushes.Black, 0, 0)
    End Sub
End Module
```

Beachten Sie, dass die *Forms*-Objekte als Felder gespeichert werden, sodass sie sowohl von *Main* als auch dem Ereignishandler *Paint* zugänglich sind. Jeder Aufruf des *Paint*-Ereignishandlers gilt für eines der beiden Formulare, die das Programm erstellt. Der Ereignishandler kann durch einen Vergleich des Arguments *obj* (umgewandelt in ein *Form*-Objekt) mit den beiden als Felder gespeicherten *Forms*-Objekten ermitteln, auf welches Formular der Handler angewendet werden soll. Wenn Sie eine kleine Ungereimtheit in puncto Groß-/Kleinschreibung bei der Anzeige in Kauf nehmen, könnten Sie den gesamten *If*- und *Else*-Block durch die folgende Anweisung ersetzen:

```vb
str = "Hello from the " & frm.Text
```

Sie brauchen dann auch die beiden *Form*-Objekte nicht als Felder zu speichern.

Versuchen wir es nun genau anders herum. Erstellen wir ein Formular mit zwei *Paint*-Ereignishandlern.

TwoPaintHandlers.vb

```vb
Imports System
Imports System.Drawing
Imports System.Windows.Forms

Module TwoPaintHandlers
    Sub Main()
        Dim frm As New Form()
        frm.Text = "Two Paint Handlers"
        frm.BackColor = Color.White
        AddHandler frm.Paint, AddressOf PaintHandler1
        AddHandler frm.Paint, AddressOf PaintHandler2

        Application.Run(frm)
    End Sub
    Sub PaintHandler1(ByVal obj As Object, ByVal pea As PaintEventArgs)
        Dim frm As Form = DirectCast(obj, Form)
        Dim grfx As Graphics = pea.Graphics
        grfx.DrawString("First Paint Event Handler", frm.Font, Brushes.Black, 0, 0)
    End Sub
    Sub PaintHandler2(ByVal obj As Object, ByVal pea As PaintEventArgs)
        Dim frm As Form = DirectCast(obj, Form)
        Dim grfx As Graphics = pea.Graphics
        grfx.DrawString("Second Paint Event Handler", frm.Font, Brushes.Black, 0, 100)
    End Sub
End Module
```

Dieses Programm verdeutlicht einen interessanten Aspekt der Verknüpfung von Handlern mit Ereignissen. Liegen mehrere Handler vor, werden alle nacheinander aufgerufen. Beachten Sie, dass die *DrawString*-Koordinaten im ersten Handler (0, 0) lauten, im zweiten Handler dagegen (0, 100). Ich gehe hierbei davon aus, dass das Standardformular nicht mehr als 100 Pixel hoch ist, was man doch wohl als ziemlich sicher annehmen kann.

Formularvererbung

Bisher haben Sie gesehen, wie Sie ein Formular erstellen, diesem Eigenschaften zuweisen (z.B. eine in der Titelleiste angezeigte Textzeichenfolge oder eine Hintergrundfarbe) und das Formular mit Ereignishandlern verknüpfen. Genauso, wie Sie einen *Paint*-Ereignishandler installiert haben, können Sie auch Handler für Tastatur, Maus, Menüs usw. installieren.

Die Wahrheit ist allerdings: Dies ist nicht die übliche Vorgehensweise.

Um die Leistungsfähigkeit der in der Klasse *Form* implementierten Funktionalität voll ausschöpfen zu können, reicht die bloße Erstellung eines Formulars nicht aus. Das Formular muss erst wirklich dazu *werden*. So wie die Klasse *Control ScrollableControl* hervorbrachte, *ScrollableControl* zu *ContainerControl* führte und von *ContainerControl* das *Form*-Objekt erzeugt wurde, kann *Form* nun zu einem vielseitigen Formular werden, das allein Sie erstellen können.

Sie erstellen ein solches Formular in Ihrem Programm, indem Sie eine von *Form* erbende Klasse definieren. Dann legen wir mal los.

```
InheritTheForm.vb
Imports System
Imports System.Drawing
Imports System.Windows.Forms
Module InhertTheForm
    Sub Main()
        Dim frm As New InheritFromForm()
        frm.Text = "Inherit the Form"
        frm.BackColor = Color.White

        Application.Run(frm)
    End Sub
End Module
Class InheritFromForm
    Inherits Form
End Class
```

InheritTheForm.vb verfügt sowohl über ein Modul (*InheritTheForm*) als auch über eine Klasse mit dem Namen *InheritFromForm*. Wie der Name schon andeutet, erbt *InheritFromForm* von *Form*:

```
Class InheritFromForm
    Inherits Form
End Class
```

Die *Inherits*-Anweisung gibt an, dass *InheritFromForm* ein Abkömmling von *Form* ist und damit jede in *Form* implementierte Methode und Eigenschaft erbt.

Das Modul (*InheritTheForm*) verfügt wie üblich über eine shared *Main*-Methode, die als Einstiegspunkt für das Programm dient. Die neue Instanz von *InheritFromForm* wird jedoch nicht von *Form*, sondern in *Main* erstellt. Da *InheritFromForm* von *Form* abgeleitet ist, verfügt *InheritFromForm* natürlich über Eigenschaften wie *Text* und *BackColor*, die im nächsten Schritt eingestellt werden. Genauso, wie ein Objekt vom Typ *Form* an *Application.Run* übergeben werden kann, ist es möglich, ein Objekt mit einem von *Form* abgeleiteten Typ an *Application.Run* zu übergeben.

Das Programm InheritTheForm erstellt das Formular, initialisiert die Formularelemente (hier im Wesentlichen nur die Eigenschaft *Text*) und übergibt das Formularobjekt anschließend an

Application.Run. Gewöhnlich erledigt man die ganze Formularinitialisierung jedoch im Klassenkonstruktor.

InheritWithConstructor.vb
```vb
Imports System
Imports System.Drawing
Imports System.Windows.Forms
Module InheritWithConstructor
    Sub Main()
        Application.Run(New InheritAndConstruct())
    End Sub
End Module
Class InheritAndConstruct
    Inherits Form
    Sub New()
        Text = "Inherit with Constructor"
        BackColor = Color.White
    End Sub
End Class
```

Wie Sie bereits wissen, ist ein Konstruktor eine *Sub* mit dem Namen *New,* und ein Standardkonstruktor ist ohne Argumentliste definiert.

Der Stammbaum von *Form* beginnt bei *Object* und erstreckt sich über fünf weitere Klassen. Bei der Erstellung eines *InheritAndConstruct*-Objekts in *Main* wird zunächst der Standardkonstruktor von *Object* aufgerufen. Anschließend erfolgt ein Aufruf des Standardkonstruktors für die Klasse *MarshalByRefObject,* dann für die Klasse *Component* usw., bis hin zur Klasse *Form.* Ganz zum Schluss wird dann der Standardkonstruktor für die Klasse *InheritAndConstruct* aufgerufen.

Beachten Sie, dass die Eigenschaften *Text* und *BackColor* nicht mit einem Objektnamen (dem zuvor verwendeten *frm*-Objekt) eingeleitet werden müssen. Die Eigenschaften können ohne Präfix verwendet werden, da es sich um Eigenschaften der Klasse *InheritAndConstruct* handelt. Sie sind Eigenschaften von *InheritAndConstruct,* da diese Klasse von *Control* und *Form* abgeleitet ist, in der diese und viele weitere Eigenschaften ursprünglich definiert wurden.

Wenn Sie diese Eigenschaften mit einem Präfix versehen möchten, verwenden Sie das Schlüsselwort *Me:*

```vb
Me.Text = "Inherit with Constructor"
Me.BackColor = Color.White
```

Das Schlüsselwort *Me* gibt das aktuelle Objekt an.

Die Methode *OnPaint*

Welche Vorteile ergeben sich, wenn Sie von *Form* erben, statt lediglich eine Instanz von *Form* zu erstellen? Obwohl die meisten der in *Form* definierten Methoden und Eigenschaften öffentlich sind, sind einige wichtige Elemente als *Protected* definiert. Auf diese geschützten Methoden und Eigenschaften kann nur von Abkömmlingen von *Form* zugegriffen werden. Eine dieser geschützten Eigenschaften ist *ResizeRedraw,* die wir in Kapitel 3 besprechen werden.

Eine der über *Control* an *Form* vererbten, geschützten Methoden heißt *OnPaint.* Sie werden diese Methode jedoch nicht *aufrufen* wollen, Sie werden sie *überschreiben,* denn in diesem Fall ist kein *Paint*-Ereignishandler erforderlich. Die Methode *OnPaint* erwartet ein einziges Argument: ein Objekt vom Typ *PaintEventArgs*. Sie können über dieses Argument wie im *Paint*-Ereignishandler ein *Graphics*-Objekt abrufen.

InheritWithPaint.vb
```
Imports System
Imports System.Drawing
Imports System.Windows.Forms
Module InheritWithPaint
    Sub Main()
        Application.Run(New InheritAndPaint())
    End Sub
End Module
Class InheritAndPaint
    Inherits Form
    Sub New()
        Text = "Hello World"
        BackColor = Color.White
    End Sub
    Protected Overrides Sub OnPaint(ByVal pea As PaintEventArgs)
        Dim grfx As Graphics = pea.Graphics
        grfx.DrawString("Hello, Windows Forms!", Font, Brushes.Black, 0, 0)
    End Sub
End Class
```

Beachten Sie in *OnPaint,* das vor *Font* nichts steht. Das liegt daran, dass *OnPaint* ein Member derselben Klasse ist, von der auch *Font* eine Eigenschaft ist. Beachten Sie auch, dass die Methode *OnPaint* anders als der *Paint*-Ereignishandler nicht das erste Argument benötigt, das den Sender angibt. Das Formular, auf das die Methode *OnPaint* angewendet wird, ist immer *Me*.

Ist das Modul unbedingt erforderlich?

Die Datei InheritWithPaint.vb enthält sowohl ein Modul als auch eine Klasse. Die einzige Methode im Modul ist *Main,* deren Aufgabe darin besteht, eine Instanz der Klasse zu erstellen und *Application.Run* aufzurufen. Dieser Aufbau scheint sehr sauber und unkompliziert zu sein, aber es gibt noch einen einfacheren Weg.

Sie können das Modul vollständig beseitigen, indem Sie die *Main*-Methode in die Klasse verschieben. Zunächst mag Ihnen das sehr merkwürdig vorkommen: Es sieht dann so aus, als würde das Programm sich an den eigenen Haaren aus dem Sumpf ziehen, d.h. starten. Wie kann die *Main*-Methode überhaupt ausgeführt werden, wenn noch gar keine Instanz der Klasse erstellt worden ist?

Die Lösung besteht darin, die *Main*-Methode als *Shared* zu definieren. Shared Methoden existieren unabhängig von irgendwelchen Objekten, die auf Basis dieser Klasse instanziiert werden. *Color.Chocolate* ist beispielsweise eine shared Eigenschaft der Klasse *Color,* die eine Instanz der Klasse zurückgibt. Üblicherweise lädt das Betriebssystem ein Programm in den Speicher und beginnt mit der Ausführung durch einen Aufruf der Methode *Main.* Es kann diesen Aufruf nur ausführen, wenn *Main* ein Modul oder innerhalb der Klasse als *Shared* definiert ist.

(Man kann auf die *Main*-Methode sogar ganz verzichten und als Startobjekt eine Klasse angeben, aber ich finde es etwas beunruhigend, wenn ein Programm keinen echten Einstiegspunkt hat.)

Nachfolgend sehen Sie die endgültige Version meines »HelloWorld«-Programms für Windows Forms.

HelloWorld.vb
```
Imports System
Imports System.Drawing
Imports System.Windows.Forms
Class HelloWorld
    Inherits Form
    Shared Sub Main()
        Application.Run(New HelloWorld())
    End Sub
    Sub New()
        Text = "Hello World"
        BackColor = Color.White
    End Sub
    Protected Overrides Sub OnPaint(ByVal pea As PaintEventArgs)
        Dim grfx As Graphics = pea.Graphics
        grfx.DrawString("Hello, Windows Forms!", Font, Brushes.Black, 0, 0)
    End Sub
End Class
```

Dies ist die offizielle, staatlich anerkannte, vom Programmierer getestete und von seiner Mutter gutgeheißene Vorgehensweise, um unter Verwendung der Klassenbibliothek Windows Forms in Visual Basic .NET ein Formular zu erstellen. Und genau aus diesem Grund trägt dieses Programm als erstes in diesem Buch den schlichten Namen HelloWorld. (Im nächsten Kapitel zeige ich Ihnen noch eine bessere Vorgehensweise zur Einstellung von Hintergrund- und Textfarben.) Und so sieht das Formular aus:

Natürlich sitzt da immer irgendein Schlaumeier in den hinteren Reihen, der die Hand hebt und fragt: »Aber kann der Text auch im Fenster *zentriert* werden?«

Na sicher, und im nächsten Kapitel werde ich Ihnen sogar drei verschiedene Vorgehensweisen zeigen.

Ereignisse und *On*-Methoden

Vorhin, als wir noch mit Modulen arbeiteten statt mit Klassen, die von *Form* abgeleitet waren, haben wir *Paint*-Ereignishandler installiert. Wie Sie sich erinnern werden, können Sie bei der Instanziierung von *Control* oder einer beliebigen anderen von *Control* abgeleiteten Klasse (wie z.B. *Form*) einen *Paint*-Ereignishandler implementieren, indem Sie eine shared Methode mit denselben Rückgabetypen und Argumenten wie für den *PaintEventHandler*-Delegaten definieren:

```
Sub MyPaintHandler(ByVal obj As Object, ByVal pea As PaintEventArgs)
    ' Routine zum Zeichnen
End Sub
```

Anschließend installieren Sie unter Verwendung des folgenden Codes diesen Zeichenhandler für ein bestimmtes Objekt (z.B. ein Objekt mit dem Namen *frm*):

```
AddHandler frm.Paint, AddressOf MyPaintHandler
```

In einer von *Control* abgeleiteten Klasse ist die Installation eines *Paint*-Ereignishandlers jedoch nicht erforderlich (allerdings möglich). Sie können einfach die geschützte Methode *OnPaint* überschreiben:

```
Protected Overrides Sub OnPaint(ByVal pea As PaintEventArgs)
    ' Routine zum Zeichnen
End Sub
```

Sie werden feststellen, dass alle in Windows Forms definierten Ereignisse sich gleichen. Jedes Ereignis verfügt über eine zugehörige geschützte Methode. Der Name dieser Methode setzt sich aus dem Wort *On* und dem Ereignisnamen zusammen. Für jedes verwendete Ereignis werde ich eine kleine Tabelle wie diese bereitstellen:

Control-Ereignisse (Auswahl)

Ereignis	Methode	Delegat	Argument
Paint	*OnPaint*	*PaintEventHandler*	*PaintEventArgs*

Die Tabelle gibt den Namen des Ereignisses, die zugehörige Methode, den Delegaten zur Definition des Ereignishandlers sowie das Argument für Ereignishandler und Methode an.

Sie könnten (wie ich ursprünglich auch) annehmen, dass die Methode *OnPaint* im Grunde lediglich ein vorinstallierter *Paint*-Ereignishandler ist. Dies ist jedoch falsch, es verhält sich genau umgekehrt: Die *OnPaint*-Methode in *Control* ist eigentlich für den Aufruf aller installierten *Paint*-Handler zuständig.

Untersuchen wir dieses Konzept ein bisschen genauer. Werfen wir zunächst einen Blick auf eine Klasse namens *InheritHelloWorld*, die von *HelloWorld* erbt (genau wie die zuvor gezeigte Klasse *HelloWorld* von *Form* erbte).

InheritHelloWorld.vb
```
Imports System
Imports System.Drawing
Imports System.Windows.Forms
Class InheritHelloWorld
    Inherits HelloWorld
```

```
Shared Shadows Sub Main()
    Application.Run(New InheritHelloWorld())
End Sub
Sub New()
    Text = "Inherit " & Text
End Sub
Protected Overrides Sub OnPaint(ByVal pea As PaintEventArgs)
    Dim grfx As Graphics = pea.Graphics
    grfx.DrawString("Hello from InheritHelloWorld!", Font, Brushes.Black, 0, 100)
End Sub
End Class
```

Kümmern wir uns zunächst um einige vorbereitende Dinge. Als ich die Klasse *InheritHelloWorld* in Visual Basic .NET erstellt habe, habe ich wie üblich eine neue Visual Basic-Datei mit dem Namen InheritHelloWorld.vb angelegt, musste jedoch auch HelloWorld.vb in das Projekt aufnehmen. Hierzu klicken Sie im Projektmappen-Explorer mit der rechten Maustaste auf das Projekt und wählen die Option *Hinzufügen, Vorhandenes Element hinzufügen*. Anschließend klicken Sie im eingeblendeten Dialogfeld zum Hinzufügen vorhandener Elemente auf den nach unten weisenden Pfeil neben der Schaltfläche *Öffnen* und dann auf die Option *Datei verknüpfen*. Auf diese Weise wird kein zweites Exemplar der Datei HelloWorld.vb erstellt.

Beachten Sie, dass die *Main*-Methode das Schlüsselwort *Shadows* enthält, d.h., alle *Main*-Methoden in einer übergeordneten Klasse (wie z.B. *HelloWorld*) sollen ersetzt werden. Darüber hinaus müssen Sie in Visual Basic .NET angeben, welches *Main* als Einstiegspunkt des Programms verwendet wird. Diese Einstellung nehmen Sie im Eigenschaftendialogfeld des Projekts vor. Klicken Sie im Dialogfeld *Eigenschaften* auf *Allgemeine Eigenschaften*, und geben Sie für die Einstellung *Startobjekt* den Wert *InheritHelloWorld* an.

Wenn Sie den Visual Basic .NET-Befehlszeilencompiler verwenden, müssen Sie beide Quellcodedateien angeben und folgende Compileroption angeben:

```
/Main:InheritHelloWorld
```

Auf diese Weise geben Sie an, in welcher Klasse sich die *Main*-Methode befindet, die als Einstiegspunkt für das Programm verwendet werden soll.

Wie schon erwähnt, werden bei der Erstellung jedes neuen, auf einer abgeleiteten Klasse basierenden Objekts, das mithilfe eines Standardkonstruktors erstellt wird, zunächst alle Standardkonstruktoren der übergeordneten Klassen aufgerufen (beginnend mit *Object*). Am Ende wird der *HelloWorld*-Konstruktor aufgerufen und stellt die Eigenschaft *Text* des Formulars auf »Hello World«. Der im Anschluss aufgerufene *InheritHelloWorld*-Konstruktor stellt die Eigenschaft *Text* folgendermaßen ein:

```
Text = "Inherit " & Text
```

Die Titelleiste dieses Programms, »Inherit Hello World«, zeigt, dass diese Abfolge der Ereignisse richtig ist.

Die *OnPaint*-Methode in *InheritHelloWorld* überschreibt die *OnPaint*-Methode in *HelloWorld*. Wenn InheritHelloWorld ausgeführt wird, zeigt es den Text »Hello from InheritHelloWorld!« an. Ich habe den Text an der Position (0, 100) ausgegeben, damit Sie sehen, dass die *OnPaint*-Methode in *HelloWorld* nicht auch noch ausgeführt wird. Die *OnPaint*-Methode in *HelloWorld* wird überschrieben.

Sehen wir uns jetzt ein Programm an, das es etwas anders macht. Dieses Programm definiert keine Klasse, die von *HelloWorld* erbt, sondern instanziiert die Klasse *HelloWorld*.

```
InstantiateHelloWorld.vb
Imports System
Imports System.Drawing
Imports System.Windows.Forms
Module InstantiateHelloWorld
    Sub Main()
        Dim frm As New HelloWorld()
        frm.Text = "Instantiate " & frm.Text
        AddHandler frm.Paint, AddressOf MyPaintHandler
        Application.Run(frm)
    End Sub
    Sub MyPaintHandler(ByVal obj As Object, ByVal pea As PaintEventArgs)
        Dim frm As Form = DirectCast(obj, Form)
        Dim grfx As Graphics = pea.Graphics
        grfx.DrawString("Hello from InstantiateHelloWorld!", frm.Font, Brushes.Black, 0, 100)
    End Sub
End Module
```

Sehen Sie sich diesen Code einmal genauer an. Beachten Sie zunächst, dass *InstantiateHelloWorld* ein Modul ist; es kann nicht von *HelloWorld* oder *Form* oder einer anderen Klasse erben. Stattdessen wird eine neue Instanz der Klasse *HelloWorld* erstellt, die in der Variablen *frm* gespeichert wird (genauso, wie die ersten Programme in diesem Kapitel Instanzen der Klasse *Form* erstellten):

```
Dim frm As New HelloWorld()
```

Während der Erstellung des *HelloWorld*-Objekts wird der *HelloWorld*-Konstruktor aufgerufen, der die Eigenschaft *Text* des Formulars auf »Hello World« stellt. Die nächste Anweisung fügt das Wort *Instantiate* am Anfang der Eigenschaft *Text* ein. Anschließend installiert das Programm einen *Paint*-Ereignishandler für das Formular.

Was jedoch im Clientbereich von *InstantiateHelloWorld* erscheint, ist definitiv *nicht* der Text »Hello from InstantiateHelloWorld«. Stattdessen wird über die *OnPaint*-Methode in *HelloWorld* der Text »Hello, Windows Forms!« angezeigt. Was ist passiert?

Die *OnPaint*-Methode in *Control* ist für den Aufruf der installierten *Paint*-Handler zuständig. Da die *HelloWorld*-Klasse *OnPaint* überschreibt, wird diese Aufgabe nicht ausgeführt. Aus diesem Grund empfiehlt die .NET-Dokumentation Folgendes: Wenn Sie eine der geschützten, mit dem Präfix *On* eingeleiteten Methoden überschreiben, sollten Sie unter Verwendung der folgenden Syntax die *On*-Methode in der Basisklasse aufrufen:

```
MyBase.OnPaint(pea)
```

Fügen Sie diese Anweisung am Anfang der *OnPaint*-Methode von *HelloWorld* ein, und erstellen Sie *InstantiateHelloWorld* neu. Jetzt arbeitet das Programm wie gewünscht. *InstantiateHelloWorld* zeigt die ihm zugewiesene Textzeichenfolge (»Hello from InstantiateHelloWorld!«) sowie die Textzeichenfolge »Hello, Windows Forms!« an.

Die Reihenfolge der Ereignisse in der überarbeiteten Version ist folgende:

- Jedes Mal, wenn der Clientbereich ungültig wird, wird die Methode *OnPaint* aufgerufen. Es handelt sich hierbei um die *OnPaint*-Methode in der Klasse *HelloWorld*, die alle *OnPaint*-Methoden in übergeordneten Klassen überschreibt.

- Die *OnPaint*-Methode in *HelloWorld* ruft die *OnPaint*-Methode in seiner Basisklasse auf. (Denken Sie daran, dass ich über eine überarbeitete Fassung von *HelloWorld* spreche, die den Aufruf von *MyBase.OnPoint* enthält.) Hierbei würde es sich normalerweise um die in

Form implementierte *OnPaint*-Methode handeln, aber es ist wahrscheinlich, dass *Form* die *OnPaint*-Methode nicht überschreibt, sodass die *OnPaint*-Methode in *Control* aufgerufen wird.

- Die *OnPaint*-Methode in *Control* ruft alle installierten *Paint*-Ereignishandler auf. In diesem Fall ist dies nur die Methode *MyPaintHandler* in *InstantiateHelloWorld*. Diese Methode zeigt Text an der Position (0, 100) an.
- Sobald alle installierten *Paint*-Ereignishandler aufgerufen worden sind, gibt die *OnPaint*-Methode in *Control* die Steuerung an die *OnPaint*-Methode in *HelloWorld* zurück.
- Die *OnPaint*-Methode in *HelloWorld* zeigt Text an der Position (0, 0) an.

In der Windows Forms-Dokumentation wird empfohlen, bei der Überschreibung einer *On*-Methode die *On*-Methode der zugrunde liegenden Basisklasse aufzurufen. In den meisten Fällen ist diese Vorgehensweise nur erforderlich, wenn Sie eine zu instanziierende Klasse definieren und die instanziierten Klassen ebenfalls Ereignishandler für überschriebene *On*-Methoden implementieren. Diese Situation kommt jedoch nur selten vor. Dennoch muss in Überschreibungen von *On*-Methoden gelegentlich die Basisklasse aufgerufen werden. Wie wir im nächsten Kapitel sehen werden, ist *OnResize* ein Beispiel für eine solche Situation.

3 Wichtige Strukturen

70	Klassen und Strukturen
71	Zweidimensionale Koordinatenpunkte
73	Arrays aus Punkten
74	Die Struktur *Size*
75	Die Gleitkommaversionen
76	Das Rechteck als Punkt und Größenangabe
78	Eigenschaften und Methoden von *Rectangle*
80	Ein Formular in der passenden Größe
81	Das Formular und der Client
85	Punkte konvertieren
86	Die Struktur *Color*
87	Die Namen der Farben
88	Stifte und Pinsel
89	Systemfarben
92	Vordefinierte Farben
93	Welcher Pinsel ist für Text der richtige?
93	Wann muss neu gezeichnet werden?
96	Zentrieren der Zeichenfolge »Hello World«
99	Abmessungen der Zeichenfolge
100	Text in einem Rechteck

Computer wurden ursprünglich zur Durchführung numerischer Berechnungen entworfen, und die Verarbeitung von Zahlenwerten ist immer noch das, was Computer am besten können. Praktisch jede Programmiersprache verfügt über Mechanismen, um Zahlen zu speichern, Rechenoperationen durchzuführen, Zahlenbereiche zu durchlaufen, Zahlen zu vergleichen und Zahlenwerte in einem lesbaren Format anzuzeigen.

Bei vielen Programmiersprachen besteht der nächste Schritt in der Verarbeitung von Text in Form von Zeichenfolgen (strings). Zeichenfolgen dienen hauptsächlich zur Kommunikation zwischen Computerprogramm und Benutzer. Computerintern werden natürlich auch Zeichen in Form von Zahlen dargestellt, wie alles andere auch.

Die objektorientierte Programmierung zeichnet sich vor allem dadurch aus, dass neben Zahlen und Zeichenfolgen auch alle weiteren Datentypen leicht zu definieren und zu handhaben sind. Wir haben diese einfache Handhabung bereits in verschiedenen Beispielen gesehen, z.B. anhand der Klasse *Form*, bei der es sich weder um eine Zahl noch um eine Zeichenfolge handelt.

Bei der Programmierung für grafische Umgebungen tauchen vier weitere Datentypen relativ häufig auf:

o Zweidimensionale Koordinatenpunkte
o Zweidimensionale Größenangaben zur Festlegung von Breite und Höhe
o Rechtecke
o Farben

Diese vier Datentypen sollen im vorliegenden Kapitel eingehender untersucht werden.

Klassen und Strukturen

Diese vier Datentypen (streng genommen sind es sieben, denn drei der Typen sind sowohl als Ganzzahl- als auch als Gleitkommavariante implementiert) sind im Namespace *System.Drawing* definiert. Interessanterweise sind diese sieben Datentypen *nicht* als Klassen implementiert. Stattdessen handelt es sich um *Strukturen*, und zwar um sieben der lediglich acht Strukturen, die in *System.Drawing* definiert sind. Der Strukturdatentyp (der in Visual Basic .NET mithilfe des Schlüsselworts *Structure* definiert wird) ähnelt sehr stark einer Klasse. Der große Unterschied zwischen Klassen und Strukturen besteht darin, dass Klassen *Verweistypen* sind, während es sich bei Strukturen um *Werttypen* handelt. Untersuchen wir diesen Unterschied etwas genauer. Sehen Sie sich folgenden Ausdruck an:

```
New Form()
```

Diese Anweisung führt dazu, dass in einem universell einsetzbaren Speicherbereich, dem so genannten *Heap*, ein Speicherblock reserviert wird. Dieser Speicherblock muss groß genug sein, um eine Instanz des *Form*-Objekts aufzunehmen, er muss also für alle Instanzfelder (d.h. die nicht shared Felder) von *Form* Platz bieten. Dieser Speicherplatz scheint bei einem Blick in die .NET-Dokumentation nicht sehr groß zu sein, aber vergessen Sie nicht, dass Sie die als *Private* definierten Felder nicht kennen, und von denen kann es sehr viele geben.

Der über diesen *New*-Ausdruck zurückgegebene Wert ist eigentlich ein Zeiger auf einen Speicherblock im Heap. Und genau dieser Speicherzeiger wird über eine Anweisung wie die folgende in der Variablen *frm* gespeichert:

```
Dim frm As New Form()
```

Genau das macht den *Verweistyp* aus: Das Objekt ist ein Zeiger auf einen Speicherblock (er verweist auf diesen).

Angenommen, Sie verwenden folgende Syntax:

```
Dim frm2 As Form = frm
frm2.Text = "Form 2 Text"
```

Fügen Sie diese Aufrufe nun in das Programm PaintEvent aus Kapitel 2 ein, genau vor dem Aufruf von *Application.Run*. Was geschieht? Das angezeigte Formular (das, auf welches *frm* weist) erhält den Titelleistentext »Form 2 Text«. Wie ist das möglich? Weil es sich bei *frm* um einen Zeiger handelt. Die Anweisung

```
Dim frm2 As Form = frm
```

kopiert lediglich diesen Zeiger nach *frm2*. Über die Anweisung wird *keine* neue Instanz der Klasse *Form* erstellt. Die Variablen *frm* und *frm2* sind gleich, d.h., sie weisen auf denselben Speicherblock und beziehen sich damit auch auf dasselbe Objekt.

Sicher wollen Sie nicht, dass überall nur Zeiger übergeben werden. Sehen Sie sich die folgenden Anweisungen an:

```
Dim a As Integer = 5
Dim b As Integer = a
a = 10
```

Es wäre wohl kaum wünschenswert, dass es sich bei *a* und *b* um identische Zeiger handelte, die sich immer auf ein und dieselbe Zahl beziehen, und dass *b* damit den Wert 10 erhält. Das wäre unsinnig. Darum sind Zahlenwerte in Visual Basic .NET als *Werttypen* definiert. Der Variablenname eines Werttyps ist *kein* Zeiger auf einen Speicherblock, in dem die Zahl gespeichert wird, sondern die Zahl wird in der Variablen selbst gespeichert.

Wenn Sie die Dokumentation des Namespace *System* durchgehen, werden Sie feststellen, dass die meisten Basistypen (*Boolean, Byte, Char, Decimal, Double, Int16, Int32, Int64, Single*) nicht als Klassen, sondern als Strukturen definiert sind. Strukturen erben von *ValueType*, der wiederum von *Object* erbt. Sie können sich Werttypen wie »schlanke Objekte« vorstellen, und tatsächlich sollten Sie *Structure* nur für kleine Typen einsetzen, die häufig erstellt und bald wieder beseitigt werden müssen. Strukturen können keine Ereignisse implementieren und auch nicht vererbt werden.

Zweidimensionale Koordinatenpunkte

Ein sehr verbreiteter Datentyp in grafischen Umgebungen, der klein genug ist, um als Struktur statt als Klasse definiert zu werden, ist ein *Koordinatenpunkt*. Er wird im Microsoft .NET Framework durch die Struktur *Point* dargestellt. In einem zweidimensionalen Koordinatensystem (beispielsweise der Bildschirmoberfläche oder einem Blatt Papier) wird ein Punkt durch zwei Zahlen angegeben. Bei diesen zwei Zahlenwerten handelt es sich im Allgemeinen um das Zahlenpaar (x, y), wobei x die horizontale Koordinate und y die vertikale Koordinate ist. In Kapitel 2 wurde erläutert, wie das Koordinatensystem in Windows Forms definiert ist, aber der Datentyp *Point* impliziert nicht unbedingt ein bestimmtes Koordinatensystem. *Point* kann in beliebigen zweidimensionalen Koordinatensystemen eingesetzt werden.

Die Struktur *Point* verfügt über zwei Eigenschaften mit Lese- und Schreibzugriff: *X* und *Y*, die als 32-Bit-Integer definiert sind. *X* und *Y* können negative Werte annehmen. Bei *Point* handelt es sich nicht um eine Klasse, sondern um eine Struktur, Sie können also eine Variable vom Typ *Point* mit derselben Syntax definieren wie ein *Integer*. Sie brauchen nicht den *New*-Operator verwenden:

```
Dim pt As Point
pt.X = 23
pt.Y = 47
```

Sie müssen auch nicht darauf achten, dass sie den *New*-Operator *nicht* verwenden. Eine neue Instanz von *Point* können sie genauso erstellen, als wäre *Point* eine Klasse:

```
Dim pt As Point = New Point()
```

oder

```
Dim pt As New Point()
```

Bei beiden Anweisungen werden die Eigenschaften *X* und *Y* mit dem Wert 0 initialisiert. Anschließend können Sie *X* und *Y* explizit andere Werte zuweisen:

```
pt.X = 23
pt.Y = 47
```

Sie können auch die Deklaration zur Initialisierung der Variablen verwenden:

```
Dim pt As New Point(34, 55)
```

Beim so genannten »Bit Packing«, das im .NET Framework eher selten Anwendung findet, können Sie die beiden Koordinaten auch als zwei 16-Bit-Werte angeben, die in einem 32-Bit-Integer untergebracht sind:

```
Dim pt As New Point(&H01000010)
```

Durch diese Deklaration wird die Eigenschaft *X* auf 16 (&H0010) und die Eigenschaft *Y* auf 256 (&H0100) eingestellt. Es ist jedoch nicht empfehlenswert, Punkte als einen 32-Bit-Integer zu betrachten; diese Deklaration ist nur für Fälle gedacht, die weiterhin die Verwendung von Win32-API-Funktionen und somit von gepackten Koordinaten erfordern.

Sie können ein neues *Point*-Objekt mit beliebigen Methoden, Eigenschaften oder Feldern initialisieren, die einen Wert vom Typ *Point* zurückgeben. Tatsächlich verfügt die Struktur *Point* selbst über ein solches Member. Hierbei handelt es sich um das shared Feld *Empty*:

```
Dim pt As Point = Point.Empty
```

Beachten Sie das großgeschriebene *Point* auf der rechten Seite des Ausdrucks. Durch diese Schreibung wird gekennzeichnet, dass es sich nicht um eine Instanz der *Point*-Struktur, sondern um die Struktur selbst handelt. Die Verwendung der Struktur *Point* ist notwendig, weil das Feld *Empty* shared ist. Diese Anweisung führt dazu, dass die Eigenschaften *X* und *Y* mit dem Wert 0 initialisiert werden. *Point* verfügt außerdem über eine schreibgeschützte Eigenschaft namens *IsEmpty*, die den *Boolean*-Wert *True* zurückgibt, wenn sowohl *X* als auch *Y* gleich 0 sind.

Nachfolgend sehen Sie eine vollständige Liste der *Point*-Eigenschaften:

Point-Eigenschaften

Eigenschaft	Typ	Zugriff
X	*Integer*	Get/Set
Y	*Integer*	Get/Set
IsEmpty	*Boolean*	Get

Point erbt die Methode *GetType* von *Object*, überschreibt die von *Object* über *ValueType* geerbten Methoden *GetHashCode*, *ToString* und *Equals* und implementiert selbst eine Methode namens *Offset*. Nachfolgend werden alle öffentlichen (nicht shared) Instanzmethoden von *Point* aufgeführt:

Point-Instanzmethoden

```
Function GetType() As Type
Function GetHashCode() As Integer
Function ToString() As String
Function Equals(ByVal obj As Object) As Boolean
Sub Offset(ByVal dx As Integer, ByVal dy As Integer)
```

Es gibt darüber hinaus noch drei shared Methoden von *Point*, auf die ich gleich eingehen werde.

Die Methode *ToString* konvertiert ein *Point*-Objekt in eine lesbare Zeichenfolge. Durch die Anweisungen

```
Dim pt As New Point(5, 201)
Dim str As String = pt.ToString()
```

wird der Variablen *str* beispielsweise die Textzeichenfolge *{X=5,Y=201}* zugewiesen. Die Methode *ToString* wird von *Console.Write*, *Console.WriteLine* und *String.Format* zur Konvertierung von Objekten in Zeichenfolgen verwendet.

Die Methode *Equals* vergleicht zwei Punkte miteinander:

```
If pt1.Equals(pt2) Then
```

Zwei Punkte werden als gleich betrachtet, wenn die Eigenschaften *X* und *Y* der beiden *Point*-Objekte jeweils gleiche Werte aufweisen. Sie können auch die Operatoren *op_Equality* oder *op_Inequality* verwenden:

```
If Point.op_Equality(pt1, pt2) Then
    ...
End If
```

Die Methode *Offset*

```
pt.Offset(21, -12)
```

entspricht im Grunde der Addition zweier Offsets zu den Eigenschaften:

```
pt.X += 21
pt.Y += -12
```

Arrays aus Punkten

Bei der Programmierung für grafische Umgebungen werden häufig Arrays aus *Point*-Strukturen eingesetzt. Bei einem aus *Point*-Strukturen bestehenden Array könnte es sich beispielsweise um eine komplexe Kurve oder die Positionen der Tasten auf einem (virtuellen) Taschenrechner handeln. Zur Erstellung eines Arrays mit 23 *Point*-Strukturen könnten Sie folgende Anweisung verwenden:

```
Dim apt(22) As Point
```

In Visual Basic .NET beginnt die Arrayindizierung bei 0, daher sind die gültigen Arrayelemente *apt(0)* bis *apt(22)*. Wenn Sie Speicher für ein Array aus *Point*-Strukturen reservieren, wird jedes Arrayelement mit dem Punkt (0, 0) initialisiert.

Sie können die Arrayelemente bei der Arrayerstellung auch initialisieren:

```
Dim apt() As Point = New Point(2) {New Point(25, 50), _
                                   New Point(43, 32), _
                                   New Point(27, 8)}
```

Die Anzahl der Initialisierer muss exakt mit der Anzahl der Elemente im Array übereinstimmen. Die Dimensionen müssen nicht explizit angegeben werden:

```
Dim apt() As Point = New Point() {New Point(25, 50), _
                                  New Point(43, 32), _
                                  New Point(27, 8)}
```

Sie können sogar den ersten *New*-Ausdruck weglassen:

```
Dim apt() As Point = {New Point(25, 50), _
                      New Point(43, 32), _
                      New Point(27, 8)}
```

Die Struktur *Size*

Die Strukturen *Size* und *Point* sind sich sehr ähnlich. Statt jedoch die Eigenschaften *X* und *Y* zu definieren, verfügt die Struktur *Size* über die Eigenschaften *Width* und *Height* (Breite und Höhe):

Size-Eigenschaften

Eigenschaft	Typ	Zugriff
Width	Integer	Get/Set
Height	Integer	Get/Set
IsEmpty	Boolean	Get

Neue *Size*-Strukturen werden genau wie neue *Point*-Strukturen erstellt:

```
Dim sz As New Size(15, 20)
```

Die Eigenschaften *Width* und *Height* der *Size*-Struktur können negative Werte annehmen.

Die Strukturen *Point* und *Size* sind sich so ähnlich, dass Sie zur Erstellung der jeweils anderen Struktur verwendet werden können. Nachfolgend sehen Sie eine vollständige Liste der *Point*-Konstruktoren:

Point-Konstruktoren

```
Point()
Point(ByVal xyPacked As Integer)
Point(ByVal x As Integer, ByVal y As Integer)
Point(ByVal sz As Size)
```

Und hier die vollständige Liste der *Size*-Konstruktoren:

Size-Konstruktoren

```
Size()
Size(ByVal width As Integer, ByVal height As Integer)
Size(ByVal pt As Point)
```

Es ist ferner möglich, ein *Point*- in ein *Size*-Objekt bzw. ein *Size*- in ein *Point*-Objekt umzuwandeln. Dazu verwenden Sie Operatoren, die von der Struktur bereitgestellt werden:

```
pt = Size.op_Explicit(sz)
sz = Point.op_Explicit(pt)
```

Die Struktur *Size* bietet Additions- und Subtraktionsoperatoren, Sie können also zwei Größenwerte addieren:

```
sz3 = Size.op_Addition(sz1, sz2)
```

bzw. voneinander subtrahieren:

```
sz2 = Size.op_Subtraction(sz3, sz1)
```

Auch die Struktur *Point* bietet die Möglichkeit zur Addition und Subtraktion. Da hierbei eine *Size*-Struktur mit im Spiel ist, bin ich auf diesen Aspekt bisher nicht eingegangen. Ausgehend davon, dass die Addition zweier Punkte keinen Sinn macht, können Sie nur *Size*-Objekte zu einem *Point*-Objekt addieren bzw. davon subtrahieren.

```
pt2 = Point.op_Addition(pt1, sz)
pt3 = Point.op_Subtraction(pt2, sz)
```

Die Gleitkommaversionen

Visual Basic .NET unterstützt zwei Gleitkommadatentypen, *Single* und *Double*. Der Datentyp *Double* wird in Windows Forms oder GDI+ nur selten verwendet, *Single* dagegen sehr häufig. Sie fragen sich vielleicht, wozu Sie Gleitkommakoordinaten benötigen, wenn Sie beim Zeichnen mit Pixeln arbeiten, in Kapitel 7 werden Sie jedoch feststellen, dass Koordinatensysteme nicht zwangsläufig auf Pixeln basieren müssen.

Die Struktur *PointF* ist der Struktur *Point* sehr ähnlich, verwendet für die Eigenschaften *X* und *Y* jedoch keine ganzzahligen Werte (*Integer*), sondern Gleitkommawerte (*Single*). Ebenso ähnelt die Struktur *SizeF* sehr stark der Struktur *Size*, abgesehen davon, dass *Width* und *Height* als Gleitkommawerte definiert sind. Die Strukturen *PointF* und *SizeF* unterstützen dieselben Additions-, Subtraktions-, Gleichheits- und Ungleichheitsoperatoren wie *Point* und *Size*.

Wie *Point* implementiert die *PointF*-Struktur einen Konstruktor, der eine Initialisierung während der Erstellung ermöglicht:

```
Dim ptf As New PointF(2.5, 3E-2)
```

Die *PointF*-Struktur verfügt über keine *Offset*-Methode.

Für die Typumwandlung von *Point* in *PointF* ist der Operator *op_Implicit* erforderlich, der in *Point* definiert ist:

```
ptf = Point.op_Implicit(pt)
```

Umgekehrt funktioniert diese Konvertierung jedoch nicht. Wenn Sie eine *PointF-* in eine *Point*-Struktur konvertieren möchten, müssen Sie eine der dafür bereitgestellten shared Methoden von *Point* einsetzen:

Point-Methoden (Shared)

```
Function Round(ByVal ptf As PointF) As Point
Function Truncate(ByVal ptf As PointF) As Point
Function Ceiling(ByVal ptf As PointF) As Point
```

Beispiel:

```
pt = Point.Round(ptf)
```

Round muss der Strukturname vorangestellt werden, da es sich um eine shared Methode handelt.

Die Methode *Round* rundet die Eigenschaften *X* und *Y* auf die nächste Ganzzahl. Wenn die Nachkommastellen der zu rundenden Zahl größer oder gleich 0,5 sind, wird auf die nächste gerade Ganzzahl gerundet. Die Methode *Truncate* schneidet die Nachkommastellen der Zahl weg, rundet damit also Richtung 0. Beispielsweise wird aus den Koordinaten 0,9 und –0,9 in beiden Fällen 0. Die Methode *Ceiling* schneidet ebenfalls die Nachkommstellen der Zahl ab, rundet sie jedoch auf die nächstgrößere Ganzzahl. Aus 0,9 wird also 1 und aus –0,9 der Wert 0.

Eine *Size*-Struktur kann mit *Size.op_Implicit* in eine *SizeF*-Struktur konvertiert werden. Zur Konvertierung einer *SizeF*-Struktur in eine *Size*-Struktur müssen Sie jedoch folgende Methoden verwenden:

Size-Methoden (*Shared*)

```
Function Round(ByVal szf As SizeF) As Size
Function Truncate(ByVal szf As SizeF) As Size
Function Ceiling(ByVal szf As SizeF) As Size
```

Die Struktur *SizeF* weist ferner die folgenden beiden Instanzmethoden auf. Dabei handelt es sich um die einzigen Instanzmethoden, die *SizeF* weder erbt noch überschreibt:

SizeF-Instanzmethoden

```
Function ToPointF() As PointF
Function ToSize() As Size
```

Die Methode *ToSize* entspricht der Methode *Truncate*. Der Operator *SizeF.op_Explicit* konvertiert auch einen *SizeF* in einen *PointF*. Merkwürdigerweise ist trotz der Möglichkeit zur Typumwandlung zwischen *Point* und *Size*, der Umwandlung von *Point* nach *PointF*, von *Size* nach *SizeF* und *SizeF* nach *PointF* eine Konvertierung von *PointF* nach *SizeF* nicht möglich. *SizeF* stellt jedoch einen Konstruktor bereit, der ein *PointF*-Argument erwartet. Nachfolgend sehen Sie zum Vergleich eine vollständige Liste der Konstruktoren für die vier Strukturen:

Konstruktorenvergleich

Point	PointF	Size	SizeF
()	()	()	()
(x, y)	(x, y)	(cx, cy)	(cx, cy)
(sz)		(pt)	(ptf)
(xyPacked)			(szf)

Das Rechteck als Punkt und Größenangabe

Die Struktur *Rectangle* definiert ein Rechteck als eine Kombination aus einer *Point*- und einer *Size*-Struktur. Die Idee hierbei ist, dass sich der *Point* auf die Position der oberen linken Ecke des Rechtecks bezieht und *Size* die Breite und Höhe des Rechtecks angibt – womit nicht gesagt ist, dass Breite und Höhe positiv sein müssen. Die *Rectangle*-Struktur selbst unterliegt keinen derartigen Einschränkungen. Wie wir in den Kapiteln 4 und 5 jedoch sehen werden, wird die *Rectangle*-Struktur in einigen Zeichenfunktionen eingesetzt, und diese Zeichenfunktionen erwarten positive Breiten- und Höhenwerte. Die Struktur *Rectangle* verfügt über zwei Konstruktoren:

Rectangle-Konstruktoren

```
Rectangle(ByVal pt As Point, ByVal sz As Size)
Rectangle(ByVal x As Integer, ByVal y As Integer,
          ByVal cx As Integer, ByVal cy As Integer)
```

Ein Hinweis an alle erfahrenen Windows-Programmierer: Beachten Sie für diesen letzten Konstruktor und in anderen Situationen, in denen Sie ein Rechteck durch vier Zahlen angeben, Folgendes: Die beiden hinteren Zahlen sind nicht die Koordinaten der rechten unteren Ecke des Rechtecks!

Es gibt außerdem eine *RectangleF*-Struktur mit den folgenden Konstruktoren:

RectangleF-Konstruktoren

```
RectangleF(ByVal ptf As PointF, ByVal szf As SizeF)
RectangleF(ByVal x As Single, ByVal y As Single,
           ByVal cx As Single, ByVal cy As Single)
```

Wie zu erkennen ist, sind die Konstruktoren für *Rectangle* und *RectangleF* abgesehen von den Datentypen identisch.

Tatsächlich sind sich alle Implementierungen von *Rectangle*- und *RectangleF*-Strukturen so ähnlich, dass zu vermuten ist, dass ein Template im Spiel war. Abgesehen von den Datentypen besteht der einzige Unterschied zwischen den Strukturen darin, dass die *RectangleF*-Struktur den Operator *RectangleF.op_Implicit* für die Typumwandlung von *Rectangle* in *RectangleF* definiert, während die *Rectangle*-Struktur drei (bereits bekannte) shared Methoden zur Konvertierung von *RectangleF* nach *Rectangle* definiert:

Rectangle-Methoden (*Shared,* Auswahl)

```
Function Round(ByVal rectf As RectangleF) As Rectangle
Function Truncate(ByVal rectf As RectangleF) As Rectangle
Function Ceiling(ByVal rectf As RectangleF) As Rectangle
```

Von nun an werde ich mich daher nur noch auf die *Rectangle*-Struktur beziehen, alles Gesagte gilt jedoch gleichermaßen für *RectangleF*. Die verwendeten Datentypen für *RectangleF* lauten anstelle von *Integer, Point* und *Size* natürlich *Single, PointF* und *SizeF*.

Eigenschaften und Methoden von *Rectangle*

Die Struktur *Rectangle* definiert eine Vielzahl von Eigenschaften, die Informationen zu allen möglichen Aspekten liefern:

Rectangle-Eigenschaften

Eigenschaft	Typ	Zugriff
Location	Point	Get/Set
Size	Size	Get/Set
X	Integer	Get/Set
Y	Integer	Get/Set
Width	Integer	Get/Set
Height	Integer	Get/Set
Left	Integer	Get
Top	Integer	Get
Right	Integer	Get
Bottom	Integer	Get
IsEmpty	Boolean	Get

Die Eigenschaft *Left* gibt denselben Wert zurück wie *X*; die Eigenschaft *Top* gibt denselben Wert zurück wie *Y*. Die Eigenschaft *Right* liefert die Summe aus *X* und *Width*; die Eigenschaft *Bottom* gibt die Summe aus *Y* und *Height* zurück – selbst dann, wenn *Width* und *Height* negative Werte aufweisen. Mit anderen Worten: *Left* kann größer sein als *Right*, und *Top* kann größer sein als *Bottom*.

Sowohl *Rectangle* als auch *RectangleF* verfügen über eine *Equals*-Methode und die Operatoren *op_Equality* und *op_Inequality*. Für *Rectangle*-Strukturen sind Addition und Subtraktion nicht definiert, aber verschiedene Methoden ermöglichen die Bearbeitung einer *Rectangle*-Struktur bzw. die Erstellung neuer *Rectangle*-Strukturen aus vorhandenen.

Für Windows-Programmierer, die es gewohnt sind, in Kategorien von oben links und unten rechts zu denken, gibt es eine shared Methode, die eine *Rectangle*-Struktur aus diesen beiden Koordinaten erstellt:

Rectangle-Methoden (*Shared*, Auswahl)

```
Function FromLTRB(ByVal xLeft As Integer, ByVal yTop As Integer,
        ByVal xRight As Integer, ByVal yBottom As Integer) As Rectangle
```

Die Methode gibt ein neu erstelltes *Rectangle*-Objekt zurück. Der Aufruf

```
rect = Rectangle.FromLTRB(x1, y1, x2, y2)
```

entspricht

```
rect = New Rectangle(x1, y1, x2 - x1, y2 - y1)
```

Die Methoden *Offset* und *Inflate* verändern die Werte einer *Rectangle*-Struktur und sind ein Ausgleich für das Fehlen von Additions- und Subtraktionsoperatoren:

Rectangle-Methoden (Auswahl)

```
Sub Offset(ByVal x As Integer, ByVal y As Integer)
Sub Offset(ByVal pt As Point)
Sub Inflate(ByVal x As Integer, ByVal y As Integer)
Sub Inflate(ByVal sz As Size)
Shared Function Inflate(ByVal rect As Rectangle, ByVal x As Integer, ByVal y As Integer) As Rectangle
```

Die Methode *Offset* verschiebt ein Rechteck an eine andere Position. Der Methodenaufruf

```
rect.Offset(23, -46)
```

entspricht

```
rect.X += 23
rect.Y += -46
```

oder

```
rect.Location = Size.op_Addition(rect.Location, New Size(23, -46))
```

Eine überladene Version von *Offset* erwartet ein *Point*-Argument (hierbei sollte es sich eigentlich um ein *Size*-Argument handeln):

```
rect.Offset(pt)
```

Dieser Aufruf entspricht

```
rect.X += pt.X
rect.Y += pt.Y
```

oder

```
rect.Location += (Size)pt
```

Die Methode *Inflate* wirkt sich sowohl auf die Position als auch auf die Größe des Rechtecks aus:

```
rect.Inflate(x, y)
```

entspricht

```
rect.X -= x
rect.Y -= y
rect.Width  += 2 * x
rect.Height += 2 * y
```

Das Rechteck wird in alle Richtungen vergrößert (oder verkleinert, wenn die Argumente negativ sind). Der Mittelpunkt des Rechtecks bleibt dabei gleich. Eine Überladung von *Inflate* verwendet ein *Size*-Objekt zur Angabe der beiden Werte. Eine shared Version erstellt ein neues, vergrößertes (bzw. verkleinertes) *Rectangle*-Objekt aus einem vorhandenen *Rectangle*-Objekt.

Die folgenden Methoden berechnen die Vereinigung (union) oder Schnittmenge (intersection) von zwei *Rectangle*-Objekten:

Rectangle-Methoden (Auswahl)

```
Shared Function Union(ByVal rect1 As Rectangle, ByVal rect2 As Rectangle) As Rectangle
Shared Function Intersect(ByVal rect1 As Rectangle, ByVal rect2 As Rectangle) As Rectangle
Sub Intersect(ByVal rect As Rectangle)
```

Die Methode *Intersect* verfügt über eine nicht shared Überladung. Diese wird folgendermaßen verwendet:

```
rect1.Intersect(rect2)
```

Dieser Ausdruck entspricht

```
rect1 = Rectangle.Intersect(rect1, rect2)
```

Die übrigen Methoden von *Rectangle* geben *Boolean*-Werte zurück:

Rectangle-Methoden (Auswahl)

```
Function Contains(ByVal pt As Point) As Boolean
Function Contains(ByVal x As Integer, ByVal y As Integer) As Boolean
Function Contains(ByVal rect As Rectangle) As Boolean
Function IntersectsWith(ByVal rect As Rectangle) As Boolean
```

Sowohl *Rectangle* als auch *RectangleF* überschreiben *ToString* auf nützliche Weise und geben eine Zeichenfolge mit folgendem Aufbau zurück:

```
{X=12,Y=5,Width=30,Height=10}
```

Ein Formular in der passenden Größe

Wie groß ist eigentlich ein Formular? Wenn ein Programm ein Formular erstellt, weist dieses eine bestimmte Größe auf und wird auf dem Bildschirm an eine bestimmte Position gestellt. Größe und Position sind jedoch nicht unveränderlich: Falls das Formular über einen Rahmen zur Änderung der Größe verfügt, kann der Benutzer den Mauszeiger auf den Rahmen setzen und das Formular durch Ziehen der Maus vergrößern oder verkleinern. Falls das Formular über eine Titelleiste verfügt, kann der Benutzer das Formular außerdem an eine andere Bildschirmposition verschieben. Es kann hilfreich sein, wenn das Programm die Formulargröße feststellen kann. Eine genaue Kenntnis der Formular*position* auf dem Bildschirm ist weniger nützlich, allerdings auch nicht völlig uninteressant.

Die Klasse *Form* verfügt über 13 Eigenschaften (die zum großen Teil von der Klasse *Control* geerbt sind), die diese Informationen liefern. Mit nur wenigen Ausnahmen sind diese Eigenschaften einstellbar und ermöglichen es dem Programm, Größe und Position des Formulars zu verändern. Ein Beispiel hierfür war das Programm FormProperties aus Kapitel 2.

Nachfolgend werden die neun Eigenschaften aufgeführt (allesamt von der Klasse *Control* geerbt), die Größe und Bildschirmposition des Formulars angeben:

Control-Eigenschaften (Auswahl)

Eigenschaft	Typ	Zugriff	Erläuterungen
Location	*Point*	Get/Set	Position relativ zum Bildschirm
Size	*Size*	Get/Set	Größe des gesamten Formulars
Bounds	*Rectangle*	Get/Set	Entspricht *Rectangle(Location, Size)*
Width	*Integer*	Get/Set	Entspricht *Size.Width*
Height	*Integer*	Get/Set	Entspricht *Size.Height*
Left	*Integer*	Get/Set	Entspricht *Location.X*
Top	*Integer*	Get/Set	Entspricht *Location.Y*
Right	*Integer*	Get	Entspricht *Location.X + Size.Width*
Bottom	*Integer*	Get	Entspricht *Location.Y + Size.Height*

Im Prinzip hat man es dabei nur mit folgenden vier Werten zu tun: die *x*- und *y*-Koordinaten der oberen linken Formularecke relativ zur oberen linken Ecke des Bildschirms, sowie Höhe und Breite des Formulars. Vermutlich ist der einzige Grund für den Schreibschutz von *Right* und *Bottom* der, dass unklar ist, was beim Einstellen dieser Werte geschieht. Soll das Formular verschoben oder seine Größe verändert werden?

Obwohl Sie *Width* und *Height* auf beliebige Werte einstellen können, werden durch das System Grenzen vorgegeben. Der untere Grenzwert stellt sicher, dass die Titelleiste lesbar bleibt. Der obere Grenzwert verhindert, dass die Formulargröße die Bildschirmgröße übersteigt.

Vermeiden Sie Folgendes:

```
Size.Width *= 2
```

Hier wird die Eigenschaft einer Eigenschaft eingestellt. Diese Vorgehensweise ist aus Gründen verboten, die die Vorstellungskraft all jener übersteigt, die keine Compiler schreiben.

In der Klasse *Form* gibt es zwei weitere Eigenschaften, die mit der Formulargröße und -position zu tun haben:

Form-Eigenschaften (Auswahl)

Eigenschaft	Typ	Zugriff
DesktopLocation	Point	Get/Set
DesktopBounds	Rectangle	Get/Set

Diese ähneln den Eigenschaften *Location* und *Bounds*, berücksichtigen allerdings die Windows-Taskleiste. Als Desktop wird der Bildschirmbereich bezeichnet, der nicht von der Taskleiste bedeckt ist. Wenn sich die Taskleiste am linken Bildschirmrand befindet, ist der Wert von *DesktopLocation.X* kleiner als der von *Location.X*. Befindet sich die Taskleiste am oberen Bildschirmrand, ist der Wert von *DesktopLocation.Y* kleiner als der von *Location.Y*. *DesktopBounds* basiert auf *DesktopLocation* und der normalen *Size*-Eigenschaft, die unabhängig von der Position der Taskleiste angegeben wird.

Das Formular und der Client

Die bisher vorgestellten Abmessungen bezogen sich immer auf das gesamte Formular, Rahmen und Titelleiste eingeschlossen. In den meisten Fällen ist eine Anwendung jedoch hauptsächlich an der Größe des Clientbereichs eines Formulars interessiert. Als *Clientbereich* wird der Innenbereich des Formulars bezeichnet, in dem die Anwendung mithilfe von *Paint*-Ereignissen zeichnen kann oder in dem sich Steuerelemente befinden. Nicht zum Clientbereich gehören die Titelleiste des Formulars sowie ein eventuell definierter Rahmen. Wenn das Formular unterhalb der Titelleiste eine Menüleiste aufweist (das Hinzufügen von Menüleisten wird in Kapitel 14 besprochen), gehören auch diese Menüleisten nicht zum Clientbereich. Auch eventuell vorhandene Bildlaufleisten (diese werden in Kapitel 4 behandelt) am rechten und unteren Formularrand gehören nicht zum Clientbereich.

Die Klasse *Form* weist nur zwei Eigenschaften auf, die sich auf die Größe des Clientbereichs beziehen (auch sie sind von *Control* geerbt):

Control-Eigenschaften (Auswahl)

Eigenschaft	Typ	Zugriff
ClientSize	*Size*	Get/Set
ClientRectangle	*Rectangle*	Get

Die Eigenschaft *ClientSize* gibt Breite und Höhe des Clientbereichs in Pixeln an. Die Eigenschaft *ClientRectangle* stellt keine weiteren Informationen bereit, da die Eigenschaften *X* und *Y* von *ClientRectangle* immer 0 sind. *ClientRectangle* ist gelegentlich bei Methoden nützlich, die *Rectangle*-Argumente benötigen. Die letzten beiden Beispielprogramme dieses Kapitels veranschaulichen, wie *ClientRectangle* zu diesem Zweck eingesetzt werden kann.

Nochmal: Vermeiden Sie es, die Eigenschaft einer Eigenschaft einzustellen. Die folgende Zuweisung funktioniert nicht:

```
ClientSize.Width += 100          ' Geht nicht!
```

Verwenden Sie stattdessen folgende Syntax:

```
ClientSize = New Size(ClientSize.Width + 100, ClientSize.Height)
```

Sie können aber auch diese Anweisung verwenden:

```
ClientSize = Size.op_Addition(ClientSize, New Size(100, 0))
```

Das folgende Programm führt zu einer Anzeige aller dreizehn Größen- und Positionseigenschaften im Clientbereich des Formulars:

FormSize.vb

```
Imports System
Imports System.Drawing
Imports System.Windows.Forms
Class FormSize
    Inherits Form
    Shared Sub Main()
        Application.Run(New FormSize())
    End Sub
    Sub New()
        Text = "Form Size"
        BackColor = Color.White
    End Sub
    Protected Overrides Sub OnMove(ByVal ea As EventArgs)
        Invalidate()
    End Sub
    Protected Overrides Sub OnResize(ByVal ea As EventArgs)
        Invalidate()
    End Sub
    Protected Overrides Sub OnPaint(ByVal pea As PaintEventArgs)
        Dim grfx As Graphics = pea.Graphics
        Dim str As String = _
            "Location: " & Location.ToString() & vbLf & _
            "Size: " & Size.ToString() & vbLf & _
            "Bounds: " & Bounds.ToString() & vbLf & _
```

```
            "Width: " & Width.ToString() & vbLf & _
            "Height: " & Height.ToString() & vbLf & _
            "Left: " & Left.ToString() & vbLf & _
            "Top: " & Top.ToString() & vbLf & _
            "Right: " & Right.ToString() & vbLf & _
            "Bottom: " & Bottom.ToString() & vbLf & vbLf & _
            "DesktopLocation: " & DesktopLocation.ToString() & vbLf & _
            "DesktopBounds: " & DesktopBounds.ToString() & vbLf & vbLf & _
            "ClientSize: " & ClientSize.ToString() & vbLf & _
            "ClientRectangle: " & ClientRectangle.ToString()
        grfx.DrawString(str, Font, Brushes.Black, 0, 0)
    End Sub
End Class
```

Dieses so unscheinbar aussehende Programm stellt mehrere neue Konzepte vor. Beachten Sie zunächst, dass ich die Methoden *OnMove* und *OnResize* überschreibe. Wie das Präfix *On* vermuten lässt, haben diese Methoden mit Ereignissen zu tun:

Control-Ereignisse (Auswahl)

Ereignis	Methode	Delegat	Argument
Move	*OnMove*	*EventHandler*	*EventArgs*
Resize	*OnResize*	*EventHandler*	*EventArgs*

Diese Methoden werden beim Verschieben oder bei Größenänderungen des Formulars aufgerufen. Im gewöhnlichen Programmieralltag wird die Methode *OnMove* fast nie überschrieben. Programmen ist es in der Regel egal, wo auf dem Bildschirm sie sich befinden. Die Methode *OnResize* wird dagegen recht häufig überschrieben. In den folgenden Kapiteln werden wir noch viele Beispiele für die Verwendung von *OnResize* kennen lernen.

Als Reaktion auf diese beiden Ereignisse rufe ich die einfachste der sechs Überladungen der Methode *Invalidate* auf:

Invalidate-Methoden von *Control*

```
Sub Invalidate()
Sub Invalidate(ByVal rectInvalid As Rectangle)
Sub Invalidate(ByVal bIncludeChildren As Boolean)
Sub Invalidate(ByVal rectInvalid As Rectangle, ByVal bIncludeChildren As Boolean)
Sub Invalidate(ByVal rgnInvalid As Region)
Sub Invalidate(ByVal rgnInvalid As Region, ByVal bIncludeChildren As Boolean)
```

Mit dieser Methode wird der gesamte Clientbereich oder ein rechteckiger bzw. ein nicht rechteckiger Ausschnitt des Clientbereichs für ungültig erklärt. Dies kann (muss jedoch nicht) auch untergeordnete Steuerelemente im Clientbereich betreffen. Durch das Ungültig-Erklären wird Windows darüber informiert, welche Bereiche des Clientbereichs nicht mehr gültig sind. Anschließend erhält das Formular über einen Aufruf von *OnPaint* die Möglichkeit zum Neuzeichnen des Clientbereichs. Der Aufruf von *Invalidate* ist die Standardvorgehensweise eines Programms zum Erzwingen des Neuzeichnens.

Der Aufruf von *OnPaint* erfolgt jedoch nicht sofort. Die gerade in Bearbeitung befindlichen Formularereignisse (in diesem Fall das Ereignis *Resize* oder *Move*) müssen erst abgeschlossen sein. Wenn noch weitere Ereignisse zur Ausführung anstehen (z.B. Tastatur- oder Mauseingaben), muss der *OnPaint*-Aufruf auch darauf warten. Wenn Sie den Clientbereich sofort aktualisieren möchten, lassen Sie direkt auf den *Invalidate*-Aufruf einen Aufruf der *Update*-Methode des *Control*-Objekts folgen:

Control-Methoden (Auswahl)

```
Sub Update()
```

Dies löst einen sofortigen Aufruf von *OnPaint* aus; nach der Ausführung von *OnPaint* wird die Steuerung an *Update* zurückgegeben und *Update* gibt sie gleich wieder an das aufrufende Programm weiter.

Ferner wird im Programm FormSize die Verkettung von Zeichenfolgen mit *Point-*, *Size-* und *Rectangle*-Objekten verdeutlicht. Wenn Sie (wie in diesem Programm geschehen) einer Zeichenfolge eine Eigenschaft oder ein anderes Objekt zuweisen, muss die *ToString*-Methode des Objekts aufgerufen werden.

Ich habe mir ferner die Tatsache zunutze gemacht, dass die Methode *DrawString* ASCII-Zeilenvorschubzeichen (*vbLf*) erkennt und die Abstände von aufeinander folgenden Textzeilen richtig einstellt. Die Ausgabe sieht noch ein bisschen schlampig aus:

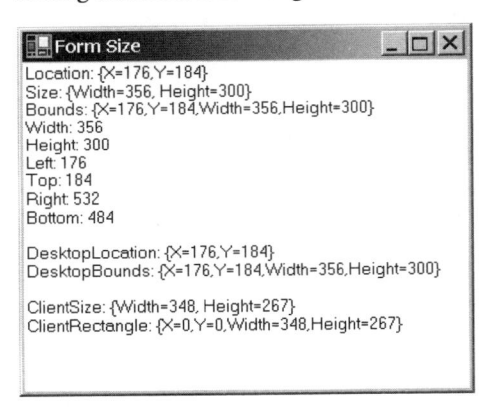

```
Form Size
Location: {X=176,Y=184}
Size: {Width=356, Height=300}
Bounds: {X=176,Y=184,Width=356,Height=300}
Width: 356
Height: 300
Left: 176
Top: 184
Right: 532
Bottom: 484

DesktopLocation: {X=176,Y=184}
DesktopBounds: {X=176,Y=184,Width=356,Height=300}

ClientSize: {Width=348, Height=267}
ClientRectangle: {X=0,Y=0,Width=348,Height=267}
```

Wie Text zur Erhöhung der Übersichtlichkeit in Spalten angeordnet werden kann, erfahren Sie im nächsten Kapitel.

Hier ist eine 14. Eigenschaft des *Form*-Objekts, die von *Control* geerbt wird und sich auf die Größe des Clientbereichs bezieht:

Control-Eigenschaften (Auswahl)

Eigenschaft	Typ	Zugriff
DisplayRectangle	Rectangle	Get

Standardmäßig ist diese Eigenschaft mit *ClientRectangle* identisch und ändert sich nicht, solange keine Steuerelemente im Clientbereich untergebracht werden.

Punkte konvertieren

Wie in verschiedenen Beispielprogrammen von Kapitel 2 zu sehen war, verwenden Sie beim Zeichnen von Grafiken auf Ihrem Formular ein Koordinatensystem, dessen Ursprung die obere linke Ecke des Clientbereichs ist. Diese Koordinaten werden als *Clientbereichskoordinaten* bezeichnet. Bei der Besprechung der Position des Formulars im Verhältnis zum Bildschirm habe ich indirekt ein anderes Koordinatensystem vorgestellt. Dieses Koordinatensystem ist relativ zur oberen linken Bildschirmecke, und die Koordinaten dieses Systems werden als *Bildschirmkoordinaten* bezeichnet. Die *Desktopkoordinaten* stimmen häufig mit den Bildschirmkoordinaten überein, allerdings nur dann, wenn sich die Taskleiste nicht am linken oder oberen Bildschirmrand befindet. Die *Formularkoordinaten* schließlich werden relativ zur oberen linken Ecke des Formulars angegeben, bei der es sich üblicherweise um den Eckpunkt des Formularrahmens handelt, über den die Größe verändert werden kann.

Die Eigenschaft *Location* gibt den Bildschirmkoordinatenpunkt an, der bei den Formularkoordinaten dem Punkt (0, 0) entspricht. Auf diese Weise kann eine Anwendung eine Konvertierung zwischen den Punkten dieser beiden Koordinatensysteme durchführen. Symbolisch sieht dies folgendermaßen aus:

$x_{screen} = x_{form} + Location.X$
$y_{screen} = y_{form} + Location.Y$

Ähnlich gestattet die Formulareigenschaft *DesktopLocation* einem Programm die Konvertierung zwischen Desktop- und Formularkoordinaten:

$x_{desktop} = x_{form} + DesktopLocation.X$
$y_{desktop} = y_{form} + DesktopLocation.Y$

Mit einer einfachen mathematischen Operation können Sie auch eine Konvertierung zwischen Desktop- und Bildschirmkoordinaten durchführen:

$x_{desktop} = x_{screen} + DesktopLocation.X - Location.X$
$y_{desktop} = y_{screen} + DesktopLocation.Y - Location.Y$

Ähnliche *Form*-Eigenschaften zur Konvertierung zwischen Clientbereichskoordinaten und den drei weiteren Koordinatensystemen gibt es nicht. Es ist möglich, mithilfe der Eigenschaft *CaptionHeight* der Klasse *SystemInformation* die Höhe der Standardtitelleiste und anschließend die Breite des Formularrahmens zu ermitteln, indem der *ClientSize*-Wert mit dem Wert von *Size* (Gesamtgröße des Formulars abzüglich der Höhe der Titelleiste) verglichen wird, aber dies wäre recht aufwendig.

Glücklicherweise enthält die Klasse *Form* zwei Methoden, mit denen eine direkte Konvertierung zwischen Bildschirm- und Clientbereichskoordinaten vorgenommen werden kann:

Form-Methoden (Auswahl)

Methode	Beschreibung
Function PointToClient(ByVal ptScreen As Point) As Point	Konvertiert Bildschirm- in Clientbereichskoordinaten
Function PointToScreen(ByVal ptClient As Point) As Point	Konvertiert Clientbereichs- in Bildschirmkoordinaten

Das als Methodenargument übergebene *Point*-Objekt bleibt unverändert; die Methoden geben ein *Point*-Objekt zurück, das die konvertierten Punkte enthält. Dieser Aufruf beispielsweise:

```
Point pt = PointToScreen(Point.Empty)
```

gibt die Position der oberen linken Ecke des Clientbereichs in Form von Bildschirmkoordinaten zurück.

Die Klasse *Form* unterstützt zusätzliche Konvertierungsmethoden, die anstelle von *Point*-Objekten *Rectangle*-Objekte verwenden:

Form-Methoden (Auswahl)

Methode	Beschreibung
Function RectangleToClient(ByVal rectScreen As Rectangle) As Rectangle	Konvertiert Bildschirm- in Clientbereichskoordinaten
Function RectangleToScreen(ByVal rectClient As Rectangle) As Rectangle	Konvertiert Clientbereichs- in Bildschirmkoordinaten

Diese Methoden bieten keine Informationen, die über die von *PointToClient* und *PointToScreen* hinausgehen, da die *Size*-Eigenschaft des *Rectangle*-Objekts von der Konvertierung unberührt bleibt.

Die Struktur *Color*

Das menschliche Auge nimmt elektromagnetische Strahlung im Bereich von 430 bis 750 Terahertz wahr, was Wellenlängen zwischen 700 und 400 Nanometern entspricht. Die elektromagnetische Strahlung in diesem Bereich wird als *sichtbares Licht* bezeichnet. Bei schwachem Lichteinfall reagieren die 120 Millionen Stäbchen in der Retina des menschlichen Auges auf die Intensität des Lichts. Bei stärkerem Lichteinfall wirkt das Licht auf die 7 Millionen Zäpfchen des Auges, von denen es drei verschiedene Arten gibt, die auf unterschiedliche Wellenlängenbereiche reagieren. Die in unterschiedlichem Grad gereizten Zäpfchen führen zu dem Phänomen, das wir Farbe nennen; die drei Wellenlängenbereiche entsprechen dabei dem, was wir Rot, Grün und Blau nennen.

Da für eine Farbangabe nur wenige Daten erforderlich sind, ist für die Angabe einer Farbe eine Struktur besser geeignet als eine Klasse. Und tatsächlich ist *Color* eine weitere wichtige Struktur im Namespace *System.Drawing*.

Farben basieren in Windows Forms auf einem ARGB-Modell (Alpha-Red-Green-Blue). Die Farben selbst werden im Allgemeinen durch einzelne Bytewerte aus Rot, Grün und Blau definiert. Der Alphakanal legt die Farbtransparenz fest. Die Alpha-Werte reichen von 0 für transparent (durchsichtig) bis zu &HFF für deckend (undurchsichtig).

Die Struktur *Color* besitzt nur einen Standardkonstruktor, der folgendermaßen verwendet werden kann:

```
Dim clr As Color = New Color()
```

Eine solche Anweisung würden Sie jedoch wohl kaum verwenden, da eine »leere« Farbe (durchsichtiges Schwarz) erstellt wird, und es gibt keine Möglichkeit, die Eigenschaften dieser Farbe zu ändern. Stattdessen rufen Sie Farbobjekte über eine der shared Methoden oder Eigenschaften der Struktur *Color* ab.

Die shared Eigenschaften in *Color* sind recht nützlich, es stehen nicht weniger als 141 Eigenschaften zur Auswahl.

Die Namen der Farben

Die Struktur *Color* verfügt über 140 shared, schreibgeschützte Eigenschaften, bei denen es sich um (alphabetisch sortierte) Farbnamen handelt, die von *AliceBlue** bis *YellowGreen* reichen. Nur bei einigen Namen (beispielsweise *Magenta* und *Fuchsia*) handelt es sich um identische Farben, die meisten sind eigenständige Farben. Die Klasse *Color* verfügt über eine 141. Eigenschaft namens *Transparent,* die eine transparente Farbe darstellt. Die nachfolgende Tabelle zeigt einige der 141 Eigenschaften in der Klasse *Color*. Ich habe nicht alle Eigenschaften aufgeführt, da eine vollständige Liste mehrere Seiten einnehmen würde.

***Color*-Eigenschaften (*Shared*)**

Eigenschaft	Typ	Zugriff
AliceBlue	*Color*	Get
AntiqueWhite	*Color*	Get
⋮		
Yellow	*Color*	Get
YellowGreen	*Color*	Get
Transparent	*Color*	Get

Sie finden auf der Begleit-CD im Ordner WFF (Windows Forms-Farben) die JPG-Datei WFF.JPG, die eine Übersicht aller Farben und Namen enthält. Sie können Sie sich durch einen Doppelklick auf die Datei WFF.HTM im Windows-Explorer mit dem Internet Explorer ansehen.

Woher stammen diese Farben? Sie gehen auf das X Windows-System X11R3 (Version 11, Revision 3) zurück, bei dem es sich um eine grafische Benutzeroberfläche handelt, die vom Massachusets Institute of Technology (MIT) für UNIX entwickelt wurde. Vor einiger Zeit wurden diese Farben vom World Wide Web Consortium (W3C) zur Aufnahme in den CSS-Standard (Cascading Style Sheets) vorgeschlagen, dann jedoch nicht in die endgültige Spezifikation aufgenommen. Nichtsdestotrotz haben sich diese 140 Farben zum De-facto-Standard in HTML entwickelt und werden von den aktuellen Versionen von Microsoft Internet Explorer und Netscape Navigator unterstützt.

Wenn Sie ein *Color*-Objekt benötigen, können Sie einfach *Color.Red* (bzw. jede andere gewünschte Farbe) verwenden. Ich habe in einigen Beispielprogrammen bereits von Farben Gebrauch gemacht, z.B. beim Einstellen der Eigenschaft *BackColor* eines Formulars und bei der Übergabe eines Arguments an die Methode *Clear* der Klasse *Graphics*.

Zur Erstellung einer auf den Komponenten Rot, Grün, Blau und Alpha basierenden Farbe können Sie die folgenden shared *Color.FromArgb*-Methoden verwenden, die jeweils ein *Color*-Objekt zurückgeben:

---

* Der Name *AliceBlue* geht auf Alice Roosevelt (1884–1980) zurück, die noch ein Teenager war, als Ihr Vater 1901 zum Präsidenten gewählt wurde, und deren Lieblingsfarbe sich in der Mode und in Form von Liedern für immer einen Namen machte. Weitere Informationen finden Sie unter *www.theodoreroosevelt.org/life/familytree/AliceLongworth.htm* und *www.theodoreroosevelt.org/life/aliceblue.htm*.

Color.FromArgb-Methoden (Shared)

```
Function FromArgb(ByVal r As Integer, ByVal g As Integer, ByVal b As Integer) As Color
Function FromArgb(ByVal a As Integer, ByVal r As Integer, ByVal g As Integer, ByVal b As Integer) As Color
Function FromArgb(ByVal a As Integer, ByVal clr As Color) As Color
Function FromArgb(ByVal argbPacked As Integer) As Color
```

Ich werde die erste der genannten Methoden später in diesem Kapitel im Beispielprogramm RandomClear verwenden.

Stifte und Pinsel

Die *Color*-Objekte selbst werden in Windows Forms eher selten verwendet. Sie haben bereits gesehen, wie der Eigenschaft *BackColor* ein *Color*-Objekt zugewiesen werden kann. Es gibt auch eine *ForeColor*-Eigenschaft, die ebenso eingestellt werden kann. Der Methode *Clear* der Klasse *Graphics* kann ebenfalls ein *Color*-Argument übergeben werden, dies ist jedoch eher selten.

Die meisten anderen Zeichenmethoden von *Graphics* verwenden keine *Color*-Argumente. Beim Zeichnen von Linien oder Kurven (damit beginnen wir in Kapitel 5) verwenden Sie ein Objekt vom Typ *Pen* (Stift), beim Zeichnen von gefüllten Bereichen und Text setzen Sie Objekte vom Typ *Brush* (Pinsel) ein. Natürlich werden bei Stiften und Pinseln ebenfalls Farben angegeben, diese Objekte weisen jedoch noch weitere Merkmale auf.

Sie verwenden einen der vier Konstruktoren der Klasse *Pen*, um einen Stift zu erstellen. Der einfachste dieser Konstruktoren erstellt ein *Pen*-Objekt, das auf einem *Color*-Objekt basiert:

```
Dim pn As New Pen(clr)
```

Wenn Sie einen Stift erstellen möchten, der auf einer der vordefinierten Farben basiert, ist folgende Vorgehensweise nicht erforderlich:

```
Dim pn As New Pen(Color.RosyBrown)
```

Stattdessen können Sie die Klasse *Pens* verwenden. (Beachten Sie den Plural im Klassennamen.) *Pens* umfasst 141 shared, schreibgeschützte Eigenschaften, von denen jede ein Objekt vom Typ *Pen* zurückgibt. Abgesehen vom Rückgabetyp sind diese Eigenschaften mit den 141 *Color*-Eigenschaften identisch.

Pens-Eigenschaften (Shared)

Eigenschaft	Typ	Zugriff
AliceBlue	Pen	Get
AntiqueWhite	Pen	Get
⋮		
Yellow	Pen	Get
YellowGreen	Pen	Get
Transparent	Pen	Get

In Kapitel 5 werden Sie mehr über die Klasse *Pen* erfahren, eine ganz detaillierte Ausführung zu diesem Thema finden Sie in Kapitel 17.

Beim Zeichnen von Text oder Füllbereichen geben Sie ein *Brush*-Objekt an. Die Klasse *Brush* selbst ist mit *MustInherit* definiert, d.h. Sie können keine Instanzen davon erstellen.

Brush ist fünf weiteren Klassen übergeordnet: *SolidBrush, HatchBrush, TextureBrush, LinearGradientBrush* und *PathGradientBrush*. In Kapitel 17 gehen wir detailliert auf die verschiedenen Pinsel ein. Vorerst müssen Sie sich nur merken, dass Sie einen Pinsel für Volltonfarben auf folgende Weise erstellen können:

```
Dim br As New SolidBrush(clr)
```

Sie können das Ergebnis auch einem Objekt vom Typ *Brush* zuweisen, da *SolidBrush* von *Brush* abgeleitet ist:

```
Dim br As Brush = New SolidBrush(clr)
```

Wie bei der Klasse *Pen* ist auch in *SolidBrush* die Verwendung der shared *Color*-Eigenschaften nicht erforderlich, da die Klasse *Brushes* (beachten Sie auch hier den Plural) aus – genau! – 141 shared, schreibgeschützten Eigenschaften besteht, die Objekte vom Typ *Brush* zurückgeben.

Brushes-Eigenschaften (*Shared*)

Eigenschaft	Typ	Zugriff
AliceBlue	*Brush*	Get
AntiqueWhite	*Brush*	Get
⋮		
Yellow	*Brush*	Get
YellowGreen	*Brush*	Get
Transparent	*Brush*	Get

Die Klasse *Brushes* haben wir bereits in Kapitel 2 zur Übergabe eines schwarzen Pinsels (*Brushes.Black*) an die Methode *DrawString* eingesetzt. Ich habe an der Stelle darauf hingewiesen, dass Sie *Brushes.Black* nur dann für Text verwenden sollten, wenn Sie sicher sein können, dass der Formularhintergrund nicht ebenfalls schwarz ist. Eine Möglichkeit zur expliziten Einstellung der Hintergrundfarbe des Formulars ist folgende:

```
BackColor = Color.White
```

Systemfarben

Brushes.Black ist für Text deshalb keine gute Wahl, weil der Windows-Benutzer das Dialogfeld *Eigenschaften von Anzeige* verwenden und mithilfe der Registerkarte *Darstellung* ein Farbschema wie z.B. *Kontrast schwarz* auswählen kann, bei dem Fenster- und Steuerelementhintergrund schwarz angezeigt werden. Menschen, die schlecht sehen oder farbenblind sind, verwenden häufig Farbschemas mit hohem Kontrast, und da wäre schwarzer Text definitiv keine sehr große Hilfe.

Willkommen in der Welt der *Systemfarben*, deren Name richtiger *benutzerdefinierte Farben* lauten müsste. Der Benutzer kann mithilfe des Dialogfelds *Eigenschaften von Anzeige* ein eigenes Farbschema auswählen. Windows hält 29 durch den Benutzer einstellbare Farben bereit, die zur Farbgebung der verschiedenen Benutzeroberflächenelemente verwendet werden. 26 dieser Farben sind im Windows Forms-Framework zugänglich.

Sie können diese Farbwerte mit der Klasse *SystemColors* abrufen, die aus 26 schreibgeschützten Eigenschaften besteht, die alle ein *Color*-Objekt zurückgeben:

SystemColors-Eigenschaften (Shared)

Eigenschaft	Typ	Zugriff	Erläuterung
ActiveBorder	*Color*	Get	Rahmenfarbe des aktiven Fensters
ActiveCaption	*Color*	Get	Hintergrundfarbe der Titelleiste des aktiven Fensters
ActiveCaptionText	*Color*	Get	Farbe des Textes in der Titelleiste des aktiven Fensters
AppWorkspace	*Color*	Get	Hintergrundfarbe des Arbeitsbereichs in einer Anwendung mit mehreren Dokumenten (Multiple Document Interface, MDI)
Control	*Color*	Get	Hintergrundfarbe von Steuerelementen
ControlDark	*Color*	Get	Schattenfarbe von 3-D-Steuerelementen
ControlDarkDark	*Color*	Get	Dunkle Schattenfarbe von 3-D-Steuerelementen
ControlLight	*Color*	Get	Hervorhebung von 3-D-Steuerelementen
ControlLightLight	*Color*	Get	Leichte Hervorhebung von 3-D-Steuerelementen
ControlText	*Color*	Get	Textfarbe von Steuerelementen
Desktop	*Color*	Get	Windows-Desktop
GrayText	*Color*	Get	Deaktivierter Text
Highlight	*Color*	Get	Hintergrund bei hervorgehobenem Text
HighlightText	*Color*	Get	Hervorgehobener Text
HotTrack	*Color*	Get	Farbe zum Kennzeichnen eines vorselektierten Elements
InactiveBorder	*Color*	Get	Rahmen von inaktiven Fenstern
InactiveCaption	*Color*	Get	Titelleiste eines inaktiven Fensters
InactiveCaptionText	*Color*	Get	Titelleistentext eines inaktiven Fensters
Info	*Color*	Get	QuickInfo-Hintergrund
InfoText	*Color*	Get	QuickInfo-Text
Menu	*Color*	Get	Menühintergrund
MenuText	*Color*	Get	Menütext
ScrollBar	*Color*	Get	Bildlaufleistenhintergrund
Window	*Color*	Get	Fensterhintergrund
WindowFrame	*Color*	Get	Dünner Fensterrahmen
WindowText	*Color*	Get	Fenstertext

Sie könnten mithilfe einer dieser Farben folgendermaßen einen Stift oder einen Pinsel erstellen:

```
Dim pn As New Pen(SystemColors.ControlText)
Dim br As New SolidBrush(SystemColors.ControlText)
```

Es ist jedoch in der Regel nicht erforderlich, diese Syntax zu verwenden, da der Namespace *System.Drawing* auch über die Klassen *SystemPens* und eine *SystemBrushes* verfügt. *SystemPens* weist 15 shared, schreibgeschützte Eigenschaften auf, die Objekte vom Typ *Pen* zurückgeben:

SystemPens-Eigenschaften (Shared)

Eigenschaft	Typ	Zugriff
ActiveCaptionText	Pen	Get
Control	Pen	Get
ControlDark	Pen	Get
ControlDarkDark	Pen	Get
ControlLight	Pen	Get
ControlLightLight	Pen	Get
ControlText	Pen	Get
GrayText	Pen	Get
Highlight	Pen	Get
HighlightText	Pen	Get
InactiveCaptionText	Pen	Get
InfoText	Pen	Get
MenuText	Pen	Get
WindowFrame	Pen	Get
WindowText	Pen	Get

Die Klasse *SystemBrushes* enthält 21 shared, schreibgeschützte Eigenschaften, die Objekte vom Typ *Brush* zurückgeben:

SystemBrushes-Eigenschaften (Shared)

Eigenschaft	Typ	Zugriff
ActiveBorder	Brush	Get
ActiveCaption	Brush	Get
ActiveCaptionText	Brush	Get
AppWorkspace	Brush	Get
Control	Brush	Get
ControlDark	Brush	Get
ControlDarkDark	Brush	Get
ControlLight	Brush	Get
ControlLightLight	Brush	Get
ControlText	Brush	Get
Desktop	Brush	Get
Highlight	Brush	Get
HighlightText	Brush	Get
HotTrack	Brush	Get
InactiveBorder	Brush	Get
InactiveCaption	Brush	Get
Info	Brush	Get
Menu	Brush	Get
ScrollBar	Brush	Get
Window	Brush	Get
WindowText	Brush	Get

Wichtige Strukturen

Merkwürdigerweise sind in der Klasse *SystemBrushes* nicht alle Systemfarben für Text enthalten. Wenn Sie jedoch ein *Pen*- oder *Brush*-Objekt benötigen, das in den Klassen *SystemPens* oder *SystemBruhes* nicht enthalten ist, können Sie es jederzeit erstellen, indem Sie eine der *SystemColor*-Eigenschaften als Argument an eine der folgenden shared Methoden übergeben:

```
Dim pn As Pen = SystemPens.FromSystemColor(SystemColors.ActiveBorder)
Dim br As Brush = SystemBrushes.FromSystemColor(SystemColors.MenuText)
```

Vordefinierte Farben

Die letzte große Farbliste ist die Enumeration *KnownColor,* die sämtliche Farbnamen sowie alle Systemfarben umfasst:

KnownColor-Enumeration

Feld	Wert	Feld	Wert
ActiveBorder	1	*InactiveCaption*	17
ActiveCaption	2	*InactiveCaptionText*	18
ActiveCaptionText	3	*Info*	19
AppWorkspace	4	*InfoText*	20
Control	5	*Menu*	21
ControlDark	6	*MenuText*	22
ControlDarkDark	7	*ScrollBar*	23
ControlLight	8	*Window*	24
ControlLightLight	9	*WindowFrame*	25
ControlText	10	*WindowText*	26
Desktop	11	*Transparent*	27
GrayText	12	*AliceBlue*	28
Highlight	13	*AntiqueWhite*	29
HighlightText	14	⋮	
HotTrack	15	*Yellow*	166
InactiveBorder	16	*YellowGreen*	167

Obwohl es sich bei *KnownColor* um die drittgrößte Enumeration im gesamten .NET Framework handelt, wird sie nicht sehr häufig eingesetzt. Die Klasse *Color* verfügt zwar über eine shared Methode zur Erstellung einer auf einem *KnownColor*-Wert basierenden Farbe, wenn dies jedoch erforderlich sein sollte, ist es in der Regel sinnvoller, eine der shared Eigenschaften von *Color* oder *SystemColors* zu verwenden.

Welcher Pinsel ist für Text der richtige?

Irgendwo im Konstruktor der Klasse *Control* wird wahrscheinlich der folgende Code ausgeführt:

```
BackColor = SystemColors.Control
ForeColor = SystemColors.ControlText
```

Um welche Farben es sich bei den Systemfarben *Control* und *ControlText* tatsächlich handelt, kann der Benutzer einstellen. Normalerweise wird dafür Grau und Schwarz verwendet.

Wenn sich zum Beispiel ein Schaltflächensteuerelement selbst zeichnet, werden zur Anzeige von Hintergrund und Schaltflächentext die Eigenschaften *BackColor* bzw. *ForeColor* verwendet. Ein *Form*-Objekt verwendet die Eigenschaft *BackColor* für den Hintergrund des Clientbereichs, verwendet jedoch selbst nicht die Eigenschaft *ForeColor*. Diese Eigenschaft steht Anwendungen zur Verfügung, die von *Form* erben oder *Form* instanziieren.

Daher lautet die Frage: Welcher Pinsel sollte zum Zeichnen von Text verwendet werden? Es wurde bereits festgestellt, dass *Brushes.Black* keine gute Wahl ist. Sehr viel besser geeignet ist z.B. *SystemBrushes.ControlText*.

Aber auch dieser Pinsel ist nicht die optimale Wahl. Überlegen Sie sich einmal Folgendes: Warum werden die *Form*-Eigenschaften *BackColor* und *ForeColor* auf die Systemfarben eingestellt, die für Steuerelemente verwendet werden? Die Antwort lautet: Die Windows Forms-Entwickler sind davon ausgegangen, dass Sie in einem Formular Steuerelemente unterbringen oder ein Formular für ein Dialogfeld verwenden.

Wenn Sie jedoch keine Steuerelemente auf einem Formular verwenden und das Formular wie ein klassisches Windows-Programm aussehen soll, sollten Sie die folgenden zwei Anweisungen in den Formularkonstruktor aufnehmen:

```
BackColor = SystemColors.Window
ForeColor = SystemColors.WindowText
```

In diesem Fall sollten *DrawString*-Aufrufe in der *OnPaint*-Routine ebenfalls *SystemBrushes.WindowText* verwenden.

Warum sollten Sie jedoch eine *OnPaint*-Routine schreiben, die von der Einstellung von *BackColor* und *ForeColor* im Konstruktor abhängig ist? Idealerweise schreiben Sie allgemein verwendbaren Code und verwenden daher in *DrawString*-Aufrufen folgenden Pinsel:

```
New SolidBrush(ForeColor)
```

Diesen Pinsel werde ich in den weiteren Beispielprogrammen immer dort einsetzen, wo Text in einer vom Benutzer definierten Farbe angezeigt wird.

Bis zur Erstellung von Steuerelementen auf der Formularoberfläche stelle ich ferner die Eigenschaften *BackColor* und *ForeColor* auf *SystemColors.Window* bzw. *SystemColors.WindowText* ein, wenn ich weiß, dass von diesen Farben abhängige Elemente gezeichnet werden.

Wann muss neu gezeichnet werden?

Wie Sie gesehen haben, wird die Hintergrundfarbe eines Formulars automatisch über die Eigenschaft *BackColor* festgelegt. Sie haben ferner erfahren, dass die Hintergrundfarbe eines Formulars auch über die Methode *Clear* der Klasse *Graphics* beeinflusst werden kann. *Clear* erwartet ein Argument, ein *Color*-Objekt:

Wichtige Strukturen

Graphics-Methoden (Auswahl)

```
Sub Clear(ByVal clr As Color)
```

Das Programm RandomClear berechnet jedes Mal eine neue Farbe, wenn die *OnPaint*-Methode aufgerufen wird. Die neue Farbe wird anschließend mithilfe der Methode *Clear* angezeigt.

RandomClear.vb
```vb
Imports System
Imports System.Drawing
Imports System.Windows.Forms
Class RandomClear
    Inherits Form
    Shared Sub Main()
        Application.Run(New RandomClear())
    End Sub
    Sub New()
        Text = "Random Clear"
    End Sub
    Protected Overrides Sub OnPaint(ByVal pea As PaintEventArgs)
        Dim grfx As Graphics = pea.Graphics
        Dim rand As New Random()
        grfx.Clear(Color.FromArgb(rand.Next(256), _
                                  rand.Next(256), _
                                  rand.Next(256)))
    End Sub
End Class
```

Führen Sie das Programm aus, und verändern Sie die Formulargröße. Beachten Sie dabei Folgendes: Bei einer Vergrößerung des Formulars erhalten die neuen Randbereiche rechts und unten eine andere Farbe. Jede neue Farbe steht für einen neuen Aufruf von *OnPaint*. Es scheint so, als lösche die Methode *Clear* den gesamten Clientbereich, tatsächlich wirkt sich die Methode jedoch nur auf den Bereich aus, der neu für ungültig erklärt wurde. (Wenn Sie das Formular verkleinern, ändert sich die Farbe nicht, da in diesem Fall der gesamte verbleibende Clientbereich seine Gültigkeit behält.)

Dieses Verhalten ist nicht immer wünschenswert. Sie können beispielsweise ein Programm schreiben, bei dem der gesamte Clientbereich immer dann für ungültig erklärt werden soll, wenn sich seine Größe ändert. Ein mögliches Vorgehen hierzu wurde im Programm FormSize aufgezeigt: Sie überschreiben die Methode *OnResize* und fügen einen Aufruf von *Invalidate* ein.

Eine andere Lösung besteht darin, die Eigenschaft *ResizeRedraw* im Formularkonstruktor auf *True* zu setzen:

```
ResizeRedraw = True
```

Die Eigenschaft *ResizeRedraw* bewirkt, dass der gesamte Clientbereich für ungültig erklärt wird, sobald eine Größenänderung eintritt. Das folgende Programm verdeutlicht den Unterschied zwischen diesen Ansätzen.

```
RandomClearResizeRedraw.vb
Imports System
Imports System.Drawing
Imports System.Windows.Forms
Class RandomClearResizeRedraw
    Inherits Form
    Shared Sub Main()
        Application.Run(New RandomClearResizeRedraw())
    End Sub
    Sub New()
        Text = "Random Clear with Resize Redraw"
        ResizeRedraw = True
    End Sub
    Protected Overrides Sub OnPaint(ByVal pea As PaintEventArgs)
        Dim grfx As Graphics = pea.Graphics
        Dim rand As New Random()
        grfx.Clear(Color.FromArgb(rand.Next(256), _
                                  rand.Next(256), _
                                  rand.Next(256)))
    End Sub
End Class
```

Dennoch möchte ich Ihnen nicht unbedingt raten, diese *ResizeRedraw*-Anweisung in jedes Windows Forms-Programm oder sogar jedes in der Größe veränderbare Steuerelement einzufügen. Diese Anweisung findet wahrscheinlich eher im vorliegenden Buch als im wirklichen Leben Anwendung, da ich gern Programme schreibe, die ihre Inhalte in Abhängigkeit von der Größe des Clientbereichs ändern.

Nehmen Sie sich jedoch folgenden Rat zu Herzen: Immer wenn ein Formularelement nicht richtig aktualisiert wird, sollten Sie darüber nachdenken, ob ein Einsatz der Eigenschaft *ResizeRedraw* sinnvoll wäre. Falls Sie *ResizeRedraw* bereits gesetzt haben sollten, tja, dann hat das Problem eine andere Ursache.

Bevor wir jedoch fortfahren, noch eine kleine Übung. Schreiben Sie folgende leere *OnResize*-Überschreibung in das Programm RandomClearResizeRedraw:

```
Protected Overrides Sub OnResize(ByVal ea As EventArgs)
End Sub
```

Sie werden feststellen, dass das Programm anschließend dasselbe Verhalten aufweist wie das Programm RandomClear. Offensichtlich richtet sich die in der Klasse *Control* implementierte *OnResize*-Methode (die *Form* erbt) zur Kennzeichnung der Ungültigkeit nach dem Stil. *OnResize* enthält wahrscheinlich Code wie diesen:

```
If ResizeRedraw Then Invalidate()
```

Aus diesen und anderen Gründen sollten Sie bei einer Überschreibung der *OnResize*-Methode immer die in der Basisklasse implementierte *OnResize*-Methode aufrufen:

```
Protected Overrides Sub OnResize(ByVal ea As EventArgs)
    MyBase.OnResize(ea)
    ' Programmaufgaben ausführen.
End Sub
```

Zentrieren der Zeichenfolge »Hello World«

Welcher Schlaumeier wollte nochmal wissen, wie der Text im Clientbereich eines Programms zentriert werden kann? Wir sind nun (endlich) bereit, uns dieser Aufgabe zuzuwenden. Erfordert ein solches Programm die Einstellung der Eigenschaft *ResizeRedraw*? Ja, denn die *Mitte* des Clientbereichs richtet sich ja nach der Gesamtgröße (*Size*) des Clientbereichs.

Ein Ansatz, der Ihnen vielleicht spontan einfällt, ist die Änderung der Koordinaten in der *DrawString*-Funktion. Anstelle von

```
grfx.DrawString("Hello, world!", Font, br, 0, 0)
```

würden Sie folgende Syntax verwenden:

```
grfx.DrawString("Hello, world!", Font, br,
       ClientSize.Width \ 2, ClientSize.Height \ 2)
```

Das ist ein guter Anfang, allerdings nicht ganz richtig. Bedenken Sie, dass der an *DrawString* übergebene Koordinatenpunkt die Position der oberen linken Ecke der Textzeichenfolge darstellt, d.h. diese Ecke wird im Clientbereich zentriert. Der Text selbst wird auf diese Weise nicht zentriert, sondern in der oberen linken Ecke des unteren rechten Quadranten des Clientbereichs angezeigt.

Dieses Standardverhalten kann mithilfe einer der überladenen Versionen von *DrawString* geändert werden, einer Version, die neben Argumenten für Textzeichenfolge, Schrift, Pinsel und Startposition ein weiteres Argument aufweist. Das zusätzliche Argument ist ein Objekt vom Typ *StringFormat*, dessen Zweck darin besteht, genaue Details zur Textanzeige anzugeben.

Eine ausführliche Besprechung von *StringFormat* erwartet Sie in Kapitel 9. Vorerst wollen wir uns auf eines der am häufigsten genutzten Features von *StringFormat* konzentrieren, und zwar die Standardtextausrichtung. Die Regel besagt, dass der an *DrawString* übergebene Koordinatenpunkt die *obere linke* Ecke der Textanzeige angibt.

Zur Änderung der Standardtextausrichtung müssen Sie zunächst ein Objekt vom Typ *StringFormat* erstellen:

```
StringFormat strfmt = New StringFormat()
```

Anschließend können Sie mithilfe zweier Eigenschaften dieses Objekts die gewünschte Textausrichtung einstellen:

StringFormat-Eigenschaften (Auswahl)

Eigenschaft	Typ	Zugriff	Beschreibung
Alignment	*StringAlignment*	Get/Set	Horizontale Ausrichtung
LineAlignment	*StringAlignment*	Get/Set	Vertikale Ausrichtung

Beide Eigenschaften sind vom Typ *StringAlignment,* einer Enumeration mit drei merkwürdig benannten Membern:

StringAlignment-Enumeration

Member	Wert	Beschreibung
Near	0	Gewöhnlich links oder oben
Center	1	Immer in der Mitte
Far	2	Gewöhnlich rechts oder unten

Okay, nur zwei Member haben seltsame Namen. Windows Forms verfügt über die Fähigkeit zur Textanzeige von rechts nach links bzw. von oben nach unten, da dies in einigen Sprachen erforderlich ist. *Near* und *Far* sollen die Angabe unabhängig von der Schreibrichtung machen, d.h. *Near* (nah) bedeutet »gegen die Schreibrichtung, Richtung Textbeginn« und *Far* (entfernt) »mit der Schreibrichtung, in Richtung Textende«.

Wenn Sie horizontal und von links nach rechts orientierten Text anzeigen, können Sie sich bei der Verwendung der *Alignment*-Eigenschaft *StringAlignment.Near* als links und *StringAlignment.Far* als rechts vorstellen. Bei Einsatz der *LineAligment*-Eigenschaft steht *StringAlignment.Near* für oben und *StringAlignment.Far* für unten. Nachfolgend sehen Sie ein Programm, das alle vier Kombinationen dieser Einstellung zur Textanzeige in den vier Ecken des Clientbereichs nutzt.

FourCorners.vb
```vb
Imports System
Imports System.Drawing
Imports System.Windows.Forms
Class FourCorners
    Inherits Form
    Shared Sub Main()
        Application.Run(New FourCorners())
    End Sub
    Sub New()
        Text = "Four Corners Text Alignment"
        BackColor = SystemColors.Window
        ForeColor = SystemColors.WindowText
        ResizeRedraw = True
    End Sub
    Protected Overrides Sub OnPaint(ByVal pea As PaintEventArgs)
        Dim grfx As Graphics = pea.Graphics
        Dim br As New SolidBrush(ForeColor)
        Dim strfmt As New StringFormat()

        strfmt.Alignment = StringAlignment.Near
        strfmt.LineAlignment = StringAlignment.Near
        grfx.DrawString("Upper left corner", Font, br, 0, 0, strfmt)

        strfmt.Alignment = StringAlignment.Far
        strfmt.LineAlignment = StringAlignment.Near
        grfx.DrawString("Upper right corner", Font, br, ClientSize.Width, 0, strfmt)

        strfmt.Alignment = StringAlignment.Near
        strfmt.LineAlignment = StringAlignment.Far
        grfx.DrawString("Lower left corner", Font, br, 0, ClientSize.Height, strfmt)

        strfmt.Alignment = StringAlignment.Far
        strfmt.LineAlignment = StringAlignment.Far
        grfx.DrawString("Lower right corner", Font, br, ClientSize.Width, ClientSize.Height, strfmt)
    End Sub
End Class
```

Die an die vier *DrawString*-Aufrufe übergebenen Koordinatenpunkte beziehen sich auf die vier Ecken des Clientbereichs. Die Programmausgabe sieht so aus:

```
┌─ Four Corners Text Alignment ─ _ □ X ─┐
│ Upper left corner        Upper right corner │
│                                             │
│                                             │
│                                             │
│                                             │
│                                             │
│                                             │
│ Lower left corner        Lower right corner │
└─────────────────────────────────────────────┘
```

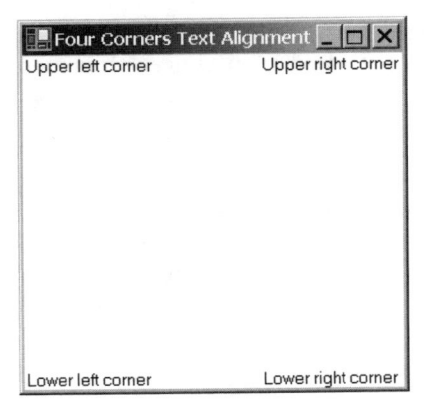

Würde *StringFormat* nicht verwendet, würde nur der erste *DrawString*-Aufruf zu einer sichtbaren Textanzeige führen. Der von den anderen drei Aufrufen erzeugte Text würde außerhalb des Clientbereichs positioniert werden.

Wenn Sie die *Alignment*-Eigenschaft des *StringFormat*-Objekts auf *StringAlignment.Center* einstellen, wird die Textzeichenfolge so positioniert, dass der Text an der an *DrawString* übergebenen *x*-Koordinate horizontal zentriert wird. Wenn Sie die *LineAlignment*-Eigenschaft auf *StringAlignment.Center* einstellen, gibt die an *DrawString* übergebene *y*-Koordinate an, wo die Textzeichenfolge vertikal zentriert wird.

Nachfolgend sehen Sie, wie beide Effekte zum Zentrieren von Text im Clientbereich eingesetzt werden.

HelloCenteredAlignment.vb

```vb
Imports System
Imports System.Drawing
Imports System.Windows.Forms
Class HelloCenteredAlignment
    Inherits Form
    Shared Sub Main()
        Application.Run(New HelloCenteredAlignment())
    End Sub
    Sub New()
        Text = "Hello Centered Using String Alignment"
        BackColor = SystemColors.Window
        ForeColor = SystemColors.WindowText
        ResizeRedraw = True
    End Sub
    Protected Overrides Sub OnPaint(ByVal pea As PaintEventArgs)
        Dim grfx As Graphics = pea.Graphics
        Dim strfmt As New StringFormat()
        strfmt.Alignment = StringAlignment.Center
        strfmt.LineAlignment = StringAlignment.Center
        grfx.DrawString("Hello, world!", Font, New SolidBrush(ForeColor), _
                        ClientSize.Width \ 2, ClientSize.Height \ 2, strfmt)
    End Sub
End Class
```

Das sieht dann so aus:

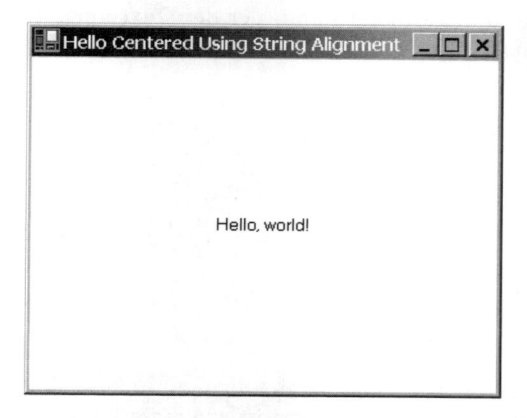

[Screenshot: Hello Centered Using String Alignment – Hello, world!]

Hierzu noch ein Hinweis (der klingt vielleicht ein wenig dumm, aber ich spreche aus Erfahrung): Wenn ich in bereits vorhandene Programme eine *StringFormat*-Definition einfüge, vergesse ich gelegentlich, als letztes Argument von *DrawString* das Objekt zu übergeben. Da *DrawString* kein *StringFormat*-Objekt benötigt, verläuft die Kompilierung zunächst problemlos, aber *StringFormat* führt zu keinerlei Veränderung. Vergessen Sie also nicht, im Aufruf von *DrawString* das Objekt anzugeben!

Abmessungen der Zeichenfolge

Ein etwas allgemeinerer Ansatz zum Zentrieren von Text besteht darin, anstelle der Klasse *StringFormat* eine Methode der Klasse *Graphics* zu verwenden, und zwar die Methode *MeasureString*. Es gibt sie in sieben Versionen, von denen die einfachste folgende ist:

```
Dim szfText As SizeF = grfx.MeasureString(str, fnt)
```

MeasureString gibt eine *SizeF*-Struktur zurück, welche die Breite und Höhe der Zeichenfolge in Pixeln angibt (bzw. in jeder anderen gewünschten Einheit, wie Sie in Kapitel 7 noch erfahren werden). *MeasureString* ist die zweitwichtigste Methode für die Textanzeige – nicht genauso wichtig wie *DrawString*, aber dennoch sehr bedeutend. Eine ausführliche Behandlung von *MeasureString* finden Sie in Kapitel 9.

Stellen Sie sich eine angezeigte Textzeichenfolge vor. Stellen Sie sich nun ein Rechteck um diese Zeichenfolge vor. Die von *MeasureString* zurückgegebene *SizeF*-Struktur gibt Breite und Höhe dieses Rechtecks an. Die *Height*-Eigenschaft der *SizeF*-Struktur ist bei ein und derselben Schrift immer dieselbe – unabhängig von der angezeigten Zeichenfolge. (Tatsächlich ist es so, dass die *Height*-Eigenschaft *in der Regel* von der Zeichenfolge abhängig ist. Wenn die Zeichenfolge Zeilenvorschubzeichen enthält, ergibt die *Height*-Eigenschaft die Höhe mehrerer Textzeilen und entspricht daher einem ganzzahligen Vielfachen des *Height*-Werts für eine einzelne Textzeile.)

Die *Width*-Eigenschaft der *SizeF*-Struktur richtet sich nach den Zeichen, aus denen die Zeichenfolge besteht. Die Breite des Zeichens »i« ist bei allen Schriften kleiner als die des »W« (ausgenommen hiervon sind die Schriften mit fester Breite), und *MeasureString* spiegelt diesen Unterschied wider.

Wir werden *MeasureString* in diesem Buch noch häufig verwenden. Vorerst können Sie zur Zentrierung von Text im Clientbereich die von *MeasureString* zurückgegebenen *Width*- und

Height-Werte der *SizeF*-Struktur von der Breite und Höhe des Clientbereichs abziehen. Die beiden erhaltenen Werte sind der gesamte horizontale und vertikale Rand, der den Text umgibt. Dividieren Sie jeden Wert durch 2, und Sie erhalten die Position der oberen linken Ecke der Zeichenfolge. Hier der vollständige Code:

```
HelloCenteredMeasured.vb
Imports System
Imports System.Drawing
Imports System.Windows.Forms
Class HelloCenteredMeasured
    Inherits Form
    Shared Sub Main()
        Application.Run(New HelloCenteredMeasured())
    End Sub
    Sub New()
        Text = "Hello Centered Using MeasureString"
        BackColor = SystemColors.Window
        ForeColor = SystemColors.WindowText
        ResizeRedraw = True
    End Sub
    Protected Overrides Sub OnPaint(ByVal pea As PaintEventArgs)
        Dim grfx As Graphics = pea.Graphics
        Dim str As String = "Hello, world!"
        Dim szfText As SizeF = grfx.MeasureString(str, Font)
        grfx.DrawString(str, Font, New SolidBrush(ForeColor), _
                    (ClientSize.Width - szfText.Width) / 2, _
                    (ClientSize.Height - szfText.Height) / 2)
    End Sub
End Class
```

Text in einem Rechteck

Wir haben bereits zwei Varianten der *DrawString*-Methode kennen gelernt. Nachfolgend sehen Sie alle sechs:

DrawString-Methoden von *Graphics*

```
Sub DrawString(ByVal str As String, ByVal fnt As Font, ByVal br As Brush, ByVal ptf As PointF)
Sub DrawString(ByVal str As String, ByVal fnt As Font, ByVal br As Brush,
            ByVal x As Single, ByVal y As Single)
Sub DrawString(ByVal str As String, ByVal fnt As Font, ByVal br As Brush, ByVal rectf As RectangleF)
Sub DrawString(ByVal str As String, ByVal fnt As Font, ByVal br As Brush, ByVal ptf As PointF,
            ByVal sf As StringFormat)
Sub DrawString(ByVal str As String, ByVal fnt As Font, ByVal br As Brush,
            ByVal x As Single, ByVal y As Single, ByVal sf As StringFormat)
Sub DrawString(ByVal str As String, ByVal fnt As Font, ByVal br As Brush, ByVal rectf As RectangleF,
            ByVal sf As StringFormat)
```

Wie zu sehen ist, sind die ersten drei Argumente immer die gleichen. Der einzige Unterschied zwischen den verschiedenen Varianten besteht für Sie darin, ob Sie die Koordinaten als *PointF*-Struktur, als *Single*-Werte oder *RectangleF* angeben und ob Sie ein *StringFormat*-Argument verwenden.

Ob Sie eine *PointF*-Struktur oder zwei *Single*-Werte verwenden, richtet sich nach Ihren persönlichen Vorlieben. Die Funktionalität dieser beiden Methoden ist identisch, daher können Sie in Ihren Programmen wahlweise die eine oder die andere Version verwenden.

Die *RectangleF*-Variante verhält sich dagegen etwas anders. Die *DrawString*-Methode beschränkt den Text auf das Rechteck, und das optionale Argument *StringFormat* legt fest, wie der Text innerhalb des Rechtecks positioniert wird. Wenn beispielsweise *ClientRectangle* an die *DrawString*-Funktion übergeben wird und sowohl die *Alignment*- als auch die *LineAlignment*-Eigenschaft von *StringFormat* auf *StringAlignment.Center* eingestellt wurde, wird der Text im Clientbereich zentriert, wie das folgende Programm demonstriert.

```vb
HelloCenteredRectangle.vb
Imports System
Imports System.Drawing
Imports System.Windows.Forms
Class HelloCenteredRectangle
    Inherits Form
    Shared Sub Main()
        Application.Run(New HelloCenteredRectangle())
    End Sub
    Sub New()
        Text = "Hello Centered Using Rectangle"
        BackColor = SystemColors.Window
        ForeColor = SystemColors.WindowText
        ResizeRedraw = True
    End Sub
    Protected Overrides Sub OnPaint(ByVal pea As PaintEventArgs)
        Dim grfx As Graphics = pea.Graphics
        Dim strfmt As New StringFormat()
        strfmt.Alignment = StringAlignment.Center
        strfmt.LineAlignment = StringAlignment.Center
        grfx.DrawString("Hello, world!", Font, New SolidBrush(ForeColor), _
                        RectangleF.op_Implicit(ClientRectangle), strfmt)
    End Sub
End Class
```

Beachten Sie die Verwendung von *RectangleF.op_Implicit* für die Konvertierung eines *Rectangle*-Objekts (die Eigenschaft *ClientRectangle*) in ein *RectangleF*-Objekt, wie es von *DrawString* benötigt wird. Die Angabe eines Rechtecks anstelle eines einzelnen Koordinatenpunkts zur Textpositionierung mag etwas merkwürdig erscheinen. Könnten Sie sich vorstellen, dass *DrawString* innerhalb des Rechtecks Zeilenumbrüche ermöglicht?

Es gibt nur einen Weg, das herauszufinden. Ersetzen Sie die kurze Textzeichenfolge durch einen größeren Textabschnitt, z.B. den ersten Absatz aus Mark Twains *Die Abenteuer des Huckleberry Finn*:

HuckleberryFinn.vb

```vb
Imports System
Imports System.Drawing
Imports System.Windows.Forms
Class HuckleberryFinn
    Inherits Form
    Shared Sub Main()
        Application.Run(New HuckleberryFinn())
    End Sub
    Sub New()
        Text = """"The Adventures of Huckleberry Finn"""
        BackColor = SystemColors.Window
        ForeColor = SystemColors.WindowText
        ResizeRedraw = True
    End Sub
    Protected Overrides Sub OnPaint(ByVal pea As PaintEventArgs)
        Dim grfx As Graphics = pea.Graphics
        grfx.DrawString("You don't know about me, without you " & _
                        "have read a book by the name of ""The " & _
                        "Adventures of Tom Sawyer,"" but that " & _
                        "ain't no matter. That book was made by " & _
                        "Mr. Mark Twain, and he told the truth, " & _
                        "mainly. There was things which he " & _
                        "stretched, but mainly he told the truth. " & _
                        "That is nothing. I never seen anybody " & _
                        "but lied, one time or another, without " & _
                        "it was Aunt Polly, or the widow, or " & _
                        "maybe Mary. Aunt Polly" & ChrW(&H2014) & _
                        "Tom's Aunt Polly, she is" & ChrW(&H2014) & _
                        "and Mary, and the Widow Douglas, is all " & _
                        "told about in that book" & ChrW(&H2014) & _
                        "which is mostly a true book; with some " & _
                        "stretchers, as I said before.", _
                        Font, New SolidBrush(ForeColor), _
                        RectangleF.op_Implicit(ClientRectangle))
    End Sub
End Class
```

Beachten Sie die Zeichen *ChrW(&H2014)* in der Textzeichenfolge. Hierbei handelt es sich um das Unicode-Zeichen für einen langen Gedankenstrich. (Ein von englischsprachigen Autoren gern, manchmal zu gern verwendetes Zeichen.) Der *DrawString*-Aufruf in diesem Programm erfordert kein *StringFormat*-Argument, da wir den Text nur ganz normal anzeigen wollen.

Und tatsächlich formatiert *DrawString* den Text sehr schön und passt ihn in den Clientbereich ein:

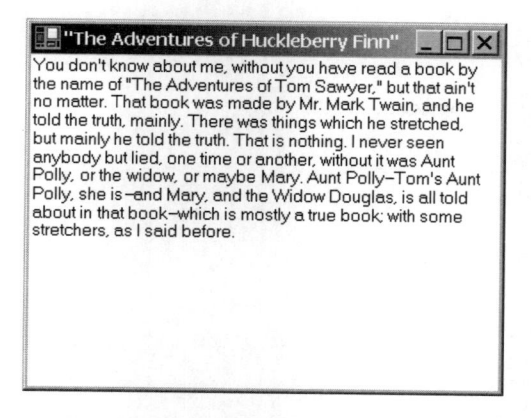

Was *DrawString* nicht liefert (was aber auch niemand erwartet) sind Bildlaufleisten in Fällen, wo der Clientbereich für die Textanzeige nicht ausreicht.

Doch das geht schon in Ordnung, denn im nächsten Kapitel werden wir sehen, wie Bildlaufleisten erstellt werden.

4 Ein Textausgabekurs

106	Systeminformationen
106	Abstände zwischen Textzeilen
107	Eigenschaftswerte
109	Formatierung in Spalten
111	Alles ist ein Objekt
115	Auflisten der Systeminformationen
117	Windows Forms und Bildlaufleisten
117	Bildlauf durch ein Flächensteuerelement
121	Das Erbe von *ScrollableControl*
122	Bildlauf ohne Steuerelemente
124	Konkrete Zahlen
125	Immer aktuell bleiben
127	Lassen Sie sich nicht zur Schnecke machen
128	Reflexionen über Reflektion

Der Clientbereich eines Formulars wird gelegentlich auch als *Darstellungsbereich* des Programms bezeichnet. Hier werden Look-and-Feel, persönliche Note, Eigenheiten, Vorzüge und Nachteile Ihres Programms sichtbar. Das Aussehen des Clientbereichs orientiert sich natürlich immer sehr stark am Zweck eines Programms. Einige Programme – insbesondere diejenigen, die als Frontends für verteilte Anwendungen eingesetzt werden – bestehen fast ausschließlich aus untergeordneten Fenstersteuerelementen, wie z.B. aus Schaltflächen und Bearbeitungsfeldern. Andere verfügen über Zeichenfunktionalität und können im Clientbereich Tastatur- und Mauseingaben verarbeiten. Und wieder andere Programme, wie z.B. die in diesem Kapitel vorgestellten Beispielprogramme, zeigen lediglich Informationen an.

Doch selbst eine einfache Informationsanzeige erfordert häufig eine gewisse Benutzerinteraktion. Das vorliegende Kapitel bietet nicht nur eine Einführung in verschiedene Techniken zur Textformatierung in Form von Spalten, sondern stellt auch diese wunderbaren Hilfselemente vor, die unter dem Namen *Bildlaufleisten* (scroll bars) bekannt sind.

Systeminformationen

Ich probiere ein neues Betriebssystem oder ein Entwicklungsframework wie Windows Forms gern aus, indem ich Programme schreibe, die das System selbst untersuchen. Das Schreiben von Programmen, die nichts weiter tun, als Informationen anzuzeigen (wie z.B. das Programm FormSize aus Kapitel 3), ermöglicht es mir, gleichzeitig etwas über das System zu erfahren und mich mit der Programmierung für das System vertraut zu machen.

Die Klasse *SystemInformation* im Namespace *System.Windows.Forms*Klasse enthält (nach der letzten Zählung) 60 shared, schreibgeschützte Eigenschaften, die verschiedene Aspekte des Computers offen legen, auf dem die Anwendung ausgeführt wird, und verschiedene Maßeinheiten zeigen, die das System zur Anzeige von Elementen auf dem Desktop und im Programm verwendet. *SystemInformation* gibt Aufschluss über die Anzahl der Maustasten, die Größe der Symbole auf dem Desktop sowie die Höhe der Titelleiste eines Formulars. Ferner gibt *SystemInformation* an, ob der Computer an ein Netzwerk angeschlossen ist, und liefert den Namen der Domäne des Benutzers. Diese Informationen werden in Form von verschiedenen Datentypen – *Integer, Boolean, String, Size, Rectangle* – und in verschiedenen Enumerationen bereitgestellt.

Im vorliegenden Kapitel werde ich ein Programm erstellen, mit dem all diese Informationen in einer übersichtlichen Form angezeigt werden. Da Sie wahrscheinlich häufiger auf dieses Programm zurückgreifen werden, dürfte es sich auszahlen, bei der Programmerstellung sorgfältig vorzugehen.

Abstände zwischen Textzeilen

Wie Sie in Kapitel 3 sehen konnten, sorgt *DrawString* für die richtigen Abstände zwischen Textzeilen, die durch Zeilenvorschubzeichen getrennt werden, und führt außerdem den Umbruch von Text in einem Rechteck durch. Üblicherweise ist es in einem Programm mit mehrzeiliger Textanzeige in Form von Spalten jedoch praktischer, *DrawString* für jede Zeile einer Spalte einzeln aufzurufen. Hierbei muss mithilfe eines Koordinatenpunkts in *DrawString* angegeben werden, wo genau jede Textzeichenfolge positioniert wird.

In Kapitel 3 habe ich die Methode *MeasureString* der Klasse *Graphics* vorgestellt. Diese Methode liefert Höhe und Breite einer Zeichenfolge. Obwohl Sie diese Höhe für die Anordnung aufeinander folgender Textzeilen nutzen können, eignet sie sich doch nicht optimal für diesen Zweck. Für Zeilenabstände, die mit der Umbruchfunktionalität von *DrawString* konsistent sind, sollten Sie einen etwas anderen Wert als die über *MeasureString* zurückgegebene Höhe verwenden. Dieser Sachverhalt ist etwas verwirrend, da die Namen der Eigenschaften und Methoden, die für Zeilenabstände geeignete Werte liefern, sich auf die Höhe der Schriftzeichen zu beziehen scheinen. Die allgemeinste Methode zum Abrufen eines Zeilenabstandwerts ist die Methode *GetHeight* der Klasse *Font*:

```
Dim cySpace As Single = fnt.GetHeight(grfx)
```

Ich verwende das Variablennamenpräfix *cy*, um eine Zählung (*count*) in *y*-Richtung, d.h. einen Höhenwert anzuzeigen. In dieser Anweisung ist *fnt* ein Objekt vom Typ *Font* und *grfx* ein Objekt vom Typ *Graphics*. Ich nenne dies die allgemeinste Methode, da sie durch das *Graphics*-Argument sowohl für den Bildschirm als auch für den Drucker verwendet werden kann. Ferner werden bei dieser Methode auch alle eventuell aktiven Transformationen berücksichtigt. (Transformationen ermöglichen das Zeichnen in anderen Maßeinheiten als Pixeln, wie Sie in Kapitel 7 erfahren werden.) Beachten Sie, dass es sich bei dem Rückgabewert um einen *Single* handelt. Bei einigen Schriften ist der von *GetHeight* zurückgegebene Wert mit der über *MeasureString* zurückgegebenen Höhe identisch. Bei den meisten Schriften ist der *GetHeight*-Wert jedoch etwas kleiner.

Eine andere Variante der *GetHeight*-Methode liefert einen Zeilenabstand, der sich nur für die Bildschirmanzeige eignet, nicht jedoch für den Drucker. Sie sollten diese Methode nur dann verwenden, wenn Sie auf dem Bildschirm zeichnen und keine Transformationen stattfinden:

```
Dim cySpace As Single = fnt.GetHeight()
```

Wenn Sie den *Single*-Wert auf die nächsthöhere Ganzzahl runden, erhalten Sie den gleichen Wert wie über die *Height*-Eigenschaft der Klasse *Font*:

```
Dim cySpace As Integer = fnt.Height
```

Wenn Sie auf dem Bildschirm in der Einheit Pixel zeichnen (dies ist die Standardeinstellung), ist die *Height*-Eigenschaft der Klasse *Font* wahrscheinlich am besten geeignet.

Wenn Sie die Methode *GetHeight* oder die Eigenschaft *Height* mit der Standardschrift des Formulars verwenden, können Sie die Eigenschaft *Font* des Formulars als *Font*-Objekt angeben:

```
Dim cySpace As Single = Font.GetHeight()
Dim cySpace As Integer = Font.Height
```

Diese Anweisungen beziehen sich auf die *Font*-Eigenschaft der Klasse *Form*. Die Klasse *Form* enthält auch noch eine geschützte Eigenschaft mit Lese-/Schreibzugriff namens *FontHeight* (die von *Control* geerbt wird). Diese gibt einen mit der *Font.Height*-Eigenschaft konsistenten *Integer*-Wert zurück. Obwohl Sie diese Eigenschaft theoretisch einstellen können, wird damit nicht die Größe der Standardschrift des Formulars verändert.

Eigenschaftswerte

Nachfolgend sehen Sie einen ersten (und noch sehr unvollständigen) Versuch eines Programms zur Anzeige der *SystemInformation*-Eigenschaften.

SysInfoFirstTry.vb
```
Imports System
Imports System.Drawing
Imports System.Windows.Forms
Class SysInfoFirstTry
    Inherits Form
    Shared Sub Main()
        Application.Run(New SysInfoFirstTry())
    End Sub
    Sub New()
        Text = "System Information: First Try"
        BackColor = SystemColors.Window
        ForeColor = SystemColors.WindowText
    End Sub
    Protected Overrides Sub OnPaint(ByVal pea As PaintEventArgs)
        Dim grfx As Graphics = pea.Graphics
        Dim br As New SolidBrush(ForeColor)
        Dim y As Integer = 0
```

Ein Textausgabekurs

```
        grfx.DrawString("ArrangeDirection: " & _
                SystemInformation.ArrangeDirection.ToString(), _
                Font, br, 0, y)
        y += Font.Height
        grfx.DrawString("ArrangeStartingPosition: " & _
                SystemInformation.ArrangeStartingPosition.ToString(), _
                Font, br, 0, y)
        y += Font.Height
        grfx.DrawString("BootMode: " & _
                SystemInformation.BootMode.ToString(), _
                Font, br, 0, y)
        y += Font.Height
        grfx.DrawString("Border3DSize: " & _
                SystemInformation.Border3DSize.ToString(), _
                Font, br, 0, y)
        y += Font.Height
        grfx.DrawString("BorderSize: " & _
                SystemInformation.BorderSize.ToString(), _
                Font, br, 0, y)
        y += Font.Height
        grfx.DrawString("CaptionButtonSize: " & _
                SystemInformation.CaptionButtonSize.ToString(), _
                Font, br, 0, y)
        y += Font.Height
        grfx.DrawString("CaptionHeight: " & _
                SystemInformation.CaptionHeight.ToString(), _
                Font, br, 0, y)
        y += Font.Height
        grfx.DrawString("ComputerName: " & _
                SystemInformation.ComputerName.ToString(), _
                Font, br, 0, y)
        y += Font.Height
        grfx.DrawString("CursorSize: " & _
                SystemInformation.CursorSize.ToString(), _
                Font, br, 0, y)
        y += Font.Height
        grfx.DrawString("DbcsEnabled: " & _
                SystemInformation.DbcsEnabled.ToString(), _
                Font, br, 0, y)
    End Sub
End Class
```

Ich habe bereits nach 10 Elementen aufgegeben, allerdings nicht, weil ich das Tippen satt hatte, sondern weil mir klar wurde, dass dies nicht der optimale Ansatz sein konnte. Es musste einen Weg geben, die Elemente in anderer, allgemeinerer Weise anzugeben. Für einen ersten Versuch können sich die Ergebnisse jedoch sehen lassen:

```
System Information: First Try
ArrangeDirection: Right
ArrangeStartingPosition: Hide
BootMode: Normal
Border3DSize: {Width=2, Height=2}
BorderSize: {Width=1, Height=1}
CaptionButtonSize: {Width=23, Height=23}
CaptionHeight: 24
ComputerName: CHARLESPETZOLD
CursorSize: {Width=32, Height=32}
DbcsEnabled: False
```

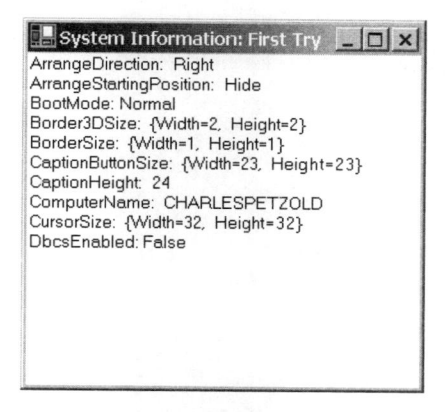

Werfen wir einen Blick auf die Funktionsweise dieses Programms.

Bei jeder Ausgabezeile handelt es sich um einen Aufruf von *DrawString*. Das erste Argument ist der Textname der Eigenschaft, an den der Eigenschaftswert angefügt wurde. Die *SystemInformation*-Eigenschaft wird für die Zeichenfolgenverkettung mit *ToString* in eine Zeichenfolge konvertiert. Bei einigen dieser Eigenschaften (wie *CaptionHeight* und *ComputerName*) ist der explizite Aufruf von *ToString* nicht erforderlich, aber er schadet auch nicht. Die Einstellung des richtigen Zeilenabstands erfolgt durch Erhöhung der Variablen *y* nach jedem *DrawString*-Aufruf:

```
y += Font.Height
```

Das positioniert den Text jeweils eine Zeile tiefer im Clientbereich.

Formatierung in Spalten

Abgesehen von seiner Unvollständigkeit liegt das Problem beim Programm SysInfoFirstTry vor allem in der Formatierung. Die Ausgabe eines solchen Programms wäre einfacher zu lesen, wenn die Eigenschaftswerte in einer zweiten Spalte angezeigt würden. Gehen wir also zunächst dieses Problem an, bevor wir fortfahren.

Von den 10 Eigenschaften, die das Programm SysInfoFirstTry anzeigt, scheint *ArrangeStartingPosition* der längste Eigenschaftenname zu sein. Vor der Anzeige von Informationen ruft das im Folgenden gezeigte Programm daher die Methode *MeasureString* mit der Zeichenfolge auf (plus ein Leerzeichen, damit sich die zwei Spalten nicht berühren).

```
SysInfoColumns.vb
Imports System
Imports System.Drawing
Imports System.Windows.Forms
Class SysInfoColumns
    Inherits Form

    Shared Sub Main()
        Application.Run(New SysInfoColumns())
    End Sub
```

```vb
    Sub New()
        Text = "System Information: Columns"
        BackColor = SystemColors.Window
        ForeColor = SystemColors.WindowText
    End Sub
    Protected Overrides Sub OnPaint(ByVal pea As PaintEventArgs)
        Dim grfx As Graphics = pea.Graphics
        Dim br As New SolidBrush(ForeColor)
        Dim szf As SizeF = grfx.MeasureString("ArrangeStartingPosition ", Font)
        Dim cxCol As Single = szf.Width
        Dim y As Single = 0
        Dim cySpace As Integer = Font.Height

        grfx.DrawString("ArrangeDirection", Font, br, 0, y)
        grfx.DrawString(SystemInformation.ArrangeDirection.ToString(), Font, br, cxCol, y)
        y += cySpace
        grfx.DrawString("ArrangeStartingPosition", Font, br, 0, y)
        grfx.DrawString(SystemInformation.ArrangeStartingPosition.ToString(), Font, br, cxCol, y)
        y += cySpace
        grfx.DrawString("BootMode", Font, br, 0, y)
        grfx.DrawString(SystemInformation.BootMode.ToString(), Font, br, cxCol, y)
        y += cySpace
        grfx.DrawString("Border3DSize", Font, br, 0, y)
        grfx.DrawString(SystemInformation.Border3DSize.ToString(), Font, br, cxCol, y)
        y += cySpace
        grfx.DrawString("BorderSize", Font, br, 0, y)
        grfx.DrawString(SystemInformation.BorderSize.ToString(), Font, br, cxCol, y)
        y += cySpace
        grfx.DrawString("CaptionButtonSize", Font, br, 0, y)
        grfx.DrawString(SystemInformation.CaptionButtonSize.ToString(), Font, br, cxCol, y)
        y += cySpace
        grfx.DrawString("CaptionHeight", Font, br, 0, y)
        grfx.DrawString(SystemInformation.CaptionHeight.ToString(), Font, br, cxCol, y)
        y += cySpace
        grfx.DrawString("ComputerName", Font, br, 0, y)
        grfx.DrawString(SystemInformation.ComputerName, Font, br, cxCol, y)
        y += cySpace
        grfx.DrawString("CursorSize", Font, br, 0, y)
        grfx.DrawString(SystemInformation.CursorSize.ToString(), Font, br, cxCol, y)
        y += cySpace
        grfx.DrawString("DbcsEnabled", Font, br, 0, y)
        grfx.DrawString(SystemInformation.DbcsEnabled.ToString(), Font, br, cxCol, y)
    End Sub
End Class
```

Das Programm speichert die Breite der Zeichenfolge in der Variablen *cxCol* und verwendet diese Information zur Positionierung der zweiten Spalte. Darüber hinaus speichert das Programm die *Height*-Eigenschaft des *Font*-Objekts des Formulars in einer Variablen namens *cySpace* und stellt mit dieser Variablen den Abstand zwischen den einzelnen Textzeilen ein. Nun sind für jede Ausgabezeile zwei *DrawString*-Aufrufe erforderlich, von denen der erste den Eigenschaftsnamen und der zweite den Eigenschaftswert anzeigt. Mit Ausnahme eines einzigen Werts erfordern alle Eigenschaftswerte explizite Aufrufe von *ToString*, damit die Werte in Zeichenfolgen umgewandelt werden. Die Programmausgabe sieht so aus:

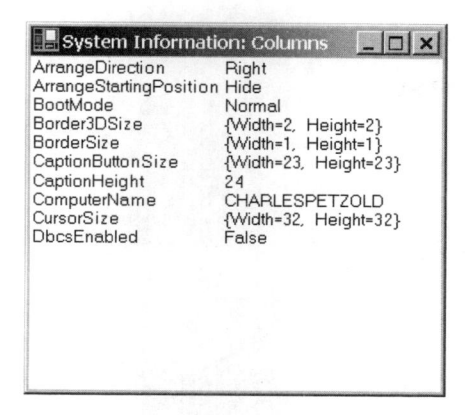

```
🖳 System Information: Columns       _ ☐ ✕
ArrangeDirection         Right
ArrangeStartingPosition  Hide
BootMode                 Normal
Border3DSize             {Width=2, Height=2}
BorderSize               {Width=1, Height=1}
CaptionButtonSize        {Width=23, Height=23}
CaptionHeight            24
ComputerName             CHARLESPETZOLD
CursorSize               {Width=32, Height=32}
DbcsEnabled              False
```

Alles ist ein Objekt

In einem Programm wie SysInfoColumns sollte sich der Code zur Anzeige der Textzeilen wohl in einer *For*-Schleife befinden. Die eigentlichen Informationen sollten in einem Array gespeichert und vielleicht vom eigentlichen Code für die Ausgabe isoliert werden, damit der Code auch in anderen Programmen genutzt werden kann. In einer objektorientierten Sprache wie Visual Basic .NET sollten Sie sich immer auf die magische Regel besinnen: *Alles ist ein Objekt* – oder doch wenigstens eine Klasse mit shared Methoden und Eigenschaften.

Nachfolgend sehen Sie die Implementierung einer Klasse, welche die anzuzeigenden Textzeichenfolgen enthält und gleichzeitig Informationen darüber liefert.

SysInfoStrings.vb
```
Imports System
Imports System.Drawing
Imports System.Windows.Forms
Class SysInfoStrings
    Shared ReadOnly Property Labels() As String()
        Get
            Return New String() _
            { _
                "ArrangeDirection", _
                "ArrangeStartingPosition", _
                "BootMode", _
                "Border3DSize", _
                "BorderSize", _
                "CaptionButtonSize", _
                "CaptionHeight", _
                "ComputerName", _
                "CursorSize", _
                "DbcsEnabled", _
                "DebugOS", _
                "DoubleClickSize", _
                "DoubleClickTime", _
                "DragFullWindows", _
                "DragSize", _
                "FixedFrameBorderSize", _
```

Ein Textausgabekurs

```vb
                "FrameBorderSize", _
                "HighContrast", _
                "HorizontalScrollBarArrowWidth", _
                "HorizontalScrollBarHeight", _
                "HorizontalScrollBarThumbWidth", _
                "IconSize", _
                "IconSpacingSize", _
                "KanjiWindowHeight", _
                "MaxWindowTrackSize", _
                "MenuButtonSize", _
                "MenuCheckSize", _
                "MenuFont", _
                "MenuHeight", _
                "MidEastEnabled", _
                "MinimizedWindowSize", _
                "MinimizedWindowSpacingSize", _
                "MinimumWindowSize", _
                "MinWindowTrackSize", _
                "MonitorCount", _
                "MonitorsSameDisplayFormat", _
                "MouseButtons", _
                "MouseButtonsSwapped", _
                "MousePresent", _
                "MouseWheelPresent", _
                "MouseWheelScrollLines", _
                "NativeMouseWheelSupport", _
                "Network", _
                "PenWindows", _
                "PrimaryMonitorMaximizedWindowSize", _
                "PrimaryMonitorSize", _
                "RightAlignedMenus", _
                "Secure", _
                "ShowSounds", _
                "SmallIconSize", _
                "ToolWindowCaptionButtonSize", _
                "ToolWindowCaptionHeight", _
                "UserDomainName", _
                "UserInteractive", _
                "UserName", _
                "VerticalScrollBarArrowHeight", _
                "VerticalScrollBarThumbHeight", _
                "VerticalScrollBarWidth", _
                "VirtualScreen", _
                "WorkingArea" _
            }
        End Get
    End Property
    Shared ReadOnly Property Values() As String()
        Get
            Return New String() { _
            SystemInformation.ArrangeDirection.ToString(), _
            SystemInformation.ArrangeStartingPosition.ToString(), _
            SystemInformation.BootMode.ToString(), _
            SystemInformation.Border3DSize.ToString(), _
            SystemInformation.BorderSize.ToString(), _
            SystemInformation.CaptionButtonSize.ToString(), _
```

```vb
                SystemInformation.CaptionHeight.ToString(), _
                SystemInformation.ComputerName, _
                SystemInformation.CursorSize.ToString(), _
                SystemInformation.DbcsEnabled.ToString(), _
                SystemInformation.DebugOS.ToString(), _
                SystemInformation.DoubleClickSize.ToString(), _
                SystemInformation.DoubleClickTime.ToString(), _
                SystemInformation.DragFullWindows.ToString(), _
                SystemInformation.DragSize.ToString(), _
                SystemInformation.FixedFrameBorderSize.ToString(), _
                SystemInformation.FrameBorderSize.ToString(), _
                SystemInformation.HighContrast.ToString(), _
                SystemInformation.HorizontalScrollBarArrowWidth.ToString(), _
                SystemInformation.HorizontalScrollBarHeight.ToString(), _
                SystemInformation.HorizontalScrollBarThumbWidth.ToString(), _
                SystemInformation.IconSize.ToString(), _
                SystemInformation.IconSpacingSize.ToString(), _
                SystemInformation.KanjiWindowHeight.ToString(), _
                SystemInformation.MaxWindowTrackSize.ToString(), _
                SystemInformation.MenuButtonSize.ToString(), _
                SystemInformation.MenuCheckSize.ToString(), _
                SystemInformation.MenuFont.ToString(), _
                SystemInformation.MenuHeight.ToString(), _
                SystemInformation.MidEastEnabled.ToString(), _
                SystemInformation.MinimizedWindowSize.ToString(), _
                SystemInformation.MinimizedWindowSpacingSize.ToString(), _
                SystemInformation.MinimumWindowSize.ToString(), _
                SystemInformation.MinWindowTrackSize.ToString(), _
                SystemInformation.MonitorCount.ToString(), _
                SystemInformation.MonitorsSameDisplayFormat.ToString(), _
                SystemInformation.MouseButtons.ToString(), _
                SystemInformation.MouseButtonsSwapped.ToString(), _
                SystemInformation.MousePresent.ToString(), _
                SystemInformation.MouseWheelPresent.ToString(), _
                SystemInformation.MouseWheelScrollLines.ToString(), _
                SystemInformation.NativeMouseWheelSupport.ToString(), _
                SystemInformation.Network.ToString(), _
                SystemInformation.PenWindows.ToString(), _
                SystemInformation.PrimaryMonitorMaximizedWindowSize.ToString(), _
                SystemInformation.PrimaryMonitorSize.ToString(), _
                SystemInformation.RightAlignedMenus.ToString(), _
                SystemInformation.Secure.ToString(), _
                SystemInformation.ShowSounds.ToString(), _
                SystemInformation.SmallIconSize.ToString(), _
                SystemInformation.ToolWindowCaptionButtonSize.ToString(), _
                SystemInformation.ToolWindowCaptionHeight.ToString(), _
                SystemInformation.UserDomainName, _
                SystemInformation.UserInteractive.ToString(), _
                SystemInformation.UserName, _
                SystemInformation.VerticalScrollBarArrowHeight.ToString(), _
                SystemInformation.VerticalScrollBarThumbHeight.ToString(), _
                SystemInformation.VerticalScrollBarWidth.ToString(), _
                SystemInformation.VirtualScreen.ToString(), _
                SystemInformation.WorkingArea.ToString() _
                }
        End Get
    End Property
```

```
    Shared ReadOnly Property Count() As Integer
        Get
            Return Labels.Length
        End Get
    End Property
    Shared Function MaxLabelWidth(ByVal grfx As Graphics, ByVal fnt As Font) As Single
        Return MaxWidth(Labels, grfx, fnt)
    End Function
    Shared Function MaxValueWidth(ByVal grfx As Graphics, ByVal fnt As Font) As Single
        Return MaxWidth(Values, grfx, fnt)
    End Function
    Private Shared Function MaxWidth(ByVal astr() As String, _
             ByVal grfx As Graphics, ByVal fnt As Font) As Single
        Dim fMax As Single = 0
        Dim str As String
        For Each str In astr
            fMax = Math.Max(fMax, grfx.MeasureString(str, fnt).Width)
        Next str
        Return fMax
    End Function
End Class
```

Diese Klasse verfügt über drei schreibgeschützte, shared Eigenschaften. Die erste, *Labels*, gibt ein Array aus Zeichenfolgen zurück, bei denen es sich um die Namen der *SystemInformation*-Eigenschaften handelt.

Die zweite Eigenschaft trägt den Namen *Values* und gibt ebenfalls ein Array aus Zeichenfolgen zurück, die jeweils einem Element des *Label*-Arrays entsprechen. Tatsächlich besteht das *Values*-Array jedoch aus einer Reihe von Ausdrücken mit *SystemInformation*-Eigenschaften, die jeweils zu einer Zeichenfolge ausgewertet werden. Jeder Ausdruck wird beim Abruf der Eigenschaft ausgewertet. Wahrscheinlich erkennen Sie die *ToString*-Methode zur Umwandlung der Elemente in Zeichenfolgen wieder.

Die dritte Eigenschaft liefert die Anzahl der Elemente im *Labels*-Array, die mit der Anzahl der Elemente im *Values*-Array übereinstimmen sollte (sofern ich da nichts durcheinander gebracht habe).

Zusätzlich weist *SysInfoStrings* zwei öffentliche Methoden auf: *MaxLabelWidth* und *MaxValueWidth*. Diese beiden Methoden benötigen als Argumente ein *Graphics*- und ein *Font*-Objekt und geben lediglich den größten Breitenwert zurück, der von *MeasureString* für die beiden Arrays ermittelt wird. Beide Methoden basieren auf einer privaten Methode namens *MaxWidth*. Diese Methode nutzt die shared Methode *Math.Max*, um den größten von zwei Werten zu ermitteln. (Die Klasse *Math* im Namespace *System* ist eine Sammlung von shared Methoden, die eine Reihe von mathematischen Funktionen implementiert. Anhang B ist der Klasse *Math* und weiteren Aspekten der Arbeit mit Zahlen gewidmet.)

Auflisten der Systeminformationen

Ich habe die Datei SysInfoStrings.vb in einem Projekt mit dem Namen SysInfoList erstellt, das außerdem die hier gezeigte Datei SysInfoList.vb enthält. Dieses Programm zeigt die von der Klasse *SysInfoStrings* gelieferten Systeminformationen an.

SysInfoList.vb

```
Imports System
Imports System.Drawing
Imports System.Windows.Forms
Class SysInfoList
    Inherits Form
    ReadOnly cxCol As Single
    ReadOnly cySpace As Integer
    Shared Sub Main()
        Application.Run(New SysInfoList())
    End Sub
    Sub New()
        Text = "System Information: List"
        BackColor = SystemColors.Window
        ForeColor = SystemColors.WindowText

        Dim grfx As Graphics = CreateGraphics()
        Dim szf As SizeF = grfx.MeasureString(" ", Font)
        cxCol = szf.Width + SysInfoStrings.MaxLabelWidth(grfx, Font)
        grfx.Dispose()
        cySpace = Font.Height
    End Sub
    Protected Overrides Sub OnPaint(ByVal pea As PaintEventArgs)
        Dim grfx As Graphics = pea.Graphics
        Dim br As New SolidBrush(ForeColor)
        Dim iCount As Integer = SysInfoStrings.Count
        Dim astrLabels() As String = SysInfoStrings.Labels
        Dim astrValues() As String = SysInfoStrings.Values
        Dim i As Integer
        For i = 0 To iCount - 1
            grfx.DrawString(astrLabels(i), Font, br, 0, i * cySpace)
            grfx.DrawString(astrValues(i), Font, br, cxCol, i * cySpace)
        Next i
    End Sub
End Class
```

Dieses Programm versucht ein wenig zu optimieren, indem es die Werte *cxCol* und *cySpace* nur einmal im Formularkonstruktor berechnet und dann zur späteren Verwendung durch die *OnPaint*-Methode als Felder speichert. Diese Berechnung erfordert jedoch einen Aufruf von *MeasureString*, und *MeasureString* erfordert ein *Graphics*-Objekt. Wie erhalten wir aber ein solches Objekt außerhalb eines *Paint*-Ereignisses oder eines Aufrufs der *OnPaint*-Methode?

Die Klasse *Control* implementiert (und die Klasse *Form* erbt) eine *CreateGraphics*-Methode, mit der Sie jederzeit ein *Graphics*-Objekt erhalten können:

Control-Methoden (Auswahl)

```
Function CreateGraphics() As Graphics
```

Ein Textausgabekurs

Sie können mit diesem *Graphics*-Objekt Informationen abrufen – so wie z.B. auch mit dem Programm SysInfoList – oder im Clientbereich des Programms zeichnen. (Dies macht während des Aufrufs des Formularkonstruktors jedoch keinen Sinn, da das Formular zu diesem Zeitpunkt noch nicht einmal angezeigt wird.)

Sie müssen ein über *CreateGraphics* abgerufenes *Graphics*-Objekt explizit beseitigen, bevor Sie die Steuerung vom Konstruktor oder dem Ereignis zur Objekterstellung wieder zurückgeben. Sie erreichen dies durch einen Aufruf der Methode *Dispose*:

Graphics-Methoden (Auswahl)

```
Sub Dispose()
```

Nachdem SysInfoList über *CreateGraphics* ein *Graphics*-Objekt erhalten hat, wird *MeasureString* aufgerufen, um die Breite eines einzelnen Leerzeichens zu ermitteln. Diese Breite wird zu dem von der Klasse *SysInfoStrings* zurückgegebenen Wert *MaxLabelWidth* addiert, und das Ergebnis in der Variablen *cxCol* gespeichert. Eine einfache *For*-Schleife zeigt die beiden Zeichenfolgen bei der Ausführung der *OnPaint*-Methode an.

Wir machen zweifellos Fortschritte:

```
System Information: List
ArrangeDirection          Right
ArrangeStartingPosition   Hide
BootMode                  Normal
Border3DSize              {Width=2, Height=2}
BorderSize                {Width=1, Height=1}
CaptionButtonSize         {Width=23, Height=23}
CaptionHeight             24
ComputerName              CHARLESPETZOLD
CursorSize                {Width=32, Height=32}
DbcsEnabled               False
DebugOS                   False
DoubleClickSize           {Width=4, Height=4}
DoubleClickTime           500
DragFullWindows           False
DragSize                  {Width=4, Height=4}
FixedFrameBorderSize      {Width=3, Height=3}
FrameBorderSize           {Width=4, Height=4}
HighContrast              False
```

Je nach Bildschirmauflösung und -größe (dieses Thema wird in Kapitel 9 behandelt) sind Sie möglicherweise jedoch nicht in der Lage, die Größe des Formulars so anzupassen, dass alle 60 Werte angezeigt werden. Falls dies der Fall sein sollte, ist die Nutzung dieses Programms eher frustrierend. Es gibt keine Möglichkeit, die weiter unten angezeigten Werte sichtbar zu machen.

Und selbst wenn es sich nur um 20 oder 25 Werte handeln würde, gäbe es dennoch eventuell ein Problem. Einer der vielleicht schlimmsten Fehler bei der Windows-Programmierung ist der, davon auszugehen, dass eine bestimmte Textmenge auf einem bestimmten Rechner angezeigt werden kann. Die Benutzer – insbesondere diejenigen, die nicht so gut sehen – können sich große Schriftarten einstellen und so die auf dem Monitor darstellbare Textmenge verringern. Ihr Windows-Programm sollte aber mit jeder einstellbaren Bildschirmauflösung und Schriftgröße einsetzbar sein.

Wir müssen mehr Text anzeigen als auf den Bildschirm passt, aber das ist bei Verwendung einer Bildlaufleiste kein Problem.

Windows Forms und Bildlaufleisten

Bildlaufleisten sind ein wichtiger Bestandteil jeder grafischen Umgebung. Sie sind einfach zu bedienen und bieten dem Benutzer eine optimale visuelle Rückmeldung. Sie können Bildlaufleisten überall dort einsetzen, wo Informationen angezeigt werden (sei es in Form von Text, Grafiken, Tabellen, Datenbankeinträgen, Bildern oder Webseiten), die mehr Platz benötigen, als im Clientbereich des Programms zur Verfügung steht.

Bildlaufleisten sind entweder vertikal angeordnet (zur Navigation von oben nach unten) oder horizontal (zur Navigation von links nach rechts). Durch Klicken auf einen der Pfeile am Ende einer Bildlaufleiste wird ein Dokument in kleinen Schritten durchlaufen, bei einer vertikalen Bildlaufleiste üblicherweise um jeweils eine Textzeile. Durch Klicken auf den Bereich zwischen den Pfeilen wird das Dokument in größeren Abschnitten durchlaufen. Ein *Bildlauffeld* in der Laufleiste gibt die ungefähre Position der im Clientbereich angezeigten Informationen im Verhältnis zum gesamten Inhalt an. Sie können das Bildlauffeld mithilfe der Maus verschieben und so zu einer bestimmten Position im Text springen. Ein relativ neues Feature bei den Bildlaufleisten passt die Größe des Bildlauffelds so an, dass der relative Anteil des im Clientbereich angezeigten Inhalts widergespiegelt wird.

Sie können auf zwei Arten Bildlaufleisten zu einem Formular hinzufügen. Beim ersten Ansatz erstellen Sie Steuerelemente vom Typ *VScrollBar* und *HScrollBar* und positionieren sie an beliebiger Stelle im Clientbereich. Diese Bildlaufleistensteuerelemente besitzen einstellbare Eigenschaften, deren Werte Aussehen und Funktionalität der Laufleisten bestimmen. Ein Formular wird mithilfe von Ereignissen benachrichtigt, wenn der Benutzer ein Bildlaufleistensteuerelement verwendet. Bildlaufleistensteuerelemente werden in Kapitel 12 praktisch eingesetzt.

Der zweite Ansatz zum Hinzufügen von Bildlaufleisten zu einem Formular ist etwas einfacher. Dieser Ansatz, der auch als *automatischer Bildlauf* bezeichnet wird, soll in diesem Kapitel demonstriert werden.

Das Feature für den automatischen Bildlauf ist hauptsächlich für Programme gedacht, die Steuerelemente (z.B. Schaltflächen und Textfelder) in den Clientbereich des Formulars stellen. Das Programm aktiviert den automatischen Bildlauf, indem die *AutoScroll*-Eigenschaft des Formulars auf *True* gesetzt wird. Ist der Clientbereich zu klein, um alle Steuerelemente gleichzeitig anzuzeigen, erscheinen wie von Zauberhand Bildlaufleisten, mit denen der Benutzer die weiteren Steuerelemente anzeigen kann.

Der automatische Bildlauf kann auch aktiviert werden, wenn keine Steuerelemente verwendet werden. Ich werde beide Ansätze demonstrieren, Sie können dann selbst entscheiden, welcher ihnen besser gefällt.

Bildlauf durch ein Flächensteuerelement

Das Microsoft .NET Framework verfügt über eine Vielzahl interessanter Steuerelemente, die von Schaltflächen (buttons), Listenfeldern (list boxes) und Textfeldern (text boxes) bis hin zu Kalendersteuerelementen, Strukturansichten (tree views) und Datentabellen (data grids) reichen. Das Flächensteuerelement (panel) gehört jedoch *nicht* zu diesen interessanten Steuerelementen. Es ist vom Aussehen her nicht der Rede wert und hat kaum etwas von einer Benutzeroberfläche. Flächen werden im Allgemeinen eher unter gestalterischen Gesichtspunkten eingesetzt, z.B. um andere Steuerelemente vor einem Hintergrund anzuordnen. Flächensteuerelemente sind aber auch nützlich, wenn Sie ein Steuerelement benötigen, es jedoch nicht sehr viele Aufgaben übernehmen soll.

Ein Textausgabekurs

Im nachfolgend gezeigten Programm SysInfoPanel habe ich ein Flächensteuerelement erstellt, das die Größe der anzuzeigenden Informationen besitzt – also eine Fläche, die groß genug ist, um alle 60 Zeilen mit Systeminformationen aufzunehmen. Dieses Steuerelement stelle ich anschließend auf den Clientbereich des Formulars und überlasse den Rest dem automatischen Bildlauf.

SysInfoPanel.vb

```
Imports System
Imports System.Drawing
Imports System.Windows.Forms
Class SysInfoPanel
    Inherits Form
    ReadOnly cxCol As Single
    ReadOnly cySpace As Integer
    Shared Sub Main()
        Application.Run(New SysInfoPanel())
    End Sub
    Sub New()
        Text = "System Information: Panel"
        BackColor = SystemColors.Window
        ForeColor = SystemColors.WindowText
        AutoScroll = True

        Dim grfx As Graphics = CreateGraphics()
        Dim szf As SizeF = grfx.MeasureString(" ", Font)
        cxCol = szf.Width + SysInfoStrings.MaxLabelWidth(grfx, Font)
        cySpace = Font.Height

        ' Fläche erstellen.
        Dim pnl As New Panel()
        pnl.Parent = Me
        AddHandler pnl.Paint, AddressOf PanelOnPaint
        pnl.Location = Point.Empty
        pnl.Size = New Size(CInt(Math.Ceiling(cxCol + _
                        SysInfoStrings.MaxValueWidth(grfx, Font))), _
                    CInt(Math.Ceiling(cySpace * SysInfoStrings.Count)))
        grfx.Dispose()
    End Sub
    Sub PanelOnPaint(ByVal obj As Object, ByVal pea As PaintEventArgs)
        Dim grfx As Graphics = pea.Graphics
        Dim br As New SolidBrush(ForeColor)
        Dim iCount As Integer = SysInfoStrings.Count
        Dim astrLabels() As String = SysInfoStrings.Labels
        Dim astrValues() As String = SysInfoStrings.Values
        Dim i As Integer

        For i = 0 To iCount - 1
            grfx.DrawString(astrLabels(i), Font, br, 0, i * cySpace)
            grfx.DrawString(astrValues(i), Font, br, cxCol, i * cySpace)
        Next i
    End Sub
End Class
```

Dieses Programm benötigt die Datei SysInfoStrings.vb. Die Option *Vorhandenes Element hinzufügen* stellt in Visual Basic .NET eine gute Möglichkeit zur gemeinsamen Nutzung von

Dateien durch mehrere Projekte dar. (Sie finden diese Option im Menü *Projekt;* Sie können dazu aber auch im Projektmappen-Explorer mit der rechten Maustaste auf den Projektnamen und anschließend auf *Hinzufügen* klicken.) Auf diese Weise vermeiden Sie es, eine Kopie der Datei zu erstellen, und umgehen so Probleme, die durch mehrere unterschiedliche Dateiversionen entstehen können.

Werfen wir einen Blick auf den Konstruktor von *SysInfoPanel*. Zur Aktivierung des automatischen Bildlaufs müssen Sie die *AutoScroll*-Eigenschaft des Formulars auf *True* setzen. Das ist der einfache Teil. Als Nächstes werden (genau wie in SysInfoList) *cxCol* und *cySpace* berechnet. Bevor jedoch das *Graphics*-Objekt beseitigt wird, erstellt das Programm das *Panel*-Objekt:

```
Dim pnl As New Panel()
```

Die Fläche erhält hier den Namen *pnl*. Die Fläche soll auf die Oberfläche des Clientbereichs des Formulars gestellt werden. Die Oberfläche, auf die ein Steuerelement gestellt wird, wird als *übergeordnetes* Element (parent) bezeichnet. Jedes Steuerelement muss über ein übergeordnetes Element verfügen. Die Anweisung

```
pnl.Parent = Me
```

definiert das Programmformular als übergeordnetes Element der Fläche. Das Schlüsselwort *Me* wird in Methoden oder Eigenschaften verwendet und meint die aktuelle Instanz des Objekts, in diesem Fall das erstellte *Form*-Objekt. Es handelt sich hierbei um den gleichen Wert, der in *Main* an *Application.Run* übergeben wird.

Auf dieser Fläche soll gezeichnet werden. Hierzu muss dem *Paint*-Ereignis ein Ereignishandler zugewiesen werden:

```
AddHandler pnl.Paint, AddressOf PanelOnPaint
```

In Kapitel 2 habe ich ähnlichen Code verwendet, als ich die *Paint*-Ereignishandler für Formulare implementiert habe, die nicht von der Klasse *Form* erbten, sondern aus dieser instanziiert wurden. Die Methode *PanelOnPaint* ist in der Klasse *SysInfoPanel* enthalten.

Die Position der Fläche muss relativ zum übergeordneten Element angegeben werden. Die Eigenschaft *Location* der Klasse *Panel* gibt die obere linke Ecke der zu positionierenden Fläche an. In diesem Programm soll sich die obere linke Ecke der Fläche im Clientbereich am Koordinatenpunkt (0, 0) befinden, daher verwende ich folgende Anweisung:

```
pnl.Location = Point.Empty
```

Diese Anweisung ist streng genommen nicht erforderlich, da die Position eines Steuerelements standardmäßig auf den Punkt (0, 0) eingestellt wird.

Damit das Programm richtig funktioniert, muss die Größe der Flächen auf die Abmessungen der gewünschten Ausgabedaten eingestellt werden:

```
pnl.Size = New Size(CInt(Math.Ceiling(cxCol + _
                    SysInfoStrings.MaxValueWidth(grfx, Font))), _
                    CInt(Math.Ceiling(cySpace * SysInfoStrings.Count)))
```

Die Variable *cxCol* wurde bereits auf die Breite der ersten Spalte plus ein Leerzeichen eingestellt. Der Aufruf der Methode *MaxValueWidth* von *SysInfoStrings* ruft die maximale Breite der Werte der *SystemInformation*-Eigenschaften ab. Die Höhe der Fläche entspricht dem Zeilenabstandswert mal der Zeilenanzahl. Ich verwende *Math.Ceiling*, um jeden Wert auf die nächsthöhere Ganzzahl zu runden. (Stattdessen können Sie auch ein auf Gleitkommawerten für Höhe und Breite basierendes *SizeF*-Objekt verwenden und es anschließend mithilfe der shared Methode *Size.Ceiling* in ein *Size*-Objekt konvertieren.)

Das ist alles. Die Methode *PanelOnPaint* zeigt die Informationen unter Verwendung derselben Routinen auf der Oberfläche an wie in der *OnPaint*-Methode der Klasse *SysInfoList*.

In diesem Programm erscheint jedoch automatisch eine horizontale Bildlaufleiste, falls die Fläche breiter ist als der Clientbereich. Ist die Fläche höher als der Clientbereich, erscheint am rechten Rand des Clientbereichs eine vertikale Bildlaufleiste. Dies erfolgt dynamisch: Wenn Sie die Größe des Clientbereichs ändern, erscheinen bzw. verschwinden die Bildlaufleisten entsprechend. Die Größe der Bildlauffelder wird ebenfalls dynamisch angepasst, um Aufschluss über den relativen Anteil des sichtbaren Inhalts zu geben. Die Höhe des vertikalen Bildlauffelds basiert beispielsweise auf dem Verhältnis der Höhenwerte von Clientbereich und Fläche:

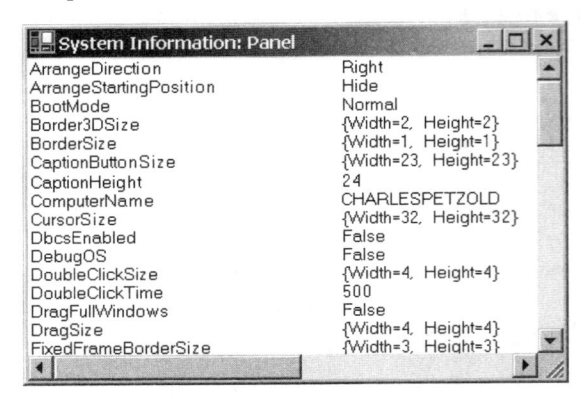

```
System Information: Panel
ArrangeDirection          Right
ArrangeStartingPosition   Hide
BootMode                  Normal
Border3DSize              {Width=2, Height=2}
BorderSize                {Width=1, Height=1}
CaptionButtonSize         {Width=23, Height=23}
CaptionHeight             24
ComputerName              CHARLESPETZOLD
CursorSize                {Width=32, Height=32}
DbcsEnabled               False
DebugOS                   False
DoubleClickSize           {Width=4, Height=4}
DoubleClickTime           500
DragFullWindows           False
DragSize                  {Width=4, Height=4}
FixedFrameBorderSize      {Width=3, Height=3}
```

Da Steuerelemente im Allgemeinen die Hintergrundfarben der ihnen übergeordneten Elemente übernehmen und Flächen so unscheinbare Steuerelemente sind, ist nur schwer zu erkennen, dass tatsächlich noch ein weiteres Steuerelement vorhanden ist. Damit die Programmabläufe klarer zu sehen sind, können Sie der Fläche eine andere Hintergrundfarbe zuweisen:

```
pnl.BackColor = Color.Honeydew
```

Wenn Sie anschließend den Clientbereich des Programms größer machen als die Fläche (in diesem Fall verschwinden die Bildlaufleisten), können Sie sehen, wie sich die honigfarbene Fläche von dem (wahrscheinlich weißen) Formularhintergrund abhebt. Eine weitere Möglichkeit zur Anzeige der Fläche besteht darin, die Eigenschaft *AutoScrollMargin* des Formulars im Konstruktor einzustellen:

```
AutoScrollMargin = New Size(10, 10)
```

Sie sehen auf diese Weise einen 10 Pixel breiten Randbereich, wenn Sie einen Bildlauf ganz nach rechts oder an das Ende des Formulars durchführen. Was sie da sehen, ist der Hintergrund des Clientbereichs.

Ich habe bereits erwähnt, dass bei einem allgemeineren Ansatz zur Verwendung von Bildlaufleisten entsprechende Steuerelemente eingesetzt werden. Bildlaufleistensteuerelemente weisen Eigenschaften namens *Minimum* und *Maximum* auf, mit denen die numerischen Werte für die äußersten Enden des Bildlauffelds und somit der Wertebereich angegeben wird, den die Bildlaufleiste annehmen kann. Bei der Nutzung des automatischen Bildlaufs haben Sie jedoch keinen Zugriff auf diese Einstellungen. Der Wertebereich ergibt sich aus der Differenz zwischen Breite und Höhe des Clientbereichs und Breite und Höhe des von den Steuerelementen belegten Bereichs (in unserem Fall dem einzig vorhandenen Steuerelement *Panel*) plus den Wert von *AutoScrollMargin* minus Breite und Höhe des Clientbereichs. Als Steuerelemente erstellte Bildlaufleisten generieren ein Ereignis namens *Scroll*, wenn der Benutzer die Bildlaufleiste verwendet. Beim automatischen Bildlauf gibt es ein solches Ereignis nicht – wenigstens nicht in einer solchen Form, dass eine Anwendung darauf Zugriff hätte.

Obwohl das Programm SysInfoPanel nicht direkt auf *Scroll*-Ereignisse reagiert, reagiert es auf jeden Fall auf *Paint*-Ereignisse der Fläche. Wenn ein Programm auf einem Steuerelement zeichnet, wird eigentlich nur der sichtbare Bereich des Steuerelements gezeichnet. Bei jedem Bildlauf durch den Benutzer erzeugt die Fläche ein *Paint*-Ereignis, da zuvor nicht sichtbare Bereiche in den angezeigten Bereich verschoben werden.

Das Erbe von *ScrollableControl*

Was geht hinter den Kulissen vor? Wie ich in Kapitel 2 erläutert habe, gehört die Klasse *ScrollableControl* zu den vielen Klassen, von denen *Form* abgeleitet ist, und in dieser Klasse wird der automatische Bildlauf implementiert. Wir haben bereits zwei der folgenden sechs Eigenschaften von *ScrollableControl* kennen gelernt, die *Form* ebenfalls erbt.

ScrollableControl-Eigenschaften (Auswahl)

Eigenschaft	Typ	Zugriff	Beschreibung
AutoScroll	*Boolean*	Get/Set	Aktiviert den automatischen Bildlauf
HScroll	*Boolean*	Get/Set	Gibt das Vorhandensein einer horizontalen Laufleiste an
VScroll	*Boolean*	Get/Set	Gibt das Vorhandensein einer vertikalen Laufleiste an
AutoScrollMargin	*Size*	Get/Set	Stellt den rechten und unteren Steuerelementrand ein
AutoScrollMinSize	*Size*	Get/Set	Definiert den minimalen Bildlaufbereich
AutoScrollPosition	*Point*	Get/Set	Gibt die Laufleistenposition an

Sie können mithilfe der Eigenschaften *HScroll* und *VScroll* ermitteln, ob derzeit eine entsprechende Bildlaufleiste angezeigt wird. (Angeblich können diese Eigenschaften auch zum Verbergen einer Bildlaufleiste eingesetzt werden, die normalerweise sichtbar wäre, aber dieses Feature scheint nicht richtig zu funktionieren.) Auf die Eigenschaft *AutoScrollMinSize* werde ich gleich noch genauer eingehen.

AutoScrollPosition gibt die aktuelle Bildlaufposition in Form von negativen Koordinaten an. Im Programm SysInfoPanel ist der Wert von *AutoScrollPosition* mit dem der Eigenschaft *Location* von *Panel* identisch. Es besteht jedoch ein unerklärlicher Widerspruch zwischen den Get- und Set-Accessoren von *AutoScrollPosition*. Wenn Sie die Eigenschaft auslesen, sind die Koordinaten immer kleiner oder gleich 0. Wenn Sie *AutoScrollPosition* jedoch einstellen, müssen die Koordinaten positiv sein. Ein Beispiel für diese Anomalie wird es im Programm SysInfoKeyboard in Kapitel 6 zu sehen geben, wo ich eine Tastaturschnittstelle zum Programm hinzufüge.

Die Klasse *ScrollableControl* hat offensichtlich Zugriff auf die normalen Eigenschaften und Ereignisse der Bildlaufleisten; die Klasse verbirgt diese Elemente vor dem Programmierer, um eine Schnittstelle auf höherer Ebene bereitstellen zu können. Wenn Sie im Programm SysInfoPanel die Bildlaufleiste verwenden, ändert der in *ScrollableControl* implementierte Code offensichtlich die *Location*-Eigenschaft des *Panel*-Steuerelements in negative Werte. (Sie können diese Vermutung leicht bestätigen, indem Sie einen Ereignishandler für das *Move*-Ereignis von *Panel* hinzufügen.) Negative *Location*-Werte bedeuten, dass die obere linke Ecke der Fläche oberhalb und links von der oberen linken Ecke des Clientbereichs positioniert wird. Aus diesem Grund scheinen die Flächeninhalte sich innerhalb des Formulars zu bewegen.

Sobald wir in den späteren Kapiteln weitere Steuerelemente erstellen, untersuchen wir den automatischen Bildlauf noch genauer. Jetzt prüfen wir erst mal, wie wir den automatischen Bildlauf dazu bringen können, auch zu funktionieren, ohne dass wir untergeordnete Steuerelemente erstellen müssen.

Bildlauf ohne Steuerelemente

Der Schlüssel zur Aktivierung des automatischen Bildlaufs ohne die Erstellung von untergeordneten Steuerelementen besteht darin, die Eigenschaft *AutoScrollMinSize* nicht auf den Standardwert (0, 0) einzustellen. Normalerweise basiert der Bildlaufbereich auf Position und Größe der Steuerelemente im Clientbereich. *AutoScrollMinSize* legt jedoch unabhängig vom Vorhandensein von Steuerelementen einen minimalen Bildlaufbereich fest. Natürlich müssen Sie in diesem Fall auch die Eigenschaft *AutoScroll* auf *True* setzen.

Üblicherweise stellen Sie *AutoScrollMinSize* so ein, dass die gesamte Programmausgabe angezeigt werden kann. Im Systeminformationsprogramm sollte *AutoScrollMinSize* auf einen Wert eingestellt werden, der Platz bietet für alle 60 Textzeilen. Dies entspricht der Größe der Fläche im Programm SysInfoPanel.

Das Programm SysInfoScroll ist im Hinblick auf seine Funktionalität praktisch mit SysInfoPanel identisch, aktiviert den automatischen Bildlauf jedoch ohne untergeordnete Steuerelemente.

```vb
SysInfoScroll.vb
Imports System
Imports System.Drawing
Imports System.Windows.Forms
Class SysInfoScroll
    Inherits Form
    ReadOnly cxCol As Single
    ReadOnly cySpace As Integer
    Shared Sub Main()
        Application.Run(New SysInfoScroll())
    End Sub
    Sub New()
        Text = "System Information: Scroll"
        BackColor = SystemColors.Window
        ForeColor = SystemColors.WindowText
        Dim grfx As Graphics = CreateGraphics()
        Dim szf As SizeF = grfx.MeasureString(" ", Font)
        cxCol = szf.Width + SysInfoStrings.MaxLabelWidth(grfx, Font)
        cySpace = Font.Height
        ' AutoScroll-Eigenschaften einstellen.
        AutoScroll = True
        AutoScrollMinSize = New Size(CInt(Math.Ceiling(cxCol + _
                        SysInfoStrings.MaxValueWidth(grfx, Font))), _
                        CInt(Math.Ceiling(cySpace * SysInfoStrings.Count)))
        grfx.Dispose()
    End Sub
    Protected Overrides Sub OnPaint(ByVal pea As PaintEventArgs)
        Dim grfx As Graphics = pea.Graphics
        Dim br As New SolidBrush(ForeColor)
        Dim iCount As Integer = SysInfoStrings.Count
```

```
        Dim astrLabels() As String = SysInfoStrings.Labels
        Dim astrValues() As String = SysInfoStrings.Values
        Dim pt As Point = AutoScrollPosition
        Dim i As Integer
        For i = 0 To iCount - 1
            grfx.DrawString(astrLabels(i), Font, br, pt.X, pt.Y + i * cySpace)
            grfx.DrawString(astrValues(i), Font, br, pt.X + cxCol, pt.Y + i * cySpace)
        Next i
    End Sub
End Class
```

Das Programm SysInfoPanel machte ein *Panel*-Steuerelement zu einem untergeordneten Element seines Clientbereichs. Sie fragen sich vielleicht, ob in einem Programm wie SysInfoScroll auch die Bildlaufleisten über den Clientbereich gelegt werden. Das werden sie nicht, sondern der Clientbereich wird verkleinert, um die Bildlaufleisten unterbringen zu können. Gelegentlich ist der Clientbereich nur etwas größer als *AutoScrollMinSize.Width*. Wenn eine vertikale Bildlaufleiste nötig ist, muss die Breite des Clientbereichs jedoch um die Breite der Bildlaufleiste reduziert werden; diese Änderung könnte den Clientbereich kleiner machen als über *AutoScrollMinSize.Width* festgelegt, wodurch auch noch eine horizontale Bildlaufleiste notwendig würde.

Durch das Einstellen von *AutoScrollMinSize* definieren Sie *nicht* so etwas wie einen virtuellen Zeichenbereich. Bei der Nutzung der *OnPaint*-Methode zeichnen Sie unabhängig davon, wie groß Sie *AutoScrollMinSize* einstellen, weiterhin innerhalb der Grenzen des physischen Clientbereichs. Tatsächlich ist der Clientbereich aufgrund der angezeigten Bildlaufleisten wahrscheinlich sogar kleiner als gewöhnlich.

In SysInfoPanel führt die Verwendung der Bildlaufleisten zur Anzeige zuvor nicht sichtbarer Bereiche des *Panel*-Steuerelements, wodurch ein *Paint*-Ereignis ausgelöst wird. Dieses Programm führte sämtliche Zeichenoperationen auf einem *Panel*-Steuerelement aus, das für die Anzeige der gesamten Programmausgabe groß genug war. Durch den Bildlauf wurde die Fläche relativ zum Clientbereich des Programms verschoben. Die Koordinaten der Ausgabe innerhalb des *Panel*-Steuerelements blieben jedoch gleich. Die zweite Spalte der dritten Textzeile wurde z.B. immer an der Position (*cxCol*, 2 * *cySpace*) angezeigt.

SysInfoScroll reagiert auf Änderungen an den Bildlaufleisten, indem die *OnPaint*-Methode des Formulars überschrieben wird. Dieses Programm zeichnet jedoch direkt in seinem Clientbereich, nicht auf einem Steuerelement, das verschoben werden kann. Der Clientbereich ist nicht groß genug, um die gesamte Programmausgabe aufzunehmen, und das bei Ausführung der *OnPaint*-Methode erhaltene *Graphics*-Objekt weiß nichts von einem automatischen Bildlauf.

Das bedeutet, dass die *OnPaint*-Methode des Programms SysInfoScroll (oder jedes anderen Programms zur Implementierung des automatischen Bildlaufs, das Zeichenoperationen direkt im Clientbereich ausführt) die Koordinaten jeder aufgerufenen Zeichenfunktion anhand der Werte der Eigenschaft *AutoScrollPosition* anpassen muss. Wie Sie sehen, ruft die *OnPaint*-Methode in diesem Programm *AutoScrollPosition* ab, speichert den Wert in einer *Point*-Variablen namens *pt* und addiert diesen Wert zu den Koordinaten in den *DrawString*-Aufrufen. Vergessen Sie nicht, dass von *AutoScrollPosition* negative Koordinatenwerte zurückgegeben werden. Wenn Sie beispielsweise einen Bildlauf um 30 Pixel nach unten durchführen, verwendet der erste *DrawString*-Aufruf für die erste Textzeile die Koordinaten (0, –30), einen Punkt, der außerhalb des Clientbereichs liegt und daher nicht sichtbar ist.

Diese Methode zum Neuzeichnen des Clientbereichs hört sich vielleicht etwas ineffizient an: Das Programm zeichnet bei jedem Neuaufbau alle 60 Textzeilen neu, obwohl wahrscheinlich jedes Mal nur ein kleiner Teil der Aufrufe dazu führt, dass tatsächlich etwas im Clientbereich gezeichnet wird. Auf dieses Problem mit der Effizienz werde ich später in diesem Kapitel noch zurückkommen.

Konkrete Zahlen

Verschnaufen wir kurz und veranschaulichen uns die Abläufe mithilfe von echten Zahlen. Behalten Sie im Hinterkopf, dass die hier genannten Zahlen auf meinen Systemeinstellungen basieren und daher nicht unbedingt mit Ihren Werten übereinstimmen. (Ich verwende z.B. für die Bildschirmanzeige die großen Schriftarten. Diese Einstellung wirkt sich auf einige der besprochenen Elemente aus.)

Angenommen, Ihr Programm benötigt einen 400 × 1600 Pixel großen Clientbereich. In diesem Fall stellen Sie *AutoScroll* und *AutoScrollMinSize* im Formularkonstruktor wie folgt ein:

```
AutoScroll = True
AutoScrollMinSize = New Size(400, 1600)
```

Erfahrungsgemäß werden Formulare mit einer Standardgröße von 300 × 300 Pixeln erstellt. Wie groß ist der Clientbereich in diesem Fall? Nun, wir besitzen jetzt zwei Programme, mit denen Sie die *SystemInformation*-Eigenschaften anzeigen können, daher fällt die Ermittlung der Größe des Clientbereichs nicht schwer. Für mein System wird für *SystemInformation.CaptionHeight* ein Wert von 24 angezeigt. Hierbei handelt es sich um die Höhe der Titelleiste. Die Breite des normalen Rahmens ist in *SystemInformation.FrameBorderSize* gespeichert. Mir wird für den Rahmen ein Wert von 4 Pixeln angezeigt, d.h., alle vier Seiten weisen einen Rahmen von 4 Pixeln auf. Der Clientbereich wäre damit 300 minus 2 mal 4 bzw. 292 Pixel breit. Die Höhe des Clientbereichs sollte 300 minus 2 mal 4 minus 24, also 268 Pixel betragen. (Wenn Sie meinen mathematischen Fähigkeiten nicht trauen, können Sie diese Werte anhand der Formulareigenschaft *ClientSize* nachprüfen.)

Da die Höhe des Clientbereichs mit 268 Pixeln unter 1600 liegt, benötigt das Programm eine vertikale Bildlaufleiste. Mir wird für *SystemInformation.VerticalScrollBarWidth* ein Wert von 20 Pixeln angezeigt, d.h. der Clientbereich wird um 20 Pixel auf 272 Pixel reduziert.

Diese Breite liegt unter 400, daher benötigt das Programm auch eine horizontale Bildlaufleiste. Der Wert von *SystemInformation.HorizontalScrollBarHeight* beträgt ebenfalls 20 Pixel, daher wird die Höhe des Clientbereichs um weitere 20 Pixel auf 248 Pixel reduziert.

Die vertikale Bildlaufleiste ist wahrscheinlich so eingestellt, dass sie einen Wertebereich von 0 bis 1352 aufweist, was der erforderlichen Höhe von 1600 minus der tatsächlichen Höhe von 248 Pixeln entspricht. Der Wertebereich für die horizontale Laufleiste beträgt wahrscheinlich 0 bis 128 (was 400 minus 272 entspricht).

Wenn der Benutzer auf die Bildlaufleiste oder auf das Bildlauffeld klickt, reagiert der Code in *ScrollableControl* darauf mit zwei Aktionen: der Änderung des Werts von *AutoScrollPosition* und einem Bildlauf des Inhalts des Clientbereichs. *AutoScrollPosition* hat am Anfang den Wert (0, 0). Sobald der Benutzer die horizontale Bildlaufleiste verwendet, nimmt die Eigenschaft *X* einen Wert zwischen 0 und –128 und die Eigenschaft *Y* einen Wert zwischen 0 und –1352 an.

Bei einem Bildlauf des Clientbereichs muss das System seinen Inhalt von einer Stelle im Clientbereich an eine andere kopieren. Die Win32-API verfügt über die Funktionen *ScrollWindow*, *ScrollWindowEx* und *ScrollDC*, mit denen Programme einen Bildlauf in ihren Clientbereichen durchführen können. Diese Funktionen werden in der Klassenbibliothek Windows Forms zwar *nicht* offen gelegt, es ist jedoch offensichtlich, dass *ScrollableControl* eine von ihnen verwendet.

Wenn die Anweisungen in der Klasse *ScrollableControl* einen Bildlauf des Clientbereichs durchführen, können sie das nur mit dem tun, was gerade auf dem Bildschirm angezeigt wird. Bei Bildläufen wird im Allgemeinen im Clientbereich ein Rechteck neu sichtbar, wodurch dieser Teil des Clientbereichs ungültig wird. Dies wiederum führt zu einem Aufruf der *OnPaint*-Methode.

Wenn Sie also in den Programmen SysInfoPanel oder SysInfoScroll einen Bildlauf durchführen, muss die *OnPaint*-Methode tatsächlich nur einen kleinen Ausschnitt des Clientbereichs aktualisieren. Es erscheint nicht sinnvoll, dass diese Programme in *OnPaint* jedes Mal alle Informationen abrufen und alle Zeilen anzeigen.

Gehen wir dieses Problem in zwei Schritten an.

Immer aktuell bleiben

Viele der Elemente in der Klasse *SystemInformation* spiegeln die Einstellungen auf den Rechnern der Benutzer wider, auf denen das Programm ausgeführt wird. Bei dem Benutzer handelt es sich wahrscheinlich um Sie selbst, aber vielleicht geben Sie ein Programm, das die *SystemInformation*-Eigenschaften verwendet, irgendwann einmal an jemand anderen weiter.

Einige der von *SystemInformation* gelieferten Informationen stehen so fest wie in Stein gemeißelt. Beispielsweise sind Mauscursor seit langer Zeit 32 × 32 Pixel groß, die einzige Ausnahme ist der Color Graphics Adapter (CGA) von IBM mit einer Auflösung von nur 640 × 200 Pixeln.*

Verschiedene andere Dinge können sich bei der Ausführung von SysInfoPanel oder SysInfoScroll jedoch ändern. Für diese Änderungen wird meistens die Windows-Systemsteuerung verwendet.

Öffnen Sie zum Beispiel einmal die Systemsteuerung, doppelklicken Sie auf *Anzeige* und klicken Sie im Dialogfeld *Eigenschaften von Anzeige* auf die Registerkarte *Effekte*. Wenn Sie die Option *Fensterinhalt beim Ziehen anzeigen* aktivieren, ändert sich der Wert der Eigenschaft *SystemInformation.DragFullWindows*. Ähnlich spiegelt die Eigenschaft *MouseButtonsSwapped* die Einstellungen wider, die Sie im Dialogfeld *Eigenschaften von Maus* auf der Registerkarte *Tasten* im Abschnitt *Tastenkonfiguration* festlegen, und die Eigenschaft *ShowSound* die Einstellungen, die der Benutzer im Dialogfeld *Eingabehilfen* auf der Registerkarte *Sound* im Abschnitt *Sounddarstellung* festlegt.

Die Umstellung des Bildschirms auf eine andere Auflösung (und damit Pixelzahl) wirkt sich auf fünf *SystemInformation*-Eigenschaften aus: *MaxWindowTrackSize*, *PrimaryMonitorMaximizedWindowSize*, *PrimaryMonitorSize*, *VirtualScreen* und *WorkingArea*. Mithilfe des Dialogfelds *Eigenschaften von Anzeige* können Sie die Systemschrift ändern (von *Normalgröße* auf *Groß* oder etwas anderes). Eine solche Änderung wirkt sich auf über 20 *SystemInformation*-Eigenschaften aus und erfordert einen Neustart des Computers. (In Kapitel 7 gehe ich noch näher auf die Optionen *Normalgröße* und *Groß* ein.)

Ein Problem ist, dass die bisher in diesem Kapitel vorgestellten Programme neue *SystemInformation*-Eigenschaften nur bei der Ausführung der *OnPaint*-Methode abrufen. Wenn Sie eine dieser Eigenschaften mithilfe der Systemsteuerung ändern, erfährt das Programm nichts davon. Auf den neuen Wert wird erst beim nächsten Aufruf von *OnPaint* zugegriffen. Und da das Programm in *OnPaint* nur ungültige Bereiche neu zeichnet, wird vielleicht nicht einmal dann die Anzeige aktualisiert.

---

* Charles Petzold: *Windows-Programmierung* (Microsoft Press, 2000), Seite 613.

Glücklicherweise kann eine Windows Forms-Anwendung über Systemänderungen benachrichtigt werden, die sich auf die *SystemInformation*-Eigenschaften auswirken.

Benachrichtigen? Wie denn das? Natürlich mithilfe von Ereignissen! Die Klasse *SystemEvents* im Namespace *Microsoft.Win32* ermöglicht die Festlegung von 12 verschiedenen Ereignissen zur Benachrichtigung über Änderungen auf Systemebene. Die Mehrzahl der weiteren Elemente (hierzu zählen u.a. Delegaten, Ereignisargumente und Enumerationen) in *Microsoft.Win32* bieten Unterstützung für diese Ereignisse.

Die zwei für uns interessanten Ereignisse lauten *UserPreferenceChanged* (dieses deckt viele der Änderungen ab, die Benutzer über die Systemsteuerung vornehmen können) und *DisplaySettingsChanged*, das eintritt, wenn der Benutzer die Bildschirmeinstellungen (*Einstellungen von Anzeige*) ändert. Die Implementierung dieser Ereignisse erfordert eine leichte Umstrukturierung des Programms. Die überarbeitete Programmversion trägt den Namen SysInfoUpdate.

SysInfoUpdate.vb
```
Imports Microsoft.Win32
Imports System
Imports System.Drawing
Imports System.Windows.Forms
Class SysInfoUpdate
    Inherits Form
    Protected iCount, cySpace As Integer
    Protected astrLabels(), astrValues() As String
    Protected cxCol As Single
    Shared Sub Main()
        Application.Run(New SysInfoUpdate())
    End Sub
    Sub New()
        Text = "System Information: Update"
        BackColor = SystemColors.Window
        ForeColor = SystemColors.WindowText
        AutoScroll = True
        AddHandler SystemEvents.UserPreferenceChanged, AddressOf UserPreferenceChanged
        AddHandler SystemEvents.DisplaySettingsChanged, AddressOf DisplaySettingsChanged
        UpdateAllInfo()
    End Sub
    Private Sub UserPreferenceChanged(ByVal obj As Object, ByVal ea As UserPreferenceChangedEventArgs)
        UpdateAllInfo()
        Invalidate()
    End Sub
    Private Sub DisplaySettingsChanged(ByVal obj As Object, ByVal ea As EventArgs)
        UpdateAllInfo()
        Invalidate()
    End Sub
    Private Sub UpdateAllInfo()
        iCount = SysInfoStrings.Count
        astrLabels = SysInfoStrings.Labels
        astrValues = SysInfoStrings.Values

        Dim grfx As Graphics = CreateGraphics()
        Dim szf As SizeF = grfx.MeasureString(" ", Font)
        cxCol = szf.Width + SysInfoStrings.MaxLabelWidth(grfx, Font)
        cySpace = Font.Height
```

```
        AutoScrollMinSize = New Size(CInt(Math.Ceiling(cxCol + _
                SysInfoStrings.MaxValueWidth(grfx, Font))), CInt(Math.Ceiling(cySpace * iCount)))
        grfx.Dispose()
    End Sub
    Protected Overrides Sub OnPaint(ByVal pea As PaintEventArgs)
        Dim grfx As Graphics = pea.Graphics
        Dim br As New SolidBrush(ForeColor)
        Dim pt As Point = AutoScrollPosition
        Dim i As Integer
        For i = 0 To iCount - 1
            grfx.DrawString(astrLabels(i), Font, br, pt.X, pt.Y + i * cySpace)
            grfx.DrawString(astrValues(i), Font, br, pt.X + cxCol, pt.Y + i * cySpace)
        Next i
    End Sub
End Class
```

Alles, was im Programm von Informationen aus der Klasse *SysInfoStrings* abhängt, ist nun in der Methode *UpdateAllInfo* zusammengefasst. Zum ersten Mal wird *UpdateAllInfo* im Programmkonstruktor aufgerufen. Der Konstruktor installiert außerdem verschiedene Ereignishandler. Die Ereignishandler rufen *UpdateAllInfo* erneut auf, um neue Informationen abzurufen, und über einen Aufruf von *Invalidate* wird der gesamte Clientbereich für ungültig erklärt. Der *Invalidate*-Aufruf löst einen Aufruf von *OnPaint* aus.

Lassen Sie sich nicht zur Schnecke machen

Programme, die nicht so schnell sind, wie sie sein könnten, werden vom Benutzer gern mit einer Schnecke verglichen. Das ist nicht nett, aber so ist das nun mal.

Ich habe bereits versucht, das Programm zur Anzeige der Systeminformationen etwas zu optimieren, indem ich die Methoden in *SysInfoStrings* nur dann aufrufe, wenn die Programmausführung beginnt oder sich eine der *SystemInformation*-Eigenschaften ändert. Das Programm führt nun nicht mehr bei jedem Aufruf von *OnPaint* drei Aufrufe von *SysInfoStrings* aus.

Dennoch zeigt *OnPaint* weiterhin alle 60 Zeilen an und ruft 120 Mal *DrawString* auf, wenn ein Teil des Clientfensters ungültig wird. Auf den meisten Rechnern werden wahrscheinlich nicht einmal alle 60 Zeilen zu sehen sein. Darüber hinaus werden beim vertikalen Bildlauf häufig nicht mehr als zwei Textzeilen neu angezeigt, d.h. *OnPaint* müsste eigentlich nur eine oder eventuell zwei Zeilen neu ausgeben.

Bis zu einem gewissen Grad optimiert hier Windows selbst schon ein bisschen. Das bei der Ausführung der *OnPaint*-Methode erhaltene *Graphics*-Objekt kann nur im ungültigen Teil des Clientbereichs zeichnen. Hierbei spielt ein so genannter *Clippingbereich* eine Rolle, der nur den ungültigen Teilbereich umfasst und das Zeichnen außerhalb dieses Bereichs verhindert. Ein Beispiel für diesen Vorgang ist das Programm RandomClear aus Kapitel 3. Dennoch erfolgen weiterhin 120 *DrawString*-Aufrufe, und Windows muss weiterhin prüfen, ob ein bestimmter *DrawString*-Aufruf in den Clippingbereich fällt oder nicht.

Erfreulicherweise hilft hier die Eigenschaft *ClipRectangle* der Klasse *PaintEventArgs* weiter. Die Eigenschaft *ClipRectangle* gibt das kleinste ungültige Rechteck in Clientbereichskoordinaten an. (Wie das Programm RandomClear zeigte, muss der ungültige Bereich nicht zwangsläufig rechteckig sein.) Sie können versuchsweise folgende Zeile in eine *OnPaint*-Methode einfügen:

```
Console.Writeline(pea.ClipRectangle)
```

Ein Textausgabekurs

und ein wenig mit Bildlauf und teilweiser Verdeckung und Aufdeckung des Formulars durch andere Programme experimentieren.

Das Programm SysInfoEfficient erbt von SysInfoUpdate und überschreibt die *OnPaint*-Methode in dieser Klasse mit einer sehr viel effizienteren Version. Durch einige recht einfache Berechnungen, die auf der *AutoScrollPosition*-Eigenschaft des Formulars und der *ClipRectangle*-Eigenschaft von *PaintEventArgs* basieren, ergeben sich die Zeilenindexwerte mit den Namen *iFirst* und *iLast*. Sie dienen anschließend in der *For*-Schleife dazu, die zur Aktualisierung des Clientbereichs höchstens erforderliche Anzahl von Textzeilen zu ermitteln.

```
SysInfoEfficient.vb
Imports System
Imports System.Drawing
Imports System.Windows.Forms
Class SysInfoEfficient
    Inherits SysInfoUpdate
    Shared Shadows Sub Main()
        Application.Run(New SysInfoEfficient())
    End Sub
    Sub New()
        Text = "System Information: Efficient"
    End Sub
    Protected Overrides Sub OnPaint(ByVal pea As PaintEventArgs)
        Dim grfx As Graphics = pea.Graphics
        Dim br As New SolidBrush(ForeColor)
        Dim pt As Point = AutoScrollPosition
        Dim i As Integer
        Dim iFirst As Integer = (pea.ClipRectangle.Top - pt.Y) \ cySpace
        Dim iLast As Integer = (pea.ClipRectangle.Bottom - pt.Y) \ cySpace
        iLast = Math.Min(iCount - 1, iLast)
        For i = iFirst To iLast
            grfx.DrawString(astrLabels(i), Font, br, pt.X, pt.Y + i * cySpace)
            grfx.DrawString(astrValues(i), Font, br, pt.X + cxCol, pt.Y + i * cySpace)
        Next i
    End Sub
End Class
```

Genau vor der *For*-Schleife verhindert die Zeile mit *Math.Min*, dass *iLast* die Anzahl der anzuzeigenden Elemente überschreitet. Dieser Wert kann nur dann überschritten werden, wenn das Fenster größer ist als der Wert, der zur Anzeige aller Elemente erforderlich ist.

Reflexionen über Reflektion

Auch wenn das .NET Framework heute der Inbegriff der Perfektion zu sein scheint, besteht doch das (wenn auch sehr geringe) Risiko, dass in ferner Zukunft ein fehl geleiteter Microsoft-Entwickler sich dazu berufen fühlt, zur Klasse *SystemInformation* die eine oder andere zusätzliche Eigenschaft hinzuzufügen. In diesem Fall müsste meine Klasse *SysInfoStrings* um diese zusätzlichen Eigenschaften erweitert werden, und alle Programme in diesem Kapitel müssten neu kompiliert werden, um der neuen Version Rechnung zu tragen.

Ist es eventuell möglich, ein Programm zu schreiben, das *alle* zum jeweiligen Zeitpunkt in der Klasse implementierten *SystemInformation*-Eigenschaften automatisch mit einbezieht? Und dies selbst dann, wenn diese noch gar nicht existierten, als das Programm geschrieben wurde?

Ja, das ist möglich! Führen wir uns zum Verständnis einmal vor Augen, wo sich der *SystemInformation*-Code eigentlich befindet. Gemäß Klassendokumentation wird der Code in der Datei System.Windows.Forms.dll gespeichert. Wenn eines der Programme aus diesem Kapitel gestartet wird, verbindet das Betriebssystem das Programm mit System.Windows.Forms.dll, damit es die Klasse *SystemInformation* aufrufen kann.

Diese DLL ist jedoch nicht nur eine Ansammlung von Programmcode. Hier sind auch binäre *Metadaten* gespeichert, die alle in der Datei implementierten Klassen ausführlich beschreiben und Aufschluss über sämtliche Felder, Eigenschaften, Methoden und Ereignisse in diesen Klassen geben. Tatsächlich verwendet der Visual Basic .NET-Compiler diese Informationen zum Kompilieren von Programmen (deshalb müssen Sie auch die Verweise auf diese Dateien einstellen), und das Referenzhandbuch des .NET Frameworks beruht auf diesen Metadaten.

Es macht daher Sinn, dass ein Programm zur Laufzeit auf diese Metadaten zugreifen kann, dynamisch Informationen zu den .NET-Klassen abruft und sogar einige Methoden und Eigenschaften darin ausführt. Dieses von Java übernommene Konzept wird als *Reflektion* bezeichnet. Die Reflektion gehört eigentlich zu den fortgeschrittenen Themen, aber da sie sich so perfekt für diese Anwendung eignet, kann ich einfach nicht widerstehen.

Der erste Schritt besteht darin, die Klasse *SysInfoStrings* so umzuschreiben, dass sie die Reflektion verwendet, um die Namen der Eigenschaften und ihre Werte festzustellen.

```
SysInfoReflectionStrings.vb
Imports Microsoft.Win32
Imports System
Imports System.Drawing
Imports System.Reflection
Imports System.Windows.Forms
Class SysInfoReflectionStrings
    ' Felder
    Shared bValidInfo As Boolean = False
    Shared iCount As Integer
    Shared astrLabels(), astrValues() As String
    ' Konstruktor
    Shared Sub New()
        AddHandler SystemEvents.UserPreferenceChanged, AddressOf UserPreferenceChanged
        AddHandler SystemEvents.DisplaySettingsChanged, AddressOf DisplaySettingsChanged
    End Sub
    ' Eigenschaften
    Shared ReadOnly Property Labels() As String()
        Get
            GetSysInfo()
            Return astrLabels
        End Get
    End Property
    Shared ReadOnly Property Values() As String()
        Get
            GetSysInfo()
            Return astrValues
        End Get
    End Property
```

Ein Textausgabekurs

```
Shared ReadOnly Property Count() As Integer
    Get
        GetSysInfo()
        Return iCount
    End Get
End Property
' Ereignishandler
Private Shared Sub UserPreferenceChanged(ByVal obj As Object, _
        ByVal ea As UserPreferenceChangedEventArgs)
    bValidInfo = False
End Sub
Private Shared Sub DisplaySettingsChanged(ByVal obj As Object, ByVal ea As EventArgs)
    bValidInfo = False
End Sub
' Methoden
Private Shared Sub GetSysInfo()
    If bValidInfo Then Return

    ' Eigenschafteninformationen für SystemInformation-Klasse abrufen.
    Dim type As Type = GetType(SystemInformation)
    Dim apropinfo As PropertyInfo() = type.GetProperties()

    ' Statische, lesbare Eigenschaften zählen.
    ' (Shared heißt im .NET Framework "static".)
    iCount = 0
    Dim pi As PropertyInfo
    For Each pi In apropinfo
        If pi.CanRead AndAlso pi.GetGetMethod().IsStatic Then
            iCount += 1
        End If
    Next pi

    ' Zeichenfolgenarrays neu dimensionieren.
    ReDim astrLabels(iCount - 1)
    ReDim astrValues(iCount - 1)

    ' Das PropertyInfo-Array noch einmal durchgehen.
    iCount = 0
    For Each pi In apropinfo
        If pi.CanRead AndAlso pi.GetGetMethod().IsStatic Then
            ' Eigenschaftennamen und -werte abrufen.
            astrLabels(iCount) = pi.Name
            astrValues(iCount) = pi.GetValue(type, Nothing).ToString()
            iCount += 1
        End If
    Next pi

    Array.Sort(astrLabels, astrValues)
    bValidInfo = True
End Sub
Shared Function MaxLabelWidth(ByVal grfx As Graphics, ByVal fnt As Font) As Single
    Return MaxWidth(Labels, grfx, fnt)
End Function
Shared Function MaxValueWidth(ByVal grfx As Graphics, ByVal fnt As Font) As Single
    Return MaxWidth(Values, grfx, fnt)
End Function
```

```
    Private Shared Function MaxWidth(ByVal astr() As String, _
            ByVal grfx As Graphics, ByVal fnt As Font) As Single
        Dim fMax As Single = 0
        Dim str As String
        GetSysInfo()
        For Each str In astr
            fMax = Math.Max(fMax, grfx.MeasureString(str, fnt).Width)
        Next str
        Return fMax
    End Function
End Class
```

In dieser Klasse übernimmt die Methode *GetSysInfo* die Hauptarbeit. Sie ruft die Eigenschaftennamen und -werte ab, wenn sie benötigt werden bzw. sich ändern. Der Visual Basic .NET-Operator *GetType* ruft den Typ der Klasse *SystemInformation* ab, der in einer Variablen vom Typ *Type* gespeichert wird. Eine Methode von *Type* heißt *GetProperties;* sie gibt ein Array aus *PropertyInfo*-Objekten zurück. Jedes Objekt in diesem Array ist eine Eigenschaft von *SystemInformation*. Eine *For Each*-Schleife listet alle Eigenschaften auf, die sowohl shared als auch lesbar sind. (Mir ist bekannt, dass derzeit alle Eigenschaften von *SystemInformation* shared und lesbar sind, ich möchte das Programm jedoch zukunftssicher machen.)

Das Programm legt anschließend Arrays für die Eigenschaften und deren Werte an und durchläuft das Array *PropertyInfo* noch einmal. Die Eigenschaft *Name* des *PropertyInfo*-Objekts ist der Name der Eigenschaft; in diesem Fall liefert *Name* Zeichenfolgen wie »HighContrast« und »IconSize«. Die Methode *GetValue* ruft den Wert jeder einzelnen Eigenschaft ab. Die shared Methode *Sort* der Klasse *Array* sortiert Namens- und Wertearrays nach dem Text der Eigenschaftennamen.

Das nachfolgend gezeigte Programm macht von *SysInfoReflectionStrings* Gebrauch und ist funktionell gesehen eine Kombination aus SysInfoUpdate und SysInfoEfficient.

```
SysInfoReflection.vb
Imports Microsoft.Win32
Imports System
Imports System.Drawing
Imports System.Windows.Forms
Class SysInfoReflection
    Inherits Form
    Protected iCount, cySpace As Integer
    Protected astrLabels(), astrValues() As String
    Protected cxCol As Single
    Shared Sub Main()
        Application.Run(New SysInfoReflection())
    End Sub
    Sub New()
        Text = "System Information: Reflection"
        BackColor = SystemColors.Window
        ForeColor = SystemColors.WindowText
        AutoScroll = True
```

Ein Textausgabekurs

```vb
        AddHandler SystemEvents.UserPreferenceChanged, AddressOf UserPreferenceChanged
        AddHandler SystemEvents.DisplaySettingsChanged, AddressOf DisplaySettingsChanged
        UpdateAllInfo()
    End Sub
    Private Sub UserPreferenceChanged(ByVal obj As Object, ByVal ea As UserPreferenceChangedEventArgs)
        UpdateAllInfo()
        Invalidate()
    End Sub
    Private Sub DisplaySettingsChanged(ByVal obj As Object, ByVal ea As EventArgs)
        UpdateAllInfo()
        Invalidate()
    End Sub
    Sub UpdateAllInfo()
        iCount = SysInfoReflectionStrings.Count
        astrLabels = SysInfoReflectionStrings.Labels
        astrValues = SysInfoReflectionStrings.Values

        Dim grfx As Graphics = CreateGraphics()
        Dim szf As SizeF = grfx.MeasureString(" ", Font)
        cxCol = szf.Width + SysInfoReflectionStrings.MaxLabelWidth(grfx, Font)
        cySpace = Font.Height
        AutoScrollMinSize = New Size(CInt(Math.Ceiling(cxCol + _
            SysInfoReflectionStrings.MaxValueWidth(grfx, Font))), _
            CInt(Math.Ceiling(cySpace * iCount)))
        grfx.Dispose()
    End Sub
    Protected Overrides Sub OnPaint(ByVal pea As PaintEventArgs)
        Dim grfx As Graphics = pea.Graphics
        Dim br As New SolidBrush(ForeColor)
        Dim pt As Point = AutoScrollPosition
        Dim i As Integer
        Dim iFirst As Integer = (pea.ClipRectangle.Top - pt.Y) \ cySpace
        Dim iLast As Integer = (pea.ClipRectangle.Bottom - pt.Y) \ cySpace

        iLast = Math.Min(iCount - 1, iLast)
        For i = iFirst To iLast
            grfx.DrawString(astrLabels(i), Font, br, pt.X, pt.Y + i * cySpace)
            grfx.DrawString(astrValues(i), Font, br, pt.X + cxCol, pt.Y + i * cySpace)
        Next i
    End Sub
End Class
```

Das ist die definitiv letzte und endgültige Version eines Programms zur Anzeige von Systeminformationen (d.h. bis Kapitel 6, in dem das Programm eine Tastaturschnittstelle bekommt).

5 Linien, Kurven und Flächenfüllungen

134	Abruf eines *Graphics*-Objekts
135	Zeichenstifte, kurz zusammengefasst
136	Geraden
138	Einführung in das Drucken
143	Eigenschaften und Status
144	Anti-Aliasing (Kantenglättung)
146	Mehrere verbundene Linien
150	Kurven und parametrische Gleichungen
153	Das allgegenwärtige Rechteck
155	Allgemeine Polygone
156	Einfache Ellipsen
157	Bögen und Tortendiagramme
162	Rechtecke, Ellipsen und Tortendiagramme füllen
164	1-Pixel-Fehler
165	Polygone und der Füllmodus

Laut Euklid ist »eine Linie breitenlose Länge«[*]. Bei dieser Aussage ist vor allem das »breitenlos« interessant. Die Aussage verdeutlicht sehr stark die abstrakte Denkweise der alten griechischen Mathematiker. Ferner ist diese Definition der Beweis dafür, dass die alten Griechen nichts von Computergrafik verstanden. Sonst hätten sie nämlich festgestellt, dass Pixel sehr wohl eine Breite aufweisen, eine Tatsache, die zu einem der ärgerlichsten Fehler im Bereich der Computergrafik führt: dem 1-Pixel-Fehler (off-by-1-pixel), einem Problem, mit dem wir uns in diesem Kapitel auseinander setzen.

Die Welt der Computergrafik kann grob gesehen in zwei Bereiche unterteilt werden:

- *Vektorgrafiken*, die eine praktische Umsetzung der analytischen Geometrie darstellen und bei denen Linien, Kurven und Flächenfüllungen eine Rolle spielen
- *Rastergrafiken*, zu denen Bitmaps und echte Bilder (d.h. digitale Fotos) zählen

---

[*] Sir Thomas L. Heath (Hrsg.): *The Thirteen Books of Euclid's Elements*. New York: Dover, 1956, 1: 153.

Dann gibt es noch den Text, der in der Computergrafik eine eigene Nische einnimmt. Seit dem Aufkommen von Outlineschriften wird der Text jedoch häufig zum Bereich der Vektorgrafiken gezählt.

Dieses Kapitel stellt die Vektorgrafiken so vor, wie sie in Microsoft Windows Forms und GDI+ implementiert sind. Alle in diesem Kapitel besprochenen Zeichenfunktionen sind Methoden der Klasse *Graphics* und werden mit dem Präfix *Draw* oder *Fill* eingeleitet. Die *Draw*-Methoden zeichnen Linien und Kurven, die *Fill*-Methoden sorgen für das Füllen von Flächen (deren Umrisse natürlich durch Linien und Kurven definiert werden). Das erste Argument aller hier behandelten *Draw*-Methoden ist ein *Pen*-Objekt; das erste Argument aller *Fill*-Methoden ist ein *Brush*-Objekt.

Abruf eines *Graphics*-Objekts

Die meisten Zeichenfunktionen sind Methoden der Klasse *Graphics*. (Es gibt in der Klasse *ControlPaint* weitere Zeichenfunktionen, sie sind jedoch für ganz spezielle Bereiche gedacht.) Zum Zeichnen wird ein Objekt vom Typ *Graphics* benötigt. Der *Graphics*-Konstruktor ist jedoch nicht öffentlich. Sie können ein *Graphics*-Objekt nicht einfach auf die folgende Weise erstellen:

```
Dim grfx As New Graphics()      ' Funktioniert nicht!
```

Die Klasse *Graphics* ist ferner als *NonInheritable* deklariert, d.h., es können von *Graphics* keine eigenen Klassen abgeleitet werden.

```
Class MyGraphics
    Inherits Graphics            ' Funktioniert nicht!
```

Das *Graphics*-Objekt muss auf andere Weise abgerufen werden. Nachfolgend sehen Sie eine vollständige Liste der verfügbaren Möglichkeiten, beginnend mit der gängigsten Vorgehensweise:

- Wenn Sie die *OnPaint*-Methode überschreiben oder einen *Paint*-Ereignishandler in einer von *Control* abgeleiteten Klasse (z.B. *Form*) implementieren, erhalten Sie als Eigenschaft der *PaintEventArgs*-Klasse ein *Graphics*-Objekt.

- Zum Zeichnen eines Steuerelements oder eines Formulars ohne Zuhilfenahme der *OnPaint*-Methode oder des *Paint*-Ereignisses können Sie die *CreateGraphics*-Methode des Steuerelements aufrufen. Klassen rufen gelegentlich *CreateGraphics* in ihren Konstruktoren auf, um Informationen abzurufen und Initialisierungsoperationen auszuführen. (Einige der in Kapitel 4 vorgestellten Programme nutzen diese Möglichkeit.) Klassen können zwar im Konstruktor keine Zeichenoperationen ausführen, dies ist jedoch in anderen Ereignissen möglich. Bei einem Steuerelement oder einem Formular kommt es häufig vor, dass es während eines Tastatur-, Maus- oder Zeitgeberereignisses Zeichenoperationen ausführt, wie ich in den Kapiteln 6, 8 und 10 noch demonstrieren werde. Für ein Programm ist es wichtig, das *Graphics*-Objekt nur für das Ereignis zu verwenden, das es abgerufen hat. (Mit anderen Worten: Das *Graphics*-Objekt sollte nicht in einem Feld der Klasse gespeichert werden.) Das Programm sollte ferner die *Dispose*-Methode des *Graphics*-Objekts aufrufen, wenn es nicht mehr benötigt wird.

- Bei Druckoperationen implementieren Sie einen *PrintPage*-Ereignishandler und rufen ein Objekt vom Typ *PrintPageEventArgs* ab, das ein für den Drucker geeignetes *Graphics*-Objekt enthält. Ich werde diese Vorgehensweise gleich noch näher erläutern.

- Einige Steuerelemente – in der Regel Menüs, Listenfelder, Kombinationsfelder und Statusleisten – verfügen über ein Feature namens *Besitzerzeichnung* (owner draw), mit dem ein Programm dynamisch Elemente auf dem Steuerelement zeichnen kann. Die Ereignisse

MeasureItem und *DrawItem* liefern Objekte vom Typ *MeasureItemEventArgs* und *DrawItemEventArgs*, die wiederum über *Graphics*-Objekte verfügen, die der Ereignishandler nutzen kann.

- Zum Zeichnen in Bitmaps oder Metadateien (diese Techniken werden in den Kapiteln 11 und 23 demonstriert) benötigen Sie ein spezielles *Graphics*-Objekt, das durch Aufruf der shared Methode *Graphics.FromImage* abgerufen werden kann.
- Wenn Sie Informationen über die mit einem Drucker verknüpften *Graphics*-Objekte benötigen, ohne tatsächlich Druckoperationen auszuführen, können Sie die Methode *CreateMeasurementGraphics* der Klasse *PrinterSettings* nutzen.
- Gibt es in Ihrem Programm Win32-Code, können Sie die shared Methoden *Graphics.FromHwnd* und *Graphics.FromHdc* für den Abruf eines *Graphics*-Objekts einsetzen.

Zeichenstifte, kurz zusammengefasst

Wenn Sie per Hand eine Linie auf Papier zeichnen, verwenden Sie dazu einen Bleistift, einen Buntstift, einen Füllfederhalter, einen Kugelschreiber, einen Filzstift oder was auch immer. Die Art des verwendeten Stifts legt Farbe und Breite der gezeichneten Linie fest. Diese Eigenschaften und andere werden in der Klasse *Pen* zusammengefasst, und immer wenn Sie eine Linie zeichnen, geben Sie ein *Pen*-Objekt an.

Ich werde hier jedoch keine erschöpfende Behandlung dieses Themas liefern. Das Problem ist, dass *Pen*-Objekte aus Pinseln (*Brush*-Objekten) erstellt werden können, daher müssten die Pinsel hier mitbesprochen werden. Pinsel wiederum können aus Bitmaps und Grafikpfaden erstellt werden, zwei fortgeschrittene Themen bei der Grafikprogrammierung. Eine umfassende Erläuterung zum Thema Stifte und Pinsel finden Sie deshalb in Kapitel 17.

Wie ich bereits in Kapitel 3 erläutert habe, können Sie ein *Pen*-Objekt mit einer bestimmten Farbe auf folgende Weise erstellen:

```
Dim pn As New Pen(clr)
```

Hierbei ist *clr* ein Objekt vom Typ *Color* (eine Farbe). Sie können auch die Klasse *Pens* nutzen, die 141 shared, schreibgeschützte Eigenschaften enthält, die *Pen*-Objekte zurückgeben. *Pens.HotPink* ist daher ein gültiges erstes Argument für Methoden zum Zeichnen von Linien (sofern sparsam eingesetzt). Eine vollständige Liste der Farben finden Sie auf der Begleit-CD im Verzeichnis WFF.

Die Klasse *SystemPens* enthält 15 shared, schreibgeschützte Eigenschaften, die ebenfalls *Pen*-Objekte zurückgeben, die den Systemfarben entsprechen. Wenn Sie jedoch einen Stift erstellen möchten, der sich von der vom Benutzer festgelegten Hintergrundfarbe abhebt, sollte dieser auf der aktuellen *ForeColor*-Eigenschaft beruhen:

```
Dim pn As New Pen(ForeColor)
```

Ein weiterer Aspekt von Stiften ist ihre Breite. Die Breite ist eine Eigenschaft mit Lese- und Schreibzugriff:

Pen-Eigenschaften (Auswahl)

Eigenschaft	Typ	Zugriff
Width	Single	Get/Set

Es gibt ferner einen *Pen*-Konstruktor, bei dem die Stiftbreite angegeben werden kann, deshalb hier eine Tabelle der bisher genannten *Pen*-Konstruktoren:

Pen-Konstruktoren (Auswahl)

```
Pen(ByVal clr As Color)
Pen(ByVal clr As Color, ByVal fWidth As Single)
```

(Damit Sie nicht denken, ich würde Informationen zurückhalten: Es gibt nur zwei weitere *Pen*-Konstruktoren. Sie sind, abgesehen davon, dass ihr erstes Argument ein *Brush*-Objekt ist, mit den hier gezeigten identisch.) Wenn Sie den ersten Konstruktor verwenden, wird der Stift mit einer Breite von 1 erstellt. *Pen*-Objekte, die mithilfe der Klassen *Pens* und *SystemPens* erstellt werden, weisen ebenfalls eine Breite von 1 auf. Zunächst können Sie sich diese Breite als 1 Pixel vorstellen. In Kapitel 7 werden Sie jedoch feststellen, dass diese Breite tatsächlich in *Weltkoordinaten* angegeben und von verschiedenen *Transformationen* beeinflusst wird.

Es ist möglich, ein *Pen*-Objekt mit einer Breite von genau 1 Pixel zu erstellen, unabhängig von eventuell aktivierten Transformationen. Verwenden Sie dazu im Konstruktor eine Breite von 0:

```
Dim pn As New Pen(clr, 0)
```

Stattdessen können Sie auch die Eigenschaft *Width* auf 0 stellen:

```
pn.Width = 0
```

Geraden

Zum Zeichnen einer einzelnen Geraden verwenden Sie die *DrawLine*-Methode der *Graphics*-Klasse. Es gibt vier überladene Versionen von *DrawLine*, bei denen es sich jedoch um dieselben Informationen handelt: die Koordinaten für den Anfang und das Ende der Geraden sowie den Stift zum Zeichnen der Linie:

DrawLine-Methoden von Graphics

```
Sub DrawLine(ByVal pn As Pen, ByVal x1 As Integer, ByVal y1 As Integer,
             ByVal x2 As Integer, ByVal y2 As Integer)
Sub DrawLine(ByVal pn As Pen, ByVal x1 As Single, ByVal y1 As Single,
             ByVal x2 As Single, ByVal y2 As Single)
Sub DrawLine(ByVal pn As Pen, ByVal pt1 As Point, ByVal pt2 As Point)
Sub DrawLine(ByVal pn As Pen, ByVal ptf1 As PointF, ByVal ptf2 As PointF)
```

Sie können die Koordinaten entweder als vier *Integer*- oder *Single*-Werte oder als zwei *Point*- oder *PointF*-Strukturen angeben.

DrawLine zeichnet eine Linie vom ersten Punkt bis zum zweiten Punkt – *inklusive* des zweiten Punkts. (Dies ist ein kleiner Unterschied gegenüber der Win32-GDI, bei der die Linie zwar *bis* zum zweiten Punkt gezogen wird, der Punkt selbst jedoch nicht zur Linie gehört.) Ein Beispiel:

```
grfx.Drawline(pn, 0, 0, 5, 5)
```

Durch diese Anweisung werden 6 schwarze Pixel gezeichnet – die Pixel an den Koordinatenpunkten (0, 0), (1, 1), (2, 2), (3, 3), (4, 4) und (5, 5). Die Reihenfolge der beiden Punkte spielt keine Rolle, daher führt der Aufruf

```
grfx.DrawLine(pn, 5, 5, 0, 0)
```

zum gleichen Ergebnis. Der Aufruf

```
grfx.DrawLine(pn, 2, 2, 3, 3)
```

zeichnet 2 Pixel an den Punkten (2, 2) und (3, 3). Dagegen führt

```
grfx.DrawLine(pn, 3, 3, 3, 3)
```

zu keiner Zeichenoperation.

Wie Sie wissen, können Sie die Breite und Höhe des Clientbereichs mithilfe der *ClientSize*-Eigenschaft von *Form* feststellen. Die Anzahl der horizontalen Pixel entspricht *ClientSize.Width*, die Pixel können von 0 bis *ClientSize.Width* – 1 durchnummeriert werden. Ähnlich können die vertikalen Pixel von 0 bis *ClientSize.Height* – 1 durchnummeriert werden.

Das Programm XMarksTheSpot zeichnet ein X in den Clientbereich.

```
XMarksTheSpot.vb
Imports System
Imports System.Drawing
Imports System.Windows.Forms
Class XMarksTheSpot
    Inherits Form
    Shared Sub Main()
        Application.Run(New XMarksTheSpot())
    End Sub
    Sub New()
        Text = "X Marks The Spot"
        BackColor = SystemColors.Window
        ForeColor = SystemColors.WindowText
        ResizeRedraw = True
    End Sub
    Protected Overrides Sub OnPaint(ByVal pea As PaintEventArgs)
        Dim grfx As Graphics = pea.Graphics
        Dim pn As New Pen(ForeColor)
        grfx.DrawLine(pn, 0, 0, ClientSize.Width - 1, ClientSize.Height - 1)
        grfx.DrawLine(pn, 0, ClientSize.Height - 1, ClientSize.Width - 1, 0)
    End Sub
End Class
```

Der erste *DrawLine*-Aufruf zeichnet eine Linie vom oberen linken Pixel bis zum unteren rechten Pixel des Clientbereichs. Der zweite *DrawLine*-Aufruf zeichnet eine Line vom linken unteren Pixel, dem Punkt (0, *ClientSize.Height* – 1), bis zum oberen rechten Pixel an der Position (*ClientSize.Width* – 1, 0).

Linien, Kurven und Flächenfüllungen

Einführung in das Drucken

Viele Grafikprogramme in diesem und in nachfolgenden Kapiteln ähneln dem Programm XMarksTheSpot. Sie sind nicht notwendigerweise so langsam wie XMarksTheSpot (einige leider schon), demonstrieren allerdings nur die grundlegenden Techniken bei der Grafikprogrammierung, indem statische Bilder im Clientbereich angezeigt werden.

Es kann jedoch bereits in dieser frühen Phase nützlich sein, diese Bilder auch auf Ihrem Drucker auszudrucken, und sei es nur, um sie stolz an die Kühlschranktür zu heften. Wichtig dabei ist, dass Sie durch das Ausdrucken der Grafiken aus erster Hand erfahren, inwieweit ein System zur Grafikprogrammierung geräteunabhängig ist.

Das Thema Drucken wird in den meisten Programmierhandbüchern entweder an das Buchende verbannt oder gleich ganz weggelassen – wohl deshalb, weil dieses Thema häufig ziemlich kompliziert ist. Ich wende mich diesem Thema in Kapitel 21 zu und beleuchte sämtliche Facetten und verfügbaren Optionen. Bei den momentanen Anforderungen – dem Ausdrucken einer einzigen Seite auf dem Standarddrucker mit Standardeinstellungen – ist das Drucken eines Windows-Formulars jedoch recht einfach.

Tatsächlich habe ich nur aus einem Grund gezögert, dieses Thema bereits jetzt anzusprechen: Das Problem ist die Benutzeroberfläche: In welcher Weise ermöglicht das Programm dem Benutzer, den Druck einzuleiten? Wie Sie wissen, verfügen die meisten Programme mit Druckfeature über eine Option *Drucken* im Menü *Datei*. Es ist jedoch noch etwas zu früh, um über Menüs zu sprechen, dieses Thema wird erst in Kapitel 14 erschöpfend behandelt. Ich zog es anfangs in Betracht, eine einfache Tastaturschnittstelle zu implementieren, vielleicht unter Verwendung der DRUCK-Taste oder von STRG-P (für Print). Schließlich entschloss ich mich jedoch dazu, die *OnClick*-Methode zu überschreiben.

OnClick ist in der Klasse *Control* implementiert und wird an jede Klasse vererbt, die von *Control* abgeleitet ist (hierzu zählt auch *Form*). Die *OnClick*-Methode wird immer dann aufgerufen, wenn der Benutzer mit der Maus auf den Clientbereich des Formulars klickt. Und das ist alles, was ich bis Kapitel 8 zur Maus sagen werde!

Um auf dem Standarddrucker zu drucken, müssen Sie zunächst ein Objekt vom Typ *PrintDocument* erstellen, einer im Namespace *System.Drawing.Printing* definierten Klasse:

```
Dim prndoc As New PrintDocument()
```

Wir werden diese Klasse in Kapitel 21 näher beleuchten. Fürs Erste werde ich nur eine Eigenschaft, ein Ereignis und eine Methode dieser Klasse beschreiben.

Sie weisen der Eigenschaft *DocumentName* des *PrintDocument*-Objekts eine Textzeichenfolge zu. Dies ist der Text, mit dem der Druckauftrag im Dialogfeld *Drucker* als in die Warteschlange eingereihte Grafikausgabe identifiziert wird:

```
prndoc.DocumentName = "My print job"
```

Ein Programm zur Dokumentverarbeitung zeigt hier im Allgemeinen den Namen des Dokuments an. In diesem Kapitel verwende ich als Name den Titelleistentext des Programms.

Sie müssen in Ihrer Klasse eine Methode erstellen, die die Aufrufe zur Grafikausgabe durchführt. Diese Methode wird gemäß *PrintPageEventHandler*-Delegat definiert. Sie können diese Methode *PrintDocumentOnPrintPage* nennen, wie im nachfolgenden Beispiel:

```
Sub PrintDocumentOnPrintPage(ByVal obj As Object, ByVal ppea As PrintPageEventArgs)
    ⋮
End Sub
```

Verknüpfen Sie diesen Handler mit dem *PrintPage*-Ereignis des *PrintDocument*-Objekts:

```
AddHandler prndoc.PrintPage, AddressOf PrintDocumentOnPrintPage
```

Auf die gleiche Weise wurden in einigen Beispielprogrammen aus Kapitel 2 sowie im Programm SysInfoPanel aus Kapitel 4 die *Paint*-Ereignishandler installiert.

Zum Einleiten des Druckvorgangs rufen Sie schließlich die *Print*-Methode des *PrintDocument*-Objekts auf:

```
prndoc.Print()
```

Diese *Print*-Methode gibt jedoch die Steuerung nicht sofort zurück. Stattdessen wird ein kleines Meldungsfeld eingeblendet, in dem der Name des zu druckenden Dokuments angezeigt wird und der Benutzer die Möglichkeit erhält, den Druckauftrag abzubrechen.

Die *Print*-Methode führt auch dazu, dass der *PrintPage*-Ereignishandler (der trägt den Namen *PrintDocumentOnPrintPage*) aufgerufen wird. Der Parameter *Object* von *PrintDocumentOnPrintPage* ist das zuvor erstellte *PrintDocument*-Objekt. Der Parameter *PrintPageEventArgs* verfügt über Eigenschaften, die Informationen über den Drucker liefern. Die wichtigste dieser Eigenschaften ist *Graphics* und ähnelt der gleichnamigen Eigenschaft in *PaintEventArgs* – abgesehen davon, dass diese Eigenschaft ein *Graphics*-Objekt für den Drucker und nicht für den Clientbereich des Formulars liefert.

Die Methode *PrintDocumentOnPrintPage* sieht daher häufig so aus:

```
Sub PrintDocumentOnPrintPage(ByVal obj As Object, ByVal ppea As PrintPageEventArgs)
    Dim grfx As Graphics = ppea.Graphics
    ⋮
End Sub
```

Sie verwenden das *Graphics*-Objekt zum Aufruf von Methoden, die Grafiken auf der Druckseite ausgeben.

Wenn Sie mehrere Seiten drucken, setzen Sie die *HasMorePages*-Eigenschaft von *PrintPageEventArgs* auf *True*, aber da wir nur eine Seite drucken, behalten wir die Standardeinstellung *False* bei.

Nachdem *PrintDocumentOnPrintPage* fertig ist, wird auch der ursprüngliche Aufruf der *Print*-Methode des *PrintDocument*-Objekts beendet. Das Programm hat den Druckauftrag abgeschlossen. Das Weiterleiten der Grafikausgabe an den Drucker ist nicht mehr Aufgabe des Programms. Und auch um die Handhabung von Papierstaus, leerer Tintenpatronen, Tonerflecken und falscher Verkabelung braucht sich das Programm nicht mehr zu kümmern.

Möglicherweise sind mehrere Drucker an Ihren Computer angeschlossen. Im vorliegenden Fall wurde der *Standarddrucker* verwendet. Sie können den Standarddrucker mithilfe des Dialogfelds *Drucker* festlegen, das Sie über das *Start*-Menü und *Einstellungen/Drucker* erreichen, oder über *Drucker* in der *Systemsteuerung*.

Wie Sie wissen, liefert die *ClientSize*-Eigenschaft eines Formulars die Pixelabmessungen des Clientbereichs des Formulars, und diese Informationen reichen für das Zeichnen im Clientbereich aus. Eine ähnliche Eigenschaft für die Druckseite ist dagegen etwas problematisch.

Eine Druckseite ist in drei unterschiedliche Bereiche unterteilt. Zunächst gibt es die Gesamtgröße der Seite. Diese Informationen werden durch die *PageBound*-Eigenschaft der *PrintPageEventArgs*-Klasse bereitgestellt. Es handelt sich hierbei um eine *Rectangle*-Struktur mit den X- und Y-Eigenschaften 0, die Eigenschaften *Width* und *Height* geben die Standardpapierabmessungen in Einheiten von 0,01 Zoll an. Für ein 8,5 × 11 Zoll großes Blatt (amerikanisches Letter-Format) lauten die Eigenschaften *Width* und *Height* von *PageBounds* z.B. 850 und 1100. Wenn die Standarddruckereinstellungen statt Hochformat das Querformat verwenden, lauten die Eigenschaften *Width* und *Height* entsprechend 1100 und 850. (Eine DIN-A4-Seite hat die Abmessungen 8,27 × 11,69 Zoll.)

Linien, Kurven und Flächenfüllungen

Der zweite Bereich ist der *bedruckbare* Bereich einer Seite, der üblicherweise der Gesamtgröße der Seite minus einem kleinen Randbereich entspricht, den der Druckkopf nicht erreichen kann. Dieser Rand kann für den oberen, unteren, linken und rechten Randbereich unterschiedlich sein. Die Größe des bedruckbaren Bereichs liefert die in Form einer *RectangleF*-Struktur vorliegende *VisibleClipBounds*-Eigenschaft der *Graphics*-Klasse. Die *X*- und *Y*-Eigenschaften dieser Struktur werden auf 0 gesetzt. Die Eigenschaften *Width* und *Height* geben die Abmessungen des bedruckbaren Seitenbereichs in der Einheit an, die auch für die Druckerausgabe verwendet wird.

Der dritte Seitenbereich berücksichtigt Ränder (standardmäßig 1 Zoll breit) für alle vier Seiten der Druckseite. Dies sind die vom Benutzer eingestellten Seitenränder. Diese Informationen werden in einer *Rectangle*-Struktur von der *MarginBounds*-Eigenschaft des *PrintPageEventArgs*-Objekts zurückgegeben.

Dieser Aspekt wird in Kapitel 21 detaillierter erläutert. Zunächst stellt für uns die *VisibleClipBounds*-Eigenschaft der *Graphics*-Klasse die beste Wahl dar. Das vom *PrintPageEventArgs* abgerufene *Graphics*-Objekt ist mit dieser Eigenschaft konsistent – der Punkt (0, 0) ist die obere linke Ecke des bedruckbaren Seitenbereichs.

Natürlich gilt keine der Aussagen zur Verwendung sichtbarer Farben bei der Monitoranzeige auch für den Drucker. Beim Drucken stellt *Color.Black* die beste Farbwahl dar. Der bevorzugte Stift lautet *Pens.Black*, als Pinsel sollte *Brushes.Black* verwendet werden. Damit wird allen Benutzern genüge getan, einmal abgesehen von den wenigen, die darauf bestehen, in ihren Druckern nur schwarzes Papier zu verwenden.

Das nachfolgende Programm zeigt die Textzeichenfolge »Click to print« (»Bei Klick Druck«) im Clientbereich an und druckt die Seite aus, wenn der Benutzer auf den Clientbereich klickt.

```vb
HelloPrinter.vb
Imports System
Imports System.Drawing
Imports System.Drawing.Printing
Imports System.Windows.Forms
Class HelloPrinter
    Inherits Form
    Shared Sub Main()
        Application.Run(New HelloPrinter())
    End Sub
    Sub New()
        Text = "Hello Printer!"
        BackColor = SystemColors.Window
        ForeColor = SystemColors.WindowText
        ResizeRedraw = True
    End Sub
    Protected Overrides Sub OnPaint(ByVal pea As PaintEventArgs)
        Dim grfx As Graphics = pea.Graphics
        Dim strfmt As New StringFormat()

        strfmt.Alignment = StringAlignment.Center
        strfmt.LineAlignment = StringAlignment.Center
        grfx.DrawString("Click to print", Font, New SolidBrush(ForeColor), _
                    RectangleF.op_Implicit(ClientRectangle), strfmt)
    End Sub
```

```
    Protected Overrides Sub OnClick(ByVal ea As EventArgs)
        Dim prndoc As New PrintDocument()
        prndoc.DocumentName = Text
        AddHandler prndoc.PrintPage, AddressOf PrintDocumentOnPrintPage
        prndoc.Print()
    End Sub
    Private Sub PrintDocumentOnPrintPage(ByVal obj As Object, ByVal ppea As PrintPageEventArgs)
        Dim grfx As Graphics = ppea.Graphics
        grfx.DrawString(Text, Font, Brushes.Black, 0, 0)

        Dim szf As SizeF = grfx.MeasureString(Text, Font)
        grfx.DrawLine(Pens.Black, szf.ToPointF(), grfx.VisibleClipBounds.Size.ToPointF())
    End Sub
End Class
```

Beachten Sie, dass ich die *Text*-Eigenschaft des Formulars sowohl als Namen für das Druckdokument als auch für das Textzeichenfolgenargument von *DrawString* und *MeasureString* in der Methode *PrintDocumentOnPrintPage* verwendet habe. Das Programm zeigt den Text »Hello Printer« in der oberen linken Ecke des bedruckbaren Seitenbereichs an und zeichnet dann eine Linie, die von der unteren rechten Ecke der Textzeichenfolge bis zur unteren rechten Ecke des bedruckbaren Seitenbereichs reicht. Dieses Beispiel sollte Sie davon überzeugen, dass *VisibleClipBounds* tatsächlich Informationen liefert, die denen von *Graphics* entsprechen.

Vernehme ich da ein spöttisches Hüsteln? Wahrscheinlich deswegen, weil ich in den Aufrufen von *DrawString* und *MeasureString* unbekümmert die Formulareigenschaft *Font* verwendet habe, ohne zu beachten, dass der Drucker eine Auflösung von 300, 600, 720, 1200, 1440 oder sogar 2400 oder 2880 Punkten pro Zoll verwenden könnte. Die über die Formulareigenschaft *Font* eingestellte Schrift wurde vom System für den Bildschirm ausgewählt, der wahrscheinlich eher eine Auflösung von 100 Punkten pro Zoll aufweist. Daher wird der ausgedruckte Text wahrscheinlich etwas mickrig aussehen.

Versuchen Sie es einfach mal. Der Text wird in einer ansehnlichen 8-Punkt-Schrift ausgegeben. Beachten Sie außerdem, dass die diagonale Linie offensichtlich breiter ist als 1 Pixel. Linien mit einer Breite von 1 Pixel sind auf einem hochauflösenden Drucker kaum sichtbar. Windows Forms zeichnet stattdessen eine hübsche, gut sichtbare Linie. Dieses (erfreuliche) Verhalten, muss fürs Erste ein Geheimnis bleiben, das erst in den Kapiteln 7 und 9 gelüftet wird.

Schreiben wir nun ein Programm, das dieselbe Ausgabe im Clientbereich und auf der Druckseite erzeugt. Ich verlange jetzt nicht von Ihnen, dass Sie den Code der *OnPaint*-Methode kopieren und in die Methode *PrintDocumentOnPrintPage* einfügen. Zeigen wir stattdessen, dass wir etwas von Programmierung verstehen, und stellen den Ausgabecode in eine separate Methode namens *DoPage*, die sowohl von *OnPaint* als auch von *PrintDocumentOnPrintPage* aufgerufen wird. Nachfolgend sehen Sie eine abgewandelte Version von XMarksTheSpot, die genau das tut.

PrintableForm.vb
```
Imports System
Imports System.Drawing
Imports System.Drawing.Printing
Imports System.Windows.Forms

Class PrintableForm
    Inherits Form
```

```
    Shared Sub Main()
        Application.Run(New PrintableForm())
    End Sub
    Sub New()
        Text = "Printable Form"
        BackColor = SystemColors.Window
        ForeColor = SystemColors.WindowText
        ResizeRedraw = True
    End Sub
    Protected Overrides Sub OnPaint(ByVal pea As PaintEventArgs)
        DoPage(pea.Graphics, ForeColor, ClientSize.Width, ClientSize.Height)
    End Sub
    Protected Overrides Sub OnClick(ByVal ea As EventArgs)
        Dim prndoc As New PrintDocument()
        prndoc.DocumentName = Text
        AddHandler prndoc.PrintPage, AddressOf PrintDocumentOnPrintPage
        prndoc.Print()
    End Sub
    Private Sub PrintDocumentOnPrintPage(ByVal obj As Object, ByVal ppea As PrintPageEventArgs)
        Dim grfx As Graphics = ppea.Graphics
        Dim szf As SizeF = grfx.VisibleClipBounds.Size
        DoPage(grfx, Color.Black, CInt(szf.Width), CInt(szf.Height))
    End Sub
    Protected Overridable Sub DoPage(ByVal grfx As Graphics, _
            ByVal clr As Color, ByVal cx As Integer, ByVal cy As Integer)
        Dim pn As New Pen(clr)
        grfx.DrawLine(pn, 0, 0, cx - 1, cy - 1)
        grfx.DrawLine(pn, cx - 1, 0, 0, cy - 1)
    End Sub
End Class
```

Die Methode *DoPage* am Listingende führt zur Grafikausgabe. Als Argumente werden ein *Graphics*-Objekt, eine für das Gerät geeignete Vordergrundfarbe sowie Breite und Höhe des Ausgabebereichs verwendet. *DoPage* wird von zwei weiteren Methoden aufgerufen: von *OnPaint* und von *PrintDocumentOnPrintPage*. In *OnPaint* werden die letzten drei *DoPage*-Argumente auf *ForeColor* sowie Breite und Höhe des Clientbereichs des Formulars eingestellt. In *PrintDocumentOnPrintPage* lauten diese Argumente *Color.Black* sowie Breite und Höhe von *VisibleClipBounds*.

Ich habe die letzten beiden Argumente von *DoPage cx* und *cy* genannt. Das *c* steht für *count*, und da *x* und *y* sich üblicherweise auf Koordinaten beziehen, können *cx* und *cy* als ein »Zähler« für die Koordinatenpunkte bzw. die Breite und Höhe interpretiert werden.

Interessanterweise entspricht bei einem *Graphics*-Objekt für den Clientbereich die Eigenschaft *VisibleClipBounds* der Breite und Höhe des Clientbereichs. Ich hätte auch die Argumente *cx* und *cy* an *DoPage* übergeben und in *DoPage* sowohl für den Bildschirm als auch für den Drucker lediglich *VisibleClipBounds* verwenden können. Ich ziehe es jedoch vor, Breiten- und Höhenwerte in Variablen zu speichern und jederzeit zur Hand zu haben, besonders in einem solchen Fall. Beachten Sie, dass ich die *DoPage*-Methode als *Protected* (geschützt) und *Overridable* (überschreibbar) deklariert habe. Wenn Sie ein Programm schreiben möchten, das nur einen einzigen Bildschirm mit Grafiken anzeigt, können Sie eine Klasse statt von *Form* von *PrintableForm* ableiten, und schon verfügt Ihr Programm über Druckfeatures.

Genauso werde ich in praktisch allen Beispielen des vorliegenden Kapitels und in vielen weiteren Beispielprogrammen der folgenden Kapitel vorgehen.

Eigenschaften und Status

Einige grafische Programmierumgebungen beinhalten das Konzept einer *aktuellen Position*, einen von der Umgebung festgelegten Koordinatenpunkt, der als Startpunkt für Zeichenfunktionen verwendet wird. Im Allgemeinen definiert das Grafiksystem eine Funktion zum Einstellen der aktuellen Position und weitere Funktionen, um eine Linie von der aktuellen Position zu einer bestimmten Position zu zeichnen. Darüber hinaus stellen die Zeichenfunktionen die aktuelle Position auf den neuen Punkt ein.

GDI+ kennt dieses Konzept der aktuellen Position nicht. Dies mag für erfahrene Windows-Programmierer ein kleiner Schock sein, denn das Zeichnen einer Linie erfordert im Windows-GDI zwei API-Funktionsaufrufe, von denen jeder eine einzelne Koordinate angibt: *MoveTo* zum Einstellen der aktuellen Position auf den angegebenen Punkt und *LineTo* zum Zeichnen der Linie bis zu dem angegebenen Punkt (unter Ausschluss des Endpunkts).

GDI+ unterscheidet sich von Windows GDI auch insofern, als die *DrawLine*- und *DrawString*-Aufrufe Argumente für Schrift, Pinsel und Stift beinhalten. Wenn GDI+ mehr Ähnlichkeiten mit Windows-GDI aufweisen würde, wären Schrift, Pinsel und Stift als Eigenschaften der Klasse *Graphics* definiert. Sie erinnern sich vielleicht daran, dass *StringFormat* bestimmte Details zur Textanzeige festlegt. Auch *StringFormat* ist ein Argument von *DrawString*, keine Eigenschaft des *Graphics*-Objekts.

Aus diesen Gründen wird GDI+ als *statuslose* grafische Programmierumgebung bezeichnet. GDI+ ist jedoch nicht vollkommen statuslos. Wenn dies so wäre, würde die Klasse *Graphics* keinerlei Eigenschaften mit Lese- und Schreibzugriff aufweisen. *Graphics* kann tatsächlich jedoch 12 Eigenschaften mit Lese- und Schreibzugriff sowie 6 schreibgeschützte Eigenschaften vorweisen.

Vier der einstellbaren Eigenschaften von *Graphics* wirken sich beträchtlich auf das Aussehen von Grafiken aus:

- *PageScale* und *PageUnit* legen die Einheit fest, mit der gezeichnet wird. Standardmäßig zeichnen Sie auf dem Bildschirm in Einheiten von Pixeln. Auf diese beiden Eigenschaften werde ich in Kapitel 7 noch detaillierter eingehen.
- Die Eigenschaft *Transform* ist ein Objekt vom Typ *Matrix*, die eine Matrizentransformation für die gesamte Grafikausgabe definiert. Die Transformation führt zu einer Verlegung, Skalierung, Scherung oder Rotation der Koordinatenpunkte. Die Matrizentransformation wird in Kapitel 7 behandelt.
- *Clip* bezeichnet einen Clippingbereich. Wenn Sie einen Clippingbereich einstellen, werden alle aufgerufenen Zeichenfunktionen auf die Ausgabe in diesem Bereich beschränkt. Das Clipping wird in Kapitel 15 besprochen.

Anti-Aliasing (Kantenglättung)

Neben diesen vier Eigenschaften der Klasse *Graphics* wirken sich einige weitere Eigenschaften ebenfalls, aber weniger offensichtlich auf die Ausgabe aus. Zwei dieser Eigenschaften sind *SmoothingMode* und *PixelOffsetMode*.

Graphics-Eigenschaften (Auswahl)

Eigenschaft	Typ	Zugriff	Beschreibung
SmoothingMode	*SmoothingMode*	Get/Set	Anti-Aliasing von Linien
PixelOffsetMode	*PixelOffsetMode*	Get/Set	Erweitertes Anti-Aliasing

Diese Eigenschaften ermöglichen eine Technik der Grafikausgabe, die als *Anti-Aliasing* bezeichnet wird. Der Begriff *Alias* stammt in diesem Kontext aus der Samplingtheorie. Das Anti-Aliasing ist der Versuch, die Treppchenstrukturen auf dem Bildschirm mithilfe von Farbschattierungen zu glätten.

Nachfolgend sehen Sie ein Programm, mit dem eine Linie gezeichnet wird und das Anweisungen enthält, mit denen Sie die Eigenschaften *SmoothingMode* und *PixelOffsetMode* einstellen können. Da das Anti-Aliasing sich nur auf Grafiken auf dem Bildschirm und nicht auf dem Drucker auswirkt, erbt das Programm von *Form* und nicht von *PrintableForm*.

```vb
AntiAlias.vb
Imports System
Imports System.Drawing
Imports System.Drawing.Drawing2D
Imports System.Windows.Forms
Class AntiAlias
    Inherits Form
    Shared Sub Main()
        Application.Run(New AntiAlias())
    End Sub
    Sub New()
        Text = "Anti-Alias Demo"
        BackColor = SystemColors.Window
        ForeColor = SystemColors.WindowText
    End Sub
    Protected Overrides Sub OnPaint(ByVal pea As PaintEventArgs)
        Dim grfx As Graphics = pea.Graphics
        Dim pn As New Pen(ForeColor)
        grfx.SmoothingMode = SmoothingMode.None
        grfx.PixelOffsetMode = PixelOffsetMode.Default
        grfx.DrawLine(pn, 2, 2, 18, 10)
    End Sub
End Class
```

Sie können verschiedene Kombinationen dieser Eigenschaften ausprobieren, das Programm neu kompilieren und ausführen. Wenn Sie anschließend Screenshots der jeweiligen Bildschirmanzeige speichern und sie sich mit starker Vergrößerung in einem Zeichenprogramm anzeigen lassen, sehen Sie die Unterschiede. Sie können sich stattdessen aber auch gemütlich zurücklehnen und mir die Arbeit überlassen.

Standardmäßig wird die Linie so dargestellt:

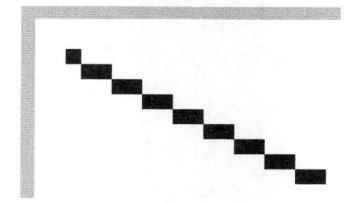

Ich habe links und oben einen kleinen Bereich außerhalb des Formularclientbereichs eingeschlossen, damit deutlich zu sehen ist, dass die Linie an der Pixelposition (2, 2) beginnt.

Die Enumeration *SmoothingMode* wird im Namespace *System.Drawing.Drawing2D* definiert:

SmoothingMode-Enumeration

Member	Wert	Erläuterungen
Default	0	Kein Anti-Aliasing
HighSpeed	1	Kein Anti-Aliasing
HighQuality	2	Anti-Aliasing aktiviert
None	3	Kein Anti-Aliasing
AntiAlias	4	Anti-Aliasing aktiviert
Invalid	–1	Es wird eine Ausnahme ausgelöst

Es gibt hier im Grunde nur drei Auswahlmöglichkeiten: Wollen Sie das Anti-Aliasing, soll das Anti-Aliasing deaktiviert werden, oder soll eine Ausnahme erzeugt werden? Die Standardeinstellung lautet *None*, also kein Anti-Aliasing.

Wenn Sie das Anti-Aliasing aktivieren, indem Sie die Eigenschaft *SmoothingMode* auf *SmoothingMode.HighQuality* oder *SmoothingMode.AntiAlias* einstellen, wird die Linie folgendermaßen ausgegeben:

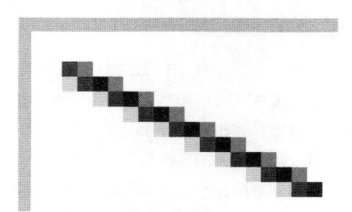

Die Linie sieht bei der Betrachtung aus der Nähe chaotisch aus, von weitem wirkt die Linie jedoch weicher. (Hier sind sich nicht alle einig: Einige Leute finden, dass das Anti-Aliasing ein Objekt unscharf oder ausgefranst aussehen lässt.)

Die Idee beim Anti-Aliasing besteht darin, dass die Linie im Zentrum von Pixel (2, 2) beginnt und im Zentrum von Pixel (18, 10) endet. Die Linie ist 1 Pixel breit. Wenn ein Grafiksystem das Anti-Aliasing nutzt, bestimmt der Grad der Überschneidung zwischen theoretischer Linie und Pixel, wie intensiv ein Pixel eingefärbt wird.

Wenn Sie das Anti-Aliasing aktivieren, können Sie den Effekt durch Verwendung der Eigenschaft *PixelOffsetMode* noch etwas verbessern. Sie stellen die Eigenschaft auf einen der Werte der Enumeration *PixelOffsetMode,* die (wie *SmoothingMode*) ebenfalls in *System.Drawing. Drawing2D* definiert ist:

PixelOffsetMode-Enumeration

Member	Wert	Beschreibung
Default	0	Pixeloffset nicht eingestellt
HighSpeed	1	Pixeloffset nicht eingestellt
HighQuality	2	Offset auf halbes Pixel eingestellt
None	3	Pixeloffset nicht eingestellt
Half	4	Offset auf halbes Pixel eingestellt
Invalid	–1	Es wird eine Ausnahme ausgelöst

Auch hier haben Sie nur drei Auswahlmöglichkeiten, und eine davon ist wertlos. Wenn Sie die Eigenschaft *PixelOffsetMode* auf *Half* oder *HighQuality* setzen, wird die Linie so ausgegeben:

Das Einstellen des Pixeloffsets entspricht eher dem Ansatz der analytischen Geometrie. Die Koordinaten der Linie werden um ein halbes Pixel vermindert. Es wird angenommen, dass die Linie 2 Pixel von der oberen linken Ecke entfernt beginnt, was eigentlich der Berührungslinie zwischen den Pixeln entspricht.

Mehrere verbundene Linien

Ich habe zuvor das Konzept einer *aktuellen Position* erwähnt, das in einigen grafischen Programmierumgebungen verwendet wird. Sie halten dieses Konzept vielleicht für etwas merkwürdig, da zwei Funktionsaufrufe zum Zeichnen einer einzigen Linie benötigt werden. Beim Zeichnen mehrerer verbundener Linien ist dieses Konzept jedoch hilfreich. Jeder zusätzliche Aufruf erfordert nur einen Koordinatenpunkt. GDI+ ist nicht so ökonomisch. Es sind beispielsweise vier *DrawLine*-Aufrufe erforderlich, um mit Linien ein Rechteck um den Clientbereich zu zeichnen:

```
grfx.DrawLine(pn, 0,      0,       cx - 1, 0)
grfx.DrawLine(pn, cx - 1, 0,       cx - 1, cy - 1)
grfx.DrawLine(pn, cx - 1, cy - 1,  0,      cy - 1)
grfx.DrawLine(pn, 0,      cy - 1,  0,      0)
```

Beachten Sie, dass die Endpunkte jedes Aufrufs im nächsten Aufruf als Startpunkte wiederholt werden müssen.

Aus diesem Grund (und einigen weiteren Gründen, die ich gleich anspreche) gehört zur Klasse *Graphics* eine Methode zum Zeichnen von *Polylinien,* wie mehrere verbundene Linien im Allgemeinen genannt werden. Die Methode *DrawLines* (beachten Sie den Plural) gibt es in zwei Varianten:

DrawLines-Methoden von Graphics

```
Sub DrawLines(ByVal pn As Pen, ByVal apt As Point())
Sub DrawLines(ByVal pn As Pen, ByVal aptf As PointF())
```

Sie benötigen ein Array, das entweder aus ganzzahligen *Point*-Koordinaten oder aus *PointF*-Gleitkommakoordinaten besteht.

Nachfolgend sehen Sie den *DrawLines*-Code zur Umrahmung des Clientbereichs:

BoxingTheClient.vb

```vb
Imports System
Imports System.Drawing
Imports System.Windows.Forms
Class BoxingTheClient
    Inherits PrintableForm

    Shared Shadows Sub Main()
        Application.Run(New BoxingTheClient())
    End Sub

    Sub New()
        Text = "Boxing the Client"
    End Sub

    Protected Overrides Sub DoPage(ByVal grfx As Graphics, _
            ByVal clr As Color, ByVal cx As Integer, ByVal cy As Integer)
        Dim apt() As Point = {New Point(0, 0), _
                              New Point(cx - 1, 0), _
                              New Point(cx - 1, cy - 1), _
                              New Point(0, cy - 1), _
                              New Point(0, 0)}
        grfx.DrawLines(New Pen(clr), apt)
    End Sub
End Class
```

Beachten Sie, dass die Klasse von *PrintableForm* abgeleitet ist, d.h., es kann damit auch gedruckt werden.

Sie können das Array der *Point*-Strukturen direkt in der *DrawLines*-Methode definieren. Nachfolgend sehen Sie ein solches Programm. Es handelt sich um die Lösung zu einer Denksportaufgabe, bei der ohne Absetzen des Stifts ein Haus gezeichnet werden muss.

DrawHouse.vb

```vb
Imports System
Imports System.Drawing
Imports System.Windows.Forms
Class DrawHouse
    Inherits PrintableForm

    Shared Shadows Sub Main()
        Application.Run(New DrawHouse())
    End Sub
```

```
Sub New()
    Text = "Draw a House in One Line"
End Sub
Protected Overrides Sub DoPage(ByVal grfx As Graphics, _
        ByVal clr As Color, ByVal cx As Integer, ByVal cy As Integer)
    grfx.DrawLines(New Pen(clr), _
            New Point() _
            { _
                New Point(cx \ 4, 3 * cy \ 4), _
                New Point(cx \ 4, cy \ 2), _
                New Point(cx \ 2, cy \ 4), _
                New Point(3 * cx \ 4, cy \ 2), _
                New Point(3 * cx \ 4, 3 * cy \ 4), _
                New Point(cx \ 4, cy \ 2), _
                New Point(3 * cx \ 4, cy \ 2), _
                New Point(cx \ 4, 3 * cy \ 4), _
                New Point(3 * cx \ 4, 3 * cy \ 4) _
            })
End Sub
End Class
```

Der Zweck von *DrawLine* besteht jedoch nicht darin, Denksportaufgaben zu lösen. In Kapitel 17 erfahren Sie, wie *Pen*-Objekte erstellt werden, die sich aus Mustern aus Punkten und Strichen zusammensetzen, wie Sie dicke Stifte erstellen und das Aussehen der Linienenden definieren (z.B. rund oder eckig), und Sie erfahren, wie Sie das Aussehen zweier verbundener Linien an ihrem Berührungspunkt festlegen. Diese Punkte werden *Endpunkte* und *Verbindungspunkte* genannt. Damit End- und Verbindungspunkte richtig funktionieren, muss GDI+ wissen, ob zwei Linien mit einem gemeinsamen Koordinatenpunkt miteinander verbunden oder getrennt sind. Diese Information geben Sie nicht über *DrawLine,* sondern über *DrawLines* an.

Ein weiterer Grund für die Verwendung von *DrawLines* ist die Leistung. Die Leistungsverbesserung ist in den bisher gezeigten Programmen weder offensichtlich noch relevant, aber wir haben ja auch gerade erst mit der Untersuchung von *DrawLines* begonnen. Der eigentliche Zweck von *DrawLines* liegt demnach *nicht* im Zeichnen von Geraden, sondern er besteht darin, Kurven zu zeichnen. Der Trick ist der, die einzelnen Linien sehr kurz zu halten und viele davon zu verwenden. Jede mathematisch definierbare Kurve kann mithilfe von *DrawLines* gezeichnet werden.

Zögern Sie nicht, Hunderte oder sogar Tausende von *Point*- oder *PointF*-Strukturen in einem einzigen *DrawLines*-Aufruf zu verwenden. Genau dafür ist diese Funktion gedacht. Selbst wenn Sie eine Million *Point*- oder *PointF*-Strukturen an *DrawLines* übergeben, erfordert die Ausgabe nicht mehr als ein oder zwei Sekunden.

Wie viele Punkte werden zur Darstellung einer bestimmten Kurve benötigt? Wahrscheinlich weniger als eine Million. Die Kurve wird optimal dargestellt, wenn die Anzahl der Punkte wenigstens mit der Anzahl der Pixel übereinstimmt. Sie können diese Zahl häufig grob abschätzen.

Das nachfolgende Programm zeichnet eine Periode einer Sinuskurve in der Größe des Clientbereichs.

```
SineCurve.vb
Imports System
Imports System.Drawing
Imports System.Windows.Forms
Class SineCurve
    Inherits PrintableForm
    Shared Shadows Sub Main()
        Application.Run(New SineCurve())
    End Sub
    Sub New()
        Text = "Sine Curve"
    End Sub
    Protected Overrides Sub DoPage(ByVal grfx As Graphics, _
            ByVal clr As Color, ByVal cx As Integer, ByVal cy As Integer)
        Dim aptf(cx - 1) As PointF
        Dim i As Integer
        For i = 0 To cx - 1
            aptf(i).X = i
            aptf(i).Y = CSng(((cy - 1) / 2) * (1 - Math.Sin(i * 2 * Math.PI / (cx - 1))))
        Next i
        grfx.DrawLines(New Pen(clr), aptf)
    End Sub
End Class
```

Hierbei handelt es sich um das erste Beispielprogramm in diesem Buch, das von einer trigonometrischen Methode der Klasse *Math* Gebrauch macht, einer sehr wichtigen Klasse, die im Namespace *System* definiert ist und viele der mathematischen Funktionen von Visual Basic 6.0 ersetzt. Die Klasse *Math* wird in Anhang B ausführlich beschrieben. Die Argumente der trigonometrischen Methoden werden nicht in Grad, sondern in Bogenmaß angegeben. Zur Klasse *Math* gehören auch zwei praktische *Const*-Felder namens *PI* und *E*, die mit diesen Methoden verwendet werden können. Etwas muss jedoch beachtet werden: Die meisten Methoden von *Math* geben *Double*-Werte zurück, die mit der Visual Basic-Funktion *CSng* explizit in *Single*-Werte umgewandelt werden müssen, bevor sie in Strukturen wie *PointF* oder ähnlichen eingesetzt werden können.

Es kann nützlich sein, sich die Zuweisungsanweisung der *Y*-Eigenschaft des *PointF*-Arrays einmal genau anzusehen: Das Argument der Funktion *Math.Sin* wird in Bogenmaß angegeben. Ein vollständiger Zyklus (360°) entspricht einem Bogenmaß von 2π. Daher reicht der Argumentbereich von 0 (wobei *i* gleich 0) bis 2π (wobei *i* gleich *ClientSize.Width* – 1). Der Wert der Methode *Math.Sin* liegt zwischen –1 und +1. Normalerweise muss dieser Wert auf die halbe Höhe des Clientbereichs skaliert werden, um zwischen dem negativen Höhenwert *ClientSize.Height* / 2 und dem positiven Wert *ClientSize.Height* / 2 zu liegen, anschließend wird die halbe Höhe des Clientbereichs subtrahiert, damit die Höhe zwischen 0 und *ClientSize.Height* liegt. Ich habe etwas effizienter programmiert, indem ich zum negativen Ergebnis der Methode *Sin* 1 addiere. Auf diese Weise liegt der Wert zwischen 0 und 2. Anschließend multipliziere ich das Ergebnis mit der halben Höhe des Clientbereichs. Das Ergebnis sieht so aus:

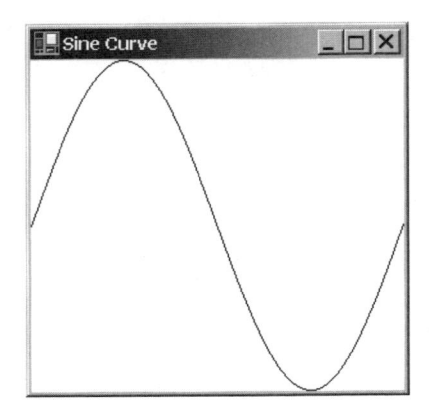

Kurven und parametrische Gleichungen

Das Programmieren einer Sinuskurve ist relativ einfach, da es sich bei den y-Werten um eine einfache Funktion von x handelt. Im Allgemeinen ist die Programmierung von Kurven nicht ganz so einfach. Die Gleichung für einen Einheitskreis (ein Kreis mit dem Radius 1), dessen Mittelpunkt im Nullpunkt (0, 0) liegt, lautet beispielsweise

$x^2 + y^2 = 1$

Allgemeiner kann ein Kreis mit dem Radius r so ausgedrückt werden:

$x^2 + y^2 = r^2$

Wenn Sie jedoch versuchen, diese Gleichung in einer Form auszudrücken, bei der y eine Funktion von x ist, erhalten Sie folgende Formel:

$y = \pm\sqrt{r^2 - x^2}$

Bei dieser Formel ergeben sich mehrere Probleme: Erstens gibt es zwei y-Werte für jeden x-Wert. Zweitens gibt es ungültige x-Werte, der x-Wert muss zwischen $-r$ und $+r$ liegen. Das dritte, eher praktische Problem liegt darin, auf der Grundlage dieser Gleichung einen Kreis zu zeichnen. Die Lösung führt zu sehr ungleichmäßigen Datenmengen: Wenn x einen Wert um 0 annimmt, führen die Änderungen am x-Wert zu relativ kleinen Änderungen am y-Wert. Wenn x den Wert r oder $-r$ erreicht, führen Änderungen am x-Wert zu sehr viel größeren Änderungen von y.

Ein allgemeiner Ansatz beim Zeichnen von Kurven besteht in der Verwendung von *parametrischen* Gleichungen. Bei den parametrischen Gleichungen werden sowohl der x- als auch der y-Wert aller Punkte auf der Grundlage von Funktionen berechnet, die auf einer dritten Variablen (häufig mit t bezeichnet) basieren. Sie können sich diese Variable t als Zeitfaktor oder abstrakten Indexwert vorstellen, der zur Definition der gesamten Kurve erforderlich ist. Bei der Grafikprogrammierung in Windows Forms können Sie sich t als Bereich zwischen 0 und der Anzahl der *PointF*-Strukturen im Array minus 1 vorstellen.

Die parametrische Gleichung zur Definition eines Einheitskreises lautet

$x(t) = \cos(t)$
$y(t) = \sin(t)$

Der Wert von t reicht von 0 Grad bis 2π Grad, womit durch diese Gleichung ein Kreis mit dem Mittelpunkt (0, 0) und einem Radius von 1 definiert wird.

Die Ellipse ist ähnlich definiert:

$x(t) = RX \cos(t)$
$y(t) = RY \sin(t)$

Die beiden Achsen der Ellipse liegen parallel zur horizontalen und vertikalen Achse. Die horizontale Ellipsenachse ist $2 \times RX$ lang, die Länge der vertikalen Ellipsenachse beträgt $2 \times RY$. Der Mittelpunkt der Ellipse liegt auch hier bei (0, 0). Zur Zentrierung der Ellipse um den Punkt (CX, CY) lauten die Formeln wie folgt:

$x(t) = CX + RX \cos(t)$
$y(t) = CY + RY \sin(t)$

Und hier ein Programm zum Zeichnen einer Ellipse, die den gesamten Anzeigebereich einnimmt.

```
PolyEllipse.vb
Imports System
Imports System.Drawing
Imports System.Windows.Forms
Class PolyEllipse
    Inherits PrintableForm
    Shared Shadows Sub Main()
        Application.Run(New PolyEllipse())
    End Sub
    Sub New()
        Text = "Ellipse with DrawLines"
    End Sub
    Protected Overrides Sub DoPage(ByVal grfx As Graphics, _
            ByVal clr As Color, ByVal cx As Integer, ByVal cy As Integer)
        Dim iNum As Integer = 2 * (cx + cy)
        Dim aptf(iNum) As PointF
        Dim i As Integer
        For i = 0 To iNum
            Dim rAng As Double = i * 2 * Math.PI / iNum
            aptf(i).X = CSng((cx - 1) / 2 * (1 + Math.Cos(rAng)))
            aptf(i).Y = CSng((cy - 1) / 2 * (1 + Math.Sin(rAng)))
        Next i
        grfx.DrawLines(New Pen(clr), aptf)
    End Sub
End Class
```

Da der Mittelpunkt der Ellipse auf halber Breite und Höhe des Anzeigebereichs liegt und Breite und Höhe der Ellipse denen des Anzeigebereichs entsprechen, konnten die Formeln ein wenig vereinfacht werden. Ich habe als Schätzung für die Anzahl der Punkte im Array die Anzahl der Punkte zugrunde gelegt, die für ein Rechteck um den Anzeigebereich erforderlich sind.

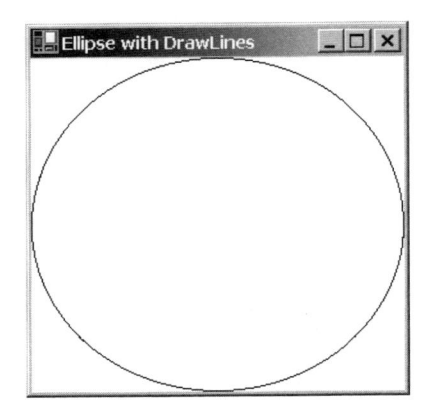

Sie haben vielleicht schon ein wenig weitergeblättert und entdeckt, dass die Klasse *Graphics* eine *DrawEllipse*-Methode aufweist. Jetzt fragen Sie sich natürlich, warum die Ellipse hier »manuell« erzeugt wurde. Nun, es handelt sich lediglich um eine Übung, die uns auf das nächste Programm vorbereiten sollte: Mit dem nachstehenden Programm wird ein Objekt gezeichnet, das definitiv *nicht* mit einer einfachen *Graphics*-Methode gezeichnet werden kann.

Spiral.vb
```
Imports System
Imports System.Drawing
Imports System.Windows.Forms
Class Spiral
    Inherits PrintableForm
    Shared Shadows Sub Main()
        Application.Run(New Spiral())
    End Sub
    Sub New()
        Text = "Spiral"
    End Sub
    Protected Overrides Sub DoPage(ByVal grfx As Graphics, _
            ByVal clr As Color, ByVal cx As Integer, ByVal cy As Integer)
        Const iNumRevs As Integer = 20
        Dim iNumPoints As Integer = iNumRevs * 2 * (cx + cy)
        Dim aptf(iNumPoints) As PointF
        Dim rAngle, rScale As Double
        Dim i As Integer

        For i = 0 To iNumPoints
            rAngle = i * 2 * Math.PI / (iNumPoints / iNumRevs)
            rScale = 1 - i / iNumPoints
            aptf(i).X = CSng(cx / 2 * (1 + rScale * Math.Cos(rAngle)))
            aptf(i).Y = CSng(cy / 2 * (1 + rScale * Math.Sin(rAngle)))
        Next i
        grfx.DrawLines(New Pen(clr), aptf)
    End Sub
End Class
```

Und so sieht die Programmausgabe aus:

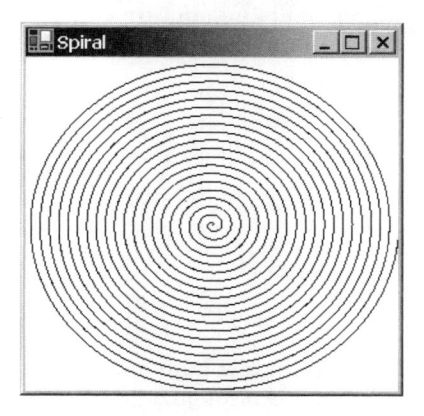

Das allgegenwärtige Rechteck

Rechtecke kommen in der Natur nicht sehr häufig vor, zählen aber mit Sicherheit zu den Objekten, die vom Menschen am häufigsten entworfen und erstellt werden. Rechtecke finden sich überall: Die Seite, die Sie gerade lesen, ist rechteckig, die Abschnitte auf dieser Seite sind in Rechtecken formatiert, der Screenshot vor diesem Abschnitt ist rechteckig und auch das Fenster, aus dem Sie schauen, wenn meine Ausführungen Sie zu langweilen beginnen, ist sehr wahrscheinlich rechteckig.

Ein Rechteck kann natürlich mit *DrawLine* oder *DrawLines* gezeichnet werden (wir haben dies bei der Umrandung des Clientbereichs bereits getan), einfacher ist jedoch die Verwendung der Methode *DrawRectangle*. In allen drei Versionen von *DrawRectangle* wird ein Rechteck durch einen Punkt definiert, der die obere linke Ecke des Rechtecks und seine Breite und Höhe angibt. Das sind dieselben Angaben wie bei der Struktur *Rectangle,* und tatsächlich verwendet eine der Methoden diese Struktur:

DrawRectangle-Methoden von Graphics

```
Sub DrawRectangle(ByVal pn As Pen, ByVal x As Integer, ByVal y As Integer,
                  ByVal cx As Integer, ByVal cy As Integer)
Sub DrawRectangle(ByVal pn As Pen, ByVal x As Single, ByVal y As Single,
                  ByVal cx As Single, ByVal cy As Single)
Sub DrawRectangle(ByVal pn As Pen, ByVal rect As Rectangle)
```

Sehr merkwürdig ist, dass es keine *DrawRectangle*-Methode gibt, die eine *RectangleF*-Struktur verwendet. Vielleicht hat ihr Programmierer nur vergessen, *Public* davor zu schreiben, und wir bekommen sie in einer zukünftigen Version nachgeliefert.

Breite und Höhe des Rechtecks müssen größer als 0 sein. Negative Breiten- und Höhenwerte lösen keine Ausnahmen aus, führen aber auch zu keinen Zeichenoperationen.

Beim Zeichnen von Rechtecken treten häufig 1-Pixel-Fehler (off-by-1) auf, da die Seiten der Rechtecke selbst (mindestens) ein Pixel breit sind. Beinhalten Breite und Höhe des Rechtecks die Breite beider, nur einer oder keiner der Seiten?

Bei den Standardeinstellungen der Stifteigenschaften (ein Aspekt, der in Kapitel 17 weiter ausgeführt wird) führt ein an *DrawRectangle* übergebener Höhen- und Breitenwert von 3 zu diesem Ergebnis (stark vergrößert natürlich):

Die obere linke Ecke der Figur ist das Pixel (*x*, *y*). Eine Breite und Höhe von 2 führt zu einem Rechteck der Größe 3 × 3 Pixel mit einem einzigen Pixel in der Mitte:

Ein Breiten- und Höhenwert von 1 führt zu einem Block von 2 × 2 Pixeln. Sie könnten versucht sein, die Formulareigenschaft *ClientRectangle* direkt im *DrawRectangle*-Aufruf anzugeben,

```
grfx.DrawRectangle(pn, ClientRectangle)   ' Das sollten Sie besser nicht tun!
```

um die Außenkanten des Clientrechtecks sichtbar zu machen. Das funktioniert nicht! Die rechte und untere Kante des Rechtecks ist dann nicht sichtbar. Als Nächstes sehen Sie ein Programm, mit dem ein vollständiges Rechteck sowohl im Clientbereich als auch auf dem Drucker richtig ausgegeben wird. Ich habe als Farbe für das Rechteck Rot verwendet, damit es auf dem Bildschirm deutlicher zu sehen ist.

```
OutlineClientRectangle.vb
Imports System
Imports System.Drawing
Imports System.Windows.Forms
Class OutlineClientRectangle
    Inherits PrintableForm
    Shared Shadows Sub Main()
        Application.Run(New OutlineClientRectangle())
    End Sub
    Sub New()
        Text = "Outline Client Rectangle"
    End Sub
    Protected Overrides Sub DoPage(ByVal grfx As Graphics, _
                ByVal clr As Color, ByVal cx As Integer, ByVal cy As Integer)
        grfx.DrawRectangle(Pens.Red, 0, 0, cx - 1, cy - 1)
    End Sub
End Class
```

Versuchen Sie einmal, *cx* und *cy* als die beiden letzten Argumente von *DrawRectangle* anzugeben, ohne vorher 1 abzuziehen. Sie werden bemerken, dass die rechte und untere Seite des Rechtecks nicht im Clientbereich angezeigt wird. Es handelt sich hierbei um das gleiche Problem wie bei der Verwendung der Eigenschaft *ClientRectangle* im Aufruf von *DrawRectangle*.

Die Klasse *Graphics* enthält auch noch zwei Methoden zum Zeichnen mehrerer Rechtecke:

DrawRectangles-Methoden von *Graphics*

```
Sub DrawRectangles(ByVal pn As Pen, ByVal arect As Rectangle())
Sub DrawRectangles(ByVal pn As Pen, ByVal arectf As RectangleF())
```

Diese Methoden sind nicht so nützlich wie *DrawLines*. Wenn Sie allerdings eine *RectangleF*-Struktur namens *rectf* haben und mit dieser Struktur ein einziges Rechteck zeichnen möchten, und Sie sich dann daran erinnern, dass *DrawRectangle* keine Überladung für diese Struktur aufweist, können Sie hierzu *DrawRectangles* verwenden:

```
grfx.DrawRectangles(pn, New RectangleF() { rectf })
```

Allgemeine Polygone

Mathematisch betrachtet sind Polygone geschlossene Figuren mit drei oder mehr Seiten, z.B. Dreiecke, Vierecke, Fünfecke, Sechsecke, Siebenecke, Achtecke, Neunecke, Zehnecke, Elfecke, Zwölfecke usw. Nachfolgend sehen Sie zwei *Graphics*-Methoden zum Zeichnen von Polygonen:

DrawPolygon-Methoden von *Graphics*

```
Sub DrawPolygon(ByVal pn As Pen, ByVal apt As Point())
Sub DrawPolygon(ByVal pn As Pen, ByVal aptf As PointF())
```

Die Methode *DrawPolygon* ähnelt in ihrer Funktionalität sehr stark *DrawLines*, abgesehen davon, dass die Figur durch eine Linie zur Verbindung des letzten Punkts mit dem Startpunkt automatisch geschlossen wird. Sehen Sie sich zum Beispiel das folgende Array aus *Point*-Strukturen an:

```
Dim apt() As Point = {New Point (0, 0), New Point (50, 100), New Point (100, 0)}
```

Der Aufruf

```
grfx.DrawLines(pn, apt)
```

zeichnet zwei Linien, die wie ein V aussehen, und

```
grfx.DrawPolygon(pn, apt)
```

zeichnet ein Dreieck.

In einigen Fällen kann ein *DrawPolygon*-Aufruf durch einen Aufruf von *DrawLines* und *DrawLine* simuliert werden:

```
DrawLines(pn, apt)
DrawLine(pn, apt(apt.GetUpperBound(0)), apt(0))
```

Wenn Sie es jedoch mit breiten Linien mit End- und Verbindungspunkten zu tun haben, können nicht dieselben Effekte wie mit *DrawPolygon* erzeugt werden.

Linien, Kurven und Flächenfüllungen

Einfache Ellipsen

Wir wissen bereits, wie mithilfe von *DrawLines* eine Ellipse gezeichnet wird, aber es gibt eine einfachere Vorgehensweise, bei der die gleichen Argumente wie bei *DrawRectangle* verwendet werden:

DrawEllipse-Methoden von *Graphics*

```
Sub DrawEllipse(ByVal pn As Pen, ByVal x As Integer, ByVal y As Integer,
                                 ByVal cx As Integer, ByVal cy As Integer)
Sub DrawEllipse(ByVal pn As Pen, ByVal x As Single, ByVal y As Single,
                                 ByVal cx As Single, ByVal cy As Single)
Sub DrawEllipse(ByVal pn As Pen, ByVal rect As Rectangle)
Sub DrawEllipse(ByVal pn As Pen, ByVal rectf As RectangleF)
```

Das Verhalten der *DrawEllipse*-Methoden entspricht dem der *DrawRectangle*-Methoden. Hier sehen Sie beispielsweise eine Ellipse mit einem Breiten- und Höhenwert von 3:

Eine Breite und Höhe von 1 führt zu einem ausgefüllten, 2 × 2 Pixel großen Objekt.

Dies bedeutet, dass Sie (wie bei *DrawRectangle*) zum Einpassen einer Ellipse in einen *cx* Pixel breiten und *cy* Pixel hohen Bereich die Breite und Höhe um 1 reduzieren müssen.

ClientEllipse.vb
```
Imports System
Imports System.Drawing
Imports System.Windows.Forms
Class ClientEllipse
    Inherits PrintableForm
    Shared Shadows Sub Main()
        Application.Run(New ClientEllipse())
    End Sub
    Sub New()
        Text = "Client Ellipse"
    End Sub
    Protected Overrides Sub DoPage(ByVal grfx As Graphics, _
            ByVal clr As Color, ByVal cx As Integer, ByVal cy As Integer)
        grfx.DrawEllipse(New Pen(clr), 0, 0, cx - 1, cy - 1)
    End Sub
End Class
```

Wenn Sie die letzten beiden Argumente von *DrawEllipse* auf *cx* und *cy* stellen, werden die rechte und die untere Kante leicht abgeschnitten.

Bögen und Tortendiagramme

Ein *Bogen* ist (zumindest was Windows Forms betrifft) ein Ellipsensegment. Zur Definition eines Bogens benötigen Sie die gleichen Informationen wie für eine Ellipse, Sie müssen jedoch zusätzlich angeben, wo der Bogen beginnt und endet. Aus diesem Grund erfordert jede der vier Varianten der Methode *DrawArc* die gleichen Argumente wie *DrawEllipse* und zusätzlich zwei weitere:

DrawArc-Methoden von *Graphics*

```
Sub DrawArc(ByVal pn As Pen, ByVal x As Integer, ByVal y As Integer,
                            ByVal cx As Integer, ByVal cy As Integer,
                            ByVal iAngleStart As Integer, ByVal iAngleSweep As Integer)
Sub DrawArc(ByVal pn As Pen, ByVal x As Single, ByVal y As Single,
                            ByVal cx As Single, ByVal cy As Single,
                            ByVal fAngleStart As Single, ByVal fAngleSweep As Single)
Sub DrawArc(ByVal pn As Pen, ByVal rect As Rectangle,
                            ByVal fAngleStart As Single, ByVal fAngleSweep As Single)
Sub DrawArc(ByVal pn As Pen, ByVal rectf As RectangleF,
                            ByVal fAngleStart As Single, ByVal fAngleSweep As Single)
```

Bei den zusätzlichen Argumenten handelt es sich um Winkel, die Anfang und Länge des Bogens angeben. Die Winkel, die positiv oder negativ sein können, werden in Grad und im Uhrzeigersinn angegeben, gemessen von der Achse, die rechts vom Ellipsenmittelpunkt ausgeht (auf einer Uhr entspricht dies 3 Uhr):

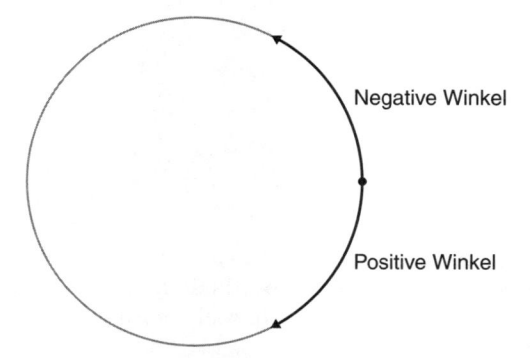

Nachfolgend sehen Sie ein Programm, mit dem eine Ellipse mit einer gestrichelten Linie gezeichnet wird. Die Striche sind 10 Bogengrad lang; die Abstände zwischen den Strichen entsprechen 5 Bogengrad.

DashedEllipse.vb

```
Imports System
Imports System.Drawing
Imports System.Windows.Forms
Class DashedEllipse
    Inherits PrintableForm
```

```
    Shared Shadows Sub Main()
        Application.Run(New DashedEllipse())
    End Sub
    Sub New()
        Text = "Dashed Ellipse Using DrawArc"
    End Sub
    Protected Overrides Sub DoPage(ByVal grfx As Graphics, _
            ByVal clr As Color, ByVal cx As Integer, ByVal cy As Integer)
        Dim pn As New Pen(clr)
        Dim rect As New Rectangle(0, 0, cx - 1, cy - 1)
        Dim iAngle As Integer
        For iAngle = 0 To 345 Step 15
            grfx.DrawArc(pn, rect, iAngle, 10)
        Next iAngle
    End Sub
End Class
```

Die gezeichnete Ellipse sieht so aus:

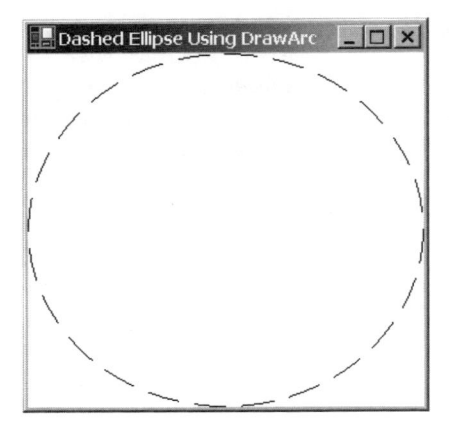

Die Win32-API enthält eine Funktion namens *RoundRect,* die ein Rechteck mit abgerundeten Ecken zeichnet. Die Funktion erwartet vier Argumente, die die Koordinaten der oberen linken und der unteren rechten Ecke des Rechtecks sowie Breite und Höhe einer Ellipse zum Abrunden der Ecken angeben. Die Klasse *Graphics* enthält keine *RoundRect*-Methode, aber wir können versuchen, sie zu simulieren.

RoundRect.vb
```
Imports System
Imports System.Drawing
Imports System.Windows.Forms
Class RoundRect
    Inherits PrintableForm
    Shared Shadows Sub Main()
        Application.Run(New RoundRect())
    End Sub
```

```
    Sub New()
        Text = "Rounded Rectangle"
    End Sub
    Protected Overrides Sub DoPage(ByVal grfx As Graphics, _
            ByVal clr As Color, ByVal cx As Integer, ByVal cy As Integer)
        RoundedRectangle(grfx, Pens.Red, _
                    New Rectangle(0, 0, cx - 1, cy - 1), _
                    New Size(cx \ 5, cy \ 5))
    End Sub
    Private Sub RoundedRectangle(ByVal grfx As Graphics, _
            ByVal pn As Pen, ByVal rect As Rectangle, ByVal sz As Size)
        grfx.DrawLine(pn, rect.Left + sz.Width \ 2, rect.Top, rect.Right - sz.Width \ 2, rect.Top)
        grfx.DrawArc(pn, rect.Right - sz.Width, rect.Top, sz.Width, sz.Height, 270, 90)
        grfx.DrawLine(pn, rect.Right, rect.Top + sz.Height \ 2, rect.Right, rect.Bottom - sz.Height \ 2)
        grfx.DrawArc(pn, rect.Right - sz.Width, rect.Bottom - sz.Height, sz.Width, sz.Height, 0, 90)
        grfx.DrawLine(pn, rect.Right - sz.Width \ 2, rect.Bottom, rect.Left + sz.Width \ 2, rect.Bottom)
        grfx.DrawArc(pn, rect.Left, rect.Bottom - sz.Height, sz.Width, sz.Height, 90, 90)
        grfx.DrawLine(pn, rect.Left, rect.Bottom - sz.Height \ 2, rect.Left, rect.Top + sz.Height \ 2)
        grfx.DrawArc(pn, rect.Left, rect.Top, sz.Width, sz.Height, 180, 90)
    End Sub
End Class
```

Die von mir geschriebene Methode *RoundedRectangle* erwartet ein *Rectangle*-Argument, mit dem Position und Größe des Rechtecks angegeben werden. Das *Size*-Argument legt Breite und Höhe einer Ellipse zum Abrunden der Ecken fest. Ich habe die Methode so geschrieben, dass sie mit den Abmessungen des mit *DrawRectangle* gezeichneten Rechtecks übereinstimmt: Wenn Breite und Höhe jeweils auf die Breite bzw. Höhe des Clientbereichs –1 eingestellt werden, ist die gesamte Figur sichtbar. Die Methode ruft abwechselnd *DrawLine* und *DrawArc* auf. Zunächst wird die obere Linie gezeichnet, anschließend im Uhrzeigersinn die weiteren.

Ich kann diese Methode jedoch nicht guten Gewissens als allgemeine Zeichenfunktion für abgerundete Rechtecke empfehlen. Die Linien und Bögen werden durch einzelne Aufrufe von *DrawLine* und *DrawArc* gezeichnet, d.h., alle acht Teile der Figur werden mit Linienenden anstelle von Linienverbindungen gezeichnet. Die richtige Art und Weise zur Verbindung von Geraden und Kurven in einer einzigen Figur besteht in der Verwendung von *Pfaden* (paths). Dieses Thema behandle ich in Kapitel 15.

Die *DrawPie*-Methoden verwenden die gleichen Argumente wie *DrawArc*, zeichnen jedoch zusätzlich Linien vom Bogenende bis zum Ellipsenmittelpunkt, wodurch eine geschlossene Fläche entsteht:

DrawPie-Methoden von *Graphics*

```
Sub DrawPie(ByVal pn As Pen, ByVal x As Integer, ByVal y As Integer,
                             ByVal cx As Integer, ByVal cy As Integer,
                             ByVal iAngleStart As Integer, ByVal iAngleSweep As Integer)
Sub DrawPie(ByVal pn As Pen, ByVal x As Single, ByVal y As Single,
                             ByVal cx As Single, ByVal cy As Single,
                             ByVal fAngleStart As Single, ByVal fAngleSweep As Single)
Sub DrawPie(ByVal pn As Pen, ByVal rect As Rectangle,
                             ByVal fAngleStart As Single, ByVal fAngleSweep As Single)
Sub DrawPie(ByVal pn As Pen, ByVal rectf As RectangleF,
                             ByVal fAngleStart As Single, ByVal fAngleSweep As Single)
```

Das Tortendiagramm spielt in Geschäftsgrafiken eine wichtige Rolle. Das Problem ist, dass Sie bei der Programmierung eines Tortendiagramms dieses mit 3-D-Effekten und Ähnlichem verschönern möchten, und *DrawPie* bietet in dieser Hinsicht weniger Möglichkeiten als man annehmen sollte. Nun denn, nachfolgend sehen Sie ein Programm, das auf der Grundlage eines Arrays von Werten (gespeichert als Felder) ein Tortendiagramm zeichnet:

PieChart.vb

```
Imports System
Imports System.Drawing
Imports System.Windows.Forms
Class PieChart
    Inherits PrintableForm
    Private aiValues() As Integer = {50, 100, 25, 150, 100, 75}
    Shared Shadows Sub Main()
        Application.Run(New PieChart())
    End Sub
    Sub New()
        Text = "Pie Chart"
    End Sub
    Protected Overrides Sub DoPage(ByVal grfx As Graphics, _
            ByVal clr As Color, ByVal cx As Integer, ByVal cy As Integer)
        Dim rect As New Rectangle(50, 50, 200, 200)
        Dim pn As New Pen(clr)
        Dim iTotal As Integer = 0
        Dim fAngle As Single = 0
        Dim fSweep As Single
        Dim iValue As Integer
        For Each iValue In aiValues
            iTotal += iValue
        Next iValue
```

```
            For Each iValue In aiValues
                fSweep = 360.0F * iValue / iTotal
                DrawPieSlice(grfx, pn, rect, fAngle, fSweep)
                fAngle += fSweep
            Next iValue
        End Sub
        Protected Overridable Sub DrawPieSlice(ByVal grfx As Graphics, _
                ByVal pn As Pen, ByVal rect As Rectangle, _
                ByVal fAngle As Single, ByVal fSweep As Single)
            grfx.DrawPie(pn, rect, fAngle, fSweep)
        End Sub
End Class
```

Beachten Sie die *Rectangle*-Definition in der *DoPage*-Methode. Hierbei handelt es sich um das einzige Programm in diesem Kapitel, das absolute Koordinaten und Größen verwendet. Der Grund hierfür ist, dass elliptische Tortendiagramme nicht besonders attraktiv sind. Die *DoPage*-Methode errechnet die Gesamtsumme der Arraywerte und berechnet dann einen Winkel für den Bogen jedes Ausschnitts, indem der Wert durch die Gesamtsumme geteilt und mit 360 Grad multipliziert wird. Und so sieht das Ganze aus:

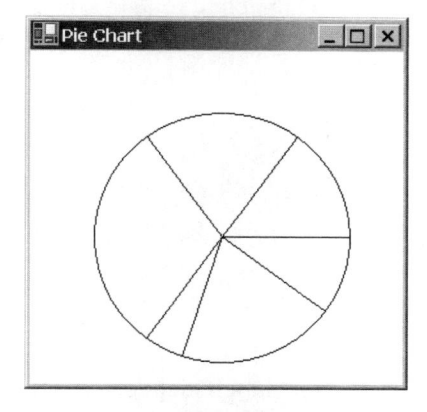

Ich kann Sie natürlich nicht in dem Glauben lassen, dies sei das beste Tortendiagramm, das ich hinbekomme! Glücklicherweise war ich so schlau, den *DrawPie*-Aufruf in *PieChart* in einer überschreibbaren Funktion zu kapseln. Daher kann diese Methode in einer verbesserten Programmversion namens BetterPieChart problemlos überschrieben werden.

BetterPieChart.vb

```
Imports System
Imports System.Drawing
Imports System.Windows.Forms
Class BetterPieChart
    Inherits PieChart

    Shared Shadows Sub Main()
        Application.Run(New BetterPieChart())
    End Sub
```

```
    Sub New()
        Text = "Better " & Text
    End Sub
    Protected Overrides Sub DrawPieSlice(ByVal grfx As Graphics, _
            ByVal pn As Pen, ByVal rect As Rectangle, _
            ByVal fAngle As Single, ByVal fSweep As Single)
        Dim fSlice As Single = CSng((2 * Math.PI * (fAngle + fSweep / 2) / 360))
        rect.Offset(CInt(rect.Width / 10 * Math.Cos(fSlice)), _
                    CInt(rect.Height / 10 * Math.Sin(fSlice)))
        MyBase.DrawPieSlice(grfx, pn, rect, fAngle, fSweep)
    End Sub
End Class
```

Die Variable *fSlice* gibt den Ausschnittwinkel im Bogenmaß an. Ich verwende diesen Wert zur Berechnung von *x*- und *y*-Versatzwerten, die auf das Rechteck zur Festlegung von Größe und Position der Tortendiagrammausschnitte angewendet werden. Als Ergebnis werden die einzelnen »Tortenstücke« etwas auseinander gezogen:

Damit ist der Vorrat an Zeichenmethoden in der Klasse *Graphics* jedoch noch nicht erschöpft. Mithilfe der Methoden *DrawBezier*, *DrawBeziers*, *DrawCurve* und *DrawClosedCurve* können Sie komplexere Kurven als elliptische Bögen zeichnen. (Weitere Informationen zu diesen Methoden finden Sie in Kapitel 11.) Sie können mehrere Linien und Kurven zu einem Grafikpfad zusammenfassen und diesen Pfad mithilfe der Methode *DrawPath* ausgeben. Diesem Thema werden wir uns in Kapitel 15 widmen.

Rechtecke, Ellipsen und Tortendiagramme füllen

Mehrere der bisher besprochenen *Graphics*-Methoden definieren geschlossene Flächen, auch wenn diese Methoden lediglich die Umrisse dieser Flächen zeichnen und die Fläche selbst nicht »bemalen«. Für die mit dem Präfix *Draw* versehenen Methoden, die geschlossene Flächen definieren, gibt es entsprechende *Fill*-Methoden, mit denen diese gefüllt werden können. Als erstes Argument erwarten diese Methoden ein *Brush*-Objekt zum Füllen der Fläche.

Hier sehen Sie die vier Varianten der Methode *FillRectangle*:

FillRectangle-Methoden von *Graphics*

```
Sub FillRectangle(ByVal br As Brush, ByVal x As Integer, ByVal y As Integer,
                           ByVal cx As Integer, ByVal cy As Integer)
Sub FillRectangle(ByVal br As Brush, ByVal x As Single, ByVal y As Single,
                           ByVal cx As Single, ByVal cy As Single)
Sub FillRectangle(ByVal br As Brush, ByVal rect As Rectangle)
Sub FillRectangle(ByVal br As Brush, ByVal rectf As RectangleF)
```

Breite und Höhe der gezeichneten Figur entsprechen den in den Methodenargumenten angegebenen Breiten- und Höhenwerten. Wenn Sie beispielsweise für Breite und Höhe den Wert 3 angegeben haben, zeichnet *FillRectangle* einen 3 Pixel breiten Block, bei dem sich die obere linke Ecke am Pixel (*x*, *y*) befindet. Wenn Sie ein bestimmtes Rechteck zeichnen *und* füllen möchten, rufen Sie *FillRectangle* zuerst auf, damit beim Füllen keine Linien übermalt werden.

Die Klasse *Graphics* enthält zusätzlich zwei *FillRectangles*-Methoden:

FillRectangles-Methoden von *Graphics*

```
Sub FillRectangles(ByVal br As Brush, ByVal arect As Rectangle())
Sub FillRectangles(ByVal br As Brush, ByVal arectf As RectangleF())
```

Diese Methoden führen zum gleichen Ergebnis wie mehrere *FillRectangle*-Aufrufe.

Es gibt vier *FillEllipse*-Methoden; sie erwarten die gleichen Argumente wie *DrawEllipse*.

FillEllipse-Methoden von *Graphics*

```
Sub FillEllipse(ByVal br As Brush, ByVal x As Integer, ByVal y As Integer,
                         ByVal cx As Integer, ByVal cy As Integer)
Sub FillEllipse(ByVal br As Brush, ByVal x As Single, ByVal y As Single,
                         ByVal cx As Single, ByVal cy As Single)
Sub FillEllipse(ByVal br As Brush, ByVal rect As Rectangle)
Sub FillEllipse(ByVal br As Brush, ByVal rectf As RectangleF)
```

FillEllipse verhält sich etwas anders als die bisher behandelten Methoden. Angenommen, Sie geben für die Ellipse die Position (0, 0) und eine Höhe und Breite von 20 an. Wie Sie wissen, zeichnet *DrawEllipse* eine Figur, die horizontal und vertikal die Pixel 0 bis 20 umfasst, was zu einer effektiven Breite und Höhe von 21 Pixeln führt.

Der über *FillEllipse* gefüllte Bereich umfasst in den meisten Fällen die Pixel 1 bis 19 (sowohl horizontal als auch vertikal), was einer effektiven Breite von 19 Pixeln entspricht. Ich sage »in den meisten Fällen«, da links immer 1 Pixel vorhanden zu sein scheint, das die Pixelposition 0 einnimmt. Es gibt auch bei der mit *DrawEllipse* gezeichneten und der mit *FillEllipse* gefüllten Ellipse eine Überschneidung. Wenn Sie eine Ellipse zeichnen möchten, die sowohl gefüllt als auch im Umriss gezeichnet wird, sollten Sie *FillEllipse* vor *DrawEllipse* aufrufen.

Es gibt ferner drei *FillPie*-Methoden:

FillPie-Methoden von *Graphics*

```
Sub FillPie(ByVal br As Brush, ByVal x As Integer, ByVal y As Integer,
                               ByVal cx As Integer, ByVal cy As Integer,
                               ByVal iAngleStart As Integer, ByVal iAngleSweep As Integer)
Sub FillPie(ByVal br As Brush, ByVal x As Single, ByVal y As Single,
                               ByVal cx As Single, ByVal cy As Single,
                               ByVal fAngleStart As Single, ByVal fAngleSweep As Single)
Sub FillPie(ByVal br As Brush, ByVal rect As Rectangle,
                               ByVal fAngleStart As Single, ByVal fAngleSweep As Single)
```

1-Pixel-Fehler

Nachdem wir nun alle Rechteck- und Ellipsenmethoden untersucht haben, ist es an der Zeit, sie im Hinblick auf die Vermeidung von 1-Pixel-Fehlern (off-by-1-pixel) zu betrachten. Das folgende Programm zeichnet mithilfe der sechs Methoden *DrawRectangle*, *DrawRectangles*, *DrawEllipse*, *FillRectangle*, *FillRectangles* und *FillEllipse* 4 × 4 große Rechtecke und Ellipsen.

```
FourByFours.vb
Imports System
Imports System.Drawing
Imports System.Windows.Forms
Class FourByFours
    Inherits PrintableForm

    Shared Shadows Sub Main()
        Application.Run(New FourByFours())
    End Sub

    Sub New()
        Text = "Four by Fours"
    End Sub

    Protected Overrides Sub DoPage(ByVal grfx As Graphics, _
            ByVal clr As Color, ByVal cx As Integer, ByVal cy As Integer)
        Dim pn As New Pen(clr)
        Dim br As New SolidBrush(clr)

        grfx.DrawRectangle(pn, New Rectangle(2, 2, 4, 4))
        grfx.DrawRectangles(pn, New Rectangle() {New Rectangle(8, 2, 4, 4)})
        grfx.DrawEllipse(pn, New Rectangle(14, 2, 4, 4))
        grfx.FillRectangle(br, New Rectangle(2, 8, 4, 4))
        grfx.FillRectangles(br, New Rectangle() {New Rectangle(8, 8, 4, 4)})
        grfx.FillEllipse(br, New Rectangle(14, 8, 4, 4))
    End Sub
End Class
```

Die Ausgabe sieht (stark vergrößert) so aus:

Wie Sie sehen, führen die Methoden *DrawRectangle*, *DrawRectangles* und *DrawEllipse* zu Figuren, deren Höhe und Breite 1 Pixel größer ist als angegeben. Abgesehen von der kleinen Ausbuchtung links zeichnet die Methode *FillEllipse* eine Figur, die 1 Pixel schmaler und niedriger ist als die 4 × 4 großen Figuren, die über *FillRectangle* und *FillRectangles* ausgegeben werden.

Polygone und der Füllmodus

Zum Abschluss (wenigstens was das vorliegende Kapitel betrifft) werden wir uns mit der Methode *FillPolygon* befassen. Ein Polygon unterscheidet sich bei Flächenfüllungen von anderen insofern, als die Linien zur Begrenzung des Polygons sich schneiden und überlappen können. Dies macht die Sache komplizierter, da die Innenflächen des Polygons auf zwei Arten gefüllt werden können. Es gibt vier *FillPolygon*-Methoden:

FillPolygon-Methoden von *Graphics*

```
Sub FillPolygon(ByVal br As Brush, ByVal apt As Point())
Sub FillPolygon(ByVal br As Brush, ByVal aptf As PointF())
Sub FillPolygon(ByVal br As Brush, ByVal apt As Point(), ByVal fm As FillMode)
Sub FillPolygon(ByVal br As Brush, ByVal aptf As PointF(), ByVal fm As FillMode)
```

Diese ähneln den *DrawPolygon*-Methoden, weisen jedoch ein optionales Argument auf. *FillMode* ist eine im Namespace *System.Drawing.Drawing2D* definierte Enumeration, die nur zwei Werte annehmen kann:

FillMode-Enumeration

Member	Wert	Erläuterungen
Alternate	0	Standardwert; abwechselnd gefüllte und nicht gefüllte Flächen
Winding	1	»Gewunden«; die meisten Innenflächen sind gefüllt

Der Füllmodus führt nur dann zu einem anderen Ergebnis, wenn sich die Linien des Polygons schneiden. Der Füllmodus legt fest, welche der geschlossenen Flächen gefüllt werden und welche nicht. Wenn Sie in der *FillPolygon*-Methode keinen Füllmodus angeben, wird standardmäßig *FillMode.Alternate* verwendet. Bei diesem Füllmodus wird eine geschlossene Fläche nur gefüllt,

Linien, Kurven und Flächenfüllungen

wenn zum Erreichen der geschlossenen Fläche von außerhalb des Polygons eine ungerade Zahl von Linien überquert werden muss.

Das klassische Beispiel hierfür ist der fünfzackige Stern. Das innen liegende Fünfeck wird nur gefüllt, wenn der Füllmodus *Winding* verwendet wird, bei dem Füllmodus *Alternate* bleibt das Fünfeck ungefüllt.

FillModesClassical.vb
```vb
Imports System
Imports System.Drawing
Imports System.Drawing.Drawing2D
Imports System.Windows.Forms
Class FillModesClassical
    Inherits PrintableForm
    Shared Shadows Sub Main()
        Application.Run(New FillModesClassical())
    End Sub
    Sub New()
        Text = "Alternate and Winding Fill Modes (The Classical Example)"
        ClientSize = New Size(2 * ClientSize.Height, ClientSize.Height)
    End Sub
    Protected Overrides Sub DoPage(ByVal grfx As Graphics, _
            ByVal clr As Color, ByVal cx As Integer, ByVal cy As Integer)
        Dim br As New SolidBrush(clr)
        Dim apt(4) As Point
        Dim i As Integer
        For i = 0 To apt.GetUpperBound(0)
            Dim rAngle As Double = (i * 0.8 - 0.5) * Math.PI
            apt(i).X = CInt(cx * (0.25 + 0.24 * Math.Cos(rAngle)))
            apt(i).Y = CInt(cy * (0.5 + 0.48 * Math.Sin(rAngle)))
        Next i
        grfx.FillPolygon(br, apt, FillMode.Alternate)
        For i = 0 To apt.GetUpperBound(0)
            apt(i).X += cx \ 2
        Next i
        grfx.FillPolygon(br, apt, FillMode.Winding)
    End Sub
End Class
```

Die erste *For*-Schleife definiert die fünf Zacken des Sterns, die in der linken Hälfte des Clientbereichs angezeigt werden. Dieses Polygon wird mit dem Füllmodus *Alternate* gefüllt. Die zweite *For*-Schleife verschiebt die Zacken auf die rechte Seite des Clientbereichs, wo das Polygon über den Füllmodus *Winding* gefüllt wird.

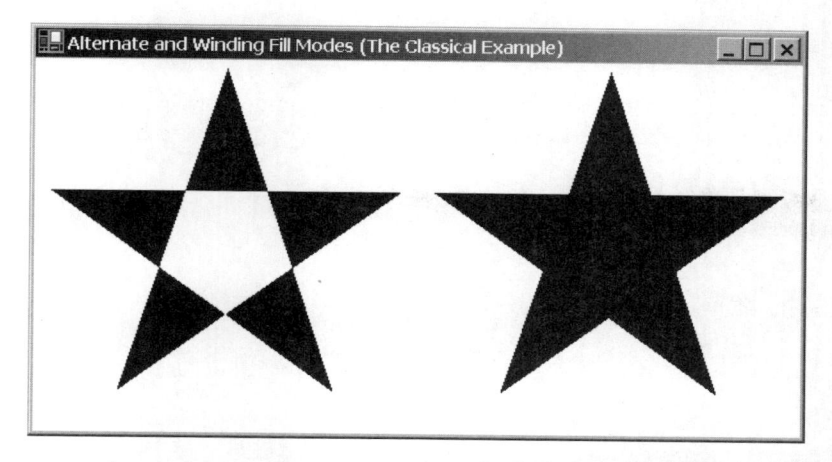

In den meisten Fällen führt der Füllmodus *Winding* dazu, dass alle geschlossenen Flächen gefüllt werden. Ganz so einfach ist es jedoch nicht, es gibt mehrere Ausnahmen. Stellen Sie sich zum besseren Verständnis eine waagerechte Linie vor, die von einem Punkt in diesem Bereich nach rechts ins Unendliche führt. Wenn diese imaginäre Linie eine ungerade Anzahl von Randlinien schneidet, wird der Bereich gefüllt, genau wie im alternierenden Modus. Schneidet die imaginäre Linie eine gerade Anzahl von Randlinien, kann der Bereich gefüllt werden oder nicht. Der Bereich wird gefüllt, wenn die Anzahl der überschrittenen Linien in eine Richtung (relativ zur imaginären Linie) ungleich der Anzahl an überschrittenen Linien ist, die in die andere Richtung verlaufen.

Mit ein wenig Aufwand kann man eine Figur konstruieren, bei der im Modus *Winding* eine der innen liegenden Flächen ungefüllt bleibt.

FillModesOddity.vb
```
Imports System
Imports System.Drawing
Imports System.Drawing.Drawing2D
Imports System.Windows.Forms
Class FillModesOddity
    Inherits PrintableForm

    Shared Shadows Sub Main()
        Application.Run(New FillModesOddity())
    End Sub

    Sub New()
        Text = "Alternate and Winding Fill Modes (An Oddity)"
        ClientSize = New Size(2 * ClientSize.Height, ClientSize.Height)
    End Sub

    Protected Overrides Sub DoPage(ByVal grfx As Graphics, _
            ByVal clr As Color, ByVal cx As Integer, ByVal cy As Integer)
        Dim br As New SolidBrush(clr)
        Dim aptf() As PointF = { _
                    New PointF(0.1F, 0.7F), New PointF(0.5F, 0.7F), _
                    New PointF(0.5F, 0.1F), New PointF(0.9F, 0.1F), _
                    New PointF(0.9F, 0.5F), New PointF(0.3F, 0.5F), _
                    New PointF(0.3F, 0.9F), New PointF(0.7F, 0.9F), _
                    New PointF(0.7F, 0.3F), New PointF(0.1F, 0.3F)}
```

```
        Dim i As Integer
        For i = 0 To aptf.GetUpperBound(0)
            aptf(i).X *= cx \ 2
            aptf(i).Y *= cy
        Next i
        grfx.FillPolygon(br, aptf, FillMode.Alternate)
        For i = 0 To aptf.GetUpperBound(0)
            aptf(i).X += cx \ 2
        Next i
        grfx.FillPolygon(br, aptf, FillMode.Winding)
    End Sub
End Class
```

Hier das Ergebnis:

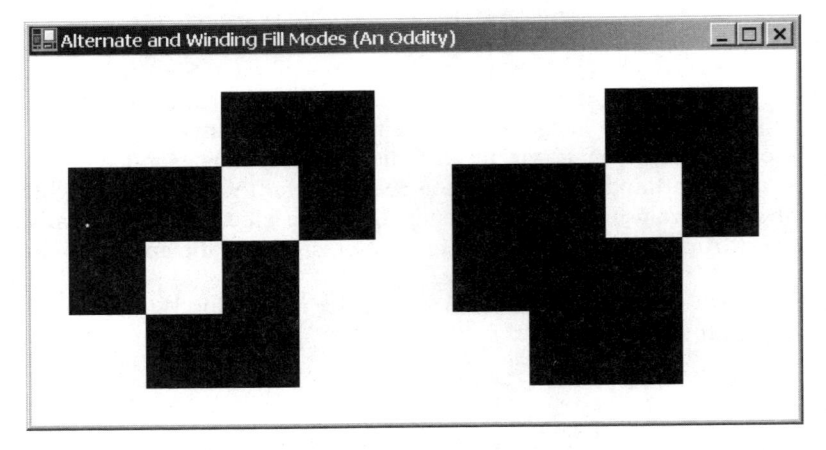

In folgenden Kapiteln werde ich drei weitere *Fill*-Methoden besprechen: *FillClosedCurve* in Kapitel 13, *FillRegion* und *FillPath* in Kapitel 15.

6 In die Tasten hauen

170	Tastatureingaben ignorieren
170	Wer hat den Fokus?
172	Tasten und Zeichen
173	Tasten drücken und loslassen
174	Die Enumeration *Keys*
181	Testen auf Zusatztasten
182	Realitätscheck
183	Eine Tastaturschnittstelle für SysInfo
184	*KeyPress* für Zeichen
185	Steuerzeichen
186	Die Tasten genauer untersuchen
189	Aufruf der Win32-API
191	Andere Länder, andere Tastaturen
194	Der Eingabefokus
195	Die fehlende Einfügemarke
199	Eingegebene Zeichen anzeigen
202	Probleme mit der Schreibrichtung

Ungeachtet der sehr leistungsfähigen, durch Zeigen und Klicken bedienbaren Benutzeroberflächen moderner grafischer Umgebungen mit Maus, Steuerelementen, Menüs und Dialogfeldern, bleibt die Tastatur bei den meisten Anwendungen dennoch die Hauptquelle für Dateneingaben. Die Tastatur ist gleichzeitig die PC-Komponente mit der längsten Tradition: Ihr erster Vertreter war die 1874 eingeführte Remington-Schreibmaschine. Im Lauf der Zeit haben die Computertastaturen einen Leistungsumfang entwickelt, der weit über den einer Schreibmaschine hinausgeht und Features wie Funktionstasten, Cursortasten und einen (üblicherweise separaten) Ziffernblock umfasst.

Bei den meisten Computern stellen Tastatur und Maus die einzigen Quellen für Benutzereingaben dar. Obwohl die Forschung auch im Bereich der Sprach- und Handschriftenerkennung zur

Eingabe alphanumerischer Daten vorangetrieben wird, bieten diese Eingabemethoden doch nicht die Präzision der Tastatur und werden sie wohl auch nie erreichen. (Hierbei gehe ich davon aus, dass ein Computer nie in der Lage sein wird, eine unleserliche Handschrift oder einen starken Akzent besser zu erkennen als ein Mensch.)

Tastatureingaben ignorieren

Obwohl die Tastatur bei den meisten Anwendungen eine wichtige Quelle für Benutzereingaben ist, muss der von Ihnen geschriebene Code nicht auf jedes einzelne Tastaturereignis reagieren. Microsoft Windows und die Windows Forms-Klassenbibliotheken erledigen einen Teil dieser Arbeit selbst.

Tastatureingaben, die die Menüauswahl betreffen, können z.B. häufig ignoriert werden. Programme müssen diese Tastenanschläge nicht überwachen, da das Menü sämtliche Tastaturaktivitäten bezüglich der Menüauswahl selbst handhabt und das Programm mit Ereignissen über die Auswahl eines Menüelements informiert.

Windows Forms-Programme definieren im Allgemeinen Tastenkombinationen (so genannte Zugriffstasten oder »Hotkeys«) für häufig genutzte Menüoptionen. Diese Tastenkombinationen setzen sich hierbei üblicherweise aus der STRG-Taste plus einen Buchstaben oder eine Funktionstaste zusammen (z.B. STRG+S zum Speichern). Auch diese Tastenkombinationen müssen nicht in Menübefehle übersetzt werden. Diese Aufgabe erledigt das Menü ebenfalls allein.

Dialogfelder verfügen zwar auch über eine Tastaturschnittstelle, dennoch ist es in der Regel nicht erforderlich, bei aktivierten Dialogfeldern eine Tastaturüberwachung durchzuführen. Ein Programm wird mithilfe von Ereignissen über die *Auswirkungen* eines Tastendrucks im Dialogfeld benachrichtigt. Wenn sich Steuerelemente auf der Oberfläche eines Formulars befinden, brauchen Sie sich um die Navigationstasten wie z.B. die Tabulatortaste oder die Cursortasten keinerlei Gedanken zu machen (abgesehen davon natürlich, dass Sie zur Entwurfszeit für eine logische Tabulatorreihenfolge sorgen müssen); die Steuerelemente kümmern sich für Sie um die gesamte Navigation. Sie können auch Steuerelemente wie *TextBox* und *RichTextBox* zur Verarbeitung von Tastatureingaben verwenden. Diese Steuerelemente übergeben nach Beendigung der Eingabe eine Textzeichenfolge mit dem Ergebnis an das Programm.

Trotz all dieser Hilfestellung gibt es jedoch viele Anwendungen, in denen eine direkte Verarbeitung der Tastatureingaben erforderlich ist. Und wenn Sie selber Steuerelemente schreiben möchten, müssen Sie einfach gewisse Kenntnisse über die Tastatur besitzen.

Wer hat den Fokus?

Die Tastatur ist in Windows eine gemeinsam genutzte Ressource. Alle Anwendungen empfangen Eingaben von *einer* Tastatur, dennoch darf ein bestimmter Tastendruck nur einem einzigen Ziel zugeordnet sein. Bei einem Windows Forms-Programm muss es sich bei diesem Ziel um ein Objekt vom Typ *Control* handeln (der Klasse, welche die Tastaturverarbeitung implementiert) oder um ein von *Control* abgeleitetes Objekt wie z.B. *Form*.

Das Objekt, das ein bestimmtes Tastaturereignis empfängt, wird als das Objekt mit dem *Eingabefokus* bezeichnet. Das Konzept des Eingabefokus ist eng verwandt mit dem Konzept des *aktiven Formulars*. Das aktive Formular ist normalerweise leicht zu identifizieren. Es handelt sich hierbei in der Regel um das auf dem Desktop an oberster Stelle liegende Formular. Wenn das aktive Formular über eine Titelleiste verfügt, wird diese hervorgehoben. Verfügt das aktive Formular über einen Dialogfeldrahmen, wird auch dieser hervorgehoben angezeigt. Ist das aktive Formular gerade minimiert, wird das Symbol in der Taskleiste wie eine gedrückte Schaltfläche angezeigt.

Das aktive Formular kann über die einzige shared Eigenschaft von *Form* abgerufen werden:

Form-Eigenschaft (*Shared*)

Eigenschaft	Typ	Zugriff
ActiveForm	*Form*	Get

Diese Eigenschaft gibt jedoch nur dann ein gültiges Objekt zurück, wenn das zurzeit aktive Formular Bestandteil Ihrer Anwendung ist. Dies Methode kann keine anwendungsfremden Objekte abrufen.

Ein Formular kann versuchen, zum aktiven Formular zu werden, indem es folgende Methode aufruft:

Form-Methoden (Auswahl)

```
Sub Activate()
```

Befindet sich das Formular nicht ganz oben auf dem Desktop, führt dieser Aufruf dazu, dass der zu diesem Formular gehörende Eintrag in der Windows-Taskleiste zu blinken beginnt. Der Benutzer muss in diesem Fall auf den Eintrag in der Taskleiste klicken, um das Formular als oberstes anzuzeigen und zum aktiven Formular zu machen. Zusätzlich implementiert die Klasse *Form* zwei Ereignisse, die mit dem aktiven Formular zu tun haben:

Form-Ereignisse (Auswahl)

Ereignis	Methode	Delegat	Argument
Activated	*OnActivated*	*EventHandler*	*EventArgs*
Deactivate	*OnDeactivate*	*EventHandler*	*EventArgs*

Ich erwähne diese Eigenschaften, Methoden und Ereignisse jetzt, damit sie erledigt sind. Sie werden sie wahrscheinlich nicht häufig benötigen. Im Allgemeinen hat ein Programm mit der Aktivierung seiner Formulare nicht zu schaffen.

Mit dem Eingabefokus verhält es sich etwas anders. Wenn das aktive Formular über untergeordnete Steuerelemente verfügt – also über Steuerelemente auf der Oberfläche des zugehörigen Clientbereichs, wie z.B. dem *Panel*-Objekt aus Kapitel 4 –, muss es sich bei dem Objekt mit dem Eingabefokus entweder um eines dieser Steuerelemente oder das Formular selbst handeln. Steuerelemente zeigen auf verschiedene Weise an, dass sie den Eingabefokus haben. Bei einer Schaltfläche wird eine gepunktete Linie um den Schaltflächentext angezeigt, ein Textfeld zeigt eine blinkende Einfügemarke an. Ich gehe im Verlauf dieses Kapitels noch näher auf verschiedene Aspekte des Eingabefokus ein und auch in späteren Kapiteln wird uns das Thema noch beschäftigen.

Tasten und Zeichen

Eine Tastatur erzeugt immer Zahlencodes. Sie können sich die Tastatur jedoch unter zwei verschiedenen Gesichtspunkten vorstellen:

- Als eine Ansammlung von einzelnen Tasten
- Als ein Mittel zum Erzeugen von Zeichencodes

Wenn Sie die Tastatur als eine Ansammlung von Tasten betrachten, muss der von der Tastatur generierte Code die Taste identifizieren und angeben, ob die Taste gedrückt oder losgelassen wurde. Wenn Sie die Tastatur als ein Gerät zur Zeicheneingabe betrachten, gibt der durch einen bestimmten Tastendruck erzeugte Code ein eindeutiges Zeichen in einem Zeichensatz an. Traditionell handelte es sich hierbei um den ASCII-Zeichensatz, in der Windows Forms-Umgebung wird jedoch der Unicode-Zeichensatz verwendet.

Viele Tasten auf einer Computertastatur sind nicht mit Zeichencodes verknüpft. Weder die Funktionstasten noch die Cursortasten erzeugen Zeichencodes. Programme, die komplexere Tastatureingaben verarbeiten, müssen die Tastatur in der Regel *sowohl* als eine Sammlung von Tasten *als auch* als ein Mittel zur Erzeugung von Zeichen betrachten.

Die Tasten einer Computertastatur können in vier allgemeine Gruppen unterteilt werden:

- *Ein/Aus-Tasten:* Hierzu zählen Feststelltaste, NUM-Taste, ROLLEN-Taste und möglicherweise die EINFG-Taste. Diese Art von Tasten wird durch Drücken ein- und durch erneutes Drücken wieder ausgeschaltet. Feststell-, NUM- und ROLLEN-Taste gelten systemweit. (Wenn auf dem Computer mehrere Programme zugleich ausgeführt werden, kann z.B. die Feststelltaste nicht gleichzeitig für ein Programm eingeschaltet und für ein anderes ausgeschaltet sein.) Der Status dieser Tasten wird auf der Tastatur häufig durch eine Leuchtanzeige angezeigt.
- *Umschalttasten:* Die Umschalt-, STRG- und ALT-Tasten. Das Drücken dieser Tasten wirkt sich auf die Interpretation anderer Tasten aus. Die Umschalttasten werden in der Windows Forms-Klassenbibliothek auch als *Zusatztasten* (*modifier keys*) bezeichnet.
- *Funktionstasten:* Hierzu gehören die Funktionstasten, die Cursortasten, die PAUSE-Taste, die ENTF- und eventuell die EINFG-Taste. Diese Tasten erzeugen keine Zeichen, sondern weisen ein Programm zur Ausführung einer bestimmten Aktion an.
- *Zeichentasten:* Zu diesen Tasten zählen diejenigen, mit denen Buchstaben, Zahlen und Symbole eingegeben werden, sowie die Leertaste, die Tabulatortaste, die Rücktaste, die ESC- und die Eingabetaste. (Die Tabulator-, Rück-, ESC- und Eingabetaste können auch als Funktionstasten betrachtet werden.)

Häufig kann eine bestimmte Taste in Abhängigkeit vom Status der Ein/Aus- und Umschalttasten verschiedene Zeichen erzeugen. Die Taste »A« erzeugt beispielsweise je nach Status der Feststell- und Umschalttasten einen Klein- (*a*) oder Großbuchstaben (*A*). Gelegentlich kann über zwei verschiedene Tasten (z.B. über die beiden Eingabetasten einer Computertastatur) dasselbe Zeichen erzeugt werden.

Ein Windows Forms-Programm erhält Tastatureingaben in Form von Ereignissen. Ich werde zunächst beschreiben, wie die Tastatur als eine Ansammlung von Tasten behandelt wird und anschließend wie ein Mittel zur Erzeugung von Zeichen.

Tasten drücken und loslassen

Ein Großteil der Tastaturfunktionalität ist in der Klasse *Control* implementiert. Diese Klasse unterstützt zwei Ereignisse und Methoden, mit denen Sie auf die Ereignisse Drücken oder Loslassen einer Taste reagieren können:

Control-Ereignisse (Auswahl)

Ereignis	Methode	Delegat	Argument
KeyDown	*OnKeyDown*	*KeyEventHandler*	*KeyEventArgs*
KeyUp	*OnKeyUp*	*KeyEventHandler*	*KeyEventArgs*

Wie bei jeder von *Control* abgeleiteten Klasse (z.B. *Form*) üblich, können die Methoden *OnKeyDown* und *OnKeyUp* überschrieben werden:

```
Protected Overrides Sub OnKeyDown(ByVal kea As KeyEventArgs)
  ⋮
End Sub
```

Dies ist die übliche Vorgehensweise zur Behandlung von Tastenereignissen in einer von *Form* abgeleiteten Klasse.

Sie können Tastenereignisse auch von Objekten verarbeiten, die von der Klasse *Control* oder einer davon abgeleiteten Klasse erstellt wurden. Zunächst müssen Sie eine zum *KeyEventHandler*-Delegat passende Methode definieren und anschließend die Tastenereignishandler registrieren:

```
Sub MyKeyDownHandler(ByVal obj As Object, ByVal kea As KeyEventArgs)
  ⋮
End Sub

Sub MyKeyUpHandler(ByVal obj As Object, ByVal kea As KeyEventArgs)
  ⋮
End Sub

AddHandler ctrl.KeyDown, AddressOf MyKeyDownHandler
AddHandler ctrl.KeyUp, AddressOf MyKeyUpHandler
```

Unabhängig davon, für welche Vorgehensweise Sie sich entscheiden, erhalten Sie beim Drücken oder Loslassen einer Taste dann ein *KeyEventArgs*-Objekt:

KeyEventArgs-Eigenschaften

Eigenschaft	Typ	Zugriff	Erläuterungen
KeyCode	*Keys*	Get	Identifiziert die Taste
Modifiers	*Keys*	Get	Identifiziert den Umschaltstatus
KeyData	*Keys*	Get	Kombination aus *KeyCode* und *Modifiers*
Shift	*Boolean*	Get	Wird bei gedrückter Umschalttaste auf *True* gesetzt
Control	*Boolean*	Get	Wird bei gedrückter STRG-Taste auf *True* gesetzt
Alt	*Boolean*	Get	Wird bei gedrückter ALT-Taste auf *True* gesetzt
Handled	*Boolean*	Get/Set	Wird durch den Ereignishandler gesetzt (Anfangseinstellung: *False*)
KeyValue	*Integer*	Get	Gibt KeyData in Form einer Integer zurück

Hier gibt es einige Redundanz. Die einzig erforderlichen Eigenschaften sind *KeyData* und *Handled*, alle anderen Informationen können von *KeyData* abgeleitet werden. Diese Redundanz ist jedoch sehr angenehm. Wahrscheinlich werden Sie schon bald feststellen, dass Sie die Eigenschaften *KeyCode, Shift, Control* und *Alt* am häufigsten einsetzen.

Die ersten drei Eigenschaften in dieser Tabelle sind alle vom selben Typ – einer sehr wichtigen Enumeration namens *Keys*. Die Eigenschaft *KeyCode* informiert Sie darüber, welche Taste gedrückt wurde; dies ist die wichtigste Information. Die Eigenschaft *Modifiers* gibt an, ob zusätzlich die ALT-, STRG- oder Umschalttaste gedrückt wurde. *KeyData* kombiniert *KeyCode* und *Modifiers*; *Shift, Control* und *Alt* duplizieren die *Modifiers*-Informationen als *Boolean*-Werte. Die Eigenschaft *Handled* wird von Steuerelementen gelegentlich auf *True* gesetzt, um anzuzeigen, dass ein Steuerelement ein Tastaturereignis bereits verwendet hat und das Ereignis nicht an das dem Steuerelement übergeordnete Element weitergegeben werden soll. *KeyValue* gibt dieselben Informationen wie *KeyData* zurück, die Daten werden jedoch nicht als *Keys*-Enumeration, sondern in Form eines Integers bereitgestellt.

Die Enumeration *Keys*

Drei der Eigenschaften von *KeyEventArgs* sind vom Typ *Keys*. *Keys* ist eine sehr umfangreiche Enumeration, die zweitgrößte im gesamten Microsoft .NET Framework. Die Enumeration *Keys* umfasst Tasten, die bestimmt nicht auf meiner Tastatur zu finden sind und auf Ihrer wahrscheinlich auch nicht. (Alte Hasen der Windows-Programmierung werden vielleicht bemerken, dass diese Enumerationswerte dieselben sind wie die virtuellen Tastencodes in der Windows-API).

Gehen wir die *Keys*-Enumeration an, indem wir sie in logische Gruppen unterteilen. Zunächst verfügt *Keys* über 26 Member, welche die Buchstabentasten unabhängig vom Umschaltstatus identifizieren:

Keys-Enumeration (Buchstaben)

Member	Wert	Member	Wert
A	65	*N*	78
B	66	*O*	79
C	67	*P*	80
D	68	*Q*	81
E	69	*R*	82
F	70	*S*	83
G	71	*T*	84
H	72	*U*	85
I	73	*V*	86
J	74	*W*	87
K	75	*X*	88
L	76	*Y*	89
M	77	*Z*	90

Beachten Sie, dass die Enumerationswerte mit den ASCII-Codes für die Großbuchstaben übereinstimmen (die wiederum mit den Unicode-Zeichen identisch sind). (Diese Tasten erzeugen auch Zeichen, die sich nach dem Status der STRG-, Umschalt- und Feststelltasten richten.)

Um nicht zu sehr in der Theorie zu versinken, werfen wir nun aber einen Blick auf ein Programm zur Verwendung der *Keys*-Werte:

ExitOnX.vb

```
Imports System
Imports System.Drawing
Imports System.Windows.Forms
Class ExitOnX
    Inherits Form
    Shared Sub Main()
        Application.Run(New ExitOnX())
    End Sub
    Sub New()
        Text = "Exit on X"
        BackColor = SystemColors.Window
        ForeColor = SystemColors.WindowText
    End Sub
    Protected Overrides Sub OnKeyDown(ByVal kea As KeyEventArgs)
        If kea.KeyCode = Keys.X Then Close()
    End Sub
End Class
```

Dieses Programm schließt sich selbst, wenn Sie auf die X-Taste drücken, ganz gleich, ob Sie dabei auch noch Umschalt-, STRG- oder ALT-Taste drücken. Da Sie die Beziehung zwischen den Enumerationswerten und Unicode kennen, könnten Sie die *If*-Anweisung auch durch folgende ersetzen:

```
If kea.KeyCode = Asc("X") Then Close()
```

Die nächste Gruppe von *Key*-Werten bezieht sich auf die Zahlentasten über den Buchstabentasten und ist unabhängig vom Umschaltstatus:

Keys-Enumeration (Zahlentasten)

Member	Wert
D0	48
D1	49
D2	50
D3	51
D4	52
D5	53
D6	54
D7	55
D8	56
D9	57

Beachten Sie auch hier die Übereinstimmung mit den ASCII-Codes für die Zahlen. Diese Tasten erzeugen ebenfalls Zeichencodes, die vom Umschaltstatus abhängig sind.

Die Enumeration *Keys* verfügt über Werte für 24 Funktionstasten:

Keys-Enumeration (Funktionstasten)

Member	Wert	Member	Wert
F1	112	*F13*	124
F2	113	*F14*	125
F3	114	*F15*	126
F4	115	*F16*	127
F5	116	*F17*	128
F6	117	*F18*	129
F7	118	*F19*	130
F8	119	*F20*	131
F9	120	*F21*	132
F10	121	*F22*	133
F11	122	*F23*	134
F12	123	*F24*	135

Ganz recht: Auch ich habe keine 24 Funktionstasten auf meiner Tastatur, und das ist gut so.

Schon die Original-PC-Tastatur von IBM besaß einen Ziffernblock. Die folgenden Tasten im Ziffernblock erzeugen unabhängig vom Status der NUM-Taste immer denselben Code:

Keys-Enumeration (Ziffernblock)

Member	Wert	Beschreibung
Multiply	106	*-Taste im Ziffernblock
Add	107	+-Taste im Ziffernblock
Subtract	109	--Taste im Ziffernblock
Divide	111	/-Taste im Ziffernblock

Die weiteren Tasten im Ziffernblock erzeugen je nach Status der NUM-Taste unterschiedliche Codes. Nachfolgend sehen Sie den Ziffernblockcode bei aktivierter NUM-Taste. Ich habe die Tabelle hierbei wie den Ziffernblock selbst angeordnet:

Keys-Enumeration (Zahlentasten im Ziffernblock)

Member	Wert	Member	Wert	Member	Wert
NumPad7	103	*NumPad8*	104	*NumPad9*	105
NumPad4	100	*NumPad5*	101	*NumPad6*	106
NumPad1	97	*NumPad2*	98	*NumPad3*	99
NumPad0	96			*Decimal*	110

Diese Tasten erzeugen ebenfalls Zeichencodes für die zehn Ziffern und das Dezimaltrennzeichen. In einigen Ländern wird als Dezimaltrennzeichen auf der Tastatur ein Punkt verwendet, in anderen ein Komma. Unabhängig davon lautet der *KeyCode*-Wert *Keys.Decimal*. Der folgende Enumerationswert scheint nicht verwendet zu werden:

Keys-Enumeration (Ziffernblock, ungenutzt)

Member	Wert
Separator	108

Nachfolgend sehen Sie die Codes des Ziffernblocks bei deaktivierter NUM-Taste:

Keys-Enumeration (Ziffernblock, Cursortasten)

Member	Wert	Member	Wert	Member	Wert
Home	36	Up	38	PageUp oder Prior	33
Left	37	Clear	12	Right	39
End	35	Down	40	PageDown oder Next	34
Insert	45			Delete	46

Beachten Sie, dass *Keys.Prior* und *Keys.Next* Kopien der Werte für *Keys.PageUp* und *Keys.PageDown* sind. Mit Ausnahme von *Clear* sind diese Tasten auf vielen Tastaturen noch einmal in einem separaten Block aus 10 Cursortasten zu finden.

Ich führe die folgenden sechs Tasten separat auf, da sie ebenfalls Zeichencodes erzeugen und die Werte der Enumeration *Keys* mit den erzeugten Zeichencodes übereinstimmen:

Keys-Enumeration (ASCII-Steuertasten)

Member	Wert
Back	8
Tab	9
LineFeed	10
Enter/Return	13
Escape	27
Space	32

Back kennzeichnet die Rücktaste. Falls vorhanden, verfügt der Ziffernblock über eine zweite Eingabetaste, die unabhängig vom Status der NUM-Taste den gleichen Code wie die eigentliche Eingabetaste erzeugt.

Die folgende Tabelle zeigt die Werte der Enumeration *Keys* für die Umschalt-, die STRG- und die ALT-Taste (hier als *Menu*-Taste bezeichnet, da diese Taste gewöhnlich zur Menüauswahl eingesetzt wird). Die meisten modernen Tastaturen verfügen über jeweils zwei Umschalt-, STRG- und ALT-Tasten im unteren Bereich der Tastatur, und die Tabelle scheint zu implizieren, dass die linke und die rechte Taste unterschiedliche Codes erzeugen:

Keys-Enumeration (Umschalttasten)

Member	Wert	Member	Wert	Member	Wert
ShiftKey	16	LShiftKey	160	RShiftKey	161
ControlKey	17	LControlKey	162	RControlKey	163
Menu	18	LMenu	164	RMenu	165

Tatsächlich habe ich die mit dem Präfix *L* und *R* versehenen Enumerationsmember jedoch noch in keinem einzigen *KeyEventArgs*-Objekt gesehen.

Die folgenden Tasten finden sich auf dem Microsoft Natural Keyboard und ähnlichen Tastaturen:

Keys-Enumeration (Microsoft-Tasten)

Member	Wert	Beschreibung
LWin	91	Windows-Logo (Flagge) links
RWin	92	Windows-Logo (Flagge) rechts
Apps	93	Anwendungsmenüsymbol

In diesem Fall erzeugen rechte und linke Taste tatsächlich unterschiedliche Codes.

In der nachstehenden Tabelle werden verschiedene weitere Tasten und Kombinationen aufgeführt:

Keys-Enumeration (Verschiedenes)

Member	Wert	Beschreibung
Cancel	3	Pause/Unterbrechen-Taste bei gedrückter STRG-Taste
Pause	19	Pause/Unterbrechen-Taste bei nicht gedrückter STRG-Taste
Capital/CapsLock	20	Feststelltaste
Snapshot/PrintScreen	44	DRUCK-Taste
NumLock	144	NUM-Taste
Scroll	145	ROLLEN-Taste

Fünf der Werte der Enumeration *Keys* beziehen sich eigentlich auf Maustasten:

Keys-Enumeration (Maustasten)

Member	Wert
LButton	1
RButton	2
MButton	4
XButton1	5
XButton2	6

Diese Member finden sich nicht in den *KeyDown*- und *KeyUp*-Ereignissen. Und dann gibt es noch diese Gruppe von Sondertasten:

Keys-Enumeration (Sondertasten)

Member	Wert	Member	Wert
Select	41	Exsel	248
Print	42	EraseEof	249
Execute	43	Play	250
Help	47	Zoom	251
ProcessKey	229	NoName	252
Attn	246	Pa1	253
Crsel	247	OemClear	254

Wenn ich jemals vor einer Tastatur mit all diesen Tasten säße, wüsste ich wahrscheinlich gar nicht, was ich damit anfangen soll.

Die folgenden 12 *Keys*-Werte gelten nur für Windows 2000 und höhere Versionen. Diese Tasten erzeugen auch noch Zeichencodes:

Keys-Enumeration (Symbole)

Member	Wert	Member	Wert
OemSemicolon	186	*OemOpenBrackets*	219
Oemplus	187	*OemPipe*	220
Oemcomma	188	*OemCloseBrackets*	221
OemMinus	189	*OemQuotes*	222
OemPeriod	190	*Oem8*	223
OemQuestion	191	*OemBackslash*	226
Oemtilde	192		

Der Tastencode *OemSemicolon* wird beispielsweise erzeugt, wenn der Benutzer die Taste mit dem Semikolon und dem Komma drückt und wieder loslässt.

Die folgenden Tastencodes werden für spezielle Browser- und Media Player-fähige Tastaturen (wie z.B. das Microsoft Natural Keyboard Pro oder das Microsoft Internet Keyboard Pro) unter Windows 2000 und höheren Versionen erzeugt:

Keys-Enumeration (Browser und Player)

Member	Wert
BrowserBack	166
BrowserForward	167
BrowserRefresh	168
BrowserStop	169
BrowserSearch	170
BrowserFavorites	171
BrowserHome	172
VolumeMute	173
VolumeDown	174
VolumeUp	175
MediaNextTrack	176
MediaPreviousTrack	177
MediaStop	178
MediaPlayPause	179
LaunchMail	180
SelectMedia	181
LaunchApplication1	182
LaunchApplication2	183

Diese Tastencodes können von den meisten Anwendungen ignoriert werden.

Die folgenden Tastencodes werden in Zusammenhang mit dem Input Method Editor (IME) zur Eingabe von Ideogrammen im Chinesischen, Japanischen und Koreanischen erzeugt:

Keys-Enumeration (IME)

Member	Wert
HanguelMode	21
HangulMode	
KanaMode	
JunjaMode	23
FinalMode	24
KanjiMode	25
HanjaMode	
IMEConvert	28
IMENonconvert	29
IMEAceept	30
IMEModeChange	31

Anwendungen sind in der Regel nur an den Unicode-Zeichencodes interessiert, die sich aus der IME-Verwendung ergeben.

Alle bisher aufgeführten *Keys*-Member waren Tastencodes; d.h., sie beziehen sich auf bestimmte Tasten, die entweder gedrückt oder losgelassen werden. Die *KeyCode*-Eigenschaft des über die *KeyDown*- oder *KeyUp*-Ereignisse erzeugten *KeyEventArgs*-Objekts wird auf einen dieser Codes gesetzt.

Zur Enumeration *Keys* gehören ferner die folgenden Codes für Zusatztasten:

Keys-Enumeration (Zusatztasten)

Member	Wert
None	&H00000000
Shift	&H00010000
Control	&H00020000
Alt	&H00040000

Beachten Sie, dass es sich hierbei um Bitwerte handelt. Diese Zusatzcodes geben an, ob die Umschalt-, STRG- oder ALT-Taste bei Eintreten eines Tastaturereignisses bereits gedrückt war. In einer der vorangegangenen Tabellen wurden bereits Tastencodes für *ShiftKey, ControlKey* und *Menu* aufgeführt. Diese Tastencodes geben an, welche der Umschalt-, STRG- oder ALT-Tasten gedrückt oder losgelassen wurde.

Drei der schreibgeschützten Eigenschaften in *KeyEventArgs* – *KeyCode, Modifiers* und *KeyData* – sind vom Typ *Keys*. Jedes Drücken oder Loslassen einer Taste führt zu einem Ereignis:

- Die Eigenschaft *KeyCode* gibt an, welche Taste gedrückt oder losgelassen wurde. Hierbei kann es sich um die Umschalttaste (angezeigt durch *Keys.ShiftKey*), um die STRG-Taste (*Keys.ControlKey*) oder um die ALT-Taste (*Keys.Menu*) handeln.
- Die Eigenschaft *Modifiers* gibt den Status von Umschalt-, STRG- und ALT-Taste während des Tastenereignisses an. Bei *Modifiers* kann es sich um eine beliebige Kombination aus *Keys.Shift, Keys.Control* oder *Keys.Alt* handeln. Falls keine Zusatztaste gedrückt wurde, erhält *Modifiers* den Wert *Keys.None*, der einfach als 0 definiert ist.
- Die Eigenschaft *KeyData* ist eine Kombination aus *KeyCode* und *Modifiers*.

Angenommen, Sie drücken die Umschalttaste und das D, anschließend lassen Sie D und dann die Umschalttaste los. Die folgende Tabelle führt die vier zu diesen Tastenaktionen gehörenden Ereignisse sowie die entsprechenden *KeyEventArgs*-Ereignisse auf:

KeyEventArgs-Eigenschaften und die dazugehörigen Tastenaktionen

		Eigenschaften		
Aktion	Ereignis	KeyCode	Modifiers	KeyData
Drücken der Umschalttaste	KeyDown	Keys.ShiftKey	Keys.Shift	Keys.Shift Or Keys.ShiftKey
Drücken der Taste D	KeyDown	Keys.D	Keys.Shift	Keys.Shift Or Keys.D
Loslassen der Taste D	KeyUp	Keys.D	Keys.Shift	Keys.Shift Or Keys.D
Loslassen der Umschalttaste	KeyUp	Keys.ShiftKey	Keys.None	Keys.ShiftKey

Wenn Sie mit der Eigenschaft *KeyData* arbeiten, definiert die Enumeration *Keys* zwei Bitmasken zur Unterscheidung von Tastencodes und Zusatztasten:

Keys-Enumeration (*KeyData*-Bitmasken)

Member	Wert	Beschreibung
KeyCode	&H0000FFFF	Bitmaske für Tastencodes
Modifiers	&HFFFF0000	Bitmaske für Zusatztasten

Beachten Sie, dass diese Enumerationsmember dieselben Namen tragen wie die entsprechenden Eigenschaften der Klasse *KeyEventArgs*. Trägt das *KeyEventArgs*-Objekt den Namen *kea*, ist der Ausdruck

```
kea.KeyData And Keys.KeyCode
```

mit *kea.KeyCode* identisch und der Ausdruck

```
kea.KeyData And Keys.Modifiers
```

entspricht *kea.Modifiers*.

Testen auf Zusatztasten

Es ist nicht erforderlich, die Ereignisse *KeyDown* oder *KeyUp* zu behandeln, um zu ermitteln, ob die Umschalt-, STRG- oder ALT-Taste gedrückt wurde. Der aktuelle Status der drei Zusatztasten kann auch über die shared Eigenschaft *Control.ModifierKeys* abgerufen werden:

Control-Eigenschaften (*Shared*, Auswahl)

Eigenschaft	Typ	Zugriff	Beschreibung
ModifierKeys	Keys	Get	Status der Umschalt-, ALT- und STRG-Taste

Angenommen, Sie müssen in Abhängigkeit vom Status der Umschalt- oder STRG-Taste (oder beider Tasten) unterschiedliche Aufgaben ausführen, jedoch nicht bei gedrückter ALT-Taste. Sie würden in diesem Fall zunächst die shared Eigenschaft *ModifierKeys* abrufen:

```
Dim keysMod As Keys = Control.ModifierKeys
```

In die Tasten hauen

Anschließend prüfen Sie auf die möglichen Kombinationen, die für Sie interessant sind:

```
If keysMod = (Keys.Shift Or Keys.Control) Then
    ' Tasten Umschalt und STRG gedrückt.

ElseIf keysMod = Keys.Shift Then
    ' Umschalttaste gedrückt.

ElseIf keysMod = Keys.Control Then
    ' STRG-Taste gedrückt.

End If
```

ModifierKeys ist sehr nützlich bei der Verarbeitung von Mausereignissen. Jeder von uns hat bereits Programme gesehen, die Mausklicks und Mausbewegungen anders interpretieren, wenn gleichzeitig die Umschalt- oder STRG-Taste gedrückt wird. In diesen Situationen ist die Eigenschaft *ModifierKeys* nützlich. Ein Beispiel für eine solche Anwendung ist das Programm CanonicalSpline in Kapitel 13.

Leider gibt es in Windows Forms keine Möglichkeit, den aktuellen Status der Feststell-, NUM- und ROLLEN-Taste zu prüfen.

Realitätscheck

Ein Windows Forms-Programm erhält zwar eine Menge Informationen über Tastenanschläge, aber die meisten Programme können einen Großteil dieser Informationen ignorieren. Wenn Sie beispielsweise das *KeyDown*-Ereignis verarbeiten, brauchen Sie sich um das *KeyUp*-Ereignis nicht zu kümmern.

Windows Forms-Programme ignorieren häufig Ereignisse für Tastenanschläge, die auch Zeichen erzeugen. (Ich komme gleich auf diese Art von Tastaturereignissen zu sprechen.) Ist Ihnen da vielleicht der Gedanke gekommen, Sie könnten sämtliche Tastaturinformationen mithilfe der Ereignisse *KeyDown* und *KeyUp* abrufen und die Zeichencodes selbst generieren?

Das ist leider keine so gute Idee. Angenommen, Ihr Ereignishandler ruft mithilfe des *KeyCode*-Eigenschaftswerts *Keys.D3* und des *Modifier*-Eigenschaftswerts *Keys.Shift* ein *KeyEventArgs*-Objekt ab. Sie wissen, welches Zeichen auf diese Weise erzeugt wird, oder? Es handelt sich um das Rautenzeichen (#), das in ASCII- und Unicode-Codierung dem Wert &H0023 entspricht. Unter Umständen jedenfalls. Auf einer britischen Tastatur erzeugt diese Tastenkombination nämlich ein Pfundzeichen (£), was dem Zeichencode &H00A3 entspricht.

Bei der Feststelltaste liegt der Fall etwas komplizierter. Wie bereits kurz erwähnt, kann der Status der Feststelltaste in Windows Forms nicht geprüft werden. Sie können zwar ermitteln, ob die Feststelltaste gedrückt oder losgelassen wurde, tatsächlich wäre es jedoch möglich, dass zu Beginn der Programmausführung die Feststelltaste bereits aktiviert war.

Das Ereignis *KeyDown* eignet sich vor allem für die Cursortasten, die Funktionstasten sowie für die Tasten EINFG und ENTF. Die Funktionstasten werden jedoch häufig als Zugriffstasten (hotkeys) für Menüs eingesetzt. Da diese Zugriffstasten automatisch in Menübefehlereignisse übersetzt werden, ist eine Verarbeitung der Tastenanschläge selbst nicht nötig. Definieren Programme dagegen Funktionstasten, die keinen Zugriff auf Menüoptionen bieten – und verwenden die Funktionstasten stattdessen mit der Unbekümmertheit alter MS-DOS-Programme in Kombination mit Umschalt- und STRG-Taste wie z.B. WordPerfect und Microsoft Word –, kann von Benutzerfreundlichkeit keine Rede mehr sein.

Es läuft auf Folgendes hinaus: In den meisten Fällen verarbeiten Sie *KeyDown*-Ereignisse nur für die Cursor- sowie die EINFG- und ENTF-Tasten. Beim Einsatz dieser Tasten können Sie den

Tastenzustand mithilfe der *Modifiers*-Eigenschaft des *KeyEventArgs*-Objekts prüfen. Viele Programme verwenden die Umschalttaste in Kombination mit den Cursortasten, um (beispielsweise) die Auswahloptionen in einem Textverarbeitungsprogramm zu erweitern. Die STRG-Taste wirkt sich häufig auf die Interpretation der Cursortasten aus. Durch das Drücken der STRG-Taste mit der rechten Pfeiltaste wird der Cursor beispielsweise nicht Zeichen für Zeichen, sondern *wortweise* bewegt.

Eine Tastaturschnittstelle für SysInfo

Ich nehme an, Sie erinnern sich noch an die verschiedenen Programme zur Anzeige von Systeminformationen aus Kapitel 4. Das letzte dieser Programme, SysInfoReflection, war gegenüber dem ersten Versuch zwar schon ziemlich ausgereift, wies jedoch einen kleinen Nachteil auf: SysInfoReflection besaß keine Tastaturschnittstelle.

Es ist nun an der Zeit, diese hinzuzufügen. Gleichzeitig macht das Beispiel klar, dass sich die Vererbung bezahlt macht. Diese Klasse erbt von der Klasse *SysInfoReflection* und definiert zusätzlich eine Überschreibung der *OnKeyDown*-Methode:

```
SysInfoKeyboard.vb
Imports System
Imports System.Drawing
Imports System.Windows.Forms
Class SysInfoKeyboard
    Inherits SysInfoReflection
    Shared Shadows Sub Main()
        Application.Run(New SysInfoKeyboard())
    End Sub
    Sub New()
        Text = "System Information: Keyboard"
    End Sub
    Protected Overrides Sub OnKeyDown(ByVal kea As KeyEventArgs)
        Dim pt As Point = AutoScrollPosition
        pt.X = -pt.X
        pt.Y = -pt.Y
        Select kea.KeyCode
            Case Keys.Right
                If (kea.Modifiers And Keys.Control) = Keys.Control Then
                    pt.X += ClientSize.Width
                Else
                    pt.X += Font.Height
                End If
            Case Keys.Left
                If (kea.Modifiers And Keys.Control) = Keys.Control Then
                    pt.X -= ClientSize.Width
                Else
                    pt.X -= Font.Height
                End If
            Case Keys.Down
                pt.Y += Font.Height
```

In die Tasten hauen

```
                Case Keys.Up
                    pt.Y -= Font.Height
                Case Keys.PageDown
                    pt.Y += Font.Height * (ClientSize.Height \ Font.Height)
                Case Keys.PageUp
                    pt.Y -= Font.Height * (ClientSize.Height \ Font.Height)
                Case Keys.Home
                    pt = Point.Empty
                Case Keys.End
                    pt.Y = 1000000
            End Select
            AutoScrollPosition = pt
    End Sub
End Class
```

Wie ich schon in Kapitel 4 erwähnt habe, wird zur Unterstützung des automatischen Bildlaufs die Eigenschaft *AutoScrollPosition* (mit Lese-/Schreib-Zugriff) in *ScrollableControl* implementiert (von der *Form* abgeleitet ist). Bei *AutoScrollPosition* handelt es sich um eine *Point*-Struktur, mit der die Position der beiden Bildlaufleisten angegeben wird.

Wenn Sie den Wert *AutoScrollPosition* abrufen und es sich um negative Koordinaten handelt, geben diese Werte die Position des virtuellen Clientbereichs relativ zur oberen linken Ecke des physischen Clientbereichs an. Beim Einstellen von *AutoScrollPosition* müssen die Koordinaten jedoch positiv sein. Daher die Notwendigkeit für die folgenden beiden Codezeilen:

```
pt.X = -pt.X
pt.Y = -pt.Y
```

Andernfalls werden die Koordinaten lediglich auf Grundlage der jeweils verwendeten Cursortaste angepasst. Im Fall der Pfeiltasten verschiebe ich den Clientbereich bei gedrückter STRG-Taste um die Breite des Clientbereichs, bei nicht gedrückter STRG-Taste um die Höhe eines *Font*-Zeichens. Ich habe die Auswirkungen anderer Cursortasten unabhängig von den weiteren Zusatztasten gestaltet. Mithilfe der POS1-Taste springt die Anzeige wieder zur Ausgangsposition; über die ENDE-Taste springen Sie an das Ende der Liste, bleiben aber an derselben horizontalen Position.

KeyPress für Zeichen

Viele Tasten auf der Tastatur erzeugen Zeichencodes. Zum Abrufen dieser Codes implementieren Sie einen Ereignishandler für *KeyPress* oder überschreiben (sofern möglich) die Methode *OnKeyPress*:

Control-Ereignisse (Auswahl)

Ereignis	Methode	Delegat	Argument
KeyPress	OnKeyPress	*KeyPressEventHandler*	*KeyPressEventArgs*

Die Klasse *KeyPressEventArgs* weist lediglich zwei Eigenschaften auf:

KeyPressEventArgs-Eigenschaften

Eigenschaft	Typ	Zugriff	Erläuterungen
KeyChar	*Char*	Get	Unicode-Zeichencode
Handled	*Boolean*	Get/Set	Wird durch den Ereignishandler gesetzt (Anfangseinstellung: *False*)

Beim Datentyp *Char* handelt es sich natürlich um ein 16-Bit-Unicode-Zeichen.

Sie können sich dazu die oben auf Seite 181 gezeigte Tabelle ansehen, in der die Ereignisse beim Drücken der Tastenkombination Umschalttaste+D aufgelistet wurden. Mitten in diesem Vorgang – zwischen den Ereignispaaren *KeyDown* und *KeyUp* – erhalten Sie ein *KeyPress*-Ereignis mit einem *KeyChar*-Eigenschaftswert von &H0044, was dem Großbuchstaben D entspricht. (Naja, meistens jedenfalls. Bei aktivierter Feststelltaste erhalten Sie &H0064, ein kleines d.).

Natürlich immer vorausgesetzt, Sie verwenden das amerikanische Tastaturlayout. Bei einer griechischen Tastatur erhalten Sie den Wert &H0394, was dem Zeichen Δ entspricht. Auf einer russischen Tastatur erhalten Sie dagegen den Wert &H0412, wobei es sich um das Zeichen B handelt. Aber auf die Installation verschiedener Tastaturen komme ich später noch zu sprechen.

Steuerzeichen

Bei gedrückter STRG-Taste können Sie Steuerzeichen erzeugen, die über das *KeyPress*-Ereignis weitergegeben werden. Mithilfe der STRG-Taste und den Buchstaben A bis Z erhalten Sie unabhängig vom Umschaltstatus Zeichencodes von &H0001 bis &H001A. Nachfolgend sehen Sie einige weitere Steuerzeichen, die mithilfe der Tastatur erzeugt werden können.

Über die Tastatur erzeugte Steuerzeichen

Taste/Tastenkombination	Steuerzeichen
Umschalttaste+STRG @	&H0000
Rücktaste	&H0008
Tabulator	&H0009
STRG+Eingabetaste	&H000A
Eingabetaste	&H000D
ESC-Taste/STRG-Taste [	&H001B
STRG-Taste \	&H001C
STRG-Taste]	&H001D
Umschalttaste+STRG-Taste ^	&H001E
Umschalttaste+STRG-Taste _	&H001F
STRG-Taste+Rücktaste	&H007F

In vielen Programmen wird die Kombination aus Umschalt- und Tabulatortaste häufig für das Zurückspringen im Text verwendet. Es gibt keinen speziellen Code für diese Kombination, darum müssen Sie sich selbst kümmern.

Eine gewisse Überschneidung mit der Enumeration *Keys* ergibt sich für die *KeyDown*- und *KeyUp*-Ereignisse und die Steuerzeichen, die über das *KeyPress*-Ereignis abgerufen werden. Welche Form der Verarbeitung von Tabulator-, Eingabe-, Rück- oder ESC-Taste sollte bevorzugt werden?

Ich stelle mir diese Frage nun schon seit 15 Jahren, und letztlich bevorzuge ich persönlich mittlerweile die Unicode-Steuerzeichen. Der einzige Grund dafür, dass ich auch die zweite Möglichkeit anführe, ist folgender: In alten Zeiten wurden die Tastenkombinationen STRG+H für die Rücktaste und STRG+I für die Tabulatortaste verwendet. Wenn Sie diese Funktionalität also weiterhin unterstützen möchten, müssen Sie Rück- und Tabulatortaste im *KeyPress*-Ereignishandler verarbeiten.

Die Tasten genauer untersuchen

Sie fragen sich vielleicht gerade, woher ich all diese Informationen über die Tastaturereignisse habe, da diese sich mit Sicherheit nicht in der Windows Forms-Dokumentation finden. Nun, die meisten der genannten Informationen hat mir das folgende Programm geliefert, das beim Drücken von Tasten Informationen dazu anzeigt und die letzten 25 Tastaturereignisse (*KeyDown*, *KeyUp* und *KeyPress*) in einem Array speichert.

```
KeyExamine.vb
Imports System
Imports System.Drawing
Imports System.Windows.Forms
Class KeyExamine
    Inherits Form
    ' Enum- und Structure-Definitionen zur Speicherung von Tastenereignissen.
    Private Enum EventType
        None
        KeyDown
        KeyUp
        KeyPress
    End Enum
    Private Structure KeyEvent
        Public evttype As EventType
        Public evtargs As EventArgs
    End Structure
    ' Variablen für die Tastenereignisse.
    Const iNumLines As Integer = 25
    Private iNumValid As Integer = 0
    Private iInsertIndex As Integer = 0
    Private akeyevt(iNumLines) As KeyEvent

    ' Textpositionierung
    Private xEvent, xChar, xCode, xMods, xData As Integer
    Private xShift, xCtrl, xAlt, xRight As Integer
    Shared Sub Main()
        Application.Run(New KeyExamine())
    End Sub
    Sub New()
        Text = "Key Examine"
        BackColor = SystemColors.Window
        ForeColor = SystemColors.WindowText
```

```vb
        xEvent = 0
        xChar = xEvent + 5 * Font.Height
        xCode = xChar + 5 * Font.Height
        xMods = xCode + 8 * Font.Height
        xData = xMods + 8 * Font.Height
        xShift = xData + 8 * Font.Height
        xCtrl = xShift + 5 * Font.Height
        xAlt = xCtrl + 5 * Font.Height
        xRight = xAlt + 5 * Font.Height

        ClientSize = New Size(xRight, Font.Height * (iNumLines + 1))
         FormBorderStyle = FormBorderStyle.Fixed3D
        MaximizeBox = False
    End Sub
    Protected Overrides Sub OnKeyDown(ByVal kea As KeyEventArgs)
        akeyevt(iInsertIndex).evttype = EventType.KeyDown
        akeyevt(iInsertIndex).evtargs = kea
        OnKey()
    End Sub
    Protected Overrides Sub OnKeyUp(ByVal kea As KeyEventArgs)
        akeyevt(iInsertIndex).evttype = EventType.KeyUp
        akeyevt(iInsertIndex).evtargs = kea
        OnKey()
    End Sub
    Protected Overrides Sub OnKeyPress(ByVal kpea As KeyPressEventArgs)
        akeyevt(iInsertIndex).evttype = EventType.KeyPress
        akeyevt(iInsertIndex).evtargs = kpea
        OnKey()
    End Sub
    Private Sub OnKey()
        If iNumValid < iNumLines Then
            Dim grfx As Graphics = CreateGraphics()
            DisplayKeyInfo(grfx, iInsertIndex, iInsertIndex)
            grfx.Dispose()
        Else
            ScrollLines()
        End If
        iInsertIndex = (iInsertIndex + 1) Mod iNumLines
        iNumValid = Math.Min(iNumValid + 1, iNumLines)
    End Sub
    Protected Overridable Sub ScrollLines()
        Dim rect As New Rectangle(0, Font.Height, _
                                  ClientSize.Width, _
                                  ClientSize.Height - Font.Height)
        ' Wie gern würd' ich hier einen Bildlauf durchführen!
        Invalidate(rect)
    End Sub
    Protected Overrides Sub OnPaint(ByVal pea As PaintEventArgs)
        Dim grfx As Graphics = pea.Graphics
        Dim i As Integer

        BoldUnderline(grfx, "Event", xEvent, 0)
        BoldUnderline(grfx, "KeyChar", xChar, 0)
        BoldUnderline(grfx, "KeyCode", xCode, 0)
        BoldUnderline(grfx, "Modifiers", xMods, 0)
```

```
                    BoldUnderline(grfx, "KeyData", xData, 0)
                    BoldUnderline(grfx, "Shift", xShift, 0)
                    BoldUnderline(grfx, "Control", xCtrl, 0)
                    BoldUnderline(grfx, "Alt", xAlt, 0)
                    If iNumValid < iNumLines Then
                        For i = 0 To iNumValid - 1
                            DisplayKeyInfo(grfx, i, i)
                        Next i
                    Else
                        For i = 0 To iNumLines - 1
                            DisplayKeyInfo(grfx, i, (iInsertIndex + i) Mod iNumLines)
                        Next i
                    End If
                End Sub
                Private Sub BoldUnderline(ByVal grfx As Graphics, ByVal str As String, _
                                         ByVal x As Integer, ByVal y As Integer)
                    ' Text fett formatieren.
                    Dim br As New SolidBrush(ForeColor)
                    grfx.DrawString(str, Font, br, x, y)
                    grfx.DrawString(str, Font, br, x + 1, y)
                    ' Text unterstreichen.
                    Dim szf As SizeF = grfx.MeasureString(str, Font)
                    grfx.DrawLine(New Pen(ForeColor), x, y + szf.Height, x + szf.Width, y + szf.Height)
                End Sub
                Private Sub DisplayKeyInfo(ByVal grfx As Graphics, ByVal y As Integer, ByVal i As Integer)
                    Dim br As New SolidBrush(ForeColor)
                    y = (1 + y) * Font.Height          ' y-Wert in Pixelkoordinaten konvertieren.
                    grfx.DrawString(akeyevt(i).evttype.ToString(), Font, br, xEvent, y)
                    If akeyevt(i).evttype = EventType.KeyPress Then
                        Dim kpea As KeyPressEventArgs = DirectCast(akeyevt(i).evtargs, KeyPressEventArgs)
                        Dim str As String = String.Format(ChrW(&H202D) & "{0} (&H{1:X4})", _
                                            kpea.KeyChar, AscW(kpea.KeyChar))
                        grfx.DrawString(str, Font, br, xChar, y)
                    Else
                        Dim kea As KeyEventArgs = DirectCast(akeyevt(i).evtargs, KeyEventArgs)
                        Dim str As String = String.Format("{0} ({1})", _
                                            kea.KeyCode, CInt(kea.KeyCode))
                        grfx.DrawString(Str, Font, br, xCode, y)
                        grfx.DrawString(kea.Modifiers.ToString(), Font, br, xMods, y)
                        grfx.DrawString(kea.KeyData.ToString(), Font, br, xData, y)
                        grfx.DrawString(kea.Shift.ToString(), Font, br, xShift, y)
                        grfx.DrawString(kea.Control.ToString(), Font, br, xCtrl, y)
                        grfx.DrawString(kea.Alt.ToString(), Font, br, xAlt, y)
                    End If
                End Sub
            End Class
```

Ein ziemlich umfangreiches Programm für dieses Buch. Bereits zu Beginn der Klasse werden eine private Enumeration (*EventType*) und eine Struktur (*KeyEvent*) definiert, die zur Speicherung der *KeyEventArgs*- und *KeyPressEventArgs*-Informationen zu jedem Tastendruck dienen. Anschließend erstellt das Programm ein Array aus 25 solchen Strukturen. Die Integerfelder erhalten das Präfix *x* und werden zur Anordnung der Daten in Form von Spalten genutzt.

Beim Auftreten von *KeyDown*-, *KeyUp*- und *KeyPress*-Ereignissen werden die Ereignisinformationen im Array gespeichert und mithilfe der Methode *DisplayKeyInfo* (der umfangreichsten

Methode in der Klasse *KeyExamine*) angezeigt. Die *OnPaint*-Methode macht auch von der Methode *DisplayKeyInfo* Gebrauch und formatiert die Spaltenüberschriften (fett und unterstrichen). In Kapitel 9 werde ich eine sehr viel bessere Vorgehensweise für den Einsatz von fetter unterstrichener Schrift beschreiben; im vorliegenden Fall wird lediglich der Text zweimal gezeichnet, wobei die Zeichenoperation im zweiten Durchgang um 1 Pixel versetzt erfolgt; die Unterstreichung erfolgt mithilfe von *DrawLine*. So sieht die Programmausgabe nach der Eingabe von »Hello!« aus:

```
Key Examine                                                              _ □ ×
Event      KeyChar       KeyCode       Modifiers    KeyData         Shift   Control   Alt
KeyDown                  ShiftKey (16) Shift        ShiftKey, Shift True    False     False
KeyDown                  H (72)        Shift        H, Shift        True    False     False
KeyPress   H (0x0048)
KeyUp                    H (72)        Shift        H, Shift        True    False     False
KeyUp                    ShiftKey (16) None         ShiftKey        False   False     False
KeyDown                  E (69)        None         E               False   False     False
KeyPress   e (0x0065)
KeyUp                    E (69)        None         E               False   False     False
KeyDown                  L (76)        None         L               False   False     False
KeyPress   l (0x006C)
KeyUp                    L (76)        None         L               False   False     False
KeyDown                  L (76)        None         L               False   False     False
KeyPress   l (0x006C)
KeyUp                    L (76)        None         L               False   False     False
KeyDown                  O (79)        None         O               False   False     False
KeyPress   o (0x006F)
KeyUp                    O (79)        None         O               False   False     False
KeyDown                  ShiftKey (16) Shift        ShiftKey, Shift True    False     False
KeyDown                  D1 (49)       Shift        D1, Shift       True    False     False
KeyPress   ! (0x0021)
KeyUp                    D1 (49)       Shift        D1, Shift       True    False     False
KeyUp                    ShiftKey (16) None         ShiftKey        False   False     False
```

Problematisch wird es, wenn wir uns dem unteren Clientbereich nähern, denn dann möchte das Programm am liebsten so weit wie möglich einen Bildlauf nach unten durchführen. Beim Schreiben von Win32-Code würde ich in einem solchen Fall einen *ScrollWindow*-Aufruf verwenden. Leider steht in Windows Forms jedoch keine derartige Funktion zur Verfügung. Statt also einen Bildlauf durchzuführen, erklärt das Programm den Ausschnitt des Clientbereichs unterhalb der Spaltenüberschriften für ungültig und erzwingt das Neuzeichnen aller Zeilen über die *OnPaint*-Methode. Diese Vorgehensweise funktioniert nicht besonders gut, und ich fühle mich ziemlich unwohl dabei, aber derjenige bei Microsoft, der vergessen hat, eine *ScrollWindow*-Funktion in Windows Forms zu implementieren, fühlt sich wahrscheinlich noch schlechter.

Aufruf der Win32-API

Was also, wenn Sie absolut und jedenfalls und *unbedingt* eine Win32-API-Funktion benötigen und diese im .NET Framework schlicht nicht vorhanden ist?

Falls erforderlich, können Sie in diesem Fall auf die *Platform Invocation Services* zurückgreifen. Bei PInvoke (wie diese Dienste auch genannt werden) handelt es sich um eine allgemeine Technik, mit der Sie aus einer DLL exportierte Funktionen aufrufen können. Die Funktion *ScrollWindow* befindet sich auf Ihrem Rechner in der Datei *User32.dll* und eignet sich damit für diese Vorgehensweise. Der Nachteil dabei ist, dass Sie auf diese Weise nicht länger verwalteten Code und ganz sicher keinen plattformunabhängigen Code mehr schreiben.

Laut Dokumentation der Win32-API weist *ScrollWindow* die folgende Syntax auf:
```
BOOL ScrollWindow(HWND hWnd, int XAmount, int YAmount, CONST RECT *lpRect, CONST RECT *lpClipRect);
```
In den C-Headerdateien für Windows ist *BOOL* einfach als *int*-Datentyp definiert (*Integer* in Visual Basic), und *HWND* (ein Fensterhandle) als Zeiger auf *void* (*Any* in Visual Basic), obwohl es sich eigentlich lediglich um einen 32-Bit-Wert handelt.

Aber woher sollen wir in Windows Forms ein Fensterhandle herbekommen? Nun, die Klasse *Control* besitzt eine Eigenschaft *Handle*, die als Fensterhandle des Steuerelements dokumentiert ist. Die Eigenschaft *Handle* ist eine Zeigerstruktur vom Typ *IntPtr*, die im Namespace *System* definiert ist. Zwischen den Datentypen *Integer* und *IntPtr* ist eine Typumwandlung ohne weiteres möglich. Bisher erhalten wir also eine recht saubere Umwandlung zwischen den Visual Basic .NET-Datentypen und den Argumenten und Rückgabetypen des *ScrollWindow*-Aufrufs.

Komplizierter wird es bei den letzten beiden Argumenten von *ScrollWindow*. Bei diesen Argumenten handelt es sich um Zeiger auf Windows-*RECT*-Strukturen. Die *RECT*-Struktur ist folgendermaßen definiert (wieder in C-Syntax):

```
typedef struct tagRECT
{
    LONG left;
    LONG top;
    LONG right;
    LONG bottom;
} RECT;
```

Der Datentyp *LONG* ist in einer Windows-Headerdatei als *long* definiert. Hierbei handelt es sich allerdings nicht um einen 64 Bit langen Visual Basic .NET-Typ *Long*, sondern nur um einen 32 Bit langen C-Typ *long*, der wiederum zu dem Visual Basic .NET-Typ *Integer* kompatibel ist.

Zum Aufruf von *ScrollWindow* aus einem Visual Basic .NET-Programm müssen Sie eine *Structure* definieren, die dieselben Felder (in gleicher Reihenfolge) wie die Windows-*RECT*-Struktur aufweist, und ihr folgendes Attribut voranstellen:

```
<StructLayout(LayoutKind.Sequential)> _
Structure RECT
    Public left As Integer
    Public top As Integer
    Public right As Integer
    Public bottom As Integer
End Structure
```

StructLayout ist ein Visual Basic .NET-Attribut, das auf der im Namespace *System.Runtime.InteropServices* definierten Klasse *StructLayoutAttribute* basiert. Ferner müssen Sie die Funktion *ScrollWindow* deklarieren und das Schlüsselwort *Lib* verwenden, das die DLL angibt, in der sich die Funktion befindet:

```
Declare Function ScrollWindow Lib "user32.dll" (ByVal hwnd As IntPtr, _
            ByVal cx As Integer, ByVal cy As Integer, _
            ByRef rectScroll As RECT, _
            ByRef rectClip As RECT) As Integer
```

Sie haben vielleicht bemerkt, dass die Klasse *KeyExamine* eine Methode namens *ScrollLines* enthält, die für den Bildlauf des Inhalts des Clientbereichs verantwortlich ist. Über die *ScrollLines*-Methode in *KeyExamine* wird lediglich der Clientbereichsausschnitt unterhalb der Spaltenüberschriften für ungültig erklärt. Die nachfolgend gezeigte Klasse erbt von *KeyExamine*, definiert eine *RECT*-Struktur, deklariert die Funktion *ScrollWindow* und überschreibt die *ScrollLines*-Methode in *KeyExamine*. Diese überarbeitete Version von *ScrollLines* ruft die Windows-Funktion *ScrollWindow* auf.

```
KeyExamineWithScroll.vb
Imports System
Imports System.Drawing
Imports System.Runtime.InteropServices
Imports System.Windows.Forms
Class KeyExamineWithScroll
    Inherits KeyExamine

    Shared Shadows Sub Main()
        Application.Run(New KeyExamineWithScroll())
    End Sub

    Sub New()
        Text &= " With Scroll"
    End Sub

    ' Eine Win32-ähnliche RECT-Struktur definieren.
    <StructLayout(LayoutKind.Sequential)> _
    Structure RECT
        Public left As Integer
        Public top As Integer
        Public right As Integer
        Public bottom As Integer
    End Structure

    ' ScrollWindow-Aufruf deklarieren.
    Declare Function ScrollWindow Lib "user32.dll" (ByVal hwnd As IntPtr, _
                ByVal cx As Integer, ByVal cy As Integer, _
                ByRef rectScroll As RECT, _
                ByRef rectClip As RECT) As Integer

    ' Methode in KeyExamine überschreiben.
    Protected Overrides Sub ScrollLines()
        Dim rect As RECT
        rect.left = 0
        rect.top = Font.Height
        rect.right = ClientSize.Width
        rect.bottom = ClientSize.Height

        ScrollWindow(Handle, 0, -Font.Height, rect, rect)
    End Sub
End Class
```

Diese Version ist um einiges besser: Das Programm läuft bedeutend runder und effizienter, da nicht alle Ausgabezeilen neu gezeichnet werden müssen.

Andere Länder, andere Tastaturen

Es ist immer nützlich, Programme auch auf anderen Tastaturen zu testen, insbesondere dann, wenn diese für andere Sprachen entworfen sind.* Außerdem ist es erheblich einfacher, ein Programm mit russischer Tastatur auszuführen als deswegen extra nach Moskau zu fliegen. Sie kön-

---

* Das Buch *Developing International Software for Windows 95 and Windows NT* von Nadine Kano enthält eine Menge Informationen zu diesem Thema. Dieses Buch von Microsoft Press ist nicht mehr lieferbar, steht jedoch in elektronischer Form auf der MSDN Library-Website zur Verfügung: *http://msdn.microsoft.com/library* unter *Development (General)* und *Internationalization*.

nen so genannte *Tastaturlayouts* installieren, das sind kleine Dateien, mit denen Sie auf der vorhandenen Tastatur Zeichencodes in anderen Sprachen erzeugen können.

Die folgenden Anweisungen zur Installation anderssprachiger Tastaturlayouts beziehen sich auf die deutsche Version von Windows 2000.

Öffnen Sie die Systemsteuerung, und doppelklicken Sie auf *Ländereinstellungen*. Klicken Sie anschließend auf die Registerkarte *Allgemein*. Im Abschnitt *Spracheinstellungen für das System* ist momentan wahrscheinlich nur die Standardeinstellung *Westeuropa und USA* aktiviert. Aktivieren Sie auch die Optionen *Arabisch, Kyrillisch, Griechisch* und *Hebräisch*, und klicken Sie dann auf *OK*. Sie werden aufgefordert, die Windows 2000-CD-ROM einzulegen und einen Neustart durchzuführen.

Öffnen Sie nach dem Neustart erneut die Systemsteuerung, und doppelklicken Sie auf *Tastatur*. Klicken Sie dann auf die Registerkarte *Eingabe*. Klicken Sie im Abschnitt *Installierte Eingabegebietsschemas* auf *Hinzufügen* und fügen Sie nacheinander folgende Gebietsschemas hinzu (sofern nicht bereits installiert): *Arabisch (Ägypten), Englisch (Großbritannien), Englisch (USA), Deutsch (Deutschland), Griechisch, Hebräisch* und *Russisch*. Auf diese Weise installieren Sie auch die mit diesen Eingabegebietsschemas verknüpften Tastaturlayouts.

Stellen Sie sicher, dass im Dialogfeld *Tastatureigenschaften* die Option *Sprachanzeige aktivieren (Taskleiste)* aktiviert ist.

In Windows XP werden normalerweise die meisten Sprachen installiert. Um sie zu aktivieren, starten Sie in der Systemsteuerung *Regions- und Sprachoptionen*. Wählen Sie die Registerkarte *Sprachen* und klicken Sie auf *Details*. Mit einem Klick auf *Hinzufügen* fügen Sie dann die vorhin erwähnten Sprachen hinzu. Klicken Sie auch auf die Schaltfläche *Eingabegebietsschema-Leiste* und achten Sie darauf, dass die Option zur Anzeige auf dem Desktop aktiviert ist.

Wenn außer der verwendeten Standardsprache zuvor keine weitere Sprache installiert war, wird nun ganz rechts in der Taskleiste ein neues Symbol angezeigt: ein kleines Feld mit den Buchstaben *DE* (für *Deutsch*). Sie können auf dieses Feld klicken, um zu einer anderen Tastatur zu wechseln, z.B. zum arabischen, griechischen, hebräischen oder russischen Tastaturlayout. Die Änderung wirkt sich hierbei immer nur auf die gerade aktive Anwendung aus.

Experimentieren wir also ein bisschen mit KeyExamine oder KeyExamineWithScroll herum. Führen Sie eines dieser Programme aus, und wechseln Sie zum Tastaturlayout *Englisch (USA)*, sofern Sie dieses nicht bereits verwenden. Drücken Sie die Tastenkombination Umschalttaste+3. Sie erhalten den *KeyChar*-Code &H0023 sowie ein Rautenzeichen (#). Wechseln Sie zum Tastaturlayout *Englisch (Großbritannien)*, und geben Sie die gleiche Tastenkombination erneut ein. Jetzt erhalten Sie den Code &H00A3 und ein Pfundzeichen (£).

Wechseln Sie zum Tastaturlayout *Deutsch (Deutschland)*. Geben Sie ein Y und ein Z ein. Beachten Sie, dass sowohl *KeyCode* als auch *KeyChar* ein Z liefern, wenn Sie auf der amerikanischen Tastatur ein Y eingeben, und ein Y, wenn Sie ein Z eingeben. Grund: Diese beiden Buchstaben sind bei deutschen und amerikanischen Tastaturen vertauscht.

Behalten Sie die deutsche Tastatureinstellung bei, und drücken Sie die +/=-Taste (falls Sie keine amerikanische Tastatur besitzen: dies ist die Taste links neben der Rücktaste mit den Zeichen ´/`). Der *KeyCode* lautet nun 221, was *Keys.OemCloseBrackets* entspricht. Drücken Sie nun die A-Taste. Als Ergebnis erhalten Sie den Kleinbuchstaben *a* mit einem Akutzeichen: *á*, Unicode-Zeichen &H00E1. Die erste Taste wird als *tote Taste* bezeichnet. Beim Drücken einer solchen Taste plus einer entsprechenden Zeichentaste erhalten Sie ein Zeichen mit Akzent. Sie können im Anschluss an die +/=-Taste einen der folgenden Groß- oder Kleinbuchstaben drücken: *a, e, i, o, u* oder *y* (das auf einer amerikanischen Tastatur über die Z-Taste erzeugt wird). Wenn Sie beim Drücken von +/= gleichzeitig die Umschalttaste gedrückt halten und dann einen Vokal eingeben (*a, e, i, o,* oder *u*, hier kein *y*), führt dies zu einem Buchstaben mit Accent grave, z.B. à.

Wenn Sie nach dem Drücken einer toten Taste einen Konsonanten eingeben, erhalten Sie den Akzent selbst (´ oder `), gefolgt vom eingegebenen Buchstaben. Wenn Sie nur den Akzent eingeben möchten, drücken Sie nach der toten Taste auf die Leertaste.

Ähnlich wird bei Einstellung eines deutschen Tastaturlayouts auf einer amerikanischen Tastatur durch Drücken der ~/^-Taste (diese befindet sich in der Ziffernreihe links neben der 1) gefolgt von einem *a, e, i, o,* oder *u* ein Buchstabe mit einem Zirkumflexzeichen erzeugt: *â*. (Bei gedrückter Umschalttaste ist die ~/^-Taste keine tote Taste; sie erzeugt in diesem Fall ein Gradzeichen, °.) Umlaute können auf einer amerikanischen Tastatur durch Drücken der Tasten "/'-, :/;- oder {/[erzeugt werden.

Bisher fielen alle *KeyChar*-Werte der entsprechenden *KeyPress*-Ereignisse in den 8-Bit-Bereich. Es handelt sich dabei um Zeichen, die in zwei Standards definiert werden. Der erste Standard ist der ANSI X3.4-1986-Zeichensatz (Coded Character Sets – 7-Bit American National Standard Code for Information Interchange, 7-Bit ASCII):

	–0	–1	–2	–3	–4	–5	–6	–7	–8	–9	–A	–B	–C	–D	–E	–F
2–		!	"	#	$	%	&	'	(	)	*	+	,	-	.	/
3–	0	1	2	3	4	5	6	7	8	9	:	;	<	=	>	?
4–	@	A	B	C	D	E	F	G	H	I	J	K	L	M	N	O
5–	P	Q	R	S	T	U	V	W	X	Y	Z	[	\	]	^	_
6–	`	a	b	c	d	e	f	g	h	i	j	k	l	m	n	o
7–	p	q	r	s	t	u	v	w	x	y	z	{	|	}	~	

Der zweite Standard ist der erweiterte ASCII-Zeichensatz, der unter dem Namen ANSI/ISO 8859-1-1987 (American National Standard for Information Processing – 8-Bit Single-Byte Coded Graphic Character Sets – Part 1: Latin Alphabet No. 1) dokumentiert ist und üblicherweise als »Latin 1« bezeichnet wird:

	–0	–1	–2	–3	–4	–5	–6	–7	–8	–9	–A	–B	–C	–D	–E	–F
A–		¡	¢	£	¤	¥	¦	§	¨	©	ª	«	¬	-	®	¯
B–	°	±	²	³	´	µ	¶	·	¸	¹	º	»	¼	½	¾	¿
C–	À	Á	Â	Ã	Ä	Å	Æ	Ç	È	É	Ê	Ë	Ì	Í	Î	Ï
D–	Ð	Ñ	Ò	Ó	Ô	Õ	Ö	×	Ø	Ù	Ú	Û	Ü	Ý	Þ	ß
E–	à	á	â	ã	ä	å	æ	ç	è	é	ê	ë	ì	í	î	ï
F–	ð	ñ	ò	ó	ô	õ	ö	÷	ø	ù	ú	û	ü	ý	þ	ÿ

Diese Zeichensätze sind jedoch nur für Sprachen geeignet, die das lateinische Alphabet verwenden. Für alle weiteren Alphabete (sowie für die Ideogramme des Chinesischen, Japanischen und Koreanischen) wurde die 16-Bit-Zeichencodierung Unicode entwickelt. In Visual Basic .NET geschriebene Windows Forms-Programme bedürfen im Allgemeinen keiner expliziten Unicode-Unterstützung. Der Datentyp *Char* von Visual Basic .NET umfasst beispielsweise bereits 16 Bits.

Wenn Sie zum russischen Tastaturlayout wechseln und einige Zeichen eingeben, werden kyrillische Buchstaben angezeigt. Der Zeichencodebereich für diese Buchstaben liegt zwischen &H0410 und &H044F und ist im Unicode-Standard als Basic Russian Alphabet definiert. Sie können ebenso zum arabischen, griechischen oder hebräischen Tastaturlayout wechseln und Buchstaben dieser Alphabete eingeben.

Wenn Sie sich bisher noch nie mit diesem Thema auseinander gesetzt haben, fragen Sie sich jetzt vielleicht, wie diese Problematik vor Einführung des Unicode-Standards gelöst wurde, als Zeichencodes generell nur 8 Bits aufwiesen. Das ist in einem Satz gesagt: Es war mehr als chaotisch.

Wenn Sie bei Tastaturlayoutänderungen durch den Benutzer benachrichtigt werden möchten, können Sie Ereignishandler für die Ereignisse *InputLanguageChanging* und *InputLanguageChanged* installieren oder die Methoden *OnInputLanguageChanging* und *OnInputLanguageChanged* überschreiben. In der folgenden Tabelle stehen die Auslassungspunkte in Methode, Delegat und Ereignisargument für den Ereignisnamen:

Form-Ereignisse (Auswahl)

Ereignis	Methode	Delegat	Argument
InputLanguageChanging	On...	...EventHandler	...EventArgs
InputLanguageChanged	On...	...EventHandler	...EventArgs

Das Ereignis *InputLanguageChanging* erhält man zuerst. Das Objekt *InputLanguageChangingEventArgs* stellt Informationen zu der Sprache bereit, zu der der Benutzer wechseln möchte. Wenn Sie nicht möchten, dass dieser Wechsel für Ihr Programm durchgeführt wird, setzen Sie die *Cancel*-Eigenschaft des *InputLanguageChangingEventArgs*-Objekts auf *True*, andernfalls erhalten Sie kurz darauf das Ereignis *InputLanguageChanged*.

Wenn Sie dieses Thema noch ein wenig vertiefen möchten, können Sie einen Blick auf die Klasse *InputLanguage* im Namespace *System.Windows.Forms* und die Klasse *CultureInfo* im Namespace *System.Globalization* werfen.

Der Eingabefokus

Der Eingabefokus spielt eine wichtige Rolle, sobald Sie damit beginnen, Steuerelemente auf der Formularoberfläche unterzubringen. Der Eingabefokus legt fest, welches Steuerelement Tastatureingaben empfängt. In einem Dialogfeld verlagern verschiedene Tasten (z.B. die Tabulatortaste und die Cursortasten) den Eingabefokus von einem Steuerelement auf ein anderes.

Forms erbt drei schreibgeschützte Eigenschaften, die den Eingabefokus betreffen:

Control-Eigenschaften (Auswahl)

Eigenschaft	Typ	Zugriff
CanFocus	Boolean	Get
ContainsFocus	Boolean	Get
Focused	Boolean	Get

Ein Steuerelement (oder ein Formular) kann den Eingabefokus nicht erhalten, wenn es deaktiviert oder nicht sichtbar ist. Mithilfe der Eigenschaft *CanFocus* können Sie diesen Status prüfen. Die Eigenschaft *ContainsFocus* gibt den Wert *True* zurück, wenn das Steuerelement (oder das Fomular) oder eines der ihm untergeordneten Elemente den Eingabefokus besitzt. *Focused* gibt den Wert *True* zurück, wenn das Steuerelement (oder das Formular) den Eingabefokus hat.

Mithilfe der Methode *Focus* kann ein Programm den Eingabefokus auf eines seiner Steuerelemente setzen.

Control-Methoden (Auswahl)

```
Function Focus() As Boolean
```

Der Rückgabewert gibt an, ob der Fokus erfolgreich übernommen wurde. Die Fokusübergabe ist nur dann erfolgreich, wenn es sich bei dem Steuerelement um ein dem aktiven Formular untergeordnetes Element handelt.

Zwei weitere Ereignisse benachrichtigen ein Steuerelement (oder ein Formular) darüber, dass der Eingabefokus übernommen oder wieder abgegeben wurde:

Control-Ereignisse (Auswahl)

Ereignis	Methode	Delegat	Argument
GotFocus	OnGotFocus	EventHandler	EventArgs
LostFocus	OnLostFocus	EventHandler	EventArgs

Ein Steuerelement (oder Formular) empfängt zu jedem *GotFocus*-Ereignis irgendwann auch ein entsprechendes *LostFocus*-Ereignis. Auf den Eingabefokus komme ich in Kapitel 12 im Rahmen der Steuerelementerstellung noch näher zu sprechen.

Die fehlende Einfügemarke

Steuerelemente oder Formulare, die auf Tastatureingaben reagieren, zeigen in der Regel irgendwie an, dass sie den Eingabefokus übernommen haben. Ein Schaltflächensteuerelement kennzeichnet diesen Zustand beispielsweise mit einer gepunkteten Linie um den Schaltflächentext. Steuerelemente oder Formulare zur Texteingabe weisen mit blinkenden Unterstrichen, vertikalen Linien oder kleinen Kästchen darauf hin, wo das nächste eingegebene Zeichen angezeigt wird. Sie nennen diese Hervorhebung vielleicht einen *Cursor*, in Windows spricht man jedoch richtiger von einer *Einfügemarke* (caret). Das Wort *Cursor* bleibt der Bitmap vorbehalten, die die Position des Mauszeigers angibt.

Wenn Sie ein *TextBox*- oder *RichTextBox*-Steuerelement erstellen (wozu wir in Kapitel 18 kommen werden), ist das Steuerelement für die Erstellung und Anzeige der Einfügemarke verantwortlich. In vielen Fällen erleichtert die Verwendung dieser Steuerelemente Ihrem Programm die Arbeit. Besonders *RichtTextBox* ist äußerst leistungsfähig und baut auf demselben Windows-Steuerelement auf wie Microsoft WordPad.

Falls sich diese Steuerelemente jedoch nicht für Ihre Zwecke eignen und Sie eigene Routinen für die Texteingabe schreiben müssen, haben Sie ein kleines Problem. Zu den schmerzlich vermissten Features in den Windows Forms-Klassenbibliotheken zählt unerklärlicherweise auch die Einfügemarke.

Ich fürchte, damit ist es an der Zeit, ein bisschen nicht verwalteten Code zu schreiben, der sich etwas weiter in die Tiefen der Windows-DLLs vorwagt, um das gewünschte Ziel zu erreichen. Der Code basiert auf der Windows-API für die Einfügemarke und beginnt mit einer Deklaration von fünf externen Funktionen, die sich in *User32.dll* befinden.

Caret.vb
```
Imports System
Imports System.Drawing
Imports System.Runtime.InteropServices
Imports System.Windows.Forms
Class Caret
    ' Externe Funktionen
    Declare Function CreateCaret Lib "user32.dll" (ByVal hwnd As IntPtr, ByVal hbm As IntPtr, _
        ByVal cx As Integer, ByVal cy As Integer) As Integer
    Declare Function DestroyCaret Lib "user32.dll" () As Integer
    Declare Function SetCaretPos Lib "user32.dll" (ByVal x As Integer, ByVal y As Integer) As Integer
    Declare Function ShowCaret Lib "user32.dll" (ByVal hwnd As IntPtr) As Integer
    Declare Function HideCaret Lib "user32.dll" (ByVal hwnd As IntPtr) As Integer
    ' Felder
    Private ctrl As Control
    Private szCaret As Size
    Private ptPos As Point
    Private bVisible As Boolean
    ' Der einzige zulässige Konstruktor verwendet ein Control-Argument.
    Sub New(ByVal ctrl As Control)
        Me.ctrl = ctrl
        Position = Point.Empty
        Size = New Size(1, ctrl.Font.Height)
        AddHandler Control.GotFocus, AddressOf ControlOnGotFocus
        AddHandler Control.LostFocus, AddressOf ControlOnLostFocus

        ' Falls das Steuerelement bereits den Fokus übernommen hat, Einfügemarke erstellen.
        If ctrl.Focused Then
            ControlOnGotFocus(ctrl, New EventArgs())
        End If
    End Sub

    ' Eigenschaften
    ReadOnly Property Control() As Control
        Get
            Return ctrl
        End Get
    End Property

    Property Size() As Size
        Set(ByVal Value As Size)
            szCaret = Value
        End Set
        Get
            Return szCaret
        End Get
    End Property

    Property Position() As Point
        Set(ByVal Value As Point)
            ptPos = Value
            SetCaretPos(ptPos.X, ptPos.Y)
        End Set
```

```
        Get
            Return ptPos
        End Get
    End Property
    Property Visibility() As Boolean
        Set(ByVal Value As Boolean)
            bVisible = Value
            If bVisible Then
                ShowCaret(Control.Handle)
            Else
                HideCaret(Control.Handle)
            End If
        End Set
        Get
            Return bVisible
        End Get
    End Property
    ' Methoden
    Sub Show()
        Visibility = True
    End Sub
    Sub Hide()
        Visibility = False
    End Sub
    Sub Dispose()
        ' Falls das Steuerelement den Fokus hat, Einfügemarke beseitigen.
        If ctrl.Focused Then
            ControlOnLostFocus(ctrl, New EventArgs())
        End If
        RemoveHandler Control.GotFocus, AddressOf ControlOnGotFocus
        RemoveHandler Control.LostFocus, AddressOf ControlOnLostFocus
    End Sub
    ' Ereignishandler
    Private Sub ControlOnGotFocus(ByVal obj As Object, ByVal ea As EventArgs)
        CreateCaret(Control.Handle, IntPtr.Zero, Size.Width, Size.Height)
        SetCaretPos(Position.X, Position.Y)
        Show()
    End Sub
    Private Sub ControlOnLostFocus(ByVal obj As Object, ByVal ea As EventArgs)
        Hide()
        DestroyCaret()
    End Sub
End Class
```

Verwenden Sie den folgenden Konstruktor, um eine Einfügemarke für Ihr Formular (oder ein anderes von *Control* abgeleitetes Objekt) zu erstellen:

```
New crt As New Caret(ctrl)
```

Die Klasse *Caret* definiert keinen Standardkonstruktor, daher müssen Sie im Konstruktor ein Argument angeben. *Caret* stellt vier Eigenschaften bereit:

Caret-Eigenschaften

Eigenschaft	Typ	Zugriff	Beschreibung
Control	*Control*	Get	Das *Control*-Objekt, mit dem die Einfügemarke verknüpft ist
Size	*Size*	Get/Set	Größe der Einfügemarke in Pixeln
Position	*Point*	Get/Set	Position der Einfügemarke, relativ zum Steuerelementursprung
Visibility	*Boolean*	Get/Set	Sichtbarkeit der Einfügemarke

In zeichenorientierten Umgebungen werden Einfügemarken oft als Unterstriche oder in Form von kleinen Kästchen dargestellt. Im Fall der Eingabe von Text mit variabler Zeichenbreite ist jedoch eine vertikale Linie besser geeignet. Ein Programm mit der Klasse *Caret* legt bei Verwendung der Standardschrift für das Steuerelement die Größe der Einfügemarke folgendermaßen fest:

```
caret.Size = New Size(2, Font.Height)
```

Die Eigenschaft *Position* gibt die Position der Einfügemarke im Verhältnis zur oberen linken Ecke des Clientbereichs an.

Sie können die Einfügemarke mithilfe der Eigenschaft *Visibility* ein- und ausblenden. Denken Sie daran, die Einfügemarke bei jeder Art von Zeichenoperation auf dem Formular (mit Ausnahme von *Paint*) – auszublenden! Anstelle von *Visibility* können Sie auch die Methoden *Hide* und *Show* einsetzen. Die Methode *Dispose* ist die einzige weitere öffentliche Methode, die *Caret* unterstützt:

Caret-Methoden

Methode	Beschreibung
Sub Hide()	Blendet die Einfügemarke aus
Sub Show()	Zeigt die Einfügemarke an
Sub Dispose()	Deaktiviert die Einfügemarke

Normalerweise ist ein Aufruf von *Dispose* nicht erforderlich. *Dispose* wird nur dann benötigt, wenn Sie die Einfügemarke für eine Tastatureingabe in Ihrem Formular oder Steuerelement verwendet haben und sie später nicht mehr benötigen.

Die Klasse *Caret* ist ein gutes Beispiel für eine Klasse, die eine Implementierung von Ereignishandlern für das verknüpfte Formular erfordert. *Caret* installiert Ereignishandler für die Ereignisse *GotFocus* und *LostFocus*. Die Einfügemarke wird erstellt, wenn das Formular den Eingabefokus übernimmt, und beseitigt, wenn das Formular den Eingabefokus wieder verliert. Dieser Ansatz entspricht der empfohlenen Behandlung der Einfügemarke in der Win32-Programmierung. *Dispose* sorgt lediglich für die Deinstallation der Ereignishandler, damit die Einfügemarke nicht mehr länger erstellt wird.

Nehmen Sie sich jedoch folgenden Rat zu Herzen: Ein Formular, das diese Klasse *Caret* verwendet und selbst die Methoden *OnFocus* und *OnLostFocus* überschreibt, läuft Gefahr, die Ereignishandler in *Caret* zu deaktivieren. Rufen Sie deshalb in jedem Fall die Methoden der Basisklasse auf, wenn Sie diese Methoden überschreiben möchten:

```
Protected Overrides Sub OnGotFocus(ByVal ea As EventArgs)
    MyBase.OnGotFocus(ea)
    ⋮
End Sub
Protected Overrides Sub OnLostFocus(ByVal ea As EventArgs)
    MyBase.OnLostFocus(ea)
    ⋮
End Sub
```

Die *OnGotFocus*- und *OnLostFocus*-Methoden der Basisklasse rufen die installierten Ereignishandler wie z.B. die in *Caret* auf.

Eingegebene Zeichen anzeigen

Werfen wir nun einen Blick auf ein Programm, das durch Einsatz der Klasse *Caret* die Eingabe und Bearbeitung von Text ermöglicht. Dieses Programm ähnelt in seiner Funktionalität sehr stark einem *TextBox*-Steuerelement im Einzelzeilenmodus.

TypeAway.vb
```
Imports System
Imports System.Drawing
Imports System.Drawing.Text
Imports System.Windows.Forms
Class TypeAway
    Inherits Form
    Shared Sub Main()
        Application.Run(New TypeAway())
    End Sub
    Protected crt As caret
    Protected strText As String = ""
    Protected iInsert As Integer = 0
    Sub New()
        Text = "Type Away"
        BackColor = SystemColors.Window
        ForeColor = SystemColors.WindowText

        crt = New Caret(Me)
        crt.Size = New Size(2, Font.Height)
        crt.Position = New Point(0, 0)
    End Sub
    Protected Overrides Sub OnKeyPress(ByVal kpea As KeyPressEventArgs)
        Dim grfx As Graphics = CreateGraphics()
        crt.Hide()
        grfx.FillRectangle(New SolidBrush(BackColor), _
                New RectangleF(PointF.Empty, _
                grfx.MeasureString(strText, Font, _
                PointF.Empty, StringFormat.GenericTypographic)))
        Select Case kpea.KeyChar
            Case Chr(8)
                If (iInsert > 0) Then
                    strText = strText.Substring(0, iInsert - 1) & strText.Substring(iInsert)
                    iInsert -= 1
                End If
```

In die Tasten hauen

```vb
            Case Chr(10), Chr(13)  ' Diese Tasten ignorieren.
            Case Else
                If (iInsert = strText.Length) Then
                    strText &= kpea.KeyChar
                Else
                    strText = strText.Substring(0, iInsert) & kpea.KeyChar & strText.Substring(iInsert)
                End If
                iInsert += 1
        End Select
        grfx.TextRenderingHint = TextRenderingHint.AntiAlias
        grfx.DrawString(strText, Font, New SolidBrush(ForeColor), 0, 0, StringFormat.GenericTypographic)
        grfx.Dispose()
        PositionCaret()
        crt.Show()
    End Sub
    Protected Overrides Sub OnKeyDown(ByVal kea As KeyEventArgs)
        Select Case kea.KeyData
            Case Keys.Left
                If (iInsert > 0) Then iInsert -= 1
            Case Keys.Right
                If (iInsert < strText.Length) Then iInsert += 1
            Case Keys.Home
                iInsert = 0
            Case Keys.End
                iInsert = strText.Length
            Case Keys.Delete
                If (iInsert < strText.Length) Then
                    iInsert += 1
                    OnKeyPress(New KeyPressEventArgs(Chr(8)))
                End If
            Case Else
                Return
        End Select
        PositionCaret()
    End Sub
    Protected Sub PositionCaret()
        Dim grfx As Graphics = CreateGraphics()
        Dim str As String = strText.Substring(0, iInsert)
        Dim strfmt As StringFormat = StringFormat.GenericTypographic
        strfmt.FormatFlags = strfmt.FormatFlags Or StringFormatFlags.MeasureTrailingSpaces
        Dim szf As SizeF = grfx.MeasureString(str, Font, PointF.Empty, strfmt)
        crt.Position = New Point(CInt(szf.Width), 0)
        grfx.Dispose()
    End Sub
    Protected Overrides Sub OnPaint(ByVal pea As PaintEventArgs)
        Dim grfx As Graphics = pea.Graphics
        grfx.TextRenderingHint = TextRenderingHint.AntiAlias
        grfx.DrawString(strText, Font, New SolidBrush(ForeColor), 0, 0, StringFormat.GenericTypographic)
    End Sub
End Class
```

Die Klasse *TypeAway* erstellt im Konstruktor ein Objekt vom Typ *Caret* und initialisiert Größe und Position der Einfügemarke. Das Programm muss bei auf dem Formular ausgeführten Zeichenoperationen die Einfügemarke lediglich ausblenden und wieder anzeigen (hiervon ausgenommen ist das *Paint*-Ereignis) sowie die Position der Einfügemarke im Clientbereich einstellen.

Die vom Benutzer eingegebene und bearbeitete Zeichenfolge wird im Feld *strText* gespeichert. Das Feld *iInsert* stellt in dieser Zeichenfolge den Einfügepunkt dar. Nach der Eingabe von drei Zeichen entspricht *iInsert* beispielsweise dem Wert 3. Wenn Sie anschließend die linke Pfeiltaste drücken, erhält *iInsert* den Wert 2. Die Methode *PositionCaret* (die ich in Kürze beschreibe) ist für die Konvertierung dieser Zeichenposition in eine Pixelposition zuständig, die wiederum zum Einstellen der Eigenschaft *Position* des *Caret*-Objekts verwendet wird.

Sehen wir uns einmal an, wie *TypeAway* die Methode *OnKeyPress* behandelt. Es scheint so, als ob das Programm neue Zeichen lediglich an der Pixelposition anzeigen müsste, die dem aktuellen Einfügepunkt entspricht, und das Zeichen anschließend nur an die im Feld *strText* anhängen bräuchte. Stattdessen löscht das Programm jedoch mithilfe von *MeasureString* und *FillRectangle* den gesamten auf dem Formular angezeigten Text. Dieses Verhalten erscheint vielleicht ein wenig extrem, ist aber (wie wir noch sehen werden) notwendig, wenn der Einfügepunkt sich nicht am Ende der Zeichenfolge befindet oder kein englischsprachiger Text angezeigt wird.

Die Methode *OnKeyPress* reagiert auf die Rücktaste, indem das Zeichen vor dem Einfügepunkt aus der Zeichenfolge entfernt wird. Wagenrücklauf- und Zeilenvorschubzeichen werden von dieser Methode ignoriert. Alle sonstigen Zeichen werden am Einfügepunkt in die Zeichenfolge *strText* eingefügt. Anschließend zeigt die Methode die gesamte Zeichenfolge an und ruft *PositionCaret* auf. Beachten Sie, dass die Methode die Einfügemarke während der Zeichenoperation ausblendet.

Die Methode *OnKeyDown* verarbeitet Ereignisse von Cursortasten durch Verschieben des Einfügepunkts und behandelt Löschereignisse über die ENTF-Taste genauso wie die mit der Rücktaste. Die Methode *OnKeyDown* ruft außerdem *PositionCaret* auf.

Die Methode *PositionCaret* sorgt für die Konvertierung des Einfügepunkts (*iInsert*) in eine Pixelposition für die Einfügemarke. Diese Konvertierung wird mithilfe von *MeasureString* vorgenommen. Leider bietet die Standardversion von *MeasureString* häufig nicht die Genauigkeit, die für Anwendungen wie diese erforderlich ist. Aber ein weitaus größeres Problem ist, dass *MeasureString* bei der Berechnung von Zeichenfolgenlängen Leerzeichen am Ende gewöhnlich nicht berücksichtigt. Zur Korrektur dieses Problems verwendet das Programm eine Version von *MeasureString* mit einem *StringFormat*-Argument und nimmt den Enumerationswert *StringFormatFlags.MeasureTrailingSpaces* in die *FormatFlags*-Eigenschaft von *StringFormat* mit auf. Ohne diese Änderung würde sich die Einfügemarke zwar bei der Eingabe ganzer Wörter bewegen, nicht jedoch bei der Eingabe eines Leerzeichens nach einem Wort.

Diese Änderung allein reicht jedoch nicht aus, um Einfügemarke und angezeigten Text aufeinander abzustimmen. Aus verschiedenen Gründen, die ich in Kapitel 9 im Abschnitt »Raster- und Textanpassung« erläutere, verfügen die Methoden *MeasureString* und *DrawString* üblicherweise über ein integriertes Feature zum Einfügen von Leerbereichen, um Probleme zu kompensieren, die beim geräteunabhängigen Rastern von Outlineschriften entstehen. Zum Überschreiben dieses Standardverhaltens verwendet das Programm ein *StringFormat*-Objekt, das über die shared Eigenschaft *StringFormat.GenericTypographic* abgerufen wird. Als Teil dieser (ebenfalls in Kapitel 9 behandelten) Lösung verwendet das Programm außerdem die *Graphics*-Eigenschaft *TextRenderingHint*, um für die Textausgabe das Anti-Aliasing zu aktivieren.

Probleme mit der Schreibrichtung

Ich habe bereits erwähnt, dass das Programm TypeAway fast über die gleiche Funktionalität verfügt wie ein *TextBox*-Steuerelement im Einzelzeilenmodus. Ein Problem ist dabei die fehlende Unterstützung für die Zwischenablage. Ein anderes Problem besteht darin, dass TypeAway die Einfügemarke nicht richtig anzeigt, wenn Sie Text eingeben, der von rechts nach links läuft, wie z.B. Arabisch oder Hebräisch.

Sehen wir uns das mal genauer an: Führen Sie TypeAway aus, und wechseln Sie zum hebräischen Tastaturlayout. Geben wir das hebräische Äquivalent zu »Guten Abend« ein, was ערב טוב lautet und transkribiert etwa *erev tov* entspricht. Zur Bewältigung dieser Aufgabe auf einer englischen Tastatur müssen Sie natürlich erst einmal die Tasten kennen, die den Zeichen des hebräischen Alphabets entsprechen.

Das hebräische Alphabet

Unicode	Buchstabe	Zeichen	Taste	Unicode	Buchstabe	Zeichen	Taste
&H05D0	alef	א	t	&H05DE	mem	מ	n
&H05D1	bet	ב	c	&H05DF	final nun	ן	i
&H05D2	gimel	ג	d	&H05E0	nun	נ	b
&H05D3	dalet	ד	s	&H05E1	samekh	ס	x
&H05D4	he	ה	v	&H05E2	ayin	ע	g
&H05D5	vav	ו	u	&H05E3	final pe	ף	;
&H05D6	zayin	ז	z	&H05E4	pe	פ	p
&H05D7	het	ח	j	&H05E5	final tsadi	ץ	.
&H05D8	tet	ט	y	&H05E6	tsadi	צ	m
&H05D9	yod	י	h	&H05E7	qof	ק	e
&H05DA	final kaf	ך	l	&H05E8	resh	ר	r
&H05DB	kaf	כ	f	&H05E9	shin	ש	a
&H05DC	lamed	ל	k	&H05EA	tav	ת	,
&H05DD	final mem	ם	o				

Die Schreibweise der Buchstabennamen ist *The Unicode Standard Version 3.0* entnommen. Wie Sie sehen, enthalten einige das Wort *final*. Die Schreibweise dieser Buchstaben ist anders, wenn sie am Ende eines Worts stehen.

Ferner ist zu beachten, dass die Lese- und Schreibrichtung im Hebräischen von rechts nach links verläuft. Wenn Sie also den hebräischen Ausdruck in das Programm TypeAway eingeben, müssen Sie dabei diese Reihenfolge einhalten: *ayin* (g-Taste), *resh* (r-Taste), *bet* (c-Taste), Leerzeichen, *tet* (y-Taste), *vav* (u-Taste) und *bet* (c-Taste). TypeAway speichert die Unicode-Zeichen der Zeichenfolge in der Reihenfolge, in der Sie sie eingeben. Das ist genau richtig. Die *DrawString*-Methode zeigt diese Zeichen von rechts nach links an. Wieder richtig. Gratulieren wir gemeinsam der *DrawString*-Methode zum ordnungsgemäßen Erkennen und erfolgreichen Anzeigen von Textabschnitten, deren Lese- und Schreibrichtung von rechts nach links verläuft.

Jetzt wissen Sie auch, warum das Programm TypeAway die zuvor ausgegebene Textzeile vollständig löschen muss: Neuer Text wird nicht notwendigerweise an das Ende der Textzeichenfolge angehängt. Wenn Sie die Eingabe über eine hebräische Tastatur vornehmen, muss neuer Text am Beginn der Textzeichenfolge eingefügt werden, nicht am Ende. Beim Arabischen ist dieses Verhalten sogar noch wichtiger: Nebeneinander stehende Zeichen werden im Arabischen häufig zu einem einzigen Schriftzeichen zusammengezogen. *DrawString* muss zur richtigen Verarbeitung die gesamte Zeichenfolge zeichnen, nicht nur einzelne Zeichen.

Bei der richtigen Positionierung der Einfügemarke scheitert das Programm TypeAway allerdings. Wenn Sie Text von rechts nach links eingeben, markiert die Einfügemarke nicht den Einfügepunkt. Die Lösung für dieses Problem ist relativ komplex, insbesonders dann, wenn Sie es innerhalb einer Zeile mit einer Kombination aus verschiedenen Textabschnitten zu tun haben, die sowohl von rechts nach links als auch von links nach rechts verlaufen. Leider scheint auch Windows Forms keine geeigneten Tools zur Lösung dieses Problems bereitzustellen. Wenn Sie aber daran interessiert sind, wie dieses Problem mit der Win32-API gelöst werden kann, sollten Sie einen Blick in den Artikel »Supporting Multilanguage Text Layout and Complex Scripts with Windows NT 5.0« im amerikanischen *Microsoft Systems Journal* (Ausgabe November 1998) werfen. (Ältere Ausgaben des MSJ sind unter *http://www.microsoft.com/msj* zu finden.)

7 Seiten und Transformationen

206	Geräteunabhängigkeit durch Text
206	Und wie viel macht das dann?
209	Punkte pro Zoll (dpi)
210	Und was ist mit dem Drucker?
211	Manuelle Konvertierung
213	Seiteneinheiten und Seitenskalierung
216	Zeichenstiftbreiten
219	Seitentransformationen
220	Speichern des Grafikstatus
221	Maße in anderen Einheiten
224	Frei wählbare Koordinaten
226	Was nicht funktioniert
226	Hello, World Transform
231	Ein Überblick
232	Lineare Transformationen
234	Vorstellung von Matrizen
235	Die Klasse *Matrix*
237	Scherungen
240	Transformationen kombinieren

Ein Hauptziel jeder grafischen Programmierumgebung ist Geräteunabhängigkeit. Programme sollten unabhängig von der Auflösung problemlos auf unterschiedlichen Bildschirmen und Grafikadaptern ausgeführt werden können. Ferner sollte es möglich sein, Text und Grafiken auf unterschiedlichen Druckern ausgeben zu können, ohne eine Vielzahl spezieller Druckertreiber zu benötigen oder gar für jeden einzelnen Drucker eigene Ausgaberoutinen schreiben zu müssen.

In Kapitel 5 habe ich demonstriert, wie Sie Code zur Grafikausgabe sowohl auf dem Monitor als auch auf dem Drucker schreiben können. Bisher haben wir jedoch nur mit Pixeln gearbeitet (zumindest, was den Bildschirm angeht; der Drucker ist ein bislang noch ungelüftetes Geheimnis), und Pixel scheinen kaum eine geräteunabhängige Lösung darzustellen.

Geräteunabhängigkeit durch Text

Mit ein wenig Sorgfalt können Pixel geräteunabhängig eingesetzt werden. Eine Möglichkeit besteht darin, sich bei der Grafikausgabe nach der Standardgröße der *Font*-Eigenschaft eines Formulars zu richten. Dieser Ansatz ist insbesondere dann sinnvoll, wenn Sie einfache Grafiken und Text miteinander kombinieren.

Angenommen, Sie programmieren eine einfache Datenbankanwendung und verwenden dabei Symbole zur Darstellung einzelner Karteikarten. Jeder Datensatz wird als 3 × 5 Zoll große Karteikarte angezeigt. Wie groß sind die Karteikarten in Pixeln? Stellen Sie sich eine Schreibmaschine vor. Bei einer Schreibmaschine mit 12-Punkt-Schrift passen auf 1 Zoll Höhe 6 Zeilen, damit passen auf eine Karteikarte der genannten Größe 18 Zeilen Text. Sie können die Höhe der Karteikarte also auf 18 × *Font.Height* Pixel einstellen. Die Breite stellen Sie auf 5/3 dieses Werts ein.

Die Festlegung der Karteikartenbreite auf 5/3 der Höhe setzt voraus, dass die horizontale Auflösung Ihres Ausgabegeräts – die Anzahl der Pixel, die einer bestimmten Maßeinheit wie z.B. einem Zoll entsprechen – der vertikalen Auflösung entspricht. Wenn bei einem Gerät zur Grafikausgabe die horizontale und vertikale Auflösung übereinstimmt, spricht man auch von *quadratischen Pixeln*. Bei der Einführung der ersten Windows-Version 1985 verfügten die meisten Bildschirme *nicht* über diesen Standard; erst ab 1987 waren die quadratischen Pixel mit Einführung der VGA-Grafikkarten (Video Graphics Array) von IBM ein Standard bei PC-kompatiblen Grafikadaptern.

Heutzutage können Sie eigentlich fast immer davon ausgehen, dass der verwendete Bildschirm für Ihr Windows Forms-Programm über dieses Feature verfügt. Ich sage jedoch »fast immer«, da Windows keine quadratischen Pixel voraussetzt, und es ist immer möglich, dass irgendjemand einen Windows-Gerätetreiber für eine spezielle Grafikkarte schreibt, die keine quadratischen Pixel verwendet.

Drucker hingegen weisen heutzutage häufig *keine* quadratischen Pixel auf. Oft unterstützen Drucker verschiedene Auflösungen und die maximale Auflösung ist öfter in der einen Richtung doppelt so hoch wie in der anderen.

Und wie viel macht das dann?

Sehen wir uns die Beziehung zwischen Pixeln und anderen Maßeinheiten einmal genauer an. Angenommen, Sie zeichnen ein Rechteck mit einer Breite und Höhe von 100 Pixeln, gemessen von der oberen linken Ecke des Clientbereichs (oder dem bedruckbaren Bereich des Blatts).

```
HundredPixelsSquare.vb
Imports System
Imports System.Drawing
Imports System.Windows.Forms
Class HundredPixelsSquare
    Inherits PrintableForm
```

```
    Shared Shadows Sub Main()
        Application.Run(New HundredPixelsSquare())
    End Sub
    Sub New()
        Text = "Hundred Pixels Square"
    End Sub
    Protected Overrides Sub DoPage(ByVal grfx As Graphics, _
            ByVal clr As Color, ByVal cx As Integer, ByVal cy As Integer)
        grfx.FillRectangle(New SolidBrush(clr), 100, 100, 100, 100)
    End Sub
End Class
```

Wie groß ist dieses Rechteck auf dem Bildschirm? Und wie groß ist es auf dem Drucker? Ist es überhaupt quadratisch? Bestimmt haben Sie eine grobe Vorstellung davon, wie groß dieses Rechteck auf dem Bildschirm ist, ohne das Programm überhaupt auszuführen – zumindest im Hinblick auf das Größenverhältnis zwischen Rechteck und Bildschirmgröße. Die kleinsten herkömmlichen Bildschirme zeigen 640 × 480 Pixel an. Auf einem solchen Monitor würde das Rechteck etwa 1/6 der Bildschirmbreite und 1/5 der Bildschirmhöhe einnehmen. Moderne Monitore verfügen jedoch über bis zu 2048 × 1536 Pixel, in diesem Fall wäre das Rechteck im Verhältnis zum Gesamtbildschirm sehr viel kleiner.

Es wäre schön, die Auflösung des Bildschirms zu kennen, vielleicht in einer gängigeren Maßeinheit wie z.B. in Punkten pro Zoll (Dots per Inch, dpi). Obwohl dieser Wert jedoch für Drucker sehr genau definiert ist (er wird in der Regel schon auf der Verpackung angegeben), ist er bei Bildschirmen nur sehr schwer anzugeben. Wenn Sie darüber nachdenken, basiert die tatsächliche DPI-Auflösung eines Bildschirms auf zwei Größen: der Größe des Monitors (die Bildschirmdiagonale in Zoll) und den angezeigten Pixeln.

Verwirrenderweise werden die Pixelangaben häufig als *Bildschirmauflösung* bezeichnet. Ich ziehe jedoch den Begriff *Bildpunkte* vor.

Moderne Grafikkarten unterstützen in der Regel mehr als ein halbes Dutzend unterschiedliche Bildpunkteinstellungen, und Monitore sind in verschiedenen Größen erhältlich. Die nachfolgende Tabelle zeigt die ungefähre Auflösung in dpi für verschiedene Monitorgrößen und Bildpunkteinstellungen:

Tatsächliche Auflösung von Bildschirmen in dpi

Bildpunkte	Monitorgröße (Diagonale)			
	15 Zoll	17 Zoll	19 Zoll	21 Zoll
640 × 480	57	50	44	40
800 × 600	71	63	56	50
1024 × 768	91	80	71	64
1152 × 870	103/104	90/91	80/81	72/73
1280 × 1024	114/122	100/107	89/95	80/85
1600 × 1200	143	125	111	100
2048 × 1536	183	160	142	128

Ich setze voraus, dass der tatsächliche Anzeigebereich ein Zoll unter der angegebenen Diagonale liegt und der Monitor ein Standardseitenverhältnis von 4:3 aufweist. Ein 21"-Monitor verfügt beispielsweise über einen Anzeigebereich mit einer Bildschirmdiagonalen von 20 Zoll, was (mit Dank an Herrn Pythagoras) einer horizontalen Abmessung von 16 Zoll und einer vertikalen Abmessung von 12 Zoll entspricht. Bei 1152 × 870 und 1280 × 1024 Bildpunkten weisen horizontale und vertikale Abmessungen kein Verhältnis von 4:3 auf, daher stimmen horizontale und vertikale Auflösung nicht überein – die Abweichung ist jedoch so minimal, dass sie vernachlässigt werden kann.

Wenn wir also auf einem 21"-Monitor den Videomodus 1600 × 1200 wählen, wäre das 100 × 100 Pixel große Rechteck 1 × 1 Zoll groß. Es könnte je nach Einstellung und Monitor jedoch auch 1/2 Zoll oder größer als 2 Zoll sein. Natürlich konfigurieren nur wenige Benutzer einen 21"-Monitor mit 640 × 480 Bildpunkten oder versuchen, auf einem 15"-Monitor einen Videomodus von 2048 × 1536 einzustellen. Die wahrscheinlicheren Auflösungsbereiche sind in der Tabelle die Werte, die diagonal von oben links nach unten rechts aufgeführt sind.

Windows hat gewöhnlich keine Ahnung, wie groß Ihr Monitor ist, und kann die tatsächliche Bildschirmauflösung daher nicht kennen. Und selbst wenn Windows die Größe des Monitors kennen würde: Was geschähe wohl, wenn Sie einen Videoprojektor mit einem 2 m breiten Bildschirm an Ihren Rechner anschließen? Was *sollte* geschehen? Sollte Windows eine niedrigere Auflösung verwenden, weil der Bildschirm größer ist? Das wäre wohl kaum in Ihrem Sinn.

Das Hauptziel bei der Bildschirmanzeige besteht darin, lesbaren Text zu produzieren. Die Standardschrift sollte natürlich so groß sein, dass sie lesbar ist, aber auch nicht viel größer, damit möglichst viel Text auf den Bildschirm passt.

Aus diesem Grund ignoriert Windows im Grunde Monitorgröße und Bildpunkteinstellung und delegiert die Auswahl der Auflösung an eine Very Important Person: Sie!

Ich habe bereits das Dialogfeld *Eigenschaften von Anzeige* erwähnt. Auf der Registerkarte *Einstellungen* können Sie die Einstellungen für die Bildschirmanzeige ändern. (Beachten Sie bitte, dass die Beschreibung dieser Anzeigeeinstellungen auf Windows XP beruht. Bei anderen Windows-Versionen können diese Angaben leicht abweichen.) Auf der Registerkarte *Einstellungen* finden Sie außerdem die Schaltfläche *Erweitert*. (In früheren Windows-Versionen war diese Einstellung etwas umständlich.) Wenn Sie auf diese Schaltfläche klicken, wird ein weiteres Eigenschaftenfenster geöffnet, in dem Sie indirekt eine Auflösung in dpi einstellen. Ich sage »indirekt«, da Sie tatsächlich einen für Ihre Augen angenehmen Schriftgrad für Windows-Systemschriften festlegen. Diese Systemschrift weist eine Größe von 10 Punkt auf. (Schriften werden in Punkt gemessen, wobei ein Punkt 1/72 Zoll entspricht.) Die Pixelgröße der ausgewählten 10-Punkt-Schrift legt implizit eine Bildschirmauflösung in dpi fest. Das Ergebnis ist exakt dasselbe, wie wenn Sie direkt eine DPI-Auflösung angeben würden.

Die Standardeinstellung heißt beispielsweise *Normalgröße* und entspricht 96 dpi. (In früheren Versionen hieß diese Einstellung *Kleine Schriftarten*.) Die Zeichen dieser Normalgröße weisen eine Höhe von 13 Pixeln auf. Wenn angenommen wird, dass es sich um eine 10-Punkt-Schrift handelt, entsprechen diese 13 Pixel einer Höhe von 10/72 Zoll, damit beträgt die Bildschirmauflösung (leicht gerundet) tatsächlich 96 dpi.

Anstelle von *Normalgröße* kann auch die Einstellung *Groß* gewählt werden (die in früheren Windows-Versionen *Große Schriftarten* hieß), in der die Zeichen eine Höhe von 16 Pixeln aufweisen. Wenn diese 16 Pixel einer Höhe von 10/72 entsprechen, führt dies zu einer Bildschirmauflösung von 120 dpi (ebenfalls leicht gerundet).

Übrigens, die Windows-Systemschrift ist *nicht* die Standardschrift, die über die *Font*-Eigenschaft eines Windows Forms-Programms festgelegt wird. In Windows Forms wird die Standardschrift etwas kleiner gewählt, etwa 8 Punkt.*

---

* Erfahrene Windows-Programmierer werden jetzt natürlich wissen wollen, woher die genannten Zahlen stammen. Ich beziehe mich auf das *TextMetric*-Feld *tmHeight* (es weist für *Normalgröße* den Wert 16, für

Neben *Normalgröße* und *Groß* stehen jedoch noch weitere Optionen zur Auswahl. Sie können auch eine individuelle Einstellung vornehmen. Es wird dann ein Lineal angezeigt, mit dessen Hilfe Sie die Schriftgröße manuell anpassen können. Die Palette reicht hierbei von sehr großen Schriften (mit einer Auflösung von 480 dpi) bis zu sehr kleinen Schriften (mit etwa 19 dpi).

Üblicherweise ist die gewählte Systemschrift tatsächlich größer als die Punktgröße vermuten lässt. Beim Lesen von ausgedruckten Textvorlagen beträgt der Abstand zum Auge im Allgemeinen etwa 30 cm, der Abstand zwischen Auge und Bildschirm beträgt dagegen häufig das Doppelte.

Punkte pro Zoll (dpi)

Das *Graphics*-Objekt verfügt über zwei Eigenschaften, mit der die Auflösung der Grafikausgabe in Punkten pro Zoll (Dots per Inch, dpi) angegeben wird:

Graphics-Eigenschaften (Auswahl)

Eigenschaft	Typ	Zugriff	Beschreibung
DpiX	*Single*	Get	Horizontale Auflösung in dpi
DpiY	*Single*	Get	Vertikale Auflösung in dpi

Hier ein kleines Programm zur Anzeige dieser Werte ohne viel Schnickschnack:

```
DotsPerInch.vb
Imports System
Imports System.Drawing
Imports System.Windows.Forms
Class DotsPerInch
    Inherits PrintableForm
    Shared Shadows Sub Main()
        Application.Run(New DotsPerInch())
    End Sub
    Sub New()
        Text = "Dots Per Inch"
    End Sub
    Protected Overrides Sub DoPage(ByVal grfx As Graphics, _
            ByVal clr As Color, ByVal cx As Integer, ByVal cy As Integer)
        grfx.DrawString(String.Format("DpiX = {0}" & vbLf & "DpiY = {1}",
                grfx.DpiX, grfx.DpiY), Font, New SolidBrush(clr), 0, 0)
    End Sub
End Class
```

Groß den Wert 20 auf) minus *tmInternalLeading* (respektive 3 und 4). Der *tmHeight*-Wert eignet sich für Zeilenabstände; *tmHeight* minus *tmInternalLeading* gibt die Punktgröße in Pixeln an (13 für *Normalgröße*, 16 für *Groß*). Verwirrenderweise weist die Standardschrift in Windows Forms eine *Font.Height*-Eigenschaft auf, die ähnliche Werte liefert: 13 für *Normalgröße*, 15 für *Groß*. Hierbei handelt es sich jedoch um einen Zeilenabstandswert, der mit *tmHeight* vergleichbar ist. Die Windows-Systemschrift ist eine 10-Punkt-Schrift; die Standardschrift in Windows Forms ist ungefähr 8 Punkt groß.

Die Werte, die dieses Programm im Clientbereich anzeigt, stimmen mit denen überein, die Sie im Dialogfeld *Eigenschaften von Anzeige* festgelegt haben: 96 dpi, wenn Sie die Einstellung *Normalgröße* gewählt haben, 120 dpi, wenn Sie sich für die Option *Groß* entschieden haben, oder einen anderen Wert, wenn Sie eine benutzerdefinierte Schriftgröße gewählt haben.

Wenn Sie auf den Clientbereich klicken, zeigt die Druckversion die Auflösung für Ihren Drucker, die Sie allerdings wahrscheinlich schon kennen oder auch in der Druckerdokumentation nachgeschlagen können. Moderne Drucker weisen in der Regel Auflösungen von 300, 600, 1200, 2400, 720, 1440 oder 2880 dpi auf.

Und was ist mit dem Drucker?

Weiter oben in diesem Kapitel habe ich das Programm HundredPixelsSquare vorgestellt, mit dem ein 100 × 100 Pixel großes Rechteck angezeigt wird. Dies warf die Frage auf, wie groß dieses Rechteck auf dem Bildschirm angezeigt würde. Die richtige Antwort auf diese Frage ist, dass die tatsächlichen Abmessungen der angezeigten Fläche irrelevant sind. Schließlich bringt es gar nichts, wenn Sie ein Lineal an Ihren Monitor halten, um die Größe eines Bilds zu ermitteln. Der wichtige Punkt ist der, dass *auf* dem Bildschirm angezeigte Lineale übereinstimmen. In dieser Hinsicht lautet die horizontale und vertikale Abmessung eines 100 Pixel großen Rechtecks folgendermaßen:

100 / grfx.DpiX
100 / grfx.DpiY

Dies entspricht 1,04 Zoll, wenn Sie die Einstellung *Normalgröße* gewählt haben, 0,83 Zoll, wenn Sie sich für die Option *Groß* entschieden haben, oder einem anderen Wert, wenn Sie eine benutzerdefinierte Schriftgröße gewählt haben.

Und auf dem Drucker ... Aber vielleicht möchten Sie das selbst herausfinden. Auf dem Drucker führt das Programm HundredPixelsSquare zur Ausgabe eines Rechtecks mit einer Größe von exakt 1 × 1 Zoll. Probieren wir etwas anderes aus. Das folgende Programm versucht, basierend auf den Eigenschaften *DpiX* und *DpiY* des *Graphics*-Objekts eine Ellipse mit einem Durchmesser von 1 Zoll zu zeichnen.

```
TryOneInchEllipse.vb
Imports System
Imports System.Drawing
Imports System.Windows.Forms
Class TryOneInchEllipse
    Inherits PrintableForm
    Shared Shadows Sub Main()
        Application.Run(New TryOneInchEllipse())
    End Sub
    Sub New()
        Text = "Try One-Inch Ellipse"
    End Sub
    Protected Overrides Sub DoPage(ByVal grfx As Graphics, _
            ByVal clr As Color, ByVal cx As Integer, ByVal cy As Integer)
        grfx.DrawEllipse(New Pen(clr), 0, 0, grfx.DpiX, grfx.DpiY)
    End Sub
End Class
```

Auf dem Bildschirm scheint die Größe der Ellipse in etwa zu stimmen. Auf meinem 600 dpi-Drucker hat die Ellipse allerdings einen Durchmesser von 6 Zoll.

Die an die *Graphics*-Zeichenfunktion übergebenen Koordinaten werden für den Bildschirm offensichtlich in Pixeln angegeben. Für den Drucker scheint dies jedoch nicht zuzutreffen. Tatsächlich werden die an die *Graphics*-Zeichenfunktion übergebenen Koordinatenwerte für die Druckausgabe unabhängig vom Drucker in Einheiten von 0,01 Zoll interpretiert. In Kürze werde ich erklären, wie dies zustande kommt. Das Schöne ist, dass die Bildschirmauflösung wahrscheinlich im Bereich um 100 dpi liegt, und der Drucker wie ein 100-dpi-Gerät behandelt wird. Kurz gesagt: Sie können dieselben Koordinaten für die Ausgabe von Grafiken auf dem Bildschirm und dem Drucker verwenden und erhalten in etwa dieselben Ergebnisse.

Manuelle Konvertierung

Wenn Sie möchten, können Sie die Eigenschaften *DpiX* und *DpiY* des *Graphics*-Objekts zur Anpassung der an die Zeichenfunktion übergebenen Koordinaten einsetzen. Angenommen, Sie möchten Gleitkommakoordinaten verwenden, um in Millimetern zu zeichnen. Sie benötigen in diesem Fall eine Methode, die Millimeter in Pixel konvertiert:

```
Function MMConv(ByVal grfx As Graphics, ByVal ptf As PointF) As PointF
    ptf.X *= grfx.DpiX / 25.4F
    ptf.Y *= grfx.DpiY / 25.4F
    Return ptf
End Function
```

Der an diese Methode übergebene Punkt gibt die gewünschten Millimeter an. Wenn Sie diesen Wert durch 25,4 teilen, erhalten Sie den Wert in Zoll. (Dies ist übrigens eine exakte Berechnung.) Durch Multiplikation dieses Werts mit der Auflösung in dpi erhalten Sie die Pixelmaße.

Lassen Sie uns mit diesem Wissen ein 10 cm langes Lineal zeichnen.

```
TenCentimeterRuler.vb
Imports System
Imports System.Drawing
Imports System.Windows.Forms
Class TenCentimeterRuler
    Inherits PrintableForm

    Shared Shadows Sub Main()
        Application.Run(New TenCentimeterRuler())
    End Sub

    Sub New()
        Text = "Ten-Centimeter Ruler"
    End Sub

    Protected Overrides Sub DoPage(ByVal grfx As Graphics, _
            ByVal clr As Color, ByVal cx As Integer, ByVal cy As Integer)
        Const xOffset As Integer = 10
        Const yOffset As Integer = 10
        Dim i As Integer
        Dim pn As New Pen(clr)
        Dim br As New SolidBrush(clr)
        Dim strfmt As New StringFormat()
```

Seiten und Transformationen

```vbnet
            grfx.DrawPolygon(pn, New PointF() _
                { _
                    MMConv(grfx, New PointF(xOffset, yOffset)), _
                    MMConv(grfx, New PointF(xOffset + 100, yOffset)), _
                    MMConv(grfx, New PointF(xOffset + 100, yOffset + 10)), _
                    MMConv(grfx, New PointF(xOffset, yOffset + 10)) _
                })
            strfmt.Alignment = StringAlignment.Center
            For i = 1 To 99
                If i Mod 10 = 0 Then
                    grfx.DrawLine(pn, _
                        MMConv(grfx, New PointF(xOffset + i, yOffset)), _
                        MMConv(grfx, New PointF(xOffset + i, yOffset + 5)))
                    grfx.DrawString((i / 10).ToString(), Font, br, _
                        MMConv(grfx, New PointF(xOffset + i, yOffset + 5)), strfmt)
                ElseIf i Mod 5 = 0 Then
                    grfx.DrawLine(pn, _
                        MMConv(grfx, New PointF(xOffset + i, yOffset)), _
                        MMConv(grfx, New PointF(xOffset + i, yOffset + 3)))
                Else
                    grfx.DrawLine(pn, _
                        MMConv(grfx, New PointF(xOffset + i, yOffset)), _
                        MMConv(grfx, New PointF(xOffset + i, yOffset + 2.5F)))
                End If
            Next i
        End Sub
        Private Function MMConv(ByVal grfx As Graphics, ByVal ptf As PointF) As PointF
            ptf.X *= grfx.DpiX / 25.4F
            ptf.Y *= grfx.DpiY / 25.4F
            Return ptf
        End Function
End Class
```

Auf dem Bildschirm sieht das Lineal so aus:

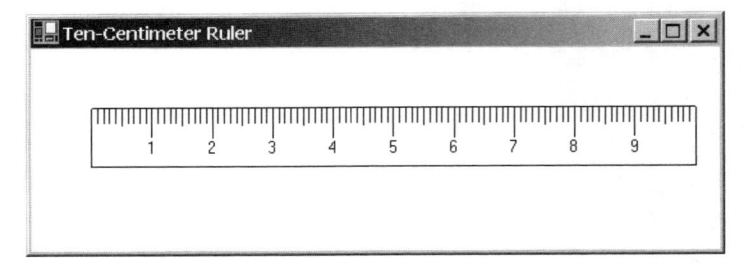

Dieses Diagramm enthält auch Text. Woher habe ich gewusst, dass der richtig angezeigt wird? Ich wusste, dass die *Font*-Eigenschaft eine 8-Punkt-Schrift verwendet, deshalb konnte ich davon ausgehen, dass die Schriftzeichen etwa 3 Millimeter hoch sind und damit ungefähr die richtige Größe aufweisen.

Ich habe die Klasse *TenCentimerRuler* von *PrintableForm* abgeleitet, um Folgendes noch einmal ganz deutlich zu machen: Diese Technik funktioniert nicht auf dem Drucker. Mein 600-dpi-Drucker zeigt das Lineal in sechsfacher Vergrößerung an.

Seiteneinheiten und Seitenskalierung

Damit Sie Methoden wie z.B. *MMConv* nicht selbst schreiben müssen, enthält GDI+ ein Feature zur automatischen Skalierung auf die Maße Ihrer Wahl. Grundsätzlich werden die an die *Graphics*-Zeichenfunktion übergebenen Koordinaten mithilfe von Konstanten skaliert, genau wie in der Methode *MMConv*. Sie stellen diese Skalierungsfaktoren jedoch nicht direkt ein. Stattdessen legen Sie diese mithilfe der Eigenschaften *PageUnit* und *PageScale* der *Graphics*-Klasse indirekt fest.

Graphics-Eigenschaften (Auswahl)

Eigenschaft	Typ	Zugriff
PageUnit	*GraphicsUnit*	Get/Set
PageScale	*Single*	Get/Set

Sie stellen die *PageUnit*-Eigenschaft auf einen Wert der Enumeration *GraphicsUnit* ein:

GraphicsUnit-Enumeration

Member	Wert	Beschreibung
World	0	Kann nicht mit *PageUnit* verwendet werden
Display	1	Entspricht für den Bildschirm *Pixel*; 1/100 Zoll für Drucker (Standardwert für Drucker)
Pixel	2	Einheiten in Pixel (Standardwert für den Bildschirm)
Point	3	Einheiten von 1/72 Zoll
Inch	4	Einheiten in Zoll
Document	5	Einheiten von 1/300 Zoll
Millimeter	6	Einheiten in Millimeter

Wenn Sie beispielsweise in Einheiten von 1/100 Zoll arbeiten möchten, können Sie die beiden Eigenschaften folgendermaßen einstellen:

```
grfx.PageUnit = GraphicsUnit.Inch
grfx.PageScale = 0.01
```

Wenn Sie als Koordinate den Wert 1 angeben, entspricht dies dem Wert 0,01". Im Anschluss an diese Aufrufe zeichnet der folgende Aufruf der *DrawLine*-Methode eine 1 Zoll lange Linie:

```
grfx.DrawLine(pn, 0, 0, 100, 0)
```

Dies entspricht exakt 1 Zoll auf dem Drucker und *grfx.DpiX* Pixeln auf dem Bildschirm. Die gleichen Ergebnisse erhalten Sie mit

```
grfx.PageUnit = GraphicsUnit.Document
grfx.PageScale = 3
```

oder

```
grfx.PageUnit = GraphicsUnit.Millimeter
grfx.PageScale = 0.254
```

oder

```
grfx.PageUnit = GraphicsUnit.Point
grfx.PageScale = 0.72
```

Als Standardeinstellungen werden für den Bildschirm *GraphicsUnit.Pixel* und für den Drucker *GraphicsUnit.Display* verwendet, in beiden Fällen erhält *PageScale* den Wert 1. Beachten

Sie, dass der Wert *GraphicsUnit.Display* für Bildschirm und Drucker eine unterschiedliche Bedeutung hat. Beim Bildschirm entspricht dieser Wert *GraphicsUnit.Pixel*, beim Drucker gibt *GraphicsUnit.Display* jedoch Einheiten von 1/100 Zoll an. (In der Dokumentation für die Enumeration *GraphicsUnit* wird behauptet, dass mit *GraphicsUnit.Display* eine Einheit von 1/75 Zoll eingestellt wird; es ist leicht nachzuweisen, dass das falsch ist.)

Wenn also das Programm TenCentimeterRuler auch auf dem Drucker funktionieren soll, müssen wir *PageUnit* lediglich auf *GraphicsUnit.Pixel* setzen, dann sollte eigentlich alles in Ordnung sein. Prüfen wir das, indem wir eine von *TenCentimeterRuler* abgeleitete Klasse definieren. Die neue *OnPage*-Methode setzt die Eigenschaft *PageUnit* zurück und ruft anschließend die *DoPage*-Methode der Basisklasse auf.

PrintableTenCentimeterRuler.vb

```vb
Imports System
Imports System.Drawing
Imports System.Windows.Forms
Class PrintableTenCentimeterRuler
    Inherits TenCentimeterRuler

    Shared Shadows Sub Main()
        Application.Run(New PrintableTenCentimeterRuler())
    End Sub

    Sub New()
        Text = "Printable " & Text
    End Sub

    Protected Overrides Sub DoPage(ByVal grfx As Graphics, _
            ByVal clr As Color, ByVal cx As Integer, _
            ByVal cy As Integer)
        grfx.PageUnit = GraphicsUnit.Pixel
        MyBase.DoPage(grfx, clr, cx, cy)
    End Sub
End Class
```

Dieses Programm macht keinen Gebrauch von den Argumenten *cx* und *cy* von *DoPage*. Diese Abmessungen – Clientbereich und bedruckbarer Bereich der Druckseite – werden in Einheiten angegeben, die zu dem Standardwert von *PageUnit* kompatibel sind. Im Allgemeinen müssen Sie bei einer Änderung von *PageUnit* wahrscheinlich die Größe für das Ausgabegerät in dieselben Einheiten umrechnen. Auf dieses Problem komme ich gleich noch zurück.

Obwohl die Druckerausgabe jetzt in Pixeln erfolgt, sieht die Schrift weiterhin gut aus. Die über die Eigenschaft *Font* zugängliche Formularschrift wird sowohl auf dem Bildschirm als auch auf dem Drucker als 8-Punkt-Schrift ausgegeben. In Kapitel 9 werden Sie sehen, wie das funktioniert.

Bezüglich des Zeichenstifts für die TenCentimeterRuler-Version von *DoPage* ergibt sich jedoch weiterhin ein Problem:

```vb
Dim pn As New Pen(clr)
```

Dieser Stift hat standardmäßig eine Breite von 1. Auf dem Bildschirm entspricht dies einer Breite von 1 Pixel. Auf dem Drucker wird diese Breite in 1/100 Zoll umgerechnet. Wenn Sie *PageUnit* in *GraphicsUnit.Pixel* ändern, wird der 1 Einheit breite Zeichenstift anschließend als 1 Pixel breit interpretiert. Auf einem hochauflösenden Drucker ist das Lineal in diesem Fall kaum sichtbar.

Statt weiter am ursprünglichen Programm TenCentimeterRuler herumzubasteln, nutzen wir die Vorteile der Eigenschaften *PageUnit* und *PageScale* und machen die manuelle Konvertierung überflüssig.

TenCentimeterRulerAuto.vb
```
Imports System
Imports System.Drawing
Imports System.Windows.Forms
Class TenCentimeterRulerAuto
    Inherits PrintableForm
    Shared Shadows Sub Main()
        Application.Run(New TenCentimeterRulerAuto())
    End Sub
    Sub New()
        Text = "Ten-Centimeter Ruler (Auto)"
    End Sub
    Protected Overrides Sub DoPage(ByVal grfx As Graphics, _
            ByVal clr As Color, ByVal cx As Integer, ByVal cy As Integer)
        Const xOffset As Integer = 10
        Const yOffset As Integer = 10
        Dim i As Integer
        Dim pn As New Pen(clr, 0.25)
        Dim br As New SolidBrush(clr)
        Dim strfmt As New StringFormat()
        grfx.PageUnit = GraphicsUnit.Millimeter
        grfx.PageScale = 1
        grfx.DrawRectangle(pn, xOffset, yOffset, 100, 10)
        strfmt.Alignment = StringAlignment.Center
        For i = 1 To 99
            If i Mod 10 = 0 Then
                grfx.DrawLine(pn, _
                        New PointF(xOffset + i, yOffset), _
                        New PointF(xOffset + i, yOffset + 5))
                grfx.DrawString((i / 10).ToString(), Font, br, _
                        New PointF(xOffset + i, yOffset + 5), strfmt)
            ElseIf i Mod 5 = 0 Then
                grfx.DrawLine(pn, _
                        New PointF(xOffset + i, yOffset), _
                        New PointF(xOffset + i, yOffset + 3))
            Else
                grfx.DrawLine(pn, _
                        New PointF(xOffset + i, yOffset), _
                        New PointF(xOffset + i, yOffset + 2.5F))
            End If
        Next i
    End Sub
End Class
```

Außer der Entfernung der Methode *MMConv* habe ich nur einige wenige Änderungen vorgenommen. Meine *MMConv*-Methode funktionierte nur mit *PointF*-Strukturen, daher habe ich in den ersten Linealprogrammen *DrawPolygon* anstelle von *DrawRectangle* verwendet. Da GDI+ Koordinaten und Größen auf die gleiche Weise skaliert, kann hier *DrawRectangle* verwendet werden. Eine weitere Änderung findet sich zu Beginn der *DoPage*-Methode, an der Stelle, an der das Programm einen 0,25 Einheiten breiten Zeichenstift erstellt:

```
Dim pn As New Pen(clr, 0.25)
```

Ferner stellt das Programm das *Graphics*-Objekt so ein, dass in Millimetern gezeichnet wird:

```
grfx.PageUnit = GraphicsUnit.Millimeter
grfx.PageScale = 1
```

Sie fragen sich vielleicht, ob es einen Unterschied macht, die Eigenschaften *PageUnit* und *PageScale* vor oder nach der Zeichenstifterstellung einzustellen. Es macht keinen Unterschied, denn *Pen*-Objekte sind geräteunabhängig. Sie sind vor dem Aufruf einer der Methoden zum Zeichnen von Linien nicht mit einem bestimmten *Graphics*-Objekt verknüpft. Erst zu diesem Zeitpunkt wird die Zeichenstiftbreite in den über die Eigenschaften *PageUnit* und *PageScale* angegebenen Einheiten interpretiert. In diesem Fall wird der Zeichenstift als 0,25 Millimeter oder 1/100 Zoll breit ausgewertet. Wenn Sie den Unterschied auf dem Drucker sehen möchten, sollten Sie es mit einem kleineren Wert versuchen (z.B. mit 0,10 Millimeter).

Wenn Sie im *Pen*-Konstruktor keine Breite definieren, wird der Zeichenstift mit einer Breite von 1 Einheit erstellt. In diesem Fall bedeutet dies, dass der Zeichenstift ganze 1 mm breit ist und die Markierungen des Lineals zu einem einzigen Klumpen ineinander laufen. (Probieren Sie es aus!)

Zeichenstiftbreiten

Welche Zeichenstiftbreiten sind für den Drucker geeignet? Sie können sich hier an PostScript orientieren, der sehr bekannten und hoch geachteten Seitenbeschreibungssprache, von der viele High-End-Drucker Gebrauch machen, und sich eine Standardstiftbreite als 1 Punkt bzw. 1/72 Zoll oder 1/3 Millimeter vorstellen. Ich persönlich finde eine Stiftbreite von 1 Punkt zwar etwas klotzig, aber dieser Wert ist leicht zu merken.

Hier ein Programm, das eine ganze Sammlung von Stiftbreiten in der Einheit Punkt liefert.

```
PenWidths.vb
Imports System
Imports System.Drawing
Imports System.Windows.Forms
Class PenWidths
    Inherits PrintableForm

    Shared Shadows Sub Main()
        Application.Run(New PenWidths())
    End Sub

    Sub New()
        Text = "Pen Widths"
    End Sub

    Protected Overrides Sub DoPage(ByVal grfx As Graphics, _
            ByVal clr As Color, ByVal cx As Integer, ByVal cy As Integer)
        Dim br As New SolidBrush(clr)
        Dim y As Single = 0
        Dim f As Single

        grfx.PageUnit = GraphicsUnit.Point
        grfx.PageScale = 1
```

```
        For f = 0 To 3.1 Step 0.2
            Dim pn As New Pen(clr, f)
            Dim str As String = _
                String.Format("{0:F1}-point-wide pen: ", f)
            Dim szf As SizeF = grfx.MeasureString(str, Font)
            grfx.DrawString(str, Font, br, 0, y)
            grfx.DrawLine(pn, szf.Width, y + szf.Height / 2, szf.Width + 144, y + szf.Height / 2)
            y += szf.Height
        Next f
    End Sub
End Class
```

Sie können die Stiftbreiten zwar auch in Bruchteilen von Pixeln angeben, die Ausgabe kann aber natürlich nur in ganzen Pixelbreiten erfolgen. Auf dem Bildschirm werden viele der von diesem Programm erzeugten Stiftbreiten auf denselben Wert gerundet:

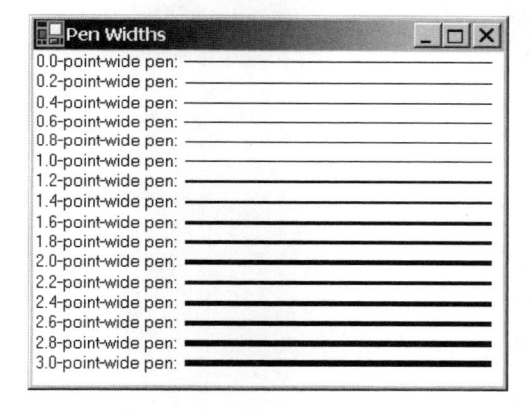

Sie brauchen sich allerdings keine Sorgen zu machen, dass die Stiftbreite auf 0 abgerundet wird und der Stift nicht mehr auf dem Bildschirm angezeigt wird. Stifte werden immer mit einer Mindestbreite von 1 Pixel gezeichnet. Tatsächlich können Sie die Breite im *Pen*-Konstruktor sogar auf 0 stellen und erhalten immer noch 1 Pixel breite Linien, unabhängig von *PageUnit* und *PageScale*.

Obwohl Stifte mit einer Breite von 0 für den Bildschirm kein Problem darstellen, sollten sie auf dem Drucker nicht eingesetzt werden. Auf einem hochauflösenden Laserdrucker sind 1 Pixel breite Linien praktisch nicht sichtbar.

Das nachfolgende Programm zeichnet ein Lineal mit Zollmarkierungen in Einheiten von 1/64 Zoll und mit einer Stiftbreite von 1/128 Zoll.

SixInchRuler.vb
```
Imports System
Imports System.Drawing
Imports System.Windows.Forms

Class SixInchRuler
    Inherits PrintableForm
```

```
        Shared Shadows Sub Main()
            Application.Run(New SixInchRuler())
        End Sub
        Sub New()
            Text = "Six-Inch Ruler"
        End Sub
        Protected Overrides Sub DoPage(ByVal grfx As Graphics, _
                ByVal clr As Color, ByVal cx As Integer, ByVal cy As Integer)
            Const xOffset As Integer = 16
            Const yOffset As Integer = 16
            Dim i As Integer
            Dim pn As New Pen(clr, 0.5)
            Dim br As New SolidBrush(clr)
            Dim strfmt As New StringFormat()

            grfx.PageUnit = GraphicsUnit.Inch
            grfx.PageScale = 1 / 64
            grfx.DrawRectangle(pn, xOffset, yOffset, 6 * 64, 64)
            strfmt.Alignment = StringAlignment.Center

            For i = 1 To 95
                Dim x As Integer = xOffset + i * 4
                Dim y As Integer = yOffset
                Dim dy As Integer

                If i Mod 16 = 0 Then
                    dy = 32
                    grfx.DrawString((i / 16).ToString(), Font, br, x, y + dy, strfmt)
                ElseIf i Mod 8 = 0 Then
                    dy = 24
                ElseIf i Mod 4 = 0 Then
                    dy = 20
                ElseIf i Mod 2 = 0 Then
                    dy = 16
                Else
                    dy = 12
                End If
                grfx.DrawLine(pn, x, y, x, y + dy)
            Next i
        End Sub
End Class
```

Das Lineal sieht folgendermaßen aus:

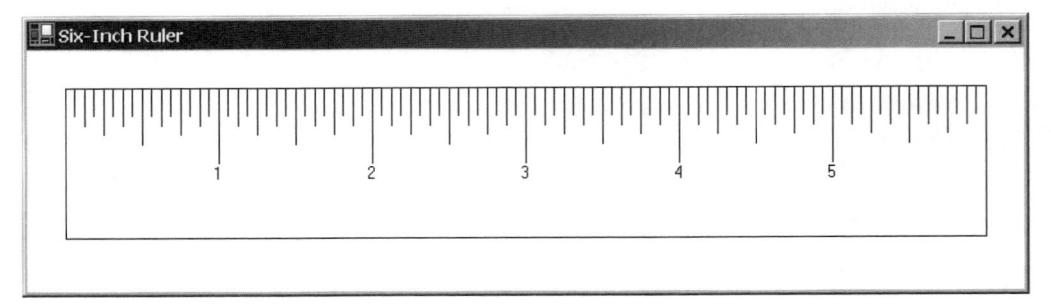

Sie haben vielleicht bemerkt, dass der Text offenbar von den eingestellten Werten von *PageUnit* und *PageScale* unberührt bleibt. Das liegt daran, dass die über die Formulareigenschaft *Form* zugängliche Schrift als 8-Punkt-Schrift definiert ist und ihre Größe beibehält. In Kapitel 9 werde ich aufzeigen, wie eine Schrift erzeugt wird, deren Größe von den Eigenschaften *PageUnit* und *PageScale* beeinflusst wird.

Seitentransformationen

Wenn Sie die Eigenschaften *PageScale* und *PageUnit* einstellen, legen Sie die so genannte *Seitentransformation* fest. Diese Transformation kann durch einige einfache Formeln dargestellt werden. Angenommen, die an die *Graphics*-Zeichenmethoden übergebenen Koordinaten sind *Seitenkoordinaten*. (Diese Annahme trifft, wie Sie später sehen werden, eigentlich nur dann zu, wenn Sie lediglich die Eigenschaften *PageScale* und *PageUnit* einstellen.) Ein Punkt kann in Seiteneinheiten als (x_{page}, y_{page}) ausgedrückt werden.

Die Pixelkoordinaten relativ zur oberen linken Ecke des Clientbereichs (oder der oberen linken Ecke des bedruckbaren Seitenbereichs) sind die so genannten *Gerätekoordinaten* oder (x_{device}, y_{device}). Die Seitentransformation richtet sich nach den Eigenschaften *PageUnit*, *PageScale*, *DpiX* und *DpiY*.

Formeln für die Seitentransformation

PageUnit-Wert	Transformationsformeln
GraphicsUnit.Pixel	$x_{device} = x_{page} \times PageScale$ $y_{device} = y_{page} \times PageScale$
GraphicsUnit.Display (Bildschirm)	$x_{device} = x_{page} \times PageScale$ $y_{device} = y_{page} \times PageScale$
GraphicsUnit.Display (Drucker)	$x_{device} = x_{page} \times PageScale \times DpiX / 100$ $y_{device} = y_{page} \times PageScale \times DpiY / 100$
GraphicsUnit.Inch	$x_{device} = x_{page} \times PageScale \times DpiX$ $y_{device} = y_{page} \times PageScale \times DpiY$
GraphicsUnit.Millimeter	$x_{device} = x_{page} \times PageScale \times DpiX / 25.4$ $y_{device} = y_{page} \times PageScale \times DpiY / 25.4$
GraphicsUnit.Point	$x_{device} = x_{page} \times PageScale \times DpiX / 72$ $y_{device} = y_{page} \times PageScale \times DpiY / 72$
GraphicsUnit.Document	$x_{device} = x_{page} \times PageScale \times DpiX / 300$ $y_{device} = y_{page} \times PageScale \times DpiY / 300$

Allgemein formuliert ergibt dies:

$x_{device} = x_{page} \times PageScale \times DpiX / (GraphicsUnit$ Einheiten pro Zoll$)$
$y_{device} = y_{page} \times PageScale \times DpiY / (GraphicsUnit$ Einheiten pro Zoll$)$

Die Seitentransformation wirkt sich auf alle Koordinaten sämtlicher Zeichenfunktionen der Klasse *Graphics* aus, die bisher besprochen wurden. Ferner wirken sie sich ebenfalls auf die von *MeasureString* zurückgegebenen Informationen sowie auf die in der Klasse *Font* implementierte Version der *GetHeight*-Methode aus, die als Argument ein *Graphics*-Objekt erwartet.

Die Seitentransformation ist ein Merkmal der Klasse *Graphics*. Sie wirkt sich nur auf Member dieser Klasse sowie auf Elemente aus, die (wie z.B. *GetHeight*) als Argument ein *Graphics*-Objekt erwarten. Beispielsweise wirkt sich die Seitentransformation nicht auf die Informationen aus, die über *ClientSize* geliefert werden. *ClientSize*-Werte werden immer in Pixeln angegeben.

Speichern des Grafikstatus

Das Einstellen der Eigenschaften *PageUnit* und *PageScale* des *Graphics*-Objekts hat große Auswirkungen auf die nachfolgende Anzeige von Grafiken. Oft stellen Sie diese Eigenschaften (oder andere Eigenschaften der Klasse *Graphics*) ein, um eine Grafik zu zeichnen oder einige Informationen abzurufen, und wollen sie dann wieder auf die ursprünglichen Werte zurücksetzen.

Die Klasse *Graphics* verfügt zu diesem Zweck über die Methoden *Save* und *Restore*, die genau diese Funktion erfüllen: Sie speichern die Eigenschaften des *Graphics*-Objekts und ermöglichen eine spätere Wiederherstellung dieser Werte. Diese beiden Methoden verwenden die Klasse *GraphicsState* aus dem Namespace *System.Drawing.Drawing2D*.

Graphics-Methoden (Auswahl)

```
Function Save() As GraphicsState
Sub Restore(ByVal gs As GraphicsState)
```

Die Klasse *GraphicsState* weist keine öffentlichen Elemente auf, die irgendwie interessant wären. Sie nutzen sie tatsächlich als Blackbox. Beim Aufruf von

```
Dim gs As GraphicsState = grfx.Save()
```

werden alle aktuellen *Graphics*-Eigenschaften mit Lese-/Schreibzugriff in dem *GraphicsState*-Objekt gespeichert. Anschließend können Sie die Eigenschaften für das *Graphics*-Objekt ändern. Zur Wiederherstellung der gespeicherten Eigenschaften verwenden Sie

```
grfx.Restore(gs)
```

Programmierer mit Win32-Erfahrung kennen dieses Konzept (unter Verwendung der Funktionen *SaveDC* und *RestoreDC*) wahrscheinlich als LIFO-Stack (Last-In/First-Out). Die Windows Forms-Implementierung ist flexibler. Sie könnten bei der Verarbeitung von *OnPaint* beispielsweise drei unterschiedliche *Graphics*-Statuswerte definieren:

```
Dim gs1 As GraphicsState = grfx.Save()

    ' Eigenschaften ändern.
    ⋮

Dim gs2 As GraphicsState = grfx.Save()

    ' Eigenschaften ändern.
    ⋮

Dim gs3 As GraphicsState = grfx.Save()
```

Anschließend können Sie willkürlich und in beliebiger Reihenfolge die Methode *Restore* aufrufen, um eine der drei gespeicherten Statuseinstellungen zu verwenden.

Eine ähnliche Funktionalität bieten die Methoden *BeginContainer* und *EndContainer* der Klasse *Graphics*. Diese Methoden nutzen die Klasse *GraphicsContainer* des Namespaces *System.Drawing.Drawing2D*.

Maße in anderen Einheiten

Die Abmessungen des Clientbereichs eines Formulars können über die Eigenschaft *ClientSize* abgerufen werden. Diese Abmessungen werden immer in Pixeln angegeben. Wenn Sie eine neue Seitentransformation einstellen, werden Sie die Abmessungen des Clientbereichs wahrscheinlich nicht in Pixeln angeben wollen, sondern in den Einheiten, die in den Zeichenmethoden verwendet werden.

Es gibt zwei Möglichkeiten, die Clientgröße in anderen Maßeinheiten abzurufen. Die bequemste Methode ist hierbei die Eigenschaft *VisibleClipBounds* des *Graphics*-Objekts. Diese Eigenschaft gibt stets die Abmessungen des Clientbereichs in der Einheit zurück, die mit den Eigenschaften *PageUnit* und *PageScale* eingestellt wurde. Nachfolgend sehen Sie ein Programm, das mithilfe dieser Informationen die Größe des Clientbereichs in sämtlichen möglichen Einheiten anzeigt.

```vb
WhatSize.vb
Imports System
Imports System.Drawing
Imports System.Drawing.Drawing2D
Imports System.Windows.Forms
Class WhatSize
    Inherits PrintableForm
    Shared Shadows Sub Main()
        Application.Run(New WhatSize())
    End Sub
    Sub New()
        Text = "What Size?"
    End Sub
    Protected Overrides Sub DoPage(ByVal grfx As Graphics, _
            ByVal clr As Color, ByVal cx As Integer, ByVal cy As Integer)
        Dim br As New SolidBrush(clr)
        Dim y As Integer = 0
        DoIt(grfx, br, y, GraphicsUnit.Pixel)
        DoIt(grfx, br, y, GraphicsUnit.Display)
        DoIt(grfx, br, y, GraphicsUnit.Document)
        DoIt(grfx, br, y, GraphicsUnit.Inch)
        DoIt(grfx, br, y, GraphicsUnit.Millimeter)
        DoIt(grfx, br, y, GraphicsUnit.Point)
    End Sub
    Private Sub DoIt(ByVal grfx As Graphics, ByVal br As Brush, _
            ByRef y As Integer, ByVal gu As GraphicsUnit)
        Dim gs As GraphicsState = grfx.Save()

        grfx.PageUnit = gu
        grfx.PageScale = 1

        Dim szf As SizeF = grfx.VisibleClipBounds.Size

        grfx.Restore(gs)
        grfx.DrawString(gu.ToString() & ": " & szf.ToString(), Font, br, 0, y)
        y += CInt(Math.Ceiling(Font.GetHeight(grfx)))
    End Sub
End Class
```

Die Methode *DoIt* des Programms WhatSize nutzt *Save* und *Restore,* damit unterschiedliche *PageUnit*-Einstellungen beim Aufruf von *DrawString* und *GetHeight* nicht zu Konflikten mit der Anzeige der Informationen führen. Hier eine typische Anzeige von WhatSize:

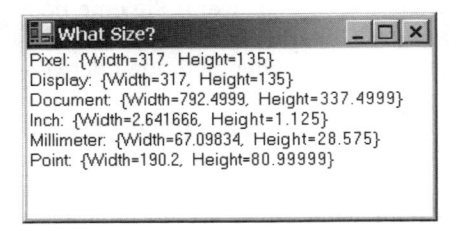

```
What Size?
Pixel: {Width=317, Height=135}
Display: {Width=317, Height=135}
Document: {Width=792.4999, Height=337.4999}
Inch: {Width=2.641666, Height=1.125}
Millimeter: {Width=67.09834, Height=28.575}
Point: {Width=190.2, Height=80.99999}
```

Leider verhält es sich beim Drucker etwas anders. Für den Drucker gibt *VisibleClipBounds* unabhängig von der Seitentransformation Werte in 1/100 Zoll zurück. Wenn jedoch der *PageUnit*-Wert für den Drucker in Pixeln angegeben ist, gibt *VisibleClipBounds* den bedruckbaren Seitenbereich in Pixeln zurück. Wenn Sie in den Clientbereich von WhatSize klicken, erhalten Sie eine Bestätigung für dieses anomale Verhalten.

Eine historische Anmerkung: Ich habe 1986 in der Dezemberausgabe des *Microsoft Systems Journal* den allerersten Artikel zur Windows-Programmierung veröffentlicht. Das in diesem Artikel beschriebene Beispielprogramm hieß WSZ, »What Size«, und zeigte die Größe des Clientbereichs in Pixeln, Zoll und Millimetern an. Das hier abgedruckte Programm WhatSize ist eine vereinfachte – und erheblich kürzere – Version dieses Programms.

Der zweite Ansatz zur Bestimmung der Größe des Anzeigebereichs nutzt die Methode *TransformPoints* der Klasse *Graphics:*

TransformPoints-Methoden von *Graphics*

```
Sub TransformPoints(ByVal csDst As CoordinateSpace,
                    ByVal csSrc As CoordinateSpace, ByVal apt As Point())
Sub TransformPoints(ByVal csDst As CoordinateSpace,
                    ByVal csSrc As CoordinateSpace, ByVal aptf As PointF())
```

Die Enumeration *CoordinateSpace* ist im Namespace *System.Drawing.Drawing2D* definiert:

CoordinateSpace-Enumeration

Member	Wert
World	0
Page	1
Device	2

Bisher haben wir den Koordinatenraum *Device* (in Pixeln relativ zur oberen linken Ecke des Clientbereichs) sowie den Koordinatenraum *Page* (in Zoll, Millimeter, Punkten usw.) kennen gelernt. Wenn Sie ein Array aus *Point*- oder *PointF*-Strukturen in Geräteeinheiten verwenden, können Sie diese Werte durch folgenden Aufruf in Seiteneinheiten umwandeln:

```
grfx.TransformPoints(CoordinateSpace.Page, CoordinateSpace.Device, apt)
```

Ich werde in Kürze auf diesen als *World* (Welt) bezeichneten Koordinatenraum zurückkommen.

Hier eine weitere Version des Programms WhatSize, das *TransformPoint* zur Berechnung der Größe des Clientbereichs verwendet.

WhatSizeTransform.vb
```vb
Imports System
Imports System.Drawing
Imports System.Drawing.Drawing2D
Imports System.Windows.Forms
Class WhatSizeTransform
    Inherits PrintableForm
    Shared Shadows Sub Main()
        Application.Run(New WhatSizeTransform())
    End Sub
    Sub New()
        Text = "What Size? With TransformPoints"
    End Sub
    Protected Overrides Sub DoPage(ByVal grfx As Graphics, _
            ByVal clr As Color, ByVal cx As Integer, ByVal cy As Integer)
        Dim br As New SolidBrush(clr)
        Dim y As Integer = 0
        Dim apt() As Point = {New Point(cx, cy)}
        grfx.TransformPoints(CoordinateSpace.Device, CoordinateSpace.Page, apt)

        DoIt(grfx, br, y, apt(0), GraphicsUnit.Pixel)
        DoIt(grfx, br, y, apt(0), GraphicsUnit.Display)
        DoIt(grfx, br, y, apt(0), GraphicsUnit.Document)
        DoIt(grfx, br, y, apt(0), GraphicsUnit.Inch)
        DoIt(grfx, br, y, apt(0), GraphicsUnit.Millimeter)
        DoIt(grfx, br, y, apt(0), GraphicsUnit.Point)
    End Sub
    Private Sub DoIt(ByVal grfx As Graphics, ByVal br As Brush, ByRef y As Integer, _
            ByVal pt As Point, ByVal gu As GraphicsUnit)
        Dim gs As GraphicsState = grfx.Save()

        grfx.PageUnit  = gu
        grfx.PageScale = 1

        Dim aptf() As PointF = {Point.op_Implicit(pt)}
        grfx.TransformPoints(CoordinateSpace.Page, CoordinateSpace.Device, aptf)

        Dim szf As New SizeF(aptf(0))
        grfx.Restore(gs)
        grfx.DrawString(gu.ToString() & ": " & szf.ToString(), Font, br, 0, y)
        y += CInt(Math.Ceiling(Font.GetHeight(grfx)))
    End Sub
End Class
```

Ich habe der Methode *DoIt* ein zusätzliches Argument gegeben: eine *Point*-Struktur, welche die Breite und Höhe des Anzeigebereichs in Pixeln enthält. Beim Bildschirm gibt es kein Problem, da die Argumente *cx* und *cy* von *DoPage* bereits in Pixeln angegeben sind. Für den Drucker trifft dies jedoch nicht zu. Aus diesem Grund baut die *DoPage*-Methode eine *Point*-Struktur aus *cx* und *cy* auf, erstellt ein aus einem Element bestehendes *Point*-Array und übergibt dieses Array an *TransformPoints*, um die Werte in Geräteeinheiten umzuwandeln. Beachten Sie, dass für diesen Aufruf von *TransformPoints* der Zielkoordinatenraum *CoordinateSpace.Device* lautet. *DoIt* verwendet anschließend *TransformPoints*, um die Geräteeinheiten in Seiteneinheiten (*CoordinateSpace.Page*) zu konvertieren.

Frei wählbare Koordinaten

Einige der bisher gezeigten Grafikprogramme haben die Ausgabe auf die Größe des Clientbereichs oder den bedruckbaren Seitenbereich skaliert. Die in diesem Kapitel vorgestellten Programme führten die Zeichenoperationen in festgelegten Einheiten wie Millimetern oder Zoll durch.

Es gibt Situationen, in denen Sie eine Reihe von Koordinaten fest einprogrammieren und auf jede explizite Skalierung der Koordinaten verzichten möchten. Vielleicht möchten Sie beispielsweise die Grafikausgabe unter Verwendung eines Koordinatensystems mit 1000 × 1000 Einheiten programmieren. Dieses Koordinatensystem soll so groß wie möglich sein, jedoch in den Clientbereich bzw. den bedruckbaren Bereich passen.

Das folgende Programm demonstriert, wie Sie das erreichen.

ArbitraryCoordinates.vb
```
Imports System
Imports System.Drawing
Imports System.Windows.Forms
Class ArbitraryCoordinates
    Inherits PrintableForm
    Shared Shadows Sub Main()
        Application.Run(New ArbitraryCoordinates())
    End Sub
    Sub New()
        Text = "Arbitrary Coordinates"
    End Sub
    Protected Overrides Sub DoPage(ByVal grfx As Graphics, _
            ByVal clr As Color, ByVal cx As Integer, ByVal cy As Integer)
        grfx.PageUnit = GraphicsUnit.Pixel
        Dim szf As SizeF = grfx.VisibleClipBounds.Size

        grfx.PageUnit = GraphicsUnit.Inch
        grfx.PageScale = Math.Min(szf.Width / grfx.DpiX / 1000, szf.Height / grfx.DpiY / 1000)

        grfx.DrawEllipse(New Pen(clr), 0, 0, 990, 990)
    End Sub
End Class
```

Die Methode *DoPage* stellt zunächst *PageUnit* auf *GraphicsUnit.Pixel* ein. Alleiniger Zweck hierbei ist der Abruf der Eigenschaft *VisibleClipBounds* zur Ermittlung der Größe des Clientbereichs oder der Druckerseite in Pixeln.

Als Nächstes stellt die *DoPage*-Methode *PageUnit* auf Zoll ein:

```
grfx.PageUnit = GraphicsUnit.Inch
```

Ich habe weiter oben bereits die folgenden Transformationsformeln vorgestellt, die bei Verwendung von Zoll für *PageUnit* gelten:

$x_{device} = x_{page} \times PageScale \times DpiX$
$y_{device} = y_{page} \times PageScale \times DpiY$

Sie möchten, dass x_{page} und y_{page} zwischen 0 und 1000 liegen, während x_{device} und y_{device} zwischen 0 und den Werten der Eigenschaften *Width* bzw. *Height* von *VisibleClipBounds* liegen sollen.

Anders ausgedrückt:

Width = 1000 × *PageScale* × *DpiX*
Height = 1000 × *PageScale* × *DpiY*

Diese beiden Gleichungen führen allerdings zu zwei unterschiedlichen *PageScale*-Faktoren, und es darf nur einen Faktor geben. Sie benötigen den kleineren der beiden berechneten Werte:
```
grfx.PageScale = Math.Min(szf.Width / grfx.DpiX / 1000, szf.Height / grfx.DpiY / 1000)
```
Das Programm zeichnet in diesem Fall eine Ellipse mit einer Breite und Höhe von 990 Einheiten. (Die Verwendung von 1000 oder 999 für Breite und Höhe führt in einigen Fällen dazu, dass eine Seite der Figur bei großen Fenstern abgeschnitten wird.) Als Ergebnis erhalten Sie eine Figur, die links im Clientbereich angezeigt wird, wenn der Clientbereich breiter als hoch ist. Ist der Clientbereich höher als breit, so wird die Figur oben angezeigt:

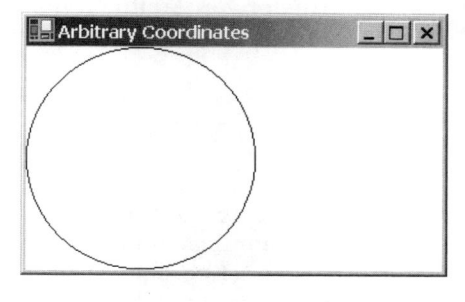

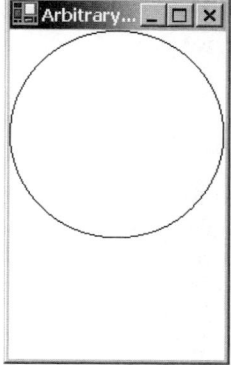

Wenn Sie den Kreis ausdrucken, ist er so groß wie der bedruckbare Seitenbereich breit ist.

Es gibt allerdings ein kleines Problem bei diesem Programm. Reduzieren Sie die Fenstergröße einmal so weit es geht. Die Fensterbreite kann nur bis zu einem gewissen Limit reduziert werden, die Höhe des Fensters lässt sich jedoch bis auf 0 verkleinern. In diesem Fall wird eine Ausnahme ausgelöst, da die *DoPage*-Methode *PageScale* auf 0 setzt, ein unzulässiger Wert.

Dieses Problem kann auf verschiedenen Wegen gelöst werden. Am einfachsten ist es, die *DoPage*-Methode abzubrechen, wenn die Höhe des Clientbereichs 0 beträgt:
```
If cy = 0 Then Return
```
Dieses Verhalten ist in Ordnung, da eine Zeichenoperation in diesem Fall ohnehin nicht sinnvoll wäre.

Finden Sie es nicht etwas merkwürdig, dass ungeachtet des Werts 0 für die Maße des Clientbereichs immer noch ein Aufruf der *OnPaint*-Methode durchgeführt wird? Es könnte nicht schaden, zu Beginn der *OnPaint*-Methode eine Anweisung wie diese einzufügen:
```
If pea.ClipRectangle.IsEmpty Then Return
```
Diese Anweisung entspricht der folgenden:
```
If grfx.IsVisibleClipEmpty Then Return
```
Eine sehr spezielle Lösung wäre die Verwendung der Methode *Math.Max* in der Berechnung der Eigenschaft *PageScale*, um Nullwerte zu vermeiden:
```
grfx.PageScale = Math.Min(szf.Width / grfx.DpiX / 1000, Math.Max(szf.Height, 1) / grfx.DpiY / 1000)
```

Sie können auch Ihre Kenntnisse zur Ausnahmebehandlung in Visual Basic .NET unter Beweis stellen und die Anweisung in einem *Try*-Block unterbringen:

```
Try
    grfx.PageScale = Math.Min(szf.Width / grfx.DpiX / 1000, szf.Height / grfx.DpiY / 1000)
Catch
    Return
End Try
```

Eine vielleicht nicht ganz so offensichtliche Vorgehensweise wäre, den Clientbereich von vornherein daran zu hindern, auf eine Höhe von 0 zu schrumpfen. Die shared Eigenschaft *SystemInformation.MinimumWindowSize* gibt eine Größe zurück, deren Wert die Summe der Titelleistenhöhe plus zwei mal die Rahmenhöhe zurückgibt. Der minimale Breitenwert liegt erheblich höher, um zu gewährleisten, dass die Titelleiste des Programms immer teilweise sichtbar bleibt.

Sie können die Eigenschaft *MinimumSize* eines Formulars einstellen, um eine Mindestgröße für das Fenster festzulegen. Fügen Sie die folgende Zeile in den Konstruktor von ArbitraryCoordinates ein:

```
MinimumSize = Size.op_Addition(SystemInformation.MinimumWindowSize, New Size(0, 1))
```

Was nicht funktioniert

Es gibt verschiedene Dinge, die bei der Seitentransformation nicht funktionieren. Zunächst können Sie *PageScale* nicht auf negative Werte setzen, d.h., Sie können *x*-Koordinaten nicht nach links (was in den meisten Fällen sowieso nicht wünschenswert ist) oder *y*-Koordinaten nach oben ansteigen lassen (was für die eher mathematisch Denkenden unter uns ganz nützlich wäre).

Zweitens ist es nicht möglich, für die *x*- und *y*-Richtung unterschiedliche Einheiten zu verwenden. Die Eigenschaften *PageScale* und *PageUnit* gelten immer für beide Achsen. Eine Funktion wie diese

```
grfx.DrawEllipse(pn, 0, 0, 100, 100)
```

zeichnet unabhängig von der Seitentransformation immer einen Kreis. Hierbei gilt nur eine Ausnahme: Wenn Sie als *PageUnit GraphicsUnit.Pixel* einstellen und die horizontale Auflösung für das Ausgabegerät nicht mit der vertikalen Auflösung übereinstimmt. Dieses Problem tritt beim Bildschirm eher selten auf, beim Drucker ist dies allerdings häufiger der Fall.

Drittens ist eine Änderung des Ursprungs nicht möglich. Der Punkt (0, 0) entspricht in Seitenkoordinaten immer der oberen linken Ecke des Clientbereichs bzw. des bedruckbaren Bereichs der Druckerseite.

GDI+ unterstützt jedoch glücklicherweise eine weitere Transformation, die all dies und noch mehr ermöglicht.

Hello, World Transform

Eine von GDI+ unterstützte Transformation ist die *Welttransformation*. Sie verwendet eine übliche 3 × 3-Matrix; anstelle dieser Matrix können jedoch auch einige sehr praktische Methoden verwendet werden. Sehen wir uns zunächst das folgende Programm an, mit dem der erste Absatz von Herman Melvilles *Moby Dick* angezeigt wird.

MobyDick.vb

```vb
Imports System
Imports System.Drawing
Imports System.Drawing.Drawing2D
Imports System.Windows.Forms
Class MobyDick
    Inherits PrintableForm
    Shared Shadows Sub Main()
        Application.Run(New MobyDick())
    End Sub
    Sub New()
        Text = "Moby-Dick by Herman Melville"
    End Sub
    Protected Overrides Sub DoPage(ByVal grfx As Graphics, _
            ByVal clr As Color, ByVal cx As Integer, ByVal cy As Integer)
        ' Hier RotateTransform, ScaleTransform,
        '    TranslateTransform und andere Aufrufe einfügen.
        grfx.DrawString("Call me Ishmael. Some years ago" & ChrW(&H2014) & _
            "never mind how long precisely" & ChrW(&H2014) & _
            "having little or no money in my purse, and " & _
            "nothing particular to interest me on shore, I " & _
            "thought I would sail about a little and see " & _
            "the watery part of the world. It is a way I " & _
            "have of driving off the spleen, and " & _
            "regulating the circulation. Whenever I find " & _
            "myself growing grim about the mouth; whenever " & _
            "it is a damp, drizzly November in my soul; " & _
            "whenever I find myself involuntarily pausing " & _
            "before coffin warehouses, and bringing up the " & _
            "rear of every funeral I meet and especially " & _
            "whenever my hypos get such an upper hand of " & _
            "me, that it requires a strong moral principle " & _
            "to prevent me from deliberately stepping into " & _
            "the street, and methodically knocking " & _
            "people's hats off" & ChrW(&H2014) & "then, I " & _
            "account it high time to get to sea as soon as " & _
            "I can. This is my substitute for pistol " & _
            "and ball. With a philosophical flourish Cato " & _
            "throws himself upon his sword; I quietly take " & _
            "to the ship. There is nothing surprising in " & _
            "this. If they but knew it, almost all men in " & _
            "their degree, some time or other, cherish " & _
            "very nearly the same feelings towards the " & _
            "ocean with me.", _
            Font, New SolidBrush(clr), _
            New RectangleF(0, 0, cx, cy))
    End Sub
End Class
```

Hier gibt es nichts Neues, abgesehen davon, dass ich angegeben habe, wo Sie ein oder zwei Zeilen einfügen können. Kompilieren Sie das Programm anschließend neu und beobachten Sie, was geschieht.

Versuchen Sie es zunächst mit folgender Zeile:

```
grfx.RotateTransform(45)
```

Achten Sie darauf, dass Sie diesen Aufruf vor dem Aufruf von *DrawString* einfügen. Als Ergebnis wird der Text um 45 Grad im Uhrzeigersinn gedreht:

Einfach, oder? Beachten Sie, dass der Text sich weiterhin innerhalb des in *DrawString* definierten Rechtecks befindet, das Rechteck wurde jedoch zusammen mit dem Text gedreht. Sie können den Text auch ausdrucken, allerdings wird die Erzeugung der Druckdatei einige Zeit in Anspruch nehmen.

Auf welche Funktionen wirkt sich *RotateTransform* aus? Auf alle bisher besprochenen *Graphics*-Zeichenfunktionen. Wenn wir uns näher mit Grafik beschäftigen, werde ich darauf achten, immer anzugeben, ob sich die Welttransformation auf etwas auswirkt oder nicht.

Das Argument von *RotateTransform* ist ein *Single*-Wert, der negativ oder positiv sein kann. Versuchen Sie es einmal hiermit:

```
grfx.RotateTransform(-45)
```

Der Text wird auf diese Weise um 45° gegen den Uhrzeigersinn gedreht. Der Winkel kann auch über 360° liegen oder weniger als –360° betragen. In unserem Beispiel führt jeder Wert, der nicht in einen Winkel zwischen –90° und 90° umgerechnet werden kann, zu einer Rotation, bei der der Text außerhalb des sichtbaren Fensterbereichs liegt.

Aufeinander folgende Aufrufe von *RotateTransform* sind kumulativ. Die Aufrufe

```
grfx.RotateTransform(5)
grfx.RotateTransform(10)
grfx.RotateTransform(-20)
```

führen daher dazu, dass der Text um 5° gegen den Uhrzeigersinn gedreht wird.

Versuchen Sie diese Zeile:

```
grfx.ScaleTransform(1, 3)
```

Diese Funktion erhöht die Koordinaten und Größen angezeigter Grafiken. Das erste Argument wirkt sich auf die horizontalen Koordinaten- und Größenwerte aus, das zweite Argument verändert die entsprechenden vertikalen Werte. Im Programm MobyDick verursacht der Aufruf dieser Funktion zwar keine Veränderung der Textbreite, er verdreifacht jedoch die Schrifthöhe. Der Aufruf

```
grfx.ScaleTransform(3, 1)
```

wirkt sich dagegen nicht auf die Schrifthöhe, sondern auf deren Breite aus. Das Anzeigerechteck wird entsprechend vergrößert, sodass der Text weiterhin dieselben Zeilenumbrüche aufweist. Diese beiden Effekte können auch kombiniert werden:

```
grfx.ScaleTransform(3, 3)
```

Es handelt sich wieder um *Single*-Werte und sie werden zusammen verwendet. Das Skalieren der horizontalen und vertikalen Größenwerte um den Faktor 3 kann auch durch folgende Aufrufe erzielt werden:

```
grfx.ScaleTransform(3, 1)
grfx.ScaleTransform(1, 3)
```

oder

```
grfx.ScaleTransform(CSng(Math.Sqrt(3)), CSng(Math.Sqrt(3)))
grfx.ScaleTransform(CSng(Math.Sqrt(3)), CSng(Math.Sqrt(3)))
```

Sehr interessant ist hierbei, dass die Vergrößerung des Texts nicht zu unansehnlichen Treppeneffekten führt. Es scheint so, ab ob anstelle einer bloßen Vergrößerung einer vorhandenen Schrift tatsächlich eine andere Schriftgröße verwendet würde.

Können die Skalierungswerte negativ sein? Ja, können sie. Wenn Sie das jedoch jetzt gleich ausprobieren, führt es nicht zum gewünschten Ergebnis. Ich werde in Kürze auf die Verwendung negativer Skalierungswerte und die sich dabei ergebenden erstaunlichen Effekte zu sprechen kommen. Der Skalierungswert darf nicht 0 sein, sonst löst die Funktion eine Ausnahme aus.

So, und nun das Langweiligste zum Schluss. Der *TranslateTransform*-Aufruf kann Koordinaten auch einfach entlang der horizontalen und vertikalen Achse verschieben. Wenn Sie beispielsweise diesen Aufruf

```
grfx.TranslateTransform(100, 50)
```

in das Programm MobyDick einfügen, wird der Text relativ zum Ursprung des Clientbereichs um 100 Pixel nach rechts und um 50 Pixel nach unten verschoben. Wenn Sie diese Version ausdrucken, wird der Text relativ zum Ursprung des bedruckbaren Seitenbereichs um 1 Zoll nach rechts und 1/2 Zoll nach unten verschoben angezeigt. Negative Werte für das erste Argument verschieben den Text nach links aus dem Clientbereich hinaus; negative *y*-Werte verschieben den Text nach oben aus dem Clientbereich hinaus.

Die Verschiebung des Texts eignet sich jedoch sehr gut zur Verdeutlichung anderer Techniken. Fügen Sie den folgenden Aufruf in das Programm ein:

```
grfx.TranslateTransform(cx \ 2, cy \ 2)
```

Damit beginnt der Text im Mittelpunkt des Client- oder Druckbereichs. Das allein ist noch nicht sonderlich interessant, aber fügen Sie nach dem Aufruf von *TranslateTransform* nun einmal folgende Anweisung ein:

```
grfx.ScaleTransform(-1, 1)
```

Na, wenn das nicht interessant ist! Es geschieht Folgendes: Der Text wird an der vertikalen Achse gespiegelt und erscheint im linken unteren Quadranten des Clientbereichs:

Ersetzen Sie nun den *ScaleTransform*-Aufruf durch den folgenden:

`grfx.ScaleTransform(1, -1)`

Jetzt wird der Text an der horizontalen Achse gespiegelt und auf dem Kopf angezeigt. Wieder können beide Effekte kombiniert werden:

`grfx.ScaleTransform(-1, -1)`

Jetzt wissen Sie auch, warum Sie für den *ScaleTransform*-Aufruf selbst keine negativen Argumente verwenden können – der Text würde außerhalb des sichtbaren Clientbereichs angezeigt. Sie müssen den Text weiter nach links und nach oben verschieben, damit dieser Effekt zu sehen ist.

Okay, kehren wir nun einmal die Reihenfolge der Aufrufe von *TranslateTransform* und *ScaleTransform* um:

```
grfx.ScaleTransform(-1, 1)
grfx.TranslateTransform(cx \ 2, cy \ 2)
```

Jetzt wird nichts angezeigt. Wie Sie sich vielleicht denken können, liegt das daran, dass der Text irgendwie aus dem sichtbaren Clientbereich verschoben wurde. Sie können den Text auf zwei Arten wieder zurückholen. Eine Möglichkeit besteht darin, als erstes Argument des *TranslateTransform*-Aufrufs einen negativen Wert anzugeben:

```
grfx.ScaleTransform(-1, 1)
grfx.TranslateTransform(-cx \ 2, cy \ 2)
```

Damit wird der Text wieder in der Mitte des Clientbereichs an der vertikalen Achse gespiegelt. Ich erwarte übrigens nicht, dass Sie bereits jetzt nachvollziehen können, wie das funktioniert. Eine leichte Verwirrung Ihrerseits wäre zu diesem Zeitpunkt nicht unangemessen.

Um diese Verwirrung noch ein wenig zu vergrößern, hier eine zweite Variante. Behalten Sie das erste Argument bei, verwenden Sie aber jetzt diese Überladung der Methode *TranslateTransform*:

```
grfx.ScaleTransform(-1, 1)
grfx.TranslateTransform(cx \ 2, cy \ 2, MatrixOrder.Append)
```

Jede der drei bisher behandelten Methoden – *RotateTransform*, *ScaleTransform* und *TranslateTransform* – wurde überladen, um als letztes Argument *MatrixOrder* verwenden zu können, eine im Namespace *System.Drawing.Drawing2D* definierte Enumeration. (Aus diesem Grund habe ich auch noch die notwendige *Imports*-Anweisung am Anfang des Programms MobyDick eingefügt.)

Nachfolgend finden Sie die formalen Definitionen der *Graphics*-Methoden (die bisher besprochenen plus eine weitere):

Graphics-Methoden (Auswahl)

```
Sub TranslateTransform(ByVal dx As Single, ByVal dy As Single)
Sub TranslateTransform(ByVal dx As Single, ByVal dy As Single, ByVal mo As MatrixOrder)
Sub ScaleTransform(ByVal sx As Single, ByVal sy As Single)
Sub ScaleTransform(ByVal sx As Single, ByVal sy As Single, ByVal mo As MatrixOrder)
Sub RotateTransform(ByVal fAngle As Single)
Sub RotateTransform(ByVal fAngle As Single, ByVal mo As MatrixOrder)
Sub ResetTransform()
```

Der Aufruf von *ResetTransform* führt zu einer Zurücksetzung auf die normalen Werte. Die Enumeration *MatrixOrder* verfügt lediglich über zwei Member:

MatrixOrder-Enumeration

Member	Wert	Beschreibung
Prepend	0	Standardwert
Append	1	Kehrt die Anwendungsreihenfolge um

Auf die Auswirkung dieser Enumerationswerte gehe ich im weiteren Verlauf dieses Kapitels noch näher ein.

Ein Überblick

Die Koordinaten, die Sie an die verschiedenen Zeichenmethoden der Klasse *Graphics* übergeben, werden als *Weltkoordinaten* bezeichnet. Weltkoordinaten werden zuerst der Welttransformation unterzogen, das ist das, mit dem wir durch Aufruf von *TranslateTransform*, *ScaleTransform* und *RotateTransform* herumexperimentiert haben. Ich werde in Kürze noch eine formale Definition der Welttransformation liefern.

Mithilfe der Welttransformation werden Weltkoordinaten in Seitenkoordinaten umgewandelt. Die Seitentransformation – die über die Eigenschaften *PageUnit* und *PageScale* des *Graphics*-Objekts definierte Transformation – wandelt die Seitenkoordinaten in Gerätekoordinaten um, die relativ zur oberen linken Ecke des Clientbereichs oder als bedruckbarer Seitenbereich in Pixeln angegeben werden.

```
Welt-              Seiten-             Geräte-
koordinaten  →     koordinaten  →      koordinaten
         Welt-              Seiten-
         transformation     transformation
```

Für Funktionen wie die *Graphics*-Methode *MeasureString* oder die *Font*-Methode *GetHeight* wird dieser Prozess umgekehrt. Gerätekoordinaten werden in diesem Fall zunächst in Seitenkoordinaten, dann in Weltkoordinaten konvertiert und anschließend von der Methode zurückgegeben.

Lineare Transformationen

Sehen wir uns an, welche Wirkungen mathematisch gesehen der Aufruf verschiedener Transformationsmethoden nach sich zieht. Die einfachste dieser Methoden scheint diese zu sein:

`grfx.TranslateTransform(dx, dy)`

Hierbei werden die Argumente durch d_x und d_y dargestellt. (Das d steht für *Delta,* was in der Mathematik Änderung bedeutet.) Die sich aus diesem Methodenaufruf ergebende Welttransformation lautet folgendermaßen:

$x_{page} = x_{world} + d_x$
$y_{page} = y_{world} + d_y$

Eigentlich ganz einfach. Wie Sie gesehen haben, führt der *TranslateTransform*-Aufruf zu einer Verschiebung aller Koordinaten.

Ähnlich verhält es sich mit *ScaleTransform:*

`grfx.ScaleTransform(sx, sy)`

Das s steht für *Skalierung*. Diese Welttransformation verwendet anstelle einer Addition eine Multiplikation:

$x_{page} = s_x \cdot x_{world}$
$y_{page} = s_y \cdot y_{world}$

Dieser Skalierungseffekt ist einer Seitentransformation sehr ähnlich.

Beim Aufruf von

`grfx.RotateTransform(α)`

mit einem Winkel von α ergibt sich ... keine Angst, Sie müssen nicht raten. Die sich ergebende Transformation ist offensichtlich etwas komplexer und sieht so aus:

$x_{page} = x_{world} \cdot \cos(\alpha) + y_{world} \cdot \sin(\alpha)$
$y_{page} = -x_{world} \cdot \sin(\alpha) + y_{world} \cdot \cos(\alpha)$

Anhand der folgenden kleinen Tabelle mit Sinus- und Cosinus-Werten können Sie sich davon überzeugen, dass diese Formeln tatsächlich stimmen:

Winkel α	Sinus	Cosinus
0	0	1
45	$\sqrt{1/2}$	$\sqrt{1/2}$
90	1	0
135	$\sqrt{1/2}$	$-\sqrt{1/2}$
180	0	−1
225	$-\sqrt{1/2}$	$-\sqrt{1/2}$
270	−1	0
315	$-\sqrt{1/2}$	$\sqrt{1/2}$
360	0	1

Übrigens: Wenn Sie mit dieser Materie bereits aus anderen grafischen Programmierumgebungen vertraut sind, werden Sie bemerken, dass die beiden Formeln für die Rotation etwas seltsam aussehen. Dies liegt daran, dass GDI+ die Rotation im Uhrzeigersinn beschreibt. In stärker mathematisch ausgeprägten Umgebungen findet die Rotation gegen den Uhrzeigersinn statt. Bei Drehungen gegen den Uhrzeigersinn ist der Sinuswert in der ersten Formel negativ und in der zweiten Formel positiv.

Alle drei Transformationen zusammen können in zwei Formeln ausgedrückt werden:

$$x_{page} = s_x \cdot x_{world} + r_x \cdot y_{world} + d_x$$
$$y_{page} = r_y \cdot x_{world} + s_y \cdot y_{world} + d_y$$

Hierbei stehen s_x, s_y, r_x, r_y, d_x und d_y für Konstanten, die eine bestimmte Transformation definieren. Die Skalierungsfaktoren s_x und s_y, sowie die Verschiebungsfaktoren d_x und d_y haben Sie bereits kennen gelernt. Ferner haben Sie erfahren, dass bestimmte, durch trigonometrische Funktionen spezieller Winkel definierte Kombinationen aus s_x, s_y, r_x und r_y zu einer Rotation führen können. Die Faktoren r_x und r_y selbst haben ebenfalls eine Bedeutung, und die grafische Auswirkung dieser Konstanten wird in Kürze zu sehen sein.

Diese beiden Formeln werden zusammen als *allgemeine lineare Transformation der Ebene* bezeichnet.* Obwohl x_{page} und y_{page} Funktionen von x_{world} und y_{world} sind, haben diese Formeln nichts mit Potenzen von x_{world} oder y_{world} zu tun. Die lineare Eigenschaft der Welttransformation impliziert verschiedene Einschränkungen:

- Die Welttransformation wandelt eine Gerade stets in eine andere Gerade um. Geraden werden nie zu gekrümmten Linien.
- Ein paralleles Linienpaar kann nicht in zwei nicht paralle Linien transformiert werden.
- Zwei Objekte gleicher Größe können nie in zwei Objekte unterschiedlicher Größe transformiert werden.
- Parallelogramme (inklusive Rechtecke) werden immer in Parallelogramme transformiert; Ellipsen werden stets auch wieder in eine Ellipse umgewandelt.

Wenn Sie am Anfang eines *Paint*- oder *PrintPage*-Ereignisses eine neue, unveränderte *Graphics*-Klasse verwenden, wird die angewendete Welttransformation als *Identitätstransformation* bezeichnet: Die Faktoren s_x und s_y werden auf 1 gesetzt, alle weiteren Faktoren werden auf 0 eingestellt. Die Methode *ResetTransform* stellt das *Graphics*-Objekt wieder auf die Identitätstransformation zurück.

Wie Sie gesehen haben, werden nacheinander ausgeführte Aufrufe von *TranslateTransform*, *ScaleTransform* und *RotateTransform* kumuliert. Die sich ergebende Welttransformation ist je nach Aufrufreihenfolge dieser Methoden jedoch unterschiedlich. Der Grund hierfür ist schnell erklärt. Was jetzt folgt, ist kein schöner Anblick mehr, wenn Sie sich also während der Angst einflößenden Abschnitte lieber die Augen zuhalten möchten, geht das in Ordnung.

Angenommen, es liegt eine Welttransformation mit der Bezeichnung T_1 vor:

$$x' = s_{x1} \cdot x + r_{x1} \cdot y + d_{x1}$$
$$y' = r_{y1} \cdot x + s_{y1} \cdot y + d_{y1}$$

Statt die Welt- und Seitenkoordinaten mithilfe von Indizes anzugeben, lauten die Weltkoordinaten hier einfach x und y, die Seitenkoordinaten lauten x' und y'. Nehmen wir weiter an, es gibt eine zweite Transformation mit der Bezeichnung T_2 mit anderen Faktoren:

$$x' = s_{x2} \cdot x + r_{x2} \cdot y + d_{x2}$$
$$y' = r_{y2} \cdot x + s_{y2} \cdot y + d_{y2}$$

---

* Siehe Anthony J. Pettofrezzo: *Matrices and Transformations*. New York: Dover, 1978, Kapitel 3, hier insbesondere die Abschnitte 3–7.

Die Anwendung von T_1 auf die Weltkoordinaten und eine anschließende Anwendung von T_2 auf das Ergebnis führt zu dieser Transformation:

$x' = s_{x2} \cdot s_{x1} \cdot x + s_{x2} \cdot r_{x1} \cdot y + s_{x2} \cdot d_{x1} + r_{x2} \cdot r_{y1} \cdot x + r_{x2} \cdot s_{y1} \cdot y + r_{x2} \cdot d_{y1} + d_{x2}$
$y' = r_{y2} \cdot s_{x1} \cdot x + r_{y2} \cdot r_{x1} \cdot y + r_{y2} \cdot d_{x1} + s_{y2} \cdot r_{y1} \cdot x + s_{y2} \cdot s_{y1} \cdot y + s_{y2} \cdot d_{y1} + d_{y2}$

Wenn Sie diese Gleichungen umformen, erhalten Sie Folgendes:

$x' = (s_{x2} \cdot s_{x1} + r_{x2} \cdot r_{y1}) \cdot x + (s_{x2} \cdot r_{x1} + r_{x2} \cdot s_{y1}) \cdot y + (s_{x2} \cdot d_{x1} + r_{x2} \cdot d_{y1} + d_{x2})$
$y' = (r_{y2} \cdot s_{x1} + s_{y2} \cdot r_{y1}) \cdot x + (r_{y2} \cdot r_{x1} + s_{y2} \cdot s_{y1}) \cdot y + (r_{y2} \cdot d_{x1} + s_{y2} \cdot d_{y1} + d_{y2})$

Wenn Sie zuerst T_2 und dann T_1 anwenden, erhalten Sie ein anderes Ergebnis:

$x' = s_{x1} \cdot s_{x2} \cdot x + s_{x1} \cdot r_{x2} \cdot y + s_{x1} \cdot d_{x2} + r_{x1} \cdot r_{y2} \cdot x + r_{x1} \cdot s_{y2} \cdot y + r_{x1} \cdot d_{y2} + d_{x1}$
$y' = r_{y1} \cdot s_{x2} \cdot x + r_{y1} \cdot r_{x2} \cdot y + r_{y1} \cdot d_{x2} + s_{y1} \cdot r_{y2} \cdot x + s_{y1} \cdot s_{y2} \cdot y + s_{y1} \cdot d_{y2} + d_{y1}$

Umgeformt lautet dies:

$x' = (s_{x1} \cdot s_{x2} + r_{x1} \cdot r_{y2}) \cdot x + (s_{x1} \cdot r_{x2} + r_{x1} \cdot s_{y2}) \cdot y + (s_{x1} \cdot d_{x2} + r_{x1} \cdot d_{y2} + d_{x1})$
$y' = (r_{y1} \cdot s_{x2} + s_{y1} \cdot r_{y2}) \cdot x + (r_{y1} \cdot r_{x2} + s_{y1} \cdot s_{y2}) \cdot y + (r_{y1} \cdot d_{x2} + s_{y1} \cdot d_{y2} + d_{y1})$

Und aus genau diesem Grund erhalten Sie je nach Reihenfolge der Aufrufe von *ScaleTransform* und *TranslateTransform* unterschiedliche Ergebnisse.

Vorstellung von Matrizen

Wenn es in der Mathematik unübersichtlich wird (wie z.B. in den soeben gezeigten Berechnungen), besteht die Lösung in der Regel darin, nicht etwa Elemente wegzulassen, sondern etwas Neues einzuführen. Hier ist die Einführung einer *Matrix* sinnvoll, denn die Matrizenalgebra ist weithin bekannt (zumindest unter Mathematikern). Sie können eine lineare Transformation durch eine Matrix darstellen; das Anwenden mehrerer Transformationen entspricht einer Multiplikation der Matrizen.

Eine *Matrix* ist die Anordnung von Zahlen in Form einer rechteckigen Tabelle. Nachfolgend sehen Sie eine Matrix mit drei Spalten und zwei Zeilen:

$$\begin{vmatrix} 27 & 9 & 14 \\ 3 & 0 & 88 \end{vmatrix}$$

Arrays werden üblicherweise durch Großbuchstaben dargestellt. Bei der Multiplikation zweier Matrizen

$A \times B = C$

muss die Anzahl der Spalten in Matrix A mit der Zeilenanzahl in Matrix B übereinstimmen. Die Anzahl der Zeilen im Produkt C entspricht der Zeilenanzahl von Matrix A. Die Anzahl der Spalten in C entspricht der Spaltenzahl in Matrix B. Die Zahl in der i-ten Zeile und der j-ten Spalte in C ist gleich der Summe der Produkte aus den Zahlen der i-ten Zeile von A und den entsprechenden Werten in der j-ten Spalte von B.* Die Matrizenmultiplikation ist nicht kommutativ, das Produkt $A \times B$ ist also nicht notwendigerweise gleich dem Produkt $B \times A$.

Wenn wir es nicht auch mit einer Verschiebung zu tun haben würden, könnten wir die Weltkoordinaten (x, y) als eine 1×2-Matrix und die Transformationsmatrix als 2×2-Matrix darstellen.

---

* Beispiele siehe Pettofrezzo, Abschnitte 1–2.

Sie multiplizieren diese zwei Matrizen und stellen die erhaltenen Seitenkoordinaten (x', y') als eine weitere 1 × 2-Matrix dar:

$$\begin{vmatrix} x & y \end{vmatrix} \times \begin{vmatrix} s_x & r_y \\ r_x & s_y \end{vmatrix} = \begin{vmatrix} x' & y' \end{vmatrix}$$

Die Anwendung der Multiplikationsregeln auf die Matrix führt zu folgenden Formeln:

$x' = s_x \cdot x + r_x \cdot y$
$y' = r_y \cdot x + s_y \cdot y$

Diese Formeln sind jedoch nicht ganz vollständig, denn zur Welttransformation gehört ja auch noch die Verschiebung. Damit die Matrizenmultiplikation richtig funktioniert, müssen Welt- und Seitenkoordinaten auf 1 × 3-Matrizen erweitert werden und die Transformation ist eine 3 × 3-Matrix:

$$\begin{vmatrix} x & y & 1 \end{vmatrix} \times \begin{vmatrix} s_x & r_y & 0 \\ r_x & s_y & 0 \\ d_x & d_y & 1 \end{vmatrix} = \begin{vmatrix} x' & y' & 1 \end{vmatrix}$$

Die sich ergebenden Formeln lauten folgendermaßen:

$x' = s_x \cdot x + r_x \cdot y + d_x$
$y' = r_y \cdot x + s_y \cdot y + d_y$

Die Art der Transformation kann durch eine so genannte *Matrixtransformation* dargestellt werden.

Eine Matrixtransformation ohne Auswirkung weist Skalierungsfaktoren von 1 auf, r und d haben den Faktor 0:

$$\begin{vmatrix} 1 & 0 & 0 \\ 0 & 1 & 0 \\ 0 & 0 & 1 \end{vmatrix}$$

Diese Matrix wird als *Identitätsmatrix* bezeichnet.

Die Klasse *Matrix*

Die Matrixtransformation ist in der Klasse *Matrix* gekapselt, die wiederum im Namespace *System.Drawing.Drawing2D* definiert ist. Es stehen zur Erstellung eines *Matrix*-Objekts vier Konstruktoren zur Verfügung, von denen nachfolgend zwei aufgeführt sind:

Matrix-Konstruktoren (Auswahl)

```
Matrix()
Matrix(ByVal sx As Single, ByVal ry As Single,
       ByVal rx As Single, ByVal sy As Single,
       ByVal dx As Single, ByVal dy As Single)
```

Der zweite Konstruktor ermöglicht die Angabe aller sechs Konstanten, durch die die Matrixtransformation definiert wird. Die Skalierungsfaktoren *sx* und *sy* müssen hierbei ungleich 0 sein. (Sonst erhalten Sie einen Ausnahmefehler.)

Die Klasse *Graphics* verfügt über eine *Transform*-Eigenschaft mit Lese-/Schreibzugriff, bei der es sich um ein *Matrix*-Objekt handelt:

Graphics-Eigenschaft (Auswahl)

Eigenschaft	Typ	Zugriff
Transform	*Matrix*	Get/Set

Jeder Aufruf von *TranslateTransform, ScaleTransform, RotateTransform* oder *ResetTransform* wirkt sich auf die Eigenschaft *Transform* aus. Sie können sie auch direkt einstellen. Der Aufruf

```
grfx.Transform = New Matrix(1, 0, 0, 1, 0, 0)
```

bewirkt dasselbe wie *ResetTransform*.

Die Klasse *Matrix* verfügt über fünf Eigenschaften, die alle schreibgeschützt sind:

Matrix-Eigenschaften

Eigenschaft	Typ	Zugriff	Beschreibung
Elements	*Single()*	Get	Sechs Transformationskonstanten
OffsetX	*Single*	Get	Transformationskonstante d_x
OffsetY	*Single*	Get	Transformationskonstante d_y
IsIdentity	*Boolean*	Get	Diagonale aus Einsen
IsInvertible	*Boolean*	Get	Kann invertiert werden

Sehen wir uns nun eine zusammengesetzte Transformation an. Angenommen, der erste Aufruf lautet folgendermaßen:

```
grfx.ScaleTransform(2, 2)
```

Ihr Programm könnte die Ergebnismatrix durch folgenden Aufruf untersuchen:

```
Dim afElements() As Single = grfx.Transform.Elements
```

Die angezeigten Werte 2, 0, 0, 2, 0, 0 können in Form der folgenden Matrix dargestellt werden:

$$\begin{vmatrix} 2 & 0 & 0 \\ 0 & 2 & 0 \\ 0 & 0 & 1 \end{vmatrix}$$

Anschließend führen Sie diesen Aufruf aus:

```
grfx.TranslateTransform(100, 100)
```

Dieser Aufruf allein würde zu folgender Matrix führen:

$$\begin{vmatrix} 1 & 0 & 0 \\ 0 & 1 & 0 \\ 100 & 100 & 1 \end{vmatrix}$$

Die neue Transformation setzt sich jedoch aus beiden Methodenaufrufen zusammen. Die Matrix für den zweiten Aufruf wird mit der vorhandenen *Transform*-Eigenschaft multipliziert und das Ergebnis ist die neue *Transform*-Eigenschaft:

$$\begin{vmatrix} 1 & 0 & 0 \\ 0 & 1 & 0 \\ 100 & 100 & 1 \end{vmatrix} \times \begin{vmatrix} 2 & 0 & 0 \\ 0 & 2 & 0 \\ 0 & 0 & 1 \end{vmatrix} = \begin{vmatrix} 2 & 0 & 0 \\ 0 & 2 & 0 \\ 200 & 200 & 1 \end{vmatrix}$$

Testen Sie nun, was passiert, wenn Sie die Aufrufe von *ScaleTransform* und *TranslateTransform* in umgekehrter Reihenfolge ausführen:
```
grfx.TranslateTransform(100, 100)
grfx.ScaleTransform(2, 2)
```
Wieder wird die resultierende Transformation durch Multiplikation der zweiten Matrix mit der ersten Matrix berechnet:

$$\begin{vmatrix} 2 & 0 & 0 \\ 0 & 2 & 0 \\ 0 & 0 & 1 \end{vmatrix} \times \begin{vmatrix} 1 & 0 & 0 \\ 0 & 1 & 0 \\ 100 & 100 & 1 \end{vmatrix} = \begin{vmatrix} 2 & 0 & 0 \\ 0 & 2 & 0 \\ 100 & 100 & 1 \end{vmatrix}$$

Sie erhalten diese Transformation auch durch folgende Syntax:
```
grfx.ScaleTransform(2, 2)
grfx.TranslateTransform(100, 100, MatrixOrder.Append)
```
Das Argument *MatrixOrder.Append* gibt an, dass die neue Transformation zur vorhandenen hinzugefügt wird. Der Standardwert lautet *MatrixOrder.Prepend*.

Die Klasse *Graphics* verfügt über eine weitere Methode für die Welttransformation:

Graphics-Methoden (Auswahl)

```
Sub MultiplyTransform(ByVal matx As Matrix)
Sub MultiplyTransform(ByVal matx As Matrix, ByVal mo As MatrixOrder)
```

Diese Methode ermöglicht die Multiplikation einer vorhandenen Transformation mit einer neuen.
In Kapitel 15 werde ich noch näher auf die Klasse *Matrix* eingehen.

Scherungen

Kehren wir zum Programm MobyDick zurück und fügen wir die folgende Anweisung ein:
```
grfx.Transform = New Matrix(1, 0, 0, 3, 0, 0)
```
Diese Anweisung hat dieselbe Auswirkung wie folgender Aufruf:
```
grfx.ScaleTransform(1, 3)
```
Wir haben bisher noch nicht ausprobiert, was geschieht, wenn nur die Faktoren r_x und r_y verwendet werden. Sehen Sie sich folgenden Aufruf an:
```
grfx.Transform = New Matrix(1, 0, 0.5, 1, 0, 0)
```

Seiten und Transformationen

Dieser Aufruf führt zu folgender Transformationsmatrix:

$$\begin{vmatrix} 1 & 0 & 0 \\ 0.5 & 1 & 0 \\ 0 & 0 & 1 \end{vmatrix}$$

Und hier sehen Sie die Transformationsformeln:

$x' = x + 0.5 \cdot y$
$y' = y$

Beachten Sie, dass die x-Koordinatenwerte um den y-Wert erhöht werden. Wenn y gleich 0 ist (der Anfang des Clientbereichs), wird keine Transformation durchgeführt. Bei ansteigendem y-Wert (im Clientbereich abwärts) erhöht sich der x-Wert gleichermaßen. Der sich ergebende Effekt wird als *Scherung* bezeichnet.

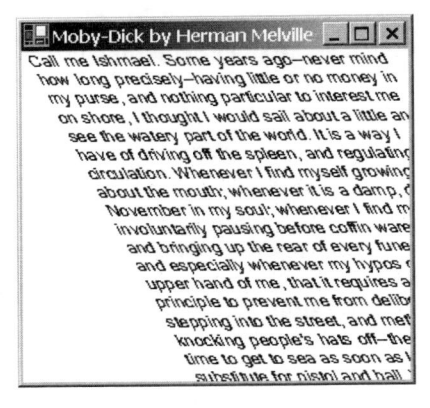

Der hier gezeigte Effekt ist genauer gesagt eine *horizontale Scherung* oder *x-Scherung*. Leider beginnt das Wort *Scherung* mit dem gleichen Buchstaben wie *Skalierung*, daher habe ich den Scherungsfaktor in den obigen Transformationsformeln durch den Buchstaben r gekennzeichnet.

Sie können auch eine *vertikale* oder *y-Scherung* angeben:

```
grfx.Transform = New Matrix(1, 0.5, 0, 1, 0, 0)
```

Diese Matrix sieht so aus:

$$\begin{vmatrix} 1 & 0.5 & 0 \\ 0 & 1 & 0 \\ 0 & 0 & 1 \end{vmatrix}$$

Die Transformationsformeln lauten:

$x' = x$
$y' = 0.5 \cdot x + y$

Beachten Sie, dass jede Textzeile weiterhin am linken Rand des Clientbereichs beginnt:

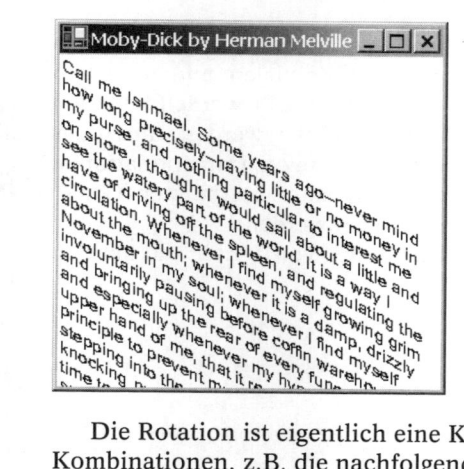

Die Rotation ist eigentlich eine Kombination aus horizontaler und vertikaler Scherung. Einige Kombinationen, z.B. die nachfolgende, funktionieren allerdings nicht:
```
grfx.Transform = New Matrix(1, 1, 1, 1, 0, 0)
```
Dieser Aufruf definiert die folgende Transformation:

$x' = x + y$
$y' = x + y$

Durch diese Transformation würde das Bild zu einer einzigen Zeile zusammengequetscht. Bevor dies geschieht, wird jedoch eine Ausnahme ausgelöst. Der folgende Aufruf funktioniert dagegen:
```
grfx.Transform = New Matrix(1, 1, -1, 1, 0, 0)
```
und führt zu folgender Anzeige:

Wenn Sie die ersten vier Argumente auf die Quadratwurzel von 1/2 setzen:
```
grfx.Transform = New Matrix(0.707, 0.707, -0.707, 0.707, 0, 0)
```
erzielen Sie dasselbe Ergebnis wie durch den Aufruf, mit dem wir ursprünglich begonnen haben:
```
grfx.RotateTransform(45)
```

Seiten und Transformationen

Transformationen kombinieren

Seitentransformationen werden theoretisch überhaupt nicht benötigt. Die Seitentransformation sorgt lediglich für eine Skalierung, und eine Skalierung können Sie neben vielem anderen problemlos auch über eine Welttransformation vornehmen. In den Kapitel 9 und 11 werden Sie noch sehen, dass Bitmaps von der Seitentransformation häufig *nicht* beeinflusst werden, allerdings von der Welttransformation. Auch ist es häufig sinnvoll, die beiden Arten von Transformationen miteinander zu kombinieren, besonders dann, wenn Sie Figuren mit einer bestimmten Größe zeichnen möchten, die anschließend der Welttransformation unterzogen werden.

Das folgende Programm zeichnet 36 Rechtecke mit einer Seitenlänge von 1 Zoll, die um den Mittelpunkt des Anzeigebereichs rotiert werden.

```vb
RotatedRectangles.vb
Imports System
Imports System.Drawing
Imports System.Drawing.Drawing2D
Imports System.Windows.Forms
Class RotatedRectangles
    Inherits PrintableForm
    Shared Shadows Sub Main()
        Application.Run(New RotatedRectangles())
    End Sub
    Sub New()
        Text = "Rotated Rectangles"
    End Sub
    Protected Overrides Sub DoPage(ByVal grfx As Graphics, _
            ByVal clr As Color, ByVal cx As Integer, ByVal cy As Integer)
        Dim i As Integer
        Dim pn As New Pen(clr)
        grfx.PageUnit = GraphicsUnit.Pixel
        Dim aptf() As PointF = {grfx.VisibleClipBounds.Size.ToPointF()}
        grfx.PageUnit = GraphicsUnit.Inch
        grfx.PageScale = 0.01
        grfx.TransformPoints(CoordinateSpace.Page, CoordinateSpace.Device, aptf)
        grfx.TranslateTransform(aptf(0).X / 2, aptf(0).Y / 2)
        For i = 0 To 35
            grfx.DrawRectangle(pn, 0, 0, 100, 100)
            grfx.RotateTransform(10)
        Next i
    End Sub
End Class
```

Der schwierige Part ist hier die Berechnung der Argumente für den *TranslateTransform*-Aufruf, der zum Verschieben des Weltkoordinatenursprungs in den Mittelpunkt des Anzeigebereichs erforderlich ist. Die *DoPage*-Methode stellt die Seiteneinheiten auf Pixel um, damit sie die *VisibleClipBounds*-Eigenschaft in Pixeln erhält. *DoPage* wechselt dann zu einer Seiteneinheit von 1/100 Zoll und wandelt die Breiten- und Höhenwerte des Anzeigebereichs in Seitenkoordinaten um. Im *TranslateTransform*-Aufruf werden diese Werte dann durch 2 geteilt, bevor sie verwendet werden.

Die *For*-Schleife ist einfach: Es wird ein 100 Einheiten hohes und breites Rechteck am Punkt (0, 0) gezeichnet. Anschließend führt der *RotateTransform*-Aufruf zur Vorbereitung des nächsten Schleifendurchlaufs eine Rotation um 10° durch. Und so sieht die Programmausgabe dann aus:

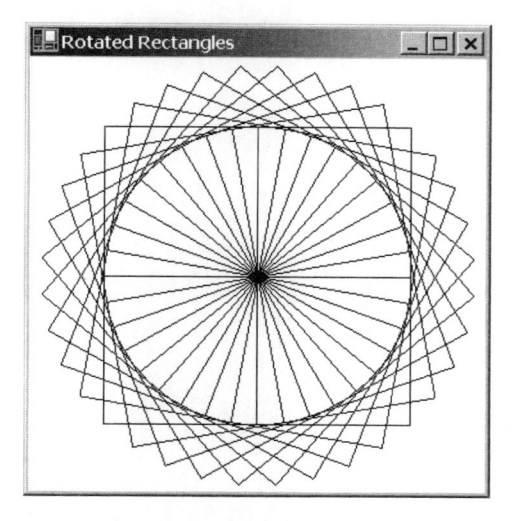

Zu wissen, wie die Rotation von Objekten um einen Ursprung funktioniert, wird sich im Programm AnalogClock in Kapitel 10 noch als nützlich erweisen.

8 Die Zähmung der Maus

244	Die dunkle Seite der Maus
245	Die Maus ignorieren
245	Kurze Erläuterung der Begriffe
246	Informationen über die Maus
247	Das Mausrad
248	Die vier grundlegenden Mausereignisse
251	Rädchen drehen
254	Mausbewegungen
256	Die Maus verfolgen und einfangen
258	Abenteuerliche Mausverfolgung
266	Klicks und Doppelklicks
267	Eine Maus mit Eigenschaften
268	Enter, Leave und Hover
269	Der Mauscursor
276	Trefferprüfung
278	Die Tastaturschnittstelle
280	Trefferprüfung in untergeordneten Elementen
284	Trefferprüfung bei Text
285	Kritzeln mit der Maus

Am 21. Juni 1967 meldete Douglas C. Engelbart vom Stanford Research Institute (RSI) das US-Patent 3,541,541 mit der Bezeichnung »X-Y Position Indicator for a Display System« an.* Das Wort *Maus* wird im Originalpatent natürlich nicht erwähnt, aber es ist offensichtlich, dass genau diese gemeint ist.

---

* US-Patente können unter der Adresse *http://www.uspto.gov/patft* eingesehen werden. Zur Anzeige von Patenten, die vor 1976 erteilt wurden, ist ein TIFF-Viewer erforderlich.

Der 1925 geborene Doug Engelbart gründete zur Weiterentwicklung von Computerhardware und -software am Stanford Research Institute das Augmentation Research Center, mit dem er ein ehrgeiziges Ziel verfolgte: die Entwicklung von Tools zur Steigerung der menschlichen Intelligenz. Engelbert selbst erinnerte sich 1986 an diese Zeit: »Wir waren dabei, einige Versuche mit der Auswahl auf dem Bildschirm anzustellen. Die Vorstellung von einem intensiven und interaktiven Einsatz des Bildschirms bedeutete, dass wir dem Computer mitteilen mussten, was wir uns gerade ansahen, daher benötigten wir ein Gerät zur Markierung von Bildschirmbereichen. Wir diskutierten lange über Lichtstifte und Trackballs, aber keines dieser Geräte entsprach unseren Erwartungen. Ich war auf der Suche nach dem optimalen Gerät, mit dem Text, strukturierte Elemente und interaktive Befehle verarbeitet werden konnten .... Hierbei stieß ich in meinen Notizen auf eine Möglichkeit, aus der die erste Maus entstand.«*

1972 hatte die Maus ihren Weg ins Palo Alto Research Center (PARC) von Xerox gefunden und wurde dort in den Alto-Rechner integriert, der heute allgemein als erste Implementierung einer grafischen Benutzeroberfläche und als Vorläufer für den modernen PC anerkannt wird. Aber erst 1983 trat die Maus dann zunächst mit der vom Pech verfolgten Apple Lisa und dann ein Jahr später mit dem erfolgreicheren Apple Macintosh ihren Siegeszug an und gehörte von da an zu jedem gut ausgestatteten Computer.

Während die Tastatur sich zur Eingabe alphanumerischer Zeichen und für rudimentäre Cursorbewegungen eignet, bietet die Maus eine sehr viel direktere Interaktion zwischen Benutzer und Objekten auf dem Bildschirm. Sie dient dem Benutzer als eine Art »verlängerte Hand«, mit der er auf Objekte zeigen, sie festhalten und an eine andere Position verschieben kann. Darüber hinaus eignet sich die Maus auch problemlos für neuere Arten von Anwendungen; zunächst hauptsächlich für Spiele und Grafikanwendungen eingesetzt, hat sich die Maus in den letzten Jahren besonders in hypertextorientierten Umgebungen wie dem Web unentbehrlich gemacht.

Die dunkle Seite der Maus

Als 1985 die erste Version von Microsoft Windows auf den Markt kam, war die Maus in der IBM-kompatiblen Welt noch eine Rarität. Die damaligen Windows-Entwickler waren der Meinung, dass man den Anwender nicht dazu zwingen sollte, eine Maus zu kaufen, um ein Programm verwenden zu können. Daher blieb die Maus noch lange ein optionales Windows-Zubehör und jedes noch so kleine Programm in Windows ließ sich auch über die Tastatur bedienen. (Dies trifft immer noch zu: Wenn Sie sich einmal die Hilfe zum Rechner von Windows ansehen, werden Sie feststellen, dass jede einzelne Rechnerfunktion auch über die Tastatur bedient werden kann.) Andere Softwarehersteller wurden ebenfalls angehalten, es Microsoft gleichzutun und in ihren Programmen auch eine Tastaturschnittstelle bereitzustellen.

Die Maus hat sich bei PCs zwar fast zu einer Selbstverständlichkeit entwickelt, aber Windows unterstützt auch weiterhin Systemkonfigurationen ohne Maus. Ich selbst halte die Bereitstellung von Tastaturäquivalenten für Mausbefehle ebenfalls für eine gute Sache. Benutzer, die das Zehnfingersystem beherrschen, bevorzugen in der Regel die Eingabe über die Tastatur. Zudem geht die Maus gelegentlich im kreativen Chaos eines Schreibtischs verschütt oder »nascht« so viel von

---

* Adele Goldberg (Hrsg.): *A History of Personal Workstations.* New York: ACM Press, 1988, 194–195. Dieses Buch enthält eine Sammlung von Dokumenten, die auf der am 9./10. Januar 1986 in Palo Alto, Kalifornien abgehaltenen ACM-Konferenz (Association for Computing Machinery) zur Geschichte der Personal Workstation vorgelegt wurden. Eine umfassendere Ausführung zum Thema Maus findet sich in dem Buch *Bootstrapping: Douglas Engelbart, Coevolution, and the Origins of the Personal Computer* von Thierry Bardini (Stanford, CA: Stanford University Press, 2001).

dem herumliegenden Staub, dass sie ihre Arbeit wegen Verstopfung einstellt. Die Programmierung von Tastaturäquivalenten erfordert meist nur wenig Zeit und Mühe und sollte daher denjenigen Benutzern als Alternative angeboten werden, die den Einsatz der Tastatur bevorzugen.

Es gibt einen weiteren guten Grund, warum Tastaturalternativen für die Mausbedienung Bestandteil jeder Windows-Anwendung sein sollte: Es gibt im Zeitalter der Computer immer mehr Menschen – und dazu gehöre auch ich –, die sich aufgrund einer exzessiven Nutzung der Maus schmerzhafte Überlastungen an Händen, Armen und Schultern zuziehen. Mitunter lassen sich derartige Probleme sogar auf eine einzige Anwendung zurückführen. Ich lege daher in den von mir entwickelten Anwendungen Wert darauf, stets auch Tastaturalternativen zu definieren. Es ist immer wieder enttäuschend, wenn ich auf Anwendungen treffe, deren Entwickler es offensichtlich aufgegeben haben, eine bis ins letzte Detail durchdachte Benutzeroberfläche einzubauen.

Die Maus ignorieren

Seit Kapitel 2 habe ich Programme vorgestellt, die auf Mauseingaben reagieren. Jedes Standardformular weist eine Mausschnittstelle auf. Diese erlaubt dem Benutzer das Verschieben des Formulars mithilfe der Titelleiste, das Verkleinern oder Vergrößern des Formulars über den Formularrahmen und stellt außerdem ein Steuermenü (auch Systemmenü genannt) sowie Schaltflächen zum Minimieren, Maximieren und Schließen des Formulars bereit. All dies geschieht ganz ohne Einwirken des Programmierers. Offensichtlich sorgt Windows selbst für die Verarbeitung von Mauseingaben.

Wie Sie in Kapitel 4 erfahren haben, muss ein Windows Forms-Programm sich nicht um die Mauseingabe kümmern, wenn eine Bildlaufleiste implementiert wird. Die Bildlaufleiste selbst verarbeitet die Mauseingaben und reagiert in geeigneter Weise darauf.

Ab Kapitel 12 werde ich auf die vielen vordefinierten Steuerelemente zu sprechen kommen, die in Windows Forms zur Verfügung stehen. In den weiteren Kapiteln behandle ich dann auch Menüs und Dialogfelder. Wie Sie noch sehen werden, kümmern sich alle diese Erweiterungen der Benutzeroberfläche selbst um die Verarbeitung ihrer Mauseingaben. Tatsächlich ist dies ein Hauptzweck von Steuerelementen: die Kapselung einer Low-Level-Schnittstelle zu Tastatur und Maus sowie die Bereitstellung einer High-Level-Schnittstelle für den Programmierer.

Das vorliegende Kapitel beschäftigt sich mit den (wenn auch nicht häufig vorkommenden) Situationen, die eine direkte Verarbeitung von Mauseingaben im Clientbereich erfordern. Diejenigen Programmierer, die den Clientbereich ihrer Anwendung vorzugsweise mit vordefinierten Steuerelementen ausstaffieren, müssen sich dieser Aufgabe möglicherweise niemals stellen. Wenn Sie jedoch jemals eigene Steuerelemente schreiben möchten, sind solide Kenntnisse der Verarbeitung von Mauseingaben unerlässlich.

Kurze Erläuterung der Begriffe

Eine Maus ist ein Zeigegerät mit mindestens einer Taste. Einfacher ausgedrückt: Die *Maus* ist das Ding, das auf Ihrem Schreibtisch liegt. Wenn Sie die Maus bewegen, verschiebt Windows eine kleine Bitmap namens *Mauscursor* auf dem Bildschirm. (In einigen grafischen Umgebungen – sogar in einigen Abschnitten der Windows Forms-Dokumentation – wird der Mauscursor auch als *Mauszeiger* bezeichnet.)

Der Mauscursor hat einen so genannten *Hotspot*, der einer exakten Pixelposition auf dem Bildschirm entspricht. Der Hotspot des standardmäßig verwendeten Pfeilcursors ist beispielsweise die Pfeilspitze. Der Hotspot kennzeichnet die *Position* des Mauscursors. Erschrecken Sie bitte nicht, wenn ich gelegentlich aus Nachlässigkeit nicht von der Position des *Mauscursors*, sondern von der *Mausposition* spreche. Sie können in diesem Fall sicher davon ausgehen, dass die Maus weiterhin brav auf Ihrem Schreibtisch liegt und nicht gerade den Bildschirm hinaufkrabbelt.

Als *Klicken* wird das Drücken und Loslassen einer Maustaste bezeichnet. Beim *Ziehen* wird die Maustaste gedrückt gehalten und die Maus gleichzeitig bewegt. Beim so genannten *Doppelklick* wird die Maustaste zweimal hintereinander betätigt. Damit eine Aktion als Doppelklick erkannt wird, müssen beide Klicks innerhalb einer bestimmten Zeitspanne und in etwa an derselben Bildschirmposition erfolgen. Wenn Sie diese Werte jemals benötigen sollten (was nicht sehr wahrscheinlich ist), enthält die Klasse *SystemInformation* hierzu zwei shared, schreibgeschützte Eigenschaften:

SystemInformation-Eigenschaften (*Shared,* Auswahl)

Eigenschaft	Typ	Zugriff	Beschreibung
DoubleClickTime	*Integer*	Get	Zeit in Millisekunden
DoubleClickSize	*Size*	Get	Bereich in Pixeln

Der Benutzer kann diese Einstellungen über *Maus* in der Systemsteuerung beeinflussen.

Informationen über die Maus

Läuft Ihr Computer auch ohne Maus? Probieren Sie es doch mal. Fahren Sie Ihren Computer herunter, stöpseln Sie die Maus aus, starten Sie den Rechner wieder, und achten Sie darauf, was passiert. Windows scheint mit dem Fehlen der Maus kein Problem zu haben. Durch STRG+ESC (oder, falls vorhanden, auch über die Windows-Taste) wird das *Start*-Menü geöffnet, und Sie können sich mithilfe der Cursortasten durch Ihre Programme, Dokumente und Favoritenliste bewegen.

Für ein Windows Forms-Programm ist es häufig interessant, ob eine Maus vorhanden ist, und falls ja, wie viele Tasten Sie hat. Auch hier liefert *SystemInformation*, was wir brauchen:

SystemInformation-Eigenschaften (*Shared,* Auswahl)

Eigenschaft	Typ	Zugriff	Beschreibung
MousePresent	*Boolean*	Get	Gibt an, ob eine Maus installiert ist
MouseButtons	*Integer*	Get	Gibt die Anzahl der Maustasten an
MouseButtonsSwapped	*Boolean*	Get	Gibt an, ob die Maustasten vertauscht sind

Wenn eine Maus installiert ist, gibt *MousePresent* den Wert *True* zurück und *MouseButtons* die Anzahl der Maustasten. Ist eine Maus installiert, können für die Anzahl der Maustasten beispielsweise Werte wie 1, 2, 3, 4 oder 5 zurückgegeben werden, auch wenn die Maus mit 2 Tasten auf Windows-Rechnern immer noch der gängige Standard ist.

Die Eigenschaft *MouseButtonsSwapped* liefert den Wert *True,* wenn der Benutzer über die Auswahl *Maus* in der Systemsteuerung die Funktionalität von linker und rechter Maustaste vertauscht hat. Diese umgekehrte Belegung wird häufig von Linkshändern verwendet, die die Maus links neben die Tastatur legen, aber die gängigsten Mausoperationen dennoch mit dem Zeigefinger durchführen möchten.

Normalerweise ist es nicht erforderlich zu wissen, dass die Tasten vertauscht sind. Diese Informationen könnten jedoch dann erforderlich sein, wenn Sie einen Computerkurs programmieren möchten, der Animationen zu gedrückten Maustasten enthält oder die Mauskonfiguration anzeigt. (Natürlich hindert den Benutzer nichts daran, die Maustaste auch ohne umgekehrte Belegung links neben die Tastatur zu legen – eine Technik, die ich selbst zur Entlastung meiner mausgeschädigten rechten Hand angewendet habe – oder die Mausbelegung umzukehren und trotzdem die rechte Hand zu benutzen.)

Unabhängig von der tatsächlichen Mausbelegung ist die als *linke* Maustaste bezeichnete Taste die eigentlich *primäre* Maustaste. Über diese Maustaste werden die meisten Mausoperationen durchgeführt, wie z.B. das Auswählen von Menüpunkten, das Verschieben von Symbolen und das Auslösen von Operationen.

Die rechte Maustaste wird vornehmlich zum Öffnen der so genannten *Kontextmenüs* verwendet. Hierbei handelt es sich um Menüs, die an der Position des Mauscursors angezeigt werden und Optionen beinhalten, die nur für den Bereich gelten, in dem sich der Mauscursor gerade befindet. Wenn Sie den Mauszeiger beispielsweise im Microsoft Internet Explorer über ein Bild stellen und dann die rechte Maustaste drücken, werden verschiedene Optionen angezeigt, u.a. die Option *Bild speichern unter*. Wird die Maus dagegen auf einem anderen Bereich der Seite positioniert, werden keine Bildoptionen, sondern Optionen wie z.B. *Drucken* angezeigt. In Kapitel 14 erfahren Sie, wie diese Kontextmenüs erstellt werden.

Das Mausrad

Meine Mutter pflegte immer zu sagen: »Erfinde eine bessere Mausefalle, und die Welt bahnt sich einen Weg zu deinem Haus« und zitierte damit unwissentlich Ralph Waldo Emerson.* Heutzutage sollte man wahrscheinlich eher von der Erfindung einer besseren *Maus* sprechen.

Die Drei-Tasten-Maus wurde unter Windows erst richtig populär, als Microsoft die IntelliMouse auf den Markt brachte. Obwohl diese Maus im konventionellen Sinn nicht wirklich intelligent ist, weist die IntelliMouse eine besondere Erweiterung auf: ein kleines Rädchen zwischen den beiden Maustasten. Wenn Sie auf dieses Rad klicken, fungiert es als dritte Maustaste (in Programmierschnittstellen als *mittlere Taste* bezeichnet). Sie können das Rad jedoch auch mit Ihrem Finger drehen, worauf Programme, die darauf ausgerichtet sind, in einem Dokument mit einem Bildlauf- oder Zoomvorgang reagieren.

Auch wenn dieses Feature sich eher nach einer unnötigen Spielerei anhört, ist es doch eine Funktionalität, an die man sich recht schnell und gern gewöhnt, z.B. bei der Lektüre langer Webdokumente. Der große Vorteil des Mausrads liegt darin, dass Sie den Mauscursor nicht ständig über der Bildlaufleiste positionieren müssen. Stattdessen kann er sich an einer beliebigen Stelle im Dokument befinden.

---

* Vielleicht auch nicht. Das vollständige, Emerson zugesprochene Zitat lautet: »Wenn ein Mann ein besseres Buch schreiben, besser predigen oder bessere Mausefallen machen kann als sein Nachbar, dann mag er sich noch so weit in die Wälder zurückziehen, die Welt wird sich einen Weg zu seinem Haus bahnen.« Siehe *Bartlett's Familiar Quotations*, 16. Auflage. Boston: Little, Brown, 1992, S. 430. Heute weiß allerdings jeder, dass dies zwar nett klingt, aber allein noch nicht ausreicht. Für den kommerziellen Erfolg einer Mausefalle oder eines beliebigen anderen Konsumartikels ist auch eine gute Marketingstrategie erforderlich.

Auch bei den Informationen zum Mausrad liegen Sie mit *SystemInformation* richtig:

SystemInformation-Eigenschaften (*Shared*. Auswahl)

Eigenschaft	Typ	Zugriff	Beschreibung
MouseWheelPresent	*Boolean*	Get	Gibt *True* zurück, falls ein Mausrad vorhanden ist
MouseWheelScrollLines	*Integer*	Get	Anzahl der Bildlaufzeilen pro Radumdrehung
NativeMouseWheelSupport	*Boolean*	Get	Für Anwendungen nicht von Bedeutung

Das Mausrad lässt sich nicht stufenlos drehen, sondern rastet beim Drehen hör- und spürbar ein. Um sicherzustellen, dass Anwendungen einheitlich auf die Mausraddrehungen reagieren, entspricht jeder dieser Einrastpunkte (in der englischen Dokumentation zum Microsoft .NET Framework auch als *detent* bezeichnet) einer bestimmten Anzahl an Textzeilen, um die von der Anwendung bei einer Drehung des Mausrads ein Bildlauf durchgeführt wird. Die Eigenschaft *MouseWheelScrollLines* gibt diese Zeilenanzahl an. Bei der Microsoft IntelliMouse gibt die Eigenschaft derzeit den Wert 3 zurück. Zukünftige Ultra-Super-Hyper-Mäuse haben aber vielleicht ein feineres Mausrad, und *MouseWheelScrollLines* könnte dann den Wert 2 oder 1 liefern.

Vielleicht denken Sie jetzt gerade darüber nach, für das Programm SysInfo aus Kapitel 4 auch die Unterstützung des Mausrads zu implementieren. Nicht notwendig: Die Laufleisten des automatische Bildlaufs reagieren ganz allein auf das Mausrad.

Die vier grundlegenden Mausereignisse

Eine Windows Forms-Anwendung wird über Mausoperationen durch Ereignisse benachrichtigt. Die Klasse *Control* definiert neun Mausereignisse und neun entsprechende geschützte Methoden; jede von *Control* abgeleitete Klasse (einschließlich *Form*) erbt diese neun Methoden.

Obwohl uns in Kapitel 12 noch eine ausführliche Behandlung des Themas Steuerelemente erwartet, werde ich hier schon einmal kurz auf die Zusammenarbeit zwischen Maus und Steuerelementen eingehen. Stellen Sie sich einmal ein Formular oder Dialogfeld vor, das Steuerelemente wie Schaltflächen, Texteingabefelder usw. enthält. Diese Steuerelemente werden als dem Formular *untergeordnete Objekte* (child) betrachtet. Andersherum ist das Formular diesen Steuerelementen *übergeordnet* (parent). Wir haben dieses Konzept bereits im Programm SysInfoPanel aus Kapitel 4 kennen gelernt, als der *Parent*-Eigenschaft des *Panel*-Steuerelements das *Form*-Objekt zugewiesen wurde.

Nur ein Steuerelement empfängt jeweils ein bestimmtes Mausereignis. Ein Steuerelement kann nur dann Mausereignisse empfangen, wenn es sowohl aktiviert als auch sichtbar ist, d.h. die Eigenschaften *Enabled* und *Visible* müssen auf *True* gesetzt sein. Üblicherweise werden Mausereignisse nur von dem Steuerelement empfangen, das sich direkt unter dem Mauscursor befindet.

Ist ein untergeordnetes Steuerelement aktiviert und sichtbar und bewegen Sie den Mauscursor über das Steuerelement, empfängt nicht das übergeordnete Element, sondern das untergeordnete Steuerelement das Mausereignis. Ist das untergeordnete Steuerelement deaktiviert oder nicht sichtbar, empfängt das übergeordnete Element die Mausereignisse. Es wird praktisch so getan, als sei das untergeordnete Element durchsichtig. Sind mehrere Steuerelemente an derselben Stelle platziert, empfängt das in der *z-Reihenfolge* oberste Steuerelement das Mausereignis (sofern das Steuerelement aktiviert und sichtbar ist), d.h., es muss über allen anderen sich überlappenden Steuerelementen angezeigt werden. Dieses Konzept werde ich in Kapitel 12 noch genauer erläutern.

Jedes von *Form* abgeleitete oder *Form* instanziierende Objekt empfängt Mausereignisse nur dann, wenn die Maus über dem Clientbereich des Formulars positioniert ist; das *Form*-Objekt empfängt *keine* Mausereignisse, wenn sich der Mauscursor über dem Formularrahmen, der Titelleiste, dem Steuermenü, den Schaltflächen zum Minimieren, Maximieren und Schließen oder auf einer der Bildleisten befindet.

Wie Sie jedoch sehen werden, kann ein Steuerelement (oder ein Formular) unter gewissen Umständen selbst dann Mausereignisse empfangen, wenn der Mauscursor *nicht* über dem Steuerelement positioniert ist. Dieses Feature wird als *Abfangen von Mauseingaben* bezeichnet und unterstützt Formulare und Steuerelemente beim Mitverfolgen von Mausbewegungen. Zu diesem Thema gibt es im weiteren Verlauf dieses Kapitels noch einiges zu sagen.

Nachfolgend werden die vier grundlegenden Mausereignisse aufgelistet:

Control-Ereignisse (Auswahl)

Ereignis	Methode	Delegat	Argument
MouseDown	*OnMouseDown*	*MouseEventHandler*	*MouseEventArgs*
MouseUp	*OnMouseUp*	*MouseEventHandler*	*MouseEventArgs*
MouseMove	*OnMouseMove*	*MouseEventHandler*	*MouseEventArgs*
MouseWheel	*OnMouseWheel*	*MouseEventHandler*	*MouseEventArgs*

Wie der Name vermuten lässt, geben die Ereignisse *MouseDown* und *MouseUp* an, dass eine Maustaste gedrückt oder losgelassen wurde. Das *MouseMove*-Ereignis signalisiert Mausbewegungen, *MouseWheel*-Ereignisse treten bei der Verwendung des Mausrads auf. Dies sind die einzigen vier Ereignisse, die mit Objekten vom Typ *MouseEventArgs* zu tun haben. Die Klasse *MouseEventArgs* verfügt über fünf schreibgeschützte Eigenschaften:

MouseEventArgs-Eigenschaften

Eigenschaft	Typ	Zugriff	Beschreibung
X	*Integer*	Get	Horizontale Position der Maus
Y	*Integer*	Get	Vertikale Position der Maus
Button	*MouseButtons*	Get	Maustaste bzw. Maustasten
Clicks	*Integer*	Get	Gibt für einen Doppelklick den Wert 2 zurück
Delta	*Integer*	Get	Mausradbewegung

X und *Y* sind Ganzzahlen, mit der die Position des Mauscursor-Hotspots in Pixeln angegeben wird (relativ zur oberen linken Ecke des Clientbereichs). Diese beiden Eigenschaften enthalten bei allen vier Mausereignissen gültige Werte.

Die Eigenschaft *Button* gibt an, welche Maustaste(n) für das Ereignis verantwortlich ist/sind. Diese Eigenschaft gilt nicht für *MouseWheel*-Ereignisse. Die Eigenschaft *Button* ist ein Wert aus der Enumeration *MouseButtons*:

MouseButtons-Enumeration

Member	Wert
None	&H00000000
Left	&H00100000
Right	&H00200000
Middle	&H00400000
XButton1	&H00800000
XButton2	&H01000000

In dieser Enumeration sollte das Wort *Left* als die primäre Maustaste interpretiert werden, also als die Maustaste, die zum Öffnen von Anwendungsmenüs sowie zum Vergrößern, Verkleinern oder Verschieben von Formularen eingesetzt wird. Die Maustaste *Right* ist die Maustaste, mit der ein Kontextmenü eingeblendet wird. *XButton1* und *XButton2* beziehen sich auf Tasten der IntelliMouse Explorer, die über fünf Tasten verfügt.

Bei den Ereignissen *MouseDown* und *MouseUp* gibt die Eigenschaft *Button* an, welche Taste geklickt oder losgelassen wurde.

Bei *MouseMove*-Ereignissen gibt die Eigenschaft *Button* Aufschluss darüber, welche Taste(n) *derzeit* gedrückt wird bzw. werden. Beachten Sie, dass es sich bei den Werten um Bitflags handelt, die miteinander kombiniert werden können. Wenn z.B. sowohl mit der linken als auch mit der rechten Maustaste geklickt wurde, erhält die Eigenschaft *Button* den Wert &H00300000. Trägt das *MouseEventArgs*-Objekt z.B. den Namen *mea*, liefert der folgende Ausdruck den Wert *True*, wenn der Benutzer *nur* mit der rechten Maustaste klickt:

```
(mea.Button = MouseButtons.Right)
```

Der folgende Ausdruck gibt den Wert *True* zurück, wenn der Benutzer mit der rechten Maustaste klickt, unabhängig vom Status der anderen Maustasten:

```
(mea.Button And MouseButtons.Right <> 0)
```

Die Eigenschaft *Clicks* gilt nur für *MouseDown*-Ereignisse und hat normalerweise den Wert 1. Folgt auf ein *MouseDown*-Ereignis innerhalb einer festgelegten Zeitspanne ein weiteres *MouseDown*-Ereignis, wird die Mausoperation als Doppelklick erkannt und die *Clicks*-Eigenschaft auf den Wert 2 gesetzt.

Die Eigenschaft *Delta* gilt nur für *MouseWheel*-Ereignisse. Wenn Sie das Mausrad um einen Einrastpunkt nach vorn bewegen, entspricht die Eigenschaft *Delta* üblicherweise dem Wert 120. Bewegen Sie das Mausrad um einen Einrastpunkt nach hinten, erhält die Eigenschaft *Delta* den Wert –120.

Rädchen drehen

Bringen wir zunächst das Mausrad hinter uns, damit wir uns anschließend auf konventionellere Arten der Mausnutzung konzentrieren können. Im vorangegangenen Abschnitt habe ich den Wert 120 erwähnt. Dies ist einer der seltenen Fälle, in denen bei der Windows Forms-Programmierung (oder zumindest bei der Verarbeitung von Mausradereignissen) eine Zahl eine wichtige Rolle spielt, die nicht mit einer shared Eigenschaft oder einem Enumerationswert verknüpft ist. In den Win32-Headerdateien ist ein Bezeichner namens WHEEL_DELTA als 120 definiert; in einem Windows Forms-Programm, welches das Mausrad verwendet, muss dieser Wert entweder direkt einprogrammiert werden, oder Sie definieren für diese Zahl einen eigenen *Const*-Wert.

Beim Empfang eines *MouseWheel*-Ereignisses berechnen Sie auf folgende Weise die Anzahl der Textzeilen:

```
mea.Delta * SystemInformation.MouseWheelScrollLines / 120
```

Derzeit liefert diese Berechnung entweder den Wert 3 oder –3, durch Verwendung der *SystemInformation*-Konstante in dieser Rechnung können Sie jedoch berücksichtigen, dass Mausräder in Zukunft eventuell feinere Mausdrehungen liefern. Positive Werte geben an, dass der Benutzer das Rad nach vorn bewegt; das Programm sollte in diesem Fall mit einem Bildlauf nach oben reagieren. Negative Werte bedeuten ein Zurückdrehen des Mausrads, woraufhin das Programm einen Bildlauf nach unten durchführen sollte.

Das folgende Programm demonstriert die Verwendung des Mausrads durch die Anzeige (inklusive Bildlauf) von Edgar Allan Poes schaurigem Gedicht »Annabel Lee«.

```
PoePoem.vb
Imports System
Imports System.Drawing
Imports System.Windows.Forms
Class PoePoem
    Inherits Form
    Const strAnnabelLee As String = _
        "It was many and many a year ago," & vbLf & _
        "   In a kingdom by the sea," & vbLf & _
        "That a maiden there lived whom you may know" & vbLf & _
        "   By the name of Annabel Lee;" & ChrW(&H2014) & vbLf & _
        "And this maiden she lived with no other thought" & vbLf & _
        "   Than to love and be loved by me." & vbLf & _
        vbLf & _
        "I was a child and she was a child" & vbLf & _
        "   In this kingdom by the sea," & vbLf & _
        "But we loved with a love that was more than love" & _
                        ChrW(&H2014) & vbLf & _
        "   I and my Annabel Lee" & ChrW(&H2014) & vbLf & _
        "With a love that the wing" & ChrW(233) & "d seraphs of Heaven" & vbLf & _
        "   Coveted her and me." & vbLf & _
        vbLf & _
        "And this was the reason that, long ago," & vbLf & _
        "   In this kingdom by the sea," & vbLf & _
        "A wind blew out of a cloud, chilling" & vbLf & _
        "   My beautiful Annabel Lee;" & vbLf & _
        "So that her highborn kinsmen came" & vbLf & _
```

```vbnet
          "    And bore her away from me," & vbLf & _
          "To shut her up in a sepulchre," & vbLf & _
          "    In this kingdom by the sea." & vbLf & _
          vbLf & _
          "The angels, not half so happy in Heaven," & vbLf & _
          "    Went envying her and me" & ChrW(&H2014) & vbLf & _
          "Yes! that was the reason (as all men know," & vbLf & _
          "    In this kingdom by the sea)" & vbLf & _
          "That the wind came out of the cloud by night," & vbLf & _
          "    Chilling and killing my Annabel Lee." & vbLf & _
          vbLf & _
          "But our love it was stronger by far than the love" & vbLf & _
          "    Of those who were older than we" & ChrW(&H2014) & vbLf & _
          "    Of many far wiser than we" & ChrW(&H2014) & vbLf & _
          "And neither the angels in Heaven above" & vbLf & _
          "    Nor the demons down under the sea" & vbLf & _
          "Can ever dissever my soul from the soul" & vbLf & _
          "    Of the beautiful Annabel Lee:" & ChrW(&H2014) & vbLf & _
          vbLf & _
          "For the moon never beams, without bringing me dreams" & vbLf & _
          "    Of the beautiful Annabel Lee;" & vbLf & _
          "And the stars never rise, but I feel the bright eyes" & vbLf & _
          "    Of the beautiful Annabel Lee:" & ChrW(&H2014) & vbLf & _
          "And so, all the night-tide, I lie down by the side" & vbLf & _
          "Of my darling" & ChrW(&H2014) & "my darling" & ChrW(&H2014) & _
                                      "my life and my bride," & vbLf & _
          "    In her sepulchre there by the sea" & ChrW(&H2014) & vbLf & _
          "    In her tomb by the sounding sea." & vbLf & _
          vbLf & _
          "                          [May 1849]"
    ReadOnly iTextLines As Integer = 0
    Private iClientLines As Integer
    Private iStartLine As Integer = 0
    Private cyText As Single

    Shared Sub Main()
        ' Prüfen, ob der Start Sinn macht.
        If Not SystemInformation.MouseWheelPresent Then
            MessageBox.Show("Program needs a mouse with a mouse wheel!", _
                            "PoePoem", MessageBoxButtons.OK, MessageBoxIcon.Error)
            Return
        End If

        ' Sonst normal fortfahren.
        Application.Run(New PoePoem())
    End Sub

    Sub New()
        Text = """Annabel Lee""" by Edgar Allan Poe"
        BackColor = SystemColors.Window
        ForeColor = SystemColors.WindowText
        ResizeRedraw = True
        ' Anzahl Zeilen des Textes berechnen.
        Dim iIndex As Integer = strAnnabelLee.IndexOf(vbLf, 0)
        While iIndex <> -1
            iTextLines += 1
            iIndex = strAnnabelLee.IndexOf(vbLf, iIndex + 1)
        End While
```

```
        ' Wert für Zeilenabstand abrufen.
        Dim grfx As Graphics = CreateGraphics()
        cyText = Font.Height
        grfx.Dispose()
        OnResize(EventArgs.Empty)
    End Sub
    Protected Overrides Sub OnResize(ByVal ea As EventArgs)
        MyBase.OnResize(ea)
        iClientLines = CInt(Math.Floor(ClientSize.Height / cyText))
        iStartLine = Math.Max(0, _
                     Math.Min(iStartLine, iTextLines - iClientLines))
    End Sub
    Protected Overrides Sub OnMouseWheel(ByVal mea As MouseEventArgs)
        Dim iScroll As Integer = mea.Delta * SystemInformation.MouseWheelScrollLines \ 120
        iStartLine -= iScroll
        iStartLine = Math.Max(0, _
                     Math.Min(iStartLine, iTextLines - iClientLines))
        Invalidate()
    End Sub
    Protected Overrides Sub OnPaint(ByVal pea As PaintEventArgs)
        Dim grfx As Graphics = pea.Graphics
        grfx.DrawString(strAnnabelLee, Font, New SolidBrush(ForeColor), 0, -iStartLine * cyText)
    End Sub
End Class
```

Beachten Sie, dass das Programm prüft, ob ein Mausrad vorhanden ist, und den Benutzer informiert, wenn keines vorhanden ist. Ich habe diese Prüfung in *Main* durchgeführt, dies ist jedoch nicht die einzige Möglichkeit, Bedingungen anzugeben, unter denen ein Programm nicht ausgeführt werden sollte. Sie können auch die *OnLoad*-Methode der Klasse *Form* überschreiben und die Prüfung zu diesem Zeitpunkt durchführen. Das *Load*-Ereignis wird nach der Ausführung des Konstruktorcodes, aber vor der Anzeige des Formulars auf dem Bildschirm ausgelöst. Wenn das Programm feststellt, dass eine Ausführung nicht sinnvoll ist, kann zu diesem Zeitpunkt ein Meldungsfeld angezeigt und über *Close* verhindert werden, dass das Formular angezeigt wird. Im Formularkonstruktor kann die Anzeige eines Formulars *nicht* abgebrochen werden. Hier funktionieren weder *Close* noch die shared Methode *Application.Exit*.

Der Gedichttext enthält Zeilenvorschubzeichen und wird in einer Zeichenfolgenvariablen gespeichert. Das Programm zählt bei der Ausführung des Formularkonstruktors die Anzahl der Textzeilen und speichert das Ergebnis in einem Feld namens *iTextLine*. Der Konstruktor ruft ferner den Abstand zwischen den Textzeilen ab, indem er auf die *GetHeight*-Eigenschaft der *Font*-Eigenschaft des Formulars zugreift. Der Rückgabewert wird im Feld *cyText* gespeichert.

Der übrige Initialisierungscode befindet sich in der Methode *OnResize*. Der Konstruktor muss beim ersten Mal *OnResize* explizit aufrufen. Später wird *OnResize* dann bei jeder Vergrößerung oder Verkleinerung des Formulars aufgerufen. *OnResize* verwendet *cyText* zur Berechnung von *iClientLines*, also der Anzahl Zeilen, die in den Clientbereich passen.

Die Variable *iStartLine* bezeichnet die Textzeile, die im Clientbereich ganz oben angezeigt werden soll. Diese Variable wird auf den Wert 0 initialisiert. Die Methode *OnMouseWheel* passt den Wert mithilfe der zuvor beschriebenen Berechnung an.

Einige Programme mit Bildlauf sind so geschrieben, dass ein Bildlauf an das Ende eines Dokuments dazu führt, dass die letzte Zeile ganz oben im Clientbereich angezeigt wird. Es ist jedoch nicht nötig, dass der Bildlauf so weit nach unten durchgeführt wird. Es reicht völlig aus, wenn die letzte Textzeile ganz unten im Clientbereich steht. Aus diesem Grund enthalten die Methoden *OnMouseWheel* und *OnResize* im Programm PoePoem eine Berechnung, bei der die Methoden *Math.Min* und *Math.Max* verwendet werden. Diese Berechnung stellt sicher, dass *iStartLine* nicht negativ ist und auf der Textmenge basiert, die im Clientbereich Platz findet. Wenn Sie die Größe des Clientbereichs so einstellen, dass der gesamte Text angezeigt werden kann, ist kein Bildlauf erforderlich.

Mausbewegungen

Werfen wir nun einen Blick auf das Ereignis *MouseMove*. Das folgende Programm trägt den Namen MouseWeb, hat aber nichts mit dem World Wide Web zu tun. Es überschreibt stattdessen die Methode *OnMouseMove*, um ein Netz zu zeichnen, das den Punkt der aktuellen Mausposition mit den Ecken und Seiten des Clientbereichs verbindet.

```
MouseWeb.vb
Imports System
Imports System.Drawing
Imports System.Windows.Forms
Class MouseWeb
    Inherits Form

    Private ptMouse As Point = Point.Empty

    Shared Sub Main()
        Application.Run(New MouseWeb())
    End Sub

    Sub New()
        Text = "Mouse Web"
        BackColor = SystemColors.Window
        ForeColor = SystemColors.WindowText
        ResizeRedraw = True
    End Sub

    Protected Overrides Sub OnMouseMove(ByVal mea As MouseEventArgs)
        Dim grfx As Graphics = CreateGraphics()
        DrawWeb(grfx, BackColor, ptMouse)
        ptMouse = New Point(mea.X, mea.Y)
        DrawWeb(grfx, ForeColor, ptMouse)
        grfx.Dispose()
    End Sub

    Protected Overrides Sub OnPaint(ByVal pea As PaintEventArgs)
        DrawWeb(pea.Graphics, ForeColor, ptMouse)
    End Sub

    Private Sub DrawWeb(ByVal grfx As Graphics, ByVal clr As Color, ByVal pt As Point)
        Dim cx As Integer = ClientSize.Width
        Dim cy As Integer = ClientSize.Height
        Dim pn As New Pen(clr)

        grfx.DrawLine(pn, pt, New Point(0, 0))
        grfx.DrawLine(pn, pt, New Point(cx \ 4, 0))
        grfx.DrawLine(pn, pt, New Point(cx \ 2, 0))
        grfx.DrawLine(pn, pt, New Point(3 * cx \ 4, 0))
        grfx.DrawLine(pn, pt, New Point(cx, 0))
        grfx.DrawLine(pn, pt, New Point(cx, cy \ 4))
```

```
        grfx.DrawLine(pn, pt, New Point(cx, cy \ 2))
        grfx.DrawLine(pn, pt, New Point(cx, 3 * cy \ 4))
        grfx.DrawLine(pn, pt, New Point(cx, cy))
        grfx.DrawLine(pn, pt, New Point(3 * cx \ 4, cy))
        grfx.DrawLine(pn, pt, New Point(cx \ 2, cy))
        grfx.DrawLine(pn, pt, New Point(cx \ 4, cy))
        grfx.DrawLine(pn, pt, New Point(0, cy))
        grfx.DrawLine(pn, pt, New Point(0, cy \ 4))
        grfx.DrawLine(pn, pt, New Point(0, cy \ 2))
        grfx.DrawLine(pn, pt, New Point(0, 3 * cy \ 4))
    End Sub
End Class
```

Wenn Sie den Mauscursor im Clientbereich bewegen, folgt der Mittelpunkt des Netzes den Mausbewegungen. So sieht die Bildschirmausgabe typischerweise aus:

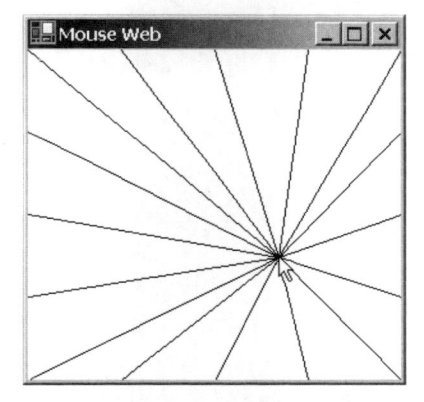

Das Programm zeigt das Netz zum ersten Mal während der *OnPaint*-Methode an; hierzu wird eine *Point*-Struktur als Feld gespeichert und auf den Wert (0, 0) initialisiert. Bei der Ausführung der Methode *OnMouseMove* löscht das Programm die zuvor gezeichnete Figur, indem diese unter Verwendung der Hintergrundfarbe neu gezeichnet wird. Anschließend wird das neue Netz auf der Basis der aktuellen Mausposition mit der Vordergrundfarbe neu gezeichnet.

Beachten Sie, dass das Programm nicht mehr auf die Maus reagiert, sobald der Mauscursor den Clientbereich verlässt. Auch wenn der Mauscursor auf die Titelleiste des Programms bewegt wird, hören die *OnMouseMove*-Aufrufe auf.

Oder doch nicht? Versuchen Sie es einmal hiermit: Bewegen Sie den Mauscursor auf den Clientbereich von MouseWeb. Der Mittelpunkt des Netzes folgt wie erwartet den Mausbewegungen. Drücken Sie jetzt eine der Maustasten. Halten Sie die Maustaste gedrückt, und bewegen Sie den Mauscursor aus dem Clientbereich heraus. Der Mittelpunkt des Netzes folgt auch weiterhin dem Cursor. Lassen Sie die Maustaste los. Das Programm reagiert nicht mehr auf Mausbewegungen. Dieses Feature wird als *Einfangen der Maus* bezeichnet und ist ein wichtiger Aspekt beim Mitverfolgen der Mausposition.

Die Maus verfolgen und einfangen

Wenn ein Programm als Reaktion auf eine Mausbewegung ein Element zeichnen oder bewegen muss, wird hierzu eine Technik namens *Maustracking* eingesetzt. Dieses Mitverfolgen wird häufig durch das Klicken einer Maustaste eingeleitet und endet, wenn die Maustaste wieder losgelassen wird. Ein Programm ohne Unterstützung der Ereignisbehandlung würde die Mausereignisse wahrscheinlich verfolgen, indem es in einer *While*-Schleife ständig die Position des Mauscursors überwacht. Ein Windows Forms-Programm verfolgt die Maus jedoch, indem es auf Ereignisse reagiert. Diese Architektur zwingt den Programmierer, diese Aufgabe wie bei einer Zustandsmaschine anzugehen.

Nachfolgend sehen Sie ein lustiges kleines Programm zur Veranschaulichung des einfachen Maustrackings.

MouseConnect.vb
```
Imports System
Imports System.Drawing
Imports System.Windows.Forms
Class MouseConnect
    Inherits Form

    Const iMaxPoint As Integer = 1000
    Private iNumPoints As Integer = 0
    Private apt(iMaxPoint) As Point

    Shared Sub Main()
        Application.Run(New MouseConnect())
    End Sub

    Sub New()
        Text = "Mouse Connect: Press, drag quickly, release"
        BackColor = SystemColors.Window
        ForeColor = SystemColors.WindowText

        ' Clientbereich verdoppeln.
        ClientSize = Size.op_Addition(ClientSize, ClientSize)
    End Sub

    Protected Overrides Sub OnMouseDown(ByVal mea As MouseEventArgs)
        If mea.Button = MouseButtons.Left Then
            iNumPoints = 0
            Invalidate()
        End If
    End Sub

    Protected Overrides Sub OnMouseMove(ByVal mea As MouseEventArgs)
        If mea.Button = MouseButtons.Left And iNumPoints <= iMaxPoint Then
            apt(iNumPoints) = New Point(mea.X, mea.Y)
            iNumPoints += 1

            Dim grfx As Graphics = CreateGraphics()
            grfx.DrawLine(New Pen(ForeColor), mea.X, mea.Y, mea.X, mea.Y + 1)
            grfx.Dispose()
        End If
    End Sub

    Protected Overrides Sub OnMouseUp(ByVal mea As MouseEventArgs)
        If mea.Button = MouseButtons.Left Then Invalidate()
    End Sub
```

```
    Protected Overrides Sub OnPaint(ByVal pea As PaintEventArgs)
        Dim grfx As Graphics = pea.Graphics
        Dim pn As New Pen(ForeColor)
        Dim i, j As Integer
        For i = 0 To iNumPoints - 2
            For j = i + 1 To iNumPoints - 1
                grfx.DrawLine(pn, apt(i), apt(j))
            Next j
        Next i
    End Sub
End Class
```

Zur Verwendung dieses Programms drücken Sie an einer beliebigen Stelle im Clientbereich die linke Maustaste, bewegen kurz und schnell den Mauscursor (am besten halbkreisförmig), und lassen die Maustaste anschließend wieder los. Für jeden empfangenen Aufruf von *OnMouseMove* speichert das Programm die Eigenschaften *X* und *Y* des *MouseEventArgs*-Objekts und zeichnet an dieser Stelle einen kleinen Punkt. Wenn Sie die Maustaste wieder loslassen, erklärt die Methode *OnMouseUpdate* den Clientbereich für ungültig. *OnPaint* verbindet anschließend alle gezeichneten Punkte miteinander, wodurch als Ausgabe entweder nur ein einziger dicker Klecks oder aber ein interessantes Muster entsteht:

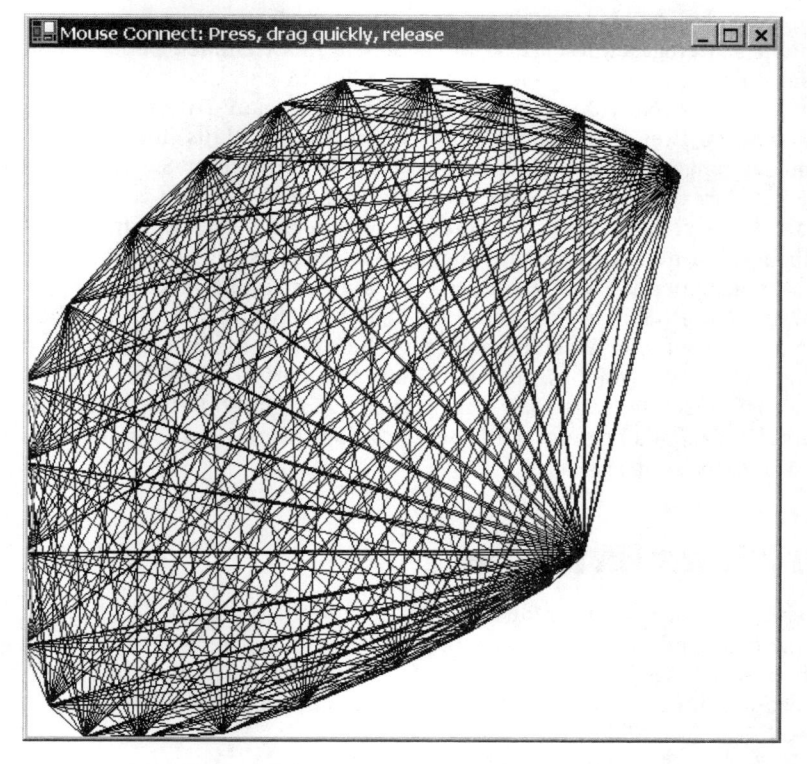

Wie zu sehen ist, habe ich beim Bewegen des Mauscursors kurzzeitig den Clientbereich verlassen. Das Programm scheint dies nicht zu stören. Es verbindet einfach alle Punkte miteinander und bezieht hierbei auch die Punkte mit ein, die außerhalb des Clientbereichs liegen. Die gezeichneten Linien werden zwar am Rand des Clientbereichs abgeschnitten, die Punkte werden jedoch richtig gespeichert. Wenn Sie eine solche Ausgabe erzeugen und anschließend den Clientbereich vergrößern, wird die gesamte Figur angezeigt. Sie können sogar die Maustaste außerhalb des Clientbereichs von MouseConnect loslassen, das Programm funktioniert weiterhin normal.

Und genau das möchten Sie wahrscheinlich auch erreichen: Der Benutzer signalisiert seine Bereitschaft zur Verwendung des Programms MouseConnect, indem er im Clientbereich auf die linke Maustaste klickt und sie gedrückt hält. Die Aktivität sollte daher erst enden, wenn der Benutzer die Maustaste loslässt – sei dies nun inner- oder außerhalb des Clientbereichs.

Immer wenn Sie auf einem Steuerelement oder im Clientbereich eines Formulars auf eine Maustaste klicken, *fängt* das Steuerelement oder Formular die *Maus* ein und erzwingt, dass nachfolgende Mausereignisse an das Steuerelement oder Formular geschickt werden. Die Mauserfassung (mouse capture) endet erst, wenn der Benutzer die Maustaste loslässt. Die Fähigkeit zur Mauserfassung ist eigentlich eine Grundvoraussetzung für das Maustracking und wird automatisch zur Verfügung gestellt. Eine *Boolean*-Eigenschaft der Klasse *Control* gibt an, wann die Maus eingefangen ist:

Control-Eigenschaften (Auswahl)

Eigenschaft	Typ	Zugriff
Capture	*Boolean*	Get/Set

Obwohl diese Eigenschaft nicht schreibgeschützt ist, können Sie sie nicht einfach beliebig einstellen und erwarten, dass dann dasselbe passiert wie bei einem Klick in den Clientbereich und anschließendem Ziehen mit der Maus. Nachdem Ihr Programm *Capture* auf *True* gestellt hat, erhalten Sie zwar noch *MouseMove*-Ereignisse, sogar dann, wenn Sie die Maus über untergeordnete Elemente des Formulars bewegen, aber die Ereignisse hören auf, wenn Sie die Maus außerhalb der Grenzen des Formulars bewegen. (Diese Einschränkung dient dazu, zu verhindern, dass bösartige Programme die Mauseingabe für Ihr Programm blockieren.) Das Einfangen der Maus funktioniert außerhalb des Formulars nur dann, wenn eine Maustaste gedrückt ist. Die Eigenschaft *Capture* ist besser geeignet für das Beenden der Mauserfassung, indem Sie die Eigenschaft auf den Wert *False* setzen. (Genau dies werde ich später noch tun.) Die Eigenschaft eignet sich auch zum Informationsabruf. Der Wert dieser Eigenschaft lautet in zwei Fällen *True*: sobald ein *MouseDown*-Ereignis eintritt, welches die Mauserfassung startet, sowie bei *MouseMove*-Ereignissen während des Mauseinfangens. Der Eigenschaftswert lautet *False*, wenn die Mauserfassung über ein *MouseUp*-Ereignis beendet wird. Beim zweiten Klick eines Doppelklicks wird nicht automatisch eine Mauserfassung gestartet.

Abenteuerliche Mausverfolgung

Im Allgemeinen ist es recht einfach, Code für das Maustracking zu schreiben, der in 99,5 Prozent aller Fälle funktioniert. Das nachstehende Programm gleicht von der Struktur her dem Programm MouseConnect, führt jedoch eine sehr viel konventionellere Aufgabe aus: Es erlaubt Ihnen, mithilfe einer Drag & Drop-Mausoperation (Ziehen und Ablegen) ein Rechteck zu zeichnen.

BlockOut.vb

```vb
Imports System
Imports System.Drawing
Imports System.Windows.Forms

Class BlockOut
    Inherits Form

    Private bBlocking, bValidBox As Boolean
    Private ptBeg, ptEnd As Point
    Private rectBox As Rectangle

    Shared Sub Main()
        Application.Run(New BlockOut())
    End Sub

    Sub New()
        Text = "Blockout Rectangle with Mouse"
        BackColor = SystemColors.Window
        ForeColor = SystemColors.WindowText
    End Sub

    Protected Overrides Sub OnMouseDown(ByVal mea As MouseEventArgs)
        If mea.Button = MouseButtons.Left Then
            ptBeg = New Point(mea.X, mea.Y)
            ptEnd = ptBeg
            Dim grfx As Graphics = CreateGraphics()
            grfx.DrawRectangle(New Pen(ForeColor), Rect(ptBeg, ptEnd))
            grfx.Dispose()
            bBlocking = True
        End If
    End Sub

    Protected Overrides Sub OnMouseMove(ByVal mea As MouseEventArgs)
        If bBlocking Then
            Dim grfx As Graphics = CreateGraphics()
            grfx.DrawRectangle(New Pen(BackColor), Rect(ptBeg, ptEnd))
            ptEnd = New Point(mea.X, mea.Y)
            grfx.DrawRectangle(New Pen(ForeColor), Rect(ptBeg, ptEnd))
            grfx.Dispose()
            Invalidate()
        End If
    End Sub

    Protected Overrides Sub OnMouseUp(ByVal mea As MouseEventArgs)
        If bBlocking AndAlso mea.Button = MouseButtons.Left Then
            Dim grfx As Graphics = CreateGraphics()
            rectBox = Rect(ptBeg, New Point(mea.X, mea.Y))
            grfx.DrawRectangle(New Pen(ForeColor), rectBox)
            grfx.Dispose()
            bBlocking = False
            bValidBox = True
            Invalidate()
        End If
    End Sub

    Protected Overrides Sub OnPaint(ByVal pea As PaintEventArgs)
        Dim grfx As Graphics = pea.Graphics
        If bValidBox Then
            grfx.FillRectangle(New SolidBrush(ForeColor), rectBox)
        End If
```

```
        If bBlocking Then
            grfx.DrawRectangle(New Pen(ForeColor), Rect(ptBeg, ptEnd))
        End If
    End Sub
    Private Function Rect(ByVal ptBeg As Point, ByVal ptEnd As Point) As Rectangle
        Return New Rectangle(Math.Min(ptBeg.X, ptEnd.X), _
                             Math.Min(ptBeg.Y, ptEnd.Y), _
                             Math.Abs(ptEnd.X - ptBeg.X), _
                             Math.Abs(ptEnd.Y - ptBeg.Y))
    End Function
End Class
```

Sie verwenden dieses Programm, indem Sie im Clientbereich auf die linke Maustaste klicken und eine Ziehbewegung ausführen. Anschließend lassen Sie die Maustaste wieder los. Während des Ziehens der Maus zeichnet das Programm ab der ursprünglichen Mausposition den Umriss eines Rechtecks. Wenn Sie die Maustaste loslassen, wird das Rechteck gefüllt. Wenn Sie möchten, können Sie anschließend ein neues Rechteck erstellen, das dann das zuerst gezeichnete ersetzt.

Das Programm BlockOut verwendet zwei als Felder gespeicherte *Boolean*-Variablen namens *bBlocking* und *bValidBox*. Die Variable *bBlocking* gibt an, dass der Benutzer ein Rechteck zeichnet. Diese Variable wird während der Methode *OnMouseDown* auf *True* und während *OnMouseUp* auf *False* gesetzt. Die Methode *OnMouseMove* prüft den Variablenwert, um den nächsten Schritt festzulegen. Falls *bBlocking* auf *True* gesetzt wurde, löscht *OnMouseMove* das zuvor gezeichnete Rechteck, indem es in der Hintergrundfarbe nachgezeichnet wird. Dann wird ein neuer Rechteckumriss in der Vordergrundfarbe gezeichnet. Wenn Sie die Maustaste loslassen, setzt die Methode *OnMouseUp* die Variable *bBlocking* auf *False* und *bValidBox* auf den Wert *True*. Letztere Variable ermöglicht der Methode *OnPaint* das Zeichnen eines gefüllten Rechtecks.

Normalerweise würde ich in der Methode *OnMouseMove* eine Technik anwenden, die als *XOR-Zeichenmodus* (Exclusive-OR, exklusives Oder) bezeichnet wird. Im XOR-Zeichenmodus werden nicht einfach farbige Pixel auf dem Bildschirm ausgegeben. Stattdessen werden die Farben vorhandener Pixel invertiert. Eine im XOR-Zeichenmodus auf schwarzem Hintergrund gezeichnete Linie wird weiß angezeigt, eine XOR-Linie auf weißem Hintergrund wird schwarz, eine XOR-Linie auf zyanfarbenem Hintergrund rot angezeigt. Der Vorteil dieser Technik besteht darin, dass eine zweite XOR-Linie mit identischen Koordinaten die erste Linie löscht.

GDI+ bietet keine Unterstützung für den XOR-Zeichenmodus, darum bin ich gezwungen, das zuvor gezeichnete Rechteck unter Verwendung der Hintergrundfarbe in der Methode *OnMouseMove* nachzuzeichnen und auf diese Weise zu entfernen. Wenn Sie ein neues Rechteck über einem vorhandenen, gefüllten Rechteck aufziehen, entstehen unschöne Überbleibsel, die entfernt werden müssen. Aus diesem Grund wird die Verarbeitung von *OnMouseMove* mit einem Aufruf von *Invalidate* beendet, um ein *Paint*-Ereignis auszulösen. Dieser *Invalidate*-Aufruf ist streng genommen nicht erforderlich, wenn Sie ihn jedoch weglassen, werden Sie meine Beweggründe für seine Verwendung verstehen. Beim XOR-Zeichenmodus wäre der Aufruf von *Invalidate* allerdings tatsächlich überflüssig.

Das Fehlen der Unterstützung für den XOR-Zeichenmodus in GDI+ ist sicherlich ein Makel, das Programm BlockOut selbst ist jedoch auch nicht frei von solchen.

Wenn Sie ein wenig mit dem Programm herumexperimentieren, werden Sie feststellen, dass es in den meisten Fällen prima funktioniert. Da beim Klicken auf die Maustaste die Mauserfassung gestartet wird, empfängt das Programm BlockOut selbst bei Verlassen des Clientbereichs weiterhin *OnMouseMove*-Aufrufe. Auch wenn Sie die Maustaste außerhalb des Clientbereichs loslassen, wird ein *OnMouseUp*-Aufruf an das Programm gesendet.

Versuchen Sie aber einmal Folgendes: Klicken Sie auf die linke Maustaste und ziehen Sie bei gedrückter Maustaste ein Rechteck auf. Klicken Sie nun bei weiterhin gedrückter linker Maustaste auf die rechte Maustaste und lassen Sie die Taste anschließend wieder los. Sobald Sie die rechte Maustaste loslassen, verliert das Formular die Mauserfassung. Anschließend reagiert das Programm nur noch auf Mausbewegungen, wenn sich der Mauscursor innerhalb des Clientbereichs befindet. Verlassen Sie nun mit dem Mauscursor den Clientbereich, und lassen Sie die linke Maustaste los. Das Formular erhält keinen *OnMouseUp*-Aufruf, da die Mauserfassung beendet wurde. Bewegen Sie die Maus (ohne eine der Tasten gedrückt zu halten) anschließend wieder in den Clientbereich. Das Programm reagiert auf Mausbewegungen, obwohl keine Maustaste gedrückt wurde! Dieses Verhalten ist ganz sicher nicht wünschenswert.

Das Problem kann auf verschiedene Art gelöst werden:

- Das Maustracking sollte beim Loslassen *einer beliebigen* Maustaste beendet werden. Dieser Ansatz simuliert am ehesten den Verlust der Mauserfassung.
- Die Verarbeitung von *OnMouseMove* sollte eine Prüfung beinhalten, um sicherzustellen, dass die linke Maustaste weiterhin gedrückt ist. Beim Verlust der Mauserfassung ist ein untätig herumliegendes Rechteck wahrscheinlich eher zu akzeptieren als ein Programm, das sogar noch ohne Tastendruck auf jede Mausbewegung reagiert.
- Das Drücken der ESC-Taste sollte zur Beendigung der Mauserfassung führen.

Im Folgenden sehen Sie eine verbesserte Version des Programms.

BetterBlockOut.vb
```
Imports System
Imports System.Drawing
Imports System.Windows.Forms
Class BetterBlockOut
    Inherits Form
    Private bBlocking, bValidBox As Boolean
    Private ptBeg, ptEnd As Point
    Private rectBox As Rectangle
    Shared Sub Main()
        Application.Run(New BetterBlockOut())
    End Sub
    Sub New()
        Text = "Better Blockout"
        BackColor = SystemColors.Window
        ForeColor = SystemColors.WindowText
    End Sub
    Protected Overrides Sub OnMouseDown(ByVal mea As MouseEventArgs)
        If mea.Button = MouseButtons.Left Then
            ptBeg = New Point(mea.X, mea.Y)
            ptEnd = ptBeg
            Dim grfx As Graphics = CreateGraphics()
            grfx.DrawRectangle(New Pen(ForeColor), Rect(ptBeg, ptEnd))
            grfx.Dispose()
            bBlocking = True
        End If
    End Sub
```

Die Zähmung der Maus

```
Protected Overrides Sub OnMouseMove(ByVal mea As MouseEventArgs)
    If bBlocking AndAlso (mea.Button And MouseButtons.Left) <> 0 Then
        Dim grfx As Graphics = CreateGraphics()
        grfx.DrawRectangle(New Pen(BackColor), Rect(ptBeg, ptEnd))
        ptEnd = New Point(mea.X, mea.Y)
        grfx.DrawRectangle(New Pen(ForeColor), Rect(ptBeg, ptEnd))
        grfx.Dispose()
        Invalidate()
    End If
End Sub
Protected Overrides Sub OnMouseUp(ByVal mea As MouseEventArgs)
    If bBlocking Then
        Dim grfx As Graphics = CreateGraphics()
        rectBox = Rect(ptBeg, New Point(mea.X, mea.Y))
        grfx.DrawRectangle(New Pen(ForeColor), rectBox)
        grfx.Dispose()
        bBlocking = False
        bValidBox = True
        Invalidate()
    End If
End Sub
Protected Overrides Sub OnKeyPress(ByVal kpea As KeyPressEventArgs)
    If bBlocking AndAlso kpea.KeyChar = Chr(27) Then
        Dim grfx As Graphics = CreateGraphics()
        grfx.DrawRectangle(New Pen(BackColor), Rect(ptBeg, ptEnd))
        grfx.Dispose()
        bBlocking = False
        Invalidate()
    End If
End Sub
Protected Overrides Sub OnPaint(ByVal pea As PaintEventArgs)
    Dim grfx As Graphics = pea.Graphics
    If bValidBox Then
        grfx.FillRectangle(New SolidBrush(ForeColor), rectBox)
    End If
    If bBlocking Then
        grfx.DrawRectangle(New Pen(ForeColor), Rect(ptBeg, ptEnd))
    End If
End Sub
Private Function Rect(ByVal ptBeg As Point, ByVal ptEnd As Point) As Rectangle
    Return New Rectangle(Math.Min(ptBeg.X, ptEnd.X), _
                         Math.Min(ptBeg.Y, ptEnd.Y), _
                         Math.Abs(ptEnd.X - ptBeg.X), _
                         Math.Abs(ptEnd.Y - ptBeg.Y))
End Function
End Class
```

Doch auch für dieses Programm sind Situationen vorstellbar, in denen ein Verlust der Mauserfassung eintritt, ohne dass das Programm es merkt. Wenn Sie gerade eine Trackingoperation durchführen und währenddessen die Tastenkombination STRG+ESC (zum Öffnen des *Start*-Menüs) oder ALT+TAB (für den Programmwechsel) drücken, verlieren sowohl BlockOut als auch BetterBlockOut die Mauserfassung und merken das nicht einmal. Der Verlust der Mauserfassung muss nicht unbedingt ein Ergebnis einer merkwürdigen Handlung des Benutzers sein. Angenommen, Sie befinden sich gerade inmitten einer Trackingoperation, wenn ein Meldungsfeld eingeblendet wird, in dem sich der Drucker darüber beklagt, dass er kein Papier mehr hat. Auch ein solches Ereignis führt zum Verlust der Mauserfassung, da ein Meldungsfeld auf Mauseingaben reagieren muss.

Wäre es nicht schön, wenn man das Formular unter Verwendung eines Ereignisses über den Verlust der Mauserfassung informieren könnte? Tja, in einem Win32-Programm steht für diesen Fall die Nachricht *WM_CAPTURECHANGED* zur Verfügung. Diese Nachricht wird immer dann ausgelöst, wenn ein Fenster die Mauserfassung verliert, sei dies aus gewöhnlichen Gründen (dem Loslassen der Maustaste) oder ungewöhnlichen. Ist es vielleicht möglich, in einem Windows Forms-Programm für diese Nachricht einen Handler zu implementieren?

Das ist in der Tat möglich, und zwar überschreiben Sie dazu die Methode *WndProc* (window procedure), die in der Klasse *Control* implementiert ist und in jeder Klasse zur Verfügung steht, die von *Control* abgeleitet ist:

Control-Methoden (Auswahl)

```
Overridable Protected Sub WndProc(ByRef msg As Message)
```

Win32-API-Programmierer werden darin sofort *WndProc* als den Standardnamen für die wichtigste Funktion in jeder Windows-Anwendung erkennen, die die Nachrichten an das Fenster weitergibt, das das Programm erstellt. So wie sie in der Klasse *Control* implementiert ist, hat *WndProc* nur ein Argument vom Typ *Message*, das alle Argumente und Rückgabewerte der normalen Win32-Fensterprozedur enthält:

Message-Eigenschaften

Eigenschaft	Typ	Zugriff
HWnd	IntPtr	Get/Set
Msg	Integer	Get/Set
WParam	IntPtr	Get/Set
LParam	IntPtr	Get/Set
Result	IntPtr	Get/Set

Die Eigenschaft *Msg* ist ein numerischer Wert, der die genaue Nachricht angibt. Diese Nachrichten sind in den Win32-Headerdateien definiert, die von C-Programmierern verwendet werden. Wenn Sie mit den Eigenschaften *WParam* und *LParam* arbeiten, müssen Sie wahrscheinlich eine Typkonvertierung vornehmen. Das hängt von der jeweiligen Nachricht ab.

Es folgt ein einfaches Programm, das zeigt, wie Sie die Methode *WndProc* verwenden, um festzustellen, dass ein Fenster die Mauserfassung verloren hat:

CaptureLoss.vb

```vb
Imports System
Imports System.Drawing
Imports System.Windows.Forms
Class CaptureLoss
    Inherits Form

    Shared Sub Main()
        Application.Run(New CaptureLoss())
    End Sub
```

```
        Sub New()
            Text = "Capture Loss"
        End Sub
        Protected Overrides Sub WndProc(ByRef msg As Message)
            ' Die Nachricht WM_CAPTURECHANGED verarbeiten.
            If msg.Msg = 533 Then Invalidate()
            MyBase.WndProc(msg)
        End Sub
        Protected Overrides Sub OnMouseDown(ByVal mea As MouseEventArgs)
            Invalidate()
        End Sub
        Protected Overrides Sub OnPaint(ByVal pea As PaintEventArgs)
            Dim grfx As Graphics = pea.Graphics
            If Capture Then
                grfx.FillRectangle(Brushes.Red, ClientRectangle)
            Else
                grfx.FillRectangle(Brushes.Gray, ClientRectangle)
            End If
        End Sub
End Class
```

Die *OnPaint*-Methode in diesem Programm zeigt einen roten Clientbereich an, wenn die *Capture*-Eigenschaft *True* ist, sonst ist er grau. Das Programm erklärt sein Fenster jedes Mal dann für ungültig, wenn *OnMouseDown* aufgerufen wird (d.h., wenn die Mauserfassung beginnt), und auch während der Methode *WndProc*, wenn die Eigenschaft *Msg* den Wert 533 hat. Diesen Wert habe ich aus der Definition von *WM_CAPTURECHANGED* in der Headerdatei WINUSER.H.

Es ist unbedingt erforderlich, das Ihre Überschreibung von *WndProc* die Basismethode für die Standardverarbeitung der meisten Nachrichten aufruft:

`MyBase.WndProc(msg)`

Das Überschreiben der Methode *WndProc* ist eine sehr leistungsfähige Sache, aber Sie sollten sie nur verwenden, wenn Sie Funktionen benötigen, die über die Windows Forms-Schnittstelle sonst nicht zugänglich sind.

Sie erhalten einen besseren Einblick in die Mauserfassung, wenn Sie die Anzeigeoption *Fensterinhalt beim Ziehen anzeigen* aktivieren und dann ein wenig mit dem Programm CaptureLoss herumspielen. Klicken Sie zum Konfigurieren dieser Option zunächst auf *Start*, *Einstellungen* und *Systemsteuerung*. Doppelklicken Sie anschließend auf *Anzeige*, klicken Sie im geöffneten Dialogfeld *Eigenschaften von Anzeige* auf die Registerkarte *Darstellung* und dann auf die Schaltfläche *Effekte*, und aktivieren Sie das Kontrollkästchen *Fensterinhalt beim Ziehen anzeigen*. Sie sehen diesen Effekt, wenn Sie die Titelleiste des Fensters mit der Maus »festhalten«, es teilweise aus dem sichtbaren Bildschirmbereich verschieben und anschließend wieder an die ursprünglichen Bildschirmposition zurückstellen. Der nicht bedeckte Clientbereich wird rot angezeigt, solange Sie die Maustaste gedrückt halten. Beim Loslassen der Maustaste wird der gesamte Clientbereich wieder grau angezeigt. Wenn Sie das Fenster mithilfe der Maus vergrößern, werden die neuen Abschnitte im Clientbereich ebenfalls rot angezeigt und beim Loslassen der Maustaste wieder grau dargestellt. Dies geschieht deshalb, weil die Eigenschaft *Capture* auch dann beim Drücken einer Maustaste auf *True* gesetzt wird, wenn sich der Mauszeiger gerade über der Titelleiste oder dem Rahmen des Programms befindet.

Wir wollen nun einmal die Methode *WndProc* in einem Programm verwenden, das besseren Code zum Zeichnen der Blöcke verwendet:

EvenBetterBlockOut.vb

```vb
Imports System
Imports System.Drawing
Imports System.Windows.Forms
Class EvenBetterBlockOut
    Inherits Form
    Private bBlocking, bValidBox As Boolean
    Private ptBeg, ptEnd As Point
    Private rectBox As Rectangle
    Shared Sub Main()
        Application.Run(New EvenBetterBlockOut())
    End Sub
    Sub New()
        Text = "Even Better Blockout"
        BackColor = SystemColors.Window
        ForeColor = SystemColors.WindowText
    End Sub
    Protected Overrides Sub WndProc(ByRef msg As Message)
        ' Die Nachricht WM_CAPTURECHANGED verarbeiten.
        If msg.Msg = 533 Then OnCaptureLost()
        MyBase.WndProc(msg)
    End Sub
    Protected Overrides Sub OnMouseDown(ByVal mea As MouseEventArgs)
        If mea.Button = MouseButtons.Left Then
            ptBeg = New Point(mea.X, mea.Y)
            ptEnd = ptBeg
            Dim grfx As Graphics = CreateGraphics()
            grfx.DrawRectangle(New Pen(ForeColor), Rect(ptBeg, ptEnd))
            grfx.Dispose()
            bBlocking = True
        End If
    End Sub
    Protected Overrides Sub OnMouseMove(ByVal mea As MouseEventArgs)
        If bBlocking Then
            Dim grfx As Graphics = CreateGraphics()
            grfx.DrawRectangle(New Pen(BackColor), Rect(ptBeg, ptEnd))
            ptEnd = New Point(mea.X, mea.Y)
            grfx.DrawRectangle(New Pen(ForeColor), Rect(ptBeg, ptEnd))
            grfx.Dispose()
            Invalidate()
        End If
    End Sub
    Protected Overrides Sub OnMouseUp(ByVal mea As MouseEventArgs)
        If bBlocking Then
            Dim grfx As Graphics = CreateGraphics()
            rectBox = Rect(ptBeg, New Point(mea.X, mea.Y))
            grfx.DrawRectangle(New Pen(BackColor), rectBox)
            grfx.Dispose()
            bBlocking = False
            bValidBox = True
```

Die Zähmung der Maus

```
            Invalidate()
        End If
    End Sub
    Protected Overrides Sub OnKeyPress(ByVal kpea As KeyPressEventArgs)
        If kpea.KeyChar = Chr(27) Then Capture = False
    End Sub
    Protected Sub OnCaptureLost()
        If bBlocking Then
            Dim grfx As Graphics = CreateGraphics()
            grfx.DrawRectangle(New Pen(BackColor), Rect(ptBeg, ptEnd))
            grfx.Dispose()
            bBlocking = False
            Invalidate()
        End If
    End Sub
    Protected Overrides Sub OnPaint(ByVal pea As PaintEventArgs)
        Dim grfx As Graphics = pea.Graphics
        If bValidBox Then
            grfx.FillRectangle(New SolidBrush(ForeColor), rectBox)
        End If
        If bBlocking Then
            grfx.DrawRectangle(New Pen(ForeColor), Rect(ptBeg, ptEnd))
        End If
    End Sub
    Private Function Rect(ByVal ptBeg As Point, ByVal ptEnd As Point) As Rectangle
        Return New Rectangle(Math.Min(ptBeg.X, ptEnd.X), _
                             Math.Min(ptBeg.Y, ptEnd.Y), _
                             Math.Abs(ptEnd.X - ptBeg.X), _
                             Math.Abs(ptEnd.Y - ptBeg.Y))
    End Function
End Class
```

Wie CaptureLoss überschreibt dieses Programm die Methode *WndProc*. Beim Erhalt der Nachricht *WM_CAPTURECHANGED* ruft es eine Methode mit dem Namen *OnCaptureLost* auf, die kurz darauf im Programm implementiert ist. Das Programm bearbeitet die Mausverfolgung ganz normal, wenn es einen Aufruf von *OnMouseUp* erhält, und bricht die Mausverfolgung ab, wenn es einen Aufruf von *OnLostCapture* erhält, dem kein *OnMouseUp* vorausging.

EvenBetterBlockOut berücksichtigt damit alle Möglichkeiten, wie ein Programm die Mauserfassung verlieren kann.

Klicks und Doppelklicks

In der nachfolgenden Tabelle werden die beiden wichtigsten Mausereignisse aufgeführt:

Control-Ereignisse (Auswahl)

Ereignis	Methode	Delegat	Argument
Click	*OnClick*	*EventHandler*	*EventArgs*
DoubleClick	*OnDoubleClick*	*EventHandler*	*EventArgs*

Beachten Sie, dass das Argument *EventArgs* keine mausspezifischen Informationen liefert. Es gibt noch nicht einmal Auskunft darüber, mit welcher Taste geklickt bzw. doppelt geklickt wurde oder wo sich die Maus zu diesem Zeitpunkt befand.

Das *Click*-Ereignis tritt auf, wenn eine der Maustasten auf einem Steuerelement oder im Clientbereich eines Formulars gedrückt und wieder losgelassen wird. Das Ereignis tritt direkt vor dem entsprechenden *MouseUp*-Ereignis auf. Wenn Sie auf die Maustaste klicken, während sich der Mauscursor über einem Steuerelement befindet, und die Maustaste über einem anderen Steuerelement wieder loslassen, wird hingegen kein *Click*-Ereignis ausgelöst.

Das *DoubleClick*-Ereignis tritt auf, wenn zweimal kurz hintereinander auf eine Maustaste geklickt wird, und zwar direkt vor dem zweiten *MouseUp*-Ereignis. Der zweite Mausklick muss jedoch innerhalb einer bestimmten Zeitspanne nach dem ersten Klick und nicht zu weit entfernt von der Mausposition beim ersten Klick erfolgen, um als Doppelklick erkannt zu werden. Nachfolgend sehen Sie eine typische Abfolge von Ereignissen bei einem Doppelklick:

- *MouseDown* (die Eigenschaft *Clicks* wird auf 1 gesetzt)
- *Click*
- *MouseUp*
- *MouseMove*
- *MouseDown* (die Eigenschaft *Clicks* wird auf 2 gesetzt)
- *DoubleClick*
- *MouseUp*
- *MouseMove*

Ich habe die *OnClick*-Methode im Programm PrintableForm aus Kapitel 5 dazu verwendet, den Druckvorgang zu starten.

Im Allgemeinen ist es jedoch üblicher, dass ein Programm für die erstellten Steuerelemente *Click*- und *DoubleClick*-Ereignishandler installiert. Ein Programm ermittelt so z.B. in der Regel über die Verarbeitung eines *Click*-Ereignisses für ein Schaltflächensteuerelement, ob auf die Schaltfläche geklickt wurde (wie Sie in Kapitel 12 sehen werden). Schaltflächen (und andere Steuerelemente) generieren ebenfalls *Click*-Ereignisse, wenn die Schaltfläche über die Tastatur betätigt wird – das *Click*-Ereignis kann daher praktischerweise sowohl für Tastatur- als auch für Mauseingaben verwendet werden.

Eine Maus mit Eigenschaften

Auch wenn die Ereignisse *Click* und *DoubleClick* nicht mit einem *MouseEventArgs*-Objekt zur Angabe der Position des Mauscursors geliefert werden, heißt das noch lange nicht, dass diese Informationen nicht verfügbar sind. Die Klasse *Control* unterstützt zwei schreibgeschützte, shared Eigenschaften zur Angabe von Mausposition und aktuell gedrückten Tasten:

Control-Eigenschaften (*Shared*, Auswahl)

Eigenschaft	Typ	Zugriff	Beschreibung
MousePosition	Point	Get	Gibt die Position der Maus in Bildschirmkoordinaten zurück
MouseButtons	MouseButtons	Get	Gibt zurück, welche Tasten gerade gedrückt sind

Sie können diese Eigenschaften bei der Verarbeitung beliebiger Ereignisse verwenden. Da es sich um shared Eigenschaften handelt, können Sie sie sogar in einer nicht von *Control* abgeleiteten Klasse einsetzen.

Behalten Sie im Hinterkopf, dass die Eigenschaften *X* und *Y* von *MouseEventArgs* die Mauscursorposition in Clientbereichskoordinaten zurückgeben, die Eigenschaft *Control.MousePosition* dagegen Bildschirmkoordinaten liefert. Sie müssen die Bildschirmkoordinaten daher gegebenenfalls mithilfe von *PointToClient* in Clientbereichskoordinaten umwandeln.

Ich habe die shared Eigenschaft *Control.ModifierKeys* bereits in Kapitel 6 vorgestellt, da sie der Tastatur zugerechnet wird:

Control-Eigenschaften (*Shared,* Auswahl)

Eigenschaft	Typ	Zugriff	Beschreibung
ModifierKeys	*Keys*	Get	Status der Umschalt-, STRG- und ALT-Tasten

Wie ich jedoch in Kapitel 6 bereits erwähnte, wird diese Eigenschaft hauptsächlich zur Verarbeitung von Mausereignissen eingesetzt. Wenn Sie beispielsweise eine Aktion einleiten möchten, sobald der Benutzer bei gedrückter Umschalttaste auf die linke Maustaste klickt, kann die Verarbeitung von *OnMouseDown* möglicherweise so aussehen:

```
If mea.Button = Buttons.Left AndAlso Control.ModifierKeys = Keys.Shift Then
    ...
End If
```

Enter, Leave und Hover

Hier die drei Mausereignisse, die das Ganze abrunden:

Control-Ereignisse (Auswahl)

Ereignis	Methode	Delegat	Argument
MouseEnter	*OnMouseEnter*	*EventHandler*	*EventArgs*
MouseLeave	*OnMouseLeave*	*EventHandler*	*EventArgs*
MouseHover	*OnMouseHover*	*EventHandler*	*EventArgs*

Das Ereignis *MouseEnter* benachrichtigt ein Steuerelement (oder den Clientbereich eines Formulars) darüber, dass der Mauscursor auf das Steuerelement verschoben wurde. Als Reaktion auf dieses Ereignis könnte das Steuerelement beispielsweise sein Aussehen verändern. Das Ereignis *MouseLeave* teilt dem Steuerelement mit, dass sich die Maus nicht länger über dem Steuerelement befindet.

Das Ereignis *MouseHover* tritt auf, wenn der Mauscursor auf ein Steuerelement (oder in den Clientbereich) verschoben wurde und sich nicht mehr bewegt. Das Ereignis *MouseHover* tritt in der Regel nur zwischen den Ereignissen *MouseEnter* und *MouseLeave* auf.

Nachfolgend sehen Sie ein Programm, mit dem diese drei Ereignisse sichtbar gemacht werden. Der Clientbereich wird als Reaktion auf einen *OnMouseEnter*-Aufruf grün angezeigt und im Anschluss an einen *OnMouseLeave*-Aufruf wieder in der normalen Hintergrundfarbe. Als Reaktion auf *OnMouseHover* wird der Clientbereich für 1/10 Sekunde rot eingefärbt.

```
EnterLeave.vb
Imports System
Imports System.Drawing
Imports System.Windows.Forms
Class EnterLeave
    Inherits Form
    Private bInside As Boolean = False
    Shared Sub Main()
        Application.Run(New EnterLeave())
    End Sub
    Sub New()
        Text = "Enter/Leave"
    End Sub
    Protected Overrides Sub OnMouseEnter(ByVal ea As EventArgs)
        bInside = True
        Invalidate()
    End Sub
    Protected Overrides Sub OnMouseLeave(ByVal ea As EventArgs)
        bInside = False
        Invalidate()
    End Sub
    Protected Overrides Sub OnMouseHover(ByVal ea As EventArgs)
        Dim grfx As Graphics = CreateGraphics()
        grfx.Clear(Color.Red)
        System.Threading.Thread.Sleep(100)
        grfx.Clear(Color.Green)
        grfx.Dispose()
    End Sub
    Protected Overrides Sub OnPaint(ByVal pea As PaintEventArgs)
        Dim grfx As Graphics = pea.Graphics
        If bInside Then
            grfx.Clear(Color.Green)
        Else
            grfx.Clear(BackColor)
        End If
    End Sub
End Class
```

Der Mauscursor

Der Mauscursor ist die kleine Bitmap, mit der die Mausposition auf dem Bildschirm angezeigt wird. Wie Sie wissen, kann der Cursor sein Aussehen je nach Position verändern. Häufig handelt es sich bei dieser Bitmap um einen Pfeil, der z.B. zu einem Pfeil mit zwei Spitzen wird, wenn der Cursor über dem Rahmen eines in der Größe veränderbaren Formulars positioniert wird. In einem Texteingabefeld wird der Cursor als senkrechte Einfügemarke angezeigt.

Der Mauscursor ist ein Objekt vom Typ *Cursor*, einer im Namespace *System.Windows.Forms* definierten Klasse. Ich werde in Kapitel 11 näher auf die Klasse *Cursor* eingehen. Die Verwendung der Klasse *Cursors* (beachten Sie den Plural) stellt in der Regel die einfachste Methode zum Erhalten eines Cursorobjekts dar. Die Klasse *Cursors* (die ebenfalls im Namespace *System.Windows.Forms* definiert ist) umfasst 28 shared, schreibgeschützte Eigenschaften, die vordefinierte Objekte vom Typ *Cursor* zurückgeben.

Cursors-Eigenschaften (*Shared*, schreibgeschützt)

Eigenschaft	Eigenschaft
AppStarting	PanNorth
Arrow	PanNW
Cross	PanSE
Default	PanSouth
Hand	PanSW
Help	PanWest
HSplit	SizeAll
IBeam	SizeNESW
No	SizeNS
NoMove2D	SizeNWSE
NoMoveHoriz	SizeWE
NoMoveVert	UpArrow
PanEast	VSplit
PanNE	WaitCursor

Selbst wenn Sie *Cursor*-Objekte ausschließlich über die Klasse *Cursors* abrufen, enthält die Klasse *Cursor* noch drei nützliche shared Eigenschaften:

Cursor-Eigenschaften (*Shared*)

Eigenschaft	Typ	Zugriff
Current	Cursor	Get/Set
Position	Point	Get/Set
Clip	Rectangle	Get/Set

Sie werden sich daran erinnern, dass die Klasse *Control* zwar eine shared Eigenschaft namens *MousePosition* enthält, diese jedoch schreibgeschützt ist. Sie können diese Eigenschaft nicht zum Einstellen der Position des Mauscursors einsetzen. Doch anders als die Eigenschaft *MousePosition* ist die Eigenschaft *Cursor.Position* zwar einstellbar, allerdings ist es in der Regel nicht üblich, die Position des Mauscursors über die Anwendung festzulegen. Das Programm Bezier aus Kapitel 13 verwendet *Cursor.Position* zum Einstellen der Cursorposition. Die Eigenschaft *Cursor.Clip* beschränkt die Bewegungen des Mauscursors auf ein vordefiniertes Rechteck. Diese Eigenschaft kann nur eingestellt werden, wenn eine Mauserfassung erfolgt ist. Die Eigenschaften *Position* und *Clip* liefern Bildschirmkoordinaten, daher ist es wahrscheinlich erforderlich, nach der Abfrage bzw. dem Einstellen der Eigenschaften *PointToClient* bzw. *PointToScreen* einzusetzen.

Sie können den aktuellen Mauscursor auch mithilfe der Eigenschaft *Cursor.Current* festlegen. Dieser Ansatz funktioniert allerdings nicht in allen Fällen. Lassen Sie mich jedoch zunächst auf verschiedene Situationen eingehen, in denen *Cursor.Current* eingesetzt werden kann.

Wie Sie wissen, zeigen Programme während der Ausführung zeitaufwendiger Operationen im Allgemeinen eine Sanduhr an. Dieser Cursor entspricht dem vordefinierten Objekt *Cursors.WaitCursor*. Ein Programm kann diesen Cursor in Form einer Sanduhr über folgende Anweisung anzeigen:

```
Cursor.Current = Cursors.WaitCursor
```

Das Programm führt dann die gewünschte längere Operation aus und stellt anschließend über folgenden Aufruf den Pfeilcursor wieder her:

```
Cursor.Current = Cursors.Arrow
```

Führt der Benutzer Windows allerdings ohne installierte Maus aus, ist der Sanduhrcursor nicht sichtbar. In der Klasse *Cursor* stehen zwei shared Methoden zur Verfügung, mit denen unabhängig vom Vorhandensein einer Maus ein Mauscursor angezeigt werden kann:

Cursor-Methoden (*Shared*)

```
Sub Show()
Sub Hide()
```

Sie können sich das Verhalten des Mauscursors so vorstellen, als sei eine Zählervariable damit verknüpft. Bei installierter Maus wird diese Zählervariable anfänglich auf den Wert 1 gestellt. Ist keine Maus vorhanden, wird der Zähler mit dem Wert 0 initialisiert. Die Methode *Cursor.Show* erhöht den Zähler, die Methode *Cursor.Hide* vermindert ihn. Der Mauscursor wird auf dem Bildschirm nur dann angezeigt, wenn der Zählerwert größer als 0 ist.

Eine Anwendung muss folglich für den ausgeglichenen Aufruf von *Cursor.Show* und *Cursor.Hide* Sorge tragen. Erfolgen mehr Aufrufe von *Show* als von *Hide*, kann es passieren, dass ein Mauscursor auf dem Bildschirm stehen bleibt, obwohl keine Maus installiert ist. Im umgekehrten Fall wird der Mauscursor nicht mehr angezeigt. Glücklicherweise tritt dieses Mauscursorproblem nur auf, wenn die Maus über der fehlerhaften Anwendung positioniert ist.

Eines der Beispielprogramme in diesem Kapitel, das sich möglicherweise ziemlich lange in der *OnPaint*-Methode aufhält, ist MouseConnect. Nachfolgend sehen Sie ein Programm mit einer von *MouseConnect* abgeleiteten Klasse, bei dem während des Zeichenvorgangs ein Sanduhrcursor angezeigt wird.

MouseConnectWaitCursor.vb
```vb
Imports System
Imports System.Drawing
Imports System.Windows.Forms
Class MouseConnectWaitCursor
    Inherits MouseConnect

    Shared Shadows Sub Main()
        Application.Run(New MouseConnectWaitCursor())
    End Sub

    Sub New()
        Text = "Mouse Connect with Wait Cursor"
    End Sub

    Protected Overrides Sub OnPaint(ByVal pea As PaintEventArgs)
        Cursor.Current = Cursors.WaitCursor
        Cursor.Show()
        MyBase.OnPaint(pea)
        Cursor.Hide()
        Cursor.Current = Cursors.Arrow
    End Sub
End Class
```

Die Zähmung der Maus

In diesem speziellen Fall sind die Aufrufe der Methoden *Show* und *Hide* nicht erforderlich, da der Benutzer ohne Maus erst gar keinen langen *OnPaint*-Aufruf einleiten und damit das Programm auch gar nicht nutzen kann.

Das nächste Programm verwendet während *OnMouseMove* einen Aufruf von *Cursor.Current* dazu, alle 28 vordefinierten Cursor anzuzeigen.

MouseCursors.vb
```
Imports System
Imports System.Drawing
Imports System.Windows.Forms
Class MouseCursors
    Inherits Form
    Private acursor() As Cursor = _
    { _
        Cursors.AppStarting, Cursors.Arrow, Cursors.Cross, _
        Cursors.Default, Cursors.Hand, Cursors.Help, _
        Cursors.HSplit, Cursors.IBeam, Cursors.No, _
        Cursors.NoMove2D, Cursors.NoMoveHoriz, Cursors.NoMoveVert, _
        Cursors.PanEast, Cursors.PanNE, Cursors.PanNorth, _
        Cursors.PanNW, Cursors.PanSE, Cursors.PanSouth, _
        Cursors.PanSW, Cursors.PanWest, Cursors.SizeAll, _
        Cursors.SizeNESW, Cursors.SizeNS, Cursors.SizeNWSE, _
        Cursors.SizeWE, Cursors.UpArrow, Cursors.VSplit, _
        Cursors.WaitCursor _
    }
    Private astrCursor() As String = _
    { _
        "AppStarting", "Arrow", "Cross", "Default", "Hand", _
        "Help", "HSplit", "IBeam", "No", "NoMove2D", _
        "NoMoveHoriz", "NoMoveVert", "PanEast", "PanNE", "PanNorth", _
        "PanNW", "PanSE", "PanSouth", "PanSW", "PanWest", _
        "SizeAll", "SizeNESW", "SizeNS", "SizeNWSE", "SizeWE", _
        "UpArrow", "VSplit", "WaitCursor" _
    }
    Shared Sub Main()
        Application.Run(New MouseCursors())
    End Sub
    Sub New()
        Text = "Mouse Cursors"
        BackColor = SystemColors.Window
        ForeColor = SystemColors.WindowText
        ResizeRedraw = True
    End Sub
    Protected Overrides Sub OnMouseMove(ByVal mea As MouseEventArgs)
        Dim x As Integer = Math.Max(0, _
                           Math.Min(3, mea.X \ (ClientSize.Width \ 4)))
        Dim y As Integer = Math.Max(0, _
                           Math.Min(6, mea.Y \ (ClientSize.Height \ 7)))
        Cursor.Current = acursor(4 * y + x)
    End Sub
```

```
    Protected Overrides Sub OnPaint(ByVal pea As PaintEventArgs)
        Dim grfx As Graphics = pea.Graphics
        Dim x, y As Integer
        Dim br As New SolidBrush(ForeColor)
        Dim pn As New Pen(ForeColor)
        Dim strfmt As New StringFormat()
        strfmt.Alignment = StringAlignment.Center
        strfmt.LineAlignment = StringAlignment.Center
        For y = 0 To 6
            For x = 0 To 3
                Dim rect As Rectangle = Rectangle.FromLTRB( _
                                x * ClientSize.Width \ 4, _
                                y * ClientSize.Height \ 7, _
                                (x + 1) * ClientSize.Width \ 4, _
                                (y + 1) * ClientSize.Height \ 7)
                grfx.DrawRectangle(pn, rect)
                grfx.DrawString(astrCursor(4 * y + x), Font, br, RectangleF.op_Implicit(rect), strfmt)
            Next x
        Next y
    End Sub
End Class
```

Das Programm zeigt eine Tabelle mit den Namen der *Cursors*-Eigenschaften an. Bewegen Sie einfach den Mauscursor über eines der Felder der angezeigten Tabelle, um den jeweiligen Cursor anzuzeigen. Dieser Screenshot zeigt den Cursor *Cursors.Help:*

AppStarting	Arrow	Cross	Default
Hand	Help	HSplit	IBeam
No	NoMove2D	NoMoveHoriz	NoMoveVert
PanEast	PanNE	PanNorth	PanNW
PanSE	PanSouth	PanSW	PanWest
SizeAll	SizeNESW	SizeNS	SizeNWSE
SizeWE	UpArrow	VSplit	WaitCursor

Ich habe bereits erwähnt, dass *Cursor.Current* nicht immer funktioniert. In den zwei vorangegangenen Programmen kann *Cursor.Current* problemlos eingesetzt werden, dies sind gleichzeitig jedoch auch die einzigen möglichen Einsatzbereiche. Hier eine wichtige Regel: Wenn Ihr Formular (oder ein beliebiges von *Control* abgeleitetes Element) *Cursor.Current* während des *MouseMove*-Ereignisses nicht einstellt, wird der Mauscursor stattdessen auf den normalen Cursor eingestellt, der mit dem jeweiligen Formular oder Steuerelement während des Ereignisses verknüpft ist. Das Programm MouseCursors funktioniert, weil *Cursor.Current* während des *OnMouseMove*-Aufrufs eingestellt wird.

Und was ist mit MouseConnectWaitCursor? Hier wird *Cursor.Current* nicht während *OnMouseMove* eingestellt, sondern während der *OnPaint*-Methode, und das Programm setzt die Eigenschaft vor Beendigung von *OnPaint* wieder zurück. Innerhalb dieser Zeitspanne erhält das

Die Zähmung der Maus

Programm keine *OnMouseMove*-Aufrufe. Eine Programmmethode wird niemals zur Ausführung einer anderen Methode innerhalb desselben Threads unterbrochen.

Sie können *Cursor.Current* allerdings nicht während eines Konstruktoraufrufs, eines *OnMouseDown*-Ereignisses oder eines sonstigen Ereignisses aufrufen und erwarten, dass der Cursor beibehalten wird. Sobald das Programm einen *OnMouseMove*-Aufruf erhält, wird der Cursor zurückgesetzt.

Dennoch gibt es eine Möglichkeit, den Cursor einmalig einzustellen und sich dann keine Gedanken mehr über ihn machen zu müssen. Sie weisen einem Steuerelement (oder einem Formular) mithilfe der in der Klasse *Control* definierten Eigenschaft *Cursor* einen Cursor zu:

Control-Eigenschaften (Auswahl)

Eigenschaft	Typ	Zugriff
Cursor	Cursor	Get/Set

In einem Formularkonstruktor ist beispielsweise folgender Aufruf möglich:

```
Cursor = Cursors.Hand
```

Sobald Sie den Mauscursor über den Clientbereich des Formulars bewegen, nimmt der Cursor die Form einer Hand an. Das Aussehen des Mauscursors wird erst wieder geändert, wenn er durch das Programm auf einen anderen Wert eingestellt wird. Ich habe bereits erwähnt, dass der Cursor wieder auf den normalen Formular- oder Steuerelementcursor zurückgesetzt wird, wenn *Cursor.Current* während der *OnMouseMove*-Methode nicht eingestellt wird. Tatsächlich wird der Cursor in diesem Fall auf den Wert der Eigenschaft *Cursor* gesetzt. Hinter den Kulissen wird während einer Mausbewegung vor dem Aufruf von *OnMouseMove* in einem Windows Forms-Programm daher wahrscheinlich eine Anweisung wie die folgende ausgeführt:

```
Cursor.Current = Cursor
```

Links handelt es sich um die Klasse *Cursor*, rechts um die Eigenschaft *Cursor* des Formulars. Die Eigenschaft *Current* der Klasse *Cursor* ist shared, die Eigenschaft *Cursor* der Klasse *Control* nicht.

Es ergibt durchaus Sinn, dass ein Steuerelement über einen zugehörigen Cursor verfügt, da Steuerelemente unterschiedliche Cursor aufweisen können. Das offensichtlichste Beispiel hierfür sind die Steuerelemente *TextBox* und *RichTextBox* für die Texteingabe, die mit dem Cursor *Cursor.IBeam* verknüpft sind.

Experimentieren wir ein wenig und erstellen wir ein Programm, das in der Funktionalität dem Programm MouseCursors gleicht. Anstelle von 28 Feldern erstellen wir nun jedoch 28 Steuerelemente und ordnen jedem dieser Steuerelemente einen anderen Mauscursor zu.

In Kapitel 4 habe ich im Programm SysInfoPanel ein *Panel*-Steuerelement erstellt. Ich erwähnte dort, dass *Panel*-Steuerelemente relativ schlicht sind und nicht viel leisten. Dennoch reichte das *Panel*-Steuerelement für unsere Zwecke aus, da es eine Zeichenfläche bereitstellt. Das *Label*-Steuerelement gehört ebenfalls zu den anspruchslosen Steuerelementen. Der einzige Zweck eines *Label*-Steuerelements besteht darin, Text anzuzeigen. Hier sehen Sie ein Programm, das ein Array aus 28 *Label*-Steuerelementen erstellt, von denen jedes einen anderen Cursor aufweist.

MouseCursorsProperty.vb

```vb
Imports System
Imports System.Drawing
Imports System.Windows.Forms
Class MouseCursorsProperty
    Inherits Form

    Private actrl(28) As Label

    Shared Sub Main()
        Application.Run(New MouseCursorsProperty())
    End Sub

    Sub New()
        Dim i As Integer
        Dim acursor() As Cursor = _
        {   Cursors.AppStarting, Cursors.Arrow, Cursors.Cross, _
            Cursors.Default, Cursors.Hand, Cursors.Help, _
            Cursors.HSplit, Cursors.IBeam, Cursors.No, _
            Cursors.NoMove2D, Cursors.NoMoveHoriz, Cursors.NoMoveVert, _
            Cursors.PanEast, Cursors.PanNE, Cursors.PanNorth, _
            Cursors.PanNW, Cursors.PanSE, Cursors.PanSouth, _
            Cursors.PanSW, Cursors.PanWest, Cursors.SizeAll, _
            Cursors.SizeNESW, Cursors.SizeNS, Cursors.SizeNWSE, _
            Cursors.SizeWE, Cursors.UpArrow, Cursors.VSplit, _
            Cursors.WaitCursor _
        }
        Dim astrCursor() As String = _
        {   "AppStarting", "Arrow", "Cross", "Default", "Hand", _
            "Help", "HSplit", "IBeam", "No", "NoMove2D", _
            "NoMoveHoriz", "NoMoveVert", "PanEast", "PanNE", "PanNorth", _
            "PanNW", "PanSE", "PanSouth", "PanSW", "PanWest", _
            "SizeAll", "SizeNESW", "SizeNS", "SizeNWSE", "SizeWE", _
            "UpArrow", "VSplit", "WaitCursor" _
        }
        Text = "Mouse Cursors Using Cursor Property"
        For i = 0 To 27
            actrl(i) = New Label()
            actrl(i).Parent = Me
            actrl(i).Text = astrCursor(i)
            actrl(i).Cursor = acursor(i)
            actrl(i).BorderStyle = BorderStyle.FixedSingle
        Next i
        OnResize(EventArgs.Empty)
    End Sub

    Protected Overrides Sub OnResize(ByVal ea As EventArgs)
        Dim i As Integer
        For i = 0 To 27
            actrl(i).Bounds = Rectangle.FromLTRB( _
                            (i Mod 4) * ClientSize.Width \ 4, _
                            (i \ 4) * ClientSize.Height \ 7, _
                            (i Mod 4 + 1) * ClientSize.Width \ 4, _
                            (i \ 4 + 1) * ClientSize.Height \ 7)
        Next i
    End Sub
End Class
```

Das Programm erstellt die 28 *Label*-Objekte während des Aufrufs des Formularkonstruktors und speichert sie in einem Array namens *actrl*, bei dem es sich um ein Feld dieser Klasse handelt. Der Konstruktor stellt für jedes *Label*-Objekt vier Eigenschaften ein. Die erste dieser vier Eigenschaften gibt an, dass es sich bei dem übergeordneten Element dieses Steuerelements um ein Formular handelt, d.h., das Steuerelement wird auf der Oberfläche des Clientbereichs des Formulars angezeigt:

```
actrl(i).Parent = Me
```

Die *Text*-Eigenschaft des Steuerelements wird auf einen der 28 vordefinierten Cursornamen eingestellt:

```
actrl(i).Text = astrCursor(i)
```

Das Programm setzt außerdem die *Cursor*-Eigenschaft des Steuerelements auf das entsprechende *Cursor*-Objekt:

```
actrl(i).Cursor = acursor(i)
```

Abschließend wird die Eigenschaft *BorderStyle* auf eine einzelne Linie eingestellt:

```
actrl(i).BorderStyle = BorderStyle.FixedSingle
```

Der Konstruktor legt weder Position noch Größe des Steuerelements fest. Diese werden während des Aufrufs der Formularmethode *OnResize* eingestellt. Die Steuerelementgröße wird hier auf 1/4 der Breite und 1/7 der Höhe des Clientbereichs des Formulars eingestellt. (Naja, so ungefähr jedenfalls. Wenn Sie allen Steuerelementen dieselben Höhen- und Breitenwerte zuweisen, führt dies zu Problemen beim Runden, und es entstehen Lücken zwischen den Steuerelementen. Zur Vermeidung dieses Problems können Sie die Steuerelementeigenschaft *Bounds* mithilfe der Methode *Rectangle.FromLTRGB* berechnen.)

Das Programm ähnelt vom Aussehen dem Programm MouseCursors. Wenn Sie den Mauscursor über eines der Steuerelemente bewegen, ändert er sich automatisch und ohne Verarbeitung des Ereignisses *MouseMove*.

Trefferprüfung

Wenn Sie auf einem Formular grafische Figuren oder Text zeichnen, können Sie die Koordinaten für die Zeichenobjekte festlegen und zum eigentlichen Zeichnen entsprechende Methoden aufrufen. Programme verwenden jedoch häufig die Mausschnittstelle, damit der Benutzer auf die Objekte zeigen und sie bearbeiten kann. Das bedeutet, dass Ihr Programm unter Verwendung der Zeigerkoordinaten Rückschlüsse darauf ziehen muss, auf welche grafischen Elemente die Maus zeigt.

Dieses Verfahren wird als *Trefferprüfung* (hit-testing) bezeichnet und kann sich als recht komplex erweisen, besonders dann, wenn das Clientfenster sich überlappende Objekte oder Text mit veränderlicher Zeichenbreite enthält. Zuweilen kann sich die Trefferprüfung jedoch auch als relativ einfach herausstellen. So ermittelt beispielsweise schon das zuvor gezeigte Programm MouseCursors anhand einer Trefferprüfung, welcher Mauscursor angezeigt werden muss.

Das nachstehend gezeigte Programm Checker unterteilt den Clientbereich in 20 Rechtecke. Ein Mausklick auf eines der Felder versieht dieses mit einem X, das bei einem erneuten Mausklick wieder verschwindet.

Checker.vb

```vb
Imports System
Imports System.Drawing
Imports System.Windows.Forms

Class Checker
    Inherits Form

    Protected Const xNum As Integer = 5    ' Anzahl der Felder horizontal
    Protected Const yNum As Integer = 4    ' Anzahl der Felder vertikal
    Protected abChecked(yNum, xNum) As Boolean
    Protected cxBlock, cyBlock As Integer

    Shared Sub Main()
        Application.Run(New Checker())
    End Sub

    Sub New()
        Text = "Checker"
        BackColor = SystemColors.Window
        ForeColor = SystemColors.WindowText
        ResizeRedraw = True
        OnResize(EventArgs.Empty)
    End Sub

    Protected Overrides Sub OnResize(ByVal ea As EventArgs)
        MyBase.OnResize(ea)         ' Sonst funktioniert ResizeRedraw nicht.
        cxBlock = ClientSize.Width \ xNum
        cyBlock = ClientSize.Height \ yNum
    End Sub

    Protected Overrides Sub OnMouseUp(ByVal mea As MouseEventArgs)
        Dim x As Integer = mea.X \ cxBlock
        Dim y As Integer = mea.Y \ cyBlock

        If x < xNum AndAlso y < yNum Then
            abChecked(y, x) = Not abChecked(y, x)
            Invalidate(New Rectangle(x * cxBlock, y * cyBlock, cxBlock, cyBlock))
        End If
    End Sub

    Protected Overrides Sub OnPaint(ByVal pea As PaintEventArgs)
        Dim grfx As Graphics = pea.Graphics
        Dim x, y As Integer
        Dim pn As New Pen(ForeColor)

        For y = 0 To yNum - 1
            For x = 0 To xNum - 1
                grfx.DrawRectangle(pn, x * cxBlock, y * cyBlock, cxBlock, cyBlock)
                If abChecked(y, x) Then
                    grfx.DrawLine(pn, x * cxBlock, y * cyBlock, (x + 1) * cxBlock, (y + 1) * cyBlock)
                    grfx.DrawLine(pn, x * cxBlock, (y + 1) * cyBlock, (x + 1) * cxBlock, y * cyBlock)
                End If
            Next x
        Next y
    End Sub
End Class
```

Bei jeder Vergrößerung oder Verkleinerung des Formulars werden die Werte von *cxBlock* und *cyBlock* (diese geben die Größe der einzelnen Felder an) durch das Programm neu berechnet. Das Programm speichert ferner ein Array aus *Boolean*-Werten, das den Namen *abChecked* trägt und Aufschluss darüber gibt, ob ein Feld mit einem X versehen ist. Die *OnPaint*-Methode sorgt

Die Zähmung der Maus

für die Umrandung der einzelnen Felder und versieht das Feld mit einem X, wenn *abChecked* den Wert *True* hat.

Die Trefferprüfung findet während des Aufrufs der Methode *OnMouseUp* statt. (Ich habe mich für *OnMouseUp* und gegen *OnMouseDown* entschieden, um *OnClick* besser zu imitieren, da dieses Ereignis eintritt, wenn die Maustaste losgelassen wird.) Das Programm teilt die Mauskoordinaten durch *cxBlock* und *cyBlock,* um Indizes für *abChecked* zu berechnen. Anschließend wird der *Boolean*-Wert umgekehrt und das entsprechende Rechteck für ungültig erklärt.

Hier eine typische Ansicht von Checker nach der Markierung mehrerer Felder:

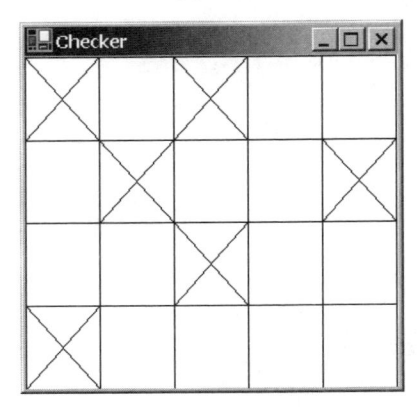

Die Tastaturschnittstelle

Zu Beginn dieses Kapitels habe ich darauf hingewiesen, dass Sie Windows Forms-Programme möglichst so schreiben sollten, dass sie sowohl auf Maus- als auch auf Tastatureingaben reagieren können. Diese Regel habe ich selbst während meiner Ausführungen zur Maus schändlich ignoriert. Mit dem Programm Checker lässt sich jedoch sehr gut verdeutlichen, wie die Maus mithilfe der Tastatur simuliert werden kann.

Zunächst müssen Sie entscheiden, wie die Tastaturschnittstelle funktionieren soll. Bei dem Programm Checker wäre es beispielsweise sinnvoll, sich statt mit der Maus mithilfe der Pfeil- und anderer Cursortasten durch den Clientbereich zu bewegen. Sie könnten einen Mausklick durch das Drücken der Eingabe- oder Leertaste simulieren.

Die folgende Klasse *CheckerWithKeyboard* ist eine Unterklasse von *Checker,* die über eine Tastaturschnittstelle verfügt.

```
CheckerWithKeyboard.vb
Imports System
Imports System.Drawing
Imports System.Windows.Forms
Class CheckerWithKeyboard
    Inherits Checker
    Shared Shadows Sub Main()
        Application.Run(New CheckerWithKeyboard())
    End Sub
```

```vb
    Sub New()
        Text &= " with Keyboard Interface"
    End Sub
    Protected Overrides Sub OnGotFocus(ByVal ea As EventArgs)
        Cursor.Show()
    End Sub
    Protected Overrides Sub OnLostFocus(ByVal ea As EventArgs)
        Cursor.Hide()
    End Sub
    Protected Overrides Sub OnKeyDown(ByVal kea As KeyEventArgs)
        Dim ptCursor As Point = PointToClient(Cursor.Position)
        Dim x As Integer = Math.Max(0, _
                           Math.Min(xNum - 1, ptCursor.X \ cxBlock))
        Dim y As Integer = Math.Max(0, _
                           Math.Min(yNum - 1, ptCursor.Y \ cyBlock))
        Select Case kea.KeyCode
            Case Keys.Up
                y -= 1
            Case Keys.Down
                y += 1
            Case Keys.Left
                x -= 1
            Case Keys.Right
                x += 1
            Case Keys.Home
                x = 0
                y = 0
            Case Keys.End
                x = xNum - 1
                y = yNum - 1
            Case Keys.Enter, Keys.Space
                abChecked(y, x) = Not abChecked(y, x)
                Invalidate(New Rectangle(x * cxBlock, y * cyBlock, cxBlock, cyBlock))
                Return
            Case Else
                Return
        End Select
        x = (x + xNum) Mod xNum
        y = (y + yNum) Mod yNum
        Cursor.Position = PointToScreen(New Point(x * cxBlock + cxBlock \ 2, y * cyBlock + cyBlock \ 2))
    End Sub
End Class
```

Werfen wir zunächst einen Blick auf die Verarbeitung von *OnKeyDown*. Das Programm ruft die aktuelle Cursorposition über *Cursor.Position* ab und wandelt sie in Clientbereichskoordinaten um. Die Variablen *x* und *y* geben Zeile und Spalte des Textfelds an, das sich in unmittelbarer Nähe des Cursors befindet, wobei *x* von 0 bis zur Anzahl der horizontalen Felder minus 1 reicht und *y* entsprechend von 0 bis zur Anzahl der vertikalen Felder minus 1.

Beim Drücken von Cursortasten verändert das Programm die Variablen *x* und *y*. Die Taste POS1 verschiebt den Cursor in das Feld links oben; über die Taste ENDE gelangt der Benutzer zum Feld rechts unten. Auf das Drücken der Eingabe- oder Leertaste reagiert das Programm wie auf ein *OnMouseUp*-Ereignis. Beim Drücken dieser Tasten wird zwischen den Variablenwerten für die X-Markierung hin- und hergewechselt und das Rechteck für ungültig erklärt. Die Verarbeitung von *OnKeyDown* wird mit dem Berechnen einer neuen Mauscursorposition sowie dem Einstellen der Eigenschaft *Cursor.Position* abgeschlossen.

An sich funktioniert diese Art der *OnKeyDown*-Verarbeitung prima, es gibt da nur ein kleines Problem: Was geschieht, wenn gar keine Maus installiert ist? Richtig, es wird kein Cursor angezeigt! Aus diesem Grund überschreibt das Programm CheckerWithKeyboard zusätzlich die Methoden *OnGotFocus* und *OnLostFocus* und ruft einfach *Cursor.Show* und *Cursor.Hide* auf.

Trefferprüfung in untergeordneten Elementen

Erinnern Sie die X-Markierungen in Checker an irgendetwas? Vielleicht an sehr große Varianten von Kontrollkästchen, wie sie in Windows-Dialogfeldern zu finden sind? Wie bereits im Programm MouseCursorsProperty deutlich wurde, können Steuerelemente zur Strukturierung und Modularisierung von Programmen beitragen und sind besonders nützlich bei der Trefferprüfung.

Bisher habe ich die Trefferprüfung anhand einfacher Beispiele wie dem *Panel-* und dem *Label-*Steuerelement demonstriert. Es geht jedoch noch einfacher. Es ist nicht nötig, eines der vordefinierten Steuerelemente einzusetzen. Leiten Sie einfach eine neue Klasse von *Control* ab, und erstellen Sie eigene Steuerelemente. Die Klasse *Control* ist die Grundlage aller vordefinierten Windows Forms-Steuerelemente. Für die Erstellung eigener Steuerelemente wird jedoch empfohlen, diese von der Klasse *UserControl* abzuleiten, die über *ScrollableControl* und *ContainerControl* von *Control* abgeleitet ist.

Nachfolgend sehen Sie eine von *UserControl* abgeleitete Klasse mit einem einzigen *Boolean-*Feld, dessen Wert als Reaktion auf einen *OnClick*-Aufruf wechselt. Während der Methode *OnPaint* zeichnet diese Klasse ein Rechteck um das Steuerelement und versieht das Rechteck mit einem X, wenn die *Boolean-*Variable den Wert *True* aufweist.

CheckerChild.vb
```
Imports System
Imports System.Drawing
Imports System.Windows.Forms
Class CheckerChild
    Inherits UserControl
    Private bChecked As Boolean = False
    Sub New()
        ResizeRedraw = True
    End Sub
    Protected Overrides Sub OnClick(ByVal ea As EventArgs)
        MyBase.OnClick(ea)
        bChecked = Not bChecked
        Invalidate()
    End Sub
    Protected Overrides Sub OnKeyDown(ByVal kea As KeyEventArgs)
        If kea.KeyCode = Keys.Enter OrElse kea.KeyCode = Keys.Space Then
            OnClick(New EventArgs())
        End If
    End Sub
```

```
    Protected Overrides Sub OnPaint(ByVal pea As PaintEventArgs)
        Dim grfx As Graphics = pea.Graphics
        Dim pn As New Pen(ForeColor)
        grfx.DrawRectangle(pn, 0, 0, Width - 1, Height - 1)
        If bChecked Then
            grfx.DrawLine(pn, 0, 0, ClientSize.Width, ClientSize.Height)
            grfx.DrawLine(pn, 0, ClientSize.Height, ClientSize.Width, 0)
        End If
    End Sub
End Class
```

Die Klasse reagiert außerdem auf das Drücken der Eingabe- oder Leertaste, indem ein Aufruf der Methode *OnClick* simuliert wird.

Das folgende Programm erzeugt 20 dieser Steuerelemente und platziert sie auf der Oberfläche des Clientbereichs. Das Programm weist starke Ähnlichkeit mit dem Programm MouseCursors-Property auf, verwendet jedoch anstelle eines *Label*-Steuerelements ein benutzerdefiniertes Steuerelement. Der schwierige Part ist hier im *OnResize*-Aufruf, wenn das Formular bei allen Steuerelementen die Werte *Location* und *Size* ändern muss.

CheckerWithChildren.vb

```
Imports System
Imports System.Drawing
Imports System.Windows.Forms
Class CheckerWithChildren
    Inherits Form

    Protected Const xNum As Integer = 5
    Protected Const yNum As Integer = 4
    Protected actrlChild(,) As CheckerChild

    Shared Sub Main()
        Application.Run(New CheckerWithChildren())
    End Sub

    Sub New()
        Text = "Checker with Children"
        BackColor = SystemColors.Window
        ForeColor = SystemColors.WindowText
        CreateChildren()
        OnResize(EventArgs.Empty)
    End Sub

    Protected Overridable Sub CreateChildren()
        ReDim actrlChild(yNum - 1, xNum - 1)
        Dim x, y As Integer

        For y = 0 To yNum - 1
            For x = 0 To xNum - 1
                actrlChild(y, x) = New CheckerChild()
                actrlChild(y, x).Parent = Me
            Next x
        Next y
    End Sub
```

```
Protected Overrides Sub OnResize(ByVal ea As EventArgs)
    Dim cxBlock As Integer = ClientSize.Width \ xNum
    Dim cyBlock As Integer = ClientSize.Height \ yNum
    Dim x, y As Integer
    For y = 0 To yNum - 1
        For x = 0 To xNum - 1
            actrlChild(y, x).Location = New Point(x * cxBlock, y * cyBlock)
            actrlChild(y, x).Size = New Size(cxBlock, cyBlock)
        Next x
    Next y
End Sub
End Class
```

Und jetzt das Schöne an diesem Programm: keine Trefferprüfung! Dem untergeordneten Steuerelement ist es egal, *wo* es angeklickt wird. Sobald es einen *OnClick*-Aufruf empfängt, wird der Wert für die X-Markierung geändert. Windows selbst übernimmt die Trefferprüfung, indem es ermittelt, welches Steuerelement den Mausklick erhält.

In diesem speziellen Fall ist das übergeordnete Formular nicht daran interessiert, wann das untergeordnete Steuerelement angeklickt wird. Es könnten jedoch problemlos Ereignishandler für das *Click*-Ereignis des Steuerelements implementiert werden. (Die *OnClick*-Methode in CheckerChild ruft *base.OnClick* auf, um sicherzustellen, dass die *Click*-Ereignishandler aufgerufen werden.) Das Formular müsste hierzu eine solche Methode definieren:

```
Sub ChildOnClick(ByVal obj As Object, ByVal ea As EventArgs)
    ...
End Sub
```

Im Schleifendurchlauf zur Erstellung der Steuerelemente müssten dann in folgender Weise Ereignishandler installiert werden:

```
AddHandler acntlChild(y, x).Click, AddressOf ChildOnClick
```

Das Feld *bChecked* von *CheckerChild* könnte als *Public* deklariert werden, damit das übergeordnete Element den Status der untergeordneten Steuerelemente ermitteln kann. Alternativ könnte *CheckerChild* auch eine Eigenschaft für den Abruf dieser Werte implementieren.

Verfügt das Programm CheckerWithChildren über eine Tastaturschnittstelle? Nett, dass Sie das fragen. Wenn Sie das Programm ausführen und auf die Eingabe- oder Leertaste drücken, wird im obersten linken Feld eine X-Markierung ein- bzw. ausgeblendet. Drücken Sie jetzt sieben Mal die TAB-Taste. Stattdessen können Sie auch sieben Mal die Pfeiltaste nach rechts oder nach unten oder eine beliebige Kombination dieser drei Tasten verwenden. Drücken Sie anschließend die Eingabe- oder Leertaste. Jetzt wird im mittleren Feld der zweiten Reihe die X-Markierung umgeschaltet.

Ohne großes Zutun des Programmierers reagiert das Formular auf die TAB- und Pfeiltasten und verschiebt den Eingabefokus zwischen den 20 Steuerelementen. Die 20 Steuerelemente wurden in einer bestimmten Reihenfolge erstellt: beginnend in der oberen linken Ecke und anschließend in jeder Reihe von links nach rechts. Die TAB-, Nach-rechts- und Nach-unten-Tasten verschieben den Eingabefokus in dieser Reihenfolge auf das nächste Steuerelement. Die Nach-links- und Nach-oben-Pfeiltasten sowie die Tastenkombination Umschalttaste+TAB verschieben den Eingabefokus auf das vorhergehende Steuerelement. Sie können den Eingabefokus auch durch Klicken auf eines der Steuerelemente ändern. Diese Schnittstelle ist in der Klasse *ContainerControl* implementiert, einem *Form* übergeordneten Element. Das Steuerelement selbst reagiert auf Eingabe- und Leertaste.

Eine der üblichen Annehmlichkeiten fehlt jedoch: Das Steuerelement zeigt nicht an, dass es den Eingabefokus übernommen hat. Hierzu würde schon ein breiterer Rahmen um das Steuerelement ausreichen.

Nachfolgend sehen Sie eine neue Klasse, die zur Implementierung dieses Features von der ursprünglichen *CheckerChild*-Klasse abgeleitet ist:

CheckerChildWithFocus.vb
```
Imports System
Imports System.Drawing
Imports System.Drawing.Drawing2D
Imports System.Windows.Forms
Class CheckerChildWithFocus
    Inherits CheckerChild
    Protected Overrides Sub OnGotFocus(ByVal ea As EventArgs)
        Invalidate()
    End Sub
    Protected Overrides Sub OnLostFocus(ByVal ea As EventArgs)
        Invalidate()
    End Sub
    Protected Overrides Sub OnPaint(ByVal pea As PaintEventArgs)
        MyBase.OnPaint(pea)
        If Focused Then
            Dim grfx As Graphics = pea.Graphics
            grfx.DrawRectangle(New Pen(ForeColor, 5), ClientRectangle)
        End If
    End Sub
End Class
```

Das neue Steuerelement erklärt sich selbst für ungültig, wenn das Steuerelement den Fokus übernimmt oder verliert, und gibt der *OnPaint*-Methode damit die Möglichkeit, den Steuerelementrahmen in Abhängigkeit von der Eigenschaft *Focused* neu zu zeichnen.

Das Formular mit den neuen Steuerelementen ist im Grunde mit CheckerWithChildren identisch, muss jedoch anstelle von *CheckerChild*-Objekten untergeordnete Objekte vom Typ *CheckerChildWithFocus* erstellen. Um dies zu erreichen, überschreibt das neue Formular die Methode *CreateChildren* der Klasse *CheckerWithChildren*.

CheckerWithChildrenAndFocus.vb
```
Imports System
Imports System.Drawing
Imports System.Windows.Forms
Class CheckerWithChildrenAndFocus
    Inherits CheckerWithChildren
    Shared Shadows Sub Main()
        Application.Run(New CheckerWithChildrenAndFocus())
    End Sub
    Sub New()
        Text = "Checker with Children and Focus"
    End Sub
```

```
    Protected Overrides Sub CreateChildren()
        ReDim actrlChild(yNum, xNum)
        Dim x, y As Integer
        For y = 0 To yNum - 1
            For x = 0 To xNum - 1
                actrlChild(y, x) = New CheckerChildWithFocus()
                actrlChild(y, x).Parent = Me
            Next x
        Next y
    End Sub
End Class
```

Trefferprüfung bei Text

Ich habe bereits angesprochen, dass die Trefferprüfung besonders durch Schriften mit variabler Zeichenbreite bei der Textverarbeitung zu den komplexeren Aufgaben zählt. Grundsätzlich muss bei dieser Form der Trefferprüfung über mehrere *MeasureString*-Aufrufe ermittelt werden, auf welches Textzeichen (oder genauer gesagt, auf welchen Zwischenraum zwischen Zeichen) der Benutzer mit der Maus klickt.

In Kapitel 6 wurde das Programm TypeAway vorgestellt, das Tastatureingaben auf dem Bildschirm in Form einer einzigen Textzeile ausgab. Dieses Programm beinhaltete eine Einfügemarke, deren Position der Benutzer mithilfe der Pfeiltasten verändern konnte. Lassen Sie uns für dieses Programm eine Mausschnittstelle implementieren, welche die Position der Einfügemarke in Abhängigkeit von der *X*-Eigenschaft des *MouseEventArgs*-Objekts einstellt, das als Argument an *OnMouseDown* übergeben wird. (Bei mehreren Textzeilen würde ein solches Programm auch die Eigenschaft *Y* verwenden, um festzustellen, auf welche Textzeile der Benutzer zeigt.)

HitTestText.vb
```
Imports System
Imports System.Drawing
Imports System.Windows.Forms
Class HitTestText
    Inherits TypeAway
    Shared Shadows Sub Main()
        Application.Run(New HitTestText())
    End Sub
    Sub New()
        Text &= " with Hit-Testing"
        Cursor = Cursors.IBeam
    End Sub
    Protected Overrides Sub OnMouseDown(ByVal mea As MouseEventArgs)
        If strText.Length = 0 Then Return

        Dim grfx As Graphics = CreateGraphics()
        Dim xPrev As Single = 0
        Dim i As Integer
```

```
            For i = 0 To strText.Length - 1
                Dim szf As SizeF = grfx.MeasureString(strText.Substring(0, i + 1), _
                                    Font, PointF.Empty, StringFormat.GenericTypographic)
                If Math.Abs(mea.X - xPrev) < Math.Abs(mea.X - szf.Width) Then
                    Exit For
                End If
                xPrev = szf.Width
            Next i
            iInsert = i
            grfx.Dispose()
            PositionCaret()
        End Sub
End Class
```

Beachten Sie, dass der Konstruktor die *Cursor*-Eigenschaft des Formulars auf *Cursors.IBeam* einstellt, damit das Programm wie ein richtiges Textverarbeitungsprogramm aussieht.

Die Methode *OnMouseDown* enthält eine *For*-Schleife, die von der Anzahl der Zeichen in der gespeicherten Textzeichenfolge abhängt. Mithilfe von *Math.Abs*-Aufrufen (Absolutwert) wird ermittelt, welcher Zeichenzwischenraum der *x*-Koordinate des Mauscursors am nächsten liegt. Anschließend wird das Feld *iInsert* auf den neuen Zeichenindex gestellt und ein *PositionCaret*-Aufruf konvertiert den Zeichenindex in eine neue Pixelposition für die Einfügemarke.

Wie TypeAway funktioniert leider auch dieses Programm nicht korrekt, wenn Lese- und Schreibrichtung des Textes von rechts nach links verlaufen.

Kritzeln mit der Maus

Haben Sie schon mal von CAD-Programmen gehört? Kennen Sie Zeichenprogramme? Das Programm Scribble ist weder das eine noch das andere, es ist ein Kritzelprogramm.

```
Scribble.vb
Imports System
Imports System.Drawing
Imports System.Windows.Forms
Class Scribble
    Inherits Form
    Private bTracking As Boolean
    Private ptLast As Point
    Shared Sub Main()
        Application.Run(New Scribble())
    End Sub
    Sub New()
        Text = "Scribble"
        BackColor = SystemColors.Window
        ForeColor = SystemColors.WindowText
    End Sub
    Protected Overrides Sub OnMouseDown(ByVal mea As MouseEventArgs)
        If mea.Button <> MouseButtons.Left Then Return
        ptLast = New Point(mea.X, mea.Y)
```

```
            bTracking = True
        End Sub
        Protected Overrides Sub OnMouseMove(ByVal mea As MouseEventArgs)
            If Not bTracking Then Return
            Dim ptNew As New Point(mea.X, mea.Y)
            Dim grfx As Graphics = CreateGraphics()
            grfx.DrawLine(New Pen(ForeColor), ptLast, ptNew)
            grfx.Dispose()
            ptLast = ptNew
        End Sub
        Protected Overrides Sub OnMouseUp(ByVal mea As MouseEventArgs)
            bTracking = False
        End Sub
        Protected Overrides Sub OnPaint(ByVal pea As PaintEventArgs)
            ' Und was soll ich hier machen?
        End Sub
End Class
```

Auf den ersten Blick scheint das Programm prima zu funktionieren. Sie positionieren den Mauscursor im Clientbereich des Programms, halten die linke Maustaste gedrückt und zeichnen durch Bewegung der Maus gerade, gekrümmte oder andere merkwürdig aussehende Linien. (Ich verwende hier einen einfachen Ansatz zur Mauserfassung, damit die Funktionsweise des Programms deutlich zu sehen ist.) Die Zeichenoperationen erfolgen während des Aufrufs der Methode *OnMouseMove:* Das Programm ruft über *CreateGraphics* ein *Graphics*-Objekt ab und zeichnet schlicht eine Linie von der ursprünglichen Mausposition (gespeichert im Feld *ptLast*) bis zur neuen Mausposition. Hier meine Hommage an die ersten Anzeigen für den Apple Macintosh:

Aber was tut Scribble während der *OnPaint*-Methode? Hoppla, das Programm hat leider vergessen, die zum Zeichnen der Linien verwendeten Mauspositionen zu speichern. Und was, wenn der Clientbereich neu gezeichnet werden muss? Tja, Pech gehabt.

Ein solches Feature könnte auf verschiedene Art eingebaut werden. Ein Ansatz ist die Verwendung einer »Schattenbitmap«, die parallel zu den Zeichenoperationen auf dem Bildschirm im Hintergrund gezeichnet wird. Bei Aufruf der *OnPaint*-Methode wird dann einfach diese Bitmap angezeigt. In Kapitel 11 werde ich eine erweiterte Version des Programms Scribble vorstellen, die genau das macht. In Kapitel 15 werden so genannte *Grafikpfade* zur Speicherung der Punkte eingesetzt.

Eine weitere Lösung besteht darin, ein Array mit *Point*-Strukturen zu füllen und während der Ausführung der *OnPaint*-Methode einfach *DrawLines* aufzurufen. Dieser Ansatz wirft jedoch einige Fragen auf. Wir könnten uns dazu verleiten lassen, einfach ein Array mit sehr vielen Punkten zu erstellen, wie z.B. das folgende:

```
Dim apt(1000000) As Point
```

Dadurch würden wir uns aber zwei neue Probleme aufhalsen: 1. Was geschieht, wenn die Anzahl der Punkte für einen besonders künstlerisch veranlagten Benutzer nicht ausreicht? 2. Bei dieser Vorgehensweise wird kostbarer Speicher gleich in rauen Mengen verschwendet. Wir könnten auch die Anweisung *ReDim* mit der Option *Presvere* verwenden, aber gibt es noch einfachere Methoden zur Speicherung der Punkte?

Eine Lösung für all diese Probleme ist die im Namespace *System.Collections* definierte Klasse *ArrayList*. Sie enthält Klassen mit verlockenden Namen wie *Queue*, *Stack*, *SortedList* und *Hashtable*. Ein *ArrayList*-Objekt ist mit einem eindimensionalen Array vergleichbar, dessen Größe dynamisch angepasst werden kann. Ich kann hier keine erschöpfende Behandlung von *ArrayList* bieten, aber ich werde Sie mit den grundlegenden Informationen vertraut machen, den Rest können Sie dann selbst erforschen. (Microsoft Visual Basic .NET bietet mit *Collection* eine ähnliche Funktionalität, doch mit *ArrayList* ist die Umwandlung in ein Array sehr viel einfacher.)

Erstellen Sie zunächst ein neues *ArrayList*-Objekt:

```
Dim arrlst As New ArrayList()
```

Ein alternativer Konstruktor legt die Anfangsgröße des Arrays fest. Standardmäßig wird die Anzahl der Arrayelemente auf 16 eingestellt. Anschließend können Sie über die Methode *Add* weitere Objekte zur *ArrayList* hinzufügen. Diese Anweisung fügt ein *Point*-Objekt zum Array hinzu:

```
arrlst.Add(pt)
```

Sie können mithilfe ähnlicher Methoden auch Objekte zum Array hinzufügen oder sie aus dem Array entfernen.

Eine bequeme Form des Abrufs eines Objekts aus *ArrayList* ist die Verwendung eines Indexers. Wenn Sie beispielsweise wissen, dass es sich beim vierten Element in *arrlst* um eine *Point*-Struktur handelt, können Sie den Punkt folgendermaßen abrufen:

```
Dim pt As Point = DirectCast(arrlst(3), Point)
```

Die Konvertierung (das *Point* am Ende) ist erforderlich, da der Indexer ein Objekt vom Typ *Object* zurückgibt.

Sie können die unterschiedlichsten Objekttypen zu einer Arrayliste hinzufügen. So könnten Sie zur Arrayliste beispielsweise nach der *Point*-Struktur ein *Rectangle*-Objekt hinzufügen:

```
arrlst.Add(rect)
```

Es kann jedoch vorkommen, dass Sie die Inhalte einer Arrayliste in ein normales Array kopieren müssen (worauf ich gleich zu sprechen komme). Wenn Sie versuchen, ein *Rectangle*-Objekt in ein Array aus *Point*-Strukturen zu kopieren, wird ein Laufzeitfehler erzeugt.

Die Eigenschaft *Capacity* der Arrayliste gibt an, wie viele Objekte gerade im Array gespeichert werden können. Beim Hinzufügen von Objekten zur Arrayliste (oder beim Entfernen) gibt die Eigenschaft *Count* Aufschluss darüber, wie viele Objekte sich derzeit in der Arrayliste befinden. Der *Count*-Wert ist immer kleiner oder gleich dem *Capacity*-Wert. Sobald der *Count*-Wert dem *Capacity*-Wert entspricht und Sie ein weiteres Element hinzufügen, wird der *Capacity*-Wert verdoppelt.

Eine Scribble-Version, die mithilfe der Klasse *ArrayList* alle *Point*-Strukturen speichern soll, kommt nicht mit einer Arrayliste aus. Die Verwendung eines einzigen *ArrayList*-Objekts aus *Point*-Strukturen würde bedeuten, dass alle Punkte durch eine einzige Linie miteinander verbunden sind. Der Benutzer kann jedoch die linke Maustaste gedrückt halten, eine Linie zeichnen, die Maustaste wieder loslassen und durch Wiederholung dieser Schritte mehrere separate Linien zeichnen. Es wird ein *ArrayList*-Objekt zur Speicherung dieser Punkte während der Zeichenoperation benötigt. Im Anschluss daran muss diese Sammlung von Punkten aber in ein Array aus *Point*-Strukturen konvertiert werden. Jedes Array aus *Point*-Strukturen muss dann noch in einem eigenen *ArrayList*-Objekt gespeichert werden.

Im Programm ScribbleWithSave stellt das Feld *arrlstApts* das *ArrayList*-Hauptobjekt dar (also das Objekt, in dem die *Point*-Arrays gespeichert werden). Das Feld *arrlstPts* dient zur Speicherung der gezeichneten Punkte während der Zeichenoperation.

ScribbleWithSave.vb
```
Imports System
Imports System.Collections     ' Für ArrayList
Imports System.Drawing
Imports System.Windows.Forms
Class ScribbleWithSave
    Inherits Form
    Private arrlstApts As New ArrayList()
    Private arrlstPts As ArrayList
    Private bTracking As Boolean
    Shared Sub Main()
        Application.Run(New ScribbleWithSave())
    End Sub
    Sub New()
        Text = "Scribble with Save"
        BackColor = SystemColors.Window
        ForeColor = SystemColors.WindowText
    End Sub
    Protected Overrides Sub OnMouseDown(ByVal mea As MouseEventArgs)
        If mea.Button <> MouseButtons.Left Then Return

        arrlstPts = New ArrayList()
        arrlstPts.Add(New Point(mea.X, mea.Y))
        bTracking = True
    End Sub
    Protected Overrides Sub OnMouseMove(ByVal mea As MouseEventArgs)
        If Not bTracking Then Return

        arrlstPts.Add(New Point(mea.X, mea.Y))
        Dim grfx As Graphics = CreateGraphics()
        grfx.DrawLine(New Pen(ForeColor), _
                    CType(arrlstPts(arrlstPts.Count - 2), Point), _
                    CType(arrlstPts(arrlstPts.Count - 1), Point))
        grfx.Dispose()
    End Sub
    Protected Overrides Sub OnMouseUp(ByVal mea As MouseEventArgs)
        If Not bTracking Then Return

        Dim apt() As Point = CType(arrlstPts.ToArray(GetType(Point)), Point())
        arrlstApts.Add(apt)
        bTracking = False
    End Sub
```

```
Protected Overrides Sub OnPaint(ByVal pea As PaintEventArgs)
    Dim grfx As Graphics = pea.Graphics
    Dim pn As New Pen(ForeColor)
    Dim i As Integer
    For i = 0 To arrlstApts.Count - 1
        Dim apt() As Point = CType(arrlstApts(i), Point())
        If apt.Length > 1 Then grfx.DrawLines(pn, apt)
    Next i
End Sub
End Class
```

Das Programm erstellt immer dann ein neues *ArrayList*-Objekt, wenn der Benutzer mit der linken Maustaste klickt und das Programm einen *OnMouseDown*-Aufruf empfängt. Das erste Element von *ArrayList* ist die Position des Mauscursors zu diesem Zeitpunkt:

`arrlstPts.Add(New Point(mea.X, mea.Y))`

Bei jedem *OnMouseMove*-Aufruf werden weitere Elemente hinzugefügt.

Beim Auftreten eines *OnMouseUp*-Ereignisses verwendet das Programm die Methode *To-Array*, um die Sammlung von *Point*-Strukturen in ein *Point*-Array umzuwandeln:

`Dim apt() As Point = CType(arrlstPts.ToArray(GetType(Point)), Point())`

Wegen dieser *ToArray*-Methode ist eine *ArrayList* wesentlich einfacher zu benutzen als eine Visual Basic-*Collection*. (Es gibt eine Überladung der *ToArray*-Methode, die kein Argument erwartet, sie gibt jedoch ein Array vom Typ *Object* zurück. Mit dem gezeigten Argument liefert die Methode ein Objekt vom Typ *Array*.) Dieses *Point*-Array wird dann zu *arrlstApts* hinzugefügt:

`arrlstApts.Add(apt)`

Wirklich hübsch ist die *OnPaint*-Methode: Sie durchläuft lediglich die Elemente von *arrlst-Apts* und konvertiert jedes in das *Point*-Array, das an *DrawLines* übergeben wird. *DrawLines* löst eine Ausnahme aus, wenn das Array nur einen Punkt enthält, deshalb überprüft das Programm zunächst, ob das Array größer ist. (Ich hielt es in diesem Fall nicht für erforderlich, die in *arrlstPts* gespeicherten Linien anzuzeigen, aber dieser Code könnte natürlich problemlos eingefügt werden.)

Selbstverständlich kann ScribbleWithSave nicht wirklich eine unbegrenzte Anzahl von Punkten speichern. Irgendwann geht ihm zwangsläufig der Speicher aus. Zum Selbstschutz sollten die Aufrufe der *Add*-Methode von *ArrayList* daher vielleicht in einem *Try*-Block untergebracht werden. Mir ist allerdings nicht klar, wie ich das testen könnte, wo doch dieser Zustand erst nach schier unendlich vielen Zeichenoperationen eintritt.

9 Text und Schriften

292	Schriften unter Windows
293	Ein bisschen Terminologie
294	Schrifthöhen und Zeilenabstand
295	Standardschriften
296	Schriftvariationen
298	Schrifterstellung mit dem Namen
303	Was uns Punkt heißt, wie es auch hieße …
306	Einheiten im Konflikt
308	Eigenschaften und Methoden der Klasse *Font*
313	Neue Schriften einer *FontFamily*
315	Grundwissen zu den Designmaßen
318	Arrays mit Schriftfamilien
323	Schriftauflistungen
324	*DrawString*-Variationen
326	Anti-Aliasing bei der Textanzeige
328	Die Abmessungen einer Zeichenfolge
329	*StringFormat*-Optionen
331	Raster- und Textanpassung
333	Horizontale und vertikale Ausrichtung
337	Die Anzeige von Zugriffstasten (Hotkeys)
339	Abschneiden und zurechtstutzen
345	Tabstopps

In grafischen Umgebungen nimmt die zunächst scheinbar so gewöhnliche Textanzeige eine besondere Stellung ein, da sie alles andere als unkompliziert ist. Schriften haben häufig variable Zeichenbreiten und sind in einer Vielzahl von Stilen und Größen erhältlich, wodurch einfacher

Text eher wie eine grafische Ausgabe gehandhabt werden muss. Dennoch ist die Textanzeige nicht mit der abstrakten analytischen Geometrie von Geraden und gefüllten Bereichen vergleichbar, sodass dem Text im Bereich Computergrafik eine Sonderstellung zukommt. Der Typograf betrachtet Schriften als Kunstform, in der die ausgefeilte Gestaltung eine lange Tradition hat. Zur Entwicklung eines grafischen Computersystems, das Schriften auch nur halbwegs vernünftig implementieren soll, ist eine Auseinandersetzung mit den klassischen typografischen Konzepten unverlässlich, und auch jeder Anwendungsprogrammierer sollte diese Konzepte kennen.

Das wichtigste Prinzip bei der Textanzeige ist die Lesbarkeit. Es gibt im Hinblick auf Schriftdesign und -ausgabe sowie Seitenlayout eine Vielzahl von Feinheiten, die sich auf die Lesbarkeit auswirken, auch wenn der Durchschnittsmensch diese Unterschiede nicht bewusst wahrnimmt. Darüber hinaus kommt es bei der Textanzeige nicht nur auf den Inhalt an, ganz im Gegenteil: Der Druckstil eines Textes kann sich – sowohl im positiven wie auch im negativen Sinn – erheblich auf die Interpretation des Inhalts auswirken. Niemandem gefällt eine Einladungskarte zu einer Hochzeit, die wie eine Geschäftsnotiz aussieht, oder eine Doktorarbeit, die wie eine Zeitschriftenanzeige aufgemacht ist.

Schriften unter Windows

Als 1992 Microsoft Windows 3.1 auf den Markt gebracht wurde, ging dies mit einer erheblichen Änderung beim Einsatz von Schriften durch Windows-Anwendungen einher. Vor Windows 3.1 handelte es sich bei den Bildschirmschriften unter Windows hauptsächlich um *Bitmapschriften* (auch *Rasterschriften* genannt), die in festen Größen gespeichert sind und nicht skaliert werden können. Verfügbar waren außerdem die als Polylinien definierten *Linienschriften* (auch *Plotter-* oder *Vektorschriften* genannt), die jedoch nicht besonders schön sind und deshalb nur selten eingesetzt wurden.

Mit Windows 3.1 wurden die TrueType-Schriften eingeführt, mit denen die Flexibilität der Programmierer und Benutzer bei der Textverarbeitung erheblich erweitert wurde. TrueType ist eine von Apple und Microsoft entwickelte Schrifttechnologie für so genannte *Outline-* oder *Konturschriften,* die von vielen Schriftherstellern unterstützt werden. Outlineschriften sind beliebig skalierbar und enthalten integrierte *Hints* (Hinweis), mit deren Hilfe Entstellungen vermieden werden, wenn die Schriften auf eine bestimmte Pixelgröße bzw. ein bestimmtes Punktraster skaliert werden.

Outlineschriften können darüber hinaus auch sehr gut zusammen mit anderen grafischen Operatoren verwendet werden. In Kapitel 7 wurden bereits die Themen Skalierung, Drehung und Scherung von Text angesprochen. In Kapitel 15 zeige ich, wie Sie Text zu einem Teil eines *Grafikpfads* machen und diesen Pfad für das Umranden, Füllen oder Clipping einsetzen. Kapitel 19 enthält Übungen, die ich unter dem Namen »Schriftspielereien« zusammengefasst habe.

1997 stellten Adobe und Microsoft das Schriftformat OpenTyp vor, welches das TrueType- und das in PostScript (der Seitenbeschreibungssprache von Adobe) verwendete Type 1-Outline-Format miteinander kombiniert. (Wenn Sie in der Systemsteuerung auf den Eintrag *Schriftarten* doppelklicken, wird das Dialogfeld *Schriftarten* geöffnet. Hier werden TrueType-Schriften durch ein Symbol mit den Buchstaben *TT,* OpenType-Schriften durch ein Symbol mit dem Buchstaben *O* gekennzeichnet.) Die neueren Versionen von Windows enthalten über 100 TrueType- und OpenType-Schriften, viele davon für nicht lateinische Alphabete.

Bitmap- und Linienschriften werden unter Windows zwar weiterhin unterstützt, stehen Windows Forms-Anwendungen jedoch nicht direkt zur Verfügung. Ein Windows Forms-Programm kann nur auf TrueType- und OpenType-Schriften direkt zugreifen. Dies ist eigentlich eine gute

Sache, denn auf diese Weise können Windows Forms-Anwendungen die verfügbaren Schriften einheitlich und sowohl für den Bildschirm als auch auf dem Drucker einsetzen.

Windows Forms bietet Unterstützung für das Anti-Aliasing (Kantenglättung) von TrueType- und OpenType-Schriften und unterstützt ferner auch Microsoft ClearType. Diese 1998 von Microsoft vorgestellte Technologie verbessert die Anzeigequalität auf LCD-Farbmonitoren, indem sie sich die Anordnung der Farbpunkte zunutze macht. Ich werde an späterer Stelle in diesem Kapitel noch genauer auf das Anti-Aliasing und die ClearType-Technologie eingehen.

Ein bisschen Terminologie

Typografen unterscheiden einzelne Schriften üblicherweise nach *Schriftschnitt* und *Punktgröße* (entspricht der Schrifthöhe, auch *Em-Höhe* bzw. *Geviert* genannt). Die Zusammenfassung aller vorhandenen Schriftschnitte einer einzelnen Schrift nennt man *Schriftfamilie*. Schriftfamilien sind z.B. Bookman, Helvetica, Garamond und Times. Eine Schriftfamilie kann eine Vielzahl von Schriftschnitten umfassen:

- Die Strichstärke einer Schrift kann sehr stark variieren und wird durch Schnittnamen wie z.B. Helvetica Ultra Light, Helvetica Thin, Helvetica Light, Helvetica Bold, Helvetica Heavy und Helvetica Black ausgedrückt.
- Die Zeichenbreite kann ebenfalls variieren und wird ausgedrückt in Schnittnamen wie z.B. Helvetica Narrow, Helvetica Condensed oder Helvetica Extended.
- Die Schriftlage, also die Neigung der Schriftzeichen, führt zu Schriftschnitten wie Helvetica Italic oder Helvetica Oblique. Streng genommen bezieht sich der Begriff *Oblique* auf einfach schräg gestellte Zeichen, während *Italic* (kursiv) angibt, dass sich die Zeichen auch stilistisch von der geraden Schrift unterscheiden. Gewöhnlich ist besonders am kleinen »a« leicht zu erkennen, ob eine Schrift die Schriftlage Oblique (*a*) oder Kursiv (*a*) aufweist.

Diese drei Merkmale können in einem einzigen Schriftschnitt miteinander kombiniert werden – wie z.B. in Helvetica Bold Extended Oblique. Schriftschnittnamen können ferner den Namen des Rechtsinhabers der Schrift beinhalten und eventuell eine Codenummer, die nur für den Schrifthersteller von Interesse ist.

Bei der ersten Einführung von TrueType-Schriften in Windows gehörten 13 TrueType-Dateien (Dateierweiterung .ttf) zum Lieferumfang, die folgende Schriftschnitte umfassten:

- Courier New
- Courier New Fett
- Courier New Kursiv
- Courier New Fett Kursiv
- Times New Roman
- Times New Roman Fett
- Times New Roman Kursiv
- Times New Roman Fett Kursiv
- Arial
- Arial Fett
- Arial Kursiv
- Arial Fett Kursiv
- Symbol

Courier ist eine Schriftfamilie mit fester Laufweite, deren Schriftbild einer Schreibmaschinenausgabe ähnelt. Heutzutage wird Courier – abgesehen natürlich von Befehlszeilenfenstern, Programmlistings und Hex-Dumps – nur noch selten eingesetzt.

Times New Roman ist ein Klon der Schrift Times (aus Copyrightgründen umbenannt), die ursprünglich von der *Times of London* entworfen wurde und bei gedruckten Dokumenten weit verbreitet ist. Diese Schrift wird als besonders gut lesbar eingestuft. Arial ist ein Klon von Helvetica, einer populären serifenlosen Schrift. Als Serifen (auch »Füßchen«) bezeichnet man die feinen Ansatz- bzw. Abschlussstriche bei Schriftzeichen. Wie der Name vermuten lässt, weisen serifenlose Schriften keine Serifen auf. (Schriften *mit* Serifen werden gelegentlich auch als *Antiquaschriften* bezeichnet.) Die Schrift Symbol enthält anstelle von Buchstaben häufig verwendete Symbole.

Viele (jedoch nicht alle) der weiteren Schriften von Windows sind in den Schriftschnitten Normal, Fett, Kursiv und Fett Kursiv verfügbar. Zusätzlich kann Windows jedes beliebige Schriftzeichen unter- bzw. durchstreichen.

In grafischen Umgebungen wird anstelle des technischen Begriffs *Schriftfamilie* häufiger das Wort *Schrift* (Font) verwendet. Die Benutzeraussage »Nehmen wir doch anstelle der Schrift Helvetica mal Verdana« ist ein Beispiel dafür. Darüber hinaus stellen sich Benutzer die Schriftschnitte Kursiv und Fett (sowie die Auszeichnung Unterstrichen oder Durchgestrichen) häufig als *Attribut* oder *Stil* vor, der auf eine bestimmte Schrift angewendet werden kann. Kein Benutzer sagt: »Ich möchte dieses Wort kursiv anzeigen, da muss ich wohl erst vom Schriftschnitt Linotype Palatino zum Schriftschnitt Linotype Palatino Kursiv wechseln.« Stattdessen wird gesagt »das Wort mache ich kursiv«, ganz unabhängig vom Schriftnamen.

Windows Forms unterstützt Sie dabei, diese Vorstellung des Benutzers aufrechtzuerhalten, indem Schnittnamen (wie z.B. Arial, Arial Fett, Arial Kursiv und Arial Fett Kursiv) zu einem einzigen Schriftfamiliennamen zusammengefasst werden (Arial). Ungeachtet der theoretischen Vielfalt bei den Schriftschnitten bezüglich Schriftstärke, Schriftgrad und Laufweite können nur die Schnitte Fett, Kursiv und die Auszeichnungen Unterstrichen und Durchgestrichen miteinander kombiniert werden. In Windows Forms wird der Schriftschnitt Arial Black *nicht* zur Schriftfamilie Arial gezählt. Arial Black wird als separate Schriftfamilie behandelt und steht unter Windows XP auch nicht in den Versionen Fett oder Kursiv zur Verfügung.

Schrifthöhen und Zeilenabstand

Eine Schrift wird nicht nur über den Schriftschnitt, sondern auch über die vertikale Schrifthöhe in *Punkt* identifiziert. In der Typografie entspricht ein Punkt 0,01384 Zoll. Diese Zahl entspricht fast genau 1/72 Zoll, daher wird in der Computertypografie 1/72 Zoll einem Punkt gleichgesetzt.

Die Punktgröße einer Schrift wird im Allgemeinen als die Höhe der Schriftzeichen im lateinischen Alphabet beschrieben – die Groß- und Kleinbuchstaben von A bis Z ohne diakritische Zeichen – und umfasst sowohl die Ober- als auch die Unterlänge der Zeichen. Damit entspricht die Kombination »bq« der vollen Zeichenhöhe. Diese Art der Betrachtung ist zwar bequem, aber keine besonders exakte Maßangabe.

In den Zeiten des Bleisatzes entsprach die Punktgröße einer Schrift der vertikalen Höhe der Matrize, in welche die Lettern gegossen wurden. Die Buchstaben selbst waren in der Regel etwas kleiner als die Punktgrößen. Mittlerweile gilt diese Beschränkung nicht mehr, und gelegentlich kann es sogar vorkommen, dass die Buchstaben größer sind als in der Punktgröße angegeben. Es ist daher sicherer, sich die Punktgröße einer Schrift nicht als genaue Maßangabe, sondern als typografisches Konzept vorzustellen. Die tatsächliche Zeichenhöhe einer Schrift kann kleiner oder größer sein, als die Punktgröße angibt. Sie sollten daher die Punktgröße einer Schrift nur als ein ungefähres Maß für die Zeichenhöhe einer Schrift betrachten.

Bei der Arbeit mit Schriften ist es nützlich, sich mit den gängigen Punktgrößen vertraut zu machen. Die meisten Artikel in *The New York Times* werden in der Schriftgröße 8 Punkt gedruckt; in *Newsweek* wird hauptsächlich die Größe 9 Punkt verwendet, das vorliegende Buch verwendet eine Schriftgröße von 9 Punkt. Unter Windows beträgt die Standardgröße 10 Punkt, bei Windows Forms 8 Punkt. Wie bereits in Kapitel 7 erwähnt wurde, stellt der Benutzer die Bildschirmauflösung ein, und diese Auflösung wirkt sich auf die optische Größe dieser 8- oder 10-Punkt-Schriften aus.

Ich habe bereits kurz angesprochen, dass die Punktgröße gelegentlich auch als *Em-Höhe* bezeichnet wird. Der Begriff stammt noch aus den Zeiten des Bleisatzes und entspricht der Höhe der Metallmatrize für den Großbuchstaben M. Heutzutage wird Em eher als Breitenmaß eingesetzt. Bei einer Schrift entspricht die Breite in Em der vertikalen Punktgröße der Schrift. Bei einer 14-Punkt-Schrift sind sowohl der amerikanische Gedankenstrich (em dash) als auch 1 Em 14 Punkt breit. Das En entspricht der Hälfte eines Em. Daher entsprechen in einer 14-Punkt-Schrift der deutsche Gedankenstrich (en dash) und ein En in der Regel einer Breite von 7 Punkt.

Der Abstand aufeinander folgender Textzeilen ist im Allgemeinen etwas größer als die Punktgröße, üblicherweise etwa 115% der Punktgröße. Dieser Umstand ist darauf zurückzuführen, dass für eventuell einzufügende diakritische Zeichen (die in vielen europäischen Sprachen eingesetzt werden) zusätzlicher Platz benötigt wird. Der Zeilenabstand ist jedoch auch unter ästhetischen Gesichtspunkten erforderlich: Text ist besser lesbar, wenn die Zeilen etwas Luft haben.

Der empfohlene Zeilenabstand ist der Wert, den Sie über die *Height*-Eigenschaft und die *GetHeight*-Methode der Klasse *Font* abrufen (darauf werde ich im Zusammenhang mit anderen *Font*-Eigenschaften an späterer Stelle noch zurückkommen). Bei vielen Schriften liegt der empfohlene Zeilenabstand über der Punktgröße, ist jedoch kleiner als der über die *MeasureString*-Methode der Klasse *Graphics* zurückgegebene Wert für die Höhe. Wie bereits erwähnt, sollten Sie die *Height*-Eigenschaft nur dann einsetzen, wenn Sie es mit der standardmäßigen Seitentransformation beim Bildschirm zu tun haben. Da von *Height* kein *Graphics*-Objekt verwendet wird, ist es weder für Drucker noch für nicht standardmäßige Seitentransformationen geeignet.

Standardschriften

Seit Kapitel 2 haben wir die in *Control* implementierte und an alle davon abgeleiteten Klassen (einschließlich *Form*) vererbte Eigenschaft *Font* verwendet:

Control-Eigenschaften (Auswahl)

Eigenschaft	Typ	Zugriff
Font	Font	Get/Set

Wie Sie gleich sehen werden, können Sie diese *Font*-Eigenschaft auf ein anderes *Font*-Objekt einstellen, sodass alle folgenden *DrawString*-Aufrufe, die sich dieser *Font*-Eigenschaft bedienen, diese neue Schrift verwenden. (Sie können auch ein neues *Font*-Objekt erstellen und es direkt mit *DrawString* verwenden.) Wenn Sie den Wert der *Font*-Eigenschaft ändern, können Sie die Eigenschaft mithilfe der folgenden shared, schreibgeschützten Eigenschaft von *Control* auf den ursprünglichen Wert zurücksetzen:

Control-Eigenschaften (Shared, Auswahl)

Eigenschaft	Typ	Zugriff
DefaultFont	Font	Get

Sie können den Wert auch manuell zurücksetzen:
```
Font = DefaultFont
```
Oder Sie verwenden einfach diese Methode:

Control-Methoden (Auswahl)

```
Sub ResetFont()
```

Darüber hinaus ist die folgende schriftbezogene Eigenschaft verfügbar:

Control-Eigenschaften (Auswahl)

Eigenschaft	Typ	Zugriff
FontHeight	Integer	Get/Set

Sie können diese Eigenschaft anstelle von *Font.Height* verwenden. Diese Eigenschaft ist einstellbar, beachten Sie aber Folgendes: Sie können diese Eigenschaft zwar auf einen neuen Wert einstellen, die Eigenschaft *Font* wird auf diese Weise jedoch nicht geändert!

Schriftvariationen

Der Namespace *System.Drawing* definiert zwei wichtige Klassen für die Arbeit mit Schriften:
- *FontFamily* enthält eine Zeichenfolge wie z.B. »Times New Roman«.
- *Font* ist eine Kombination aus Schriftfamilie (entweder ein *FontFamily*-Objekt oder eine Zeichenfolge zur Identifizierung der Schriftfamilie), Attributen (z.B. kursiv oder fett) und einer Punktgröße.

Beginnen wir mit der Klasse *Font*. Die *Font*-Konstruktoren können in drei Kategorien unterteilt werden, je nachdem, worauf sie basieren:
- auf einem vorhandenen *Font*-Objekt
- auf einer Zeichenfolge zur Identifizierung der Schriftfamilie
- auf einem *FontFamily*-Objekt

Der einfachste *Font*-Konstruktor erstellt eine neue Schrift auf der Grundlage einer vorhandenen Schrift. Die neue Schrift unterscheidet sich nur im Schriftstil von der vorhandenen:

Font-Konstruktoren (Auswahl)

```
Font(ByVal fnt As Font, ByVal fs As FontStyle)
```

FontStyle ist eine Enumeration aus einzelnen Bitflags:

FontStyle-Enumeration

Member	Wert
Regular	0
Bold	1
Italic	2
Underline	4
Strikeout	8

Angenommen, *fnt* ist eine vorhandene Schrift, die vielleicht über die Formulareigenschaft *Font* abgerufen wurde:

```
Dim fnt As Font = Font
```

Sie können in diesem Fall mithilfe der folgenden Anweisung eine kursive Version dieser Schrift namens *fntItalic* erstellen:

```
Dim fntItalic As New Font(fnt, FontStyle.Italic)
```

Mehrere Enumerationswerte können mit dem *Or*-Operator von Visual Basic .NET miteinander verknüpft werden:

```
Dim fntBoldStrikeout As New Font(fnt, FontStyle.Bold Or FontStyle.Strikeout)
```

Das nachfolgende Programm ruft die Formulareigenschaft *Font* ab und erstellt Versionen in fett und kursiv, um eine Mischung aus normal, fett und kursiv formatiertem Text anzeigen zu können.

BoldAndItalic.vb

```
Imports System
Imports System.Drawing
Imports System.Windows.Forms
Class BoldAndItalic
    Inherits PrintableForm
    Shared Shadows Sub Main()
        Application.Run(New BoldAndItalic())
    End Sub
    Sub New()
        Text = "Bold and Italic Text"
    End Sub
    Protected Overrides Sub DoPage(ByVal grfx As Graphics, _
            ByVal clr As Color, ByVal cx As Integer, ByVal cy As Integer)
        Const str1 As String = "This is some "
        Const str2 As String = "bold"
        Const str3 As String = " text and this is some "
        Const str4 As String = "italic"
        Const str5 As String = " text."
        Dim br As New SolidBrush(clr)
        Dim fntRegular As Font = Font
        Dim fntBold As New Font(fntRegular, FontStyle.Bold)
        Dim fntItalic As New Font(fntRegular, FontStyle.Italic)
        Dim x As Single = 0
        Dim y As Single = 0
```

Text und Schriften

```
        grfx.DrawString(str1, fntRegular, br, x, y)
        x += grfx.MeasureString(str1, fntRegular).Width
        grfx.DrawString(str2, fntBold, br, x, y)
        x += grfx.MeasureString(str2, fntBold).Width
        grfx.DrawString(str3, fntRegular, br, x, y)
        x += grfx.MeasureString(str3, fntRegular).Width
        grfx.DrawString(str4, fntItalic, br, x, y)
        x += grfx.MeasureString(str4, fntItalic).Width
        grfx.DrawString(str5, fntRegular, br, x, y)
    End Sub
End Class
```

Da *DrawString* über ein *Font*-Argument verfügt und eine Schrift entweder normal, fett, kursiv oder fett und kursiv formatiert sein kann, sind zur Anzeige von Text in mehreren Stilen auch mehrere *DrawString*-Aufrufe erforderlich. Das Programm ermittelt mithilfe von *MeasureString* die Länge der einzelnen Textabschnitte und sorgt für den richtigen Textabstand:

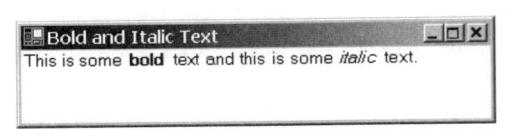

```
Bold and Italic Text                    _ □ ×
This is some bold text and this is some italic text.
```

Bei genauerem Hinsehen bemerken Sie, dass die unterschiedlich formatierten Textabschnitte einen etwas größeren Abstand zueinander aufzuweisen scheinen. Ich werde bei der Besprechung der Klasse *StringFormat* an späterer Stelle in diesem Kapitel erläutern, wie Sie diesen zusätzlichen Leerbereich vermeiden.

Hier eine weitere Warnung, die ich vorausschicken möchte (und auf die ich ebenfalls später zurückkomme): Dieser *Font*-Konstruktor schlägt fehl, wenn die Schriftfamilie der verwendeten Schrift den angeforderten Schriftstil nicht enthält. Der Konstruktor löst in diesem Fall eine Ausnahme aus, die ein gutes Programm abfangen sollte. Im Programm BoldAndItalic spielt dieses Problem keine Rolle, da die Standardschrift des Formulars verwendet wird, die über alle angeforderten Schriftstile verfügt. Das Programm BoldAndItalic funktioniert jedoch nicht mit jeder Schriftfamilie.

Schrifterstellung mit dem Namen

Die nächsten beiden Konstruktorengruppen für *Font* sind sehr praktisch und leicht einzusetzen. Sie geben für eine Schrift Schriftfamilie, Punktgröße und optional einen Schriftstil an:

Font-Konstruktoren (Auswahl)

```
Font(ByVal strFamily As String, ByVal fSizeInPoints As Single)
Font(ByVal strFamily As String, ByVal fSizeInPoints As Single, ByVal fs As FontStyle)
```

Der Name der Schriftfamilie wird als erstes Argument an den *Font*-Konstruktor übergeben und entspricht vertrauten Namen wie z.B. »Times New Roman«, »Arial«, »Courier New«, »Comic Sans MS« usw. Ein Beispiel:

```
Dim fnt As New Font("Times New Roman", 24)
```

Über diese Anweisung wird die Schrift Times New Roman mit einer Größe von 24 Punkt erstellt.

Ich erstelle Schriften gern auf diese Art, und wahrscheinlich werden auch Sie von diesen *Font*-Konstruktoren häufiger Gebrauch machen als von den anderen. Dieser Ansatz hat jedoch auch Nachteile.

Mit dem Namen muss eine TrueType- oder OpenType-Schrift angegeben werden, die auf dem System verfügbar ist, auf dem das Programm läuft. Ist die Schrift Times New Roman nicht vorhanden oder haben Sie den Namen versehentlich falsch geschrieben, verwendet der Konstruktor stattdessen eine Standardschrift (wahrscheinlich Microsoft Sans Serif). Können Sie davon ausgehen, dass die Schrift Times New Roman verfügbar ist? Wenn Sie die Programme nur für sich selbst erstellen, sicherlich ja. Das trifft auch zu, wenn Sie ein Programm für unternehmensinterne Zwecke geschrieben und sich davon überzeugt haben, dass auf allen Firmenrechnern die Schrift Times New Roman installiert ist. Benutzer können TrueType-Schriften jedoch auch deinstallieren, und auch wenn es Ihnen (und mir) abwegig erscheinen mag, Times New Roman von einem Rechner zu entfernen, ist es doch nicht unmöglich. Je mehr Plattformen eine Anwendung unterstützen soll, desto unsicherer wird die Verwendung expliziter Schriftfamiliennamen. Möglicherweise können Windows Forms-Programme in Zukunft in Umgebungen ausgeführt werden, die ganz andere Schriften mit völlig anderen Namen verwenden. Wahrscheinlich werden diese Umgebungen solche Schriften durch ähnliche ersetzen, damit Programme weiterhin lauffähig sind, dennoch sollten Sie es vermeiden, ungebräuchliche Schriften zu verwenden.

Es ist in der Regel am sichersten, sich an die folgenden drei Schriftfamilien zu halten: Times New Roman, Arial und Courier New. Hier sind sogar Aliase erlaubt: Anstelle von Times New Roman können Sie auch »Times«, anstelle von Arial auch den Namen »Helvetica« verwenden.

Die explizite Angabe einer Punktgröße ist dagegen weniger problematisch. Sie wissen, dass der Benutzer die Eigenschaften der Bildschirmanzeige selbst festgelegt hat, basierend auf der Angabe, dass eine 10-Punkt-Schriftgröße gut lesbar ist. Windows Forms selbst nimmt an, dass eine 8-Punkt-Schrift ebenfalls gut lesbar ist und stellt die *Font*-Eigenschaft des Formulars entsprechend ein. Alles andere verhält sich relativ dazu. Eine 24-Punkt-Schrift ist beispielsweise dreimal so groß wie die normale Windows Forms-Schrift.

Da 72 Punkte einem Zoll entsprechen, ist eine 24-Punkt-Schrift etwa 1/3 Zoll hoch. (Ich sage *etwa*, da die Punktgröße ein typografisches Konzept ist, keine genaue Maßangabe.) Die Größe einer 24-Punkt-Schrift entspricht in Pixeln etwa 1/3 des Werts der *DpiY*-Eigenschaft des *Graphics*-Objekts.

Schriftfamilie und Punktgröße können darüber hinaus mit einem Schriftstil kombiniert werden. Das folgende Programm erstellt 18-Punkt-Schriften der Familien Courier New, Arial und Times New Roman, jeweils in den Versionen normal, fett, kursiv sowie kursiv und fett. Diese 18-Punkt-Schriften weisen eine Höhe von etwa 1/4 Zoll auf.

FontNames.vb
```
Imports System
Imports System.Drawing
Imports System.Windows.Forms
Class FontNames
    Inherits PrintableForm
    Shared Shadows Sub Main()
        Application.Run(New FontNames())
    End Sub
```

Text und Schriften

```
    Sub New()
        Text = "Font Names"
    End Sub
    Protected Overrides Sub DoPage(ByVal grfx As Graphics, _
            ByVal clr As Color, ByVal cx As Integer, ByVal cy As Integer)
        Dim astrFonts() As String = {"Courier New", "Arial", "Times New Roman"}
        Dim afs() As FontStyle = {FontStyle.Regular, FontStyle.Bold, FontStyle.Italic, _
                        FontStyle.Bold Or FontStyle.Italic}
        Dim br As New SolidBrush(clr)
        Dim y As Single = 0
        Dim strFont As String
        Dim fs As FontStyle
        For Each strFont In astrFonts
            For Each fs In afs
                Dim fnt As New Font(strFont, 18, fs)
                grfx.DrawString(strFont, fnt, br, 0, y)
                y += fnt.GetHeight(grfx)
            Next fs
        Next strFont
    End Sub
End Class
```

Diese Klasse ist von *PrintableForm* abgeleitet, daher können Sie die Schriften ausdrucken, indem Sie auf den Clientbereich klicken. Behalten Sie im Hinterkopf, dass die an die *DrawString*-Methode übergebenen Koordinaten die Position der linken oberen Ecke der Zeichenfolge angeben. Aus diesem Grund müssen die Koordinaten aller Zeichenfolgen um die Texthöhe der vorangegangenen Zeichenfolge angepasst werden. Das Programm sorgt mithilfe der *Font*-Methode *GetHeight* nach der Textanzeige für diese Anpassung der Koordinaten. Und so sieht die Programmausgabe aus:

Beachten Sie Folgendes: Das Programm geht davon aus, dass jede Schrift einen anderen Wert für die *GetHeight*-Methode zurückgibt. Fügen Sie eine *Console.WriteLine*-Anweisung ein, falls diese Werte Sie interessieren. Sie werden feststellen, dass Times New Roman und Arial denselben Wert zurückgeben und dass er etwas größer ist als der für Courier New. Bei anderen Schriften kann dieser Wert jedoch stark abweichen, daher sollten Sie niemals versuchen, den Wert zu erraten, verwenden Sie in jedem Fall *GetHeight*.

Ersetzen Sie einmal die Methode *GetHeight* durch die Eigenschaft *Height* und schauen Sie sich an, wie die Druckerausgabe in diesem Fall aussieht. Die Abweichung im Zeilenabstand hängt davon ab, wie stark sich die Bildschirmauflösung in Punkten pro Zoll (dpi) von der 100-dpi-Auflösung des Druckers unterscheidet.

Nachfolgend sehen Sie ein sehr ähnliches Programm, das die Schrift Times New Roman in verschiedenen Varianten zeigt: von 6 Punkt bis 12 Punkt, in Schritten von jeweils 1/4 Punkt.

FontSizes.vb
```
Imports System
Imports System.Drawing
Imports System.Windows.Forms
Class FontSizes
    Inherits PrintableForm
    Shared Shadows Sub Main()
        Application.Run(New FontSizes())
    End Sub
    Sub New()
        Text = "Font Sizes"
    End Sub
    Protected Overrides Sub DoPage(ByVal grfx As Graphics, _
            ByVal clr As Color, ByVal cx As Integer, ByVal cy As Integer)
        Dim strFont As String = "Times New Roman"
        Dim br As New SolidBrush(clr)
        Dim y As Single = 0
        Dim fSize As Single

        For fSize = 6 To 12 Step 0.25
            Dim fnt As New Font(strFont, fSize)
            grfx.DrawString(strFont & " in " & Str(fSize) & " points", fnt, br, 0, y)
            y += fnt.GetHeight(grfx)
        Next fSize
    End Sub
End Class
```

Hier die Programmausgabe:

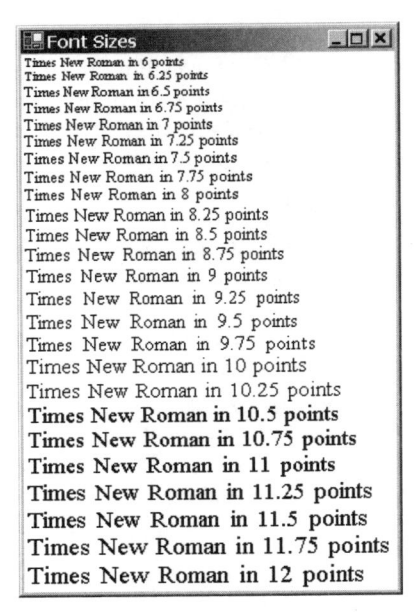

```
┌─ Font Sizes ─────────────────┬─□×┐
│ Times New Roman in 6 points              │
│ Times New Roman in 6.25 points           │
│ Times New Roman in 6.5 points            │
│ Times New Roman in 6.75 points           │
│ Times New Roman in 7 points              │
│ Times New Roman in 7.25 points           │
│ Times New Roman in 7.5 points            │
│ Times New Roman in 7.75 points           │
│ Times New Roman in 8 points              │
│ Times New Roman in 8.25 points           │
│ Times New Roman in 8.5 points            │
│ Times New Roman in 8.75 points           │
│ Times New Roman in 9 points              │
│ Times New Roman in 9.25 points           │
│ Times New Roman in 9.5 points            │
│ Times New Roman in 9.75 points           │
│ Times New Roman in 10 points             │
│ Times New Roman in 10.25 points          │
│ Times New Roman in 10.5 points           │
│ Times New Roman in 10.75 points          │
│ Times New Roman in 11 points             │
│ Times New Roman in 11.25 points          │
│ Times New Roman in 11.5 points           │
│ Times New Roman in 11.75 points          │
│ Times New Roman in 12 points             │
└──────────────────────────────────────────┘
```

Was bei dieser Anzeige auffällt, ist der plötzliche Sprung bei der Schriftgröße 10,5 Punkt, wo sich die Linienstärke von 1 Pixel auf 2 Pixel erhöht. Auf hochauflösenden Geräten wie z.B. einem Drucker ist dieser Übergang nicht zu sehen.

Wenn Sie für die Programmanzeige im Clientbereich eine größere Schrift verwenden möchten, können Sie die *Font*-Eigenschaft des Formulars direkt im Konstruktor ändern. Hier sehen Sie ein Programm, das die zuvor gezeigte Klasse *BoldAndItalic* überschreibt und eine Textzeichenfolge in einer 24-Punkt-Schrift anzeigt.

BoldAndItalicBigger.vb

```vb
Imports System
Imports System.Drawing
Imports System.Windows.Forms
Class BoldAndItalicBigger
    Inherits BoldAndItalic

    Shared Shadows Sub Main()
        Application.Run(New BoldAndItalicBigger())
    End Sub

    Sub New()
        Text &= " Bigger"
        Font = New Font("Times New Roman", 24)
    End Sub
End Class
```

Nachfolgend sehen Sie die Programmausgabe:

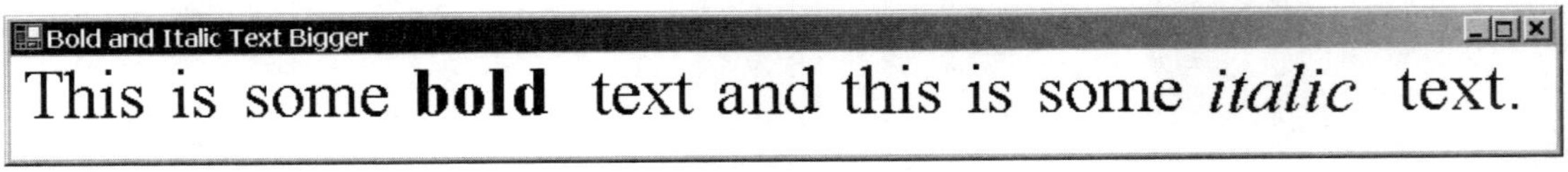

┌─ Bold and Italic Text Bigger ───────────────────────────────────── ─□× ┐
│ This is some **bold** text and this is some *italic* text.   │
└──┘

Bei diesem Programm ist der ungewöhnliche Leerbereich zwischen den verschiedenen Textteilen deutlicher zu sehen als im Programm BoldAndItalic. Wir werden später noch sehen, dass man diese Zwischenräume mithilfe eines *StringFormat*-Objekts vermeiden kann.

Was uns Punkt heißt, wie es auch hieße ...

Sie müssen die Größe einer Schrift nicht unbedingt in Punkt angeben. Zwei weitere Konstruktoren von *Font* verwenden ein *GraphicsUnit*-Argument:

Font-Konstruktoren (Auswahl)

```
Font(ByVal strFamily As String, ByVal fSize As Single, ByVal gu As GraphicsUnit)
Font(ByVal strFamily As String, ByVal fSize As Single, ByVal fs As FontStyle, ByVal gu As GraphicsUnit)
```

Mit einer Ausnahme können Sie alle Werte der Enumeration *GraphicsUnit* verwenden, die Sie im Zusammenhang mit der Eigenschaft *PageUnit* in Kapitel 7 kennen gelernt haben:

GraphicsUnit-Enumeration

Member	Wert	Beschreibung
World	0	Weltkoordinaten
Display	1	Funktioniert nicht mit dem *Font*-Konstruktor!
Pixel	2	Pixel
Point	3	Einheiten von 1/72 Zoll
Inch	4	Zoll
Document	5	Einheiten von 1/300 Zoll
Millimeter	6	Millimeter

Der Konstruktor

```
New Font(strFamily, fSize)
```

ist identisch mit

```
New Font(strFamily, fSize, GraphicsUnit.Point)
```

Tatsächlich machen die folgenden Konstruktoren alle das Gleiche:

```
New Font(strFamily, 72)
New Font(strFamily, 72, GraphicsUnit.Point)
New Font(strFamily, 1, GraphicsUnit.Inch)
New Font(strFamily, 25.4, GraphicsUnit.Millimeter)
New Font(strFamily, 300, GraphicsUnit.Document)
```

Diese Konstruktoren führen alle zur Erstellung identischer 72-Punkt-Schriften. Hierbei geschieht nichts besonders Kniffliges, denn alles beruht lediglich auf der Tatsache, dass ein Zoll 72 Punkt bzw. 25,4 Millimetern entspricht.

Die etwas schwierigeren Konstruktorargumente von *Font* sind *GraphicsUnit.Pixel* und *GraphicsUnit.World*. Wenn Sie auf dem Bildschirm Text nicht mit der standardmäßigen Seitentransformation anzeigen (also alle Koordinaten in Pixeln angeben), können die folgenden beiden Konstruktoren zur Erstellung einer 72-Punkt-Schrift verwendet werden:

```
New Font(strFamily, grfx.DpiY, GraphicsUnit.Pixel)
New Font(strFamily, grfx.DpiY, GraphicsUnit.World)
```

Text und Schriften

Das zweite Argument gibt die Anzahl der Pixel pro vertikalem Zoll an.

Das folgende Programm zeigt die Austauschbarkeit dieser Konstruktoren, indem auf sieben unterschiedliche Arten 24-Punkt-Schriften erzeugt werden.

TwentyFourPointScreenFonts.vb

```vb
Imports System
Imports System.Drawing
Imports System.Windows.Forms
Class TwentyFourPointScreenFonts
    Inherits PrintableForm
    Shared Shadows Sub Main()
        Application.Run(New TwentyFourPointScreenFonts())
    End Sub
    Sub New()
        Text = "Twenty-Four Point Screen Fonts"
    End Sub
    Protected Overrides Sub DoPage(ByVal grfx As Graphics, _
            ByVal clr As Color, ByVal cx As Integer, ByVal cy As Integer)
        Dim br As New SolidBrush(clr)
        Dim cyFont As Single
        Dim y As Single = 0
        Dim fnt As Font
        Dim strFamily As String = "Times New Roman"

        fnt = New Font(strFamily, 24)
        grfx.DrawString("No GraphicsUnit, 24 points", fnt, br, 0, y)
        y += fnt.GetHeight(grfx)

        fnt = New Font(strFamily, 24, GraphicsUnit.Point)
        grfx.DrawString("GraphicsUnit.Point, 24 units", fnt, br, 0, y)
        y += fnt.GetHeight(grfx)

        cyFont = 1 / 3
        fnt = New Font(strFamily, cyFont, GraphicsUnit.Inch)
        grfx.DrawString("GraphicsUnit.Inch, " & cyFont & " units", fnt, br, 0, y)
        y += fnt.GetHeight(grfx)

        cyFont = 25.4 / 3
        fnt = New Font(strFamily, cyFont, GraphicsUnit.Millimeter)
        grfx.DrawString("GraphicsUnit.Millimeter, " & cyFont & " units", fnt, br, 0, y)
        y += fnt.GetHeight(grfx)

        fnt = New Font(strFamily, 100, GraphicsUnit.Document)
        grfx.DrawString("GraphicsUnit.Document, 100 units", fnt, br, 0, y)
        y += fnt.GetHeight(grfx)

        cyFont = grfx.DpiY / 3
        fnt = New Font(strFamily, cyFont, GraphicsUnit.Pixel)
        grfx.DrawString("GraphicsUnit.Pixel, " & cyFont & " units", fnt, br, 0, y)
        y += fnt.GetHeight(grfx)

        fnt = New Font(strFamily, cyFont, GraphicsUnit.World)
        grfx.DrawString("GraphicsUnit.World, " & cyFont & " units", fnt, br, 0, y)
    End Sub
End Class
```

Ich verwende in diesem Programm anstelle von 72-Punkt-Schriften nur deshalb 24-Punkt-Schriften, damit alles gleichzeitig auf den Bildschirm passt. In beiden Konstruktoren beträgt der Wert des zweiten Arguments einfach 1/3 des oben gezeigten Werts.

Auf dem Bildschirm nehmen alle sieben Textzeilen dieselbe Höhe ein. Wenn Sie jedoch auf den Clientbereich dieses Programms klicken, um einen Ausdruck zu starten, ergibt sich ein Problem. Die ersten fünf Zeilen der Ausgabe sehen gut aus. Diese Konstruktoren können problemlos 24-Punkt-Schriften für den Drucker erstellen. Bei den letzten beiden Zeilen handelt es sich jedoch um viel zu große Schriften.

Wie Sie vielleicht noch wissen, liefern die Eigenschaften *DpiX* und *DpiY* des *Graphics*-Objekts für den Drucker die tatsächliche Auflösung: also 300, 600, 720 oder sogar darüber! In den letzten beiden *Font*-Konstruktoren stellt das Programm 1/3 dieser Auflösung ein, daher erhält das zweite Argument den Wert 100, 200, 240 oder höher. Die Standardseitentransformation für den Drucker lässt diesen als 100-dpi-Gerät erscheinen. Die Kombination aus Schriftgröße und Seitentransformation führt dazu, dass die Schriftgröße bei 1 Zoll, 2 Zoll, 2,3 Zoll oder noch höher liegt.

Zum Erstellen von 72-Punkt-Schriften für die Standardseitentransformation des Druckers unter Verwendung von *GraphicsUnit.Pixel* oder *GraphicsUnit.World* benötigen Sie folgende Konstruktoren:

```
New Font(strFamily, 100, GraphicsUnit.Pixel)
New Font(strFamily, 100, GraphicsUnit.World)
```

Um 24-Punkt-Schriften für den Drucker zu erzeugen, benötigen Sie 1/3 von 100. Das folgende Programm ist fast mit TwentyFourPointScreenFonts identisch, in dieser Programmversion erzeugen jedoch auch die letzten beiden Konstruktoren für den Drucker geeignete 24-Punkt-Schriften.

```vb
TwentyFourPointPrinterFonts.vb
Imports System
Imports System.Drawing
Imports System.Windows.Forms
Class TwentyFourPointPrinterFonts
    Inherits PrintableForm
    Shared Shadows Sub Main()
        Application.Run(New TwentyFourPointPrinterFonts())
    End Sub
    Sub New()
        Text = "Twenty-Four Point Printer Fonts"
    End Sub
    Protected Overrides Sub DoPage(ByVal grfx As Graphics, _
            ByVal clr As Color, ByVal cx As Integer, ByVal cy As Integer)
        Dim br As New SolidBrush(clr)
        Dim cyFont As Single
        Dim y As Single = 0
        Dim fnt As Font
        Dim strFamily As String = "Times New Roman"
        fnt = New Font(strFamily, 24)
        grfx.DrawString("No GraphicsUnit, 24 points", fnt, br, 0, y)
        y += fnt.GetHeight(grfx)
        fnt = New Font(strFamily, 24, GraphicsUnit.Point)
        grfx.DrawString("GraphicsUnit.Point, 24 units", fnt, br, 0, y)
        y += fnt.GetHeight(grfx)
        cyFont = 1 / 3
        fnt = New Font(strFamily, cyFont, GraphicsUnit.Inch)
        grfx.DrawString("GraphicsUnit.Inch, " & cyFont & " units", fnt, br, 0, y)
        y += fnt.GetHeight(grfx)
```

```
            cyFont = 25.4 / 3
            fnt = New Font(strFamily, cyFont, GraphicsUnit.Millimeter)
            grfx.DrawString("GraphicsUnit.Millimeter, " & cyFont & " units", fnt, br, 0, y)
            y += fnt.GetHeight(grfx)

            fnt = New Font(strFamily, 100, GraphicsUnit.Document)
            grfx.DrawString("GraphicsUnit.Document, 100 units", fnt, br, 0, y)
            y += fnt.GetHeight(grfx)

            cyFont = 100 / 3
            fnt = New Font(strFamily, cyFont, GraphicsUnit.Pixel)
            grfx.DrawString("GraphicsUnit.Pixel, " & cyFont & " units", fnt, br, 0, y)
            y += fnt.GetHeight(grfx)

            fnt = New Font(strFamily, cyFont, GraphicsUnit.World)
            grfx.DrawString("GraphicsUnit.World, " & cyFont & " units", fnt, br, 0, y)
    End Sub
End Class
```

Jetzt nehmen alle sieben Textzeilen auf dem Drucker dieselbe Höhe ein. Auf dem Bildschirm werden die ersten fünf Zeilen in 24 Punkt angezeigt. Die letzten beiden Zeilen sehen wahrscheinlich etwas anders aus, je nachdem, wie stark die Bildschirmauflösung von 100 dpi abweicht.

Einheiten im Konflikt

Das Experimentieren mit unterschiedlichen Einheiten in den *Font*-Konstruktoren wirft folgende Frage auf: »Wie wirken Welt- und Seitentransformation auf die Schriften?«. Sowohl die *Font*- als auch die *Graphics*-Klasse machen Gebrauch von der Enumeration *GraphicsUnit*. Die *Font*-Klasse verwendet die Enumeration *GraphicsUnit* in einigen Konstruktoren, und die Eigenschaft *PageUnit* der *Graphics*-Klasse wird auf einen der Enumerationswerte eingestellt.

Wir haben diese Wechselwirkung teilweise bereits kennen gelernt. Mal sehen, ob wir eine Gesamtanalyse vornehmen und einige grundsätzliche Regeln ableiten können.

Denken Sie daran, dass *Font*-Objekte geräteunabhängig sind. Es spielt keine Rolle, welche Welt- oder Seitentransformation wirksam ist, wenn Sie die Schrift erstellen. Der *Font*-Konstruktor hat keinerlei Kenntnis von diesen Dingen. Sie können *Font*-Objekte an beliebiger Stelle im Programm erstellen, unabhängig davon, ob ein *Graphics*-Objekt in Sicht ist oder nicht.

Es gibt nur drei gängige Methoden, bei denen sowohl ein *Font*-Objekt (erstellt in einer bestimmten Größe mit bestimmten Einheiten) als auch ein *Graphics*-Objekt (mit verknüpfter Welt- und Seitentransformation) zum Einsatz kommen:

- *DrawString*, eine Methode der Klasse *Graphics* mit *Font*-Argument
- *MeasureString*, eine Methode der Klasse *Graphics* mit *Font*-Argument
- *GetHeight*, eine Methode der Klasse *Font* mit *Graphics*-Argument

Dies sind im Allgemeinen die einzigen drei Methoden, bei denen Sie eventuell auf Konflikte zwischen Grafikeinheiten und Transformationen stoßen. Zwei weitere Methoden – die Methode *DrawStringDisabled* der Klasse *ControlPaint* und die Methode *MeasureCharacterRanges* der Klasse *Graphics* – werden weniger häufig eingesetzt.

Für diese Methoden gelten drei Regeln. Sie sollten ein wenig mit den Programmen TwentyFourPointScreenFonts und TwentyFourPointPrinterFonts herumexperimentieren, um zu überprüfen, was ich hier behaupte:

Regel 1: *Die Welttransformation wirkt sich auf alle Elemente in gleicher Weise aus.*

Angenommen, Sie erzeugen folgende Grafikausgabe: Eine Reihe von Linien und gefüllter Bereiche sowie Textabschnitte, deren Schriften mit unterschiedlichen *GraphicsUnit*-Argumenten erstellt wurden. Dann möchten Sie alles doppelt so groß anzeigen. Aus diesem Grund schreiben Sie vor die Aufrufe zur Grafikausgabe folgende Anweisung:

```
grfx.ScaleTransform(2, 2)
```

Die Welttransformation wirkt sich auf alle Elemente in gleicher Weise aus. Das bedeutet hier: Alle Linien, Flächenfüllungen und Textzeichenfolgen – sämtliche Elemente werden in ihrer Größe verdoppelt, unabhängig davon, wie die Schrift erstellt wurde. Die für *MeasureString* und *GetHeight* zurückgegebenen Größen bleiben jedoch dieselben, und so sollte es auch sein. Sie verwenden die von diesen Methoden zurückgegebenen Größen für die Positionierung von Text und Grafiken. Sie sollten sich nicht verändern, wenn Sie die Welttransformation ändern.

Regel 2: *Bei Schriften, die mithilfe von Maßeinheiten erstellt wurden (Punkt, Zoll oder Millimeter), wirkt sich die Seitentransformation nicht auf die Textgröße aus.*

Angenommen, Sie erstellen eine 72-Punkt-Schrift:

```
Dim fnt As New Font("Arial", 72, GraphicsUnit.Point)
```

Ferner möchten Sie für das Zeichen die Einheit Millimeter verwenden:

```
grfx.PageUnit = GraphicsUnit.Millimeter
grfx.PageScale = 1
```

Unabhängig von der Seitentransformation bleibt die tatsächliche Textgröße unverändert. Die Schrift weist eine Größe von 72 Punkt auf. Dies entspricht 25,4 Einheiten, wenn Sie als Einheit Millimeter verwenden.

Die Seitentransformation wirkt sich jedoch auf die Koordinaten der *DrawString*-Methode, die von *MeasureString* zurückgegebenen Größenwerte sowie die von *GetHeight* gelieferten Höhenwerte aus. Diese Koordinaten und Größen werden jetzt (in diesem Beispiel) in Millimetern angegeben. Dies sollte jedoch in Ordnung sein, da Sie die an *DrawString* übergebenen Koordinaten im Allgemeinen über *GetHeight* oder *MeasureString* berechnen. Stellen Sie lediglich sicher, dass beim Abruf der Werte von *GetHeight* oder *MeasureString* und bei der Übergabe der Werte an *DrawString* die gleichen Transformationen wirksam sind.

Wenn Sie in das Programm TwentyFourPointScreenFonts Anweisungen zur Änderung der Eigenschaften *PageUnit* und *PageScale* einfügen, werden Sie feststellen, dass die ersten fünf Textzeilen von dieser Änderung unberührt bleiben. Die letzten Zeilen *werden* jedoch durch die Seitentransformation beeinflusst. Und das ist die dritte Regel.

Regel 3: *Bei Schriften, die mit den Einheiten* GraphicsUnit.Pixel *oder* GraphicsUnit.World *erstellt werden, werden als Einheit für die Schriftgröße Weltkoordinaten angenommen.*

Mit anderen Worten, die Schriftgröße wird in gleicher Weise wie Koordinaten und Größenwerte behandelt, die an die verschiedenen Methoden der Klasse *Graphics* zum Zeichnen von Linien oder Füllen von Bereichen übergeben werden. Angenommen, Sie erstellen folgendermaßen eine Schrift:

```
Dim fnt As New Font("Arial", 72, GraphicsUnit.World)
```

Bei Verwendung der standardmäßig eingestellten Seitentransformation entspricht dies 72 Pixeln auf dem Bildschirm und 72/100 Zoll auf dem Drucker. Wenn Sie die Seitentransformation wie im nachfolgenden Beispiel in Millimetern angeben:

```
grfx.PageUnit = GraphicsUnit.Millimeter
grfx.PageScale = 1
```

entspricht dies einer Schriftgröße von 72 Millimetern, wodurch die Schrifthöhe fast 3 Zoll beträgt.

Bei Schriften, die mithilfe von *GraphicsUnit.World* und *GraphicsUnit.Pixel* erstellt werden, bleiben die von *GetHeight* und *MeasureString* zurückgegebenen Werte von der Seitentransformation unberührt. Die physische Größe der Schrift wird in Einheiten angegeben, die durch die Seitentransformation festgelegt sind, und die von diesen Methoden zurückgegebenen Größen werden ebenfalls in Seiteneinheiten angegeben.

Letztendlich habe ich bei der Schrifterstellung zwischen den Argumenten *GraphicsUnit.Pixel* und *GraphicsUnit.World* keinen Unterschied feststellen können, auch wenn deren Namen etwas anderes vermuten lassen.

Eigenschaften und Methoden der Klasse *Font*

Alle Eigenschaften der Klasse *Font* sind schreibgeschützt. Das bedeutet, dass Sie eine Schrift nicht dadurch ein wenig verändern können, dass Sie einfach eine der zugehörigen Eigenschaften ändern. Es folgt eine vollständige Liste der *Font*-Eigenschaften:

Font-Eigenschaften

Eigenschaft	Typ	Zugriff	Beschreibung
Name	*String*	Get	Name der Schriftfamilie
FontFamily	*FontFamily*	Get	Klasse der Schriftfamilie
Style	*FontStyle*	Get	Vom Konstruktor
Bold	*Boolean*	Get	*True* wenn fett
Italic	*Boolean*	Get	*True* wenn kursiv
Underline	*Boolean*	Get	*True* wenn unterstrichen
Strikeout	*Boolean*	Get	*True* wenn durchgestrichen
Size	*Single*	Get	Vom Konstruktor
Unit	*GraphicsUnit*	Get	Vom Konstruktor
SizeInPoints	*Single*	Get	Aus *Size* berechnet
Height	*Integer*	Get	Zeilenabstand für den Bildschirm
GdiCharSet	*Byte*	Get	ID für GDI-Zeichensatz
GdiVerticalFont	*Boolean*	Get	*True* bei einer vertikalen Schrift

Die Eigenschaften *Size* und *Unit* geben lediglich die zum Erstellen der Schrift verwendeten Werte zurück. Aus diesen Werten wird die Eigenschaft *SizeInPoints* berechnet. Für *GraphicsUnit.Pixel* und *GraphicsUnit.World* basiert die Berechnung auf der Bildschirmauflösung.

Wenn keine Schnittstelle zu Win32-API-Code erforderlich ist, gibt es eigentlich nur eine interessante *Font*-Methode (und dies habe ich bereits mehrfach hervorgehoben). Diese Methode steht in drei unterschiedlichen Varianten zur Verfügung:

Font-Methoden (Auswahl)

```
Function GetHeight() As Single
Function GetHeight(ByVal grfx As Graphics) As Single
Function GetHeight(ByVal fDpi As Single) As Single
```

Der von *GetHeight* zurückgegebene Wert sollte als Abstandswert für aufeinander folgende Textzeilen verwendet werden. Die argumentlose Methodenversion gilt nur für den Bildschirm und die Standardseitentransformation. Die zweite Version ist die nützlichste, denn Sie berücksichtigt Auflösung und Seitentransformation des Ausgabegeräts. Die dritte Methodenversion berechnet den Zeilenabstand auf der Grundlage einer hypothetischen vertikalen Auflösung in Punkten pro Zoll (dpi).

Sofern eine Schnittstelle zu Win32-API-Code erforderlich ist, verfügt *Font* über drei shared Methoden zur Erstellung eines *Font*-Objekts: *FromHdc*, *FromHfont* und *FromLogFont*. Ansonsten kann die Klasse *Font* nur über einen der Klassenkonstruktoren ein *Font*-Objekt erstellen. Fünf dieser Konstruktoren habe ich bereits beschrieben; zu vier weiteren komme ich gleich noch. Wie Sie in Kapitel 16 erfahren werden, zeigt die Klasse *FontDialog* ein Dialogfeld an, in dem der Benutzer eine Schrift auswählen kann. Anschließend erstellt die Klasse ein *Font*-Objekt für die Anwendung.

Nachfolgend sehen Sie ein Programm, mit dem alle Eigenschaften der Formulareigenschaft *Font* anzeigt werden. Ferner wird das Ergebnis dreier *GetHeight*-Versionen ausgegeben, wobei die dritte Variante eine Auflösung von 100 dpi verwendet.

```
AllAboutFont.vb
Imports System
Imports System.Drawing
Imports System.Windows.Forms
Class AllAboutFont
    Inherits PrintableForm
    Shared Shadows Sub Main()
        Application.Run(New AllAboutFont())
    End Sub
    Sub New()
        Text = "All About Font"
    End Sub
    Protected Overrides Sub DoPage(ByVal grfx As Graphics, _
            ByVal clr As Color, ByVal cx As Integer, ByVal cy As Integer)
        grfx.DrawString( _
                "Name: " & Font.Name & vbLf & _
                "FontFamily: " & Font.FontFamily.ToString() & vbLf & _
                "FontStyle: " & Font.Style.ToString() & vbLf & _
                "Bold: " & Font.Bold & vbLf & _
                "Italic: " & Font.Italic & vbLf & _
                "Underline: " & Font.Underline & vbLf & _
                "Strikeout: " & Font.Strikeout & vbLf & _
                "Size: " & Font.Size & vbLf & _
                "GraphicsUnit: " & Font.Unit.ToString() & vbLf & _
                "SizeInPoints: " & Font.SizeInPoints & vbLf & _
                "Height: " & Font.Height & vbLf & _
                "GdiCharSet: " & Font.GdiCharSet & vbLf & _
                "GdiVerticalFont: " & Font.GdiVerticalFont & vbLf & _
                "GetHeight(): " & Font.GetHeight() & vbLf & _
                "GetHeight(grfx): " & Font.GetHeight(grfx) & vbLf & _
                "GetHeight(100 DPI): " & Font.GetHeight(100), _
                Font, New SolidBrush(clr), PointF.Empty)
    End Sub
End Class
```

Drucken Sie die Programmausgabe einmal aus, indem Sie auf den Clientbereich klicken. Die Druckausgabe ist, abgesehen vom vorletzten *GetHeight*-Wert, der dort dem letzten Wert entspricht, mit der Bildschirmanzeige identisch. Sie können die Eigenschaften anderer Schriften anzeigen, indem Sie die Formulareigenschaft *Font* auf die betreffende Schrift einstellen. Die Programmausgabe sieht auf meinem System so aus:

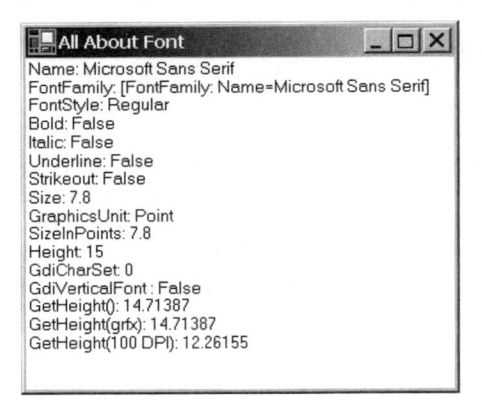

```
All About Font
Name: Microsoft Sans Serif
FontFamily: [FontFamily: Name=Microsoft Sans Serif]
FontStyle: Regular
Bold: False
Italic: False
Underline: False
Strikeout: False
Size: 7.8
GraphicsUnit: Point
SizeInPoints: 7.8
Height: 15
GdiCharSet: 0
GdiVerticalFont : False
GetHeight(): 14.71387
GetHeight(grfx): 14.71387
GetHeight(100 DPI): 12.26155
```

Mein Bildschirm ist auf eine Auflösung von 120 dpi eingestellt (in den Anzeigeeigenschaften *Groß* genannt). Der Zeilenabstand von 14,71 Pixeln entspricht etwa 0,123 Zoll bzw. einer Größe von 9 Punkt, was für eine 8-Punkt-Schrift akzeptabel ist. Wenn Ihr Bildschirm auf 96 dpi eingestellt ist (*Normalgröße*), beträgt der Wert für den Zeilenabstand 12,45; die Eigenschaft *Height* liefert den Wert 13.

Der erste untersuchte *Font*-Konstruktor erstellt eine neue Schrift auf der Grundlage einer vorhandenen, verwendet jedoch eine andere Stileigenschaft. Gelegentlich werden Sie ähnlich vorgehen, dabei aber eine andere Schriftgröße angeben.

Angenommen, Sie möchten eine Schrift erstellen, die in ein vorgegebenes Rechteck passt. Hierzu erstellen Sie zunächst eine Schrift und den anzuzeigenden Text. Mithilfe von *MeasureString* ermitteln Sie die Maße der anzuzeigenden Zeichenfolge, anschließend erstellen Sie eine neue Schrift, die auf die Größe des Rechtecks skaliert wird. Das folgende Programm zeigt die Textzeile »Howdy, world!« (eine Variante der sonst üblichen Zeichenfolge, die ein Zeichen mit Unterlänge enthält). Der Text wird so groß wie möglich gemacht, muss aber noch in den Clientbereich passen.

HowdyWorld.vb
```
Imports System
Imports System.Drawing
Imports System.Windows.Forms
Class HowdyWorld
    Inherits PrintableForm
    Shared Shadows Sub Main()
        Application.Run(New HowdyWorld())
    End Sub

    Sub New()
        Text = "Howdy, world!"
        MinimumSize = Size.op_Addition(SystemInformation.MinimumWindowSize, New Size(0, 1))
    End Sub
```

```
    Protected Overrides Sub DoPage(ByVal grfx As Graphics, _
            ByVal clr As Color, ByVal cx As Integer, ByVal cy As Integer)
        Dim fnt As New Font("Times New Roman", 10, FontStyle.Italic)
        Dim szf As SizeF = grfx.MeasureString(Text, fnt)
        Dim fScale As Single = Math.Min(cx / szf.Width, cy / szf.Height)
        fnt = New Font(fnt.Name, fScale * fnt.SizeInPoints, fnt.Style)
        szf = grfx.MeasureString(Text, fnt)
        grfx.DrawString(Text, fnt, New SolidBrush(clr), (cx - szf.Width) / 2, (cy - szf.Height) / 2)
    End Sub
End Class
```

Die Einstellung der Eigenschaft *MinimumSize* im Konstruktor verhindert, dass die Höhe des Clientbereichs auf Null sinkt, was zu einer Schriftgröße von 0 führen und eine Ausnahme auslösen würde.

Die Methode *DoPage* beginnt mit der Erstellung eines *Font*-Objekts, die von dieser Methode verwendete Schrift könnte jedoch auch die Formulareigenschaft *Font* oder eine an anderer Stelle erstellte Schrift sein. Das Programm muss im Grunde nicht wissen, welche Argumente ursprünglich zur Erstellung der Schrift verwendet wurden.

Die nächste Anweisung in *DoPage* ermittelt mit *MeasureString* basierend auf der soeben erstellten Schrift die Größe der Zeichenfolge (hierbei handelt es sich um die Formulareigenschaft *Text*), die dritte Anweisung berechnet auf der Grundlage des Verhältnisses zwischen Clientbereichsgröße (oder dem bedruckbaren Seitenbereich) und Textgröße einen Skalierungsfaktor. Beachten Sie die Verwendung der Methode *Math.Min* zur Ermittlung des niedrigsten der beiden Werte für die horizontale und vertikale Skalierung.

Als Nächstes erstellt die *DoPage*-Methode auf der Basis der vorhandenen Schrift eine neue Schrift, skaliert die Punktgröße jedoch um den Faktor *fScale*. Anschließend wird wieder *MeasureString* aufgerufen. (Man könnte auch die *Width*- und *Height*-Werte des vorangehenden *SizeF*-Objekts mit *fScale* multiplizieren.) Abschließend zentriert die Methode die Zeichenfolge im Clientbereich.

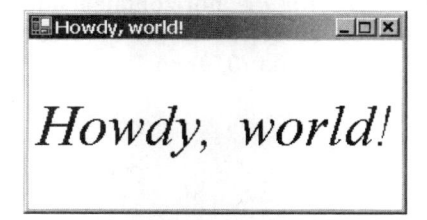

Wenn das Fenster sehr breit ist, wird die Schriftgröße durch die Fensterhöhe bestimmt:

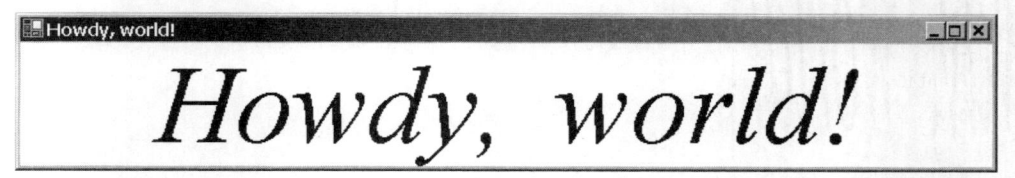

Ist es möglich, eine Schrift zu erzeugen, die das Rechteck unabhängig vom Seitenverhältnis ausfüllt? Natürlich würde dies zu einer Verzerrung der Zeichen führen – die Zeichen würden entweder schmaler oder breiter angezeigt, als sich das aus der Schrifthöhe ergibt. Mit den *Font*-

Konstruktoren ist dies nicht möglich. In den *Font*-Konstruktoren wird eine bestimmte Schrifthöhe eingestellt, mit der wiederum die Zeichenbreite festgelegt wird.

Sie können das Seitenverhältnis von Textzeichen jedoch mithilfe der Welttransformation verzerren. Hier eine Variante des HowdyWorld-Programms mit dem Namen HowdyWorldFullFit, die genau dies tut.

HowdyWorldFullFit.vb
```
Imports System
Imports System.Drawing
Imports System.Windows.Forms
Class HowdyWorldFullFit
    Inherits PrintableForm
    Shared Shadows Sub Main()
        Application.Run(New HowdyWorldFullFit())
    End Sub
    Sub New()
        Text = "Howdy, world!"
        MinimumSize = Size.op_Addition(SystemInformation.MinimumWindowSize, New Size(0, 1))
    End Sub
    Protected Overrides Sub DoPage(ByVal grfx As Graphics, _
            ByVal clr As Color, ByVal cx As Integer, ByVal cy As Integer)
        Dim fnt As New Font("Times New Roman", 10, FontStyle.Italic)
        Dim szf As SizeF = grfx.MeasureString(Text, fnt)
        Dim fScaleHorz As Single = cx / szf.Width
        Dim fScaleVert As Single = cy / szf.Height
        grfx.ScaleTransform(fScaleHorz, fScaleVert)
        grfx.DrawString(Text, fnt, New SolidBrush(clr), 0, 0)
    End Sub
End Class
```

Diese Programmversion berechnet getrennte Skalierungsfaktoren für die horizontalen und vertikalen Abmessungen. Die Skalierungsfaktoren werden anschließend direkt an die Methode *ScaleTransform* übergeben. Der *DrawString*-Aufruf zeigt den Text am Punkt (0, 0) an:

Wenn Sie diese Bildschirmanzeige ausdrucken, nehmen die Zeichen fast die gesamte Höhe der Seite ein.

Beachten Sie in diesem Screenshot (und dem zweiten Screenshot des ersten HowdyWorld-Programms), dass der Text nicht die volle Höhe des Clientbereichs einnimmt. Hier ist oberhalb der Großbuchstaben noch reichlich Platz vorhanden. Dieser Bereich ist für diakritische Zeichen gedacht. Enthält der Text z.B. Zeichen wie À, Á oder Â (Unicode-Zeichen &H00C0, &H00C1 und &H00C2), würden die Akzentzeichen in den oberen Teil des Clientbereichs hineinragen.

Bei Verwendung der Windows Forms-Bibliotheken ist es einer Anwendung nicht möglich, diesen zusätzlichen Platz für diakritische Zeichen zu berechnen. Auch ist es nicht möglich, die x-Höhe einer Schrift direkt zu ermitteln (also die Höhe der Kleinbuchstaben ohne Oberlänge, z.B. »x«). Diese speziellen Schriftabmessungen werden in den Windows Forms-Bibliotheken nicht verfügbar gemacht. Andere Schriftmaße können jedoch abgeleitet werden, wie wir an späterer Stelle in diesem Kapitel noch sehen werden. Und wenn Sie diese Informationen tatsächlich einmal benötigen, können Sie zumindest die x-Höhe mithilfe von Pfaden annähernd bestimmen. (Auf Pfade kommen wir in Kapitel 15 zu sprechen.)

Neue Schriften einer *FontFamily*

Es gibt vier weitere Konstruktoren für *Font*, die sich von den vier zuvor gezeigten Konstruktoren nur insofern unterscheiden, als sie anstelle einer Zeichenfolge mit dem Schriftfamiliennamen als erstes Argument ein *FontFamily*-Objekt verwenden:

Font-Konstruktoren (Auswahl)

```
Font(ByVal ff As FontFamily, ByVal fSizeInPoints As Single)
Font(ByVal ff As FontFamily, ByVal fSizeInPoints As Single, ByVal fs As FontStyle)
Font(ByVal ff As FontFamily, ByVal fSize As Single, ByVal gu As GraphicsUnit)
Font(ByVal ff As FontFamily, ByVal fSize As Single, ByVal fs As FontStyle, ByVal gu As GraphicsUnit)
```

Die Frage lautet nun: Wie erhalten Sie ein *FontFamily*-Objekt?

Die erste Möglichkeit ist, es über eine vorhandene Schrift abzurufen. Wenn Sie beispielsweise eine neue Schrift auf der Grundlage einer bereits vorhandenen Schrift erstellen, hierbei jedoch eine andere Schriftgröße verwenden möchten, können Sie die Eigenschaft *Name* der vorhandenen Schrift verwenden, so wie im Programm HowdyWorld, Sie können aber auch die Eigenschaft *FontFamily* als erstes Argument verwenden:

```
Dim fnt18 As New Font(fnt.Name, 18, fnt.Style)
Dim fnt18 As New Font(fnt.FontFamily, 18, fnt.Style)
```

Es gibt noch drei weitere *FontFamily*-Konstruktoren zum Abruf eines *FontFamily*-Objekts:

FontFamily-Konstruktoren

```
FontFamily(ByVal strFamily As String)
FontFamily(ByVal gff As GenericFontFamilies)
FontFamily(ByVal strFamily As String, ByVal fontcoll As FontCollection)
```

Der erste Konstruktor lässt vermuten, dass ein *FontFamily*-Objekt vollständig über den Namen einer Schriftfamilie definiert wird. Tatsächlich ist die bekannte Anweisung

```
Dim fnt As New Font(strFamily, fSizeInPoints)
```

lediglich eine Abkürzung für

```
Dim fnt As New Font(New FontFamily(strFamily), fSizeInPoints)
```

FontFamily weist nur eine nicht shared Eigenschaft auf, und zwar den Namen:

FontFamily-Eigenschaften (nicht *Shared*)

Eigenschaft	Typ	Zugriff	Beschreibung
Name	String	Get	*FontFamily*-Name

Obwohl die Erstellung eines *Font*-Objekts ohne explizite Erstellung von *FontFamily* möglich ist, ist es gelegentlich sinnvoll, zunächst den *FontFamily*-Wert abzurufen und ihn in einer eigenen Variablen zu speichern:

```
Dim ff As New FontFamily(strFamily)
```

Anschließend können Sie mithilfe der Methode *IsStyleAvailable* ermitteln, ob ein bestimmter Schriftstil verfügbar ist:

FontFamily-Methoden (Auswahl)

```
Function IsStyleAvailable(ByVal fs As FontStyle) As Boolean
```

Nicht alle TrueType- und OpenType-Schriften verfügen über fette oder kursive Versionen, und wenn Sie versuchen, einen nicht unterstützten Schriftstil zu erstellen, erhalten Sie einen Ausnahmefehler. Schlimmer noch: Nicht alle Schriften weisen normale Versionen auf. Daher ist es besser, Code wie diesen zu verwenden:

```
If (ff.IsStyleAvailable(FontStyle.Italic)) Then
    fntItalic = New Font(ff, 24, FontStyle.Italic)
ElseIf (ff.IsStyleAvailable(FontStyle.Regular)) Then
    fntItalic = New Font(ff, 24, FontStyle.Regular)
Else
    fntItalic = New Font(ff, 24, FontStyle.Bold)
End If
```

Dieser Code führt zwar nicht unbedingt zu einer kursiven Schrift, verhindert aber wenigstens Ausnahmefehler.

Wie Sie zu Beginn dieses Kapitels gesehen haben, weisen viele Schriftfamilien separate Dateien zur Unterstützung der Versionen Fett, Kursiv sowie Fett und Kursiv dieser Schriftfamilie auf. In einigen Fällen *imitiert* Windows diese Versionen einer Schrift, d.h., es werden kursiv, fett oder kursiv und fett formatierte Versionen dieser Schriften erzeugt, indem die Zeichen der normalen Schriftversion verändert werden. Dies trifft beispielsweise auf die Schriften Symbol, Wingdings und Webdings zu.

Der zweite Konstruktor für *FontFamily* erwartet ein Member der Enumeration *GenericFontFamilies*, die in *System.Drawing.Text* definiert ist:

GenericFontFamilies-Enumeration

Member	Wert	Beschreibung
Serif	0	z.B. Times New Roman
SansSerif	1	z.B. Arial
Monospace	2	z.B. Courier New

Ich habe bereits darauf hingewiesen, dass bei der Erstellung einer Schrift, deren Schriftfamilie auf dem Zielsystem nicht vorhanden ist, Probleme auftreten können:

```
font = New Font("Times New Roman", 24)
```

Sie schlafen sehr viel ruhiger, wenn Sie stattdessen diesen Konstruktor verwenden:

```
font = New Font(New FontFamily(GenericFontFamilies.Serif), 24)
```

Zugegeben, dieser Konstruktor ist länger und bei weitem nicht so elegant. Es gibt jedoch eine äquivalente Version, die kürzer ausfällt. Diese Version macht von einer der shared *FontFamily*-Eigenschaften Gebrauch:

FontFamily-Eigenschaften (*Shared,* Auswahl)

Eigenschaft	Typ	Zugriff	Beschreibung
GenericSerif	*FontFamily*	Get	z.B. Times New Roman
GenericSansSerif	*FontFamily*	Get	z.B. Arial
GenericMonospace	*FontFamily*	Get	z.B. Courier New

Die Schrifterstellung mit diesen Eigenschaften sieht folgendermaßen aus:

```
font = New Font(FontFamily.GenericSerif, 24)
```

Den dritten Konstruktor für *FontFamily* werde ich in einem späteren Abschnitt in diesem Kapitel näher erläutern.

Grundwissen zu den Designmaßen

Programmierer, die bereits unter Windows oder anderen grafischen Umgebungen mit Schriften gearbeitet haben, werden mir darin zustimmen, dass Windows Forms eher kärgliche Informationen zu den Schriftmaßen liefert. Bisher wurden lediglich drei Werte besprochen, die etwas über die Schriftmaße aussagen: die Punktgröße (bei der ich betont habe, dass es sich weniger um eine exakte Maßangabe als vielmehr um ein typografisches Designkonzept handelt); die maximale vertikale Ausdehnung der Schriftzeichen, die Sie über *MeasureString* abrufen können; und der empfohlene Zeilenabstand, der über *GetHeight* sowie in Form einer Ganzzahl (nur für den Bildschirm) von *Height* zurückgegeben wird.

Was hier noch fehlt, ist die Position der Grundlinie. Die Grundlinie einer Schrift ist die gedachte Linie, an der die Schrift ausgerichtet ist. Von dieser Grundlinie aus werden nach unten hin die Unterlängen einer Schrift sowie nach oben hin die Versalhöhe berechnet. Zur Verwendung verschiedener Schriften in einer Textzeile muss bekannt sein, wo sich die Grundlinie im Verhältnis zu Ober- und Unterkante der Schriftzeichen befindet (angegeben in der *DrawString*-Methode). Diese Informationen können über die Klasse *FontFamily* abgerufen werden. Diese Möglichkeit ist nicht offensichtlich und kann für einige Sprachen aus dem asiatischen Raum sowie für verschiedene nahöstliche Sprachen nicht eingesetzt werden, leider gibt es jedoch keine besseren Alternativen. Die Klasse *FontFamily* enthält vier Methoden, mit denen Sie zusätzliche Schriftmaßinformationen abrufen können. Jede dieser Methoden erfordert als Argument einen Wert der Enumeration *FontStyle:*

FontFamily-Methoden (Auswahl)

```
Function GetEmHeight(ByVal fs As FontStyle) As Integer
Function GetCellAscent(ByVal fs As FontStyle) As Integer
Function GetCellDescent(ByVal fs As FontStyle) As Integer
Function GetLineSpacing(ByVal fs As FontStyle) As Integer
```

Text und Schriften

Diese Werte werden auch als »Designmaße« bezeichnet, da sie ursprünglich durch den Schriftdesigner festgelegt wurden (wenigstens für die TrueType-Version der Schrift). Die Designmaße sind unabhängig von der späteren Größe einer aus dieser Schriftfamilie erzeugten Schrift.

Wir wollen uns einmal ein Beispiel anschauen. Wenn Sie ein auf Times New Roman basierendes *FontFamily*-Objekt erstellen und die folgenden vier Methoden mit dem Wert *FontStyle.Regular* (oder einem anderen *FontStyle*-Wert) aufrufen, erhalten Sie folgende Maße.

Designmaße der Schrift Times New Roman

Maß	Wert
Em-Höhe	2048
Versalhöhe	1825
Unterlänge	443
Versalhöhe + Unterlänge	2268
Zeilenabstand	2355

Die Em-Höhe ist das Raster, das der Schriftdesigner zur Angabe der Koordinaten der verschiedenen Linien und Kurven zur Darstellung der einzelnen Schriftzeichen verwendet hat. Eine Em-Höhe von 2048 ist ein gängiger Wert. Weniger üblich sind Werte wie 1000 oder 256.

Die Versalhöhe bezeichnet die Höhe der Schriftzeichen oberhalb der Grundlinie (einschließlich diakritischer Zeichen), die Unterlänge ist die Strecke unterhalb der Grundlinie. Bei der Schrift Times New Roman entspricht die Summe aus Versalhöhe und Unterlänge der tatsächlichen Höhe der Schriftzeichen.

Der Wert für den Zeilenabstand besteht aus drei Einzelwerten: der Versalhöhe, der Unterlänge und einem kleinen Zwischenraum unterhalb der Schriftzeichen. Nachfolgend werden die verschiedenen Maße in einem Diagramm zusammengefasst:

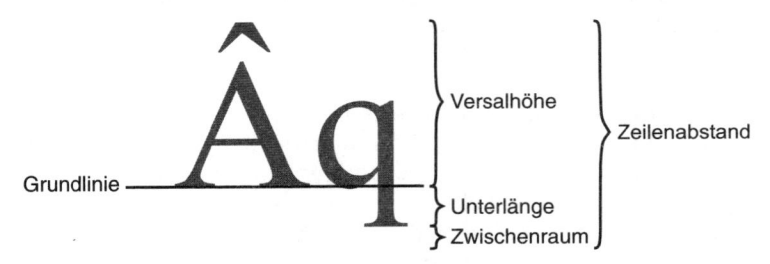

Bei einigen Schriften ist der Zeilenabstand größer als die Summe aus Versalhöhe und Unterlänge. Bei anderen Schriften erhält der zusätzliche Zwischenraum den Wert 0, und die Summe aus Versalhöhe und Unterlänge ist gleich dem Zeilenabstand.

Versuchen Sie erst gar nicht, auch die Em-Höhe in diesem Diagramm unterzubringen. Die Em-Höhe dient lediglich als Referenzangabe für die anderen Designmaße.

Fahren wir mit unserem Beispiel fort und erstellen eine Times New Roman-Schrift mit der Schriftgröße 72 Punkt. Setzen wir ferner die Eigenschaft *PageUnit* auf *GraphicsUnit.Point*. Damit gibt *GetHeight* unabhängig von der Auflösung des Bildschirms Punkteinheiten zurück. Sie erhalten folgende Werte (gerundet auf zwei Dezimalstellen):

Schriftmaße der Schrift Times New Roman

Eigenschaft bzw. Methode	Wert (in Punkt)
fnt.SizeInPoints	72.00
fnt.GetHeight(grfx)	82.79

Kann diese Tabelle in irgendeiner Weise mit der zuvor gezeigten Tabelle in Einklang gebracht werden? Ja, denn der über *GetHeight* abgerufene Wert ist von diesen Designmaßen abgeleitet. Die Em-Höhe entspricht der Punktgröße der Schrift. Wenn Sie das Verhältnis von 72 zu 2048 berechnen, ergibt sich der Wert 0,03515625. Dieser Wert ist der Skalierungsfaktor zur Konvertierung der Koordinaten der Schriftzeichen in eine Punktgröße. Multiplizieren Sie diesen Skalierungsfaktor mit dem Zeilenabstand (2355), erhalten Sie 82,79, den von *GetHeight* zurückgegebenen Wert.

Dies bedeutet, dass derselbe Faktor separat auf Versalhöhe und Unterlänge angewendet werden kann und die Werte liefert, die uns bisher fehlten:

Maße der Schrift Times New Roman

Maß	Wert Designmaß	Wert für 72-Punkt-Schrift (in Punkt)	Eigenschaft/Methode
Em-Höhe	2048	72.00	*fnt.SizeInPoints*
Versalhöhe	1825	64.16	
Unterlänge	443	15.57	
Versalhöhe + Unterlänge	2268	79.73	
Zeilenabstand	2355	82.79	*fnt.GetHeight(grfx)*

Sie können die über die Designmaße abgeleiteten Informationen zur Positionierung von Text auf der Grundlinie verwenden. Angenommen, Sie möchten als Grundlinie eine horizontale Linie genau in der Mitte des Clientbereichs verwenden. Auf dieser Grundlinie soll eine Times New Roman-Schrift mit einer Punktgröße von 144 positioniert werden. Hier der dazu notwendige Code:

TextOnBaseline.vb
```
Imports System
Imports System.Drawing
Imports System.Windows.Forms
Class TextOnBaseline
    Inherits PrintableForm
    Shared Shadows Sub Main()
        Application.Run(New TextOnBaseline())
    End Sub
    Sub New()
        Text = "Text on Baseline"
    End Sub
    Protected Overrides Sub DoPage(ByVal grfx As Graphics, _
            ByVal clr As Color, ByVal cx As Integer, ByVal cy As Integer)
        Dim yBaseline As Single = cy \ 2
        Dim pn As New Pen(clr)
```

Text und Schriften

```
        ' Grundlinie mitten über den Clientbereich zeichnen.
        grfx.DrawLine(pn, 0, yBaseline, cx, yBaseline)
        ' Eine 144-Punkt-Schrift erstellen.
        Dim fnt As New Font("Times New Roman", 144)
        ' Einige Maße abrufen und berechnen.
        Dim cyLineSpace As Single = fnt.GetHeight(grfx)
        Dim iCellSpace As Integer = fnt.FontFamily.GetLineSpacing(fnt.Style)
        Dim iCellAscent As Integer = fnt.FontFamily.GetCellAscent(fnt.Style)
        Dim cyAscent As Single = cyLineSpace * iCellAscent / iCellSpace
        ' Text auf der Grundlinie anzeigen.
        grfx.DrawString("Baseline", fnt, New SolidBrush(clr), 0, yBaseline - cyAscent)
    End Sub
End Class
```

Der Wert *cyAscent* gibt die Versalhöhe für die erzeugte 144-Punkt-Schrift an. Wenn Sie diesen Wert von der vertikalen Koordinate der Grundlinie abziehen, erhalten Sie die Position des auf der Grundlinie zu platzierenden Textes:

Wenn Sie genau hinsehen, stellen Sie fest, dass die runden Zeichen teilweise etwas über die Grundlinie hinausragen, aber dieser so genannte *Überhang* ist normal.

Arrays mit Schriftfamilien

FontFamily weist eine weitere shared Eigenschaft und eine einzige shared Methode auf. Diese sind sich sehr ähnlich und überaus wichtig. Beide geben ein Array aus *FontFamily*-Objekten zurück, die den auf dem System installierten TrueType- und OpenType-Schriften entsprechen. Hier die shared Eigenschaft:

FontFamily-Eigenschaft (*Shared,* Auswahl)

Eigenschaft	Typ	Zugriff
Families	FontFamily()	Get

Wenn Sie

```
Dim aff() As FontFamily = FontFamily.Families
```

aufrufen, handelt es sich bei allen Elementen des Arrays *aff* um *FontFamily*-Objekte. Wenn Sie jemals unter Windows eine Schriftliste mithilfe der Win32-API erstellt haben, fragen Sie sich jetzt wahrscheinlich, warum das Leben nicht immer so einfach sein kann.

Zunächst werden Sie mit dieser tollen Eigenschaft wahrscheinlich alle Schriften auflisten wollen, indem Sie für jede Schriftfamilie eine Beispielschrift erstellen. Hier ein entsprechendes Programm.

```
NaiveFamiliesList.vb
Imports System
Imports System.Drawing
Imports System.Windows.Forms
Class NaiveFamiliesList
    Inherits PrintableForm
    Shared Shadows Sub Main()
        Application.Run(New NaiveFamiliesList())
    End Sub
    Sub New()
        Text = "Naive Font Families List"
    End Sub
    Protected Overrides Sub DoPage(ByVal grfx As Graphics, _
            ByVal clr As Color, ByVal cx As Integer, ByVal cy As Integer)
        Dim br As New SolidBrush(clr)
        Dim y As Single = 0
        Dim aff() As FontFamily = FontFamily.Families
        Dim ff As FontFamily
        For Each ff In aff
            Dim fnt As New Font(ff, 12)
            grfx.DrawString(ff.Name, fnt, br, 0, y)
            y += fnt.GetHeight(grfx)
        Next ff
    End Sub
End Class
```

Die *For Each*-Anweisung durchläuft die Elemente des Arrays *FontFamily*. Ein *Font*-Konstruktor erstellt für jedes Element eine 12-Punkt-Schrift, der *DrawString*-Aufruf verwendet diese Schrift zur Anzeige der Schriftfamilie und der *GetHeight*-Aufruf stellt die vertikale Koordinate für die nächste Schrift bereit.

Dieses Programm funktioniert auf Ihrem System vielleicht nicht. Auf meinem Rechner löst der *Font*-Konstruktor für die erste Schriftfamilie im Array eine Ausnahme aus.

Die problematische Schriftdatei heißt Ahronbd.ttf, die Windows XP als Teil der Unterstützung für Hebräisch installiert. Die in dieser Datei implementierte Schrift heißt Aharoni Bold und ist das einzige Mitglied der Aharoni-Schriftfamilie (wenigstens im Hinblick auf Windows XP). Dies bedeutet, dass folgende Anweisung funktioniert:

```
fnt = New Font("Aharoni", 12, FontStyle.Bold)
```

Diese jedoch nicht:

```
fnt = New Font("Aharoni", 12)
```

Der Grund ist, dass das Folgendem entspricht:

```
fnt = New Font("Aharoni", 12, FontStyle.Regular)
```

Es gibt kein normales Format (Regular) für die Schrift Aharoni. So ein Pech!

Text und Schriften

Dieses Problem kann auf verschiedene Weise gelöst werden. Der erste Ansatz besteht in der Verwendung von *Try* und *Catch*. Bringen Sie den Code der gezeigten *For Each*-Schleife in einem *Try*-Block unter. Zeigen Sie mithilfe des *Catch*-Blocks den Namen der problematischen Schriftfamilie mit einem Sternchen markiert und unter Verwendung der in der *Font*-Eigenschaft eingestellten Formularschrift an:

```
For Each (ff in aff)
    Try
        Dim fnt As New Font(ff, 12)
        grfx.DrawString(ff.Name, fnt, br, 0, y)
        y += fnt.GetHeight(grfx)
    Catch
        grfx.DrawString("* " + ff.Name, Font, br, 0, y)
        y += Font.GetHeight(grfx)
    End Try
Next ff
```

Als allgemeine Regel sollten Sie jedoch *Try*- und *Catch*-Blöcke vermeiden, wenn andere Möglichkeiten zur Verfügung stehen. Die Alternative besteht darin, die Methode *IsStyleAvailable* der Klasse *FontFamily* einzusetzen. Nachfolgend sehen Sie einen besseren Ansatz zur Auflistung der Schriftfamilien, der unabhängig davon funktioniert, ob die Schrift Aharoni Bold installiert ist oder nicht.

```
BetterFamiliesList.vb
Imports System
Imports System.Drawing
Imports System.Windows.Forms
Class BetterFamiliesList
    Inherits PrintableForm
    Shared Shadows Sub Main()
        Application.Run(New BetterFamiliesList())
    End Sub
    Sub New()
        Text = "Better Font Families List"
    End Sub
    Protected Overrides Sub DoPage(ByVal grfx As Graphics, _
            ByVal clr As Color, ByVal cx As Integer, ByVal cy As Integer)
        Dim br As New SolidBrush(clr)
        Dim y As Single = 0
        Dim aff() As FontFamily = FontFamily.Families
        Dim ff As FontFamily
        For Each ff In aff
            If ff.IsStyleAvailable(FontStyle.Regular) Then
                Dim fnt As New Font(ff, 12)
                grfx.DrawString(ff.Name, fnt, br, 0, y)
                y += fnt.GetHeight(grfx)
            Else
                grfx.DrawString("* " & ff.Name, Font, br, 0, y)
                y += Font.GetHeight(grfx)
            End If
        Next ff
    End Sub
End Class
```

Wenn auf Ihrem System sehr viele Schriften installiert sind, werden von diesem Programm allerdings nicht alle Schriften angezeigt – selbst dann nicht, wenn Sie einen sehr großen Monitor verwenden oder die Liste ausdrucken.

Statt jetzt Bildlaufleisten zu verwenden, können Sie die Liste auch in Spalten formatieren. Genau dazu dient das nächste Programm. Und wenn dieser Ansatz immer noch nicht für die Anzeige aller installierten Schriften ausreicht, können Sie es mit einem *iPointSize*-Wert von 10, 8 oder 6 versuchen.

FamiliesList.vb
```
Imports System
Imports System.Drawing
Imports System.Windows.Forms
Class FamiliesList
    Inherits PrintableForm
    Const iPointSize As Integer = 12
    Shared Shadows Sub Main()
        Application.Run(New FamiliesList())
    End Sub
    Sub New()
        Text = "Font Families List"
    End Sub
    Protected Overrides Sub DoPage(ByVal grfx As Graphics, _
            ByVal clr As Color, ByVal cx As Integer, ByVal cy As Integer)
        Dim br As New SolidBrush(clr)
        Dim x As Single = 0
        Dim y As Single = 0
        Dim fMaxWidth As Single = 0
        Dim aff() As FontFamily = GetFontFamilyArray(grfx)
        Dim ff As FontFamily

        For Each ff In aff
            Dim fnt As Font = CreateSampleFont(ff, iPointSize)
            Dim szf As SizeF = grfx.MeasureString(ff.Name, fnt)
            fMaxWidth = Math.Max(fMaxWidth, szf.Width)
        Next ff

        For Each ff In aff
            Dim fnt As Font = CreateSampleFont(ff, iPointSize)
            Dim fHeight As Single = fnt.GetHeight(grfx)

            If y > 0 AndAlso y + fHeight > cy Then
                x += fMaxWidth
                y = 0
            End If
            grfx.DrawString(ff.Name, fnt, br, x, y)
            y += fHeight
        Next ff
    End Sub
    Protected Overridable Function GetFontFamilyArray(ByVal grfx As Graphics) As FontFamily()
        Return FontFamily.Families
    End Function
    Private Function CreateSampleFont(ByVal ff As FontFamily, ByVal fPointSize As Single) As Font
        If ff.IsStyleAvailable(FontStyle.Regular) Then
            Return New Font(ff, fPointSize)
```

```
            ElseIf ff.IsStyleAvailable(FontStyle.Bold) Then
                Return New Font(ff, fPointSize, FontStyle.Bold)
            ElseIf ff.IsStyleAvailable(FontStyle.Italic) Then
                Return New Font(ff, fPointSize, FontStyle.Italic)
            Else
                Return Font
            End If
        End Function
End Class
```

Die *DoPage*-Methode weist zwei *For Each*-Schleifen auf. Die erste ermittelt die Breite des Schriftfamiliennamens in der einfachen Schrift dieser Familie und speichert den Maximalwert; die zweite *For Each*-Schleife verwendet diesen Maximalwert zur Anzeige mehrerer Spalten.

Beachten Sie die Methode *CreateSampleFont* am Ende der Klasse. Ich verwende sie in der *DoPage*-Methode anstelle des *Font*-Konstruktors. *CreateSampleFont* ermittelt mit der Methode *IsStyleAvailable*, ob eine normale, fette oder kursive Schriftversion erstellt werden muss. Dieses Programm zeigt im Gegensatz zu den bisherigen Ansätzen ein Beispiel für die Schrift Aharoni an. Auf meinem Rechner führt dies zu folgender (nicht maximierter) Ausgabe:

Wenn Sie Schriften für den asiatischen Raum oder den Nahen Osten verwenden, scheint der Zeilenabstand im Verhältnis zum angezeigten Text sehr groß zu sein. Dies liegt daran, dass diese Schriften nicht für die Anzeige mit dem lateinischen Alphabet entworfen worden sind.

Das Programm FamiliesList kapselt die Anweisung zum Abruf des *FontFamily*-Arrays in einer kurzen Methode, die ich *GetFontFamilyArray* genannt habe. Ich habe diesen Ansatz gewählt, um im nächsten Programm auf einfache Weise den Einsatz der einzigen shared Methode von *FontFamily* demonstrieren zu können. Diese shared Methode ähnelt der Eigenschaft *Families*, verwendet jedoch ein Argument vom Typ *Graphics*:

FontFamily-Methode (*Shared*)

```
Function GetFamilies(ByVal grfx As Graphics) As FontFamily()
```

Der Grund dafür ist, dass für unterschiedliche grafische Ausgabegeräte unterschiedliche Schriften installiert sein können; insbesondere Drucker verfügen über verschiedene eingebaute Schriften, die nicht auf dem Bildschirm angezeigt werden können. Das folgende Programm überschreibt die Methode *GetFontFamilyArray*, um die Schriftfamilien nicht über *Families*, sondern über *GetFamilies* abzurufen.

GetFamiliesList.vb
```
Imports System
Imports System.Drawing
Imports System.Windows.Forms
Class GetFamiliesList
    Inherits FamiliesList
    Shared Shadows Sub Main()
        Application.Run(New GetFamiliesList())
    End Sub

    Sub New()
        Text = "Font GetFamilies List"
    End Sub

    Protected Overrides Function GetFontFamilyArray(ByVal grfx As Graphics) As FontFamily()
        Return FontFamily.GetFamilies(grfx)
    End Function
End Class
```

Bei meinem Drucker gibt *GetFamilies* dasselbe Array wie *Families* zurück. Vielleicht bieten zukünftige Windows Forms-Versionen eine umfangreichere Unterstützung für druckerspezifische Schriften.

Schriftauflistungen

Die Eigenschaft *Families* und die Methode *GetFamilies* der Klasse *FontFamily* stellen nicht die einzige Möglichkeit zum Abruf eines Arrays aus Schriftfamilien dar. Im Namespace *System.Drawing.Text* ist eine abstrakte (*MustInherit*) Klasse *FontCollection* definiert, von der zwei weitere Klassen abgeleitet sind: *InstalledFontCollection* und *PrivateFontCollection*.

FontCollection implementiert lediglich eine Eigenschaft:

FontCollection-Eigenschaft

Name	Typ	Zugriff
Families	FontFamily()	Get

Diese Eigenschaft – die *nicht* als *Shared* definiert ist – wird sowohl an *InstalledFontCollection* als auch an *PrivateFontCollection* vererbt. Das folgende Programm überschreibt die Methode *GetFontFamilyArray* des Programms FamiliesList mit einer Routine, die eine Instanz der Klasse *InstalledFontCollection* erstellt und mithilfe der Eigenschaft *Families* ein Array aus Schriftfamilien abruft.

InstalledFontsList.vb
```
Imports System
Imports System.Drawing
Imports System.Drawing.Text
Imports System.Windows.Forms
```

```
Class InstalledFontsList
    Inherits FamiliesList
    Shared Shadows Sub Main()
        Application.Run(New InstalledFontsList())
    End Sub
    Sub New()
        Text = "InstalledFontCollection List"
    End Sub
    Protected Overrides Function GetFontFamilyArray(ByVal grfx As Graphics) As FontFamily()
        Dim fc As New InstalledFontCollection()
        Return fc.Families
    End Function
End Class
```

Dieses Programm erzeugt dieselbe Ausgabe wie das Programm FamiliesList.

Wenn Sie eine Instanz der Klasse *PrivateFontCollection* erstellen, enthält diese anfänglich keine Schriftfamilien. Sie fügen über die folgenden beiden Methoden Schriften zur Auflistung hinzu:

PrivateFontCollection-Methoden (Auswahl)

```
Sub AddFontFile(ByVal strFilename As String)
Sub AddMemoryFont(ByVal pFont As IntPtr, ByVal iLength As Integer)
```

Dieser Ansatz wird vor allem von Anwendungen eingesetzt, die mit eigenen, spezialisierten Schriftdateien geliefert werden. Nach der Erstellung eines *PrivateFontCollection*-Objekts und dem Aufruf einer dieser Methoden kann die Anwendung mithilfe der Eigenschaft *Families* ein Array aus *FontFamily*-Objekten abrufen, das sich zum Erstellen von *Font*-Objekten eignet. Sie können alternativ auch den auf Seite 313 beschriebenen dritten *FontFamily*-Konstruktor verwenden, um auf der Basis der Schriftdateien in dieser Auflistung *FontFamily*-Objekte zu erstellen.

DrawString-Variationen

Wir haben die sechs Varianten der *DrawString*-Methode bereits kennen gelernt:

DrawString-Methoden von *Graphics*

```
Sub DrawString(ByVal str As String, ByVal fnt As Font, ByVal br As Brush, ByVal ptf As PointF)
Sub DrawString(ByVal str As String, ByVal fnt As Font, ByVal br As Brush,
               ByVal x As Single, ByVal y As Single)
Sub DrawString(ByVal str As String, ByVal fnt As Font, ByVal br As Brush, ByVal rectf As RectangleF)
Sub DrawString(ByVal str As String, ByVal fnt As Font, ByVal br As Brush, ByVal ptf As PointF,
               ByVal sf As StringFormat)
Sub DrawString(ByVal str As String, ByVal fnt As Font, ByVal br As Brush,
               ByVal x As Single, ByVal y As Single, ByVal sf As StringFormat)
Sub DrawString(ByVal str As String, ByVal fnt As Font, ByVal br As Brush, ByVal rectf As RectanglF,
               ByVal sf As StringFormat)
```

Hierbei sind die Versionen, die eine *PointF*-Struktur verwenden, im Prinzip mit denen identisch, die zwei *Single*-Werte verwenden. Es handelt sich hierbei lediglich um unterschiedliche Methoden zur Angabe desselben Startpunkts für die Zeichenfolge. Alle vier *DrawString*-Überladungen, in denen *PointF* oder zwei *Single*-Werte verwendet werden, zeigen in der Regel eine einzige Textzeile an. Wenn der Text jedoch Zeilenvorschubzeichen (*Chr(10)* oder *vbLf*) enthält, wird der Text dahinter eine Zeile tiefer angezeigt.

Die beiden Versionen von *DrawString* mit *RectangleF*-Argument sorgen für einen Umbruch des Texts, wenn dieser über die Breite des Rechtecks hinausgeht. Übersteigt ein einzelnes Wort die Breite des Rechtecks, füllt die Methode die erste Zeile und stellt die restlichen Buchstaben des Worts in die nächste Zeile.

Diese Versionen der *DrawString*-Eigenschaft erkennen das Unicode-Zeichen &H00A0, das geschützte Leerzeichen. Sie können überall dort ein geschütztes Leerzeichen verwenden, wo ein Zeilenumbruch seltsam aussähe, etwa wie in folgendem Beispiel:

```
"World War" & ChrW(&H00A0) & "I"
```

Wenn in diesem Fall das Zeichen *I* nicht mehr in die Zeile passt, sorgt die *DrawString*-Methode dafür, dass der Zeilenumbruch bereits nach dem Wort *World* erfolgt.

Diese Varianten von *DrawString* sind jedoch nicht in der Lage, das Unicode-Zeichen &H00AD (das optionale Trennzeichen) richtig zu erkennen. Optionale Trennstriche werden häufig in langen Wörtern verwendet:

```
"ex" & ChrW(&H00AD) & "traor" & ChrW(&H00AD) & "di" & ChrW(&H00AD) & "nary"
```

Theoretisch wird hierbei so verfahren: Befindet sich eines der Trennzeichen bei der Textanzeige am Zeilenende, wird das Wort getrennt, und der Trennstrich wird angezeigt. Falls nicht, wird der Trennstrich nicht angezeigt. Die *DrawString*-Methode zeigt diese Trennzeichen jedoch immer an und fügt Zeilenumbrüche sogar *vor* einem Trennstrich ein.

Diese *DrawString*-Versionen verarbeiten auch das Unicode-Zeichen &H2011 nicht ordnungsgemäß. Bei diesem Zeichen handelt es sich um ein geschütztes Trennzeichen:

```
"T" & ChrW(&H2011) & "shirt"
```

Es wäre in diesem Fall unschön, wenn das *T* und der Trennstrich am Zeilenende angezeigt würden. In einigen TrueType-Schriften ist dieses Zeichen nicht verfügbar. Bei den Schriften, in denen dieses Zeichen enthalten ist (z.B. Lucida Sans Unicode), scheint die *DrawString*-Methode zwar einen Zeilenumbruch am geschützten Trennzeichen zu vermeiden, sie fügt jedoch nach dem Trennzeichen einen zusätzlichen Leerbereich ein.

Aufgrund dieser Fähigkeit zum Zeilenumbruch scheint die *DrawString*-Methode sehr leistungsstark, Sie sollten aber in jedem Fall auch die Einschränkungen dieser Methode kennen. Sie könnten beispielsweise zu dem Schluss kommen, dass *DrawString* sich optimal für die Anzeige eines bestimmten Textblocks in Ihrer Anwendung eignet, dann jedoch auf ein kleines Problem stoßen: Im Text befindet sich ein Wort, das entweder kursiv oder fett formatiert werden muss. Tja, und das geht nicht. Das *Font*-Argument von *DrawString* legt die Schrift für den gesamten Textblock fest. (Interessanterweise gibt es allerdings eine Möglichkeit, ausgewählten Text in einem *DrawString*-Aufruf zu *unterstreichen*. Dies werde ich im später gezeigten Programm UnderlinedText demonstrieren.)

Eine weitere Einschränkung: Wie Sie wissen, können Sie die Eigenschaft *Alignment* der Klasse *StringFormat* zur Steuerung der horizontalen Textausrichtung in einem Rechteck einsetzen. Sie können z.B. einen Abschnitt am linken oder rechten Rand des Rechtecks ausrichten oder den Text zentrieren. Der Text kann jedoch im Rechteck nicht im Blocksatz angeordnet werden. Sie können *DrawString* nicht anweisen, den Zwischenraum zwischen den Wörtern so zu vergrößern, dass beide Außenränder glatt abschließen.

Wenn Sie aber genau dies möchten, haben Sie zwei Optionen: Sie können entweder eigene Routinen zur Textformatierung schreiben oder das *RichTextBox*-Steuerelement nutzen, denn dieses verfügt über eine Vielzahl von integrierten Formatierungsoptionen, die weit über die Möglichkeiten von *DrawString* hinausgehen. Das *RichTextBox*-Steuerelement wird in Kapitel 18 besprochen.

Anti-Aliasing bei der Textanzeige

In Kapitel 5 habe ich gezeigt, wie die Eigenschaften *SmoothingMode* und *PixelOffsetMode* der Klasse *Graphics* für das Anti-Aliasing von Linien und Kurven eingesetzt werden. Windows kann das Anti-Aliasing auch auf die Textanzeige anwenden. Dieses Feature kann vom Benutzer eingestellt werden. Die Aktivierung und Deaktivierung dieser Option erfolgt über ein Kontrollkästchen im Dialog *Effekte* des Dialogfelds *Eigenschaften von Anzeige*.

Wenn Sie möchten, kann Ihr Programm die Benutzereinstellung mithilfe der Eigenschaft *TextRenderingHint* der Klasse *Graphics* außer Kraft setzen:

Graphics-Eigenschaften (Auswahl)

Eigenschaft	Typ	Zugriff
TextRenderingHint	*TextRenderingHint*	Get/Set

TextRenderingHint ist gleichzeitig eine im Namespace *System.Drawing.Text* definierte Enumeration:

TextRenderingHint-Enumeration

Member	Wert	Beschreibung
SystemDefault	0	Standardwert
SingleBitPerPixelGridFit	1	Kein Anti-Aliasing, Anpassung an Raster
SingleBitPerPixel	2	Kein Anti-Aliasing, keine Anpassung an Raster
AntiAlias	3	Anti-Aliasing, keine Anpassung an Raster
AntiAliasGridFit	4	Anti-Aliasing mit Anpassung an Raster
ClearTypeGridFit	5	ClearType für LCD-Bildschirme

ClearType ist eine dem Anti-Aliasing ähnliche Technologie, die sich jedoch die Anordnung der Farbpunkte auf einem LCD-Farbbildschirm zunutze macht.*

Das folgende Programm demonstriert die Verwendung aller sechs Enumerationswerte.

```
AntiAliasedText.vb
Imports System
Imports System.Drawing
Imports System.Drawing.Text
Imports System.Windows.Forms
```

---

* Diese Technik wurde bereits vor mehr als zwanzig Jahren entdeckt und erlebt nun ihre Wiedergeburt. Weitere Informationen zur ClearType-Technologie und ihrer Geschichte finden Sie auf der Website von Steve Gibson unter *http://grc.com/cleartype.htm*.

```
Class AntiAliasedText
    Inherits PrintableForm
    Shared Shadows Sub Main()
        Application.Run(New AntiAliasedText())
    End Sub
    Sub New()
        Text = "Anti-Aliased Text"
        Font = New Font("Times New Roman", 12)
    End Sub
    Protected Overrides Sub DoPage(ByVal grfx As Graphics, _
            ByVal clr As Color, ByVal cx As Integer, ByVal cy As Integer)
        Dim br As New SolidBrush(clr)
        Dim str As String = "A "
        Dim cxText As Integer = CInt(grfx.MeasureString(str, Font).Width)
        Dim i As Integer
        For i = 0 To 5
            grfx.TextRenderingHint = CType(i, TextRenderingHint)
            grfx.DrawString(str, Font, br, i * cxText, 0)
        Next i
    End Sub
End Class
```

Das Programm zeigt sechsmal den Großbuchstaben *A* an und verwendet dazu die verschiedenen *TextRenderingHint*-Werte. Sie können mithilfe der Tastenkombination ALT+DRUCK eine Kopie dieser Programmausgabe in die Zwischenablage kopieren und den Screenshot anschließend in ein Mal- oder Grafikprogramm einfügen und vergrößern:

Je nach Bildschirmeinstellungen stimmt das erste *A* (*SystemDefault*) entweder mit dem zweiten (*SingleBitPerPixelGridFit*) oder mit dem vierten *A* (*AntiAliasGridFit*) überein. Wenn Sie einen LCD-Monitor verwenden und die ClearType-Option aktiviert ist, kann das erste *A* mit dem sechsten (*ClearTypeGridFit*) übereinstimmen. Weder beim zweiten noch beim dritten Enumerationswert (*SingleBitPerPixel*) findet ein Anti-Aliasing statt. Beachten Sie jedoch, dass das dritte *A* mehr weiße Pixel enthält. Das Zeichen unterliegt beim Rastern strengeren Kriterien bei der Entscheidung, welches Pixel eingefärbt wird oder nicht.

Das vierte *A* (*AntiAliasGridFit*) und das fünfte Beispiel (*AntiAlias*) verwenden das Anti-Aliasing. Die Pixel erhalten hierbei in Abhängigkeit von der Größe der Überschneidung mit einer theoretischen Umrisslinie eine dunklere Schattierung.

Bei der Einstellung *ClearTypeGridFit* erhalten die Pixel links und rechts neben der Umrisslinie basierend auf der horizontalen Anordnung der farbigen Bildpunkte auf einem LCD-Monitor eine unterschiedliche Farbgebung. Sie sollten das ClearType-Feature nicht auf einem gewöhnlichen Monitor einsetzen. Der LCD-Monitor muss mit der Grafikkarte über eine digitale Schnittstelle verbunden sein, nicht mit einer analogen. Einige LCD-Monitore erlauben eine Drehung um 90 Grad, um im Hochformat zu arbeiten. Auch in dieser Einstellung funktioniert ClearType nicht.

Die Abmessungen einer Zeichenfolge

Seit Kapitel 2 haben wir mithilfe von *MeasureString* die Größe einer Textzeichenfolge bestimmt, um diese exakt positionieren zu können. *MeasureString* kann jedoch auch auf andere Weise eingesetzt werden. Wie Sie wahrscheinlich bemerkt haben, zeigt die *DrawString*-Methode Text an, ohne den Hintergrund des Zielrechtecks zu löschen. (In Windows-GDI ist dies nicht das Standardverhalten.) Wenn Sie den Hintergrund löschen möchten, können Sie dazu in einem *FillRectangle*-Aufruf den Koordinatenpunkt des zu zeichnenden Textes mit dem von *MeasureString* zurückgegebenen *SizeF*-Wert kombinieren.

Die Methode *MeasureString* steht in sieben Varianten zur Verfügung:

MeasureString-Methoden von *Graphics*

```
Function MeasureString(ByVal str As String, ByVal fnt As Font) As SizeF
Function MeasureString(ByVal str As String, ByVal fnt As Font, ByVal iWidth As Integer) As SizeF
Function MeasureString(ByVal str As String, ByVal fnt As Font, ByVal szf As SizeF) As SizeF
Function MeasureString(ByVal str As String, ByVal fnt As Font, ByVal iWidth As Integer,
          ByVal strfmt As StringFormat) As SizeF
Function MeasureString(ByVal str As String, ByVal fnt As Font, ByVal szf As SizeF,
          byVal strfmt As StringFormat) As SizeF
Function MeasureString(ByVal str As String, ByVal fnt As Font, ByVal ptfOrigin As PointF,
          ByVal strfmt As StringFormat) As SizeF
Function MeasureString(ByVal str As String, ByVal fnt As Font, ByVal szf As SizeF,
          ByVal strfmt As StringFormat, ByRef iCharacters As Integer,
          ByRef iLines As Integer) As SizeF
```

Wir haben die erste Version von *MeasureString* bereits recht häufig eingesetzt. Diese Version gibt Breite und Höhe der fraglichen Zeichenfolge bei der Anzeige in einer vorgegebenen Schrift an. Die *Height*-Eigenschaft des zurückgegebenen *SizeF*-Objekts entspricht häufig ziemlich genau dem Wert, der über die *GetHeight*-Methode der Klasse *Font* zurückgegeben wird. Falls der Text jedoch Zeilenvorschubzeichen enthält, kann es sich jedoch auch um ein Vielfaches der Schrifthöhe handeln.

Die zweite Version von *MeasureString* verwendet ein drittes Argument zur Angabe der Textbreite. Diese Version ist nützlich, wenn Sie die Zeichenfolge mithilfe der *RectangleF*-Version von *DrawString* anzeigen möchten und ein Zeilenumbruch erfolgen soll. Der Wert der *Width*-Eigenschaft des von *MeasureString* zurückgegebenen *SizeF*-Objekts ist immer kleiner oder gleich dem Argument *iWidth*; die *Height*-Eigenschaft entspricht, bei Division durch den *GetHeight*-Wert, der Zeilenanzahl.

Die dritte Version von *MeasureString* besitzt ein *SizeF*-Argument zur Angabe von Breite und Höhe. Wenn die *Width*-Eigenschaft dieses *SizeF*-Arguments mit dem Wert des *iWidth*-Arguments der zweiten Version von *MeasureString* übereinstimmt und der Wert der *Height*-Eigenschaft für alle Zeilen der Textzeichenfolge ausreicht, stimmt der Rückgabewert dieser Version mit der der zweiten Version überein. Andernfalls entspricht die *Height*-Eigenschaft des zurückgegebenen *SizeF*-Objekts der *Height*-Eigenschaft des *SizeF*-Arguments, und die *Width*-Eigenschaft des *SizeF*-Objekts gibt an, wie viel vom Text maximal in ein Rechteck dieser Breite passt.

Die Versionen vier, fünf und sechs ähneln der zweiten und dritten Methodenversion, erwarten jedoch ein *StringFormat*-Argument. Wenn Sie im *DrawString*-Aufruf ein *StringFormat*-Argument verwenden, sollten Sie das auch im *MeasureString*-Aufruf tun.

Die letzte Version von *MeasureString* verwendet zwei Argumente, die der Anwendung zusätzliche Informationen liefern. (Beachten Sie das *ByRef* anstelle von *ByVal* bei den beiden letzten Argumenten.) Diese geben die Anzahl der über einen *DrawString*-Aufruf angezeigten Textzeichen und -zeilen an, wenn die übergebene *RectangleF*-Struktur in ihrer Größe mit der *SizeF*-Struktur übereinstimmt und dasselbe *StringFormat*-Objekt verwendet.

Der Aufruf von *MeasureString* mit diesen Argumenten ist äußerst hilfreich, wenn Sie zur Anzeige eines einzigen Textblocks mehrere *DrawString*-Aufrufe brauchen. Angenommen, Sie möchten mithilfe von *DrawString* Text auf einem Drucker ausgeben, der Text passt jedoch nicht vollständig auf eine Seite. Sie ermitteln in diesem Fall über *MeasureString*, wie viel Text auf die erste Seite passt, und leiten die Ausgabe der zweiten Seite mit einer neuen Textzeichenfolge ein, die auf den von *MeasureString* zurückgegebenen Informationen basiert. Ich werde die Verwendung dieser *MeasureString*-Version gegen Ende des Kapitels im Programm TextColums demonstrieren.

StringFormat-Optionen

Bei den Methoden *DrawString* und *MeasureString* kann optional noch ein Objekt vom Typ *StringFormat* angegeben werden. Dieses Argument führt zu einer Vielzahl von Variationen bei der Textanzeige – deren Unterschiede gelegentlich sehr fein, aber auch weniger fein sein können. Die folgenden Konstruktoren liefern ein *StringFormat*-Objekt:

StringFormat-Konstruktoren

```
StringFormat()
StringFormat(ByVal strfmt As StringFormat)
StringFormat(ByVal sff As StringFormatFlags)
StringFormat(ByVal sff As StringFormatFlags, ByVal iLanguage As Integer)
```

Die zweite Version klont im Prinzip ein bereits vorhandenes *StringFormat*-Objekt; die letzten beiden Versionen erstellen ein *StringFormat*-Objekt auf der Basis einer Kombination verschiedener Werte der Enumeration *StringFormatFlags*. Die Enumeration *StringFormatFlags* wird auch beim Einstellen der *FormatFlags*-Eigenschaft von *StringFormat* verwendet:

StringFormat-Eigenschaften (Auswahl)

Eigenschaft	Typ	Zugriff
FormatFlags	StringFormatFlags	Get/Set

Die Enumeration *StringFormatFlags* besteht aus einer Reihe von Bitflags:

StringFormatFlags-Enumeration

Member	Wert
DirectionRightToLeft	&H0001
DirectionVertical	&H0002
FitBlackBox	&H0004
DisplayFormatControl	&H0020
NoFontFallback	&H0400
MeasureTrailingSpaces	&H0800
NoWrap	&H1000
LineLimit	&H2000
NoClip	&H4000

Einige dieser Flags werden im Zusammenhang mit verschiedenen Beispielprogrammen noch erläutert. Beispielsweise habe ich *MeasureTrailingSpaces* im Programm TypeAway aus Kapitel 6 verwendet und werde von diesem Wert auch im Programm BoldAndItalicTighter Gebrauch machen (dieses folgt in Kürze). An späterer Stelle in diesem Kapitel werde ich (im Programm TrimmingTheText) auf die Werte *NoWrap* und *NoClip* eingehen.

Wenn Sie ein neues *StringFormat*-Objekt mit dem Standardkonstruktor erstellen, wird die Eigenschaft *FormatFlags* auf 0 gestellt. Beachten Sie, dass es sich bei den Enumerationswerten um Einzelbits handelt, d.h., Sie können die Werte über den *Or*-Operator von Visual Basic .NET kombinieren. Ein Beispiel:

```
Dim strfmt As New StringFormat(StringFormatFlags.DirectionVertical Or StringFormatFlags.NoClip)
```

Wenn Sie die Eigenschaft *FormatFlags* einstellen, sollten Sie sich angewöhnen, zur Kombination vorhandener Flags mit neuen den *Or*-Operator zu verwenden:

```
strfmt.FormatFlags = strfmt.FormatFlags Or StringFormatFlags.NoWrap
```

Auf diese Weise setzen Sie nicht versehentlich ein zuvor gesetztes Flag außer Kraft.

Neben dem Einsatz dieser Konstruktoren können Sie ein *StringFormat*-Objekt auch über die folgenden shared Eigenschaften abrufen:

StringFormat-Eigenschaften (Shared)

Eigenschaft	Typ	Zugriff
GenericDefault	*StringFormat*	Get
GenericTypographic	*StringFormat*	Get

Wenn Sie sich die von diesen shared Eigenschaften zurückgegebenen *StringFormat*-Objekte ansehen, werden Sie bemerken, dass *GenericDefault* dasselbe *StringFormat*-Objekt liefert wie der Standardkonstruktor. Die Eigenschaft *GenericTypographic* liefert ein Objekt mit gesetzten *FitBlackBox*-, *LineLimit*- und *NoClip*-Flags sowie einem anderen *Trimming*-Wert (darauf komme ich später noch zurück).

Das von *GenericTypographic* zurückgegebene *StringFormat*-Objekt hat jedoch noch einen weiteren Effekt auf *DrawString* und *MeasureString*, der aus den öffentlichen *StringFormat*-Eigenschaften und -Flags nicht hervorgeht. Und mit genau diesem Effekt werden wir uns jetzt beschäftigen.

Raster- und Textanpassung

Die GDI+-Features für die Verarbeitung von Text sollen Geräteunabhängigkeit bieten. Praktisch gesehen liefert *MeasureString* demnach Textmaße, die unabhängig vom Ausgabegerät sind. Wenn Sie für Bildschirm und Drucker die gleiche Seitentransformation verwenden, liefert *MeasureString* für beliebige Textzeichenfolgen und Schriften identische Werte. Dank dieser Übereinstimmung ist es einfach, auf dem Bildschirm formatierten Text in gleicher Weise auch auf dem Drucker auszugeben.

Doch wie erstrebenswert das WYSIWYG-Feature (»What You See Is What You Get«) auch sein mag, im wirklichen Leben ist es nicht gerade leicht umzusetzen. Das Problem sind die Pixel. Beim Rastern der Zeichen einer Outlineschrift müssen die ursprünglichen Gleitkommakoordinaten auf einzelne Pixel gerundet werden. Diese so genannte *Rasteranpassung* erfordert Hinweise (hints) für das Rastern, damit auch nach dem Runden die Lesbarkeit der Schrift gewährleistet ist. Die beiden vertikalen Linien des Großbuchstabens *H* müssen beispielsweise dieselbe Breite aufweisen. Selbst bei kleinen Punktgrößen müssen diese beiden Linien mindestens eine Breite von 1 Pixel aufweisen und durch 1 Pixel voneinander getrennt sein. (Liegt die Punktgröße im Verhältnis zur Auflösung des Ausgabegeräts sehr niedrig, kann diese Forderung vernachlässigt werden, da der Text ohnehin nicht lesbar ist.)

In einigen Fällen, insbesondere bei kleinen Punktgrößen und niedrig auflösenden Geräten (z.B. dem Bildschirm), kann die Rasteranpassung dazu führen, dass die Textzeichen im Verhältnis zu ihrer theoretischen Größe merklich größer angezeigt werden. Wenn Sie es nun gleich mit mehreren solcher Zeichen zu tun haben (z.B. mit dem kleinen *i* in der Schrift Arial), wird die Textzeichenfolge erheblich größer angezeigt als ausgedruckt. (Weitere Beispiele dazu finden Sie unter der Adresse *http://www.gotdotnet.com/team/windowsforms/gdiptext.aspx*).

Das führt zu folgender Frage: Würden Sie bei der Verkettung einzelner Textabschnitte mit *DrawString* und *MeasureString* (wie z.B. im Programm BoldAndItalic) eher zusätzliche Leerbereiche zwischen den Teilen oder eine Textüberlappung vorziehen? Sie werden mir wahrscheinlich zustimmen, dass eine Textüberlappung die weniger wünschenswerte Variante ist. Zur Vermeidung solcher Textüberlappungen fügen die Methoden *DrawString* und *MeasureString* daher zusätzliche Leerbereiche ein (was auch *padding* genannt wird). Wenn das Rasterprogramm zur Ausgabe einer bestimmten Schrift mehr Platz benötigt, ist dieser Platz somit verfügbar.

Standardmäßig ist das über *MeasureString* zurückgegebene *SizeF*-Objekt 1/8 Em größer als theoretisch erforderlich, der Wert der Eigenschaft *Width* liegt 1/3 Em über der theoretischen Breite, plus einer kleinen prozentualen Erhöhung. (Denken Sie daran, dass der Em-Wert der Punktgröße der Schrift entspricht. Bei einer 24-Punkt-Schrift entspricht 1/3 Em z.B. 8 Punkt.) Die Methode *DrawString* zeigt Text standardmäßig 1/6 Em unterhalb der angegebenen vertikalen Koordinate an. *MeasureString* definiert ein Rechteck effektiv so, dass die theoretische Breite der Textzeichenfolgen links und rechts um 1/6 Em überschritten wird.

Aus genau diesem Grund werden im Programm BoldAndItalic (und noch deutlicher sichtbar im Programm BoldAndItalicBigger) zwischen den zusammengesetzten Textabschnitten zu große Leerbereiche angezeigt.

Beachten Sie, dass sich dieses Problem der Rasteranpassung nur bei Schriften mit kleinen Punktgrößen ergibt, die auf niedrig auflösenden Geräten angezeigt werden. Zum Erreichen der Geräteunabhängigkeit dürfen sich diese zusätzlich eingefügten Leerbereiche von *DrawString* und *MeasureString* jedoch für Ausgabegeräte mit hoher und niedriger Auflösung nicht unterscheiden. Das Padding muss für kleine und große Schriften gleich sein. Für eine 720-Punkt-Schrift muss *MeasureString* einen 100 Mal größeren Text liefern als für eine 7,2-Punkt-Schrift.

Was aber, wenn Sie nicht möchten, dass die zusätzlichen Leerbereiche eingefügt werden? Dann verwenden Sie einfach ein *StringFormat*-Objekt auf der Basis von *StringFormat.GenericTypographic*. Hier eine Version des Programms BoldAndItalic, die ein solches *StringFormat*-Objekt verwendet.

BoldAndItalicTighter.vb
```vb
Imports System
Imports System.Drawing
Imports System.Drawing.Text
Imports System.Windows.Forms
Class BoldAndItalicTighter
    Inherits PrintableForm

    Shared Shadows Sub Main()
        Application.Run(New BoldAndItalicTighter())
    End Sub

    Sub New()
        Text = "Bold and Italic (Tighter)"
        Font = New Font("Times New Roman", 24)
    End Sub

    Protected Overrides Sub DoPage(ByVal grfx As Graphics, _
            ByVal clr As Color, ByVal cx As Integer, ByVal cy As Integer)
        Const str1 As String = "This is some "
        Const str2 As String = "bold"
        Const str3 As String = " text, and Me is some "
        Const str4 As String = "italic"
        Const str5 As String = " text."
        Dim br As New SolidBrush(clr)
        Dim fntRegular As Font = Font
        Dim fntBold As New Font(fntRegular, FontStyle.Bold)
        Dim fntItalic As New Font(fntRegular, FontStyle.Italic)
        Dim ptf As New PointF(0, 0)
        Dim strfmt As StringFormat = StringFormat.GenericTypographic
        strfmt.FormatFlags = strfmt.FormatFlags Or StringFormatFlags.MeasureTrailingSpaces

        grfx.DrawString(str1, fntRegular, br, ptf, strfmt)
        ptf.X += grfx.MeasureString(str1, fntRegular, ptf, strfmt).Width

        grfx.DrawString(str2, fntBold, br, ptf, strfmt)
        ptf.X += grfx.MeasureString(str2, fntBold, ptf, strfmt).Width

        grfx.DrawString(str3, fntRegular, br, ptf, strfmt)
        ptf.X += grfx.MeasureString(str3, fntRegular, ptf, strfmt).Width

        grfx.DrawString(str4, fntItalic, br, ptf, strfmt)
        ptf.X += grfx.MeasureString(str4, fntItalic, ptf, strfmt).Width

        grfx.DrawString(str5, fntRegular, br, ptf, strfmt)
    End Sub
End Class
```

Dieses Programm setzt auch das Flag *MeasureTrailingSpaces*. Das Ergebnis sieht gut aus:

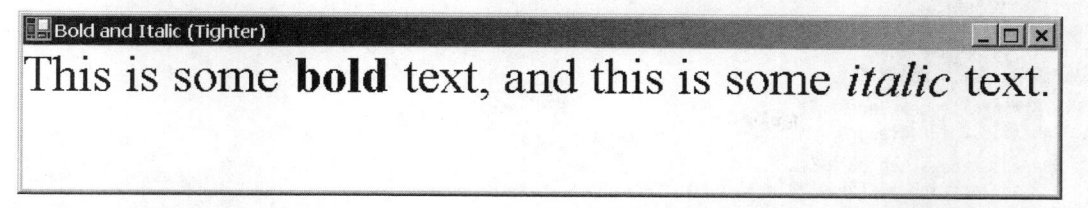

```
Bold and Italic (Tighter)                                          _ □ ×
This is some bold text, and this is some italic text.
```

Das *GenericTypographic*-Objekt reicht hier aus, weil bei der verwendeten Schriftgröße ein paar Pixel mehr oder weniger keinen großen Unterschied machen. Wenn Sie *GenericTypographic* für kleine Bildschirmschriften verwenden möchten, sollten Sie zusätzlich das Anti-Aliasing aktivieren. Das Anti-Aliasing verhindert Näherungswerte bei der Rasteranpassung, da die Farbgebung der Pixel abhängig von der Überschneidung mit der theoretischen Umrisslinie erfolgt.

Horizontale und vertikale Ausrichtung

Die Klasse *StringFormat* ist uns zum ersten Mal in Kapitel 3 begegnet, wo wir sie für die Zentrierung einer Textzeichenfolge im Clientbereich des Formulars eingesetzt haben. Nachfolgend sehen Sie die zwei *StringFormat*-Eigenschaften, die sich auf die Textausrichtung auswirken:

StringFormat-Eigenschaften (Auswahl)

Eigenschaft	Typ	Zugriff	Beschreibung
Alignment	*StringAlignment*	Get/Set	Horizontale Ausrichtung
LineAlignment	*StringAlignment*	Get/Set	Vertikale Ausrichtung

Beide Eigenschaften sind vom Typ *StringAlignment*, einer Enumeration mit drei Membern:

StringAlignment-Enumeration

Member	Wert	Beschreibung
Near	0	Gewöhnlich links oder oben
Center	1	Immer in der Mitte
Far	2	Gewöhnlich rechts oder unten

Der Ausrichtungwert arbeitet je nach Verwendung eines *PointF*- oder *RectangleF*-Objekts im *DrawString*-Aufruf etwas anders. Sehen wir uns zunächst die *RectangleF*-Version von *DrawString* an. Das folgende Programm verwendet das Rechteck des Clientbereichs in neun *DrawString*-Aufrufen, wobei für jeden Aufruf eine andere Kombination aus *Alignment*- und *LineAlignment*-Eigenschaften verwendet wird. Um das Ganze etwas interessanter zu machen, enthält der anzuzeigende Text ein Zeilenvorschubzeichen.

StringAlignmentRectangle.vb

```vb
Imports System
Imports System.Drawing
Imports System.Windows.Forms
Class StringAlignmentRectangle
    Inherits PrintableForm
    Shared Shadows Sub Main()
        Application.Run(New StringAlignmentRectangle())
    End Sub
    Sub New()
        Text = "String Alignment (RectangleF in DrawString)"
    End Sub
    Protected Overrides Sub DoPage(ByVal grfx As Graphics, _
            ByVal clr As Color, ByVal cx As Integer, ByVal cy As Integer)
        Dim br As New SolidBrush(clr)
        Dim rectf As New RectangleF(0, 0, cx, cy)
        Dim astrAlign() As String = {"Near", "Center", "Far"}
        Dim strfmt As New StringFormat()
        Dim iVert, iHorz As Integer
        For iVert = 0 To 2
            For iHorz = 0 To 2
                strfmt.LineAlignment = CType(iVert, StringAlignment)
                strfmt.Alignment = CType(iHorz, StringAlignment)
                grfx.DrawString(String.Format("LineAlignment = {0}" & vbLf & "Alignment = {1}", _
                                astrAlign(iVert), astrAlign(iHorz)), Font, br, rectf, strfmt)
            Next iHorz
        Next iVert
    End Sub
End Class
```

Die drei möglichen Werte der *Alignment*-Eigenschaft führen dazu, dass der Text entweder links oder rechts im Rechteck ausgerichtet oder zentriert wird. Die drei möglichen Werte von *LineAlignment* sorgen dafür, dass der Text oben, in der Mitte oder unten im Rechteck angezeigt wird:

So eine hübsche und ordentliche Anzeige ist nicht möglich, wenn Sie in den verschiedenen *DrawString*-Aufrufen dasselbe *PointF*-Objekt verwenden. Einige der Kombinationen würden sich in dem Fall überlappen. Sehen wir uns eine andere Variante an.

Dieses Programm setzt das *PointF*-Objekt im *DrawString*-Aufruf auf die Mitte des Clientbereichs, verwendet jedoch nur vier Kombinationen der Eigenschaften *Alignment* und *LineAlignment*.

StringAlignmentPoint.vb
```
Imports System
Imports System.Drawing
Imports System.Windows.Forms
Class StringAlignmentPoint
    Inherits PrintableForm
    Shared Shadows Sub Main()
        Application.Run(New StringAlignmentPoint())
    End Sub
    Sub New()
        Text = "String Alignment (PointF in DrawString)"
    End Sub
    Protected Overrides Sub DoPage(ByVal grfx As Graphics, _
            ByVal clr As Color, ByVal cx As Integer, ByVal cy As Integer)
        Dim br As New SolidBrush(clr)
        Dim pn As New Pen(clr)
        Dim astrAlign() As String = {"Near", "Center", "Far"}
        Dim strfmt As New StringFormat()
        Dim iVert, iHorz As Integer
        grfx.DrawLine(pn, 0, cy \ 2, cx, cy \ 2)
        grfx.DrawLine(pn, cx \ 2, 0, cx \ 2, cy)
        For iVert = 0 To 2 Step 2
            For iHorz = 0 To 2 Step 2
                strfmt.LineAlignment = CType(iVert, StringAlignment)
                strfmt.Alignment = CType(iHorz, StringAlignment)
                grfx.DrawString(String.Format("LineAlignment = {0}" & vbLf & _
                            "Alignment = {1}", astrAlign(iVert), astrAlign(iHorz)), _
                            Font, br, cx \ 2, cy \ 2, strfmt)
            Next iHorz
        Next iVert
    End Sub
End Class
```

Beachten Sie die beiden *For*-Anweisungen: Die Variablen *iVert* und *iHorz* werden nur auf 0 und 2 gestellt und das Programm verwendet lediglich vier Kombinationen der Eigenschaften *Alignment* und *LineAlignment*, um folgende Anzeige zu erzeugen:

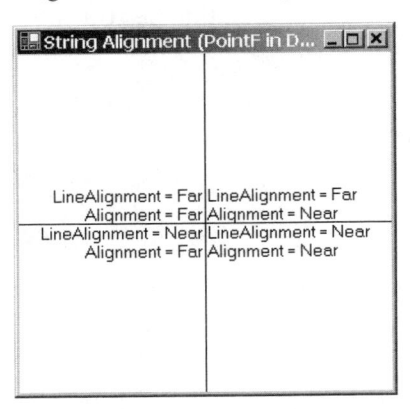

```
┌─ String Alignment (PointF in D... ─ □ ×┐
│                                         │
│                                         │
│                                         │
│       LineAlignment = Far│LineAlignment = Far
│           Alignment = Far│Alignment = Near
│      LineAlignment = Near│LineAlignment = Near
│           Alignment = Far│Alignment = Near
│                                         │
│                                         │
│                                         │
└─────────────────────────────────────────┘
```

Bei dem an *DrawString* übergebenen *PointF*-Objekt handelt es sich um den Mittelpunkt des Clientbereichs. Der *DrawString*-Aufruf positioniert die zwei Textzeilen in Abhängigkeit von den Einstellungen für *Alignment* und *LineAlignment* relativ zu diesem Koordinatenpunkt.

Wenn Sie die erste *For*-Anweisung in diesem Programm folgendermaßen abändern

```
For iVert = 1 To 2 Step 2
```

und es neu kompilieren, werden Sie feststellen, dass eine auf *StringAlignmentCenter* eingestellte *LineAlignment*-Eigenschaft dazu führt, dass die an *DrawString* übergebene vertikale Koordinate den Textmittelpunkt festlegt. In diesem Fall werden die Texte an der vertikalen Mitte ausgerichtet:

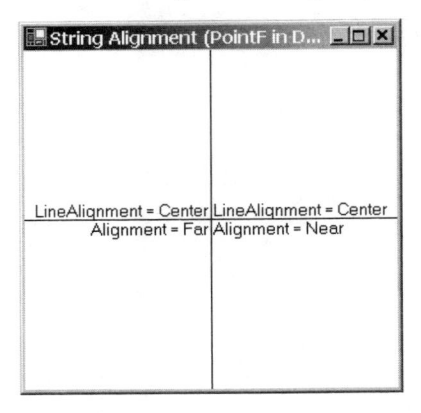

```
┌─ String Alignment (PointF in D... ─ □ ×┐
│                                         │
│                                         │
│                                         │
│                                         │
│    LineAlignment = Center│LineAlignment = Center
│           Alignment = Far│Alignment = Near
│                                         │
│                                         │
│                                         │
│                                         │
└─────────────────────────────────────────┘
```

Wenn Sie stattdessen die zweite *For*-Anweisung wie folgt abändern,
```
For iHorz = 1 To 2 Step 2
```
werden die beiden Textzeilen horizontal zentriert:

```
┌─ String Alignment (PointF in D...  ─ □ ×─┐
│                      │                   │
│                      │                   │
│              LineAlignment = Far         │
│               Alignment = Center         │
│              LineAlignment = Near        │
│               Alignment = Center         │
│                      │                   │
│                      │                   │
└──────────────────────┴───────────────────┘
```

Wenn Sie beide *For*-Schleifen wie gezeigt abändern, werden die beiden Textzeilen horizontal und vertikal relativ zum Mittelpunkt des Clientbereichs zentriert.

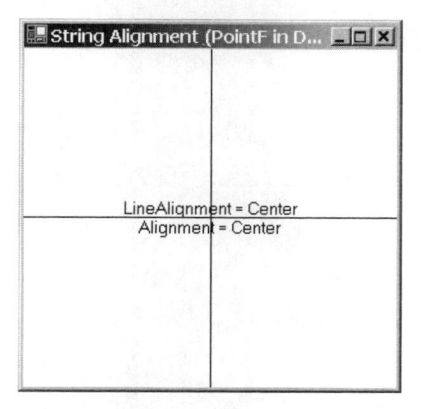

```
┌─ String Alignment (PointF in D...  ─ □ ×─┐
│                      │                   │
│                      │                   │
│                      │                   │
│              LineAlignment = Center      │
│               Alignment = Center         │
│                      │                   │
│                      │                   │
│                      │                   │
└──────────────────────┴───────────────────┘
```

Die Anzeige von Zugriffstasten (Hotkeys)

Die Eigenschaft *HotkeyPrefix* von *StringFormat* legt fest, wie im *DrawString*-Aufruf kaufmännische Und-Zeichen (ampersands) interpretiert werden:

StringFormat-Eigenschaften (Auswahl)

Eigenschaft	Typ	Zugriff
HotkeyPrefix	HotkeyPrefix	Get/Set

Wie im *DrawString*-Aufruf *kaufmännische Und-Zeichen* interpretiert werden? Das klingt vielleicht merkwürdig, solange Sie sich nicht klarmachen, dass kaufmännische Und-Zeichen (&) im Text von Menüelementen, Schaltflächen und anderen Steuerelementen eine besondere Bedeutung haben. Das kaufmännische Und-Zeichen steht immer vor dem Buchstaben, der im Steuerelementtext unterstrichen dargestellt wird und die Tastenkombination für den Schnellzugriff angibt.

Sie setzen die Eigenschaft *HotkeyPrefix* auf einen der folgenden Werte der Enumeration *HotkeyPrefix*, die im Namespace *System.Drawing.Text* definiert ist:

HotkeyPrefix-Enumeration

Member	Wert	Beschreibung
None	0	"&Datei" → "&Datei" (Standardeinstellung)
Show	1	"&Datei" → "D̲atei"
Hide	2	"&Datei" → "Datei"

Standardmäßig wird das kaufmännische Und-Zeichen wie ein normales Textzeichen behandelt und als solches angezeigt. Der Wert *Show* unterdrückt die Anzeige des &-Zeichens und zeigt stattdessen den Folgebuchstaben unterstrichen an. Der Wert *Hide* unterdrückt das kaufmännische Und-Zeichen, unterstreicht den folgenden Buchstaben jedoch nicht.

Diese Eigenschaft kann nicht nur in Menü- oder Steuerelementtext eingesetzt werden. Sie können mithilfe dieser Eigenschaft auch Buchstaben oder Wörter in Textblöcken unterstreichen, die Sie an *DrawString* übergeben. Hier ein Programm zur Veranschaulichung dieses Verfahrens.

```
UnderlinedText.vb
Imports System
Imports System.Drawing
Imports System.Drawing.Text
Imports System.Windows.Forms
Class UnderlinedText
    Inherits PrintableForm
    Shared Shadows Sub Main()
        Application.Run(New UnderlinedText())
    End Sub
    Sub New()
        Text = "Underlined Text Using HotkeyPrefix"
        Font = New Font("Times New Roman", 14)
    End Sub
    Protected Overrides Sub DoPage(ByVal grfx As Graphics, _
            ByVal clr As Color, ByVal cx As Integer, ByVal cy As Integer)
        Dim str As String = "This is some &u&n&d&e&r&l&i&n&e&d text!"
        Dim strfmt As New StringFormat()
        strfmt.HotkeyPrefix = HotkeyPrefix.Show
        grfx.DrawString(str, Font, New SolidBrush(clr), 0, 0, strfmt)
    End Sub
End Class
```

Die Zeichenfolge in diesem Listing ist nichts Besonderes, das Ergebnis kann sich jedoch sehen lassen:

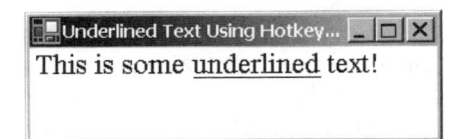

Zu schade nur, dass für die Kursiv- oder Fettformatierung von Text über *DrawString* kein ähnliches Feature verfügbar ist.

Im Programm OwnerDrawMenu in Kapitel 14 verwende ich *HotkeyPrefix* in seiner eigentlichen Bestimmung, nämlich für Menütext.

Abschneiden und zurechtstutzen

Wenn Sie die *RectangleF*-Version von *DrawString* verwenden, definieren Sie nicht nur den rechten Rand für den Zeilenumbruch, sondern legen auch einen unteren Rand fest, der den maximal anzeigbaren Text begrenzt.

Was geschieht, wenn der Text zu lang für das Rechteck ist?

Werfen wir zunächst einen Blick auf den Standardfall, nämlich den, bei dem Sie kein *StringFormat*-Objekt als letztes *DrawString*-Argument verwenden. Wenn die Höhe des Rechtecks einem ganzzahligen Vielfachen des Zeilenabstands entspricht, findet eine ganzzahlige Anzahl an Textzeilen im Rechteck Platz. Die letzte Textzeile enthält in diesem Fall so viele Zeichen, wie es die Rechteckbreite maximal zulässt. Beachten Sie hierbei, dass ich von *Zeichen* sprechen – diese entsprechen nicht notwendigerweise ganzen Wörtern. Zum besseren Verständnis hier eine abgewandelte Version des Programms HuckleberryFinn aus Kapitel 3, mit der die Textanzeige auf die Hälfte der Höhe und Breite des Clientbereichs eingeschränkt wird.

```
HuckleberryFinnHalfHeight.vb
Imports System
Imports System.Drawing
Imports System.Windows.Forms
Class HuckleberryFinnHalfHeight
    Inherits Form
    Shared Sub Main()
        Application.Run(New HuckleberryFinnHalfHeight())
    End Sub
    Sub New()
        Text = """The Adventures of Huckleberry Finn"""
        BackColor = SystemColors.Window
        ForeColor = SystemColors.WindowText
        ResizeRedraw = True
    End Sub
    Protected Overrides Sub OnPaint(ByVal pea As PaintEventArgs)
        Dim grfx As Graphics = pea.Graphics
        Dim cx As Integer = ClientSize.Width
        Dim cy As Integer = ClientSize.Height
        Dim pn As New Pen(ForeColor)
        Dim rectf As New RectangleF(0, 0, cx \ 2, cy \ 2)
        grfx.DrawString("You don't know about me, without you " & _
                        "have read a book by the name of ""The " & _
                        "Adventures of Tom Sawyer,"" but that " & _
                        "ain't no matter. That book was made by " & _
                        "Mr. Mark Twain, and he told the truth, " & _
                        "mainly. There was things which he " & _
                        "stretched, but mainly he told the truth. " & _
```

Text und Schriften

```
                        "That is nothing. I never seen anybody " & _
                        "but lied, one time or another, without " & _
                        "it was Aunt Polly, or the widow, or " & _
                        "maybe Mary. Aunt Polly" & ChrW(&H2014) & _
                        "Tom's Aunt Polly, she is" & ChrW(&H2014) & _
                        "and Mary, and the Widow Douglas, is all " & _
                        "told about in that book" & ChrW(&H2014) & _
                        "which is mostly a true book; with some " & _
                        "stretchers, as I said before.", _
                        Font, New SolidBrush(ForeColor), rectf)
        grfx.DrawLine(pn, 0, cy \ 2, cx \ 2, cy \ 2)
        grfx.DrawLine(pn, cx \ 2, 0, cx \ 2, cy \ 2)
    End Sub
End Class
```

Das Programm zeichnet auch das Rechteck, um den Bereich für die Textanzeige deutlich zu kennzeichnen.

Reicht das Anzeigerechteck nicht für den gesamten Textabschnitt aus, enthält die letzte Textzeile möglicherweise ein unvollständiges Wort:

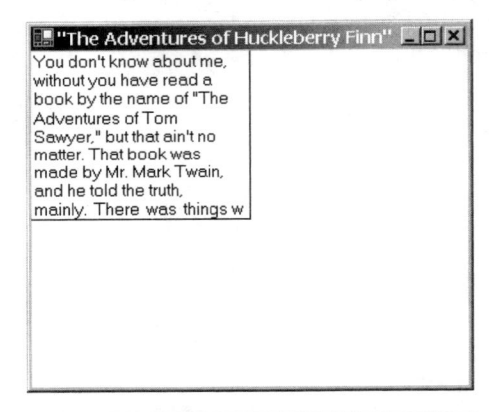

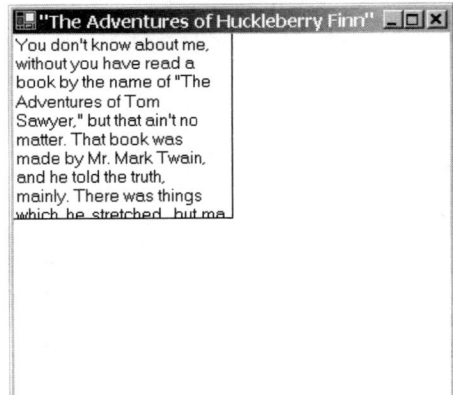

Wenn Sie das Anzeigerechteck nach und nach vergrößern, trifft *DrawString* an einem bestimmten Punkt die Entscheidung, eine zusätzliche Textzeile einzufügen. Dieser Punkt ist schneller erreicht, als Sie vielleicht denken! *DrawString* zeigt eine zusätzliche Textzeile an, wenn die Höhe des Rechtecks um 25% des Zeilenabstands vergrößert wird. Die letzte Textzeile wird am unteren Rand des Rechtecks abgeschnitten.

Obwohl nur der obere Teil der letzten Textzeile sichtbar ist, können Sie sehen, dass auch die neue Textzeile mit einem unvollständigen Wort endet – mit den beiden ersten Buchstaben von *mainly*.

Sie können dieses Standardverhalten mithilfe der Eigenschaft *Trimming* der Klasse *StringFormat* ändern:

StringFormat-Eigenschaften (Auswahl)

Eigenschaft	Typ	Zugriff
Trimming	StringTrimming	Set/Get

Die Eigenschaft *Trimming* legt fest, wie die letzte Textzeile abgeschlossen wird, wenn Sie die *RectangleF*-Version von *DrawString* verwenden und das Rechteck nicht für die Anzeige des gesamten Textes ausreicht. Der Wert von *Trimming* stammt aus der Enumeration *StringTrimming* und wird ausschließlich in Verbindung mit dieser Eigenschaft verwendet:

StringTrimming-Enumeration

Member	Wert	Beschreibung
None	0	Wie ohne unteren Rand
Character	1	Endet auf Zeichen
Word	2	Endet auf ganzes Wort
EllipsisCharacter	3	Endet auf Zeichen mit Auslassungszeichen (…)
EllipsisWord	4	Endet auf Wort mit Auslassungszeichen (…)
EllipsisPath	5	Auslassungszeichen vor dem letzten Verzeichnis

Das folgende Programm verdeutlicht die Auswirkung dieser Werte.

```
TrimmingTheText.vb
Imports System
Imports System.Drawing
Imports System.Windows.Forms
Class TrimmingTheText
    Inherits PrintableForm
    Shared Shadows Sub Main()
        Application.Run(New TrimmingTheText())
    End Sub
    Sub New()
        Text = "Trimming the Text"
    End Sub
    Protected Overrides Sub DoPage(ByVal grfx As Graphics, _
            ByVal clr As Color, ByVal cx As Integer, ByVal cy As Integer)
        Dim br As New SolidBrush(clr)
        Dim cyText As Single = Font.GetHeight(grfx)
        Dim cyRect As Single = cyText
```

Text und Schriften

```
        Dim rectf As New RectangleF(0, 0, cx, cyRect)
        Dim str As String = "Those who profess to favor freedom and " & _
                    "yet depreciate agitation. . .want " & _
                    "crops without plowing up the ground, " & _
                    "they want rain without thunder and " & _
                    "lightning. They want the ocean without " & _
                    "the awful roar of its many waters. " & _
                    ChrW(&H2014) & "Frederick Douglass"
        Dim strfmt As New StringFormat()

        strfmt.Trimming = StringTrimming.Character
        grfx.DrawString("Character: " & str, Font, br, rectf, strfmt)
        rectf.Offset(0, cyRect + cyText)

        strfmt.Trimming = StringTrimming.Word
        grfx.DrawString("Word: " & str, Font, br, rectf, strfmt)
        rectf.Offset(0, cyRect + cyText)

        strfmt.Trimming = StringTrimming.EllipsisCharacter
        grfx.DrawString("EllipsisCharacter: " & str, Font, br, rectf, strfmt)
        rectf.Offset(0, cyRect + cyText)

        strfmt.Trimming = StringTrimming.EllipsisWord
        grfx.DrawString("EllipsisWord: " & str, Font, br, rectf, strfmt)
        rectf.Offset(0, cyRect + cyText)

        strfmt.Trimming = StringTrimming.EllipsisPath
        grfx.DrawString("EllipsisPath: " & Environment.GetFolderPath _
                        (Environment.SpecialFolder.Personal), Font, br, rectf, strfmt)
        rectf.Offset(0, cyRect + cyText)

        strfmt.Trimming = StringTrimming.None
        grfx.DrawString("None: " & str, Font, br, rectf, strfmt)
    End Sub
End Class
```

Dieses Programm definiert ein *RectangleF*-Objekt, dessen Höhe für die Anzeige einer einzigen Textzeile ausreicht. Das Programm zeigt, wie sich die sechs verschiedenen *StringTrimming*-Werte auf die Textanzeige auswirken. Bei der verwendeten Textzeile handelt es sich um ein Zitat von Frederick Douglas, ausgenommen bei *StringTrimming.EllipsisPath*, wo die shared Methode *Environment.GetFolderPath* zum Abruf des Pfads zum Ordner My Documents (Eigene Dateien) des Benutzers eingesetzt wird. Verändern Sie die Breite des Fensters, um die Auswirkung auf die Textanzeige zu beobachten. Hier eine typische Anzeige:

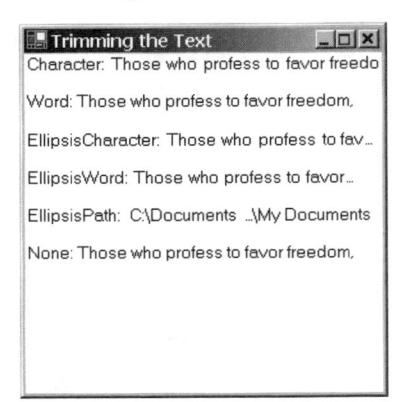

```
Trimming the Text                    _ □ ×
Character: Those who profess to favor freedo

Word: Those who profess to favor freedom,

EllipsisCharacter: Those who profess to fav...

EllipsisWord: Those who profess to favor...

EllipsisPath: C:\Documents ...\My Documents

None: Those who profess to favor freedom,
```

Sowohl *EllipsisCharacter* als auch *EllipsisWord* führen zur Anzeige von Auslassungszeichen (…) am Ende der Textzeichenfolge. Auf diese Weise wird angezeigt, dass der Platz nicht zur Anzeige der gesamten Zeichenfolge ausreicht. Bei Einsatz von *Character* und *EllipsisCharacter* werden am Zeilenende unter Umständen unvollständige Wörter angezeigt.

Das Member *EllipsisPath* von *StringTrimming* ist für die Anzeige von Dateipfaden konzipiert. Beachten Sie, dass die Auslassungszeichen in der Mitte des Textes eingefügt werden, damit Anfang und Ende des Pfads zu sehen sind.

Auf den ersten Blick scheint *None* das Gleiche zu bewirken wie *Word*, aber wir sind mit unserer Übung noch nicht ganz durch, und Sie werden gleich sehen, warum ich diese Version ans Ende gestellt habe.

Ändern Sie im Programm die Berechnung von *cyRect* von

```
Dim cyRect As Single = cyText
```

in

```
Dim cyRect As Single = 1.5F * cyText
```

Kompilieren Sie das Programm wieder, und führen Sie es anschließend erneut aus. Hier eine typische Anzeige:

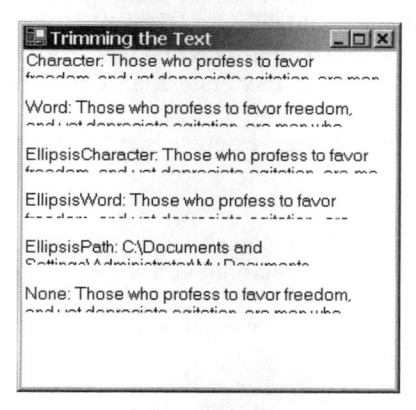

Die *DrawString*-Methode zeigt jetzt zwei Textzeilen an; Sie können von der zweiten Textzeile zwar nicht viel sehen, es ist aber die Zeile, auf die sich *Trimming* auswirkt.

Wenn Sie jetzt vielleicht wissen möchten, welche Auswirkung das Flag *NoWrap* der Enumeration *StringFormatFlags* auf diese Anzeige hat, fügen Sie doch einmal zwischen der Erstellung des *StringFormat*-Objekts und vor dem *DrawString*-Aufruf folgende Anweisung ein:

```
strfmt.FormatFlags = strfmt.FormatFlags Or StringFormatFlags.NoWrap
```

Alternativ können Sie das Flag auch im *StringFormat*-Konstruktor einsetzen:

```
Dim strfmt As New StringFormat(StringFormatFlags.NoWrap)
```

Wie der Name vermuten lässt, unterdrückt das *NoWrap*-Flag das Zeilenumbruchfeature von *DrawString*:

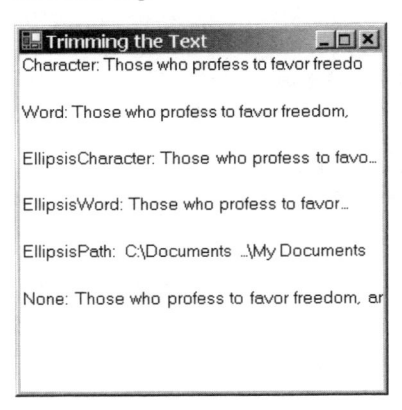

Der Text endet auch hier weiterhin am rechten Rand des Rechtecks. Was vielleicht nicht deutlich zu erkennen ist (es sei denn, Sie verkleinern den rechten Rand des Rechtecks auf einen Wert, der unter der Breite des Clientbereichs liegt), ist die Tatsache, dass *StringTrimming.None* dazu führt, dass der letzte Buchstabe rechts teilweise abgeschnitten wird. Dies ist das erste Mal, dass ein Buchstabe nicht ganz sichtbar ist.

Werfen wir nun das *NoWrap*-Flag wieder aus dem Code. Oder besser, ersetzen wir es durch das Flag *NoClip*:

```
strfmt.FormatFlags = strfmt.FormatFlags Or StringFormatFlags.NoClip
```

Dieses Flag weist *DrawString* an, Text, der teilweise außerhalb des Anzeigerechtecks liegt, nicht abzuschneiden. Als Ergebnis werden für alle Enumerationswerte mit Ausnahme von *StringTrimming.None* zwei vollständige Textzeilen angezeigt:

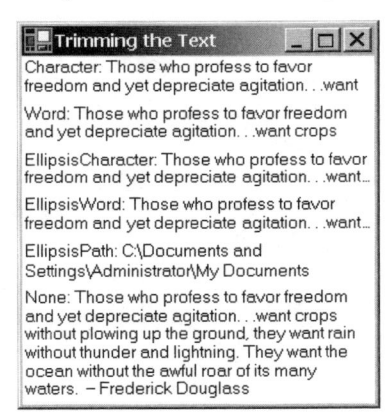

Im Fall der Verwendung von *StringTrimming.None* wird nun der gesamte Textblock angezeigt. Die Kombination dieser Enumerationswerte mit dem Formatierungsflags *NoClip* hebt im Grunde die Auswirkung des unteren Rechteckrands auf.

Wenn Sie beide Flags verwenden,

```
strfmt.FormatFlags = strfmt.FormatFlags Or StringFormatFlags.NoClip
strfmt.FormatFlags = strfmt.FormatFlags Or StringFormatFlags.NoWrap
```

dann ergibt sich für alle *StringTrimming*-Werte (mit Ausnahme von *None*) der gleiche Effekt wie bei alleiniger Verwendung des *NoWrap*-Flags. Bei Verwendung von *StringTrimming.None* erfolgt kein Zeilenumbruch, und die Anzeige von Text über den rechten Rand hinaus wird nicht verhindert. Damit verhält sich der Code so, als hätten Sie im *DrawString*-Aufruf kein *RectangleF*, sondern einen *PointF* angegeben.

Bei der Anzeige von Text in einem Rechteck müssen Sie auf das Abschneiden von Text, das so genannte Clipping achten. Wenn Sie die Rechteckhöhe auf ein ganzzahliges Vielfaches des Zeilenabstands einstellen, gibt es keinerlei Probleme damit, daher ist dieser Ansatz wahrscheinlich die beste Lösung. Andernfalls sollten Sie mithilfe des Formatierungsflags *NoClip* ein Abschneiden verhindern. Denken Sie jedoch daran: Dieses Vorgehen kann dazu führen, dass die letzte Textzeile nur teilweise angezeigt wird. In einigen Fällen (wenn z.B. die Höhe des Rechtecks der Höhe des Clientbereichs entspricht) wird die letzte Textzeile abgeschnitten, da ansonsten die Grenzen des Clientbereichs überschritten werden. Passen Sie die Rechteckgröße daher immer so an, dass alle Textzeilen angezeigt werden können.

Wenn Sie ein *StringFormat*-Objekt über den Standardkonstruktor

```
Dim strfmt As New StringFormat()
```

oder mithilfe dieser shared Eigenschaft von *StringFormat* erstellen:

```
Dim strfmt As StringFormat = StringFormat.GenericDefault
```

wird die Eigenschaft *Trimming* zunächst auf *StringTrimming.Character* eingestellt. Wenn Sie das *StringFormat*-Objekt mithilfe dieser shared Eigenschaft erstellen:

```
Dim strfmt As StringFormat = StringFormat.GenericTypographic
```

erhält die Eigenschaft *Trimming* den Wert *StringTrimmingNone*, und das Formatierungsflag *NoClip* wird gesetzt.

Tabstopps

Tabstopps bestimmen, wie *DrawString* die Unicode-Tabstoppzeichen *Chr(9)* oder *vbTab* interpretiert. Wenn der *DrawString*-Aufruf kein *StringFormat*-Argument enthält, entspricht die Tabstopplänge dem vierfachen Wert der Schriftgröße (in Punkt). Anders gesagt, weisen die Tabstopps in diesem Fall eine Länge von 4 Em auf. Beispielsweise erhält eine 9-Punkt-Schrift alle 36 Punkt bzw. in Abständen von 1/2 Zoll einen Tabstopp. Bei einer 18-Punkt-Schrift werden in Abständen von 72 Punkt oder 1 Zoll Tabstopps gesetzt, bei einer 36-Punkt-Schrift erfolgt das Setzen der Tabstopps nach 144 Punkt bzw. 2 Zoll. Die Tabstopps werden vom Textanfang an gemessen, d.h. der Position, die über das *PointF*- oder *RectangleF*-Argument im *DrawString*-Aufruf festgelegt ist.

Wenn der *DrawString*-Aufruf ein *StringFormat*-Argument enthält, werden keine Standardtabstopps gesetzt, die Methode *DrawString* ignoriert in diesem Fall alle Tabstoppzeichen im Text. Tabstopps müssen mithilfe der Methode *SetTabStop* von *StringFormat* gesetzt werden. Die Klasse *StringFormat* enthält darüber hinaus eine Methode, mit der Sie die aktuellen Tabstoppeinstellungen abrufen können:

StringFormat-Methoden (Auswahl)

```
Sub SetTabStops(ByVal fFirstTab As Single, ByVal afTabs As Single())
Function GetTabStops(ByRef fFirstTab As Single) As Single()
```

Tabstopps werden in Weltkoordinaten angegeben. Sie sehen, dass die Tabstopps sowohl durch einen *Single*-Wert als auch durch ein Array aus *Single*-Werten angegeben werden können, was darauf schließen lässt, dass der Einzelwert anders behandelt wird. Was aus der Methodensyntax nicht hervorgeht, ist die Tatsache, dass der letzte Arraywert ebenfalls anders behandelt wird.

Lassen Sie mich zunächst ein kurzes Beispiel anführen, bevor ich auf die allgemeine Funktionsweise der Methode *SetTabStops* zu sprechen komme. Angenommen, die Seiteneinheiten sind auf *GraphicsUnit.Point* eingestellt.

Wenn Sie nur einen Tabstopp einfügen möchten, z.B. nach 4 Zoll (oder 288 Punkt), können Sie diesen Tabstopp als erstes Methodenargument übergeben und als einziges Arrayelement 0 angeben:

```
strfmt.SetTabStops(288, New Single() { 0 })
```

Das Arrayargument kann nicht auf *Nothing* gesetzt werden. Sie können auch folgende Syntax verwenden:

```
strfmt.SetTabStops(0, New Single() { 288, 0 })
```

Wenn Sie zwei Tabstopps benötigen, z.B. bei 1 Zoll (72 Punkt) und bei 3 Zoll (216 Punkt), verwenden Sie diese Syntax:

```
strfmt.SetTabStops(0, New Single() { 72, 144, 0 })
```

Beachten Sie, dass das zweite Arrayelement die Differenz zwischen 72 und 216 Punkt ist. Ich erstelle hier das Array direkt im *SetTabStops*-Aufruf, es kann natürlich auch außerhalb der Methode definiert werden.

Wenn Sie alle 0,5 Zoll (36 Punkt) einen Tabstopp setzen möchten, verwenden Sie folgende Anweisung:

```
strfmt.SetTabStops(S, New Single() { 36 })
```

Auf diese Weise wird bei 36, 72, 108, 144 Punkt usw. jeweils ein Tabstopp gesetzt.

Sie können also über die Methode *SetTabStop* sowohl einzelne Tabstopps als auch sich wiederholende Tabstopps setzen. Was diese Methode kompliziert macht, ist eine Kombination dieser beiden Optionen. Im allgemeinen Fall lauten die Argumente für *SetTabStops* folgendermaßen:

```
strfmt.SetTabStops(S, New Single() { A, B, C, ..., N, R });
```

Hierbei steht *R* für *Repeating* (wiederholend) und *S* für *Shift* (verschieben). Jeder dieser Werte kann kleiner oder gleich 0 sein. Die Methode *SetTabStops* setzt – gemessen ab der Startposition für den Text – Tabstopps an folgenden Positionen:

$S + A$
$S + A + B$
$S + A + B + C$
$S + A + B + C + ... + N$
$S + A + B + C + ... + N + R$

Zusätzlich setzt die Methode auch Tabstopps an den Positionen *R*, *2R*, *3R* usw. Hierbei werden die sich wiederholenden Tabstopps immer erst nach dem längsten der übrigen Tabstopps gesetzt. Dieser Aufruf beispielsweise:

```
strfmt.SetTabStops(100, New Single() { 50, 75, 50, 100 })
```

setzt Tabstopps an den Positionen 150, 225, 275, 375, 400, 500, 600 usw. Als Einheiten werden Weltkoordinaten verwendet.

Sie können das letzte Arrayelement (R) auf 0 setzen, wenn Sie alle Tabstopps explizit definieren möchten. Sie können auch S auf 0 setzen. Das erste Argument von *SetTabStops* lässt sich jedoch intelligenter einsetzen. Sie könnten beispielsweise zunächst ein Array mit vier Tabstopps definieren, beginnend mit der horizontalen Koordinate 0:

```
Dim afTabs() As Single = { 100, 150, 100, 50, 0 }
```

Beachten Sie, dass das letzte Argument den Wert 0 aufweist, d.h. es gibt keine sich wiederholenden Tabstopps.

Wenn Sie den Text ab der horizontalen Koordinate 0 anzeigen möchten, können Sie *SetTabStops* mit 0 als erstem Wert aufrufen:

```
strfmt.SetTabStops(0, afTabs)
```

Dieser Aufruf setzt Tabstopps bei 100, 250, 350 und 400 Einheiten. Anschließend möchten Sie den Text vielleicht ab der horizontalen Koordinate 50 anzeigen, die Positionen der Tabstopps jedoch nicht verändern. Dies können Sie erreichen, indem Sie *SetTabStops* im ersten Argument den Wert –50 übergeben:

```
strfmt.SetTabStops(-50, afTabs)
```

Jetzt werden die Tabstopps bei 50, 200, 300 und 350 Einheiten gesetzt. Da als Startkoordinate jedoch der Wert 50 verwendet wird, befinden sich die Tabstopps tatsächlich weiterhin an den Positionen 100, 250, 350 und 400.

Setzen wir dieses Wissen nun in die Praxis um, indem wir einen Textabschnitt in Spalten anordnen. Der angezeigte Text stammt aus dem 1920 veröffentlichten Roman *The Age of Innocence* von Edith Wharton. Die folgende Klasse weist eine einzige shared Eigenschaft *Text* auf, von der die ersten fünf Absätze des Romans zurückgegeben werden.

AgeOfInnocence.vb
```
Class AgeOfInnocence
    Shared ReadOnly Property Text() As String
        Get
            Return _
"On a January evening of the early seventies, Christine Nilsson " & _
"was singing in Faust at the Academy of Music in New York." & _
vbLf & _
vbTab & _
"Though there was already talk of the erection, in remote " & _
"metropolitan distances ""above the Forties,"" of a new Opera " & _
"House which should compete in costliness and splendour with " & _
"those of the great European capitals, the world of fashion was " & _
"still content to reassemble every winter in the shabby red and " & _
"gold boxes of the sociable old Academy. Conservatives " & _
"cherished it for being small and inconvenient, and thus keeping " & _
"out the ""new people"" whom New York was beginning to dread and " & _
"yet be drawn to and the sentimental clung to it for its historic " & _
"associations, and the musical for its excellent acoustics, " & _
"always so problematic a quality in halls built for the hearing " & _
"of music." & _
vbLf & _
vbTab & _
```

```
"It was Madame Nilsson's first appearance that winter, and what " & _
"the daily press had already learned to describe as ""an " & _
"exceptionally brilliant audience""" had gathered to hear her, " & _
"transported through the slippery, snowy streets in private " & _
"broughams, in the spacious family landau, or in the humbler but " & _
"more convenient ""Brown &c&o&u&p&" & Chr(233) & _
"."" To come to the Opera in a Brown &c&o&u&p&" & Chr(233) & _
" was almost as honourable a way of arriving as in one's own " & _
"carriage and departure by the same means had the immense " & _
"advantage of enabling one (with a playful allusion to democratic " & _
"principles) to scramble into the first Brown conveyance in the " & _
"line, instead of waiting till the cold-and-gin congested nose " & _
"of one's own coachman gleamed under the portico of the Academy. " & _
"It was one of the great livery-stableman's most masterly " & _
"intuitions to have discovered that Americans want to get away " & _
"from amusement even more quickly than they want to get to it." & _
vbLf & _
vbTab & _
"When Newland Archer opened the door at the back of the club box " & _
"the curtain had just gone up on the garden scene. There was no " & _
"reason why the young man should not have come earlier, for he " & _
"had dined at seven, alone with his mother and sister, and had " & _
"lingered afterward over a cigar in the Gothic library with " & _
"glazed black-walnut bookcases and finial-topped chairs which was " & _
"the only room in the house where Mrs. Archer allowed smoking. " & _
"But, in the first place, New York was a metropolis, and " & _
"perfectly aware that in metropolises it was ""not the thing"" to " & _
"arrive early at the opera and what was or was not ""the thing"" " & _
"played a part as important in Newland Archer's New York as the " & _
"inscrutable totem terrors that had ruled the destinies of his " & _
"forefathers thousands of years ago." & _
vbLf & _
vbTab & _
"The second reason for his delay was a personal one. He had " & _
"dawdled over his cigar because he was at heart a dilettante, and " & _
"thinking over a pleasure to come often gave him a subtler " & _
"satisfaction than its realisation. This was especially the case " & _
"when the pleasure was a delicate one, as his pleasures mostly " & _
"were; and on this occasion the moment he looked forward to was " & _
"so rare & exquisite in quality that" & ChrW(&H2014) & "well, if " & _
"he had timed his arrival in accord with the prima donna's " & _
"stage-manager he could not have entered the Academy at a more " & _
"significant moment than just as she was singing: ""He loves me" & _
ChrW(&H2014) & "he loves me not" & ChrW(&H2014) & "&h&e& " & _
"&l&o&v&e&s& &m&e!"" and sprinkling the falling daisy petals with " & _
"notes as clear as dew." & _
vbLf
        End Get
    End Property
End Class
```

Beachten Sie, dass ich für den Einzug der jeweils ersten Zeile aller fünf Absätze (mit Ausnahme des ersten) ein Tabstoppzeichen eingefügt habe. Der Text enthält einige kursiv formatierte Wörter; ich habe die zuvor besprochene &-Technik eingesetzt, um diese Wörter unterstrichen anzuzeigen. Ferner enthält der Text einige Gedankenstriche (in diesem Fall lange Gedankenstriche, em dashes).

Nachfolgend sehen Sie das Programm, mit dem dieser Text in Spalten angeordnet wird. Für jede Spalte ist ein *DrawString*-Aufruf erforderlich.

TextColumns.vb
```vb
Imports System
Imports System.Drawing
Imports System.Drawing.Drawing2D
Imports System.Drawing.Text
Imports System.Windows.Forms
Class TextColumns
    Inherits PrintableForm
    Shared Shadows Sub Main()
        Application.Run(New TextColumns())
    End Sub
    Sub New()
        Text = "Edith Wharton's ""The Age of Innocence"""
        Font = New Font("Times New Roman", 10)
    End Sub
    Protected Overrides Sub DoPage(ByVal grfx As Graphics, _
            ByVal clr As Color, ByVal cx As Integer, ByVal cy As Integer)
        Dim br As New SolidBrush(clr)
        Dim x, iChars, iLines As Integer
        Dim str As String = AgeOfInnocence.Text
        Dim strfmt As New StringFormat()

        ' Einheiten während der Konvertierung auf Punkt einstellen.
        Dim aptf() As PointF = {New PointF(cx, cy)}
        grfx.TransformPoints(CoordinateSpace.Device, CoordinateSpace.Page, aptf)

        grfx.PageUnit = GraphicsUnit.Point
        grfx.TransformPoints(CoordinateSpace.Page, CoordinateSpace.Device, aptf)

        Dim fcx As Single = aptf(0).X
        Dim fcy As Single = aptf(0).Y

        ' StringFormat-Eigenschaften, Flags und Tabstopps.
        strfmt.HotkeyPrefix = HotkeyPrefix.Show
        strfmt.Trimming = StringTrimming.Word
        strfmt.FormatFlags = strfmt.FormatFlags Or StringFormatFlags.NoClip
        strfmt.SetTabStops(0, New Single() {18})

        ' Text anzeigen.
        For x = 0 To CInt(fcx) Step 156
            If (str.Length <= 0) Then Exit For

            Dim rectf As New RectangleF(x, 0, 144, fcy - Font.GetHeight(grfx))
            grfx.DrawString(str, Font, br, rectf, strfmt)
            grfx.MeasureString(str, Font, rectf.Size, strfmt, iChars, iLines)
            str = str.Substring(iChars)
        Next x
    End Sub
End Class
```

Beachten Sie das Einstellen der Eigenschaften, Flags und Tabstopps von *StringFormat*. Ich verwende *HotkeyPrefix.Show* zur Anzeige der unterstrichenen Wörter, *StringTrimming.Word* zur Anzeige eines vollständigen Worts am Rechteckende (jeder Spalte) sowie *StringFormatFlags.NoClip,* damit die Zeilen am unteren Rand des Anzeigerechtecks nicht abgeschnitten werden. Außerdem wird bei 18 Punkt ein Tabstopp gesetzt (dieser sorgt für den Einzug der ersten

Zeile). Die *For*-Schleife wird für jede Spalte einmal durchlaufen. Die Schleife wird erst beendet, wenn der Clientbereich überschritten wird oder der gesamte Text angezeigt wurde. Innerhalb der *For*-Schleife wird die Höhe des Anzeigerechtecks aus der Höhe des Clientbereichs minus der Höhe einer Textzeile berechnet. Das berechnete Rechteck wird anschließend im *DrawString*-Aufruf verwendet. Über den *MeasureString*-Aufruf wird ermittelt, wie viel Text von dem *DrawString*-Aufruf angezeigt wurde. Anschließend bereitet die Methode *SubString* der Klasse *String* die Zeichenfolge auf den nächsten Schleifendurchlauf vor.

Hier eine Beispielanzeige:

```
┌─ Edith Wharton's "The Age of Innocence" ──────────────────── _ □ X ┐
│ On a January evening of the early   winter in the shabby red and gold    hearing of music.                │
│ seventies, Christine Nilsson was    boxes of the sociable old                It was Madame Nilsson':       │
│ singing in Faust at the Academy     Academy. Conservatives               appearance that winter, and w     │
│ of Music in New York.               cherished it for being small and     the daily press had already       │
│    Though there was already         inconvenient, and thus keeping       learned to describe as "an        │
│ talk of the erection, in remote     out the "new people" whom New        exceptionally brilliant audier    │
│ metropolitan distances "above the   York was beginning to dread and      had gathered to hear her,         │
│ Forties," of a new Opera House      yet be drawn to; and the             transported through the slipp     │
│ which should compete in             sentimental clung to it for its      snowy streets in private          │
│ costliness and splendour with       historic associations, and the       broughams, in the spacious        │
│ those of the great European         musical for its excellent            family landau, or in the humb     │
│ capitals, the world of fashion was  acoustics, always so problematic     but more convenient "Brown        │
│ still content to reassemble every   a quality in halls built for the     coupé." To come to the Oper       │
└────────────────────────────────────────────────────────────────────┘
```

10 Der Zeitgeber und die Zeit

352	Die Klasse *Timer*
355	Die Struktur *DateTime*
357	Ortszeit und Weltzeit
360	Tick, tick, tick
362	Internationale Kalender
364	Eine lesbare Darstellung
369	Eine einfache, kulturspezifische Uhr
373	Der Retro-Look
377	Eine analoge Uhr
382	Das Boss-Puzzle oder *Jeu de Taquin*

Der Zeitgeber (timer) ist ein Eingabegerät, das eine Anwendung regelmäßig darüber informiert, dass eine bestimmte Zeitspanne abgelaufen ist. Das Zeitintervall wird von der Anwendung vorgegeben, frei formuliert z.B. etwa so: »Stups mich doch bitte alle 0,1 Sekunden an.« Der Zeitgeber löst anschließend 10 Mal pro Sekunde einen Ereignishandler im Programm aus.

In den Namespaces *System.Timers*, *System.Threading* und *System.Windows.Forms* sind drei unterschiedliche Klassen definiert, die alle den Namen *Timer* tragen (aber nicht mit der Visual Basic-Eigenschaft *Timer* verwechselt werden sollten). Ich werde die in *System.Windows.Forms* definierte Klasse *Timer* verwenden, dieser Zeitgeber sollte Microsoft Windows-Programmierern vertraut sein. Er ist gut in die weiteren Windows-Ereignisse integriert und am unkompliziertesten.

Wenngleich der Zeitgeber als Eingabegerät sicherlich nicht mit Tastatur oder Maus konkurrieren kann, ist er überraschend nützlich und findet daher seinen Weg in so manche Windows Forms-Anwendung. Die offensichtlichste Anwendung für einen Zeitgeber ist natürlich eine Uhr, und tatsächlich wird im vorliegenden Kapitel an Uhrprogrammen nicht gespart. Es gibt jedoch auch andere Anwendungsbereiche für Zeitgeber, die vielleicht nicht so offenkundig sind:

- *Multitasking:* Auch wenn Windows ein Betriebssystem mit präemptivem Multitasking ist, sollte die Steuerung nach der Verarbeitung eines Ereignisses immer möglichst schnell wieder an Windows zurückgegeben werden. Über den Zeitgeber können zeitaufwendige Operationen in mehrere Abschnitte unterteilt werden, die jeweils nach Erhalt eines Zeitgeberereignisses verarbeitet werden.

- *Aktuelle Statusmeldungen:* Zeitgeber können zur Echtzeitanzeige von sich ständig verändernden Informationen eingesetzt werden und so z.B. Informationen zur Ressourcennutzung liefern oder über den Fortschritt einer ausgeführten Operation Aufschluss geben.
- *Automatische Speicherung:* Der Zeitgeber kann eine Anwendung nach Ablauf einer bestimmten Zeitspanne auffordern, die Daten eines Benutzers auf der Festplatte zu speichern.
- *Beenden von Demoversionen:* Viele Demoversionen von Softwareprodukten sind so eingestellt, dass sie nach einer Nutzungsdauer von z.B. 30 Minuten wieder beendet werden. Der Zeitgeber kann einer solchen Anwendung signalisieren, wann diese Nutzungsdauer abgelaufen ist. (Ein Beispiel hierfür ist das Programm CloseInFive, das in Kürze vorgestellt wird.)
- *Systemunabhängiger Takt:* Optimale Ergebnisse bei Spielegrafiken und der Anzeige aufeinander folgender Bildschirme in computergestützten Lernprogrammen (Computer Assisted Instruction, CAI) lassen sich üblicherweise nur durch eine konstante Verarbeitungsgeschwindigkeit erzielen. Der Zeitgeber verhindert Unregelmäßigkeiten, die sich durch unterschiedliche Taktfrequenzen der Benutzersysteme ergeben können. Der Zeitgeber wird z.B. häufig für Animationen eingesetzt.

Sie können sich den Zeitgeber auch als eine Art Garantie dafür vorstellen, dass ein Programm irgendwann in der Zukunft die Steuerung zurückerhält. Ein Programm kann nach der Ausführung von Konstruktor- oder Ereignishandlercode und nach Abgabe der Steuerung üblicherweise nicht bestimmen, wann das nächste Ereignis eintritt. Der Zeitgeber ist da ein verlässlicheres Mittel.

Ich sage *verlässlicher*, da auch der Zeitgeber nicht mit der Gleichmäßigkeit eines Metronoms arbeitet. Die durch die Klasse *Timer* ausgelösten Ereignisse erfolgen in Abstimmung mit den anderen Ereignissen. Mit anderen Worten: Ein Zeitgeber unterbricht niemals die Verarbeitung eines anderen Ereignisses im selben Ausführungsthread. Erfordert eine umfangreiche Operation viel Zeit, wird das Zeitgeberereignis aufgeschoben.

Die Klasse *Timer*

Die Klasse *Timer* ist klein und relativ einfach aufgebaut. Sie erstellen ein *Timer*-Objekt üblicherweise mithilfe des Standardkonstruktors:

```
Dim tmr As New Timer()
```

Die Klasse *Timer* weist ein Ereignis auf:

Timer-Ereignis

Ereignis	Methode	Delegat	Argument
Tick	OnTick	EventHandler	EventArgs

Irgendwo in Ihrer Klasse definieren Sie einen Ereignishandler für den Zeitgeber:

```
Sub TimerOnTick(ByVal obj As Object, ByVal ea As EventArgs)
    ⋮
End Sub
```

Sie können diesem Ereignishandler natürlich einen beliebigen Namen geben. Anschließend binden Sie ihn an das erstellte *Timer*-Objekt:

```
AddHandler tmr.Tick, AddressOf TimerOnTick
```

Die Klasse *Timer* verfügt lediglich über zwei Eigenschaften:

Timer-**Eigenschaften**

Eigenschaft	Typ	Zugriff	Beschreibung
Interval	*Integer*	Get/Set	Länge eines Ticks in Millisekunden
Enabled	*Boolean*	Get/Set	Wird auf *True* gesetzt, wenn der Zeitgeber läuft

Sie setzen die Eigenschaft *Interval* auf die Anzahl der Millisekunden, die zwischen zwei Ereignishandleraufrufen verstreichen soll. Diese Zeitspanne wird auch als *Tick* bezeichnet. Die folgende Anweisung setzt die Ticklänge beispielsweise auf 1 Sekunde:

```
tmr.Interval = 1000
```

Obwohl Sie die Eigenschaft *Interval* theoretisch auch auf den Wert 1 setzen können, wird damit nicht garantiert, dass Sie auch eine Ticklänge von 1 Millisekunde erhalten. Windows XP ruft Ihren Ereignishandler beispielsweise selbst bei einer *Interval*-Einstellung von 1 nur etwa alle 10 Millisekunden auf.

Windows rundet die angegebenen Intervalle auf das nächstgrößere Vielfache einer Zeiteinheit der internen Systemuhr. Unter Windows XP führen die *Interval*-Werte 11 bis 20 zu einer tatsächlichen Intervalllänge von 20 Millisekunden. Ein *Interval*-Wert von 20 bedeutet jedoch nicht, dass Sie genau 50 Aufrufe pro Sekunde erhalten. Wird ein Zeitgeberereignis um mehr als 20 Millisekunden aufgeschoben, wird es mit dem nächsten Zeitgeberereignis zusammengefasst. Es gibt niemals mehrere noch ausstehende Zeitgeberereignisse. (Wenn Sie einen Zeitgeber benötigen, der häufiger ausgelöst wird und genauer ist, sehen Sie sich einmal den asynchronen Zeitgeber im Namespace *System.Threading* an.)

Sie erhalten jedoch erst dann auch wirklich Ereignishandleraufrufe, wenn Sie den Zeitgeber aktivieren:

```
tmr.Enabled = True
```

Alternativ können Sie die beiden folgenden Methoden einsetzen:

Timer-**Methoden (Auswahl)**

```
Sub Start()
Sub Stop()
```

Der Aufruf von *Start* bewirkt dasselbe wie die *Enabled*-Einstellung *True*, der Aufruf von *Stop* entspricht der *Enabled*-Einstellung *False*. Sie können alle *Timer*-Eigenschaften im Ereignishandler für den Zeitgeber ändern und damit den Zeitgeber zurücksetzen. Denken Sie daran, dass dem Ereignishandler im ersten Argument das mit dem Ereignishandler verknüpfte Objekt übergeben wird, in diesem Fall das *Timer*-Objekt. Daher ist folgende Typumwandlung möglich:

```
Dim tmr As Timer = DirectCast(obj, Timer)
```

Hier ein Programm mit einem einmalig ausgelösten Zeitgeber (one-shot timer), der nach der Erledigung seiner Aufgabe im zugehörigen Ereignishandler gleich wieder deaktiviert wird.

CloseInFive.vb

```
Imports System
Imports System.Drawing
Imports System.Windows.Forms
Class CloseInFive
    Inherits Form
```

```
    Shared Sub Main()
        Application.Run(New CloseInFive())
    End Sub
    Sub New()
        Text = "Closing in Five Minutes"
        Dim tmr As New Timer()
        tmr.Interval = 5 * 60 * 1000
        AddHandler tmr.Tick, AddressOf TimerOnTick
        tmr.Enabled = True
    End Sub
    Private Sub TimerOnTick(ByVal obj As Object, ByVal ea As EventArgs)
        Dim tmr As Timer = DirectCast(obj, Timer)
        tmr.Stop()
        RemoveHandler tmr.Tick, AddressOf TimerOnTick
        Close()
    End Sub
End Class
```

Der Ereignishandler deaktiviert in diesem Fall nicht nur den Zeitgeber, sondern schließt auch das Programm. Dieses Programm ist ein Beispiel für die Implementierung eines Demofeatures, mit dem der Benutzer eine Anwendung zwar mit ihrem vollen Leistungsumfang, aber nur für eine gewisse Zeit nutzen kann.

Beim Schließen des Programms ist es nicht erforderlich, den Zeitgeber zu stoppen und den Ereignishandler abzukoppeln. Wenn Sie den Zeitgeber allerdings tatsächlich nur einmal einsetzen, ist diese Vorgehensweise empfehlenswert: Das *Timer*-Objekt wird auf diese Weise für die Garbage Collection freigegeben.

Nachfolgend sehen Sie das andere Extrem zu CloseInFive, ein hypnotisierend wirkendes Programm, das den Zeitgeber einmal einstellt und dann endlos ausgeführt wird.

RandomRectangle.vb
```
Imports System
Imports System.Drawing
Imports System.Windows.Forms
Class RandomRectangle
    Inherits Form
    Shared Sub Main()
        Application.Run(New RandomRectangle())
    End Sub
    Sub New()
        Text = "Random Rectangle"
        Dim tmr As New Timer()
        tmr.Interval = 1
        AddHandler tmr.Tick, AddressOf TimerOnTick
        tmr.Start()
    End Sub
    Private Sub TimerOnTick(ByVal obj As Object, ByVal ea As EventArgs)
        Dim rand As New Random()
        Dim x1 As Integer = rand.Next(ClientSize.Width)
        Dim x2 As Integer = rand.Next(ClientSize.Width)
```

```
        Dim y1 As Integer = rand.Next(ClientSize.Height)
        Dim y2 As Integer = rand.Next(ClientSize.Height)
        Dim clr As Color = Color.FromArgb(rand.Next(256), _
                                          rand.Next(256), _
                                          rand.Next(256))
        Dim grfx As Graphics = CreateGraphics()
        grfx.FillRectangle(New SolidBrush(clr), _
                           Math.Min(x1, x2), Math.Min(y1, y2), _
                           Math.Abs(x2 - x1), Math.Abs(y2 - y1))
        grfx.Dispose()
    End Sub
End Class
```

Die Struktur *DateTime*

Wenn Sie ein Uhrprogramm schreiben möchten, müssen Sie wissen, wie Uhrzeit und Datum im Microsoft .NET Framework dargestellt werden.

Die für Datum und Uhrzeit wichtigste Struktur heißt *DateTime* und ist im Namespace *System* definiert. Sie können ein Objekt vom Typ *DateTime* über einen seiner sieben Konstruktoren erstellen, von denen nachfolgend drei aufgelistet werden:

DateTime-Konstruktoren (Auswahl)

```
DateTime(ByVal year As Integer, ByVal month As Integer, ByVal day As Integer)
DateTime(ByVal year As Integer, ByVal month As Integer, ByVal day As Integer,
     ByVal hour As Integer, ByVal minute As Integer, ByVal second As Integer)
DateTime(ByVal year As Integer, ByVal month As Integer, ByVal day As Integer,
     ByVal hour As Integer, ByVal minute As Integer, ByVal second As Integer,
     ByVal msec As Integer)
```

Das Jahr kann von 1 bis 9999 reichen, die Monate von 1 bis 12, die Tage von 1 bis zur Anzahl der Tage im jeweiligen Monat und Jahr, die Stunden können zwischen 0 und 23, die Minuten und Sekunden zwischen 0 und 59, die Millisekunden zwischen 0 und 999 liegen. Liegt eines der Argumente nicht im gültigen Bereich, löst der Konstruktor eine Ausnahme aus.

Der *DateTime*-Konstruktor löst auch für unzulässige Kombinationen aus Jahr, Monat und Tag einen Ausnahmefehler aus. Beispielsweise ist der Monatswert 2 in Kombination mit einem Tageswert von 29 nur für Schaltjahre zulässig. Dieser *DateTime*-Konstruktor verwendet die Schaltjahrregelung des Gregorianischen Kalenders (der 1582 von Papst Gregor XIII. eingeführt und in den folgenden Jahrhunderten in aller Welt übernommen wurde). Der Gregorianische Kalender definiert ein Schaltjahr folgendermaßen: Alle Jahre, deren Jahreszahl durch 4 teilbar ist, sind Schaltjahre. Ist die Jahreszahl allerdings durch 100 teilbar, ist das entsprechende Jahr kein Schaltjahr. Eine Ausnahme von dieser letzten Regel bilden alle Jahre, die durch 400 teilbar sind. Nach dieser Regelung ist das Jahr 1900 z.B. kein Schaltjahr, das Jahr 2000 jedoch schon. (Vor der Gregorianischen Kalenderreform war ausnahmslos jedes vierte Jahr ein Schaltjahr.) Der *DateTime*-Konstruktor wendet diese Schaltjahrregelung auch auf die Jahre vor der Gregorianischen Kalenderreform an.

DateTime besitzt 15 schreibgeschützte Eigenschaften, hier sind 10 davon:

DateTime-Eigenschaften (Auswahl)

Eigenschaft	Typ	Zugriff	Beschreibung
Year	Integer	Get	Jahr: 1 bis 9999
Month	Integer	Get	Monat: 1 bis 12
Day	Integer	Get	Tag: 1 bis 31
Hour	Integer	Get	Stunde: 0 bis 23
Minute	Integer	Get	Minute: 0 bis 59
Second	Integer	Get	Sekunde: 0 bis 59
Millisecond	Integer	Get	Millisekunde: 0 bis 999
DayOfWeek	Integer	Get	Wochentag: 0 (Sonntag) bis 6 (Samstag)
DayOfYear	Integer	Get	Tag im Jahr: 1 bis 366
Date	DateTime	Get	Datum, Zeit auf 0 gestellt (Mitternacht)

Die ersten sieben Eigenschaften sind die üblichen Bestandteile einer Datums- und Uhrzeitangabe und stimmen mit den im Konstruktor eingestellten Werten überein. Die Eigenschaften *DayOfWeek* und *DayOfYear* liefern zusätzliche Datumsinformationen. Die Eigenschaft *Date* gibt ein *DateTime*-Objekt zurück, das denselben Tag wie das aktuelle *DateTime*-Objekt angibt, bei dem jedoch die Eigenschaften *Hour*, *Minute*, *Second* und *Millisecond* auf 0 gestellt sind.

DateTime verfügt über drei shared Eigenschaften, die besonders nützlich sind:

DateTime-Eigenschaften (*Shared*)

Eigenschaft	Typ	Zugriff	Beschreibung
Now	DateTime	Get	Aktuelles Datum und aktuelle Uhrzeit am Ort
Today	DateTime	Get	Aktuelles Datum am Ort
UtcNow	DateTime	Get	Aktuelles Datum und aktuelle Uhrzeit im UTC-Format

Visual Basic .NET definiert die Eigenschaften *Now*, *Today* und *TimeOfDay*, welche die Struktur *DateTime* verwenden und etwas mehr Möglichkeiten bieten. Sie können das aktuelle Datum und die aktuelle Zeit folgendermaßen einfacher abrufen:

```
Dim dt As DateTime = Now
```

Die Visual Basic-Eigenschaften *Today* und *TimeOfDay* sind schreibbar, sodass Sie damit auch vom Programm aus das Systemdatum und die Systemzeit einstellen können, zum Beispiel so:

```
Today = New DateTime(2002, 8, 29)
```

Sie können mit den Visual Basic-Funktionen *DateSerial* und *TimeSerial* auch neue *DateTime*-Objekte erstellen.

Die Eigenschaft *DateTime.Now* gibt eine *DateTime*-Struktur mit den aktuellen örtlichen Werten für Uhrzeit und Datum zurück. Durch folgenden Aufruf erhalten Sie beispielsweise das aktuelle Datum und die Uhrzeit:

```
Dim dt As DateTime = DateTime.Now
```

Anschließend können Sie die *DateTime*-Eigenschaften in *dt* zum Abrufen der einzelnen Komponenten von Datum und Uhrzeit einsetzen. Die Eigenschaft *DateTime.Today* funktioniert ähnlich, gibt jedoch eine *DateTime*-Struktur zurück, die nur Aufschluss über das aktuelle Datum gibt (alle Zeitkomponenten sind auf 0 gestellt).

Die shared Eigenschaft *UtcNow* gibt eine *DateTime*-Struktur mit dem aktuellen Datum und der Uhrzeit im UTC-Format (Coordinated Universal Time) zurück, auf die ich im nächsten Abschnitt zu sprechen komme.

Die *DateTime*-Struktur enthält verschiedene Methoden und überladene Operatoren, mit denen Sie Datums- und Uhrzeitberechnungen durchführen können. Vergleichsoperationen werden durch die folgenden Operatoren unterstützt.

***DateTime*-Operatoren (Auswahl)**

```
op_Equality(dt1 As DateTime, dt2 As DateTime) As Boolean
op_InEquality(dt1 As DateTime, dt2 As DateTime) As Boolean
op_GreaterThan(dt1 As DateTime, dt2 As DateTime) As Boolean
op_LessThan(dt1 As DateTime, dt2 As DateTime) As Boolean
op_GreaterThanOrEqual(dt1 As DateTime, dt2 As DateTime) As Boolean
op_LessThanOrEqual(dt1 As DateTime, dt2 As DateTime) As Boolean
```

Addition und Subtraktion werden ebenfalls unterstützt, für diese Operationen werden jedoch *TimeSpan*-Objekte benötigt, die ich gleich näher erläutern werde.

Ortszeit und Weltzeit

Wohl jeder Mensch auf der ganzen Welt stellt sich unter »Mittag« den Zeitpunkt vor, an dem die Sonne ihren höchsten Stand am Himmel erreicht, und verbindet mit »Mitternacht« die Mitte der Nacht. Da diese beiden Ereignisse jedoch nicht überall auf der Erde zur gleichen Zeit eintreten, stellen die Menschen ihre Uhren je nach Standort anders. Um Ordnung in das Chaos zu bringen, wurden die Zeitzonen eingeführt. Sie geben die Uhrzeit als Differenz zur Greenwich Mean Time (GMT) in ganzen oder halben Stunden an.

Der Ort Greenwich in England spielte aufgrund des dortigen Royal Greenwich Observatory (RGO) bei der Entwicklung der Zeitstandards eine wichtige Rolle. Die Sternwarte von Greenwich wurde 1675 gegründet und setzte es sich zum Ziel, Verfahren für die astronomische Navigation bei der Seefahrt zu entwickeln. Um 1760 begann die Sternwarte Greenwich mit der Veröffentlichung nautischer Handbücher, in denen der Nullmeridian (der 0. Längengrad) per Definition als durch Greenwich verlaufend vorausgesetzt wurde. Dieses System wurde 1884 als Weltstandard übernommen, nur für die Franzosen war noch bis 1911 Paris der Nullmeridian.

1833 hatten die Greenwicher Astronomen damit begonnen, täglich um 13.00 Uhr für die Schiffe auf der Themse (per Teleskop) sichtbar einen Stundenball vom Dach der Sternwarte fallen zu lassen – der Begriff »Greenwich Mean Time« war geboren. 1840 wurde die Greenwich Mean Time zur Standardzeit für ganz Großbritannien erklärt und ersetzte damit die bis dahin geltenden unterschiedlichen Ortszeiten.

Wenngleich die Greenwich Mean Time auch weiterhin häufig als Weltzeit bezeichnet wird, lautet die wissenschaftlich korrekte Bezeichnung für die Weltzeit *Coordinated Universal Time.* (UTC; der Begriff Coordinated Universal Time wird in einer Art Kompromiss zwischen der englischen Wortreihenfolge, die abgekürzt eigentlich CUT lauten müsste, und der französischen *Temps Universel Coordonné* [TUC] mit UTC abgekürzt.) Das Zeitsystem UTC wurde in einer internationalen Vereinbarung von 1972 als weltweiter Standard eingeführt; die UTC ist damit überall auf der Welt dieselbe.

Der Zeitgeber und die Zeit

Die jeweilige Ortszeit wird als positive oder negative Differenz zu UTC angegeben. Zeitzonen westlich von Greenwich hinken der UTC hinterher, Zeitzonen östlich von Greenwich sind ihr voraus. Die Eastern Standard Time an der Ostküste der Vereinigten Staaten entspricht beispielsweise UTC minus 5 Stunden. Dieser Wert ist *nicht* identisch mit UTC plus 19 Stunden. Eine solche Berechnung führt zwar zur richtigen Uhrzeit, jedoch zu einem falschen Datum.

Darüber hinaus muss ein seltsamer Brauch berücksichtig werden, nämlich die Umstellung zwischen Winter- und Sommerzeit. Das zugrunde liegende Prinzip ist einfach: Je näher die Sommersonnenwende, desto eher geht die Sonne auf und desto später unter, daher fällt das Aufstehen leichter und abends kann die Sonne länger genossen werden. Einige Länder haben daher eine Umstellung zwischen Sommer- und Winterzeit eingeführt, andere jedoch nicht. Darüber hinaus findet bei den Ländern mit Sommer- und Winterzeit die Umstellung häufig nicht am selben Tag statt. Es kommt sogar vor, dass innerhalb eines Landes (z.B. in den Vereinigten Staaten) die Umstellung zwischen Sommer- und Winterzeit in einigen Bundesstaaten erfolgt, in anderen jedoch nicht.

Unter Windows können Sie die Zeitzone für Ihren Computer mithilfe des Dialogfelds *Eigenschaften von Datum/Uhrzeit* festlegen. Sie öffnen dieses Dialogfeld über die Systemsteuerung oder durch einen Doppelklick auf die Uhrzeit in der Windows-Taskleiste. In diesem Dialogfeld können Sie auch festlegen, ob eine automatische Umstellung zwischen Sommer- und Winterzeit erfolgen soll. Für einen bestimmten Computer ist die Ortszeit lediglich die Differenz zur UTC; diese Differenz berücksichtigt die örtliche Zeitzone und die Einstellung von Sommer-/Winterzeit.

Die *DateTime*-Struktur selbst impliziert weder UTC noch Ortszeit. Wenn Sie einen der *DateTime*-Konstruktoren einsetzen, geben Sie zwar ein Datum und eine Uhrzeit an, hierbei könnte es sich aber um die UTC, eine Ortszeit, Datum und Uhrzeit Ihrer Geburt oder auch etwas ganz anderes handeln.

Wie bereits erwähnt, geben die Eigenschaften *Now* und *Today* örtliche Datums- und Uhrzeitwerte zurück, und *UtcNow* liefert abhängig von den Zeitzoneneinstellungen des jeweiligen Rechners einen UTC-Wert. Sie können die im *DateTime*-Objekt gespeicherte Zeit mithilfe folgender Methoden von der Ortszeit in UTC und umgekehrt umwandeln:

DateTime-Methoden (Auswahl)

```
Function ToLocalTime() As DateTime
Function ToUniversalTime() As DateTime
```

Enthält die Variable *dtLocal* beispielsweise einen Datums- und Uhrzeitwert, der auf eine bestimmte Zeitzone bezogen ist, können Sie diesen folgendermaßen in UTC-Werte konvertieren:

```
Dim dtUtc As DateTime = dtLocal.ToUniversalTime()
```

Enthält *dtLocal* tatsächlich einen UTC-Zeitwert, liefert dieser Aufruf kein sinnvolles Ergebnis. Sie selbst müssen im Auge behalten, welcher Zeitzone das *DateTime*-Objekt zugeordnet ist.

Informationen zur auf einem Rechner eingestellten Zeitzone und einer eventuellen Umstellung zwischen Sommer-/Winterzeit erhalten Sie über die im Namespace *System* definierte Klasse *TimeZone*. Die Klasse *TimeZone* ist mit *MustInherit* definiert, d.h., Sie können nicht die Klasse selbst, sondern nur Unterklassen von *TimeZone* instanziieren. Die Klasse bietet dennoch einige nützliche Informationen. *TimeZone* verfügt über eine shared Eigenschaft, die eine Instanz der Klasse liefert. Diese Instanz gibt die auf dem aktuellen Rechner eingestellte Zeitzone an:

TimeZone-Eigenschaft (*Shared*)

Eigenschaft	Typ	Zugriff
CurrentTimeZone	*TimeZone*	Get

In dem Aufruf

```
Dim tz As TimeZone = TimeZone.CurrentTimeZone
```

ist *tz* die auf dem Computer eingestellte Zeitzone. Die beiden folgenden nicht shared Eigenschaften liefern den Namen der jeweiligen Zeitzone:

TimeZone-Eigenschaften

Eigenschaft	Typ	Zugriff
StandardName	String	Get/Set
DaylightName	String	Get/Set

Wenn Ihr Rechner beispielsweise auf die Zeitzone für die Ostküste der Vereinigten Staaten eingestellt ist und Sie die Variable *tz* wie gezeigt zugewiesen haben, liefert die Eigenschaft *tz.StandardName* den Wert »Eastern Standard Time«, und von *tz.DaylightName* wird der Wert »Eastern Daylight Time« zurückgegeben.

Hier sind die *TimeZone*-Methoden:

TimeZone-Methoden

```
Function GetUtcOffset(ByVal dt As DateTime) As TimeSpan
Function ToLocalTime(ByVal dt As DateTime) As DateTime
Function ToUniversalTime(ByVal dt As DateTime) As DateTime
Function GetDaylightChanges(ByVal iYear As Integer) As DaylightTime
Function IsDaylightSavingTime(ByVal dt As DateTime) As Boolean
Function IsDaylightSavingTime(ByVal dt As DateTime, ByVal dlt As DaylightTime) As Boolean
```

Die Methode *GetUtcOffset* liefert die Differenz zur UTC für eine bestimmte Zeitzone als *TimeSpan*-Objekt. (Ich werde das *TimeSpan*-Objekt gleich noch näher erläutern. Fürs Erste reicht es zu wissen, dass *TimeSpan* eine im Namespace *System* definierte Struktur ist, mit der Zeitspannen in Einheiten von 100 Nanosekunden ausgedrückt werden.) *GetUtcOffset* berücksichtigt außerdem Sommer- und Winterzeit. Im Beispiel des auf die Ostküste der Vereinigten Staaten eingestellten Rechners liefert folgender Methodenaufruf

```
tz.GetUtcOffset(New DateTime(2002, 2, 2))
```

den Wert –5:00:00, was –5 Stunden entspricht. Zum Erhalt der Eastern Standard Time müssen Sie also diesen Wert zu dem UTC-Wert addieren. Der Methodenaufruf

```
tz.GetUtcOffset(New DateTime(2002, 8, 29))
```

gibt den Wert –4:00:00 zurück, was –4 Stunden entspricht. In diesem Ergebnis ist also die Umstellung auf die Sommerzeit berücksichtigt.

Die Methoden *ToLocalTime* und *ToUniversalTime* ähneln den Methoden in der *DateTime*-Struktur, basieren jedoch auf einem bestimmten *TimeZone*-Objekt. Wenn die Möglichkeit bestünde, *TimeZone*-Objekte für andere Zeitzonen abzurufen, könnten diese Methoden zur Konvertierung von Orts- und UTC-Zeit in andere Zeitzonen eingesetzt werden.

Die Anweisung

```
Dim dlt As DaylightTime = tz.GetDaylightChanges(2002)
```

gibt ein Objekt vom Typ *DaylightTime* zurück, eine im Namespace *System.Globalization* definierte Klasse. Die Klasse *DaylightTime* weist drei Eigenschaften auf:

DaylightTime-Eigenschaften

Eigenschaft	Typ	Zugriff
Start	DateTime	Get
End	DateTime	Get
Delta	TimeSpan	Get

Die Eigenschaften *Start* und *End* geben für den Beginn der Sommerzeit den 7. April 2002, 2 Uhr an bzw. für das Ende der Sommerzeit den 27. Oktober 2002, 2.00 Uhr (beide Umstellungen erfolgen an einem Sonntagmorgen). Der *Delta*-Wert gibt die Zeitdifferenz an, hier eine Stunde.

Für Zeitzonen der nördlichen Hemisphäre liegt *Start* im Jahresverlauf vor *End*. Bei den Zeitzonen der südlichen Hemisphäre verhält es sich genau umgekehrt: Die Sommerzeit beginnt später im Jahr und endet früh im darauffolgenden Jahr.

Tick, tick, tick

Datum und Uhrzeit können auch in Einheiten von 100 Nanosekunden (Ticks) angegeben werden. Intern speichert die *DateTime*-Struktur Datum und Uhrzeit als Anzahl der Ticks seit Mitternacht des 1. Januar des Jahres 1 unserer Zeitrechnung. Die beiden anderen *DateTime*-Eigenschaften liefern darüber hinaus auch die Anzahl der Ticks seit Mitternacht des aktuellen Tages:

DateTime-Eigenschaften (Auswahl)

Eigenschaft	Typ	Zugriff	Beschreibung
Ticks	Long	Get	100-Nanosekunden-Intervalle seit dem 01.01.0001
TimeOfDay	TimeSpan	Get	Tageszeit als Ticks seit Mitternacht

Wie Sie bereits wissen, ist ein *Long*-Wert 64 Bits lang und eignet sich daher für die Speicherung dieser sehr großen Zahlenwerte. Beachten Sie, dass die Eigenschaft *TimeOfDay* ein Objekt vom Typ *TimeSpan* liefert, das die jeweilige Zeitspanne in Einheiten von 100 Nanosekunden ausdrückt. Aber Achtung: Die Visual Basic-Eigenschaft *TimeOfDay* gibt ein Objekt vom Typ *DateTime* zurück.

Für den 1. Januar 2001 liefert die Eigenschaft *Ticks* den Wert 631.139.040.000.000.000. Dabei gilt: 10.000 Ticks pro Millisekunde, 10.000.000 pro Sekunde, 600.000.000 pro Minute, 36.000.000.000 pro Stunde und 864.000.000.000 pro Tag. (Alle diese konstanten Werte stehen übrigens in der *TimeSpan*-Struktur als Felder zur Verfügung.) Damit sind in diesen 2000 Jahren 730.485 Tage vergangen, was durchschnittlich 365,2425 Tagen pro Jahr entspricht.

Dieser Durchschnittswert gilt für den Gregorianischen Kalender, nach dem die meisten Jahre aus 365 Tagen bestehen. Ein zusätzlicher Tag alle vier Jahre erhöht den Durchschnittswert um 0,25. Durch den fehlenden Tag alle 100 Jahre wird der Durchschnittswert um 0,01 gesenkt. Durch den zusätzlichen Tag alle 400 Jahre wird der Durchschnittswert wieder um 0,0025 erhöht. Anders ausgedrückt:

$365 + 1/4 - 1/100 + 1/400 = 365,2425$

Sie können ein *DateTime*-Objekt über einen *Long*-Wert erstellen, mit dem die Anzahl der Ticks seit dem 1. Januar des Jahres 1 unserer Zeitrechnung angegeben wird:

DateTime-Konstruktoren (Auswahl)

```
DateTime(ByVal ticks As Long)
```

Sie können *TimeSpan*-Objekte auf ähnliche Weise erstellen, auch ein *TimeSpan*-Objekt mit expliziten Tages- und Zeitwerten. Hier eine vollständige Liste der *TimeSpan*-Konstruktoren:

TimeSpan-Konstruktoren

```
TimeSpan(ByVal ticks As Long)
TimeSpan(ByVal hours As Integer, ByVal minutes As Integer, ByVal seconds As Integer)
TimeSpan(ByVal days As Integer, ByVal hours As Integer, ByVal minutes As Integer, ByVal seconds As Integer)
TimeSpan(ByVal days As Integer, ByVal hours As Integer, ByVal minutes As Integer, ByVal seconds As Integer,
     ByVal milliseconds As Integer)
```

Die Konstruktoren von *DateTime* und *TimeSpan* ähneln sich sehr stark, daher ist es wichtig, den Unterschied zwischen diesen Strukturen zu verstehen. Ein *DateTime*-Objekt stellt ein bestimmtes Datum und eine bestimmte Uhrzeit dar; die *Ticks*-Eigenschaft von *DateTime* gibt die Anzahl der 100-Nanosekunden-Intervalle seit dem 1. Januar des Jahres 1 an.

Ein *TimeSpan*-Objekt ist dagegen eine Zeitspanne. Beachten Sie, dass die Argumente der *TimeSpan*-Konstruktoren keinen bestimmten Tag, keine bestimmte Stunde, Minute, Sekunde oder Millisekunde darstellen. Sie liefern vielmehr eine bestimmte *Anzahl* von Tagen, Stunden usw. Es gibt keine *TimeSpan*-Konstruktoren für Monate und Jahre, da weder Monate noch Jahre immer über dieselbe Anzahl von Tagen verfügen.

Während für die Argumentwerte der *DateTime*-Konstruktoren Einschränkungen gelten, können den *TimeSpan*-Konstruktoren beliebige Werte übergeben werden. Dieser Ausdruck beispielsweise:

```
Dim ts As New TimeSpan(1000, 1000, 1000, 1000, 1000)
```

ist ohne weiteres zulässig.

Nachfolgend sehen Sie eine vollständige Liste der *TimeSpan*-Eigenschaften:

TimeSpan-Eigenschaften

Eigenschaft	Typ	Zugriff	Beschreibung
Ticks	*Long*	Get	Anzahl der 100-Nanosekunden-Intervalle
Days	*Integer*	Get	Anzahl der ganzen Tage
Hours	*Integer*	Get	Stunden: 0 bis 23
Minutes	*Integer*	Get	Minuten: 0 bis 59
Seconds	*Integer*	Get	Sekunden: 0 bis 59
Milliseconds	*Integer*	Get	Millisekunden: 0 bis 999
TotalDays	*Double*	Get	= *Ticks / TicksPerDay*
TotalHours	*Double*	Get	= *Ticks / TicksPerHour*
TotalMinutes	*Double*	Get	= *Ticks / TicksPerMinute*
TotalSeconds	*Double*	Get	= *Ticks / TicksPerSecond*
TotalMilliseconds	*Double*	Get	= *Ticks / TicksPerMillisecond*

Bei den letzten fünf Eigenschaften habe ich angegeben, wie sie aus den Feldern der *TimeSpan*-Struktur berechnet werden.

Ich habe bereits erwähnt, dass die *DateTime*-Struktur einen Additionsoperator definiert. Hierbei können jedoch nur *TimeSpan*-Objekte auf *DateTime*-Objekte addiert werden. Sind *dt*, *dt1* und *dt2* als *DateTime*-Objekte definiert und handelt es sich bei *ts* um ein *TimeSpan*-Objekt, ist folgende Addition möglich:

```
dt2 = DateTime.op_Addition(dt1, ts)
```

Mit der folgenden Addition können Sie einen Zeit- und Datumswert um 45 Minuten erhöhen:

```
dt = DateTime.op_Addition(dt, New TimeSpan(0, 45, 0))
```

oder um 1 Woche:

```
dt = DateTime.op_Addition(dt, New TimeSpan(7, 0, 0, 0))
```

Diese Art der Berechnung ist der sicherste Weg. (Sicher sind auch der Einsatz der verschiedenen *Add*-Methoden der Klasse *DateTime* oder die Visual Basic-Funktion *DateAdd*.) Der Subtraktionsoperator ist auf zwei Arten definiert. Sie können einen Datums- und Zeitwert von einem anderen subtrahieren, um ein *TimeSpan*-Objekt zu erhalten:

```
ts = DateTime.op_Subtraction(dt2, dt1)
```

Sie können aber auch ein *TimeSpan*-Objekt von einem *DateTime*-Objekt subtrahieren, um ein weiteres *DateTime*-Objekt zu erhalten, wie diese Anweisung zeigt:

```
dt2 = DateTime.op_Subtraction(dt1, ts)
```

TimeSpan-Objekte können außerdem mit den Operatoren der Struktur *TimeSpan* zueinander addiert bzw. voneinander subtrahiert oder miteinander verglichen werden.

Internationale Kalender

Hier die letzten drei Konstruktoren für *DateTime*:

DateTime-Konstruktoren (Auswahl)

```
DateTime(ByVal year As Integer, ByVal month As Integer, ByVal day As Integer, ByVal cal As Calendar)
DateTime(ByVal year As Integer, ByVal month As Integer, ByVal day As Integer, ByVal hour As Integer,
     ByVal minute As Integer, ByVal sec As Integer, ByVal cal As Calendar)
DateTime(ByVal year As Integer, ByVal month As Integer, ByVal day As Integer, ByVal hour As Integer,
     ByVal minute As Integer, ByVal sec As Integer, ByVal msec As Integer, ByVal cal As Calendar)
```

Das letzte Argument ist ein Objekt vom Typ *Calendar*. Dieses Argument gibt an, wie die Argumente für Jahr, Monat und Tag interpretiert werden sollen. Wie ich bereits erwähnte, beziehen sich die Konstruktoren ohne *Calendar*-Argument auf den Gregorianischen Kalender.

Calendar ist eine abstrakte (*MustInherit*) Klasse, die im Namespace *System.Globalization* definiert ist. Dieser Namespace enthält außerdem acht von *Calendar* abgeleitete Klassen:

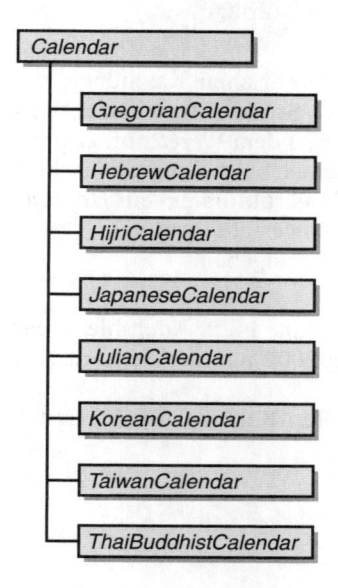

```
Calendar
    ├── GregorianCalendar
    ├── HebrewCalendar
    ├── HijriCalendar
    ├── JapaneseCalendar
    ├── JulianCalendar
    ├── KoreanCalendar
    ├── TaiwanCalendar
    └── ThaiBuddhistCalendar
```

Hijri ist eine andere Bezeichnung für den Islamischen Kalender.

Wenn Sie dem Konstruktor im letzten Argument ein *Calendar*-Objekt übergeben, gelten mehrere Regeln, die die Gültigkeit der Werte sicherstellen. Beispiel:

```
Dim dt As New DateTime(1900, 2, 29)
```

löst eine Ausnahme aus, da das Jahr 1900 im Gregorianischen Kalender kein Schaltjahr ist. Dagegen wird

```
Dim dt As New DateTime(1900, 2, 29, New JulianCalendar())
```

fehlerfrei ausgeführt, da im Julianischen Kalender jede durch 4 teilbare Jahreszahl als Schaltjahr definiert ist.

Wenn Sie diesen Aufruf mit einem *JulianCalendar*-Objekt ausführen und sich anschließend die verschiedenen Eigenschaften der *DateTime*-Struktur ansehen, stellen Sie fest, dass *Month* dem Wert 3 (März) entspricht und *Day* den Wert 13 aufweist. Bei den Eigenschaften *Year*, *Month* und *Day* der *DateTime*-Struktur handelt es sich immer um Datumsangaben nach dem Gregorianischen Kalender. Der Konstruktor konvertiert ein Datum eines bestimmten Kalenders in die Anzahl der Ticks; die *DateTime*-Eigenschaften konvertieren die Anzahl der Ticks in Datumsangaben nach dem Gregorianischen Kalender.

Bei der Einführung des Gregorianischen Kalenders wurden 10 Tage aus dem Kalender gestrichen, auf den 4. Oktober 1582 folgte der 15. Oktober 1582.* Bei folgendem Aufruf

```
dt = New DateTime(1582, 10, 5, New JulianCalendar())
```

---

* Zur Jahrtausendwende wurden verschiedene Bücher zur Geschichte des Julianischen und Gregorianischen Kalenders veröffentlicht. Das vielleicht kompakteste und empfehlenswerteste hiervon ist meiner Meinung nach *Der Jahrtausend-Zahlenzauber. Durch die Scheinwelt numerischer Ordnungen* von Stephen Jay Gould, Frankfurt: Fischer, 2000.

liefert die Eigenschaft *Month* den Wert 10, die Eigenschaft *Day* gibt jedoch folgerichtig den Wert 15 zurück.

Es wird noch interessanter. Angenommen, Sie verwenden folgenden Aufruf:

```
dt = New DateTime(5762, 5, 20, New HebrewCalendar())
```

Doch, doch, hierbei handelt es sich in der Tat um einen Tag im Hebräischen Kalender – der 20. Tag im Monat Shevat im Jahr 5762. Die sich ergebende *DateTime*-Struktur weist eine *Year*-Eigenschaft mit dem Wert 2002 auf, *Month* und *Day* entsprechen jeweils dem Wert 2. Im Grunde handelt es sich hierbei um eine Konvertierung zwischen Hebräischem und Gregorianischem Kalender. Handelt es sich bei dem letzten Argument des *DateTime*-Konstruktors um ein *HebrewCalendar*-Objekt, kann das *Month*-Argument für einige Jahre auf 13 eingestellt werden.

Genauso gut können Sie auch ein Datum des Islamischen Kalenders angeben:

```
dt = New DateTime(1422, 11, 20, New HijriCalendar())
```

Hierbei handelt es sich um den 20. Tag des Monats Dhu'l-Qa'dah im Jahr 1422. Auch hier weist die *DateTime*-Ergebnisstruktur eine *Year*-Eigenschaft mit dem Wert 2002 auf, *Month* und *Day* erhalten den Wert 2.

Zur Konvertierung eines Gregorianischen Datums in einen anderen Kalender ist die Erstellung von Instanzen des jeweiligen Kalenders erforderlich, z.B.:

```
Dim hebrewcal As New HebrewCalendar()
Dim hijrical As New HijriCalendar()
```

Ferner benötigen Sie ein *DateTime*-Objekt:

```
Dim dt As New DateTime(2002, 2, 2)
```

Zur Konvertierung dieses Datums aus dem Gregorianischen Kalender in den Hebräischen oder Islamischen Kalender stehen die folgenden drei Methoden zur Verfügung:

Calendar-Methoden (Auswahl)

```
Function GetYear(ByVal dt As DateTime) As Integer
Function GetMonth(ByVal dt As DateTime) As Integer
Function GetDayOfMonth(ByVal dt As DateTime) As Integer
```

Der Ausdruck

```
hijrical.GetYear(dt)
```

gibt beispielsweise den Wert 1422 zurück.

Eine lesbare Darstellung

Einige der wichtigsten Methoden in der Klasse *DateTime* sind diejenigen, die Datum und Uhrzeit in ein lesbares Format bringen. Diese Konvertierung mag auf den ersten Blick trivial erscheinen, aber haben Sie eine Vorstellung davon, wie viele unterschiedliche Datums- und Uhrzeitformate es weltweit gibt? In einigen Kulturkreisen werden 24-Stunden-Uhren verwendet, andere bevorzugen 12 Stunden und die Angabe von a.m (ante meridiem, vor Mittag) und p.m (post meridiem, nach Mittag). In einigen Kulturkreisen wird der Tag vor dem Monat angegeben, in anderen genau umgekehrt. Wenn das Datum Monatsnamen oder Wochentage enthält, ist es sinnvoll, diese in der Sprache des Benutzers anzuzeigen. Selbst innerhalb eines bestimmten Kulturkreises können sich die persönlichen Vorlieben des Benutzers von den allgemein akzeptierten Standards unterscheiden.

Die Einstellungen dieser von Kulturkreis zu Kulturkreis unterschiedlichen Standards und die Benutzereinstellungen können in Windows XP über die *Regions- und Sprachoptionen* in der Systemsteuerung vorgenommen werden (in anderen Windows-Versionen ist das geringfügig anders). Auf der Registerkarte *Regionale Einstellungen* können Sie das *Gebietsschema* festlegen – diese Einstellung spiegelt sich im Standardformat von Datum und Uhrzeit wider. Sie können nach Betätigen der Schaltfläche *Anpassen* auf den Registerkarten *Uhrzeit* und *Datum* jedoch auch eine andere als die Standardeinstellung wählen. Anzeigeformate für Datum und Uhrzeit, die sich je nach Kulturkreis oder Benutzervorlieben unterscheiden, werden als *kulturspezifisch* bezeichnet.

Obwohl es natürlich generell nett ist, wenn ein Programm Datum und Uhrzeit in einer für den Benutzer lesbaren Weise formatiert, kann dies gelegentlich auch unerwünscht sein. Es gibt Fälle, in denen Datums- und Uhrzeitwerte in Dokumente aufgenommen werden müssen, die von Benutzern anderer Kulturkreise angezeigt oder mit ähnlichen Dokumenten zusammengeführt werden sollen. In diesem Fall sollte ein Programm ein übereinstimmendes Datums- und Uhrzeitformat verwenden, etwa eines, das einem internationalen Standard entspricht. Im .NET Framework lautet der Fachausdruck dafür *kulturinvariant* (also kulturunabhängig).

In den folgenden Beispielen werde ich als Datum den 1. Juni 2002 (in amerikanischer Schreibweise June 1, 2002) und als Uhrzeit den (ebenfalls amerikanisch ausgedrückten) Wert 3:05:01 p.m verwenden. Die Verwendung von einstelligen Werten für Monat, Tag, Stunde, Minute und Sekunde hilft zu verdeutlichen, ob bei der Formatierung führende Nullen unterdrückt werden.

Angenommen, *dt* ist ein *DateTime*-Objekt. Wenn Sie dieses Objekt in einer *Console.Write-Line*-Methode

```
Console.WriteLine(dt)
```

oder in einer *StringFormat*-Methode

```
str = String.Format("{0}", dt)
```

verwenden, wird die *ToString*-Methode der Klasse *DateTime* aufgerufen. Die soeben gezeigte Anweisung ist gleichbedeutend mit:

```
str = dt.ToString()
```

ToString konvertiert Datum und Uhrzeit in eine kulturspezifische Zeichenfolge. Bei US-amerikanischen Einstellungen sieht die von *ToString* zurückgegebene Zeichenfolge so aus:

```
6/1/2002 3:05:01 PM
```

Die *DateTime*-Struktur definiert außerdem verschiedene zusätzliche Versionen von *ToString*, die ein bzw. zwei Argumente erwarten. Diese Versionen von *ToString* liefern verschiedene kulturspezifische und kulturunabhängige Datums- und Uhrzeitformate:

ToString-Methode von *DateTime*

```
Function ToString() As String
Function ToString(ByVal strFormat As String) As String
Function ToString(ByVal ifp As IFormatProvider) As String
Function ToString(ByVal strFormat As String, ByVal ifp As IformatProvider) As String
```

Das Argument *String* ist gewöhnlich ein einzelner Buchstabe, der einen bestimmten Formatierungsstil angibt. Darauf werde ich in Kürze zu sprechen kommen. Bei dem *String*-Argument kann es sich jedoch auch um mehrere Buchstaben zur Beschreibung eines benutzerdefinierten Formats handeln.

Das Argument *IFormatProvider* verweist auf eine Schnittstelle. Für dieses Argument benötigen Sie eine Instanz einer Klasse, die *IFormatProvider* implementiert. Eine solche Klasse ist *DateTimeFormatInfo*, die im Namespace *System.Globalization* definiert ist. (Sie sollten die Dokumentation von *DateTimeFormatInfo* zu Rate ziehen, wenn die von Ihnen benötigte Formatierung über das hier Beschriebene hinausgeht.) Die Klasse *DateTimeFormatInfo* verfügt über zwei shared Eigenschaften, die beide Instanzen der Klasse zurückgeben:

DateTimeFormatInfo-Eigenschaften (*Shared*)

Eigenschaft	Typ	Zugriff
CurrentInfo	*DateTimeFormatInfo*	Get
InvariantInfo	*DateTimeFormatInfo*	Get

Ein kulturunabhängiges (kulturinvariantes) Format erhalten Sie z.B. über folgenden Aufruf:

```
strDT = dt.ToString(DateTimeFormatInfo.InvariantInfo)
```

oder

```
strDT = dt.ToString(strFormat, DateTimeFormatInfo.InvariantInfo)
```

Soll die Formatierung mit den in der Systemsteuerung festgelegten kulturspezifischen Standards und Benutzervorlieben in Einklang stehen, verwenden Sie einen dieser Aufrufe:

```
strDT = dt.ToString(DateTimeFormatInfo.CurrentInfo)
```

oder

```
strDT = dt.ToString(strFormat, DateTimeFormatInfo.CurrentInfo)
```

Ein kulturspezifisches Format erhalten Sie auch dann, wenn Sie im zweiten Argument von *ToString* den Wert *Nothing* übergeben:

```
strDT = dt.ToString(strFormat, Nothing)
```

oder wenn Sie die Variante mit *strFormat* als einzigem Argument benutzen:

```
strDT = dt.ToString(strFormat)
```

Zur Verwendung von Standardformaten für Datum und Uhrzeit verwenden Sie als erstes Argument von *ToString* ein einzelnes Zeichen, wie es in der ersten Spalte der folgenden Tabelle zu sehen ist. Die zweite Tabellenspalte zeigt das sich ergebende Format an, wenn Sie in der Systemsteuerung als Gebietsschema die Vereinigten Staaten eingestellt haben und zusätzlich entweder *Nothing* oder *DateTimeFormatInfo.CurrentInfo* als zweites Argument von *ToString* übergeben oder die *ToString*-Version mit *strFormat*-Argument verwenden. Die Spalte rechts zeigt die formatierte Zeichenfolge, wenn Sie als zweites Argument *DateTimeFormatInfo.InvariantInfo* verwenden. Diese Zeichenfolgen sind unabhängig von den Einstellungen in der Systemsteuerung.

Datums- und Uhrzeitformate von *ToString*

Formatzeichen	Formatargument	
	CurrentInfo für die USA	*InvariantInfo*
d	6/1/2002	06/01/2002
D	Saturday, June 01, 2002	Saturday, 01 June 2002
f	Saturday, June 01, 2002 3:05 PM	Saturday, 01 June 2002 15:05
F	Saturday, June 01, 2002 3:05:01 PM	Saturday, 01 June 2002 15:05:01
g	6/1/2002 3:05 PM	06/01/2002 15:05
G oder *Nothing*	6/1/2002 3:05:01 PM	06/01/2002 15:05:01
m oder M	June 01	June 01
r oder R	Sat, 01 Jun 2002 15:05:01 GMT	Wie *CurrentInfo*
s	2002-06-01T15:05:01	Wie *CurrentInfo*
t	3:05 PM	15:05
T	3:05:01 PM	15:05:01
u	2002-06-01 15:05:01Z	Wie *CurrentInfo*
U	Saturday, June 01, 2002 7:05:01 PM	Saturday, 01 June 2002 19:05:01
y oder Y	June, 2002	2002 June

Die Buchstaben sollen leicht zu behalten sein und richten sich deshalb weitgehend nach den Anfangsbuchstaben der englischen Begriffe:

DateTime-Formatierungsabkürzungen

Buchstabe	Bedeutung
d	Date
f	Full
g	General
m	month/day
r	RFC
s	sortable
t	time
u	universal
y	year/month

Wenn die klein- und großgeschriebene Variante eines Buchstabens zu unterschiedlichen Ergebnissen führt (z.B. bei *d* und *D*), erzeugt der Großbuchstabe eine längere Zeichenfolge. Bei den Formatierungszeichenfolgen *r*, *R*, *s* oder *u* erhalten Sie unabhängig vom zweiten *ToString*-Argument dieselben Ergebnisse.

Wenn Sie der *ToString*-Methode als Argument *Nothing* oder gar kein Argument übergeben, wird dieselbe Zeichenfolge zurückgegeben wie für die kulturspezifische Formatierungsoption *G*. Daher ist folgender Aufruf

```
dt.ToString()
```

gleichbedeutend mit

```
dt.ToString(CType(Nothing, String))
```

oder

```
dt.ToString(CType(Nothing, IFormatProvider))
```

oder

```
dt.ToString(Nothing, Nothing)
```

und alle geben mit der kulturspezifischen Formatierungsoption *G* formatierte Zeichenfolgen zurück. Die *ToString*-Methoden mit einem einzigen *IFormatProvider*-Argument liefern ebenfalls die gleichen Zeichenfolgen wie die Formatierungsoption *G*.

Der Einsatz von *r* oder *R* führt zum RFC 1123-Format.* Das *s*-Format wird auch als ISO 8601-Format** bezeichnet und erhebt den Anspruch, universell und gut sortierbar zu sein. Dieses Format verwendet als Trennzeichen zwischen Datum und Uhrzeit den Buchstaben *T* (z.B. 1994-11-05T08:15:30-05:00). Datumsangaben, die mit Monaten oder Monatstagen beginnen, können nicht so problemlos sortiert werden wie dieses Format. Die *u*-Formatierung ähnelt der *s*-Formatierung, verwendet jedoch kein Trennzeichen zwischen Datum und Uhrzeit. Darüber hinaus endet die Zeichenfolge auf ein *Z*. Im militärischen Bereich und im Fernmeldewesen wird die UTC auch als *Zulu-Zeit* bezeichnet. Zulu steht hierbei im internationalen Buchstabieralphabet für *Z*, *Z* bezieht sich auf den 0. Längengrad (engl. zero = 0).

Die Formatierungsoption *U* führt eine Konvertierung in UTC durch. Die Verwendung dieser Formatierungszeichenfolge impliziert, dass *DateTime* eine Ortszeit angibt.

Die *DateTime*-Struktur verfügt über vier weitere nützliche Formatierungsmethoden, die alle kulturspezifische Formate liefern:

DateTime-Methoden (Auswahl)

Methode	Ergebniszeichenfolge (US-amerikanisches Englisch)
Function ToShortDateString() As String	6/1/2001
Function ToLongDateString() As String	Saturday, June 01, 2002
Function ToShortTimeString() As String	3:05 PM
Function ToLongTimeString() As String	3:05:01 PM

Diese Ergebniszeichenfolgen entsprechen jeweils den kulturspezifischen Formatierungszeichenfolgen *d*, *D*, *t* und *T*.

Betrachten wir nachfolgend die Werte für das Gebietsschema *Deutsch (Deutschland)*. Mit dieser Einstellung sehen die Zeichenfolgen für Datum und Uhrzeit so aus:

---

* RFC steht für »Request For Comment« (Anforderung zur Kommentierung) und stellt das Mittel zur Veröffentlichung und Verbreitung von Internetstandards dar. Die Uhrzeit- und Datumsspezifikationen in RFC 1123 wandeln die in RFC 822 beschriebenen Spezifikationen leicht ab. RFCs stehen auf vielen Websites zur Verfügung, unter anderem unter *http://www.ietf.org*.

** ISO 8601 (»Date elements and interchange formats – Information interchange – Representation of dates and times«) steht auf der ISO-Website unter *http://www.iso.ch* zur Verfügung. ISO 8601 ist eigentlich eine Sammlung aus Formaten zur Darstellung von Datum und Uhrzeit. Das von der *ToString*-Methode der *DateTime*-Klasse verwendete Format ist das erste der drei erweiterten Formate aus ISO 8601, beschrieben in Abschnitt 5.4.1.a.

Datums- und Uhrzeitformate von *ToString* (deutsch)

Formatzeichen	Formatargument	
	CurrentInfo für Deutschland	*InvariantInfo*
d	01.06.2002	06/01/2002
D	Samstag, 1. Juni 2002	Saturday, 01 June 2002
f	Samstag, 1. Juni 2002 15:05	Saturday, 01 June 2002 15:05
F	Samstag, 1. Juni 2002 15:05:01	Saturday, 01 June 2002 15:05:01
g	01.06.2002 15:05	06/01/2002 15:05
G oder *Nothing*	01.06.2002 15:05:01	06/01/2002 15:05:01
m oder *M*	01 Juni	June 01
r oder *R*	Sat, 01 Jun 2002 15:05:01 GMT	Wie *CurrentInfo*
s	2002-06-01T15:05:01	Wie *CurrentInfo*
t	15:05	15:05
T	15:05:01	15:05:01
u	2002-06-01 15:05:01Z	Wie *CurrentInfo*
U	Samstag, 1. Juni 2002 19:05:01	Saturday, 01 June 2002 19:05:01
y oder *Y*	Juni 2002	2002 June

Die Werte der rechten Tabellenspalte sind mit denen der zuvor gezeigten Tabelle identisch. Bei der kulturspezifischen Formatierung für das Gebietsschema *Deutsch (Deutschland)* werden die Namen für Monate und Wochentage natürlich in deutscher Sprache angegeben.

In einigen Fällen sorgt *ToString* jedoch für mehr als nur eine Formatierung. Wenn Sie das Gebietsschema auf ein arabisches Land umstellen, können Sie auf der Registerkarte *Datum* des Dialogfelds *Regionale Einstellungen* angeben, ob der Gregorianische oder der Islamische Kalender verwendet werden soll. Ebenso können Sie zwischen dem Gregorianischen und dem Hebräischen Kalender wählen, wenn Sie als Gebietsschema *Hebräisch* festlegen. Bei Auswahl des Islamischen oder Hebräischen Kalenders führen die kulturspezifischen Formatierungsoptionen eine Konvertierung in die Datumswerte des gewählten Kalenders durch.

Eine einfache, kulturspezifische Uhr

Nachfolgend sehen Sie ein Programm, das im Clientbereich mithilfe der Formatierungsoption *F* das aktuelle Datum und die Uhrzeit anzeigt.

SimpleClock.vb
```
Imports System
Imports System.Drawing
Imports System.Windows.Forms
Class SimpleClock
    Inherits Form
    Shared Sub Main()
        Application.Run(New SimpleClock())
    End Sub
```

```
    Sub New()
        Text = "Simple Clock"
        BackColor = SystemColors.Window
        ForeColor = SystemColors.WindowText
        Dim tmr As New Timer()
        AddHandler tmr.Tick, AddressOf TimerOnTick
        tmr.Interval = 1000
        tmr.Start()
    End Sub
    Private Sub TimerOnTick(ByVal obj As Object, ByVal ea As EventArgs)
        Invalidate()
    End Sub
    Protected Overrides Sub OnPaint(ByVal pea As PaintEventArgs)
        Dim strfmt As New StringFormat()
        strfmt.Alignment = StringAlignment.Center
        strfmt.LineAlignment = StringAlignment.Center
        pea.Graphics.DrawString(DateTime.Now.ToString("F"), Font, New SolidBrush(ForeColor), _
                      RectangleF.op_Implicit(ClientRectangle), strfmt)
    End Sub
End Class
```

Das Programm setzt den Zeitgeber auf ein Intervall von 1 Sekunde und erklärt als Reaktion auf das *OnTick*-Ereignis einfach den Clientbereich für ungültig. Hier die Programmanzeige bei Auswahl der Formatierung im Standard-US-Format:

[Simple Clock window showing: Saturday, April 20, 2002 4:13:56 PM]

Aber ich frage Sie: Haben wir denn so viel Zeit in das Erlernen des Umgangs mit Schriften investiert, nur um uns jetzt mit einer derart mickrigen Uhr zufrieden zu geben? Wohl kaum.

Beschränken wir uns zunächst auf die Anzeige der Uhrzeit und vergrößern wir diese so weit wie möglich. Hierzu ist eine etwas intelligentere *OnPaint*-Verarbeitung erforderlich.

DigitalClock.vb
```
Imports System
Imports System.Drawing
Imports System.Windows.Forms
Class DigitalClock
    Inherits Form
```

```
    Shared Sub Main()
        Application.Run(New DigitalClock())
    End Sub
    Sub New()
        Text = "Digital Clock"
        BackColor = SystemColors.Window
        ForeColor = SystemColors.WindowText
        ResizeRedraw = True
        MinimumSize = Size.op_Addition(SystemInformation.MinimumWindowSize, New Size(0, 1))
        Dim tmr As New Timer()
        AddHandler tmr.Tick, AddressOf TimerOnTick
        tmr.Interval = 1000
        tmr.Start()
    End Sub
    Private Sub TimerOnTick(ByVal obj As Object, ByVal ea As EventArgs)
        Invalidate()
    End Sub
    Protected Overrides Sub OnPaint(ByVal pea As PaintEventArgs)
        Dim grfx As Graphics = pea.Graphics
        Dim strTime As String = DateTime.Now.ToString("T")
        Dim szf As SizeF = grfx.MeasureString(strTime, Font)
        Dim fScale As Single = Math.Min(ClientSize.Width / szf.Width, ClientSize.Height / szf.Height)
        Dim fnt As New Font(Font.FontFamily, fScale * Font.SizeInPoints)
        szf = grfx.MeasureString(strTime, fnt)
        grfx.DrawString(strTime, fnt, New SolidBrush(ForeColor), _
                    (ClientSize.Width - szf.Width) / 2, _
                    (ClientSize.Height - szf.Height) / 2)
    End Sub
End Class
```

Die *OnPaint*-Methode speichert die formatierte Uhrzeit in *strTime* und nutzt anschließend eines der in Kapitel 9 beschriebenen Verfahren, um den Text an die Größe des Clientbereichs anzupassen. Hier die neue Programmanzeige (wieder im US-Format):

In dieser vergrößerten Variante fällt leider die Datumsangabe unter den Tisch, da sonst die Angabe nicht so groß angezeigt werden kann, dass sie auch noch von der anderen Seite des Zimmers zu lesen ist. Können sowohl Datum als auch Uhrzeit in dieser Größe angezeigt werden? Aber sicher! Der Trick besteht darin, keine Formatierungszeichenfolgen zu verwenden, die

Datum und Uhrzeit kombinieren. Formatieren Sie stattdessen Datum und Uhrzeit getrennt und verbinden Sie die beiden Zeichenfolgen mit einem Zeilenvorschubzeichen.

DigitalClockWithDate.vb
```vb
Imports System
Imports System.Drawing
Imports System.Windows.Forms
Class DigitalClockWithDate
    Inherits DigitalClock
    Shared Shadows Sub Main()
        Application.Run(New DigitalClockWithDate())
    End Sub
    Sub New()
        Text &= " with Date"
    End Sub
    Protected Overrides Sub OnPaint(ByVal pea As PaintEventArgs)
        Dim grfx As Graphics = pea.Graphics
        Dim dt As DateTime = DateTime.Now
        Dim strTime As String = dt.ToString("d") & vbLf & dt.ToString("T")
        Dim szf As SizeF = grfx.MeasureString(strTime, Font)
        Dim fScale As Single = Math.Min(ClientSize.Width / szf.Width, ClientSize.Height / szf.Height)
        Dim fnt As New Font(Font.FontFamily, fScale * Font.SizeInPoints)
        Dim strfmt As New StringFormat()
        strfmt.Alignment = StringAlignment.Center
        strfmt.LineAlignment = StringAlignment.Center
        grfx.DrawString(strTime, fnt, New SolidBrush(ForeColor), _
                        RectangleF.op_Implicit(ClientRectangle), strfmt)
    End Sub
End Class
```

Der Aufruf von *MeasureString* liefert die Höhe der beiden Textzeilen sowie die Länge der breiteren Zeile. Für die horizontale Zentrierung beider Textzeilen im Clientbereich benötigt der *DrawString*-Aufruf ein *StringFormat*-Objekt. Hier die Programmanzeige, auch dieses Mal im US-Format:

Im Hinblick darauf, dass die *OnPaint*-Methode einmal pro Sekunde aufgerufen wird, machen Sie sich nun vielleicht Sorgen hinsichtlich der Effizienz des Zeichencodes. Wäre es vielleicht besser, die benötigte Schrift während des Aufrufs der *OnResize*-Methode zu erstellen? Ja, wäre es, aber es würde auch einigen Aufwand bedeuten. Die Schriftgröße richtet sich sowohl nach der Größe des Clientbereichs als auch nach Höhe und Breite der Textzeichenfolge. In den meisten Fällen ändert sich die Textzeichenfolge zwischen den *OnPaint*-Aufrufen natürlich nicht. Gelegentlich ist dies allerdings doch der Fall. Die Breite der Textzeichenfolge richtet sich danach, ob die angezeigte Stunde ein- oder zweistellig ist. Und wird die Uhrzeit im 24-Stunden-Format angezeigt, ist die Datumszeichenfolge breiter als die Uhrzeitzeichenfolge, und diese Breite wiederum richtet sich nach Monat und Tag.

Falls das Programm eine separate Methode zur Schrifterstellung hätte, müsste diese Methode über Felder mit der bei der Berechnung verwendeten Schrift und Breite des Textes verfügen. Die *OnResize*-Methode würde in diesem Fall die Methode zur Schriftberechnung aufrufen. Und auch die *OnPaint*-Methode würde von dieser Methode Gebrauch machen, wenn die Textbreite nicht mit der Breite übereinstimmen würde, die zur Berechnung der Schrift verwendet wurde.

Der Retro-Look

Sie können für jedes der obigen digitalen Uhrprogramme auch eine der installierten TrueType-Schriften verwenden. Schreiben Sie zur Änderung der Formulareigenschaft *Font* einfach eine entsprechende Anweisung in den Konstruktor des Programms:

```
Font = New Font("Comic Sans MS", 12)
```

Anschließend überlassen Sie der *OnPaint*-Methode die Skalierung.

Damit die Uhr einen echten Retro-Look erhält, können Sie eine Schrift wählen, die eine typische LCD-Zeitanzeige imitiert, die Zeichen aus sieben Segmenten verwendet. Oder Sie verwenden anstelle einer Schrift einfach diese Klasse:

```
SevenSegmentDisplay.vb
Imports System
Imports System.Drawing
Imports System.Windows.Forms
Class SevenSegmentDisplay
    ' Angeben, welche Segmente für die 10 Zahlen jeweils aufleuchten müssen.
    Shared bySegment(,) As Byte = {{1, 1, 1, 0, 1, 1, 1}, _
                                   {0, 0, 1, 0, 0, 1, 0}, _
                                   {1, 0, 1, 1, 1, 0, 1}, _
                                   {1, 0, 1, 1, 0, 1, 1}, _
                                   {0, 1, 1, 1, 0, 1, 0}, _
                                   {1, 1, 0, 1, 0, 1, 1}, _
                                   {1, 1, 0, 1, 1, 1, 1}, _
                                   {1, 0, 1, 0, 0, 1, 0}, _
                                   {1, 1, 1, 1, 1, 1, 1}, _
                                   {1, 1, 1, 1, 0, 1, 1}}

    ' Punkte, die jedes einzelne Segment definieren.
    ReadOnly apt(6)() As Point

    ' Ein Feld, das vom Konstruktor initialisiert wird.
    ReadOnly grfx As Graphics
```

```vbnet
' Der einzige Konstruktor benötigt ein Graphics-Argument.
Sub New(ByVal grfx As Graphics)
    Me.grfx = grfx

    ' Verzweigtes (jagged) Point-Array initialisieren.
    apt(0) = New Point() {New Point(3, 2), New Point(39, 2), _
                          New Point(31, 10), New Point(11, 10)}
    apt(1) = New Point() {New Point(2, 3), New Point(10, 11), _
                          New Point(10, 31), New Point(2, 35)}
    apt(2) = New Point() {New Point(40, 3), New Point(40, 35), _
                          New Point(32, 31), New Point(32, 11)}
    apt(3) = New Point() {New Point(3, 36), New Point(11, 32), _
                          New Point(31, 32), New Point(39, 36), _
                          New Point(31, 40), New Point(11, 40)}
    apt(4) = New Point() {New Point(2, 37), New Point(10, 41), _
                          New Point(10, 61), New Point(2, 69)}
    apt(5) = New Point() {New Point(40, 37), New Point(40, 69), _
                          New Point(32, 61), New Point(32, 41)}
    apt(6) = New Point() {New Point(11, 62), New Point(31, 62), _
                          New Point(39, 70), New Point(3, 70)}
End Sub
Function MeasureString(ByVal str As String, ByVal fnt As Font) As SizeF
    Dim szf As New SizeF(0, grfx.DpiX * fnt.SizeInPoints / 72)
    Dim ch As Char
    For Each ch In str
        If Char.IsDigit(ch) Then
            szf.Width += 42 * grfx.DpiX * fnt.SizeInPoints / 72 / 72
        ElseIf ch.Equals(":"c) Then
            szf.Width += 12 * grfx.DpiX * fnt.SizeInPoints / 72 / 72
        End If
    Next ch
    Return szf
End Function
Sub DrawString(ByVal str As String, ByVal fnt As Font, _
               ByVal br As Brush, ByVal x As Single, ByVal y As Single)
    Dim ch As Char
    For Each ch In str
        If Char.IsDigit(ch) Then
            x = Number(AscW(ch) - AscW("0"), fnt, br, x, y)
        ElseIf ch.Equals(":"c) Then
            x = Colon(fnt, br, x, y)
        End If
    Next ch
End Sub
Private Function Number(ByVal num As Integer, ByVal fnt As Font, _
                        ByVal br As Brush, ByVal x As Single, ByVal y As Single) As Single
    Dim i As Integer
    For i = 0 To apt.GetUpperBound(0)
        If bySegment(num, i) = 1 Then
            Fill(apt(i), fnt, br, x, y)
        End If
    Next i
    Return x + 42 * grfx.DpiX * fnt.SizeInPoints / 72 / 72
End Function
```

```
        Private Function Colon(ByVal fnt As Font, ByVal br As Brush, _
                               ByVal x As Single, ByVal y As Single) As Single
            Dim i As Integer
            Dim apt(1)() As Point
            apt(0) = New Point() {New Point(2, 21), New Point(6, 17), _
                                  New Point(10, 21), New Point(6, 25)}
            apt(1) = New Point() {New Point(2, 51), New Point(6, 47), _
                                  New Point(10, 51), New Point(6, 55)}
            For i = 0 To apt.GetUpperBound(0)
                Fill(apt(i), fnt, br, x, y)
            Next i
            Return x + 12 * grfx.DpiX * fnt.SizeInPoints / 72 / 72
        End Function
        Private Sub Fill(ByVal apt() As Point, ByVal fnt As Font, _
                         ByVal br As Brush, ByVal x As Single, ByVal y As Single)
            Dim i As Integer
            Dim aptf(apt.GetUpperBound(0)) As PointF
            For i = 0 To apt.GetUpperBound(0)
                aptf(i).X = x + apt(i).X * grfx.DpiX * fnt.SizeInPoints / 72 / 72
                aptf(i).Y = y + apt(i).Y * grfx.DpiY * fnt.SizeInPoints / 72 / 72
            Next i
            grfx.FillPolygon(br, aptf)
        End Sub
End Class
```

Die Klasse *SevenSegmentDisplay* weist einen öffentlichen Konstruktor auf, der ein Argument vom Typ *Graphics* erwartet und über zwei öffentliche Methoden namens *MeasureString* und *DrawString* verfügt, die dieselben Argumente erwarten wie die zwei gängigsten Versionen dieser Methoden in der Klasse *Graphics*. Dahinter steckt die Idee, dass Sie ein *SevenSegmentDisplay*-Objekt mit einem *Graphics*-Objekt als Argument erstellen und anschließend anstelle der Methoden der *Graphics*-Klasse diese zwei Methoden verwenden.

Die in *SevenSegmentDisplay* implementierte *DrawString*-Methode kann nur 11 Zeichencodes verarbeiten: die Codes für die 10 darzustellenden Zahlen und den Doppelpunkt. Für diese beiden Zeichenarten werden die privaten Klassen *Number* und *Colon* aufgerufen. Die Methode *Number* verwendet das shared Array *bySegment*, das angibt, welches der sieben Segmente zur Darstellung der gewünschten Zahl aufleuchten muss. (Dieses Array sollte wahrscheinlich eher mit dem Datentyp *Boolean* als mit *Byte* definiert werden, aber ich fand die Liste aus *True*- und *False*-Werten weniger übersichtlich und konnte mir nicht vorstellen, dass der Maschinencode dann effizienter gewesen wäre.) Ein schreibgeschütztes (*ReadOnly*), verzweigtes (jagged) *Point*-Array namens *apt* enthält die Punkte zur Definition der sieben Segmente. Diese Punkte basieren auf einer Zeichenbreite von 42 und einer Höhe von 72. Die private Methode *Fill* skaliert diese Koordinaten auf der Grundlage der Schriftgröße und füllt die Innenbereiche mithilfe von *FillPolygon* rot aus.

Das nächste Uhrprogramm nutzt diese Klasse. Es ist fast mit dem Programm DigitalClock identisch, beginnt jedoch die Verarbeitung von *OnPaint* mit der Erstellung eines *SevenSegmentDisplay*-Objekts und verwendet dieses (anstelle des *Graphics*-Objekts) für *MeasureString*- und *DrawString*-Aufrufe.

SevenSegmentClock.vb

```vb
Imports System
Imports System.Drawing
Imports System.Globalization
Imports System.Windows.Forms
Class SevenSegmentClock
    Inherits Form
    Private dt As DateTime

    Shared Sub Main()
        Application.Run(New SevenSegmentClock())
    End Sub

    Sub New()
        Text = "Seven-Segment Clock"
        BackColor = Color.White
        ResizeRedraw = True
        MinimumSize = Size.op_Addition(SystemInformation.MinimumWindowSize, New Size(0, 1))
        Dim tmr As New Timer()
        AddHandler tmr.Tick, AddressOf TimerOnTick
        tmr.Interval = 100
        tmr.Enabled = True
    End Sub

    Private Sub TimerOnTick(ByVal obj As Object, ByVal ea As EventArgs)
        Dim dtNow As DateTime = DateTime.Now
        dtNow = New DateTime(dtNow.Year, dtNow.Month, dtNow.Day, dtNow.Hour, dtNow.Minute, dtNow.Second)
        If dtNow <> dt Then
            dt = dtNow
            Invalidate()
        End If
    End Sub

    Protected Overrides Sub OnPaint(ByVal pea As PaintEventArgs)
        Dim ssd As New SevenSegmentDisplay(pea.Graphics)
        Dim strTime As String = dt.ToString("T", DateTimeFormatInfo.InvariantInfo)
        Dim szf As SizeF = ssd.MeasureString(strTime, Font)
        Dim fScale As Single = Math.Min(ClientSize.Width / szf.Width, ClientSize.Height / szf.Height)

        Dim fnt As New Font(Font.FontFamily, fScale * Font.SizeInPoints)
        szf = ssd.MeasureString(strTime, fnt)
        ssd.DrawString(strTime, fnt, Brushes.Red, _
                    (ClientSize.Width - szf.Width) / 2, _
                    (ClientSize.Height - szf.Height) / 2)
    End Sub
End Class
```

Beachten Sie jedoch, dass ich eine kulturunabhängige *ToString*-Methode von *DateTime* gewählt habe. Dies ist ein gutes Beispiel für ein Programm, das am besten mit einer kulturinvarianten Zeichenfolge funktioniert, da das Programm die Zeichen genau kennen muss, die es erhält; Tageszeitangaben wie a.m. und p.m. haben hier nichts verloren:

Eine analoge Uhr

Digitale Uhren waren zunächst sehr beliebt, mittlerweile geht der Trend aber doch zurück zur guten alten Analoguhr. Eine analoge Uhr hat zwar den Vorteil, dass man sich nicht mit unterschiedlichen Datums- und Uhrzeitformaten herumschlagen muss, dafür ist die grafische Darstellung jedoch wesentlich komplizierter. Benutzer erwarten mittlerweile, dass sich die Zifferblattgröße dynamisch an die Fenstergröße anpasst.

Aus Gründen der Flexibilität habe ich die Uhranzeige (wie in der Klasse *CheckerChild* aus Kapitel 8) als untergeordnetes Steuerelement definiert. Auf diese Weise kann die Uhranzeige problemlos in andere Anwendungen aufgenommen oder für eine Anwendung mit mehreren Uhrzeitanzeigen verwendet werden. Nachfolgend sehen Sie das Listing der Klasse *ClockControl*.

ClockControl.vb
```
Imports System
Imports System.Drawing
Imports System.Drawing.Drawing2D
Imports System.Windows.Forms
Class ClockControl
    Inherits UserControl
    Private dt As DateTime
    Sub New()
        ResizeRedraw = True
        Enabled = False
    End Sub
    Property Time() As DateTime
        Set(ByVal Value As DateTime)
            Dim grfx As Graphics = CreateGraphics()
            Dim pn As New Pen(BackColor)
            InitializeCoordinates(grfx)
            If dt.Hour <> Value.Hour Then
                DrawHourHand(grfx, pn)
            End If
```

```vb
            If dt.Minute <> Value.Minute Then
                DrawHourHand(grfx, pn)
                DrawMinuteHand(grfx, pn)
            End If
            If dt.Second <> Value.Second Then
                DrawMinuteHand(grfx, pn)
                DrawSecondHand(grfx, pn)
            End If
            If dt.Millisecond <> Value.Millisecond Then
                DrawSecondHand(grfx, pn)
            End If
            dt = Value
            pn = New Pen(ForeColor)
            DrawHourHand(grfx, pn)
            DrawMinuteHand(grfx, pn)
            DrawSecondHand(grfx, pn)
            grfx.Dispose()
        End Set
        Get
            Return dt
        End Get
    End Property
    Protected Overrides Sub OnPaint(ByVal pea As PaintEventArgs)
        Dim grfx As Graphics = pea.Graphics
        Dim pn As New Pen(ForeColor)
        Dim br As New SolidBrush(ForeColor)

        InitializeCoordinates(grfx)
        DrawDots(grfx, br)
        DrawHourHand(grfx, pn)
        DrawMinuteHand(grfx, pn)
        DrawSecondHand(grfx, pn)
    End Sub
    Private Sub InitializeCoordinates(ByVal grfx As Graphics)
        If Width = 0 OrElse Height = 0 Then Return

        grfx.TranslateTransform(Width \ 2, Height \ 2)
        Dim fInches As Single = Math.Min(Width / grfx.DpiX, Height / grfx.DpiY)
        grfx.ScaleTransform(fInches * grfx.DpiX / 2000, fInches * grfx.DpiY / 2000)
    End Sub
    Private Sub DrawDots(ByVal grfx As Graphics, ByVal br As Brush)
        Dim i, iSize As Integer

        For i = 0 To 59
            If i Mod 5 = 0 Then iSize = 100 Else iSize = 30

            grfx.FillEllipse(br, 0 - iSize \ 2, -900 - iSize \ 2, iSize, iSize)
            grfx.RotateTransform(6)
        Next i
    End Sub
    Protected Overridable Sub DrawHourHand(ByVal grfx As Graphics, ByVal pn As Pen)
        Dim gs As GraphicsState = grfx.Save()
        grfx.RotateTransform(360.0F * Time.Hour / 12 + 30.0F * Time.Minute / 60)
        grfx.DrawPolygon(pn, New Point() {New Point(0, 150), New Point(100, 0), _
                                          New Point(0, -600), New Point(-100, 0)})
        grfx.Restore(gs)
    End Sub
```

```
        Protected Overridable Sub DrawMinuteHand(ByVal grfx As Graphics, ByVal pn As Pen)
            Dim gs As GraphicsState = grfx.Save()
            grfx.RotateTransform(360.0F * Time.Minute / 60 + 6.0F * Time.Second / 60)
            grfx.DrawPolygon(pn, New Point() { _
                            New Point(0, 200), New Point(50, 0), _
                            New Point(0, -800), New Point(-50, 0)})
            grfx.Restore(gs)
        End Sub
        Protected Overridable Sub DrawSecondHand(ByVal grfx As Graphics, ByVal pn As Pen)
            Dim gs As GraphicsState = grfx.Save()
            grfx.RotateTransform(360.0F * Time.Second / 60 + 6.0F * Time.Millisecond / 1000)
            grfx.DrawLine(pn, 0, 0, 0, -800)
            grfx.Restore(gs)
        End Sub
    End Class
```

ClockControl erbt von *UserControl* und überschreibt die *OnPaint*-Methode. Der *ClockControl*-Konstruktor setzt den Steuerelementstil *ResizeRedraw* auf *True* und die Eigenschaft *Enabled* auf *False*. *ClockControl* benötigt keine Tastatur- oder Mauseingaben, daher werden solche Eingaben unbearbeitet an das übergeordnete Steuerelement weitergegeben.

Beachten Sie das private *DateTime*-Feld *dt* und die öffentliche Eigenschaft *Time* mit Lese- und Schreibzugriff, die anderen Objekten Zugriff auf dieses Feld bietet. Das Steuerelement selbst verwendet keinen eigenen Zeitgeber und stellt diese Eigenschaft auch nicht ein; es zeigt lediglich die vom aktuellen Wert der Eigenschaft *Time* angegebene Uhrzeit an. Die Aktualisierung dieser *Time*-Eigenschaft ist Sache der Klasse, die eine Instanz von *ClockControl* erstellt.

Der Code für den *Set*-Accessor der Eigenschaft *Time* erscheint ungewöhnlich lang. Dies könnte dazu verleiten, den *Set*-Accessor folgendermaßen zu kürzen:

```
dt = Value
Invalidate()
```

Dieser *Invalidate*-Aufruf würde dazu führen, dass das Steuerelement einen *OnPaint*-Aufruf und somit die Möglichkeit zum Neuzeichnen der Uhr erhält. Für die Anzeige wäre diese Vereinfachung jedoch eine Katastrophe. Der *Invalidate*-Aufruf führt dazu, dass der Hintergrund des Steuerelements gelöscht wird, sodass die gesamte Uhr neu gezeichnet werden muss. Dies führt zu einem störenden Flackereffekt. Ich habe daher einen eleganteren Ansatz gewählt. Ich werde nach der Besprechung der *OnPaint*-Verarbeitung auf den *Set*-Accessor von *Time* zurückkommen.

OnPaint erstellt auf der Basis der Vordergrundfarbe des Steuerelements ein *Pen*- und ein *Brush*-Objekt und ruft anschließend fünf weitere Methoden auf. Zuerst stellt *InitializeCoordinates* ein Koordinatensystem mit einem Ursprung in der Mitte des Steuerelements sowie isotrope Koordinaten mit einer Ausdehnung von 1000 Einheiten in alle vier Richtungen ein.

Dann zeichnet *DrawDots* die Punkte für die Minuten- und Stundenangabe. Diese Methode verwendet die *FillEllipse*-Methode der *Graphics*-Klasse, um einen Punkt an der Position 12:00 Uhr zu zeichnen, und sorgt anschließend über *RotateTransform* für eine Rotation um 6° zum Zeichnen des nächsten Punkts. Die Methoden *DrawHourHand*, *DrawMinuteHand* und *DrawSecondHand* zum Zeichnen der Zeiger verwenden ebenfalls *RotateTransform*. Ich habe diese drei Methoden als *Overridable* deklariert, damit sie gegebenenfalls überschrieben werden können (durch ein Programm aus Kapitel 13, um genau zu sein).

Die eigentliche Zeichenroutine (mit *DrawPolygon* für die Stunden- und Minutenzeiger und *DrawLine* für den Sekundenzeiger) gehen davon aus, dass die Zeiger senkrecht nach oben weisen. Der Aufruf von *RotateTransform* vor der Zeichenroutine sorgt für eine Drehung der Zeiger an die richtige Position. Jede Zeichenroutine für die Zeiger ruft die *Save*-Methode der *Graphics*-Klasse auf, um vor dem *RotateTransform*-Aufruf den aktuellen Grafikstatus zu speichern. Im Anschluss an die Zeichenroutine wird er mit *Restore* wieder hergestellt.

Beachten Sie, dass die Position des Stundenzeigers sowohl auf der *Hour*- als auch auf der *Minute*-Eigenschaft der *DateTime*-Struktur basiert. Die Position des Minutenzeigers basiert auf *Minute* und *Second*, die des Sekundenzeigers auf *Second* und *Millisecond*. Auf diese Weise drehen sich die Zeiger sanft gleitend vorwärts, nicht schrittweise.

Werfen wir nun nochmals einen Blick auf den Code des *Set*-Accessors der Eigenschaft *Date-Time*. Nach dem Aufruf von *CreateGraphics* zum Abruf eines *Graphics*-Objekts für das Steuerelement stellt *InitializeCoordinates* ein geeignetes Koordinatensystem ein. Dann wird ein *Pen*-Objekt mit der Hintergrundfarbe des Steuerelements erstellt. Zeiger, deren Position sich geändert hat, müssen entfernt werden. Das Problem ist, dass sich das Nachzeichnen eines Zeigers in der Hintergrundfarbe auch auf einen der anderen Zeiger auswirken kann. Aus diesem Grund müssen alle drei Zeiger unter Verwendung der Vordergrundfarbe neu gezeichnet werden. Auch wenn dieses Vorgehen bei jeder Zeitänderung eine Menge Zeichenoperationen erfordert, wird doch das Flackern erheblich reduziert.

Die Implementierung des fertigen Steuerelements in einem Formular ist recht einfach.

AnalogClock.vb
```
Imports System
Imports System.Drawing
Imports System.Windows.Forms
Class AnalogClock
    Inherits Form
    Private clkctrl As ClockControl
    Shared Sub Main()
        Application.Run(New AnalogClock())
    End Sub
    Sub New()
        Text = "Analog Clock"
        BackColor = SystemColors.Window
        ForeColor = SystemColors.WindowText

        clkctrl = New ClockControl()
        clkctrl.Parent = Me
        clkctrl.Time = DateTime.Now
        clkctrl.Dock = DockStyle.Fill
        clkctrl.BackColor = Color.Black
        clkctrl.ForeColor = Color.White

        Dim tmr As New Timer()
        tmr.Interval = 100
        AddHandler tmr.Tick, AddressOf TimerOnTick
        tmr.Start()
    End Sub
    Private Sub TimerOnTick(ByVal obj As Object, ByVal ea As EventArgs)
        clkctrl.Time = DateTime.Now
    End Sub
End Class
```

Das Programm erstellt im Konstruktor ein Objekt vom Typ *ClockControl*, setzt die *Parent*-Eigenschaft des Steuerelements auf das Formular und initialisiert die Steuerelementeigenschaft *Time* mit den aktuellen Werten von Datum und Uhrzeit.

Als Nächstes stellt das Formular eine Steuerelementeigenschaft ein, die ich bisher noch nicht erwähnt habe: *Dock*. Diese Eigenschaft wird in *Control* implementiert und in Kapitel 12 näher erläutert. Vorerst müssen Sie sich nur merken, dass ein Steuerelement beim Einstellen der *Dock*-Eigenschaft auf den Wert *DockStyle.Fill* die gesamte Oberfläche des übergeordneten Steuerelements einnimmt. Die Uhr wird damit automatisch an die Größe des Clientbereichs des Formulars angepasst.

Zum Schluss werden die Steuerelementeigenschaften *BackColor* und *ForeColor* auf die Farbe Schwarz bzw. Weiß eingestellt, um zu demonstrieren, dass das Uhrsteuerelement seine Farbgebung nicht selbst festlegt. Die Festlegung der Farbe erfolgt über das übergeordnete Steuerelement. Der Nebeneffekt, dass eine Uhr mit dieser Farbgebung ziemlich cool aussieht, ist aber auch sehr nett:

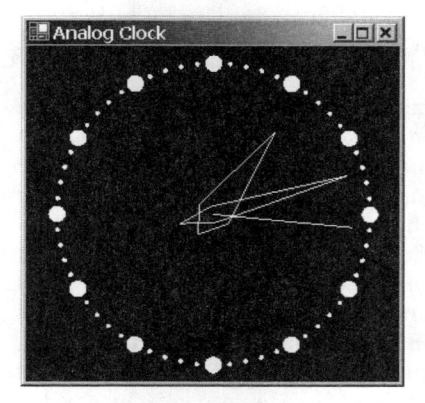

Der Konstruktor endet damit, dass der Zeitgeber auf ein Intervall von 100 Millisekunden (1/10 Sekunde) eingestellt wird. Uhren erfordern normalerweise nur jede Sekunde eine Aktualisierung, bei dieser Uhr könnte jedoch ohne häufigere Aktualisierung die gleitende Zeigerbewegung nicht erzielt werden. Der *TimerOnTick*-Ereignishandler stellt einfach nur die *Time*-Eigenschaft des Uhrsteuerelements auf das aktuelle Datum und die aktuelle Uhrzeit ein.

Ein Programm ohne gleitende Zeiger könnte den Zeitgeber auf ein Intervall von 1000 Millisekunden und die *Time*-Eigenschaft des Uhrsteuerelements auf ein *DateTime*-Objekt mit einer *Millisecond*-Eigenschaft von 0 einstellen. Da die *Millisecond*-Eigenschaft schreibgeschützt ist, würde dies eine Neuerstellung des *DateTime*-Objekts erfordern. Der *TimerOnTick*-Code würde dann folgendermaßen aussehen:

```
Dim dt As DateTime = DateTime.Now
dt = New DateTime(dt.Year, dt.Month, dt.Day, dt.Hour, dt.Minute, dt.Second)
clkctrl.Time = dt
```

Es lässt sich auch auf andere Weise verdeutlichen, dass die Zeitanzeige des Uhrsteuerelements vollständig durch das übergeordnete Formular gesteuert wird. Ersetzen Sie den *TimerOnTick*-Code einmal durch folgenden Code:

```
clkctrl.Time = DateTime.op_Addition(clkctrl.Time, New TimeSpan(10000000))
```

Die Uhr zeigt zunächst die richtige Uhrzeit an, die Zeiger bewegen sich dann aber zehnmal schneller als normal.

Der Zeitgeber und die Zeit

Oder versuchen Sie dies:

```
clkctrl.Time = DateTime.op_Subtraction(clkctrl.Time, New TimeSpan(1000000))
```

Die Uhrzeiger bewegen sich mit normaler Geschwindigkeit, aber rückwärts.

Das Boss-Puzzle oder *Jeu de Taquin*

Jetzt ist es an der Zeit, ein Spiel zu programmieren. Naja, eigentlich ist es ja eher ein Puzzle. Es wurde um 1870 erfunden, wahrscheinlich von dem berühmten amerikanischen Puzzle-Erfinder Sam Loyd (1841–1911). Eine Zeit lang war dieses Puzzle der ganz große Hit – vor allem in Europa, wo es unter verschiedenen Namen kursierte: Fünfzehnerspiel, 14-15-Puzzle, Boss-Puzzle und (in Frankreich) als *Jeu de Taquin*, also »Neckspiel«.

In der klassischen Version besteht das Puzzle aus 15 quadratischen Steinen, die von 1 bis 15 durchnummeriert und in einem 4 × 4-Raster angeordnet sind, bei dem ein Feld frei bleibt. Die Steine können unter Ausnutzung des freien Felds innerhalb des Rahmens horizontal oder vertikal verschoben werden. Ziel des Spiels ist es, die Zahlen von oben links nach unten rechts aufsteigend zu sortieren.

Bei der von Sam Loyd vorgestellten Version des Boss-Puzzles waren die quadratischen Steine bereits aufsteigend sortiert, nur die Zahlen 14 und 15 waren vertauscht. Sam Loyd versprach jedem 1000 Dollar, der in der Lage wäre, durch horizontales und vertikales Verschieben der Steine auch die 14 und die 15 in die richtige Reihenfolge zu bringen. Er musste diesen Gewinn jedoch nie auszahlen, denn bei dieser Startposition ist das Puzzle nicht zu lösen.*

Die für den Computer aufbereitete Version des Boss-Puzzles war gleichzeitig eines der ersten Spielprogramme für den Apple Macintosh (auf dem Mac hieß es schlicht PUZZLE). Das Spiel tauchte unter dem Namen MUZZLE auch in frühen Versionen des Microsoft Windows-SDKs (Software Development Kit) auf. Dort war es das einzige Beispielprogramm, das nicht in C, sondern in Microsoft Pascal geschrieben war. Beide Programme zeigten die 15 Steine zunächst richtig sortiert an und verfügten über einen Menüpunkt, mit dem die Steine gemischt werden konnten. Anschließend mussten die Steine wieder in ihre ursprüngliche Reihenfolge gebracht oder anders sortiert werden. Da wir uns noch nicht mit Menüs beschäftigt haben, werden die Steine des Puzzles schon beim Programmstart durcheinander gebracht. (An dieser Stelle kommt dann ein Zeitgeber zum Zug.)

Die Spielsteine werden als untergeordnete Fenster definiert. Hierbei wird jedoch die *Enabled*-Eigenschaft der Quadrate auf *False* gesetzt, damit das übergeordnete Element die Tastatur- und Mauseingaben verarbeitet. Normalerweise wird der Text eines deaktivierten Steuerelements grau dargestellt, dieser Ansatz ist jedoch nicht zwingend erforderlich und wird im folgenden Beispiel nicht eingesetzt. Die *OnPaint*-Methode verwendet die normalen Steuerelementfarben, um einen dreidimensional wirkenden Kanteneffekt zu erzielen.

---

* 1879 erschien eine erste mathematische Analyse des 14-15-Puzzles in einem Artikel im *American Journal of Mathematics*. James R. Newman fasst die dem Puzzle zugrunde liegende Mathematik in seinem Buch *The World of Mathematics*, New York: Simon and Schuster, 1956, 4: 2429–2432, zusammen. Das vierbändige Werk wurde 1988 von Tempus Books (Neudruck bei Microsoft Press, vergriffen) und 2000 von Dover Books neu aufgelegt. Das 14-15-Puzzle wird in der Tempus-Ausgabe auf den Seiten 2405 bis 2408 beschrieben.

JeuDeTaquinTile.vb

```vb
Imports System
Imports System.Drawing
Imports System.Windows.Forms
Class JeuDeTaquinTile
    Inherits UserControl

    Private iNum As Integer

    Sub New(ByVal iNum As Integer)
        Me.iNum = iNum
        Enabled = False
    End Sub

    Protected Overrides Sub OnPaint(ByVal pea As PaintEventArgs)
        Dim grfx As Graphics = pea.Graphics
        grfx.Clear(SystemColors.Control)

        Dim cx As Integer = Size.Width
        Dim cy As Integer = Size.Height
        Dim wx As Integer = SystemInformation.FrameBorderSize.Width
        Dim wy As Integer = SystemInformation.FrameBorderSize.Height
        grfx.FillPolygon(SystemBrushes.ControlLightLight, _
            New Point() {New Point(0, cy), New Point(0, 0), _
                    New Point(cx, 0), New Point(cx - wx, wy), _
                    New Point(wx, wy), New Point(wx, cy - wy)})
        grfx.FillPolygon(SystemBrushes.ControlDark, _
            New Point() {New Point(cx, 0), New Point(cx, cy), _
                    New Point(0, cy), New Point(wx, cy - wy), _
                    New Point(cx - wx, cy - wy), _
                    New Point(cx - wx, wy)})
        Dim fnt As New Font("Arial", 24)
        Dim strfmt As New StringFormat()
        strfmt.Alignment = StringAlignment.Center
        strfmt.LineAlignment = StringAlignment.Center
        grfx.DrawString(iNum.ToString(), fnt, SystemBrushes.ControlText, _
                    RectangleF.op_Implicit(ClientRectangle), strfmt)
    End Sub
End Class
```

Das Programm zur Erstellung und Verschiebung der einzelnen Quadrate ist etwas komplizierter. Zunächst wird mit einer Überschreibung der in *Form* implementierten *OnLoad*-Methode ein *Tile*-Steuerelement erstellt (und der Clientbereich an die Größe dieses Steuerelements angepasst). Die *OnLoad*-Methode wird vor der ersten Formularanzeige aufgerufen; meiner Erfahrung nach funktioniert der Abruf von *Graphics*-Objekten und das Einstellen der Clientbereichsgröße im *OnLoad*-Aufruf gewöhnlich besser als im Konstruktor. Die Verarbeitung von *OnLoad* wird mit einem Aufruf der geschützten Methode *Randomize* abgeschlossen, die mithilfe eines Zeitgebers die Spielsteine durcheinander bringt.

Der Zeitgeber und die Zeit

JeuDeTaquin.vb

```vb
Imports System
Imports System.Drawing
Imports System.Windows.Forms

Class JeuDeTaquin
    Inherits Form

    Const nRows As Integer = 4
    Const nCols As Integer = 4

    Private szTile As Size
    Private atile(nRows, nCols) As JeuDeTaquinTile
    Private rand As Random
    Private ptBlank As Point
    Private iTimerCountdown As Integer

    Shared Sub Main()
        Application.Run(New JeuDeTaquin())
    End Sub

    Sub New()
        Text = "Jeu de Taquin"
        FormBorderStyle = FormBorderStyle.Fixed3D
    End Sub

    Protected Overrides Sub OnLoad(ByVal ea As EventArgs)
        ' Größe der Spielsteine und des Formulars berechnen.
        Dim grfx As Graphics = CreateGraphics()
        szTile = New Size(CInt(2 * grfx.DpiX / 3), CInt(2 * grfx.DpiY / 3))
        ClientSize = New Size(nCols * szTile.Width, nRows * szTile.Height)
        grfx.Dispose()
        ' Spielsteine erstellen.
        Dim iRow, iCol, iNum As Integer

        For iRow = 0 To nRows - 1
            For iCol = 0 To nCols - 1
                iNum = iRow * nCols + iCol + 1
                If iNum <> nRows * nCols Then
                    Dim tile As New JeuDeTaquinTile(iNum)
                    tile.Parent = Me
                    tile.Location = New Point(iCol * szTile.Width, iRow * szTile.Height)
                    tile.Size = szTile
                    atile(iRow, iCol) = tile
                End If
            Next iCol
        Next iRow
        ptBlank = New Point(nCols - 1, nRows - 1)
        Randomize()
    End Sub

    Protected Sub Randomize()
        rand = New Random()
        iTimerCountdown = 64 * nRows * nCols

        Dim tmr As New Timer()
        AddHandler tmr.Tick, AddressOf TimerOnTick
        tmr.Interval = 1
        tmr.Enabled = True
    End Sub
```

```vb
Private Sub TimerOnTick(ByVal obj As Object, ByVal ea As EventArgs)
    Dim x As Integer = ptBlank.X
    Dim y As Integer = ptBlank.Y
    Select Case rand.Next(4)
        Case 0 : x += 1
        Case 1 : x -= 1
        Case 2 : y += 1
        Case 3 : y -= 1
    End Select
    If x >= 0 AndAlso x < nCols AndAlso y >= 0 AndAlso y < nRows Then
        MoveTile(x, y)
    End If
    iTimerCountdown -= 1
    If iTimerCountdown = 0 Then
        Dim tmr As Timer = DirectCast(obj, Timer)
        tmr.Stop()
        RemoveHandler tmr.Tick, AddressOf TimerOnTick
    End If
End Sub
Protected Overrides Sub OnKeyDown(ByVal kea As KeyEventArgs)
    If kea.KeyCode = Keys.Left AndAlso ptBlank.X < nCols - 1 Then
        MoveTile(ptBlank.X + 1, ptBlank.Y)
    ElseIf kea.KeyCode = Keys.Right AndAlso ptBlank.X > 0 Then
        MoveTile(ptBlank.X - 1, ptBlank.Y)
    ElseIf kea.KeyCode = Keys.Up AndAlso ptBlank.Y < nRows - 1 Then
        MoveTile(ptBlank.X, ptBlank.Y + 1)
    ElseIf kea.KeyCode = Keys.Down AndAlso ptBlank.Y > 0 Then
        MoveTile(ptBlank.X, ptBlank.Y - 1)
    End If
    kea.Handled = True
End Sub
Protected Overrides Sub OnMouseDown(ByVal mea As MouseEventArgs)
    Dim x As Integer = mea.X \ szTile.Width
    Dim y As Integer = mea.Y \ szTile.Height
    Dim x2, y2 As Integer
    If x = ptBlank.X Then
        If y < ptBlank.Y Then
            For y2 = ptBlank.Y - 1 To y Step -1
                MoveTile(x, y2)
            Next y2
        ElseIf y > ptBlank.Y Then
            For y2 = ptBlank.Y + 1 To y
                MoveTile(x, y2)
            Next y2
        End If
    ElseIf y = ptBlank.Y Then
        If x < ptBlank.X Then
            For x2 = ptBlank.X - 1 To x Step -1
                MoveTile(x2, y)
            Next x2
        ElseIf x > ptBlank.X Then
```

Der Zeitgeber und die Zeit

```
                For x2 = ptBlank.X + 1 To x
                    MoveTile(x2, y)
                Next x2
            End If
        End If
    End Sub
    Private Sub MoveTile(ByVal x As Integer, ByVal y As Integer)
        atile(y, x).Location = New Point(ptBlank.X * szTile.Width, ptBlank.Y * szTile.Height)
        atile(ptBlank.Y, ptBlank.X) = atile(y, x)
        atile(y, x) = Nothing
        ptBlank = New Point(x, y)
    End Sub
End Class
```

Anschließend muss das Programm lediglich noch die Tastatur- und Mauseingaben verarbeiten, die dann zum Aufruf der Methode *MoveTile* am Ende des Listings führen.

Die *Tile*-Objekte werden in dem zweidimensionalen Array *atile* gespeichert. Das in *atile(3,1)* gespeicherte Arrayelement ist beispielsweise der zweite Spielstein in der vierten Reihe. Ein Element des Arrays *atile* hat immer den Wert *Nothing*. Dieses *Nothing*-Element entspricht den Koordinaten des Felds, in dem sich momentan kein Spielstein befindet. Diese Koordinate wird auch im Feld *ptBlank* gespeichert. Das freie Feld steuert die Benutzeroberfläche, daher spielt *ptBlank* in den Routinen für die Benutzeroberfläche eine wichtige Rolle. Ein Spielstein, den das Programm bewegte, muss an das freie Feld angrenzen und in das freie Feld verschoben werden.

Bei Verwendung der Maus muss der Spieler jedoch nicht unbedingt auf den an das freie Feld angrenzenden Spielstein klicken. Wenn Sie auf einen Spielstein klicken, der sich in derselben Zeile oder Spalte wie das freie Feld befindet, verschiebt das Programm mehrere Spielsteine in einem Zug, d.h. *MoveTile* wird mehrfach aufgerufen. Die Methode *MoveTile* verschiebt nicht nur den Spielstein (indem die *Location*-Eigenschaft des Spielsteins auf die Position des freien Felds gesetzt wird), sondern passt auch die Felder *atile* und *ptBlank* entsprechend an.

Die Tastaturschnittstelle nutzt die Pfeiltasten. Bei kurzem Nachdenken wird klar, dass alle vier Pfeiltasten eine unmissverständliche Bedeutung haben. Das Drücken der Nach-unten-Taste führt beispielsweise immer dazu, dass der direkt über dem freien Feld angezeigte Spielstein (sofern vorhanden) in das freie Feld verschoben wird. Hier eine Beispielanzeige des Programms, bei der die ersten sieben Spielsteine bereits in die richtige Position gebracht wurden:

Dies ist nun schon das dritte Beispielprogramm, in dem sich ein benutzerdefiniertes Steuerelement als nützlich erwiesen hat. Wie Sie sicher wissen, stellen Windows und das Windows Forms .NET Framework eine große Auswahl an vorgefertigten Steuerelementen bereit, die sofort genutzt werden können, z.B. Schaltflächen, Texteingabefelder, Listenfelder, Bildlaufleisten usw. Die Welt der Steuerelemente werden wir in Kapitel 12 erkunden.

11 Bilder und Bitmaps

391	Überblick über die Bitmapunterstützung
392	Bitmapdateiformate
396	Laden und anzeigen
400	Bildinformationen
404	Das Bild anzeigen
406	In ein Rechteck einpassen
411	Rotation und Scherung
412	Einen Bildausschnitt anzeigen
416	Auf Bildern zeichnen
421	Noch mehr über die Klasse *Image*
423	Die Klasse *Bitmap*
425	»Hello World« mit einer Bitmap
427	Die Schattenbitmap
429	Binäre Ressourcen
432	Animationen
437	Die Bildliste
440	Das Objekt *PictureBox*

In der Welt der Computergrafik gibt es im Prinzip zwei wichtige Arten von Grafiken: *Vektorgrafiken* und *Rastergrafiken*. In der Mathematik ist ein Vektor eine Größe, die eine Richtung aufweist, oder eine Linie in einem Koordinatensystem. Vektorgrafiken werden in der analytischen Geometrie zum Zeichnen von Linien, Kurven und gefüllten Bereichen verwendet. Auch Text kann als Vektorgrafik angesehen werden, wenn er in Form einer Outlineschrift vorliegt. Gruppen von Vektorzeichenbefehlen werden manchmal in Dateien oder im Speicher abgelegt und dann *Metadateien* (metafiles) genannt.

Der Begriff *Raster* stammt aus der Bildschirmtechnik und beschreibt die Zusammensetzung eines Bilds aus vielen Abtastzeilen. In der Rastergrafik werden Bilder als rechteckige Arrays aus Pixeln dargestellt und *Bitmaps* genannt.

Sowohl die Vektor- als auf die Rastergrafik stammen aus dem Bereich der Grafikbildschirme. Die meisten Bildschirme verwenden heute die Rastertechnik. Bei Laser- oder Tintenstrahldruckern wird das Bild durch ein rechteckiges Array aus Pixeln dargestellt, die mit Punkten eingefärbt werden. Röhrenbildschirme stellen Bilder als viele horizontale Scanlinien dar, die aus einer Reihe von Pixeln bestehen. Die Bits, die das Bild auf dem Monitor bilden, werden im Speicher der Grafikkarte gespeichert.

Heute gehören Rasterausgabegeräte zum Alltag; in der Anfangszeit der Computergrafik (sprich: den 1950er Jahren) war Speicherplatz viel zu teuer für die Rasteranzeige. Bildschirme, die mit einem Computer verbunden waren, funktionierten etwa so wie ein Oszilloskop. Anstatt horizontale Abtastzeilen zu zeichnen, wurde der Kathodenstrahl direkt abgelenkt und zog computergesteuert Zeilen und Kurven. Vektordruckgeräte waren in jenen Tagen recht verbreitet und finden noch heute Verwendung in Form von Plottern.

In der Welt der Grafik haben sowohl Vektor- als auch Rastertechnik ihre Berechtigung. Vektorgrafiken werden beispielsweise sinnvoll für Architekturzeichnungen eingesetzt, ein echt aussehendes Bild des fertigen Gebäudes lässt sich besser als Rastergrafik darstellen. Vektor- und Rastergrafiken werden üblicherweise in unterschiedlichen Anwendungen eingesetzt: in *vektororientierten Zeichenprogrammen* und *pixelorientierten Grafikprogrammen*. *Bildverarbeitungsprogramme* sind Varianten der pixelorientierten Grafikprogramme und dienen zur Verarbeitung von Rasterbildern der wirklichen Welt, die mit Digitalkameras oder durch Scannen von Fotografien entstanden sind.

Vektorbilder können durch Transformation in Größe und Ausrichtung verändert werden. Diese Umwandlung erfolgt ohne Auflösungsverlust. Eine 10-Punkt-Schrift weist auch bei einer Skalierung um den Faktor 10 keine unregelmäßigen Ränder auf, da die Vektorumrisse ebenfalls skaliert werden. Rasterbilder dagegen weisen eine Geräteabhängigkeit auf, die nicht zu übersehen ist. Die Pixel von Bitmaps haben eine bestimmte Größe. Bei der Darstellung von Bitmaps in größerem Format sind diese Pixel deutlich zu sehen, bei kleinerem Format kann es zu Informationsverlusten kommen. (Bei GDI+ wird mithilfe von Glättungsalgorithmen versucht, diese Probleme zu verringern.) Bitmaps enthalten darüber hinaus genaue Informationen über Farben, die auf manchen Ausgabegeräten nicht dargestellt werden können.

Vektorbilder können problemlos in Rasterbilder umgewandelt werden. Zu diesem Zweck müssen nur die Linien, Kuven, Flächenfüllungen und Textobjekte auf die Oberfläche einer Bitmap gezeichnet werden. (Darauf werden wir im Verlauf des Kapitels zurückkommen.) Umgekehrt ist die Konvertierung eines Rasterbilds in eine Vektorgrafik ausgesprochen schwierig und lässt sich auch nur bei einfachen Bildern bewerkstelligen.

Viele ältere oder traditionell ausgerichtete Bücher über Computergrafik beschäftigen sich fast ausschließlich mit Vektorgrafiken. Die Vorherrschaft von Rastergrafiken ist ein Phänomen der jüngsten Zeit, das aufgrund preiswerter Speicher, Scanner und Digitalkameras entstanden ist. Dieser Trend wird von Verfahren zur Bitmapkomprimierung wie JPEG unterstützt, die den Speicherplatz reduzieren, der normalerweise zur Speicherung von Bitmaps benötigt wird.

Nahezu jede Grafik, die im WWW zu finden ist, ist als Bitmap gespeichert; für viele Webbenutzer ist Computergrafik gleichbedeutend mit JPEG- und GIF-Dateien. Das ist nicht unbedingt ein Vorteil. Viele Webgrafiken könnten als Vektorbilder effizienter gespeichert und übertragen werden, insbesondere unter Berücksichtigung der Tatsache, dass diese Grafiken ursprünglich in Zeichenprogrammen in Form von Linien, Kurven und gefüllten Bereichen entstanden sind.

Jüngste Versuche, Standards für Vektorgrafiken im Web einzuführen, haben jedoch nicht viel gebracht.*

Überblick über die Bitmapunterstützung

Der Namespace *System.Drawing* verfügt über die beiden Klassen *Image* und *Bitmap*, die den größten Teil der Rastergrafikunterstützung in .NET bereitstellen. Die Klassen *Bitmap* und *Metafile* (Letztere wird in Kapitel 23 näher beleuchtet) werden von *Image* abgeleitet, wie folgende Klassenhierarchie zeigt:

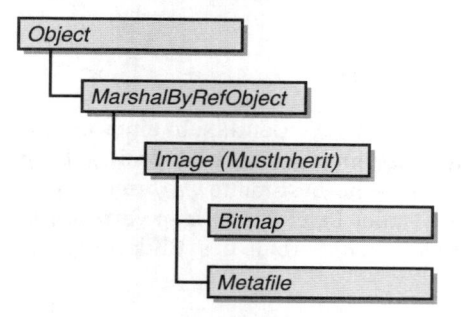

```
Object
 └─ MarshalByRefObject
     └─ Image (MustInherit)
         ├─ Bitmap
         └─ Metafile
```

Bei *Image* handelt es sich um eine abstrakte Klasse (mit *MustInherit* definiert), die nicht mithilfe eines Konstruktors instanziiert werden kann. Diese Klasse verfügt jedoch über zwei shared Methoden (bzw. vier, wenn man die überladenen Methoden mitzählt), die Objekte vom Typ *Image* zurückgeben. Diese Methoden sind ausgesprochen leistungsstark, da sie eine Bitmap oder Metadatei aus einer Datei oder einem Stream laden können. Wahrscheinlich denken Sie jetzt, dass diese Methoden nur mit BMP-Dateien funktionieren, da dies das systemeigene Windows-Bitmapformat ist. Dann wird es Sie sicher freuen zu hören, dass diese Methoden auch Dateien verschiedener anderer Bitmapformate wie beispielsweise GIF, JPEG, PNG oder TIFF laden können. *Image* verfügt noch über eine weitere shared Methode, mit deren Hilfe Sie ein *Bitmap*-Objekt aus einem Win32-Bitmaphandle erstellen können.

Mit einem *Image*-Objekt können Sie einiges anstellen. Sie können es auf dem Bildschirm oder einem Drucker ausgeben, indem Sie eine der *DrawImage*-Methoden der Klasse *Graphics* verwenden. Sie können mithilfe der shared Methode *FromImage* von *Graphics* ein *Graphics*-Objekt zurückgeben, das mit dem Bild verknüpft ist. Auf diesem Weg kann ein Programm in eine Bitmap zeichnen. Mit anderen Methoden der Klasse *Image* können Sie ein Bildobjekt in einem der unterstützten Formate speichern. *Image* verfügt also über eine integrierte Funktionalität zur Formatkonvertierung.

Wenn Sie Bitmapbilder nur laden und anzeigen möchten, kommen Sie wahrscheinlich mit der Klasse *Image* aus. Die Klasse *Bitmap* erweitert *Image*, indem sie eine Reihe von Konstruktoren bereitstellt, mit deren Hilfe Sie eine neue Bitmap mit einer bestimmten Größe und in einem

---

* Weitere Informationen über den vorgeschlagenen Standard SVG (Scalable Vector Graphics) finden Sie auf der Website des World Wide Web-Konsortiums unter *www.w3.org/Graphics/SVG*. Auf der Microsoft-Website können Sie unter *msdn.microsoft.com/workshop/author/vml* Näheres zur Vector Markup Language (VML) erfahren, die von den neueren Versionen des Internet Explorer unterstützt wird. Beide Standards basieren auf XML. Dagegen ist es weitaus schwieriger, Websites zu finden, die bereits SVG oder VML zur Darstellung von Bildern verwenden.

bestimmten Farbformat erstellen können. Die Klasse *Bitmap* ermöglicht das direkte Lesen und Schreiben einzelner Pixel sowie den Zugriff auf die Bitmapdaten wie auf einen Speicherblock.

Diese Klasse enthält darüber hinaus einen Konstruktor zum Laden einer Bitmap, die als *Ressource* in einer .exe-Datei eingebettet ist. Dieses Verfahren kann auch zum Laden von Symbolen (icons) und benutzerdefinierten Cursorn angewendet werden. Auf binäre Ressourcen werde ich im Verlauf des Kapitels noch näher eingehen.

Programmierer werden sich sicher gelegentlich die Frage stellen, ob für eine bestimmte Aufgabe *Image* oder *Bitmap* vorzuziehen ist. Meine Empfehlung lautet: Wenn Sie Ihr Ziel mit *Image* erreichen können, dann sollten Sie diese Klasse verwenden. Der Vorteil dabei ist, dass der Code (von wenigen Ausnahmen abgesehen) auch mit Metadateien funktioniert.

Bitmapdateiformate

Bei einer Bitmap handelt es sich um ein rechteckiges Array aus Bits, die den Pixeln eines Grafikausgabegeräts entsprechen. Eine Bitmap verfügt über eine bestimmte Höhe und Breite, die in Pixeln angegeben werden. Darüber hinaus besitzt eine Bitmap eine bestimmte *Farbtiefe*, die in Bits pro Pixel (üblicherweise *bpp* abgekürzt) angegeben wird. Jedes Pixel der Bitmap verfügt über die gleiche Bitanzahl, wodurch die Anzahl der unterschiedlichen Farben des Bilds festgelegt wird.

Anzahl der Farben = $2^{\text{Anzahl Bits pro Pixel}}$

Die Anzahl Bits pro Pixel kann zwischen 1 und 32 liegen (oder sogar darüber), einige Formate werden jedoch häufiger verwendet als andere.

In grafischen Umgebungen wie z.B. Windows werden Farben üblicherweise als RGB-Werte (Rot-Grün-Blau) dargestellt, wobei jede Primärfarbe 1 Byte groß ist und eine vollständige RGB-Farbe aus 3 Bytes (bzw. 24 Bits) besteht. Diese Farbauflösung kommt der Fähigkeit des menschlichen Auges zur Farbunterscheidung sehr nahe. Darüber hinaus entspricht sie in etwa der Fähigkeit moderner Monitore zur Anzeige verschiedener Farben. Mithilfe eines zusätzlichen Bytes können Transparenzstufen dargestellt werden, von absoluter Undurchsichtigkeit bis zu vollständiger Transparenz. 32 Bits pro Pixel stellen jedoch noch nicht die Obergrenze dar. Einige Anwendungen, z.B. im Bereich der Medizin, erfordern eine höhere Farbauflösung und damit auch eine größere Bitanzahl pro Pixel.

Eine Bitmap mit einem Bit pro Pixel speichert ein *Bilevel-* oder *monochromes* Bild. Hierbei sind nur zwei Farben möglich; in den meisten Fällen handelt es sich hierbei um Schwarz und Weiß. Im Allgemeinen enthält eine solche Bitmap eine kleine Farbtabelle (oder Farbpalette), die die beiden den Bitwerten entsprechenden Farben angibt.

In den Anfängen von Windows waren Bilder mit 4 Bits pro Pixel sehr verbreitet, und sie sind auch heute noch anzutreffen. Zum Beispiel bestehen Symbole (icons) häufig aus 16 Farben. Die 16 Farben sind Kombinationen aus den Primärfarben Rot, Grün und Blau in normalen und dunkleren Varianten. Eine solche Bitmap enthält eine Farbtabelle mit den genauen Farben, die den 16 möglichen Pixelwerten entsprechen.

Ein weit verbreitetes Bitmapformat verfügt über 8 Bits pro Pixel. Ein solches Bild besteht oft aus einer Grauskala, wobei die 8 Bits 256 (oder weniger) Graustufen zwischen Schwarz und Weiß entsprechen. Es können jedoch in Bitmaps mit 8 Bits pro Pixel auch Farbbilder gespeichert werden. In diesem Fall sind die 256 (oder weniger) Farben üblicherweise speziell auf dieses eine Bild abgestimmt. Diese Farbauswahl wird auch als *optimierte Palette* für das Bild bezeichnet.

Eine Bitmap mit 16 Bits pro Pixel verwendet im Allgemeinen je 5 Bits für die Rot-, Grün- und Blauwerte, wobei 1 Bit ungenutzt bleibt. Jede Primärfarbe kann also 32 verschiedene Werte annehmen, dadurch ergeben sich insgesamt 32.768 eindeutige Farben. Da Grün die Farbe ist, auf die das menschliche Auge am empfindlichsten reagiert, erhält Grün manchmal ein zusätzliches Bit. In Anlehnung an die für die einzelnen Primärfarben verwendeten Bits wird eine solche Bitmap auch *5-6-5* genannt. Die Farbdarstellung mit 15 oder 16 Bits pro Pixel wird als *High Color* bezeichnet, ist jedoch für die in manchen Fotos vorkommenden Farbabstufungen nicht ausreichend.

Eine *Full Color-* oder *True Color*-Bitmap verfügt über 24 Bits pro Pixel. Jedes Pixel stellt einen RGB-Farbwert mit 24 Bits dar. Die Verwendung von exakt 3 Bytes pro Pixel in einer Bitmap kann zu Leistungseinbußen führen: Üblicherweise erzielen 32-Bit-Prozessoren die beste Leistung beim Zugriff auf 32-Bit-Werte, die im Speicher auf 32-Bit-Grenzen ausgerichtet sind. Bei einer Bitmap mit 32 Bits pro Pixel kann es sich durchaus in Wirklichkeit um eine Bitmap mit 24 Bits pro Pixel handeln, bei dem 1 Byte ungenutzt bleibt, um die Leistung zu steigern. Das zusätzliche Byte kann aber auch über einen so genannten *Alpha*-Kanal Informationen zur Transparenz liefern. Der Alpha-Wert gibt an, wie transparent ein Pixel ist.

Bitmaps können ausgesprochen groß werden. Wenn Sie beispielsweise die Grafikkarte auf den Modus 1600 × 1200 Pixel eingestellt haben, hat eine Bitmap mit 24 Bits pro Pixel, die sich über den gesamten Bildschirm erstreckt, eine Größe von über 5 MB. Aus diesem Grund wurden verschiedene Verfahren zur *Komprimierung* von Bildern entwickelt.

Ein einfaches Verfahren, das beinah jeder kennt, der sich mit dieser Problematik auseinander setzt, ist die so genannte *Lauflängenkodierung* (Run-Length Encoding, RLE). Wenn in einem Bild beispielsweise 12 aufeinander folgende blaue Pixel vorhanden sind, ist es sinnvoller, statt dieser 12 Pixel nur die Anzahl der wiederholten Pixel zu speichern. Diese Art der Komprimierung eignet sich sehr gut für Bilder, die nur eine begrenzte Anzahl von Farben enthalten, wie z.B. Zeichnungen im Stil von Cartoons.

Um eine Komprimierung zu erreichen, die über RLE hinausgeht, muss ein Programm in der Lage sein, die Daten zu analysieren und so Wiederholungen zu erkennen. Ende der siebziger Jahre machte die Datenkomprimierung durch die von Jacob Zif und Abraham Lempel entwickelten Komprimierungsverfahren LZ77 und LZ78 einen Riesenschritt nach vorn. Diese Algorithmen können während der Verarbeitung Muster in Daten aufspüren und die Wiederholung der Datenmuster auf effiziente Weise speichern. Terry Welch vom Sperry Research Center (heute ein Teil von Unisys) entwickelte 1984 auf der Basis von LZ78 das so genannte LZW-Verfahren. LZW bildet die Grundlage für verschiedene bekannte Komprimierungsverfahren.* In den letzten Jahren hat Unisys jedoch den Einsatz von LZW ohne Zahlung von Lizenzgebühren verboten. Da LZW aber schon längst in verschiedensten etablierten Komprimierungsstandards (wie z.B. GIF) verwendet wird, hat die Programmierergemeinde dieses Ansinnen von Unisys mit Missachtung gestraft und LZW in neueren Komprimierungsformaten demonstrativ nicht mehr eingesetzt.

RLE und sämtliche LZ-Verfahren sind so genannte *verlustfreie* Komprimierungsverfahren, da die ursprünglichen Daten vollständig aus den komprimierten Daten wiederhergestellt werden können. (Es lässt sich leicht beweisen, dass ein bestimmter Algorithmus zur verlustfreien Komprimierung nicht bei allen Arten von Dateien etwas bringt. Bei einigen Dateien kann ein Komprimierungsalgorithmus sogar zu einer Vergrößerung der Datei führen!) Der Einsatz verlustfreier Komprimierungsverfahren ist unabdingbar, wenn Sie Tabellenkalkulations- oder Textverarbei-

---

* *The Data Compression Book*, 2. Aufl. New York: M&T Books, 1985, von Mark Nelson und Jean-Loup Gailly ist eine ausgezeichnete Informationsquelle zu den Themen Geschichte, Technologie und Programmierung von Datenkomprimierungsverfahren.

tungsdokumente komprimieren möchten. Im Bereich von Bildern der wirklichen Welt, wie z.B. digitalisierten Fotografien, ist die verlustfreie Komprimierung weit weniger wichtig.

Aus diesem Grund wurden in den letzten Jahren für die Komprimierung von Fotografien zunehmend *verlustbehaftete* Komprimierungsverfahren eingesetzt. Durch verlustbehaftete Komprimierung werden sinnvollerweise solche Bilddaten entfernt, die für das menschliche Auge nicht (oder fast nicht) sichtbar sind. Extreme Einstellungen bei der verlustbehafteten Komprimierung können jedoch zu einer sichtbaren Verschlechterung des Bilds führen.

Die von der Klasse *Image* unterstützten Bitmapdateiformate werden durch shared Eigenschaften in *ImageFormat* angegeben, einer im Namespace *System.Drawing.Imaging* definierten Klasse.

ImageFormat-Eigenschaften (*Shared*)

Eigenschaft	Typ	Zugriff	Beschreibung
Bmp	ImageFormat	Get	Geräteunabhängige Windows-Bitmap (Device-Independent Bitmap, DIB)
MemoryBmp	ImageFormat	Get	Speicher-DIB (ohne Dateiheader)
Icon	ImageFormat	Get	Windows-Format für Symbole
Gif	ImageFormat	Get	Graphics Interchange Format der Firma CompuServe
Jpeg	ImageFormat	Get	Joint Photographic Experts Group
Png	ImageFormat	Get	Portable Network Graphics
Tiff	ImageFormat	Get	Tag Image File Format
Exif	ImageFormat	Get	Exchangeable Image Format
Wmf	ImageFormat	Get	Windows Metafile (im ursprünglichen Format)
Emf	ImageFormat	Get	Windows Enhanced Metafile

Viele dieser Formate werden Sie sicherlich kennen, aber der Vollständigkeit halber will ich sie im Folgenden kurz beschreiben:

- *Bmp:* Das systemeigene Windows-Format für Bitmapdateien wird auch als geräteunabhängige Bitmap (Device-Independent Bitmap, DIB) bezeichnet. Das DIB-Bitmapformat wurde aus OS/2 1.1 übernommen und erstmals in Windows 3.0 integriert. (Vorher war das Bitmapformat in Windows vom jeweiligen Ausgabegeräte abhängig. In einigen Anwendungen wurde das alte Format auch für den Dateiaustausch verwendet, obwohl es nicht dafür gedacht war.)

  Das DIB-Format ist hauptsächlich in der Dokumentation bestimmter Strukturen definiert, die in der Win32-API verwendet werden. Hierzu zählen insbesondere *BITMAPFILEHEADER, BITMAPINFO, BITMAPINFOHEADER* und Varianten davon. In meinem Buch *Windows-Programmierung* (5. Auflage, Microsoft Press, 2000) finden Sie in Kapitel 15 eine ausführliche Besprechung des DIB-Formats. DIB-Dateien werden meistens unkomprimiert gespeichert. Für einige Farbformate ist ein wenig genutztes RLE-Komprimierungsschema definiert.

- *MemoryBmp:* Eine DIB im Speicher. Hierbei handelt es sich um eine DIB, vor der kein *BITMAPFILEHEADER* steht.

- *Icon:* Das Windows-Dateiformat für Symbole, eine Erweiterung des Windows-DIB-Formats.

- *Gif* (»dschif« ausgesprochen): Das Graphics Interchange Format wurde Ende der achtziger Jahre zur Verwendung mit CompuServe (einem frühen Onlineinformationsdienst) eingeführt und ist bis heute eines der beliebtesten Grafikformate im World Wide Web. Beim GIF-Format wird die LZW-Komprimierung eingesetzt. Dokumente mit den Dateinamen Gif87a.txt und Gif98a.txt, die das Dateiformat beschreiben, sind auf vielen verschiedenen Sites im WWW zu finden. Die GIF-Spezifikation beinhaltet eine einfache (aber sehr beliebte) Möglichkeit zur Erstellung von Animationen.

- *Jpeg* (»dschäi peg« ausgesprochen): JPEG ist die Abkürzung für Joint Photographic Experts Group, einem Zusammenschluss verschiedener Experten, die speziell für Halbtonbilder eine Reihe von Komprimierungsverfahren entwickelten (sowohl verlustfreie als auch verlustbehaftete). Die offizielle JPEG-Website finden Sie unter *http://www.jpeg.org*. Die eigentliche JPEG-Spezifikation steht als ISO-Standard zur Verfügung. Das Buch *JPEG: Still Image Data Compression Standard* von William B. Pennebaker und Joan L. Mitchell (New York: Van Nostrand Reinhold, 1993) enthält eine ausgesprochen nützliche Kurzfassung und bietet darüber hinaus sehr hilfreiche Hintergrundinformationen.

  Bei JPEG handelt es sich jedoch laut Standard *nicht* um ein Dateiformat. Was landläufig als JPEG-Dateiformat bezeichnet wird, ist eigentlich das JPEG File Interchange Format (JFIF). Eine Beschreibung dieses Formats finden Sie unter *http://www.jpeg.org/public/jfif.pdf*. JFIF verwendet ein verlustbehaftetes JPEG-Komprimierungsverfahren und ist neben GIF das populärste Grafikformat im Web. (Obwohl weder GIF noch JPEG in der HTML-Spezifikation ausdrücklich erwähnt wird, handelt es sich bei beiden Formaten de facto um Webstandards.)

- *Png* (»Ping« ausgesprochen): Bei Portable Network Graphics handelt es sich um ein verlustfreies Format, das unter der Schirmherrschaft des W3C (World Wide Web Consortium) als lizenzfreie Alternative zu GIF entwickelt wurde. Die meisten modernen Webbrowser unterstützen neben GIF und JPEG auch PNG. Unter der Adresse *http://www.w3c.org/Graphics/PNG* finden Sie viele nützliche Informationen zu diesem Format. Wenn Sie Bilder komprimieren möchten, bei denen es sich nicht um Fotografien handelt, Sie aber GIF nicht verwenden wollen, stellt PNG die beste Alternative dar.

- *Tiff:* Das Tag Image File Format wurde ursprünglich von der Firma Aldus (bekannt durch das beliebte Programm PageMaker) und Microsoft entwickelt; die Spezifikation ist heute im Besitz von Adobe. Die 121-seitige Spezifikation von TIFF 6.0 steht als PDF-Datei unter der Adresse *http://partners.adobe.com/asn/developer/pdfs/tn/TIFF6.pdf* zur Verfügung.

- *Exif:* Das Exchangeable Image Format wurde von der Organisation JEIDA (Japan Electronic Industry Development Association) zur Verwendung in digitalen Kameras entwickelt. Die Spezifikation ist auf der Website der International Imaging Industry Association (I3A) veröffentlicht (der früheren Photographic and Imaging Association, Inc., PIMA) und unter der Adresse *http://www.pima.net/standards/it10/PIMA15740/Exif_2-1.PDF* zu bekommen.

- *Wmf:* Hierbei handelt es sich nicht um ein Bitmapdateiformat, sondern um ein Format für Metadateien. Eine Metadatei (metafile) enthält eine Sammlung von Zeichenfunktionen (gewöhnlich für *Vektorzeichnungen*), die in einem binären Format gespeichert sind. WMF bezieht sich auf das *alte* Windows-Metadateiformat, das vor den 32-Bit-Versionen von Windows verwendet wurde.

- *Emf:* Das Enhanced Metafile Format für Windows, das für die 32-Bit-Versionen von Windows eingeführt wurde. Metadateien können zwar wie andere Bilder behandelt werden, sind aber eigentlich etwas Besonderes. Ich werde in Kapitel 23 näher auf Metadateien eingehen.

Laden und anzeigen

Die Klasse *Image* ist eine abstrakte Klasse (*MustInherit*). Das bedeutet, dass sie nicht mithilfe eines Konstruktors instanziiert werden kann. Allerdings enthält sie (wie bereits erwähnt) vier shared Methoden zum Abrufen eines *Image*-Objekts sowie zwei weitere zum Abrufen eines *Bitmap*-Objekts:

Image-Methoden (*Shared*, Auswahl)

```
Function FromFile(ByVal strFilename As String) As Image
Function FromFile(ByVal strFilename As String, ByVal bUseICM As Boolean) As Image
Function FromStream(ByVal strm As Stream) As Image
Function FromStream(ByVal strm As Stream, ByVal bUseICM As Boolean) As Image
Function FromHbitmap(ByVal hBitmap As IntPtr) As Bitmap
Function FromHbitmap(Byval hBitmap As IntPtr, ByVal hPalette As IntPtr) As Bitmap
```

Die beiden letzten Methoden dieser Tabelle werden Sie wahrscheinlich nur verwenden, wenn Sie eine Schnittstelle zu Win32-Code benötigen. Die beiden ersten Methoden dagegen sind ziemlich leistungsstark und dabei recht einfach, wie Sie im Folgenden sehen können:

```
Dim img As Image = Image.FromFile("CuteCat.jpg")
```

Ein nettes Merkmal dieser Methode ist die Tatsache, dass sie zur Bestimmung des Dateiformats nicht die Erweiterung des Dateinamens, sondern den Inhalt der Datei verwendet. Wenn beispielsweise CuteCat.jpg eigentlich eine PNG-Datei ist, die aus Versehen eine falsche Dateierweiterung bekommen hat, funktioniert *FromFile* trotzdem. Wenn die Datei nicht gefunden oder geöffnet werden kann, sie keines der unterstützten Bildformate enthält oder mit dem Inhalt der Datei irgendetwas nicht in Ordnung ist, löst *FromFile* eine Ausnahme aus.

Die beiden nächsten Methoden verwenden keinen Dateinamen, sondern ein Objekt vom Typ *Stream*. Dateien und Streams sind jedoch eng miteinander verwandt. Bei *Stream* handelt es sich um eine abstrakte Klasse (*MustInherit*) im Namespace *System.IO*, die Methoden wie beispielsweise *Read*, *Write* und *Seek* implementiert. In vielen Fällen stellt ein Stream einfach nur eine geöffnete Datei dar. Ein *Stream*-Objekt kann jedoch auch sequenzielle Daten darstellen, die sich in einem Speicherblock befinden oder über eine Netzwerkverbindung übertragen werden. In Anhang A finden Sie nähere Informationen zu Dateien und Streams.

Die optionalen *Boolean*-Argumente für *FromFile* und *FromStream* dienen zur Farbverwaltung (ICM, Image Color Management). Eine ausführliche Behandlung dieser Argumente würde leider den Rahmen dieses Buchs sprengen.

Die ersten vier shared Methoden geben zwar laut Dokumentation ein Objekt vom Typ *Image* zurück, wenn Sie jedoch *GetType* für den Rückgabewert aufrufen, werden Sie feststellen, dass es sich hier um die Typen *System.Drawing.Bitmap* oder *System.Drawing.Imaging.Metafile* handelt, je nachdem, welche Datei- oder Streamart geladen wurde. Darum ist *Image* eine abstrakte Klasse (*MustInherit*) ohne Konstruktoren: Ein Objekt vom Typ *Image* gibt es einfach nicht.

Ich werde für einige Programme in diesem Kapitel eine Datei mit dem Namen Apollo11FullColor.jpg verwenden. Sie befindet sich auf der Begleit-CD zu diesem Buch im Verzeichnis *11 Bilder und Bitmaps*, in dem auch die Projekte für dieses Kapitel enthalten sind. Bei diesem Bild handelt es sich um die berühmte Aufnahme, die der Astronaut Neil Armstrong von seinem Kollegen Buzz Aldrin auf dem Mond mit einer Hasselblad gemacht hat. Wie Sie dem Dateinamen entnehmen können, ist dies eine Full-Color-Bitmap mit 24 Bit pro Pixel. In diesem Verzeichnis befinden sich auch die Dateien Apollo11GrayScale.jpg und Apollo11Palette.png, die jeweils

8 Bits pro Pixel aufweisen, und mit denen Sie ruhig ein wenig herumexperimentieren können. Die Bilder in diesen drei Dateien sind jeweils 220 Pixel breit und 240 Pixel hoch. Die Auflösung der JPEG-Dateien beträgt 72 dpi.

Das folgende Programm dient sozusagen zum Warmlaufen; es ruft mithilfe von *Image.FromFile* ein *Image*-Objekt ab und verwendet die *Graphics*-Methode *DrawImage*, um es anzuzeigen.

```
ImageFromFile.vb
Imports System
Imports System.Drawing
Imports System.Windows.Forms
Class ImageFromFile
    Inherits PrintableForm
    Shared Shadows Sub Main()
        Application.Run(New ImageFromFile())
    End Sub
    Sub New()
        Text = "Image From File"
    End Sub
    Protected Overrides Sub DoPage(ByVal grfx As Graphics, _
            ByVal clr As Color, ByVal cx As Integer, ByVal cy As Integer)
        Dim img As Image = Image.FromFile("..\..\Apollo11FullColor.jpg")
        grfx.DrawImage(img, 0, 0)
    End Sub
End Class
```

Das Argument von *FromFile* gibt den Speicherort der JPEG-Datei relativ zum Speicherort der Datei ImageFromFile.exe an. Wenn die Dateien verschoben wurden, kann die Methode *FromFile* die Datei nicht finden und löst eine Ausnahme aus. Die Argumente von *DrawImage* geben die Position der oberen linken Ecke des Bilds im Verhältnis zum Clientbereich an:

Bilder und Bitmaps

Durch Angabe der Koordinaten (0,0) wird das Bild also in die obere linke Ecke gestellt. Sie können auch hier auf den Clientbereich klicken, um das Bild auszudrucken. (Beachten Sie, dass ich diese Klasse von *PrintableForm* abgeleitet habe, die wir in Kapitel 5 erstellt haben.) Ihnen fällt sicher angenehm auf, dass der Ausdruck in normaler Größe erfolgt und nicht auf Briefmarkenformat geschrumpft wird, was leider nur allzu häufig passiert, wenn Bitmaps unbefangen ausgedruckt werden.

Laden Sie doch diese JPEG-Datei zum Vergleich einmal in eine andere Anwendung (beispielsweise das in Windows XP enthaltene Programm Paint), und zeigen Sie das Bild mithilfe der Anzeigeoptionen in der normalen Größe an. Sie werden wahrscheinlich feststellen, dass das Programm *ImageFromFile* das Bild etwas größer darstellt als andere Anwendungen. Den Grund dafür werde ich Ihnen später erläutern.

In der Zwischenzeit möchte ich Sie auf zwei Fehler in *ImageFromFile* aufmerksam machen, die ich bisher ignoriert habe, weil ich Ihnen veranschaulichen wollte, wie einfach sich Bitmapdateien laden und anzeigen lassen. Leider ist die Angelegenheit nicht ganz so einfach, wie *ImageFromFile* Ihnen vorgaukeln möchte. Das erste Problem habe ich bereits erwähnt: Befindet die Datei sich nicht am erwarteten Speicherort, so löst *FromFile* eine Ausnahme aus. Das Programm sollte diese Ausnahme abfangen. Der zweite Fehler betrifft die Stelle des *FromFile*-Aufrufs. In einem solchen Programm muss dieser Aufruf nur einmal ausgeführt werden, und zwar am besten im Konstruktor des Programms. Das Programm kann das *Image*-Objekt in einem Feld speichern und in der *OnPaint*-Methode darauf zugreifen. Im Folgenden sehen Sie eine bessere Version des Programms.

```vb
BetterImageFromFile.vb
Imports System
Imports System.Drawing
Imports System.Windows.Forms
Class BetterImageFromFile
    Inherits PrintableForm
    Private img As image
    Shared Shadows Sub Main()
        Application.Run(New BetterImageFromFile())
    End Sub
    Sub New()
        Text = "Better Image From File"
        Dim strFileName As String = "..\..\Apollo11FullColor.jpg"
        Try
            img = Image.FromFile(strFileName)
        Catch
            MessageBox.Show("Cannot find file " & strFileName & "!", _
                    Text, MessageBoxButtons.OK, MessageBoxIcon.Hand)
        End Try
    End Sub
    Protected Overrides Sub DoPage(ByVal grfx As Graphics, _
            ByVal clr As Color, ByVal cx As Integer, ByVal cy As Integer)
        If Not img Is Nothing Then grfx.DrawImage(img, 0, 0)
    End Sub
End Class
```

Aus Gründen der Übersichtlichkeit werde ich das Vorhandensein der Datei in den weiteren Programmen dieses Kapitels jedoch nicht mehr überprüfen.

Die shared Methode *Image.FromStream*, die ich Ihnen im nächsten Programm vorstellen möchte, ist ganz hilfreich, wenn Sie auf eine geöffnete Datei zugreifen oder einen Stream aus einer Quelle abrufen möchten, bei der es sich nicht um das Dateisystem handelt. Mithilfe der Methode *FromStream* können Sie beispielsweise ein Bild aus dem Internet herunterladen. Mit dem folgenden Programm greifen Sie auf die Website der NASA zu und laden von dort das Originalfoto herunter, das ich in etwas veränderter Form in den Apollo11-Dateien für dieses Kapitel bereitgestellt habe.

ImageFromWeb.vb
```
Imports System
Imports System.Drawing
Imports System.IO
Imports System.Net
Imports System.Windows.Forms
Class ImageFromWeb
    Inherits PrintableForm
    Private img As image
    Shared Shadows Sub Main()
        Application.Run(New ImageFromWeb())
    End Sub
    Sub New()
        Text = "Image From Web"
        Dim strUrl As String = "http://images.jsc.nasa.gov/images/pao/AS11/10075267.jpg"
        Dim webreq As WebRequest = WebRequest.Create(strUrl)
        Dim webres As WebResponse = webreq.GetResponse()
        Dim strm As Stream = webres.GetResponseStream()
        img = Image.FromStream(strm)
        strm.Close()
    End Sub
    Protected Overrides Sub DoPage(ByVal grfx As Graphics, _
            ByVal clr As Color, ByVal cx As Integer, ByVal cy As Integer)
        grfx.DrawImage(img, 0, 0)
    End Sub
End Class
```

Die Anweisungen, die die Klassen *WebRequest* und *WebResponse* verwenden, stellen das Standardverfahren zum Herunterladen von Webdateien dar. In diesem Programm ruft die Methode *GetResponseStream* von *WebResponse* einen lesbaren Stream aus der JPEG-Datei ab. Nun können Sie diesen Stream einfach an die Methode *Image.FromStream* übergeben:

```
image = Image.FromStream(stream)
```

Dem Programm ImageFromWeb fehlen ein paar Features, die eigentlich zur Grundausrüstung jedes Programms gehören sollten, das zum Herunterladen von Dateien aus dem Web dient. Beispielsweise sollte es eine Fortschrittsanzeige enthalten (die sich problemlos als Objekt vom Typ *ProgressBar* implementieren lässt), und der Code zum Lesen des Streams sollte sich besser in einem zweiten Ausführungsthread befinden.

Bildinformationen

Die Klasse *Image* verfügt über verschiedene Eigenschaften, die Informationen über das Objekt liefern. Zunächst drei Eigenschaften, die die Größe des Bilds in Pixeln angeben:

***Image*-Eigenschaften (Auswahl)**

Eigenschaft	Typ	Zugriff
Size	*Size*	Get
Width	*Integer*	Get
Height	*Integer*	Get

Die Eigenschaften *Width* und *Height* entsprechen den Werten der Eigenschaft *Size*. Sie können sich die Eigenschaft aussuchen, die für Ihre Anwendung am besten geeignet ist.

In den meisten modernen Bitmapformaten wird die Bildauflösung in dpi (dots per inch) oder einer entsprechenden Maßeinheit angegeben. Für einige Bilder (einschließlich des Bilds, das gerade angezeigt wurde) ist die Angabe der Auflösung in dieser Form nicht besonders sinnvoll. Ein solches Bild kann größer oder kleiner angezeigt werden und bleibt doch immer gleich. Bei einigen Bitmaps jedoch, zum Beispiel solchen, in denen das Bild der Größe des dargestellten Objekts entsprechen soll, kann die Angabe der tatsächlichen Bildgröße von Nutzen sein.

Woher stammt die Auflösung? Üblicherweise aus dem Programm, das die Bitmap ursprünglich erstellt hat. Wenn Sie beispielsweise ein Bild mit einer Auflösung von 300 dpi scannen, stellt die Scansoftware die Auflösung des resultierenden Bilds normalerweise auf 300 dpi ein. Ein Zeichenprogramm setzt die Auflösung üblicherweise auf den Wert der Bildschirmauflösung, da es davon ausgeht, dass Sie das Bild an die Bildschirmgröße angepasst haben.

Mit weiteren Eigenschaften von *Image* können Sie die horizontale und vertikale Auflösung des *Image*-Objekts und die sich daraus ergebende metrische Größe abrufen:

***Image*-Eigenschaften (Auswahl)**

Eigenschaft	Typ	Zugriff	Beschreibung
HorizontalResolution	Single	Get	Angabe in dpi (dots per inch)
VerticalResolution	Single	Get	Angabe in dpi (dots per inch)
PhysicalDimension	SizeF	Get	Angabe in Hundertstelmillimetern

Wenn das Bild keine Auflösungsinformationen enthält, geben die Eigenschaften *HorizontalResolution* und *VerticalResolution* die Auflösung des Bildschirms zurück. Häufig empfiehlt es sich, den Wert *PhysicalDimension* zu ignorieren (besonders da diese Eigenschaft mit Bitmaps nicht richtig funktioniert) und stattdessen die Abmessungen selbst zu berechnen. Die folgenden Anweisungen berechnen die Größe des Bilds in Zoll.

```
Dim cxInches As Single = img.Width / img.HorizontalResolution
Dim cyInches As Single = img.Height / img.VerticalResolution
```

Die Programme, die ich Ihnen bisher in diesem Kapitel gezeigt habe, verwenden zur Anzeige des Bilds folgende Version der *DrawImage*-Funktion:

```
grfx.DrawImage(img, x, y)
```

Diese Methode legt die Größe des Bilds anhand seiner metrischen Abmessungen fest. Aus diesem Grund zeigen die Programme weiter oben im Kapitel das Bild in einer etwas anderen Größe an als die meisten anderen Windows-Anwendungen. Die Methoden für die Bildanzeige werden weiter unten näher erläutert.

Eine weitere Eigenschaft der Klasse *Image* gibt das Pixelformat des Bilds an. Das Pixelformat gibt Auskunft über die Farbtiefe sowie über die Entsprechunng von Farben und Pixeln:

***Image*-Eigenschaften (Auswahl)**

Eigenschaft	Typ	Zugriff
PixelFormat	PixelFormat	Get

Diese Eigenschaft gibt eines der folgenden Member der Enumeration *PixelFormat* zurück, die im Namespace *System.Drawing.Imaging* definiert ist:

PixelFormat-Enumeration (Auswahl)

Member	Wert
Undefined oder *DontCare*	&H00000000
Format16bppRgb555	&H00021005
Format16bppRgb565	&H00021006
Format24bppRgb	&H00021808
Format32bppRgb	&H00022009
Format1bppIndexed	&H00030101
Format4bppIndexed	&H00030402
Format8bppIndexed	&H00030803
Format16bppArgb1555	&H00061007
Format32bppPArgb	&H000E200B
Format16bppGrayScale	&H00101004
Format48bppRgb	&H0010300C
Format64bppPArgb	&H001C400E
Format32bppArgb	&H0026200A
Format64bppArgb	&H0034400D

Die Zahl hinter dem Wort *Format* gibt die Anzahl Bits pro Pixel an: 1, 4, 8, 16, 32, 48 oder 64. Formate mit 1, 4 oder 8 Bits pro Pixel sind indiziert, bei den Pixelwerten handelt es sich also um einen Index in eine Farbpalette. Alle Fomate, die die Buchstaben *Rgb* enthalten, speichern für jedes Pixel Rot-, Grün- und Blauwerte. Die *Argb*-Formate enthalten darüber hinaus einen Alpha-Kanal zur Darstellung der Transparenz. Die *PArgb*-Formate enthalten Rot-, Grün- und Blauwerte, die zuvor mit dem Alpha-Wert multipliziert wurden. Eine Sache am Rand: Die Zahlenwerte der Enumerationsmember mögen auf den ersten Blick wie zufällig ausgewählt erscheinen, bei genauerem Hinsehen sind aber bestimmte Muster erkennbar. Werfen Sie einmal einen Blick auf die beiden rechten Hexadeximalziffern. Sie sehen unterschiedliche Werte von &H00 (dem merkwürdigen *Undefined*- oder *DontCare*-Wert) bis &H0E.

Die nächsten beiden Ziffern geben die Anzahl Bits pro Pixel an: &H01, &H04, &H08, &H10, &H18, &H20, &H30 oder &H40. Bei den anderen Bits handelt es sich um Flags. In der folgenden Enumeration *PixelFormat* ist das Member *Max* enthalten, das die Anzahl der Formate (einschließlich *Undefined*) mit 15 angibt, sowie die Werte zur Erläuterung der Flags:

PixelFormat-Enumeration (Auswahl)

Member	Wert	Beschreibung
Max	&H0000000F	Anzahl der Formate
Indexed	&H00010000	Pixelbits sind Indizes in eine Palette
Gdi	&H00020000	Windows-GDI-Format
Alpha	&H00040000	Enthält ein Bit oder Byte zur Darstellung der Transparenz
PAlpha	&H00080000	Enthält vormultipliziertes Byte zur Darstellung der Transparenz
Extended	&H00100000	Verwendet mehr als 1 Byte pro Primärfarbe oder Graustufe
Canonical	&H00200000	Standardformat

Die Klasse *Image* enthält darüber hinaus verschiedene shared Methoden, mit denen Sie einen Großteil dieser Informationen abfragen können, ohne sich mit jedem einzelnen Bit befassen zu müssen.

Image-Methoden (*Shared*, Auswahl)

```
Function GetPixelFormatSize(ByVal pf As PixelFormat) As Integer
Function IsAlphaPixelFormat(ByVal pf As PixelFormat) As Boolean
Function IsCanonicalPixelFormat(ByVal pf As PixelFormat) As Boolean
Function IsExtendedPixelFormat(ByVal pf As PixelFormat) As Boolean
```

Die erste Methode gibt die Anzahl Bits pro Pixel zurück.

Wenn es sich um ein indiziertes Bild handelt (dies können Sie herausfinden, indem Sie mit der Eigenschaft *PixelFormat* und *PixelFormat.Indexed* eine bitweise *And*-Operation durchführen), verfügt es über eine Farbpalette. Diese Palette kann über die Eigenschaft *Palette* abgerufen werden:

Image-Eigenschaften (Auswahl)

Eigenschaft	Typ	Zugriff
Palette	ColorPalette	Get/Set

Diese Eigenschaft mutet ein wenig seltsam an. Wie Sie sicherlich bemerkt haben, kann sie nicht nur abgefragt, sondern auch eingestellt werden. Die Klasse *ColorPalette* selbst (die im Namespace *System.Drawing.Imaging* definiert ist) ist jedoch *versiegelt* (*NonInheritable*). Das bedeutet, dass keine Unterklassen aus ihr erstellt können, und sie verfügt nicht über öffentliche Konstruktoren, kann also nicht instanziiert werden. In .NET besteht nur eine einzige Möglichkeit, ein *ColorPalette*-Objekt abzurufen: über die Eigenschaft *ColorPalette* eines *Image*-Objekts.

ColorPalette selbst verfügt nur über zwei schreibgeschützte Eigenschaften:

ColorPalette-Eigenschaften

Eigenschaft	Typ	Zugriff
Entries	Color()	Get
Flags	Integer	Get

Die Eigenschaft *Entries* gibt das Array mit den Farben in der Farbpalette des Bilds zurück.

Eine weitere Eigenschaft der Klasse *Image* gibt das Dateiformat an:

Image-Eigenschaften (Auswahl)

Eigenschaft	Typ	Zugriff
RawFormat	ImageFormat	Get

Über die Klasse *ImageFormat* haben wir bereits gesprochen. Diese Klasse enthält für jedes unterstützte Bitmapdateiformat eine shared Eigenschaft, wie die Tabelle weiter oben in diesem Kapitel zeigt (Seite 394).

Die Eigenschaft *RawFormat* der Klasse *Image* ist allerdings nicht so ganz einfach zu handhaben. Sie muss zusammen mit der einzigen Instanzeigenschaft (hierbei handelt es sich um die einzige nicht shared Eigenschaft) der Klasse *ImageFormat* eingesetzt werden, die eine global eindeutige Kennung (Globally Unique Identifier, GUID) für ein *ImageFormat*-Objekt zurückgibt:

ImageFormat-Instanzeigenschaft

Eigenschaft	Typ	Zugriff
Guid	Guid	Get

Das Programm kann nur prüfen, ob es sich bei einem bestimmten *Image*-Objekt um einen bestimmten *ImageFormat*-Typ handelt. Wenn beispielsweise ein *Image*-Objekt namens *img* aus einer JPEG-Datei geladen wurde, gibt der Ausdruck

```
img.RawFormat.Guid.Equals(ImageFormat.Png.Guid)
```

den Wert *False* zurück, und

```
img.RawFormat.Guid.Equals(ImageFormat.Jpeg.Guid)
```

den Wert *True*. Der Ausdruck

```
img.RawFormat.ToString()
```

gibt die Zeichenfolge

```
[ImageFormat: b96b3cae-0728-11d3-9d7b-0000f81ef32e]
```

zurück, der Ausdruck

```
ImageFormat.Jpeg.ToString()
```

dagegen diese Zeichenfolge:

```
Jpeg
```

Es ist wohl ziemlich eindeutig, welche dieser Möglichkeiten die richtige für die Anzeige ist, nicht wahr?

Ich werde im Verlauf dieses Kapitels noch auf weitere *Image*-Eigenschaften eingehen.

Das Bild anzeigen

Wie wir in den bisher in diesem Kapitel besprochenen Beispielprogrammen gesehen haben, heißt die Methode der *Graphics*-Klasse, mit der Bilder angezeigt werden, *DrawImage*. Diese Methode verfügt über beeindruckende 30 Varianten, wodurch sie ein Höchstmaß an Flexibilität bietet. Es steht noch eine weitere Methode zum Zeichnen von Grafiken zur Verfügung: *DrawImageUnscaled*. Sie bietet aber im Vergleich zu *DrawImage* keine weiteren Möglichkeiten.

Bei der Anzeige von Bildern wird, ebenso wie bei der Textanzeige, ein Objekt verwendet, das bereits über eine bestimmte Größe verfügt. Eine Textzeichenfolge, die in einer bestimmten Schrift vorliegt, hat eine festgelegte Größe. Genauso besitzt auch eine Bitmapgrafik eine Größe, oder genauer gesagt *zwei* Größen: eine Pixelgröße und eine metrische Größe. Wenn Sie die Anzeige geräteunabhängig vornehmen möchten, ist die Angabe der metrischen Größe als Maßeinheit recht nützlich (die einfachsten *DrawImage*-Versionen tun genau das). Sollten Sie dagegen in Pixeleinheiten zeichnen, müssen Sie einige mathematische Berechnungen anstellen, um die Pixelgröße der Darstellung eines solchen Bilds vorherzusagen. (Ich werde Ihnen diese Berechnungen in Kürze vorführen.) In manchen Fällen – insbesondere bei der Integration von Bildern in Steuerelementen – kann es sich als nützlich erweisen, ein Bild in der Pixelgröße anzuzeigen. Die Methode *DrawImage* zeigt ein Bild zwar nicht automatisch mit der Pixelgröße an, lässt sich aber mühelos dazu überreden.

Einige Transformationen, wie z.B. das Rotieren, waren lange Zeit für Bitmaps nicht möglich. In Windows Forms und GDI+ wirken sich Welttransformationen auf die Anzeige von Bitmaps jedoch genauso aus wie auf Text.

Das erste Argument aller *DrawImage*-Varianten ist ein Objekt vom Typ *Image*. Diese Methode enthält immer mindestens einen Koordinatenpunkt. Dieser Punkt wird in Form zweier *Integer*, zweier *Single*-Werte, eines *Point*-, *PointF*-, *Rectangle*- oder *RectangleF*-Werts angegeben und legt die linke obere Ecke des Bilds im Weltkoordinatensystem fest.

Folgende vier *DrawImage*-Methoden messen die Größe des Bilds aufgrund der metrischen Dimensionen ab:

DrawImage-Methoden von *Graphics* (Auswahl)

```
Sub DrawImage(ByVal img As Image, ByVal x As Integer, ByVal y As Integer)
Sub DrawImage(ByVal img As Image, ByVal x As Single, ByVal y As Single)
Sub DrawImage(ByVal img As Image, ByVal pt As Point)
Sub DrawImage(ByVal img As Image, ByVal ptf As PointF)
```

Die Größe der Grafik wird durch Seitentransformationen nicht verändert, durch Welttransformation dagegen schon. Diese vier *DrawImage*-Methoden verhalten sich analog zum Aufruf von *DrawString* mit einem *Font*-Objekt, das mit einer metrischen Größe erstellt wurde. Das resultierende Bild weist auf dem Bildschirm und gedruckt die gleichen Abmessungen auf.

Die Apollo11-Bilder sind beispielsweise 220 Pixel breit und 240 Pixel hoch und haben eine Auflösung von 72 dpi. Wenn sie nun mit den *DrawImage*-Varianten angezeigt werden, die ich gerade beschrieben habe, haben die Bilder eine Breite von etwa 3 Zoll und eine Höhe von etwa 3 1/3 Zoll.

Die JPEG-Datei auf der NASA-Website, auf die das Programm ImageFromWeb zugreift, weist eine Größe von 640 × 480 Pixeln auf, enthält aber keinerlei Informationen über die Auflösung. In diesem Fall übernimmt das Programm für die Auflösung des Bilds die Bildschirmauflösung Ihres Systems, die wahrscheinlich 96 oder 120 dpi beträgt.

Es gibt Situationen, in denen Sie im Voraus wissen müssen, wie groß das Bild bei der Anzeige wird. Beispielsweise kann es erforderlich sein, ein Bild in einem Rechteck zu zentrieren. Da die vier bisher betrachteten *DrawImage*-Methoden ein Bild in der metrischen Größe zeichnen, kann sich die Zentrierung innerhalb des Clientbereichs etwas schwierig gestalten, wie im folgenden Programm veranschaulicht wird.

CenterImage.vb

```
Imports System
Imports System.Drawing
Imports System.Windows.Forms
Class CenterImage
    Inherits PrintableForm

    Private img As image

    Shared Shadows Sub Main()
        Application.Run(New CenterImage())
    End Sub

    Sub New()
        Text = "Center Image"
        img = Image.FromFile("..\..\Apollo11FullColor.jpg")
    End Sub
```

```
Protected Overrides Sub DoPage(ByVal grfx As Graphics, _
        ByVal clr As Color, ByVal cx As Integer, ByVal cy As Integer)
    grfx.PageUnit = GraphicsUnit.Pixel
    grfx.PageScale = 1
    Dim rectf As RectangleF = grfx.VisibleClipBounds
    Dim cxImage As Single = grfx.DpiX * img.Width / img.HorizontalResolution
    Dim cyImage As Single = grfx.DpiY * img.Height / img.VerticalResolution
    grfx.DrawImage(img, (rectf.Width - cxImage) / 2, (rectf.Height - cyImage) / 2)
End Sub
End Class
```

Die Werte *cxImage* und *cyImage* werden in der Einheit Pixel angegeben: Durch Dividieren der Pixelangaben für Breite und Höhe des Bilds durch die horizontale und vertikale Auflösung ergeben sich die Maße des Bilds in Zoll. Wenn diese Werte mit den Werten der Eigenschaften *DpiX* und *DpiY* multipliziert werden, erhalten wir die Abmessungen des angezeigten Bilds in Gerätepixeln.

Soll bei der Berechnung nur der Bildschirm berücksichtigt werden, brauchen nur *cxImage* und *cyImage* von der Breite bzw. Höhe des Clientbereichs abgezogen und die jeweiligen Ergebnisse durch 2 geteilt werden. Dieses Verfahren funktioniert jedoch nicht für den Drucker. Stattdessen wechseln wir zu Beginn der *DoPage*-Methode zu Pixelkoordinaten und rufen mithilfe von *VisibleClipBounds* die Pixelwerte des Ausgabegeräts ab. Anschließend werden die Werte von *cxImage* und *cyImage* von der Pixelbreite und -höhe des Geräts abgezogen und die jeweiligen Ergebnisse durch 2 geteilt.

In ein Rechteck einpassen

Die folgenden vier *DrawImage*-Methoden geben ein rechteckiges Ziel für das Bild an. Das Rechteck wird in Weltkoordinaten angegeben:

DrawImage-Methoden von *Graphics* (Auswahl)

```
Sub DrawImage(ByVal img As Image, ByVal x As Integer, ByVal y As Integer,
                                  ByVal cx As Integer, ByVal cy As Integer)
Sub DrawImage(ByVal img As Image, ByVal x As Single, ByVal y As Single,
                                  ByVal cx As Single, ByVal cy As Single)
Sub DrawImage(ByVal img As Image, ByVal rect As Rectangle)
Sub DrawImage(ByVal img As Image, ByVal rectf As RectangleF)
```

Diese Methoden skalieren das Bild durch Strecken oder Stauchen auf die Größe des Rechtecks. Sie werden häufig dazu verwendet, eine Grafik in der Pixelgröße statt in der metrischen Größe anzuzeigen. Handelt es sich bei den Seiteneinheiten um Pixel, genügt folgender Aufruf:

```
grfx.DrawImage(img, x, y, img.Width, img.Height)
```

Das folgende Programm zeigt ein Bild in seinen Pixelabmessungen zentriert im Clientbereich (oder auf der Druckerseite) an.

CenterPixelSizeImage.vb
```
Imports System
Imports System.Drawing
Imports System.Windows.Forms
Class CenterPixelSizeImage
    Inherits PrintableForm
    Private img As image
    Shared Shadows Sub Main()
        Application.Run(New CenterPixelSizeImage())
    End Sub
    Sub New()
        Text = "Center Pixel-Size Image"
        img = Image.FromFile("..\..\Apollo11FullColor.jpg")
    End Sub
    Protected Overrides Sub DoPage(ByVal grfx As Graphics, _
            ByVal clr As Color, ByVal cx As Integer, ByVal cy As Integer)
        grfx.DrawImage(img, (cx - img.Width) \ 2, (cy - img.Height) \ 2, img.Width, img.Height)
    End Sub
End Class
```

Da die Auflösung Ihres Bildschirms höchstwahrscheinlich mehr als 72 dpi beträgt, wird dieses Bild kleiner angezeigt als das durch *DrawImage* ausgegebene.

Auf dem Drucker, der über eine Standardseitentransformation verfügt, mit der eine Auflösung von 100 dpi vorgetäuscht wird, gibt diese Version der *DrawImage*-Methode die 220 × 240-Pixel-Bitmap in einer Größe von 2,2 × 2,4 Zoll aus. Wenn Sie in der *DoPage*-Methode die Seiteneinheiten auf Pixel stellen, wird das Bild wesentlich kleiner gedruckt und Sie erhalten den Briefmarkeneffekt, der in weniger ausgefeilten Grafikprogrammierumgebungen stark verbreitet ist.

Das folgende Programm lädt ein Bild und skaliert es auf die volle Größe des Clientbereichs (bzw. des druckbaren Bereichs der Druckerseite).

ImageScaleToRectangle.vb

```vb
Imports System
Imports System.Drawing
Imports System.Windows.Forms
Class ImageScaleToRectangle
    Inherits PrintableForm
    Private img As image
    Shared Shadows Sub Main()
        Application.Run(New ImageScaleToRectangle())
    End Sub
    Sub New()
        Text = "Image Scale To Rectangle"
        img = Image.FromFile("..\..\Apollo11FullColor.jpg")
    End Sub
    Protected Overrides Sub DoPage(ByVal grfx As Graphics, _
            ByVal clr As Color, ByVal cx As Integer, ByVal cy As Integer)
        grfx.DrawImage(img, 0, 0, cx, cy)
    End Sub
End Class
```

Wenn Sie nun das Seitenverhältnis des Clientbereichs verändern, wird das Bild entsprechend verzerrt:

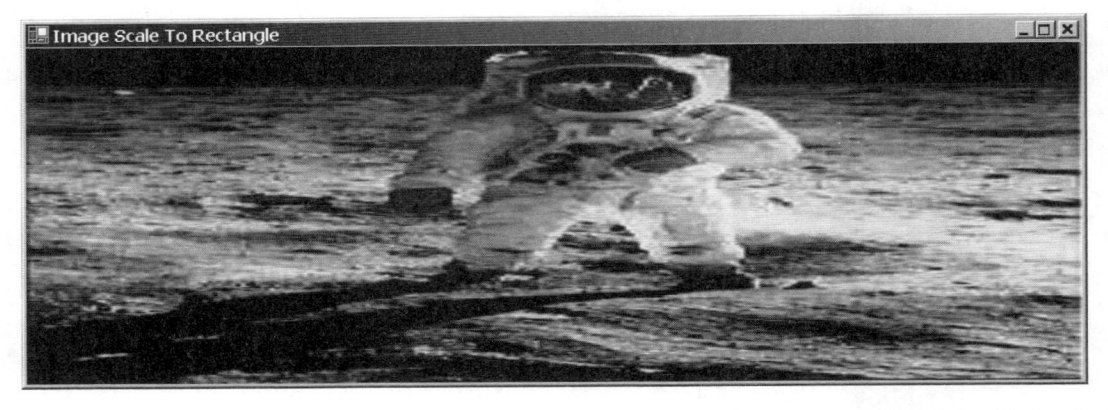

Das ist vermutlich nicht ganz das, was Sie beim Skalieren des Bilds auf ein Rechteck im Sinn hatten. Sie benötigen wahrscheinlich eine *isotrope* Skalierung, die ein Bild in beide Richtungen im gleichen Verhältnis streckt oder staucht. Das folgende Programm sorgt für eine vernünftigere Skalierung eines Rechtecks.

ImageScaleIsotropic.vb

```vb
Imports System
Imports System.Drawing
Imports System.Windows.Forms
Class ImageScaleIsotropic
    Inherits PrintableForm
    Private img As image
    Shared Shadows Sub Main()
        Application.Run(New ImageScaleIsotropic())
    End Sub
    Sub New()
        Text = "Image Scale Isotropic"
        img = Image.FromFile("..\..\Apollo11FullColor.jpg")
    End Sub
    Protected Overrides Sub DoPage(ByVal grfx As Graphics, _
            ByVal clr As Color, ByVal cx As Integer, ByVal cy As Integer)
        ScaleImageIsotropically(grfx, img, New Rectangle(0, 0, cx, cy))
    End Sub
    Private Sub ScaleImageIsotropically(ByVal grfx As Graphics, _
            ByVal img As Image, ByVal rect As Rectangle)
        Dim szf As New SizeF(img.Width / img.HorizontalResolution, img.Height / img.VerticalResolution)
        Dim fScale As Single = Math.Min(rect.Width / szf.Width, rect.Height / szf.Height)
        szf.Width *= fScale
        szf.Height *= fScale
        grfx.DrawImage(img, rect.X + (rect.Width - szf.Width) / 2, _
                            rect.Y + (rect.Height - szf.Height) / 2, _
                            szf.Width, szf.Height)
    End Sub
End Class
```

Die Methode *ScaleImageIsotropically* funktioniert fast immer, es sei denn, ein Gerät verfügt über unterschiedliche horizontale und vertikale Auflösungen (wie einige Drucker), oder die Eigenschaft *PageUnit* ist auf *GraphicsUnit.Pixel* eingestellt (was bei Druckern *nicht* die Standardeinstellung ist).

Die Methode beginnt mit der Berechnung einer *SizeF*-Struktur, die die Größe des *Image*-Objekts in Zoll angibt. (Dieser Schritt wäre nicht notwendig, wenn die horizontale und vertikale Auflösung des Bilds gleich wären.) Anschließend wird durch Division des Mindestwerts der Breite bzw. Höhe des Zielrechtecks durch die Breite bzw. Höhe des Bilds ein Faktor berechnet. Mit diesem Faktor *fScale* wird die Größe des Bilds isotrop auf die Größe des Zielrechtecks skaliert. Danach berechnet die Methode den Ursprung des Rechtecks und übergibt alle Informationen an *DrawImage*.

So sieht das Bild aus:

Diese Varianten der *DrawImage*-Methode beherrschen über das Strecken eines Bilds hinaus noch ein paar weitere Zaubertricks. Bei Angabe einer negativen Breite wird das Bild an seiner vertikalen Achse gespiegelt. Eine negative Höhe führt zur Spiegelung an der horizontalen Achse und zeigt das Bild auf dem Kopf stehend an. In allen Fällen wird die obere linke Ecke des ursprünglichen, nicht gespiegelten Bilds an *Point* oder *PointF* des Rechtecks positioniert, das in der Zeichenmethode angegeben wird.

Das folgende Programm erzeugt vier Bilder, von denen einige negative Werte für Breite und Höhe aufweisen. In allen vier Fällen gibt das zweite und dritte Argument von *DrawImage* den Mittelpunkt des Clientbereichs an.

ImageReflection.vb
```vb
Imports System
Imports System.Drawing
Imports System.Windows.Forms
Class ImageReflection
    Inherits PrintableForm
    Private img As Image
    Shared Shadows Sub Main()
        Application.Run(New ImageReflection())
    End Sub
    Sub New()
        Text = "Image Reflection"
        img = Image.FromFile("..\..\Apollo11FullColor.jpg")
    End Sub
    Protected Overrides Sub DoPage(ByVal grfx As Graphics, _
            ByVal clr As Color, ByVal cx As Integer, ByVal cy As Integer)
        grfx.DrawImage(img, cx \ 2, cy \ 2, img.Width, img.Height)
        grfx.DrawImage(img, cx \ 2, cy \ 2, -img.Width, img.Height)
        grfx.DrawImage(img, cx \ 2, cy \ 2, img.Width, -img.Height)
        grfx.DrawImage(img, cx \ 2, cy \ 2, -img.Width, -img.Height)
    End Sub
End Class
```

Und so sehen diese vier Bilder aus:

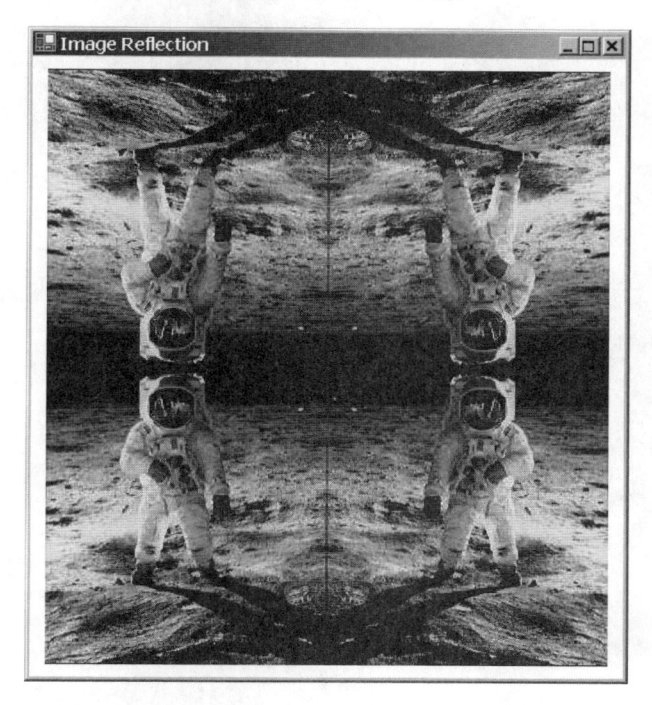

Beachten Sie, dass das Programm die Größe des Bilds aufgrund der Pixelabmessungen berechnet.

Rotation und Scherung

Mithilfe der beiden folgenden Methoden können Sie das Bild noch mehr verzerren. Diese Methoden verschieben, skalieren oder scheren ein Bild oder rotieren es in ein Parallelogramm.

DrawImage-Methoden von *Graphics* (Auswahl)

```
Sub DrawImage(ByVal img As Image, ByVal apt As Point())
Sub DrawImage(ByVal img As Image, ByVal aptf As PointF())
```

Die Arrayargumente müssen genau drei Punkte enthalten. Diese Punkte geben für drei Ecken des Bilds das Ziel in Weltkoordinaten an.

apt(0) = Ziel der oberen linken Ecke des Bilds
apt(1) = Ziel der oberen rechten Ecke des Bilds
apt(2) = Ziel der unteren linken Ecke des Bilds

Da hierbei ein Parallelogramm entsteht, ergibt sich die untere rechte Ecke des Bilds automatisch.

Mit dem folgendem Programm werden diese drei Punkte auf die Mitte des oberen, rechten und linken Rands des Clientbereichs eingestellt.

Bilder und Bitmaps

```
ImageAtPoints.vb
Imports System
Imports System.Drawing
Imports System.Windows.Forms
Class ImageAtPoints
    Inherits PrintableForm
    Private img As image
    Shared Shadows Sub Main()
        Application.Run(New ImageAtPoints())
    End Sub
    Sub New()
        Text = "Image At Points"
        img = image.FromFile("..\..\Apollo11FullColor.jpg")
    End Sub
    Protected Overrides Sub DoPage(ByVal grfx As Graphics, _
            ByVal clr As Color, ByVal cx As Integer, ByVal cy As Integer)
        grfx.DrawImage(img, New Point() {New Point(cx \ 2, 0), _
                                         New Point(cx, cy \ 2), _
                                         New Point(0, cy \ 2)})
    End Sub
End Class
```

So sieht das Bild dann aus:

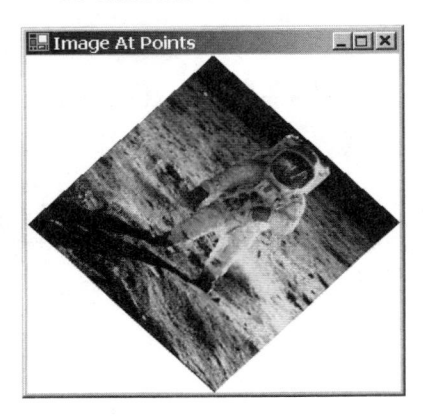

Dies ist nicht die einzige Möglichkeit, Bitmapgrafiken zu rotieren oder zu scheren. Sie können auch die normale Welttransformation anwenden.

Einen Bildausschnitt anzeigen

Haben Sie mitgezählt? Bisher habe ich erst 10 der insgesamt 30 Varianten der *DrawImage*-Methode erläutert. Mit den verbleibenden Methoden können Sie einen rechteckigen Ausschnitt der Bitmap anzeigen. Dieser Ausschnitt wird in Pixeln und relativ zur oberen linken Ecke des Bilds angegeben. Bei einem *Image*-Objekt mit dem Namen *img* gibt das Rechteck

```
New Rectangle(0, 0, img.Width, img.Height)
```
das vollständige Rechteck an.

Das Rechteck
```
New Rectangle(img.Width - 10, img.Height - 10, 10, 10)
```
gibt das Quadrat mit einer Seitenlänge von 10 Pixeln in der rechten unteren Ecke des Bilds an.

Die folgenden beiden *DrawImage*-Varianten geben das Ziel als Punkt in Weltkoordinaten an, mit einem Quellrechteck, das einen Teil des Bilds angibt, und einem *GraphicsUnit*-Argument:

DrawImage-Methoden von *Graphics* (Auswahl)

```
Sub DrawImage(ByVal img As Image, ByVal xDst As Ingeger, ByVal yDst As Integer,
        ByVal rectSrc As Rectangle, ByVal gu As GraphicsUnit)
Sub DrawImage(ByVal img As Image, ByVal xDst As Single, ByVal yDst As Single,
        ByVal rectfSrc As RectangleF, ByVal gu As GraphicsUnit)
```

Hierbei ist das Prinzip einfacher, als die merkwürdigen Definitionen dieser Methoden vermuten lassen. Zum einen wird das Quellrechteck immer in der Einheit Pixel angegeben. (Die mit einer *RectangleF*-Struktur (statt mit einer *Rectangle*-Struktur) definierte *DrawImage*-Variante macht in diesem Zusammenhang also keinen Sinn.) Zweitens muss das *GraphicsUnit*-Argument *GraphicsUnit.Pixel* lauten. Ich weiß zufällig, dass die Koordinaten von Buzz Aldrins Helm ungefähr durch dieses Rechteck angegeben werden können:

```
New Rectangle(95, 0, 50, 55)
```

Nun wollen wir uns einmal das Programm ansehen, das genau diesen Bildausschnitt anzeigt.

PartialImage.vb
```
Imports System
Imports System.Drawing
Imports System.Windows.Forms
Class PartialImage
    Inherits PrintableForm

    Private img As Image

    Shared Shadows Sub Main()
        Application.Run(New PartialImage())
    End Sub

    Sub New()
        Text = "Partial Image"
        img = Image.FromFile("..\..\Apollo11FullColor.jpg")
    End Sub

    Protected Overrides Sub DoPage(ByVal grfx As Graphics, _
            ByVal clr As Color, ByVal cx As Integer, ByVal cy As Integer)
        Dim rect As New Rectangle(95, 5, 50, 55)
        grfx.DrawImage(img, 0, 0, rect, GraphicsUnit.Pixel)
    End Sub
End Class
```

Bilder und Bitmaps

Wie groß ist das angezeigte Bild? Da die Auflösung der Datei 72 dpi beträgt, wird das Bild mit einer Breite von 50/72 Zoll und einer Höhe von 55/72 Zoll angezeigt:

Bei den folgenden vier Methoden können Sie sowohl ein Quell- als auch ein Zielrechteck angeben:

DrawImage-Methoden von *Graphics* (Auswahl)

```
Sub DrawImage(ByVal image As Image, ByVal rectDst As Rectangle,
              ByVal xSrc As Integer, ByVal ySrc As Integer,
              ByVal cxSrc As Integer, ByVal cySrc As Integer,
              ByVal gu As GraphicsUnit, *)
Sub DrawImage(ByVal image As Image, ByVal rectDst As Rectangle,
              ByVal rectSrc As Rectangle, ByVal gu As GraphicsUnit)
Sub DrawImage(ByVal image As Image, ByVal rectDst As Rectangle,
              ByVal x As Single, ByVal y As Single,
              ByVal cx As Single, ByVal cy As Single, ByVal gu As GraphicsUnit, *)
Sub DrawImage(ByVal image As Image, ByVal rectfDst As RectangleF,
              ByVal rectfSrc As RectangleF, ByVal gu As GraphicsUnit)
```

Bei diesen Methoden wird das Quellrechteck in Pixeln angegeben, für das Zielrechteck dagegen werden Weltkoordinaten verwendet. Das Argument *GraphicsUnit* muss *GraphicsUnit.Pixel* lauten.

Beachten Sie, dass ich in dieser Tabelle bei zwei Methoden am Ende der Argumentliste ein Sternchen eingefügt habe. Das bedeutet, dass diese Methoden über drei weitere optionale Argumente verfügen können: ein *ImageAttribute*-Objekt, eine Rückruffunktion zum Abbrechen des Zeichenvorgangs sowie Daten, die an die Rückruffunktion übergeben werden können. Für jede der beiden mit einem Sternchen versehenen Methoden gibt es also drei weitere Varianten. (Leider ist es mir im Rahmen dieses Buchs nicht möglich, diese *DrawImage*-Varianten zu besprechen.)

Das folgende Programm zeigt Buzz Aldrins Helm (das Quellrechteck) in der Größe des Clientbereichs bzw. der Druckerseite an (dies ist das Zielrechteck).

PartialImageStretch.vb

```
Imports System
Imports System.Drawing
Imports System.Windows.Forms
Class PartialImageStretch
    Inherits PrintableForm
    Private img As image
    Shared Shadows Sub Main()
        Application.Run(New PartialImageStretch())
    End Sub
    Sub New()
        Text = "Partial Image Stretch"
        img = Image.FromFile("..\..\Apollo11FullColor.jpg")
    End Sub
    Protected Overrides Sub DoPage(ByVal grfx As Graphics, _
            ByVal clr As Color, ByVal cx As Integer, ByVal cy As Integer)
        Dim rectSrc As New Rectangle(95, 5, 50, 55)
        Dim rectDst As New Rectangle(0, 0, cx, cy)
        grfx.DrawImage(img, rectDst, rectSrc, GraphicsUnit.Pixel)
    End Sub
End Class
```

So sieht das auf den Clientbereich gestreckte Bild aus:

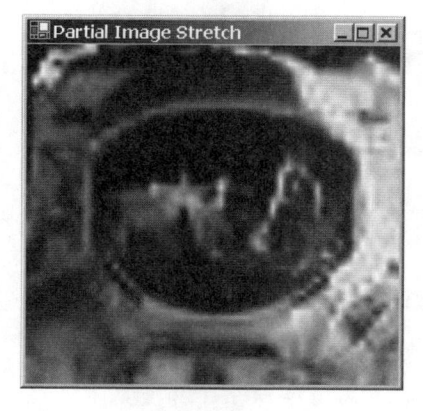

Wenn das Zielrechteck ein anderes Seitenverhältnis als das Quellrechteck aufweist, wird das Bild verzerrt dargestellt. Sie können jedoch leicht die Methode *ScaleImageIsotropically,* die ich im Verlauf dieses Kapitels (Seite 409) vorgestellt habe, auf Bildausschnitte anpassen. Geben Sie im Zielrechteck die gleiche Breite und Höhe wie im Quellrechteck an, um das Bild in seiner Pixelgröße anzuzeigen.

Beim Vergrößern kleinformatiger Bilder wären beim Druck eigentlich unsaubere Treppeneffekte zu erwarten. GDI+ führt jedoch eine Interpolierung der Bildpixel durch, um die Bilder zu glätten.

Mit den letzten noch verbleibenden *DrawImage*-Methoden können Sie einen Bildausschnitt mit einem Array aus drei Punkten angeben. Das Sternchen zeigt auch hier wieder, dass es sich bei jeder Methode eigentlich um vier handelt.

Bilder und Bitmaps

***DrawImage*-Methoden von *Graphics* (Auswahl)**

```
Sub DrawImage(ByVal img As Image, ByVal aptDst As Point(), ByVal rectSrc As Rectangle,
              ByVal gu As GraphicsUnit, *)
Sub DrawImage(ByVal img As Image, ByVal aptfDst As PointF(), ByVal rectfSrc As RectangleF,
              ByVal gu As GraphicsUnit, *)
```

Wieder wird das Quellrechteck in Pixeln angegeben, die Zielpunkte in Weltkoordinaten und das *GraphicsUnit*-Argument muss *GraphicsUnit.Pixel* lauten. Hier ein Beispielprogramm:

PartialImageRotate.vb
```
Imports System
Imports System.Drawing
Imports System.Windows.Forms
Class PartialImageRotate
    Inherits PrintableForm
    Private img As image
    Shared Shadows Sub Main()
        Application.Run(New PartialImageRotate())
    End Sub
    Sub New()
        Text = "Partial Image Rotate"
        img = Image.FromFile("..\..\Apollo11FullColor.jpg")
    End Sub
    Protected Overrides Sub DoPage(ByVal grfx As Graphics, _
            ByVal clr As Color, ByVal cx As Integer, ByVal cy As Integer)
        Dim aptDst() As Point = {New Point(0, cy \ 2), _
                                 New Point(cx \ 2, 0), _
                                 New Point(cx \ 2, cy)}
        Dim rectSrc As New Rectangle(95, 5, 50, 55)
        grfx.DrawImage(img, aptDst, rectSrc, GraphicsUnit.Pixel)
    End Sub
End Class
```

So, haben Sie mitgezählt? Nun sind wir mit allen 30 Varianten der *DrawImage*-Methode durch.

Auf Bildern zeichnen

Bisher haben wir ein Bitmapbild auf dem Bildschirm und dem Drucker ausgegeben bzw. gezeichnet. Wir können aber auch *auf* einem Bild zeichnen. Eigentlich zeichnet auch Windows bei der Bildschirmausgabe eines Bilds auf einer großen Bitmap, die in der Grafikkarte gespeichert ist. Auch bei vielen Druckern basiert die Ausgabe auf Speicherdaten, die wie eine Bitmap aufgebaut sind. Es ist also durchaus sinnvoll, dass eine Windows-Anwendung in jeder beliebigen Bitmap zeichnen kann und dabei die gleichen Funktionen zur Grafikausgabe verwendet wie für den Bildschirm oder den Drucker.

Um auf einem Bild zu zeichnen, benötigen Sie ein *Graphics*-Objekt, das auf das Bild verweist. Dieses *Graphics*-Objekt wird über eine shared Methode der Klasse *Graphics* abgerufen:

Graphics-Methoden (*Shared*, Auswahl)

```
Function FromImage(ByVal img As Image) As Graphics
```

Mit folgender Anweisung wird ein *Graphics*-Objekt namens *grfxImage* abgerufen, das auf einem *Image*-Objekt namens *img* basiert:

```
Dim grfxImage As Graphics = Graphics.FromImage(img)
```

Wenn Sie das *Graphics*-Objekt nicht mehr benötigen, rufen Sie die Methode *Dispose* auf, um es zu beseitigen.

Die Methode *Graphics.FromImage* funktioniert nicht mit jedem Grafikformat. Wenn es sich bei der *PixelFormat*-Eigenschaft des Bilds um eines der folgenden *PixelFormat*-Member handelt, wird die Methode *nicht* ausgeführt und stattdessen eine Ausnahme ausgelöst: *Format1bppIndexed*, *Format4bppIndexed*, *Format8bppIndexed*, *Format16bppGrayScale* oder *Format16Argb1555*. Diese Einschränkung ist durchaus sinnvoll. Stellen Sie sich vor, Sie würden ein *Graphics*-Objekt abrufen, das auf einem indizierten Bild basiert, und dann versuchen, in diesem Bild mit einer Farbe zu zeichnen, die in der Farbpalette des Bilds nicht vorhanden ist. Ein ähnliches Problem würde auftreten, wenn Sie für Bilder im Graustufenformat oder mit 1-Bit-Transparenz ein *Graphics*-Objekt abrufen könnten.

Darüber hinaus ist es nicht möglich, ein *Graphics*-Objekt für ein Bild abzurufen, das aus einer alten Windows-Metadatei (Windows Metafile, WMF) oder erweiterten Windows-Metadatei (Enhanced Metafile, EMF) geladen wurde. In Kapitel 23 werde ich einige Möglichkeiten erläutern, mit denen Sie auf Metadateien zeichnen können.

Das über *Graphics.FromImage* abgerufene *Graphics*-Objekt kann auf die gleiche Weise eingesetzt werden wie ein *Graphics*-Objekt für Bildschirm oder Drucker. Bei näherer Betrachtung werden Sie feststellen, dass die Eigenschaften *DpiX* und *DpiY* des auf einem Bild basierenden *Graphics*-Objekts den Eigenschaften *HorizontalResolution* und *VerticalResolution* des *Image*-Objekts gleichen. Die Standardseitentransformation lautet *GraphicsUnit.Display* für *PageUnit* und der *PageScale*-Wert ist 1. Für Bilder ist dies dasselbe wie *GraphicsUnit.Pixels*. Die *VisibleClipBounds*-Eigenschaft dieses *Graphics*-Objekts entspricht standardmäßig der Breite und Höhe des Bilds in Pixeln.

Sie können für das *Graphics*-Objekt auch eine andere Seitentransformation angeben. Wenn Sie die Eigenschaften *PageUnit* und *PageScale* verändern, gibt die Eigenschaft *VisibleClipBounds* die Maße des Bilds in Seiteneinheiten an. Stellen Sie beispielsweise folgende Eigenschaften ein:

```
grfxImage.PageUnit = GraphicsUnit.Inch
grfxImage.PageScale = 1
```

Dann gibt *VisibleClipBounds* die Größe des Bilds in Zoll an. Diese Angaben können Sie auch berechnen, indem Sie die Pixelgröße des Bilds durch die Eigenschaften *HorizontalResolution* und *VerticalResolution* dividieren.

Ich werde gleich Text auf die Bitmap schreiben. Da stellt sich natürlich die Frage, welche Schrift verwendet werden soll. Genügt die Standard-*Font*-Eigenschaft des Formulars?

In einem Formular ist als *Font*-Eigenschaft eine 8-Punkt-Schrift vorgegeben. Wenn Sie diese Eigenschaft zum Zeichnen eines Textobjekts auf einer Bitmap verwenden und das Bild anschließend in der metrischen Größe anzeigen (anstelle der Pixelgröße), erscheint der Text genauso, als wäre er direkt im Clientbereich gezeichnet worden. Falls aber die Auflösung des Bilds geringer ist als die Auflösung des Bildschirms, wird der Text mit Sicherheit anders angezeigt. Der Text erscheint gröber gerastert als direkt im Clientbereich eingefügter Text.

Sehen Sie sich folgendes Beispiel an. Die Bitmaps, die ich in diesem Kapitel verwendet habe, besitzen eine Auflösung von 72 dpi – also 1 Pixel pro Punkt. Eine 8-Punkt-Schrift ist bei dieser Auflösung etwa 8 Pixel hoch. Der folgende Aufruf verwendet die Standard-*Font*-Eigenschaft des Formulars:

```
Font.GetHeight(72)
```

Sie können auch das *Graphics*-Objekt verwenden, das aus einer der in diesem Kapitel verwendeten Bitmaps erstellt wurde, und den Aufruf

```
Font.GetHeight(grfxImage)
```

benutzen. Beide Aufrufe ergeben für den Zeilenabstand einen Wert von 8,83 Pixeln; dies bestätigt die Zeichenhöhe von ungefähr 8 Pixeln.

Nun lassen 8 Pixel nicht gerade viel Platz für schöne gerundete Schriftzeichen. Auf diese Schrifthöhe ist *DrawString* jedoch beschränkt, wenn Sie die vorgegebene *Font*-Eigenschaft des Formulars in einem Bild mit einer Auflösung von 72 dpi verwenden. Wenn die Auflösung Ihres Bildschirms höher als 72 dpi ist und dieses Bild in der Pixelgröße angezeigt wird, erscheint der Text auf dem Bild sehr klein. Zeigen Sie das Bild dagegen in der metrischen Größe an, erscheinen Bild und Text größer. Auf einem 96-dpi-Monitor wird das Bild (und entsprechend auch der Text) um den Faktor 1 1/3 vergrößert. Auf einem 120-dpi-Bildschirm wird eine Vergrößerung um 1 2/3 verwendet. Die 8 Pixel werden also auf die normale Größe der Standardschrift des Formulars gestreckt. Wir wollen uns das Programm einmal anschauen:

DrawOnImage.vb
```
Imports System
Imports System.Drawing
Imports System.Windows.Forms
Class DrawOnImage
    Inherits PrintableForm
    Private img As image
    Private str As String = "Apollo11"

    Shared Shadows Sub Main()
        Application.Run(New DrawOnImage())
    End Sub

    Sub New()
        Text = "Draw on Image"
        img = Image.FromFile("..\..\Apollo11FullColor.jpg")

        Dim grfxImage As Graphics = Graphics.FromImage(img)
        grfxImage.PageUnit = GraphicsUnit.Inch
        grfxImage.PageScale = 1

        Dim szf As SizeF = grfxImage.MeasureString(str, Font)
        grfxImage.DrawString(str, Font, Brushes.White, _
                    grfxImage.VisibleClipBounds.Width - szf.Width, 0)
        grfxImage.Dispose()
    End Sub

    Protected Overrides Sub DoPage(ByVal grfx As Graphics, _
            ByVal clr As Color, ByVal cx As Integer, ByVal cy As Integer)
        grfx.PageUnit = GraphicsUnit.Pixel
        grfx.DrawImage(img, 0, 0)
        grfx.DrawString(str, Font, New SolidBrush(clr), grfx.DpiX * img.Width _
                    / img.HorizontalResolution, 0)
    End Sub
End Class
```

Ich habe spaßeshalber die Maßeinheit für die Seitentransformation des mit dem Bild verknüpften *Graphics*-Objekts auf Zoll geändert. Durch einen Aufruf der *MeasureString*-Methode erhalte ich die Abmessungen der Zeichenfolge; die Koordinaten in *DrawString* sorgen dafür, dass der Text in der oberen rechten Ecke des Bilds angezeigt wird. Die *DoPage*-Methode ruft *DrawImage* auf, um das Bild zu zeichnen, und anschließend zum Vergleich auch *DrawString*, um den gleichen Text auf der rechten Seite des Bilds anzuzeigen. (Die Seiteneinheiten müssen auf Pixel eingestellt sein, damit der Text auf dem Drucker richtig positioniert wird.) Wie Sie sehen, wird der Text auf dem Bild wesentlich gröber gerastert und leicht verzerrt angezeigt, da das Bild auf dem Bildschirm gestreckt wird.

Was können wir gegen diese Verzerrung unternehmen? Das Problem ist entstanden, weil eine Schrift verwendet wird, die nur 9 Pixel hoch ist. Sie können das Problem nur lösen, indem Sie eine Schrift mit einer größeren Pixelhöhe wählen. Das heißt, Sie müssen Bilder mit einer höheren Auflösung als der des Bildschirms verwenden oder die Schriftgröße auf mindestens 12 Pixel erhöhen. Letzteres lässt den Text größer erscheinen, aber zumindest ist er dann lesbar.

Wenn Sie das Bild in der Pixelgröße anzeigen möchten, müssen Sie anders an die Sache herangehen. Um den Text auf dem Bild in der gleichen Größe anzuzeigen wie normalen Text im Clientbereich, muss die Schrift im Verhältnis Bildschirmauflösung zu Bildauflösung skaliert werden. Hier ein Beispiel:

DrawOnPixelSizeImage.vb

```
Imports System
Imports System.Drawing
Imports System.Windows.Forms
Class DrawOnPixelSizeImage
    Inherits PrintableForm
    Private img As Image
    Private str As String = "Apollo11"
    Shared Shadows Sub Main()
        Application.Run(New DrawOnPixelSizeImage())
    End Sub
    Sub New()
        Text = "Draw on Pixel-Size Image"
        img = Image.FromFile("..\..\Apollo11FullColor.jpg")
```

```
        Dim grfxImage As Graphics = Graphics.FromImage(img)
        Dim grfxScreen As Graphics = CreateGraphics()
        Dim fnt As New Font(Font.FontFamily, grfxScreen.DpiY / grfxImage.DpiY * Font.SizeInPoints)
        Dim szf As SizeF = grfxImage.MeasureString(str, fnt)
        grfxImage.DrawString(str, fnt, Brushes.White, img.Width - szf.Width, 0)
        grfxImage.Dispose()
        grfxScreen.Dispose()
    End Sub
    Protected Overrides Sub DoPage(ByVal grfx As Graphics, _
            ByVal clr As Color, ByVal cx As Integer, ByVal cy As Integer)
        grfx.DrawImage(img, 0, 0, img.Width, img.Height)
        grfx.DrawString(str, Font, New SolidBrush(clr), img.Width, 0)
    End Sub
End Class
```

Der Konstruktor erstellt ein neues *Font*-Objekt mit dem Namen *fnt,* das der Standardschrift entspricht, aber über eine Punktgröße verfügt, die im Verhältnis Bildschirmauflösung zu Bildauflösung skaliert wurde. Diese Schrift verwende ich in den Aufrufen von *MeasureString* und *DrawString*. Da ich die standardmäßige Seitentransformation übernommen habe, kann ich die Pixelbreite des Bilds im *DrawString*-Aufruf einsetzen, um die Zeichenfolge zu positionieren. Die Schrift auf dem Bild wird nun genauso groß angezeigt wie die Schrift im Clientbereich:

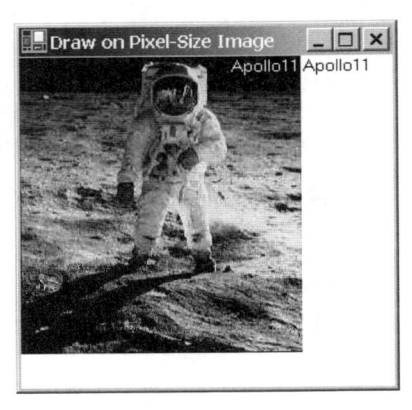

Diese beiden Schriften sehen gleich aus, obwohl sie unterschiedliche Punktgrößen besitzen. Sie erscheinen deshalb gleich groß, weil sie auf zwei verschiedenen Oberflächen mit unterschiedlichen Auflösungen angezeigt werden. Da ich die auf dem Bild angezeigte Schriftgröße auf Grundlage der Bildschirmauflösung angegeben habe, werden sich die beiden Schriften bei Ausgabe auf einem Drucker in dem Maß voneinander unterscheiden, in dem die virtuelle Druckerauflösung von 100 dpi von der Bildschirmauflösung abweicht.

Noch ein Wort zur Methode *Brushes.White,* die ich im *DrawString*-Aufruf zum Zeichnen auf dem Bild verwendet habe: Angesichts des schwarzen Hintergrunds ist sie natürlich genau das Richtige, aber sie erinnert auch daran, dass Sie genau wissen müssen, was sich auf einem Bild befindet, bevor Sie darauf zeichnen können.

Sie können auch auf einer leeren Bitmap zeichnen, die nur für diesen speziellen Zweck erstellt wird. Darauf komme ich gleich zurück.

Noch mehr über die Klasse *Image*

Die Klasse *Image* verfügt über einige weitere einfache Methoden, mit denen Sie ein Bild speichern oder bearbeiten können. Hier sind die drei Varianten der *Save*-Methode:

Save-Methoden von *Image* (Auswahl)

```
Sub Save(ByVal strFilename As String)
Sub Save(ByVal strFilename As String, ByVal if As ImageFormat)
Sub Save(ByVal strm As Stream, ByVal if As ImageFormat)
```

Die *Save*-Methode kann nicht für *Image*-Objekte verwendet werden, die aus einer Metadatei oder einer Speicherbitmap geladen wurden. Ein Bild kann auch nicht in einer Metadatei oder einem Speicherbitmapformat gespeichert werden.

Achtung: Die erste dieser drei Methoden verwendet *nicht* die angegebene Dateierweiterung zur Festlegung des Formats, in dem die Datei gespeichert werden soll. Diese *Save*-Methode verwendet dasselbe Format wie die Originaldatei, ganz gleich, welche Dateierweiterung angegeben wird. Verwenden Sie die zweite Version von *Save*, um ein bestimmtes Dateiformat anzugeben:

```
img.Save(strFilename, ImageFormat.Jpeg)
```

Das Programm ImageIO in Kapitel 16 zeigt, wie sie diese Version von *Save* zusammen mit dem Standarddialog *Datei speichern* verwenden.

Die beiden folgenden Methoden können die Größe eines Bilds anpassen und es nach bestimmten festgelegten Kriterien rotieren und spiegeln:

***Image*-Methoden (Auswahl)**

```
Function GetThumbnailImage(ByVal cx As Integer, ByVal cy As Integer,
                           ByVal gtia As Image.GetThumbnailImageAbort,
                           ByVal pData As IntPtr) As Image
Sub RotateFlip(ByVal rft As RotateFlipType)
```

Die Methode *GetThumbnailImage* dient zur Erstellung einer Miniaturansicht. Hierbei handelt es sich um eine verkleinerte Bildversion, die in Anwendungen zur platz- und zeitsparenden Vorschau auf Bilder verwendet wird. *GetThumbnailImage* ist jedoch eigentlich eine Universalfunktion zur Anpassung der Größe eines Bilds. Bilder können damit sowohl verkleinert als auch vergrößert werden. Die beiden letzten Argumente werden zur Angabe von Rückruffunktionen verwendet, Sie können sie jedoch auf *Nothing* bzw. *IntPtr.Zero* setzen und die Methode funktioniert auch ohne sie tadellos. Das folgende Programm erstellt eine Miniaturansicht mit einer Größe von 64 × 64 Pixeln.

Thumbnail.vb

```
Imports System
Imports System.Drawing
Imports System.Windows.Forms
Class Thumbnail
    Inherits PrintableForm

    Const iSquare As Integer = 64
    Private imgThumbnail As Image
```

```
Shared Shadows Sub Main()
    Application.Run(New Thumbnail())
End Sub
Sub New()
    Text = "Thumbnail"
    Dim img As Image = Image.FromFile("..\..\Apollo11FullColor.jpg")
    Dim cxThumbnail, cyThumbnail As Integer
    If img.Width > img.Height Then
        cxThumbnail = iSquare
        cyThumbnail = iSquare * img.Height \ img.Width
    Else
        cyThumbnail = iSquare
        cxThumbnail = iSquare * img.Width \ img.Height
    End If
    imgThumbnail = img.GetThumbnailImage(cxThumbnail, _
                                        cyThumbnail, _
                                        Nothing, IntPtr.Zero)
End Sub
Protected Overrides Sub DoPage(ByVal grfx As Graphics, _
        ByVal clr As Color, ByVal cx As Integer, ByVal cy As Integer)
    Dim x, y As Integer
    For y = 0 To cy Step iSquare
        For x = 0 To cx Step iSquare
            grfx.DrawImage(imgThumbnail, x + (iSquare - imgThumbnail.Width) \ 2, _
                                         y + (iSquare - imgThumbnail.Height) \ 2, _
                                         imgThumbnail.Width, imgThumbnail.Height)
        Next x
    Next y
End Sub
End Class
```

Dieses Programm füllt in der *DoPage*-Methode den Clientbereich (oder die Druckerseite) mit der Miniaturversion des Bilds auf:

Während die Methode *GetThumbnailImage* ein neues Bild erstellt, verändert die *RotateFlip*-Methode ein vorhandenes. Das einzige Argument ist ein Member der Enumeration *RotateFlip-Type:*

RotateFlipType-Enumeration

Member	Wert	Ergebnis
RotateNoneFlipNone Rotate180FlipXY	0	Hello
Rotate90FlipNone Rotate270FlipXY	1	Hello
Rotate180FlipNone RotateNoneFlipXY	2	olleH
Rotate270FlipNone Rotate90FlipXY	3	Hello
RotateNoneFlipX Rotate180FlipY	4	olleH
Rotate90FlipX Rotate270FlipY	5	Hello
Rotate180FlipX RotateNoneFlipY	6	Hello
Rotate270FlipX Rotate90FlipY	7	olleH

Diese Enumeration hat zwar 16 Member, es ergeben sich jedoch nur 8 verschiedene Effekte für das Bild. Bei 4 dieser Effekte werden die Eigenschaften *Width* und *Height* des *Image*-Objekts vertauscht.

Wenn Sie ein Objekt rotieren oder spiegeln und es gleichzeitig im ursprünglichen Zustand erhalten möchten, können Sie mithilfe der *Clone*-Methode zunächst eine Kopie des Originalobjekts erstellen:

```
Dim imgCopy As Image = DirectCast(img.Clone(), Image)
```

Die Klasse *Bitmap*

Bisher hatte alles Beschriebene nur mit der Klasse *Image* zu tun. Wie ich zu Beginn des Kapitels bereits erwähnte, gibt es im Namespace *System.Drawing* auch eine Klasse namens *Bitmap*, die von der Klasse *Image* erbt. Alle *Image*-Eigenschaften können auch in der Klasse *Bitmap* eingesetzt werden. Sie können ein *Bitmap*-Objekt den gleichen Operationen unterziehen wie ein *Image*-Objekt. Und natürlich noch einigen mehr. Mit der Klasse *Bitmap* können Sie in die tiefsten Bittiefen einer Bitmap eintauchen.

Die Klasse *Image* besitzt keine Konstruktoren, die Klasse *Bitmap* dagegen 12. Die folgenden Konstruktoren laden ein *Bitmap*-Objekt aus einer Datei, einem Stream oder einer Ressource:

Bitmap-Konstruktoren (Auswahl)

```
Bitmap(ByVal strFilename As String)
Bitmap(ByVal strFilename As String, ByVal bUseICM As Boolean)
Bitmap(ByVal strm As Stream)
Bitmap(ByVal strm As Stream, ByVal bUseICM As Boolean)
Bitmap(ByVal typ As Type, ByVal strResource As String)
```

Die ersten vier Konstruktoren sind funktionell Kopien der in *Image* implementierten shared Methoden *FromFile* und *FromStream*. Der letzte Konstruktor lädt ein *Bitmap*-Objekt als Ressource, die üblicherweise in die .exe-Datei einer Anwendung eingebettet ist. Auf Ressourcen werde ich im Verlauf des Kapitels noch näher eingehen.

Es folgt eine Auflistung der Konstruktoren, die aus einem vorhandenen *Image*-Objekt neue *Bitmap*-Objekte erstellen:

Bitmap-Konstruktoren (Auswahl)

```
Bitmap(ByVal img As Image)
Bitmap(ByVal img As Image, ByVal sz As Size)
Bitmap(ByVal img As Image, ByVal cx As Integer, ByVal cy As Integer)
```

Das erste Argument dieser Konstruktoren ist zwar als *Image*-Objekt definiert, es kann sich jedoch auch um ein *Bitmap*-Objekt handeln. Der erste Konstruktor funktioniert genauso wie die *Clone*-Methode der *Image*-Klasse: Er erstellt ein neues *Bitmap*-Objekt, das mit dem ersten identisch ist. Der zweite und dritte Konstruktor führt dasselbe aus wie die Methode *GetThumbnailImage*, nämlich eine Anpassung der Größe des Bilds. In all diesen Fällen erbt die neue Bitmap das Pixelformat der vorhandenen. Ebenso wird in jedem Fall die Auflösung der Bitmap auf die Auflösung des Bildschirms gestellt.

Für die letzten vier Konstruktoren gibt es keine Entsprechungen in der Klasse *Image*. Mit diesen Konstruktoren können Sie brandneue *Bitmap*-Objekte mit einem leeren Bild erstellen:

Bitmap-Konstruktoren (Auswahl)

```
Bitmap(ByVal cx As Integer, ByVal cy As Integer)
Bitmap(ByVal cx As Integer, ByVal cy As Integer, ByVal pf As PixelFormat)
Bitmap(ByVal cx As Integer, ByVal cy As Integer, ByVal grfx As Graphics)
Bitmap(ByVal cx As Integer, ByVal cy As Integer, ByVal cxRowBytes As Integer,
       ByVal pf As PixelFormat, ByVal pBytes As IntPtr)
```

Die ersten drei Konstruktoren initialisieren die Pixel mit dem Wert 0. Dieser Pixelwert hat für verschiedene Bitmaptypen eine unterschiedliche Bedeutung. Bei RGB-Bitmaps bedeutet der Wert 0 »schwarz«. Für ARGB-Bitmaps dagegen hat dieser Wert die Bedeutung »transparent«. Mit dem vierten Konstruktor können Sie darüber hinaus einen Zeiger auf ein Array aus Bytes übergeben, das zur Initialisierung des Bitmapbilds dient.

Der erste Konstruktor in dieser Tabelle erstellt ein *Bitmap*-Objekt der angegebenen Größe mit dem Pixelformat *PixelFormat.Format32bppArgb*. Hierbei handelt es sich um ein Format mit 32 Bits pro Pixel, das einen Alpha-Kanal zur Darstellung der Transparenz enthält. Horizontale und vertikale Auflösung werden auf die Auflösung des Bildschirms gestellt. Der zweite Konstruktor ermöglicht die Angabe eines *PixelFormat*-Members, falls Sie ein anderes Format als *Format32bppArgb* wünschen.

Bei dem dritten Konstruktor können Sie ein *Graphics*-Objekt angeben. Unabhängig davon, ob das *Graphics*-Objekt mit dem Bildschirm oder dem Drucker verknüpft ist, oder ob Sie über einen Farbdrucker verfügen, erstellt der Konstruktor eine Bitmap immer mit dem Pixelformat *PixelFormat.Format32bppPArgb*. Beachten Sie, dass dieses Pixelformat einen vormultiplizierten Alpha-Kanal impliziert. Die Erstellung einer Bitmap auf Grundlage eines *Graphics*-Objekts hat eine wichtige Auswirkung: Die Eigenschaften *HorizontalResolution* und *VerticalResolution* des *Bitmap*-Objekts werden auf die Eigenschaften *DpiX* and *DpiY* des *Graphics*-Objekts gesetzt.

Und das bedeutet für den Drucker nicht etwa eine Auflösung von 100 dpi, sondern 300, 600, 720 oder sogar darüber!

Nehmen wir beispielsweise an, Ihr Drucker verfügt über eine Auflösung von 600 dpi. Sie möchten basierend auf der Druckerauflösung eine Bitmap erstellen. Warum? Weil Sie beim Ausdrucken der Bitmap alle Objekte auf dieser Bitmap (einschließlich der Textobjekte) so fein gerastert und geglättet haben möchten, wie die Druckerauflösung es erlaubt. Denken Sie aber daran, dass die Bitmapgröße zur Auflösung kompatibel sein muss. Eine 2 × 2 Zoll große Bitmap mit 600 dpi erfordert eine Seitenlänge von 1200 Pixeln und benötigt über 5 MB Speicherplatz. Und verwenden Sie unbedingt metrische Größen zur Ausgabe einer solchen Bitmap auf dem Bildschirm oder dem Drucker! (Nur keine Sorge, ich werde Ihnen gleich ein Beispiel vorführen.)

Wenn es jedoch erforderlich sein sollte, eine Bitmap zu erstellen, deren Auflösung weder der des Bildschirms noch der des Druckers entspricht, stellt Ihnen die Klasse *Bitmap* eine Methode zur Verfügung, mit der Sie die Auflösung einer erstellten oder geladenen Bitmap ändern können:

Bitmap-Methoden (Auswahl)

```
Sub SetResolution(ByVal xDpi As Single, ByVal yDpi As Single)
```

Wie bekommen wir irgendetwas auf die Oberfläche einer Bitmap? Dazu gibt es drei Vorgehensweisen:

- Sie können ein *Graphics*-Objekt für die Bitmap erstellen und anschließend wie bei einem beliebigen Grafikausgabegerät auf die Bitmap zeichnen. Diesen Ansatz habe ich in diesem Kapitel bereits demonstriert. Denken Sie daran, dass ein *Graphics*-Objekt nicht für jedes mögliche Pixelformat erstellt werden kann!
- Sie können mithilfe der Methoden *SetPixel* und *GetPixel* der Klasse *Bitmap* die Farbe einzelner Pixel auf der Bitmap einstellen (oder abfragen).
- Sie können die Methoden *LockBits* und *UnlockBits* der Klasse *Bitmap* für den direkten Zugriff auf die Bitmapdaten verwenden.

Die beiden letzten Vorgehensweisen werde ich Ihnen im Rahmen dieses Buchs leider nicht demonstrieren können.

»Hello World« mit einer Bitmap

Das folgende Programm HelloWorldBitmap erstellt eine Bitmap und zeichnet darauf eine 72-Punkt-Version des Mantras eines jeden Programmierers. Anschließend zeigt es die Bitmap im Clientbereich und gibt sie (wenn gewünscht) auf dem Drucker aus.

HelloWorldBitmap.vb

```
Imports System
Imports System.Drawing
Imports System.Windows.Forms
Class HelloWorldBitmap
    Inherits PrintableForm
        Const fResolution As Single = 300
        Private bm As bitmap
```

```
    Shared Shadows Sub Main()
        Application.Run(New HelloWorldBitmap())
    End Sub
    Sub New()
        Text = "Hello, World!"
        bm = New Bitmap(1, 1)
        bm.SetResolution(fResolution, fResolution)
        Dim grfx As Graphics = Graphics.FromImage(bm)
        Dim fnt As New Font("Times New Roman", 72)
        Dim sz As Size = grfx.MeasureString(Text, fnt).ToSize()
        bm = New Bitmap(bm, sz)
        bm.SetResolution(fResolution, fResolution)
        grfx = Graphics.FromImage(bm)
        grfx.Clear(Color.White)
        grfx.DrawString(Text, fnt, Brushes.Black, 0, 0)
        grfx.Dispose()
    End Sub
    Protected Overrides Sub DoPage(ByVal grfx As Graphics, _
            ByVal clr As Color, ByVal cx As Integer, ByVal cy As Integer)
        grfx.DrawImage(bm, 0, 0)
    End Sub
End Class
```

Die Bitmap wird im Programmkonstruktor erstellt; der Code ist, wie Sie sehen, recht kompliziert. Die Schwierigkeit hierbei lag darin, dass die Bitmap exakt die Größe der Textzeichenfolge haben sollte, ich aber die Bitmapauflösung nicht unbedingt mit einem tatsächlichen Ausgabegerät verknüpfen wollte. Erkennen Sie mein Problem? Sie benötigen *MeasureString*, um die Abmessungen einer Textzeichenfolge abzurufen, und Sie benötigen außerdem ein *Graphics*-Objekt, mit dem *MeasureString* verwendet werden kann. Wenn dieses *Graphics*-Objekt aber auf einer Bitmap mit frei wählbarer Auflösung basieren soll, benötigen Sie wiederum ein *Bitmap*- oder *Image*-Objekt, um dieses *Graphics*-Objekt abzurufen.

Aus diesem Grund erstellt der Konstruktor zwei Bitmaps. Die erste ist nur ein Quadratpixel groß, aber das genügt uns schon. Das Programm weist dieser winzigen Bitmap unter Verwendung der Konstante *fResolution* eine Auflösung von 300 dpi zu. Es ruft dann ein *Graphics*-Objekt ab, erstellt eine 72 Punkt große »Times New Roman«-Schrift und ruft anschließend *MeasureString* auf.

Die *MeasureString*-Maße werden zur Erstellung einer neuen Bitmap verwendet. Die Bitmap muss über die gleiche Auflösung von 300 dpi verfügen. Anschließend ruft das Programm ein *Graphics*-Objekt für diese Bitmap ab, färbt den Hintergrund vollständig weiß und zeichnet den Text in der Farbe Schwarz.

Mithilfe der *DrawImage*-Methode wird die Bitmap auf dem Bildschirm und dem Drucker ausgegeben. Das angezeigte Bild sieht aus wie eine normale 72-Punkt-Schrift. Die Druckerausgabe jedoch beweist, dass hier etwas Interessantes geschehen ist: Die Schriftzeichen werden so glatt und mit so sauberen Rändern ausgedruckt wie jede andere Ausgabe mit 300 dpi. Versuchen Sie einmal, die Konstante *fResolution* auf einen erheblich kleineren Wert zu stellen, beispielsweise 30 dpi, und schauen Sie sich den drastischen Unterschied zwischen Bildschirm und Drucker an!

Die Schattenbitmap

Die Implementierung einer *OnPaint*-Methode kann in einigen Fällen sehr viel Prozessorzeit oder Speicherplatz kosten, etwa in Fällen, in denen der Clientbereich ein komplexes Bild enthält, das über einen langen Zeitraum hinweg entstanden ist. Für solche Anwendungen empfiehlt es sich, die eigentliche Zeichenoperation in einer *zweiten Bitmap im Hintergrund* durchzuführen und das Bild anschließend in den sichtbaren Bereich zu kopieren. In dieser zweiten, Schattenbitmap (shadow bitmap) genannten Bitmap zeichnet das Programm immer dann, wenn es auch außerhalb der *OnPaint*-Methode im Clientbereich zeichnet. Dadurch wird die *OnPaint*-Methode auf einen einfachen Aufruf von *DrawImage* reduziert.

In Kapitel 8 habe ich Ihnen ein Programm namens Scribble vorgestellt, mit dem Sie die Maus zum freien Zeichnen auf dem Clientbereich verwenden können. Zu dem Zeitpunkt konnte ich Ihnen nur eine Lösung zeigen, mit der Sie die Zeichnung für die Aktualisierung mit der *OnPaint*-Methode speichern konnten. Hierbei handelte es sich um das Programm ScribbleWithSave (Seite 288), das alle Koordinatenpunkte in *ArrayList*-Objekten speichert. An diesem Ansatz gibt es nichts auszusetzen. Tatsächlich ist es sogar notwendig, jeden einzelnen Koordinatenpunkt zu speichern, wenn Sie dem Benutzer die Möglichkeit geben möchten, einzelne Linien der Zeichnung zu bearbeiten. ScribbleWithSave stellt den ersten Schritt bei der Erstellung eines Zeichenprogramms dar, das die Zeichnung im Metadateiformat speichert.

Die nun folgende, neue Version des Programms Scribble heißt ScribbleWithBitmap und speichert das gesamte Bild in einer einzigen großen Bitmap. Dieses Programm kann als erste Stufe auf dem Weg zu einem Bildverarbeitungsprogramm dienen.

```
ScribbleWithBitmap.vb
Imports System
Imports System.Drawing
Imports System.Windows.Forms
Class ScribbleWithBitmap
    Inherits Form

    Private bTracking As Boolean
    Private ptLast As Point
    Private bm As bitmap
    Private grfxBm As Graphics

    Shared Sub Main()
        Application.Run(New ScribbleWithBitmap())
    End Sub

    Sub New()
        Text = "Scribble with Bitmap"
        BackColor = SystemColors.Window
        ForeColor = SystemColors.WindowText

        ' Bitmap erstellen.
        Dim sz As Size = SystemInformation.PrimaryMonitorMaximizedWindowSize
        bm = New Bitmap(sz.Width, sz.Height)

        ' Graphics-Objekt aus Bitmap erstellen.
        grfxBm = Graphics.FromImage(bm)
        grfxBm.Clear(BackColor)
    End Sub
```

```vb
    Protected Overrides Sub OnMouseDown(ByVal mea As MouseEventArgs)
        If mea.Button <> MouseButtons.Left Then Return
        ptLast = New Point(mea.X, mea.Y)
        bTracking = True
    End Sub
    Protected Overrides Sub OnMouseMove(ByVal mea As MouseEventArgs)
        If Not bTracking Then Return
        Dim ptNew As New Point(mea.X, mea.Y)
        Dim pn As New Pen(ForeColor)
        Dim grfx As Graphics = CreateGraphics()
        grfx.DrawLine(pn, ptLast, ptNew)
        grfx.Dispose()

        ' Auf der Bitmap zeichnen.
        grfxBm.DrawLine(pn, ptLast, ptNew)
        ptLast = ptNew
    End Sub
    Protected Overrides Sub OnMouseUp(ByVal mea As MouseEventArgs)
        bTracking = False
    End Sub
    Protected Overrides Sub OnPaint(ByVal pea As PaintEventArgs)
        Dim grfx As Graphics = pea.Graphics
        ' Bitmap anzeigen.
        grfx.DrawImage(bm, 0, 0, bm.Width, bm.Height)
    End Sub
End Class
```

Ich habe die Anweisungen kommentiert, die ich zum Programm Scribble hinzugefügt habe. Wie Sie sehen, gibt es nicht allzu viele. Im Konstruktor habe ich eine Bitmap erstellt, deren Größe aus *SystemInformation.PrimaryMonitorMaximizedWindowSize* abgerufen wurde. Die *FromImage*-Methode der *Graphics*-Klasse ruft ein *Graphics*-Objekt ab, und mit einem Aufruf von *Clear* wird die Bitmap initialisiert. Während der Methode *OnMouseMove* zeichnet die *DrawLine*-Methode sowohl auf der Bitmap als auch auf dem Clientbereich. Während *OnPaint* wird die Bitmap durch einen Aufruf von *DrawImage* angezeigt.

Die ScribbleWithBitmap-Version des Programms ist wesentlich kürzer und hübscher als ScribbleWithSave. Die Kürze hat jedoch ihren Preis: Die Koordinatenpunkte der Polylinien sind dabei verloren gegangen und können nicht ohne weiteres wieder aus der Bitmap hergeleitet werden.

Es gibt noch einen Unterschied: Die Leistungsfähigkeit der *OnPaint*-Methode in ScribbleWithSave richtet sich nach der Komplexität der Zeichnung. Je mehr Polylinien sich in der Zeichnung befinden, desto länger braucht *OnPaint,* um sie zu zeichnen. In ScribbleWithBitmap dagegen ist die Geschwindigkeit der *OnPaint*-Methode nicht von der Komplexität des Bilds abhängig.

Wie bereits erwähnt, erstellt das Programm ScribbleWithBitmap im Konstruktor eine Bitmap in der Größe eines maximierten Fensters. Hieran können Sie ungefähr abschätzen, wie groß die zweite Bitmap für die Zeichenoperationen im Hintergrund sein sollte. Wenn jedoch der Benutzer während der Ausführung von ScribbleWithBitmap die Bildschirmauflösung ändert, kann es passieren, dass die Bitmap nicht mehr die richtige Größe hat. Um dieser Möglichkeit zu begegnen, muss ein Handler für das Ereignis *DisplaySettingsChanged* installiert werden, das sich in der im Namespace *Microsoft.Win32* definierten Klasse *SystemEvents* befindet. Aber wie soll auf das

Ereignis reagiert werden? Wenn das Fenster vergrößert wird, können Sie eine neue Bitmap mit der neuen Größe erstellen und die alte dort hinein kopieren. Was aber, wenn das Fenster kleiner wird? Erstellen Sie eine kleinere Bitmap und riskieren damit, dass ein Teil des vorhandenen Bilds verloren geht? Dieses Problem ist gar nicht so einfach zu lösen!

Binäre Ressourcen

Ich habe im Verlauf dieses Kapitels bereits mehrfach demonstriert, auf welche Weise eine bestimmte Bitmap aus einer Datei geladen werden kann.

Wie Sie wissen, stellt das Speichern von Bitmaps in Einzeldateien nicht unbedingt eine gute Lösung für Anwendungen dar, die an andere Benutzer weitergegeben werden sollen. Was kann passieren, wenn Programmdatei und Bitmapdatei getrennt vorliegen? Genau: Ein übereifriger Benutzer räumt die Festplatte auf und löscht »unnötige« Dateien. Und schwupps ist die Bitmap weg!

Aus diesem Grund kann es von Vorteil sein, kleine binäre Dateien – besonders Bitmaps, Symbole und benutzerdefinierte Cursor – direkt in der ausführbaren Datei einer Anwendung zu speichern. So können sie nicht verloren gehen. Dateien, die auf diese Weise in ausführbaren Dateien gespeichert werden, heißen *Ressourcen*.

In Visual Basic .NET können Sie binäre Ressourcen mithilfe eines interaktiven Grafik-Editors erstellen. Um zu einem Programm eine binäre Ressource hinzuzufügen, wählen Sie im *Projekt*-Menü die Option *Neues Element hinzufügen*. Wählen Sie im Dialogfeld *Neues Element hinzufügen* aus der Liste der *Kategorien* links den Ordner *Lokale Projektelemente*. Wählen Sie auf der rechten Seite eine der folgenden Dateiarten: *Bitmapdatei*, *Cursordatei* oder *Symboldatei*. Geben Sie der Datei einen beliebigen Namen.

Bei Bitmapdateien können Sie im Eigenschaftenfenster die Größe und das Farbformat angeben. Das Standardformat für Cursordateien beträgt 32 × 32 Pixel mit 16 Farben. Sie können jedoch auch mit zwei speziellen Farben arbeiten, der Fensterfarbe und inverser Farbe. Die Fensterfarbe ist transparent. Sie wird zur Anzeige eines nicht rechteckigen Cursors verwendet (die wenigsten Cursor sind rechteckig). Die inverse Fensterfarbe kehrt die Farbe des Hintergrunds hinter dem Cursor um. Sie wird relativ selten verwendet. Außerdem muss bei Cursorn ein Hotspot festgelegt werden.

Bei Symboldateien stehen Ihnen standardmäßig 16 Farben plus Fenster- und inverse Farbe zur Verfügung. Die Fensterfarbe wird bei Symbolen häufig dazu eingesetzt, sie in nicht rechteckiger Form anzuzeigen. Die inverse Farbe war in den Anfängen von Windows sehr beliebt, wird heute aber kaum noch verwendet.

Symbole werden üblicherweise mit einer Größe von 32 × 32 Pixeln und 16 Farben erstellt. Häufig werden sie jedoch auch in einem kleineren Format mit 16 × 16 Pixeln dargestellt. Ein 32-Pixel-Symbol wird in Windows als 16-Pixel-Symbol dargestellt, indem jede zweite Zeile und jede zweite Spalte ausgelassen wird. Wenn Ihr Symbol nicht mehr sonderlich gut aussieht, nachdem 75% des Inhalts entfernt wurden, können Sie auch eine selbst definierte Version mit 16 × 16 Pixeln erstellen und in derselben Symboldatei speichern. Sie können im Grafik-Editor über die Option *Neuer Bildtyp* des *Bild*-Menüs zwischen diesen beiden Formaten wechseln.

Nun folgt die wichtigste Regel beim Erstellen einer Bitmap-, Cursor- oder Symboldatei, die als Ressource verwendet werden soll. Passen Sie gut auf!

Wenn Sie in Visual Basic .NET im Projektmappen-Explorer eine Bitmap-, Cursor- oder Symboldatei als Teil eines Projekts auswählen, wird ein Eigenschaftenfenster für diese Datei angezeigt (sollte es nicht angezeigt werden, können Sie es aufrufen). Ändern Sie die Eigenschaft *Buildak-*

tion in *Eingebettete Ressource*. Diese Eigenschaft weist Visual Basic .NET an, die Ressourcendatei in die .exe-Datei des Projekts einzubetten. Im Programm kann eine solche Ressource dann mithilfe der Konstruktoren von *Bitmap*, *Cursor* oder *Icon* geladen werden.

Werfen wir einmal einen Blick auf ein Beispielprogramm, das eine Symbolressource enthält. Da das Projekt den Namen *ProgramWithIcon* trägt, lautet die Programmdatei *ProgramWithIcon.vb*. Das wiederum bedeutet, dass es eine Klasse namens *ProgramWithIcon* enthält. Um den schönen Gleichklang zu erhalten, habe ich die Symboldatei *ProgramWithIcon.ico* genannt. Das Symbol stellt einen kleinen Aktenschrank dar. Das Programm dient nur zum Laden des Symbols und Einstellen der Eigenschaft *Icon* des Formulars.

ProgramWithIcon.vb
```
Imports System
Imports System.Drawing
Imports System.Windows.Forms
Class ProgramWithIcon
    Inherits Form
    Shared Sub Main()
        Application.Run(New ProgramWithIcon())
    End Sub
    Sub New()
        Text = "Program with Icon"
        Icon = New Icon(GetType(ProgramWithIcon), "ProgramWithIcon.ico")
    End Sub
End Class
```

ProgramWithIcon.ico

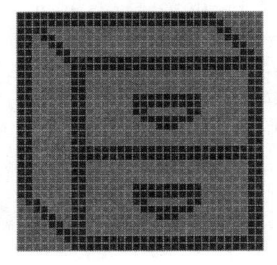

Um es noch einmal zu wiederholen: Denken Sie unbedingt daran, die Buildaktion für die Symboldatei auf *Eingebettete Ressource* einzustellen, wenn Sie dieses Programm in Visual Basic .NET selbst erstellen.

Mithilfe des folgenden Konstruktors der Klasse *Icon* wird das Symbol geladen:

Icon-Konstruktoren (Auswahl)

```
Icon(ByVal typ As Type, ByVal strResource As String)
```

Mit anderen *Icon*-Konstruktoren können Sie Symbole aus Dateien oder Streams laden. Wenn eine Symboldatei oder Ressource mehrere Bilder enthält, können Sie versuchen, ein Symbol bestimmter Größe abzurufen, das auf einem vorhandenen Symbol basiert:

Icon-Konstruktoren (Auswahl)

```
Icon(ByVal icn As Icon, ByVal sz As Size)
Icon(ByVal icn As Icon, ByVal cx As Integer, ByVal cy As Integer)
```

Diese Konstruktoren suchen unter den vorhandenen Symbolen nach einem Symbol mit der von Ihnen angegebenen Größe. Dabei werden Symbole weder gestreckt noch gestaucht. Mit folgenden Eigenschaften der Klasse *Icon* können Sie die Größe eines Symbols ermitteln:

Icon-Eigenschaften (Auswahl)

Eigenschaft	Typ	Zugriff
Size	*Size*	Get
Width	*Integer*	Get
Height	*Integer*	Get

Sie können auch die folgenden Methoden der Klasse *Graphics* verwenden, um das Symbol auf dem Clientbereich zu zeichnen:

Graphics-Methoden (Auswahl)

```
Sub DrawIcon(ByVal icn As Icon, ByVal x As Integer, ByVal y As Integer)
Sub DrawIcon(ByVal icn As Icon, ByVal rect As Rectangle)
Sub DrawIconUnstretched(ByVal icn As Icon, ByVal rect As Rectangle)
```

ProgramWithIcon weist jedoch ganz einfach der *Icon*-Eigenschaft des Formulars den Rückgabewert des *Icon*-Konstruktors zu. Das Symbol befindet sich in der oberen linken Ecke des Formulars:

Nun ein Blick auf den *Icon*-Konstruktor des Programms:

```
Icon = New Icon(GetType(ProgramWithIcon), "ProgramWithIcon.ico")
```

Das erste Argument des Konstruktors bezieht sich auf die Klasse *ProgramWithIcon*. Bei diesem *GetType*-Operator können Sie jede Klasse angeben, die in Ihrem Programm definiert ist. Sie können aber auch den Namen einer beliebigen Struktur, Enumeration, Schnittstelle oder jedes Delegaten verwenden, solange eine Definition dafür im Programm vorhanden ist.

Innerhalb der Klasse *ProgramWithIcon* ist der Ausdruck

```
GetType(ProgramWithIcon)
```

äquivalent zu

```
Me.GetType()
```

Das bedeutet, dass Sie diesen um einiges kürzeren Konstruktor verwenden können:

```
Icon = New Icon(Me.GetType(), "ProgramWithIcon.ico")
```

und das Programm funktioniert noch genauso.

Das zweite Argument des *Icon*-Konstruktors ist der Dateiname der Symbolressource. Wenn Sie den Visual Basic .NET-Compiler von der Befehlszeile ausführen, müssen Sie für jede Ressource die Befehlszeilenoption */resource* (oder kurz */res*) angeben. Bei diesem Programm brauchen Sie zum Beispiel folgende Befehlszeilenoption:

```
/res:ProgramWithIcon.ico
```

Ein Cursor wird auf die gleiche Weise geladen wie ein Symbol. Der *Cursor*-Konstruktor sieht folgendermaßen aus:

Cursor-Konstruktoren (Auswahl)

```
Cursor(ByVal typ As Type, ByVal strResource As String)
```

Für die Klasse *Bitmap* habe ich Ihnen diesen Konstruktor schon vorgestellt:

Bitmap-Konstruktoren (Auswahl)

```
Bitmap(ByVal typ As Type, ByVal strResource As String)
```

Und nun wollen wir den *Bitmap*-Konstruktor auch einmal einsetzen.

Animationen

In Windows Forms und GDI+ fehlen ein paar Features, die für Animationen üblicherweise als wichtig erachtet werden. Ich habe in Kapitel 8 bereits erläutert, dass GDI+ keine Unterstützung für den XOR-Zeichenmodus (exklusives Oder) bietet. Im XOR-Zeichenmodus können Sie ein Bild zeichnen und es durch erneutes Zeichnen wieder löschen. Ein weiteres Problem besteht darin, dass es in Windows Forms keine Möglichkeit gibt, Pixel aus dem Bildschirmspeicher auszulesen. Beim Erstellen von Animationen ist es oft ganz nützlich, einen Pixelblock als Bitmap aus dem Bildschirmspeicher auszulesen, auf dieser Bitmap zu zeichnen und sie anschließend wieder in den Bildschirmspeicher zu schreiben.

In einem Windows Forms-Programm können jedoch einfache Animationen durchgeführt werden. Bei der so genannten *Frame-* oder *Bild-für-Bild-Animation* werden, ähnlich wie bei einem Film, Bitmaps mit derselben Größe nacheinander angezeigt. Das folgende Programm lädt vier Bitmaps als Ressourcen und zeigt anschließend mithilfe eines *Timer*-Ereignisses ein zwinkerndes Auge an:

Wink.vb

```vb
Imports System
Imports System.Drawing
Imports System.Windows.Forms
Class Wink
    Inherits Form
    Protected aimg(3) As Image
    Protected iImage As Integer = 0
    Protected iIncr As Integer = 1
    Shared Sub Main()
        Application.Run(New Wink())
    End Sub
    Sub New()
        Text = "Wink"
        ResizeRedraw = True
        BackColor = Color.White

        Dim i As Integer
        For i = 0 To 3
            aimg(i) = New Bitmap(Me.GetType(), "Eye" & (i + 1) & ".png")
        Next i

        Dim tmr As New Timer()
        tmr.Interval = 100
        AddHandler tmr.Tick, AddressOf TimerOnTick
        tmr.Enabled = True
    End Sub
    Protected Overridable Sub TimerOnTick(ByVal obj As Object, ByVal ea As EventArgs)
        Dim grfx As Graphics = CreateGraphics()
        grfx.DrawImage(aimg(iImage), _
                    (ClientSize.Width - aimg(iImage).Width) \ 2, _
                    (ClientSize.Height - aimg(iImage).Height) \ 2, _
                    aimg(iImage).Width, aimg(iImage).Height)
        grfx.Dispose()
        iImage += iIncr

        If iImage = 3 Then
            iIncr = -1
        ElseIf iImage = 0 Then
            iIncr = 1
        End If
    End Sub
End Class
```

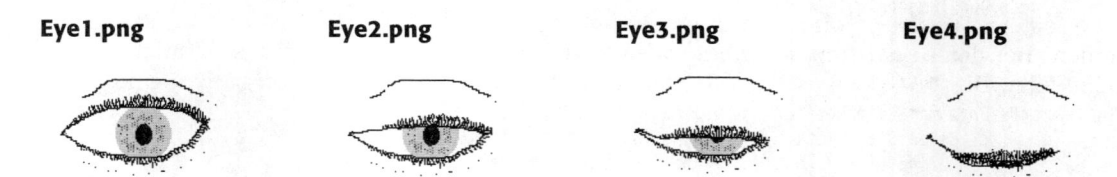

Eye1.png   **Eye2.png**   **Eye3.png**   **Eye4.png**

Beachten Sie, dass der Konstruktor zum Aufbau der vier Dateinamen die Stringverkettung verwendet: *Eye1.png, Eye2.png* usw.. Die *TimerOnTick*-Methode verwendet *DrawImage*, um die Bilder in der Mitte des Clientbereichs anzuzeigen. So sieht das Programm in Aktion aus:

Sie sollten beim Erstellen von Animationen die Bilder nach Möglichkeit in der Pixelgröße anzeigen, damit sie nicht gestreckt oder gestaucht werden müssen, was die CPU stark belastet.

Ich habe in diesem Programm nur so zum Spaß eine Unterklasse von *Wink* erstellt und die *RotateFlip*-Methode eingesetzt, um ein rechtes statt eines linken Auges zwinkern zu lassen.

DualWink.vb
```
Imports System
Imports System.Drawing
Imports System.Windows.Forms
Class DualWink
    Inherits Wink

    Private aimgRev(3) As Image

    Shared Shadows Sub Main()
        Application.Run(New DualWink())
    End Sub

    Sub New()
        Text = "Dual " & Text

        Dim i As Integer
        For i = 0 To 3
            aimgRev(i) = DirectCast(aimg(i).Clone(), Image)
            aimgRev(i).RotateFlip(RotateFlipType.RotateNoneFlipX)
        Next i
    End Sub

    Protected Overrides Sub TimerOnTick(ByVal obj As Object, ByVal ea As EventArgs)
        Dim grfx As Graphics = CreateGraphics()

        grfx.DrawImage(aimg(iImage), _
                ClientSize.Width \ 2, _
                (ClientSize.Height - aimg(iImage).Height) \ 2, _
                aimg(iImage).Width, aimg(iImage).Height)

        grfx.DrawImage(aimgRev(3 - iImage), _
                ClientSize.Width \ 2 - aimgRev(3 - iImage).Width, _
                (ClientSize.Height - aimgRev(3 - iImage).Height) \ 2, _
                aimgRev(3 - iImage).Width, _
                aimgRev(3 - iImage).Height)
        grfx.Dispose()
```

```
            iImage += iIncr
            If iImage = 3 Then
                iIncr = -1
            ElseIf iImage = 0 Then
                iIncr = 1
            End If
        End Sub
End Class
```

Dieses Projekt erfordert Verknüpfungen zu den vier PNG-Dateien, die die Grundlage des Programms Wink sind.

Und jetzt kommt etwas, auf das Sie sicher schon sehnsüchtig gewartet haben: der hüpfende Ball. Das Programm Bounce erstellt eine Bitmap, zeichnet darauf einen roten Ball und zeichnet die Bitmap anschließend an verschiedenen Positionen auf dem Clientbereich. Dadurch wird ein Ball simuliert, der von Wänden abprallt.

Bounce.vb
```
Imports System
Imports System.Drawing
Imports System.Windows.Forms
Class Bounce
    Inherits Form
    Const iTimerInterval As Integer = 25     ' In Millisekunden
    Const iBallSize As Integer = 16          ' Als Bruchteil des Clientbereichs: 1/16
    Const iMoveSize As Integer = 4           ' Als Bruchteil der Ballgröße: 1/4
    Private bm As Bitmap
    Private xCenter, yCenter As Integer
    Private cxRadius, cyRadius, cxMove, cyMove, cxTotal, cyTotal As Integer
    Shared Sub Main()
        Application.Run(New Bounce())
    End Sub
    Sub New()
        Text = "Bounce"
        ResizeRedraw = True
        BackColor = Color.White
```

Bilder und Bitmaps

```vbnet
        Dim tmr As New Timer()
        tmr.Interval = iTimerInterval
        AddHandler tmr.Tick, AddressOf TimerOnTick
        tmr.Start()
        OnResize(EventArgs.Empty)
    End Sub
    Protected Overrides Sub OnResize(ByVal ea As EventArgs)
        Dim grfx As Graphics = CreateGraphics()
        grfx.Clear(BackColor)
        Dim fRadius As Single = Math.Min(ClientSize.Width / grfx.DpiX, _
                                ClientSize.Height / grfx.DpiY) / iBallSize
        cxRadius = CInt(fRadius * grfx.DpiX)
        cyRadius = CInt(fRadius * grfx.DpiY)
        grfx.Dispose()
        cxMove = Math.Max(1, cxRadius \ iMoveSize)
        cyMove = Math.Max(1, cyRadius \ iMoveSize)
        cxTotal = 2 * (cxRadius + cxMove)
        cyTotal = 2 * (cyRadius + cyMove)
        bm = New Bitmap(cxTotal, cyTotal)
        grfx = Graphics.FromImage(bm)
        grfx.Clear(BackColor)
        DrawBall(grfx, New Rectangle(cxMove, cyMove, 2 * cxRadius, 2 * cyRadius))
        grfx.Dispose()
        xCenter = ClientSize.Width \ 2
        yCenter = ClientSize.Height \ 2
    End Sub
    Protected Overridable Sub DrawBall(ByVal grfx As Graphics, ByVal rect As Rectangle)
        grfx.FillEllipse(Brushes.Red, rect)
    End Sub
    Private Sub TimerOnTick(ByVal obj As Object, ByVal ea As EventArgs)
        Dim grfx As Graphics = CreateGraphics()
        grfx.DrawImage(bm, xCenter - cxTotal \ 2, _
                           yCenter - cyTotal \ 2, cxTotal, cyTotal)
        grfx.Dispose()
        xCenter += cxMove
        yCenter += cyMove
        If (xCenter + cxRadius >= ClientSize.Width) OrElse (xCenter - cxRadius <= 0) Then
            cxMove = -cxMove
        End If
        If (yCenter + cyRadius >= ClientSize.Height) OrElse (yCenter - cyRadius <= 0) Then
            cyMove = -cyMove
        End If
    End Sub
End Class
```

Der Knackpunkt hierbei ist natürlich nicht die Frage, wie der Ball im Clientbereich gezeichnet wird, sondern vielmehr, wie das vorherige Bild wieder entfernt wird und ob das Programm dieses Kunststück ohne sichtbares Flackern hinbekommt. Der Trick besteht hier darin, dass die Bitmap größer ist als der Ball, also einen Rand um den Ball lässt. Dieser Rand genügt, um das vorherige Bild zu überdecken.

Bounce erstellt die Bitmap bei jedem Aufruf von *OnResize* erneut. Der Radius des Balls ist auf 1/16 der Breite oder Höhe des Clientbereichs eingestellt (je nachdem, welches der kleinere

Wert ist). Das Programm erstellt jedoch eine Bitmap, die größer ist. Die Bitmap reicht auf allen vier Seiten um 1/4 des Ballradius über den Ball hinaus. (Diese Faktoren lassen sich übrigens ändern.) Die gesamte Bitmap wird weiß gefärbt und anschließend der Ball gezeichnet. (Ich habe den Code für das Zeichnen des Balls in eine geschützte virtuelle (*Protected Overridable*) Methode gepackt, in der Hoffnung, ein späteres Kapitel, vielleicht Kapitel 17, werde sie überschreiben und einen besser aussehenden Ball erzeugen.)

Die Ränder um den Ball werden als *cxMove* und *cyMove* gespeichert. Diese beiden Werte entsprechen nicht nur zufällig exakt dem Abstand, um den die Bitmap bei jedem Aufruf von *TimerOnTick* verschoben wird.

Ein so einfacher Ansatz lässt sich leider nicht für alle Animationen verwirklichen. Verwenden Sie beispielsweise als Hintergrundfarbe des Clientbereichs etwas anderes als eine Volltonfarbe, funktioniert dieser schöne Trick leider nicht mehr.

Die Bildliste

In Kapitel 12 werden wir uns zunächst mit den Steuerelementen für Schaltflächen, Label und Bildlaufleisten und im weiteren Verlauf des Buchs mit Menüs, Listenfeldern, Bearbeitungsfeldern und Ähnlichem beschäftigen. Auf Steuerelementoberflächen können häufig anstelle von (oder zusätzlich zu) Textelementen Bitmaps verwendet werden. Symbolleistensteuerelemente beispielsweise bestehen üblicherweise nur aus einer Aneinanderreihung von kleinen Bitmaps.

Im Namespace *System.Windows.Forms* ist die Klasse *ImageList* definiert, die Ihnen den Umgang mit Sammlungen von Bildern erleichtert. Eine Bildliste besteht im Grunde nur aus einem anpassungsfähigen Array aus *Image*-Objekten, die über die gleiche Größe und das gleiche Farbformat verfügen. Das Einfügen von Bildern in ein *ImageList*-Objekt (darauf komme ich gleich zurück) und der Zugriff darauf erfolgen auf die gleiche Weise wie bei einem Array. Die Bilder müssen beim Einfügen in die Bildliste nicht gleich groß sein, sie werden allerdings beim Extrahieren auf eine einheitliche Größe skaliert.

Im Folgenden werden die wichtigsten *ImageList*-Eigenschaften aufgeführt:

ImageList-Eigenschaften (Auswahl)

Eigenschaft	Typ	Zugriff
ImageSize	*Size*	Get/Set
ColorDepth	*ColorDepth*	Get/Set
TransparentColor	*Color*	Get/Set
Images	*ImageList.ImageCollection*	Get

Der Standardwert der Eigenschaft *ImageSize* beträgt 16 × 16 Pixel; er wird beim Einfügen von Bildern in die Bildliste nicht automatisch angepasst. Je nachdem, wie groß die *Image*-Objekte sind, mit denen Sie arbeiten, und wie hoch die Auflösung des Bildschirms ist, auf dem das Programm ausgeführt wird, müssen Sie den Wert möglicherweise selbst einstellen.

Die Eigenschaft *ColorDepth* ist ein Member der Enumeration *ColorDepth*:

ColorDepth-Enumeration

Member	Wert
Depth4Bit	4
Depth8Bit	8
Depth16Bit	16
Depth24Bit	24
Depth32Bit	32

Depth8Bit ist die Standardeigenschaft; sie muss je nach verwendetem Bild manuell geändert werden. Glücklicherweise ist die Enumeration *ColorDepth* vernünftig definiert, sodass Sie für ein *Image*-Objekt (z.B. mit dem Namen *img*), das Sie in der Bildliste speichern möchten, das Pixelformat und mithilfe der shared *Image.GetPixelFormatSize*-Methode die Anzahl Bits pro Pixel abrufen und diese Werte in einen Wert vom Typ *ColorDepth* umwandeln können:

```
imglst.ColorDepth = CType(Image.GetPixelFormatSize(img.PixelFormat), ColorDepth)
```

Ich weiß: Die vierte Eigenschaft namens *Images* sieht ein bisschen Furcht erregend aus, da sie mit dem Typ *ImageList.ImageCollection* definiert ist. Dieser lange Name zeigt aber nur an, dass es sich um eine Klasse mit dem Namen *ImageCollection* handelt, die in der Klasse *ImageList* definiert ist.

In einer Anwendung werden Sie niemals auf die Klasse *ImageCollection* verweisen müssen. Sie benötigen lediglich die Eigenschaft *Images*, um die Eigenschaften und Methoden der Klasse *ImageCollection* verwenden zu können. In der Eigenschaft *Images* werden alle Bilder in der Bildliste gespeichert.

Die Funktionalität der Eigenschaft *Images* zeigt sich in einer Reihe weiterer Klassen im Namespace *System.Windows.Forms*. In Kapitel 12 werden Sie einer Eigenschaft der Klasse *Controls* vom Typ *Control.ControlCollection* begegnen, die den Namen *Control* trägt. Kapitel 14 stellt Ihnen eine Eigenschaft der Klasse *Menu* vom Typ *Menu.MenuItemCollection* vor, die auf den Namen *MenuItems* hört. Alle diese Eigenschaften funktionieren in etwa gleich. Die Typen dieser Eigenschaften implementieren alle die Schnittstellen *IList*, *ICollection* und *IEnumerable* (die alle im Namespace *System.Collections* definiert sind), mit deren Hilfe die Eigenschaften wie erweiterbare Arrays funktionieren.

Um ein Objekt vom Typ *ImageList* zu erstellen, rufen Sie den Standardkonstruktor auf:
```
Dim imglst As New ImageList()
```
Anschließend werden Sie wohl die Eigenschaften *ImageSize* und *ColorDepth* einstellen. Mithilfe einer der folgenden Methoden fügen Sie *Image*-Objekte zur Bildliste hinzu:

ImageList.ImageCollection-Methoden (Auswahl)

```
Sub Add(ByVal img As Image)
Sub Add(ByVal img As Image, ByVal clrTransparent As Color)
Sub Add(ByVal icn As Icon)
Sub AddStrip(ByVal img As Image)
```

Da diese Methoden in der Klasse *ImageList.ImageCollection* definiert sind, können sie über die Eigenschaft *Images* des *ImageList*-Objekts aufgerufen werden. Das klingt komplizierter, als es ist:
```
imglist.Images.Add(img)
```
Den hinzugefügten Bildern wird ein Index zugewiesen, der bei 0 beginnt. Die *AddStrip*-Methode fügt mehrere Bilder hinzu, deren Anzahl sich nach der Breite des Bilds richtet, das an die Methode übergeben wird, sowie nach der Breitenangabe der Eigenschaft *ImageSize*.

Die Klasse *ImageListCollection* verfügt über die folgenden vier Eigenschaften:

ImageList.ImageCollection-Eigenschaften

Eigenschaft	Typ	Zugriff
Empty	*Boolean*	Get
IsReadOnly	*Boolean*	Get
Count	*Integer*	Get
()	*Image*	Get

Sie können *Count* in Ausdrücken wie beispielsweise diesem verwenden:
```
imglst.Images.Count
```
Ganz wichtig ist Folgendes: Eine *Images*-Eigenschaft kann wie ein Array indiziert werden. Der Ausdruck
```
imglst.Images(2)
```
gibt das dritte *Image*-Objekt in der Bildliste zurück. Enthält die Bildliste weniger als drei Bilder, so löst der Ausdruck eine Ausnahme aus. Die Eigenschaft *IsReadOnly* gibt *False* zurück, was bedeutet, dass Sie Bilder in der Bildliste über den Index auch ersetzen können:
```
imglst.Images(3) = img
```
Auch hier gilt: Wenn die Bildliste keine vier Objekte enthält, wird eine Ausnahme ausgelöst.

Sie können einzelne Bilder oder die gesamte Bildliste löschen:

ImageList.ImageCollection-Methoden (Auswahl)

```
Sub RemoveAt(ByVal index As Integer)
Sub Clear()
```

Wie wir im Verlauf des Buchs noch sehen werden, kann ein *ImageList*-Objekt zusammen mit verschiedenen Steuerelementen, besonders mit dem Steuerelement *ToolBar*, eingesetzt werden.

Allein verwendet, stellt *ImageList* eine praktische Möglichkeit dar, eine Reihe von Bildern der gleichen Größe zu speichern. Zum Zeichnen dieser Bilder stellt die *ImageList*-Klasse die Methode *Draw* bereit:

Draw-Methoden von *ImageList*

```
Sub Draw(ByVal grfx As Graphics, ByVal pt As Point, ByVal index As Integer)
Sub Draw(ByVal grfx As Graphics, ByVal x As Integer, ByVal y As Integer, ByVal index As Integer)
Sub Draw(ByVal grfx As Graphics, ByVal x As Integer, ByVal y As Integer,
                ByVal cx As Integer, ByVal cy As Integer, ByVal index As Integer)
```

Beachten Sie, dass der Index des Bilds in der Bildliste im letzten Argument angegeben wird. Diese Anweisung z.B.:

```
imglst.Draw(grfx, x, y, 1)
```

zeichnet das zweite Bild der Bildliste.

Beim Übergeben der Koordinaten an die *Draw*-Methoden müssen Sie gut aufpassen: Der Koordinatenpunkt, der an die ersten beiden *Draw*-Methoden übergeben wird, wird in Geräteeinheiten (Pixeln) angegeben. Die Größe des Bilds basiert auf der *ImageSize*-Eigenschaft des *ImageList*-Objekts und wird ebenfalls in Geräteeinheiten angegeben. Auf diese beiden Methoden wirken sich weder Welt- noch Seitentransformationen aus! Die Verwendung von Geräteeinheiten erhöht zwar die Leistung, führt auf dem Drucker aber auch zu dem berüchtigten Briefmarkeneffekt. Bei der dritten *Draw*-Methode werden sowohl der Koordinatenpunkt als auch Breite und Höhe in Weltkoordinaten angegeben.

Das Objekt *PictureBox*

Bei *PictureBox* handelt es sich um eine weitere Steuerelementklasse, die mit Bildern zu tun hat. Diese Klasse ist von *Control* abgeleitet (und kann daher Tastatur- und Mauseingaben verarbeiten), erledigt aber selten mehr als das schlichte Anzeigen eines Bilds. Die wichtigsten Eigenschaften von *PictureBox* sind:

PictureBox-Eigenschaften (Auswahl)

Eigenschaft	Typ	Zugriff
Image	*Image*	Get/Set
BorderStyle	*BorderStyle*	Get/Get
SizeMode	*PictureBoxSizeMode*	Get/Set

Die Member der Enumeration *BorderStyle* steuern die Anzeige eines Rahmens um das Bild:

BorderStyle-Enumeration

Member	Wert
None	0
FixedSingle	1
Fixed3D	2

Der Standardwert lautet *None*. Die Enumeration *PictureBoxSizeMode* gibt an, wie das Bild im Steuerelement angezeigt wird:

***PictureBoxSizeMode*-Enumeration**

Member	Wert
Normal	0
StretchImage	1
AutoSize	2
CenterImage	3

Der Standardwert lautet *Normal*. Wie bei anderen Steuerelementen auch, verwenden Sie bei *PictureBox* die *Location*-Eigenschaft, um die Position des Steuerelements relativ zum übergeordneten Element anzugeben, und die *Size*-Eigenschaft dient zur Einstellung der Abmessungen des Steuerelements. Wenn Sie den *SizeMode* auf *PictureBoxSizeMode.Normal* oder *PictureBoxSizeMode.CenterImage* einstellen, wird das Bild im *PictureBox*-Objekt in der Pixelgröße (und nicht in der metrischen Größe) angezeigt.

Im Modus *PictureBoxSizeMode.Normal* wird das Bild an der linken oberen Ecke des Steuerelements ausgerichtet. Wenn die Größe des Steuerelements über die Pixelgröße des Bilds hinausgeht, ist unterhalb und rechts vom Bild die Hintergrundfarbe des Steuerelements zu sehen. Ist das Steuerelement kleiner, so ist ein Teil Grafik unten und rechts nicht zu sehen.

Im Modus *PictureBoxSizeMode.Centered* wird das Bild mittig auf das Steuerelement platziert. Da das Bild jedoch noch immer in der Pixelgröße angezeigt wird, ist es, je nach Größe des Bilds und des Steuerelements, möglicherweise von der Hintergrundfarbe des Steuerelements umgeben, oder Teile sind nicht zu sehen.

Wenn Sie die *ClientSize*-Eigenschaft des *PictureBox*-Steuerelements auf den Wert der *Size*-Eigenschaft des *Image*-Objekts einstellen, passt das Bild genau auf das Steuerelement. (Die *ClientSize*-Eigenschaft des Steuerelements gibt die Größe der Fläche innerhalb des Rahmens an.) Durch Einstellen auf *PictureBoxSizeMode.AutoSize* passen Sie die Größe des Steuerelements automatisch an die Größe des *Image*-Objekts an.

Der Modus *PictureBoxSizeMode.StretchImage* streckt das Bild, um es in das Steuerelement einzupassen. Das führt jedoch zu einer Verzerrung des Bilds, wenn die Seitenverhältnisse von Steuerelement und Bild nicht übereinstimmen.

Wo steckt denn nur das *PictureBoxSizeMode*-Member, das für eine isotrope Streckung des Bilds sorgt? Ach je, es gibt keins. Dieses Manko muss ich ausgleichen, indem ich *PictureBox* mit einem *PictureBoxPlus*-Steuerelement überschreibe und eine *NoDistort*-Eigenschaft hinzufüge:

PictureBoxPlus.vb
```
Imports System
Imports System.Drawing
Imports System.Windows.Forms
Class PictureBoxPlus
    Inherits PictureBox
    Private bNoDistort As Boolean = False

    Property NoDistort() As Boolean
        Set(ByVal Value As Boolean)
            bNoDistort = Value
            Invalidate()
        End Set
```

```
            Get
                Return bNoDistort
            End Get
        End Property
        Protected Overrides Sub OnPaint(ByVal pea As PaintEventArgs)
            If (Not Image Is Nothing) AndAlso _
                    NoDistort AndAlso SizeMode = PictureBoxSizeMode.StretchImage Then
                ScaleImageIsotropically(pea.Graphics, Image, ClientRectangle)
            Else
                MyBase.OnPaint(pea)
            End If
        End Sub
        Private Sub ScaleImageIsotropically(ByVal grfx As Graphics, _
                ByVal img As Image, ByVal rect As Rectangle)
            Dim szf As New SizeF(img.Width / img.HorizontalResolution, _
                        img.Height / img.VerticalResolution)
            Dim fScale As Single = Math.Min(rect.Width / szf.Width, rect.Height / szf.Height)
            szf.Width *= fScale
            szf.Height *= fScale
            grfx.DrawImage(img, rect.X + (rect.Width - szf.Width) / 2, _
                        rect.Y + (rect.Height - szf.Height) / 2, _
                        szf.Width, szf.Height)
        End Sub
End Class
```

Nur wenn die *SizeMode*-Eigenschaft *PictureBoxSizeMode.StretchImage* lautet und die *NoDistort*-Eigenschaft den Wert *True* aufweist, zeigt dieses Steuerelement das Bild unter Verwendung der zuverlässigen Methode *ScaleImageIsotropically* an. Andernfalls ruft das Steuerelement die *OnPaint*-Methode in der Basisklasse auf.

Das folgende Programm testet das *PictureBoxPlus*-Steuerelement. Es setzt die Eigenschaft *Dock* ein, damit das Steuerelement den Clientbereich des Formulars ausfüllt. Dieses Programm funktioniert ähnlich wie ImageScaleIsotropic.

PictureBoxPlusDemo.vb
```
Imports System
Imports System.Drawing
Imports System.Windows.Forms
Class PictureBoxPlusDemo
    Inherits Form

    Shared Sub Main()
        Application.Run(New PictureBoxPlusDemo())
    End Sub

    Sub New()
        Text = "PictureBoxPlus Demo"

        Dim picbox As New PictureBoxPlus()
        picbox.Parent = Me
        picbox.Dock = DockStyle.Fill
        picbox.Image = Image.FromFile("..\..\Apollo11FullColor.jpg")
        picbox.SizeMode = PictureBoxSizeMode.StretchImage
        picbox.NoDistort = True
    End Sub
End Class
```

12 Schaltflächen, Label und Laufleisten

444	Schaltflächen und Klicks
448	Tastatur und Maus
449	Do it yourself!
449	Schaltflächen im Detail
453	Aussehen und Ausrichtung
455	Schaltflächen mit Bitmaps
458	Wie viele Handler?
458	Schaltflächen selber zeichnen
462	Vor Anker gehen
465	Angedockt
468	Untergeordnete Elemente des Formulars
471	Die z-Reihenfolge
472	Das Kontrollkästchen
475	Eine Alternative mit drei Zuständen
476	Das Steuerelement *Label*
478	Tabstopps und die Aktivierungsreihenfolge
479	Identifizierung von Steuerelementen
482	Automatische Größenanpassung
487	Ein Hexadezimalrechner
491	Options- und Gruppenfelder
494	Bildlaufleisten
501	Es geht auch mit Schiebereglern

Dass Microsoft Windows und andere grafische Benutzeroberflächen so einfach zu verwenden sind, liegt zum größten Teil daran, dass hier vertraute und einheitliche visuelle Objekte eingesetzt werden. Bildlaufleisten, Menüs, Schaltflächen, Optionsfelder, Kontrollkästchen, Texteingabefelder, Listenfelder, das alles sind Beispiele für *Steuerelemente*. Steuerelemente bedeuten für eine grafische Benutzeroberfläche das Gleiche, wie eine Subroutine für eine Programmiersprache. Mit Steuerelementen können Sie Ihre Anwendungen strukturieren und modularisieren, indem Sie die Verarbeitung von Low-Level-Tastatur- und Mausereignissen auslagern.

In den Anfangsjahren von Windows wurden Steuerelemente häufig als *untergeordnete Fenster* (child windows) bezeichnet. Mit Ausnahme der Menüs und Bildlaufleisten tauchten Steuerelemente zumeist in Dialogfeldern auf. Steuerelemente konnten zwar durchaus in das Hauptfenster einer Anwendung eingebunden werden, dies wurde aber als ungewöhnlich betrachtet und entsprechend selten gemacht. Erst als 1991 Microsoft Visual Basic für Windows eingeführt wurde, entwickelte sich ein anderes Programmierparadigma für Windows. Mit Visual Basic war es Programmierern möglich, eine Reihe von Steuerelementen interaktiv auf dem Hauptfenster einer Anwendung einzufügen und anschließend Routinen für diese Steuerelemente zu schreiben. Dieser Programmierstil hat sich für die Entwicklung von Frontends für verteilte Anwendungen als sehr nützlich erwiesen und bietet sich naturgemäß auch für viele andere Arten von Anwendungsoberflächen an (wie z.B. den Windows-CD-Player).

In diesem Buch habe ich Ihnen bereits mehrere Steuerelemente vorgestellt. In Kapitel 4 habe ich ein *Panel*-Steuerelement eingesetzt, in Kapitel 8 war es ein *Label*-Steuerelement. Darüber hinaus haben wir in den Kapiteln 8 und 10 etwas behandelt, was einmal als ausgesprochen schwieriges Thema galt: benutzerdefinierte Steuerelemente. Jetzt ist es an der Zeit, die zahlreichen vordefinierten Steuerelemente des Microsoft .NET Frameworks einer systematischen Untersuchung zu unterziehen.

Schaltflächen und Klicks

Die Urmutter aller Steuerelemente ist die Schaltfläche – jenes allgegenwärtige rechteckige Objekt, das mit *OK, Abbrechen, Öffnen* oder *Speichern* beschriftet ist. Schaltflächen (oder auch Befehlsschaltflächen) sollen sofort eine Aktion auslösen, ohne die Aktivierung oder Deaktivierung erst groß anzuzeigen. Eine Schaltfläche wird durch einen Mausklick oder (wenn sie den Eingabefokus besitzt) durch Drücken der Leertaste betätigt. Selbst wenn der Eingabefokus nicht auf der Schaltfläche liegt, kann sie in manchen Fällen durch Drücken der Eingabe- oder ESC-Taste aktiviert werden. Ich werde im Verlauf dieses Kapitels noch auf den Einsatz der Eingabetaste eingehen; mehr über die ESC- und Eingabetaste finden Sie in Kapitel 16.

Die Schaltfläche wird durch die Klasse *Button* implementiert, bei der es sich um eine von drei aus der abstrakten (*MustInherit*) Klasse *ButtonBase* abgeleiteten Klassen handelt. Wir werden die Klassen *CheckBox* und *RadioButton* weiter unten in diesem Kapitel näher beleuchten. Die Klassenhierarchie sehen Sie auf der folgenden Seite.

In einem Windows Forms-Programm werden Schaltflächen mit einem Objekt vom Typ *Button* erstellt. Indem Sie einen Ereignishandler für das *Click*-Ereignis der Schaltfläche implementieren, kann die Schaltfäche einem Formular mitteilen, dass auf sie geklickt wurde. Das folgende Programm erstellt eine einzelne Schaltfläche. Beim Klicken auf die Schaltfläche zeigt das Formular kurz einen Text an.

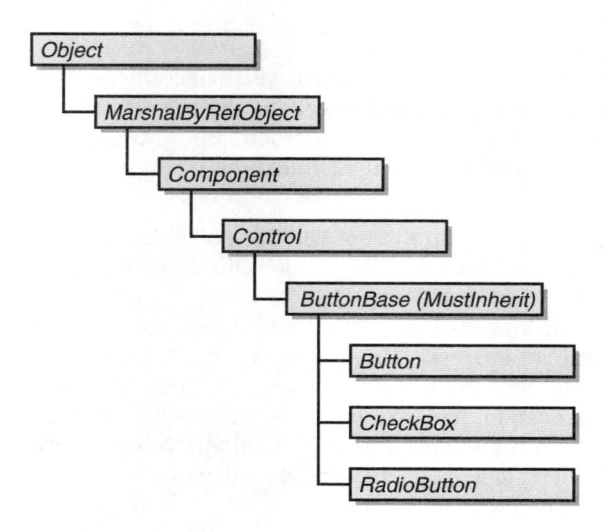

```
Object
 └─ MarshalByRefObject
     └─ Component
         └─ Control
             └─ ButtonBase (MustInherit)
                 ├─ Button
                 ├─ CheckBox
                 └─ RadioButton
```

SimpleButton.vb

```vb
Imports System
Imports System.Drawing
Imports System.Windows.Forms
Class SimpleButton
    Inherits Form
    Shared Sub Main()
        Application.Run(New SimpleButton())
    End Sub
    Sub New()
        Text = "Simple Button"

        Dim btn As New Button()
        btn.Parent = Me
        btn.Text = "Click Me!"
        btn.Location = New Point(100, 100)
        AddHandler btn.Click, AddressOf ButtonOnClick
    End Sub
    Private Sub ButtonOnClick(ByVal obj As Object, ByVal ea As EventArgs)
        Dim grfx As Graphics = CreateGraphics()
        Dim ptfText As PointF = PointF.Empty
        Dim str As String = "Button clicked!"

        grfx.DrawString(str, Font, New SolidBrush(ForeColor), ptfText)
        System.Threading.Thread.Sleep(250)
        grfx.FillRectangle(New SolidBrush(BackColor), _
                    New RectangleF(ptfText, grfx.MeasureString(str, Font)))
        grfx.Dispose()
    End Sub
End Class
```

Nach der Einstellung des Textes für die Titelleiste erstellt der Formularkonstruktor ein Objekt vom Typ *Button:*

```vb
Dim btn As New Button()
```

Schaltflächen, Label und Laufleisten

Die Klasse *Button* verfügt nur über einen Standardkonstruktor.

Den nächsten Teil vergesse ich selber ziemlich oft, deshalb habe ich versucht, mir anzugewöhnen, diese Aufgabe so schnell wie möglich zu erledigen, sobald das Steuerelement erstellt ist. Das Steuerelement muss einem übergeordneten Element zugewiesen werden. Eine Möglichkeit hierfür besteht darin, die *Parent*-Eigenschaft des Steuerelements einzustellen:

```
btn.Parent = Me
```

Das Schlüsselwort *Me* bezieht sich auf das aktuelle Objekt, in diesem Fall das Formular, also das Objekt vom Typ *SimpleButton*, das in der Methode *Main* erstellt wurde. Die Schaltfläche ist damit ein untergeordnetes Element des Formulars.

Im Bereich der Programmierung gibt es Überordnungs-/Unterordnungshierarchien im Überfluss. Es gibt beispielsweise über- und untergeordnete Prozesse, Verzeichnisse oder Klassen. Man könnte fast sagen, dass Überordnungs-/Unterordnungsbeziehungen die grundlegende Metapher für Betriebssysteme und Programmiersprachen darstellen. Auch Steuerelemente müssen ein übergeordnetes Element besitzen. Ohne dieses wäre ein Steuerelement nicht sichtbar. Wenn Sie die *Parent*-Eigenschaft eines Steuerelements einstellen, legen Sie im Grunde folgende Beziehung zwischen dem übergeordneten Element und dem Steuerelement fest:

- Das untergeordnete Steuerelement erscheint auf der Oberfläche des übergeordneten Elements. Darüber hinaus wird das Steuerelement auf die Oberfläche des übergeordneten Elements *zugeschnitten*, sodass kein Teil des Steuerelements außerhalb dieser Oberfläche angezeigt wird.
- Die Position des untergeordneten Elements wird relativ zur oberen linken Ecke des Clientbereichs des übergeordneten Elements angegeben.
- Das untergeordnete Element erbt einige Eigenschaften des übergeordneten Elements, insbesondere die Eigenschaften *Font*, *ForeColor* und *BackColor*.

Kommen wir wieder auf das Programm SimpleButton zurück. Die nächste Anweisung im Konstruktor weist der *Text*-Eigenschaft der Schaltfläche Text zu:

```
btn.Text = "Click Me!"
```

Dieser Text wird auf der Schaltfläche angezeigt. Die nächste Anweisung,

```
btn.Location = New Point(100, 100)
```

legt fest, wo sich die obere linke Ecke der Schaltfläche relativ zur oberen linken Ecke des Clientbereichs des übergeordneten Elements befinden soll. Im Programm SimpleButton habe ich einen Koordinatenpunkt geschätzt, von dem ich glaube, dass er beim Start des Programms ungefähr in der Mitte des Clientbereichs liegt. Auf die genauen Koordinaten gehe ich später noch ein. Alle Positions- und Größeneigenschaften, die in Kapitel 3 aufgeführt wurden, sind in *Control* implementiert. Für alle aus *Control* abgeleiteten Elemente mit Ausnahme von *Form* besitzt *ClientSize* denselben Wert wie *Size*.

Sie haben es bestimmt schon bemerkt: Ich habe noch keine Größe für die Schaltfäche angegeben. Ich hoffe eigentlich, dass die Schaltfläche mit einer Standardgröße erstellt wird, die für unsere Zwecke ausreichend ist. Und selbst wenn dies nicht der Fall sein sollte, können wir immer noch etwas daraus lernen.

Und schließlich installiert das Formular einen Ereignishandler für das *Click*-Ereignis der Schaltfläche:

```
AddHandler btn.Click, AddressOf ButtonOnClick
```

Die Schaltfläche erzeugt immer dann ein *Click*-Ereignis, wenn mit der Maus darauf geklickt oder (falls es den Fokus besitzt) die Leertaste gedrückt wird. Da wir in den folgenden Kapiteln noch einige Ereignishandler installieren werden, werde ich ein Standardnamensschema verwenden. Der Name des Ereignishandlers besteht aus dem Objekttyp (in diesem Fall *Button*), einer Zeichenfolge zur näheren Beschreibung (falls in der Klasse mehrere Handler für ein bestimmtes Ereignis eines bestimmten Objekttyps vorhanden sind), dem Wort *On* sowie dem Ereignisnamen (dieser lautet hier *Click*).

Die Definition der *ButtonOnClick*-Methode muss mit dem *EventHandler*-Delegaten übereinstimmen. Die Methode verfügt über zwei Argumente:

```
Sub ButtonOnClick(ByVal obj As Object, ByVal ea As EventArgs)
    ⋮
End Sub
```

Im Programm SimpleButton zeigt das *ButtonOnClick*-Ereignis eine Textzeile in der oberen linken Ecke des Clientbereichs an und löscht sie eine Viertelsekunde später wieder.

Denken Sie daran: Obwohl der *ButtonOnClick*-Ereignishandler *Click*-Ereignisse der Schaltfläche verarbeitet, handelt es sich dennoch um eine Methode der Klasse *SimpleButton*. Wenn die *ButtonOnClick*-Methode beispielsweise *CreateGraphics* aufruft, wird ein *Graphics*-Objekt abgerufen, das zum Formular und nicht zur Schaltfläche gehört. Für den Zugriff auf eine Eigenschaft oder Methode der Schaltfläche kann die *ButtonOnClick*-Methode das *Object*-Argument folgendermaßen umwandeln:

```
Dim btn As Button = DirectCast(obj, Button)
```

Der Konstruktor kann das *Button*-Objekt auch einfach als Feld in der Klasse *SimpleButton* speichern, sodass es in der gesamten Klasse zugänglich ist. In diesem Buch verwende ich Felder jedoch nur dann, wenn es nicht anders geht.

Die von mir benannte Methode *ButtonOnClick* darf nicht mit der normalen *OnClick*-Methode in der Klasse *Form* verwechselt werden. Wenn das Programm SimpleButton die *OnClick*-Methode überschreibt, erhält diese Methode Klickereignisse nicht für die Schaltfläche, sondern für das Formular. Beim Klicken auf die Schaltfläche wird die Methode *ButtonOnClick* aufgerufen. Erfolgt ein Klick auf den Clientbereich außerhalb der Schaltfläche, wird die Methode *OnClick* aufgerufen.

So wird die Anwendung SimpleButton angezeigt:

Das Betätigen der Schaltfläche (wodurch die Methode *ButtonOnClick* den Text anzeigt) erfolgt durch Klicken mit der Maus oder durch Drücken der Leertaste oder der Eingabetaste.

Tastatur und Maus

Wie das SimpleButton-Formular und die Schaltfläche auf Mauseingaben reagieren, wissen Sie bereits: Wenn der Mauszeiger über der Schaltfläche positioniert wird, empfängt die Schaltfläche Mausereignisse. Wird der Mauszeiger dagegen über einen anderen Teil des Clientbereichs des Formulars positioniert, erhält das Formular die Mausereignisse. (Denken Sie jedoch an das Einfangen der Maus: Wenn Sie die Maustaste auf der Schaltfläche betätigen, empfängt diese so lange *alle* Mausereignisse, bis Sie die Maustaste loslassen oder sich der Mauszeiger nicht mehr über der Schaltfläche befindet.)

Bei Tastatureingaben besteht ein gravierender Unterschied zwischen dem Programm SimpleButton und den meisten anderen Programmen in diesem Buch: Solange SimpleButton das aktive Programm ist, behält die Schaltfläche den Eingabefokus. Das bedeutet, dass das Formular *keine* Tastatureingaben erhält.

Möchten Sie das überprüfen? Angenommen, Sie fügen Überschreibungen für *OnKeyDown*, *OnKeyUp* und *OnKeyPress* in die Klasse *SimpleControl* ein; dann stellen Sie fest, dass das Formular keine Tastaturereignisse erhält. Sie können für die Schaltfläche auch *KeyDown*-, *KeyUp*- und *KeyPress*-Ereignishandler installieren. Sie müssten zur Klasse *SimpleButton* Methoden wie die folgende hinzufügen:

```
Sub ButtonOnKeyDown(ByVal obj As Object, ByVal kea As KeyEventArgs)
    ⋮
End Sub
```

Darüber hinaus müssten Sie Ereignishandler für die Schaltfläche einfügen:

```
AddHandler btn.KeyDown, AddressOf ButtonOnKeyDown
```

Wenn Sie für die Schaltfläche Handler für Tastaturereignisse einbauen, werden Sie feststellen, dass die *meisten* Tastaturereignisse für die Schaltfläche gelten, solange SimpleButton das aktive Programm ist. Die Schaltfläche ignoriert allerdings fast alle Tastaturereignisse mit Ausnahme der Leertaste.

Wie gesagt: Die Schaltfläche empfängt die *meisten* Tastaturereignisse, jedoch nicht alle. Einige Ereignisse bekommen weder das Formular noch die Schaltfläche zu sehen. Dabei handelt es sich um die *KeyDown*-Ereignisse für die Eingabetaste, die Tabulatortaste und die Pfeiltasten sowie die *KeyPress*-Ereignisse für die Eingabe- und die Tabulatortaste.

Es ist kein Zufall, dass die Tabulatortaste und die Pfeiltasten die übliche Tastaturschnittstelle zur Navigation zwischen den Steuerelementen von Windows-Dialogfeldern darstellen und die Eingabetaste normalerweise zum Auslösen der Standardschaltfläche verwendet wird. Diese Tastaturereignisse sind in dem Code enthalten, der in der Klasse *ContainerControl* implementiert ist. Sie erinnern sich sicher, dass es sich bei *ContainerControl* um eine Klasse handelt, die *Form* übergeordnet ist. *ContainerControl* dient zur Implementierung der Fokusverwaltung für die untergeordneten Steuerelemente. Aus diesem Grund wird eine Klasse wie *Form*, die eine Reihe von Steuerelementen verwaltet, häufig als *Container* für die Steuerelemente bezeichnet.

Ein Steuerelement kann nur dann Tastatur- und Mauseingaben empfangen, wenn es sowohl sichtbar als auch aktiviert ist, die Eigenschaften *Visible* und *Enabled* also auf *True* gesetzt sind:

Control-Eigenschaften (Auswahl)

Eigenschaft	Typ	Zugriff
Visible	Boolean	Get/Set
Enabled	Boolean	Get/Set

Beide Eigenschaften sind standardmäßig auf *True* gesetzt. Wenn die Eigenschaft *Visible* auf *False* gesetzt wird, ist das Steuerelement unsichtbar und erhält keine Tastatur- oder Mauseingaben. Befindet sich das Steuerelement auf einem Formular, so empfängt das Formular die Mauseingaben für dieses Steuerelement, gerade so, als wäre das Steuerelement überhaupt nicht vorhanden. Wenn es sich bei dem unsichtbaren Steuerelement um das einzige Steuerelement des Formulars handelt, werden Tastatureingaben wie gewöhnlich vom Formular verarbeitet.

Wird die Eigenschaft *Enabled* eines Steuerelements auf *False* gesetzt, so ist es zwar sichtbar, reagiert aber nicht auf Tastatur- oder Mauseingaben. Die Anzeige des Schaltfächentextes in hellgrau zeigt an, dass dieses Steuerelement deaktiviert ist.

Do it yourself!

Das Programm SimpleButton mag vielleicht simpel aussehen, tatsächlich mache ich aber darin etwas höchst Umstrittenes. Manche Programmierer werden sich das Programm anschauen, verzweifelt den Kopf schütteln und murmeln: »Ist das zu glauben?« Aber was ist denn bloß so furchtbar an dem, was ich hier tue?

Tja, ich *programmiere*.

Wie Sie vermutlich wissen, enthält Visual Basic .NET den Windows Forms-Designer. Damit können Sie Ihr Formular interaktiv gestalten, indem Sie Steuerelemente auswählen und positionieren und anschließend für jedes Steuerelement Routinen schreiben. Der Windows Forms-Designer generiert in der .vb-Datei Code, der die Steuerelemente erstellt und deren Eigenschaften einstellt. Der Vorteil hierbei liegt auf der Hand: Sie können Steuerelemente in einer Weise auf dem Formular anordnen, die das Auge erfreut, ohne dass Sie sich mit den Zahlen auseinander setzen müssen, die Position und Größe der Steuerelemente festlegen. Dies machte Visual Basic 1.0 für Windows 1991 zu einem so bahnbrechenden Produkt.

In diesem Buch werde ich jedoch größtenteils so tun, als gäbe es den Windows Forms-Designer nicht. Alle Steuerelemente werden manuell programmiert. Diese Vorgehensweise hat einige entscheidende Vorteile: Sie können z.B. *Const*-Werte verwenden und Variablen und Arrays und *For*-Schleifen. Diese Möglichkeiten werde ich Ihnen auf den folgenden Seiten demonstrieren.

Von größerer Bedeutung ist jedoch die Tatsache, dass dem Windows Forms-Designer bestimmte Grenzen gesetzt sind. Sie werden irgendwann an einen Punkt gelangen, an dem die Möglichkeiten des Windows Forms-Designers nicht mehr ausreichen und Sie selber Code schreiben müssen, und Sie werden darüber hinaus eine gewisse Kenntnis des Codes erlangen müssen, den der Windows Forms-Designer für Sie erzeugt.

Verstehen Sie mich bitte nicht falsch: Am Windows Forms-Designer ist nichts auszusetzen. Auszusetzen gibt es jedoch etwas, wenn Sie nicht in der Lage sind, Steuerelemente selber zu programmieren.

Schaltflächen im Detail

Ich habe für das *Button*-Objekt, das ich im Programm SimpleButton erstellt habe, die Eigenschaft *Size* nicht eingestellt. Das hatte offenbar keine negativen Auswirkungen. Auf meinem und vermutlich auch auf Ihrem Rechner wurde die Schaltfläche ungefähr in der richtigen Größe angezeigt. Wenn Sie aber in Ihren Anzeigeeigenschaften eine Auflösung eingestellt haben, die wesentlich größer ist als 120 dpi (Einstellung *Groß*), wird eventuell ein Teil des Schaltflächentextes abgeschnitten. Das wollen wir natürlich nicht.

Beim Entwerfen von Formularsteuerelementen sollte Ihr oberstes Ziel sein, dass sie gut verwendbar sind. Die Verwendbarkeit lässt sich an einer ganzen Reihe von Faktoren messen. Beispielsweise sollten Sie nicht zu viele Steuerelemente auf einem Formular unterbringen. Darüber hinaus sollten Sie sie logisch anordnen. Es ist ganz klar von Vorteil, wenn ein Formular eine gut strukturierte Oberfläche aufweist. Das Allerwichtigste aber ist, dass der Text eines Steuerelements niemals abgeschnitten werden darf! Ein Benutzer wird sich zwar denken können, dass eine Schaltfläche mit dem Text *Abbreche* eigentlich *Abbrechen* lauten soll, aber dies wirft sicher kein gutes Licht auf Sie als Programmierer.

Es stehen Ihnen verschiedene Möglichkeiten zur Verfügung, die Größe eines Steuerelements anzupassen. Ich werde Ihnen diese Möglichkeiten im Verlauf des Kapitels erläutern. Haben Sie bereits geräteunabhängige Grafiken mit Text erstellt? Dann wird Ihnen diese Erfahrung hierbei sicher von Nutzen sein. Die Größenberechnung für Steuerelemente birgt jedoch einige Unwägbarkeiten. Wenn Sie die Höhe einer Schaltfläche z.B. auf die Höhe der Schrift einstellen, wird der Text sowieso wegen des Schaltflächenrahmens abgeschnitten. Der Rahmen einer Schaltfläche ist 4 Pixel breit. Diese Information erhalten Sie jedoch nirgendwo, und darüber hinaus kann er bei ungewöhnlichen Auflösungen in einer anderen Größe angezeigt werden.

Wie hoch sollte die Schaltfläche also sein? Üblicherweise wird eine Höhe von 7/4 (bzw. 175 Prozent) der Schrifthöhe empfohlen. Im nächsten Programm in diesem Kapitel habe ich die doppelte Schrifthöhe verwendet, und ich finde nicht, dass diese Schaltflächen zu groß geraten sind. Es ist unerlässlich, dass Sie Ihre Anwendungen mit unterschiedlichen Bildschirmauflösungen ausprobieren.

Sollte Ihr Programm in andere Sprachen übersetzt werden, stoßen Sie vermutlich auf weitere Schwierigkeiten. Durch eine Übersetzung ändert sich fast immer die Länge der Textzeichenfolgen, da einige Sprachen mehr oder längere Wörter für den gleichen Sachverhalt erfordern.

Das folgende Programm enthält zwei Schaltflächen, um die Größenanpassung für Schaltflächen zu veranschaulichen. Eine Schaltfläche vergrößert das Formular um 10 Prozent, die andere verkleinert es um den gleichen Wert (innerhalb der durch Windows gesetzten Grenzen). Beide Schaltflächen sind weiterhin in der Mitte des Clientbereichs positioniert.

TwoButtons.vb
```
Imports System
Imports System.Drawing
Imports System.Windows.Forms
Class TwoButtons
    Inherits Form
    ReadOnly btnLarger, btnSmaller As Button
    ReadOnly cxBtn, cyBtn, dxBtn As Integer
    Shared Sub Main()
        Application.Run(New TwoButtons())
    End Sub

    Sub New()
        Text = "Two Buttons"
        ResizeRedraw = True

        cxBtn = 5 * Font.Height
        cyBtn = 2 * Font.Height
        dxBtn = Font.Height
```

```
        btnLarger = New Button()
        btnLarger.Parent = Me
        btnLarger.Text = "&Larger"
        btnLarger.Size = New Size(cxBtn, cyBtn)
        AddHandler btnLarger.Click, AddressOf ButtonOnClick

        btnSmaller = New Button()
        btnSmaller.Parent = Me
        btnSmaller.Text = "&Smaller"
        btnSmaller.Size = New Size(cxBtn, cyBtn)
        AddHandler btnSmaller.Click, AddressOf ButtonOnClick

        OnResize(EventArgs.Empty)
    End Sub
    Protected Overrides Sub OnResize(ByVal ea As EventArgs)
        MyBase.OnResize(ea)
        btnLarger.Location = _
                New Point(ClientSize.Width \ 2 - cxBtn - dxBtn \ 2, _
                         (ClientSize.Height - cyBtn) \ 2)
        btnSmaller.Location = _
                New Point(ClientSize.Width \ 2 + dxBtn \ 2, _
                         (ClientSize.Height - cyBtn) \ 2)
    End Sub
    Private Sub ButtonOnClick(ByVal obj As Object, ByVal ea As EventArgs)
        Dim btn As Button = DirectCast(obj, Button)
        If btn Is btnLarger Then
            Left -= CInt(0.05 * Width)
            Top -= CInt(0.05 * Height)
            Width += CInt(0.1 * Width)
            Height += CInt(0.1 * Height)
        Else
            Left += CInt(Width / 22)
            Top += CInt(Height / 22)
            Width -= CInt(Width / 11)
            Height -= CInt(Height / 11)
        End If
    End Sub
End Class
```

Der Konstruktor berechnet drei Werte und speichert sie in Feldern: *cxBtn* und *cyBtn* geben Breite und Höhe der Schaltflächen an, *dxBtn* die Entfernung zwischen den beiden Schaltflächen. Alle drei Werte basieren auf der *Height*-Eigenschaft der Formulareigenschaft *Font*. Da Steuerelemente die *Font*-Eigenschaft der übergeordneten Elemente erben, gilt die Schriftgröße auch für die Schaltflächen. Die Schaltflächen erhalten die doppelte Höhe und die fünffache Breite der Schrift. (Ich habe den fünffachen Wert gewählt, weil er bei diesem Programm gut funktionierte; im Verlauf des Kapitels werde ich noch auf andere Möglichkeiten eingehen.) Der Konstruktor legt nur die Größe jeder einzelnen Schaltfläche fest, nicht ihre Position.

Da die Position der Schaltflächen in diesem Programm von der Größe des Clientbereichs abhängt, wird sie erst in der *OnResize*-Methode eingestellt, die zum ersten Mal mit der letzten Anweisung des Konstruktors aufgerufen wird. Der Schaltflächentext beginnt mit einem kaufmännischen Und-Zeichen (&), um das darauf folgende Zeichen unterstrichen anzuzeigen. Der unterstrichene Buchstabe gibt eine Zugriffstaste an. Bei der Ausführung des Programms muss für einen Augenblick die ALT-Taste gedrückt werden, damit die Unterstriche angezeigt werden:

Mithilfe der Tabulatortaste oder der Pfeiltasten kann zwischen den Schaltflächen gewechselt werden. Dabei gibt die gepunktete Linie innerhalb einer Schaltfläche an, dass diese Schaltfläche den Eingabefokus besitzt. Solange eine Schaltfläche den Eingabefokus besitzt, wirkt sich jeder Tastendruck (mit Ausnahme der Navigationstasten) auf diese Schaltfläche aus. Die Schaltfläche mit dem Eingabefokus erzeugt beim Drücken der Leertaste ein *Click*-Ereignis.

Die *Standardschaltfläche* wird durch eine schwarze Umrisslinie gekennzeichnet. Diese Schaltfläche reagiert auf die Eingabetaste. Der Unterschied zwischen der Schaltfläche mit dem Eingabefokus und der Standardschaltfläche ist vielleicht ein bisschen verwirrend. In diesem Programm handelt es sich um die gleiche Schaltfläche. Der Unterschied wird deutlicher, sobald mehr Schaltflächen ins Spiel kommen. Ja, die Schaltfläche mit dem Eingabefokus ist immer auch die Standardschaltfläche. Hat jedoch ein anderer Steuerelementtyp den Eingabefokus, kann es auch eine Standardschaltfläche geben, die auf die Eingabetaste reagiert. In einem Dialogfeld handelt es sich bei der Standardschaltfläche üblicherweise um die Schaltflächen *OK*, *Öffnen* oder *Speichern*. Diese Schaltfläche wird durch Drücken der Eingabetaste ausgelöst, wenn ein Steuerelement über den Eingabefokus verfügt, das keine Schaltfläche ist. Darüber hinaus wird die Schaltfläche *Abbrechen* normalerweise durch Drücken der ESC-Taste betätigt. Ich werde in Kapitel 16 näher auf diesen Themenbereich eingehen. Eine Schaltfläche kann auch durch Drücken des unterstrichenen Buchstabens ausgelöst werden: *L* für »Larger« oder *S* für »Smaller«. Die Schaltfläche reagiert darauf mit einem *Click*-Ereignis, der Eingabefokus ändert sich jedoch nicht.

Die Methode *ButtonOnClick* beginnt mit der Umwandlung des *Object*-Arguments in ein Objekt vom Typ *Button*. Anschließend kann die Methode ermitteln, was passieren soll, indem sie dieses Objekt mit den Objekten *btnLarger* und *btnSmaller* vergleicht, die vom Konstruktor als Felder gespeichert wurden. Je nachdem, welche Schaltfläche gedrückt wird, vergrößert oder verkleinert die Methode das Fenster um 10% und verschiebt es um 5%, damit es an derselben Position stehen bleibt.

Das Ändern der Fenstergröße erzeugt einen Aufruf der *OnResize*-Methode, die die Schaltflächen auf den neuen Mittelpunkt des Clientbereichs verschiebt. Ich hätte die Position auch während des *Click*-Ereignisses nach Neuberechnung der Größe des Clientbereichs einstellen können. Dann könnte das Programm aber die Schaltflächen nicht neu positionieren, wenn ein Benutzer die Fenstergröße manuell ändert.

Ist es eigentlich üblich, dass ein Programm sich nach der Größe des Clientbereichs richtet, um Steuerelemente zu positionieren? Nein, aber es ist eine Fähigkeit, die erst dann zu Tage tritt, wenn Sie sich von den Einschränkungen freimachen, die der Windows Forms-Designer Ihnen auferlegt. Aus diesem Grund schreiben wir den Code selber: um flexibel zu sein.

Aussehen und Ausrichtung

Standardmäßig erben Schaltflächen und andere Steuerelemente die Eigenschaften *Font*, *ForeColor* und *BackColor* vom übergeordneten Element. Wenn Ihr Programm untergeordnete Elemente erstellt und anschließend Schrift, Vorder- oder Hintergrundfarbe des Formulars ändert, gelten diese Änderungen auch für die untergeordneten Elemente. Im Programm TwoButtons beispielsweise können Sie die Anweisung

```
BackColor = Color.Blue
```

an beliebiger Stelle im Formularkonstruktor oder sogar in der *ButtonOnClick*-Methode einfügen. Mit dieser Anweisung erhält das Formular die Hintergrundfarbe Blau, und die untergeordneten Elemente erben diese Hintergrundfarbe. Sie können die Eigenschaften *Font*, *ForeColor* oder *BackColor* aber auch für eine der Schaltflächen einstellen, z.B. so:

```
btnSmaller.BackColor = Color.Red
```

Diese Anweisung stellt die Hintergrundfarbe für die Schaltfläche *btnSmaller* auf Rot. (Sie können für die Eigenschaften *ForeColor* oder *BackColor* auch *Color.Transparent* oder eine andere transparente bzw. teilweise transparente Farbe verwenden.) Was passiert aber, wenn die Anweisung

```
BackColor = Color.Magenta
```

ausgeführt wird? Der Hintergrund des Formulars und der Schaltfläche *btnLarger* werden auf die Farbe Magenta geändert, der Hintergrund der Schaltfläche *btnSmaller* dagegen bleibt rot.

Wie funktioniert das? Das Steuerelement merkt sich, welche Eigenschaft im Programm eingestellt wurde, und überschreibt diese nicht, wenn sich die entsprechende Eigenschaft des übergeordneten Elements ändert. Die folgenden Methoden setzen das Steuerelement auf den Standardstatus zurück, wodurch dieses wieder die Eigenschaften des übergeordneten Elements erbt:

Control-Methoden (Auswahl)

```
Sub ResetFont()
Sub ResetForeColor()
Sub ResetBackColor()
```

Die in der Klasse *ButtonBase* definierte Eigenschaft *TextAlign* bestimmt die Ausrichtung des Textes innerhalb der Schaltfläche:

ButtonBase-Eigenschaften (Auswahl)

Eigenschaft	Typ	Zugriff
TextAlign	ContentAlignment	Get/Set

Diese Eigenschaft wird auf einen der Werte der Enumeration *ContentAlignment* eingestellt. Merkwürdigerweise ist *ContentAlignment* zwar im Namespace *System.Drawing* definiert, wird aber von keiner der Klassen dieses Namespaces verwendet.

ContentAlignment-Enumeration

Member	Wert
TopLeft	&H0001
TopCenter	&H0002
TopRight	&H0004
MiddleLeft	&H0010
MiddleCenter	&H0020
MiddleRight	&H0040
BottomLeft	&H0100
BottomCenter	&H0200
BottomRight	&H0400

Die Werte sehen zwar wie Bitflags aus, diese Eigentümlichkeit ist jedoch ein Überbleibsel aus einer frühen Version von Windows Forms. *ContentAlignment*-Werte dürfen nicht miteinander kombiniert werden. Der Standard-*TextAlign*-Wert für Schaltflächen lautet *MiddleCenter;* dies wird jedoch erst dann offenkundig, wenn die Schaltfläche erheblich größer ist als der darin enthaltene Text.

Die Klasse *ButtonBase* enthält eine weitere Eigenschaft, die das Aussehen der Schaltfäche beeinflusst:

ButtonBase-Eigenschaften (Auswahl)

Eigenschaft	Typ	Zugriff
FlatStyle	FlatStyle	Get/Set

Bei *FlatStyle* handelt es sich um eine Enumeration, die im Namespace *System.Windows.Forms* definiert ist:

FlatStyle-Enumeration

Member	Wert	Beschreibung
Flat	0	Flache Darstellung, keine 3-D-Effekte
Popup	1	Anzeige eines 3-D-Effekts, wenn die Maus über die Schaltfläche bewegt wird
Standard	2	Normale 3-D-Anzeige
System	3	Standardanzeige des Betriebssystems

Der Standardwert lautet *FlatStyle.Standard*.

Das nun folgende Programm zeigt Schaltflächen in allen vier Stilen an. Beachten Sie, auf welche Weise das Programm mithilfe der shared Methode *Enum.GetValues* ein Array aller *Flat-Style*-Werte abruft. Das Programm weist die Enumerationswerte der Reihe nach sowohl der *Flat-Style-* als auch der *Text*-Eigenschaft der Schaltflächen zu.

ButtonStyles.vb
```vb
Imports System
Imports System.Drawing
Imports System.Windows.Forms
Class ButtonStyles
    Inherits Form

    Shared Sub Main()
        Application.Run(New ButtonStyles())
    End Sub

    Sub New()
        Text = "Button Styles"

        Dim y As Integer = 50
        Dim fs As FlatStyle

        For Each fs In System.Enum.GetValues(GetType(FlatStyle))
            Dim btn As New Button()
            btn.Parent = Me
            btn.FlatStyle = fs
            btn.Text = fs.ToString()
            btn.Location = New Point(50, y)
            y += 50
        Next fs
    End Sub
End Class
```

Und so sehen die vier Schaltflächen aus:

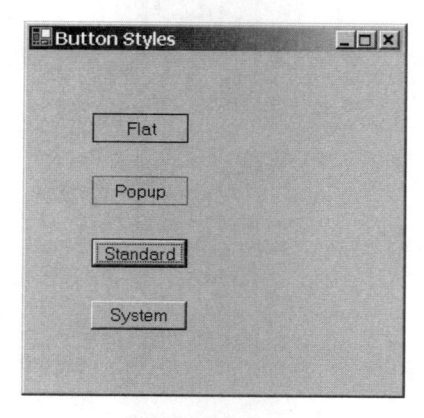

Der Stil *Standard* entspricht dem Stil *System,* in diesem Screenshot besitzt die Schaltfläche mit der Beschriftung *Standard* jedoch den Eingabefokus und ist daher die Standardschaltfläche.

Schaltflächen mit Bitmaps

Neben benutzerdefinierten Schriften und Farben können Sie weitere Möglichkeiten zur Gestaltung Ihrer Schaltflächen einsetzen, um Ihren Benutzern eine individuelle Programmoberfläche zu bieten. Grafische Elemente können auf zwei Arten auf Schaltflächen gebracht werden. Die erste verwendet vier Eigenschaften der Klasse *ButtonBase:*

ButtonBase-Eigenschaften (Auswahl)

Eigenschaft	Typ	Zugriff
Image	*Image*	Get/Set
ImageList	*ImageList*	Get/Set
ImageIndex	*Integer*	Get/Set
ImageAlign	*ContentAlignment*	Get/Set

Mit diesen Eigenschaften können Sie ein Bitmapbild angeben, das auf dem Schaltflächenhintergrund angezeigt werden soll. Entweder stellen Sie die Eigenschaft *Image* auf ein bestimmtes *Image*- oder *Bitmap*-Objekt oder Sie setzen *ImageList* auf ein *ImageList*-Objekt und *ImageIndex* auf einen Index innerhalb dieser Liste. Der Standardwert der Eigenschaft *ImageAlign* lautet *ContentAlignment.MiddleCenter*.

Diese Bilder können Sie auf beliebige Weise abrufen, aus Ressourcen oder Dateien, Sie können sie aber auch direkt im Programm erstellen. Sie sollten die Größe der Schaltfläche auf Breite und Höhe der Bitmap plus 8 setzen (4 Pixel pro Rand).

Es ist zwar üblich, auf einer Schaltfäche entweder eine Bitmap *oder* Text zu verwenden, diese beiden Gestaltungsmöglichkeiten schließen sich jedoch nicht aus. Wenn Sie gleichzeitig die Eigenschaft *Text* einstellen, wird der Text über dem Bild angezeigt.

Die folgende Version des Programms TwoButtons lädt eine Reihe von 64 × 64 Pixeln großen Bitmaps, die als Ressourcen gespeichert sind und den Zweck der Schaltfäche darstellen.

BitmapButtons.vb
```
Imports System
Imports System.Drawing
Imports System.Windows.Forms
Class BitmapButtons
    Inherits Form
    ReadOnly cxBtn, cyBtn, dxBtn As Integer
    ReadOnly btnLarger, btnSmaller As Button
    Shared Sub Main()
        Application.Run(New BitmapButtons())
    End Sub
    Sub New()
        Text = "Bitmap Buttons"
        ResizeRedraw = True
        dxBtn = Font.Height
        ' Erste Schaltfläche erstellen.
        btnLarger = New Button()
        btnLarger.Parent = Me
        btnLarger.Image = New Bitmap(Me.GetType(), "LargerButton.bmp")
        ' Schaltflächenmaße nach den Abmessungen des Bilds berechnen.
        cxBtn = btnLarger.Image.Width + 8
        cyBtn = btnLarger.Image.Height + 8
        btnLarger.Size = New Size(cxBtn, cyBtn)
        AddHandler btnLarger.Click, AddressOf ButtonLargerOnClick
        ' Zweite Schaltfläche erstellen.
        btnSmaller = New Button()
        btnSmaller.Parent = Me
        btnSmaller.Image = New Bitmap(Me.GetType(), "SmallerButton.bmp")
```

```
            btnSmaller.Size = New Size(cxBtn, cyBtn)
            AddHandler btnSmaller.Click, AddressOf ButtonSmallerOnClick
            OnResize(EventArgs.Empty)
        End Sub
        Protected Overrides Sub OnResize(ByVal ea As EventArgs)
            MyBase.OnResize(ea)
            btnLarger.Location = _
                    New Point(ClientSize.Width \ 2 - cxBtn - dxBtn \ 2, _
                             (ClientSize.Height - cyBtn) \ 2)
            btnSmaller.Location = _
                    New Point(ClientSize.Width \ 2 + dxBtn \ 2, _
                             (ClientSize.Height - cyBtn) \ 2)
        End Sub
        Private Sub ButtonLargerOnClick(ByVal obj As Object, ByVal ea As EventArgs)
            Left -= CInt(0.05 * Width)
            Top  -= CInt(0.05 * Height)
            Width += CInt(0.1 * Width)
            Height += CInt(0.1 * Height)
        End Sub
        Private Sub ButtonSmallerOnClick(ByVal obj As Object, ByVal ea As EventArgs)
            Left += CInt(Width / 22)
            Top  += CInt(Height / 22)
            Width -= CInt(Width / 11)
            Height -= CInt(Height / 11)
        End Sub
End Class
```

LargerButton.bmp

SmallerButton.bmp

Vergessen Sie in Visual Basic .NET nicht anzugeben, das es sich bei diesen Bitmaps um *eingebettete Ressourcen* handelt.

Das Programm berechnet die Maße *cxBtn* und *cyBtn* nach der Größe des Bitmapbilds plus 8. Nach dem Erstellen der Schaltflächen lädt der Konstruktor die Bitmapressourcen und stellt die Eigenschaft *Image* der Schaltfläche ein. So sehen die Schaltflächen aus:

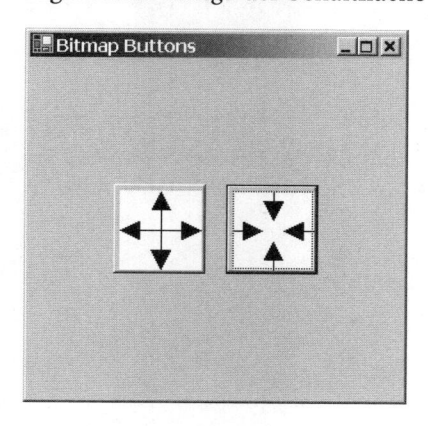

Wie viele Handler?

Das Programm TwoButtons enthält nur für beide Schaltflächen eine einzige Methode zur Verarbeitung der *Click*-Ereignisse. Im Programm BitmapButtons dagegen habe ich zwei verschiedene Ereignishandler verwendet. Wenn Sie Formulare und Dialogfelder mit mehreren Steuerelementen entwickeln, müssen Sie abwägen, welcher Ansatz sich am besten eignet: der Einsatz eines einzigen Ereignishandlers für mehrere Steuerelemente oder die Verwendung von getrennten Ereignishandlern für jedes einzelne Steuerelement.

Keiner dieser Ansätze kann als völlig richtig oder völlig falsch angesehen werden. Wenn Sie für jedes Steuerelement einen eigenen Ereignishandler verwenden, erhalten Sie vermutlich schlankeren und besser wartbaren Code. Sollen die Ereignishandler für verschiedene Steuerelemente aber einen Teil des Codes gemeinsam nutzen, ist es vielleicht besser, sie zu einem einzigen Handler zusammenzufassen.

Schaltflächen selber zeichnen

Zum Erstellen benutzerdefinierter Schaltflächen stehen Ihnen neben dem Abrufen von Bitmapbildern noch andere Möglichkeiten zur Verfügung. Sie können z.B. Schaltflächen auch komplett selbst zeichnen, indem Sie für das *Paint*-Ereignis der Schaltfläche einen Ereignishandler installieren. Dieses Verfahren wird auch als *Besitzerzeichnung* (owner draw) bezeichnet, da Ihr Programm der Besitzer der Schaltfläche ist und selbst das Zeichnen übernimmt.

Dieser Ansatz ist nicht ganz so einfach umzusetzen wie die Verwendung einer Bitmap, eignet sich aber wahrscheinlich besser für Vektorzeichnungen eines Bilds, da sich solche Bilder besser skalieren lassen.

Bei selbst gezeichneten Schaltflächen muss nicht jedes einzelne Detail gezeichnet werden, wodurch dieses Verfahren erleichtert wird. Der Namespace *System.Windows.Forms* enthält eine Klasse namens *ControlPaint* mit einer großen Auswahl von shared Methoden, mit denen einzelne Bestandteile von Standardsteuerelementen gezeichnet werden können. Zum Zeichnen von Schaltflächen eignen sich beispielsweise diese beiden überladenen Methoden:

ControlPaint-Methoden (*Shared*, Auswahl)

```
Sub DrawButton(ByVal grfx As Graphics, ByVal x As Integer, ByVal y As Integer,
                    ByVal cx As Integer, ByVal cy As Integer, ByVal bs As ButtonState)
Sub DrawButton(ByVal grfx As Graphics, ByVal rect As Rectangle, ByVal bs As ButtonState)
Sub DrawFocusRectangle(ByVal grfx As Graphics, ByVal rect As Rectangle)
Sub DrawFocusRectangle(ByVal grfx As Graphics, ByVal rect As Rectangle,
                    ByVal clrForeground As Color, ByVal clrBackground As Color)
```

Die Methode *DrawButton* zeichnet einen Rahmen um die Schaltfläche. Bei der Enumeration *ButtonState* handelt es sich um eine Reihe von Bitflags, die das Aussehen der Schaltfläche regeln:

ButtonState-Enumeration

Member	Wert
Normal	&H0000
Inactive	&H0100
Pushed	&H0200
Checked	&H0400
Flat	&H4000
All	&H4700

Im folgenden Programm OwnerDrawButtons habe ich beide Methoden verwendet.

OwnerDrawButtons.vb

```
Imports System
Imports System.Drawing
Imports System.Drawing.Drawing2D
Imports System.Windows.Forms
Class OwnerDrawButtons
    Inherits Form
    ReadOnly cxImage, cyImage As Integer
    ReadOnly cxBtn, cyBtn, dxBtn As Integer
    ReadOnly btnLarger, btnSmaller As Button
    Shared Sub Main()
        Application.Run(New OwnerDrawButtons())
    End Sub
    Sub New()
        Text = "Owner-Draw Buttons"
        ResizeRedraw = True

        cxImage = 4 * Font.Height
        cyImage = 4 * Font.Height
        cxBtn = cxImage + 8
        cyBtn = cyImage + 8
        dxBtn = Font.Height

        btnLarger = New Button()
        btnLarger.Parent = Me
        btnLarger.Size = New Size(cxBtn, cyBtn)
        AddHandler btnLarger.Click, AddressOf ButtonLargerOnClick
        AddHandler btnLarger.Paint, AddressOf ButtonOnPaint

        btnSmaller = New Button()
        btnSmaller.Parent = Me
        btnSmaller.Size = New Size(cxBtn, cyBtn)
        AddHandler btnSmaller.Click, AddressOf ButtonSmallerOnClick
        AddHandler btnSmaller.Paint, AddressOf ButtonOnPaint

        OnResize(EventArgs.Empty)
    End Sub
    Protected Overrides Sub OnResize(ByVal ea As EventArgs)
        MyBase.OnResize(ea)
        btnLarger.Location = _
            New Point(ClientSize.Width \ 2 - cxBtn - dxBtn \ 2, _
                     (ClientSize.Height - cyBtn) \ 2)
```

```
            btnSmaller.Location = _
                New Point(ClientSize.Width \ 2 + dxBtn \ 2, _
                         (ClientSize.Height - cyBtn) \ 2)
End Sub
Private Sub ButtonLargerOnClick(ByVal obj As Object, ByVal ea As EventArgs)
    Left -= CInt(0.05 * Width)
    Top -= CInt(0.05 * Height)
    Width += CInt(0.1 * Width)
    Height += CInt(0.1 * Height)
End Sub
Private Sub ButtonSmallerOnClick(ByVal obj As Object, ByVal ea As EventArgs)
    Left += CInt(Width / 22)
    Top += CInt(Height / 22)
    Width -= CInt(Width / 11)
    Height -= CInt(Height / 11)
End Sub
Private Sub ButtonOnPaint(ByVal obj As Object, ByVal pea As PaintEventArgs)
    Dim btn As Button = DirectCast(obj, Button)
    Dim grfx As Graphics = pea.Graphics
    Dim bs As ButtonState
    If btn Is DirectCast(GetChildAtPoint( _
                PointToClient(MousePosition)), Button) AndAlso btn.Capture Then
        bs = ButtonState.Pushed
    Else
        bs = ButtonState.Normal
    End If
    ControlPaint.DrawButton(grfx, 0, 0, cxBtn, cyBtn, bs)
    Dim grfxstate As GraphicsState = grfx.Save()
    grfx.TranslateTransform((cxBtn - cxImage) \ 2, _
                            (cyBtn - cyImage) \ 2)
    If btn Is btnLarger Then
        DrawLargerButton(grfx, cxImage, cyImage)
    Else
        DrawSmallerButton(grfx, cxImage, cyImage)
    End If
    grfx.Restore(grfxstate)
    If btn.Focused Then
        ControlPaint.DrawFocusRectangle(grfx, _
            New Rectangle((cxBtn - cxImage) \ 2 + cxImage \ 16, _
                          (cyBtn - cyImage) \ 2 + cyImage \ 16, _
                          7 * cxImage \ 8, 7 * cyImage \ 8))
    End If
End Sub
Private Sub DrawLargerButton(ByVal grfx As Graphics, ByVal cx As Integer, ByVal cy As Integer)
    Dim br As New SolidBrush(btnLarger.ForeColor)
    Dim pn As New Pen(btnLarger.ForeColor)
    Dim i As Integer
    grfx.TranslateTransform(cx \ 2, cy \ 2)
    For i = 0 To 3
        grfx.DrawLine(pn, 0, 0, cx \ 4, 0)
```

```
            grfx.FillPolygon(br, New Point() { _
                    New Point(cx \ 4, -cy \ 8), _
                    New Point(cx \ 2, 0), _
                    New Point(cx \ 4, cy \ 8)})
            grfx.RotateTransform(90)
        Next i
    End Sub
    Private Sub DrawSmallerButton(ByVal grfx As Graphics, ByVal cx As Integer, ByVal cy As Integer)
        Dim br As New SolidBrush(btnSmaller.ForeColor)
        Dim pn As New Pen(btnSmaller.ForeColor)
        Dim i As Integer
        grfx.TranslateTransform(cx \ 2, cy \ 2)
        For i = 0 To 3
            grfx.DrawLine(pn, 3 * cx \ 8, 0, cx \ 2, 0)
            grfx.FillPolygon(br, New Point() { _
                    New Point(3 * cx \ 8, -cy \ 8), _
                    New Point(cx \ 8, 0), _
                    New Point(3 * cx \ 8, cy \ 8)})
            grfx.RotateTransform(90)
        Next i
    End Sub
End Class
```

Ich installiere für beide Schaltflächen einen *Paint*-Ereignishandler namens *ButtonOnPaint*. Der Ereignishandler beginnt das Zeichnen mit einem Aufruf von *DrawButton*. Die lange *If*-Anweisung vor dem Aufruf der Methode stellt fest, ob als letztes Argument der Methode das Flag *ButtonState.Normal* oder *ButtonState.Pushed* übergeben wird. Wenn Sie sich eine normale Schaltfläche näher ansehen, werden Sie feststellen, dass sie tatsächlich »gedrückt« aussieht, wenn Sie mit der Maus darauf klicken und die Maustaste festhalten. Die Schaltfläche behält dieses Aussehen, bis Sie die Maustaste loslassen oder den Mauszeiger von der Schaltfläche herunter bewegen. Wenn Sie bei gedrückter Maustaste den Mauszeiger erneut auf die Schaltfläche verschieben, nimmt die Schaltfläche wieder das »gedrückte« Aussehen an. Die von mir gewählte Logik prüft, ob die Eigenschaft *Capture* der Schaltfläche auf *True* gesetzt ist und sich der Mauszeiger auf dem Steuerelement befindet. Und siehe da, es funktioniert!

Damit wäre das Thema Rahmen um die Schaltfläche erledigt. Anschließend zeichnet das Programm mithilfe der Methoden *DrawLargerButton* und *DrawSmallerButton* das Innere der Schaltflächen. Zuvor ruft das Programm jedoch *TranslateTransform* auf, um den Ursprung der Grafik in den Bereich innerhalb des Rahmens zu verschieben. Ich schließe die Aufrufe der Grafiktransformationen in Aufrufe der Methoden *Save* und *Restore* des *Graphics*-Objekts ein, damit sie nicht mit dem Aufruf von *DrawFocusRectangle* ins Gehege kommen.

Die Methoden *DrawLargerButton* und *DrawSmallerButton* zeichnen das Innere der Schaltflächen. Beachten Sie, dass diese Methoden zunächst den Ursprung auf den Mittelpunkt des Bilds einstellen und das Bild anschließend vier Mal zeichnen, wobei es jedes Mal um 90° gedreht wird. (Ich habe diese beiden Methoden übrigens auch verwendet, um die Bitmaps für das Programm BitmapButtons zu erstellen.)

Die Verarbeitung von *ButtonOnPaint* schließt mit einem Aufruf von *DrawFocusRectangle*, wenn die Schaltfläche den Eingabefokus für die Tastatur hat. Diese Methode zeichnet das übliche gepunktete Rechteck.

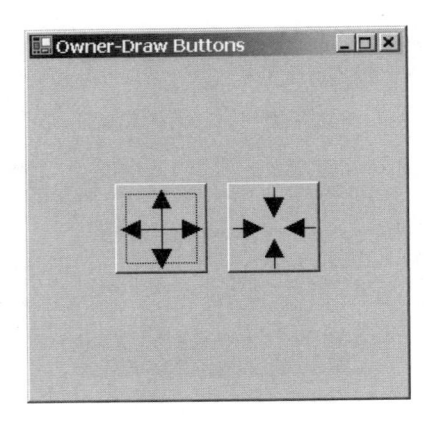

Vor Anker gehen

Alle bisher gezeigten Varianten des Programms TwoButtons haben die beiden Schaltflächen immer wieder in die Mitte des Clientbereichs verschoben, sobald dessen Größe verändert wurde. Es gibt Situationen, in denen es ganz nützlich ist, die Position oder Größe von Steuerelementen dynamisch an die Größe des Clientbereichs anzupassen, Sie den Code von *OnResize* aber nicht selber implementieren möchten. Glück gehabt: Windows Forms unterstützt zwei Steuerelementeigenschaften, die Steuerelemente dynamisch verschieben (und sogar in der Größe anpassen) können. Diese Eigenschaften heißen *Anchor* und *Dock*:

Control-Eigenschaften (Auswahl)

Eigenschaft	Typ	Zugriff
Anchor	*AnchorStyles*	Get/Set
Dock	*DockStyle*	Get/Set

Diese beiden Eigenschaften sind nicht ganz leicht auseinander zu halten. Sie ähneln sich in mancher Beziehung, und die Enumerationen *AnchorStyles* und *DockStyle* sind nahezu identisch. Die Auswirkungen der beiden Eigenschaften dagegen unterscheiden sich gewaltig (außer wenn sie gleich sind).

Dies ist die Enumeration *AnchorStyles*:

AnchorStyles-Enumeration

Member	Wert
None	&H00
Top	&H01
Bottom	&H02
Left	&H04
Right	&H08

Beachten Sie, dass es sich bei den Werten um einzelne Bits handelt. Die Werte der Enumeration *AnchorStyles* können mit dem bitweisen *Or*-Operator von Visual Basic .NET verknüpft werden.

Der *Anchor*-Stil wird für Steuerelemente, nicht für Formulare eingestellt. Die Eigenschaft *Anchor* bestimmt, zu welcher Seite bzw. welchen Seiten des Formulars das Steuerelement den gleichen Abstand behält, wenn das Formular in der Größe verändert wird.

Der Standardwert der Eigenschaft *Anchor* ist nicht *AnchorStyle.None*, sondern der Wert 5, der folgendermaßen ausgedrückt werden kann:

```
AnchorStyles.Left Or AnchorStyles.Top
```

Diese Standardeigenschaft sorgt dafür, dass das Steuerelement bei veränderter Formulargröße den Abstand zum linken und oberen Rand des Formulars beibehält. Hierbei handelt es sich um das Verhalten, das man normalerweise erwartet.

Nun wollen wir die Eigenschaft *Anchor* in das Programm TwoButtons einbauen.

TwoButtonsAnchor.vb
```vb
Imports System
Imports System.Drawing
Imports System.Windows.Forms
Class TwoButtonsAnchor
    Inherits Form
    Shared Sub Main()
        Application.Run(New TwoButtonsAnchor())
    End Sub
    Sub New()
        Text = "Two Buttons with Anchor"
        ResizeRedraw = True

        Dim cxBtn As Integer = 5 * Font.Height
        Dim cyBtn As Integer = 2 * Font.Height
        Dim dxBtn As Integer = Font.Height

        Dim btn As New Button()
        btn.Parent = Me
        btn.Text = "&Larger"
        btn.Location = New Point(dxBtn, dxBtn)
        btn.Size = New Size(cxBtn, cyBtn)
        AddHandler btn.Click, AddressOf ButtonLargerOnClick

        btn = New Button()
        btn.Parent = Me
        btn.Text = "&Smaller"
        btn.Location = New Point(ClientSize.Width - cxBtn - dxBtn, _
                                 ClientSize.Height - cyBtn - dxBtn)
        btn.Size = New Size(cxBtn, cyBtn)
        btn.Anchor = AnchorStyles.Right Or AnchorStyles.Bottom
        AddHandler btn.Click, AddressOf ButtonSmallerOnClick
    End Sub
    Private Sub ButtonLargerOnClick(ByVal obj As Object, ByVal ea As EventArgs)
        Left -= CInt(0.05 * Width)
        Top -= CInt(0.05 * Height)
        Width += CInt(0.1 * Width)
        Height += CInt(0.1 * Height)
    End Sub
    Private Sub ButtonSmallerOnClick(ByVal obj As Object, ByVal ea As EventArgs)
        Left += CInt(Width / 22)
        Top += CInt(Height / 22)
```

```
        Width -= CInt(Width / 11)
        Height -= CInt(Height / 11)
    End Sub
End Class
```

Der größte Unterschied besteht darin, dass die Methode *OnResize* verschwunden ist. Wenn Sie jedoch eine *OnResize*-Methode in einem Programm benötigen, das auch die Eigenschaft *Anchor* verwendet, sollten Sie unbedingt folgenden Aufruf ausführen:

```
MyBase.OnResize(ea)
```

Sonst funktioniert das Verankern nicht. Da ich die *OnResize*-Methode nicht mehr eingesetzt habe, konnte ich *cxBtn, cyBtn* und *dxBtn* als lokale Variablen für den Konstruktor deklarieren. Darüber hinaus müssen die *Button*-Objekte nicht als Felder gespeichert werden, weil ich für die beiden Schaltflächen zwei verschiedene *Click*-Ereignishandler verwendet habe. Zur Erstellung beider Schaltflächen verwende ich dieselbe Variable *btn*.

Die Schaltfläche *Larger* wird in der oberen linken Ecke des Formulars platziert, die *Smaller*-Schaltfläche in der unteren rechten Ecke:

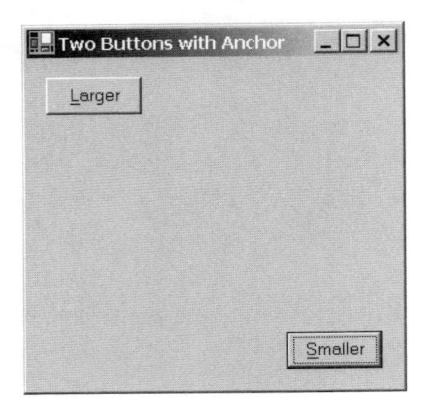

Die Schaltflächen schließen nicht bündig an die Seiten an. Ich habe die Entfernung zwischen den Schaltflächen und den Seiten des Clientbereichs mithilfe der Variablen *dxBtn* (die der Schrifthöhe entspricht) eingestellt. Die *Larger*-Schaltfläche erhält die standardmäßige *Anchor*-Eigenschaft, die *Smaller*-Schaltfläche dagegen bekommt eine selbst definierte Eigenschaft:

```
btn.Anchor = AnchorStyles.Right Or AnchorStyles.Bottom
```

Dadurch hat die Schaltfläche *Smaller* stets eine Entfernung von *dxBtn* Pixel zum rechten und unteren Rand des Clientbereichs, unabhängig von dessen tatsächlicher Größe. Wenn der Clientbereich stark verkleinert wird, überschneiden sich die Schaltflächen.

Ich rate Ihnen, mit den verschiedenen *Anchor*-Stilen ein wenig herumzuspielen. Dabei werden Sie Folgendes feststellen:

Wenn die *AnchorStyles*-Werte der *Anchor*-Eigenschaft gegenüberliegende Seiten angeben, ändert sich bei einer Größenanpassung des Formulars auch die Größe des Steuerelements. Lautet die *Anchor*-Eigenschaft beispielsweise *AnchorStyle.Top Or AnchorStyle.Bottom*, ändert sich die Höhe des Steuerelements, wenn die Höhe des Formulars verändert wird, die Breite bleibt jedoch die gleiche. Das liegt daran, dass die Abstände zum oberen und unteren Rand des Formulars erhalten bleiben. Ein Steuerelement kann durch extreme Verkleinerung des Formulars de facto verschwinden.

Wenn Sie die *Anchor*-Eigenschaft für alle vier Seiten auf eine Kombination aus *AnchorStyles*-Werten einstellen, ändern sich bei einer Größenanpassung des Formulars sowohl Höhe als auch Breite des Steuerelements.

Wird die *Anchor*-Eigenschaft nur für eine Seite auf einen *AnchorStyle*-Wert gesetzt, beispielsweise auf *AnchorStyle.Right*, bleibt die Entfernung zwischen Steuerelement und rechtem Rand des Clientbereichs unverändert. Bei Änderung der Formularhöhe ändern sich jedoch nicht die Abstände des Steuerelements nach oben und unten.

Wenn Sie die Eigenschaft auf *AnchorStyle.None* setzen, behält das Steuerelement seine Position im Clientbereich relativ zur Größe des Clientbereichs. Positionieren Sie ein Steuerelement z.B. in der Mitte des Clientbereichs und setzen anschließend die *Anchor*-Eigenschaft auf *AnchorStyle.None*, so wird die Größe des Steuerelements bei einer Größenanpassung des Clientbereichs nicht verändert, es bleibt jedoch immer ungefähr in der Mitte des Clientbereichs stehen.

Angedockt

Kommen wir nun zum Andocken. Nachstehend die Werte der Enumeration *DockStyle:*

DockStyle-Enumeration

Member	Wert
None	0
Top	1
Bottom	2
Left	3
Right	4
Fill	5

Beachten Sie, dass es sich hier nicht um Bitflags handelt, sie können also die Stile nicht miteinander kombinieren. Der Standardwert lautet *DockStyle.None*.

Wenn Sie die *Dock*-Eigenschaft auf einen der vier *DockStyle*-Werte einstellen, der die Seite angibt, wird das Steuerelement bündig an diese Seite positioniert und berührt die beiden angrenzenden Seiten. Ein Beispiel: Der Wert *DockStyle.Top* sorgt dafür, dass das Steuerelement am oberen Rand des Clientbereichs positioniert wird und über die gesamte Breite des Clientbereichs reicht. Wird der Clientbereich verbreitert, so verbreitert sich auch das Steuerelement.

Beim Verankern dagegen bleibt die Größe des Steuerelements üblicherweise unverändert. Eine Größenanpassung erfolgt nur, wenn das Steuerelement an gegenüberliegenden Seiten verankert ist. Wenn jedoch ein Steuerelement an einer Seite positioniert wird und die gesamte Breite oder Höhe der Seite einnimmt (also die angrenzenden Seiten berührt), und anschließend die *Anchor*-Eigenschaft auf eine Kombination der *AnchorStyles*-Werte für die drei Seiten eingestellt wird, entspricht dies ziemlich genau dem Andocken des Steuerelements.

Nun folgt eine weitere Version des Programms TwoButton, das die beiden Schaltflächen an den oberen und unteren Rand andockt.

TwoButtonsDock.vb

```vb
Imports System
Imports System.Drawing
Imports System.Windows.Forms
Class TwoButtonsDock
    Inherits Form
    Shared Sub Main()
        Application.Run(New TwoButtonsDock())
    End Sub
    Sub New()
        Text = "Two Buttons with Dock"
        ResizeRedraw = True

        Dim btn As New Button()
        btn.Parent = Me
        btn.Text = "&Larger"
        btn.Height = 2 * Font.Height
        btn.Dock = DockStyle.Top
        AddHandler btn.Click, AddressOf ButtonLargerOnClick

        btn = New Button()
        btn.Parent = Me
        btn.Text = "&Smaller"
        btn.Height = 2 * Font.Height
        btn.Dock = DockStyle.Bottom
        AddHandler btn.Click, AddressOf ButtonSmallerOnClick
    End Sub
    Private Sub ButtonLargerOnClick(ByVal obj As Object, ByVal ea As EventArgs)
        Left -= CInt(0.05 * Width)
        Top -= CInt(0.05 * Height)
        Width += CInt(0.1 * Width)
        Height += CInt(0.1 * Height)
    End Sub
    Private Sub ButtonSmallerOnClick(ByVal obj As Object, ByVal ea As EventArgs)
        Left += CInt(Width / 22)
        Top += CInt(Height / 22)
        Width -= CInt(Width / 11)
        Height -= CInt(Height / 11)
    End Sub
End Class
```

Dieses Programm verzichtet völlig auf die Variablen *cxBtn*, *cyBtn* und *dxBtn* und stellt die *Height*-Eigenschaft jeder Schaltfläche einfach auf die doppelte Höhe der Standardschrift ein. Die *Dock*-Eigenschaft positioniert die Schaltfläche an die angegebene Seite und weist ihr die Länge dieser Seite zu:

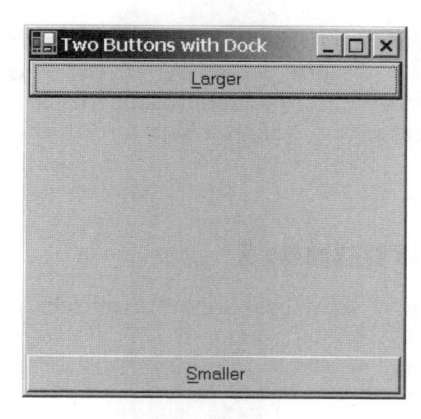

Das Andocken wird bei Schaltflächen nur selten eingesetzt. Viel sinnvoller ist es, Symbolleisten und Statusleisten am oberen bzw. unteren Rand des Clientbereichs anzudocken (dies werde ich in Kapitel 20 näher beschreiben). Auch bei Programmen, die die Struktur von Elementen darstellen, wie z.B. dem Windows Explorer ist dieses Verfahren von Nutzen, um ein Struktursteuerelement (tree view) am linken Rand und ein Listensteuerelement (list view) am rechten Rand des Clientbereichs anzudocken, und dazwischen eine Trennleiste (splitter) einzufügen (Näheres dazu finden Sie in Kapitel 22).

Was geschieht, wenn zwei Steuerelemente an derselben Seite des Clientbereichs angedockt werden? Es wird Sie vermutlich freuen zu erfahren, dass sich die Steuerelemente dadurch nicht überlappen, sondern neben- bzw. untereinander angezeigt werden. Wenn Sie beispielsweise im Programm TwoButtonsDock für beide Schaltflächen die *Dock*-Eigenschaft *DockStyle.Top* verwenden, erhalten Sie Folgendes:

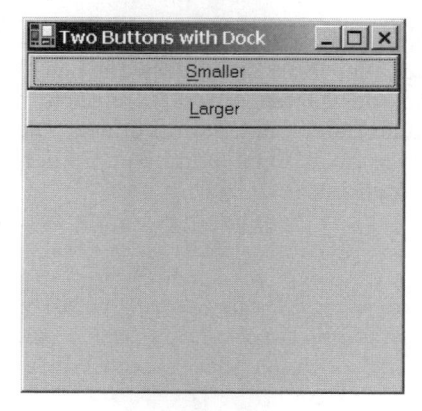

Eine Bemerkung am Rand: Es sieht so aus, als würde das zuletzt erstellte Steuerelement direkt am Rand des Clientbereichs positioniert. Tatsächlich basiert die Positionierung auf der so genannten *z-Reihenfolge*, ein Konzept, das ich weiter unten erläutere.

Als Letztes verbleibt die Eigenschaft *DockStyle.Fill*. Ich habe sie in Kapitel 10 im Programm AnalogClock verwendet, damit das *Clock*-Steuerelement den gesamten Clientbereich des Formulars ausfüllt, und im Programm PictureBoxPlusDemo von Kapitel 11. Sie sollten nur die *Dock*-Eigenschaft eines einzigen Steuerelements auf *DockStyle.Fill* setzen. Dieses Steuerelement füllt

Schaltflächen, Label und Laufleisten

den Clientbereich vollständig, überlappt jedoch keine anderen Steuerelemente, die über benutzerdefinierte *Dock*-Eigenschaften verfügen.

Denken Sie daran: Die Eigenschaften *Anchor* und *Dock* vollführen keinerlei Zaubertricks; Sie können das entsprechende Steuerelementverhalten auch selber während der *OnResize*-Methode implementieren.

Untergeordnete Elemente des Formulars

Die Klasse *Control* enthält eine wichtige und äußerst nützliche schreibgeschützte Eigenschaft namens *Controls*:

Control-Eigenschaften (Auswahl)

Eigenschaft	Typ	Zugriff
Controls	Control.ControlCollection	Get

Die Eigenschaft *Controls* ist zwar in der Klasse *Control* definiert, kann jedoch nur in Klassen eingesetzt werden, die von *Control* abgeleitet und gleichzeitig anderen Steuerelementen wie z.B. *Form* übergeordnet sind. Der für diese Eigenschaft definierte Typ *Control.ControlCollection* sieht vielleicht ein bisschen eigenartig aus, es handelt sich dabei jedoch einfach nur um eine in *Control* definierte öffentliche Klasse namens *ControlCollection*. Sie brauchen den Namen dieser Klasse in Ihren Anwendungen nicht zu verwenden, Sie nehmen einfach die Eigenschaft *Controls*.

In Kapitel 11 haben Sie bereits etwas Ähnliches gesehen: Die Klasse *ImageList* verfügt über eine Eigenschaft *Images* vom Typ *ImageList.ImageCollection*. In Kapitel 14 werden Sie eine Eigenschaft der Klasse *Menu* kennen lernen, die den Namen *MenuItems* trägt und vom Typ *Menu.MenuItemCollection* ist.

Die Klasse *Control.ControlCollection* implementiert die im Namespace *System.Collections* definierten Schnittstellen *IList*, *ICollection* und *IEnumerable*. Dies führt dazu, dass die Eigenschaft *Controls* wie ein anpassungsfähiges Array wirkt (ähnlich der Klasse *ArrayList*, die ich in Kapitel 8 vorgestellt habe), zu dem Sie Member hinzufügen oder daraus entfernen können. Die Eigenschaft *Controls* ist im Grunde ein Array aus allen dem Formular untergeordneten Steuerelementen. Hier sind alle Eigenschaften der Klasse *ControlCollection*:

Control.ControlCollection-Eigenschaften

Eigenschaft	Typ	Zugriff
IsReadOnly	Boolean	Get
Count	Integer	Get
()	Control	Get

Angenommen, das Formular erstellt drei Schaltflächen namens *btn1*, *btn2* und *btn3*. Aus diesen drei Schaltflächen machen Sie auf dem üblichen Weg untergeordnete Elemente:

```
btn1.Parent = Me
btn2.Parent = Me
btn3.Parent = Me
```

Nach Ausführung dieser Anweisungen können Sie mithilfe der *Count*-Eigenschaft der *Controls*-Eigenschaft des Formulars die Anzahl der dem Formular untergeordneten Steuerelemente ab-

rufen. Sollte das Formular über keine weiteren untergeordneten Elemente verfügen, gibt der Ausdruck
```
Controls.Count
```
3 zurück. Wie an der letzten Zeile der Tabelle mit den Eigenschaften von *Control.ControlCollection* zu sehen ist, können Sie die Eigenschaft *Controls* wie ein Array behandeln und über einen Index auf einzelne Elemente zugreifen. Dadurch wird ein Objekt vom Typ *Control* zurückgegeben. Diese Anweisung beispielsweise:
```
Dim ctrl As Control = Controls(1)
```
setzt die Variable *ctrl* gleich dem Objekt *btn2*. Wenn Ihnen bekannt ist, dass es sich bei dem Element um eine Schaltfläche handelt, können Sie den Rückgabewert in ein Objekt vom Typ *Button* umwandeln:
```
Dim btn As Button = DirectCast(Controls(1), Button)
```
Der Zugriff über den Index ist schreibgeschützt. (Das zeigt auch die Eigenschaft *ReadOnly*, die *True* zurückgibt.) Die folgende Syntax funktioniert also nicht:
```
Controls(1) = New Button()    ' Funktioniert nicht!
```
Sie können alle untergeordneten Steuerelemente mit *For* durchgehen:
```
Dim i As Integer
For i = 0 to Controls.Count - 1
    Dim ctrl As Control = Controls(i)
    ...
Next i
```
In manchen Fällen ist es angenehmer, die untergeordneten Steuerelemente mit *For Each* zu durchlaufen:
```
Dim ctrl As Control
For Each ctrl In Controls
    ...
Next
```
Untergeordnete Elemente werden automatisch in die Klasse *Control.ControlCollection* eingefügt, sobald sie dem Formular untergeordnet werden. Sie können Steuerelemente auch mithilfe einer der folgenden beiden Methoden in die Auflistung einfügen:

Control.ControlCollection-Methoden (Auswahl)

```
Sub Add(ByVal ctrl As Control)
Sub AddRange(ByVal() actrl As Control)
```

Nebenbei bemerkt, die Anweisung
```
Controls.Add(btn1)
```
erweckt den Anschein, als würden wir eine shared Methode namens *Add* in der Klasse *Controls* aufrufen. Dies ist nicht der Fall! Bei *Controls* handelt es sich um eine von *Control* geerbte Eigenschaft der Klasse *Form*. Der Typ der Eigenschaft lautet *Control.ControlCollection* und stellt eine Klasse dar, die eine Methode mit der Bezeichnung *Add* definiert. Ein Aufruf dieser Methode entspricht folgender Anweisung:
```
btn1.Parent = Me
```
Die Anweisung
```
Controls.AddRange(New Control() { btn1, btn2, btn3 })
```

Schaltflächen, Label und Laufleisten

entspricht den drei Anweisungen, die ich weiter oben zum Zuweisen der *Parent*-Eigenschaft der Schaltflächen verwendet habe. Die *AddRange*-Anweisung wäre natürlich erheblich kürzer, wenn es sich bei den drei Schaltflächen von vornherein um ein Array handelte.

Es ist auch möglich, Steuerelemente aus der Auflistung zu entfernen:

Control.ControlCollection-Methoden (Auswahl)

```
Sub Remove(ByVal ctrl As Control)
Sub RemoveAt(ByVal iIndex As Integer)
Sub Clear()
```

Wenn Sie ein Steuerelement aus der Auflistung entfernen, wird es dadurch nicht zerstört. Das Entfernen eines Steuerelements entspricht einfach dem Setzen der *Parent*-Eigenschaft des Steuerelements auf *Nothing*. Die *Clear*-Methode entfernt alle Steuerelemente aus der Auflistung.

Nach dem Löschen des Steuerelements werden die verbliebenen Steuerelemente neu indiziert, um die Indexlücken zu füllen. Auf diese Weise gibt es keine leeren Indizes; ein Index reicht immer von 0 bis zu einem Wert, der um 1 kleiner ist als die Eigenschaft *Count*.

Sie können auch den Index eines bestimmten Steuerelements abrufen:

Control.ControlCollection-Methoden (Auswahl)

```
Function Contains(ByVal ctrl As Control) As Boolean
Function GetChildIndex(ByVal ctrl As Control) As Integer
Function GetChildIndex(ByVal ctrl As Control, ByVal bThrowException As Boolean) As Integer
```

Vor dem Aufruf von *GetChildIndex* empfiehlt sich der Einsatz der Methode *Contains*, um zu prüfen, ob die Auflistung das Steuerelement überhaupt enthält. Sollte das Steuerelement nicht vorhanden sein, löst die erste Variante von *GetChildIndex* eine Ausnahme aus. Die zweite Variante löst dann keine Ausnahme aus, wenn *bThrowException* auf den Wert *False* gesetzt wurde. Stattdessen gibt die Methode –1 zurück, falls das Steuerelement nicht zu der Auflistung gehört.

Einem Steuerelement kann auch ein neuer Index zugewiesen werden:

Control.ControlCollection-Methoden (Auswahl)

```
Sub SetChildIndex(ByVal ctrl As Control, ByVal iNewIndex As Integer)
```

Auch hierbei werden die anderen Steuerelemente neu indiziert, sodass die Indizes weiterhin aufeinander folgende Werte von 0 bis zur Steuerelementanzahl –1 aufweisen. Wenn Sie einem bestimmten Steuerelement den höchsten Indexwert zuweisen möchten, können Sie für *iNewIndex* den Wert –1 angeben.

Warum sollten Sie die Indizes in der Steuerelementauflistung ändern? Weil diese Indizes nicht nur zum Zugriff auf die einzelnen Steuerelemente dienen, sondern die Indizierung der Steuerelementauflistung stellt gleichzeitig die z-Reihenfolge der Steuerelemente dar.

Die z-Reihenfolge

Die z-Reihenfolge von Steuerelementgruppen, die demselben Formular untergeordnet sind, wurde bereits kurz angesprochen. Der Begriff *z-Reihenfolge* entstammt dem Konzept des dreidimensionalen Koordinatenraums: Die *x*- und die *y*-Achse stellen die horizontalen und vertikalen Koordinaten dar. Die *z*-Achse steht im rechten Winkel zur Bildschirmoberfläche.

Die z-Reihenfolge wirkt sich auf die Anzeige überlappender Steuerelemente aus, die dem gleichen Element untergeordnet sind. Im Programm TwoButtonsAnchor können Sie sehen, wie die z-Reihenfolge funktioniert, wenn Sie das Fenster so verkleinern, dass sich die Schaltflächen überschneiden. Die Schaltfläche *Larger* liegt über der Schaltfläche *Smaller*. Die z-Reihenfolge steuert auch, wie Steuerelemente beim Andocken am gleichen Formularrand angeordnet werden.

Die z-Reihenfolge wird durch die Reihenfolge bestimmt, in der Sie dem Formular die *Parent*-Eigenschaften der Steuerelemente zuweisen, bzw. durch die Reihenfolge, in der Steuerelemente zur Steuerelementauflistung hinzugefügt werden. Die Erstellung und Änderung der z-Reihenfolge kann nur programmgesteuert erfolgen, sie wird *nicht* geändert, wenn der Benutzer auf die Steuerelemente klickt.

Ich bringe bei der z-Reihenfolge häufig durcheinander, was oben und unten bedeutet. Deshalb möchte ich das an dieser Stelle einmal klar und deutlich zusammenfassen. Ein Steuerelement, das sich an *oberster* Stelle der z-Reihenfolge befindet, weist folgende Merkmale auf:

- Es ist das *erste* Steuerelement, dem die *Parent*-Eigenschaft zugewiesen oder das zur Steuerelementauflistung hinzugefügt wird.
- Es hat in der Eigenschaft *Controls* den Index 0.
- Es wird über allen anderen Steuerelementen der gleichen Ebene angezeigt. Dieses Steuerelement empfängt die Mausereignisse, wenn der Mauszeiger darüber positioniert wird, unabhängig davon, ob sich an der gleichen Stelle noch weitere Steuerelemente befinden.
- Es befindet sich am nächsten zur Mitte des Clientbereichs, wenn mehrere Steuerelemente am gleichen Rand eines Containers angedockt sind.

Ein Steuerelement, das sich an *unterster* Stelle der z-Reihenfolge befindet, weist folgende Merkmale auf:

- Es ist das *letzte* Steuerelement, dem die *Parent*-Eigenschaft zugewiesen oder das zur Steuerelementauflistung hinzugefügt wird.
- Es hat in der Steuerelementauflistung den Index *(Controls.Count – 1)*.
- Es befindet sich unter allen anderen Steuerelementen der gleichen Ebene.
- Wenn mehrere Steuerelemente an der gleichen Seite des Containers angedockt sind, befindet es sich ganz am Rand.

Ein Container kann die z-Reihenfolge der untergeordneten Elemente mithilfe der in der Klasse *Control.ControlCollection* implementierten Methode *SetChildIndex* oder durch Aufrufen einer dieser beiden Methoden ändern:

Control-Methoden (Auswahl)

Methode	Beschreibung
Sub BringToFront()	Stellt das Steuerelement an die oberste Stelle der z-Reihenfolge
Sub SendToBack()	Stellt das Steuerelement an die unterste Stelle der z-Reihenfolge

Wenn ein Formular beispielsweise über die untergeordneten Steuerelemente *btn1*, *btn2* und *btn3* verfügt und *btn1* sich an oberster Stelle der z-Reihenfolge befindet, stellt die Anweisung

```
btn3.BringToFront()
```

btn3 an die oberste Stelle der z-Reihenfolge und *btn2* an die unterste Stelle. Verwechseln Sie dies nicht mit der Anweisung

```
btn1.SendToBack()
```

die *btn2* an die oberste Stelle der z-Reihenfolge und *btn1* an die unterste Stelle stellt.

Das Kontrollkästchen

Bei einem Kontrollkästchen handelt es sich ebenfalls um eine Schaltfläche. Ein Kontrollkästchen besteht aus einem kleinen Kästchen, neben dem sich eine Textzeichenfolge befindet. Wenn Sie auf das Steuerelement klicken (oder auf die Leertaste drücken, falls das Steuerelement den Eingabefokus besitzt), wird in diesem Kästchen eine Markierung angezeigt. Durch erneutes Klicken verschwindet die Markierung wieder. Ein Kontrollkästchen kann im Gegensatz zu einer Schaltfläche zwei Zustände annehmen: ein und aus.

Im Folgenden werden die beiden wichtigsten *CheckBox*-Eigenschaften aufgeführt:

CheckBox-Eigenschaften (Auswahl)

Eigenschaft	Typ	Zugriff	Beschreibung
Checked	Boolean	Get/Set	Der Standardwert ist *False*
AutoCheck	Boolean	Get/Set	Der Standardwert ist *True*

Die Eigenschaft *Checked* gibt an, ob das Steuerelement markiert ist. Mithilfe dieser Eigenschaft können Sie den Status eines Steuerelements sowohl initialisieren als auch abrufen. Es empfiehlt sich zumeist, die Eigenschaft *AutoCheck* auf *True* zu belassen, damit das *CheckBox*-Steuerelement bei Mausklicks den Wechsel zwischen den beiden Zuständen selbst übernimmt.

Bei jeder Änderung der Eigenschaft *Checked* löst das Steuerelement ein *CheckedChanged*-Ereignis aus.

CheckBox-Ereignisse (Auswahl)

Ereignis	Methode	Delegat	Argument
CheckedChanged	OnCheckedChanged	EventHandler	EventArgs

Das *CheckedChanged*-Ereignis tritt unter zwei Bedingungen ein: wenn *AutoCheck* auf *True* gesetzt ist und ein Benutzer auf das *CheckBox*-Steuerelement klickt, oder wenn das Programm die Eigenschaft *Checked* beispielsweise während der Initialisierung des Steuerelements ändert.

Wird die Eigenschaft *AutoCheck* auf *False* gesetzt, muss das Programm für das *Click*-Ereignis des Steuerelements Handler installieren. Die Verarbeitung des *Click*-Ereignisses kann zum Umschalten der Markierung beispielsweise folgende Anweisungen enthalten:

```
Dim chkbox As CheckBox = DirectCast(obj, CheckBox)
chkbox.Checked = Not chkbox.Checked
```

Schalten Sie die Eigenschaft *Checked* nicht in einem *CheckedChanged*-Ereignishandler um! Dadurch würde ein weiteres *CheckedChanged*-Ereignis erzeugt, und noch eins, und noch eins …

Das folgende Programm erstellt vier *CheckBox*-Steuerelemente, mit denen Sie die Textformatierungen *fett, kursiv, unterstrichen* und *durchgestrichen* (*bold, italic, underline* und *strikeout*) einstellen können.

CheckBoxDemo.vb
```
Imports System
Imports System.Drawing
Imports System.Windows.Forms
Class CheckBoxDemo
    Inherits Form
    Shared Sub Main()
        Application.Run(New CheckBoxDemo())
    End Sub
    Sub New()
        Text = "CheckBox Demo"

        Dim achkbox(3) As CheckBox
        Dim cyText As Integer = Font.Height
        Dim cxText As Integer = cyText \ 2
        Dim astrText() As String = {"Bold", "Italic", "Underline", "Strikeout"}
        Dim i As Integer

        For i = 0 To 3
            achkbox(i) = New CheckBox()
            achkbox(i).Text = astrText(i)
            achkbox(i).Location = New Point(2 * cxText, (4 + 3 * i) * cyText \ 2)
            achkbox(i).Size = New Size(12 * cxText, cyText)
            AddHandler achkbox(i).CheckedChanged, AddressOf CheckBoxOnCheckedChanged
        Next i
        Controls.AddRange(achkbox)
    End Sub
    Private Sub CheckBoxOnCheckedChanged(ByVal obj As Object, ByVal ea As EventArgs)
        Invalidate(False)
    End Sub
    Protected Overrides Sub OnPaint(ByVal pea As PaintEventArgs)
        Dim grfx As Graphics = pea.Graphics
        Dim fs As FontStyle = 0
        Dim afs() As FontStyle = {FontStyle.Bold, FontStyle.Italic, _
                                  FontStyle.Underline, FontStyle.Strikeout}
        Dim i As Integer
        For i = 0 To 3
            If DirectCast(Controls(i), CheckBox).Checked Then
                fs = fs Or afs(i)
            End If
        Next i
        Dim fnt As New Font(Font, fs)
        grfx.DrawString(Text, fnt, New SolidBrush(ForeColor), 0, 0)
    End Sub
End Class
```

Ich habe ein Array aus *CheckBox*-Steuerelementen definiert, damit ich einmal die Gelegenheit habe, die *AddRange*-Methode der *Controls*-Eigenschaft einzusetzen. Die Variable *cyText* gibt die Höhe der *Font*-Eigenschaft des Formulars (und dadurch auch des Steuerelements) an. Ich habe die Variable *cxText* auf die halbe Höhe dieses Werts gestellt, um die ungefähre durchschnittliche

Breite der Kleinbuchstaben zu erhalten. Mithilfe dieser Variablen werden Position (*Location*) und Größe (*Size*) jedes Steuerelements eingestellt. Ich habe zwar die Höhe der Steuerelemente auf *cyText* eingestellt, verwende aber 150 Prozent dieses Werts für die Position der aufeinander folgenden Kontrollkästchen, um einen Abstand zwischen den Steuerelementen zu erhalten. Der zwölffache Wert von *cxText* für die Breite reicht für den Text und das Kontrollkästchen. Und so sieht das Programm aus:

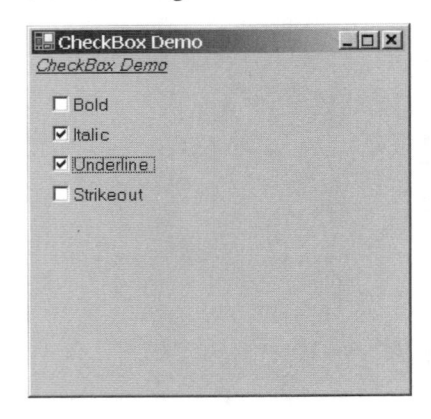

Während der Verarbeitung des *CheckedChanged*-Ereignisses wird das Formular einfach nur für ungültig erklärt, wodurch ein Aufruf von *OnPaint* ausgelöst wird. Die *OnPaint*-Methode indiziert die *Controls*-Eigenschaft des Formulars, um die *Checked*-Eigenschaft der vier Steuerelemente abzurufen, und erstellt anhand dieser Informationen eine *FontStyle*-Variable. Anschließend kann sehr leicht ein neues *Font*-Objekt erstellt und Text angezeigt werden.

Da das *CheckBox*-Objekt von *ButtonBase* erbt, hat es einige Eigenschaften mit der Klasse *Button* gemein. Die Eigenschaft *TextAlign* für Kontrollkästchen bestimmt die Ausrichtung des Textes innerhalb des durch die Eigenschaft *Size* definierten Rechtecks. Die Standardausrichtung lautet *ContentAlignment.MiddleLeft*, wodurch der Text vertikal in der Mitte des Rechtecks und horizontal an der linken Seite positioniert wird (wobei er natürlich nicht weiter nach links gerückt wird als das Kontrollkästchen). Darüber hinaus verfügt die Klasse *CheckBox* noch über eine *CheckAlign*-Eigenschaft:

CheckBox-Eigenschaften (Auswahl)

Eigenschaft	Typ	Zugriff
CheckAlign	ContentAlignment	Get/Set

Diese Eigenschaft gibt die Position des Kontrollkästchens innerhalb des Rechtecks an. Auch hierbei lautet der Standardwert *ContentAlignment.MiddleLeft*.

Wenn Sie das Kontrollkästchen rechts neben den Text stellen möchten, sollten Sie die Eigenschaften *TextAlign* und *CheckAlign* auf *ContentAlignment.MiddleRight* einstellen, damit auch der Text rechts ausgerichtet wird. Eine interessante Positionierungsvariante ist folgende: Geben Sie als Höhe des Steuerelements die doppelte Schrifthöhe an, stellen Sie *CheckAlign* auf *ContentAlignment.TopCenter* und *TextAlign* auf *ContentAlignment.BottomCenter*. Nun wird das Kontrollkästchen mittig über den horizontal zentrierten Text gestellt.

Die Klasse *CheckBox* enthält eine weitere Eigenschaft, die das Aussehen des Steuerelements beeinflusst:

CheckBox-Eigenschaften (Auswahl)

Eigenschaft	Typ	Zugriff
Appearance	*Appearance*	Get/Set

Die Enumeration *Appearance* ist folgendermaßen definiert:

Appearance-Enumeration

Member	Wert
Normal	0
Button	1

Durch die Option *Button* sieht das *CheckBox*-Steuerelement aus wie eine Schaltfläche, die sich ständig im aktivierten Zustand befindet. Sie müssen hierbei die Höhe des Steuerelements vergrößern, um den Schaltflächenrahmen unterzubringen.

Eine Alternative mit drei Zuständen

Das *CheckBox*-Objekt stellt zumeist ein Steuerelement der Art Ein/Aus, Ja/Nein, 1/0 dar, an dem George Boole seine Freude gehabt hätte. Manchmal jedoch reicht 1 Bit nicht ganz und 2 Bits sind viel zu viel. In solchen Fällen kann das Kontrollkästchen einen dritten Zustand annehmen.

Wann könnten Sie diese Option benötigen? Nehmen wir einmal an, Sie schreiben ein Textverarbeitungsprogramm, das an einer Stelle (vielleicht in einem Dialogfeld zur Schriftauswahl) ein *CheckBox*-Steuerelement mit der Beschriftung *Kursiv* enthält. Wenn ein Benutzer nichtkursiven Text markiert, sollte das Programm das *CheckBox*-Steuerelement auf den nicht aktivierten Zustand initialisieren. Bei kursivem Text wird natürlich der aktivierte Zustand initialisiert. Was aber, wenn der Text teilweise kursiv und teilweise nicht kursiv ist? In diesem Fall bietet sich der dritte Zustand an. Das Kontrollkästchen wird zwar markiert, aber die Markierung hellgrau gezeichnet.

Dieser Status darf nicht mit einem deaktivierten *CheckBox*-Steuerelement verwechselt werden. Das Kontrollkästchen müsste dann deaktiviert werden, wenn der ausgewählte Text in einer Schrift angezeigt wird, für die es keine kursiven Zeichen gibt.

Für ein *CheckBox*-Steuerelement mit drei Zuständen benötigen Sie die beiden folgenden Eigenschaften:

CheckBox-Eigenschaften (Auswahl)

Eigenschaft	Typ	Zugriff	Beschreibung
ThreeState	Boolean	Get/Set	Der Standardwert ist *False*
CheckState	*CheckState*	Get/Set	Diesen Typ anstelle von *Checked* verwenden

Zuerst setzen Sie die Eigenschaft *ThreeState* auf *True*. Anschließend verwenden Sie nicht die Eigenschaft *Checked* zur Initialisierung des Steuerelements und Abfrage des aktuellen Zustands, sondern die Eigenschaft *CheckState*. Die Enumeration *CheckState* besitzt drei Werte:

CheckState-Enumeration

Member	Wert
Unchecked	0
Checked	1
Indeterminate	2

Wenn Ihr Programm über eine Veränderung der Eigenschaft *CheckState* informiert werden soll, sollten Sie den Handler nicht für das Ereignis *CheckedChanged*, sondern für *CheckStateChanged* installieren.

CheckBox-Ereignisse

Ereignis	Methode	Handler	Argument
CheckStateChanged	*OnCheckStateChanged*	*EventHandler*	*EventArgs*

Beim mehrmaligen Klicken auf ein *CheckBox*-Objekt mit drei Zuständen durchläuft das Steuerelement nacheinander die drei Zustände.

Das Steuerelement *Label*

Programmierer fragen sich zuweilen: »Kann ich eigentlich Steuerelemente und Grafikausgabe auf ein und demselben Formular kombinieren?« Die Antwort lautet: »Ja, das können Sie!« Das nun folgende Programm CheckBoxDemo liefert den Beweis. Beachten Sie bei diesem Programm, dass die Methode *CheckBoxOnCheckedChanged* nur diese eine Anweisung enthält:

```
Invalidate(False)
```

Das Argument *False* gibt an, dass die Methode keinen Formularteil für ungültig erklärt, auf dem sich untergeordnete Steuerelemente befinden. Durch Verwendung von *False* als Argument von *Invalidate* wird verhindert, dass Steuerelemente unnötigerweise neu gezeichnet werden.

Auch wenn es möglich ist, auf einem Formular sowohl Steuerelemente als auch Grafikelemente einzusetzen, verwenden Programme zur Anzeige von Text und Grafiken doch gewöhnlich zusätzliche Steuerelemente. In Kapitel 4 haben Sie erfahren, wie Text auf einem *Panel*-Steuerelement angezeigt wird. Für die Anzeige von Text gibt es ein spezielles Steuerelement: *Label*. Der Stammbaum des *Label*-Steuerelements ist nicht sehr lang:

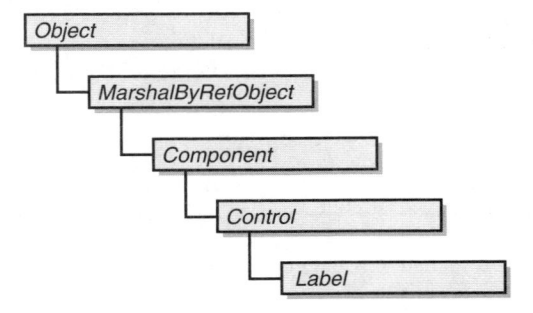

```
Object
  └── MarshalByRefObject
        └── Component
              └── Control
                    └── Label
```

Die nun folgende Version des Programms CheckBoxDemo erstellt ein *Label*-Steuerelement zur Anzeige der Beispieltextzeile. Anstatt das Formular in der Methode *CheckBoxOnChecked-*

Changed für ungültig zu erklären und anschließend mithilfe dieser Informationen den Text in der *OnPaint*-Methode anzuzeigen, erstellt diese Version während der Methode *CheckBoxOnCheckedChanged* eine neue Schrift und stellt nur die *Font*-Eigenschaft des *Label*-Steuerelements ein.

CheckBoxWithLabel.vb

```
Imports System
Imports System.Drawing
Imports System.Windows.Forms
Class CheckBoxWithLabel
    Inherits Form
    Private lbl As Label
    Shared Sub Main()
        Application.Run(New CheckBoxWithLabel())
    End Sub
    Sub New()
        Text = "CheckBox Demo with Label"

        Dim cyText As Integer = Font.Height
        Dim cxText As Integer = cyText \ 2
        Dim astrText() As String = {"Bold", "Italic", "Underline", "Strikeout"}

        lbl = New Label()
        lbl.Parent = Me
        lbl.Text = Text & ": Sample Text"
        lbl.AutoSize = True

        Dim i As Integer
        For i = 0 To 3
            Dim chkbox As New CheckBox()
            chkbox.Parent = Me
            chkbox.Text = astrText(i)
            chkbox.Location = New Point(2 * cxText, (4 + 3 * i) * cyText \ 2)
            chkbox.Size = New Size(12 * cxText, cyText)
            AddHandler chkbox.CheckedChanged, AddressOf CheckBoxOnCheckedChanged
        Next i
    End Sub
    Private Sub CheckBoxOnCheckedChanged(ByVal obj As Object, ByVal ea As EventArgs)
        Dim fs As FontStyle = 0
        Dim afs() As FontStyle = {FontStyle.Bold, FontStyle.Italic, _
                                  FontStyle.Underline, FontStyle.Strikeout}
        Dim i As Integer
        For i = 0 To 3
            If DirectCast(Controls(i + 1), CheckBox).Checked Then
                fs = fs Or afs(i)
            End If
        Next i
        lbl.Font = New Font(lbl.Font, fs)
    End Sub
End Class
```

Wenn der Text über die Breite eines *Label*-Steuerelements hinausgeht, wird er in mehrere Zeilen umbrochen. Allerdings werden keine Bildlaufleisten angezeigt. Zur Anzeige des Textes in einer einzigen Zeile stehen Ihnen im *Label*-Steuerelement einige Eigenschaften zur Verfügung:

Label-Eigenschaften (Auswahl)

Eigenschaft	Typ	Zugriff
PreferredWidth	Integer	Get
PreferredHeight	Integer	Get
AutoSize	Boolean	Get/Set

Die Eigenschaften *PreferredWidth* und *PreferredHeight* entsprechen den von *MeasureString* zurückgegebenen Werten, die auf die nächsthöhere Ganzzahl aufgerundet wurden. Durch Verwendung der Eigenschaft *AutoSize* (diese ist standardmäßig *False*) können Sie die Größe des *Label*-Steuerelements auf die Werte von *PreferredWidth* und *PreferredHeight* einstellen.

Das Steuerelement *Label* unterstützt die gleichen vier Eigenschaften zur Anzeige von Bitmaps wie das Steuerelement *ButtonBase: Image, ImageList, ImageIndex* und *ImageAlign*. Die Eigenschaft *AutoSize* passt die Größe des Steuerelements jedoch *nicht* an die Größe des Bilds an.

Das Aussehen der *Label*-Steuerelemente wird von zwei weiteren Eigenschaften beeinflusst:

Label-Eigenschaften (Auswahl)

Eigenschaft	Typ	Zugriff
BorderStyle	BorderStyle	Get/Set
UseMnemonic	Boolean	Get/Set

Die Eigenschaft *BorderStyle* sorgt dafür, dass um das Steuerelement ein Rahmen gezeichnet wird. Stellen Sie diese Eigenschaft auf einen der folgenden Enumerationswerte ein:

BorderStyle-Enumeration

Member	Wert
None	0
FixedSingle	1
Fixed3D	2

Der Standardwert lautet *BorderStyle.None*.

Die Eigenschaft *UseMnemonic* (die standardmäßig *True* ist) führt dazu, dass kaufmännische Und-Zeichen (&) unterdrückt und stattdessen der darauf folgende Buchstabe unterstrichen angezeigt wird. Dabei stellt sich jedoch eine Frage: Wenn ein *Label*-Steuerelement nur zur Anzeige von Text oder einer Grafik verwendet wird, wozu benötigt es dann ein Tastaturkürzel? Der Zweck des Kürzels besteht, wie Sie im Verlauf dieses Kapitels noch sehen werden, darin, die Navigation zwischen Steuerelementen wie beispielsweise Bildlaufleisten, Schiebereglern und Textfeldern zu ermöglichen, die nicht über feststehenden Text verfügen.

Tabstopps und die Aktivierungsreihenfolge

Wie Ihnen bereits bekannt ist, können Sie mithilfe der Tabulatortaste oder der Pfeiltasten zwischen untergeordneten Steuerelementen wechseln. Wenn Sie jedoch diese Tasten im Programm CheckBoxWithLabel verwenden, werden Sie feststellen, dass das *Label*-Steuerelement übersprungen wird. Das macht durchaus Sinn: Da das *Label*-Steuerelement überhaupt keine Tastatureingaben empfangen soll, gibt es auch keinen Grund, warum es den Tastaturfokus erhalten sollte.

Die Navigation zwischen Steuerelementen mithilfe der Tabulatortaste wird mit der Eigenschaft *TabStop* geregelt:

Control-Eigenschaften (Auswahl)

Eigenschaft	Typ	Zugriff
TabStop	Boolean	Get/Set
TabIndex	Integer	Get/Set

Die Eigenschaft *TabStop* von Schaltflächen lautet *True*, die von Labeln dagegen *False*.

Wenn *TabStop* den Wert *True* hat, wird die Reihenfolge der Steuerelemente, die durch Drücken der Tabulatortaste den Fokus erhalten, mithilfe der Eigenschaft *TabIndex* festgelegt. Diese Eigenschaft wird während des Zuweisens des übergeordneten Elements zu einem Steuerelement gesetzt, die *TabIndex*-Werte stimmen also anfangs mit den Indizes der z-Reihenfolge überein. Durch eine Änderung der z-Reihenfolge ändert sich die Eigenschaft *TabIndex* jedoch nicht. Darüber hinaus kann das Programm *TabIndex* auch unabhängig von der z-Reihenfolge verändern.

Verfügen zwei Steuerelemente über die gleiche *TabIndex*-Eigenschaft, erhält das Steuerelement zuerst den Eingabefokus, das in der z-Reihenfolge den niedrigsten Index hat.

Identifizierung von Steuerelementen

Ich habe im Programm CheckBoxWithLabel zwei Arrays definiert: eines mit den Textzeichenfolgen für die vier Kontrollkästchen und ein zweites mit den entsprechenden Werten der *FontStyle*-Enumeration. Dummerweise sind diese beiden Arrays in unterschiedlichen Bereichen des Programms definiert. Wenn Sie die Elementreihenfolge nur in einem Array ändern, ohne es auch im zweiten zu tun, funktioniert das Progrgamm nicht mehr.

Vergleichen Sie darüber hinaus einmal die Indizierung der *Controls*-Eigenschaft in der *OnPaint*-Methode im Programm CheckBoxDemo mit der *CheckBoxOnCheckedChanged*-Methode im Programm CheckBoxWithLabel. Im ersten Programm lauten die Indexwerte 0 bis 3. Im zweiten wurde jedoch *Label* als erstes untergeordnetes Steuerelement des Formulars definiert und erhält daher den Index 0. Die *CheckBox*-Steuerelemente bekommen Indexwerte von 1 bis 4.

Würde ich den Konstruktor in CheckBoxWithLabel so abändern, dass die Unterordnung des *Label*-Steuerelements erst nach den *CheckBox*-Steuerelementen erfolgt, würde das Programm nicht mehr richtig funktionieren. Ich muss wohl nicht ausdrücklich betonen, dass es nicht zu den guten Programmiergepflogenheiten gezählt wird, wenn sich die Indizierung des *Controls*-Arrays nach der Erstellungsreihenfolge der Steuerelemente richtet. Wenn Sie nur einige wenige Steuerelemente benötigen, mag das vielleicht nicht so schlimm sein. Sobald aber mehr Steuerelemente ins Spiel kommen, kann sich das Ganze rasch in einen Albtraum verwandeln.

Es gibt mehrere Möglichkeiten, den Überblick über die in einem Programm erstellten Steuerelemente zu behalten. Sie können die Steuerelementobjekte als Felder speichern, wie im Programm TwoButtons geschehen. Sie können auch für jedes Steuerelement einen eigenen Ereignishandler installieren. Eine weitere Möglichkeit besteht darin, zur eindeutigen Identifizierung eine Eigenschaft des Steuerelements (oder auch ein anderes Merkmal) einzusetzen. Üblicherweise erfolgt die Identifizierung über die *Text*-Eigenschaft des Steuerelements; in einem Ereignishandler kann der Steuerelementtext sogar als Variable für *Select* verwendet werden, um zu prüfen, welches Steuerelement das Ereignis ausgelöst hat. Wenn Sie aber den Text des Steuerelements einmal ändern möchten, müssen Sie das Programm an zwei Stellen modifizieren: im Codeabschnitt, der die Eigenschaft *Text* zugewiesen hat, und im *Select/Case*-Konstrukt des Ereignishandlers.

Die Eigenschaft *Text* eignet sich also nicht wirklich zur Identifizierung der Steuerelemente. Was bietet sich stattdessen an? Die Klasse *Control* enthält die folgenden beiden Eigenschaften, mit denen Sie Steuerelemente identifizieren können:

Control-Eigenschaften (Auswahl)

Eigenschaft	Typ	Zugriff
Name	String	Get/Set
Tag	Object	Get/Set

Bei der Erstellung eines Steuerelements kann der Eigenschaft *Name* ein geeigneter Text zugewiesen werden, der nicht unbedingt etwas mit dem Text zu tun haben muss, der auf dem Steuerelement angezeigt wird. Die Eigenschaft *Tag* ist noch vielseitiger, denn ihr kann ein beliebiges Objekt zugewiesen werden. Als Beispiel folgt die teilweise Definition eines *CheckBox*-Steuerelements, mit dem eine Farbe ausgewählt werden soll:

```
chkbox.Text = "Magenta"
chkbox.Tag = Color.Magenta
```

Im Ereignishandler wird zunächst das *CheckBox*-Steuerelement abgerufen, das das Ereignis geschickt hat:

```
Dim chkbox As CheckBox = DirectCast(obj, CheckBox)
```

und anschließend wird die Eigenschaft *Tag* in ein *Color*-Objekt umgewandelt:

```
Dim clr As Color = DirectCast(chkbox.Tag, Color)
```

Sollte es sich bei der Eigenschaft *Tag* nicht um ein *Color*-Objekt handeln, wird eine Ausnahme ausgelöst. Im Programm AutoScaleDemo, das ich gleich vorstelle, ist ein Beispiel für die Eigenschaft *Tag* enthalten.

Ein weiteres schönes Merkmal der objektorientierten Programmierung im Allgemeinen (und von Windows Forms im Besonderen) ist die Tatsache, dass Sie zu Steuerelementen beliebige Informationen hinzufügen können, um sie zu identifizieren. Das Ganze ist lediglich eine Frage der Vererbung.

Das nun folgende Programm erstellt auf der Basis von *CheckBox* eine neue Klasse, die für die Anzeige von Schriftstilen gedacht ist. Diese neue Klasse fügt gegenüber der Klasse *CheckBox* nur ein weiteres Feld namens *fntstyle* hinzu, das den Typ *FontStyle* aufweist. Wie Sie sehen, erfordert die Definition der neuen Klasse (die am Ende des Listings erfolgt) nur sehr wenig Code.

CustomCheckBox.vb

```
Imports System
Imports System.Drawing
Imports System.Windows.Forms
Class CustomCheckBox
    Inherits Form
    Shared Sub Main()
        Application.Run(New CustomCheckBox())
    End Sub
```

```vb
Sub New()
    Text = "Custom CheckBox Demo"
    Dim cyText As Integer = Font.Height
    Dim cxText As Integer = cyText \ 2
    Dim afs As FontStyle() = {FontStyle.Bold, FontStyle.Italic, _
                              FontStyle.Underline, FontStyle.Strikeout}
    Dim lbl As New Label()
    lbl.Parent = Me
    lbl.Text = Text & ": Sample Text"
    lbl.AutoSize = True
    Dim i As Integer
    For i = 0 To 3
        Dim chkbox As New FontStyleCheckBox()
        chkbox.Parent = Me
        chkbox.Text = afs(i).ToString()
        chkbox.fntstyle = afs(i)
        chkbox.Location = New Point(2 * cxText, (4 + 3 * i) * cyText \ 2)
        chkbox.Size = New Size(12 * cxText, cyText)
        AddHandler chkbox.CheckedChanged, AddressOf CheckBoxOnCheckedChanged
    Next i
End Sub
Private Sub CheckBoxOnCheckedChanged(ByVal obj As Object, ByVal ea As EventArgs)
    Dim fs As FontStyle = 0
    Dim lbl As Label = Nothing
    Dim ctrl As Control
    For Each ctrl In Controls
        If ctrl.GetType() Is GetType(Label) Then
            lbl = DirectCast(ctrl, Label)
        ElseIf ctrl.GetType() Is GetType(FontStyleCheckBox) Then
            If DirectCast(ctrl, FontStyleCheckBox).Checked Then
                fs = fs Or DirectCast(ctrl, FontStyleCheckBox).fntstyle
            End If
        End If
    Next
    lbl.Font = New Font(lbl.Font, fs)
End Sub
End Class
Class FontStyleCheckBox
    Inherits CheckBox
    Public fntstyle As FontStyle
End Class
```

Dieses Programm definiert das Array aus *FontStyle*-Werten nun im Konstruktor. Während der Erstellung der *FontStyleCheckBox*-Objekte werden den jeweiligen Feldern von *fntstyle*-Objekt die entsprechenden *FontStyle*-Werte zugewiesen. Das Programm kommt ohne *String*-Array aus. Stattdessen konvertiert es den *FontStyle*-Wert in eine Zeichenfolge für die Eigenschaft *Text*. Und selbst wenn tatsächlich ein *String*-Array benötigt werden sollte, würden die beiden Arrays nah beieinander definiert, damit sie bei Bedarf gleichzeitig geändert werden können.

Werfen wir nun einen Blick auf die Methode *CheckBoxOnCheckedChanged*. Sie durchläuft mit *For Each* alle Steuerelemente im Array *Controls* und ermittelt, um welchen Steuerelementtyp es sich handelt. Sie können mithilfe des *GetType*-Operators von Visual Basic den Typ eines beliebigen Objekts abrufen. Darüber hinaus können Sie den Visual Basic .NET-Operator *GetType* mit jedem beliebigen Klassennamen einsetzen, um den Klassentyp zu erhalten. Wenn es sich um ein *FontStyleCheckBox*-Steuerelement handelt, nimmt das Programm eines Typkonvertierung dieses Steuerelements in ein Objekt dieses Typs vor und greift auf dessen *fntstyle*-Feld zu – vorausgesetzt, die Eigenschaft *Checked* ist *True*. Handelt es sich um ein *Label*-Steuerelement, speichert das Programm das *Label*-Objekt und beendet die Ereignisverarbeitung, indem es die Eigenschaft *Font* auf die neue Schrift einstellt. In diesem Programm können Sie das Array aus *FontStyle*-Werten oder auch die Reihenfolge ändern, in der Steuerelemente erstellt und dem Formular untergeordnet werden, ohne dadurch Probleme zu verursachen.

Automatische Größenanpassung

Die bisher in diesem Kapitel vorgestellten Programme haben die Größe derjenigen Steuerelemente, auf denen Text angezeigt werden soll, mithilfe der Eigenschaft *Font.Height* berechnet. Zur horizontalen Größenanpassung habe ich die halbe Schrifthöhe als ungefähre durchschnittliche Zeichenbreite der Kleinbuchstaben verwendet. (Das ist selbst für die Schrift Courier noch großzügig bemessen.) Da Steuerelemente die Schrift des übergeordneten Elements erben, eignet sich diese Methode ganz hervorragend zur Größenanpassung der Steuerelemente. Wenn Sie dem Formular (und dementsprechend den zugehörigen Steuerelementen) eine andere Schrift zuweisen möchten, sollten Sie dies recht früh im Formularkonstruktor tun, und zwar noch bevor Sie die Schrifthöhe abrufen.

Das .NET Framework bietet zur Größenanpassung von Steuerelementen eine Alternative an, die so genannte *automatische Skalierung*. Die folgenden beiden Eigenschaften der Klasse *Form* unterstützen diese Funktionalität:

Form-Eigenschaften (Auswahl)

Eigenschaft	Typ	Zugriff	Beschreibung
AutoScale	Boolean	Get/Set	Der Standardwert ist *True*
AutoScaleBaseSize	Size	Get/Set	Breite und Höhe der Schrift des Formulars

Die einzige shared Methode der Klasse *Form* hat ebenfalls mit der automatischen Skalierung zu tun:

Form-Methode (*Shared*)

```
Function GetAutoScaleSize(ByVal fnt As Font) As SizeF
```

Die Eigenschaft *AutoScaleBaseSize* und die Methode *GetAutoScaleSize* sind schon für sich allein genommen recht nützlich, selbst wenn Sie die automatische Skalierung nicht einsetzen. Sie sind in Windows Forms die einzige Informationsquelle für die durchschnittliche Zeichenbreite einer bestimmten Schrift. Standardmäßig gibt *AutoScaleBaseSize* die Breite und Höhe der Formulareigenschaft *Font*, und *GetAutoScaleSize* die Breite und Höhe eines beliebigen *Font*-Objekts zurück. Bei der Breite handelt es sich um die durchschnittliche Breite der Kleinbuchstaben des lateinischen Alphabets. Die Höhe entspricht der *Height*-Eigenschaft des *Font*-Objekts.

Wenn Sie in den Anzeigeeigenschaften 96 dpi eingestellt haben (*Normalgröße*), gibt *AutoScaleBaseSize* die Information zurück, dass die in Windows Forms standardmäßig verwendete 8-Punkt-Schrift im Durchschnitt eine Breite von 5 Pixeln und eine Höhe von 13 Pixeln aufweist. Bei 120 dpi (Einstellung *Groß*) ist diese Schrift durchschnittlich 6 Pixel breit und 15 Pixel hoch.

Wenn Sie also Steuerelemente genauer positionieren möchten, verwenden Sie folgende Anweisungen:

```
cxText = AutoScaleBaseSize.Width
cyText = AutoScaleBaseSize.Height
```

Ich erwähnte gerade, dass *AutoScaleBaseSize* die Breite und Höhe der *Font*-Eigenschaft des Formulars zurückgibt. Das ist auch richtig. Und wenn Sie die *Font*-Eigenschaft des Formulars neu einstellen, gibt *AutoScaleBaseSize* die Breite und Höhe der neuen Schrift zurück. Auch das ist richtig. Aber: Das gilt nur, wenn das Formular die Eigenschaft *AutoScaleBaseSize* nicht selbst einstellt. Wenn die Eigenschaft im Formular eingestellt wird (damit meine ich natürlich, dass Sie als Programmierer den Code zum Einstellen von *AutoScaleBaseSize* schreiben), gibt sie den Wert zurück, auf den sie eingestellt wurde.

Was ist nun das Geheimnis der automatischen Skalierung? Wenn *AutoScaleBaseSize* im Formular selbst eingestellt wird, werden Breite und Höhe aller untergeordneten Steuerelemente im Verhältnis von Breite und Höhe der *Font*-Eigenschaft des Formulars zu Breite und Höhe der neuen *AutoScaleBaseSize*-Eigenschaft skaliert. Wurde die *AutoScaleBaseSize*-Eigenschaft im Formular nicht eingestellt, so sind diese Verhältnisse jeweils gleich 1, die Steuerelemente werden also nicht skaliert.

Grundsätzlich kann das Formular zur Einstellung der Eigenschaften *Location* und *Size* der untergeordneten Steuerelemente beliebige Koordinatensysteme und Größen verwenden. Anschließend gibt das Formular dieses Koordinatensystem mithilfe von *AutoScaleBaseSize* an. Die Skalierung erfolgt nach Beendigung des Formularkonstruktors und basiert auf den Werten der Eigenschaften *Font* und *AutoScaleBaseSize,* die zu diesem Zeitpunkt vorliegen.

Da die automatische Skalierung zu Anfang ein bisschen verwirrend ist, werden wir uns einige Beispiele ansehen.

Die automatische Skalierung im Windows Forms-Designer

Ich habe bereits darauf hingewiesen: Sie sollten sich mit dem Code beschäftigen, der in Visual Basic .NET vom Windows Forms-Designer erzeugt wird, damit Sie einige Aspekte dieses Codes verstehen können. Die automatische Skalierung ist ein solcher Aspekt, und zwar einer der wichtigsten.

Nehmen wir einmal an, Sie haben im Dialogfeld *Eigenschaften von Anzeige* 96 dpi eingestellt (*Normalgröße*). Der Code, den der Windows Forms-Designer für ein Formular erzeugt, enthält die von Ihnen verwendeten Pixelmaße. Die *Size*-Eigenschaft eines *Button*-Steuerelements könnte z.B. folgendermaßen eingestellt werden:

```
Me.button1.Size = New System.Drawing.Size(104, 26)
```

Ja, ich weiß: Der Windows Forms-Designer erzeugt erheblich mehr Code. Aber darum geht es im Moment nicht. Üblicherweise führt das feste Einprogrammieren von Pixelpositionen und Steuerelementgrößen zu jeder Menge Ärger. Sie können hundertprozentig sicher sein, dass irgendein Benutzer 120 dpi (Einstellung *Groß*) eingestellt hat oder sogar eine noch höhere Auflösung verwendet, sodass der Schaltflächentext abgeschnitten wird. Der Windows Forms-Designer fügt zum Konstruktor allerdings noch die folgende Anweisung hinzu:

```
Me.AutoScaleBaseSize = New System.Drawing.Size(5, 13)
```

Hierbei handelt es sich um Breite und Höhe bei 96 dpi (*Normalgröße*). Der Windows Forms-Designer macht im Grunde nichts anderes, als die zugrunde liegende Bildschirmauflösung, auf der sämtliche Steuerelementgrößen und -positionen beruhen, in den Code einzubetten.

Wenn dieses Programm mit 96 dpi (*Normalgröße*) ausgeführt wird, beträgt das Verhältnis von Breite und Höhe der Schrift zur Breite und Höhe der *AutoScaleBaseSize*-Eigenschaft jeweils 1, und die Steuerelementgrößen und -positionen können direkt übernommen werden.

Wird das Programm allerdings auf einem Rechner mit 120 dpi (Einstellung *Groß*) ausgeführt, betragen Breite und Höhe der Schrift 6 bzw. 15. Am Ende des Konstruktors skaliert Windows Forms die horizontalen Positionen und Größen aller Steuerelemente mit einem Faktor von 6/5 (hierbei handelt es sich um die durchschnittliche Breite der Schrift, die mit der *Font*-Eigenschaft des Formulars verknüpft ist, geteilt durch *AutoScaleBaseSize.Width*). Die vertikalen Positionen und Größen werden mit einem Faktor von 15/13 skaliert (die Höhe der Formularschrift geteilt durch *AutoScaleBaseSize.Height*).

So kann der Windows Forms-Designer Pixelkoordinaten und -größen fest in seinen Code hineinschreiben und kommt damit durch.

Etwas Ähnliches können Sie auch selber machen. Sie können die Positionen und Größen der Steuerelemente mit den Werten programmieren, die auf Ihrem System funktionieren, und anschließend eine Anweisung einfügen, die die *AutoScaleBaseSize*-Eigenschaft auch auf einen für Ihren Rechner geeigneten *Size*-Wert einstellt. Danach ändern Sie entweder die Anzeigeeigenschaften oder stellen im Konstruktor eine neue *Font*-Eigenschaft ein, um zu prüfen, ob es funktioniert.

Die Eigenschaft *AutoScaleBaseSize* erfüllt aber noch viel interessantere Zwecke.

Kreativer Umgang mit *AutoScaleBaseSize*

Windows-Programmierer, die die Win32-API oder die MFC-Bibliothek (Microsoft Foundation Class) nutzen, um Programme in C oder C++ zu schreiben, definieren Dialogfelder üblicherweise in einem bestimmten Textformat, der so genannten *Dialogfeldvorlage,* und verwenden ein besonderes geräteunabhängiges Koordinatensystem, die *Dialogfeldkoordinaten*. Die *x*-Koordinaten betragen 1/4 der durchschnittlichen Zeichenbreite, die *y*-Koordinaten 1/8 der Zeichenhöhe. Wenn die Position eines Steuerelements z.B. mit den Koordinaten (40, 32) angegeben ist, beträgt der Abstand zwischen linkem Dialogfeldrand und Steuerelement das Zehnfache der durchschnittlichen Zeichenbreite. Vom oberen Rand ist das um das Vierfache der Zeichenhöhe entfernt.

Auch ein Windows Forms-Programm kann dieses vertraute Koordinatensystem für Dialogfelder verwenden. Dazu benötigen wir im Konstruktor nur folgende Anweisung:

```
AutoScaleBaseSize = New Size(4, 8)
```

Auch Folgendes ist möglich: Geben Sie Positionen und Größen in ganzen Zeichen an. Dazu ist folgende Anweisung erforderlich:

```
AutoScaleBaseSize = New Size(1, 1)
```

Ein solches Koordinatensystem hat allerdings zugegebenermaßen eine recht grobe Auflösung. Normalerweise benötigen wir eine Auflösung von mindestens der Höhe eines halben Zeichens, um die Steuerelemente vertikal sauber voneinander zu trennen.

Einblick in die automatische Skalierung

Nach Ausführung des Codes im Formularkonstruktor werden das Formular sowie alle untergeordneten Elemente anhand der Eigenschaften *Font* und *AutoScaleBaseSize* des Formulars skaliert. Der eigentliche Skalierungsvorgang wird von einer geschützten Methode der *Control*-

Klasse namens *ScaleCore* ausgeführt, die zuerst für das Formular und anschließend für alle untergeordneten Elemente aufgerufen wird.

Der gleiche Effekt wie bei der automatischen Skalierung kann durch Aufruf einer der *Scale*-Methoden des Formulars erreicht werden:

Control-Methoden (Auswahl)

```
Sub Scale(ByVal fScale As Single)
Sub Scale(ByVal xScale As Single, ByVal yScale As Single)
```

Wenn Sie beispielsweise die Eigenschaft *AutoScale* auf *False* setzen, können Sie die automatische Skalierung nachahmen, indem Sie am Ende des Formularkonstruktors folgende Anweisung einfügen:

```
Scale(GetAutoScaleSize(Font).Width  / AutoScaleBaseSize.Width, _
      GetAutoScaleSize(Font).Height / AutoScaleBaseSize.Height)
```

Hier handelt es sich um Breite und Höhe der Formularschrift (*Font*), geteilt durch die Breite und Höhe, die Sie für die *AutoScaleBaseSize*-Eigenschaft eingestellt haben.

Wenn Sie vorhandene Steuerelemente zu einem späteren Zeitpunkt neu skalieren müssen (weil Sie vielleicht die *Font*-Eigenschaft nicht im Konstruktor, sondern an anderer Stelle geändert haben), können Sie sich nicht darauf verlassen, dass dies durch die automatische Skalierung richtig erledigt wird. Sie müssen *Scale* direkt aufrufen. Aber Vorsicht: Formular und Steuerelemente merken sich frühere Skalierungen nicht. Sobald sie nach Ausführung des Konstruktorcodes skaliert wurden, verfügen sie nur noch über einfache Pixelpositionen und -größen. Es ist nicht möglich, *Scale* basierend auf den Formulareigenschaften *Font* und *AutoScaleBaseSize* erneut aufzurufen. Sie müssen die Skalierungsfaktoren anhand der alten und der neuen Schriftgröße erneut berechnen.

Das folgende Programm erstellt fünf Schaltflächen, mit denen fünf verschiedene Schriftgrößen ausgewählt werden können. Der Konstruktor des Programms berechnet die Positionen und Größen auf Basis der althergebrachten Dialogfeldkoordinaten. Die erste Skalierung erfolgt automatisch. Wenn Sie auf eine Schaltfläche klicken, skaliert der *Click*-Ereignishandler alles anhand der eingestellten und der neuen Schrift neu.

AutoScaleDemo.vb

```
Imports System
Imports System.Drawing
Imports System.Windows.Forms
Class AutoScaleDemo
    Inherits Form
    Shared Sub Main()
        Application.Run(New AutoScaleDemo())
    End Sub
    Sub New()
        Text = "Auto-Scale Demo"
        Font = New Font("Arial", 12)
        FormBorderStyle = FormBorderStyle.FixedSingle
        Dim aiPointSize() As Integer = {8, 12, 16, 24, 32}
        Dim i As Integer
```

```
        For i = 0 To aiPointSize.GetUpperBound(0)
            Dim btn As New Button()
            btn.Parent = Me
            btn.Text = "Use " & aiPointSize(i).ToString() & "-point font"
            btn.Tag = aiPointSize(i)
            btn.Location = New Point(4, 16 + 24 * i)
            btn.Size = New Size(80, 16)
            AddHandler btn.Click, AddressOf ButtonOnClick
        Next i
        ClientSize = New Size(88, 16 + 24 * aiPointSize.Length)
        AutoScaleBaseSize = New Size(4, 8)
    End Sub
    Protected Overrides Sub OnPaint(ByVal pea As PaintEventArgs)
        pea.Graphics.DrawString(Text, Font, New SolidBrush(ForeColor), 0, 0)
    End Sub
    Private Sub ButtonOnClick(ByVal obj As Object, ByVal ea As EventArgs)
        Dim btn As Button = DirectCast(obj, Button)

        Dim szfOld As SizeF = GetAutoScaleSize(Font)
        Font = New Font(Font.FontFamily, DirectCast(btn.Tag, Integer))
        Dim szfNew As SizeF = GetAutoScaleSize(Font)
        Scale(szfNew.Width / szfOld.Width, szfNew.Height / szfOld.Height)
    End Sub
End Class
```

Dieses Programm setzt die *Tag*-Eigenschaft des *Button*-Steuerelements ein, um die ganzzahlige Punktgröße zu speichern, die mit der jeweiligen Schaltfläche verknüpft ist. Während der Methode *ButtonOnClick* wird die *Tag*-Eigenschaft für die Erstellung der Schrift in einen Integerwert umgewandelt. Mit einer Schriftgröße von 12 Punkt für das Formular sieht das Programm folgendermaßen aus:

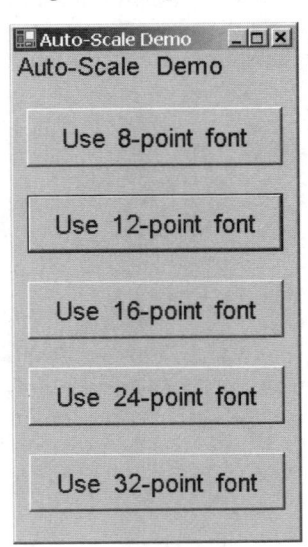

Beim Klicken auf die einzelnen Schaltflächen wird das gesamte Formular in der Größe angepasst und spiegelt so die neue Schriftgröße wider.

Wenn Sie Steuerelemente außerhalb des Formularkonstruktors erstellt haben, müssen Sie wahrscheinlich *Scale* aufrufen. Rufen Sie die *Scale*-Methode des neuen Steuerelements mit der aktuellen Schriftgröße und der *AutoScaleBaseSize*-Eigenschaft auf.

Ein Hexadezimalrechner

Das Programm dieses Abschnitts erstellt 29 *Button*-Steuerelemente zur Implementierung eines Hexadezimalrechners mit Infix-Notation, d.h. den Operatoren zwischen den Werten. Das Programm HexCalc verwendet ganzzahlige 64-Bit-*Long*-Werte und kann folgende Operationen durchführen: Addition, Substraktion, Multiplikation, Division und Restberechnungen, bitweise *And-*, *Or-* und exklusive *Or*-Operationen sowie Bitverschiebungen nach rechts oder links. So sieht das Programm aus:

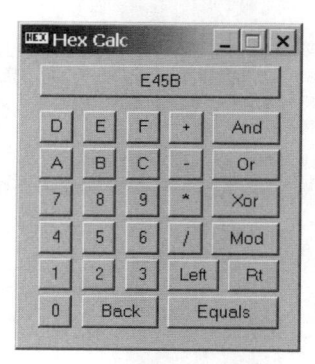

Das Programm HexCalc verarbeitet sowohl Maus- als auch Tastatureingaben. Geben Sie zuerst eine Zahl (mit maximal 16 Hexadezimalziffern) und anschließend die Operation und die zweite Zahl ein, und zwar entweder über die Tastatur oder klicken Sie mit der Maus auf die entsprechenden Schaltflächen. Zeigen Sie das Ergebnis an, indem Sie auf die Schaltfläche *Equals* klicken oder die =-Taste bzw. die Eingabetaste drücken. Um Eingaben rückgängig zu machen, klicken Sie auf die Schaltfläche *Back* oder drücken die Rücktaste. Durch Klicken auf das Ergebnisfeld oder Drücken der ESC-Taste löschen Sie den aktuellen Wert. Bei der Bedienung über die Tastatur ist es bei einigen Operationen erforderlich, dass Sie die Zeichen eingeben, die in der Programmiersprache C für Bitoperationen verwendet werden: & für *And*, | für *Or*, ^ für *Xor*, % für *Mod*, < für Verschiebung nach links und > für Verschiebung nach rechts.

Ein solches Programm würde ich persönlich niemals mit dem Windows Forms-Designer in Visual Basic .NET entwickeln. Die vielen Schaltflächen mit identischen Koordinaten und Größen schreien geradezu nach einer methodischen Vorgehensweise. Nach einigen Fehlstarts habe ich beschlossen, eine Klasse namens *CalcButton* als Unterklasse von *Button* zu definieren. In der Klasse *CalcButton* habe ich einen Konstruktor implementiert, der Argumente für das übergeordnete Element, den Text, die Position und die Größe der Schaltfläche sowie für ein weiteres öffentliches Feld namens *chKey* beinhaltet, das ein Tastaturzeichen enthält, mit dem die Schaltfläche betätigt werden kann. Der *HexCalc*-Konstruktor enthält 29-mal die Anweisung *New CalcButton* zur Erstellung sämtlicher Schaltflächen. Für die Schaltflächen habe ich die üblichen Dialogfeldkoordinaten verwendet, um jedoch gleichmäßig in alle Richtungen skalieren zu können, rufe ich die Kurzversion von *Scale* auf. Dadurch bleibt das quadratische Aussehen der meisten Schaltflächen erhalten.

HexCalc.vb

```vb
Imports System
Imports System.Drawing
Imports System.Windows.Forms

Class HexCalc
    Inherits Form

    Private btnResult As Button
    Private lNum As Long = 0
    Private lFirstNum As Long = 0
    Private bNewNumber As Boolean = True
    Private chOperation As Char = "="c

    Shared Sub Main()
        Application.Run(New HexCalc())
    End Sub

    Sub New()
        Text = "Hex Calc"
        Icon = New Icon(Me.GetType(), "HexCalc.ico")
        FormBorderStyle = FormBorderStyle.FixedSingle
        MaximizeBox = False

        Dim btn As Button
        btn = New CalcButton(Me, "D", "D"c, 8, 24, 14, 14)
        btn = New CalcButton(Me, "A", "A"c, 8, 40, 14, 14)
        btn = New CalcButton(Me, "7", "7"c, 8, 56, 14, 14)
        btn = New CalcButton(Me, "4", "4"c, 8, 72, 14, 14)
        btn = New CalcButton(Me, "1", "1"c, 8, 88, 14, 14)
        btn = New CalcButton(Me, "0", "0"c, 8, 104, 14, 14)
        btn = New CalcButton(Me, "E", "E"c, 26, 24, 14, 14)
        btn = New CalcButton(Me, "B", "B"c, 26, 40, 14, 14)
        btn = New CalcButton(Me, "8", "8"c, 26, 56, 14, 14)
        btn = New CalcButton(Me, "5", "5"c, 26, 72, 14, 14)
        btn = New CalcButton(Me, "2", "2"c, 26, 88, 14, 14)
        btn = New CalcButton(Me, "Back", Chr(8), 26, 104, 32, 14)
        btn = New CalcButton(Me, "C", "C"c, 44, 40, 14, 14)
        btn = New CalcButton(Me, "F", "F"c, 44, 24, 14, 14)
        btn = New CalcButton(Me, "9", "9"c, 44, 56, 14, 14)
        btn = New CalcButton(Me, "6", "6"c, 44, 72, 14, 14)
        btn = New CalcButton(Me, "3", "3"c, 44, 88, 14, 14)
        btn = New CalcButton(Me, "+", "+"c, 62, 24, 14, 14)
        btn = New CalcButton(Me, "-", "-"c, 62, 40, 14, 14)
        btn = New CalcButton(Me, "*", "*"c, 62, 56, 14, 14)
        btn = New CalcButton(Me, "/", "/"c, 62, 72, 14, 14)
        btn = New CalcButton(Me, "Equals", "="c, 62, 104, 46, 14)
        btn = New CalcButton(Me, "And", "&"c, 80, 24, 28, 14)
        btn = New CalcButton(Me, "Or", "|"c, 80, 40, 28, 14)
        btn = New CalcButton(Me, "Xor", "^"c, 80, 56, 28, 14)
        btn = New CalcButton(Me, "Mod", "%"c, 80, 72, 28, 14)
        btn = New CalcButton(Me, "Left", "<"c, 62, 88, 21, 14)
        btn = New CalcButton(Me, "Rt", ">"c, 87, 88, 21, 14)
        btnResult = New CalcButton(Me, "0", Chr(27), 8, 4, 100, 14)

        For Each btn In Controls
            AddHandler btn.Click, AddressOf ButtonOnClick
        Next btn
```

```vb
        ClientSize = New Size(116, 126)
        Scale(Font.Height / 8.0F)
    End Sub
    Protected Overrides Sub OnKeyPress(ByVal kpea As KeyPressEventArgs)
        Dim chKey As Char = Char.ToUpper(kpea.KeyChar)
        If chKey = vbCr Then chKey = "="c

        Dim ctrl As Control
        For Each ctrl In Controls
            Dim btn As CalcButton = DirectCast(ctrl, CalcButton)
            If chKey = btn.chKey Then
                InvokeOnClick(btn, EventArgs.Empty)
                Exit For
            End If
        Next
    End Sub
    Private Sub ButtonOnClick(ByVal obj As Object, ByVal ea As EventArgs)
        Dim btn As CalcButton = DirectCast(obj, CalcButton)
        If btn.chKey = vbBack Then
            lNum \= 16

        ElseIf btn.chKey = Chr(27) Then
            lNum = 0

        ElseIf Char.IsLetterOrDigit(btn.chKey) Then
            If bNewNumber Then
                lFirstNum = lNum
                lNum = 0
                bNewNumber = False
            End If
            If lNum <= Long.MaxValue \ 16 Then
                If Char.IsDigit(btn.chKey) Then
                    lNum = 16 * lNum + AscW(btn.chKey) - AscW("0")
                Else
                    lNum = 16 * lNum + AscW(btn.chKey) + 10 - AscW("A")
                End If
            End If

        Else
            If Not bNewNumber Then
                Select Case chOperation
                    Case "="c
                        lNum = lNum
                    Case "+"c
                        lNum = lFirstNum + lNum
                    Case "-"c
                        lNum = lFirstNum - lNum
                    Case "*"c
                        lNum = lFirstNum * lNum
                    Case "&"c
                        lNum = lFirstNum And lNum
                    Case "|"c
                        lNum = lFirstNum Or lNum
                    Case "^"c
                        lNum = lFirstNum Xor lNum
                    Case "<"c
                        lNum = lFirstNum * CLng(2 ^ lNum)
```

```vbnet
                        Case ">"c
                            lNum = lFirstNum \ CLng(2 ^ lNum)
                        Case "/"c
                            If lNum <> 0 Then
                                lNum = lFirstNum \ lNum
                            Else
                                lNum = Long.MaxValue
                            End If
                        Case "%"c
                            If lNum <> 0 Then
                                lNum = lFirstNum Mod lNum
                            Else
                                lNum = Long.MaxValue
                            End If
                        Case Else
                            lNum = 0
                    End Select
                End If
                bNewNumber = True
                chOperation = btn.chKey
            End If
            btnResult.Text = String.Format("{0:X}", lNum)
    End Sub
End Class
Class CalcButton
    Inherits Button
    Public chKey As Char
    Sub New(ByVal ctrlParent As Control, _
            ByVal str As String, ByVal chkey As Char, _
            ByVal x As Integer, ByVal y As Integer, _
            ByVal cx As Integer, ByVal cy As Integer)
        Parent = ctrlParent
        Text = str
        Me.chKey = chkey
        Location = New Point(x, y)
        Size = New Size(cx, cy)
        SetStyle(ControlStyles.Selectable, False)
    End Sub
End Class
```

HexCalc.ico

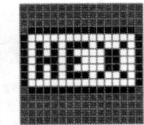

Das Knifflige an diesem Programm ist die Tastaturschnittstelle. Ich wollte nicht, dass die Tasten selbst den Eingabefokus erhalten. Die gepunktete Linie, die innerhalb einer Schaltfläche mit Eingabefokus gezogen wird, sah in diesem Programm irgendwie falsch aus. Es ergab auch keinen rechten Sinn, den Eingabefokus mittels Tabulatortaste zwischen den Schaltflächen verschieben zu können. Außerdem hatte ich mehr Tastaturäquivalente als Schaltflächen.

Um die Übergabe der Tastaturereignisse an das Formular zu erzwingen, setzt jede Schaltfläche den *Selectable*-Stil auf *False*. Dadurch wird verhindert, dass die Schaltflächen den Eingabefokus erhalten können.

Die Methode *OnKeyPress* durchläuft das Array *Controls*, um die zu einer Tastatureingabe gehörige Schaltfläche zu ermitteln. Anschließend ruft sie *InvokeOnClick* auf, um ein *Click*-Ereignis für die Schaltfläche zu imitieren. Auf diese Weise verarbeitet die *ButtonOnClick*-Methode sowohl die Mausklicks als auch die entsprechenden Tastatureingaben.

Options- und Gruppenfelder

Optionsfelder heißen auf Englisch »radio buttons« (also »Radioknöpfe«). Warum das so ist, wird schon bald niemand mehr wissen. Früher hatten Autoradios große Knöpfe, auf die Sie Ihre Lieblingssender legen konnten. Zur Auswahl eines Senders drückten Sie auf den entsprechenden Knopf, und der zuvor gedrückte Knopf sprang heraus. Da nie mehrere Knöpfe gleichzeitig gedrückt sein konnten, stellten Radioknöpfe also eine Gruppe von Optionen dar, die sich gegenseitig ausschlossen.

Radioknöpfe – pardon, auf Deutsch natürlich »Optionsfelder« – unterscheiden sich von anderen Steuerelementen dadurch, dass sie nicht einzeln vorkommen. Da immer nur ein einziges Feld in einer Gruppe aktiviert sein kann, beeinflussen sich die Zustände der Optionsfelder gegenseitig. Wenn Sie ein Optionsfeld aktivieren, wird ein anderes deaktiviert. Auch die Tastaturnavigation gestaltet sich etwas anders. In einer Gruppe von Optionsfeldern werden die Pfeiltasten verwendet, um den Eingabefokus zwischen den Feldern zu verschieben. Durch Verschieben des Eingabefokus ändert sich auch der Status des Optionsfelds. Die Tabulatortaste dient zum Wechseln zwischen einer Gruppe von Optionsfeldern und anderen Steuerelementen. Wenn Sie mithilfe der Tabulatortaste in eine Optionsfeldgruppe wechseln, erhält das aktivierte Optionsfeld den Eingabefokus.

Zum Glück müssen Sie den größten Teil dieser Benutzeroberfläche nicht selber implementieren. Sie benötigen für jede Optionsfeldgruppe lediglich ein Steuerelement vom Typ *GroupBox*, das Sie als untergeordnetes Element des Formulars deklarieren. Anschließend machen Sie alle *RadioButton*-Objekte in der Gruppe zu untergeordneten Elementen des *GroupBox*-Steuerelements.

Werfen wir zunächst einen Blick auf die Klasse *RadioButton*. Genau wie die Klasse *CheckBox* enthält auch *RadioButton* Eigenschaften mit den Namen *Checked* und *AutoCheck*:

RadioButton-Eigenschaften (Auswahl)

Eigenschaft	Typ	Zugriff	Beschreibung
Checked	Boolean	Get/Set	Der Standardwert ist *False*
AutoCheck	Boolean	Get/Set	Der Standardwert ist *True*

Die Eigenschaft *Checked* gibt an, ob ein Optionsfeld aktiviert ist (dieser Zustand wird durch einem Punkt in einem Kreis angezeigt). Indem Sie den Standardwert *True* für die Eigenschaft

AutoCheck beibehalten, können Sie die Verarbeitung der Optionsfelder automatisieren. Durch Klicken auf die Optionsfelder (oder Verschieben des Eingabefokus innerhalb einer Gruppe von Optionsfeldern) werden diese automatisch aktiviert und deaktiviert. Wenn Sie *AutoCheck* auf *False* setzen, müssen Sie *Click*-Ereignishandler installieren und die Aktivierung/Deaktivierung selbst übernehmen.

Die Klasse *RadioButton* definiert darüber hinaus nur noch zwei weitere öffentliche Eigenschaften, *Appearance* und *CheckAlign*, die genauso funktionieren wie in der Klasse *Checked*.

Das *CheckedChanged*-Ereignis tritt immer dann ein, wenn ein Optionsfeld durch den Benutzer oder das Programm aktiviert oder deaktiviert wird:

RadioButton-Ereignisse (Auswahl)

Ereignis	Methode	Delegat	Argument
CheckedChanged	*OnCheckedChanged*	*EventHandler*	*EventArgs*

Es werden immer zwei *CheckedChanged*-Ereignisse nacheinander ausgelöst: eines für das Optionsfeld, das deaktiviert wird, und dann eines für das Optionsfeld, das aktiviert wird. Diese beiden Ereignisse lassen sich durch Abfrage der *Checked*-Eigenschaft der Schaltfläche auseinander halten. Während des *CheckedChanged*-Ereignisses spiegelt die *Checked*-Eigenschaft den neuen Zustand wider.

Die Klasse *GroupBox* stammt von *Control* ab, implementiert jedoch nur eine öffentliche Eigenschaft (*FlatStyle*) und keine anderen Methoden oder Ereignisse über die in *Control* definierten hinaus.

Sehen wir uns ein Beispiel an. Das folgende Programm zeichnet eine Ellipse basierend auf den Einstellungen von acht Optionsfeldern und einem Kontrollkästchen.

RadioButtons.vb
```
Imports System
Imports System.Drawing
Imports System.Windows.Forms
Class RadioButtons
    Inherits Form
        Private bFillEllipse As Boolean
        Private clrEllipse As Color
    Shared Sub Main()
        Application.Run(New RadioButtons())
    End Sub
    Sub New()
        Text = "Radio Buttons Demo"
        ResizeRedraw = True
        Dim astrColor() As String = {"Black", "Blue", "Green", "Cyan", _
                                     "Red", "Magenta", "Yellow", "White"}
        Dim grpbox As New GroupBox()
        grpbox.Parent = Me
        grpbox.Text = "Color"
        grpbox.Location = New Point(Font.Height \ 2, Font.Height \ 2)
        grpbox.Size = New Size(9 * Font.Height, (3 * astrColor.Length + 4) * Font.Height \ 2)
        Dim i As Integer
        For i = 0 To astrColor.GetUpperBound(0)
            Dim radbtn As New RadioButton()
```

```
                radbtn.Parent = grpbox
                radbtn.Text = astrColor(i)
                radbtn.Location = New Point(Font.Height, 3 * (i + 1) * Font.Height \ 2)
                radbtn.Size = New Size(7 * Font.Height, 3 * Font.Height \ 2)
                AddHandler radbtn.CheckedChanged, AddressOf RadioButtonOnCheckedChanged
                If i = 0 Then
                    radbtn.Checked = True
                End If
            Next i
            Dim chkbox As New CheckBox()
            chkbox.Parent = Me
            chkbox.Text = "Fill Ellipse"
            chkbox.Location = New Point(Font.Height, 3 * (astrColor.Length + 2) * Font.Height \ 2)
            chkbox.Size = New Size(Font.Height * 7, 3 * Font.Height \ 2)
            AddHandler chkbox.CheckedChanged, AddressOf CheckBoxOnCheckedChanged
        End Sub
        Private Sub RadioButtonOnCheckedChanged(ByVal obj As Object, ByVal ea As EventArgs)
            Dim radbtn As RadioButton = DirectCast(obj, RadioButton)
            If radbtn.Checked Then
                clrEllipse = Color.FromName(radbtn.Text)
                Invalidate(False)
            End If
        End Sub
        Private Sub CheckBoxOnCheckedChanged(ByVal obj As Object, ByVal ea As EventArgs)
            bFillEllipse = DirectCast(obj, CheckBox).Checked
            Invalidate(False)
        End Sub
        Protected Overrides Sub OnPaint(ByVal pea As PaintEventArgs)
            Dim grfx As Graphics = pea.Graphics
            Dim rect As New Rectangle(10 * Font.Height, 0, _
                                    ClientSize.Width - 10 * Font.Height - 1, _
                                    ClientSize.Height - 1)
            If bFillEllipse Then
                grfx.FillEllipse(New SolidBrush(clrEllipse), rect)
            Else
                grfx.DrawEllipse(New Pen(clrEllipse), rect)
            End If
        End Sub
End Class
```

Zu Beginn des Konstruktors wird ein Array von acht Farben definiert. Alle vertikalen Koordinaten und Größen in diesem Programm werden so berechnet, dass das Array weitere Farben aufnehmen kann, solange gewährleistet ist, dass es sich um Namen von Farben aus dem .NET Framework handelt. (Die Breite der Steuerelemente reicht allerdings nicht aus, um längere Farbnamen anzeigen zu können.)

Der Konstruktor erstellt als Erstes ein *GroupBox*-Steuerelement, das dem Formular untergeordnet ist. Anschließend erstellt der Konstruktor acht Optionsfelder als untergeordnete Elemente des Gruppenfelds. Beachten Sie, dass das Programm am Ende der *For*-Schleife die *Checked*-Eigenschaft des ersten Optionsfelds setzt. Diese Anweisung erzeugt einen Aufruf der Methode *RadioButtonOnCheckedChanged*, die das Feld *clrEllipse* initialisiert. Zum Schluss erstellt der Konstruktor ein dem Formular untergeordnetes *CheckBox*-Steuerelement.

Sie können ausprobieren, dass die Tastaturschnittstelle wie beschrieben funktioniert. Wenn Sie den Eingabefokus mit den Pfeiltasten zwischen den Optionsfeldern verschieben, rufen diese *RadioButtonOnCheckedChanged* auf. Diese Methode konvertiert den Text des Optionsfelds mithilfe der shared Methode *Color.FromName* in ein *Color*-Objekt. Diese Methode und die Methode *CheckBoxOnCheckedChanged* erklären den Clientbereich für ungültig und erzeugen so einen Aufruf von *OnPaint,* der die Ellipse zeichnet:

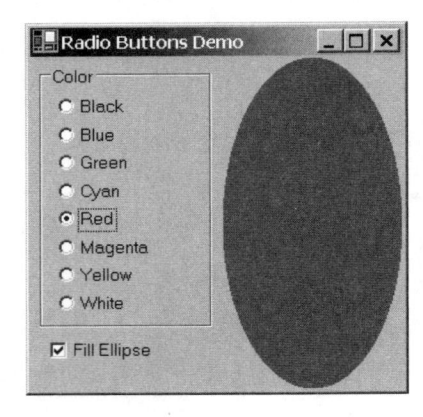

Bildlaufleisten

In Kapitel 4 habe ich bereits einige Unterschiede zwischen Bildlaufleisten in Form von Steuerelementen und denjenigen Laufleisten erläutert, die als Bestandteil des automatischen Bildlaufs in einer von *ScrollableControl* abgeleiteten Klasse erstellt werden (einschließlich *Form* und *Panel*). Für den automatischen Bildlauf geben Sie einfach die Größe des gewünschten Clientbereichs an, und schon erscheinen die Bildlaufleisten automatisch am unteren und rechten Rand des Clientbereichs. Mit diesen Laufleisten sind keine Ereignisse verknüpft – zumindest keine, auf die eine Anwendung zugreifen könnte.

Bei der Klasse *ScrollBar* handelt es sich um eine abstrakte (d.h. mit *MustInherit* definierte), von *Control* abgeleitete Klasse:

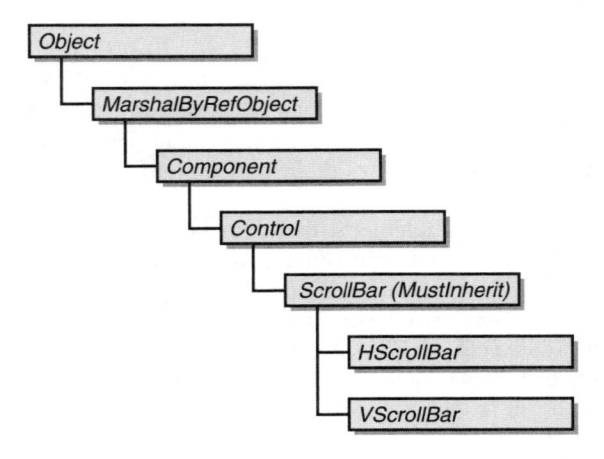

Sowohl die horizontale (*HScrollBar*) als auch die vertikale Bildlaufleiste (*VScrollBar*) werden von *ScrollBar* abgeleitet. Sie können diese Steuerelemente an einer beliebigen Stelle im Clientbereich positionieren und ihnen jede gewünschte Größe zuweisen. Zwar verfügen horizontale Bildlaufleisten über eine Standardhöhe und vertikale Bildlaufleisten über eine Standardbreite, diese Werte können aber beliebig verändert werden. Was Sie dagegen nicht ändern können, sind Vorder- und Hintergrundfarbe der Laufleisten.

Gestatten Sie mir eine Bemerkung zu den Begriffen *Stärke* und *Länge*, um terminologische Verwirrungen zwischen vertikalen und horizontalen Bildlaufleisten zu vermeiden. Unter *Stärke* versteht man die Höhe horizontaler Bildlaufleisten bzw. die Breite vertikaler Bildlaufleisten. Der Begriff *Länge* dagegen bezeichnet die Breite horizontaler Laufleisten bzw. die Höhe vertikaler Laufleisten. Neu erstellte Bildlaufleisten erhalten Standardwerte für die Stärke – diese Werte können über *SystemInformation.VerticalScrollBarWidth* und *SystemInformation.HorizontalScrollBarHeight* abgerufen werden.

Die Klasse *ScrollBar* verfügt zusätzlich zu den Eigenschaften der Klasse *Control* über diese fünf Eigenschaften:

ScrollBar-Eigenschaften (Auswahl)

Eigenschaft	Typ	Zugriff	Beschreibung
Value	Integer	Get/Set	Werte reichen von *Minimum* bis (*Maximum* + 1 – *LargeChange*)
Minimum	Integer	Get/Set	Der Standardwert ist 0
Maximum	Integer	Get/Set	Der Standardwert ist 100
SmallChange	Integer	Get/Set	Der Standardwert ist 1
LargeChange	Integer	Get/Set	Der Standardwert ist 10

Die Eigenschaft *Value* gibt die Position des Bildlauffelds auf der Bildlaufleiste an. Der Wert der Eigenschaft reicht von *Minimum* bis, nun ja, nicht ganz bis *Maximum*. Wenn Sie auf die Pfeile an den Enden der Laufleiste klicken, ändert sich *Value* um den Wert *SmallChange*. Ein Klick auf eines der Enden der Bildlaufleiste ergibt für *Value* eine Änderung um den Wert *LargeChange*.

Warum reicht der Wert für die Eigenschaft *Value* von *Minimum* bis (*Maximum* + 1 – *LargeChange*)? Stellen Sie sich ein Dokument vor (beispielsweise in einem Textverarbeitungsprogramm), das 500 Textzeilen enthält. Sie stellen *Minimum* auf den Wert 0 und *Maximum* auf 499. Der Clientbereich kann bis zu 25 Textzeilen anzeigen. Setzen Sie *SmallChange* auf 1 (dies entspricht einer Textzeile) und *LargeChange* auf 25.

Die Größe des Bildlauffelds im Verhältnis zur Länge der Bildlaufleiste basiert auf dem Verhältnis von *LargeChange* zu *Maximum*. Dies gibt den Bereich des Dokuments an, der angezeigt werden kann.

Wenn der Wert für *Value* 0 ist, wird der Anfang des Dokuments angezeigt, der – vorausgesetzt, Sie haben für die Textzeilen eine bei null beginnende Indizierung vorgenommen – aus den Zeilen 0 bis 24 besteht. Bei einem *Value*-Wert von 1 werden die Zeilen 1 bis 25 angezeigt. Der Wert 475 für *Value* zeigt die Zeilen 475 bis 499, also das Ende des Dokuments an, weshalb *Value* keine höheren Werte benötigt. Aus diesem Grund beträgt der *Value*-Höchstwert (*Maximum* + 1 – *LargeChange*), was in diesem Beispiel 475 entspricht.

Wenn Sie etwas anderes als Dokumente anzeigen möchten, müssen Sie die Eigenschaft *Maximum* einstellen, um den gültigen Bereich für *Value* zu erhalten. Ich werde Ihnen dazu gleich ein Beispiel vorführen.

ScrollBar implementiert zwei Ereignisse:

ScrollBar-Ereignisse

Ereignis	Methode	Handler	Argument
ValueChanged	*OnValueChanged*	*EventHandler*	*EventArgs*
Scroll	*OnScroll*	*ScrollEventHandler*	*ScrollEventArgs*

Das Ereignis *ValueChanged* tritt nur bei einer echten Änderung der Eigenschaft *Value* ein. Sollte sich Ihre Katze auf der Tastatur breit gemacht haben, vergeudet das *ValueChanged*-Ereignis nicht Ihre wertvolle Zeit, indem es einen Haufen überflüssiger Tastaturereignisse ausgibt.

Das Ereignis *ValueChanged* tritt nicht nur bei der Benutzung der Bildlaufleiste ein, sondern auch, wenn das Programm die Eigenschaft *Value* einstellt. Das *Scroll*-Ereignis tritt jedoch nicht ein, wenn die *Value*-Eigenschaft vom Programm aus geändert wird.

Darüber hinaus erhalten Sie durch das *Scroll*-Ereignis erheblich mehr Informationen über die Art und Weise, in der sich die Bildlaufleiste ändert. Möglicherweise werden Sie das *Scroll*-Ereignis nie benötigen, falls aber *ValueChanged* einmal nicht ausreichen sollte, wissen Sie jetzt, dass es existiert. Der Ereignishandler für das *Scroll*-Ereignis erhält ein Objekt vom Typ *ScrollEventArgs*, das über folgende Eigenschaften verfügt:

ScrollEventArgs-Eigenschaften

Eigenschaft	Typ	Zugriff
NewValue	Integer	Get/Set
Type	ScrollEventType	Get

Die Bildlaufleisteneigenschaft *Value* wird auf die Eigenschaft *NewValue* gesetzt, nachdem der Ereignishandler die Steuerung wieder an die Bildlaufleiste übergeben hat. Diese Eigenschaft können Sie überschreiben, indem Sie *NewValue* auf einen anderen Wert setzen. Die Eigenschaft *Type* ist vom Typ *ScrollEventType*.

ScrollEventType-Enumeration

Member	Wert	Beschreibung
SmallDecrement	0	Maus: Klick auf linken oder oberen Pfeil Tastatur: Nach-oben- oder Nach-unten-Pfeiltaste
SmallIncrement	1	Maus: Klick auf rechten oder unteren Pfeil Tastatur: Nach-rechts- oder Nach-unten-Pfeiltaste
LargeDecrement	2	Maus: Klick auf linken oder oberen Bereich Tastatur: Bild-nach-oben-Taste
LargeIncrement	3	Maus: Klick auf rechten oder unteren Bereich Tastatur: Bild-nach-unten-Taste
ThumbPosition	4	Maus: Taste loslassen im Bildlauffeld (Thumb)
ThumbTrack	5	Maus: Taste drücken im Bildlauffeld (Thumb) oder es verschieben
First	6	Tastatur: Pos1
Last	7	Tastatur: Ende
EndScroll	8	Bildlaufvorgang beendet

Angenommen, eine Bildlaufleiste besitzt den Eingabefokus, Sie drücken eine Pfeiltaste auf der Tastatur und lassen sie dann wieder los, oder Sie klicken mit der Maus auf einen Laufleistenpfeil. Sie erhalten zuerst ein *Scroll*-Ereignis, dessen *Type*-Feld auf *ScrollEventType.SmallIncrement* oder *ScrollEventType.SmallDecrement* gesetzt ist. Anschließend wird ein *ValueChanged*-Ereignis und danach ein weiteres *Scroll*-Ereignis geschickt, dessen *Type*-Feld *ScrollEventType.EndScroll* lautet. Bei einem Objekt *sb* vom Typ *ScrollBar* (dessen Eigenschaft *SmallChange* auf den Standardwert 1 eingestellt ist) und einem Objekt *sea* vom Typ *ScrollEventArgs* ergibt sich folgende Ereignissequenz:

Ereignis	sb.Value	sea.Type	sea.NewValue
Scroll	N	SmallIncrement	N + 1
ValueChanged	N + 1		
Scroll	N + 1	EndScroll	N + 1

Bleibt die Maus- bzw. Pfeiltaste gedrückt, wird eine Folge von Ereignissen ausgelöst, die schließlich mit *EndScroll* beendet wird:

Ereignis	sb.Value	sea.Type	sea.NewValue
Scroll	N	SmallIncrement	N + 1
ValueChanged	N + 1		
Scroll	N + 1	SmallIncrement	N + 2
ValueChanged	N + 2		
Scroll	N + 2	SmallIncrement	N + 3
ValueChanged	N + 3		
Scroll	N + 3	SmallIncrement	N + 4
ValueChanged	N + 4		
Scroll	N + 4	EndScroll	N + 4

Wenn *Value* den Minimal- oder Maximalwert erreicht hat, werden keine *ValueChanged*-Ereignisse mehr geschickt. Durch Drücken der ENDE-Taste erhalten Sie üblicherweise folgende Ereignisfolge:

Ereignis	sb.Value	sea.Type	sea.NewValue
Scroll	N	Last	Max
ValueChanged	Max		
Scroll	Max	EndScroll	Max

Der Wert *Max* gibt den größtmöglichen Wert an, das ist *sb.Maximum* + 1 − *sb.LargeChange*.

Befindet sich das Bildlauffeld allerdings bereits am Ende der Laufleiste, erhalten Sie beim Drücken der ENDE-Taste Folgendes:

Ereignis	sb.Value	sea.Type	sea.NewValue
Scroll	Max	Last	Max
Scroll	Max	EndScroll	Max

Wenn Sie mit der Maus auf das Bildlauffeld klicken und es verschieben, wird folgende Ereignisfolge ausgelöst:

Ereignis	sb.Value	sea.Type	sea.NewValue
Scroll	N	ThumbTrack	N
Scroll	N	ThumbTrack	N + 1
ValueChanged	N + 1		
Scroll	N + 1	ThumbTrack	N + 2
ValueChanged	N + 2		
Scroll	N + 2	ThumbTrack	N + 3
ValueChanged	N + 3		
Scroll	N + 3	ThumbTrack	N + 4
ValueChanged	N + 4		
Scroll	N + 4	ThumbPosition	N + 4
Scroll	N + 4	EndScroll	N + 4

Je nachdem, wie schnell das Bildlauffeld verschoben wird, wird möglicherweise nicht für jeden Wert ein Ereignis ausgelöst. Daher sollten Sie prüfen, wie Ihr Programm auf schnelle Bewegungen reagiert, und dann entscheiden, ob Sie einen Handler für *Scroll* oder *ValueChanged* einbauen. Klicken Sie auf das Bildlauffeld, halten Sie die Maustaste gedrückt, und schieben Sie es mit hoher Geschwindigkeit hin und her. Wenn Ihr Programm nicht mithalten kann, sollten Sie lieber das *Scroll*-Ereignis statt dem *ValueChanged*-Ereignis nehmen. Dann könnten Sie z.B. alle *Type*-Werte mit Ausnahme von *EndScroll* ignorieren.

Im Programm ColorScroll werden drei Bildlaufleisten mit den Bezeichnungen *Red*, *Green* und *Blue* verwendet, mit denen Sie Farben mischen können. Die Hintergrundfarbe des Formulars wird auf den Farbwert eingestellt, den Sie hier auswählen. Damit alle Bildlaufleisten und Labels sichtbar bleiben, wird die Hälfte des Clientbereichs mit einem weißen *Panel*-Objekt ausgefüllt. Alle anderen Steuerelemente – drei Bildlaufleisten und sechs Labels – sind dem *Panel*-Steuerelement untergeordnet.

ColorScroll.vb
```
Imports System
Imports System.Drawing
Imports System.Windows.Forms
Class ColorScroll
    Inherits Form

    Private pnl As Panel
    Private alblName(2) As Label
    Private alblValue(2) As Label
    Private ascrbar(2) As VScrollBar

    Shared Sub Main()
        Application.Run(New ColorScroll())
    End Sub

    Sub New()
        Text = "Color Scroll"
        Dim aclr() As Color = {Color.Red, Color.Green, Color.Blue}
```

```vbnet
        ' Die Fläche erstellen.
        pnl = New Panel()
        pnl.Parent = Me
        pnl.Location = New Point(0, 0)
        pnl.BackColor = Color.White
        ' Die drei Farben durchgehen.
        Dim i As Integer
        For i = 0 To 2
            alblName(i) = New Label()
            alblName(i).Parent = pnl
            alblName(i).ForeColor = aclr(i)
            alblName(i).Text = "&" & aclr(i).ToKnownColor().ToString()
            alblName(i).TextAlign = ContentAlignment.MiddleCenter

            ascrbar(i) = New VScrollBar()
            ascrbar(i).Parent = pnl
            ascrbar(i).SmallChange = 1
            ascrbar(i).LargeChange = 16
            ascrbar(i).Minimum = 0
            ascrbar(i).Maximum = 255 + ascrbar(i).LargeChange - 1
            AddHandler ascrbar(i).ValueChanged, AddressOf ScrollOnValueChanged
            ascrbar(i).TabStop = True

            alblValue(i) = New Label()
            alblValue(i).Parent = pnl
            alblValue(i).TextAlign = ContentAlignment.MiddleCenter
        Next i

        Dim clr As Color = BackColor
        ascrbar(0).Value = clr.R        ' Generiert ein ValueChanged-Ereignis.
        ascrbar(1).Value = clr.G
        ascrbar(2).Value = clr.B

        OnResize(EventArgs.Empty)
    End Sub
    Protected Overrides Sub OnResize(ByVal ea As EventArgs)
        MyBase.OnResize(ea)
        Dim cx As Integer = ClientSize.Width
        Dim cy As Integer = ClientSize.Height
        Dim cyFont As Integer = Font.Height
        Dim i As Integer

        pnl.Size = New Size(cx \ 2, cy)

        For i = 0 To 2
            alblName(i).Location = New Point(i * cx \ 6, cyFont \ 2)
            alblName(i).Size = New Size(cx \ 6, cyFont)
            ascrbar(i).Location = New Point((4 * i + 1) * cx \ 24, 2 * cyFont)
            ascrbar(i).Size = New Size(cx \ 12, cy - 4 * cyFont)
            alblValue(i).Location = New Point(i * cx \ 6, cy - 3 * cyFont \ 2)
            alblValue(i).Size = New Size(cx \ 6, cyFont)
        Next i
    End Sub
    Private Sub ScrollOnValueChanged(ByVal obj As Object, ByVal ea As EventArgs)
        Dim i As Integer
```

```
        For i = 0 To 2
            If obj Is ascrbar(i) Then
                alblValue(i).Text = ascrbar(i).Value.ToString()
            End If
        Next i
        BackColor = Color.FromArgb(ascrbar(0).Value, _
                                  ascrbar(1).Value, _
                                  ascrbar(2).Value)
    End Sub
End Class
```

Der Konstruktor erstellt sämtliche Steuerelemente und speichert sie als Felder. Die Bildlaufleisten müssen Werte zwischen 0 und 255 liefern. Ich habe *LargeChange* auf den Wert 16 und die Eigenschaft *Maximum* auf 255 plus *LargeChange* minus 1 gesetzt, wodurch sich 270 ergibt. Der Konstruktor legt jedoch weder Position noch Größe der Steuerelemente fest. Dies ist Aufgabe der *OnResize*-Methode. Position und Größe der Steuerelemente basieren auf der Größe des Clientbereichs und der Schrifthöhe. Bei einer Größenanpassung des Formulars ändert sich auch die Breite der vertikalen Bildlaufleisten. (Ich habe versucht, die Steuerelemente zu verankern, aber es hat leider nicht so funktioniert, wie ich mir das vorgestellt hatte.) Es folgt eine Ansicht des Programms in normaler Größe:

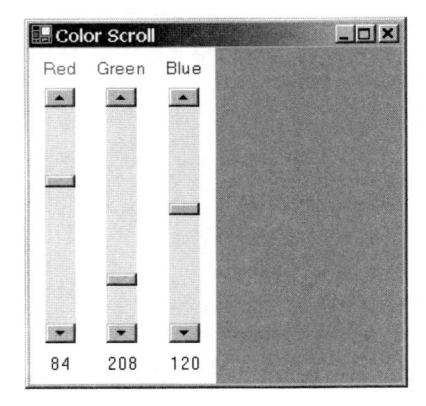

Das Programm enthält zwei Sätze von Beschriftungen (*Label*): Den drei *Label*-Steuerelementen im *alblName*-Array werden die *Text*-Eigenschaften *Red*, *Green* und *Blue* zugewiesen, und ihre *ForeColor*-Eigenschaften werden auf den gleichen Farbwert gesetzt. Für beides habe ich das Array *aclr* verwendet. Wenn Sie die *ToString*-Methode bei einem *Color*-Objekt verwenden, erhalten Sie z.B. so etwas: *Color [Red]*. Wenn das *Color*-Objekt jedoch mit einem Wert aus der Enumeration *KnownColor* übereinstimmt, kann es mithilfe der *ToKnownColor*-Methode in einen *KnownColor*-Wert umgewandelt werden. Der Enumerationswert wird in eine Zeichenfolge wie z.B. *Red* konvertiert.

Die von *Control* geerbte *TabStop*-Eigenschaft ist für Bildlaufleisten gewöhnlich auf *False* gesetzt. Das Programm ColorScroll setzt sie jedoch auf *True*. Darüber hinaus wird *Red, Green* und *Blue* ein kaufmännisches Und-Zeichen (&) vorangestellt. Da ein *Label*-Steuerelement kein Tabstopp ist, fungiert ein mit & versehener Buchstabe als Zugriffstaste, mit welcher der Eingabefokus an das nächste Steuerelement mit Tabstopp übergeben wird. Sie können also den Eingabefokus zwischen den Bildlaufleisten nicht nur mithilfe der Tabulatortaste, sondern auch mit den Tasten R, G oder B verschieben.

Beim Verschieben einer Bildlaufleiste wird ein *ValueChanged*-Ereignis und ein Aufruf der Methode *ScrollOnValueChanged* des Programms erzeugt. Diese Methode wandelt das *obj*-Argument in ein *VscrollBar*-Objekt um und durchsucht anschließend das Array *avscrbar* nach einem entsprechenden Wert. Das zugehörige *Label*-Steuerelement unterhalb der Bildlaufleiste, das den Wert (*alblValue*) anzeigt, wird auf den sich ergebenden Index gesetzt. Zum Schluss berechnet die Methode anhand der Werte aller drei Laufleisten eine Hintergrundfarbe für das Formular.

Wenn Sie die *Value*-Eigenschaft für Bildlaufleisten in Ihrem Programm einstellen, sollten Sie sehr vorsichtig sein! Der Konstruktor für das Programm ColorScroll endete ursprünglich mit diesen drei Argumenten, mit denen die drei Bildlaufleisten mit der Hintergrundfarbe des Formulars initialisiert wurden:

```
ascrbar(0).Value = BackColor.R
ascrbar(1).Value = BackColor.G
ascrbar(2).Value = BackColor.B
```

Die erste Anweisung löste ein *ValueChanged*-Ereignis aus, das die Methode *ScrollOnValueChanged* aufrief. Diese wiederum stellt die Hintergrundfarbe anhand der drei *Value*-Eigenschaften der Bildlaufleisten ein. Da aber die Bildlaufleisten *Green* und *Blue* noch gar nicht initialisiert waren, wurden der Grün- und Blauanteil der Hintergrundfarbe (*BackColor.G* und *BackColor.B*) de facto auf 0 gesetzt. Das Problem wurde behoben, indem die Hintergrundfarbe zunächst in einer anderen *Color*-Variablen gespeichert wurde und die *Value*-Eigenschaften mit dieser Variablen eingestellt wurden:

```
Dim clr As Color = BackColor
ascrbar(0).Value = clr.R
ascrbar(1).Value = clr.G
ascrbar(2).Value = clr.B
```

Es geht auch mit Schiebereglern

Schieberegler verfügen über eine ähnliche Funktionsweise wie Bildlaufleisten. Aus der Sicht des Programmierers besteht ein Unterschied darin, dass die horizontale oder vertikale Ausrichtung eines Schiebereglers als Eigenschaft implementiert ist:

TrackBar-Eigenschaften (Auswahl)

Eigenschaft	Typ	Zugriff
Orientation	Orientation	Get/Set

Die Enumeration *Orientation* ist kurz und einfach:

Orientation-Enumeration

Member	Wert
Horizontal	0
Vertical	1

Wie Sie aus dem Programm ColorScroll bereits wissen, können Sie die Stärke von Bildlaufleisten verändern. Diese Möglichkeit ist für Schieberegler standardmäßig nicht vorgesehen. Darüber hinaus zeigen diese Steuerelemente sich auch etwas widerspenstiger, was solche Veränderungen angeht. Ein Schieberegler muss üblicherweise eine Mindeststärke aufweisen, um die Teilstriche anzeigen zu können, und höhere Werte sind eigentlich nicht erforderlich. Wenn Sie mit der Stärke der Schieberegler experimentieren möchten, müssen Sie die Eigenschaft *AutoSize* auf *False* setzen.

TrackBar-Eigenschaften (Auswahl)

Eigenschaft	Typ	Zugriff	Beschreibung
AutoSize	Boolean	Get/Set	Der Standardwert ist *True*

Standardmäßig ist die Eigenschaft *AutoSize* auf *True* gesetzt, wodurch der Schieberegler unabhängig von der *Size*-Eigenschaft eine konstante Breite (bei vertikalen Reglern) oder Höhe (bei horizontalen Reglern) erhält. Die Eigenschaft *TabStop* ist im Gegensatz zu Bildlaufleisten ebenfalls standardmäßig auf *True* gesetzt.

Die folgenden Eigenschaften der Klasse *TrackBar* sind die gleichen wie in der Klasse *ScrollBar*, weisen aber andere Standardwerte für *Maximum* und *LargeChange* auf:

TrackBar-Eigenschaften (Auswahl)

Eigenschaft	Typ	Zugriff	Beschreibung
Value	Integer	Get/Set	Die Werte reichen von *Minimum* bis *Maximum*
Minimum	Integer	Get/Set	Standardwert ist 0
Maximum	Integer	Get/Set	Standardwert ist 10
SmallChange	Integer	Get/Set	Standardwert ist 1
LargeChange	Integer	Get/Set	Standardwert ist 5

Die *Value*-Eigenschaft von Schiebereglern reicht von *Minimum* bis *Maximum*, ohne dass komplizierte Berechnungen mit der Eigenschaft *LargeChange* angestellt werden müssen. Dadurch sind Schieberegler in Anwendungen wie beispielsweise dem Programm ColorScroll leichter zu handhaben, erweisen sich aber als schwierig, wenn Bildläufe durch Dokumente durchgeführt werden sollen.

Im Gegensatz zu vertikalen Bildlaufleisten, deren Werte zunehmen, wenn ein Bildlauf nach unten durchgeführt wird, erhöhen sich bei einem vertikalen Schieberegler die Werte, wenn er nach oben geschoben wird. Auch hier tritt wieder der Unterschied zwischen einem Dokumentbildlauf und dem Auswählen eines Werts zu Tage.

Mit den folgenden Eigenschaften können Sie die Teilstriche auf dem Regler beeinflussen:

TrackBar-Eigenschaften (Auswahl)

Eigenschaft	Typ	Zugriff	Beschreibung
TickStyle	TickStyle	Get/Set	Der Standardwert ist *BottomRight*
TickFrequency	Integer	Get/Set	Der Standardwert ist 1

Mit der Eigenschaft *TickStyle* können Sie angeben, auf welcher Seite des Schiebereglers die Teilstriche angezeigt werden. Verwenden Sie dazu folgende Enumeration:

TickStyle-Enumeration

Member	Wert	Beschreibung
None	0	Keine Teilstriche
TopLeft	1	Teilstriche bei horizontalen Schiebereglern oben, bei vertikalen Schiebereglern links
BottomRight	2	Teilstriche bei horizontalen Schiebereglern unten, bei vertikalen Schiebereglern rechts
Both	3	Teilstriche auf beiden Seiten

Die Standardeinstellung ist *BottomRight*. Wenn die Eigenschaft *TickFrequency* den Standardwert 1 hat und Sie für den Schieberegler einen weiten Bereich angeben, kann es passieren, dass die Teilstriche als ein einziger schwarzer Block angezeigt werden.

Schieberegler sind etwas flexibler als Bildlaufleisten, was Hintergrundfarbe oder -bild angeht:

TrackBar-Eigenschaften (Auswahl)

Eigenschaft	Typ	Zugriff
BackColor	*Color*	Get/Set
BackgroundImage	*Image*	Get/Set

Die beiden wichtigsten *TrackBar*-Ereignisse heißen genauso wie die entsprechenden Ereignisse der Klasse *ScrollBar*.

TrackBar-Ereignisse

Ereignis	Methode	Delegat	Argument
ValueChanged	*OnValueChanged*	*EventHandler*	*EventArgs*
Scroll	*OnScroll*	*EventHandler*	*EventArgs*

Beide Ereignisse sind mit normalen *EventHandler*-Delegaten verknüpft. Bei Schiebereglern treten die Ereignisse *Scroll* und *ValueChanged* immer paarweise auf (wobei *Scroll* zuerst und *ValueChanged* anschließend eintritt), außer wenn die *Value*-Eigenschaft vom Programm aus auf einen anderen Wert eingestellt wird. In diesem Fall tritt ein *ValueChanged*-Ereignis ohne das entsprechende *Scroll*-Ereignis ein.

So sieht das für den Einsatz von Schiebereglern umgeschriebene Programm ColorScroll aus:

ColorTrackBar.vb
```
Imports System
Imports System.Drawing
Imports System.Windows.Forms
Class ColorTrackBar
    Inherits Form
    Private pnl As Panel
    Private alblName(2) As Label
    Private alblValue(2) As Label
    Private atrkbar(2) As TrackBar
```

```vb
Shared Sub Main()
    Application.Run(New ColorTrackBar())
End Sub

Sub New()
    Text = "Color Track Bar"
    Dim aclr As Color() = {Color.Red, Color.Green, Color.Blue}
    ' Die Fläche erstellen.
    pnl = New Panel()
    pnl.Parent = Me
    pnl.Location = New Point(0, 0)
    pnl.BackColor = Color.White
    ' Die drei Farben durchgehen.
    Dim i As Integer
    For i = 0 To 2
        alblName(i) = New Label()
        alblName(i).Parent = pnl
        alblName(i).ForeColor = aclr(i)
        alblName(i).Text = "&" & aclr(i).ToKnownColor().ToString()
        alblName(i).TextAlign = ContentAlignment.MiddleCenter

        atrkbar(i) = New TrackBar()
        atrkbar(i).Parent = pnl
        atrkbar(i).Orientation = Orientation.Vertical
        atrkbar(i).BackColor = aclr(i)
        atrkbar(i).SmallChange = 1
        atrkbar(i).LargeChange = 16
        atrkbar(i).Minimum = 0
        atrkbar(i).Maximum = 255
        atrkbar(i).TickFrequency = 16
        AddHandler atrkbar(i).ValueChanged, AddressOf TrackBarOnValueChanged

        alblValue(i) = New Label()
        alblValue(i).Parent = pnl
        alblValue(i).TextAlign = ContentAlignment.MiddleCenter
    Next i

    Dim clr As Color = BackColor
    atrkbar(0).Value = clr.R         ' Generiert ein ValueChanged-Ereignis.
    atrkbar(1).Value = clr.G
    atrkbar(2).Value = clr.B

    OnResize(EventArgs.Empty)
End Sub

Protected Overrides Sub OnResize(ByVal ea As EventArgs)
    MyBase.OnResize(ea)

    Dim cx As Integer = ClientSize.Width
    Dim cy As Integer = ClientSize.Height
    Dim cyFont As Integer = Font.Height
    Dim i As Integer

    pnl.Size = New Size(cx \ 2, cy)

    For i = 0 To 2
        alblName(i).Location = New Point(i * cx \ 6, cyFont \ 2)
        alblName(i).Size = New Size(cx \ 6, cyFont)
        atrkbar(i).Height = cy - 4 * cyFont
        atrkbar(i).Location = New Point((1 + 2 * i) * cx \ 12 - atrkbar(i).Width \ 2, 2 * cyFont)
```

```
            alblValue(i).Location = New Point(i * cx \ 6, cy - 3 * cyFont \ 2)
            alblValue(i).Size = New Size(cx \ 6, cyFont)
        Next i
    End Sub
    Private Sub TrackBarOnValueChanged(ByVal obj As Object, ByVal ea As EventArgs)
        Dim i As Integer
        For i = 0 To 2
            If obj Is atrkbar(i) Then
                alblValue(i).Text = atrkbar(i).Value.ToString()
            End If
        Next i
        BackColor = Color.FromArgb(atrkbar(0).Value, _
                                  atrkbar(1).Value, _
                                  atrkbar(2).Value)
    End Sub
End Class
```

Wie Sie sehen, ist der Unterschied zwischen den beiden Programmen nicht besonders groß. Die größten Unterschiede zwischen Schiebereglern und Bildlaufleisten sind im Code zum Einstellen der *TrackBar*-Eigenschaften zu finden. Das Programm ColorTrack muss die *TabStop*-Eigenschaft nicht einstellen, dafür aber die Eigenschaften *Orientation* und *TickFrequency*. Darüber hinaus macht sich das Programm die Tatsache zunutze, dass die Hintergrundfarbe von Schiebereglern durch Einstellen der *BackColor*-Eigenschaft auf rot, grün oder blau bestimmt wird. Auch die *OnResize*-Methode sieht etwas anders aus, da die Schieberegler die Standardbreite behalten sollten.

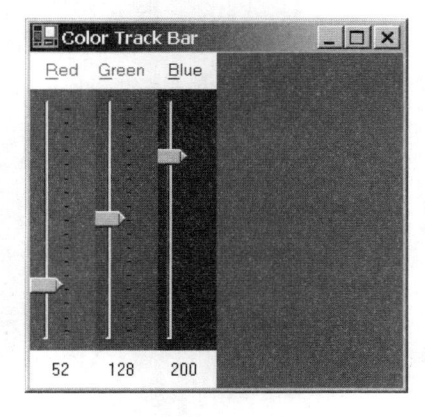

Schaltflächen, Label und Laufleisten

13 Bézier- und andere Spline-Kurven

508	Die Bézier-Kurve in der Praxis
512	Eine elegantere Uhr
514	Kollineare Bézier-Kurven
516	Kreise und Bögen aus Bézier-Kurven
518	Virtuelle Bézier-Skulpturen
519	Die mathematische Ableitung
522	Die kanonische Form der Spline-Kurve
528	Ableitung der kanonischen Kurve

In der Computergrafik wird häufig der Begriff *Spline* verwendet. Was ist das eigentlich? Ursprünglich bezeichnete dieser Fachausdruck eine elastische Latte aus Holz, Gummi oder Metall, die an verschiedenen Punkten fixiert wird und so eine Kurve mit idealer Krümmung bildet, die dann mit einem Stift nachgezeichnet werden kann (im Schiffbau die so genannte »Straklatte«). Sehen Sie vor Ihrem inneren Auge auch gerade einen Handwerker mit einem eigenartigen biegsamen Apparat, der sich über ein Blatt Papier beugt und verzweifelt versucht, diese merkwürdige Konstruktion so hinzubiegen, dass sie auf verschiedene über das Blatt verstreute Punkte passt? Ein *Spline* lässt sich im Bereich der computergestützten Grafik als »eine mithilfe mathematischer Funktionen berechnete Kurve definieren, die einzelne Punkte unter Beachtung eines stetigen Verlaufs verbindet ... Siehe auch *Bézier-Kurve*«*.

Pierre Etienne Bézier, geboren 1910 in Paris, stammte aus einer Ingenieursfamilie. Er machte 1930 sein Diplom in Maschinenbau und ein Jahr später einen zweiten Abschluss als Elektroingenieur. Von 1933 bis 1975 war er für den französischen Automobilhersteller Renault tätig. Dort entwickelte er in den 50er Jahren die ersten NC-gesteuerten Fertigungsmaschinen (NC steht für *Numerical Control*, zu Deutsch *numerische Steuerung*, ein heute kaum noch verwendeter Begriff).

Seit 1960 arbeitete er hauptsächlich am Programm UNISURF, einem der ersten CAD/CAM-Systeme für das interaktive Design von Karosserieteilen. In einem solchen System werden komplexe Kurven mathematisch definiert, sodass Designer damit arbeiten können, ohne die zugrunde liegenden Berechnungen kennen zu müssen, die dann wiederum im Herstellungsprozess ver-

---

* Microsoft Press: Computer-Fachlexikon mit Fachwörterbuch.

wendet werden. Diesem System entstammt die Kurve, die heute Béziers Namen trägt. Pierre Bézier starb im Jahr 1999.*

Die Bézier-Kurve hat im Bereich der Computergrafik große Bedeutung erlangt und ist dort fast ebenso wichtig wie die Gerade und die Ellipse. In der Druckersprache PostScript werden *alle* Kurven mithilfe von Bézier-Kurven dargestellt – selbst elliptische Bögen werden über diese Kurven angenähert. Bézier-Kurven dienen auch zur Definition der Umrisse von PostScript-Schriften. (Bei TrueType-Schriften werden einfachere und schneller zu berechnende Kurvenformeln verwendet.)

Die Bézier-Kurve in der Praxis

Eine Bézier-Kurve kann mit vier Punkten eindeutig definiert werden. Diese Punkte heißen p_0, p_1, p_2 und p_3. Eine Kurve beginnt bei p_0 und endet bei p_3, daher wird p_0 als *Anfangspunkt* und p_3 als *Endpunkt* bezeichnet. (Die Bezeichnung Endpunkt wird häufig auch für beide Punkte p_0 und p_3 verwendet.) Die Punkte p_1 und p_2 sind die so genannten *Kontroll-* oder *Stützpunkte*. Diese Punkte wirken wie Magneten, zu denen die Kurve hingezogen wird. Die folgende Abbildung zeigt eine Bézier-Kurve mit zwei End- und zwei Kontrollpunkten:

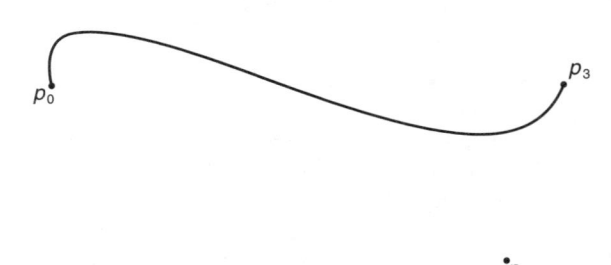

Wie Sie sehen, steigt die Kurve beginnend bei p_0 zunächst in Richtung p_1 an, wechselt dann jedoch die Richtung und neigt sich zu p_2. Sie endet bei p_3, ohne p_2 zu berühren. Hier ist noch eine Bézier-Kurve:

---

* Die biografischen Informationen stammen größtenteils aus Pierre Bézier: »Style, Mathematics and NC«, *Computer-Aided Design* 22, No. 9 (November 1990), S. 523. Zwei Bücher von Pierre Bézier wurden ins Englische übersetzt: *Numerical Control: Mathematics and Application* (London: John Wiley & Sons, 1972) und *The Mathematical Basis of the UNISURF CAD System* (London: Butterworths, 1986). Siehe auch: Pierre Bézier, »How a Simple System Was Born« in Gerald Farin: *Curves and Surfaces for Computer-Aided Geometric Design: A Practical Guide*, 4th ed. (San Diego: Academic Press, 1997).

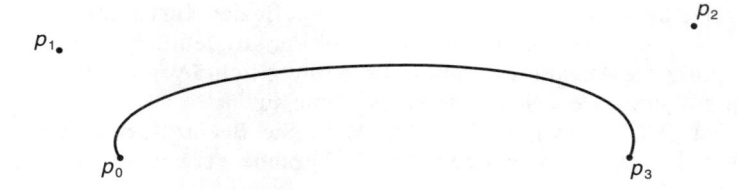

Eine Bézier-Kurve schneidet nur sehr selten einen der beiden Kontrollpunkte. Wenn jedoch beide Kontrollpunkte auf einer geraden Linie zwischen den Endpunkten platziert werden, wird aus der Bézier-Kurve eine Gerade, die durch beide Kontrollpunkte führt:

Das andere Extrem ist, dass die Punkte so gewählt sind, dass die Bézier-Kurve eine Schleife zieht:

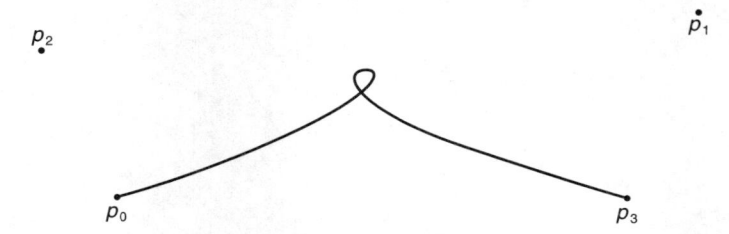

Um in einem Windows Forms-Programm eine Bézier-Kurve zu zeichnen, müssen die vier Punkte in Form von vier *Point*- oder *PointF*-Strukturen oder als acht *Single*-Werte angegeben werden:

DrawBezier-Methoden von *Graphics*

```
Sub DrawBezier(ByVal pn As Pen, ByVal pt0 As Point, ByVal pt1 As Point,
               ByVal pt2 As Point, ByVal pt3 As Point)
Sub DrawBezier(ByVal pn As Pen, ByVal ptf0 As PointF, ByVal ptf1 As PointF,
               ByVal ptf2 As PointF, ByVal ptf3 As PointF)
Sub DrawBezier(ByVal pn As Pen, ByVal x0 As Single, ByVal y0 As Single,
               ByVal x1 As Single, ByVal y1 As Single,
               ByVal x2 As Single, ByVal y2 As Single,
               ByVal x3 As Single, ByVal y3 As Single)
```

Manchmal ist es praktischer, die vier Punkte in Form eines Arrays aus *Point*- oder *PointF*-Strukturen zu definieren. Mithilfe der beiden *DrawBeziers*-Methoden ist dies problemlos möglich. (Beachten Sie den Plural.) Sie können entweder ein Array aus vier *Point*- oder *PointF*-Strukturen an die *DrawBeziers*-Methode übergeben, um eine Bézier-Kurve zu zeichnen, oder Sie zeichnen mithilfe dieser Methode mehrere verbundene Bézier-Kurven:

DrawBeziers-Methoden von *Graphics*

```
Sub DrawBeziers(ByVal pn As Pen, ByVal apt() As Point)
Sub DrawBeziers(ByVal pn As Pen, ByVal aptf() As PointF)
```

Wenn Sie mehrere Bézier-Kurven zeichnen, bildet der Endpunkt einer Bézier-Kurve den Anfangspunkt der nächsten. Für jede weitere Kurve müssen also nur drei Punkte definiert werden. Um N Bézier-Kurven zu zeichnen, muss die Anzahl der Punkte im Array gleich $3N + 1$ sein. Ist dies nicht der Fall, löst die Methode für jeden Wert $N \geq 1$ eine Ausnahme aus.

Füllmethoden wie *FillBezier* oder *FillBeziers* gibt es nicht. Wenn Sie Bézier-Kurven zum Füllen geschlossener Flächen verwenden möchten, müssen Sie Grafikpfade verwenden (diese werden in Kapitel 15 näher erläutert).

Experimentieren Sie doch einfach mit dem nächsten Programm ein wenig herum, um ein Gespür für Bézier-Kurven zu bekommen.

Bezier.vb
```
Imports System
Imports System.Drawing
Imports System.Windows.Forms
Class Bezier
    Inherits Form
   Protected apt(3) As Point
   Shared Sub Main()
       Application.Run(New Bezier())
   End Sub
   Sub New()
       Text = "Bezier (Mouse Defines Control Points)"
       BackColor = SystemColors.Window
       ForeColor = SystemColors.WindowText
       ResizeRedraw = True
       OnResize(EventArgs.Empty)
   End Sub
   Protected Overrides Sub OnResize(ByVal ea As EventArgs)
       MyBase.OnResize(ea)

       Dim cx As Integer = ClientSize.Width
       Dim cy As Integer = ClientSize.Height

       apt(0) = New Point(cx \ 4, cy \ 2)
       apt(1) = New Point(cx \ 2, cy \ 4)
       apt(2) = New Point(cx \ 2, 3 * cy \ 4)
       apt(3) = New Point(3 * cx \ 4, cy \ 2)
   End Sub
   Protected Overrides Sub OnMouseDown(ByVal mea As MouseEventArgs)
       Dim pt As Point

       If mea.Button = MouseButtons.Left Then
           pt = apt(1)
       ElseIf mea.Button = MouseButtons.Right Then
           pt = apt(2)
       Else
           Return
       End If

       Cursor.Position = PointToScreen(pt)
   End Sub
```

```
        Protected Overrides Sub OnMouseMove(ByVal mea As MouseEventArgs)
            If mea.Button = MouseButtons.Left Then
                apt(1) = New Point(mea.X, mea.Y)
                Invalidate()
            ElseIf mea.Button = MouseButtons.Right Then
                apt(2) = New Point(mea.X, mea.Y)
                Invalidate()
            End If
        End Sub
        Protected Overrides Sub OnPaint(ByVal pea As PaintEventArgs)
            Dim grfx As Graphics = pea.Graphics
            grfx.DrawBeziers(New Pen(ForeColor), apt)

            Dim pn As New Pen(Color.FromArgb(128, ForeColor))
            grfx.DrawLine(pn, apt(0), apt(1))
            grfx.DrawLine(pn, apt(2), apt(3))
        End Sub
End Class
```

Das Programm legt die beiden Endpunkte fest und gibt Ihnen die Möglichkeit, die beiden Kontrollpunkte mit der Maus zu verändern. Benutzen Sie für p_1 die linke und für p_2 die rechte Maustaste. Ich habe in diesem Programm eine Art »Einrast«-Feature implementiert: Beim Drücken der rechten oder linken Maustaste wird der Mauszeiger mithilfe der shared Eigenschaft *Cursor.Position* auf den entsprechenden Kontrollpunkt bewegt. Das Programm zieht graue Linien von den Endpunkten zu den Kontrollpunkten. Das sieht meistens etwa so aus:

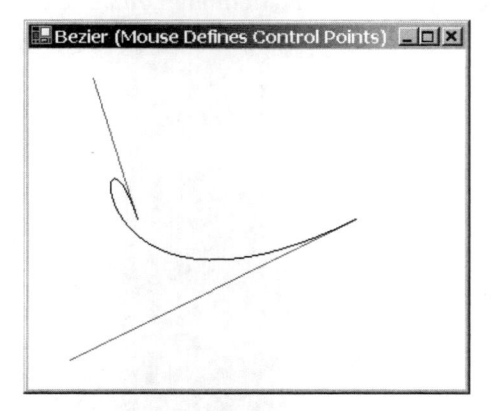

Bézier-Kurven weisen einige Merkmale auf, die sie für das computergestützte Design unentbehrlich machen. Zum Ersten kann eine solche Kurve mit ein bisschen Übung in nahezu jede gewünschte Form gebracht werden.

Zum Zweiten lässt sich eine Bézier-Kurve problemlos einsetzen. Andere Kurvenarten schneiden keinen der Punkte, durch den sie definiert werden. Eine Bézier-Kurve ist immer an zwei Endpunkten verankert. (Wie Sie gleich erfahren werden, ist dies eine der Annahmen, die zur Ableitung der Bézier-Formeln dienen.) Außerdem haben einige Kurvenarten die Eigenheit, in der Unendlichkeit zu verschwinden (und das können wir beim computergestützten Design nun wirklich nicht brauchen). Bézier-Kurven machen solche Scherzchen nicht. Eine Bézier-Kurve ist tatsächlich immer durch ein vierseitiges Polygon (eine so genannte *konvexe Hülle*) definiert, das durch die End- und Kontrollpunkte gebildet wird. (Auf welche Weise die End- und Kontrollpunkte zu dieser konvexen Hülle verbunden werden, richtet sich nach der jeweiligen Kurve.)

Das dritte Merkmal der Bézier-Kurve betrifft das Verhältnis von Endpunkten zu Kontrollpunkten. Am Startpunkt verläuft die Kurve stets tangential in Richtung einer Geraden zwischen Startpunkt und erstem Kontrollpunkt. (Diese Abhängigkeit wird im Programm Bezier visuell dargestellt.) Am Endpunkt verläuft die Kurve stets tangential in Richtung einer Geraden zwischen zweitem Kontrollpunkt und Endpunkt. Auch diese beiden Annahmen dienen zur Ableitung der Bézier-Formeln.

Viertens ist eine Bézier-Kurve zumeist schön anzuschauen. Ich weiss, dass dies ein eher subjektives Kriterium ist, aber ich stehe mit dieser Ansicht sicher nicht allein da.

Eine elegantere Uhr

Programme für Analoguhren gibt es seit etwa zwanzig Jahren, und diese Programme sehen alle ziemlich gleich aus. Die meisten Programmierer zeichnen die Uhrzeiger mit einem einfachen Polygon. Ich finde, es ist an der Zeit, einmal etwas Neues auszuprobieren, und habe deshalb für die Zeiger Bézier-Kurven verwendet.

Sie erinnern sich sicher, dass im Programm AnalogClock in Kapitel 10 ein Steuerelement zum Einsatz kam, das ich in der Klasse *ClockControl* implementiert hatte. Glücklicherweise war ich so vorausschauend, den Code zum Zeichnen der Zeiger in dieser Klasse in geschützten virtuellen (*Protected Overridable*) Methoden zu isolieren. Die nun folgende Klasse *BezierClockControl* ruft in den neuen Methoden *DrawHourHand* und *DrawMinuteHand* die Methode *DrawBeziers* auf.

```
BezierClockControl.vb
Imports System
Imports System.Drawing
Imports System.Drawing.Drawing2D
Imports System.Windows.Forms
Class BezierClockControl
    Inherits ClockControl
    Protected Overrides Sub DrawHourHand(ByVal grfx As Graphics, ByVal pn As Pen)
        Dim gs As GraphicsState = grfx.Save()
        grfx.RotateTransform(360.0F * Time.Hour / 12 + 30.0F * Time.Minute / 60)
        grfx.DrawBeziers(pn, New Point() _
            { _
            New Point(0, -600), New Point(0, -300), _
            New Point(200, -300), New Point(50, -200), _
            New Point(50, -200), New Point(50, 0), _
            New Point(50, 0), New Point(50, 75), _
            New Point(-50, 75), New Point(-50, 0), _
            New Point(-50, 0), New Point(-50, -200), _
            New Point(-50, -200), New Point(-200, -300), _
            New Point(0, -300), New Point(0, -600) _
            })
        grfx.Restore(gs)
    End Sub
```

```vb
    Protected Overrides Sub DrawMinuteHand(ByVal grfx As Graphics, ByVal pn As Pen)
        Dim gs As GraphicsState = grfx.Save()
        grfx.RotateTransform(360.0F * Time.Minute / 60 + 6.0F * Time.Second / 60)
        grfx.DrawBeziers(pn, New Point() _
            { _
            New Point(0, -800), New Point(0, -750), _
            New Point(0, -700), New Point(25, -600), _
            New Point(25, -600), New Point(25, 0), _
            New Point(25, 0), New Point(25, 50), _
            New Point(-25, 50), New Point(-25, 0), _
            New Point(-25, 0), New Point(-25, -600), _
            New Point(-25, -600), New Point(0, -700), _
            New Point(0, -750), New Point(0, -800) _
            })
        grfx.Restore(gs)
    End Sub
End Class
```

Beide Aufrufe von *DrawBeziers* übergeben je ein Array aus 16 *Point*-Strukturen, um die Bézier-Kurven zu zeichnen. (Denken Sie daran: Nur die erste Bézier-Kurve erfordert vier Punkte, für jede weitere benötigen Sie nur noch drei neue Punkte.)

Das ursprüngliche AnalogClock-Programm ist so klein, dass es sich nicht lohnt, Unterklassen davon zu erstellen. Stattdessen habe ich ein nagelneues Programm namens BezierClock geschrieben und die Klasse *BezierClockControl* darin eingebaut.

BezierClock.vb

```vb
Imports System
Imports System.Drawing
Imports System.Windows.Forms
Class BezierClock
    Inherits Form
    Private clkctrl As BezierClockControl
    Shared Sub Main()
        Application.Run(New BezierClock())
    End Sub
    Sub New()
        Text = "Bezier Clock"

        clkctrl = New BezierClockControl()
        clkctrl.Parent = Me
        clkctrl.Time = DateTime.Now
        clkctrl.Dock = DockStyle.Fill
        clkctrl.BackColor = Color.Black
        clkctrl.ForeColor = Color.White

        Dim tmr As New Timer()
        tmr.Interval = 100
        AddHandler tmr.Tick, AddressOf OnTimerTick
        tmr.Start()
    End Sub
    Private Sub OnTimerTick(ByVal obj As Object, ByVal ea As EventArgs)
        clkctrl.Time = DateTime.Now
    End Sub
End Class
```

Bézier- und andere Spline-Kurven

Und so sieht das Ergebnis aus:

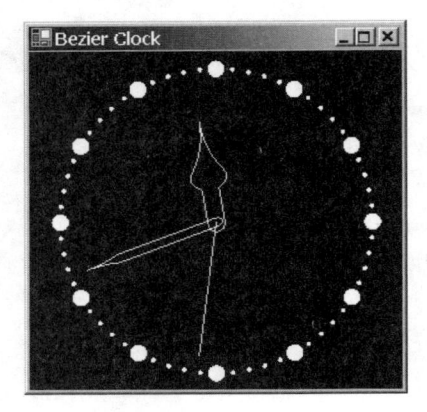

Die geschwungene Zeigerspitze wird durch zwei Bézier-Kurven definiert. Die Geraden werden ebenfalls von Bézier-Kurvenpaaren gebildet, und das abgerundete Ende wird durch eine weitere Kurve dargestellt. Macht zusammen fünf.

Kollineare Bézier-Kurven

Verbundene Bézier-Kurven verfügen zwar über gemeinsame Endpunkte, dennoch kann es vorkommen, dass die Übergänge zwischen dem Ende der einen und dem Beginn der nächsten Kurve nicht glatt verlaufen. Mathematisch gesehen ist eine zusammengesetzte Kurve nur dann glatt, wenn die erste Ableitung der Kurve stetig ist – also nicht plötzlich die Richtung wechselt.

Einige der zusammengesetzten Bézier-Kurven erfordern einen glatten Übergang von einer zur nächsten Kurve, andere hingegen nicht. Bei den Uhrzeigern sind beide Formen anzutreffen. Der Punkt, an dem sich die beiden Bézier-Kurven an der Spitze des Zeigers treffen, besitzt eine nicht stetige erste Ableitung. Auch der Übergang zwischen der Kurve, die den geschwungenen Teil der Spitze bildet, und der Geraden verläuft nicht stetig. Zwischen den Geraden und den abgerundeten Enden in der Uhrmitte dagegen ist der Übergang glatt.

Wenn die Übergänge verbundener Bézier-Kurven glatt verlaufen sollen, müssen die folgenden drei Punkte kollinear sein (d.h. auf einer Linie liegen):

- Der zweite Kontrollpunkt der ersten Bézier-Kurve
- Der Endpunkt der zweiten Bézier-Kurve (der mit dem Startpunkt der zweiten Kurve übereinstimmt)
- Der erste Kontrollpunkt der zweiten Bézier-Kurve

Das folgende Programm zeichnet vier verbundene Bézier-Kurven mit glatten Übergängen. Der Endpunkt der vierten Kurve stimmt mit dem Startpunkt der ersten Kurve überein, sodass eine geschlossene Kurve gezeichnet wird.

Infinity.vb

```vb
Imports System
Imports System.Drawing
Imports System.Windows.Forms
Class Infinity
    Inherits PrintableForm
    Shared Shadows Sub Main()
        Application.Run(New Infinity())
    End Sub
    Sub New()
        Text = "Infinity Sign Using Bezier Splines"
    End Sub
    Protected Overrides Sub DoPage(ByVal grfx As Graphics, _
          ByVal clr As Color, ByVal cx As Integer, ByVal cy As Integer)
        cx -= 1
        cy -= 1
        Dim apt() As Point = {   New Point(0, cy \ 2), _
            New Point(0, 0), _
            New Point(cx \ 3, 0), _
            New Point(cx \ 2, cy \ 2), _
            New Point(2 * cx \ 3, cy), _
            New Point(cx, cy), _
            New Point(cx, cy \ 2), _
            New Point(cx, 0), _
            New Point(2 * cx \ 3, 0), _
            New Point(cx \ 2, cy \ 2), _
            New Point(cx \ 3, cy), _
            New Point(0, cy), _
            New Point(0, cy \ 2) _
        }
        grfx.DrawBeziers(New Pen(clr), apt)
    End Sub
End Class
```

Im Array sind der erste, vierte, siebte, zehnte und der letzte Punkt Endpunkte. Jeder dieser Punkte ist zu den beiden benachbarten Punkten kollinear. Diese vier Bézier-Kurven zeichnen ein Gebilde, das wie ein Unendlichkeitszeichen aussieht:

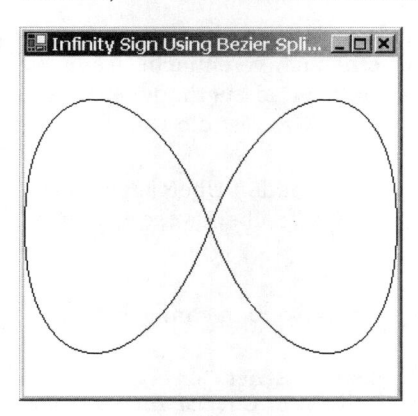

Kreise und Bögen aus Bézier-Kurven

Zu Beginn dieses Kapitels habe ich bereits erwähnt, dass die Druckersprache PostScript Bézier-Kurven zum Zeichnen von Ellipsen verwendet. In Kapitel 15 werden Sie erfahren, dass auch Windows Forms das tut, zumindest wenn es Bögen und Ellipsen mithilfe von Bézier-Kurven als Grafikpfade speichert.

Über die Annäherung von Ellipsen über Bézier-Kurven sind viele Artikel geschrieben worden*. Einer dieser Artikel beschreibt ein recht einfaches Verfahren zum Zeichnen von Kreisabschnitten. Angenommen, Sie möchten mithilfe einer Bézier-Kurve einen Kreisbogen mit einem bestimmten Radius und einem Zentriwinkel α zeichnen. Sie wissen, dass Sie p_0 und p_3 auf die Start- und Endpunkte des Bogens setzen müssen. Wie aber ermitteln Sie die Punkte p_1 and p_2?

Wie das Diagramm veranschaulicht, muss zu diesem Zweck der Abstand zwischen den jeweiligen End- und Kontrollpunkten gefunden werden – eine einzelne Länge L:

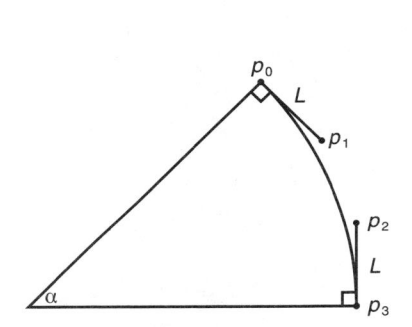

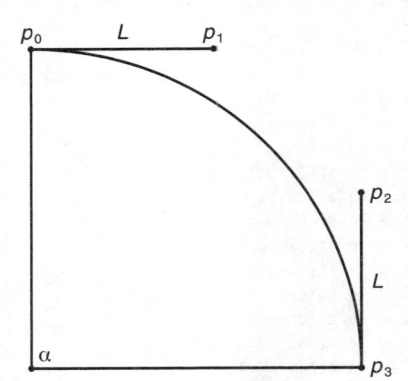

In der linken Abbildung ist zu sehen, dass die Verbindungslinien zwischen den Endpunkten und den Kontrollpunkten im rechten Winkel zu den jeweiligen Radiuslinien stehen. Woher wir das wissen? Weil die Glättung der Kurve Kollinearität voraussetzt. Wenn Sie angrenzend an diesen Kreisbogen einen zweiten zeichnen würden, der denselben Kreismittelpunkt und Radius besitzt, müssten der gemeinsame Endpunkt und die beiden angrenzenden Kontrollpunkte kollinear sein. Das bedeutet, dass die Linie vom Endpunkt zum Kontrollpunkt im rechten Winkel zum Kreisradius stehen muss.

Wenn L bekannt ist, lassen sich die Koordinaten von p_1 und p_2 mit einfachen trigonometrischen Formeln berechnen. Die Berechnung von p_1 and p_2 wird erheblich vereinfacht, wenn Sie für die horizontalen und vertikalen Koordinaten einen Winkel von 90 Grad zugrunde legen, wie das in der rechten Abbildung zu sehen ist. Bei einem Winkel von 180 Grad ist die Koordinatenberechnung genauso einfach.

Im ersten zitierten Artikel wird aufgezeigt, dass über

$$L = \frac{4}{3} \tan\left(\frac{1}{4} \alpha\right)$$

multipliziert mit dem Radius eine ziemlich genaue Annäherung erreicht werden kann.

---

* Tor Dokken, u.a.: »Good Approximation of Circles by Curvature-Continuous Bézier Curves«, *Computer Aided Geometric Design* 7 (1990), 33–41. Michael Goldapp: »Approximation of Circular Arcs by Cubic Polynomials«, *Computer Aided Geometric Design* 8 (1991), 227–238.

Das Programm BezierCircles zeichnet mithilfe dieser Näherung zwei vollständige Kreise und verwendet dazu für den ersten Kreis zwei Bézier-Kurven und für den zweiten vier Bézier-Kurven, um eine höhere Genauigkeit zu erreichen.

BezierCircles.vb
```
Imports System
Imports System.Drawing
Imports System.Windows.Forms
Class BezierCircles
    Inherits PrintableForm
    Shared Shadows Sub Main()
        Application.Run(New BezierCircles())
    End Sub
    Sub New()
        Text = "Bezier Circles"
    End Sub
    Protected Overrides Sub DoPage(ByVal grfx As Graphics, _
            ByVal clr As Color, ByVal cx As Integer, ByVal cy As Integer)
        Dim iRadius As Integer = Math.Min(cx - 1, cy - 1) \ 2
        ' Normal gezeichneter Kreis.
        grfx.DrawEllipse(New Pen(clr), _
                    cx \ 2 - iRadius, cy \ 2 - iRadius, _
                    2 * iRadius, 2 * iRadius)
        ' Näherung mit zwei Segmenten (mit 180 Grad).
        Dim L As Integer = CInt(iRadius * 4.0F / 3 * Math.Tan(Math.PI / 4))
        Dim apt() As Point = {New Point(cx \ 2, cy \ 2 - iRadius), _
                    New Point(cx \ 2 + L, cy \ 2 - iRadius), _
                    New Point(cx \ 2 + L, cy \ 2 + iRadius), _
                    New Point(cx \ 2, cy \ 2 + iRadius), _
                    New Point(cx \ 2 - L, cy \ 2 + iRadius), _
                    New Point(cx \ 2 - L, cy \ 2 - iRadius), _
                    New Point(cx \ 2, cy \ 2 - iRadius) _
                    }
        grfx.DrawBeziers(Pens.Blue, apt)

        ' Näherung mit vier Segmenten (mit 90 Grad).
        L = CInt(iRadius * 4.0F / 3 * Math.Tan(Math.PI / 8))
        apt = New Point() {New Point(cx \ 2, cy \ 2 - iRadius), _
                    New Point(cx \ 2 + L, cy \ 2 - iRadius), _
                    New Point(cx \ 2 + iRadius, cy \ 2 - L), _
                    New Point(cx \ 2 + iRadius, cy \ 2), _
                    New Point(cx \ 2 + iRadius, cy \ 2 + L), _
                    New Point(cx \ 2 + L, cy \ 2 + iRadius), _
                    New Point(cx \ 2, cy \ 2 + iRadius), _
                    New Point(cx \ 2 - L, cy \ 2 + iRadius), _
                    New Point(cx \ 2 - iRadius, cy \ 2 + L), _
                    New Point(cx \ 2 - iRadius, cy \ 2), _
                    New Point(cx \ 2 - iRadius, cy \ 2 - L), _
                    New Point(cx \ 2 - L, cy \ 2 - iRadius), _
                    New Point(cx \ 2, cy \ 2 - iRadius) _
                    }
        grfx.DrawBeziers(Pens.Red, apt)
    End Sub
End Class
```

Bei diesem Programm sieht man bei der Anzeige genau, wie sich die Annäherung über Bézier-Kurven von der Methode *DrawEllipse* unterscheidet. Das Programm leitet die *DoPage*-Verarbeitung mit einem Aufruf von *DrawEllipse* ein, um eine schwarze Ellipse zu zeichnen. Die Näherung mit zwei Bézier-Kurven wird blau, die Version mit vier Kurven rot gezeichnet. Denken Sie daran, dass die Argumente der trigonometrischen Funktionen in der Klasse *Math* in Bogenmaß berechnet werden. Ich habe also nicht wie in der Formel für *L* den Winkel durch 4 geteilt, sondern einen auf der Konstante *Math.PI* basierenden Ausdruck verwendet.

Virtuelle Bézier-Skulpturen

Mit Bézier-Kurven lassen sich wunderbare Muster und Figuren entwerfen – Pierre Bézier hat sich übrigens auch selbst künstlerisch betätigt*. Bei dieser künstlerischen Umsetzung von Bézier-Kurven gibt es eigentlich keine Regeln, allerdings wird fast immer eine *For*-Schleife verwendet. Hier ein Beispielprogramm:

```
BezierArt.vb
Imports System
Imports System.Drawing
Imports System.Windows.Forms
Class BezierArt
    Inherits PrintableForm
    Const iNum As Integer = 100
    Shared Shadows Sub Main()
        Application.Run(New BezierArt())
    End Sub
    Sub New()
        Text = "Bezier Art"
    End Sub
    Protected Overrides Sub DoPage(ByVal grfx As Graphics, _
            ByVal clr As Color, ByVal cx As Integer, ByVal cy As Integer)
        Dim pn As New Pen(clr)
        Dim aptf(3) As PointF
        Dim i As Integer
        For i = 0 To iNum - 1
            Dim rAngle As Double = 2 * i * Math.PI / iNum

            aptf(0).X = CSng(cx / 2 + cx / 2 * Math.Cos(rAngle))
            aptf(0).Y = CSng(5 * cy / 8 + cy / 16 * Math.Sin(rAngle))
            aptf(1) = New PointF(CSng(cx / 2), -cy)
            aptf(2) = New PointF(CSng(cx / 2), 2 * cy)

            rAngle += Math.PI

            aptf(3).X = CSng(cx / 2 + cx / 4 * Math.Cos(rAngle))
            aptf(3).Y = CSng(cy / 2 + cy / 16 * Math.Sin(rAngle))

            grfx.DrawBeziers(pn, aptf)
        Next i
    End Sub
End Class
```

---

* Ein Beispiel für die künstlerische Arbeit Pierre Béziers kann auf der Website von Professor Brian Barsky unter *http://www.cs.berkeley.edu/~barsky/gifs/bezier.html* bewundert werden.

Bilder mit vielen Kurven sehen zwar in der gedruckten Version meistens besser aus, es folgt dennoch die Bildschirmausgabe dieses Programms:

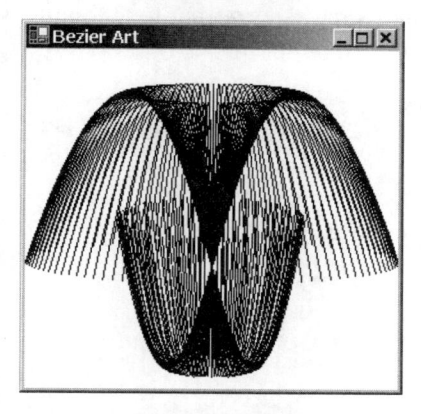

Im Rahmen dieses Buchs kann ich Ihnen leider nur Schwarzweißbilder zeigen, aber Sie dürfen natürlich nach Herzenslust Farbe ins Bézier-Kurvenspiel bringen.

Die mathematische Ableitung

Gelegentlich ist es von Vorteil, die Formeln zu kennen, die in einem Grafiksystem zur Darstellung bestimmter Kurven zugrunde gelegt werden. Es kommt z.B. vor, dass andere grafische Figuren (wie etwa Textzeichen) an einer Kurve orientiert werden müssen, die das System bereits gezeichnet hat. Darüber hinaus empfiehlt es sich durchaus, Kurven *ableiten* zu können, damit Sie nicht dem Irrglauben unterliegen, die entsprechenden Formeln seien eines Tages einfach vom Himmel gefallen.

Bei einer Bézier-Kurve handelt es sich um ein kubisches Polynom, das wie alle Polynome dieser Art durch vier Punkte eindeutig definiert ist. Wir haben diese Punkte p_0 (Startpunkt), p_1 und p_2 (die beiden Kontrollpunkte) und p_3 (Endpunkt) genannt. Diese vier Punkte können auch folgendermaßen geschrieben werden: (x_0, y_0), (x_1, y_1), (x_2, y_2) und (x_3, y_3).

Die allgemeine Parameterform eines zweidimensionalen kubischen Polynoms lautet

$x(t) = a_x \cdot t^3 + b_x \cdot t^2 + c_x \cdot t + d_x$
$y(t) = a_y \cdot t^3 + b_y \cdot t^2 + c_y \cdot t + d_y$

Bei den Parametern a_x, b_x, c_x, d_x, a_y, b_y, c_y und d_y handelt es sich um Konstanten, t umfasst einen Bereich von 0 bis 1. Jede Bézier-Kurve wird durch diese acht Konstanten eindeutig definiert. Die Konstanten richten sich nach den vier Punkten, die die Spline-Kurve definieren. Das Ziel dieser Übung ist es, Gleichungen zur Berechnung der acht Konstanten zu entwickeln, die wir für die vier Punkte benötigen.

Wir nehmen an, dass die Bézier-Kurve am Punkt (x_0, y_0) beginnt, wenn t gleich 0 ist.

$x(0) = x_0$
$y(0) = y_0$

Schon diese einfache Annahme bringt uns bei der Ableitung der Konstanten ein ganzes Stück weiter. Wenn wir in den Parametergleichungen für t den Wert 0 einsetzen, erhalten wir

Bézier- und andere Spline-Kurven

$x(0) = d_x$
$y(0) = d_y$

Das bedeutet, dass es sich bei zwei Konstanten um die Koordinaten für den Startpunkt handelt:

$d_x = x_0$ (1a)
$d_y = y_0$ (1b)

Die zweite Annahme lautet, dass die Bézier-Kurve am Punkt (x_3, y_3) endet, wenn t gleich 1 ist:

$x(1) = x_3$
$y(1) = y_3$

Ersetzen wir in den Parametergleichungen t durch den Wert 1, erhalten wir Folgendes:

$x(1) = a_x + b_x + c_x + d_x$
$y(1) = a_y + b_y + c_y + d_y$

Die Konstanten bezeichnen die Koordinaten des Endpunkts:

$a_x + b_x + c_x + d_x = x_3$ (2a)
$a_y + b_y + c_y + d_y = y_3$ (2b)

Die beiden übrigen Annahmen gelten den ersten Ableitungen der Parametergleichungen, die die Kurvensteigung beschreiben. Die ersten Ableitungen der verallgemeinerten Parametergleichungen eines kubischen Polynoms lauten für t:

$x'(t) = 3a_x t^2 + 2b_x t + c_x$
$y'(t) = 3a_y t^2 + 2b_y t + c_y$

Uns interessiert insbesondere die Steigung der Kurve an den beiden Endpunkten. Am Startpunkt verläuft die Kurve stets tangential in Richtung einer Geraden vom Startpunkt zum ersten Kontrollpunkt. Diese Gerade wird normalerweise durch diese Parametergleichung definiert:

$x(t) = (x_1 - x_0)\, t + x_0$
$y(t) = (y_1 - y_0)\, t + y_0$

wobei die Werte für t zwischen 0 und 1 liegen. Die Gerade lässt sich aber auch durch diese Gleichungen beschreiben:

$x(t) = 3\,(x_1 - x_0)\, t + x_0$
$y(t) = 3\,(y_1 - y_0)\, t + y_0$

wobei t Werte zwischen 0 und 1/3 annehmen kann. Warum gerade der Wert 1/3? Weil der Ausschnitt der Bézier-Kurve, der tangential in der gleichen Richtung verläuft wie die Gerade von p_0 zu p_1, etwa 1/3 der gesamten Bézier-Kurve beträgt. Die ersten Ableitungen der entsprechend veränderten Parametergleichungen lauten

$x'(t) = 3\,(x_1 - x_0)$
$y'(t) = 3\,(y_1 - y_0)$

Diese Gleichungen sollen die Steigung der Bézier-Kurve darstellen, wenn t gleich 0 ist:

$x'(0) = 3\,(x_1 - x_0)$
$y'(0) = 3\,(y_1 - y_0)$

Ersetzen Sie in den ersten verallgemeinerten kubischen Ableitungen das t, erhalten Sie Folgendes:

$x'(0) = c_x$
$y'(0) = c_y$

Also gilt:

$c_x = 3\ (x_1 - x_0)$ (3a)
$c_y = 3\ (y_1 - y_0)$ (3b)

Die letzte Annahme lautet, dass die Bézier-Kurve am Endpunkt stets tangential in Richtung einer Geraden vom zweiten Kontrollpunkt zum Endpunkt verläuft. Anders ausgedrückt:

$x'(1) = 3\ (x_3 - x_2)$
$y'(1) = 3\ (y_3 - y_2)$

Da wir aus den verallgemeinerten Formeln wissen, dass

$x'(1) = 3a_x + 2b_x + c_x$
$y'(1) = 3a_y + 2b_y + c_y$

gilt

$3a_x + 2b_x + c_x = 3\ (x_3 - x_2)$ (4a)
$3a_y + 2b_y + c_y = 3\ (y_3 - y_2)$ (4b)

Die Gleichungen 1a, 2a, 3a und 4a stellen vier Gleichungen mit vier Unbekannten dar, sodass wir a_x, b_x, c_x und d_x in Form von x_0, x_1, x_2 und x_3 auflösen können. Die umgeformten Gleichungen lauten folgendermaßen:

$a_x = -x_0 + 3x_1 - 3x_2 + x_3$
$b_x = 3x_0 - 6x_1 + 3x_2$
$c_x = 3x_0 + 3x_1$
$d_x = x_0$

Mithilfe der Gleichungen 1b, 2b, 3b und 4b können wir auf gleiche Weise die y-Koeffizienten berechnen. Anschließend fügen wir die Konstanten in die verallgemeinerten kubischen Parametergleichungen ein:

$x(t) = (-x_0 + 3x_1 - 3x_2 + x_3)\ t^3 + (3x_0 - 6x_1 + 3x_2)\ t^2 + (3x_0 + 3x_1)\ t + x_0$
$y(t) = (-y_0 + 3y_1 - 3y_2 + y_3)\ t^3 + (3y_0 - 6y_1 + 3y_2)\ t^2 + (3y_0 + 3y_1)\ t + y_0$

Das war's im Grunde schon. Allerdings ist es üblich, die Terme in elegantere und leichter zu verwendende Parametergleichungen umzuformen:

$x(t) = (1 - t)^3\ x_0 + 3t\ (1 - t)^2\ x_1 + 3t^2\ (1 - t)\ x_2 + t^3\ x_3$
$y(t) = (1 - t)^3\ y_0 + 3t\ (1 - t)^2\ y_1 + 3t^2\ (1 - t)\ y_2 + t^3\ y_3$

Bézier-Kurven werden üblicherweise mit dieser Art von Gleichungen ausgedrückt.

Im folgenden Programm überschreibt die Klasse *BezierManual* die Klasse *Bezier* aus dem Programm Bezier, das ich weiter oben in diesem Kapitel vorgestellt habe, und zeichnet eine zweite Bézier-Kurve. Sie wird mithilfe der soeben abgeleiteten Parametergleichungen sozusagen »manuell« berechnet.

BezierManual.vb
```
Imports System
Imports System.Drawing
Imports System.Windows.Forms
Class BezierManual
    Inherits Bezier
    Shared Shadows Sub Main()
        Application.Run(New BezierManual())
    End Sub
```

Bézier- und andere Spline-Kurven

```
Sub New()
    Text = "Bezier Curve """Manually""" Drawn"
End Sub
Protected Overrides Sub OnPaint(ByVal pea As PaintEventArgs)
    MyBase.OnPaint(pea)
    BezierSpline(pea.Graphics, Pens.Red, apt)
End Sub
Private Sub BezierSpline(ByVal grfx As Graphics, ByVal pn As Pen, ByVal apt4Pts() As Point)
    Dim apt(99) As Point
    Dim i As Integer
    For i = 0 To apt.GetUpperBound(0)
        Dim t As Single = CSng(i / apt.GetUpperBound(0))
        Dim x As Single = (1 - t) * (1 - t) * (1 - t) * apt4Pts(0).X + _
                          3 * t * (1 - t) * (1 - t) * apt4Pts(1).X + _
                          3 * t * t * (1 - t) * apt4Pts(2).X + _
                          t * t * t * apt4Pts(3).X
        Dim y As Single = (1 - t) * (1 - t) * (1 - t) * apt4Pts(0).Y + _
                          3 * t * (1 - t) * (1 - t) * apt4Pts(1).Y + _
                          3 * t * t * (1 - t) * apt4Pts(2).Y + _
                          t * t * t * apt4Pts(3).Y
        apt(i) = New Point(CInt(x), CInt(y))
    Next i
    grfx.DrawLines(pn, apt)
End Sub
End Class
```

Die *OnPaint*-Methode in diesem Programm ruft zunächst die *OnPaint*-Methode der Basisklasse (hierbei handelt es sich um die Klasse *Bezier*) und anschließend die *BezierSpline*-Methode in der eigenen Klasse auf. Die *BezierSpline*-Methode ähnelt stark der *DrawBeziers*-Methode, erwartet aber als erstes Argument ein *Graphics*-Objekt und kann nur eine einzige Bézier-Kurve zeichnen. Diese Methode verwendet ein Array aus 100 *Point*-Strukturen, berechnet jedes *Point*-Objekt anhand der in diesem Abschnitt abgeleiteten Parametergleichungen und zeichnet anschließend die Spline-Kurve als Polylinie. Damit Sie diese Version mit der von Windows Forms produzierten vergleichen können, zeichnet das Programm die »manuell« berechnete Bézier-Kurve rot. Sie werden feststellen, dass die Kurven nicht exakt übereinstimmen, sich aber nie um mehr als 1 Pixel voneinander entfernen.

Die kanonische Form der Spline-Kurve

Die Klasse *Graphics* enthält einen zweiten Spline-Typ, die so genannte *kanonische* Spline-Kurve. Hierbei handelt es sich um eine *Normalform* der Kurve. Eine kanonische Spline-Kurve kann mit einer der *DrawCurve*-Methoden gezeichnet werden. Von *DrawCurve* existieren sieben Varianten. Die folgenden vier sind die am häufigsten verwendeten:

DrawCurve-Methoden von *Graphics* (Auswahl)

```
Sub DrawCurve(ByVal pn As Pen, ByVal apt() As Point)
Sub DrawCurve(ByVal pn As Pen, ByVal aptf() As PointF)
Sub DrawCurve(ByVal pn As Pen, ByVal apt() As Point), ByVal fTension As Single)
Sub DrawCurve(ByVal pn As Pen, ByVal aptf() As PointF), ByVal fTension As Single)
```

Es müssen mindestens zwei Punkte angegeben werden. Enthält das Array nur zwei Punkte, so zeichnet die *DrawCurve*-Methode zwischen diesen beiden Punkten eine Gerade. Bei drei und mehr Punkten zeichnet die Methode eine Kurvenlinie durch alle Punkte.

Der Unterschied zwischen einem Bézier-Spline und einem kanonischen Spline besteht darin, dass eine kanonische Kurve durch jeden Punkt des Arrays geht. Die Kurve zwischen zwei benachbarten Punkten wird auch als *Abschnitt* oder *Segment* der gesamten Kurve bezeichnet. Die Form des Abschnitts wird (natürlich) durch die beiden Endpunkte des Segments, aber auch durch die beiden jeweils angrenzenden Punkte bestimmt. In einem Array *apt* aus *Point*-Strukturen wirken sich auch die Punkte *apt(2)* und *apt(5)* auf die Form eines Segments aus, das durch die Punkte *apt(3)* und *apt(4)* definiert wird. Das erste und das letzte Segment wird nur von drei Punkten beeinflusst.

Die Form einer Kurve wird ebenfalls durch die *Spannung* beeinflusst, die es in einigen überladenen *DrawCurve*-Methoden als explizites Argument gibt. Im Bereich der herkömmlichen »Straklatten«, d.h. Splines aus Holz oder Metall, entspricht die Spannung der Steifigkeit der Latte. Standardmäßig ist die Spannung mit dem Wert 0,5 angegeben. Wenn Sie die Spannung auf 0 stellen, erhalten Sie eine Gerade: Aus *DrawCurve* wird *DrawLine*. Je höher die Spannung ist, desto größer ist die Krümmung der Kurve. Spannungswerte unter 0 oder weit über 1 führen oftmals zur Zeichnung einer Schleife.

Probieren wir's doch einmal aus. Das folgenden Programm ähnelt dem Bezier-Programm, enthält aber eine Bildlaufleiste, mit der Sie die Spannung verändern können, und bietet größere Flexibilität beim Verschieben der Ankerpunkte.

CanonicalSpline.vb

```
Imports System
Imports System.Drawing
Imports System.Windows.Forms
Class CanonicalSpline
    Inherits Form

    Protected apt(3) As Point
    Protected fTension As Single = 0.5

    Shared Sub Main()
        Application.Run(New CanonicalSpline())
    End Sub

    Sub New()
        Text = "Canonical Spline"
        BackColor = SystemColors.Window
        ForeColor = SystemColors.WindowText
        ResizeRedraw = True

        Dim scrbar As New VScrollBar()
        scrbar.Parent = Me
        scrbar.Dock = DockStyle.Right
        scrbar.Minimum = -100
```

```vb
        scrbar.Maximum = 109
        scrbar.SmallChange = 1
        scrbar.LargeChange = 10
        scrbar.Value = CInt(10 * fTension)
        AddHandler scrbar.ValueChanged, AddressOf ScrollOnValueChanged

        OnResize(EventArgs.Empty)
    End Sub
    Private Sub ScrollOnValueChanged(ByVal obj As Object, ByVal ea As EventArgs)
        Dim scrbar As ScrollBar = DirectCast(obj, ScrollBar)
        fTension = scrbar.Value / 10.0F
        Invalidate(False)
    End Sub
    Protected Overrides Sub OnResize(ByVal ea As EventArgs)
        MyBase.OnResize(ea)

        Dim cx As Integer = ClientSize.Width
        Dim cy As Integer = ClientSize.Height

        apt(0) = New Point(cx \ 4, cy \ 2)
        apt(1) = New Point(cx \ 2, cy \ 4)
        apt(2) = New Point(cx \ 2, 3 * cy \ 4)
        apt(3) = New Point(3 * cx \ 4, cy \ 2)
    End Sub
    Protected Overrides Sub OnMouseDown(ByVal mea As MouseEventArgs)
        Dim pt As Point

        If mea.Button = MouseButtons.Left Then
            If ModifierKeys = Keys.Shift Then
                pt = apt(0)
            ElseIf ModifierKeys = Keys.None Then
                pt = apt(1)
            Else
                Return
            End If
        ElseIf mea.Button = MouseButtons.Right Then
            If ModifierKeys = Keys.None Then
                pt = apt(2)
            ElseIf ModifierKeys = Keys.Shift Then
                pt = apt(3)
            Else
                Return
            End If
        Else
            Return
        End If

        Cursor.Position = PointToScreen(pt)
    End Sub
    Protected Overrides Sub OnMouseMove(ByVal mea As MouseEventArgs)
        Dim pt As New Point(mea.X, mea.Y)

        If mea.Button = MouseButtons.Left Then
            If ModifierKeys = Keys.Shift Then
                apt(0) = pt
            ElseIf ModifierKeys = Keys.None Then
                apt(1) = pt
            Else
                Return
            End If
```

```
        ElseIf mea.Button = MouseButtons.Right Then
            If ModifierKeys = Keys.None Then
                apt(2) = pt
            ElseIf ModifierKeys = Keys.Shift Then
                apt(3) = pt
            Else
                Return
            End If
        Else
            Return
        End If
        Invalidate()
    End Sub
    Protected Overrides Sub OnPaint(ByVal pea As PaintEventArgs)
        Dim grfx As Graphics = pea.Graphics
        Dim br As New SolidBrush(ForeColor)
        Dim i As Integer
        grfx.DrawCurve(New Pen(ForeColor), apt, fTension)
        grfx.DrawString("Tension = " & fTension.ToString(), Font, br, 0, 0)
        For i = 0 To 3
            grfx.FillEllipse(br, apt(i).X - 3, apt(i).Y - 3, 7, 7)
        Next i
    End Sub
End Class
```

Genau wie beim Bezier-Programm können Sie p_1 and p_2 mithilfe der rechten bzw. linken Maustaste verschieben. Darüber hinaus können Sie die Maustasten zusammen mit der Umschalttaste verwenden und so auch die Position der Start- und Endpunkte p_0 and p_3 verändern. Das sieht dann etwa so aus:

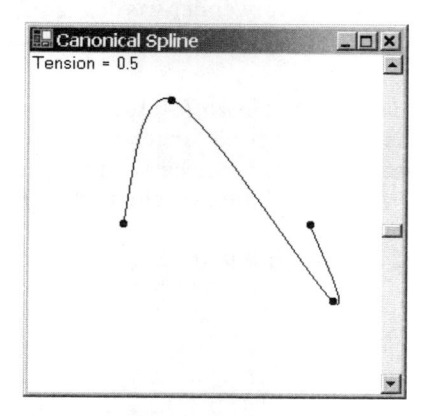

Mithilfe der Bildlaufleiste können Sie die Spannung variieren, der jeweilige Spannungswert (tension) wird in der linken oberen Fensterecke angezeigt. Ich habe als Maximalwerte für die Spannung 10 und –10 angegeben, sodass Sie selbst ausprobieren können, wie die Kurve bei sehr hohen Werten anfängt verrückt zu spielen. Eines meiner Lieblingsbilder entsteht, wenn für das *Point*-Array die Standardeinstellungen des Programms übernommen werden:

[Canonical Spline, Tension = -9]

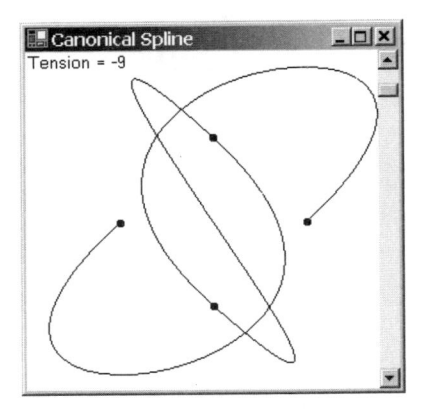

Sie können in den folgenden *DrawCurve*-Methoden auch eine Untermenge des Punktearrays verwenden:

DrawCurve-Methoden von *Graphics* (Auswahl)

```
Sub DrawCurve(ByVal pn As Pen, ByVal aptf() As PointF), ByVal iOffset As Integer,
         ByVal iSegments As Integer)
Sub DrawCurve(ByVal pn As Pen, ByVal apt() As Point), ByVal iOffset As Integer,
         ByVal iSegments As Integer, ByVal fTension As Single)
Sub DrawCurve(ByVal pn As Pen, ByVal aptf() As PointF), ByVal iOffset As Integer,
         ByVal iSegments As Integer, ByVal fTension As Single)
```

Sie können sich das Argument *iOffset* als Index in das *Point*- oder *PointF*-Arrays vorstellen. An diesem Punkt beginnt die Kurve. Das Argument *iSegments* gibt an, wie viele Segmente gezeichnet und wie viele weitere *Point*- oder *PointF*-Strukturen in der Methode verwendet werden. Angenommen, es handelt sich bei *aptf* um ein Array aus *PointF*-Strukturen. Der Aufruf

```
grfx.DrawCurve(pen, aptf, 2, 3)
```

zeichnet drei Segmente: von *aptf(2)* bis *aptf(3)*, von *aptf(3)* bis *aptf(4)* und von *aptf(4)* bis *aptf(5)*. Bei dieser Variante erhalten wir andere Ergebnisse als durch den Aufruf der einfacheren *Draw-Curve*-Version mit diesen vier Punkten. Die Versionen mit *iOffset* und *iSegments* bestimmen die Form der Kurve von *aptf(2)* nach *apf(3)* anhand des Punkts *aptf(1)*, die Kurve zwischen *aptf(4)* und *aptf(5)* wird an Punkt *aptf(6)* ausgerichtet.

Die *DrawClosedCurve*-Methoden verbinden den letzten und den ersten Punkt des Arrays mit einer weiteren Kurve:

DrawClosedCurve-Methoden von *Graphics*

```
Sub DrawClosedCurve(ByVal pn As Pen, ByVal apt() As Point)
Sub DrawClosedCurve(ByVal pn As Pen, ByVal aptf() As PointF)
Sub DrawClosedCurve(ByVal pn As Pen, ByVal apt() As Point), ByVal fTension As Single,
         ByVal fm As FillMode)
Sub DrawClosedCurve(ByVal pn As Pen, ByVal aptf() As PointF), ByVal fTension As Single,
         ByVal fm As FillMode)
```

DrawClosedCurve zeichnet nicht nur einfach ein weiteres Kurvensegment. Das erste von *Draw-ClosedCurve* gezeichnete Segment weist kleine Unterschiede zu dem von *DrawCurve* gezeichneten auf, da es durch den letzten Araypunkt beeinflusst wird; entsprechend wird die vorletzte Kurve durch den ersten Arraypunkt beeinflusst.

Zwei der überladenen *DrawClosedCurve*-Methoden erwarten ein *FillMode*-Argument. Sie erinnern sich sicher noch an *FillMode*? Das war die im Namespace *System.Drawing.Drawing2D* definierte Enumeration, mit der die *DrawPolygon*-Methode festlegt, welche geschlossenen Flächen gefüllt werden:

FillMode-Enumeration

Member	Wert	Erläuterungen
Alternate	0	Standardwert; abwechselnd gefüllte und nicht gefüllte Bereiche
Winding	1	»Gewunden«; Mehrzahl der Innenbereiche gefüllt

Wozu benötigt eine Methode, die einfach nur Linien zeichnet (diese aber gar nicht füllt), einen Füllmodus? Das bleibt leider ein Geheimnis, denn die Methoden scheinen unabhängig von der *FillMode*-Einstellung immer gleich zu funktionieren.

In den *FillClosedCurve*-Methoden macht das *FillMode*-Argument schon erheblich mehr Sinn:

FillClosedCurve-Methoden von *Graphics*

```
Sub FillClosedCurve(ByVal br As Brush, ByVal apt As Point())
Sub FillClosedCurve(ByVal br As Brush, ByVal aptf As PointF())
Sub FillClosedCurve(ByVal br As Brush, ByVal apt As Point(), ByVal fm As FillMode)
Sub FillClosedCurve(ByVal br As Brush, ByVal aptf As PointF(), ByVal fm As FillMode)
Sub FillClosedCurve(ByVal br As Brush, ByVal apt As Point(), ByVal fm As FillMode,
            ByVal fTension As Single)
Sub FillClosedCurve(ByVal br As Brush, ByVal aptf As PointF(), ByVal fm As FillMode,
            ByVal fTension As Single)
```

Das Programm ClosedCurveFillModes, das wir uns als Nächstes vornehmen wollen, ist nahezu identisch mit dem Programm FillModesClassical aus Kapitel 5. Es zeichnet zwei fünfzackige Sterne und demonstriert den Unterschied zwischen *FillMode.Alternate* und *FillMode.Winding*.

ClosedCurveFillModes.vb

```
Imports System
Imports System.Drawing
Imports System.Drawing.Drawing2D
Imports System.Windows.Forms
Class ClosedCurveFillModes
    Inherits PrintableForm
    Shared Shadows Sub Main()
        Application.Run(New ClosedCurveFillModes())
    End Sub
    Private Sub New()
        Text = "FillClosedCurve Fill Modes"
        ClientSize = New Size(2 * ClientSize.Height, ClientSize.Height)
    End Sub
```

```
    Protected Overrides Sub DoPage(ByVal grfx As Graphics, _
            ByVal clr As Color, ByVal cx As Integer, ByVal cy As Integer)
        Dim br As New SolidBrush(clr)
        Dim apt(4) As Point
        Dim i As Integer
        For i = 0 To apt.GetUpperBound(0)
            Dim rAngle As Double = (i * 0.8 - 0.5) * Math.PI
            apt(i) = New Point(CInt(cx * (0.25 + 0.24 * Math.Cos(rAngle))), _
                               CInt(cy * (0.5 + 0.48 * Math.Sin(rAngle))))
        Next i
        grfx.FillClosedCurve(br, apt, FillMode.Alternate)
        For i = 0 To apt.GetUpperBound(0)
            apt(i).X += cx \ 2
        Next i
        grfx.FillClosedCurve(br, apt, FillMode.Winding)
    End Sub
End Class
```

Diese Zeichnungen sind noch immer als Sterne zu erkennen, haben aber weichere Konturen:

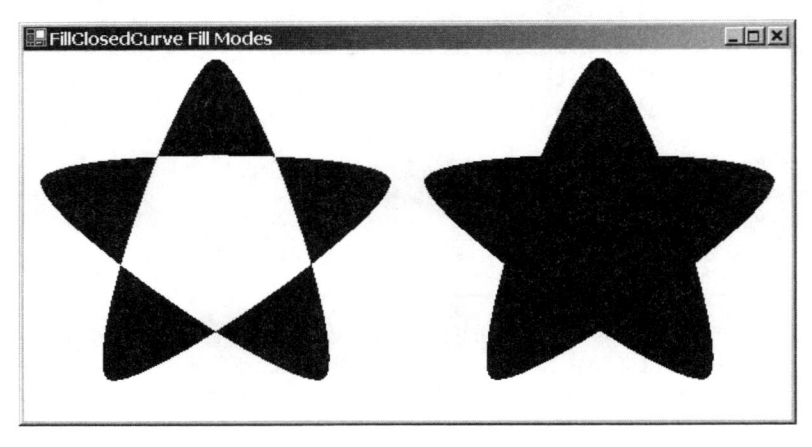

Sie erinnern ein wenig an Weihnachtsplätzchen, die beim Backen aufgehen und nicht mehr ganz die scharfen Kanten der Ausstechförmchen aufweisen.

Ableitung der kanonischen Kurve

Die kanonische Spline-Kurve stellt, ebenso wie die Bézier-Kurve, ein kubisches Polynom dar, kann also durch die allgemeinen Parameterformeln

$x(t) = a_x t^3 + b_x t^2 + c_x t + d_x$
$y(t) = a_y t^3 + b_y t^2 + c_y t + d_y$

dargestellt werden, wobei t zwischen 0 und 1 liegt. Die ersten Ableitungen lauten

$x'(t) = 3a_x t^2 + 2b_x t + c_x$
$y'(t) = 3a_y t^2 + 2b_y t + c_y$

Wir sehen uns vier Punkte an, die wir p_0, p_1, p_2 und p_3 nennen. Ich werde die Formeln ableiten, die wir zum Zeichnen des Segments zwischen p_1 und p_2 benötigen. Die erforderliche Kurve basiert auf diesen sowie auf den beiden benachbarten Punkten p_0 und p_3. Wir nehmen an, dass die Kurve bei p_1 beginnt und bei p_2 endet:

$x(0) = x_1$
$y(0) = y_1$
$x(1) = x_2$
$y(1) = y_2$

Aus den allgemeinen Parameterformeln können wir diese Gleichungen ableiten:

$d_x = x_1$
$d_y = y_1$
$a_x + b_x + c_x + d_x = x_2$
$a_y + b_y + c_y + d_y = y_2$

Die beiden nächsten Annahmen betreffen die Steigung der Kurve in den Punkten p_1 und p_2. Von der Steigung in p_1 wird angenommen, dass sie sich aus dem Produkt aus der Spannung (die mit T angegeben wird) und der Steigung der Geraden zwischen p_0 und p_2 ergibt. Für die Steigung in Punkt p_2 soll entsprechend gelten, dass sie sich aus der Spannung multipliziert mit der Steigung der Geraden zwischen p_1 und p_3 ergibt:

$x'(0) = T(x_2 - x_0)$
$y'(0) = T(y_2 - y_0)$
$x'(1) = T(x_3 - x_1)$
$y'(1) = T(y_3 - y_1)$

Aus den ersten Ableitungen der allgemeinen Parameterformeln ergibt sich

$c_x = T(x_2 - x_0)$
$c_y = T(y_2 - y_0)$
$3a_x + 2b_x + c_x = T(x_3 - x_1)$
$3a_y + 2b_y + c_y = T(y_3 - y_1)$

Diese Gleichungen können folgendermaßen aufgelöst werden:

$a_x = T(x_2 - x_0) + T(x_3 - x_1) + 2x_1 - 2x_2$
$a_y = T(y_2 - y_0) + T(y_3 - y_1) + 2y_1 - 2y_2$
$b_x = -2T(x_2 - x_0) - T(x_3 - x_1) - 3x_1 + 3x_2$
$b_y = -2T(y_2 - y_0) - T(y_3 - y_1) - 3y_1 + 3y_2$
$c_x = T(x_2 - x_0)$
$c_y = T(y_2 - y_0)$
$d_x = x_1$
$d_y = y_1$

Das Programm CanonicalSplineManual zeigt uns, dass die Konstanten richtig sind.

CanonicalSplineManual.vb

```
Imports System
Imports System.Drawing
Imports System.Windows.Forms
Class CanonicalSplineManual
    Inherits CanonicalSpline
```

Bézier- und andere Spline-Kurven

```vb
    Shared Shadows Sub Main()
        Application.Run(New CanonicalSplineManual())
    End Sub
    Sub New()
        Text = "Canonical Spline """"Manually"""" Drawn"
    End Sub
    Protected Overrides Sub OnPaint(ByVal pea As PaintEventArgs)
        MyBase.OnPaint(pea)
        CanonicalSpline(pea.Graphics, Pens.Red, apt, fTension)
    End Sub
    Private Sub CanonicalSpline(ByVal grfx As Graphics, ByVal pn As Pen, _
            ByVal apt() As Point, ByVal fTension As Single)
        CanonicalSegment(grfx, pn, apt(0), apt(0), apt(1), apt(2), fTension)
        CanonicalSegment(grfx, pn, apt(0), apt(1), apt(2), apt(3), fTension)
        CanonicalSegment(grfx, pn, apt(1), apt(2), apt(3), apt(3), fTension)
    End Sub
    Private Sub CanonicalSegment(ByVal grfx As Graphics, ByVal pn As Pen, _
                                  ByVal pt0 As Point, ByVal pt1 As Point, _
                                  ByVal pt2 As Point, ByVal pt3 As Point, _
                                  ByVal fTension As Single)
        Dim apt(9) As Point
        Dim SX1 As Single = fTension * (pt2.X - pt0.X)
        Dim SY1 As Single = fTension * (pt2.Y - pt0.Y)
        Dim SX2 As Single = fTension * (pt3.X - pt1.X)
        Dim SY2 As Single = fTension * (pt3.Y - pt1.Y)
        Dim AX As Single = SX1 + SX2 + 2 * pt1.X - 2 * pt2.X
        Dim AY As Single = SY1 + SY2 + 2 * pt1.Y - 2 * pt2.Y
        Dim BX As Single = -2 * SX1 - SX2 - 3 * pt1.X + 3 * pt2.X
        Dim BY As Single = -2 * SY1 - SY2 - 3 * pt1.Y + 3 * pt2.Y
        Dim CX As Single = SX1
        Dim CY As Single = SY1
        Dim DX As Single = pt1.X
        Dim DY As Single = pt1.Y
        Dim i As Integer
        For i = 0 To apt.GetUpperBound(0)
            Dim t As Single = CSng(i / apt.GetUpperBound(0))
            apt(i).X = CInt(AX * t * t * t + BX * t * t + CX * t + DX)
            apt(i).Y = CInt(AY * t * t * t + BY * t * t + CY * t + DY)
        Next i
        grfx.DrawLines(pn, apt)
    End Sub
End Class
```

An dieser Stelle möchte ich auf einige Dinge hinweisen. Die Methode *CanonicalSpline* verwendet ein Array aus vier Elementen und ruft die Methode *CanonicalSegment* drei Mal auf, wobei jeder dieser Aufrufe zur Anzeige eines der drei Segmente führt. Das erste und das letzte Segment müssen gesondert behandelt werden, da die Kurve hierbei nur auf drei Punkten basiert.

Die Methode *CanonicalSegment* verwendet für jedes Segment ein Array aus nur 10 *Point*-Strukturen. Dadurch erhalten wir zwar keine schöne gleichmäßige Kurve, aber ich wollte auch nur veranschaulichen, dass die Methode tatsächlich die *DrawCurve*-Methode der *Graphics*-Klasse nachahmt.

In den Kapiteln 15 und 19 finden Sie einige weitere Beispielprogramme mit Bézier-Kurven und kanonischen Spline-Kurven.

14 Menüs

532	Menüs und Menüelemente
535	Tastenkombinationen für Menüs
537	Das erste Menü
539	Menüs der etwas anderen Art
541	Eigenschaften und Ereignisse von *MenuItem*
543	Elemente markieren
546	Kontextmenüs
549	Eine Auflistung mit Menüelementen
553	Ein Vorschlag für einen Menüstandard
558	Die Besitzerzeichnung

Das Menü ist die Steuerzentrale für die meisten herkömmlichen Windows-Anwendungen. In einem Menü, das sich direkt unter der Titelleiste des Formulars befindet, sind alle Operationen aufgeführt, die ein Programm ausführen kann – von einfachen Bearbeitungsvorgängen bis hin zu komplexen Vorgängen wie die Rechtschreibprüfung. Auch für Operationen, auf die über Funktionstasten zugegriffen werden kann, verfügt ein Menü üblicherweise über einen entsprechenden Eintrag.

In denen meisten Windows-Anwendungen sehen sich die Menüs ziemlich ähnlich. Dieser Aspekt ist von großer Bedeutung für die Windows-Benutzeroberfläche, da Benutzer sich in einem neuen Programm leichter zurechtfinden, wenn sie den Menüaufbau bereits von anderen Windows-Anwendungen kennen. Daher sollten Sie sich bei der Programmentwicklung im Hinblick auf Struktur und Inhalt eines Anwendungsmenüs ruhig bei anderen Windows-Programmen umschauen. Natürlich bedeutet dies nicht, dass Sie einen schlechten Menüentwurf übernehmen sollen, aber gelegentlich kann selbst eine nicht völlig perfekte Benutzeroberfläche dadurch brauchbar sein, dass sie genauso aufgebaut ist wie andere Anwendungen.

Microsoft Visual Basic .NET stellt einen Menü-Designer zur Verfügung, mit dem Sie die Menühierarchie Ihres Programms interaktiv zusammenstellen können. Dieser Menü-Designer ist recht einfach zu verwenden und für die Entwicklung einfacher Menüs völlig ausreichend. Ich möchte jedoch fast mit Ihnen wetten, dass Ihnen der Menü-Designer eines Tages nicht mehr reichen wird, ganz zu schweigen von dem Code, den er erzeugt. Aus diesem Grund werde ich alle Menüs in diesem Kapitel selbst programmieren.

Menüs und Menüelemente

Das Menü, das sich zwischen Titelleiste und Clientbereich befindet, wird in Windows Forms als das *Hauptmenü* des Formulars bezeichnet. Darüber hinaus unterstützen vielen Anwendungen so genannte *Kontextmenüs*, die beim Klicken mit der rechten Maustaste neben dem Mauszeiger angezeigt werden. Ein Hauptmenü ist gewöhnlich mit einem Formular verknüpft, ein Kontextmenü dagegen mit einem bestimmten Steuerelement, sodass beim Klicken auf verschiedene Steuerelemente oft ganz unterschiedliche Kontextmenüs aufgerufen werden.

Jedes Menü, egal ob Haupt- oder Kontextmenü, enthält *Menüelemente*. Jedes Menüelement weist meist ein Wort oder eine Wendung auf, beispielsweise *Datei, Öffnen, Speichern, Speichern unter, Bearbeiten, Ausschneiden, Kopieren, Einfügen* oder *Alles auswählen*. Wenn ich ein solches Wort oder eine solche Wortkombination verwende, meine ich zumeist das damit verbundene Menüelement.

Allerdings gibt es einen gravierenden Unterschied zwischen Einträgen wie *Datei* und *Bearbeiten* und anderen wie *Öffnen, Speichern, Speichern unter, Ausschneiden, Kopieren, Einfügen* oder *Alles auswählen*. Die beiden ersten Elemente befinden sich im immer sichtbaren Teil des Hauptmenüs der Anwendung, die anderen nicht. Solche Elemente, die direkt auf der Menüleiste zu sehen sind, werden Elemente der *obersten Ebene* genannt. Durch Auswählen eines Elements der obersten Ebene wird ein rechteckiger Bereich angezeigt, der ursprünglich *Popup-* oder *Dropdownmenü* hieß, heute aber zumeist als *Untermenü* bezeichnet wird. (Hier zeigt sich eine weitere Beziehung mit Über- und Unterordnung in Windows Forms.) Im Untermenü, das beispielsweise durch das *Datei*-Element aufgerufen wird, befinden sich weitere Menüelemente wie *Öffnen, Speichern, Speichern unter* usw.

Aus der Sicht des Windows Forms-Programms enthält das Menüelement *Datei* ein Array aus weiteren Menüelementen, in dem *Öffnen, Speichern* und *Speichern unter* enthalten sind. Das *Bearbeiten*-Menü enthält entsprechend ein Array aus Menüelementen, das u.a. aus *Ausschneiden, Kopieren* und *Alles auswählen* besteht.

Bei genauerem Hinsehen entpuppt sich auch das Hauptmenü als Array aus Menüelementen. In diesem Array finden sich alle Elemente (einschließlich *Datei* und *Bearbeiten*) des sichtbaren Teils der Menüleiste. Jedes Menüelement des Hauptmenüs ist mit einem eigenen Array aus Menüelementen verknüpft, wobei jedes dieser Arrays ein Untermenü des Hauptmenüs darstellt. Einige der Untermenüelemente enthalten wiederum Arrays aus Menüelementen, um weitere verschachtelte Untermenüs aufzurufen. Ein Kontextmenü ist nach dem gleichen Prinzip aufgebaut, besteht also aus einem Array aus Menüelementen, von denen jedes weitere wieder Arrays aus Menüelementen enthalten kann.

Die Klassen *MainMenu, ContextMenu* und *MenuItem* sind aus der abstrakten (mit *MustInherit* definierten) Klasse *Menu* im Namespace *System.Windows.Forms* abgeleitet. Die Klassenhierarchie sieht folgendermaßen aus:

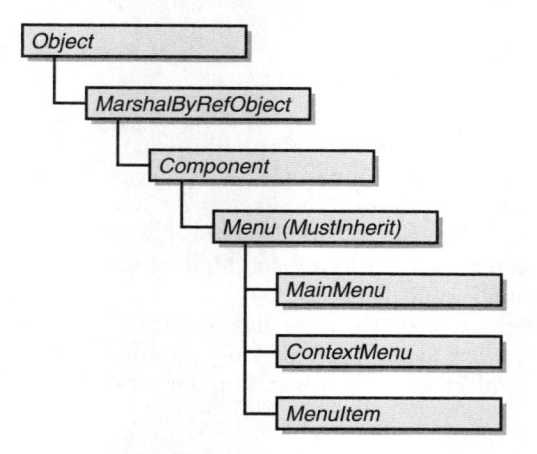

```
Object
  └─ MarshalByRefObject
       └─ Component
            └─ Menu (MustInherit)
                 ├─ MainMenu
                 ├─ ContextMenu
                 └─ MenuItem
```

Beachten Sie bitte, dass *Menu* nicht von der Klasse *Control* abgeleitet ist und daher Eigenschaften wie *BackColor*, *ForeColor* und *Font* nicht zur Verfügung stehen. Farbe und Schrift eines Menüs können zwar vom Benutzer, jedoch nicht vom Programm geändert werden. Wenn Ihr Programm Menüs in einer anderen als der Standardfarbe oder -schrift anzeigen soll, müssen Sie das Feature *Besitzerzeichnung* (owner draw) verwenden, auf das ich gegen Ende dieses Kapitels näher eingehen werde.

Am zweiten der beiden Konstruktoren für *MainMenu* können Sie deutlich erkennen, dass es sich beim Hauptmenü eines Formulars tatsächlich um ein Array aus Menüelementen handelt:

MainMenu-Konstruktoren

```
MainMenu()
MainMenu(ByVal ami() As MenuItem)
```

Um ein bestimmtes *MainMenu*-Objekt einem Formular zuzuordnen, weisen Sie es einfach der Eigenschaft *Menu* des Formulars zu:

Form-Eigenschaften (Auswahl)

Eigenschaft	Typ	Zugriff
Menu	*MainMenu*	Get/Set

Auch *ContextMenu* besitzt zwei Konstruktoren, und auch hier weist der zweite Konstruktor auf die Arraystruktur hin:

ContextMenu-Konstruktoren

```
ContextMenu()
ContextMenu(ByVal ami() As MenuItem)
```

Mit der Eigenschaft *ContextMenu* von *Control* können Sie jedem beliebigen Steuerelement ein bestimmtes *ContextMenu*-Objekt zuweisen:

Control-Eigenschaften (Auswahl)

Eigenschaft	Typ	Zugriff
ContextMenu	ContextMenu	Get/Set

Wenn Ihr Formular mehrere Steuerelemente enthält (oder Sie das Formular mithilfe eines *Panel*-Objekts in verschiedene funktionale Bereiche unterteilt haben), können für die einzelnen Steuerelemente unterschiedliche Kontextmenüs aufgerufen werden. Kontextmenüs müssen jedoch nicht zwingend über die *ContextMenu*-Eigenschaft des Steuerelements implementiert werden. Sie können stattdessen verschiedene Kontextmenüs basierend auf der jeweiligen Mauszeigerposition während der *OnMouseUp*-Methode sozusagen »manuell« aufrufen.

Die Konstruktoren für das Haupt- und das Kontextmenü zeigen zwar, dass es sich bei diesen Objekten um Arrays aus Menüelementen handelt, aber ich habe Ihnen die Konstruktoren für die Elemente noch gar nicht gezeigt. Das holen wir schleunigst nach. Es folgen fünf der sechs *MenuItem*-Konstruktoren:

MenuItem-Konstruktoren (Auswahl)

```
MenuItem()
MenuItem(ByVal strText As String)
MenuItem(ByVal strText As String, ByVal ehClick As EventHandler)
MenuItem(ByVal strText As String, ByVal ehClick As EventHandler, ByVal sc As Shortcut)
MenuItem(ByVal strText As String, ByVal ami() As MenuItem)
```

MenuItem verfügt noch über einen weiteren, recht komplexen Konstruktor zur Zusammenführung von Menüs.

Wir werden die Klasse *MenuItem* im Verlauf dieses Kapitels genauer unter die Lupe nehmen, aber es kann ja nicht schaden, schon mal einen kurzen Blick darauf zu werfen. Für die Erstellung eines Menüelements der obersten Ebene wie *File* (*Datei*) bietet sich der letzte Konstruktor der Tabelle an:

```
New MenuItem("&File", amiFile)
```

Achten Sie auf das kaufmännische Und-Zeichen (&) vor dem *F* im Wort *File*. Dieses Zeichen gibt an, dass das *F* unterstrichen dargestellt und in die integrierte Tastaturschnittstelle eingebaut wird, die Windows Forms für Menüs bereitstellt. Durch Drücken der Tasten ALT und F wird das Untermenü von *File* angezeigt. Um im Menütext ein &-Zeichen anzuzeigen, müssen im Text zwei &-Zeichen hintereinander angegeben werden.

Das Argument *amiFile* des Konstruktors übergibt ein Array aus Menüelementen für die Befehle *Öffnen*, *Speichern*, *Speichern unter* usw. (englisch *Open, Save, Save As*). Das Menüelement *Open* könnte beispielsweise mit diesem Konstruktor erstellt werden:

```
New MenuItem("&Open...", _
             AddressOf MenuFileOpenOnClick, _
             Shortcut.Ctrl0)
```

Auch hier bedeutet das &-Zeichen, dass der nachfolgende Buchstabe (das O) unterstrichen wird. Durch Drücken der Tasten ALT, F und O wird das *Open*-Element aufgerufen. An den drei Auslassungspunkten kann ein Benutzer erkennen, dass mit dem Menüelement ein Dialogfeld angezeigt wird.

Menüelemente, die kein Untermenü erzeugen, werden üblicherweise mit einem *Click*-Ereignis verknüpft, das durch einen Mausklick auf das Element (oder beim Drücken der entsprechenden Taste) ausgelöst wird. Ich werde für solche Ereignishandler ein standardisiertes Namensschema verwenden. In einem »echten« Programm würde die *MenuFileOpenOnClick*-Methode das Dialogfeld anzeigen, in dem eine zu öffnende Datei ausgewählt werden kann. (Dialogfelder kommen in Kapitel 16 dran.)

Tastenkombinationen für Menüs

Ich habe es bereits erwähnt: Tastenkombinationen für die Menübefehle werden mit einem unterstrichenen Buchstaben gekennzeichnet. Wenn die ALT-Taste gedrückt wird, wechselt das Formular in einen besonderen Modus zur Menüauswahl. In diesem Modus wird (in einer deutschen Anwendung) durch Drücken der Taste D z.B. das Menü *Datei* angezeigt, in diesem Menü wiederum dient die Taste O zur Anzeige des Elements zum Öffnen einer Datei.

Windows verfügt über eine zusätzliche Tastaturschnittstelle für das Menü, so genannte *Zugriffstasten*, die in Windows Forms meist *Tastenkombinationen* genannt werden. Eine Tastenkombination kann mit den Werten der Enumeration *Shortcut* angegeben werden. Im oben gezeigten Beispiel gibt der Wert *Shortcut.CtrlO* an, dass die Tastenkombination STRG+O (CTRL+O auf einer amerikanischen Tastatur) ein Dialogfeld zum Öffnen einer Datei anzeigt. Wenn Sie Tastenkombinationen für Menüelemente festlegen, wird die Zeichenfolge »Strg+O« automatisch neben dem Menüeintrag eingefügt. Drückt ein Benutzer die Tasten STRG+O, wird der *MenuFileOpenOnClick*-Ereignishandler scheinbar ohne Umweg über das Menü aufgerufen.

Bei *Shortcut* handelt es sich um eine Aufzählung mit 150 Tastenkombinationen, die sich für Menüs anbieten. (Dies ist die viertgrößte Enumeration im gesamten .NET Framework.) Die erste Tabelle führt die Funktionstasten sowie die Tasten EINFG (»Ins« auf der amerikanischen Tastatur), ENTF (»Del«) und die Rücktaste (»Bksp«) auf:

Shortcut-Enumeration (Auswahl)

F1	ShiftF1	CtrlF1	CtrlShiftF1	AltF1
F2	ShiftF2	CtrlF2	CtrlShiftF2	AltF2
F3	ShiftF3	CtrlF3	CtrlShiftF3	AltF3
F4	ShiftF4	CtrlF4	CtrlShiftF4	AltF4
F5	ShiftF5	CtrlF5	CtrlShiftF5	AltF5
F6	ShiftF6	CtrlF6	CtrlShiftF6	AltF6
F7	ShiftF7	CtrlF7	CtrlShiftF7	AltF7
F8	ShiftF8	CtrlF8	CtrlShiftF8	AltF8
F9	ShiftF9	CtrlF9	CtrlShiftF9	AltF9
F10	ShiftF10	CtrlF10	CtrlShiftF10	AlfF10
F11	ShiftF11	CtrlF11	CtrlShiftF11	AltF11
F12	ShiftF12	CtrlF12	CtrlShiftF12	AltF12
Ins	ShiftIns	CtrlIns		
Del	ShiftDel	CtrlDel		
None				AltBksp

Der Standardwert lautet *Shortcut.None*. Die nächste Tabelle zeigt die Kombinationen der Buchstabentasten mit der Umschalt- und der STRG-Taste (»Shift« bzw. »Ctrl«):

Shortcut-Enumeration (Auswahl)

CtrlA	*CtrlN*	*CtrlShiftA*	*CtrlShiftN*
CtrlB	*CtrlO*	*CtrlShiftB*	*CtrlShiftO*
CtrlC	*CtrlP*	*CtrlShiftC*	*CtrlShiftP*
CtrlD	*CtrlQ*	*CtrlShiftD*	*CtrlShiftQ*
CtrlE	*CtrlR*	*CtrlShiftE*	*CtrlShiftR*
CtrlF	*CtrlS*	*CtrlShiftF*	*CtrlShiftS*
CtrlG	*CtrlT*	*CtrlShiftG*	*CtrlShiftT*
CtrlH	*CtrlU*	*CtrlShiftH*	*CtrlShiftU*
CtrlI	*CtrlV*	*CtrlShiftI*	*CtrlShiftV*
CtrlJ	*CtrlW*	*CtrlShiftJ*	*CtrlShiftW*
CtrlK	*CtrlX*	*CtrlShiftK*	*CtrlShiftX*
CtrlL	*CtrlY*	*CtrlShiftL*	*CtrlShiftY*
CtrlM	*CtrlZ*	*CtrlShiftM*	*CtrlShiftZ*

Die Werte dieser Enumeration entsprechen den Werten der Enumeration *Keys* (siehe Kapitel 6), wie sie in der Eigenschaft *KeyData* der Klasse *KeyEventArgs* zusammengefasst sind. Die folgende Tabelle zeigt die Kombinationen der Zahlentasten mit der STRG- oder ALT-Taste:

Shortcut-Enumeration (Auswahl)

Ctrl0	*CtrlShift0*	*Alt0*
Ctrl1	*CtrlShift1*	*Alt1*
Ctrl2	*CtrlShift2*	*Alt2*
Ctrl3	*CtrlShift3*	*Alt3*
Ctrl4	*CtrlShift4*	*Alt4*
Ctrl5	*CtrlShift5*	*Alt5*
Ctrl6	*CtrlShift6*	*Alt6*
Ctrl7	*CtrlShift7*	*Alt7*
Ctrl8	*CtrlShift8*	*Alt8*
Ctrl9	*CtrlShift9*	*Alt9*

Es können nur Tastenkombinationen verwendet werden, die in der Enumeration *Shortcut* enthalten sind.

In der Win32-Programmierung ist der Einsatz von Zugriffstasten nicht auf Menüelemente beschränkt. In Windows Forms dagegen sind Tastenkombinationen stets mit Menüelementen verknüpft. Wenn Sie eine Tastenkombination ohne zugehöriges Menüelement festlegen möchten, definieren Sie ein Menüelement mit der gewünschten Tastenkombination, fügen es in das Menü ein und setzen einfach die *Visible*-Eigenschaft des Elements auf *False*. Auf diese Weise wird das Menüelement nicht angezeigt, die Tastenkombination funktioniert aber trotzdem.

Das erste Menü

Wir verfügen nun über ausreichende Kenntnisse, um ein erstes Menü zu erstellen. Leider können wir mit unserem bisherigen Wissen noch keine Menüelemente entwickeln, die zu wirklich nützlichen Funktionen führen, beispielsweise zur Anzeige von Dialogfeldern oder zum Kopieren in die Zwischenablage, aber für den Anfang wird es genügen. Die meisten *Click*-Ereignishandler dieses Programms zeigen nur ein Meldungsfeld an, das darüber informiert, dass auf das Menüelement geklickt wurde.

FirstMainMenu.vb
```
Imports System
Imports System.Drawing
Imports System.Windows.Forms
Class FirstMainMenu
    Inherits Form
    Shared Sub Main()
        Application.Run(New FirstMainMenu())
    End Sub
    Sub New()
        Text = "First Main Menu"
        ' Elemente im Untermenü Datei.
        Dim miOpen As New MenuItem("&Open...", AddressOf MenuFileOpenOnClick, Shortcut.CtrlO)
        Dim miSave As New MenuItem("&Save", AddressOf MenuFileSaveOnClick, Shortcut.CtrlS)
        Dim miSaveAs As New MenuItem("Save &As...", AddressOf MenuFileSaveAsOnClick)
        Dim miDash As New MenuItem("-")
        Dim miExit As New MenuItem("E&xit", AddressOf MenuFileExitOnClick)
        ' Menü Datei.
        Dim miFile As New MenuItem("&File", New MenuItem() {miOpen, miSave, miSaveAs, miDash, miExit})
        ' Elemente im Untermenü Bearbeiten.
        Dim miCut As New MenuItem("Cu&t", AddressOf MenuEditCutOnClick, Shortcut.CtrlX)
        Dim miCopy As New MenuItem("&Copy", AddressOf MenuEditCopyOnClick, Shortcut.CtrlC)
        Dim miPaste As New MenuItem("&Paste", AddressOf MenuEditPasteOnClick, Shortcut.CtrlV)
        ' Menü Bearbeiten.
        Dim miEdit As New MenuItem("&Edit", New MenuItem() {miCut, miCopy, miPaste})
        ' Element im Untermenü Hilfe (?).
        Dim miAbout As New MenuItem("&About FirstMainMenu...", AddressOf MenuHelpAboutOnClick)
        ' Menü Hilfe.
        Dim miHelp As New MenuItem("&Help", New MenuItem() {miAbout})
        ' Hauptmenü.
        Menu = New MainMenu(New MenuItem() {miFile, miEdit, miHelp})
    End Sub
    Private Sub MenuFileOpenOnClick(ByVal obj As Object, ByVal ea As EventArgs)
        MessageBox.Show("File Open item clicked!", Text)
    End Sub
    Private Sub MenuFileSaveOnClick(ByVal obj As Object, ByVal ea As EventArgs)
        MessageBox.Show("File Save item clicked!", Text)
    End Sub
```

```
    Private Sub MenuFileSaveAsOnClick(ByVal obj As Object, ByVal ea As EventArgs)
        MessageBox.Show("File Save As item clicked!", Text)
    End Sub
    Private Sub MenuFileExitOnClick(ByVal obj As Object, ByVal ea As EventArgs)
        Close()
    End Sub
    Private Sub MenuEditCutOnClick(ByVal obj As Object, ByVal ea As EventArgs)
        MessageBox.Show("Edit Cut item clicked!", Text)
    End Sub
    Private Sub MenuEditCopyOnClick(ByVal obj As Object, ByVal ea As EventArgs)
        MessageBox.Show("Edit Copy item clicked!", Text)
    End Sub
    Private Sub MenuEditPasteOnClick(ByVal obj As Object, ByVal ea As EventArgs)
        MessageBox.Show("Edit Paste item clicked! ", Text)
    End Sub
    Private Sub MenuHelpAboutOnClick(ByVal obj As Object, ByVal ea As EventArgs)
        MessageBox.Show(Text & " " & Chr(169) & " 2002 by Charles Petzold")
    End Sub
End Class
```

Ich gebe zu, für ein Programm, das nur ein paar Meldungsfelder anzeigen kann, ist das ziemlich viel Code. Wenn Sie aber bedenken, wie wichtig Menüs für die meisten Anwendungen sind, ist diese Menge eigentlich angemessen. Das Programm führt die meisten Operationen als Reaktion auf *Click*-Ereignisse des Menüs aus.

Hierbei werden vier verschiedene *MenuItem*-Konstruktoren verwendet. Das Menüelement *Open* des *File*-Menüs wird durch einen Konstruktor mit drei Argumenten erstellt:

```
Dim miOpen As New MenuItem("&Open...", AddressOf MenuFileOpenOnClick, Shortcut.CtrlO)
```

Für das Element *Save As* dieses Menüs gibt es meistens keine Tastenkombination, daher hat dieser Konstruktor nur zwei Argumente:

```
Dim miSaveAs As New MenuItem("Save &As...", AddressOf MenuFileSaveAsOnClick)
```

Der folgende Konstruktor erwartet nur ein einziges Textargument:

```
Dim miDash As New MenuItem("-")
```

Wenn Sie in einem Untermenü einen Bindestrich als Menüelement definieren, wird im Untermenü eine horizontale Linie gezogen. Auf diese Weise werden Elementgruppen in einem Untermenü voneinander getrennt.

Nach den Menüelementen des Untermenüs *File* erstellt das Programm unter Verwendung einer weiteren Form des *MenuItem*-Konstruktors ein Menü der obersten Ebene:

```
Dim miFile As New MenuItem("&File", New MenuItem() {miOpen, miSave, miSaveAs, miDash, miExit})
```

Dieser Konstruktor gibt den Elementtext an (»File«) und erstellt ein Array aus den Elementen, die im zugehörigen Untermenü angezeigt werden.

Anschließend erstellt das Programm das *Edit*-Element (das ein Untermenü mit den Elementen *Cut, Copy* und *Paste* enthält) sowie ein *Help*-Element (dieses enthält nur ein *About*-Element). Zum Schluss setzt der Formularkonstruktor die *Menu*-Eigenschaft des Formulars auf ein Objekt vom Typ *MainMenu*. Der *MainMenu*-Konstruktor legt ein Array aus *MenuItem*-Objekten fest, die auf der obersten Ebene des Menüs angezeigt werden:

```
Menu = New MainMenu(New MenuItem() {miFile, miEdit, miHelp})
```

Sämtliche *Click*-Ereignishandler im Programm FirstMainMenu zeigen Meldungsfelder an. Die einzige Ausnahme ist der Ereignishandler für das *Exit*-Element des *File*-Menüs. Er ruft die *Close*-Methode des Formulars auf, um das Formular zu schließen und das Programm zu beenden.

Für die *Click*-Ereignisse sind nicht unbedingt getrennte Ereignishandler erforderlich. Die Menüelemente können problemlos in ein und demselben Ereignishandler verarbeitet werden. Durch den Einsatz getrennter Handler ist der Code jedoch übersichtlicher und sicherlich auch einfacher zu pflegen. Die Verarbeitung mehrerer Ereignisse in einem *Click*-Ereignishandler macht nur dann Sinn, wenn Menüelemente in einer Gruppe zueinander in Beziehung stehen. Solche Elemente stellen üblicherweise sich gegenseitig ausschließende Optionen dar.

Menüs der etwas anderen Art

Wenn Sie den Aufbau der Menüs in Ihren Programmen an dem anderer Windows-Programme orientieren möchten, tun Sie natürlich den Benutzern einen Gefallen. Sie sind aber keineswegs dazu verpflichtet. Zuweilen benötigen Sie vielleicht nur ein einziges Menüelement – beispielsweise in einem kleinen Programm, das Sie auf die Schnelle für sich selbst schreiben. Ein Menüelement der obersten Ebene, das kein Untermenü aufruft, sondern direkt eine Aktion ausführt, wird üblicherweise mit einem Ausrufezeichen markiert.

Das folgende Programm erstellt eine Unterklasse des Programms JeuDeTaquin aus Kapitel 10 und fügt ein Menü mit nur einem Element hinzu, nämlich dem Befehl *Scramble!* (durcheinander bringen).

```
JeuDeTaquinWithScramble.vb
Imports System
Imports System.Drawing
Imports System.Windows.Forms
Class JeuDeTaquinWithScramble
    Inherits JeuDeTaquin
    Shared Shadows Sub Main()
        Application.Run(New JeuDeTaquinWithScramble())
    End Sub

    Sub New()
        Menu = New MainMenu(New MenuItem() { New MenuItem("&Scramble!", AddressOf MenuScrambleOnClick)})
    End Sub

    Private Sub MenuScrambleOnClick(ByVal obj As Object, ByVal ea As EventArgs)
        Randomize()
    End Sub
End Class
```

Nun müssen Sie das Programm nicht mehr beenden, um die Zahlenfelder wieder durcheinander zu bringen.

Eines der ersten Programme, das in der zeichenorientierten MS-DOS-Umgebung eine visuelle Menühierarchie einsetzte, war Lotus 1-2-3. Diese Menüs enthielten jedoch keine Popupmenüs. Die Menüanzeige bestand nur aus einer einzigen Zeile, wobei jede Menüebene die darüber liegende ersetzte.

Sie können diese Anordnung in Windows Forms simulieren, indem Sie mehrere *MainMenu*-Objekte definieren und diese anschließend dynamisch der *Menu*-Eigenschaft des Formulars zuweisen. Das folgende Programm veranschaulicht diese Vorgehensweise.

OldFashionedMenu.vb

```vb
Imports System
Imports System.Drawing
Imports System.Windows.Forms
Class OldFashionedMenu
    Inherits Form
    Private mmMain, mmFile, mmEdit As MainMenu
    Shared Sub Main()
        Application.Run(New OldFashionedMenu())
    End Sub
    Sub New()
        Text = "Old-Fashioned Menu"
        Dim eh As EventHandler = AddressOf MenuOnClick
        mmMain = New MainMenu(New MenuItem() _
        { _
            New MenuItem("MAIN:"), _
            New MenuItem("&File", AddressOf MenuFileOnClick), _
            New MenuItem("&Edit", AddressOf MenuEditOnClick) _
        })
        mmFile = New MainMenu(New MenuItem() _
        { _
            New MenuItem("FILE:"), _
            New MenuItem("&New", eh), _
            New MenuItem("&Open...", eh), _
            New MenuItem("&Save", eh), _
            New MenuItem("Save &As...", eh), _
            New MenuItem("(&Main)", AddressOf MenuMainOnClick) _
        })
        mmEdit = New MainMenu(New MenuItem() _
        { _
            New MenuItem("EDIT:"), _
            New MenuItem("Cu&t", eh), _
            New MenuItem("&Copy", eh), _
            New MenuItem("&Paste", eh), _
            New MenuItem("De&lete", eh), _
            New MenuItem("(&Main)", AddressOf MenuMainOnClick) _
        })
        Menu = mmMain
    End Sub
    Private Sub MenuMainOnClick(ByVal obj As Object, ByVal ea As EventArgs)
        Menu = mmMain
    End Sub
    Private Sub MenuFileOnClick(ByVal obj As Object, ByVal ea As EventArgs)
        Menu = mmFile
    End Sub
    Private Sub MenuEditOnClick(ByVal obj As Object, ByVal ea As EventArgs)
        Menu = mmEdit
    End Sub
    Private Sub MenuOnClick(ByVal obj As Object, ByVal ea As EventArgs)
        MessageBox.Show("Menu item clicked!", Text)
    End Sub
End Class
```

Eigenschaften und Ereignisse von *MenuItem*

Ich habe weiter oben in diesem Kapitel fünf *MenuItem*-Konstruktoren aufgeführt, einen davon, nämlich den Standardkonstruktor, aber noch nicht erläutert:

New MenuItem()

Nach diesem Konstruktor müssen Sie Anweisungen zum Einstellen der Eigenschaften des *MenuItem*-Objekts verwenden. In der folgenden Tabelle werden die Eigenschaften aufgeführt, die mit dem Text des Menüelements und der zugehörigen Tastenkombination zu tun haben:

MenuItem-Eigenschaften (Auswahl)

Eigenschaft	Typ	Zugriff
Text	String	Get/Set
Mnemonic	Char	Get
Shortcut	Shortcut	Get/Set
ShowShortcut	Boolean	Get/Set

Bei der Eigenschaft *Mnemonic* handelt es sich um das Zeichen, das in der Eigenschaft *Text* auf das Zeichen & folgt (oder um den Wert 0, falls kein Zeichen angegeben wurde). Wenn Sie die Eigenschaft *ShowShortcut* auf *False* setzen, wird die zugehörige Tastenkombination nicht hinter dem Menütext angezeigt.

Die folgende Liste führt die meisten *Boolean*-Eigenschaften der Klasse *MenuItem* auf, die über Lese-/Schreibzugriff verfügen:

MenuItem-Eigenschaften (Auswahl)

Eigenschaft	Typ	Zugriff
Visible	Boolean	Get/Set
Enabled	Boolean	Get/Set
DefaultItem	Boolean	Get/Set
Break	Boolean	Get/Set
BarBreak	Boolean	Get/Set

Wird die Eigenschaft *Visible* auf *False* gesetzt, dann wird das Menüelement im Menü nicht angezeigt. Falls jedoch eine Tastenkombination definiert wurde, löst diese dennoch den *Click*-Ereignishandler aus. Mithilfe dieser Eigenschaft können Sie also Tastenkombinationen festlegen, ohne sie mit Menüelementen verknüpfen zu müssen. Darüber hinaus können Sie eine Reihe von Menüelementen optional ausblenden und so eine vereinfachte Menüstruktur implementieren, um beispielsweise Einsteiger nicht gleich mit einer Unmenge von Menüs und Untermenüs zu überschütten.

Die Eigenschaft *Enabled* ist von diesen fünf Eigenschaften vermutlich die am häufigsten verwendete. Sie wird meist auf *False* gesetzt, um gerade nicht zutreffende Menüelemente zu deaktivieren. Wenn ein Element deaktiviert wurde, wird der Elementtext abgeblendet dargestellt, um kenntlich zu machen, dass dieses Element nicht ausgewählt werden kann. Für ein deaktiviertes Element kann der *Click*-Ereignishandler weder durch Klicken mit der Maus noch durch Eingabe der Tastenkombination ausgelöst werden.

Ob die Elemente der Menüs *Datei* und *Bearbeiten* aktiviert oder deaktiviert angezeigt werden, hängt oft von bestimmten Bedingungen ab. Wenn im Programm kein Dokument geöffnet ist, sind die Optionen *Speichern* und *Speichern unter* gewöhnlich deaktiviert. Ist zwar ein Dokument geöffnet, darin aber kein Bereich markiert, so sind die Befehle *Ausschneiden* und *Kopieren* deaktiviert. *Einfügen* wird deaktiviert, wenn die Zwischenablage keine Daten enthält, die das Programm irgendwo einfügen könnte. Ich werde im weiteren Verlauf dieses Kapitels erläutern, wie das Deaktivieren von Menüelementen funktioniert.

Wenn Sie die Eigenschaft *DefaultItem* auf *True* setzen, wird das Menüelement in fetter Schrift angezeigt. Diese Eigenschaft macht im Hauptmenü eines Programms nur Sinn, wenn sie für Untermenüelemente eingesetzt wird. Ein Doppelklick auf ein Hauptmenüelement, das über ein Untermenü verfügt, ruft das Standardelement des Untermenüs auf. Wenn Sie z.B. die Anweisung

```
miExit.DefaultItem = True
```

in den Konstruktor von FirstMainMenu einfügen, wird mit einem Doppelklick auf das *File*-Element das Programm beendet. Standardelemente werden eher in Kontextmenüs eingesetzt.

Durch Setzen der Eigenschaft *Break* auf den Wert *True* wird ein Menüelement (sowie alle zugehörigen Elemente) in einer neuen Spalte angezeigt. Denselben Effekt können Sie erzielen, wenn Sie die Eigenschaft *BarBreak* auf *True* setzen, dabei wird zusätzlich eine vertikale Linie zwischen den Spalten gezogen. Es ist zwar nicht üblich, aber durchaus möglich, *Break* und *BarBreak* für Elemente der obersten Ebene eines Hauptmenüs zu setzen. Beide Eigenschaften führen zur Anzeige des Menüelements (sowie der dazugehörigen Elemente) in einer neuen Zeile.

MenuItem verfügt noch über weitere Eigenschaften. Zu den Eigenschaften *Checked* und *RadioCheck* komme ich gleich. Darüber hinaus erben die Klassen *MenuItem*, *MainMenu* und *ContextMenu* von *Menu* eine ausgesprochen wichtige Eigenschaft namens *MenuItems* (beachten Sie den Plural), auf die ich in diesem Kapitel ebenfalls noch eingehe.

Von den fünf in der Klasse *MenuItem* definierten Ereignissen ist *Click* sicher das wichtigste. Zwei der fünf Ereignisse beziehen sich auf das Feature *Besitzerzeichnung* (owner draw), das ich am Ende dieses Kapitel erläutern werde. Die anderen drei Ereignisse (zu denen auch *Click* gehört) werden im Folgenden aufgeführt:

MenuItem-Ereignisse (Auswahl)

Ereignis	Methode	Delegat	Argument
Click	*OnClick*	*EventHandler*	*EventArgs*
Popup	*OnPopup*	*EventHandler*	*EventArgs*
Select	*OnSelect*	*EventHandler*	*EventArgs*

In Programmen werden für die Elemente der obersten Ebene (z.B. *Datei* oder *Bearbeiten*) häufig *Popup*-Ereignishandler implementiert. Dieses Ereignis kündigt an, dass ein Untermenü zu diesem Element angezeigt werden soll. Wie ich weiter oben bereits erwähnte, werden einige Menüelemente wie beispielsweise *Ausschneiden*, *Kopieren* oder *Einfügen* aktiviert oder deaktiviert, je nachdem, ob im Dokument etwas markiert ist oder die Zwischenablage verwendbare Daten enthält. Um das Aktivieren bzw. Deaktivieren von Elementen durchzuführen, eignet sich der *Popup*-Ereignishandler geradezu perfekt.

Das *Select*-Ereignis tritt ein, wenn der Benutzer den Mauszeiger über das Menüelement führt oder die Pfeiltasten drückt, um zu einem anderen Menüelement zu wechseln. Das ausgewählte Menüelement wird üblicherweise in einer anderen Farbe angezeigt. Wie Sie wahrscheinlich wissen, zeigen einige Anwendungen eine einfache Beschreibung des jeweiligen Menüelements in der Statusleiste an. In Kapitel 20 erfahren Sie, wie das gemacht wird.

Elemente markieren

Wenn Sie sich beim Windows-Rechner einmal das Menü *Ansicht* ansehen (am besten in der wissenschaftlichen Ansicht), werden Sie feststellen, dass mehrere Menüelemente markiert sind. Menüelemente, die eine Auswahlmöglichkeit vom booleschen Typ bieten (»Ein/Aus«), wie z.B. das Element *Zifferngruppierung*, können genau wie ein *CheckBox*-Steuerelement aktiviert oder deaktiviert werden.

Bei anderen Gruppen von Menüelementen, wie beispielsweise die zur Umwandlung von Zahlen in verschiedene Zahlensysteme, handelt es sich um Optionen, die sich gegenseitig ausschließen. Das aktuell ausgewählte Element wird durch einen gefüllten Kreis gekennzeichnet. (Einige Windows-Anwendungen verwenden sowohl für Elemente mit zwei Zuständen (ein/aus) als auch für sich gegenseitig ausschließende Menüelemente die normale Kennzeichnung mit dem Häkchen. Das ist zwar grundsätzlich erlaubt, aber nicht zu empfehlen.)

Die Markierungen der Optionsfelder und Kontrollkästchen werden über die folgenden beiden *MenuItem*-Eigenschaften gesteuert:

MenuItem-Eigenschaften (Auswahl)

Eigenschaft	Typ	Zugriff
Checked	Boolean	Get/Set
RadioCheck	Boolean	Get/Set

Wenn Sie die Eigenschaft *Checked* auf *True* setzen, wird die Markierung (egal ob Häkchen oder Punkt) angezeigt. Setzen Sie die Eigenschaft *RadioCheck* auf *True*, so wird ein Kreis angezeigt (mit dem sich gegenseitig ausschließende Optionen gekennzeichnet werden). Der Wert *False* führt zur Anzeige eines Häkchens (bei Elementen, die ein- oder ausgeschaltet sein können).

Das folgende Programm ist ähnlich aufgebaut wie das Programm RadioButtons aus Kapitel 12. Das Hauptmenü enthält nur ein Element namens *Format*, das wiederum zehn Elemente beinhaltet. Bei acht dieser Elemente handelt es sich um Optionsfelder, die zur Farbauswahl dienen; das neunte ist eine horizontale Linie; das zehnte Element enthält den Text *Fill* und gibt an, dass die Ellipse gefüllt werden soll.

```
CheckAndRadioCheck.vb
Imports System
Imports System.Drawing
Imports System.Windows.Forms
Class CheckAndRadioCheck
    Inherits Form
    Private miColor, miFill As MenuItem
    Shared Sub Main()
        Application.Run(New CheckAndRadioCheck())
    End Sub
    Sub New()
        Text = "Check and Radio Check"
        ResizeRedraw = True
        Dim astrColor() As String = {"Black", "Blue", "Green","Cyan", _
                            "Red", "Magenta", "Yellow", "White"}
```

```vb
        Dim ami(astrColor.Length + 1) As MenuItem
        Dim ehColor As EventHandler = AddressOf MenuFormatColorOnClick
        Dim i As Integer

        For i = 0 To astrColor.GetUpperBound(0)
            ami(i) = New MenuItem(astrColor(i), ehColor)
            ami(i).RadioCheck = True
        Next i
        miColor = ami(0)
        miColor.Checked = True

        ami(astrColor.Length) = New MenuItem("-")
        miFill = New MenuItem("&Fill", AddressOf MenuFormatFillOnClick)
        ami(astrColor.Length + 1) = miFill

        Dim mi As New MenuItem("&Format", ami)
        Menu = New MainMenu(New MenuItem() {mi})
    End Sub
    Private Sub MenuFormatColorOnClick(ByVal obj As Object, ByVal ea As EventArgs)
        miColor.Checked = False
        miColor = DirectCast(obj, MenuItem)
        miColor.Checked = True
        Invalidate()
    End Sub
    Private Sub MenuFormatFillOnClick(ByVal obj As Object, ByVal ea As EventArgs)
        Dim mi As MenuItem = DirectCast(obj, MenuItem)
        mi.Checked = Not mi.Checked
        Invalidate()
    End Sub
    Protected Overrides Sub OnPaint(ByVal pea As PaintEventArgs)
        Dim grfx As Graphics = pea.Graphics

        If miFill.Checked Then
            Dim br As New SolidBrush(Color.FromName(miColor.Text))
            grfx.FillEllipse(br, 0, 0, ClientSize.Width - 1, ClientSize.Height - 1)
        Else
            Dim pn As New Pen(Color.FromName(miColor.Text))
            grfx.DrawEllipse(pn, 0, 0, ClientSize.Width - 1, ClientSize.Height - 1)
        End If
    End Sub
End Class
```

Der Konstruktor definiert ein Array aus acht Zeichenfolgen zur Beschreibung der Farben und anschließend ein weiteres Array aus *MenuItem*-Strukturen, das groß genug ist, um die acht Farben sowie zwei weitere Menüelemente aufzunehmen:

```vb
Dim ami(astrColor.Length + 1) As MenuItem
```

Eine Gruppe sich gegenseitig ausschließender Menüelemente wird üblicherweise mit demselben *Click*-Ereignishandler verknüpft. Aus diesem Grund wird der Ereignishandler vor den Menüelementen definiert:

```vb
Dim ehColor As EventHandler = AddressOf MenuFormatColorOnClick
```

Basierend auf den acht Farbnamen und dem Ereignishandler *ehColor* erstellt eine *For*-Schleife die acht Menüelemente. Die Eigenschaft *RadioCheck* wird auf *True* gesetzt, damit ein Punkt statt eines Häkchens angezeigt wird, wenn der Wert der Eigenschaft *Checked* ebenfalls *True* ist.

Die als Feld gespeicherte Variable *miColor* ist das aktuell markierte *MenuItem*-Objekt. Der Konstruktor stellt dieses Feld auf das erste *MenuItem*-Objekt im Array ein und setzt anschließend die Eigenschaft *Checked* auf *True*.

```
miColor = ami(0)
miColor.Checked = True
```

Ich werde nun kurz den Handler *MenuFormatColorOnClick* erläutern und komme dann gleich auf den Programmkonstruktor zurück. Der *Click*-Ereignishandler hebt zunächst die Markierung des aktuell ausgewählten Menüelements auf:

```
miColor.Checked = False
```

Anschließend wird das Feld *miColor* auf das erste Argument des Ereignishandlers gesetzt, also auf das Element, auf das der Benutzer geklickt hat:

```
miColor = DirectCast(obj, MenuItem)
```

Der Ereignishandler markiert dann das Menüelement

```
miColor.Checked = True
```

und erklärt das Formular für ungültig, um die Ellipse neu zu zeichnen. Dieser Codeblock veranschaulicht die übliche Vorgehensweise bei der Markierung sich gegenseitig ausschließender Menüelemente.

Nun aber zurück zum Konstrukor. Nach den acht Menüelementen für die Farben erstellt er ein neuntes Menüelement, das eine horizontale Linie darstellt, sowie das zehnte Element zum Füllen der Ellipse:

```
miFill = New MenuItem("&Fill", AddressOf MenuFormatFillOnClick)
ami(astrColor.Length + 1) = miFill
```

Die Variable *miFill* wird ebenfalls als Feld gespeichert. Die *OnPaint*-Methode verwendet sowohl die Methode *miColor* als auch *miFill*, um die Ellipse zu zeichnen (bzw. zu füllen).

Die Methode *MenuFormatFillOnClick* muss dagegen nicht auf *miFill* zugreifen. Mit einer Typumwandlung des ersten Arguments,

```
Dim mi As MenuItem = DirectCast(obj, MenuItem)
```

ruft der Ereignishandler das angeklickte *MenuItem*-Objekt ab und nimmt einen Zustandswechsel für dieses Element vor:

```
mi.Checked = Not mi.Checked
```

Diese beiden Anweisungen könnten auch in einer einzigen Zeile ausgedrückt werden:

```
miFill.Checked = Not miFill.Checked
```

Der Ereignishandler ist jedoch allgemeiner gefasst, wenn er sich nicht auf ein bestimmtes Menüelement bezieht. Für weitere Menüelemente, die ein- und ausgeschaltet werden können und ebenfalls über *OnPaint* verarbeitet werden, können Sie die gleiche Methode zum Aktivieren bzw. Deaktivieren verwenden.

Die *OnPaint*-Methode im Programm CheckAndRadioCheck konvertiert mithilfe der shared Methode *Color.FromName* den Text des Farbnamens eines Menüelements in ein *Color*-Objekt, um anschließend einen Pinsel oder einen Stift erstellen zu können:

```
Color.FromName(miColor.Text)
```

Nun verfügt natürlich nicht jedes Menüelement über eine *Text*-Eigenschaft, die direkt in ein Objekt umgewandelt werden kann. Es empfiehlt sich sowieso nicht, Menütext für einen solchen Zweck einzusetzen. Dafür gibt es mehrere Gründe. Erstens: Falls Ihr Menü in eine andere Sprache übersetzt werden soll, werden sich die neuen Textzeichenfolgen vermutlich nicht ganz so problemlos in *Color*-Objekte umwandeln lassen. Zum Zweiten wäre es ziemlich ungeschickt,

&-Zeichen in die Farbnamen einzufügen, da diese erst wieder entfernt werden müssten, bevor der Text an die Methode *Color.FromName* übergeben werden kann.

Ich werde Ihnen in Kürze einen allgemeineren Ansatz zur Unterscheidung sich gegenseitig ausschließender Menüelemente demonstrieren. (Ich höre Sie fragen: »Wird in diesem Ansatz eine Klasse von *MenuItem* abgeleitet?« Was glauben Sie?)

Kontextmenüs

Kontextmenüs sind in mancher Hinsicht einfacher als Hauptmenüs. Das liegt hauptsächlich daran, dass sie kleiner sind und manchmal sogar nur eine einfache Menüelementliste ohne Untermenüs enthalten. Das folgende Programm erstellt ein Kontextmenü, mit dem Sie die Hintergrundfarbe des Formulars einstellen können.

```
ContextMenuDemo.vb
Imports System
Imports System.Drawing
Imports System.Windows.Forms
Class ContextMenuDemo
    Inherits Form

    Private miColor As MenuItem

    Shared Sub Main()
        Application.Run(New ContextMenuDemo())
    End Sub

    Sub New()
        Text = "Context Menu Demo"

        Dim eh As EventHandler = AddressOf MenuColorOnClick
        Dim ami() As MenuItem = {New MenuItem("Black", eh), _
                                 New MenuItem("Blue", eh), _
                                 New MenuItem("Green", eh), _
                                 New MenuItem("Cyan", eh), _
                                 New MenuItem("Red", eh), _
                                 New MenuItem("Magenta", eh), _
                                 New MenuItem("Yellow", eh), _
                                 New MenuItem("White", eh)}
        Dim mi As MenuItem

        For Each mi In ami
            mi.RadioCheck = True
        Next mi

        miColor = ami(3)
        miColor.Checked = True
        BackColor = Color.FromName(miColor.Text)

        ContextMenu = New ContextMenu(ami)
    End Sub

    Private Sub MenuColorOnClick(ByVal obj As Object, ByVal ea As EventArgs)
        miColor.Checked = False
        miColor = DirectCast(obj, MenuItem)
        miColor.Checked = True
        BackColor = Color.FromName(miColor.Text)
    End Sub
End Class
```

In diesem Programm werden die acht Menüelemente gleich während der Initialisierung des *MenuItem*-Arrays namens *ami* definiert. Wie im vorigen Programm existiert nur ein einziger *Click*-Ereignishandler für alle acht Menüelemente. Eine *For*-Schleife setzt die *RadioCheck*-Eigenschaft jedes Menüelements auf *True*. Anschließend setzt der Konstruktor die Feldvariable *miColor* auf das vierte Element im Array, markiert dieses und stellt die Hintergrundfarbe auf das markierte Element ein.

Der Konstruktor wird abgeschlossen, indem aus dem Array aus *MenuItem*-Objekten ein neues *ContextMenu*-Objekt erstellt und dieses der Eigenschaft *ContextMenu* des Formulars zugewiesen wird:

```
ContextMenu = New ContextMenu(ami)
```

Dieses Kontextmenü wird durch einen Rechtsklick auf eine beliebige Stelle des Clientbereichs aufgerufen. Darüber hinaus verfügt die Klasse *ContextMenu* über eine Methode, mit der ein Kontextmenü angezeigt werden kann, ohne die Eigenschaft *ContextMenu* eines Steuerelements einstellen zu müssen:

ContextMenu-Methoden (Auswahl)

```
Sub Show(ByVal ctrl As Control, ByVal ptLocation As Point)
```

Diese Methode empfiehlt sich beispielsweise dann, wenn Sie für ein einziges Steuerelement (oder Formular) unterschiedliche Kontextmenüs benötigen, deren Anzeige sich danach richtet, wo der Rechtsklick erfolgt.

Das Programm ContextMenuDemo weist die gleichen Schwachstellen auf wie CheckAndRadioCheck, da es ebenfalls den Text des Menüelements in eine Farbe umwandelt. Wenn Sie sich gegenseitig ausschließende Menüelemente implementieren möchten, die über ein und denselben Ereignishandler verarbeitet werden, sollten Sie eine von *MenuItem* abgeleitete Klasse in Ihrem Menü verwenden. Diese Vorgehensweise stellt einen besseren und allgemeineren Ansatz dar. Die von *MenuItem* abgeleitete Klasse kann dann ein neues Feld oder eine neue Eigenschaft enthalten, in dem ein Objekt zur Identifizierung des Elements gespeichert wird.

Das folgende Programm leitet eine Klasse namens *MenuItemColor* von *MenuItem* ab. Die Klasse verfügt über ein privates Feld mit dem Namen *clr*, in dem ein *Color*-Objekt gespeichert wird. Die öffentliche Eigenschaft *Color* ermöglicht anderen Klassen den Zugriff auf diese Farbe. Darüber hinaus enthält die neue Klasse einen neuen Konstruktor, mit dem ein *MenuItemColor*-Objekt mit einer bestimmten Farbe erstellt werden kann. Das Programm weist große Ähnlichkeit mit dem Programm ContextMenuDemo auf, verwendet aber statt *MenuItem* die abgeleitete Klasse *MenuItemColor*.

BetterContextMenu.vb
```
Imports System
Imports System.Drawing
Imports System.Windows.Forms
Class BetterContextMenu
    Inherits Form

    Private miColor As MenuItemColor

    Shared Sub Main()
        Application.Run(New BetterContextMenu())
    End Sub
```

```vbnet
    Sub New()
        Text = "Better Context Menu Demo"
        Dim eh As EventHandler = AddressOf MenuColorOnClick
        Dim amic As MenuItemColor() = _
        { _
            New MenuItemColor(Color.Black, "&Black", eh), _
            New MenuItemColor(Color.Blue, "B&lue", eh), _
            New MenuItemColor(Color.Green, "&Green", eh), _
            New MenuItemColor(Color.Cyan, "&Cyan", eh), _
            New MenuItemColor(Color.Red, "&Red", eh), _
            New MenuItemColor(Color.Magenta, "&Magenta", eh), _
            New MenuItemColor(Color.Yellow, "&Yellow", eh), _
            New MenuItemColor(Color.White, "&White", eh) _
        }
        Dim mic As MenuItemColor

        For Each mic In amic
            mic.RadioCheck = True
        Next mic

        micColor = amic(3)
        micColor.Checked = True
        BackColor = micColor.Color

        ContextMenu = New ContextMenu(amic)
    End Sub
    Private Sub MenuColorOnClick(ByVal obj As Object, ByVal ea As EventArgs)
        micColor.Checked = False
        micColor = DirectCast(obj, MenuItemColor)
        micColor.Checked = True
        BackColor = micColor.Color
    End Sub
End Class
Class MenuItemColor
    Inherits MenuItem

    Private clr As Color

    Sub New(ByVal clr As Color, ByVal str As String, ByVal eh As EventHandler)
        MyBase.New(str, eh)
        Color = clr
    End Sub

    Property Color() As Color
        Set(ByVal Value As Color)
            clr = Value
        End Set
        Get
            Return clr
        End Get
    End Property
End Class
```

Nun kann das Programm die *BackColor*-Eigenschaft für das Formular direkt mit der *Color*-Eigenschaft des aktuell markierten *MenuItemColor*-Objekts einstellen.

Eine Auflistung mit Menüelementen

Wenn Sie sich das Programm FirstMainMenu genauer ansehen, werden Sie feststellen, dass die Menüs von innen nach außen aufgebaut worden sind. Als Erstes wurden die *MenuItem*-Objekte für die innersten Elemente (wie z.B. *Open, Save* usw.) erstellt. Diese wurden in Arrays zusammengefasst, um die Elemente der obersten Ebene (*File, Edit* usw.) zu bilden. Anschließend wurden diese Elemente wiederum in einem *MainMenu*-Objekt gebündelt.

Ein Programm ist sicherlich übersichtlicher und leichter zu pflegen, wenn die Menüs von der obersten zur untersten Menüebene aufgebaut werden. Dabei wird als Erstes ein *MainMenu*-Objekt erstellt und zu diesem anschließend *MenuItem*-Objekte der obersten Ebene wie *Datei, Bearbeiten* usw. hinzugefügt. Diesen Elementen werden dann weitere Untermenüelemente zugewiesen (z.B. *Öffnen, Speichern* usw.).

Dieser Ansatz wird durch einige wichtige, in der Klasse *Menu* definierte Eigenschaften ermöglicht. Wie bereits erwähnt, sind die Klassen *MenuItem*, *MainMenu* und *ContextMenu* von *Menu* abgeleitet, erben also folgende Eigenschaften:

Menu-Eigenschaften (Auswahl)

Eigenschaft	Typ	Zugriff
IsParent	*Boolean*	Get
MenuItems	*Menu.MenuItemCollection*	Get

Kommt Ihnen der Typ *Menu.MenuItemCollection* nicht irgendwie bekannt vor? Er sieht der Klasse *ImageList.ImageCollection* aus Kapitel 11 und der Klasse *Control.ControlCollection* aus Kapitel 12 ziemlich ähnlich. So wie diese implementiert *Menu.MenuItemCollection* die Schnittstellen *IList*, *ICollection* und *IEnumerable*. Eine *MenuItems*-Eigenschaft kann wie ein Array aus *MenuItem*-Objekten indiziert werden, und Sie können auch Methoden wie *Add*, *Remove* und *Clear* aufrufen.

Die Eigenschaft *IsParent* gibt an, dass ein Menüelement anderen Elementen übergeordnet ist, somit also die Eigenschaft *MenuItems* gültig ist.

Die Klasse *MenuItem* verfügt über zwei weitere Eigenschaften, die in diesem Zusammenhang zu nennen sind:

MenuItem-Eigenschaften (Auswahl)

Eigenschaft	Typ	Zugriff
Parent	*Menu*	Get
Index	*Integer*	Get/Set

Die *Parent*-Eigenschaft gibt das übergeordnete Element eines bestimmten Menüelements an; die (nicht schreibgeschützte) Eigenschaft *Index* gibt den bei null beginnenden Index eines *MenuItem*-Objekts in einem bestimmten Untermenü an.

Die Klasse *Menu.MenuItemCollection* implementiert folgende Methoden, mit denen Sie zu einem Hauptmenü, einem Kontextmenü oder zu jedem beliebigen anderen Menüelement ein untergeordnetes Element hinzufügen können:

Menu.MenuItemCollection-Methoden (Auswahl)

```
Function Add(ByVal strText As String) As MenuItem
Function Add(ByVal strText As String, ByVal ehClick As EventHandler) As MenuItem
Function Add(ByVal strText As String, ByVal ami() As MenuItem) As MenuItem
Function Add(ByVal mi As MenuItem) As Integer
Function Add(ByVal index As Integer, ByVal mi As MenuItem) As Integer
Sub AddRange(ByVal ami() As MenuItem)
```

Mithilfe der folgenden Eigenschaften (bei der letzten handelt es sich um einen Indexer) kann ein Programm die in der Auflistung enthaltene Anzahl an Menüelementen ermitteln und sie abrufen:

Menu.MenuItemCollection-Eigenschaften

Eigenschaft	Typ	Zugriff
IsReadOnly	Boolean	Get
Count	Integer	Get
()	MenuItem	Get

Es kann auch die Position eines Menüelements festgestellt werden. Auch das Entfernen ist möglich:

Menu.MenuItemCollection-Methoden (Auswahl)

```
Function Contains(ByVal mi As MenuItem) As Boolean
Function IndexOf(ByVal mi As MenuItem) As Integer
Sub Remove(ByVal mi As MenuItem)
Sub RemoveAt(ByVal index As Integer)
Sub Clear()
```

Die nächste Version des Progamms ContextMenuDemo heißt ContextMenuAdd und erstellt das Menü mithilfe der *Add*-Methode sowie der Indizierungsfunktionalität der Eigenschaft *MenuItems*. Zunächst wird das *ContextMenu*-Objekt erstellt, anschließend werden die Menüelemente hinzugefügt.

ContextMenuAdd.vb
```
Imports System
Imports System.Drawing
Imports System.Windows.Forms
Class ContextMenuAdd
    Inherits Form
    Private miColor As MenuItem
    Shared Sub Main()
        Application.Run(New ContextMenuAdd())
    End Sub
```

```
    Sub New()
        Text = "Context Menu Using Add"
        Dim cm As New ContextMenu()
        Dim eh As EventHandler = AddressOf MenuColorOnClick
        Dim mi As MenuItem
        cm.MenuItems.Add("Black", eh)
        cm.MenuItems.Add("Blue", eh)
        cm.MenuItems.Add("Green", eh)
        cm.MenuItems.Add("Cyan", eh)
        cm.MenuItems.Add("Red", eh)
        cm.MenuItems.Add("Magenta", eh)
        cm.MenuItems.Add("Yellow", eh)
        cm.MenuItems.Add("White", eh)
        For Each mi In cm.MenuItems
            mi.RadioCheck = True
        Next mi
        miColor = cm.MenuItems(3)
        miColor.Checked = True
        BackColor = Color.FromName(miColor.Text)
        ContextMenu = cm
    End Sub
    Private Sub MenuColorOnClick(ByVal obj As Object, ByVal ea As EventArgs)
        miColor.Checked = False
        miColor = DirectCast(obj, MenuItem)
        miColor.Checked = True
        BackColor = Color.FromName(miColor.Text)
    End Sub
End Class
```

Das Programm wäre mit einer Anweisung weniger ausgekommen, wenn der *ContextMenu*-Eigenschaft des Formulars das neue *ContextMenu*-Objekt zugewiesen worden wäre:

```
ContextMenu = New ContextMenu()
```

In diesem Fall würden die Anweisungen zum Hinzufügen der Elemente folgendermaßen lauten:

```
ContextMenu.MenuItems.Add("Black", eh)
```

In einem vorangegangenen Abschnitt dieses Kapitels habe ich das Programm ContextMenu-Demo in das Programm BetterContextMenu umgewandelt, indem ich eine Klasse namens *MenuItemColor* definiert habe, die von *MenuItem* erbt, aber zusätzlich ein *Color*-Objekt speichert. Was wäre erforderlich, um das Programm ContextMenuAdd auf die Verwendung von *MenuItemColor*-Objekten umzustellen?

Ganz offensichtlich kann ich nicht die gleiche *Add*-Methode einsetzen, die ich schon im Programm ContextMenuAdd benutzt habe. Der Methodenaufruf

```
cm.MenuItems.Add("Black", eh)
```

erstellt implizit ein Objekt vom Typ *MenuItem* und fügt es dann zur Auflistung der Menüelemente hinzu. Die folgende Anweisung erledigt diese Aufgabe explizit:

```
cm.MenuItems.Add(New MenuItem("Black", eh))
```

Um das Programm auf die Verwendung der Klasse *MenuItemColor* umzustellen, müssen die Aufrufe mit dieser Syntax erfolgen:

```
cm.MenuItems.Add(New MenuItemColor(Color.Black, "Black", eh))
```

Menüs

Das nun folgende Programm verfügt über ein einzelnes Menüelement auf oberster Ebene mit dem Namen *Facename* und fügt diesem während des *Popup*-Ereignisses die Namen aller verfügbaren Schriften hinzu. Theoretisch eignet sich dieses Verfahren besser als der Aufbau des Menüs beim Programmstart, da hierbei auch Schriften angezeigt werden können, die zum System hinzugefügt werden, während das Programm ausgeführt wird.

FontMenu.vb
```
Imports System
Imports System.Drawing
Imports System.Windows.Forms
Class FontMenu
    Inherits Form
        Const iPointSize As Integer = 24
        Private strFacename As String
    Shared Sub Main()
        Application.Run(New FontMenu())
    End Sub
    Sub New()
        Text = "Font Menu"
        strFacename = Font.Name
        Menu = New MainMenu()

        Dim mi As New MenuItem("&Facename")
        AddHandler mi.Popup, AddressOf MenuFacenameOnPopup
        mi.MenuItems.Add(" ")         ' Für den Aufruf von Popup erforderlich.
        Menu.MenuItems.Add(mi)
    End Sub
    Private Sub MenuFacenameOnPopup(ByVal obj As Object, ByVal ea As EventArgs)
        Dim miFacename As MenuItem = DirectCast(obj, MenuItem)
        Dim aff() As FontFamily = FontFamily.Families
        Dim ehClick As EventHandler = AddressOf MenuFacenameOnClick
        Dim ami(aff.GetUpperBound(0)) As MenuItem
        Dim i As Integer

        For i = 0 To aff.GetUpperBound(0)
            ami(i) = New MenuItem(aff(i).Name)
            AddHandler ami(i).Click, ehClick

            If aff(i).Name = strFacename Then
                ami(i).Checked = True
            End If
        Next i
        miFacename.MenuItems.Clear()
        miFacename.MenuItems.AddRange(ami)
    End Sub
    Private Sub MenuFacenameOnClick(ByVal obj As Object, ByVal ea As EventArgs)
        Dim mi As MenuItem = DirectCast(obj, MenuItem)
        strFacename = mi.Text
        Invalidate()
    End Sub
    Protected Overrides Sub OnPaint(ByVal pea As PaintEventArgs)
        Dim grfx As Graphics = pea.Graphics
        Dim fnt As New Font(strFacename, iPointSize)
        Dim strfmt As New StringFormat()
```

```
        strfmt.Alignment = StringAlignment.Center
        strfmt.LineAlignment = StringAlignment.Center
        grfx.DrawString("Sample Text", fnt, New SolidBrush(ForeColor), _
                        RectangleF.op_Implicit(ClientRectangle), strfmt)
    End Sub
End Class
```

Während der Definition des Menüs fügt der Konstruktor ein leeres Element zum Untermenü hinzu. Um ein *Popup*-Ereignis zu erzeugen, ist es offensichtlich erforderlich, dass sich mindestens ein Element im Menü befindet.

Der Ereignishandler *MenuFacenameOnPopup* ruft als Erstes das Menüelement der obersten Ebene ab:

```
Dim miFacename As MenuItem = DirectCast(obj, MenuItem)
```

Anschließend ruft die Methode mit einem Aufruf der shared Methode *FontFamily.Families* ein Array aus den Namen aller verfügbaren Schriften ab. Sie definiert anhand der Anzahl der Namen ein *MenuItem*-Array und initialisiert sämtliche Einträge. Dabei wird die *Check*-Eigenschaft des Elements gesetzt, dessen Schriftname mit dem derzeit im Feld *strFacename* gespeicherten Namen identisch ist.

Nach der Initialisierung des *MenuItem*-Arrays wird die Methode dadurch abgeschlossen, dass alle vorhandenen Einträge aus dem Popupmenü gelöscht werden und das neue Array hinzugefügt wird:

```
miFacename.MenuItems.Clear()
miFacename.MenuItems.AddRange(ami)
```

Was passiert, wenn eine Schrift ausgewählt wird, die den Schriftstil *FontStyle.Regular* nicht darstellen kann (wie z.B. die Schrift Aharoni)? Das Programm verfügt über keine Möglichkeit, dieses Problem zu beheben, da sonst der Code zu unübersichtlich geworden wäre. Bei der Auswahl einer solchen Schrift löst der *Font*-Konstruktor in der *OnPaint*-Methode eine Ausnahme aus und das Programm wird beendet. (Näheres zum Umgang mit Schriften finden Sie in Kapitel 9.)

Die eigentliche Schwierigkeit bei diesem Programm liegt aber in der Größe des Untermenüs, das mit ziemlich hoher Wahrscheinlichkeit so lang ist, dass es auf dem Bildschirm nicht vollständig angezeigt werden kann. Offensichtlich bietet sich für eine solche Aufgabe der Einsatz eines Dialogfelds an. Diesen Aspekt werde ich in Kapitel 16 behandeln.

Ein Vorschlag für einen Menüstandard

Damit Ihr Programm leichter zu lesen und zu pflegen ist, scheint es nahe liegend zu sein, die Menüs in der Reihenfolge der Menühierarchie zu erstellen. Der Konstruktor sollte also zuerst das erste Element der obersten Ebene (normalerweise das Element *Datei*) erstellen, danach die Elemente des Untermenüs von *Datei* (*Neu*, *Öffnen*, *Speichern* usw.), anschließend das nächste Element der obersten Ebene (meist *Bearbeiten*) und die zugehörigen Untermenüelemente, sowie zum Schluss das Menü *Hilfe* (oder ?) mit dem Element *Info*.

Wenn Sie dieses Verfahren ausprobieren und dabei die *Add*-Methode der Klasse *Menu.MenuItemCollection* einsetzen, werden Sie feststellen, dass nicht alle *Add*-Methoden gleich sind. Einige sind nützlicher als andere. Es empfiehlt sich, ein Standardverfahren für die Erstellung des Hauptmenüs zu entwickeln, bei dem nur eine kleine Untermenge der *MenuItem*-Konstruktoren und *Add*-Methoden verwendet wird. Ich werde Ihnen im Folgenden einen Standard vorschlagen, der nur eine Form des *MenuItem*-Konstruktors und eine einzige Art der *Add*-Methode aufweist. Sie müssen sich nicht an diesen Vorschlag halten, in späteren Kapiteln werde ich ihn sogar selbst ignorieren. An dieser Stelle möchte ich jedoch auf einige wichtige Aspekte der Probleme beim Schreiben von Code für den Aufbau von Menüs näher eingehen.

Zunächst ein Blick auf die Anweisungen zur Menüerstellung von oben nach unten. Die hier erstellten Menüelemente verfügen weder über eine Funktion noch über Ereignishandler oder Tastenkombinationen. Der Code dafür könnte so aussehen:

```
Menu = New MainMenu()
Menu.MenuItems.Add("&File")
Menu.MenuItems(0).MenuItems.Add("&Open...")
Menu.MenuItems(0).MenuItems.Add("&Save...")
⋮
Menu.MenuItems.Add("&Edit")
Menu.MenuItems(1).MenuItems.Add("Cu&t")
Menu.MenuItems(1).MenuItems.Add("&Copy")
⋮
```

Dieser Code ist ausgesprochen ordentlich (geradezu adrett): Die Elemente der obersten Ebene (*File* und *Edit*) werden mithilfe der *Add*-Methode der Eigenschaft *MenuItems* zum *MainMenu*-Objekt hinzugefügt. Der Ausdruck *Menu.MenuItems(0)* bezieht sich auf das Menüelement *File*, der Ausdruck *Menu.MenuItems(1)* bezieht sich auf das Element *Edit*. Jedes dieser Menüelemente verfügt über eine eigene *MenuItems*-Eigenschaft, die aus einer Auflistung der zugehörigen Untermenüelemente besteht. Mithilfe der *Add*-Methode dieser *MenuItems*-Methode werden weitere Elemente wie *Open, Save, Cut, Copy* usw. hinzugefügt.

Die meisten Menüelemente werden üblicherweise mit eigenen *Click*-Ereignishandlern verknüpft. Eine Ausnahme bilden Gruppen sich gegenseitig ausschließender Menüelemente. Damit das Menü funktionstüchtig wird, müssen die obigen Anweisungen in solche wie diese umgeschrieben werden:

```
Menu.MenuItems(0).MenuItems.Add("&Open...", AddressOf MenuFileOpenOnClick)
```

Das Element *Open* enthält normalerweise auch die Tastenkombination STRG+O; leider gibt es aber keine *Add*-Methode, die über ein Argument zur Angabe einer Tastenkombination verfügt. Sie müssen also eine zusätzliche Anweisung einfügen, z.B.

```
Menu.MenuItems(0).MenuItems(0).Shortcut = Shortcut.CtrlO
```

um die *Shortcut*-Eigenschaft des Menüelements *Open* zu verwenden. Wenn Sie nun aber vor das *Open*-Element ein *New*-Element einfügen möchten, müssen Sie die Anweisung ändern, wodurch sich andere Indexwerte ergeben:

```
Menu.MenuItems(0).MenuItems(1).Shortcut = Shortcut.CtrlO
```

Dieser Ansatz war leider eine Sackgasse. Um die Eigenschaft eines Menüelements einzustellen, sollte es nicht notwendig sein, zwei Ebenen von *MenuItems*-Eigenschaften durchlaufen zu müssen. Ich glaube, Sie werden mir in diesem Punkt nicht widersprechen.

Vielleicht ist dieser Ansatz besser: Wir definieren zuerst das *MenuItem*-Objekt

```
miFileOpen = New MenuItem("&Open", AddressOf MenuFileOpenOnClick), Shortcut.CtrlO)
```

und fügen dieses Menüelement zur *MenuItems*-Auflistung hinzu:

```
Menu.MenuItems(0).MenuItems.Add(miFileOpen)
```

Da zur Erstellung des Objekts *miFileOpen* mehr als eine Codezeile erforderlich ist, können wir etwas Klarheit schaffen, indem wir einen einfachen Konstruktor und explizitere Zuweisungen der *MenuItems*-Eigenschaften verwenden:

```
miFileOpen = New MenuItem("&Open")
AddHandler miFileOpen.Click, AddressOf MenuFileOpenOnClick
miFileOpen.Shortcut = Shortcut.CtrlO
Menu.MenuItems(0).MenuItems.Add(miFileOpen)
```

Macht der Einsatz der *Add*-Version mit einem einzigen *String*-Argument überhaupt jemals Sinn? Ja; wenn das Menü eine horizontale Trennlinie erhalten soll, eignet sich diese Methode:

```
Menu.MenuItems(0).MenuItems.Add("-")
```

Und mit der folgenden *Add*-Version lassen sich Elemente der obersten Ebene einfügen:

```
Menu.MenuItems.Add("F&ormat")
```

Viele Menüelemente auf der obersten Ebene benötigen allerdings *Popup*-Ereignishandler, um die Untermenüelemente aktivieren und deaktivieren zu können. Auch in diesem Fall ist es also sinnvoller, zuerst das *MenuItem*-Objekt zu erstellen, anschließend die Eigenschaften einzustellen und das Element erst dann zum Menü hinzuzufügen:

```
Dim mi As New MenuItem("&File")
AddHandler mi.Popup, AddressOf MenuFileOnPopup
Menu.MenuItems.Add(mi)
```

Wenn Sie die Erstellung Ihrer Menüs völlig einheitlich gestalten möchten, benötigen Sie dazu lediglich eine Variante des *MenuItem*-Konstruktors (nämlich die, die nur ein *String*-Argument erwartet) sowie eine Version der *Add*-Methode (die mit *MenuItem*-Argument).

Sie haben es im Verlauf dieses Buchs sicherlich bemerkt: Ich neige dazu, in einer Klasse so wenig Feldvariablen wie möglich zu definieren. Der Menü-Designer in Visual Basic .NET macht aus jedem *MenuItem*-Objekt ein Feld. Das halte ich für absolut unnötig. Die meisten Menüelemente verfügen über eigene *Click*-Ereignishandler, sodass das Programm sich nicht sämtliche *MenuItem*-Objekte merken muss. Eine Ausnahme räume ich gern ein: Elemente, die während eines *Popup*-Ereignisses aktiviert oder deaktiviert werden müssen, sollten tatsächlich als Felder gespeichert werden.

Abschließend möchte ich noch einer letzten winzig kleinen Variablen ihren Platz zugestehen: einem kleinen *Integer*-Wert, den ich hier *index* nenne. Jedes Mal, wenn mit einer Anweisung wie der folgenden ein Element zur obersten Menüebene hinzugefügt wird:

```
Menu.MenuItems.Add(mi)
```

können Sie auch einen neuen *index*-Wert berechnen:

```
index = Menu.MenuItems.Count - 1
```

Glücklicherweise gibt die *Add*-Methode, mit der ein *MenuItem*-Objekt zum Menü hinzugefügt wird, einen solchen Indexwert zurück, man kann *index* also folgendermaßen erhalten, wenn das Element hinzugefügt wird:

```
index = Menu.MenuItems.Add(mi)
```

Mithilfe dieses *index*-Werts können Sie zu jedem einzelnen Untermenü Elemente hinzufügen:

```
Menu.MenuItems(index).MenuItems.Add(miFileOpen)
```

Für das Dateimenü muss wohl kaum eine Variable anstelle einer expliziten 0 verwendet werden, dieses Menü wird wohl bis in alle Ewigkeit das erste Element eines Hauptmenüs bleiben. Für die weiteren Untermenüs ist die Variable *index* dagegen sehr sinnvoll, vor allem wenn Sie Ihren Konstruktorcode eines Tages überarbeiten müssen, um ein neues Untermenü einzufügen.

Das folgende Programm veranschaulicht meinen Vorschlag für den Ansatz zur Erstellung eines Standardmenüs von oben nach unten, bei dem ich ganz konsequent nur eine Version des *MenuItem*-Konstruktors sowie nur eine Version der *Add*-Methode einsetze.

StandardMenu.vb

```vb
Imports System
Imports System.Drawing
Imports System.Windows.Forms

Class StandardMenu
    Inherits Form

    Private miFileOpen, miFileSave As MenuItem
    Private miEditCut, miEditCopy, miEditPaste As MenuItem
    ' Testvariablen für den Popup-Code.
    Private bDocumentPresent As Boolean = True
    Private bValidSelection As Boolean = True
    Private bStuffInClipboard As Boolean = False

    Shared Sub Main()
        Application.Run(New StandardMenu())
    End Sub

    Sub New()
        Text = "Standard Menu"
        Menu = New MainMenu()

        ' Datei
        Dim mi As New MenuItem("&File")
        AddHandler mi.Popup, AddressOf MenuFileOnPopup
        Dim index As Integer = Menu.MenuItems.Add(mi)
        ' Datei | Öffnen
        miFileOpen = New MenuItem("&Open...")
        AddHandler miFileOpen.Click, AddressOf MenuFileOpenOnClick
        miFileOpen.Shortcut = Shortcut.CtrlO
        Menu.MenuItems(index).MenuItems.Add(miFileOpen)
        ' Datei | Speichern
        miFileSave = New MenuItem("&Save")
        AddHandler miFileSave.Click, AddressOf MenuFileSaveOnClick
        miFileSave.Shortcut = Shortcut.CtrlS
        Menu.MenuItems(index).MenuItems.Add(miFileSave)
        ' Horizontale Linie
        mi = New MenuItem("-")
        Menu.MenuItems(index).MenuItems.Add(mi)
        ' Datei | Beenden
        mi = New MenuItem("E&xit")
        AddHandler mi.Click, AddressOf MenuFileExitOnClick
        Menu.MenuItems(index).MenuItems.Add(mi)

        ' Bearbeiten
        mi = New MenuItem("&Edit")
        AddHandler mi.Popup, AddressOf MenuEditOnPopup
        index = Menu.MenuItems.Add(mi)
        ' Bearbeiten | Ausschneiden
        miEditCut = New MenuItem("Cu&t")
        AddHandler miEditCut.Click, AddressOf MenuEditCutOnClick
        miEditCut.Shortcut = Shortcut.CtrlX
        Menu.MenuItems(index).MenuItems.Add(miEditCut)
        ' Bearbeiten | Kopieren
        miEditCopy = New MenuItem("&Copy")
        AddHandler miEditCopy.Click, AddressOf MenuEditCopyOnClick
        miEditCopy.Shortcut = Shortcut.CtrlC
        Menu.MenuItems(index).MenuItems.Add(miEditCopy)
```

```vb
        ' Bearbeiten | Einfügen
        miEditPaste = New MenuItem("&Paste")
        AddHandler miEditPaste.Click, AddressOf MenuEditCopyOnClick
        miEditPaste.Shortcut = Shortcut.CtrlV
        Menu.MenuItems(index).MenuItems.Add(miEditPaste)
        ' Hilfe (?)
        mi = New MenuItem("&Help")
        index = Menu.MenuItems.Add(mi)
        ' Hilfe | Info
        mi = New MenuItem("&About StandardMenu...")
        AddHandler mi.Click, AddressOf MenuHelpAboutOnClick
        Menu.MenuItems(index).MenuItems.Add(mi)
    End Sub
    Private Sub MenuFileOnPopup(ByVal obj As Object, ByVal ea As EventArgs)
        miFileSave.Enabled = bDocumentPresent
    End Sub
    Private Sub MenuEditOnPopup(ByVal obj As Object, ByVal ea As EventArgs)
         miEditCut.Enabled = bValidSelection
        miEditCopy.Enabled = bValidSelection
        miEditPaste.Enabled = bStuffInClipboard
    End Sub
    Private Sub MenuFileOpenOnClick(ByVal obj As Object, ByVal ea As EventArgs)
        MessageBox.Show("This should be a File Open dialog box!", Text)
    End Sub
    Private Sub MenuFileSaveOnClick(ByVal obj As Object, ByVal ea As EventArgs)
        MessageBox.Show("This should be a File Save dialog box!", Text)
    End Sub
    Private Sub MenuFileExitOnClick(ByVal obj As Object, ByVal ea As EventArgs)
        Close()
    End Sub
    Private Sub MenuEditCutOnClick(ByVal obj As Object, ByVal ea As EventArgs)
        ' Auswahl in Zwischenablage kopieren und aus dem Dokument löschen.
    End Sub
    Private Sub MenuEditCopyOnClick(ByVal obj As Object, ByVal ea As EventArgs)
        ' Auswahl in die Zwischenablage kopieren.
    End Sub
    Private Sub MenuEditPasteOnClick(ByVal obj As Object, ByVal ea As EventArgs)
        ' Daten aus der Zwischenablage in das Dokument kopieren.
    End Sub
    Private Sub MenuHelpAboutOnClick(ByVal obj As Object, ByVal ea As EventArgs)
        MessageBox.Show("StandardMenu " & Chr(169) & " 2002 by Charles Petzold", Text)
    End Sub
End Class
```

Dieser Code ist sicherlich nicht der knappste, den man sich vorstellen kann, aber meiner Ansicht nach sehr klar und übersichtlich strukturiert und erleichtert somit die spätere Pflege.

Die Besitzerzeichnung

Wir nähern uns dem Ende des Kapitels, und ich habe Ihnen noch immer nicht gezeigt, wie Sie Menüelemente mit kleinen Bildchen versehen oder ihre Schrift und Farben ändern.

Für jedes Menümerkmal, das über die bisher behandelten hinausgeht, benötigen Sie die so genannte *Besitzerzeichnung* (owner draw). Wenn Sie *MenuItem*-Objekte selbst zeichnen möchten, müssen Sie die folgende Eigenschaft auf *True* setzen:

MenuItem-Eigenschaften (Auswahl)

Eigenschaft	Typ	Zugriff
OwnerDraw	Boolean	Get/Set

Diese Eigenschaft wird gewöhnlich nur für Elemente in Popupmenüs gesetzt. Wenn Sie *OwnerDraw* auf *True* setzen, müssen Sie auch Ereignishandler für die folgenden beiden Ereignisse implementieren:

MenuItem-Ereignisse (Auswahl)

Ereignis	Methode	Delegat	Argument
MeasureItem	*OnMeasureItem*	*MeasureItemEventHandler*	*MeasureItemEventArgs*
DrawItem	*OnDrawItem*	*DrawItemEventHandler*	*DrawItemEventArgs*

Jedes Mal, wenn Windows sich daranmacht, ein Menüelement zu zeichnen (meist kurz bevor ein Popupmenü angezeigt wird), wird der Handler für das Ereignis *MeasureItem* aufgerufen. Dieses Ereignis wird von einem Objekt vom Typ *MeasureItemEventArgs* begleitet.

MeasureItemEventArgs-Eigenschaften

Eigenschaft	Typ	Zugriff
Index	Integer	Get
Graphics	Graphics	Get
ItemWidth	Integer	Get/Set
ItemHeight	Integer	Get/Set

Beim Eintritt in den *MeasureItem*-Ereignishandler stehen die Eigenschaften *ItemWidth* und *ItemHeight* auf 0. Es ist Ihre Aufgabe, Gesamtbreite und -länge des gewünschten Menüelements anzugeben. Die Eigenschaft *Index* hilft dem Ereignishandler herauszufinden, welches Element gemessen werden soll. (Wie gewöhnlich gibt das erste Argument des Ereignishandlers das fragliche *MenuItem*-Objekt an.) Falls nötig, können Sie mithilfe der Eigenschaft *Graphics* die Geräteauflösung in dpi oder mithilfe der Eigenschaft *MeasureString* die Größe der Textelemente abrufen.

Kurz darauf ruft Windows den *DrawItem*-Ereignishandler auf, der von einem *DrawItemEventArgs*-Objekt begleitet wird.

DrawItemEventArgs-Eigenschaften

Eigenschaft	Typ	Zugriff
Index	*Integer*	Get
Graphics	*Graphics*	Get
Bounds	*Rectangle*	Get
State	*DrawItemState*	Get
Font	*Font*	Get
BackColor	*Color*	Get
ForeColor	*Color*	Get

Ihr Programm muss darauf achten, dass das Element anhand des *Graphics*-Objekts in dem Rechteck gezeichnet wird, das durch die Eigenschaft *Bounds* definiert ist. Gehen Sie nicht davon aus, dass die obere linke Ecke von *Bounds* am Punkt (0, 0) liegt! Tatsächlich füllt das *Bounds*-Rechteck den gesamten Bereich des Popupmenüs aus.

Das *Bounds*-Rechteck ist breiter als von Ihnen im *MeasureItem*-Ereignis angegeben, damit links neben dem Element noch eine Markierung angezeigt werden kann.

Mithilfe der Enumeration *DrawItemState* können Sie ermitteln, ob ein Element ausgewählt, deaktiviert oder markiert ist:

DrawItemState-Enumeration

Member	Wert
None	&H0000
Selected	&H0001
Grayed	&H0002
Disabled	&H0004
Checked	&H0008
Focus	&H0010
Default	&H0020
HotLight	&H0040
Inactive	&H0080
NoAccelerator	&H0100
NoFocusRect	&H0200
ComboBoxEdit	&H1000

Einige dieser Member gelten auch für andere Steuerelemente, die vom Besitzer gezeichnet werden können.

Normalerweise ist die *BackColor*-Eigenschaft des *DrawItemEventArgs*-Objekts auf *SystemColors.Window* gestellt, die *ForeColor*-Eigenschaft lautet *SystemColors.WindowText*. Um die Konsistenz mit normalen Menüelementen zu wahren, sollten Sie diese Werte nicht beibehalten. Stattdessen sollten Sie die Werte *SystemColors.Menu* und *SystemColors.MenuText* verwenden. Bei der Auswahl eines Elements wird *BackColor* auf *SystemColors.Highlight* und *ForeColor* auf *SystemColors.HighlightText* gesetzt. Diese Einstellungen sind richtig und dürfen so bleiben.

Die *Font*-Eigenschaft der *DrawItemEventArgs*-Eigenschaft ist dieselbe wie *SystemInformation.MenuFont*.

DrawItemEventArgs verfügt außerdem über zwei Methoden, die Sie beim Zeichnen des Elements unterstützen:

DrawItemEventArgs-Methoden

```
Sub DrawBackground()
Sub DrawFocusRectangle()
```

Die Methode *DrawFocusRectangle* wird bei Menüelementen nicht verwendet.

Die folgende shared Methode des Objekts *ControlPaint* ist beim Zeichnen von Pfeilen, Häkchen und Optionsfeldern sehr nützlich:

DrawMenuGlyph-Methoden von *ControlPaint* (*Shared*)

```
Sub DrawMenuGlyph(ByVal grfx As Graphics, ByVal rect As Rectangle, ByVal mg As MenuGlyph)
Sub DrawMenuGlyph(ByVal grfx As Graphics, ByVal x As Integer, ByVal y As Integer,
                  ByVal cx As Integer, ByVal cy As Integer, ByVal mg As MenuGlyph)
```

MenuGlyph ist eine weitere Enumeration:

MenuGlyph-Enumeration

Member	Wert
Min	0
Arrow	0
Checkmark	1
Bullet	2
Max	2

Zur Einstellung der Menüelementgröße stehen mehrere Möglichkeiten zur Auswahl. Die üblicherweise für Menüelemente verwendete Schrift steht, wie bereits gesagt, in *SystemInformation.MenuFont* zur Verfügung. Ein weiteres wichtiges Maß erhalten Sie über die Eigenschaft *SystemInformation.MenuCheckSize*, welche die Standardbreite und -höhe des Markierungszeichens liefert. Wie Sie in der shared Methode *ControlPaint.DrawMenuGlyph* sehen können, werden Breite und Höhe des Schriftzeichens (also z.B. des Häkchens) beim Zeichnen eingestellt. Wenn Ihre Menüelemente größer sind als sonst üblich und Sie Häkchen einsetzen möchten, sollten Sie das Zeichen für das Häkchen während des Zeichenvorgangs skalieren. Das bedeutet natürlich auch, dass Sie die neu skalierte Breite des Häkchens in die Berechnungen der Elementbreite während der Verarbeitung des *MeasureItem*-Ereignisses einbeziehen müssen.

Das folgende Programm verfügt über ein einziges Menüelement der obersten Ebene mit dem Namen *Facename*. Das Popupmenü enthält drei Elemente mit den drei meistverwendeten Schriften. Über den *OwnerDraw*-Code werden die Namen der Schriften in der jeweiligen Schrift angezeigt.

OwnerDrawMenu.vb

```vb
Imports System
Imports System.Drawing
Imports System.Drawing.Text        ' Für die Enumeration HotkeyPrefix
Imports System.Windows.Forms
```

```vbnet
Class OwnerDrawMenu
    Inherits Form

    Const iFontPointSize As Integer = 18    ' Für Menüelemente
    Private miFacename As MenuItem

    Shared Sub Main()
        Application.Run(New OwnerDrawMenu())
    End Sub

    Sub New()
        Text = "Owner-Draw Menu"

        ' Elemente auf der obersten Ebene.
        Menu = New MainMenu()
        Menu.MenuItems.Add("&Facename")

        ' Array der Elemente im Untermenü.
        Dim astrText() As String = {"&Times New Roman", "&Arial", "&Courier New"}
        Dim ami(astrText.Length - 1) As MenuItem
        Dim ehOnClick As EventHandler = AddressOf MenuFacenameOnClick
        Dim ehOnMeasureItem As MeasureItemEventHandler = _
            New MeasureItemEventHandler(AddressOf MenuFacenameOnMeasureItem)
        Dim ehOnDrawItem As DrawItemEventHandler = _
            New DrawItemEventHandler(AddressOf MenuFacenameOnDrawItem)
        Dim i As Integer

        For i = 0 To ami.GetUpperBound(0)
            ami(i) = New MenuItem(astrText(i))
            ami(i).OwnerDraw = True
            ami(i).RadioCheck = True
            AddHandler ami(i).Click, ehOnClick
            AddHandler ami(i).MeasureItem, ehOnMeasureItem
            AddHandler ami(i).DrawItem, ehOnDrawItem
        Next i

        miFacename = ami(0)
        miFacename.Checked = True
        Menu.MenuItems(0).MenuItems.AddRange(ami)
    End Sub

    Private Sub MenuFacenameOnClick(ByVal obj As Object, ByVal ea As EventArgs)
        miFacename.Checked = False
        miFacename = DirectCast(obj, MenuItem)
        miFacename.Checked = True
        Invalidate()
    End Sub

    Private Sub MenuFacenameOnMeasureItem(ByVal obj As Object, ByVal miea As MeasureItemEventArgs)
        Dim mi As MenuItem = DirectCast(obj, MenuItem)
        Dim fnt As New Font(mi.Text.Substring(1), iFontPointSize)
        Dim strfmt As New StringFormat()
        strfmt.HotkeyPrefix = HotkeyPrefix.Show
        Dim szf As SizeF = miea.Graphics.MeasureString(mi.Text, fnt, 1000, strfmt)

        miea.ItemWidth = CInt(Math.Ceiling(szf.Width))
        miea.ItemHeight = CInt(Math.Ceiling(szf.Height))
        miea.ItemWidth += SystemInformation.MenuCheckSize.Width * miea.ItemHeight \ _
                          SystemInformation.MenuCheckSize.Height
        miea.ItemWidth -= SystemInformation.MenuCheckSize.Width
    End Sub
```

```vb
        Private Sub MenuFacenameOnDrawItem(ByVal obj As Object, ByVal diea As DrawItemEventArgs)
            Dim mi As MenuItem = DirectCast(obj, MenuItem)
            Dim grfx As Graphics = diea.Graphics
            Dim br As Brush
            ' Font- und StringFormat-Objekte erstellen.
            Dim fnt As New Font(mi.Text.Substring(1), iFontPointSize)
            Dim strfmt As New StringFormat()
            strfmt.HotkeyPrefix = HotkeyPrefix.Show
            ' Rechtecke für Häkchen und Text berechnen.
            Dim rectCheck As Rectangle = diea.Bounds
            rectCheck.Width = SystemInformation.MenuCheckSize.Width * rectCheck.Height \ _
                            SystemInformation.MenuCheckSize.Height
            Dim rectText As Rectangle = diea.Bounds
            rectText.X += rectCheck.Width
            ' Alles zeichnen.
            diea.DrawBackground()
            If (diea.State And DrawItemState.Checked) <> 0 Then
                ControlPaint.DrawMenuGlyph(grfx, rectCheck, MenuGlyph.Bullet)
            End If
            If (diea.State And DrawItemState.Selected) <> 0 Then
                br = SystemBrushes.HighlightText
            Else
                br = SystemBrushes.FromSystemColor(SystemColors.MenuText)
            End If
            grfx.DrawString(mi.Text, fnt, br, RectangleF.op_Implicit(rectText), strfmt)
        End Sub
        Protected Overrides Sub OnPaint(ByVal pea As PaintEventArgs)
            Dim grfx As Graphics = pea.Graphics
            Dim fnt As New Font(miFacename.Text.Substring(1), 12)
            Dim strfmt As New StringFormat()
            strfmt.Alignment = StringAlignment.Center
            strfmt.LineAlignment = StringAlignment.Center
            grfx.DrawString(Text, fnt, New SolidBrush(ForeColor), 0, 0)
        End Sub
End Class
```

Ich habe das Feld *iFontPointSize* auf den Wert 18 eingestellt, um anhand dieser Riesenschrift sicherstellen zu können, dass der Code zum Abmessen und Zeichnen ordnungsgemäß funktioniert.

Die Methode *MenuFacenameOnMeasureItem* beginnt mit dem Abruf des zu bemessenden *MenuItem*-Objekts und erstellt auf der Basis der *Text*-Eigenschaft dieses Elements eine Schrift:

```vb
Dim mi As MenuItem = DirectCast(obj, MenuItem)
Dim fnt As New Font(mi.Text.Substring(1), iFontPointSize)
```

Die *Substring*-Methode überspringt in der *Text*-Eigenschaft das &-Zeichen. Anschließend erstellt die Methode ein *StringFormat*-Objekt, das für die Unterstreichung des auf das &-Zeichen folgenden Buchstabens sorgt:

```vb
Dim strfmt As New StringFormat()
strfmt.HotkeyPrefix = HotkeyPrefix.Show
```

Dann wird die Größe des Textes des Menüelements mit den neu erstellten *Font*- und *StringFormat*-Objekten gemessen:

```vb
Dim szf As SizeF = miea.Graphics.MeasureString(mi.Text, font, 1000, strfmt)
```

Würden wir kein Häkchen einbauen wollen, gäbe die *szf*-Struktur die Größe des Menüelements an:
```
miea.ItemWidth = CInt(Math.Ceiling(sizef.Width))
miea.ItemHeight = CInt(Math.Ceiling(sizef.Height))
```
Die Breite muss jedoch um die Breite des Häkchens erweitert werden, wenn die Höhe des Häkchens auf die Schrifthöhe skaliert wird:
```
miea.ItemWidth += SystemInformation.MenuCheckSize.Width * miea.ItemHeight \ _
                  SystemInformation.MenuCheckSize.Height
```
Danach muss die Breite wieder um die normale Breite des Häkchens verringert werden:
```
miea.ItemWidth -= SystemInformation.MenuCheckSize.Width
```
Die Methode *MenuFacenameOnDrawItem* erstellt auf ähnliche Weise *Font*- und *StringFormat*-Objekte und berechnet anschließend auf der Grundlage der Eigenschaft *Bounds* des *DrawItemEventArgs*-Objekts zwei *Rectangle*-Strukturen. Bei dem ersten Rechteck handelt es sich um Position und Größe des Häkchens:
```
Dim rectCheck As Rectangle = diea.Bounds
rectCheck.Width = SystemInformation.MenuCheckSize.Width * rectCheck.Height \ _
                  SystemInformation.MenuCheckSize.Height
```
Das zweite gibt Position und Größe der Textzeichenfolge an:
```
Dim rectText As Rectangle = diea.Bounds
rectText.X += rectCheck.Width
```
Der Rest ist leicht. Die *DrawBackground*-Methode zeichnet den Hintergrund, *DrawMenuGlyph* das Häkchen und *DrawString* den Text, wobei die Textfarbe sich danach richtet, ob das Element ausgewählt ist. So sieht das Ganze aus:

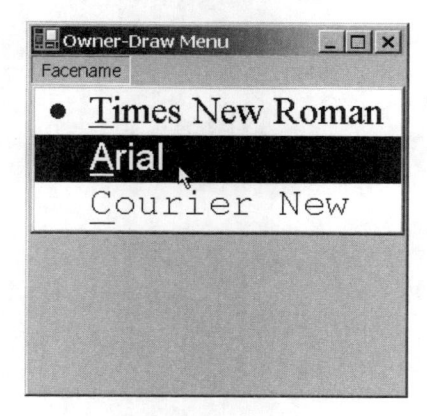

In einfachen Programmen ist eine so gründliche Verarbeitung der Ereignisse *MeasureItem* und *DrawItem* nicht erforderlich. Das folgende Programm lädt beispielsweise eine 64 × 64 Pixel große Bitmapressource und verwendet dieses Bild als Menüelement.

HelpMenu.vb

```vb
Imports System
Imports System.Drawing
Imports System.Windows.Forms
Class HelpMenu
    Inherits Form
    Private bmHelp As Bitmap
    Shared Sub Main()
        Application.Run(New HelpMenu())
    End Sub
    Sub New()
        Text = "Help Menu"
        bmHelp = New Bitmap(Me.GetType(), "Bighelp.bmp")
        Menu = New MainMenu()
        Menu.MenuItems.Add("&Help")

        Dim mi As New MenuItem("&Help")
        mi.OwnerDraw = True
        AddHandler mi.Click, AddressOf MenuHelpOnClick
        AddHandler mi.DrawItem, AddressOf MenuHelpOnDrawItem
        AddHandler mi.MeasureItem, AddressOf MenuHelpOnMeasureItem
        Menu.MenuItems(0).MenuItems.Add(mi)
    End Sub
    Private Sub MenuHelpOnMeasureItem(ByVal obj As Object, ByVal miea As MeasureItemEventArgs)
        miea.ItemWidth = bmHelp.Width
        miea.ItemHeight = bmHelp.Height
    End Sub
    Private Sub MenuHelpOnDrawItem(ByVal obj As Object, ByVal diea As DrawItemEventArgs)
        Dim rect As Rectangle = diea.Bounds
        rect.X += diea.Bounds.Width - bmHelp.Width
        rect.Width = bmHelp.Width

        diea.DrawBackground()
        diea.Graphics.DrawImage(bmHelp, rect)
    End Sub
    Private Sub MenuHelpOnClick(ByVal obj As Object, ByVal ea As EventArgs)
        MessageBox.Show("Help not yet implemented!", Text)
    End Sub
End Class
```

Bighelp.bmp

Die Bearbeitung von *MeasureItem* und *DrawItem* ist in diesem Programm eher bescheiden ausgefallen. Der *MeasureItem*-Handler muss nur die Eigenschaften *ItemWidth* und *ItemHeight* auf die Breite und Höhe der Bitmap einstellen. *DrawItem* übernimmt das Zeichnen, wobei das Bild innerhalb des von der Eigenschaft *Bounds* definierten Rechtecks rechts ausgerichtet wird. Ich finde, das Bild hat etwas vom verzweifelten Hilfeschrei eines Benutzers, der mit dem Programm nicht zurande kommt.

15 Pfade, Bereiche und Clipping

568	Ein Problem und seine Lösung
572	Vorstellung des Pfads in aller Form
574	Einen Pfad erstellen
577	Einen Pfad darstellen
580	Pfadtransformationen
583	Andere Veränderungen des Pfads
589	Clipping mit Pfaden
593	Clipping bei Bitmaps
596	Bereiche und das Clipping

Haben Sie sich schon einmal mit der Grafikprogrammierung in PostScript beschäftigt? Dann wissen Sie ja sicher, was ein *Grafikpfad* ist. In PostScript können Sie ohne Grafikpfade im Grunde gar nichts machen. In anderen grafischen Programmierumgebungen spielen Pfade beim Zeichnen von Objekten eine nicht ganz so zentrale Rolle wie in PostScript, dennoch werden sie allgemein als wichtiges Hilfsmittel bei der Programmierung von Grafiken angesehen.

Ein Grafikpfad erfüllt eine im Grunde simple Aufgabe: Er bietet eine Möglichkeit, Geraden und Kurven miteinander zu verbinden. Wie Sie wisssen, können Sie mithilfe der Methode *DrawLines* Geraden und mithilfe von *DrawBeziers* miteinander verbundene Bézier-Kurven zeichnen, bisher habe ich aber noch kein Verfahren vorgestellt, mit dem Sie Geraden und Bézier-Kurven miteinander verbinden können. Zu genau diesem Zweck dient der Pfad. Das klingt recht schlicht, eröffnet uns aber in Wirklichkeit Zugang zu einer Vielzahl von Zeichentechniken, die ich in diesem sowie in den Kapiteln 17 und 19 erläutern möchte.

Pfade können auch beim so genannten *Clipping* eingesetzt werden. Darunter versteht man die Einschränkung der Grafikausgabe auf einen bestimmten Bereich des Bildschirms oder der Druckseite. Wenn Sie einen Clippingpfad festlegen, wird dieser zunächst in einen *Bereich* (region) konvertiert. Ein Bereich beschreibt eine Fläche des Ausgabegeräts in Gerätekoordinaten.

Ein Problem und seine Lösung

Beginnen wir die Untersuchung der Grafikpfade mit einem Problem der Grafikprogrammierung. Angenommen, Sie möchten eine Figur zeichnen, die aus einer Linie, einem Halbkreis und einer weiteren Linie besteht, die miteinander verbunden sind. Dabei möchten Sie einen Stift verwenden, der erheblich dicker als 1 Pixel ist. Versuchen wir es:

```
LineArcCombo.vb
Imports System
Imports System.Drawing
Imports System.Windows.Forms
Class LineArcCombo
    Inherits PrintableForm
    Shared Shadows Sub Main()
        Application.Run(New LineArcCombo())
    End Sub
    Sub New()
        Text = "Line & Arc Combo"
    End Sub
    Protected Overrides Sub DoPage(ByVal grfx As Graphics, _
            ByVal clr As Color, ByVal cx As Integer, ByVal cy As Integer)
        Dim pn As New Pen(clr, 25)
        grfx.DrawLine(pn, 25, 100, 125, 100)
        grfx.DrawArc(pn, 125, 50, 100, 100, -180, 180)
        grfx.DrawLine(pn, 225, 100, 325, 100)
    End Sub
End Class
```

Die beiden Linien sind 100 Einheiten lang (dies entspricht 100 Pixeln auf dem Bildschirm oder 1 Zoll auf dem Drucker); der Kreis, aus dem der Bogen gebildet wird, hat einen Durchmesser von 100 Einheiten. Der Stift ist 25 Einheiten breit. Und so sieht das Ergebnis aus:

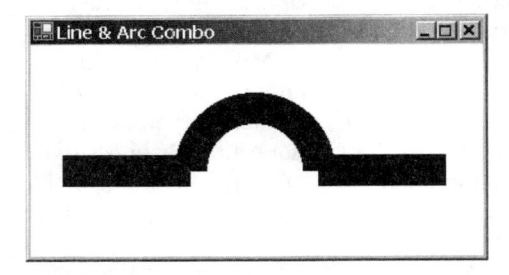

Möglicherweise ist dies genau das Bild, das Sie brauchen. Es ist aber leider nicht das, was ich mir vorgestellt habe. Ich wollte, dass Linien und Halbkreis verbunden sind. Zugegeben, die Linien und der Bogen berühren sich, aber sie sind definitiv nicht vernünftig verbunden. Am unteren Ende des Bogens befinden sich unerwünschte Aussparungen.

Ändern wir das Programm LineArcCombo so ab, dass die Figur zweimal gezeichnet wird: einmal mit einem dicken grauen und einmal mit einem schwarzen, 1 Pixel breiten Stift. So lässt sich leichter erkennen, was hier vor sich geht:

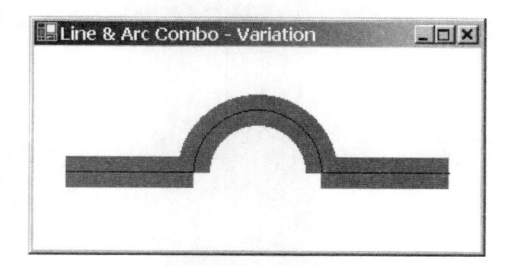

Die 25 Pixel breiten Linien ragen auf jeder Seite um 12 Pixel über die 1 Pixel breiten Linien hinaus. Da Linien und Bogen mithilfe separater Methodenaufrufe gezeichnet werden, ist jede Figur eine eigene Einheit. An den beiden Berührungspunkten überschneiden sich die breiten Striche zwar, bilden aber kein geschlossenes Ganzes.

Sie könnten jetzt natürlich die Koordinaten so lange manipulieren, bis das Bild stimmt. Beispielsweise könnten Sie den Bogen um 12 Einheiten nach unten versetzen, oder so etwas in der Art. Aber tief im Innern wissen Sie, dass Sie das Problem damit nicht gelöst, sondern nur verdrängt haben.

Wir benötigen eine Möglichkeit, dem Grafiksystem mitzuteilen, dass Bogen und Linien miteinander verbunden sein sollen. Wenn wir es mit Geraden zu tun hätten, wäre das ein Klacks: Statt getrennter Linien mit *DrawLine* könnten wir einfach mit *DrawLines* eine Polylinie zeichnen. Das folgende Programm zeichnet z.B. eine Figur, die dem gewünschten Ergebnis nahe kommt.

WidePolyline.vb
```
Imports System
Imports System.Drawing
Imports System.Windows.Forms
Class WidePolyline
    Inherits PrintableForm
    Shared Shadows Sub Main()
        Application.Run(New WidePolyline())
    End Sub
    Sub New()
        Text = "Wide Polyline"
    End Sub
    Protected Overrides Sub DoPage(ByVal grfx As Graphics, _
            ByVal clr As Color, ByVal cx As Integer, ByVal cy As Integer)
        Dim pn As New Pen(clr, 25)
        grfx.DrawLines(pn, New Point() {New Point(25, 100), New Point(125, 100), _
                            New Point(125, 50), New Point(225, 50), _
                            New Point(225, 100), New Point(325, 100)})
    End Sub
End Class
```

Der *DrawLines*-Aufruf enthält ein Array aus sechs *Point*-Strukturen, um eine aus fünf Linien bestehene Polylinie anzuzeigen:

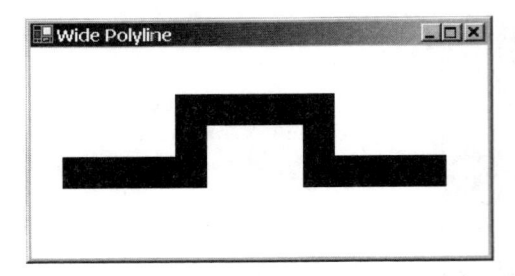

Das Grafiksystem weiß, dass diese Linien verbunden werden sollen, da sie sich alle in einem Funktionsaufruf befinden. An den Berührungspunkten wird die breite Linie richtig gezeichnet.

Bei Verwendung einer Polylinie im Programm WidePolyline bietet sich für die Figur aus zwei Geraden und einem Bogen eine andere Lösung an. Sie könnten beispielsweise, wie in Kapitel 5 beschrieben, eine Ellipse als Polylinie zeichnen und den Bogen auf diese Weise implementieren. Oder Sie könnten sowohl die Geraden (indem Sie zwischen den Geradenendpunkten kollineare Kontrollpunkte angeben) als auch den Bogen in Bézier-Kurven umwandeln (mithilfe der Formeln aus Kapitel 13), und anschließend die ganze Figur mit *DrawBeziers* zeichnen.

Es muss aber einen direkteren Weg geben, dem Grafiksystem zu sagen, dass die Geraden und der Bogen miteinander verbunden sind. Wir brauchen so etwas wie *DrawLines*, eine Möglichkeit zur Kombination von Geraden und Bögen. Und wo wir schon dabei sind, können wir auch gleich noch verlangen, dass diese magische Funktion auch mit Bézier-Kurven bzw. allgemein mit Kurven umgehen kann.

Diese magische Funktion (genauer gesagt handelt es sich um eine magische Klasse) heißt *GraphicsPath*. Das nächste Programm zeichnet die Figur wie gewünscht und benötigt dafür nur drei Anweisungen mehr als LineArcCombo.

LineArcPath.vb
```
Imports System
Imports System.Drawing
Imports System.Drawing.Drawing2D
Imports System.Windows.Forms
Class LineArcPath
    Inherits PrintableForm
    Shared Shadows Sub Main()
        Application.Run(New LineArcPath())
    End Sub
    Sub New()
        Text = "Line & Arc in Path"
    End Sub
    Protected Overrides Sub DoPage(ByVal grfx As Graphics, _
            ByVal clr As Color, ByVal cx As Integer, ByVal cy As Integer)
        Dim path As New GraphicsPath()
        Dim pn As New Pen(clr, 25)

        path.AddLine(25, 100, 125, 100)
        path.AddArc(125, 50, 100, 100, -180, 180)
        path.AddLine(225, 100, 325, 100)

        grfx.DrawPath(pn, path)
    End Sub
End Class
```

Eine der drei zusätzlichen Anweisungen erstellt zu Beginn der *DoPage*-Methode den Pfad:

```
Dim path As New GraphicsPath()
```

Die Klasse zur Implementierung des Pfads heißt zwar *GraphicsPath,* ich werde aber für die Instanzen dieser Klasse den einfacheren Variablennamen *path* verwenden. *GraphicsPath* ist im Namespace *System.Drawing.Drawing2D* definiert; eine weitere *Imports*-Anweisung ermöglicht die Verwendung der drei zusätzlichen Anweisungen in diesem Programm.

Das Programm LineArcCombo zeichnet die erste Linie mithilfe der *DrawLine*-Methode der Klasse *Graphics:*

```
grfx.DrawLine(pn, 25, 100, 125, 100)
```

Das Programm LineArcPath ersetzt diese Anweisung durch die *AddLine*-Methode der Klasse *GraphicsPath:*

```
path.AddLine(25, 100, 125, 100)
```

Abgesehen von dem *Pen*-Argument, das in der *AddLine*-Methode nicht enthalten ist, unterscheiden sich die Argumente nicht von denen der *DrawLine*-Methode. Das Gleiche gilt für *AddArc* im Vergleich zu *DrawArc*. Die Aufrufe *AddLine* und *AddArc* führen keine Zeichenoperation aus, sondern liefern nur Koordinaten, die im Pfad gesammelt werden.

Zum Schluss wird der Pfad mit der dritten zusätzlichen Anweisung ausgegeben:

```
grfx.DrawPath(pn, path)
```

DrawPath ist übrigens eine Methode unserer guten alten Freundin, der Klasse *Graphics*. Der *DrawPath*-Aufruf liefert genau das Bild, das wir uns vorgestellt haben:

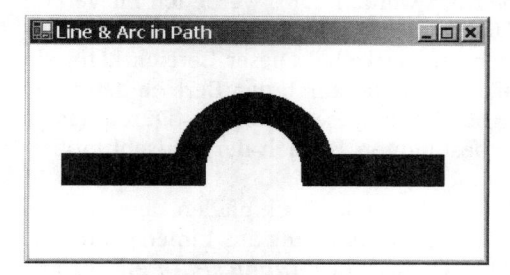

Erfahrenen Win32-API- oder MFC-Programmierern wird aufgefallen sein, dass die Implementierung eines Grafikpfads in Windows Forms einem anderen Konzept folgt. In der Win32-API versetzt die *BeginPath*-Funktion den Gerätekontext in einen besonderen Modus, in dem Aufrufe der üblichen Zeichenfunktionen (beispielsweise *LineTo, BezierTo* u.ä.) nicht ausgegeben, sondern in den Pfad eingefügt werden. Der Pfad wird mit einem Aufruf von *EndPath* abgeschlossen und anschließend mit einem Aufruf von *StrokePath* gezeichnet (oder anderweitig verwendet).

Der Ansatz in Windows Forms ist wesentlich flexibler. In der Win32-API gibt es für einen bestimmten Gerätekontext immer nur einen Pfad, Windows Forms dagegen ermöglicht das Erstellen und Speichern beliebig vieler Pfade. Darüber hinaus ist zum Erstellen eines Pfads kein *Graphics*-Objekt erforderlich. Der Pfad existiert unabhängig von einem *Graphics*-Objekts, bis er mithilfe von *DrawPath* angezeigt (oder anderweitig weiterverarbeitet) wird.

Sie könnten das *Graphics*-Objekt im Programm LineArcPath auch als Feld speichern. Dann könnten Sie die Erstellung des Pfads und die Aufrufe von *AddLine* und *AddArc* im Formularkonstruktor ausführen. Dadurch würde die *DoPage*-Methode nur noch den Stift erstellen und *DrawPath* aufrufen. Wenn Sie den Formularkonstruktor so richtig freiräumen möchten, können Sie die Anweisung zur Stifterstellung auch zu einem Formularfeld machen.

Vorstellung des Pfads in aller Form

Zu Beginn dieses Abschnitts möchte ich einige Begriffe definieren und einen kurzen Überblick über das Thema Pfade geben:

Unter einem *Pfad* versteht man eine Sammlung geräteunabhängiger Koordinatenpunkte zur Beschreibung von Geraden und Kurven. Diese Geraden und Kurven können, müssen aber nicht miteinander verbunden sein. Ein Satz verbundener Linien und Kurven innerhalb des Pfads wird als *Teilpfad* oder *Figur* bezeichnet. (Beide Begriffe werden in der Windows Forms-Schnittstelle synonym verwendet.) Ein Pfad besteht also aus null oder mehr Teilpfaden. Jeder Teilpfad ist eine Sammlung aus verbundenen Linien und Kurven. Der im Programm LineArcPath erstellte Pfad verfügt nur über einen einzigen Teilpfad.

Ein Teilpfad kann entweder *offen* oder *geschlossen* sein. Ein Teilpfad ist geschlossen, wenn der Endpunkt der letzten Linie des Teilpfads mit dem Anfangspunkt der ersten Linie verbunden ist. (Zum Schließen eines Teilpfads steht in der Klasse *GraphicsPath* die spezielle Methode *CloseFigure* zur Verfügung.) Andernfalls handelt es sich um einen offenen Teilpfad. Der Teilpfad in LineArcPath ist offen.

Ich habe Ihnen bereits die Methode *DrawPath* vorgestellt, mit der die Linien und Kurven gezeichnet werden, aus denen sich der Pfad auf einem Ausgabegerät zusammensetzt. Die Klasse *Graphics* enthält auch eine *FillPath*-Methode, die mit einem Pinsel die Innenbereiche aller geschlossenen Teilpfade füllt. Für die *FillPath*-Methode gelten *alle* offenen Teilpfade als geschlossen und definieren somit geschlossene Flächen.

Ein Pfad kann auch in einen *Bereich* (region) konvertiert werden. Dies werde ich im Verlauf dieses Kapitels noch zeigen. Im Gegensatz zu einem Pfad (einer Sammlung aus Linien und Kurven) beschreibt ein Bereich einen Ausschnitt der Bildschirmoberfläche. Dieser Bereich kann ein einfaches Rechteck oder auch ein sehr komplexes Gebilde sein. Die durch den Bereich definierte Fläche kann mit einem Pinsel gefüllt oder als Clippingbereich eingesetzt werden. Durch das so genannte Clipping wird der Zeichenvorgang auf einen bestimmten Bereich der Bildschirmoberfläche begrenzt.

Einige Programmierer erliegen bei den ersten Gehversuchen mit Grafikpfaden dem Irrglauben, dabei müsse es sich um viel mehr handeln als eine bloße Ansammlung aus Linien- und Kurvendefinitionen. Wir wollen uns mit einem Blick auf die Eigenschaft *GraphicsPath* ein für alle Mal von diesem Gedanken verabschieden. Ein Pfad enthält keinerlei dauerhafte Daten, auf die nicht über die Pfadeigenschaften zugegriffen werden könnte:

GraphicsPath-Eigenschaften

Eigenschaft	Typ	Zugriff	Beschreibung
FillMode	FillMode	Get/Set	*FillMode.Alternate* oder *FillMode.Winding*
PointCount	Integer	Get	Anzahl der Punkte im Pfad
PathPoints	PointF()	Get	Array aus Koordinatenpunkten
PathTypes	Byte()	Get	Array aus Punkttypen
PathData	PathData	Get	Eine Kombination von *PathPoints* und *PathTypes*

Die Enumeration *FillMode* wird auch bei der in Kapitel 5 beschriebenen Methode *DrawPolygon* und bei der Methode *DrawClosedCurve* (siehe Kapitel 13) verwendet. Bei Pfaden gibt die Eigenschaft *FillMode* an, auf welche Weise der Pfad gefüllt (oder in einen Bereich konvertiert) wird, wenn er Linien enthält, die sich überschneiden.

Die anderen vier Eigenschaften sind redundant und definieren nichts weiter als zwei Arrays von gleicher Größe:

- Ein Array aus *PointF*-Strukturen mit dem Namen *PathPoints*
- Ein Array aus *Byte*-Werten mit dem Namen *PathTypes*

Die Anzahl der Elemente in diesen Arrays (die über *PathPoints.Length* oder *PathTypes.Length* abgerufen werden kann) steht auch in der Eigenschaft *PointCount* zur Verfügung.

Die Eigenschaft *PathData* sorgt ebenfalls für Redundanz. Bei dieser Eigenschaft handelt es sich um ein Objekt vom Typ *PathData*, das im Namespace *System.Drawing.Drawing2D* definiert ist. Die Klasse *PathData* besitzt folgende beiden Eigenschaften:

PathData-Eigenschaften

Eigenschaft	Typ	Zugriff	Beschreibung
Points	*PointF()*	Get/Set	Array aus Koordinatenpunkten
Types	*Byte()*	Get/Set	Array aus Punkttypen

Das *Points*-Array der *PathData*-Eigenschaft ist für alle *GraphicsPath*-Objekte identisch mit der *PathPoints*-Eigenschaft; das *Types*-Array der *PathData*-Eigenschaft stimmt mit der *PathTypes*-Eigenschaft überein.

Bei den *Byte*-Werten, aus denen die *PathTypes*-Eigenschaft besteht, handelt es sich um Werte der Enumeration *PathPointType*, die ebenfalls in *System.Drawing.Drawing2D* definiert ist:

PathPointType-Enumeration

Member	Wert
Start	&H0000
Line	&H0001
Bezier oder *Bezier3*	&H0003
PathTypeMask	&H0007
DashMode	&H0010
PathMarker	&H0020
CloseSubpath	&H0080

Jede *PointF*-Struktur im *PathPoints*-Array weist einen entsprechenden *PathPointType*-Wert von *Start*, *Line* oder *Bezier* auf. Der Typ *Start* gibt den ersten Punkt einer Figur an, ein mit dem Typ *Line* angegebener Punkt eine Gerade, der Typ *Bezier* gibt einen zu einer Bézier-Kurve gehörenden Punkt an. Wenn Sie zum Pfad Bögen oder kanonische Spline-Kurven hinzufügen, werden diese in Bézier-Kurven umgewandelt. Diese Art der Umwandlung sollte Ihnen einleuchtend vorkommen, nachdem ich Ihnen in Kapitel 13 demonstriert habe, dass Kreise sehr genau mit Bézier-Kurven gezeichnet werden können.

Bei den letzten drei Werten der Enumeration *PathPointType* handelt es sich um Flags, die mit den Werten von *Start*, *Line* oder *Bezier* kombiniert werden können. Wie wir noch sehen, werden die Flags *PathMarker* und *CloseSubpath* durch *GraphicsPath*-Methodenaufrufe erzeugt.

Das Enumerationsmember *PathTypeMask* stellt eine Bitmaske dar, mit deren Hilfe die Werte nach Punkttypen (*Start*, *Line* oder *Bezier*) und Flags (*DashMode*, *PathMarker* oder *CloseSubpath*) unterschieden werden können.

Ein Pfad stellt allerdings keine Möglichkeit zur Verfügung, diese Koordinatenpunkte mit Maßeinheiten der wirklichen Welt in Verbindung zu bringen. Es erübrigt sich somit die Frage, ob es sich bei den Koordinatenpunkten eines Pfads um Pixel-, Zoll-, Millimeter- oder sonstige Werte handelt. Es sind ganz einfach Punkte. Sie werden erst dann in Pixel, Zoll oder Millimeter umgewandelt, wenn der Pfad auf einem Ausgabegerät dargestellt wird.

Einen Pfad erstellen

Die Klasse *GraphicsPath* verfügt über sechs Konstruktoren:

GraphicsPath-Konstruktoren

```
GraphicsPath()
GraphicsPath(ByVal apt() As Point, ByVal abyPointType() As Byte)
GraphicsPath(ByVal aptf() As PointF, ByVal abyPointType() As Byte)
GraphicsPath(ByVal fm As FillMode)
GraphicsPath(ByVal apt() As Point, ByVal abyPointType() As Byte, ByVal fm As FillMode)
GraphicsPath(ByVal aptf() As PointF, ByVal abyPointType() As Byte, ByVal fm As FillMode)
```

Wenn das Argument *FillMode* nicht angegeben wird, lautet die Standardmethode *FillMode.Alternate*.

Vier dieser Konstruktoren legen die durchaus richtige Vermutung nahe, dass ein Pfad erstellt werden kann mithilfe eines Arrays aus *Point*- oder *PointF*-Strukturen und eines Arrays aus entsprechenden *PathPointType*-Enumerationswerten (die als Array aus *Byte*-Werten ausgedrückt werden). Es ist allerdings eher unwahrscheinlich, dass ein Programm einen neuen Pfad auf diese Weise erstellt. Diese Konstruktoren eignen sich viel besser dazu, die *PathPoints*-Werte bereits vorhandener Pfade zu verändern.

Ein neuer Pfad wird meistens über den Standardkonstruktor erstellt:

```
Dim path As New GraphicsPath()
```

Anschließend werden die Methoden der Klasse *GraphicsPath* aufgerufen, die Geraden und Kurven zum Pfad hinzufügen. Diese Methoden gleichen den entsprechenden Methoden der Klasse *Graphics*, beginnen allerdings nicht mit dem Wort *Draw*, sondern mit *Add* und besitzen kein *Pen*-Argument.

Die folgenden *GraphicsPath*-Methoden fügen Geraden, Bézier-Kurven, Ellipsen und kanonische Spline-Kurven zum aktuellen Teilpfad hinzu. Ich habe in der Tabelle die Argumente weggelassen, da sie zum größten Teil mit den entsprechenden *Draw*-Methoden der *Graphics*-Klasse übereinstimmen (bis auf das fehlende *Pen*-Argument):

GraphicsPath-Methoden (Auswahl)

```
Sub AddLine(...)
Sub AddLines(...)
Sub AddArc(...)
Sub AddBezier(...)
Sub AddBeziers(...)
Sub AddCurve(...)
```

Bögen und kanonische Spline-Kurven werden beim Einfügen in einen Pfad in Bézier-Kurven umgewandelt.

Wenn es sich bei *path* um ein Objekt vom Typ *GraphicsPath* handelt, fügen die folgenden drei Aufrufe drei verbundene Linien zum Pfad hinzu:

```
path.AddLine(0, 0, 0, 100)
path.AddLine(0, 100, 100, 100)
path.AddLine(100, 100, 100, 0)
```

Die Linien ergeben die rechte, untere und linke Seite eines Quadrats. Ich habe die Koordinaten so gewählt, dass der Endpunkt einer Linie jeweils mit dem Startpunkt der nächsten Linie übereinstimmt – gerade so, als würde ich sie zeichnen, ohne den Stift abzusetzen.

Bei der Definition eines Pfads müssen Sie allerdings nicht ganz so akribisch vorgehen. Sofern nicht anders angegeben (worauf ich gleich noch zurückkomme), gehören alle zum Pfad hinzugefügten Linien, Bögen, Bézier-Kurven und kanonischen Splines zu ein und derselben Figur. Falls die Koordinaten nicht exakt übereinstimmen, verbindet der Pfad die Einzelteile automatisch mit einer Geraden. Sie können das gleiche Ergebnis erzielen wie mit den soeben gezeigten drei Anweisungen, indem Sie die zweite Anweisung einfach weglassen:

```
path.AddLine(0, 0, 0, 100)
path.AddLine(100, 100, 100, 0)
```

Da die erste Linie bei (0, 100) endet und die zweite bei (100, 100) beginnt, fügt der Pfad automatisch eine Gerade zwischen diesen beiden Punkten ein.

Sie können auch die folgenden drei Methoden aufrufen:

GraphicsPath-Methoden (Auswahl)

```
Sub StartFigure()
Sub CloseFigure()
Sub CloseAllFigures()
```

Diese drei Methodenaufrufe beenden den aktuellen Teilpfad und beginnen einen neuen. Darüber hinaus schließt *CloseFigure* den aktuellen Teilpfad. Dabei wird dem Pfad gegebenenfalls automatisch eine Gerade vom letzten bis zum ersten Punkt des Teilpfads hinzugefügt. *CloseAllFigures* schließt alle bislang zum Pfad gehörigen Teilpfade.

Die Aufrufe

```
path.AddLine(0, 0, 0, 100)
path.AddLine(0, 100, 100, 100)
path.AddLine(100, 100, 100, 0)
path.AddLine(100, 0, 0, 0)
path.CloseFigure()
```

erstellen explizit eine geschlossene quadratische Figur. Die Aufrufe

```
path.AddLine(0, 0, 0, 100)
path.AddLine(100, 100, 100, 0)
path.CloseFigure()
```

erzwingen, dass der Pfad für die obere und untere Seite automatisch eine Linie einfügt, und erzeugen so die gleiche geschlossene Figur. Die Aufrufe

```
path.AddLine(0, 0, 0, 100)
path.AddLine(0, 100, 100, 100)
path.AddLine(100, 100, 100, 0)
path.AddLine(100, 0, 0, 0)
path.StartFigure()
```

erstellen eine Figur, die aus den vier Seiten eines Quadrats besteht, aber nicht geschlossen ist, da der Aufruf von *CloseFigure* fehlt.

Pfade, Bereiche und Clipping

Die folgenden Methoden beginnen eine neue Figur, die dann geschlossen wird:

GraphicsPath-Methoden (Auswahl)

```
Sub AddRectangle(...)
Sub AddRectangles(...)
Sub AddPolygon(...)
Sub AddEllipse(...)
Sub AddPie(...)
Sub AddClosedCurve(...)
```

Diese Aufrufe:

```
path.AddLine(0, 0, 100, 0)
path.AddRectangle(New Rectangle(50, 50, 100, 100))
path.AddLine(200, 0, 0, 0)
```

erstellen beispielsweise drei Teilpfade:

- Eine Linie, nicht geschlossen
- Vier Linien, geschlossen
- Eine Linie, nicht geschlossen

Pfade können auch zu anderen Pfaden hinzugefügt werden:

AddPath-Methode von GraphicsPath

```
Sub AddPath(ByVal path As GraphicsPath, ByVal bConnect As Boolean)
```

Das zweite Argument gibt an, ob der hinzugefügte Pfad mit dem aktuellen Teilpfad verbunden werden soll.

Die *AddString*-Methoden fügen eine Textzeichenfolge zum Pfad hinzu. Die Syntax dieser Methoden unterscheidet sich erheblich von der Syntax der *DrawString*-Methoden:

AddString-Methoden von GraphicsPath

```
Sub AddString(ByVal str As String, ByVal ff As FontFamily, ByVal iStyle As Integer, ByVal fSize As Single,
              ByVal pt As Point, ByVal sf As StringFormat)
Sub AddString(ByVal str As String, ByVal ff As FontFamily, ByVal iStyle As Integer, ByVal fSize As Single,
              ByVal ptf As PointF, ByVal sf As StringFormat)
Sub AddString(ByVal str As String, ByVal ff As FontFamily, ByVal iStyle As Integer, ByVal fSize As Single,
              ByVal rect As Rectangle, ByVal sf As StringFormat)
Sub AddString(ByVal str As String, ByVal ff As FontFamily, ByVal iStyle As Integer, ByVal fSize As Single,
              ByVal rectf As RectangleF, ByVal sf As StringFormat)
```

Die hier verwendeten Argumente sehen nicht im Geringsten aus wie Koordinatenpunkte, dennoch fügen auch diese Methoden nichts anderes zum Pfad hinzu als eine Reihe von Geraden und Bézier-Kurven. Bei diesen Linien und Kurven handelt es sich um die Umrisse der Schriftzeichen.

Die Argumente von *AddString* sind gar nicht so eigenartig wie die Methodendefinitionen vermuten lassen. Das dritte Argument ist zwar als *Integer*-Wert definiert, es handelt sich aber in Wirklichkeit um ein Member der Enumeration *FontStyle* (*Regular, Bold, Italic, Underline* oder *Strikeout*). Daher entsprechen das zweite, dritte und vierte Argument den drei Argumenten im *Font*-Konstruktor.

Warum aber setzen die *AddString*-Methoden *Font*-Argumente nicht genauso ein wie *DrawString*? Das liegt daran, dass ein *Font* meist über eine bestimmte Punktgröße verfügt und ein Pfad keine Angaben zu den Abmessungen beinhaltet. Bei dem *AddString*-Argument *fSize* handelt es sich nicht um eine Punktgröße. Durch Einstellen des *fSize*-Arguments in *AddString* können Sie das Gleiche erreichen wie durch das Erstellen eines *Font*-Objekts mit einer bestimmten Pixelgröße und dem Argument *GraphicsUnit.Pixel* oder *GraphicsUnit.World* (wie in Kapitel 9 beschrieben). Der Text verfügt erst bei der Ausgabe über eine messbare Größe.

Durch Einfügen von Text in einen Pfad lassen sich so viele unglaubliche Effekte erzielen, dass ich das Kapitel 19, das sich damit beschäftigt, »Schriftspielereien« genannt habe.

Sie können in einen Pfad auch Markierungen einfügen, die nicht gezeichnet werden:

GraphicsPath-Methoden (Auswahl)

```
Sub SetMarkers()
Sub ClearMarkers()
```

Mithilfe der Klasse *GraphicsPathIterator* können Sie nach diesen Markierungen suchen, wodurch das Bearbeiten eines Pfads erleichtert wird.

Einen Pfad darstellen

Die Ausgabe eines Pfads erfolgt meist durch Aufruf einer der beiden folgenden Methoden der Klasse *Graphics*:

Graphics-Methoden (Auswahl)

```
Sub DrawPath(ByVal pn As Pen, ByVal path As GraphicsPath)
Sub FillPath(ByVal br As Brush, ByVal path As GraphicsPath)
```

Die Methode *DrawPath* zeichnet unter Verwendung des angegebenen Stifts die Linien und Kurven, aus denen sich der Pfad zusammensetzt. *FillPath* füllt die Innenflächen aller geschlossenen Teilpfade mit dem eingestellten Pinsel. Zu diesem Zweck schließt die Methode vorübergehend alle nicht geschlossenen Teilpfade; diese Änderungen wirken sich allerdings auf den Pfad nicht dauerhaft aus. Sollten sich Linien des Pfads überschneiden, erfolgt die Füllung der Innenflächen auf Basis der aktuellen *FillPath*-Eigenschaft des *GraphicsPath*-Objekts. Zum Zeitpunkt der Ausgabe werden die Pfadpunkte allen Transformationen unterworfen, die für das *Graphics*-Objekt aktiviert sind.

Wir wollen uns das Ganze einmal in der Praxis anschauen. Das Programm Flower zeichnet unter Verwendung eines Pfads und einer Transformation eine Blume.

Flower.vb

```
Imports System
Imports System.Drawing
Imports System.Drawing.Drawing2D
Imports System.Windows.Forms
Class Flower
    Inherits PrintableForm
```

```
Shared Shadows Sub Main()
    Application.Run(New Flower())
End Sub
Sub New()
    Text = "Flower"
End Sub
Protected Overrides Sub DoPage(ByVal grfx As Graphics, _
        ByVal clr As Color, ByVal cx As Integer, ByVal cy As Integer)
    ' Grünen Stengel von der unteren linken Ecke bis zur Mitte zeichnen.
    grfx.DrawBezier(New Pen(Color.Green, 10), _
            New Point(0, cy), New Point(0, 3 * cy \ 4), _
            New Point(cx \ 4, cy \ 4), New Point(cx \ 2, cy \ 2))
    ' Transformation für den Rest der Blume einrichten.
    Dim fScale As Single = Math.Min(cx, cy) / 2000.0F
    grfx.TranslateTransform(cx \ 2, cy \ 2)
    grfx.ScaleTransform(fScale, fScale)
    ' Rote Blütenblätter zeichnen.
    Dim path As New GraphicsPath()
    path.AddBezier(New Point(0, 0), New Point(125, 125), New Point(475, 125), New Point(600, 0))
    path.AddBezier(New Point(600, 0), New Point(475, -125), New Point(125, -125), New Point(0, 0))
    Dim i As Integer
    For i = 0 To 7
        grfx.FillPath(Brushes.Red, path)
        grfx.DrawPath(Pens.Black, path)
        grfx.RotateTransform(360 \ 8)
    Next i
    ' Gelben Kreis in der Mitte zeichnen.
    Dim rect As New Rectangle(-150, -150, 300, 300)
    grfx.FillEllipse(Brushes.Yellow, rect)
    grfx.DrawEllipse(Pens.Black, rect)
End Sub
End Class
```

Die *DoPage*-Methode zeichnet zunächst von der linken unteren Ecke bis zur Mitte des Clientbereichs (oder der Druckerseite) eine Bézier-Kurve, die den Stengel bildet. Danach wird eine Welttransformation eingerichtet, die eine aus vier Quadranten bestehenden isotrope Zeichenfläche definiert, bei welcher der Ursprung im Mittelpunkt liegt und die Koordinaten von −1000 bis 1000 reichen.

Nun muss das Programm die Blütenblätter zeichnen, und an diesem Punkt kommt der Pfad ins Spiel. Wenn die Blätter eine elliptische Form hätten, könnten wir hier einfach *FillEllipse* verwenden. Da die Form der Blütenblätter aber nicht ganz einer Ellipse entspricht, lassen sie sich exakter durch zwei Bézier-Kurven definieren. Das Füllen einer solchen Figur erfordert einen Pfad. Nach der Erstellung des Pfads ruft das Programm achtmal die Methoden *FillPath* und *DrawPath* auf. Nach jedem Aufruf dieser beiden Methoden ändert der Aufruf von *RotateTransform* die Welttransformation des *Graphics*-Objekts, sodass die acht Blütenblätter kreisförmig um die Mitte angeordnet werden. Als Letztes zeichnet *DoPage* in der Mitte des Clientbereichs einen gelben Kreis.

Sie erinnern sich sicher noch an das Programm Scribble aus Kapitel 8. Dort habe ich Ihnen gezeigt, wie vom Benutzer gezeichnete Linien mithilfe der Klasse *ArrayList* gespeichert werden. Bei dieser Klasse handelt es sich um ein arrayähnliches Objekt, das seine Größe dynamisch anpassen kann. Der Einsatz der Klasse *ArrayList* erfolgt auf fast die gleiche Weise wie das Speichern von Koordinaten in einem Pfad. Die Verwendung eines *GraphicsPath*-Objekts anstelle eines *ArrayList*-Objekts führt zu einer erheblichen Vereinfachung des Programms. Dies Programm ist sogar noch einfacher als die ScribbleWithBitmap-Version aus Kapitel 11, die das Bild in einer Schattenbitmap speichert.

ScribbleWithPath.vb

```
Imports System
Imports System.Drawing
Imports System.Drawing.Drawing2D
Imports System.Windows.Forms
Class ScribbleWithPath
    Inherits Form
    Private path As GraphicsPath
    Private bTracking As Boolean
    Private ptLast As Point
    Shared Sub Main()
        Application.Run(New ScribbleWithPath())
    End Sub
    Sub New()
        Text = "Scribble with Path"
        BackColor = SystemColors.Window
        ForeColor = SystemColors.WindowText
        ' Pfad erstellen.
        path = New GraphicsPath()
    End Sub
    Protected Overrides Sub OnMouseDown(ByVal mea As MouseEventArgs)
        If mea.Button <> MouseButtons.Left Then Return
        ptLast = New Point(mea.X, mea.Y)
        bTracking = True
        ' Eine Figur beginnen.
        path.StartFigure()
    End Sub
```

```
        Protected Overrides Sub OnMouseMove(ByVal mea As MouseEventArgs)
            If Not bTracking Then Return
            Dim ptNew As New Point(mea.X, mea.Y)
            Dim grfx As Graphics = CreateGraphics()
            grfx.DrawLine(New Pen(ForeColor), ptLast, ptNew)
            grfx.Dispose()
            ' Eine Linie hinzufügen.
            path.AddLine(ptLast, ptNew)
            ptLast = ptNew
        End Sub
        Protected Overrides Sub OnMouseUp(ByVal mea As MouseEventArgs)
            bTracking = False
        End Sub
        Protected Overrides Sub OnPaint(ByVal pea As PaintEventArgs)
            ' Den Pfad zeichnen.
            pea.Graphics.DrawPath(New Pen(ForeColor), path)
        End Sub
End Class
```

Neben einer zusätzlichen *Imports*-Anweisung habe ich in dieser ScribbleWithPath-Version des Scribble-Programms (das nicht über eine Speichermöglichkeit verfügt) einen Pfad als Feldvariable gespeichert und anschließend einfach vier Anweisungen hinzugefügt (sie sind durch Kommentare gekennzeichnet).

Die Pfaderstellung erfolgt im Konstruktor. Wenn der Mauscursor über dem Clientbereich des Formulars positioniert ist, führt jedes Drücken der linken Maustaste zu einem Aufruf der Methode *StartFigure*, die einen neuen Pfad beginnt. Ein *AddLine*-Aufruf während der Methode *OnMouseMove* fügt eine neue Linie zum Pfad hinzu. Die *OnPaint*-Methode besteht hier nur noch aus einem *DrawPath*-Aufruf.

Pfadtransformationen

Die Klasse *GraphicsPath* enthält mehrere Methoden, mit denen das Programm Pfade verändern kann. Die erste dieser Methoden wirkt zunächst vermutlich ein bisschen verwirrend. (Zumindest ging es mir so, als sie mir das erste Mal über den Weg lief.)

Transform-Methode von GraphicsPath

```
Sub Transform(ByVal matx As Matrix)
```

Wie Sie aus Kapitel 7 wissen, besitzt die Klasse *Graphics* eine Eigenschaft vom Typ *Matrix*, die den Namen *Transform* trägt. Diese Eigenschaft wirkt sich auf jede weitere Grafikausgabe aus.

Mit *Transform* in *GraphicsPath* verhält es sich anders. Hierbei handelt es sich nicht um eine Eigenschaft, sondern um eine Methode. Und dieser Unterschied ist von großer Bedeutung. Eine Eigenschaft ist üblicherweise ein Merkmal eines Objekts, eine Methode dagegen führt eine Operation durch. Man könnte eine Eigenschaft mit einem Adjektiv vergleichen; eine Methode wäre dementsprechend ein Verb.

Die *Transform*-Methode der Klasse *GraphicsPath* ändert die Koordinaten des Pfads dauerhaft, indem sie die angegebene Transformation auf diese Koordinaten anwendet. Sie wirkt sich nicht auf Koordinaten aus, die erst danach zum Pfad hinzugefügt werden. Darüber hinaus merkt sich das *GraphicsPath*-Objekt die Transformationen nicht. Wenn Sie beispielsweise ein *Matrix*-Objekt mit dem Namen *matx* haben, mit dem der Wert eines Koordinatenpunkts verdoppelt wird, und Sie folgenden Aufruf ausführen,

```
path.Transform(matx)
```

erhalten Sie dasselbe Ergebnis, als würden Sie mithilfe der *PathPoints*-Eigenschaft das Array aus den Pfadkoordinaten abrufen, alle Araywerte verdoppeln und auf der Grundlage dieser veränderten Punkte einen neuen Pfad erstellen.

Transform ist die einzige Methode in der Klasse *GraphicsPath*, die Matrizentransformationen durchführen kann. Zu diesem Zweck benötigen Sie die Klasse *Matrix*, die im Namespace *System.Drawing.Drawing2D* definiert ist. (Ich bin gegen Ende von Kapitel 7 bereits kurz auf diese Klasse eingegangen.) Am einfachsten setzen Sie die Klasse *Matrix* ein, indem Sie zuerst mithilfe des Standardkonstruktors eine Identitätsmatrix erstellen:

```
Dim matx As New Matrix()
```

Anschließend stehen Ihnen verschiedene Methoden der Klasse *Matrix* zur Änderung dieser Transformation zur Verfügung. Die *Translate*-Methode entspricht der *TranslateTransform*-Methode der *Graphics*-Klasse. (Ich wäre ehrlich gesagt nicht sonderlich überrascht, wenn die Klasse *Graphics* ihre *TranslateTransform*-Methoden durch einen einfachen Aufruf der entsprechenden *Translate*-Methode ihrer *Transform*-Eigenschaft implementiert.)

Translate-Methoden von *Matrix*

```
Sub Translate(ByVal dx As Single, ByVal dy As Single)
Sub Translate(ByVal dx As Single, ByVal dy As Single, ByVal mo As MatrixOrder)
```

Die Enumeration *MatrixOrder* verfügt über zwei Member: *Append* und *Prepend*.

Die *Scale*-Methode führt zum gleichen Ergebnis wie die *ScaleTransform*-Methode der Klasse *Graphics*.

Scale-Methoden von *Matrix*

```
Sub Scale(ByVal sx As Single, ByVal sy As Single)
Sub Scale(ByVal sx As Single, ByVal xy As Single, ByVal mo As MatrixOrder)
```

Eben habe ich das Verdoppeln von Pfadkoordinaten erwähnt. Dieser Vorgang lässt sich mit folgenden Codezeilen durchführen:

```
Dim matx As New Matrix()
matx.Scale(2, 2)
path.Transform(matx)
```

Die Klasse *Matrix* enthält darüber hinaus auch eine *Rotate*-Methode:

Rotate-Methoden von *Matrix*

```
Sub Rotate(ByVal fAngle As Single)
Sub Rotate(ByVal fAngle As Single, ByVal mo As MatrixOrder)
```

Sie können das Programm Flower so abändern, dass nicht die *RotateTransform*-Methode der Klasse *Graphics*, sondern die *Rotate*-Methode der Klasse *Matrix* verwendet wird. Erstellen Sie dazu nach dem Pfad ein *Matrix*-Objekt, das eine Drehung um 45 Grad beschreibt:

```
Dim matx As New Matrix()
matx.Rotate(45)
```

Anschließend rufen Sie in der *For*-Schleife nicht die *RotateTransform*-, sondern die *Transform*-Methode des Pfads auf:

```
path.Transform(matx)
```

In der ursprünglichen Flower-Version bleibt der Pfad erhalten und der *RotateTransform*-Aufruf bestimmt die Transformation der Koordinaten während der Pfadausgabe durch die Klasse *Graphics*. In der jetzigen Version werden die im Pfad gespeicherten Koordinaten rotiert. Am Ende der *For*-Schleife sind acht Rotationsvorgänge um jeweils 45 Grad erfolgt und die Pfadkoordinaten zu ihren Ursprungswerten zurückgekehrt.

Für die folgende interessante Methode der Klasse *Matrix* gibt es in der Klasse *Graphics* keine Entsprechung:

RotateAt-Methoden von *Matrix*

```
Sub RotateAt(ByVal fAngle As Single, ByVal ptf As PointF)
Sub RotateAt(ByVal fAngle As Single, ByVal ptf As PointF, ByVal mo As MatrixOrder)
```

Durch eine Matrixtransformation wird ein Bild normalerweise um den Punkt (0, 0) rotiert. Diese Methode ermöglicht Ihnen jedoch die Angabe eines Punkts, der als Rotationszentrum verwendet werden soll. Angenommen, Sie erstellen folgenden Pfad:

```
Dim path As New GraphicsPath()
path.AddRectangle(New Rectangle(0, 0, 100, 100))
```

Der Pfad enthält die Punkte (0, 0), (100, 0), (100, 100) und (0, 100). Erstellen Sie ein *Matrix*-Objekt, rufen Sie die *Rotate*-Methode mit einem Rotationswinkel von 45 Grad auf und wenden Sie sie auf den Pfad an:

```
Dim matx As New Matrix()
matx.Rotate(45)
path.Transform(matx)
```

Die Punkte in diesem Pfad lauten gerundet (0, 0), (70.7, 70.7), (0, 141.4) und (−70.7, 70.7). Wenn Sie stattdessen bei der *RotateAt*-Methode den Mittelpunkt des Rechtecks angeben:

```
Dim matx As New Matrix()
matx.RotateAt(45, New PointF(50, 50))
path.Transform(matx)
```

enthält der Pfad die Punkte (50, −20.7), (120.7, 50), (50, 120.7) und (−20.7, 50).

Die Klasse *Matrix* enthält auch eine Methode zur Scherung:

Shear-Methoden von *Matrix*

```
Sub Shear(ByVal xShear As Single, ByVal yShear As Single)
Sub Shear(ByVal xShear As Single, ByVal yShear As Single, ByVal mo As MatrixOrder)
```

Wenn diese Methoden auf eine Standardtransformation angewendet werden, ergeben sich diese Transformationsformeln:

$x' = x + xShear \cdot y$
$y' = yShear \cdot x + y$

Andere Veränderungen des Pfads

Transform ist nicht die einzige Methode der Klasse *GraphicsPath*, mit der sämtliche Koordinaten eines Pfads verändert werden können. Die Methode *Flatten* konvertiert beispielsweise alle Bézier-Kurven eines Pfads in gerade Liniensegmente:

Flatten-Methoden von *GraphicsPath*

```
Sub Flatten()
Sub Flatten(ByVal matx As Matrix)
Sub Flatten(ByVal matx As Matrix, ByVal fFlatness As Single)
```

Optional kann auf die Punkte zuerst eine *Matrix*-Transformation angewendet werden.

Je höher der Wert des Arguments *fFlatness*, desto weniger Liniensegmente enthält der Pfad. Das Argument *fFlatness* hat standardmäßig den Wert 0,25. Der Wert 0 kann nicht definiert werden.

Die Methode *Widen* hat durchgreifendere Änderungen des Pfads zur Folge als *Flatten*. Beim ersten Argument dieser Methode handelt es sich stets um ein *Pen*-Objekt:

Widen-Methoden von *GraphicsPath*

```
Sub Widen(ByVal pn As Pen)
Sub Widen(ByVal pn As Pen, ByVal matx As Matrix)
Sub Widen(ByVal pn As Pen, ByVal matx As Matrix, ByVal fFlatness As Single)
```

Die Methode ignoriert die Farbe des Stifts und verwendet nur die Stiftbreite, die zumeist einen Mindestwert von einigen Einheiten aufweist. Stellen wir uns Folgendes vor: Ein Pfad wird mit einem breiten Stift gezeichnet. Der neue Pfad ist der Umriss dieser breiten Linie. Jeder offene Pfad wird geschlossen, jeder geschlossene Pfad wird in zwei geschlossene Pfade umgewandelt. Bevor der Pfad erweitert wird, konvertiert die Methode alle Bézier-Splines in Polylinien. Sie können für diese Konvertierung optional einen Faktor für die Abflachung angeben oder die Pfadkoordinaten vor der Erweiterung mithilfe eines *Matrix*-Objekts transformieren.

Die Methode *Widen* führt zuweilen zu etwas eigenartigen Ergebnissen, daher wollen wir uns das Ganze einmal an einem Beispiel anschauen. Das folgende Programm erstellt im Konstruktor einen Pfad, der einen V-förmigen offenen Teilpfad und einen dreieckigen geschlossenen Teilpfad enthält.

WidenPath.vb

```
Imports System
Imports System.Drawing
Imports System.Drawing.Drawing2D
Imports System.Windows.Forms
Class WidenPath
    Inherits PrintableForm
    Private path As GraphicsPath
    Shared Shadows Sub Main()
        Application.Run(New WidenPath())
    End Sub
```

```vb
    Sub New()
        Text = "Widen Path"
        path = New GraphicsPath()
        ' Einen offenen Teilpfad erstellen.
        path.AddLines(New Point() {New Point(20, 10), _
                                   New Point(50, 50), _
                                   New Point(80, 10)})
        ' Einen geschlossenen Teilpfad erstellen.
        path.AddPolygon(New Point() {New Point(20, 30), _
                                     New Point(50, 70), _
                                     New Point(80, 30)})
    End Sub
    Protected Overrides Sub DoPage(ByVal grfx As Graphics, _
            ByVal clr As Color, ByVal cx As Integer, ByVal cy As Integer)
        grfx.ScaleTransform(cx / 300.0F, cy / 200.0F)
        Dim i As Integer

        For i = 0 To 5
            Dim pathClone As GraphicsPath = DirectCast(path.Clone(), GraphicsPath)
            Dim matx As New Matrix()
            Dim pnThin As New Pen(clr, 1)
            Dim pnThick As New Pen(clr, 5)
            Dim pnWiden As New Pen(clr, 7.5F)
            Dim br As New SolidBrush(clr)

            matx.Translate((i Mod 3) * 100, (i \ 3) * 100)

            If i < 3 Then
                pathClone.Transform(matx)
            Else
                pathClone.Widen(pnWiden, matx)
            End If
            Select Case i Mod 3
                Case 0
                    grfx.DrawPath(pnThin, pathClone)
                Case 1
                    grfx.DrawPath(pnThick, pathClone)
                Case 2
                    grfx.FillPath(br, pathClone)
            End Select
        Next i
    End Sub
End Class
```

Die *DoPage*-Methode kopiert diesen Pfad mithilfe der *Clone*-Methode sechsmal und stellt jede Kopie mit der *Transform*-Methode an einen bestimmten Bildschirmbereich. Anschließend zeichnet sie den Pfad auf sechs verschiedene Arten. Und so sieht das Ergebnis aus:

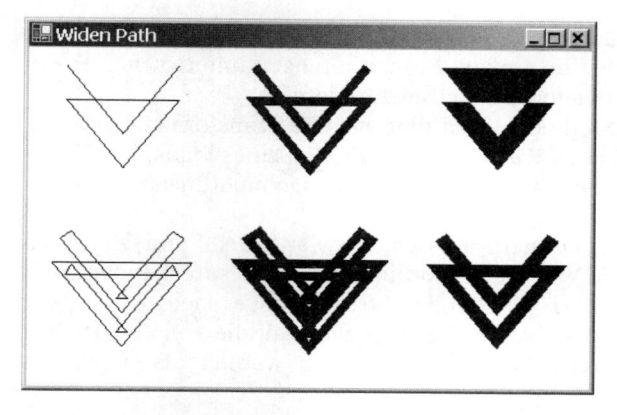

In der oberen Reihe wurde der Pfad (von links nach rechts) mit einem 1 Einheit breiten Stift, mit einem 5 Einheiten breiten Stift und gefüllt gezeichnet. Die Objekte der unteren Reihe wurden mit den gleichen Einstellungen gezeichnet, zuvor erfolgte jedoch ein *Widen*-Aufruf mit einem 7,5 Einheiten breiten Stift.

An den beiden linken Objekten lassen sich die Auswirkungen der *Widen*-Methode am deutlichsten erkennen. Der offene, V-förmige Teilpfad wird in einen geschlossenen Teilpfad umgewandelt, der die gleichen Umrisse aufweist, als wäre er mit einem breiten Stift gezeichnet worden. Der geschlossene, dreieckige Teilpfad wurde in zwei Pfade umgewandelt: einer innerhalb und einer außerhalb einer Linie, die entstünde, wenn der Pfad mit einem breiten Stift gezeichnet würde. Die kleinen Schleifen im Inneren der Pfade sehen natürlich etwas merkwürdig aus, rühren aber von dem Algorithmus her, den die *Widen*-Methode einsetzt.

Die beiden in der Mitte abgebildeten Objekte sehen aus wie die linken, wenn sie mit einem breiteren Stift gezeichnet werden.

Der gefüllte Pfad oben rechts weist aufgrund des Standardfüllmodus für den Pfad, nämlich *FillMode.Alternating*, eine ungefüllte Innenfläche auf. Wenn Sie stattdessen den Füllmodus *FillMode.Winding* angeben, werden alle Innenflächen gefüllt. Am interessantesten ist aber die Figur rechts unten. Hier können Sie erkennen, wie sich *FillPath* auf den erweiterten Pfad auswirkt. Diese Figur sieht aus, als wäre auf den Originalpfad eine *DrawPath*-Methode mit einem breiten Stift angewendet worden.

Mithilfe der *GetBounds*-Methode können Sie das kleinste Rechteck feststellen, in das der Pfad hineinpasst. Dabei können Sie die Auswirkungen einer Matrixtransformation und der Verwendung eines breiten Stifts mit einbeziehen oder auch nicht:

GetBounds-Methoden von *GraphicsPath*

```
Function GetBounds() As RectangleF
Function GetBounds(ByVal matx As Matrix) As RectangleF
Function GetBounds(ByVal matx As Matrix, ByVal pn As Pen) As RectangleF
```

Keines dieser Argumente hat Auswirkungen auf die im Pfad gespeicherten Koordinaten. Denken Sie daran, dass das berechnete Rechteck die Maximal- und Minimalwerte für die *x*- und *y*-Koordinaten aller Punkte im Pfad darstellt. Enthält der Pfad Bézier-Kurven, so richtet sich das Rechteck nach den Koordinaten der Kontrollpunkte, nicht nach der eigentlichen Kurve. Wenn Sie eine genauere Abmessung der Figur benötigen, sollten Sie zunächst *Flatten* und dann erst *GetBounds* aufrufen.

In Kapitel 7 habe ich die Matrixtransformation als *lineare* Transformation definiert. Durch diesen Aspekt der Linearität ist die Transformation einigen Beschränkungen unterworfen. Parallelogramme beispielsweise werden stets in Parallelogramme transformiert.

Die Klasse *GraphicsPath* stellt mit der Methode *Warp* eine weitere Transformation bereit. Genau wie die *Transform*-Methode verändert auch *Warp* alle Koordinaten eines Pfads. Die *Warp*-Transformation ist jedoch nicht linear. Es handelt sich hier um die einzige nichtlineare Transformation in GDI+.

Um diese Transformation durchführen zu können, müssen Sie vier Quell- und vier Zielkoordinaten angeben. Die Methode ordnet die vier Quellkoordinaten den entsprechenden Zielkoordinaten zu. Die Quellkoordinaten werden als *RectangleF*-Struktur angegeben. Es ist ganz praktisch (aber nicht zwingend erforderlich), das *RectangleF*-Argument auf die von *GetBounds* zurückgegebene *RectangleF*-Struktur zu setzen. Die Zielkoordinaten werden als Array aus *PointF*-Strukturen definiert:

Warp-Methoden von *GraphicsPath*

```
Sub Warp(ByVal aptfDst() As PointF, ByVal rectfSrc As RectangleF)
Sub Warp(ByVal aptfDst() As PointF, ByVal rectfSrc As RectangleF, ByVal matx As Matrix)
Sub Warp(ByVal aptfDst() As PointF, ByVal rectfSrc As RectangleF, ByVal matx As Matrix,
        ByVal wm As WarpMode)
Sub Warp(ByVal aptfDst() As PointF, ByVal rectfSrc As RectangleF, ByVal matx As Matrix,
        ByVal wm As WarpMode, ByVal fFlatness As Single)
```

Optional können Sie außerdem ein *Matrix*-Objekt und einen Wert für die Abflachung angeben. Die Quellpunkte werden nach folgenden Regeln in Zielpunkte transformiert:

- *aptfDst(0)* gibt das Ziel für die obere linke Ecke des Rechtecks an.
- *aptfDst(1)* gibt das Ziel für die obere rechte Ecke des Rechtecks an.
- *aptfDst(2)* gibt das Ziel für die untere linke Ecke des Rechtecks an.
- *aptfDst(3)* gibt das Ziel für die untere rechte Ecke des Rechtecks an.

Mit einem optionalen Argument können Sie festlegen, wie die dazwischen liegenden Punkte berechnet werden:

WarpMode-Enumeration

Member	Wert
Perspective	0
Bilinear	1

Das nun folgende Programm PathWarping gibt Ihnen die Möglichkeit, ein bisschen mit der *Warp*-Funktion zu spielen. Der Formularkonstruktor erstellt einen Pfad, der ein Schachbrettmuster mit 8 mal 8 Feldern zeichnet. Das Ziel des Pfads können Sie dann mit der Maus angeben.

PathWarping.vb

```
Imports System
Imports System.Drawing
Imports System.Drawing.Drawing2D
Imports System.Windows.Forms
```

```vb
Class PathWarping
    Inherits Form

    Private miWarpMode As MenuItem
    Private path As GraphicsPath
    Private aptfDest(3) As PointF

    Shared Sub Main()
        Application.Run(New PathWarping())
    End Sub

    Sub New()
        Text = "Path Warping"

        ' Menü erstellen.
        Menu = New MainMenu()
        Menu.MenuItems.Add("&Warp Mode")
        Dim ehClick As EventHandler = AddressOf MenuWarpModeOnClick
        miWarpMode = New MenuItem("&" & CType(0, WarpMode).ToString(), ehClick)
        miWarpMode.RadioCheck = True
        miWarpMode.Checked = True
        Menu.MenuItems(0).MenuItems.Add(miWarpMode)
        Dim mi As New MenuItem("&" & CType(1, WarpMode).ToString(), ehClick)
        mi.RadioCheck = True
        Menu.MenuItems(0).MenuItems.Add(mi)

        ' Pfad erstellen.
        path = New GraphicsPath()
        Dim i As Integer
        For i = 0 To 8
            path.StartFigure()
            path.AddLine(0, 100 * i, 800, 100 * i)
            path.StartFigure()
            path.AddLine(100 * i, 0, 100 * i, 800)
        Next i

        ' PointF-Array initialisieren.
        aptfDest(0) = New PointF(50, 50)
        aptfDest(1) = New PointF(200, 50)
        aptfDest(2) = New PointF(50, 200)
        aptfDest(3) = New PointF(200, 200)
    End Sub

    Private Sub MenuWarpModeOnClick(ByVal obj As Object, ByVal ea As EventArgs)
        miWarpMode.Checked = False
        miWarpMode = DirectCast(obj, MenuItem)
        miWarpMode.Checked = True
        Invalidate()
    End Sub

    Protected Overrides Sub OnMouseDown(ByVal mea As MouseEventArgs)
        Dim pt As Point

        If mea.Button = MouseButtons.Left Then
            If ModifierKeys = Keys.None Then
                pt = Point.Round(aptfDest(0))
            ElseIf ModifierKeys = Keys.Shift Then
                pt = Point.Round(aptfDest(2))
            Else
                Return
            End If
```

```
            ElseIf mea.Button = MouseButtons.Right Then
                If ModifierKeys = Keys.None Then
                    pt = Point.Round(aptfDest(1))
                ElseIf ModifierKeys = Keys.Shift Then
                    pt = Point.Round(aptfDest(3))
                Else
                    Return
                End If
            Else
                Return
            End If
            Cursor.Position = PointToScreen(pt)
        End Sub
        Protected Overrides Sub OnMouseMove(ByVal mea As MouseEventArgs)
            Dim pt As New Point(mea.X, mea.Y)
            If mea.Button = MouseButtons.Left Then
                If ModifierKeys = Keys.None Then
                    aptfDest(0) = Point.op_Implicit(pt)
                ElseIf ModifierKeys = Keys.Shift Then
                    aptfDest(2) = Point.op_Implicit(pt)
                Else
                    Return
                End If
            ElseIf mea.Button = MouseButtons.Right Then
                If ModifierKeys = Keys.None Then
                    aptfDest(1) = Point.op_Implicit(pt)
                ElseIf ModifierKeys = Keys.Shift Then
                    aptfDest(3) = Point.op_Implicit(pt)
                Else
                    Return
                End If
            Else
                Return
            End If
            Invalidate()
        End Sub
        Protected Overrides Sub OnPaint(ByVal pea As PaintEventArgs)
            Dim grfx As Graphics = pea.Graphics
            Dim pathWarped As GraphicsPath = DirectCast(path.Clone(), GraphicsPath)
            Dim wm As WarpMode = CType(miWarpMode.Index, WarpMode)
            pathWarped.Warp(aptfDest, path.GetBounds(), New Matrix(), wm)
            grfx.DrawPath(New Pen(ForeColor), pathWarped)
        End Sub
End Class
```

Legen Sie mit der linken und der rechten Maustaste die obere linke und die obere rechte Zielkoordinate fest. Die untere Zielkoordinate können Sie einstellen, indem Sie beim Klicken mit den Maustasten die Umschalttaste gedrückt halten. Im Menü können Sie zwischen den Modi *Perspective* und *Bilinear* wählen. (Haben Sie bemerkt, wie geschickt die *OnPaint*-Methode die *Index*-Eigenschaft des angeklickten Menüelements in ein Member vom Typ *WarpMode* umwandelt?) Hier ein Beispiel für eine perspektivische Verzerrung (*Perspective*):

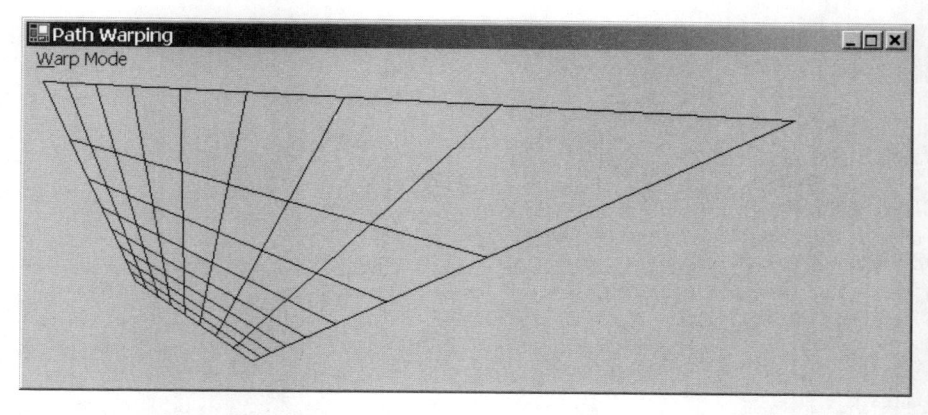

Die Verzerrung *Bilinear* funktioniert nicht, zumindest nicht bei diesem Bild.

Ein Pfad bietet eine praktische Möglichkeit, selbst definierte nichtlineare Transformationen zu implementieren. Dazu speichern Sie zunächst die gewünschte Figur in einem Pfad. Anschließend rufen Sie über die Eigenschaften *PathPoints* und *PathTypes* die Koordinatenpunkte ab. Verändern Sie diese Punkte beliebig und verwenden Sie dann einen beliebigen *GraphicsPath*-Konstruktor außer dem Standardkonstruktor, um auf der Grundlage der modifizierten Arraywerte einen neuen Pfad zu erstellen. Zwei Beispiele für diese Vorgehensweise finden Sie in Kapitel 19.

Clipping mit Pfaden

Pfade können nicht nur zum Zeichnen und Füllen, sondern auch zur Bestimmung eines Clippingbereichs für das *Graphics*-Objekt eingesetzt werden:

SetClip-Methoden von *Graphics* (Auswahl)

```
Sub SetClip(ByVal path As GraphicsPath)
Sub SetClip(ByVal path As GraphicsPath, ByVal cm As CombineMode)
```

Nehmen wir einmal an, ein Pfad enthält eine Ellipse. Wenn Sie die erste *SetClip*-Variante aufrufen, sind alle nachfolgenden Zeichenoperationen auf diese Ellipse beschränkt. Zur zweiten Variante kommen wir gleich. Zunächst wollen wir uns aber auf ein Beispielprogramm stürzen. Das Programm Clover definiert einen Pfad mit vier sich überschneidenden Ellipsen und verwendet ihn als Clippingbereich.

```
Clover.vb
Imports System
Imports System.Drawing
Imports System.Drawing.Drawing2D
Imports System.Windows.Forms
Class Clover
    Inherits PrintableForm
```

```
Shared Shadows Sub Main()
    Application.Run(New Clover())
End Sub
Sub New()
    Text = "Clover"
End Sub
Protected Overrides Sub DoPage(ByVal grfx As Graphics, _
        ByVal clr As Color, ByVal cx As Integer, ByVal cy As Integer)
    Dim path As New GraphicsPath()
    path.AddEllipse(0, cy \ 3, cx \ 2, cy \ 3)          ' links
    path.AddEllipse(cx \ 2, cy \ 3, cx \ 2, cy \ 3)     ' rechts
    path.AddEllipse(cx \ 3, 0, cx \ 3, cy \ 2)          ' oben
    path.AddEllipse(cx \ 3, cy \ 2, cx \ 3, cy \ 2)     ' unten
    grfx.SetClip(path)
    grfx.TranslateTransform(cx \ 2, cy \ 2)
    Dim pn As New Pen(clr)
    Dim fRadius As Single = CSng(Math.Sqrt(Math.Pow(cx \ 2, 2) + Math.Pow(cy \ 2, 2)))
    Dim fAngle As Single
    For fAngle = Math.PI / 180 To Math.PI * 2 Step Math.PI / 180
        grfx.DrawLine(pn, 0, 0, fRadius * CSng(Math.Cos(fAngle)), _
                             -fRadius * CSng(Math.Sin(fAngle)))
    Next fAngle
End Sub
End Class
```

Das *GraphicsPath*-Objekt wird in der *DoPage*-Methode erstellt. Der Pfad besteht aus vier Ellipsen, die auf der Größe des Clientbereichs oder der Druckerseite basieren. Die *SetClip*-Methode gibt anhand des Pfads den Clippingbereich für das *Graphics*-Objekt an.

Anschließend setzt die *DoPage*-Methode den Ursprung in die Mitte des Zeichenbereichs und zeichnet von dort ausgehend strahlenförmig 360 Linien. Diese Linien werden auf die Ellipsenform beschnitten (clipped):

Ein solches Bild auf andere Weise zu zeichnen, dürfte äußerst schwierig sein. Sie haben sicher gesehen, dass der Bereich, in dem sich die Ellipsen überschneiden, nicht zum Clippingbereich gehört. Das liegt daran, dass wir den Standardfüllmodus *FillMode.Alternate* verwendet haben.

Wenn Sie vor dem Aufruf von *SetClip* stattdessen diesen Modus angeben:

```
path.FillMode = FillMode.Winding
```

werden auch die überlappenden Teile in den Clippingbereich einbezogen.

Das Clipping ist meist sehr zeitaufwendig. Ich habe die Klasse *Clover* von *PrintableForm* abgeleitet, sodass Sie das Bild mit einem Klick auf den Clientbereich ausdrucken können. Ich muss Sie aber warnen: Die Ausgabe kann eine Stunde und länger dauern. Nun stellt sich natürlich die Frage: Wie wirken sich Seiten- und Welttransformation auf den Clippingbereich aus?

Beim Aufruf von *SetClip* wird angenommen, dass der Pfad in Weltkoordinaten angegeben ist. Die Weltkoordinaten werden in Gerätekoordinaten konvertiert, gerade so, als würden Sie den Pfad zeichnen oder füllen. Der Clippingbereich wird in Gerätekoordinaten gespeichert, und das bleibt auch so. Sie könnten beispielsweise im Clover-Programm nach dem *SetClip*-Aufruf Seiten- und Welttransformation beliebig ändern, und der Zeichenvorgang bliebe doch auf ein und denselben Fensterbereich begrenzt. Ich habe selbst im Programm *TranslateTransform* eingesetzt, ohne dass sich dadurch die Position des Clippingbereichs geändert hätte.

Mit der zweiten oben angeführten *SetClip*-Variante können Sie einen vorhandenen Clippingbereich mit einem in der *SetClip*-Methode angegebenen zweiten Clippingbereich kombinieren:

CombineMode-Enumeration

Member	Wert	Beschreibung
Replace	0	Auswahl = Neu
Intersect	1	Auswahl = Neu ∩ Vorhanden
Union	2	Auswahl = Neu ∪ Vorhanden
Xor	3	Auswahl = Vereinigungsmenge – Schnittmenge
Exclude	4	Auswahl = Vorhanden – Neu
Complement	5	Auswahl = Neu – Vorhanden

Das folgende Programm erstellt einen Clippingbereich auf der Grundlage von zwei überlappenden Ellipsen. Mithilfe eines Menübefehls können Sie auswählen, welcher *CombineMode*-Wert zur Kombination der beiden Ellipsen verwendet werden soll. Das Programm färbt dann den gesamten Clientbereich ein. Ich habe, genau wie im Programm PathWarping, die Untermenüindizes (die in einem Bereich von 0 bis 5 liegen) als Wert für *CombineMode* verwendet.

ClippingCombinations.vb
```
Imports System
Imports System.Drawing
Imports System.Drawing.Drawing2D
Imports System.Windows.Forms
Class ClippingCombinations
    Inherits PrintableForm

    Private strCaption As String = "CombineMode = "
    Private miCombineMode As MenuItem

    Shared Shadows Sub Main()
        Application.Run(New ClippingCombinations())
    End Sub
```

```
    Sub New()
        Text = strCaption & CType(0, CombineMode).ToString()
        Menu = New MainMenu()
        Menu.MenuItems.Add("&CombineMode")
        Dim ehClick As EventHandler = AddressOf MenuCombineModeOnClick
        Dim i As Integer

        For i = 0 To 5
            Dim mi As New MenuItem("&" & CType(i, CombineMode).ToString())
            AddHandler mi.Click, ehClick
            mi.RadioCheck = True
            Menu.MenuItems(0).MenuItems.Add(mi)
        Next i
        miCombineMode = Menu.MenuItems(0).MenuItems(0)
        miCombineMode.Checked = True
    End Sub
    Private Sub MenuCombineModeOnClick(ByVal obj As Object, ByVal ea As EventArgs)
        miCombineMode.Checked = False
        miCombineMode = DirectCast(obj, MenuItem)
        miCombineMode.Checked = True
        Text = strCaption & CType(miCombineMode.Index, CombineMode).ToString()
        Invalidate()
    End Sub
    Protected Overrides Sub DoPage(ByVal grfx As Graphics, _
            ByVal clr As Color, ByVal cx As Integer, ByVal cy As Integer)
        Dim path As New GraphicsPath()
        path.AddEllipse(0, 0, 2 * cx \ 3, cy)
        grfx.SetClip(path)
        path.Reset()
        path.AddEllipse(cx \ 3, 0, 2 * cx \ 3, cy)
        grfx.SetClip(path, CType(miCombineMode.Index, CombineMode))
        grfx.FillRectangle(Brushes.Red, 0, 0, cx, cy)
    End Sub
End Class
```

Die Kombination der beiden Ellipsen mit *CombineMode.Xor* führt zu folgendem Ergebnis:

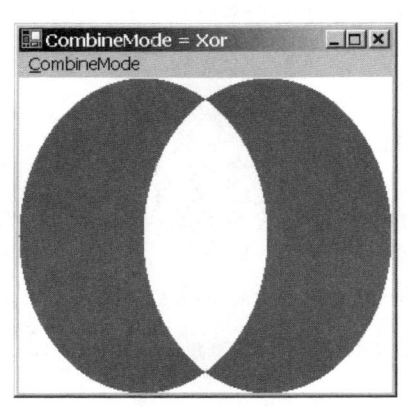

Andere Versionen der *SetClip*-Methode ermöglichen die Angabe des Clippingbereichs als Rechteck (oder einer Kombination des Clippingbereichs mit einem Rechteck):

SetClip-Methoden von *Graphics* (Auswahl)

```
Sub SetClip(ByVal rect As Rectangle)
Sub SetClip(ByVal rect As Rectangle, ByVal cm As CombineMode)
Sub SetClip(ByVal rectf As RectangleF)
Sub SetClip(ByVal rectf As RectangleF, ByVal cm As CombineMode)
```

Die Klasse *Graphics* enthält des Weiteren Methoden namens *IntersectClip* und *ExcludeClip*, mit denen der vorhandene Clippingbereich verändert werden kann. Um den Clippingbereich auf den Normalwert (sprich: einen unendlich großen Bereich) zurückzusetzen, rufen Sie folgende Methode auf:

ResetClip-Methode von *Graphics*

```
Sub ResetClip()
```

Clipping bei Bitmaps

Mithilfe von Clipping können Sie auch nicht rechteckige Bereiche von Bitmaps zeichnen. Das folgende Programm lädt ein Bild und definiert im Konstruktor einen Pfad. In der *DoPage*-Methode stellt das Programm anschließend auf der Grundlage dieses Pfads einen Clippingbereich ein und zeichnet die Bitmap.

```vb
KeyholeClip.vb
Imports System
Imports System.Drawing
Imports System.Drawing.Drawing2D
Imports System.Windows.Forms
Class KeyholeClip
    Inherits PrintableForm
    Protected img As Image
    Protected path As GraphicsPath
    Shared Shadows Sub Main()
        Application.Run(New KeyholeClip())
    End Sub
    Sub New()
        Text = "Keyhole Clip"
        img = Image.FromFile("..\..\..\Images and Bitmaps\Apollo11FullColor.jpg")
        path = New GraphicsPath()
        path.AddArc(80, 0, 80, 80, 45, -270)
        path.AddLine(70, 180, 170, 180)
    End Sub
    Protected Overrides Sub DoPage(ByVal grfx As Graphics, _
            ByVal clr As Color, ByVal cx As Integer, ByVal cy As Integer)
        grfx.SetClip(path)
        grfx.DrawImage(img, 0, 0, img.Width, img.Height)
    End Sub
End Class
```

Zugegeben, das Ergebnis ist ein bisschen, nun ja, unangemessen (ein Schlüsselloch auf dem Mond?), aber das Verfahren funktioniert:

Ich habe in diesem Programm die Definition des Pfads auf das Bild abgestimmt und angenommen, dass das Bild in Pixeln gezeichnet wird und dass sich die obere linke Ecke am Punkt (0, 0) befindet.

Was aber, wenn das beschnittene Bild in der Mitte des Clientbereichs angezeigt werden soll? Das Zeichnen des Bilds ist dabei gar nicht das Problem, aber wie bekommen Sie den Pfad in die Mitte? Ein Möglichkeit besteht darin, den Pfad in der Größe des Clientbereichs neu zu erstellen. Eine andere Lösung ist die Verschiebung des Pfads mithilfe einer der folgenden Methoden:

TranslateClip-Methoden von *Graphics*

```
Sub TranslateClip(ByVal cx As Integer, ByVal cy As Integer)
Sub TranslateClip(ByVal cx As Single, ByVal cy As Single)
```

Das Programm KeyholeClipCentered überschreibt das Programm KeyholeClip und zentriert Clippingbereich und Pfad im Clientbereich.

```
KeyholeClipCentered.vb
Imports System
Imports System.Drawing
Imports System.Windows.Forms
Class KeyholeClipCentered
    Inherits KeyholeClip
    Shared Shadows Sub Main()
        Application.Run(New KeyholeClipCentered())
    End Sub
    Sub New()
        Text &= " Centered"
    End Sub
    Protected Overrides Sub DoPage(ByVal grfx As Graphics, _
            ByVal clr As Color, ByVal cx As Integer, ByVal cy As Integer)
        grfx.SetClip(path)
```

```
            Dim rectf As RectangleF = path.GetBounds()
            Dim xOffset As Integer = CInt((cx - rectf.Width) / 2 - rectf.X)
            Dim yOffset As Integer = CInt((cy - rectf.Height) / 2 - rectf.Y)

            grfx.TranslateClip(xOffset, yOffset)
            grfx.DrawImage(img, xOffset, yOffset, img.Width, img.Height)
        End Sub
End Class
```

Sie erhalten den gleichen Effekt auch, indem Sie eine Bitmap von der Größe des beschnittenen Bilds erstellen und Transparenz verwenden. Das Programm KeyholeBitmap veranschaulicht diese Vorgehensweise.

KeyholeBitmap.vb
```
Imports System
Imports System.Drawing
Imports System.Drawing.Drawing2D
Imports System.Drawing.Imaging
Imports System.Windows.Forms
Class KeyholeBitmap
    Inherits PrintableForm

    Private bm As Bitmap

    Shared Shadows Sub Main()
        Application.Run(New KeyholeBitmap())
    End Sub

    Sub New()
        Text = "Keyhole Bitmap"
        ' Bild laden.
        Dim img As Image = Image.FromFile("..\..\..\Images and Bitmaps\Apollo11FullColor.jpg")

        ' Clippingpfad erstellen.
        Dim path As New GraphicsPath()
        path.AddArc(80, 0, 80, 80, 45, -270)
        path.AddLine(70, 180, 170, 180)

        ' Größe des Clippingpfads abrufen.
        Dim rectf As RectangleF = path.GetBounds()

        ' Neue, transparente Bitmap erstellen.
        bm = New Bitmap(CInt(rectf.Width), CInt(rectf.Height), PixelFormat.Format32bppArgb)

        ' Graphics-Objekt erstellen, das auf der neuen Bitmap basiert.
        Dim grfx As Graphics = Graphics.FromImage(bm)

        ' Originalbild beschneiden und auf Bitmap zeichnen.
        grfx.SetClip(path)
        grfx.TranslateClip(-rectf.X, -rectf.Y)
        grfx.DrawImage(img, CInt(-rectf.X), CInt(-rectf.Y), img.Width, img.Height)
        grfx.Dispose()
    End Sub

    Protected Overrides Sub DoPage(ByVal grfx As Graphics, _
            ByVal clr As Color, ByVal cx As Integer, ByVal cy As Integer)
        grfx.DrawImage(bm, (cx - bm.Width) \ 2, _
                           (cy - bm.Height) \ 2, _
                           bm.Width, bm.Height)
    End Sub
End Class
```

Das Laden des Bilds und das Erstellen des Pfads erfolgt auf die gleiche Weise wie im Programm KeyholeClip. Anschließend ruft KeyholeBitmap die Pfadgröße ab und erstellt anhand dieser Größe ein neues *Bitmap*-Objekt. Das Pixelformat der Bitmap ist als *Format32bppArgb* angegeben (das Standardformat) und die Bitmap wird mit Nullwerten (0) initialisiert, ist also vollständig transparent. Das gilt nicht für Objekte, die auf der Bitmap gezeichnet werden, sie sind nicht transparent.

Anschließend ruft der Konstruktor ein *Graphics*-Objekt für die Bitmap ab und legt mit dem Pfad einen Clippingbereich fest. Das Problem dabei ist allerdings, dass die neue Bitmap kleiner ist als die geladene, die Position des Pfads also nicht stimmt. Die *TranslateClip*-Methode verschiebt den Clippingbereich an die richtige Position, *DrawImage* gibt das Bild mit den gleichen Versatzfaktoren auf der neuen Bitmap aus.

Die *DoPage*-Methode zentriert die Bitmap im Clientbereich. Das Programm könnte die neue Bitmap auch speichern.

Bereiche und das Clipping

Historisch betrachtet werden Bereiche (regions) von Windows schon erheblich länger unterstützt als Pfade. Bereiche gab es bereits in Windows 1.0 (aus dem Jahr 1985), Pfade dagegen standen erst mit Einführung der 32-Bit-Versionen von Windows zur Verfügung (Windows NT 3.1 im Jahr 1993 und zwei Jahre später Windows 95).

Die Pfade haben die Bereiche weitgehend aus der Windows-Grafikprogrammierung verdrängt. Im Grunde spielen Bereiche nur noch beim Thema Clipping eine Rolle. Wenn Sie einen Clippingpfad festlegen, wird dieser Pfad in einen Bereich umgewandelt. Je mehr Sie sich mit dem Thema Clipping beschäftigen, desto gründlicher müssen Sie sich auch mit Bereichen auseinander setzen.

Wie Sie bereits wissen, stellt ein Grafikpfad eine Sammlung aus Linien und Kurven dar. Ein Bereich beschreibt eine Fläche des Ausgabegeräts. Die Konvertierung eines Pfads in einen Bereich ist eine recht einfache Aufgabe. Einer der Konstruktoren der Klasse *Region* (die im Namespace *System.Drawing* definiert ist) erstellt einen Bereich direkt aus einem Pfad:

Region-Konstruktoren (Auswahl)

```
Region(ByVal path As GraphicsPath)
```

Damit der Konstruktor funktioniert, werden alle offenen Teilpfade geschlossen. Der Bereich umfasst die Innenflächen aller geschlossenen Teilpfade. Wenn die Teilpfade sich überschneidende Flächen aufweisen, bestimmt der Füllmodus des Pfads, welche Innenflächen in den Bereich aufgenommen werden und welche nicht. Nur eine Methode der Klasse *Graphics* verwendet zum Zeichnen einen Bereich:

FillRegion-Methode von *Graphics*

```
Sub FillRegion(ByVal br As Brush, ByVal rgn As Region)
```

Wurde der Bereich aus einem Pfad erstellt, entspricht die Methode einem *FillPath*-Aufruf mit dem ursprünglichen Pfad.

Nur eine Version der *SetClip*-Methode setzt Bereiche direkt ein:

SetClip-Methoden von *Graphics* (Auswahl)

```
Sub SetClip(ByVal rgn As Region, ByVal cm As CombineMode)
```

Es mag eigenartig anmuten, dass es keine *SetClip*-Version gibt, die ein *Region*-Argument ohne *CombineMode*-Argument besitzt. Das liegt einfach daran, dass die *Clip*-Eigenschaft des *Graphics*-Objekts bereits als *Region* definiert ist. Es folgen drei *Graphics*-Eigenschaften, die sich auf das Clipping beziehen:

Graphics-Eigenschaften (Auswahl)

Eigenschaft	Typ	Zugriff
Clip	*Region*	Get/Set
ClipBounds	*RectangleF*	Get
IsClipEmpty	*Boolean*	Get

Anstatt nun einen Clippingbereich anhand eines Methodenaufrufs aus einem *Region*-Objekt festzulegen:

```
grfx.SetClip(rgn)     ' Gibt es nicht!
```

stellen Sie einfach die Eigenschaft ein:

```
grfx.Clip = rgn
```

Die *ClipBounds*-Eigenschaft gibt das kleinste Rechteck an, das den Clippingbereich umfasst, *IsClipEmpty* gibt Aufschluss darüber, ob der Clippingbereich einen nicht vorhandenen Bereich definiert.

Zwei weitere Eigenschaften des *Graphics*-Pfads beziehen sich auf das Clipping:

Graphics-Eigenschaften (Auswahl)

Eigenschaft	Typ	Zugriff
VisibleClipBounds	*RectangleF*	Get
IsVisibleClipEmpty	*Boolean*	Get

Bei einem neuen *Graphics*-Objekt gibt die *VisibleClipBounds*-Eigenschaft die Größe der Zeichenfläche an. Hierbei handelt es sich aus Sicht eines Formulars um die Größe des Clientbereichs; der Drucker interpretiert den Wert als Größe des bedruckbaren Seitenbereichs. Die *ClipBounds*-Eigenschaft gibt ein »unendlich großes« Begrenzungsrechteck an. (In Wirklichkeit ist es natürlich nicht unendlich, sondern nur extrem groß.)

Wenn Sie einen Clippingbereich für das *Graphics*-Objekt festlegen, entspricht *VisibleClipBounds* der Schnittmenge der ursprünglichen *VisibleClipBounds* und der *ClipBounds*-Eigenschaft. Befindet sich der Clippingbereich vollständig innerhalb des Anzeigebereichs, sind *VisibleClipBounds* und *ClipBounds* gleich.

Wenn der *IsClipEmpty*-Wert *True* lautet, wird auch *IsVisibleClipEmpty* auf *True* gesetzt. Es kommt vor, dass der *IsClipEmpty*-Wert *True* lautet, sich der Clippingbereich aber außerhalb des Clientbereichs (bzw. des bedruckbaren Bereichs der Druckerseite) befindet. In diesem Fall lautet der *IsVisibleClipEmpty*-Wert trotzdem *True*, da der Clippingbereich vollständig außerhalb des Anzeigebereichs liegt.

16 Dialogfelder

600	Das erste modale Dialogfeld
604	Beendigung modaler Dialogfelder
606	Übernehmen und abbrechen
607	Die Bildschirmposition
610	Das Dialogfeld *Info*
613	In Dialogfeldern Eigenschaften definieren
617	Kobra, übernehmen Sie!
620	Das Dialogfeld ohne Modus
623	Standarddialogfelder
624	Schriften und Farben auswählen
630	Die Windows-Registrierung
634	Das Dialogfeld zum Öffnen von Dateien
640	Das Dialogfeld zum Speichern von Dateien

Sie können das Hauptformular einer Anwendung auf die gleiche Weise mit Schaltflächen und anderen Steuerelementen ausstatten, wie Sie es beim Entwurf von Dialogfeldern tun. Wo liegt dann der Unterschied zwischen einem Formular und einem Dialogfeld? Wenn wir von der Ereignisverarbeitung in Dialogfeldern und untergeordneten Steuerelementen reden, ist der Unterschied tatsächlich marginal. Als Dialogfelder in die Windows-Programmierung aufgenommen wurden, bedeuteten sie einen enormen konzeptionellen Fortschritt. In der Windows Forms-Bibliothek haben Dialogfelder nicht einmal eine eigene Klasse. Sie werden ganz einfach als eine weitere Instanz (bzw. meistens eine Instanz einer weiteren Unterklasse) der Klasse *Form* erstellt.

Dialogfelder sind entweder *modal* oder *ohne Modus*. Die meisten Dialogfelder sind modal. Wie der Name vermuten lässt, wechselt bei modalen Dialogfeldern der Eingabemodus vom Hauptformular auf das Dialogfeld. Wenn in Ihrem Programm ein modales Dialogfeld angezeigt wird, kann der Benutzer nicht zwischen diesem und anderen Formularen des Programms wechseln, sondern muss dieses Dialogfeld erst explizit beenden, zumeist durch Klicken auf Schaltflächen wie *OK* (oder auch *Öffnen* oder *Speichern*) oder *Abbrechen*. Es ist allerdings möglich, zu einem anderen Programm zu wechseln, auch wenn dieses Dialogfeld noch angezeigt wird.

Manche Dialogfelder (so genannte *systemmodale* Dialogfelder) erlauben nicht einmal den Wechsel zu anderen Programmen: Systemmodale Dialogfelder zeigen ernst zu nehmende Systemfehler an und müssen explizit beendet werden, bevor mit einer anderen Windows-Anwendung weitergearbeitet werden kann. (Ein systemmodales Dialogfeld kann über die Windows Forms-Bibliothek nicht erstellt werden.)

Dialogfelder ohne Modus ähneln eher vom Programm erstellten Zusatzformularen. (Die Programme TwoForms und PaintTwoForms aus Kapitel 2 erstellen beispielsweise zwei Formulare.) Der Wechsel zwischen einem Dialogfeld ohne Modus und dem Hauptformular einer Anwendung ist problemlos möglich.

Dialogfelder ohne Modus werden häufig eingesetzt, wenn die Informationen, die ein Benutzer eingeben muss, die Kapazität eines Menüs überschreiten. (Erinnern Sie sich noch an das Programm FontMenu aus Kapitel 14?) Ein Dialogfeld definiert meist Felder oder Eigenschaften, über die das Programm das Dialogfeld initialisieren und letzten Endes Informationen daraus abrufen kann.

Viele Programmierer haben Schwierigkeiten, in objektorientierten Sprachen zu entscheiden, was ein Objekt sein soll und was nicht. Ein Ansatz sieht so aus, dass sie Ihre Dialogfelder so gestalten, dass sie über ein *einziges* Feld (oder eine einzige Eigenschaft) verfügen, über das eine Anwendung alle erforderlichen Informationen vom Dialogfeld abrufen kann. Das bedeutet, dass das Dialogfeld mit einem bestimmten Objekt verknüpft ist. Es gibt sicherlich schlechtere Möglichkeiten für den Aufbau eines Programms!

Gegen Ende dieses Kapitels erläutere ich die so genannten Standarddialogfelder. Hierbei handelt es sich um die vordefinierten Dialogfelder, in denen Benutzer beispielsweise Dateien, Schriften oder Farben auswählen können. Diese Art Dialogfeld gibt häufig ein einziges Objekt zurück.

Das erste modale Dialogfeld

Dialogfelder unterscheiden sich von Anwendungsformularen hauptsächlich durch die Art und Weise, wie sie aufgerufen und (was mindestens genau so wichtig ist) beendet werden. Das folgende Programm SimpleDialog demonstriert diese beiden Aufgaben.

```
SimpleDialog.vb
Imports System
Imports System.Drawing
Imports System.Windows.Forms
Class SimpleDialog
    Inherits Form
    Private strDisplay As String = ""
    Shared Sub Main()
        Application.Run(New SimpleDialog())
    End Sub

    Sub New()
        Text = "Simple Dialog"
        Menu = New MainMenu()
        Menu.MenuItems.Add("&Dialog!", AddressOf MenuOnClick)
    End Sub
```

```vb
    Sub MenuOnClick(ByVal obj As Object, ByVal ea As EventArgs)
        Dim dlg As New SimpleDialogBox()
        dlg.ShowDialog()        ' Kehrt zurück, wenn das Dialogfeld beendet wird.
        strDisplay = "Dialog box terminated with " & dlg.DialogResult.ToString() & "!"
        Invalidate()
    End Sub
    Protected Overrides Sub OnPaint(ByVal pea As PaintEventArgs)
        Dim grfx As Graphics = pea.Graphics
        grfx.DrawString(strDisplay, Font, New SolidBrush(ForeColor), 0, 0)
    End Sub
End Class
Class SimpleDialogBox
    Inherits Form
    Sub New()
        Text = "Simple Dialog Box"
        ' Was ein Dialogfeld so braucht.
        FormBorderStyle = FormBorderStyle.FixedDialog
        ControlBox = False
        MaximizeBox = False
        MinimizeBox = False
        ShowInTaskbar = False
        ' OK-Schaltfläche erstellen.
        Dim btn As New Button()
        btn.Parent = Me
        btn.Text = "OK"
        btn.Location = New Point(50, 50)
        btn.Size = New Size(10 * Font.Height, 2 * Font.Height)
        AddHandler btn.Click, AddressOf ButtonOkOnClick
        ' Cancel-Schaltfläche erstellen.
        btn = New Button()
        btn.Parent = Me
        btn.Text = "Cancel"
        btn.Location = New Point(50, 100)
        btn.Size = New Size(10 * Font.Height, 2 * Font.Height)
        AddHandler btn.Click, AddressOf ButtonCancelOnClick
    End Sub
    Sub ButtonOkOnClick(ByVal obj As Object, ByVal ea As EventArgs)
        DialogResult = DialogResult.OK
    End Sub
    Sub ButtonCancelOnClick(ByVal obj As Object, ByVal ea As EventArgs)
        DialogResult = DialogResult.Cancel
    End Sub
End Class
```

Das Programm enthält zwei Klassen, die beide von *Form* abgeleitet sind. Die erste heißt *SimpleDialog* und ist die Klasse für das Hauptfenster des Programms. *SimpleDialogBox* ist die Klasse für das Dialogfeld. In einer echten Anwendung würden Sie die beiden Klassen wahrscheinlich in zwei Dateien unterbringen.

Die Methode *Main* erstellt nur eine Instanz der Klasse *SimpleDialog*. Der Konstruktor dieser Klasse erstellt ein kleines Menü, das nur ein Element mit der Beschriftung *Dialog* enthält. Nach einem Klick auf diesen Menüpunkt ruft die Methode *MenuOnClick* das Dialogfeld auf. Sie beginnt mit der Erstellung einer Instanz von *SimpleDialogBox*:

```
Dim dlg As New SimpleDialogBox()
```

Ich neige dazu, meine Klassen mit ziemlich langen Namen zu versehen (wie beispielsweise *SimpleDialogBox*), wenn ich sie dann einsetze, verwende ich jedoch meist kurze Variablennamen, in diesem Fall z.B. *dlg*.

Wenn das Programm ein Objekt vom Typ *SimpleDialogBox* erstellt, wird der in der Klasse *SimpleDialogBox* definierte Konstruktor ausgeführt. Dieser Konstruktor stellt zunächst den Text ein, der in der Titelleiste des Dialogfelds angezeigt werden soll:

```
Text = "Simple Dialog Box"
```

Anschließend stellt er fünf weitere Eigenschaften ein:

```
FormBorderStyle = FormBorderStyle.FixedDialog
ControlBox = False
MaximizeBox = False
MinimizeBox = False
ShowInTaskbar = False
```

Diese fünf Eigenschaften werden bei den meisten Dialogfeldern eingestellt. Der Rahmenstil *FixedDialog* verhindert eine Veränderung der Dialogfeldgröße, die nächsten drei Eigenschaften entfernen das Steuermenü (auch Systemmenü genannt) sowie die Schaltflächen zum Maximieren und Minimieren aus der Titelleiste. Wenn Sie *ControlBox* auf *False* setzen, verschwindet auch die Schaltfläche zum Schließen des Fensters. Die Titelleiste enthält nur den Dialogfeldtext (in unserem Fall »Simple Dialog Box«). Windows-Dialogfelder müssen zwar nicht unbedingt über eine Titelleiste verfügen, sie empfiehlt sich jedoch, um dem Benutzer die Möglichkeit zu geben, das Dialogfeld auf dem Bildschirm zu verschieben. Abschließend setzen Sie die fünfte Eigenschaft, damit das Dialogfeld nicht in der Windows-Taskleiste angezeigt wird. Die Anzeige in der Taskleiste sollte auf Anwendungen beschränkt werden.

Der Konstruktor fährt mit seiner Arbeit fort und erstellt zwei Schaltflächen mit den *Text*-Eigenschaften *OK* und *Cancel*. Jede Schaltfläche ist mit einem eigenen Handler für ihre *Click*-Ereignisse verknüpft.

Das Dialogfeld ist bisher noch nicht sichtbar. Nachdem der Konstruktor in *SimpleDialogBox* seine Arbeit erledigt hat, ruft der Code in der *SimpleDialog*-Methode *MenuOnClick* die *ShowDialog*-Methode des Dialogfelds auf:

```
dlg.ShowDialog()
```

Und schon ist das Dialogfeld zu sehen. Die Methode *ShowDialog* gibt erst dann die Steuerung ab, wenn das Dialogfeld geschlossen wird.

Um ein modales Dialogfeld zu erhalten, müssen Sie *ShowDialog* verwenden. Solange ein modales Dialogfeld angezeigt wird, kann der Anwender nicht zum Hauptformular des Programms wechseln. Das ist der Sinn eines modalen Dialogfelds. (Ich sagte es bereits: Ein Wechsel zu anderen Windows-Anwendungen ist allerdings sehr wohl möglich.) Während das modale Dialogfeld angezeigt wird, kann das Anwendungsformular keine Tastatur- oder Mauseingaben empfangen. Es kann aber weiterhin *Tick*-Ereignisse eines *Timer*-Objekts und *OnPaint*-Aufrufe empfangen.

Die beiden Schaltflächen im Dialogfeld besitzen *Click*-Ereignishandler mit den Namen *ButtonOkOnClick* und *ButtonCancelOnClick*. Beide Methoden bestehen aus einer einzigen Zeile zum Einstellen einer Eigenschaft für das Dialogfeldformular, nämlich *DialogResult*:

Form-Eigenschaften (Auswahl)

Eigenschaft	Typ	Zugriff
DialogResult	*DialogResult*	Get/Set

Der Eigenschaft *DialogResult* muss einer der folgenden Enumerationswerte zugewiesen werden:

DialogResult-Enumeration

Member	Wert
None	0
OK	1
Cancel	2
Abort	3
Retry	4
Ignore	5
Yes	6
No	7

Sie sehen, dass diese Member den üblicherweise auf Dialogfeldschaltflächen vorhandenen Textzeichenfolgen entsprechen. Kommt Ihnen diese Tabelle bekannt vor? Das könnte daran liegen, dass Sie sie in Kapitel 2 schon einmal gesehen haben. Die *Show*-Methode der Klasse *MessageBox* gibt ein Member der Enumeration *DialogResult* zurück.

Im vorliegenden Programm setzt die Schaltfläche *OK* die *DialogResult*-Eigenschaft auf den Wert *DialogResult.OK*, *Cancel* setzt sie auf *DialogResult.Cancel*.

In beiden Fällen geschieht etwas hoch Dramatisches: Das Dialogfeld wird geschlossen. Es verschwindet vom Bildschirm. Die Methode *ShowDialog*, die das Dialogfeld aufgerufen hat, gibt die Steuerung wieder an die Methode *MenuOnClick* zurück.

Nun wurde das Dialogfeld zwar geschlossen und ist nicht mehr zu sehen, das Dialogfeldobjekt namens *dlg* ist im Anwendungsformular aber immer noch gültig. Das bedeutet, dass die *MenuOnClick*-Methode auf die *DialogResult*-Eigenschaft des Dialogfelds zugreifen und so ermitteln kann, auf welche Weise das Dialogfeld beendet wurde. In diesem speziellen Fall weist *MenuOnClick* einfach der Feldvariablen *strDisplay* einen Wert zu und erklärt das Formular für ungültig. Die *OnPaint*-Methode zeigt die Zeichenfolge an.

Jetzt wollen wir uns einige Abkürzungen ansehen. Die erste: Die *ShowDialog*-Methode wird folgendermaßen definiert:

Form-Methoden (Auswahl)

```
Function ShowDialog() As DialogResult
```

Der Rückgabewert ist identisch mit der *DialogResult*-Eigenschaft zum Zeitpunkt der Beendigung des Dialogfelds. Ein Programm, das ein Dialogfeld aufruft, kann also *DialogResult* speichern, wenn *ShowDialog* zurückkehrt:

```
Dim dr As DialogResult = dlg.ShowDialog()
```

Der *ShowDialog*-Aufruf kann auch direkt in einer *If*-Anweisung verwendet werden:
```
If dlg.ShowDialog() = DialogResult.OK Then
    ⋮
Else
    ⋮
End If
```
oder auch in einer *Select*-Anweisung:
```
Select dlg.ShowDialog()
    Case DialogResult.OK
        ⋮
    Case DialogResult.Cancel
        ⋮
    Case Else
        ⋮
End Select
```
Allgemein gesagt: Ein Programm empfängt Informationen aus einem Dialogfeld, wenn *DialogResult* den Wert *OK* aufweist. Lautet der Wert *Cancel*, macht es einfach ungerührt weiter.

Beendigung modaler Dialogfelder

Sind Sie mit dem Code im Programm SimpleDialogBox glücklich und zufrieden? Was kann man sich mehr wünschen, als ein Dialogfeld schlicht und ergreifend durch Setzen einer *DialogResult*-Eigenschaft im *Click*-Ereignishandler zu beenden?

Bleiben Sie dran, Sie werden es gleich erfahren.

Wie Sie vermutlich aus eigener Erfahrung wissen, werden modale Dialogfelder fast immer durch Betätigen einer Schaltfläche beendet. Aus diesem Grund enthält auch die Klasse *Button* – genauer gesagt die Schnittstelle *IButtonControl*, die durch *Button* und *LinkLabel* implementiert wird – eine Eigenschaft namens *DialogResult*:

IButtonControl-Eigenschaft

Eigenschaft	Typ	Zugriff
DialogResult	DialogResult	Get/Set

Wir haben weiter oben bereits gesehen, dass die Klasse *Form* eine Eigenschaft namens *DialogResult* besitzt, und nun erfahren wir, dass auch *Button* über eine solche Eigenschaft verfügt. Das legt natürlich die Vermutung nahe, dass beide Klassen diese Eigenschaft von *Control* erben. Dem ist nicht so. Allerdings sind die beiden *DialogResult*-Implementierungen miteinander verwandt.

Wenn Sie die *DialogResult*-Eigenschaft einer Schaltfläche setzen, weisen Sie im Grunde die Schaltfläche an, bei einem Klick auf die Schaltfläche die *DialogResult*-Eigenschaft des übergeordneten Elements (sprich: des Dialogfelds) zu übernehmen. Das bedeutet, dass Sie für die Dialogfeldschaltflächen keine Ereignishandler installieren müssen. Schauen wir uns das im Programm SimplerDialog einmal an.

SimplerDialog.vb

```vb
Imports System
Imports System.Drawing
Imports System.Windows.Forms
Class SimplerDialog
    Inherits Form
    Private strDisplay As String = ""
    Shared Sub Main()
        Application.Run(New SimplerDialog())
    End Sub
    Sub New()
        Text = "Simpler Dialog"

        Menu = New MainMenu()
        Menu.MenuItems.Add("&Dialog!", AddressOf MenuOnClick)
    End Sub
    Sub MenuOnClick(ByVal obj As Object, ByVal ea As EventArgs)
        Dim dlg As New SimplerDialogBox()
        Dim dr As DialogResult = dlg.ShowDialog()

        strDisplay = "Dialog box terminated with " & dr.ToString() & "!"
        Invalidate()
    End Sub
    Protected Overrides Sub OnPaint(ByVal pea As PaintEventArgs)
        Dim grfx As Graphics = pea.Graphics
        grfx.DrawString(strDisplay, Font, New SolidBrush(ForeColor), 0, 0)
    End Sub
End Class
Class SimplerDialogBox
    Inherits Form
    Sub New()
        Text = "Simpler Dialog Box"

        ' Was ein Dialogfeld so braucht.
        FormBorderStyle = FormBorderStyle.FixedDialog
        ControlBox = False
        MaximizeBox = False
        MinimizeBox = False
        ShowInTaskbar = False

        ' OK-Schaltfäche erstellen.
        Dim btn As New Button()
        btn.Parent = Me
        btn.Text = "OK"
        btn.Location = New Point(50, 50)
        btn.Size = New Size(10 * Font.Height, 2 * Font.Height)
        btn.DialogResult = DialogResult.OK

        ' Cancel-Schaltfläche erstellen.
        btn = New Button()
        btn.Parent = Me
        btn.Text = "Cancel"
        btn.Location = New Point(50, 100)
        btn.Size = New Size(10 * Font.Height, 2 * Font.Height)
        btn.DialogResult = DialogResult.Cancel
    End Sub
End Class
```

Diese Version verhält sich beim Betätigen der Schaltflächen *OK* und *Cancel* genauso wie SimpleButton. Das Dialogfeld muss die Formulareigenschaft *DialogResult* nicht explizit setzen, es sei denn, Sie möchten das Dialogfeld auf andere Weise schließen als mit einer Schaltfläche.

Wenn Sie noch etwas zu verarbeiten haben, nachdem der Benutzer auf *OK* oder *Cancel* geklickt hat, können Sie gern zusätzlich *Click*-Ereignishandler installieren. Zum Schließen des Dialogfelds ist dies aber definitiv nicht notwendig.

Übernehmen und abbrechen

Den bislang erstellten Dialogfeldern fehlt noch ein kleiner Bestandteil der normalen Tastaturschnittstelle für Dialogfelder. Was wir bis jetzt haben, funktioniert so weit prima: Mit der Tabulator- oder den Pfeiltasten können Sie den Eingabefokus zwischen den Schaltflächen *OK* und *Cancel* verschieben. Dabei wird die Schaltfläche mit dem Eingabefokus gleichzeitig auch zur Standardschaltfläche. Die Schaltfläche mit dem Eingabefokus kann über die Leertaste ausgelöst werden; ebenso können Sie die Standardschaltfläche mit der Eingabetaste betätigen.

Was hingegen nicht geht, ist das Beenden des Dialogfelds mit der ESC-Taste. Mit der ESC-Taste soll dasselbe erreicht werden wie mit einem Klick auf die Schaltfläche *Cancel*.

Darüber hinaus werden Sie feststellen, dass nach dem Einfügen einer anderen Art Steuerelement (z.B. einem *CheckBox*-Element) keine Standardschaltfläche mehr vorhanden ist, wenn das *CheckBox*-Steuerelement den Eingabefokus besitzt. In diesem Fall hat das Drücken der Eingabetaste keinerlei Auswirkungen. Wenn ein Steuerelement den Eingabefokus besitzt, das kein *Button*-Element ist, dient die Schaltfläche *OK* (bzw. eine entsprechende Schaltfläche wie *Öffnen* oder *Speichern*) als Standardschaltfläche und sollte auf die Eingabetaste reagieren.

Mithilfe der beiden folgenden *Form*-Eigenschaften können Sie diesen Aspekt der Benutzeroberfläche implementieren:

Form-Eigenschaften (Auswahl)

Eigenschaft	Typ	Zugriff
AcceptButton	*IButtonControl*	Get/Set
CancelButton	*IButtonControl*	Get/Set

Sie können diese Eigenschaften auf ein Objekt einer beliebigen Klasse setzen, die *IButtonControl* implementiert. Hierbei handelt es sich wahrscheinlich entweder um ein *Button*- oder ein *LinkLabel*-Objekt.

Die Eigenschaft *AcceptButton* gibt an, welches *Button*-Steuerelement ausgelöst werden soll, wenn ein Steuerelement über den Eingabefokus verfügt, das keine Schaltfläche ist, und die Eingabetaste gedrückt wird. Unabhängig von dem Wert, auf den Sie *AcceptButton* setzen, wird jedes Steuerelement, das die Schnittstelle *IButtonControl* implementiert, zur Standardschaltfläche und reagiert auf die Eingabetaste, solange es den Fokus besitzt.

Die Eigenschaft *CancelButton* gibt das *Button*-Steuerelement an, das beim Drücken der ESC-Taste ausgelöst werden soll.

Möchten Sie mehr über *IButtonControl* wissen? Ein Drittel des ganzen Geheimnisses der Schnittstelle *IButtonControl* haben Sie bereits kennen gelernt: die Implementierung einer Eigenschaft namens *DialogResult*. Bei den restlichen zwei Dritteln handelt es sich um diese beiden Methoden:

IButtonControl-Methoden

```
Sub NotifyDefault(ByVal bDefault As Boolean)
Sub PerformClick()
```

Ein Steuerelement, das *IButtonControl* implementiert und einen *NotifyDefault*-Aufruf mit dem Argument *True* erhält, muss anzeigen, dass es jetzt das Standardsteuerelement ist (und auf die Eingabetaste reagieren wird). Zu diesem Zweck wird ein dicker Rahmen um diese Schaltfläche gezogen. Die Methode *PerformClick* simuliert einen Klick auf die Schaltfläche. Hierbei handelt es sich um die Methode des Standardsteuerelements *Button*, das vom Formular beim Drücken der Eingabetaste aufgerufen wird.

Im Allgemeinen sind die *DialogResult*-Eigenschaft des *Button*-Steuerelements und die *AcceptButton*- und *CancelButton*-Eigenschaften des Dialogfeldformulars gemeinsam anzutreffen. Beim Erstellen einer Schaltfläche namens *OK*, *Load* oder *Save* stellt ein Formular die *DialogResult*-Eigenschaft etwa so ein:

```
btn.DialogResult = DialogResult.OK
```

Es stellt ebenfalls die *AcceptButton*-Eigenschaft des Dialogfeldformulars auf das *Button*-Objekt:

```
AcceptButton = btn
```

Ähnlich verfährt das Formular beim Erstellen einer Schaltfläche zum Abbrechen:

```
btn.DialogResult = DialogResult.Cancel
```

Die *CancelButton*-Eigenschaft des Formulars wird folgendermaßen eingestellt:

```
CancelButton = btn
```

In Kürze werde ich Ihnen ein Programm vorführen, das genau diese Eigenschaften einsetzt.

Die Bildschirmposition

Ihnen ist sicher aufgefallen, dass Windows-Anwendungen beim Start häufig an unterschiedlichen Positionen auf Ihrem Monitor angezeigt werden. Zu Beginn einer Windows-Sitzung positioniert Windows die erste Anwendung, die geöffnet wird, in der linken oberen Ecke des Bildschirms. Jede weitere Anwendung wird etwas nach rechts und nach unten versetzt angezeigt. Dabei verwendet Windows einen Versatzwert von *SystemInformation.CaptionButtonSize* plus *SystemInformation.FrameBorderSize*.

Diese Verhaltensweise geht für Anwendungen in Ordnung, bei Dialogfeldern führen diese Regeln zu eher unerwünschten Ergebnissen. Es kann nämlich passieren, dass ein Dialogfeld in einiger Entfernung zur zugehörigen Anwendung angezeigt wird. In Programmen wie SimpleDialog und SimplerDialog ist auch das noch kein Problem. Sie werden diese Programme vermutlich öffnen, das Dialogfeld aufrufen und wieder schließen und danach auch das Programm gleich beenden. Wenn Sie immer schön ein Programm nach dem anderen aufrufen und diese nicht großartig verschieben, werden die Dialogfelder meist in angemessenem Abstand zur Anwendung angezeigt. Was aber, wenn Sie mehrere Programme ausführen, bevor Sie das Dialogfeld einer Anwendung öffnen? Dann sieht das Ganze schon anders aus.

Mit der Eigenschaft *StartPosition* können Sie das Standardverhalten überschreiben, das die Positionierung von Formularen regelt.

Form-Eigenschaften (Auswahl)

Eigenschaft	Typ	Zugriff
StartPosition	FormStartPosition	Get/Set

FormStartPosition ist eine Enumeration:

FormStartPosition-Enumeration

Member	Wert
Manual	0
CenterScreen	1
WindowsDefaultLocation	2
WindowsDefaultBounds	3
CenterParent	4

Die Standardeigenschaft für Windows Forms-Anwendungen lautet *WindowsDefaultLocation*. Mit dieser Eigenschaft positioniert Windows das Formular wie beschrieben, aber die Anwendung übernimmt die Größenanpassung des Formulars selbst. Tatsächlich legt der *Form*-Konstruktor die Größe des Formulars fest, diese Größe kann jedoch von jedem Konstruktor, der von *Form* erbt, überschrieben werden. Aus diesem Grund haben alle Windows Forms-Anwendungen die gleiche Standardgröße, die sich von den Standardgrößen anderer Windows-Programme (die nicht mit Windows Forms erstellt wurden) unterscheidet.

Sie erhalten die Standardposition *und* -größe normaler Windows-Programme, indem Sie *WindowsDefaultBounds* angeben. Das führt dazu, dass Windows Position und Größe des Formulars festlegt. Wenn Sie *WindowsDefaultBounds* einsetzen, werden alle Angaben im Konstruktor bezüglich Position und Größe des Formulars ignoriert. Geben Sie *WindowsDefaultLocation* an, so kann der Konstruktor zwar die Größe, nicht aber die Position des Formulars einstellen.

Mithilfe der Eigenschaft *CenterParent* kann ein Programm ein Dialogfeld in der Mitte des Programmformulars positionieren, ohne irgendwelche Berechnungen durchführen zu müssen. Das ist allerdings auch keine wirklich ideale Lösung. Da wir in diesem Kapitel bisher weder Clientbereiche noch Dialogfelder in der Größe verändert haben, würde *CenterParent* dazu führen, dass das Dialogfeld die Anwendung genau überlagert und vollständig verbirgt. Mit *CenterScreen* wird ein Dialogfeld in der Bildschirmmitte positioniert. Diese Eigenschaft kann für Dialogfelder ohne Modus nützlich sein, die manchmal angezeigt werden, während eine Anwendung noch geladen wird. Sowohl *CenterParent* als auch *CenterScreen* gestatten dem Dialogfeldkonstruktor, die Größe selbst zu bestimmen.

Durch die Option *Manual* kann ein Dialogfeld Position und Größe völlig frei festlegen. Im Allgemeinen wird diese Option bei Dialogfeldern eingesetzt, die relativ zum aufrufenden Formular positioniert werden. Ein Dialogfeld kann Position und Größe des übergeordneten Formulars am besten mit der Eigenschaft *ActiveForm* abrufen.

Das folgende Programm namens BetterDialog verfügt über ein Dialogfeld, das seine Position mit angemessenem Abstand vom Formular festlegt. Das Programm demonstriert darüber hinaus den Einsatz der bereits erwähnten Eigenschaften *AcceptButton* und *CancelButton*.

BetterDialog.vb

```vb
Imports System
Imports System.Drawing
Imports System.Windows.Forms
Class BetterDialog
    Inherits Form

    Private strDisplay As String = ""

    Shared Sub Main()
        Application.Run(New BetterDialog())
    End Sub

    Sub New()
        Text = "Better Dialog"

        Menu = New MainMenu()
        Menu.MenuItems.Add("&Dialog!", AddressOf MenuOnClick)
    End Sub
    Sub MenuOnClick(ByVal obj As Object, ByVal ea As EventArgs)
        Dim dlg As New BetterDialogBox()
        Dim dr As DialogResult = dlg.ShowDialog()

        strDisplay = "Dialog box terminated with " & dr.ToString() & "!"
        Invalidate()
    End Sub

    Protected Overrides Sub OnPaint(ByVal pea As PaintEventArgs)
        Dim grfx As Graphics = pea.Graphics
        grfx.DrawString(strDisplay, Font, New SolidBrush(ForeColor), 0, 0)
    End Sub
End Class
Class BetterDialogBox
    Inherits Form

    Sub New()
        Text = "Better Dialog Box"

        ' Was ein Dialogfeld so braucht.
        FormBorderStyle = FormBorderStyle.FixedDialog
        ControlBox = False
        MaximizeBox = False
        MinimizeBox = False
        ShowInTaskbar = False
        StartPosition = FormStartPosition.Manual
        Location = Point.op_Addition(ActiveForm.Location, _
                    Size.op_Addition(SystemInformation.CaptionButtonSize, _
                                    SystemInformation.FrameBorderSize))
        ' OK-Schaltfläche erstellen.
        Dim btn As New Button()
        btn.Parent = Me
        btn.Text = "OK"
        btn.Location = New Point(50, 50)
        btn.Size = New Size(10 * Font.Height, 2 * Font.Height)
        btn.DialogResult = DialogResult.OK
        AcceptButton = btn

        ' Cancel-Schaltfläche erstellen.
        btn = New Button()
        btn.Parent = Me
```

Dialogfelder

```
            btn.Text = "Cancel"
            btn.Location = New Point(50, 100)
            btn.Size = New Size(10 * Font.Height, 2 * Font.Height)
            btn.DialogResult = DialogResult.Cancel
            CancelButton = btn
        End Sub
End Class
```

Der Dialogfeldkonstruktor erledigt zunächst im Rahmen seiner Standardaufgaben die Einstellung der Eigenschaft *StartPosition* auf *FormStartPosition.Manual*. Darüber hinaus wird die *Location*-Eigenschaft auf die *Location*-Eigenschaft des aktiven Formulars eingestellt (hierbei handelt es sich um das Formular, welches das Dialogfeld aufruft), und es werden die beiden *SystemInformation*-Eigenschaften eingestellt, die ich weiter oben erwähnt habe.

Beachten Sie, dass während der Erstellung der beiden Schaltflächen die Eigenschaften *AcceptButton* und *CancelButton* des Dialogfeldformulars zugewiesen werden. Nun verfügt das Dialogfeld über eine voll funktionstüchtige und ausgereifte Tastaturschnittstelle.

Das Dialogfeld *Info*

In fast allen Anwendungen gibt es ein Dialogfeld namens *Info* (englisch *About*). In diesem Dialogfeld kann einfach nur ein Copyrightvermerk untergebracht sein, es kann aber auch erheblich mehr Informationen zu Systemressourcen aufweisen oder vielleicht auf eine gebührenfreie Telefonnummer und eine Website für den technischen Support verweisen.

Das nächste Programm zeigt ein *Info*-Feld mit einem Symbol, zwei *Label*-Steuerelementen und einer Schaltfläche an.

AboutBox.vb
```
Imports System
Imports System.Drawing
Imports System.Windows.Forms
Class AboutBox
    Inherits Form
    Shared Sub Main()
        Application.Run(New AboutBox())
    End Sub

    Sub New()
        Text = "About Box"
        Icon = New Icon(Me.GetType(), "AforAbout.ico")

        Menu = New MainMenu()
        Menu.MenuItems.Add("&Help")
        Menu.MenuItems(0).MenuItems.Add("&About AboutBox...", AddressOf MenuAboutOnClick)
    End Sub
    Sub MenuAboutOnClick(ByVal obj As Object, ByVal ea As EventArgs)
        Dim dlg As New AboutDialogBox()
        dlg.ShowDialog()
    End Sub
End Class
```

```vb
Class AboutDialogBox
    Inherits Form

    Sub New()
        Text = "About AboutBox"
        StartPosition = FormStartPosition.CenterParent
        FormBorderStyle = FormBorderStyle.FixedDialog
        ControlBox = False
        MaximizeBox = False
        MinimizeBox = False
        ShowInTaskbar = False
        ' Erstes Label mit dem Programmnamen erstellen.
        Dim lbl1 As New Label()
        lbl1.Parent = Me
        lbl1.Text = " AboutBox Version 1.0 "
        lbl1.Font = New Font(FontFamily.GenericSerif, 24, FontStyle.Italic)
        lbl1.AutoSize = True
        lbl1.TextAlign = ContentAlignment.MiddleCenter
        ' Bildfeld mit Symbol darin erstellen.
        Dim icon As New Icon(Me.GetType(), "AforAbout.ico")
        Dim picbox As New PictureBox()
        picbox.Parent = Me
        picbox.Image = icon.ToBitmap()
        picbox.SizeMode = PictureBoxSizeMode.AutoSize
        picbox.Location = New Point(lbl1.Font.Height \ 2, lbl1.Font.Height \ 2)

        lbl1.Location = New Point(picbox.Right, lbl1.Font.Height \ 2)
        Dim iClientWidth As Integer = lbl1.Right
        ' Zweites Label mit Copyright und Hyperlink erstellen.
        Dim lnklbl2 As New LinkLabel()
        lnklbl2.Parent = Me
        lnklbl2.Text = Chr(169) & " 2002 by Charles Petzold"
        lnklbl2.Font = New Font(FontFamily.GenericSerif, 16)
        lnklbl2.Location = New Point(0, lbl1.Bottom + lnklbl2.Font.Height)
        lnklbl2.Size = New Size(iClientWidth, lnklbl2.Font.Height)
        lnklbl2.TextAlign = ContentAlignment.MiddleCenter
        ' Hyperlinkbereich und Ereignishandler einstellen.
        lnklbl2.LinkArea = New LinkArea(10, 15)
        AddHandler lnklbl2.LinkClicked, AddressOf LinkLabelOnLinkClicked
        ' OK-Schaltfläche erstellen.
        Dim btn As New Button()
        btn.Parent = Me
        btn.Text = "OK"
        btn.Size = New Size(4 * btn.Font.Height, 2 * btn.Font.Height)
        btn.Location = New Point((iClientWidth - btn.Size.Width) \ 2, _
                                 lnklbl2.Bottom + 2 * btn.Font.Height)
        btn.DialogResult = DialogResult.OK
        btn.TabIndex = 0

        CancelButton = btn
        AcceptButton = btn
        ClientSize = New Size(iClientWidth, btn.Bottom + 2 * btn.Font.Height)
    End Sub
    Private Sub LinkLabelOnLinkClicked(ByVal obj As Object, _
            ByVal lllcea As LinkLabelLinkClickedEventArgs)
        System.Diagnostics.Process.Start("http://www.charlespetzold.com")
    End Sub
End Class
```

AforAbout.ico

Die Konstruktoren der beiden Klassen *AboutBox* und *AboutDialogBox* laden jeweils die Symbolressource. Die Klasse *AboutBox* stellt die Ressource mithilfe der *Icon*-Eigenschaft als Formularsymbol ein. Die Klasse *AboutDialogBox* erstellt ein *PictureBox*-Steuerelement, um das Symbol im Dialogfeld anzeigen zu können.

Der Konstruktor der Klasse *AboutDialogBox* ist ein bisschen komplizierter, weil er die Steuerelemente auch positionieren muss. Für das erste *Label*-Steuerelement (das den Programmnamen in einer kursiven 24-Punkt-Schrift enthält) wird die *AutoSize*-Eigenschaft auf *True* gesetzt. Für das *PictureBox*-Steuerelement wird die *SizeMode*-Eigenschaft auf *PictureBoxSizeMode.AutoSize* gesetzt. Die Position des Bildfelds basiert auf der sich ergebenden Größe des *Label*-Steuerelements, das wiederum anhand der Größe des Bildfelds positioniert wird.

Bei der zweiten Beschriftung handelt es in Wirklichkeit um ein *LinkLabel*-Steuerelement, für das ein *LinkClicked*-Ereignishandler installiert ist. Klicken Sie im Copyrighthinweis auf meinen Namen, so ruft der Ereignishandler die shared Methode *Process.Start* im Namespace *System.Diagnostics* mit der Adresse meiner Website als Argument auf. *Process.Start* startet dann Ihren Webbrowser und bringt Sie auf meine Website.

In einem Dialogfeld mit nur einer Schaltfläche wird der *DialogResult*-Eigenschaft der Schaltfläche üblicherweise der Wert *DialogResult.OK* zugewiesen. Sie sollten dieser Schaltfläche auch die Formulareigenschaften *AcceptButton* und *CancelButton* zuweisen. Beachten Sie, dass ich auch die Eigenschaft *TabIndex* der Schaltfläche auf 0 gestellt habe, wodurch das Steuerelement zu dem wird, das den Eingabefokus hat, wenn das Dialogfeld angezeigt wird. Sonst hätte *LinkLabel* den Eingabefokus.

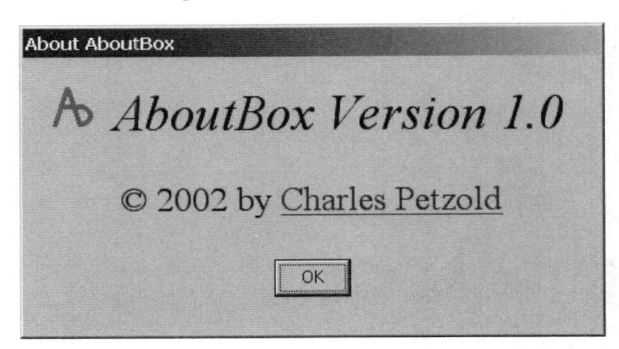

Abgesehen von einer Schaltfläche benötigen Sie in einem solchen Dialogfeld keine weiteren Steuerelemente. Anstatt *Label*- und *PictureBox*-Steuerelemente einzusetzen, können Sie auch aus der *OnPaint*-Methode der *AboutDialogBox*-Klasse *DrawString* und *DrawIcon* aufrufen.

Ehrlich gesagt, müssen Sie für so schlichte Dialogfelder nicht einmal eine Klasse von *Form* ableiten. Sie erinnern sich doch sicher aus Kapitel 2 noch daran, wie wir Formulare über eine Instanz der Klasse *Form* erstellt haben. Dasselbe können Sie mit Dialogfeldern machen. Das hat im Übrigen den netten Nebeneffekt, dass sich das Problem der gemeinsamen Datennutzung von Anwendungsformular und Dialogfeld erheblich verringert, wenn das Dialogfeld nicht in einem separaten Formular vorliegt.

Nun ja, jetzt ist das Ganze zwar einfacher, aber längst nicht so gut strukturiert. Wäre es nicht fein, Dialogfelder zu schreiben, die wir in anderen Anwendungen wiederverwenden können? Das mag vielleicht nicht immer möglich sein, ich halte diesen Ansatz aber für absolut erstrebenswert.

In Dialogfeldern Eigenschaften definieren

Das Programm RadioButtons aus Kapitel 12 veranschaulicht, wie eine Gruppe von Optionsfeldern sowie ein Kontrollkästchen definiert werden, mit denen die Farbe einer Ellipse und der Füllstatus dieser Ellipse gesteuert werden können. Nun wollen wir diese Steuerelemente (sowie einige weitere Schaltflächen) in einem Dialogfeld einsetzen. Das Dialogfeld muss dem Programm eine Möglichkeit zur Initialisierung der Steuerelemente und der Anwendung eine Möglichkeit zum Abrufen der Benutzerauswahl zur Verfügung stellen. Diese Schnittstelle wird üblicherweise über öffentliche Eigenschaften des Dialogfeldformulars oder zuweilen auch über öffentliche Felder bereitgestellt (Letzteres meist dann, wenn Sie es eilig haben).

Dieses Dialogfeld implementiert zwei öffentliche Eigenschaften namens *Color* und *Fill*, die einer anderen Klasse den Zugriff auf die beiden Elemente erlauben, die der Benutzer mithilfe des Dialogfelds einstellt.

```
ColorFillDialogBox.vb
Imports System
Imports System.Drawing
Imports System.Windows.Forms
Class ColorFillDialogBox
    Inherits Form
    Protected grpbox As GroupBox
    Protected chkbox As CheckBox
    Sub New()
        Text = "Color/Fill Select"
        FormBorderStyle = FormBorderStyle.FixedDialog
        ControlBox = False
        MinimizeBox = False
        MaximizeBox = False
        ShowInTaskbar = False
        Location = Point.op_Addition(ActiveForm.Location, _
                    Size.op_Addition(SystemInformation.CaptionButtonSize, _
                        SystemInformation.FrameBorderSize))
        Dim astrColor() As String = {"Black", "Blue", "Green", "Cyan", _
                    "Red", "Magenta", "Yellow", "White"}
        grpbox = New GroupBox()
        grpbox.Parent = Me
        grpbox.Text = "Color"
```

```vb
            grpbox.Location = New Point(8, 8)
            grpbox.Size = New Size(96, 12 * (astrColor.Length + 1))
            Dim i As Integer
            For i = 0 To astrColor.GetUpperBound(0)
                Dim radiobtn As New RadioButton()
                radiobtn.Parent = grpbox
                radiobtn.Text = astrColor(i)
                radiobtn.Location = New Point(8, 12 * (i + 1))
                radiobtn.Size = New Size(80, 10)
            Next i

            chkbox = New CheckBox()
            chkbox.Parent = Me
            chkbox.Text = "Fill Ellipse"
            chkbox.Location = New Point(8, grpbox.Bottom + 4)
            chkbox.Size = New Size(80, 10)

            Dim btn As New Button()
            btn.Parent = Me
            btn.Text = "OK"
            btn.Location = New Point(8, chkbox.Bottom + 4)
            btn.Size = New Size(40, 16)
            btn.DialogResult = DialogResult.OK

            AcceptButton = btn

            btn = New Button()
            btn.Parent = Me
             btn.Text = "Cancel"
            btn.Location = New Point(64, chkbox.Bottom + 4)
            btn.Size = New Size(40, 16)
            btn.DialogResult = DialogResult.Cancel

            CancelButton = btn

            ClientSize = New Size(112, btn.Bottom + 8)
            AutoScaleBaseSize = New Size(4, 8)
    End Sub
    Property Color() As Color
        Set(ByVal Value As Color)
            Dim i As Integer
            For i = 0 To grpbox.Controls.Count - 1
                Dim radiobtn As RadioButton = DirectCast(grpbox.Controls(i), RadioButton)
                If Value.Equals(Color.FromName(radiobtn.Text)) Then
                    radiobtn.Checked = True
                    Exit For
                End If
            Next i
        End Set
        Get
            Dim i As Integer
            For i = 0 To grpbox.Controls.Count - 1
                Dim radiobtn As RadioButton = DirectCast(grpbox.Controls(i), RadioButton)
                If radiobtn.Checked Then
                    Return Color.FromName(radiobtn.Text)
                End If
            Next i
            Return Color.Black
        End Get
    End Property
```

```
    Property Fill() As Boolean
        Set(ByVal Value As Boolean)
            chkbox.Checked = Value
        End Set
        Get
            Return chkbox.Checked
        End Get
    End Property
End Class
```

Der Konstruktor verwendet zur Erstellung, Positionierung und Größenanpassung der Steuerelemente ein klassisches Dialogfeldkoordinatensystem. Der Code ist so anpassungsfähig, dass Sie in das Array *astrColor* weitere Farben einfügen können.

Die Klasse speichert die *GroupBox*- und *CheckBox*-Objekte als geschützte Felder, kümmert sich jedoch nicht um den aktuellen Zustand der Optionsfelder bzw. Kontrollkästchen. Sie verlässt sich auf die Fähigkeit der beiden Steuerelemente zur automatischen Überprüfung, um den Aktivierungszustand mit der Benutzerauswahl in Einklang zu bringen. Trotzdem muss die Klasse eine Schnittstelle zum Status des Steuerelements bieten.

Diese Schnittstelle wird über die öffentlichen Eigenschaften *Color* und *Fill* geliefert, die gegen Ende des Programms definiert werden. Die *Fill*-Eigenschaft ist recht einfach gehalten. Der *Get*-Accessor gibt die *Checked*-Eigenschaft des Kontrollkästchens zurück, der *Set*-Accessor setzt diese Eigenschaft. Für die *Color*-Eigenschaft müssen dagegen sämtliche Optionsfelder durchsucht werden, was einem Suchlauf durch alle untergeordneten Steuerelemente des Gruppenfelds oder einem Durchlaufen der *Controls*-Eigenschaft des Gruppenfelds gleichkommt. Der *Get*-Accessor gibt ein *Color*-Objekt zurück, das durch das derzeit aktivierte Optionsfeld angegeben wird; der *Set*-Accessor markiert ein Optionsfeld, das einem bestimmten *Color*-Objekt entspricht. (Eine andere Vorgehensweise zum Ermitteln der markierten Option besteht darin, einen Ereignishandler für die Option zu installieren und dann die zuletzt im Feld markierte Schaltfläche zu speichern.)

Und so sieht das Dialogfeld aus (obwohl wir noch gar kein Programm haben, das dieses Dialogfeld aufrufen könnte):

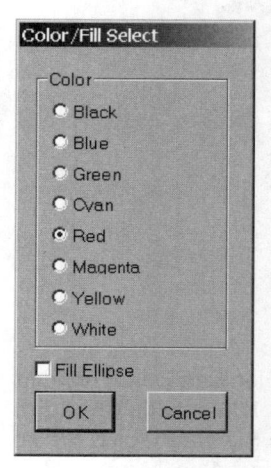

Zugegeben, es gibt wohl nicht so furchtbar viele Anwendungen, in denen ein solches Dialogfeld Verwendung finden könnte. Aber es kann wiederverwendet werden, und das war der Sinn der Übung.

Das Programm DrawOrFillEllipse implementiert ein Menü, mit dem dieses Dialogfeld aufgerufen werden kann, und aktualisiert anschließend den Clientbereich mit einer farbigen (und möglicherweise) gefüllten Ellipse.

DrawOrFillEllipse.vb
```vb
Imports System
Imports System.Drawing
Imports System.Windows.Forms
Class DrawOrFillEllipse
    Inherits Form
    Private clrEllipse As Color = Color.Red
    Private bFillEllipse As Boolean = False
    Shared Sub Main()
        Application.Run(New DrawOrFillEllipse())
    End Sub
    Sub New()
        Text = "Draw or Fill Ellipse"
        ResizeRedraw = True

        Menu = New MainMenu()
        Menu.MenuItems.Add("&Options")
        Menu.MenuItems(0).MenuItems.Add("&Color...", AddressOf MenuColorOnClick)
    End Sub
    Sub MenuColorOnClick(ByVal obj As Object, ByVal ea As EventArgs)
        Dim dlg As New ColorFillDialogBox()
        dlg.Color = clrEllipse
        dlg.Fill = bFillEllipse

        If dlg.ShowDialog() = DialogResult.OK Then
            clrEllipse = dlg.Color
            bFillEllipse = dlg.Fill
            Invalidate()
        End If
    End Sub
    Protected Overrides Sub OnPaint(ByVal pea As PaintEventArgs)
        Dim grfx As Graphics = pea.Graphics
        Dim rect As New Rectangle(0, 0, ClientSize.Width - 1, ClientSize.Height - 1)
        If bFillEllipse Then
            grfx.FillEllipse(New SolidBrush(clrEllipse), rect)
        Else
            grfx.DrawEllipse(New Pen(clrEllipse), rect)
        End If
    End Sub
End Class
```

Ich möchte Ihre Aufmerksamkeit auf die Methode *MenuColorOnClick* lenken: Dabei handelt es sich um den Ereignishandler, der mit dem Menüelement zum Aufruf des Dialogfelds verknüpft ist. Die Methode erstellt ein Objekt vom Typ *ColorFillDialogBox*. Denken Sie daran, dass Sie zu diesem Zeitpunkt jede x-beliebige Eigenschaft des Dialogfeldformulars einstellen können. Beispielsweise könnten Sie die *Text*-Eigenschaft ändern. Ein zur Wiederverwendung geschriebenes

Dialogfeld kann spezielle Eigenschaften implementieren, mit denen eine Anwendung Aussehen und Funktionalität des Dialogfelds anpassen kann.

Die Methode *MenuColorOnClick* fährt mit der Initialisierung des Dialogfelds fort, indem sie die beiden in *ColorFillDialogBox* implementierten benutzerdefinierten Eigenschaften aus Feldern der Klasse *DrawOrFillEllipse* einstellt:

```
dlg.Color = clrEllipse
dlg.Fill = bFillEllipse
```

Die nächste Anweisung ruft die *ShowDialog*-Methode des Dialogfeldformulars auf, die die Steuerung erst wieder abgibt, wenn das Dialogfeld geschlossen wird. Zu diesem Zeitpunkt vergleicht das Programm den Rückgabewert der *ShowDialog*-Methode mit *DialogResult.OK*. Wurde das Dialogfeld mit *OK* beendet, speichert das Programm die neuen Eigenschaftswerte und erklärt den Clientbereich für ungültig:

```
If dlg.ShowDialog() = DialogResult.OK Then
    clrEllipse = dlg.Color
    bFillEllipse = dlg.Fill
    Invalidate()
End If
```

Die Methode *MenuColorOnClick* enthält ganz gewöhnlichen Code für das Erstellen, Initialisieren und Aufrufen von Dialogfeldern sowie zum Abrufen von Informationen daraus.

Kobra, übernehmen Sie!

In jüngerer Zeit finden sich in Dialogfeldern in zunehmendem Maß Schaltflächen mit der Beschriftung *Übernehmen* (in englischsprachigen Anwendungen *Apply*). Durch Auslösen der *Übernehmen*-Schaltfläche verschwindet das Dialogfeld nicht, aber die Anwendung übernimmt trotzdem die im Dialogfeld geänderten Einstellungen.

Diese Schaltfläche stellt die übliche, wohlgeordnete Beziehung zwischen einer Anwendung und einem modalen Dialogfeld auf den Kopf. Sie erfordert, dass die Anwendung über das Auslösen der *Übernehmen*-Schaltfläche informiert wird, bevor die *ShowDialog*-Methode die Steuerung an die Anwendung zurückgibt.

Die Versuchung ist groß, eine *Übernehmen*-Schaltfläche durch Definition einer öffentlichen Methode im Anwendungsformular zu implementieren, die das Dialogfeldformular aufruft, sobald die Schaltfläche ausgelöst wird. Sie fragen sich jetzt vielleicht, warum das denn nicht funktionieren soll. Weil die Klasse zur Implementierung des Dialogfelds eine Anwendung erfordern würde, die anhand dieser Klasse eine bestimmte Methode mit einem bestimmten Namen implementiert. Kennen Sie eine .NET-Klasse, die eine Anwendung zur Definition einer bestimmten Methode zwingt, um die Klasse überhaupt verwenden zu können?

Nein, Sie kennen keine. Sie wissen aber ganz genau, auf welche Weise die .NET-Klassen mit Anwendungen kommunzieren: genau, über Ereignisse!

So, dann wollen wir die Klasse *ColorFillDialogBox* so umschreiben, dass sie erstens eine *Apply*-Schaltfläche, zweitens eine Eigenschaft zum Aktivieren und Deaktivieren der Schaltfäche und drittens ein Ereignis enthält. Keine Sorge, das Ganze ist einfacher, als Sie glauben.

Die folgende Klasse *ColorFillDialogBoxWithApply* erbt von *ColorFillDialogBox*. Diese Klasse muss nicht nur eine Schaltfläche namens *Apply* implementieren, sondern auch die Steuerelemente ein wenig verschieben und eine neue Größe für den Clientbereich angeben, damit die Schaltfläche hineinpasst.

ColorFillDialogBoxWithApply.vb

```vb
Imports System
Imports System.Drawing
Imports System.Windows.Forms
Class ColorFillDialogBoxWithApply
    Inherits ColorFillDialogBox
    Private btnApply As Button
    Event Apply As EventHandler
    Sub New()
        grpbox.Location = New Point(36, 8)
        chkbox.Location = New Point(36, grpbox.Bottom + 4)

        btnApply = New Button()
        btnApply.Parent = Me
        btnApply.Enabled = False
        btnApply.Text = "Apply"
        btnApply.Location = New Point(120, chkbox.Bottom + 4)
        btnApply.Size = New Size(40, 16)
        AddHandler btnApply.Click, AddressOf ButtonApplyOnClick

        ClientSize = New Size(168, btnApply.Bottom + 8)
        AutoScaleBaseSize = New Size(4, 8)
    End Sub
    Property ShowApply() As Boolean
        Set(ByVal Value As Boolean)
            btnApply.Enabled = Value
        End Set
        Get
            Return btnApply.Enabled
        End Get
    End Property
    Sub ButtonApplyOnClick(ByVal obj As Object, ByVal ea As EventArgs)
        RaiseEvent Apply(Me, EventArgs.Empty)
    End Sub
End Class
```

Ganz oben in der Klasse sehen Sie diese Anweisung:

`Event Apply As EventHandler`

Sie definiert ein öffentliches Ereignis namens *Apply*, das auf dem *EventHandler*-Delegat basiert.

Die Klasse verfügt außerdem über ein neues privates Feld namens *btnApply*. Hierbei handelt es sich natürlich um das *Button*-Objekt mit der Bezeichnung *Apply*, das im neuen Konstruktor erstellt wird. Beachten Sie, dass der Konstruktor die *Enabled*-Eigenschaft für diese Schaltfläche auf *False* setzt. Einige Programme benötigen die *Apply*-Schaltfläche des Dialogfelds nicht. Wie wird die Schaltfläche denn aktiviert? Na, über eine öffentliche Eigenschaft natürlich! Diese Klasse implementiert eine neue Eigenschaft namens *ShowApply*, mit der ein Programm diese Schaltfläche nach Bedarf aktivieren und deaktivieren kann.

Die Schaltfläche ist mit keiner *DialogResult*-Eigenschaft verknüpft, da sie das Dialogfeld nicht schließt. Stattdessen habe ich für das *Click*-Ereignis den Ereignishandler *ButtonApplyOnClick* installiert. Diese Methode enthält den magischen Code, der zur Implementierung eines Ereignisses in einer Klasse benötigt wird. Beim Auslösen der *Apply*-Schaltfläche wird folgende Anweisung ausgeführt:

`RaiseEvent Apply(Me, EventArgs.Empty)`

Wenn Ereignishandler installiert sind, werden von *RaiseEvent* alle installierten Handler mit den *EventHandler*-Argumenten aufgerufen: Das erste Argument gibt die Quelle des Ereignisses an (das Dialogfeldformular), beim zweiten Argument handelt es sich um ein Objekt vom Typ *EventArgs*.

Zur besseren Übereinstimmung mit den .NET-Klassen ruft die Methode *ButtonApplyOnClick* eine geschützte überschreibbare Methode namens *OnApply* mit nur einem *EventArgs*-Argument auf. In *OnApply* befindet sich dann der Code zum Aufrufen der *Apply*-Ereignishandler.

Es folgt ein Programm, das die neue Dialogfeldversion einsetzt.

DrawOrFillEllipseWithApply.vb
```
Imports System
Imports System.Drawing
Imports System.Windows.Forms
Class DrawOrFillEllipseWithApply
    Inherits Form
    Private clrEllipse As Color = Color.Red
    Private bFillEllipse As Boolean = False

    Shared Sub Main()
        Application.Run(New DrawOrFillEllipseWithApply())
    End Sub
    Sub New()
        Text = "Draw or Fill Ellipse with Apply"
        ResizeRedraw = True

        Menu = New MainMenu()
        Menu.MenuItems.Add("&Options")
        Menu.MenuItems(0).MenuItems.Add("&Color...", AddressOf MenuColorOnClick)
    End Sub
    Sub MenuColorOnClick(ByVal obj As Object, ByVal ea As EventArgs)
        Dim dlg As ColorFillDialogBoxWithApply = New ColorFillDialogBoxWithApply()
        dlg.ShowApply = True
        AddHandler dlg.Apply, AddressOf ColorFillDialogOnApply

        dlg.Color = clrEllipse
        dlg.Fill = bFillEllipse

        If dlg.ShowDialog() = DialogResult.OK Then
            clrEllipse = dlg.Color
            bFillEllipse = dlg.Fill
            Invalidate()
        End If
    End Sub
    Sub ColorFillDialogOnApply(ByVal obj As Object, ByVal ea As EventArgs)
        Dim dlg As ColorFillDialogBoxWithApply = DirectCast(obj, ColorFillDialogBoxWithApply)
        clrEllipse = dlg.Color
        bFillEllipse = dlg.Fill
        Invalidate()
    End Sub
    Protected Overrides Sub OnPaint(ByVal pea As PaintEventArgs)
        Dim grfx As Graphics = pea.Graphics
        Dim rect As New Rectangle(0, 0, ClientSize.Width - 1, _
                                        ClientSize.Height - 1)
```

```
            If bFillEllipse Then
                grfx.FillEllipse(New SolidBrush(clrEllipse), rect)
            Else
                grfx.DrawEllipse(New Pen(clrEllipse), rect)
            End If
        End Sub
End Class
```

Während der Methode *MenuColorOnClick* aktiviert das Programm die Schaltfläche und installiert einen Ereignishandler:

```
dlg.ShowApply = True
AddHandler dlg.Apply, AdressOf ColorFillDialogOnApply
```

Der Ereignishandler *ColorFillDialogOnApply* konvertiert das Objektargument in ein Objekt vom Typ *ColorFillDialogBoxWithApply*, um Zugriff auf die Eigenschaften *Color* und *Fill* zu erhalten. Anschließend stellt das Programm über die Eigenschaften seine Felder ein und erklärt den Clientbereich für ungültig. Wie bereits gesagt: Eine Anwendung kann selbst dann *Paint*-Ereignisse empfangen, wenn ein modales Dialogfeld geöffnet ist. Der Clientbereich kann sich also selbstständig anhand der neuen Einstellungen im Dialogfeld aktualisieren.

Das Dialogfeld ohne Modus

Zu Beginn des Kapitels habe ich bereits erwähnt, dass es zwei Varianten von Dialogfeldern gibt: *modal* oder *ohne Modus*. Bislang haben wir uns mit der weitaus häufigeren Form beschäftigt, den modalen Dialogfeldern. Dialogfelder ohne Modus ermöglichen dem Benutzer, zwischen dem Dialogfeld und dessen übergeordnetem Formular zu wechseln.

Dialogfelder ohne Modus empfehlen sich, wenn es praktisch ist, dass sie über einen längeren Zeitraum hinweg angezeigt werden, ohne die Anwendung zu blockieren. Wir alle kennen die vermutlich häufigste Umsetzung dieser Dialogfelder, sie befinden sich in Textverarbeitungsprogrammen und heißen meist *Suchen und Ersetzen*. Diese Dialogfelder bleiben oft eine ganze Weile aktiv, damit ein Benutzer mehrere Suchen/Ersetzen-Vorgänge ausführen kann. Währenddessen soll aber auch das Dokument bearbeitet werden können, in dem diese Operationen durchgeführt werden, ohne jedes Mal erst das Dialogfeld schließen zu müssen.

Das in der nächsten Klasse implementierte Dialogfeld ohne Modus basiert auf dem Programm ColorScroll aus Kapitel 12 und enthält drei Bildlaufleisten sowie sechs *Label*-Steuerelemente, die ihre Größe dynamisch an die Formulargröße anpassen. Dieses Dialogfeld soll während der gesamten Dauer des Programms aktiv bleiben und verfügt daher über keinerlei Schaltflächen (nicht einmal eine zum Schließen des Fensters). Eine Eigenschaft namens *Color* ermöglicht den öffentlichen Zugriff auf die Werte der Bildlaufleisten.

ColorScrollDialogBox.vb

```
Imports System
Imports System.Drawing
Imports System.Windows.Forms
Class ColorScrollDialogBox
    Inherits Form
```

```vb
    Private alblName(2) As Label
    Private alblValue(2) As Label
    Private ascrbar(2) As VScrollBar

    Event Changed As EventHandler

    Sub New()
        Text = "Color Scroll Dialog Box"

        ControlBox = False
        MinimizeBox = False
        MaximizeBox = False
        ShowInTaskbar = False

        Dim aclr() As Color = {Color.Red, Color.Green, Color.Blue}
        Dim i As Integer

        For i = 0 To 2
            alblName(i) = New Label()
            alblName(i).Parent = Me
            alblName(i).ForeColor = aclr(i)
            alblName(i).Text = "&" & aclr(i).ToKnownColor().ToString()
            alblName(i).TextAlign = ContentAlignment.MiddleCenter

            ascrbar(i) = New VScrollBar()
            ascrbar(i).Parent = Me
            ascrbar(i).SmallChange = 1
            ascrbar(i).LargeChange = 16
            ascrbar(i).Minimum = 0
            ascrbar(i).Maximum = 255 + ascrbar(i).LargeChange - 1
            AddHandler ascrbar(i).ValueChanged, AddressOf ScrollOnValueChanged
            ascrbar(i).TabStop = True

            alblValue(i) = New Label()
            alblValue(i).Parent = Me
            alblValue(i).TextAlign = ContentAlignment.MiddleCenter
        Next i

        OnResize(EventArgs.Empty)
    End Sub
    Property Color() As Color
        Set(ByVal Value As Color)
            ascrbar(0).Value = Value.R
            ascrbar(1).Value = Value.G
            ascrbar(2).Value = Value.B
        End Set
        Get
            Return Color.FromArgb(ascrbar(0).Value, _
                                  ascrbar(1).Value, _
                                  ascrbar(2).Value)
        End Get
    End Property
    Protected Overrides Sub OnResize(ByVal ea As EventArgs)
        MyBase.OnResize(ea)

        Dim cx As Integer = ClientSize.Width
        Dim cy As Integer = ClientSize.Height
        Dim cyFont As Integer = Font.Height
        Dim i As Integer
```

```
        For i = 0 To 2
            alblName(i).Location = New Point(i * cx \ 3, cyFont \ 2)
            alblName(i).Size = New Size(cx \ 3, cyFont)
            ascrbar(i).Location = New Point((4 * i + 1) * cx \ 12, 2 * cyFont)
            ascrbar(i).Size = New Size(cx \ 6, cy - 4 * cyFont)
            alblValue(i).Location = New Point(i * cx \ 3, cy - 3 * cyFont \ 2)
            alblValue(i).Size = New Size(cx \ 3, cyFont)
        Next i
    End Sub
    Private Sub ScrollOnValueChanged(ByVal obj As Object, ByVal ea As EventArgs)
        Dim i As Integer
        For i = 0 To 2
            If obj Is ascrbar(i) Then
                alblValue(i).Text = ascrbar(i).Value.ToString()
            End If
        Next i
        RaiseEvent Changed(Me, EventArgs.Empty)
    End Sub
End Class
```

Wie wir gesehen haben, müssen modale Dialogfelder ihre öffentlichen Ereignisse üblicherweise nicht implementieren, es sei denn, sie enthalten eine *Übernehmen*-Schaltfläche. Dialogfelder ohne Modus müssen dagegen fast immer intensiv mit der übergeordneten Anwendung kommunizieren. Dies lässt sich am besten mithilfe von Ereignissen umsetzen.

Die Klasse *ColorScrollDialogBox* implementiert ein Ereignis namens *Changed*, das beim Auftreten eines *ValueChanged*-Ereignisses für eine der Bildlaufleisten ausgelöst wird. Wenn Sie sich noch enger am Microsoft .NET Framework orientieren möchten, empfiehlt sich außerdem der Einsatz einer geschützten virtuellen *OnChanged*-Methode (*Protected Overridable*). Diese *OnChanged*-Methode würde von *ScrollOnValueChanged* aufgerufen und anschließend ihrerseits das *Changed*-Ereignis aufrufen.

Die Methode *ShowDialog* macht in einem Dialogfeld ohne Modus keinen Sinn, da sie die Steuerung erst nach dem Schließen des Dialogfelds wieder abgibt. Ein solches Verhalten können wir in diesem Fall nicht brauchen. Stattdessen setzen wir *Show* ein, eine Methode der Klasse *Form*, die uns in Kapitel 2 schon einmal begegnet ist, seither aber nichts mehr von sich hat hören lassen.

Zur Implementierung von Dialogfeldern ohne Modus gehört als wesentlicher Bestandteil folgende Eigenschaft:

Form-Eigenschaften (Auswahl)

Eigenschaft	Typ	Zugriff
Owner	Form	Get/Set

Die Eigenschaft *Owner* des Dialogfelds ohne Modus wird auf das Anwendungsformular eingestellt. Dadurch wird das Formular zum Besitzer des Dialogfelds. Das bedeutet für das Dialogfeld, dass es immer *über* dem Anwendungsformular angezeigt wird und vom Bildschirm verschwindet, sobald das Formular minimiert wird.

Das folgende Programm erstellt ein Objekt vom Typ *ColorScrollDialogBox*, setzt die *Owner*-Eigenschaft auf das eigene Anwendungsformular, initialisiert die *Color*-Eigenschaft des Dialogfelds mit der Eigenschaft *BackColor* des Anwendungsformulars, installiert einen Ereignishandler für das *Changed*-Ereignis des Dialogfelds und ruft abschließend die *Show*-Methode des Dialogfelds auf. Das Dialogfeld ist so lange aktiv und gibt Ihnen somit die Möglichkeit, die Hintergrundfarbe des Anwendungsformulars zu ändern, bis die Anwendung beendet wird.

ModelessColorScroll.vb
```
Imports System
Imports System.Drawing
Imports System.Windows.Forms
Class ModelessColorScroll
    Inherits Form
    Shared Sub Main()
        Application.Run(New ModelessColorScroll())
    End Sub
    Sub New()
        Text = "Modeless Color Scroll"
        Dim dlg As New ColorScrollDialogBox()
        dlg.Owner = Me
        dlg.Color = BackColor
        AddHandler dlg.Changed, AddressOf ColorScrollOnChanged
        dlg.Show()
    End Sub
    Sub ColorScrollOnChanged(ByVal obj As Object, ByVal ea As EventArgs)
        Dim dlg As ColorScrollDialogBox = DirectCast(obj, ColorScrollDialogBox)
        BackColor = dlg.Color
    End Sub
End Class
```

Das Programm Transform aus Kapitel 18 demonstriert ein weiteres Dialogfeld ohne Modus (das wiederum selbst ein modales Dialogfeld aufruft), in dem Sie interaktiv die sechs Elemente einer Matrixtransformation einstellen können.

Standarddialogfelder

Eines der erklärten Ziele von Windows war und ist die Förderung einer standardisierten Benutzeroberfläche. In den Anfangstagen von Windows setzten sich rasch einige Bedienungskonventionen durch. Die meisten Softwarehersteller übernahmen beispielsweise in ihren Anwendungen die Kombination ALT+Datei+Öffnen, um ein Dialogfeld zum Öffnen einer Datei anzuzeigen. Allerdings unterschieden sich die Dialogfelder, die dann jeweils geöffnet wurden, erheblich voneinander.

Erst mit der Veröffentlichung von Windows 3.1 wurde eine Bibliothek für Standarddialogfelder in die Windows-API integriert. Der größte Teil dieser Bibliothek ist im .NET Framework verfügbar und besteht aus Dialogfeldern zum Öffnen und Speichern von Dateien, zum Auswählen von Farben und Konfigurieren des Druckvorgangs. Die Klassenhierarchie sieht folgendermaßen aus:

```
Object
  └── MarshalByRefObject
        └── Component
              └── CommonDialog (MustInherit)
                    ├── ColorDialog
                    ├── FileDialog (MustInherit)
                    │     ├── OpenFileDialog
                    │     └── SaveFileDialog
                    ├── FontDialog
                    ├── PageSetupDialog
                    └── PrintDialog
```

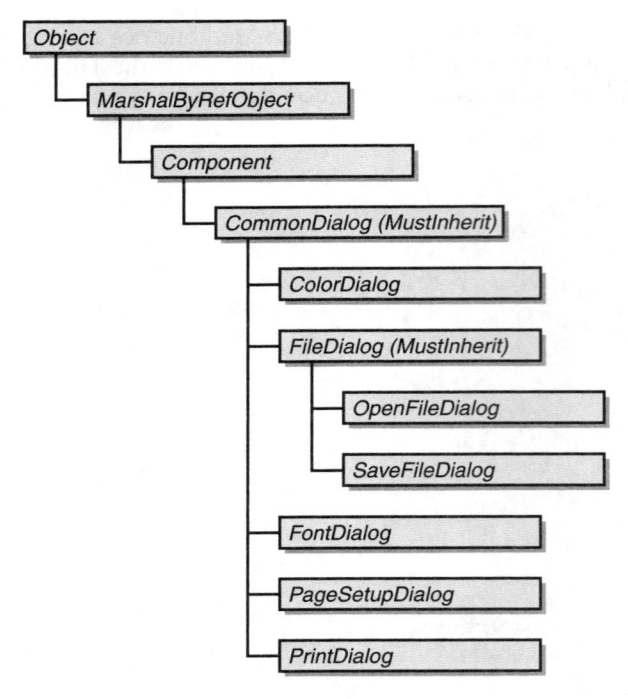

Sowohl bei *CommonDialog* als auch bei *FileDialog* handelt es sich um abstrakte Klassen (mit *MustInherit* definiert), die nicht instanziiert werden können. Damit verbleiben sechs Klassen, die Sie in Anwendungen einsetzen können. Ich werde in diesem Kapitel die Klassen *ColorDialog*, *FontDialog*, *OpenFileDialog* und *SaveFileDialog* behandeln, die Klassen *PageSetupDialog* und *PrintDialog* kommen in Kapitel 21 an die Reihe, in dem ich ausführlich auf das Thema Drucken eingehe.

Schriften und Farben auswählen

Fangen wir zur Betrachtung der beiden Klassen *FontDialog* und *ColorDialog* gleich mit einem Programm an, in dem wir die Eigenschaften *BackColor*, *ForeColor* und *Font* eines Formulars einstellen können.

FontAndColorDialogs.vb
```
Imports System
Imports System.Drawing
Imports System.Windows.Forms
Class FontAndColorDialogs
    Inherits Form

    Shared Sub Main()
        Application.Run(New FontAndColorDialogs())
    End Sub
```

```
Sub New()
    Text = "Font and Color Dialogs"
    ResizeRedraw = True

    Menu = New MainMenu()
    Menu.MenuItems.Add("&Format")
    Menu.MenuItems(0).MenuItems.Add("&Font...", AddressOf MenuFontOnClick)
    Menu.MenuItems(0).MenuItems.Add("&Background Color...", AddressOf MenuColorOnClick)
End Sub
Sub MenuFontOnClick(ByVal obj As Object, ByVal ea As EventArgs)
    Dim fntdlg As New FontDialog()
    fntdlg.Font = Font
    fntdlg.Color = ForeColor
    fntdlg.ShowColor = True

    If fntdlg.ShowDialog() = DialogResult.OK Then
        Font = fntdlg.Font
        ForeColor = fntdlg.Color
        Invalidate()
    End If
End Sub
Sub MenuColorOnClick(ByVal obj As Object, ByVal ea As EventArgs)
    Dim clrdlg As New ColorDialog()
    clrdlg.Color = BackColor
    If clrdlg.ShowDialog() = DialogResult.OK Then
        BackColor = clrdlg.Color
    End If
End Sub
Protected Overrides Sub OnPaint(ByVal pea As PaintEventArgs)
    Dim grfx As Graphics = pea.Graphics
    Dim strfmt As New StringFormat()
    strfmt.Alignment = StringAlignment.Center
    strfmt.LineAlignment = StringAlignment.Center
    grfx.DrawString("Hello common dialog boxes!", Font, New SolidBrush(ForeColor), _
                RectangleF.op_Implicit(ClientRectangle), strfmt)
End Sub
End Class
```

Das Programm erstellt ein *Format*-Menü mit zwei Elementen: *Font* (Schrift) und *Background Color* (Hintergrundfarbe). Das Programm verwendet zwar keine selbst geschriebenen, sondern vordefinierte Dialogfelder, aber die Struktur der beiden *Click*-Ereignishandler kommt uns doch recht bekannt vor. Nehmen Sie z.B. *MenuColorOnClick*. Zuerst wird das Dialogfeld erstellt:

```
Dim clrdlg As New ColorDialog()
```

Danach wird es durch Einstellen einer Eigenschaft initialisiert:

```
clrdlg.Color = BackColor
```

Und zum Schluss wird die *ShowDialog*-Methode aufgerufen:

```
If clrdlg.ShowDialog() = DialogResult.OK Then
    BackColor = clrdlg.Color
End If
```

Wenn *ShowDialog* den Wert *DialogResult.OK* zurückgibt, kann das Programm die Informationen des Dialogfelds verwenden.

Das Programm verwendet zwar die beiden Dialogfelder zur Initialisierung der Formulareigenschaften *Font*, *ForeColor* und *BackColor* und stellt diese Eigenschaften anschließend mit den vom Benutzer in den Dialogfeldern angegebenen Werten ein, aber Sie könnten genauso gut im Formular Felder definieren, die mit den Dialogfeldeinstellungen verknüpft sind.

Die Klasse *FontDialog* ermöglicht dem Benutzer die Auswahl einer Schrift und Schriftfarbe, die durch folgende Eigenschaften angegeben werden:

***FontDialog*-Eigenschaften (Auswahl)**

Eigenschaft	Typ	Zugriff
Font	Font	Get/Set
Color	Color	Get/Set

Das Programm FontAndColorDialogs initialisiert diese beiden Eigenschaften aus den Eigenschaften *Font* und *ForeColor* des Formulars und stellt diese beiden Formulareigenschaften ein, wenn das Dialogfeld über die *OK*-Schaltfläche beendet wird.

Das Programm stellt auch die *ShowColor*-Eigenschaft ein, um die standardmäßig deaktivierte Farbwahloption im Dialogfeld zu aktivieren. Anhand folgender Eigenschaften können Sie das Aussehen der Farbwahloption und weiterer Bestandteile des Dialogfelds *Font* steuern:

***FontDialog*-Eigenschaften (Auswahl)**

Eigenschaft	Typ	Zugriff	Standardwert
ShowEffects	Boolean	Get/Set	True
ShowColor	Boolean	Get/Set	False
ShowApply	Boolean	Get/Set	False
ShowHelp	Boolean	Get/Set	False

Wenn Sie die Eigenschaft *ShowEffects* auf *False* setzen, können die Textauszeichnungen *Unterstrichen* oder *Durchgestrichen* nicht ausgewählt werden. So sieht das Dialogfeld aus, wenn sowohl *ShowEffects* als auch *ShowColor* auf *True* gesetzt sind:

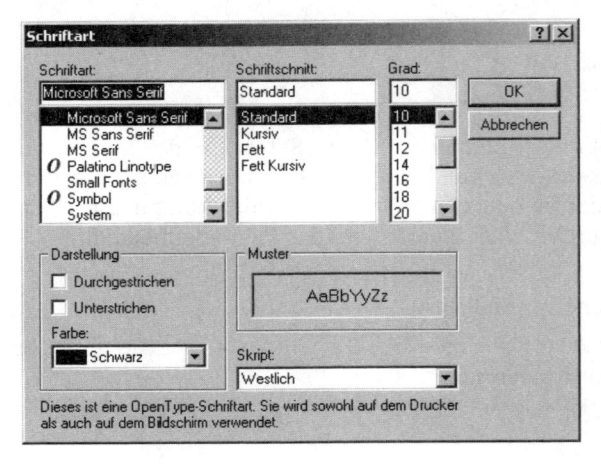

Die Optionen *ShowApply* und *ShowHelp* steuern das Aussehen der Schaltflächen *Apply* (*Übernehmen*) und *Help* (*Hilfe*). Wenn Sie diese Schaltflächen aktivieren, müssen folgende Ereignisse verarbeitet werden:

FontDialog-Ereignisse (Auswahl)

Ereignis	Methode	Delegat	Argument
Apply	*OnApply*	*EventHandler*	*EventArgs*
HelpRequest	*OnHelpRequest*	*EventHandler*	*EventArgs*

Mit der Schaltfläche *Apply* haben wir ja schon einige Erfahrungen gesammelt, dennoch werde ich in der nächsten Programmvariante auf die Verwendung dieser Schaltfläche im Dialogfeld *Schriftart* eingehen.

Die Klasse *FontDialog* verfügt zwar über einige weitere Eigenschaften zur Steuerung der Schriftenanzeige im Dialogfeld, meistens reichen jedoch die Standardeigenschaften aus. Ich werde allerdings im Lauf dieses Kapitels (genauer gesagt im Programm HeadDump) folgende Eigenschaft zum Einsatz bringen:

FontDialog-Eigenschaften (Auswahl)

Eigenschaft	Typ	Zugriff	Standardwert
FixedPitchOnly	*Boolean*	Get/Set	*False*

Wenn Sie nur diejenigen Schriften anzeigen möchten, die über eine konstante Zeichenbreite verfügen, sollten Sie diese Eigenschaft auf *True* setzen.

Das Dialogfeld *ColorDialog* dient zur Auswahl von Farben, die durch eine Eigenschaft vom Typ *Color* dargestellt werden, die sinnigerweise *Color* heißt:

ColorDialog-Eigenschaften (Auswahl)

Eigenschaft	Typ	Zugriff
Color	*Color*	Get/Set

Verschiedene andere Aspekte des Dialogfelds werden durch mehrere *Boolean*-Eigenschaften gesteuert:

ColorDialog-Eigenschaften (Auswahl)

Eigenschaft	Typ	Zugriff	Standardwert
FullOpen	*Boolean*	Get/Set	*False*
AllowFullOpen	*Boolean*	Get/Set	*True*
SolidColorOnly	*Boolean*	Get/Set	*False*
AnyColor	*Boolean*	Get/Set	*False*
ShowHelp	*Boolean*	Get/Set	*False*

Die Klasse *ColorDialog* bietet keine Unterstützung für eine Schaltfläche zum Übernehmen der Einstellungen. So sieht das Standarddialogfeld für die Farbauswahl aus:

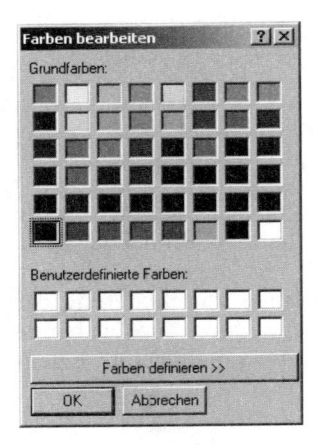

Zur Auswahl einer Farbe klicken Sie einfach darauf und anschließend auf *OK*. Sollte keine der angezeigten Farben Ihren Wünschen entsprechen, klicken Sie auf die Schaltfläche *Farben definieren*. Das Dialogfeld wird folgendermaßen erweitert:

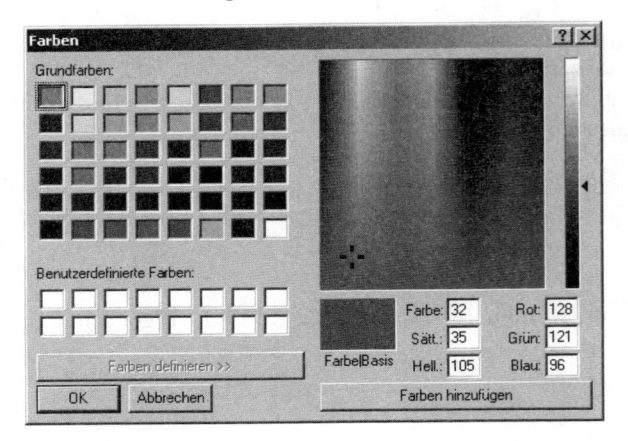

Nun können Sie im rechten Bereich nach Herzenslust Farben definieren und sie links in die Palette *Benutzerdefinierte Farben* einfügen. Dieses Dialogfeld kann nur nach Betätigen der Schaltflächen *OK* oder *Cancel* wieder auf die ursprüngliche Größe reduziert werden. Wenn Sie vor dem *ShowDialog*-Aufruf die Eigenschaft *FullOpen* auf *True* setzen, wird das Dialogfeld gleich in der erweiterten Fassung geöffnet. Setzen Sie die *AllowFullOpen*-Eigenschaft auf *False* (unabhängig vom *FullOpen*-Wert), so wird die kleine Version des Dialogfelds angezeigt und die Schaltfläche *Farben definieren* ist deaktiviert.

Eine Anwendung, die die Klasse *ColorDialog* einsetzt, erhält über die folgende Eigenschaft Zugriff auf die benutzerdefinierten Farben:

ColorDialog-Eigenschaften (Auswahl)

Eigenschaft	Typ	Zugriff
CustomColors	Integer()	Get/Set

Die benutzerdefinierten Farben sind in einem Array aus sechzehn 32-Bit-Integern gespeichert, wobei Rot im niederwertigsten Bytewert, Grün im nächsthöheren und Blau wiederum im nächsten Bytewert enthalten ist. Das Byte mit der höchsten Wertigkeit ist 0. (Diese Ganzzahlen dürfen *nicht* mit der shared Methode *Color.FromArgb* eingesetzt werden, die basierend auf einer Ganzzahl ein *Color*-Objekt zurückgibt. Diese Methode interpretiert Blau als niederwertigsten Bytewert, dann folgen Grün und Rot und schließlich ein Alpha-Wert zur Darstellung von Transparenz.)

Stellen Sie sich folgendes Szenario vor: Ein Benutzer ruft das Farbwahldialogfeld des Programms FontAndColorDialogs auf, klickt auf die Schaltfläche *Farben definieren* und stellt mit großer Sorgfalt 16 verschiedene benutzerdefinierte Farben zusammen. Anschließend wählt er eine davon aus und klickt auf *OK*. Danach öffnet er das Dialogfeld erneut, und ... Keine benutzerdefinierten Farben mehr. Alle weg!

Was ist passiert? Im Grunde nichts Überraschendes. Ein Blick auf die Methode *MenuColorOnClick* gibt Aufschluss. Das Programm erstellt das Dialogfeld bei jedem Aufruf neu. Am Ende der Methode *MenuColorOnClick* sind keine Verweise auf das *ColorDialog*-Objekt namens *clrdlg* mehr vorhanden, also ist es reif für die Garbage Collection.

Wenn Sie die Eigenschaft *AllowFullOpen* auf *True* gesetzt lassen, ist es ziemlich unhöflich, die benutzerdefinierten Farben zwischen den verschiedenen Aufrufen des Dialogfelds nicht zu speichern. Sie können die Speicherung auf verschiedene Art durchführen. Sie könnten z.B. ein Array aus Ganzzahlen als Feld speichern:

```
Private aiCustomColors() As Integer
```

Vor dem Aufruf des Dialogfelds (mit *ShowDialog*) stellen Sie die Eigenschaft aus dem Feld ein:

```
clrdlg.CustomColors = aiCustomColors
```

Wenn *ShowDialog* die Steuerung abgibt, werden die benutzerdefinierten Farben erneut im Feld gespeichert, egal, über welche Schaltfläche das Dialogfeld beendet wurde:

```
aiCustomColors = clrdlg.CustomColors
```

Es gibt sogar einen noch einfacheren Ansatz. Enfernen Sie einfach die Anweisung

```
Dim clrdlg As New ColorDialog()
```

aus der Methode *MenuColorOnClick* und wandeln Sie sie in ein Feld um. Nun verwendet das Programm während der gesamten Ausführung der Anwendung nur eine einzige *ColorDialog*-Instanz.

Die folgende Version des Programms FontAndColorDialogs ist schon ausgefeilter und implementiert darüber hinaus im Dialogfeld *Schriftarten* eine Schaltfläche zum Übernehmen der Einstellungen (*Apply*).

```
BetterFontAndColorDialogs.vb
Imports System
Imports System.Drawing
Imports System.Windows.Forms
Class BetterFontAndColorDialogs
    Inherits Form
    Protected clrdlg As ColorDialog = New ColorDialog()
    Shared Sub Main()
        Application.Run(New BetterFontAndColorDialogs())
    End Sub
    Sub New()
        Text = "Better Font and Color Dialogs"
```

Dialogfelder

```
        Menu = New MainMenu()
        Menu.MenuItems.Add("&Format")
        Menu.MenuItems(0).MenuItems.Add("&Font...", AddressOf MenuFontOnClick)
        Menu.MenuItems(0).MenuItems.Add("&Background Color...", AddressOf MenuColorOnClick)
    End Sub
    Sub MenuFontOnClick(ByVal obj As Object, ByVal ea As EventArgs)
        Dim fntdlg As New FontDialog()
        fntdlg.Font = Font
        fntdlg.Color = ForeColor
        fntdlg.ShowColor = True
        fntdlg.ShowApply = True
        AddHandler fntdlg.Apply, AddressOf FontDialogOnApply

        If fntdlg.ShowDialog() = DialogResult.OK Then
            Font = fntdlg.Font
            ForeColor = fntdlg.Color
            Invalidate()
        End If
    End Sub
    Sub MenuColorOnClick(ByVal obj As Object, ByVal ea As EventArgs)
        clrdlg.Color = BackColor

        If clrdlg.ShowDialog() = DialogResult.OK Then
            BackColor = clrdlg.Color
        End If
    End Sub
    Sub FontDialogOnApply(ByVal obj As Object, ByVal ea As EventArgs)
        Dim fntdlg As FontDialog = DirectCast(obj, FontDialog)
        Font = fntdlg.Font
        ForeColor = fntdlg.Color
        Invalidate()
    End Sub
    Protected Overrides Sub OnPaint(ByVal pea As PaintEventArgs)
        Dim grfx As Graphics = pea.Graphics
        grfx.DrawString("Hello common dialog boxes!", Font, New SolidBrush(ForeColor), 0, 0)
    End Sub
End Class
```

Mit dieser Version werden die benutzerdefinierten Farben bei der Beendigung des Dialogfelds gespeichert und beim nächsten Aufruf wieder angezeigt.

Diese Speicherung wirft nun leider eine weitere Frage auf: Wie speichern wir die Einstellungen, wenn das *Programm* beendet und neu gestartet wird?

Für diese Aufgabe sollten wir uns der Windows-Registrierung bedienen.

Die Windows-Registrierung

Bei der Windows-Registrierung handelt es sich um eine universell einsetzbare Einrichtung, die Anwendungen (und Windows selbst) zur Speicherung von Programminformationen dient, die bei der Beendigung der Anwendung nicht verloren gehen dürfen. Die Informationen werden in einer hierarchischen Anordnung gespeichert. Sie können über den Registrierungseditor (*Regedit.exe*), der in Windows enthalten ist, den Inhalt der Registrierung Ihres Systems untersuchen (und, wenn Sie sehr mutig sind, auch ändern).

Die Informationen in der Registrierung werden nach *Schlüsseln* organisiert, die häufig wie Verzeichnispfade geschrieben werden. Mit dem Registrierungseditor finden Sie beispielsweise den Schlüssel *HKEY_CURRENT_USER\Software\Microsoft\Notepad,* unter dem alle vom Windows-Editor (Notepad) in der Registrierung gespeicherten Informationen zu finden sind. Jede Information trägt einen Namen (z.B. *iPointSize* und *iWindowPosX*), ist von einem bestimmten Typ (dieser lautet für diese beiden REG_DWORD, wobei es sich um einen 32-Bit-Integerwert ohne Vorzeichen handelt) und weist einen Wert auf.

Die Windows-Registrierung wird durch zwei Klassen im Namespace *Microsoft.Win32* unterstützt. Die Klasse *Registry* besteht aus sieben shared, schreibgeschützten Feldern für die sieben möglichen Stammschlüssel der Registrierung. Der rechten Spalte der folgenden Tabelle können Sie entnehmen, wie die Stammschlüssel in den Win32-Headerdateien definiert sind und im Registrierungseditor angezeigt werden:

Registry-Felder (*Shared*)

Feld	Typ	Zugriff	Beschreibung
ClassesRoot	*RegistryKey*	schreibgeschützt	HKEY_CLASSES_ROOT
CurrentUser	*RegistryKey*	schreibgeschützt	HKEY_CURRENT_USER
LocalMachine	*RegistryKey*	schreibgeschützt	HKEY_LOCAL_MACHINE
Users	*RegistryKey*	schreibgeschützt	HKEY_USERS
PerformanceData	*RegistryKey*	schreibgeschützt	HKEY_PERFORMANCE_DATA
CurrentConfig	*RegistryKey*	schreibgeschützt	HKEY_CURRENT_CONFIG
DynData	*RegistryKey*	schreibgeschützt	HKEY_DYN_DATA

Die meisten Anwendungen beschränken sich auf den Schlüssel *CurrentUser,* um benutzerspezifische Informationen wie Schriften, Farben und andere Einstellungen zu speichern.

Die zweite Klasse lautet *RegistryKey*. Diese Methoden werden wohl am häufigsten eingesetzt:

RegistryKey-Methoden (Auswahl)

```
Function CreateSubKey(ByVal strSubKey As String) As RegistryKey
Function OpenSubKey(ByVal strSubKey As String) As RegistryKey
Function OpenSubKey(ByVal strSubKey As String, ByVal bWritable As Boolean) As RegistryKey
Sub SetValue(ByVal strName As String, ByVal obj As Object)
Function GetValue(ByVal strName As String) As Object
Sub Close()
```

Beachten Sie, dass die Methoden *CreateSubKey* und *OpenSubKey* zur Klasse *RegistryKey* gehören und ebenfalls *RegistryKey*-Objekte zurückgeben. Das erste *RegistryKey*-Objekt rufen Sie aus einem der Felder der Klasse *Registry* ab, beispielsweise so:

```
Dim regkey As RegistryKey = Registry.CurrentUser
```

Anschließend erhalten Sie ein weiteres *RegistryKey*-Objekt durch Kombination dieses Registrierungsschlüssels mit einem Unterschlüsselargument, das an *CreateSubKey* oder *OpenSubKey* übergeben wird. Wurde das Objekt *regkey* aus *Registry.CurrentUser* abgerufen, gibt der Aufruf

```
regkey = regkey.OpenSubKey("Software\Microsoft\Notepad")
```

einen Registrierungsschlüssel zurück, mit dem die vom Windows-Editor gespeicherten Informationen gelesen werden können. Sie können beide Aufrufe auch zu einem zusammenfassen:

```
Dim regkey As RegistryKey = Registry.CurrentUser.OpenSubKey("Software\Microsoft\Notepad")
```

Dieser Aufruf gibt also den Schlüssel für den Windows-Editor zurück. Wir hingegen benötigen den Schlüssel für unsere Anwendung. Mithilfe der *CreateSubKey*-Methode können Sie einen eigenen Schlüssel erstellen, z.B. so:

```
RegistryKey regkey = Registry.CurrentUser.CreateSubKey("Software\\MyCompany\\MyApp")
```

Diese Methode werden Sie vermutlich bei der Installation oder ersten Ausführung Ihres Programms einsetzen. Anschließend können Sie den Schlüssel über *OpenSubKey* zum Lesen öffnen:

```
Dim regkey As RegistryKey = Registry.CurrentUser.OpenSubKey("Software\MyCompany\MyApp")
```

Mit *OpenSubKey* kann der Schlüssel auch zum Schreiben geöffnet werden:

```
Dim regkey As RegistryKey = Registry.CurrentUser.OpenSubKey("Software\MyCompany\MyApp", True)
```

Zum Schließen der Registrierung verwenden Sie folgenden Aufruf:

```
regkey.Close()
```

Mit den Methoden *SetValue* und *GetValue* können Sie Werte lesen und schreiben, die mit Namen verknüpft sind. Dabei gibt es allerdings etwas zu beachten: Die Syntax des *SetValue*-Werts gaukelt Ihnen vor, Sie könnten ein beliebiges Objekt als zweites Argument übergeben, also beispielsweise ein Objekt vom Typ *Font*:

```
regkey.SetValue("MyFont", fnt)
```

Dieser Aufruf wird zwar einigermaßen funktionieren, wenn Sie jetzt aber versuchen, dieses Objekt mit einem *GetValue*-Aufruf abzurufen, stehen Sie vor einem Problem:

```
fnt = DirectCast(regkey.GetValue("MyFont"), Font)    ' Funktioniert nicht!
```

Wäre die Registrierung ursprünglich zur Verwendung einer objektorientierten Schnittstelle entworfen worden, könnten diese beiden Aufrufe funktionieren. Da dies aber nicht der Fall ist, geht es so eben nicht. Im Grunde können Sie nur Zeichenfolgen, 32-Bit-Integerwerte und Bytearrays speichern. (Mit einem Bytearray kann man immerhin allgemeine binäre Informationen speichern, wenn auch nicht ganz so komfortabel, wie man sich das wünschen würde.)

Der soeben gezeigte *SetValue*-Aufruf speichert eigentlich eine Zeichenfolge zur Beschreibung des *Font*-Objekts: *fnt.ToString()*. Beim Aufruf von *GetValue* kann diese Zeichenfolge nicht in ein *Font*-Objekt zurückgewandelt werden. Dadurch wird eine Ausnahme ausgelöst. Wenn Sie ein Objekt vom Typ *Font* in der Registrierung speichern möchten, müssen alle Informationen, die zur Wiederherstellung der Schrift benötigt werden, in Form von Zeichenfolgen, 32-Bit-Integerwerten und Bytearrays gespeichert werden.

Wir wollen uns einmal ein Beispiel anschauen. Die Klasse *DialogsWithRegistry* im folgenden Programm ist eine Unterklasse von *BetterFontAndColorDialogs,* unterstützt aber die Registrierung. Die sieben *Const*-Felder definieren den Registrierungsschlüssel und alle im Programm verwendeten Registrierungsnamen.

DialogsWithRegistry.vb

```
Imports Microsoft.Win32
Imports System
Imports System.Drawing
Imports System.Windows.Forms
Class DialogsWithRegistry
    Inherits BetterFontAndColorDialogs

    Const strRegKey As String = "Software\ProgrammingWindowsWithVBdotNet\DialogsWithRegistry"
    Const strFontFace As String = "FontFace"
    Const strFontSize As String = "FontSize"
    Const strFontStyle As String = "FontStyle"
```

```vbnet
        Const strForeColor As String = "ForeColor"
        Const strBackColor As String = "BackColor"
        Const strCustomClr As String = "CustomColor"
        Shared Shadows Sub Main()
            Application.Run(New DialogsWithRegistry())
        End Sub
        Sub New()
            Text = "Font and Color Dialogs with Registry"
            Dim regkey As RegistryKey = Registry.CurrentUser.OpenSubKey(strRegKey)
            If Not regkey Is Nothing Then
                Font = New Font(DirectCast(regkey.GetValue(strFontFace), String), _
                        Single.Parse(DirectCast(regkey.GetValue(strFontSize), String)), _
                        CType(regkey.GetValue(strFontStyle), FontStyle))
                ForeColor = Color.FromArgb(CInt(regkey.GetValue(strForeColor)))
                BackColor = Color.FromArgb(CInt(regkey.GetValue(strBackColor)))
                Dim i, aiColors(16) As Integer
                For i = 0 To 15
                    aiColors(i) = CInt(regkey.GetValue(strCustomClr & i))
                Next i
                clrdlg.CustomColors = aiColors
                regkey.Close()
            End If
        End Sub
        Protected Overrides Sub OnClosed(ByVal ea As EventArgs)
            Dim i As Integer
            Dim regkey As RegistryKey = Registry.CurrentUser.OpenSubKey(strRegKey, True)
            If regkey Is Nothing Then
                regkey = Registry.CurrentUser.CreateSubKey(strRegKey)
            End If
            regkey.SetValue(strFontFace, Font.Name)
            regkey.SetValue(strFontSize, Font.SizeInPoints.ToString())
            regkey.SetValue(strFontStyle, CInt(Font.Style))
            regkey.SetValue(strForeColor, ForeColor.ToArgb())
            regkey.SetValue(strBackColor, BackColor.ToArgb())
            For i = 0 To 15
                regkey.SetValue(strCustomClr & i, clrdlg.CustomColors(i))
            Next i
            regkey.Close()
        End Sub
End Class
```

Werfen wir zunächst einen Blick auf die Überschreibung der *OnClosed*-Methode. *OnClosed* wird nach dem Schließen des Formulars aufgerufen. Dies ist ein günstiger Zeitpunkt, um Informationen in die Registrierung zu schreiben. Wenn der *OpenSubKey* den Wert *Nothing* zurückgibt, wird das Programm zum ersten Mal ausgeführt und ruft *CreateSubKey* auf, um den Registrierungsschlüssel zu erstellen. Jeder *SetValue*-Aufruf schreibt eine Ganzzahl oder eine Zeichenfolge in die Registrierung. Für die *Font*-Eigenschaft des Formulars müssen drei Werte gespeichert werden: *Name*, *SizeInPoints* und *Style*. Bei der *Font*-Eigenschaft *SizeInPoints* handelt es sich um einen *Single*-Wert, der mit *ToString* in eine Zeichenfolgendarstellung konvertiert wird. Die Methode *ToArgb* der Klasse *Color* konvertiert *Color*-Objekte in Ganzzahlen.

Beachten Sie auch den *SetValue*-Aufruf in der *For*-Schleife, mit dem die benutzerdefinierten Farben gespeichert werden. Der Name des Werts lautet

strCustomClr & i

Dadurch werden Namen wie CustomColor0, CustomColor1 usw. bis CustomColor15 erzeugt.

Die Werte werden im Programmkonstruktor aus der Registrierung abgerufen. Die Formularschrift wird anhand des Schriftnamens, der Punktgröße und der Stilwerte neu erstellt. Die Punktgröße muss mithilfe der shared Methode *Parse* der Klasse *Single* aus einer Zeichenfolge in einen *Single*-Wert zurückkonvertiert werden. Die shared Methode *Color.FromArgb* wandelt die gespeicherten Ganzzahlen wieder in *Color*-Objekte um.

Da zur Implementierung der Registrierungsunterstützung mit zwei Codeblöcken gearbeitet werden muss, kann sich das Debuggen des Codes zum Lesen und Schreiben von Registrierungswerten als schwierig erweisen. Am besten bringen Sie zunächst die *SetValue*-Aufrufe zum Laufen. Deren Funktionstüchtigkeit können Sie im Registrierungseditor überwachen. (Mit der Taste F5 wird die Anzeige aktualisiert.) Sie können im Registrierungseditor auch Schlüssel komplett löschen. Damit können Sie sofort überprüfen, ob Ihr Programm die Registrierungseinträge richtig neu erstellt. Wenn alle *SetValue*-Aufrufe funktionieren, schreiben Sie die *GetValue*-Aufrufe.

Das Dialogfeld zum Öffnen von Dateien

Sowohl *OpenFileDialog* als auch *SaveFileDialog* erben von der abstrakten (*MustInherit*) Klasse *FileDialog*, die eine Reihe von Eigenschaften implementiert, die von beiden Klassen genutzt werden. *OpenFileDialog* und *SaveFileDialog* sind als *NonInheritable* definiert, können also nicht vererben.

Diese beiden Klassen dienen hauptsächlich dazu, dem Programm einen vollständig angegebenen Dateinamen zu liefern, der vom Benutzer durch Auswahl aus einem Listenfeld oder durch manuelle Eingabe angegeben wird. In Anbetracht der Tatsache, dass es sich hier um Dateiein-/-ausgabe handelt, können wir davon ausgehen, dass diese Dialogfelder etwas komplexer sind als die Dialogfelder zur Farb- oder Schriftauswahl.

Beschäftigen wir uns zunächst mit *OpenFileDialog*. Mit dem Abrufen eines Dateinamens (oder auch mehrerer) haben drei Eigenschaften zu tun:

OpenFileDialog-Eigenschaften (Auswahl)

Eigenschaft	Typ	Zugriff
Multiselect	Boolean	Get/Set
FileName	String	Get/Set
FileNames	String()	Get

MultiSelect ist standardmäßig auf *False* gesetzt, sodass ein Benutzer im Dialogfeld nur eine Datei gleichzeitig auswählen kann, die in diesem Fall durch *FileName* angegeben wird.

Nur mit diesem Minimum an Informationen ausgerüstet, wollen wir einmal einen Blick auf HeadDump werfen, ein Programm zur hexadezimalen Anzeige, das nur nur den Teil der ausgewählten Datei anzeigt, der in den Clientbereich passt. Dieses Programm setzt die *ComposeLine*-Funktion des HexDump-Moduls aus Anhang A ein (dieser Anhang liefert einige Informationen über die .NET-Implementierung von Dateien und Streams).

HeadDump.vb

```vb
Imports System
Imports System.Drawing
Imports System.IO
Imports System.Windows.Forms
Class HeadDump
    Inherits Form
    Const strProgName As String = "Head Dump"
    Private strFileName As String = ""
    Shared Sub Main()
        Application.Run(New HeadDump())
    End Sub
    Sub New()
        Text = strProgName
        Font = New Font(FontFamily.GenericMonospace, Font.SizeInPoints)

        Menu = New MainMenu()
        Menu.MenuItems.Add("&File")
        Menu.MenuItems(0).MenuItems.Add("&Open...", AddressOf MenuFileOpenOnClick)
        Menu.MenuItems.Add("F&ormat")
        Menu.MenuItems(1).MenuItems.Add("&Font...", AddressOf MenuFormatFontOnClick)
    End Sub
    Sub MenuFileOpenOnClick(ByVal obj As Object, ByVal ea As EventArgs)
        Dim dlg As New OpenFileDialog()

        If dlg.ShowDialog() = DialogResult.OK Then
            strFileName = dlg.FileName
            Text = strProgName & " - " & Path.GetFileName(strFileName)
            Invalidate()
        End If
    End Sub
    Sub MenuFormatFontOnClick(ByVal obj As Object, ByVal ea As EventArgs)
        Dim dlg As New FontDialog()

        dlg.Font = Font
        dlg.FixedPitchOnly = True

        If dlg.ShowDialog() = DialogResult.OK Then
            Font = dlg.Font
            Invalidate()
        End If
    End Sub
    Protected Overrides Sub OnPaint(ByVal pea As PaintEventArgs)
        Dim grfx As Graphics = pea.Graphics
        Dim br As New SolidBrush(ForeColor)
        Dim fs As FileStream
        Dim iLine As Integer

        Try
            fs = New FileStream(strFileName, FileMode.Open, FileAccess.Read, FileShare.Read)
        Catch
            Return
        End Try

        For iLine = 0 To ClientSize.Height \ Font.Height
            Dim abyBuffer(16) As Byte
            Dim iCount As Integer = fs.Read(abyBuffer, 0, 16)

            If iCount = 0 Then Exit For
```

```
            Dim str As String = HexDump.ComposeLine(16 * iLine, abyBuffer, iCount)
            grfx.DrawString(str, Font, br, 0, iLine * Font.Height)
        Next iLine
        fs.Close()
    End Sub
End Class
```

Da sich Hexadezimalanzeigen bei Verwendung proportionaler Schriften in ein chaotisches Durcheinander verwandeln, setzt das Formular die *Font*-Eigenschaft auf die Schrift *GenericMonospace*. Das vom Programm erstellte Menü bietet neben einem Element zum Öffnen einer Datei auch die Möglichkeit, eine andere Schrift mit fester Laufweite zu wählen.

Die Methode *MenuFileOpenOnClick* veranschaulicht die Erstellung und Anzeige eines *OpenFileDialog*-Objekts. Wenn *ShowDialog* den Wert *DialogResult.OK* zurückgibt, speichert das Programm die *FileName*-Eigenschaft in einem Feld namens *strFileName* und stellt anschließend eine neue *Text*-Eigenschaft für das Formular ein. Zu diesem Zweck wird mithilfe der shared Methode *Path.GetFileName* der Dateiname aus dem vollständig angegebenen Pfad- und Dateinamen extrahiert. Die *OnPaint*-Methode ist für das Öffnen der Datei, das Einlesen der Bytes und deren Formatierung zuständig. Hier können Sie das Programm sehen, wie es seinen eigenen Quellcode anzeigt:

Sie werden beim Experimentieren mit HeadDump feststellen, dass bei der ersten Programmausführung im Dialogfeld zum Öffnen einer Datei das Verzeichnis *Eigene Dateien* (My Documents) angezeigt wird. Anschließend können Sie in ein anderes Verzeichnis wechseln. *OpenFileDialog* speichert das gewählte Verzeichnis automatisch in der Windows-Registrierung. Bei der nächsten Ausführung des Programms zeigt das Dialogfeld zum Öffnen die Dateien in dem Verzeichnis an, das Sie zuletzt in dem Programm verwendet haben.

Während Sie durch die Verzeichnisse navigieren, ändert *OpenFileDialog* das aktuelle Verzeichnis der Anwendung. Mit den beiden folgenden Eigenschaften können Sie ein Anfangsverzeichnis einstellen, das bei jedem Öffnen des Dialogfelds angezeigt wird, oder das Programm anweisen, das beim Schließen des Dialogfelds angezeigte Verzeichnis wieder einzustellen.

FileDialog-Eigenschaften (Auswahl)

Eigenschaft	Typ	Zugriff
InitialDirectory	String	Get/Set
RestoreDirectory	Boolean	Get/Set

Die meisten Benutzer wählen Verzeichnisse und Dateien zwar durch Auswahl aus den jeweiligen Listen aus, es ist aber genauso gut möglich, einen Verzeichnis- oder Dateinamen manuell einzugeben. Die beiden folgenden Eigenschaften sind standardmäßig auf *True* gesetzt, das Dialogfeld prüft also vor dem Schließen selbst auf gültige Pfad- und Dateinamen:

FileDialog-Eigenschaften (Auswahl)

Eigenschaft	Typ	Zugriff
CheckPathExists	*Boolean*	Get/Set
CheckFileExists	*Boolean*	Get/Set

Wenn Sie den Benutzern gestatten möchten, in diesem Dialogfeld neue Dateien zu erstellen, setzen Sie *CheckFileExists* auf *False*.

Mit den beiden nächsten Eigenschaften können Sie ein Kontrollkästchen mit der Bezeichnung *Schreibgeschützt öffnen* aktivieren und ermitteln, ob es vom Benutzer markiert wurde:

OpenFileDialog-Eigenschaften (Auswahl)

Eigenschaft	Typ	Zugriff
ShowReadOnly	*Boolean*	Get/Set
ReadOnlyChecked	*Boolean*	Get/Set

Wenn Sie dieses Kontrollkästchen aktivieren und der Benutzer es markiert hat, werden keine an der Datei vorgenommenen Änderungen gespeichert.

Nun komme ich zu einigen Eigenschaften, die das vertrackte Thema der Dateitypen und Dateinamenerweiterungen betreffen. Sie haben es sicher bemerkt: Das *OpenFileDialog*-Objekt im Programm HeadDump enthält ein Kombinationsfeld namens *Dateityp*, das leer ist:

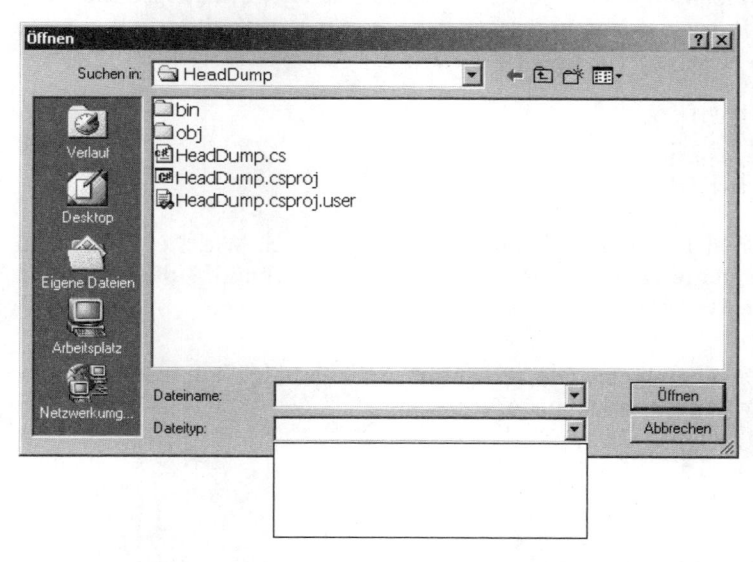

In diesem Fall ist das weiter kein Problem, da dieses Programm alle Dateitypen öffnen kann. Bei den meisten Programmen ist es jedoch sinnvoll, im Dialogfeld *Öffnen* nur bestimmte Dateitypen anzuzeigen. Zu diesem Zweck verwenden Sie eine Textzeichenfolge, einen so genannten *Filter*. Für das Programm HeadDump z.B. würde sich folgender Filter anbieten:

```
"Alle Dateien (*.*)|*.*"
```

Oder dieser:

```
"Alle Dateien|*.*"
```

Die Zeichenfolge vor dem senkrechten Strich wird im Kombinationsfeld *Dateityp* angezeigt. Die Zeichenfolge nach dem Strich gibt die Dateitypen an, die im Dialogfeld angezeigt werden sollen. Im vorliegenden Fall sind dies alle Dateien.

Es bleibt Ihnen überlassen, ob der Text vor dem Strich auch die Angabe der Dateitypen enthält. Mit diesem Teil werden nicht die Dateien zur Anzeige im Dialogfeld festgelegt, es handelt sich nur um den Text, den der Benutzer sieht.

Würden Sie einen Klon des Windows-Editors schreiben (was wir in Kapitel 18 übrigens tatsächlich tun), sollte der Filter folgendermaßen definiert werden:

```
"Textdateien (*.txt)|*.txt|" &
"Alle Dateien|*.*"
```

In diesem Fall enthält das Kombinationsfeld *Dateityp* zwei Zeilen. Bei Auswahl des ersten Eintrags werden nur Dateien mit der Erweiterung *.txt* angezeigt, die Auswahl der zweiten Zeile führt zur Anzeige aller Dateien. Ich habe aus Gründen der Übersichtlichkeit die Zeichenfolge in zwei Zeilen geschrieben und diese mit einem Verkettungssymbol (&) verknüpft; in Wirklichkeit handelt es sich jedoch um eine einzige lange Zeichenfolge, deren einzelne Bestandteile durch senkrechte Striche voneinander getrennt sind:

```
"Textdateien (*.txt)|*.txt|Alle Dateien|*.*"
```

Die Zahl der Bestandteile dieser Zeichenfolge ist immer doppelt so hoch wie die Anzahl der Zeilen im Kombinationsfeld.

Wenn Sie ein Programm schreiben, in dem viele verschiedene Bilddateiformate geöffnet werden können, könnte der Filter z.B. so aussehen:

```
"Alle Bilddateien|*.bmp;*.gif;*.jpeg;*.jpg;*.jfif;*.png;*.tif;*.tiff|" & _
"Windows Bitmap (*.bmp)|*.bmp|" & _
"Graphics Interchange Format (*.gif)|*.gif|" & _
"JPEG File Interchange Format (*.jpg)|*.jpg;*.jpeg;*.jfif|" & _
"Portable Network Graphics (*.png)|*.png|" & _
"Tag Image File Format (*.tif)|*.tif;*.tiff|" & _
"Alle Dateien (*.*)|*.*"
```

Das so definierte Kombinationsfeld *Dateityp* bestünde aus sieben Zeilen. Wie Sie sehen, sind einige dieser Dateiformate mit mehreren Dateinamenerweiterungen verknüpft, die durch ein Semikolon getrennt sind. Bei der Auswahl des Eintrags

```
JPEG File Interchange Format (*.jpg)
```

werden alle Dateien mit den Erweiterungen *.jpg*, *.jpeg* und *.jfif* angezeigt. Für den Benutzer könnte der Eintrag in der Zeile folgendermaßen aussehen:

```
JPEG File Interchange Format
```

oder

```
JPEG/JFIF
```

oder

```
JPEG File Interchange Format (*.jpg, *.jpeg, *.jfif)
```

Es bleibt Ihnen überlassen, das für die Benutzer Ihres Programms Passende auszuwählen.

Mit den folgenden beiden Eigenschaften können Sie den Filter für das Kombinationsfeld angeben und bestimmen, an wievielter Stelle der Liste der Filter angezeigt werden soll.

FileDialog-Eigenschaften (Auswahl)

Eigenschaft	Typ	Zugriff
Filter	*String*	Get/Set
FilterIndex	*Integer*	Get/Set

Nach Rückgabe der Steuerung durch die *ShowDialog*-Methode gibt die Eigenschaft *FilterIndex* den Index der Zeile an, die im Kombinationsfeld ausgewählt wurde. Die Zeilennummern beginnen mit 1.

Das folgende Programm implementiert einen *OpenFileDialog* mit einem Filter, mit dem jeder Dateityp angegeben werden kann, der von der shared Methode *Image.FromFile* unterstützt wird.

ImageOpen.vb
```
Imports System
Imports System.Drawing
Imports System.IO
Imports System.Windows.Forms
Class ImageOpen
    Inherits Form
    Protected strProgName As String
    Protected strFileName As String
    Protected img As Image
    Shared Sub Main()
        Application.Run(New ImageOpen())
    End Sub
    Sub New()
        strProgName = "Image Open"
        Text = strProgName
        ResizeRedraw = True
        Menu = New MainMenu()
        Menu.MenuItems.Add("&File")
        Menu.MenuItems(0).MenuItems.Add(New MenuItem("&Open...", _
                            AddressOf MenuFileOpenOnClick, _
                            Shortcut.CtrlO))
    End Sub
    Sub MenuFileOpenOnClick(ByVal obj As Object, ByVal ea As EventArgs)
        Dim dlg As New OpenFileDialog()
        dlg.Filter = "All Image Files|*.bmp;*.ico;*.gif;*.jpeg;*.jpg;" & _
                    "*.jfif;*.png;*.tif;*.tiff;*.wmf;*.emf|" & _
                    "Windows Bitmap (*.bmp)|*.bmp|" & _
                    "Windows Icon (*.ico)|*.ico|" & _
                    "Graphics Interchange Format (*.gif)|*.gif|" & _
                    "JPEG File Interchange Format (*.jpg)|" & "*.jpg;*.jpeg;*.jfif|" & _
                    "Portable Network Graphics (*.png)|*.png|" & _
                    "Tag Image File Format (*.tif)|*.tif;*.tiff|" & _
                    "Windows Metafile (*.wmf)|*.wmf|" & _
                    "Enhanced Metafile (*.emf)|*.emf|" & _
                    "All Files (*.*)|*.*"
```

```
        If dlg.ShowDialog() = DialogResult.OK Then
            Try
                img = Image.FromFile(dlg.FileName)
            Catch exc As Exception
                MessageBox.Show(exc.Message, strProgName)
                Return
            End Try
            strFileName = dlg.FileName
            Text = strProgName & " - " & Path.GetFileName(strFileName)
            Invalidate()
        End If
    End Sub
    Protected Overrides Sub OnPaint(ByVal pea As PaintEventArgs)
        Dim grfx As Graphics = pea.Graphics
        If Not img Is Nothing Then
            grfx.DrawImage(img, 0, 0)
        End If
    End Sub
End Class
```

Dieses Programm ist ähnlich aufgebaut wie das Programm HeadDump, lädt jedoch das Bild unmittelbar nach der Rückkehr aus der *ShowDialog*-Methode. Das Dialogfeld prüft zwar, ob die Datei vorhanden ist, dennoch kann ein Benutzer theoretisch eine vorhandene Datei auswählen, bei der es sich nicht um eine Bilddatei handelt. Sollte dies der Fall sein (oder die gewählte Datei in irgendeiner Form beschädigt sein), löst *Image.FromFile* eine Ausnahme aus und das Programm zeigt ein entsprechendes Meldungsfeld an. Zur Anzeige des geladenen Bilds verwendet die *OnPaint*-Methode einfach *DrawImage*.

Das Dialogfeld zum Speichern von Dateien

Ist Ihnen schon aufgefallen, dass wir kurz davor sind, ein Programm zu schreiben, das mithilfe der Standarddialogfelder zum Öffnen und Speichern von Dateien verschiedene Bitmapdateiformate konvertieren kann? So etwas ist zwar ein bisschen knifflig, und meine Implementierung ist auch nicht optimal gelungen – aber das ist es, was ich mir für den Rest des Kapitels vorgenommen habe.

Die Klasse *SaveFileDialog* hat gegenüber den in *FileDialog* definierten Eigenschaften zwei weitere:

SaveFileDialog-Eigenschaften

Eigenschaft	Typ	Zugriff	Standardwert
CreatePrompt	Boolean	Get/Set	False
OverwritePrompt	Boolean	Get/Set	True

Diese beiden Eigenschaften beeinflussen, welche Meldungsfelder angezeigt werden können, während das *SaveFileDialog*-Dialogfeld zu sehen ist. Wenn Sie die Eigenschaft *CreatePrompt* auf *True* setzen und der Benutzer einen nicht vorhandenen Dateinamen eingibt, zeigt das Dialogfeld ein Meldungsfeld an, in dem der Benutzer gefragt wird, ob die Datei erstellt werden soll. Wenn Sie für *OverwritePrompt* den Standardwert *True* übernehmen, wird ein Meldungsfeld angezeigt, mit dem der Benutzer bestätigen kann, ob eine ausgewählte, vorhandene Datei geöffnet werden soll.

In einem Dialogfeld zum Speichern von Dokumenten werden häufig ein möglicher Dateiname und oft auch eine Standarddateinamenerweiterung vorgeschlagen. Der Windows-Editor gibt beispielsweise als Dateinamen *.*txt* an.

Bei einem Programm, das verschiedene Bildformate anzeigen kann, empfiehlt sich jedoch die Anzeige eines Dateinamens *ohne* Erweiterung. Bei dem Dateinamen handelt es sich um den Namen der geladenen Datei. Die Dateierweiterung dagegen sollte dem Format entsprechen, in dem der Benutzer die Datei speichern möchte, und diese ist beim Öffnen des Dialogfelds noch nicht bekannt.

Sie können die Anzeige der Erweiterung mit folgendem Verfahren steuern. Noch bevor das Dialogfeld geöffnet wird, setzen Sie zunächst die *FileName*-Eigenschaft des *SaveFileDialog*-Objekts auf den Namen der geöffneten Datei ohne Erweiterung. (Sie können die Dateierweiterung mithilfe der shared Methode *Path.GetFileNameWithoutExtension* aus dem Dateinamen entfernen.) Anschließend setzen Sie die folgende Eigenschaft auf *True*, um festzulegen, dass das Dialogfeld der ausgewählten Datei selbst eine Erweiterung hinzufügt:

FileDialog-Eigenschaften (Auswahl)

Eigenschaft	Typ	Zugriff	Standardwert
AddExtension	Boolean	Get/Set	False

SaveFileDialog fügt die Dateierweiterung zum Dateinamen hinzu, die sich in der Filterzeile, die der Benutzer im Kombinationsfeld *Dateityp* (*Save As Type*) ausgewählt hat, an erster Stelle befindet.

Das folgende Programm stellt eine mögliche Implementierung dar. Die Klasse *ImageIO* überschreibt die Klasse *ImageOpen* und fügt zum Menü ein *Save As*-Element hinzu.

```vb
ImageIO.vb
Imports System
Imports System.Drawing
Imports System.Drawing.Imaging
Imports System.IO
Imports System.Windows.Forms
Class ImageIO
    Inherits ImageOpen

    Private miSaveAs As MenuItem

    Shared Shadows Sub Main()
        Application.Run(New ImageIO())
    End Sub

    Sub New()
        strProgName = "Image I/O"
        Text = strProgName

        AddHandler Menu.MenuItems(0).Popup, AddressOf MenuFileOnPopup
        miSaveAs = New MenuItem("Save &As...")
        AddHandler miSaveAs.Click, AddressOf MenuFileSaveAsOnClick
        Menu.MenuItems(0).MenuItems.Add(miSaveAs)
    End Sub
```

```
Sub MeruFileOnPopup(ByVal obj As Object, ByVal ea As EventArgs)
    miSaveAs.Enabled = Not img Is Nothing
End Sub
Sub MenuFileSaveAsOnClick(ByVal obj As Object, ByVal ea As EventArgs)
    Dim savedlg As New SaveFileDialog()
    savedlg.InitialDirectory = Path.GetDirectoryName(strFileName)
    savedlg.FileName = Path.GetFileNameWithoutExtension(strFileName)
    savedlg.AddExtension = True
    savedlg.Filter = "Windows Bitmap (*.bmp)|*.bmp|" & _
                     "Graphics Interchange Format (*.gif)|*.gif|" & _
                     "JPEG File Interchange Format (*.jpg)|" & "*.jpg;*.jpeg;*.jfif|" & _
                     "Portable Network Graphics (*.png)|*.png|" & _
                     "Tagged Imaged File Format (*.tif)|*.tif;*.tiff"
    Dim aif() As ImageFormat = {ImageFormat.Bmp, ImageFormat.Gif, _
                                ImageFormat.Jpeg, ImageFormat.Png, _
                                ImageFormat.Tiff}
    If savedlg.ShowDialog() = DialogResult.OK Then
        Try
            img.Save(savedlg.FileName, aif(savedlg.FilterIndex - 1))
        Catch exc As Exception
            MessageBox.Show(exc.Message, Text)
            Return
        End Try
        strFileName = savedlg.FileName
        Text = strProgName & " - " & Path.GetFileName(strFileName)
    End If
End Sub
End Class
```

Beachten Sie, dass der Filter für das *SaveFileDialog*-Objekt keine Zeile enthält, mit der alle Dateien oder alle Bilddateien angezeigt werden können, und dass nur diejenigen Formate angegeben sind, die mit der *Save*-Methode der *Image*-Klasse gespeichert werden können. Der Benutzer soll den Dateinamen (ohne Erweiterung) übernehmen und das Format mithilfe des Kombinationsfelds *Dateityp* (*Save As Type*) auswählen. Wenn der Benutzer beispielsweise den Eintrag *JPEG File Interchange Format* wählt, wird im Dialogfeld die Dateierweiterung *.jpg* an den Dateinamen angehängt.

Wie ich bereits in Kapitel 11 erwähnte, verwendet jedoch die *Save*-Methode der *Image*-Klasse *nicht* die Dateierweiterung zum Festlegen des Formats, in dem die Datei gespeichert wird. Aus diesem Grund definiert das Programm noch ein Array mit *ImageFormat*-Werten, die den aufgelisteten Bildtypen entsprechen. In der *Save*-Methode greift die *FilterIndex*-Eigenschaft auf den passenden *ImageFormat*-Wert zu. (Bedenken Sie, dass *FilterIndex*-Werte bei 1 beginnen, nicht bei 0.)

Ich habe zu Beginn dieses Abschnitts bereits gesagt, dass diese Implementierung nicht ganz optimal ist. Ich glaube nämlich, dass erfahrene Benutzer wegen der fehlenden Dateierweiterung irritiert sein werden, weil nicht ganz klar ist, ob das Programm eine Erweiterung anhängt oder nicht. Glücklicherweise fügt das Dialogfeld dann keine Erweiterung an, wenn der Benutzer bereits eine eingegeben hat.

Was ist nun der beste Weg? Ich bevorzuge ein Dialogfeld, in dem der Dateiname *mit* Erweiterung angezeigt wird, die sich ändert, wenn der Benutzer im Kombinationsfeld eine andere Filterzeile wählt. Wenn Sie mit der Win32-API programmieren, haben Sie Zugriff auf die verschiedenen Steuerelemente der Standarddialogfelder und können solche netten Tricks durchführen. In der Windows Forms-Schnittstelle dagegen können Sie auf diese Steuerelemente nicht zugreifen.

Ein anderer Ansatz zur Implementierung von Formatkonvertierungen besteht darin, dass der Benutzer ein Fomat auswählen muss, noch bevor das Dialogfeld zum Speichern von Dateien überhaupt angezeigt wird. Zu diesem Zweck erstellen Sie ein Untermenü des Menüs *Speichern Unter,* in dem die verschiedenen Dateiformate aufgeführt werden: *Windows Bitmap, Graphics Interchange Format, JPEG,* usw. Jedes dieser Elemente ruft ein *SaveFileDialog*-Objekt mit einem Filter mit nur einer einzigen Zeile für den jeweiligen Dateityp auf.

17 Pinsel und Stifte

646	Füllen mit Volltonfarben
647	Schraffurpinsel
655	Der Ausgabeursprung
658	Texturpinsel
662	Lineare Verläufe
671	Pfadverläufe
675	Nebeneinander anordnen
681	Stifte als Pinsel
684	Linien aus Strichen und Punkten
687	Linienenden und -verbindungen

Stifte und Pinsel sind ein fundamentaler Bestandteil des Windows Forms-Grafiksystems. Stifte werden zum Zeichnen von Geraden und Kurven verwendet, mit Pinseln können Sie von Geraden oder Kurven umschlossene Flächen füllen und Text zeichnen. Ohne zumindest über Grundkenntnisse der Stifte und Pinsel zu verfügen, können Sie in Windows Forms nicht allzu viel machen. Wenn Sie nicht wissen, was ein Pinsel ist, können Sie nicht einmal Text anzeigen.

Darüber hinaus handelt es sich bei einem Pinsel um ein Objekt, das in Windows Forms alle Bereiche betrifft, denn Sie können Pinsel basierend auf Pfaden und Bitmaps erstellen, beides eher fortgeschrittene Grafikthemen. Und noch etwas: Pinsel umfassen schon so ziemlich alles, was wir bisher über Windows Forms-Grafik erfahren haben, Stifte leisten noch etwas mehr, da sie auf Pinseln basieren können.

Dies ist die Klassenhierarchie der Klassen, die ich in diesem Kapitel besprechen möchte:

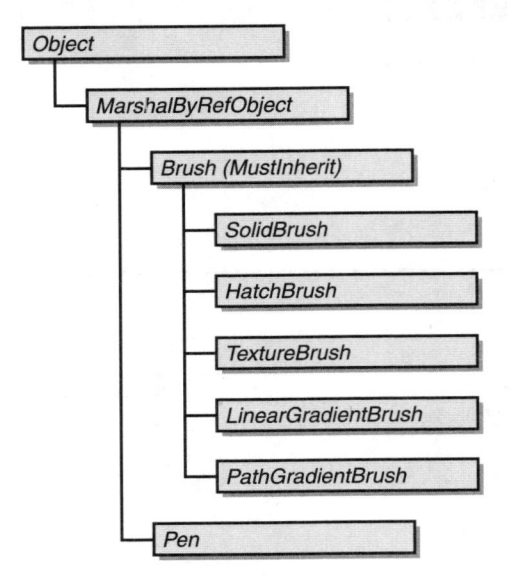

```
Object
  └─ MarshalByRefObject
       └─ Brush (MustInherit)
            ├─ SolidBrush
            ├─ HatchBrush
            ├─ TextureBrush
            ├─ LinearGradientBrush
            └─ PathGradientBrush
       └─ Pen
```

Sowohl *Brush* als auch *Pen* sind im Namespace *System.Drawing* definiert, *Brush* ist allerdings eine abstrakte Klasse (*MustInherit*), die nicht instanziiert werden kann. Von den fünf aus *Brush* abgeleiteten Klassen sind *SolidBrush* und *TextureBrush* im Namespace *System.Drawing* definiert, *HatchBrush*, *LinearGradientBrush* und *PathGradientBrush* in *System.Drawing.Drawing2D*.

Da die fünf nicht abstrakten Pinselklassen von *Brush* abgeleitet sind, bietet es sich manchmal an, eine Instanz dieser Klassen in einer Variablen vom Typ *Brush* zu speichern:

```
Dim br As Brush = New SolidBrush(ForeColor)
```

Die von *Brush* abgeleiteten Klassen definieren eigene Eigenschaften mit Lese-/Schreibzugriff; da ist das Abfragen und Einstellen einfacher, wenn Sie das Objekt in einer Variablen des objekteigenen Typs speichern.

Füllen mit Volltonfarben

Bei *SolidBrush* handelt es sich um die bei weitem einfachste aus *Brush* abgeleitete Klasse. Sie verfügt nur über einen einzigen Konstruktor, den wir bereits seit Kapitel 3 verwenden:

SolidBrush-Konstruktor

```
SolidBrush(ByVal clr As Color)
```

Und die Klasse besitzt auch nur eine einzige Eigenschaft:

SolidBrush-Eigenschaft

Eigenschaft	Typ	Zugriff
Color	Color	Get/Set

Wenn Sie einen einfarbigen Pinsel benötigen, empfiehlt sich in vielen Fällen der Einsatz der Klasse *Brushes*, die über 141 shared, schreibgeschützte Eigenschaften verfügt, von denen jede ein *Brush*-Objekt zurückgibt, das auf einer der Standardfarben basiert.

Schraffurpinsel

Ein Schraffurpinsel (hatch brush) füllt einen Bereich mit einem sich wiederholenden Muster, das meist aus horizontalen, vertikalen oder diagonalen Linien besteht. Auf den ersten Blick erscheint der Schraffurpinsel wie einer dieser ersten pittoresken Gehversuche im Bereich Computergrafik, die noch einmal die längst vergessenen Zeiten schwarzweißer Balkengrafiken, Tortendiagramme und anderer Standardgeschäftsdiagramme heraufbeschwören.

Mit dem Einzug von Farbe haben Schraffuren zwar erheblich an Bedeutung verloren, bei der Grafikausgabe jedoch können sie noch immer eine Rolle spielen. Viele Benutzer (meine Wenigkeit eingeschlossen) ziehen einen Schwarzweiß-Laserdrucker einem Farb-Tintenstrahldrucker vor. Wenn Sie beispielsweise Farbfotografien auf einem Schwarzweißdrucker ausgeben, werden die unterschiedlichen Farben mit meist zufrieden stellendem Ergebnis in Graustufen umgewandelt. Aber manchmal werden Farben zur Darstellung von Daten verwendet, beispielsweise zur Kennzeichnung der Bevölkerungsdichte auf einer Karte. Diese Art Farbgrafiken lassen sich nur sehr unbefriedigend in Graustufen darstellen. Durch den Einsatz von Schraffuren können die verschiedenen Bereiche auf einer solchen Karte besser unterschieden werden.

In Windows Forms basieren Schraffurpinsel auf schwarzweißen, 8 × 8 Pixel großen Bitmaps. Die folgende Abbildung zeigt eine Bitmap für ein Ziegelsteinmuster:

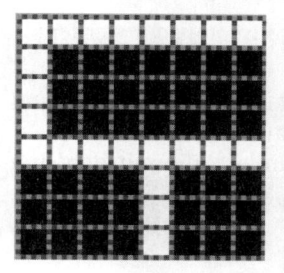

Sie meinen, dieses Muster sieht aber gar nicht aus wie ein Ziegelstein? Und wenn es horizontal und vertikal wiederholt wird? Sehen Sie selbst:

Pinsel und Stifte

Die Klasse *HatchBrush* ist im Namespace *System.Drawing.Drawing2D* definiert und besitzt nur zwei Konstruktoren:

HatchBrush-Konstruktoren

```
HatchBrush(ByVal hs As HatchStyle, ByVal clrForeground As Color)
HatchBrush(ByVal hs As HatchStyle, ByVal clrForeground As Color, ByVal clrBackground As Color)
```

Die für Schraffuren verwendeten Bitmaps sind zwar einfarbig, Sie können jedoch angeben, dass für die 0- und 1-Werte der Bitmaps zwei beliebige andere Farben hergenommen werden. Bei den einfacheren Schraffuren mit Linienmustern wird die Vordergrundfarbe für die Linien und die Hintergrundfarbe für die Zwischenräume zwischen den Linien benutzt.

Passen Sie jedoch auf: Wenn Sie den Konstruktor zum ersten Mal einsetzen, werden Sie als Vordergrundfarbe wahrscheinlich Schwarz wählen:

```
New HatchBrush(hs, Color.Black)     ' Funktioniert nicht richtig!
```

Oder möglicherweise so:

```
New HatchBrush(hs, ForeColor)       ' Funktioniert wahrscheinlich auch nicht!
```

Das Problem hierbei ist, dass die *Hintergrundfarbe* für Schraffurpinsel standardmäßig bereits Schwarz ist. Deshalb sollten Sie, um den größten Farbkontrast zu erhalten, als Vordergrundfarbe Weiß wählen:

```
New HatchBrush(hs, Color.White)     ' Richtig!
```

Äquivalent dazu, nur expliziter ausgedrückt:

```
New HatchBrush(hs, Color.White, Color.Black)    ' Richtig!
```

Bei vielen Schraffuren können Vorder- und Hintergrundfarbe problemlos ausgetauscht werden:

```
New HatchBrush(hs, Color.Black, Color.White)    ' Geht auch.
```

Beim Ziegelsteinmuster führt das Tauschen der Farben allerdings dazu, dass die Ziegel weiß und der Mörtel schwarz angezeigt wird, und das sieht ein bisschen eigenartig aus.

Ein *HatchBrush*-Objekt wird mit drei Eigenschaften vollständig definiert, die mit den drei Argumenten des zweiten Konstruktors übereinstimmen:

HatchBrush-Eigenschaften

Eigenschaft	Typ	Zugriff
HatchStyle	*HatchStyle*	Get
ForegroundColor	*Color*	Get
BackgroundColor	*Color*	Get

Die Eigenschaft *HatchStyle* ist ein Member der Enumeration *HatchStyle*. Windows Forms-GDI+ unterscheidet sich von Windows-GDI bei der Implementierung der Schraffurpinsel hauptsächlich durch die riesige Anzahl von Schraffurstilen. GDI verfügt über 6 Schraffurstile (horizontal, vertikal, zwei diagonale und zwei gekreuzte), GDI+ besitzt 53.

Die Enumeration *HatchStyle* verfügt über Member für alle 53 Stile (in der Dokumentation sind zwar 54 zu finden, *Cross* und *LargeGrid* sind jedoch identisch). Sie besitzt jedoch auch zwei Member, die *Min* und *Max* heißen. Unerklärlicherweise ist aber *HatchStyle.Max* auf den Wert 4 und nicht auf 52 gesetzt worden (was logisch gewesen wäre). Sollte dies jemals geändert werden, könnten mithilfe dieser Enumeration wiederverwendbare Routinen geschrieben werden, die dem Benutzer alle verfügbaren Schraffurstile anzeigen. Bis es so weit ist, enthalten die beiden nächsten Programme fest programmierte Werte für den Minimal- und den Maximalwert von *HatchStyle*.

Das folgende Programm gibt für jeden Schraffurstil ein 32 × 32 Pixel großes Rechteck aus.

HatchBrushArray.vb
```
Imports System
Imports System.Drawing
Imports System.Drawing.Drawing2D
Imports System.Windows.Forms
Class HatchBrushArray
    Inherits PrintableForm
    Const iSize As Integer = 32
    Const iMargin As Integer = 8

    ' Minimal- und Maximalwerte für HatchStyle.
    Const hsMin As HatchStyle = CType(0, HatchStyle)
    Const hsMax As HatchStyle = CType(52, HatchStyle)
    Shared Shadows Sub Main()
        Application.Run(New HatchBrushArray())
    End Sub
    Sub New()
        Text = "Hatch Brush Array"
        ClientSize = New Size(8 * iSize + 9 * iMargin, 7 * iSize + 8 * iMargin)
    End Sub
    Protected Overrides Sub DoPage(ByVal grfx As Graphics, _
            ByVal clr As Color, ByVal cx As Integer, ByVal cy As Integer)
        Dim hbr As HatchBrush
        Dim hs As HatchStyle
        Dim x, y As Integer

        For hs = hsMin To hsMax
            hbr = New HatchBrush(hs, Color.White, Color.Black)
            y = hs \ 8
            x = hs Mod 8
            grfx.FillRectangle(hbr, iMargin + x * (iMargin + iSize), _
                                iMargin + y * (iMargin + iSize), iSize, iSize)
        Next hs
    End Sub
End Class
```

So wird das Ganze auf dem Bildschirm ausgegeben:

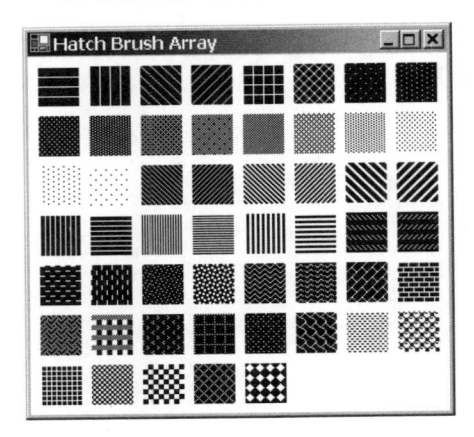

Da die Rechtecke 32 × 32 Pixel groß sind, zeigt jedes Rechteck den 8 × 8 Pixel großen Schraffurpinsel 16 mal – 4 mal waagrecht multipliziert mit 4 mal senkrecht.

Durch Klicken auf den Clientbereich können Sie die Schraffurmuster auch ausdrucken. Die Druckausgabe kann auf verschiedenen Druckern ganz unterschiedlich ausfallen. Auf meinem Laserdrucker z.B. wird jedes der 8 × 8 Pixel großen Schraffurmuster mit einer Größe von 1/15 Zoll im Quadrat ausgegeben. Die Standardseitentransformation des Druckers lässt diesen als 100-dpi-Gerät erscheinen, wodurch die 32 × 32 Pixel großen Rechtecke mit einer Größe von 0,32 × 0,32 Zoll ausgedruckt werden. Diese Bemaßung ermöglicht fast 25 Wiederholungen des Musters – 5 horizontale mal 5 vertikale. Wenn ich den Druck auf meinem Faxgerät ausführe, enthält jedes Rechteck dagegen 64 Wiederholungen des Musters.

Transformationen wirken sich auf Schraffurpinsel nicht aus. Wenn Sie in das Programm HatchBrushArray eine benutzerdefinierte Seiten- oder Welttransformation einfügen, werden Sie feststellen, dass sie zwar wie erwartet Position und Größe des Rechtecks, nicht jedoch das Aussehen der Schraffur selbst beeinflusst. Die Schraffurlinien werden weder weiter auseinander gezogen noch näher aneinander gerückt und unterliegen keinerlei Rotationen oder Scherungen.

Für ein Zeichenprogramm ist es sicher von Vorteil, wenn der Benutzer eine einfache Möglichkeit zur Auswahl eines Schraffurpinsels erhält. Das folgende Programm packt alle Schraffuren in ein Menü.

HatchBrushMenu.vb
```
Imports System
Imports System.Drawing
Imports System.Drawing.Drawing2D
Imports System.Windows.Forms
Class HatchBrushMenu
    Inherits Form
    Private hsmiChecked As HatchStyleMenuItem
    ' Minimal- und Maximalwerte für HatchStyle.
    Const hsMin As HatchStyle = CType(0, HatchStyle)
    Const hsMax As HatchStyle = CType(52, HatchStyle)

    Shared Sub Main()
        Application.Run(New HatchBrushMenu())
    End Sub
```

```vb
    Sub New()
        Text = "Hatch Brush Menu"
        ResizeRedraw = True

        Menu = New MainMenu()
        Menu.MenuItems.Add("&Hatch-Style")

        Dim hs As HatchStyle
        For hs = hsMin To hsMax
            Dim hsmi As New HatchStyleMenuItem()
            hsmi.HatchStyle = hs
            AddHandler hsmi.Click, AddressOf MenuHatchStyleOnClick
            If hs Mod 8 = 0 Then hsmi.BarBreak = True
            Menu.MenuItems(0).MenuItems.Add(hsmi)
        Next hs
        hsmiChecked = DirectCast(Menu.MenuItems(0).MenuItems(0), HatchStyleMenuItem)
        hsmiChecked.Checked = True
    End Sub
    Sub MenuHatchStyleOnClick(ByVal obj As Object, ByVal ea As EventArgs)
        hsmiChecked.Checked = False
        hsmiChecked = DirectCast(obj, HatchStyleMenuItem)
        hsmiChecked.Checked = True
        Invalidate()
    End Sub
    Protected Overrides Sub OnPaint(ByVal pea As PaintEventArgs)
        Dim grfx As Graphics = pea.Graphics
        Dim hbr As New HatchBrush(hsmiChecked.HatchStyle, Color.White, Color.Black)
        grfx.FillEllipse(hbr, ClientRectangle)
    End Sub
End Class
Class HatchStyleMenuItem
    Inherits MenuItem

    Const cxImage As Integer = 32
    Const cyImage As Integer = 32
    Const iMargin As Integer = 2
    ReadOnly cxCheck, cyCheck As Integer
    Public HatchStyle As HatchStyle

    Sub New()
        OwnerDraw = True
        cxCheck = SystemInformation.MenuCheckSize.Width
        cyCheck = SystemInformation.MenuCheckSize.Height
    End Sub
    Protected Overrides Sub OnMeasureItem(ByVal miea As MeasureItemEventArgs)
        miea.ItemWidth = 2 * cxImage + 3 * iMargin - cxCheck
        miea.ItemHeight = cyImage + 2 * iMargin
    End Sub
    Protected Overrides Sub OnDrawItem(ByVal diea As DrawItemEventArgs)
        diea.DrawBackground()
        If (diea.State And DrawItemState.Checked) <> 0 Then
            ControlPaint.DrawMenuGlyph(diea.Graphics, _
                        diea.Bounds.Location.X + iMargin, _
                        diea.Bounds.Location.Y + iMargin, _
                        cxImage, cyImage, MenuGlyph.Checkmark)
        End If
```

```
            Dim hbr As New HatchBrush(HatchStyle, Color.White, Color.Black)
            diea.Graphics.FillRectangle(hbr, _
                      diea.Bounds.X + 2 * iMargin + cxImage, _
                      diea.Bounds.Y + iMargin, cxImage, cyImage)
        End Sub
End Class
```

Das Programm definiert eine Klasse *HatchStyleMenuItem* als Unterklasse von *MenuItem*, um ein öffentliches *HatchStyle*-Feld bereitzustellen, darüber hinaus implementiert es Unterstützung für vom Besitzer gezeichnete Elemente (*OwnerDraw*). In das Menü wird nach jedem achten Element ein Spaltenwechsel eingefügt. Dadurch ergibt sich ein zwar umfangreiches, aber nicht unhandliches Untermenü, das sich zur Auswahl von Schraffuren recht gut eignet:

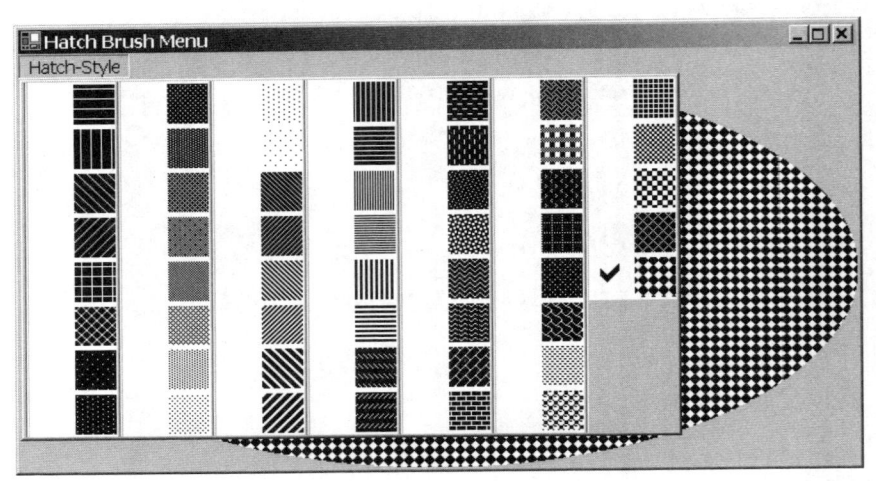

So, nun ist es an der Zeit, uns ein wenig mit den Namen der Schraffurstile zu beschäftigen. Die Bilder in den folgenden Tabellen wurden mit der Standardeinstellung schwarzer Hintergrund und weißer Vordergrund gezeichnet. Jedes Rechteck wiederholt das Muster 16 mal (4 mal horizontal, 4 mal vertikal).

Die folgenden sechs *HatchStyle*-Werte stimmen mit denen in Windows-GDI überein:

HatchStyle-Enumeration (Auswahl)

Member	Wert	Abbildung
Horizontal	0	
Vertical	1	
ForwardDiagonal	2	
BackwardDiagonal	3	
Cross oder *LargeGrid*	4	
DiagonalCross	5	

Die folgenden Stile simulieren Graustufen. Die Namen der Member geben den ungefähren Anteil der Vordergrundfarbe im Muster an:

HatchStyle-Enumeration (Auswahl)

Member	Wert	Abbildung
Percent05	6	
Percent10	7	
Percent20	8	
Percent25	9	
Percent30	10	
Percent40	11	
Percent50	12	
Percent60	13	
Percent70	14	
Percent75	15	
Percent80	16	
Percent90	17	

Es folgen einige Variationen der Standardpinsel für horizontale, vertikale und diagonale Schraffuren:

HatchStyle-Enumeration (Auswahl)

Member	Wert	Abbildung
LightDownwardDiagonal	18	
LightUpwardDiagonal	19	
DarkDownwardDiagonal	20	
DarkUpwardDiagonal	21	
WideDownwardDiagonal	22	
WideUpwardDiagonal	23	
LightVertical	24	
LightHorizontal	25	
NarrowVertical	26	
NarrowHorizontal	27	
DarkVertical	28	
DarkHorizontal	29	
DashedDownwardDiagonal	30	
DashedUpwardDiagonal	31	
DashedHorizontal	32	
DashedVertical	33	

Und zum Schluss noch diverse andere Muster:

HatchStyle-Enumeration (Auswahl)

Member	Wert	Abbildung
SmallConfetti	34	
LargeConfetti	35	
ZigZag	36	
Wave	37	
DiagonalBrick	38	
HorizontalBrick	39	
Weave	40	
Plaid	41	
Divot	42	
DottedGrid	43	
DottedDiamond	44	
Shingle	45	
Trellis	46	
Sphere	47	
SmallGrid	48	
SmallCheckerBoard	49	
LargeCheckerBoard	50	
OutlinedDiamond	51	
SolidDiamond	52	

Der Ausgabeursprung

Bei Schraffuren gibt es eine Sache, die Sie unbedingt wissen müssen und die auch die etwas komplexeren Schraffurpinsel betrifft. Im Grunde ist es ein Bestandteil des Modells, auf dessen Grundlage das Windows Forms-Grafiksystem entwickelt wurde. Sie wissen nicht so recht, wovon ich rede? Schauen wir uns zunächst das folgende Programm an.

OverlappingHatchBrushes.vb
```
Imports System
Imports System.Drawing
Imports System.Drawing.Drawing2D
Imports System.Windows.Forms
Class OverlappingHatchBrushes
    Inherits PrintableForm
    Shared Shadows Sub Main()
        Application.Run(New OverlappingHatchBrushes())
    End Sub
    Sub New()
        Text = "Overlapping Hatch Brushes"
    End Sub
    Protected Overrides Sub DoPage(ByVal grfx As Graphics, _
            ByVal clr As Color, ByVal cx As Integer, ByVal cy As Integer)
        Dim hbr As New HatchBrush(HatchStyle.HorizontalBrick, Color.White)
        Dim i As Integer
        For i = 0 To 9
            grfx.FillRectangle(hbr, i * cx \ 10, i * cy \ 10, cx \ 8, cy \ 8)
        Next i
    End Sub
End Class
```

Dieses Programm zeichnet mit ein und demselben Schraffurpinsel 10 überlappende Rechtecke. Man kann aber keine klare Trennung zwischen den Rechtecken erkennen, da die Schraffuren in den überlappenden Ecken ineinander übergehen.

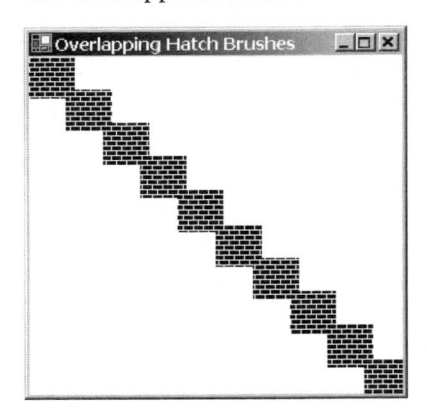

Wenn Sie einen Bereich mit einem Schraffurmuster füllen, wird dieses einfach in horizontaler und vertikaler Richtung wiederholt. Das ist aber noch nicht alles, das Muster muss zuerst an einer bestimmten Pixelposition ausgerichtet sein. Sie haben vielleicht vermutet, dass das Muster an dem gezeichneten Grafikobjekt, beispielsweise an der oberen linken Ecke eines Rechtecks ausgerichtet wird. Dieses Programm zeigt uns allerdings deutlich, dass dem nicht so ist. Die Schraffurbitmap ist vielmehr an der linken oberen Ecke des Zeichenbereichs ausgerichtet. Dabei handelt es sich um die linke obere Ecke des Clientbereichs oder des bedruckbaren Bereichs der Druckseite.

Sie können sich das ungefähr so vorstellen: Mit einem Pinsel wird die gesamte Anzeigeoberfläche überzogen, auf der sich das *Graphics*-Objekt befindet. Wenn Sie mit einem bestimmten Pinsel eine gefüllte Fläche zeichnen, stanzen Sie sozusagen ein Loch oder eine Schablone, wodurch man diese Musteroberfläche sieht.

Sie können die Standardausrichtung von Schraffuren mit einer Eigenschaft der Klasse *Graphics* verändern.

Graphics-Eigenschaften (Auswahl)

Eigenschaft	Typ	Zugriff
RenderingOrigin	Point	Get/Set

Die Eigenschaft *RenderingOrigin* betrifft nur die Anzeige von Schraffurpinseln. (Andere Pinsel handhaben die Änderung der Ausrichtung anders.) Standardwert der Eigenschaft *RenderingOrigin* ist der Punkt (0, 0). Wenn Sie mit Gerätekoordinaten einen neuen Punkt angeben, werden alle folgenden Schraffuren relativ zu diesem Punkt ausgerichtet.

Das nächste Programm zeichnet 10 versetzte Rechtecke, die jeweils unterschiedliche Werte für *RenderingOrigin* verwenden.

```
HatchBrushRenderingOrigin.vb
Imports System
Imports System.Drawing
Imports System.Drawing.Drawing2D
Imports System.Windows.Forms
Class HatchBrushRenderingOrigin
    Inherits PrintableForm
    Shared Shadows Sub Main()
        Application.Run(New HatchBrushRenderingOrigin())
    End Sub
    Sub New()
        Text = "Hatch Brush Rendering Origin"
    End Sub
    Protected Overrides Sub DoPage(ByVal grfx As Graphics, _
            ByVal clr As Color, ByVal cx As Integer, ByVal cy As Integer)
        Dim hbr As New HatchBrush(HatchStyle.HorizontalBrick, Color.White)
        Dim i As Integer
        For i = 0 To 9
            grfx.RenderingOrigin = New Point(i * cx \ 10, i * cy \ 10)
            grfx.FillRectangle(hbr, i * cx \ 10, i * cy \ 10, cx \ 8, cy \ 8)
        Next i
    End Sub
End Class
```

Das Ergebnis zeigt deutlich, dass die Schraffur an der oberen linken Ecke jedes Rechtecks neu beginnt:

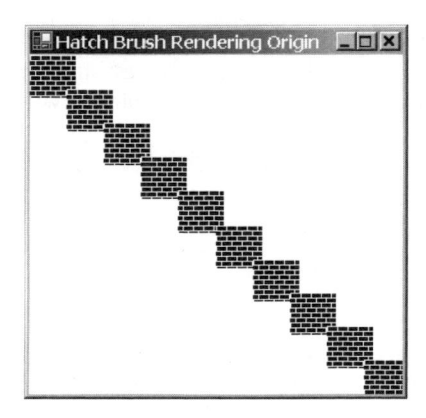

In verschiedenen Situationen kann es ganz nützlich sein, den Ausgabeursprung zu ändern. Wenn Sie Balkengrafiken mithilfe von Schraffurpinseln zeichnen, werden üblicherweise alle Schraffuren an der oberen linken Ecke des Zeichenbereichs ausgerichtet. Selbst wenn Sie für jeden Balken unterschiedliche Muster verwenden, können diese auf höchst irritierende Weise miteinander verschmelzen. In diesem Fall empfiehlt es sich, für jeden Balken als neuen Ausgabeursprung die obere linke Ecke des Balkens festzulegen.

Auch das Gegenteil kann zum Problem werden. Angenommen, Sie würden ein übergeordnetes und ein oder mehrere untergeordnete Fenster mit dem gleichen Schraffurpinsel füllen. Nun möchten Sie, dass das untergeordnete Fenster übergangslos in das übergeordnete übergeht. Die Schraffur des untergeordneten Fensters ist jedoch an der oberen linken Ecke dieses Fensters ausgerichtet. In diesem Fall sollte der Ausgabeursprung auf die obere linke Ecke des übergeordneten Fensters gesetzt werden.

Texturpinsel

Ist in der Liste der Schraffurpinsel keiner dabei, der Ihnen gefällt? Oder benötigen Sie mehr als zwei Farben für das Schraffurmuster? Oder hätten Sie gern einen Pinsel, der Transformationen unterzogen werden kann? Dann wird Sie die Klasse *TextureBrush* sicher brennend interessieren.

Ein Texturpinsel basiert auf einem Objekt vom Typ *Image* oder einem rechteckigen Teil eines *Image*-Objekts, das horizontal und vertikal wiederholt wird.

TextureBrush-Konstruktoren

```
TextureBrush(ByVal img As Image)
TextureBrush(ByVal img As Image, ByVal rectSrc As Rectangle)
TextureBrush(ByVal img As Image, ByVal rectfSrc As RectangleF)
TextureBrush(ByVal img As Image, ByVal wm As WrapMode)
TextureBrush(ByVal img As Image, ByVal wm As WrapMode, ByVal rectSrc As Rectangle)
TextureBrush(ByVal img As Image, ByVal wm As WrapMode, ByVal rectfSrc As RectangleF)
TextureBrush(ByVal img As Image, ByVal rectSrc As Rectangle, ByVal ia As ImageAttributes)
TextureBrush(ByVal img As Image, ByVal rectSrc As RectangleF, ByVal ia As ImageAttributes)
```

Die Enumeration *WrapMode* ist im Namespace *System.Drawing.Drawing2D* definiert:

WrapMode-Enumeration

Member	Wert
Tile	0
TileFlipX	1
TileFlipY	2
TileFlipXY	3
Clamp	4

Wie wir in Kürze sehen werden, legt diese Enumeration fest, auf welche Weise das Bild horizontal und vertikal wiederholt wird. Die beiden Konstruktorversionen, die über ein *ImageAttributes*-Argument verfügen, benötigen kein *WrapMode*-Argument, da bei *ImageAttributes* der Umbruchmodus mithilfe einer eigenen Methode eingestellt wird.

Das folgende Programm erstellt einen Texturpinsel aus einem Teil des Apollo 11-Bilds aus Kapitel 11. Der Umbruchmodus kann über eine Menüoption gewählt werden. Die *OnPaint*-Methode verwendet den Pinsel zur Anzeige von zwei sich überlappenden Ellipsen.

TextureBrushDemo.vb

```vb
Imports System
Imports System.Drawing
Imports System.Drawing.Drawing2D
Imports System.Windows.Forms
Class TextureBrushDemo
    Inherits PrintableForm
    Private miChecked As MenuItem
    Private tbr As TextureBrush
    Shared Shadows Sub Main()
        Application.Run(New TextureBrushDemo())
    End Sub
    Sub New()
        Text = "Texture Brush Demo"
        Dim img As Image = Image.FromFile("..\..\..\Images and Bitmaps\Apollo11FullColor.jpg")
        tbr = New TextureBrush(img, New Rectangle(95, 0, 50, 55))
        Menu = New MainMenu()
        Menu.MenuItems.Add("&Wrap-Mode")
        Dim wm As WrapMode
        For Each wm In System.Enum.GetValues(GetType(WrapMode))
            Dim mi As New MenuItem()
            mi.Text = wm.ToString()
            AddHandler mi.Click, AddressOf MenuWrapModeOnClick
            Menu.MenuItems(0).MenuItems.Add(mi)
        Next wm
        miChecked = Menu.MenuItems(0).MenuItems(0)
        miChecked.Checked = True
    End Sub
    Sub MenuWrapModeOnClick(ByVal obj As Object, ByVal ea As EventArgs)
        miChecked.Checked = False
        miChecked = DirectCast(obj, MenuItem)
```

```
            miChecked.Checked = True
            tbr.WrapMode = CType(miChecked.Index, WrapMode)
            Invalidate()
        End Sub
        Protected Overrides Sub DoPage(ByVal grfx As Graphics, _
                ByVal clr As Color, ByVal cx As Integer, ByVal cy As Integer)
            grfx.FillEllipse(tbr, 0, 0, 2 * cx \ 3, 2 * cy \ 3)
            grfx.FillEllipse(tbr, cx \ 3, cy \ 3, 2 * cx \ 3, 2 * cy \ 3)
        End Sub
End Class
```

Dieses Programm veranschaulicht auch den Effekt der durchsichtigen Schablone in Windows Forms-Grafiken. So lange die *OnPaint*-Methode den gleichen unveränderten Pinsel verwendet, stimmen die Muster exakt überein:

Der Standardwert für *WrapMode* lautet *Tile* und wiederholt das Bild in horizontaler wie in vertikaler Richtung. Wenn Sie *WrapMode* über das Menü in *TileFlipX* ändern, werden die Bilder in jeder zweiten Spalte vertikal gespiegelt:

TileFlipY spiegelt die Bilder in jeder zweiten Reihe horizontal. Die Option *TileFlipXY* kombiniert beide Effekte.

Die Option *Clamp* führt zur durchgreifendsten Veränderung des Bilds. Der Pinsel gibt das Bild nur ein einziges Mal in der oberen linken Ecke des Clientbereichs aus. Der Rest des Pinsels ist transparent. Sie sehen den unteren rechten Teil des Einzelbilds in der Ellipse:

Wie ich bereits erwähnte, haben Seiten- und Welttransformationen auf Schraffurpinsel keine Wirkung. Auf Texturpinsel wirken sich Transformationen jedoch aus.

Angenommen, Sie ändern die *DoPage*-Methode des Programms TextureBrushDemo so, dass keine Ellipse angezeigt wird, sondern ein Rechteck, in das genau 9 Wiederholungen des 50 × 55 Pixel großen Bilds hineinpassen:

```
grfx.FillRectangle(tbr, 0, 0, 150, 165)
```

Egal, welche Seiten- oder Welttransformationen Sie nun angeben, und unabhängig von Skalierung, Scherung oder Rotation – das Parallelogramm (denn ein solches kommt im Allgemeinen dabei heraus) ist immer mit exakt neun Exemplaren des Musters gefüllt, die entsprechend skaliert, geschert oder rotiert werden.

Ich habe ebenfalls darauf hingewiesen, dass die Eigenschaft *RenderingOrigin* des *Graphics*-Objekts sich nur auf das *HatchBrush*-Objekt auswirkt. Die Klasse *TextureBrush* besitzt eine Eigenschaft, die Ihnen eine ähnliche Operation ermöglicht – sowie einige weitere. Nachfolgend sehen Sie eine vollständige Liste der *TextureBrush*-Eigenschaften:

TextureBrush-Eigenschaften

Eigenschaft	Typ	Zugriff
Image	*Image*	Get
WrapMode	*WrapMode*	Get/Set
Transform	*Matrix*	Get/Set

Ganz recht, bei der dritten Eigenschaft handelt es sich um eine Matrixtransformation, die sich auf den Pinsel selbst auswirkt. Wenn Sie z.B. zur *DoPage*-Methode des Programms TextureBrushDemo die Anweisung

```
tbr.Transform = New Matrix(2, 0, 0, 2, 0, 0)
```

hinzufügen, werden die Ellipsen (bzw. das Rechteck, oder welches Objekt auch immer in der Methode gezeichnet wird) in der gleichen Größe und an der gleichen Position angezeigt, die sich wiederholenden Bilder aber, aus denen das Muster besteht, werden doppelt so groß angezeigt: 100 × 110 Pixel. Sie können das Muster nach Belieben scheren oder rotieren. Die Klasse *Texture-*

Brush enthält auch die Methoden *TranslateTransform, ScaleTransform, RotateTransform, MultiplyTransform* und *ResetTransform*, die den gleichnamigen Methoden der Klasse *Graphics* sehr ähnlich sind. (Hierbei handelt es sich um die einzigen Methoden in *TextureBrush*, die nicht auch in *Brush* vorhanden sind.) Mithilfe der Verschiebung (translation) können Sie einen anderen Ausgabeursprung simulieren.

Genau wie die gleichnamigen Methoden der Klasse *Graphics* sind die verschiedenen Transformationsmethoden der Klasse *TextureBrush* kumulativ. Wenn Sie z.B. die Anweisung

```
tbr.RotateTransform(45)
```

in die *DoPage*-Methode einfügen, wird das Muster bei jedem Aufruf von *DoPage* um weitere 45 Grad rotiert. Um unvorhersehbare Ergebnisse zu vermeiden, sollten Sie vor jedem *RotateTransform*-Aufruf *ResetTransform* aufrufen. Oder noch besser: Bringen Sie den *RotateTransform*-Aufruf im Programmkonstruktor unter. Sie erhalten folgende Ausgabe:

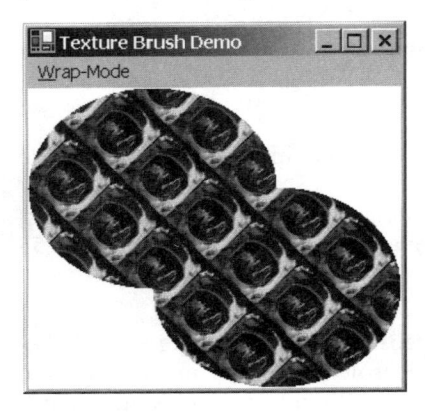

Die *Transform*-Eigenschaft der Klasse *TextureBrush* wirkt sich nur auf Größe und Ausrichtung des Pinselmusters aus, nicht auf Objekte, die Sie mit diesem Pinsel zeichnen. Die *Transform*-Eigenschaft der *Graphics*-Klasse hingegen verändert Größe und Ausrichtung des Texturpinselmusters *und* sämtlicher gezeichneter Objekte. Wenn Sie beide Eigenschaften einsetzen, zeigt das Muster die Auswirkungen der zusammengesetzten Transformation.

Lineare Verläufe

Die beiden verbleibenden Pinselklassen heißen *LinearGradientBrush* und *PathGradientBrush*. Das Wort *Gradient* bezeichnet hierbei einen Übergang zwischen Farben, einen so genannten *Verlauf*. Bei *LinearGradientBrush* wird ein Übergang zwischen zwei Farben vollzogen. Auf den ersten Blick erscheint es schwierig, einen Übergang von einer Farbe zu einer anderen zu definieren. Das ist vermutlich auch der Grund, warum es so viele verschiedene Möglichkeiten gibt, einen solchen Pinsel zu erstellen.

Ein Verlauf zwischen zwei Farben kann als ein Paar paralleler Linien definiert werden. Jede Linie stellt eine reine Farbe dar. Zwischen den beiden Linien gehen die Farben ineinander über. Nachfolgend sehen Sie ein Beispiel mit der Farbe *Color.LightGray* und einer zweiten namens *Color.DarkGray*:

Farbe 1

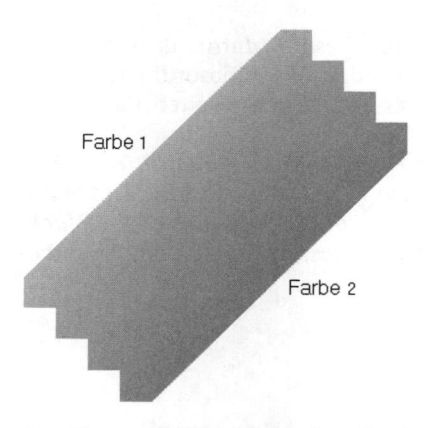

Farbe 2

Der lineare Verlaufspinsel stellt also einen unendlich langen Streifen dar, der zwei parallele Ränder aus den beiden Farben aufweist.

Zur Definition eines solchen Pinsels ist es nicht erforderlich, zwei parallele Linien anzugeben, es reichen auch zwei Punkte. Die beiden parallelen Grenzlinien verlaufen dann im rechten Winkel zu der Geraden, die die beiden Punkte verbindet:

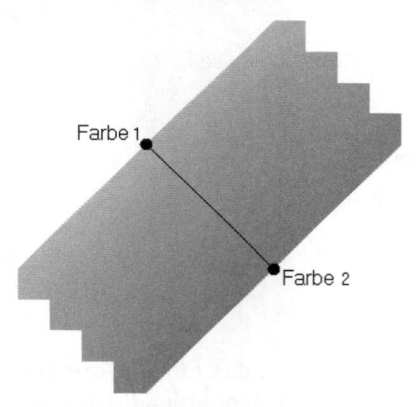

Farbe 1

Farbe 2

Beachten Sie, dass es eine unendliche Anzahl von Punktepaaren gibt, die zum gleichen linearen Verlauf führen. Ich werde die Verbindungsgerade zwischen den beiden Punkten als *Verlaufslinie* bezeichnen. Mit dem Begriff *Mischlinie* werde ich die Linie bezeichnen, die im rechten Winkel zur Verlaufslinie und parallel zu den beiden Grenzlinien genau in der Mitte zwischen ihnen verläuft.

Die Klasse *LinearGradientBrush* besitzt acht Konstruktoren. Bei zwei dieser Konstruktoren können Sie zwei Punkte und zwei Farben angeben:

LinearGradientBrush-Konstruktoren (Auswahl)

```
LinearGradientBrush(ByVal pt1 As Point, ByVal pt2 As Point,
             ByVal clr1 As Color, ByVal clr2 As Color)
LinearGradientBrush(ByVal ptf1 As PointF, ByVal ptf2 As PointF,
             ByVal clr1 As Color, ByVal clr2 As Color)
```

Der einzige Unterschied zwischen diesen beiden Konstruktoren besteht darin, dass der eine *Point-*, der andere *PointF*-Strukturen verwendet. Die Punkte werden in Weltkoordinaten angegeben. Am ersten Punkt (*pt1* oder *ptf1*) wird die Farbe *clr1* verwendet, am zweiten Punkt (*pt2* oder *ptf2*) *clr2*.

Nun wollen wir uns ein Programm anschauen, das in der *DoPage*-Methode ein *LinearGradientBrush*-Objekt erstellt, wobei der erste Punkt als (*cx*\4, *cy*\4) und der zweite als (3*cx\4, 3*cy\4) definiert wird. Bei den beiden Farben handelt es sich um *Color.White* und *Color.Black*. Anschließend füllt das Programm mit diesem Pinsel ein Rechteck, dessen Größe dem Clientbereich entspricht.

TwoPointLinearGradientBrush.vb
```vb
Imports System
Imports System.Drawing
Imports System.Drawing.Drawing2D
Imports System.Windows.Forms
Class TwoPointLinearGradientBrush
    Inherits PrintableForm
    Shared Shadows Sub Main()
        Application.Run(New TwoPointLinearGradientBrush())
    End Sub
    Sub New()
        Text = "Two-Point Linear Gradient Brush"
    End Sub
    Protected Overrides Sub DoPage(ByVal grfx As Graphics, _
            ByVal clr As Color, ByVal cx As Integer, ByVal cy As Integer)
        Dim lgbr As New LinearGradientBrush(New Point(cx \ 4, cy \ 4), _
                                    New Point(3 * cx \ 4, 3 * cy \ 4), _
                                    Color.White, Color.Black)
        grfx.FillRectangle(lgbr, 0, 0, cx, cy)
    End Sub
End Class
```

Ich bin bisher noch nicht darauf eingegangen, was außerhalb des durch das *LinearGradientBrush*-Objekt definierten Streifens passiert. Wie Sie sehen, wird der Pinsel standardmäßig wiederholt nebeneinander angeordnet:

Der breite durchgehende Streifen von links unten nach rechts oben wird durch die beiden Pinselkoordinaten definiert. Er wird auf jeder Seite (in diesem Fall im oberen linken und unteren rechten Teil des Clientbereichs) wiederholt. Dieses Verhalten wird durch die *WrapMode*-Eigenschaft des Pinsels gesteuert. *WrapMode.Tile* ist der Standardwert und führt zum gleichen Ergebnis wie *WrapMode.TileFlipY:* der Pinsel wird ungespiegelt wiederholt (wie oben gesehen).

WrapMode.TileFlipX ist das gleiche wie *WrapMode.TileFlipXY* und spiegelt den Pinsel, sodass ein gleichmäßiger Verlauf entsteht:

WrapMode.Clamp kann bei linearen Verläufen nicht eingesetzt werden.

Ich möchte es noch einmal betonen: Jede *Fill*-Methode, die Sie mit einem bestimmten Pinsel aufrufen, stellt nichts weiter als ein Fenster dar, durch das Sie den Pinsel sehen können. Bei Verwendung von Textur- oder Verlaufspinseln scheint das Aussehen des Füllbereichs bis zu einem gewissen Grad davon abzuhängen, *wo* der Bereich gezeichnet wird. Wenn Sie mit dem im Programm TwoPointLinearGradientBrush definierten Pinsel ein kleines Rechteck zeichnen, sieht dieses vermutlich kaum nach einem Verlauf aus.

In vielen Fällen definieren Sie einen bestimmten linearen Verlaufspinsel in Abhängigkeit von den Koordinaten des zu füllenden Objekts. Wenn Sie beispielsweise ein Rechteck mit einem linearen Verlauf füllen möchten, sollten Sie den Pinsel mit den gleichen Koordinaten definieren wie das Rechteck. In solchen Fällen ist es ganz praktisch, für *LinearGradientBrush* die folgenden Konstruktoren einzusetzen, die über ein *Rectangle*-Argument verfügen:

LinearGradientBrush-Konstruktoren (Auswahl)

```
LinearGradientBrush(ByVal rect As Rectangle, ByVal clr1 As Color, ByVal clr2 As Color,
                    ByVal lgm As LinearGradientMode)
LinearGradientBrush(ByVal rectf As RectangleF, ByVal clr1 As Color, ByVal clr2 As Color,
                    ByVal lgm As LinearGradientMode)
```

Die Enumeration *LinearGradientMode* definiert, wie die Verlaufslinie von den Seiten oder Ecken des Rechtecks aus gebildet wird:

LinearGradientMode-Enumeration

Member	Wert	Beschreibung
Horizontal	0	Horizontale Verlaufslinie, *clr1* links, *clr2* rechts
Vertical	1	Vertikale Verlaufslinie, *clr1* oben, *clr2* unten
ForwardDiagonal	2	Mischlinie geht durch die obere rechte und untere linke Ecke; *clr1* oben links, *clr2* unten rechts
BackwardDiagonal	3	Mischlinie geht durch die obere linke und untere rechte Ecke; *clr1* oben rechts, *clr2* unten links

Beachten Sie, dass bei den beiden letzten Enumerationswerten zwei entgegengesetzte Ecken nicht die Verlaufslinie, sondern die Mischlinie definieren. Obwohl sich in den anderen beiden Ecken reine Farben befinden und die Grenzlinien durch diese beiden Ecken gehen, definieren die beiden Ecken *nicht* die Verlaufslinie, es sei denn, es handelt sich um ein Quadrat. Wir wollen uns das Ganze mal etwas genauer ansehen.

Das folgende Programm definiert einen linearen Verlauf basierend auf einem Rechteck, das halb so hoch und halb so breit ist wie der Anzeigebereich und sich in dessen Mitte befindet. Sie können das Argument *LinearGradientMode* des Konstruktors mithilfe des Menüs einstellen. Nachdem der Anzeigebereich mit dem Pinsel gefüllt ist, zeichnet die *DoPage*-Methode auch das Rechteck, das zum Erstellen des Pinsels verwendet wurde.

RectangleLinearGradientBrush.vb

```
Imports System
Imports System.Drawing
Imports System.Drawing.Drawing2D
Imports System.Windows.Forms
Class RectangleLinearGradientBrush
    Inherits PrintableForm
    Private miChecked As MenuItem
    Shared Shadows Sub Main()
        Application.Run(New RectangleLinearGradientBrush())
    End Sub
    Sub New()
        Text = "Rectangle Linear-Gradient Brush"
        Menu = New MainMenu()
        Menu.MenuItems.Add("&Gradient-Mode")

        Dim gm As LinearGradientMode
        For Each gm In System.Enum.GetValues(GetType(LinearGradientMode))
            Dim mi As New MenuItem()
            mi.Text = gm.ToString()
            AddHandler mi.Click, AddressOf MenuGradientModeOnClick
            Menu.MenuItems(0).MenuItems.Add(mi)
        Next gm
        miChecked = Menu.MenuItems(0).MenuItems(0)
        miChecked.Checked = True
    End Sub
    Sub MenuGradientModeOnClick(ByVal obj As Object, ByVal ea As EventArgs)
        miChecked.Checked = False
        miChecked = DirectCast(obj, MenuItem)
        miChecked.Checked = True
```

```
            Invalidate()
        End Sub
        Protected Overrides Sub DoPage(ByVal grfx As Graphics, _
                ByVal clr As Color, ByVal cx As Integer, ByVal cy As Integer)
            Dim rectBrush As New Rectangle(cx \ 4, cy \ 4, cx \ 2, cy \ 2)
            Dim lgbr As New LinearGradientBrush(rectBrush, Color.White, Color.Black, _
                                    CType(miChecked.Index, LinearGradientMode))
            grfx.FillRectangle(lgbr, 0, 0, cx, cy)
            grfx.DrawRectangle(Pens.Black, rectBrush)
        End Sub
End Class
```

Wenn Sie über das Menü die Option *LinearGradientMode.ForwardDiagonal* ausgewählt und das Fenster ein wenig aufgezogen haben, sieht das Ganze so aus:

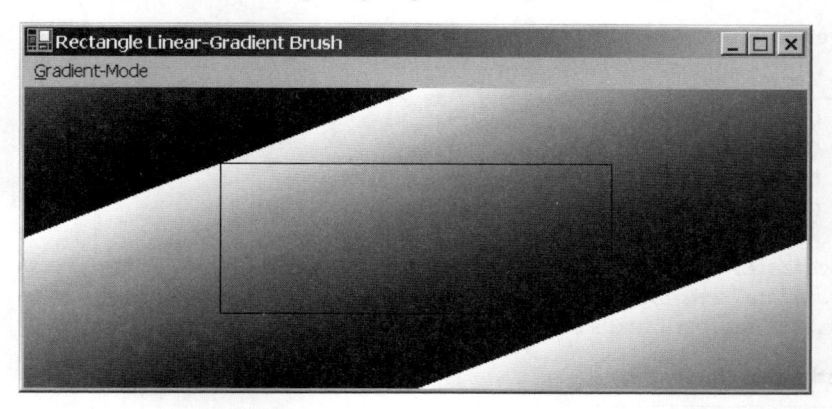

Die obere linke Ecke des Pinselrechtecks ist in der ersten Farbe gezeichnet, die untere rechte in der zweiten. Dennoch ist es offensichtlich, dass es sich bei der Linie von der oberen linken zur unteren rechten Ecke nicht um die Verlaufslinie handelt, da diese immer im rechten Winkel zu den Grenzlinien steht. Stattdessen verläuft die Mischlinie (parallel zu und genau in der Mitte zwischen den Grenzlinien) durch die obere rechte und untere linke Ecke des Rechtecks.

Bei den letzten vier Konstruktoren von *LinearGradientBrush* können Sie ein Rechteck und einen Winkel angeben:

LinearGradientBrush-Konstruktoren (Auswahl)

```
LinearGradientBrush(ByVal rect As Rectangle, ByVal clr1 As Color, ByVal clr2 As Color,
                ByVal fAngle As Single)
LinearGradientBrush(ByVal rect As Rectangle, ByVal clr1 As Color, ByVal clr2 As Color,
                ByVal fAngle As Single, ByVal bScale As Boolean)
LinearGradientBrush(ByVal rectf As RectangleF, ByVal clr1 As Color, ByVal clr2 As Color,
                ByVal fAngle As Single)
LinearGradientBrush(ByVal rectf As RectangleF, ByVal clr1 As Color, ByVal clr2 As Color,
                ByVal fAngle As Single, ByVal bScale As Boolean)
```

Wenn *fAngle* den Wert 0 hat, ergibt sich der gleiche Effekt wie bei *LinearGradientMode.Horizontal:* Die Verlaufslinie verläuft horizontal von der linken zur rechten Seite des Rechtecks.

Bei der Erhöhung der *fAngle*-Werte wird die Verlaufslinie um die entsprechende Gradzahl im Uhrzeigersinn rotiert. Die obere linke Ecke des Rechtecks enthält die erste Farbe, die untere rechte die zweite. Wenn der Wert für *fAngle* 90 Grad lautet, ergibt sich der gleiche Effekt wie bei *LinearGradientMode.Vertical:* Die Verlaufslinie verläuft senkrecht von oben nach unten. Bei weiterer Erhöhung des Werts über 90 Grad hinaus wird die Verlaufslinie im Uhrzeigersinn weiter rotiert. Nun hat aber die obere rechte Ecke des Rechtecks die erste Farbe, die untere linke die zweite.

Das optionale Argument *bScale* legt fest, ob der Rotationswinkel durch eine mit dem Pinsel verknüpfte Transformation skaliert wird.

Über die Eigenschaften *WrapMode* und *Transform* von *LinearGradientBrush* haben wir bereits gesprochen. Die folgende Tabelle mit vier Eigenschaften enthält auch das Rechteck, das durch den Konstruktor festgelegt (oder implizit vorausgesetzt) wird, sowie ein Array aus den beiden im Pinsel verwendeten Farben:

LinearGradientBrush-Eigenschaften (Auswahl)

Eigenschaft	Typ	Zugriff
Rectangle	*RectangleF*	Get
LinearColors	*Color()*	Get/Set
WrapMode	*WrapMode*	Get/Set
Transform	*Matrix*	Get/Set

Die Klasse *LinearGradientBrush* enthält Entsprechungen der in der Klasse *TextureBrush* definierten Methoden *TranslateTransform, ScaleTransform, RotateTransform, MultiplyTransform* und *ResetTransform* und darüber hinaus diese beiden Methoden:

LinearGradientBrush-Methoden (Auswahl)

```
Sub SetBlendTriangularShape(ByVal fFocus As Single)
Sub SetBlendTriangularShape(ByVal fFocus As Single, ByVal fScale As Single)
Sub SetSigmaBellShape(ByVal fFocus As Single)
Sub SetSigmaBellShape(ByVal fFocus As Single, ByVal fScale As Single)
```

Normalerweise geht die Verlaufsrichtung von der ersten zur zweiten Farbe. Diese beiden Methoden ändern den Verlauf so ab, dass die Verlaufsrichtung zunächst von der ersten zur zweiten Farbe und wieder zurück zur ersten verläuft. Beide Argumente (die ich gleich näher erläutern werde) können Werte zwischen 0 und 1 aufweisen.

Schauen wir's uns an. So wird das unveränderte Programm RectangleLinearGradientBrush mit dem Standardwert *Horizontal* für das Argument *LinearGradientMode* ausgegeben:

Der Verlauf ist an der linken Seite des Rechtecks weiß und geht an der rechten Seite in schwarz über. Mit der folgenden Anweisung:

```
lgbr.SetBlendTriangularShape(0.33)
```

direkt nach der Pinselerstellung sieht die Ausgabe so aus

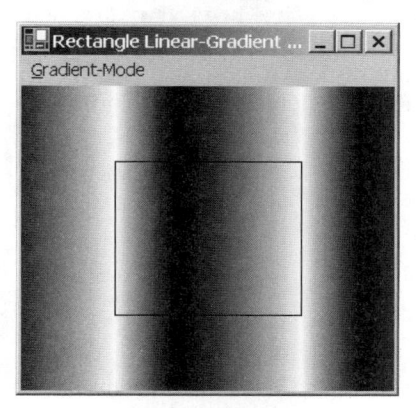

Der Verlauf beginnt an der linken Seite bei weiß, geht in schwarz über und wird an der rechten Seite wieder weiß. Der Wert *0.33* für das Argument *fFocus* gibt an, dass Schwarz die volle Farbsättigung ungefähr bei 1/3 der Strecke zwischen den beiden Seiten erreicht.

Mit dem Aufruf

`lgbr.SetSigmaBellShape(0.33)`

sieht das Fenster so aus:

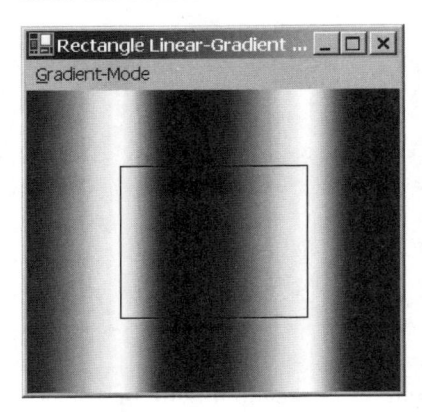

Der Übergang verläuft hierbei eher glockenförmig, wobei auch hier wieder das tiefste Schwarz bei etwa 1/3 der Entfernung zwischen den beiden Rechteckseiten liegt.

In beiden Methoden gibt das Argument *fScale* an, bis zu welchem Grad der Verlauf in die zweite Farbe übergeht. Der Standardwert lautet 1. Darunter liegende Werte bewirken, dass beim Farbübergang die zweite Farbe nicht ihren vollen Wert erreicht. Bei einem *fScale*-Wert von 0 besteht der Pinsel nur aus der ersten Farbe, es findet kein Verlauf statt.

Zur besseren Steuerung der Verlaufsfarben stehen Ihnen die folgenden drei Eigenschaften zur Verfügung:

LinearGradientBrush-Eigenschaften (Auswahl)

Eigenschaft	Typ	Zugriff
Blend	*Blend*	Get/Set
InterpolationColors	*ColorBlend*	Get/Set
GammaCorrection	*Boolean*	Get/Set

Blend und *ColorBlend* sind ziemlich einfache Klassen. Beide verfügen über zwei Eigenschaften mit Lese-/Schreibzugriff, bei denen es sich um gleich große Arrays handelt. Die beiden *Blend*-Eigenschaften sind *Single*-Arrays mit den Namen *Positions* und *Factors,* die die Faktoren (von 0 bis 1) angeben, mit denen die beiden Farben an den entsprechenden Positionen (im Bereich von 0 bis 1) entlang dem Verlauf skaliert werden. Bei den beiden *ColorBlend*-Eigenschaften handelt es sich um Arrays mit den Namen *Positions* und *Colors,* die die Farben an relativen Positionen entlang der Verlaufslinie bestimmen.

Pfadverläufe

Der letzte Pinseltyp heißt *PathGradientBrush*. Sie definieren im Konstruktor ein Polygon (das, wie Sie ja wissen, einfach aus einem Punktearray besteht) und den Pinsel für den Innenbereich des Polygons. Alternativ dazu können Sie auch einfach ein *GraphicsPath*-Objekt verwenden:

PathGradientBrush-Konstruktoren

```
PathGradientBrush(ByVal apt() As Point)
PathGradientBrush(ByVal aptf() As PointF)
PathGradientBrush(ByVal apt() As Point, ByVal wm As WrapMode)
PathGradientBrush(ByVal aptf() As PointF, ByVal wm As WrapMode)
PathGradientBrush(ByVal path As GraphicsPath)
```

Dann gehen wir doch gleich in medias res, geben im *PathGradientBrush*-Konstruktor ein Dreieck an und schauen einfach, was passiert.

TriangleGradientBrush.vb

```vb
Imports System
Imports System.Drawing
Imports System.Drawing.Drawing2D
Imports System.Windows.Forms
Class TriangleGradientBrush
    Inherits PrintableForm

    Shared Shadows Sub Main()
        Application.Run(New TriangleGradientBrush())
    End Sub

    Sub New()
        Text = "Triangle Gradient Brush"
    End Sub

    Protected Overrides Sub DoPage(ByVal grfx As Graphics, _
            ByVal clr As Color, ByVal cx As Integer, ByVal cy As Integer)
        Dim apt() As Point = {New Point(cx, 0), _
                              New Point(cx, cy), _
                              New Point(0, cy)}
        Dim pgbr As New PathGradientBrush(apt)
        grfx.FillRectangle(pgbr, 0, 0, cx, cy)
    End Sub
End Class
```

Dieses Programm scheint nicht allzu viel zu tun. Es wird ein Array aus drei Punkten definiert (der oberen rechten, unteren rechten und unteren linken Ecke des Anzeigebereichs) und aus diesen Punkten ein *PathGradientBrush*-Objekt erstellt.

Das Ergebnis ist allerdings ziemlich beeindruckend:

Hier wurde offensichtlich ein Standardverhalten intelligent definiert!

Sie haben es ja bemerkt: Obwohl ich den gesamten Clientbereich mit diesem Pinsel gefüllt habe, sieht der Ergebnisverlauf doch aus wie ein Dreieck. Das liegt daran, dass ich den Pinsel mithilfe eines Dreiecks definiert habe. Außerhalb dieses Dreiecks ist der Pinsel transparent. Was immer sich auch vor dem *FillRectangle*-Aufruf im Anzeigebereich befunden haben mag, bleibt davon unberührt.

In der verallgemeinerten *PathGradientBrush*-Klasse laufen Verläufe zwischen allen Punktpaaren entlang den Polygonseiten sowie von den Seiten des Polygons zur Mitte hin. Die Position des Mittelpunkts und die Farben werden durch folgende drei Eigenschaften definiert:

PathGradientBrush-Eigenschaften (Auswahl)

Eigenschaft	Typ	Zugriff
CenterPoint	*PointF*	Get/Set
CenterColor	*Color*	Get/Set
SurroundColors	*Color()*	Get/Set

Die Eigenschaft *CenterPoint* ist zu Beginn auf den Mittelpunkt des durch die Punkte gebildeten Polygons eingestellt. Er kann bei Polygonen mit einer konkaven Form auch außerhalb des Polygons liegen. Die Eigenschaft *CenterColor* ist anfänglich auf *Color.Black* gesetzt, die Eigenschaft *SurroundColors* wird als Array initialisiert, bei dem ein Element den Wert *Color.White* hat. Sie können *SurroundColors* auf ein Array beliebiger Größe einstellen, allerdings darf die Anzahl der Elemente nicht die Anzahl der Punkte überschreiten, die Sie zur Erstellung des Pinsels verwendet haben.

Wenn Sie z.B. die folgende Zeile

```
pgbr.SurroundColors = New Color() {Color.Red, Color.Green, Color.Blue}
```

direkt vor dem Aufruf von *FillRectangle* in das Programm einfügen, erhalten Sie einen roten Punkt (*cx*, 0), einen grünen Punkt (*cx*, *cy*) und einen blauen Punkt (0, *cy*). Versuchen Sie es mal!

Das folgende Programm erstellt einen fünfzackigen Stern. Die Mittelpunktfarbe wird auf Weiß, die Umgebungsfarbe auf Schwarz gestellt.

StarGradientBrush.vb

```vb
Imports System
Imports System.Drawing
Imports System.Drawing.Drawing2D
Imports System.Windows.Forms
Class StarGradientBrush
    Inherits PrintableForm

    Shared Shadows Sub Main()
        Application.Run(New StarGradientBrush())
    End Sub

    Sub New()
        Text = "Star Gradient Brush"
    End Sub

    Protected Overrides Sub DoPage(ByVal grfx As Graphics, _
            ByVal clr As Color, ByVal cx As Integer, ByVal cy As Integer)
        Dim apt(4) As Point
        Dim i As Integer

        For i = 0 To apt.GetUpperBound(0)
            Dim rAngle As Double = (i * 0.8 - 0.5) * Math.PI
            apt(i).X = CInt(cx * (0.5 + 0.48 * Math.Cos(rAngle)))
            apt(i).Y = CInt(cy * (0.5 + 0.48 * Math.Sin(rAngle)))
        Next i

        Dim pgbr As New PathGradientBrush(apt)
        pgbr.CenterColor = Color.White
        pgbr.SurroundColors = New Color() {Color.Black}
        grfx.FillRectangle(pgbr, 0, 0, cx, cy)
    End Sub
End Class
```

Man kann fast sehen, wie GDI+ die Verläufe zeichnet, während es die Punkte des Polygons nach und nach durchgeht. Die später erstellten Verläufe überlagern die zuerst gezeichneten, wodurch es wirkt, als würde der Stern sich selbst durchbohren:

Zum Definieren eines *PathGradientBrush*-Objekts kann auch ein Pfad verwendet werden. Das nun folgende Programm überschreibt das Programm Bounce aus Kapitel 11 und stellt eine neue *DrawBall*-Methode bereit.

BouncingGradientBrushBall.vb

```vb
Imports System
Imports System.Drawing
Imports System.Drawing.Drawing2D
Imports System.Windows.Forms
Class BouncingGradientBrushBall
    Inherits Bounce
    Shared Shadows Sub Main()
        Application.Run(New BouncingGradientBrushBall())
    End Sub
    Sub New()
        Text = "Bouncing Gradient Brush Ball"
    End Sub
    Protected Overrides Sub DrawBall(ByVal grfx As Graphics, ByVal rect As Rectangle)
        Dim path As New GraphicsPath()
        path.AddEllipse(rect)

        Dim pgbr As New PathGradientBrush(path)
        pgbr.CenterPoint = New PointF((rect.Left + rect.Right) \ 3, _
                                      (rect.Top + rect.Bottom) \ 3)
        pgbr.CenterColor = Color.White
        pgbr.SurroundColors = New Color() {Color.Red}
        grfx.FillRectangle(pgbr, rect)
    End Sub
End Class
```

Wie Sie sich erinnern, zeichnet die Methode *DrawBall* einen Ball auf einer Bitmap. Die ursprüngliche Version zeichnete einfach unter Verwendung des Methodenarguments *Rectangle* ein rotes *Ellipse*-Objekt. Die neue Version definiert auf der Grundlage dieser Ellipse einen Pfad und erstellt anschließend anhand dieses Pfads ein *PathGradientBrush*-Objekt. Normalerweise würde sich die Verlaufsmitte im Mittelpunkt der Ellipse befinden, aber diese Methode verschiebt die Mitte ein bisschen nach oben links. Die Mittelpunktfarbe wird auf Weiß, die Umgebungsfarbe auf Rot gestellt. Abschließend zeichnet die Methode das Rechteck mit diesem Pinsel. (Außerhalb der Ellipse ist der Pinsel transparent.) Der weiße Punkt simuliert einen Lichtreflex, und so sieht dieser Ball schon etwas realistischer aus.

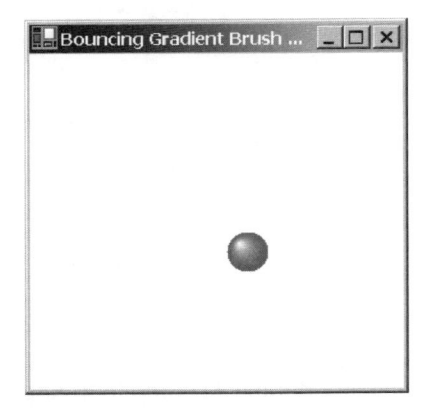

Nebeneinander anordnen

Es folgen zwei weitere nützliche Eigenschaften von *PathGradientBrush*:

PathGradientBrush-Eigenschaften (Auswahl)

Eigenschaft	Typ	Zugriff
Rectangle	RectangleF	Get
WrapMode	WrapMode	Get/Set

Bei *Rectangle* handelt es sich um eine schreibgeschützte Eigenschaft, die während der Pinselerstellung vom Pinsel berechnet wird. Sie definiert das kleinste Rechteck, das das Polygon umschließt. Dieses Rechteck bleibt von der Eigenschaft *CenterPoint* unberührt, der Mittelpunkt des Polygons muss sich also nicht unbedingt innerhalb des Rechtecks befinden.

Bei einem Pfadverlaufspinsel lautet die Eigenschaft *WrapMode* standardmäßig *WrapMode.Clamp*. Sie können die Eigenschaft *WrapMode* auf einen anderen Wert einstellen oder optional auch im Konstruktor einen eigenen Wert angeben. Ich erwähne *WrapMode* im Zusammenhang mit *Rectangle* deshalb, weil die Auswirkungen von *WrapMode* stark vom jeweiligen Rechteck abhängen.

Nun erstellen wir ein weiteres Dreieck mit fester Größe, das sich in der oberen linken Hälfte eines Quadrats befindet. Es wird ein Konstruktor mit zwei Argumenten zur Einstellung des Umbruchmodus verwendet, der über ein Menü ausgewählt werden kann.

TriangleTile.vb
```
Imports System
Imports System.Drawing
Imports System.Drawing.Drawing2D
Imports System.Windows.Forms
Class TriangleTile
    Inherits PrintableForm
    Const iSide As Integer = 50    ' Seitenlänge des Quadrats für Dreieck.
    Private miChecked As MenuItem
    Shared Shadows Sub Main()
        Application.Run(New TriangleTile())
    End Sub
    Sub New()
        Text = "Triangle Tile"
        Menu = New MainMenu()
        Menu.MenuItems.Add("&Wrap-Mode")
        Dim wm As WrapMode
        For Each wm In System.Enum.GetValues(GetType(WrapMode))
            Dim mi As New MenuItem()
            mi.Text = wm.ToString()
            AddHandler mi.Click, AddressOf MenuWrapModeOnClick
            Menu.MenuItems(0).MenuItems.Add(mi)
        Next wm
        miChecked = Menu.MenuItems(0).MenuItems(0)
        miChecked.Checked = True
    End Sub
```

```
    Sub MenuWrapModeOnClick(ByVal obj As Object, ByVal ea As EventArgs)
        miChecked.Checked = False
        miChecked = DirectCast(obj, MenuItem)
        miChecked.Checked = True
        Invalidate()
    End Sub
    Protected Overrides Sub DoPage(ByVal grfx As Graphics, _
            ByVal clr As Color, ByVal cx As Integer, ByVal cy As Integer)
        Dim apt() As Point = {New Point(0, 0), New Point(iSide, 0), _
                              New Point(0, iSide)}
        Dim pgbr As New PathGradientBrush(apt, CType(miChecked.Index, WrapMode))
        grfx.FillRectangle(pgbr, 0, 0, cx, cy)
    End Sub
End Class
```

Ohne das zweite Argument des Konstruktors lautet der Standardwert von *WrapMode Wrap-Mode.Clamp,* d.h., das Polygon wird nicht wiederholt. Da wir aber zu Beginn *WrapMode.Tile* als Umbruchmodus eingestellt haben, wird das Polygon über die gesamte Fläche des Füllbereichs (in diesem Fall das Clientrechteck) horizontal und vertikal wiederholt.

Mit verschiedenen Werten für diesen Modus können Sie selbstverständlich verschiedene Effekte erzielen. Bei Verwendung der Eigenschaft *WrapMode.TileFlipX* wird jedes zweite Polygon vertikal gespiegelt:

Entsprechend spiegelt *WrapMode.TileFlipY* jedes zweite Polygon an der horizontalen Achse:

Die Option *WrapMode.TileFlipXY* kombiniert diese beiden Effekte:

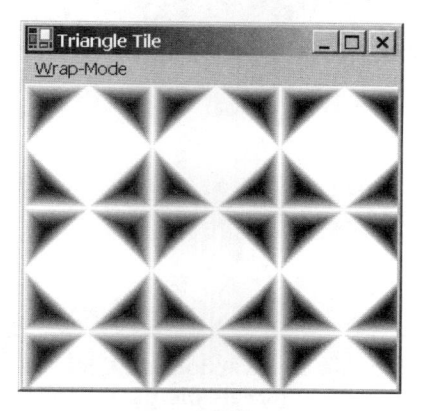

Und das sieht doch schon ganz interessant aus.

Die ungefärbten weißen Bereiche in der letzten Abbildung sind der Hintergrund des Fensters, der durch die transparenten Bereiche des Pinsels zu sehen ist. Da es sich bei dem Pinsel um ein Dreieck handelt, kann damit nicht der gesamte Bereich gefüllt werden. Nur ein Pinsel, der auf einem Rechteck basiert, füllt beim horizontalen und vertikalen Anordnen den ganzen Bereich, wie das folgende Programm veranschaulicht:

SquareTile.vb
```
Imports System
Imports System.Drawing
Imports System.Drawing.Drawing2D
Imports System.Windows.Forms
Class SquareTile
    Inherits PrintableForm
    Const iSide As Integer = 50    ' Seitenlänge des Quadrats.
    Shared Shadows Sub Main()
        Application.Run(New SquareTile())
    End Sub
```

```
    Sub New()
        Text = "Square Tile"
    End Sub
    Protected Overrides Sub DoPage(ByVal grfx As Graphics, _
            ByVal clr As Color, ByVal cx As Integer, ByVal cy As Integer)
        Dim apt() As Point = {New Point(0, 0), New Point(iSide, 0), _
                          New Point(iSide, iSide), New Point(0, iSide)}
        Dim pgbr As New PathGradientBrush(apt, WrapMode.TileFlipXY)
        pgbr.SurroundColors = New Color() {Color.Red, Color.Lime, Color.Blue, Color.White}
        grfx.FillRectangle(pgbr, 0, 0, cx, cy)
    End Sub
End Class
```

Die folgende schwarzweiße Ausgabe wirkt natürlich nicht so gut, aber ich kann Ihnen versichern, in Farbe sieht es ziemlich klasse aus.

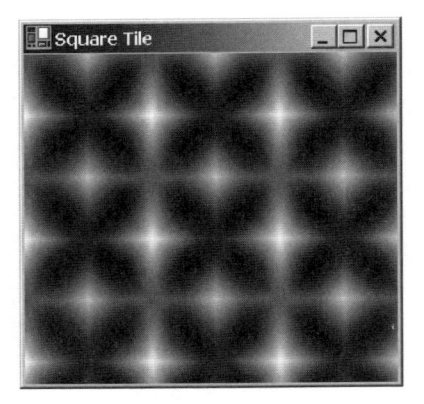

Wenn Sie die Zuweisung von *SurroundColors* entfernen, erhalten Sie eine Version mit Graustufen, die ebenfalls ein interessantes Muster ergibt – zumindest interessanter, als die paar Anweisungen vermuten lassen:

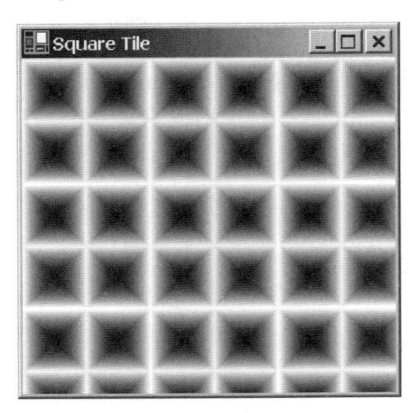

Nur ein rechteckiger Pinsel kann einen Bereich durch wiederholtes Nebeneinanderstellen der Muster vollständig füllen, es ist allerdings auch möglich, den Gesamtbereich mit zwei (oder mehreren) nicht rechteckigen Pinseln zu füllen. Das folgende Programm erstellt zwei ineinander greifende dreieckige Pinsel und füllt den Clientbereich zweimal.

```vb
TwoTriangleTile.vb
Imports System
Imports System.Drawing
Imports System.Drawing.Drawing2D
Imports System.Windows.Forms
Class TwoTriangleTile
    Inherits PrintableForm
    Const iSide As Integer = 50    ' Seitenlänge des Quadrats für Dreieck.
    Shared Shadows Sub Main()
        Application.Run(New TwoTriangleTile())
    End Sub
    Sub New()
        Text = "Two-Triangle Tile"
    End Sub
    Protected Overrides Sub DoPage(ByVal grfx As Graphics, _
            ByVal clr As Color, ByVal cx As Integer, ByVal cy As Integer)
        ' Das Dreieck definieren und den ersten Pinsel erstellen.
        Dim apt() As Point = {New Point(0, 0), New Point(iSide, 0), New Point(0, iSide)}
        Dim pgbr1 As New PathGradientBrush(apt, WrapMode.TileFlipXY)

        ' Ein weiteres Dreieck definieren und den zweiten Pinsel erstellen.
        apt = New Point() {New Point(iSide, 0), New Point(iSide, iSide), New Point(0, iSide)}
        Dim pgbr2 As New PathGradientBrush(apt, WrapMode.TileFlipXY)

        grfx.FillRectangle(pgbr1, 0, 0, cx, cy)
        grfx.FillRectangle(pgbr2, 0, 0, cx, cy)
    End Sub
End Class
```

Beachten Sie, dass das zweite Polygon einfach ein Dreieck in der rechten unteren Ecke des Quadrats erstellt. Durch Kombination der beiden Pinsel wird der gesamte Bereich gefüllt:

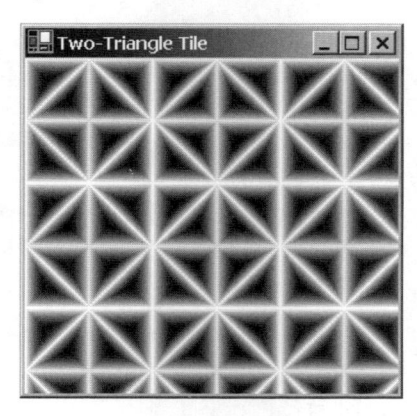

Das Ganze weist starke Ähnlichkeit mit nebeneinander angeordneten Quadraten auf, und so könnte Ihnen die Frage in den Sinn kommen: »Lässt sich dieses Muster nicht auch mit einem *PathGradientBrush*-Pinsel zeichnen?« Die Antwort lautet: »Nein, lässt es sich nicht, weil *PathGradientBrush* nur über einen Mittelpunkt verfügt.« In diesem Muster besitzt jedes Quadrat zwei Mittelpunkte. (Sie könnten den Effekt allerdings mit *TextureBrush* simulieren, denn dabei definieren Sie eine mehrfach nebeneinander angeordnete Bitmap.)

Das Ausprobieren von Pfadverlaufspinseln macht so viel Spaß, dass ich mich kaum bremsen kann. Schauen wir uns also noch einen an, der ein Bienenwabenmuster erzeugt:

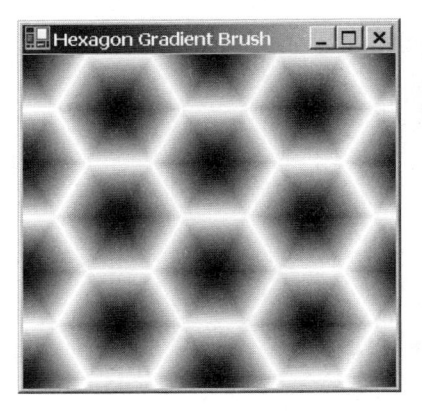

Die schwarzen Mittelpunkte zeigen, dass es sich bei dem Polygon, das wir in diesem *PathGradientBrush*-Objekt verwenden, um ein Sechseck handelt. Es scheint fast so, als sei ein Anordnen nebeneinander hier eigentlich nicht möglich. Wir könnten die Sechsecke zwar untereinander anordnen, dann lassen sie sich aber nicht mehr horizontal wiederholen. Auch hier heißt der Zaubertrick: zwei Pinsel! Ein Pinsel für die Sechsecke in den geraden, der andere für die in den ungeraden Spalten. Beide Pinsel werden vertikal und horizontal nebeneinander angeordnet.

HexagonGradientBrush.vb
```vb
Imports System
Imports System.Drawing
Imports System.Drawing.Drawing2D
Imports System.Windows.Forms
Class HexagonGradientBrush
    Inherits PrintableForm
    Const fSide As Single = 50        ' Seitenlänge (und gleichzeitig Radius) des Sechsecks.
    Shared Shadows Sub Main()
        Application.Run(New HexagonGradientBrush())
    End Sub
    Sub New()
        Text = "Hexagon Gradient Brush"
    End Sub
    Protected Overrides Sub DoPage(ByVal grfx As Graphics, _
            ByVal clr As Color, ByVal cx As Integer, ByVal cy As Integer)
        ' Halbe Höhe des Sechsecks berechnen.
        Dim fHalf As Single = CSng(fSide * Math.Sin(Math.PI / 3))

        ' Sechseck mit zusätzlicher Breite definieren.
        Dim aptf() As PointF = {New PointF(fSide, 0), _
                      New PointF(fSide * 1.5, 0), _
                      New PointF(fSide, 0), _
                      New PointF(fSide / 2, -fHalf), _
                      New PointF(-fSide / 2, -fHalf), _
```

```
                        New PointF(-fSide, 0), _
                        New PointF(-fSide * 1.5, 0), _
                        New PointF(-fSide, 0), _
                        New PointF(-fSide / 2, fHalf), _
                        New PointF(fSide / 2, fHalf)}
        ' Ersten Pinsel erstellen.
        Dim pgbr1 As PathGradientBrush = New PathGradientBrush(aptf, WrapMode.Tile)
        ' Sechseck versetzen und zweiten Pinsel definieren.
        Dim i As Integer
        For i = 0 To aptf.GetUpperBound(0)
            aptf(i).X += fSide * 1.5F
            aptf(i).Y += fHalf
        Next i
        Dim pgbr2 As PathGradientBrush = New PathGradientBrush(aptf, WrapMode.Tile)
        grfx.FillRectangle(pgbr1, 0, 0, cx, cy)
        grfx.FillRectangle(pgbr2, 0, 0, cx, cy)
    End Sub
End Class
```

Stifte als Pinsel

Bisher habe ich nur über Pinsel gesprochen, die Kapitelüberschrift lautet aber »Pinsel und Stifte«. Das hat einen einfachen Grund: Stifte können aus Pinseln erstellt werden. Hier ist eine vollständige Liste der *Pen*-Konstruktoren:

Pen-Konstruktoren

```
Pen(ByVal clr As Color)
Pen(ByVal clr As Color, ByVal fWidth As Single)
Pen(ByVal br As Brush)
Pen(ByVal br As Brush, ByVal fWidth As Single)
```

Die Erstellung eines Stifts aus einem *SolidBrush*-Objekt entspricht der Erstellung eines Stifts aus dem *Color*-Objekt, auf dem das *SolidBrush*-Objekt basiert.

Bei der Arbeit mit Stiften sollten Sie immer den Schabloneneffekt im Hinterkopf behalten, den ich schon öfter erwähnt habe. Wenn Sie mit einem aus einem Pinsel erstellten Stift zeichnen, öffnen Sie sozusagen eine Spalte, durch die der Pinsel zu sehen ist. Dieses Programm erstellt z.B. einen Stift, der auf einem *LinearGradientBrush*-Objekt basiert.

GradientPen.vb

```
Imports System
Imports System.Drawing
Imports System.Drawing.Drawing2D
Imports System.Windows.Forms
Class GradientPen
    Inherits PrintableForm

    Shared Shadows Sub Main()
        Application.Run(New GradientPen())
    End Sub
```

```
    Sub New()
        Text = "Gradient Pen"
    End Sub
    Protected Overrides Sub DoPage(ByVal grfx As Graphics, _
            ByVal clr As Color, ByVal cx As Integer, ByVal cy As Integer)
        Dim lgbr As New LinearGradientBrush(New Rectangle(0, 0, cx, cy), _
                            Color.White, Color.Black, _
                            LinearGradientMode.BackwardDiagonal)
        Dim pn As New Pen(lgbr, Math.Min(cx, cy) \ 25)
        pn.Alignment = PenAlignment.Inset
        grfx.DrawRectangle(pn, 0, 0, cx, cy)
        grfx.DrawLine(pn, 0, 0, cx, cy)
        grfx.DrawLine(pn, 0, cy, cx, 0)
    End Sub
End Class
```

Der Pinsel basiert auf einem Rechteck, das den gesamten Clientbereich umfasst. *LinearGradientMode* ist auf *BackwardDiagonal* eingestellt, d.h., die Mischlinie verläuft von der oberen linken zur unteren rechten Ecke des Rechtecks. Wenn Sie mit einem auf diesem Pinsel basierenden Stift eine Linie ziehen, die mit der Mischlinie zusammenfällt oder parallel zu ihr verläuft, erhält der Stift keinen Verlauf, sondern eine gleich bleibende Farbe.

Zwar werden alle Linien mit dem gleichen Stift gezeichnet, dennoch weisen sie unterschiedliche Verläufe auf. Die Diagonale von der unteren linken zur oberen rechten Ecke verläuft von Schwarz nach Weiß. Die horizontalen und vertikalen Linien verlaufen von Schwarz nach Grau oder von Grau nach Weiß.

Ich habe in diesem Programm einen Stift mit einer Breite von mindestens 1/25 der Breite und Höhe des Anzeigebereichs verwendet. Die folgende Tabelle zeigt einige Eigenschaften der Klasse *Pen*, die die Stiftbreite beeinflussen:

Pen-Eigenschaften (Auswahl)

Eigenschaft	Typ	Zugriff
Width	*Single*	Get/Set
Transform	*Matrix*	Get/Set
Alignment	*PenAlignment*	Get/Set

Die Eigenschaft *Width* wird in Weltkoordinaten angegeben, liegt aber nie unter 1 Pixel. Wenn Sie unbedingt einen 1 Pixel breiten Stift benötigen, geben Sie eine Breite von 0 an.

Neben der *Transform*-Eigenschaft verfügt die Klasse *Pen* über das übliche Aufgebot an Methoden zum Einstellen von Transformationen: *TranslateTransform*, *ScaleTransform*, *RotateTransform*, *MultiplyTransform* und *ResetTransform*. Die Transformationen wirken sich jedoch weder auf Position und Ausrichtung der Linien aus, die Sie mit einem Stift zeichnen, noch auf den Pinsel, auf dem der Stift basiert. Die Transformationen wirken einzig und allein auf die Stiftbreite. Die Transformationsart, die sich bei Stiften am ehesten anbietet, ist das Skalieren. Durch *ScaleTransform* (oder manuelle Einstellung der *Transform*-Eigenschaft) können Sie Stifte erstellen, die über unterschiedliche vertikale und horizontale Breiten verfügen. Nehmen wir einmal an, Sie haben einen Stift mit einer Breite von 10 Einheiten. Wenn Sie

```
pn.ScaleTransform(2, 4)
```

aufrufen, erhält der Stift eine horizontale Breite von 20 und eine vertikale Breite von 40. Horizontale Linien werden also 20 Einheiten breit, vertikale Linien 40 Einheiten breit gezeichnet; die Breite von Diagonalen liegt irgendwo dazwischen. Durch *RotateTransform* wird dieser Effekt rotiert.

Ich habe im Programm GradientPen die *Alignment*-Eigenschaft des Stifts eingestellt. Diese Eigenschaft kann einen der Werte aus der Enumeration *PenAlignment* annehmen, die im Namespace *System.Drawing.Drawing2D* definiert ist:

PenAlignment-Enumeration

Member	Wert
Center	0
Inset	1
Outset	2
Left	3
Right	4

Die Eigenschaft *Alignment* bestimmt, wie breite Stifte beim Zeichnen von Rechtecken oder Ellipsen angezeigt werden. Diese Eigenschaft ist standardmäßig auf *PenAlignment.Center* eingestellt; dadurch wird der breite Stift über den angegebenen Koordinaten zentriert. Im Programm GradientPen würden sich die von *DrawRectangle* gezeichneten Linien zur Hälfte außerhalb des Clientbereichs befinden. Wenn Sie stattdessen *PenAlignment.Inset* angeben, erscheint der Stift vollständig innerhalb des Rechtecks.

Bei den folgenden drei Eigenschaften geht es um das im Stift verwendete *Brush*- oder *Color*-Objekt:

Pen-Eigenschaften (Auswahl)

Eigenschaft	Typ	Zugriff
PenType	*PenType*	Get
Color	*Color*	Get/Set
Brush	*Brush*	Get/Set

Die Enumeration *PenType* ist in *System.Drawing.Drawing2D* definiert:

PenType-Enumeration

Member	Wert
SolidColor	0
HatchFill	1
TextureFill	2
PathGradient	3
LinearGradient	4

Wenn Sie einen Stift mit einer Farbe oder einem *SolidBrush*-Objekt erstellen, ist die *Color*-Eigenschaft des *Pen*-Objekts wirksam, ansonsten die *Brush*-Eigenschaft. Sie können jedoch die Eigenschaften *Color* oder *Brush* eines vorhandenen Stifts ändern und dadurch einen anderen Stifttyp definieren.

Linien aus Strichen und Punkten

Bei Stiften muss es sich nicht unbedingt um durchgehende Linien handeln. Sie können auch aus einzelnen Strichen oder Punkten bestehen. Dieser Stil wird mit der Eigenschaft *DashStyle* angegeben:

Pen-Eigenschaften (Auswahl)

Eigenschaft	Typ	Zugriff
DashStyle	*DashStyle*	Get/Set
DashOffset	*Single*	Get/Set
DashPattern	*Single()*	Get/Set

Die Enumeration *DashStyle* ist in *System.Drawing.Drawing2D* definiert:

DashStyle-Enumeration

Member	Wert
Solid	0
Dash	1
Dot	2
DashDot	3
DashDotDot	4
Custom	5

Das Aussehen der Punkte und Striche hängt von der Stiftbreite und eventuell verwendeten Transformationen ab. Das möchte ich mit dem folgenden Programm veranschaulichen.

PenDashStyles.vb

```vb
Imports System
Imports System.Drawing
Imports System.Drawing.Drawing2D
Imports System.Windows.Forms
Class PenDashStyles
    Inherits PrintableForm
    Private miChecked As MenuItem
    Shared Shadows Sub Main()
        Application.Run(New PenDashStyles())
    End Sub
    Sub New()
        Text = "Pen Dash Styles"

        Menu = New MainMenu()
        Menu.MenuItems.Add("&Width")

        Dim aiWidth() As Integer = {1, 2, 5, 10, 15, 20, 25}
        Dim iWidth As Integer
        For Each iWidth In aiWidth
            Menu.MenuItems(0).MenuItems.Add(iWidth.ToString(), AddressOf MenuWidthOnClick)
        Next iWidth
        miChecked = Menu.MenuItems(0).MenuItems(0)
        miChecked.Checked = True
    End Sub
    Sub MenuWidthOnClick(ByVal obj As Object, ByVal ea As EventArgs)
        miChecked.Checked = False
        miChecked = DirectCast(obj, MenuItem)
        miChecked.Checked = True
        Invalidate()
    End Sub
    Protected Overrides Sub DoPage(ByVal grfx As Graphics, _
            ByVal clr As Color, ByVal cx As Integer, ByVal cy As Integer)
        Dim pn As New Pen(clr)
        pn.Width = Convert.ToInt32(miChecked.Text)
        Dim i As Integer

        For i = 0 To 4
            pn.DashStyle = CType(i, DashStyle)
            Dim y As Integer = (i + 1) * cy \ 6
            grfx.DrawLine(pn, cx \ 8, y, 7 * cx \ 8, y)
        Next i
    End Sub
End Class
```

Dieses Programm baut ein Menü auf, in dem Sie Breiten im Bereich von 1 bis 25 auswählen können. Anschließend zeigt es mit fünf Linien die ersten fünf *Dash*-Stile an, die gleichmäßig über den Clientbereich verteilt sind. Das Ganze sieht ein bisschen aus wie Morsezeichen (hier angezeigt mit einer Stiftbreite von 25):

Im nächsten Abschnitt zeige ich, wie Sie das Aussehen der Striche und Punkte beeinflussen.

Wenn Sie eine gestrichelte oder gepunktete Polylinie zeichnen möchten, sollten Sie *DrawLines* oder einen Pfad einsetzen. Mehrere Aufrufe von *DrawLine* sind nicht zu empfehlen, da das Strichmuster mit jeder Linie neu beginnt.

Über die Eigenschaft *DashOffset* können Sie steuern, wie der erste Strich einer Zeile gezeichnet wird. Diese Eigenschaft gibt an, um welchen Wert der Strichstil am Beginn des Strich- und Punktmusters versetzt wird. Der Versatz wird in Punktschritten angegeben (nicht die typografische Einheit, sondern die Größe der zu zeichnenden Punkte!) und richtet sich nicht nach der Stiftbreite. Wenn Sie z.B. die Zeile

```
pen.DashOffset = 1
```

in das Programm PenDashStyles einfügen, wird der erste Punkt des Musters nicht gezeichnet. Das sieht dann so aus:

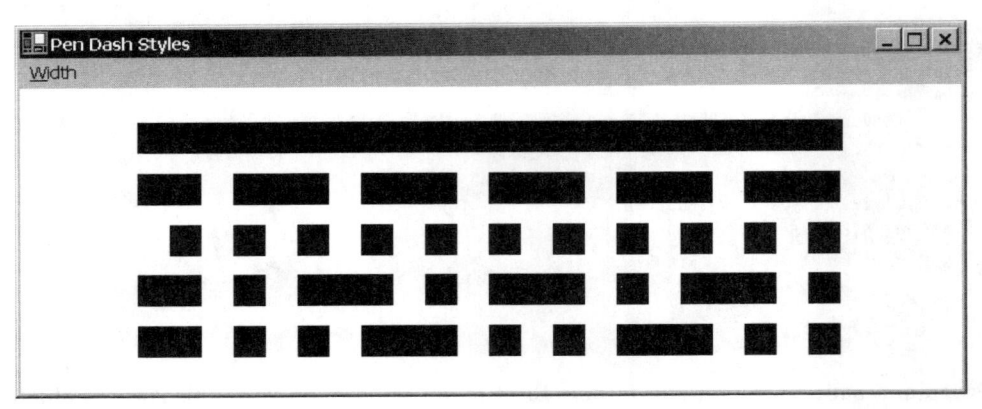

Da der Wert *DashOffset* vom Typ *Single* ist, kann er auch Werte annehmen, die keine Ganzzahlen sind. Wenn die Stile *DashDot* oder *DashDotDot* in den unteren beiden Linien nicht mit Strichen, sondern mit Punkten beginnen sollen, verwenden Sie für *DashOffset* den Wert 4:

```
pn.DashOffset = 4
```

Mithilfe der Eigenschaft *DashPattern* können Sie auch selbst Punkt- und Strichmuster erstellen. Das Array aus *Single*-Werten gibt abwechselnd die Längen der Striche und Leerräume an. Die Werte werden in der Größe der Punkte angegeben. Hier ein Beispiel:

```
pn.DashPattern = New Single() {2, 1, 4, 3}
```

Nachdem Sie *DashPattern* eingestellt haben, lautet die *DashStyle*-Eigenschaft *Custom* und die mit *pn* gezeichnete Linie besteht aus einem zwei Punkte langen Strich, einem Leerraum, einem vier Punkte langen Strich und drei Leerräumen.

Linienenden und -verbindungen

Im Programm PenDashStyle deutet sich eine Tatsache bereits an: Wenn die Linien breiter werden, ergeben sich eigene grafische Formen. Die eckigen Punkte und Striche machen sich ja schon ganz gut, aber zuweilen soll's vielleicht auch etwas runder aussehen.

Hier kommen die Optionen *Linienenden* (caps bzw. ends) und *Verbindungen* (joins) ins Spiel. Mit Ersterer steuern Sie das Aussehen am Linienanfang und -ende bzw. der Punkte und Striche. Letztere beeinflusst das Aussehen an der Verbindungsstelle zwischen zwei verbundenen Linien. Es folgen die vier grundlegenden Eigenschaften für Linienenden und -verbindungen:

Pen-Eigenschaften (Auswahl)

Eigenschaft	Typ	Zugriff
StartCap	LineCap	Get/Set
EndCap	LineCap	Get/Set
DashCap	DashCap	Get/Set
LineJoin	LineJoin	Get/Set

Ich beginne mit *LineJoin*, weil dies wahrscheinlich die einfachste Eigenschaft ist. Diese Eigenschaft kann einen der folgenden Enumerationswerte erhalten:

LineJoin-Enumeration

Member	Wert	Beschreibung
Miter	0	Standardwert, spitz zulaufend
Bevel	1	Abgeflacht
Round	2	Abgerundet
MiterClipped	3	Spitz zulaufend, begrenzte Länge

Die Eigenschaft *LineJoin* wirkt sich nur auf miteinander verbundene Linien aus, also auf mit *DrawLines* gezeichnete Polylinien oder verbundene Linien in einem Pfad. Das folgende Programm zeichnet einfache V-förmige Polylinien und verwendet dabei die vier verschiedenen *LineJoin*-Werte:

```
LineJoins.vb
Imports System
Imports System.Drawing
Imports System.Drawing.Drawing2D
Imports System.Windows.Forms
Class LineJoins
    Inherits PrintableForm

    Shared Shadows Sub Main()
        Application.Run(New LineJoins())
    End Sub
```

```
    Sub New()
        Text = "Line Joins: Miter, Bevel, Round, MiterClipped"
    End Sub
    Protected Overrides Sub DoPage(ByVal grfx As Graphics, _
            ByVal clr As Color, ByVal cx As Integer, ByVal cy As Integer)
        Dim pnNarrow As New Pen(clr)
        Dim pnWide As New Pen(Color.Gray, cx \ 16)
        Dim apt() As Point = {New Point(1 * cx \ 32, 1 * cy \ 8), _
                              New Point(4 * cx \ 32, 6 * cy \ 8), _
                              New Point(7 * cx \ 32, 1 * cy \ 8)}
        Dim i As Integer
        For i = 0 To 3
            pnWide.LineJoin = CType(i, LineJoin)
            grfx.DrawLines(pnWide, apt)
            grfx.DrawLines(pnNarrow, apt)
            grfx.TranslateTransform(cx \ 4, 0)
        Next i
    End Sub
End Class
```

Und so sieht das Ganze aus:

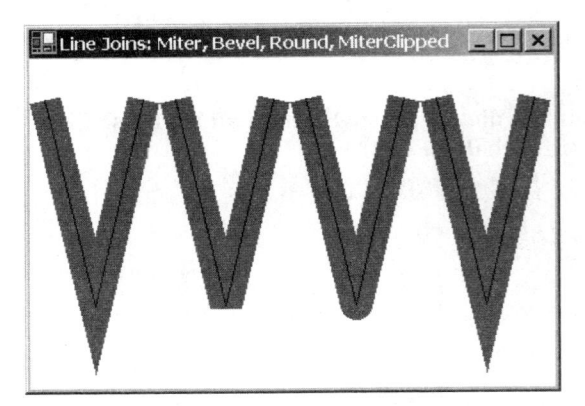

Der Stift, dessen *LineJoin*-Eigenschaft eingestellt wurde, ist der grau dargestellte. Die dünne schwarze Linie zeigt die tatsächliche geometrische Linie. Auf den ersten Blick sieht die *Miter-Clipped*-Linie genauso aus wie *Miter*, der Unterschied wird erst bei starker Vergrößerung der Figuren deutlich: Der Winkel der *Miter*-Verbindung wird dabei immer spitzer, *MiterClipped* dagegen wird an einem bestimmten Punkt abgeschnitten und sieht dann eher aus wie eine *Bevel*-Verbindung. Es gibt durchaus einen Grund, die Länge von Gehrungsecken (engl. *miter join*) zu beschränken: Je spitzer der Winkel zwischen zwei verbundenen Linien wird, desto länger wird die Gehrungsfuge. Eine 1 Zoll breite Polyline mit einem Winkel von 1 Grad hätte beispielsweise eine Gehrung von über 4½ Fuß (1,37 m)!* Die Klasse *Pen* verfügt über eine besondere Eigenschaft zur Begrenzung dieser Länge bei der *LineJoin*-Eigenschaft *MiterClipped*:

---

* Das berechnet man so: w sei die Breite der Linie, α der Verbindungswinkel; dann beträgt die Entfernung der Gehrungsspitze zum Verbindungspunkt $(w/2)/\sin(\alpha/2)$.

Pen-Eigenschaften (Auswahl)

Eigenschaft	Typ	Zugriff
MiterLimit	*Single*	Get/Set

Diese Eigenschaft schneidet die Gehrungsfuge bei der Länge *pn.MiterLimit* × *pn.Width* / 2 ab. Der Standardwert für *MiterLimit* ist 10. Beträgt der Wert der *Width*-Eigenschaft des Stifts 20, geht die Gehrungsfuge nur um 100 Einheiten über das theoretische Ende der Linie hinaus.

Als Nächstes wollen wir einen Blick auf die Eigenschaft *DashCap* werfen, die das Aussehen gepunkteter und gestrichelter Linien beeinflusst. Diese Eigenschaft kann einen der folgenden Enumerationswerte erhalten:

DashCap-Enumeration

Member	Wert
Flat	0
Round	2
Triangle	3

Nun folgt eine Variante des Programms PenDashStyles, das drei *DashDotDot*-Linien mit den drei verschiedenen *DashCap*-Werten anzeigt:

PenDashCaps.vb
```
Imports System
Imports System.Drawing
Imports System.Drawing.Drawing2D
Imports System.Windows.Forms
Class PenDashCaps
    Inherits PrintableForm
    Private miChecked As MenuItem
    Shared Shadows Sub Main()
        Application.Run(New PenDashCaps())
    End Sub
    Sub New()
        Text = "Pen Dash Caps: Flat, Round, Triangle"
        Menu = New MainMenu()
        Menu.MenuItems.Add("&Width")
        Dim aiWidth() As Integer = {1, 2, 5, 10, 15, 20, 25}
        Dim iWidth As Integer
        For Each iWidth In aiWidth
            Menu.MenuItems(0).MenuItems.Add(iWidth.ToString(), AddressOf MenuWidthOnClick)
        Next iWidth
        miChecked = Menu.MenuItems(0).MenuItems(0)
        miChecked.Checked = True
    End Sub
    Sub MenuWidthOnClick(ByVal obj As Object, ByVal ea As EventArgs)
        miChecked.Checked = False
        miChecked = DirectCast(obj, MenuItem)
        miChecked.Checked = True
        Invalidate()
    End Sub
```

```
    Protected Overrides Sub DoPage(ByVal grfx As Graphics, _
            ByVal clr As Color, ByVal cx As Integer, ByVal cy As Integer)
        Dim pn As New Pen(clr, Convert.ToInt32(miChecked.Text))
        pn.DashStyle = DashStyle.DashDotDot
        Dim dc As DashCap

        For Each dc In System.Enum.GetValues(GetType(DashCap))
            pn.DashCap = dc
            grfx.DrawLine(pn, cx \ 8, cy \ 4, 7 * cx \ 8, cy \ 4)
            grfx.TranslateTransform(0, cy \ 4)
        Next dc
    End Sub
End Class
```

Bei einer Stiftbreite von 25 gibt das Progamm Folgendes aus:

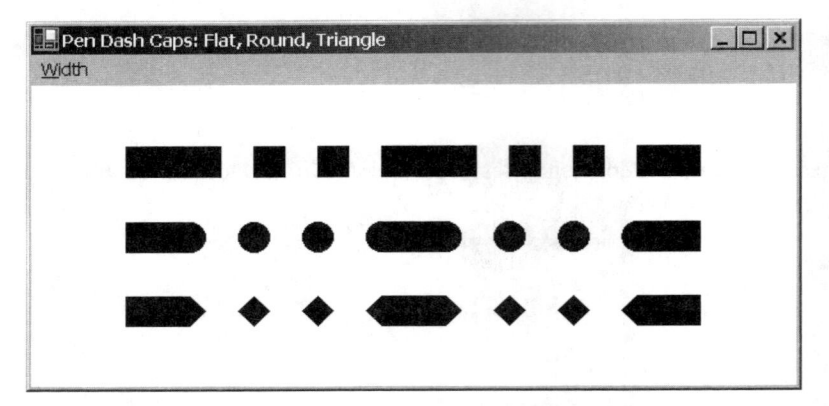

Das Ganze sieht ein bisschen unfertig aus, da die Linienanfänge und -enden noch immer rechteckig sind. Um dies zu ändern, machen wir uns die *LineCap*-Eigenschaften *StartCap* und *EndCap* zunutze. Fügen Sie die folgende Anweisung in das Programm PenDashCaps ein, um diese beiden Eigenschaften mit *DashCap* in Übereinstimmung zu bringen:

```
pn.StartCap = CType(dc, LineCap)
pn.EndCap = pn.StartCap
```

Nun sieht die Anzeige so aus:

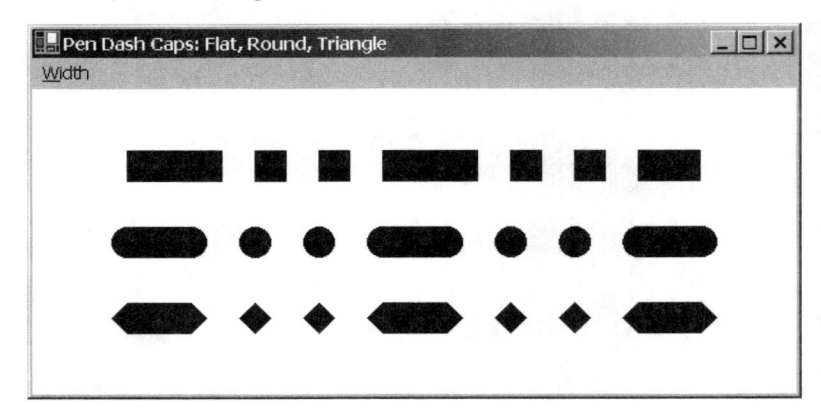

Jetzt befinden sich die Enden der beiden Linien mit den abgerundeten und spitz zulaufenden Enden nicht mehr an der gleichen Stelle wie bei den abgeflachten Linien. Der Grund hierfür ist (wie wir gleich sehen), dass die runden und dreieckigen Enden über den geometrischen Punkt hinausgehen, der Anfang und Ende der Linie bestimmt. Die Gesamtbreite der Punkte und Striche bleibt jedoch unabhängig vom Stil der Linienenden gleich.

Es folgt die vollständige *LineCap*-Enumeration:

LineCap-Enumeration

Member	Wert
Flat	&H00
Square	&H01
Round	&H02
Triangle	&H03
NoAnchor	&H10
SquareAnchor	&H11
RoundAnchor	&H12
DiamondAnchor	&H13
ArrowAnchor	&H14
AnchorMask	&HF0
Custom	&HFF

Nun möchte ich Ihnen ein Programm zeigen, das breite Linien zeichnet und dabei alle diese Werte verwendet. Die Linienbreite wird auf die Eigenschaft *Font.Height* eingestellt. Darüber hinaus zeichnet das Programm dünne Linien, um den geometrischen Anfangs- und Endpunkt der einzelnen Linien sichtbar zu machen.

LineCaps.vb

```
Imports System
Imports System.Drawing
Imports System.Drawing.Drawing2D
Imports System.Windows.Forms

Class LineCaps
    Inherits PrintableForm

    Shared Shadows Sub Main()
        Application.Run(New LineCaps())
    End Sub

    Sub New()
        Text = "Line Caps"
    End Sub

    Protected Overrides Sub DoPage(ByVal grfx As Graphics, _
           ByVal clr As Color, ByVal cx As Integer, ByVal cy As Integer)
        Dim pnWide As New Pen(Color.Gray, Font.Height)
        Dim pnNarrow As New Pen(clr)
        Dim br As New SolidBrush(clr)
        Dim lc As LineCap

        For Each lc In System.Enum.GetValues(GetType(LineCap))
            grfx.DrawString(lc.ToString(), Font, br, Font.Height, Font.Height \ 2)
            pnWide.StartCap = lc
```

```
            pnWide.EndCap = lc
            grfx.DrawLine(pnWide, 2 * cx \ 4, Font.Height, 3 * cx \ 4, Font.Height)
            grfx.DrawLine(pnNarrow, 2 * cx \ 4, Font.Height, 3 * cx \ 4, Font.Height)
            grfx.TranslateTransform(0, 2 * Font.Height)
        Next lc
    End Sub
End Class
```

Hier das Ergebnis:

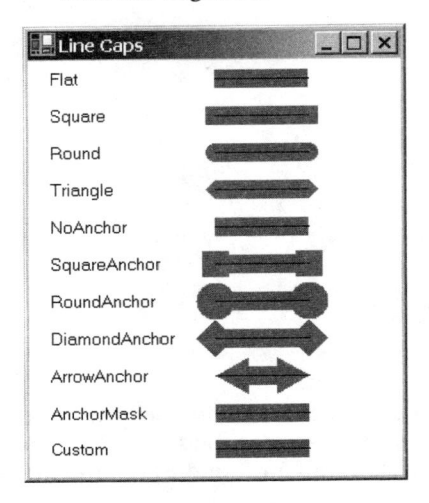

Eines noch: Ich habe für Anfang und Ende jeder Linie den gleichen Enumerationswert eingesetzt, aber Sie dürfen natürlich auch unterschiedliche Werte angeben.

Der Wert *NoAnchor* führt zum gleichen Ergebnis wie *Flat*. Die Linienenden *SquareAnchor*, *RoundAnchor* und *DiamondAnchor* gleichen jeweils *Square*, *Round* und *Triangle* (wie die Enumerationswerte bereits vermuten lassen), sie sind nur größer.

Wenn Ihnen die durch die Enumeration *LineCaps* bereitgestellten Werte noch nicht genügen, können Sie *StartCap* und/oder *EndCap* auf den Wert *LineCap.Custom* einstellen und sich anschließend folgender Eigenschaften bedienen:

Pen-Eigenschaften (Auswahl)

Eigenschaft	Typ	Zugriff
CustomStartCap	*CustomLineCap*	Get/Set
CustomEndCap	*CustomLineCap*	Get/Set

Die Klasse *CustomLineCap* (im Namespace *System.Drawing.Drawing2D*) ermöglicht Ihnen die Definition eigener Linienenden mithilfe eines Pfads. Darüber hinaus können Sie über die aus *CustomLineCap* abgeleitete Klasse *AdjustableArrowCap* Pfeilspitzenenden zeichnen, die eine bessere Steuerung der Pfeilspitzen und Füllungen ermöglichen.

18 Edit, List und Spin

694	Einzeilige Textfelder
698	Mehrzeilige Textfelder
699	Ein Klon des Windows-Editors
704	Der Editor-Klon mit Dateiein-/-ausgabe
712	Der Editor-Klon (Fortsetzung)
724	Textfelder für besondere Zwecke
725	*RichTextBox*
725	QuickInfos (ToolTips)
732	*ListBox*
737	Listenfeld + Textfeld = Kombinationsfeld
742	Auf-Ab-Steuerelemente

Nahezu alle Microsoft Windows-Programme fordern den Benutzer hin und wieder zur Eingabe von Text auf. In Kapitel 6 habe ich erläutert, wie Ihr Programm Handler für die Ereignisse *KeyDown*, *KeyUp* und *KeyPress* installieren kann, um Tastatureingaben zu erhalten und die Eingaben anschließend auf dem Bildschirm anzuzeigen. Für viele einfache Zwecke können Sie jedoch einen Steuerelementtyp verwenden, der üblicherweise als *Bearbeitungssteuerelement* (edit control) bezeichnet wird, im Microsoft .NET Framework jedoch *Textfeld* (text box) genannt wird.

Ein Textfeld kann entweder ein kleines, einzeiliges Eingabefeld oder auch ein mehrzeiliges Steuerelement mit Zeilenumbruch sein, wie z.B. dasjenige, das im Windows-Editor (Notepad) verwendet wird. In vielen Programmierhandbüchern wird zu Übungszwecken häufig ein Klon des Microsoft-Editors geschrieben, und genau dies werden wir in diesem Kapitel auch tun. (Die Druckunterstützung wird in Kapitel 21, die Drag & Drop-Funktionalität in Kapitel 24 hinzugefügt.)

In diesem Kapitel werden außerdem viele weitere wichtige Steuerelemente behandelt. Ein *Listenfeld* zeigt dem Benutzer eine Liste von Optionen mit Bildlaufleiste an. Für ein *Kombinationsfeld* werden ein Text- und ein Listenfeld kombiniert. Wenn es um Zahlen geht, ist es vorteilhaft, das Auf-Ab-Steuerelement zu verwenden, das gewöhnlich als *Drehfeld* (spin button) bezeichnet wird.

Einzeilige Textfelder

Das einfachste Textfeldsteuerelement heißt *TextBox* und ist von der mit *MustInherit* definierten Klasse *TextBoxBase* abgeleitet.

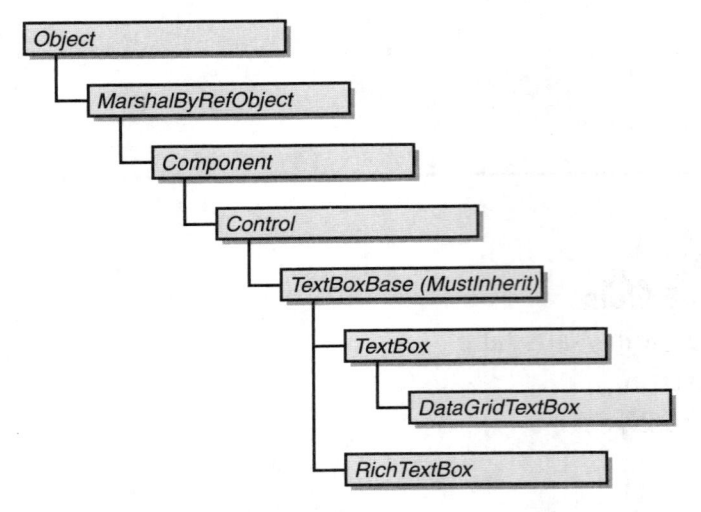

```
Object
 └── MarshalByRefObject
      └── Component
           └── Control
                └── TextBoxBase (MustInherit)
                     ├── TextBox
                     │    └── DataGridTextBox
                     └── RichTextBox
```

Ebenfalls von *TextBoxBase* abgeleitet ist *RichTextBox*. Das Steuerelement *RichTextBox* bietet im Vergleich zu *TextBox* zusätzliche Funktionalität, ähnlich wie das Programm Microsoft Word-Pad im Vergleich zum Windows-Editor weitere Funktionen bereitstellt. In *TextBox* können Sie (wie im Editor) eine Schrift einstellen, die dann für das gesamte Dokument gilt. In *RichTextBox* können Sie (wie in WordPad) für verschiedene Teile des Dokuments unterschiedliche Schriften und Formatierungen verwenden.

Die wichtigste Eigenschaft für Textfelder ist *Text*, da sie den Text enthält, den der Benutzer in das Textfeld eingibt. Ein Programm kann den Textfeldtext auch initialisieren und die Länge des Texts beschränken:

TextBoxBase-Eigenschaften (Auswahl)

Eigenschaft	Typ	Zugriff
Text	String	Get/Set
MaxLength	Integer	Get/Set
TextLength	Integer	Get
Lines	String()	Get/Set

Die Eigenschaft *TextLength* entspricht *Text.Length*.

Die Eigenschaft *Lines* könnte auch *Paragraphs* genannt werden, da sie das Dokument in Textblöcke unterteilt, die mit Zeilenendezeichen enden. Diese Blöcke werden als Textzeilen angezeigt, wenn der Zeilenumbruch deaktiviert ist, oder als Absätze, wenn er aktiviert ist.

Wenn Sie ein Textfeld in einem Dialogfeld verwenden, müssen Sie den Text häufig nur dann aus dem Textfeld herausfischen, wenn der Benutzer auf *OK* klickt. Bei einigen Dialogfeldern ist es jedoch wünschenswert, dass die Benutzereingabe ein wenig stärker überwacht wird. Bei diesen Dialogfeldern wird die Schaltfläche *OK* mitunter nur aktiviert, wenn das Textfeld gültige

Informationen enthält. Das nützlichste Ereignis für Textfelder ist nicht in diesen selbst, sondern in *Control* definiert:

Control-Ereignisse (Auswahl)

Ereignis	Methode	Delegat	Argument
TextChanged	*OnTextChanged*	*EventHandler*	*EventArgs*

Es folgt ein Programm, das ein Textfeld und ein *Label*-Steuerelement erstellt. Durch Installieren eines Handlers für das *TextChanged*-Ereignis des Textfelds kann das Programm überwachen, welchen Text der Benutzer in das Textfeld eingibt, und ihn im *Label*-Steuerelement noch einmal anzeigen.

TextBoxDemo.vb
```
Imports System
Imports System.Drawing
Imports System.Windows.Forms
Class TextBoxDemo
    Inherits Form
    Private lbl As Label
    Shared Sub Main()
        Application.Run(New TextBoxDemo())
    End Sub
    Sub New()
        Text = "TextBox Demo"
        ' Textfeldsteuerelement erstellen.
        Dim txtbox As New TextBox()
        txtbox.Parent = Me
        txtbox.Location = New Point(Font.Height, Font.Height)
        txtbox.Size = New Size(ClientSize.Width - 2 * Font.Height, Font.Height)
        txtbox.Anchor = txtbox.Anchor Or AnchorStyles.Right
        AddHandler txtbox.TextChanged, AddressOf TextBoxOnTextChanged

        ' Beschriftungssteuerelement erstellen.
        lbl = New Label()
        lbl.Parent = Me
        lbl.Location = New Point(Font.Height, 3 * Font.Height)
        lbl.AutoSize = True
    End Sub
    Sub TextBoxOnTextChanged(ByVal obj As Object, ByVal ea As EventArgs)
        Dim txtbox As TextBox = DirectCast(obj, TextBox)
        lbl.Text = txtbox.Text
    End Sub
End Class
```

Da ich die Eigenschaft *Anchor* des Textfelds eingestellt habe, wird das Steuerelement breiter angezeigt, wenn Sie die Größe des Formulars ändern. Die tatsächliche Größe des Textfelds begrenzt jedoch nicht die Textmenge, die eingegeben werden kann. Wenn der eingegebene Text die Breite des Textfelds überschreitet, wird der Text automatisch nach links gescrollt. Wenn dies geschieht, kann das *Label*-Steuerelement meist nicht den gesamten Text anzeigen, obwohl die *AutoSize*-Eigenschaft gesetzt ist:

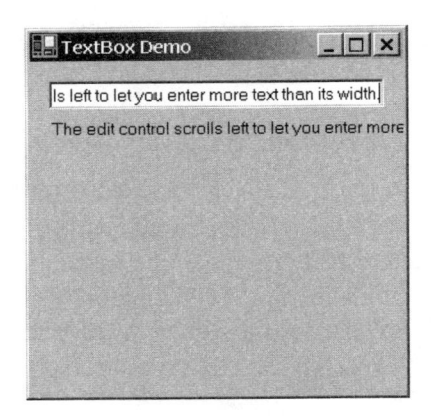

Die Standardfarben von Vorder- und Hintergrund des Textfelds lauten *SystemColors.Window* und *SystemColors.WindowText* – im Gegensatz zu den Farben *SystemColors.Control* und *SystemColors.ControlText*, die vom Formular verwendet werden. Das Textfeld erbt seine Standard-*Font*-Eigenschaft vom übergeordneten Objekt. Der Standardwert der Eigenschaft *BorderStyle* ist *BorderStyle.Fixed3D*, durch sie erhält das Steuerelement einen 3-D-Effekt. Sie können auch *None* oder *FixedSingle* verwenden.

Experimentieren Sie ein wenig mit dem Programm TextBoxDemo, dem Windows-Editor oder einem beliebigen anderen Textfeld in Windows. Wie Sie zweifelsohne wissen, zeigt die Einfügemarke (caret) im Textfeld den Punkt an, an dem der eingegebene Text eingefügt wird. Mithilfe der Pfeiltasten können Sie die Einfügemarke an eine beliebige Stelle im Textblock bewegen. Sie können die Position der Einfügemarke auch ändern, indem Sie mit der Maus klicken.

Wenn Sie die Umschalttaste gedrückt halten und die Pfeiltasten bewegen, definieren Sie eine *Markierung* bzw. *Auswahl*, d.h., ein Textblock im Textfeld wird invertiert hervorgehoben. Sie können Text auch mit der Maus markieren, indem Sie die Maus bei gedrückter linker Maustaste an eine andere Position verschieben.

Dazu ein wichtiger Punkt: Wenn Sie Text in einem Textfeld markieren, befindet sich die Einfügemarke stets am Anfang oder Ende der Auswahl. Dies ist wichtig zu wissen, da die Eigenschaften, die Informationen zur Auswahl liefern, auch Informationen zur Position der Einfügemarke liefern. Vier Eigenschaften von *TextBoxBase* beziehen sich auf die Auswahl und demzufolge auch auf die Position der Einfügemarke.

TextBoxBase-Eigenschaften (Auswahl)

Eigenschaft	Typ	Zugriff
SelectionStart	Integer	Get/Set
SelectionLength	Integer	Get/Set
SelectedText	String	Get/Set
HideSelection	Boolean	Get/Set

Die Eigenschaft *SelectionStart* ist ein bei null beginnender Index, der die Zeichenposition am Anfang der Auswahl angibt. Ist *SelectionStart* gleich 0, beginnt die Auswahl direkt am Textanfang.

Die Eigenschaft *SelectionLength* gibt die Anzahl der Zeichen in der Auswahl an. Ist *SelectionLength* gleich 0, ist kein Text markiert, sodass *SelectionStart* die Position der Einfügemarke angibt. Lauten die Werte für *SelectionStart* und *SelectionLength* 0, befindet sich die Einfügemarke am Anfang des Textfeldinhalts.

Ist *SelectionLength* größer 0, kann die genaue Position der Einfügemarke nicht angegeben werden. Je nachdem, wie Sie den Text markiert haben (entweder mithilfe der linken oder rechten Pfeiltaste oder durch Verschieben der Maus in eine bestimmte Richtung), kann sich die Einfügemarke entweder am Anfang oder am Ende der Auswahl befinden. Die Position der Einfügemarke ist entweder *SelectionStart* oder (*SelectionStart* + *SelectionLength*).

Ist kein Text markiert, handelt es sich bei *SelectedText* um eine leere Zeichenfolge. Andernfalls entspricht *SelectedText* dem markierten Text. Die Eigenschaft *SelectionLength* ist im Grunde eine Abkürzung für *SelectedText.Length*.

Beachten Sie, dass die Eigenschaft *SelectedText* auch eingestellt werden kann. Wenn ein Programm den markierten Text aus dem Textfeld löschen möchte (ohne den nicht markierten Text zu löschen), kann der Eigenschaft einfach eine leere Zeichenfolge zugewiesen werden:

```
txtbox.SelectedText = ""
```

Soll Text an der Position der Einfügemarke eingefügt werden, ist folgender Aufruf möglich:

```
txtbox.SelectedText = "eingefügter Text"
```

Ist gerade Text ausgewählt, ersetzt der eingefügte Text diesen. Ist keine Auswahl vorhanden, wird der Text an der Position der Einfügemarke eingefügt.

Die Eigenschaft *HideSelection* ist normalerweise auf *True* gesetzt. Wenn also das Textfeld den Eingabefokus verliert, wird die Auswahl nicht mehr hervorgehoben. Dieses Verhalten ist normal. Weiter unten in diesem Kapitel verwende ich eine nicht standardmäßige Einstellung für *HideSelection* in Verbindung mit einem Suchen/Ersetzen-Dialogfeld ohne Modus.

Das *TextBox*-Steuerelement weist kein Ereignis zur Ermittlung von Auswahländerungen auf. Das *RichTextBox*-Steuerelement verfügt dagegen über ein solches Ereignis: *SelectionChanged*.

Die Methoden *Select* und *SelectAll* ermöglichen das Einstellen einer Auswahl in einem Textfeld:

TextBoxBase-Methoden (Auswahl)

```
Sub Select(ByVal iStart As Integer, ByVal iLength As Integer)
Sub SelectAll()
Sub Clear()
```

Die Methode *Select* entspricht dem Einstellen der Eigenschaften *SelectionStart* und *SelectionLength*. Die Methode *SelectAll* führt zum gleichen Ergebnis wie das Einstellen von *SelectionStart* auf 0 bzw. das Einstellen von *SelectionLength* auf *TextLength*. Die Methode *Clear* entspricht dem Einstellen von *Text* auf eine leere Zeichenfolge.

Beim Experimentieren mit TextBoxDemo haben Sie vielleicht bemerkt, dass das Textfeld automatisch mit der Zwischenablage zusammenarbeitet. Sie können mit STRG+X den ausgewählten Text löschen und in die Zwischenablage kopieren, mit STRG+C den Text in die Zwischenablage kopieren, ohne ihn zu löschen, und mit STRG+V den Text aus der Zwischenablage einfügen. Wie das vom Programm aus gemacht werden kann, werden wir an späterer Stelle in diesem Kapitel untersuchen. *TextBox* bietet in seiner Standardvariante auch die Funktionalität zum Rückgängigmachen. Wenn Sie Text markieren und mit der ENTF-Taste löschen, können Sie den Text mit STRG+Z wieder zurückholen. Das Rückgängigmachen funktioniert jedoch immer nur einmal: Durch erneutes Drücken von STRG+Z wird der gelöschte Text entfernt. Durch nochmaliges Drücken von STRG+Z wird der Text wiederhergestellt.

Mehrzeilige Textfelder

Es ist relativ einfach, ein einzeiliges Feld in ein mehrzeiliges Feld umzuwandeln. Sie setzen dazu nur die *Multiline*-Eigenschaft auf *True* und vergrößern (sehr wahrscheinlich) das Textfeld, sodass es mehr als eine Zeile anzeigen kann. Zu mehrzeiligen Textfeldern gehören jedoch noch verschiedene andere Eigenschaften, die im Folgenden vorgestellt werden.

Es folgen *Multiline* und zwei dazugehörige Eigenschaften von *TextBox*:

TextBox-Eigenschaften (Auswahl)

Eigenschaft	Typ	Zugriff	Standardwert
Multiline	Boolean	Get/Set	False
WordWrap	Boolean	Get/Set	True
ScrollBars	ScrollBars	Get/Set	ScrollBars.None

Die Eigenschaften *Multiline* und *WordWrap* sind in *TextBoxBase* implementiert und werden auch von *RichTextBox* geerbt. Die Eigenschaft *ScrollBars* ist in *TextBox* implementiert und kann einen der folgenden Werte aufweisen:

ScrollBars-Enumeration

Member	Wert
None	0
Horizontal	1
Vertical	2
Both	3

Durch Einstellen der Eigenschaft auf *Horizontal*, *Vertical* oder *Both* werden die Bildlaufleisten auch dann angezeigt, wenn sie nicht benötigt werden (benötigt werden die Bildlaufleisten erst dann, wenn der Text nicht vollständig angezeigt werden kann). Werden die Bildlaufleisten gerade nicht benötigt, werden sie deaktiviert. Ungeachtet der Einstellung der Eigenschaft *ScrollBars* wird die horizontale Bildlaufleiste nicht angezeigt, wenn *WordWrap* auf *True* gesetzt ist.

Das *RichTextBox*-Steuerelement verfügt ebenfalls über eine *ScrollBars*-Eigenschaft. Diese Eigenschaft *RichTextBoxScrollBars* ist anders und ermöglicht es Ihnen, genau zu definieren, wann und wie Bildlaufleisten angezeigt werden sollen:

RichTextBoxScrollBars-Enumeration

Member	Wert
None	0
Horizontal	1
Vertical	2
Both	3
ForcedHorizontal	17
ForcedVertical	18
ForcedBoth	19

Mit *Horizontal*, *Vertical* und *Both* werden Bildlaufleisten nur dann angezeigt, wenn sie benötigt werden. Alle Member mit dem Präfix *Forced* bewirken, dass die Bildlaufleisten immer angezeigt werden, unabhängig davon, ob es nötig ist oder nicht.

Text in mehrzeiligen Textfeldern kann nicht vertikal zentriert werden. Das Beste, was *TextBox* zur Steuerung der Textausrichtung zu bieten hat, ist die *TextAlign*-Eigenschaft:

TextBox-Eigenschaften (Auswahl)

Eigenschaft	Typ	Zugriff
TextAlign	HorizontalAlignment	Get/Set

HorizontalAlignment ist eine Enumeration:

HorizontalAlignment-Enumeration

Member	Wert
Left	0
Right	1
Center	2

Wie Sie wissen, haben die TAB- und die Eingabetaste in Dialogfeldern oder anderen Formularen mit untergeordneten Steuerelementen eine besondere Bedeutung. Die TAB-Taste bewegt den Eingabefokus zu einem anderen Steuerelement. Die Eingabetaste aktiviert gewöhnlich die Schaltfläche *OK*. Bei einzeiligen Textfeldern, die in Dialogfeldern implementiert werden, sollen TAB- und Eingabetaste in der Regel das Standardverhalten aufweisen. Bei mehrzeiligen Textfeldern ist jedoch wünschenswert, dass das Textfeld selbst die TAB- und Eingabetastenereignisse empfängt. Ist dies der Fall, setzen Sie diese beiden Eigenschaften auf *True*:

TextBox-Eigenschaften (Auswahl)

Eigenschaft	Typ	Zugriff	Standardwert
AcceptsReturn	Boolean	Get/Set	True
AcceptsTab	Boolean	Get/Set	False

AcceptsReturn ist in *TextBox*, *AcceptsTab* in *TextBoxBase* implementiert. Wenn die *AcceptButton*-Eigenschaft des übergeordneten Formulars nicht eingestellt ist, empfängt das Textfeld ungeachtet der *AcceptsReturn*-Eigenschaft Eingabetastenereignisse.

Ein Klon des Windows-Editors

Nun können wir damit beginnen, einen Klon des Windows-Editors zu erstellen. Um den Code in überschaubaren Abschnitten zu präsentieren, werde ich dieses Programm mithilfe mehrerer Vererbungsebenen erstellen.

Nachfolgend sehen Sie das erste Modul. Es sorgt für die Erstellung des Textfelds, das über *DockStyle.Fill* den Clientbereich des Formulars ausfüllt. Der Konstruktor stellt am Ende verschiedene Eigenschaften für mehrzeilige Textfelder ein.

NotepadCloneNoMenu.vb

```vb
Imports System
Imports System.Drawing
Imports System.Windows.Forms
Class NotepadCloneNoMenu
    Inherits Form
    Protected txtbox As TextBox
    Shared Sub Main()
        Application.Run(New NotepadCloneNoMenu())
    End Sub
    Sub New()
        Text = "Notepad Clone No Menu"
        txtbox = New TextBox()
        txtbox.Parent = Me
        txtbox.Dock = DockStyle.Fill
        txtbox.BorderStyle = BorderStyle.None
        txtbox.Multiline = True
        txtbox.ScrollBars = ScrollBars.Both
        txtbox.AcceptsTab = True
    End Sub
End Class
```

Obwohl dieses Programm recht kurz ist, ist es doch ziemlich funktionell und arbeitet schon fast wie der Windows-Editor, wenn der Menüpunkt *Zeilenumbruch* (*Word Wrap*) aktiviert ist. So sieht das Programm nach der Eingabe einiger Textzeilen aus:

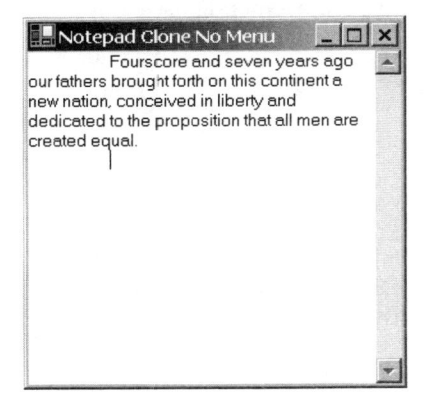

Vor der Implementierung eines Menüs im Editor-Klon möchte ich noch Routinen für den Zugriff auf die Windows-Registrierung einbauen. Wenn Sie im Windows-Editor die Einstellung *Zeilenumbruch* (*Word Wrap*) oder die Schrift ändern, werden bei der nächsten Programmausführung die neuen Einstellungen verwendet. Sie können sich die Registrierungseinträge des Windows-Editors mit dem Registrierungseditor (*Regedit.exe*) unter HKEY_CURRENT_USER im Schlüssel *Software\Microsoft\Notepad* ansehen.

Neben den Einstellungen für Zeilenumbruch und Schrift werden in der Registrierung auch die Fenstergröße und die Position auf dem Desktop gespeichert. Wenn Sie den Editor verschieben oder seine Größe ändern, das Programm beenden und anschließend erneut ausführen, wird es an der gespeicherten Position und in der gespeicherten Größe angezeigt.

Auf den ersten Blick scheint die Implementierung eines Features zum Speichern von Position und Größe einfach: Sie speichern die Formulareigenschaft *DesktopBounds* bei der Beendigung des Programm in der Registrierung und stellen die Eigenschaft bei der nächsten Ausführung wieder auf die in der Registrierung gespeicherten Werte ein. Dies würde tatsächlich gut funktionieren, gäbe es nicht die Fensteranzeigeoptionen *Minimieren* (*Minimize*) und *Maximieren* (*Maximize*).

Lassen Sie uns folgende Fälle untersuchen: Wenn Sie ein Windows-Programm maximieren und anschließend wiederherstellen, kehrt das Programm zur selben Position und Größe wie vor der Maximierung zurück. Wenn Sie ein Windows-Programm minimieren und anschließend wiederherstellen, kehrt es gleichfalls zur selben Position und Größe zurück. Windows speichert offenkundig die Position und Größe des Programmfensters, bevor das Fenster minimiert oder maximiert wird. Ein Win32-API-Programm greift mithilfe der Struktur *WINDOWPLACEMENT* auf diese Informationen zu (hier *normale Position* genannt). Die Struktur *WINDOWPLACEMENT* wird in den API-Funktionen *GetWindowPlacement* und *SetWindowPlacement* verwendet.

Ein Windows Forms-Programm hat nicht immer direkten Zugriff auf die normale Position. Ist ein Formular maximiert, gibt die Eigenschaft *DesktopBounds* die *maximierte* Position und Größe an. Lässt sich die Größe des Formulars verändern, hat die Position des maximierten Formulars negative Koordinaten, da der Rand eines maximierten Formulars außerhalb des Desktopbereichs positioniert wird. Wird ein Formular minimiert, hat die Eigenschaft *DesktopBounds* die besonderen *X*- und *Y*-Werte –32000. Die Werte *Height* und *Width* geben die Größe der minimierten Schaltfläche auf der Windows-Taskleiste an. Nur wenn das Formular weder minimiert noch maximiert ist, gibt *DesktopBounds* die normale Position des Formulars an.

Haben Sie das Problem bereits erkannt? Es hat Auswirkungen, wenn das Programm beim Beenden gerade minimiert oder maximiert ist. Da *DesktopBounds* nicht die normale Position des Formulars wiedergibt, ist diese Einstellung nicht diejenige, die das Programm in der Registrierung speichern sollte.

Aus diesem Grund sollte ein Windows Forms-Programm, das seine normale Position in der Registrierung speichern möchte, für diesen Zweck ein besonderes Feld definieren. (Im gleich folgenden Programm nenne ich dieses Feld *rectNormal*.) Das Programm kann dieses Feld im Konstruktor auf den Wert von *DesktopBounds* einstellen. Das Feld kann ferner beim Aufruf von *OnMove* oder *OnResize* auf *DesktopBounds* zurückgesetzt werden, wenn das Formular weder minimiert noch maximiert ist. Über die Eigenschaft *WindowState* können Sie ermitteln, ob das Fenster minimiert oder maximiert ist:

Form-Eigenschaften (Auswahl)

Eigenschaft	Typ	Zugriff
WindowState	*FormWindowState*	Get/Set

Die Enumeration *FormWindowState* hat folgende Member:

FormWindowState-Enumeration

Member	Wert
Normal	0
Minimized	1
Maximized	2

Das nächste Programm in unserer Reihe der Editor-Klone ist von NotepadCloneNoMenu abgeleitet und implementiert den Code für den Zugriff auf die Registrierung. Es verwendet die Registrierung auch dazu, Position und Größe des Fensters zu speichern und wiederherzustellen. Wie bereits erwähnt, wird das Feld *rectNormal* während der Konstruktorausführung (einem Zeitpunkt, zu dem die *WindowState*-Eigenschaft immer auf *FormWindowState.Normal* gesetzt ist) und in den Methoden *OnMove* und *OnResize* eingestellt, falls die Eigenschaft *WindowState* den Wert *FormWindowState.Normal* hat.

NotepadCloneWithRegistry.vb
```
Imports Microsoft.Win32
Imports System
Imports System.Drawing
Imports System.Windows.Forms
Class NotepadCloneWithRegistry
    Inherits NotepadCloneNoMenu
    Protected strProgName As String
    Private rectNormal As Rectangle
    Private strRegKey As String = "Software\ProgrammingWindowsWithVBdotNet\"
    Const strWinState As String = "WindowState"
    Const strLocationX As String = "LocationX"
    Const strLocationY As String = "LocationY"
    Const strWidth As String = "Width"
    Const strHeight As String = "Height"
    Shared Shadows Sub Main()
        Application.Run(New NotepadCloneWithRegistry())
    End Sub
    Sub New()
        strProgName = "Notepad Clone with Registry"
        Text = strProgName
        rectNormal = DesktopBounds
    End Sub
    Protected Overrides Sub OnMove(ByVal ea As EventArgs)
        MyBase.OnMove(ea)
        If WindowState = FormWindowState.Normal Then
            rectNormal = DesktopBounds
        End If
    End Sub
    Protected Overrides Sub OnResize(ByVal ea As EventArgs)
        MyBase.OnResize(ea)
        If WindowState = FormWindowState.Normal Then
            rectNormal = DesktopBounds
        End If
    End Sub
    Protected Overrides Sub OnLoad(ByVal ea As EventArgs)
        MyBase.OnLoad(ea)

        ' Vollständigen Registrierungseintrag aufbauen.
        strRegKey = strRegKey & strProgName

        ' Registrierungsinformationen laden.
        Dim regkey As RegistryKey = Registry.CurrentUser.OpenSubKey(strRegKey)
        If Not regkey Is Nothing Then
            LoadRegistryInfo(regkey)
```

```
            regkey.Close()
        End If
    End Sub
    Protected Overrides Sub OnClosed(ByVal ea As EventArgs)
        MyBase.OnClosed(ea)
        ' Registrierungsinformationen speichern.
        Dim regkey As RegistryKey = Registry.CurrentUser.OpenSubKey(strRegKey, True)
        If regkey Is Nothing Then
            regkey = Registry.CurrentUser.CreateSubKey(strRegKey)
        End If
        SaveRegistryInfo(regkey)
        regkey.Close()
    End Sub
    Protected Overridable Sub SaveRegistryInfo(ByVal regkey As RegistryKey)
        regkey.SetValue(strWinState, CInt(WindowState))
        regkey.SetValue(strLocationX, rectNormal.X)
        regkey.SetValue(strLocationY, rectNormal.Y)
        regkey.SetValue(strWidth, rectNormal.Width)
        regkey.SetValue(strHeight, rectNormal.Height)
    End Sub
    Protected Overridable Sub LoadRegistryInfo(ByVal regkey As RegistryKey)
        Dim x As Integer = DirectCast(regkey.GetValue(strLocationX, 100), Integer)
        Dim y As Integer = DirectCast(regkey.GetValue(strLocationY, 100), Integer)
        Dim cx As Integer = DirectCast(regkey.GetValue(strWidth, 300), Integer)
        Dim cy As Integer = DirectCast(regkey.GetValue(strHeight, 300), Integer)
        rectNormal = New Rectangle(x, y, cx, cy)
        ' Rechteck an eventuelle Änderungen der Desktopgröße anpassen.
        Dim rectDesk As Rectangle = SystemInformation.WorkingArea
        rectNormal.Width = Math.Min(rectNormal.Width, rectDesk.Width)
        rectNormal.Height = Math.Min(rectNormal.Height, rectDesk.Height)
        rectNormal.X -= Math.Max(rectNormal.Right - rectDesk.Right, 0)
        rectNormal.Y -= Math.Max(rectNormal.Bottom - rectDesk.Bottom, 0)
        ' Formulareigenschaften einstellen.
        DesktopBounds = rectNormal
        WindowState = CType(DirectCast(regkey.GetValue(strWinState, 0), Integer), _
                            FormWindowState)
    End Sub
End Class
```

Ein bereits in diesem Buch besprochenes Programm, das die Registrierung verwendet (DialogsWithRegistry in Kapitel 16), lädt Informationen während des Konstruktors des Formulars und speichert Informationen während der Methode *OnClosed*. Das Programm NotepadCloneWithRegistry lädt Informationen dagegen während der Methode *OnLoad*. Diese ist mit einem *Load*-Ereignis verknüpft und wird nach dem Konstruktorcode, aber vor der Anzeige des Programms ausgeführt.

Ich habe diese Alternative gewählt, damit jeder Schritt in der NotepadClone-Reihe einen eigenen Registrierungsbereich verwendet, der auf dem Programmnamen basiert. Der Konstruktor in NotepadCloneWithRegistry stellt sowohl das Feld *strProgName* als auch die Eigenschaft *Text* auf die Zeichenfolge »Notepad Clone with Registry«. Das nächste Programm in dieser Reihe (das bald folgt) heißt NotepadCloneWithFile. Sein Konstruktor stellt das Feld *strProgName* auf »Notepad Clone with File« und die Eigenschaft *Text* anfangs auf »Notepad Clone with File – Untitled«.

Wenn NotepadCloneWithFile läuft, werden alle Standardkonstruktoren in allen Vorgängerklassen ausgeführt, angefangen bei *Object* bis zu dem Konstruktor in der Klasse *NotepadCloneWithFile*. Wenn der Konstruktor von *NotepadCloneWithRegistry* Informationen aus der Registrierung laden würde, würde er einen Schlüssel verwenden, der auf dem Programmnamen »Notepad Clone With Registry« basiert und nicht auf dem richtigen »Notepad Clone With File«.

Zu dem Zeitpunkt, wo in NotepadCloneWithRegistry die Methode *OnLoad* aufgerufen wird, sind jedoch bereits alle Standardkonstruktoren ausgeführt worden. Bei der Ausführung von NotepadCloneWithRegistry hat *strProgName* den Wert »Notepad Clone with Registry«, bei der Ausführung von NotepadCloneWithFile entspricht *strProgName* dem Wert »Notepad Clone with File«. Die *OnLoad*-Methode verwendet *strProgName*, um einen Registrierungsschlüssel aufzubauen, der später auch in der Methode *OnClosed* verwendet wird.

Die Methode *OnLoad* in NotepadCloneWithRegistry ruft die überschreibbare (*Overridable*) Methode *LoadRegistryInfo* auf. Die *OnClosed*-Methode ruft eine weitere überschreibbare Methode mit dem Namen *SaveRegistryInfo* auf. Beide virtuellen (*Overridable*) Methoden verfügen über *RegistryKey*-Argumente. Demzufolge kann jedes spätere Programm in der NotepadClone-Reihe diese beiden überschreibbaren Methoden einfach überschreiben, um Registrierungsinformationen zu laden und zu speichern. Die Überschreibungen müssen außerdem die Basismethoden aufrufen. In Kürze ist zu sehen, wie das funktioniert.

SaveRegistryInfo speichert die *WindowState*-Eigenschaft und die vier Komponenten des Felds *rectNormal*. *LoadRegistryInfo* weist zunächst dem Feld *rectNormal* diese vier Komponenten zu. Es kann jedoch vorkommen, dass der Benutzer die Desktopgröße nach dem Schließen der früheren Instanz des Programms geändert hat. In diesem Fall wird *rectNormal* so angepasst, dass es auf den Desktop passt. Die Methode stellt die Eigenschaft *DesktopBounds* auf das angepasste Feld *rectNormal* ein und anschließend die Eigenschaft *WindowState* auf den in der Registrierung gespeicherten Wert. Wenn Sie also das Programm in minimiertem oder maximiertem Zustand schließen, wird dieser Zustand wieder eingestellt, wenn Sie das Programm das nächste Mal ausführen. Wenn Sie anschließend das Programm jedoch mit der normalen Größe wiederherstellen, entsprechen Position und Größe der vorherigen Instanz, bevor sie minimiert oder maximiert wurde. (Dieses Verhalten weicht geringfügig vom Windows-Editor ab. Der Editor wird unabhängig vom Zustand der früheren Instanz bei Beendigung immer im normalen Zustand geöffnet.)

Der Editor-Klon mit Dateiein-/-ausgabe

Der nächste Schritt in der NotepadClone-Reihe besteht in der Implementierung des *Datei*-Menüs (*File*). Der Code für die Dateiein-/-ausgabe wurde zwar schon behandelt, doch da ich hier versuche, ein realitätsnahes Programm zu schreiben, sollte sich der Editor-Klon wie jedes andere Textverarbeitungsprogramm verhalten und beispielsweise eine Meldung der Art »Der Text in der Datei hat sich geändert. Möchten Sie die Änderungen speichern?« anzeigen.

Die folgende Eigenschaft von *TextBoxBase* ist nützlich für die Implementierung eines solchen Features:

TextBoxBase-Eigenschaften (Auswahl)

Eigenschaft	Typ	Zugriff
Modified	Boolean	Get/Set

Wenn Sie eine *TextBox* oder *RichTextBox* neu erstellen, wird die *Modified*-Eigenschaft mit dem Wert *False* initialisiert. Wenn der Benutzer anschließend den Inhalt des Textfelds ändert (z.B. durch Eingaben), setzt das Textfeld seine *Modified*-Eigenschaft auf *True*. Das Programm verwendet diese Eigenschaft, um zu entscheiden, ob der Inhalt des Textfelds in einer Datei gespeichert werden muss. Jedes Mal, wenn Ihr Programm den Inhalt des Textfelds in einer Datei speichert, muss es die Eigenschaft auf *False* zurücksetzen. (Eine Variable, die angibt, dass sich der Text geändert hat, wird mitunter auch als *dirty bit* bezeichnet.)

Bei verschiedenen Gelegenheiten muss ein Programm zur Dokumentverarbeitung ein Meldungsfeld anzeigen, in dem der Benutzer gefragt wird, ob er das Dokument speichern möchte: wenn der Benutzer im Menü *Datei* (*File*) auf *Neu* (*New*) klickt, insbesondere beim Löschen der vorhandenen Datei aus der Anwendung, beim Klicken auf *Öffnen* (*Open*) im Menü *Datei* (*File*), beim Ersetzen der vorhandenen Datei und beim Beenden des Programms. Im Programm NotepadCloneWithFile (das gleich folgt) trägt die Methode, die prüft, ob das vorhandene Dokument gelöscht werden kann, den Namen *OkToTrash*.

Wenn der Benutzer das vorhandene Dokument in einer Datei speichern möchte, muss das Programm normalerweise dieselbe Operation ausführen, als hätte der Benutzer im Menü *Datei* (*File*) auf *Speichern* (*Save*) geklickt. Wenn das Dokument jedoch noch keinen Namen hat, muss das Dialogfeld *Speichern unter* (*Save as*) angezeigt werden. Wenn der Benutzer anschließend im Dialogfeld auf die Schaltfläche *Abbrechen* (*Cancel*) klickt, werden die Daten nicht gespeichert; auch die Operationen *Neu* (*New*), *Öffnen* (*Open*) oder *Beenden* (*Exit*) werden in einem solchen Fall nicht ausgeführt.

Um den letzten Fall handhaben zu können, muss das Programm die Methode *OnClosing* überschreiben. Diese Methode wird vor dem Schließen des Formulars aufgerufen, woraufhin die Methode *OnClosed* aufgerufen wird. Die Methode *OnClosing* erhält ein *CancelEventArgs*-Objekt. Dieses verfügt über eine einzige *Boolean*-Eigenschaft (mit dem Namen *Cancel*), welche die Methode *OnClosing* auf *True* setzen kann, um das Schließen des Programms zu verhindern.

NotepadCloneWithFile benötigt außerdem eine Methode von *TextBoxBase*, die ich bisher noch nicht erwähnt habe:

TextBoxBase-Methoden (Auswahl)

```
Sub ClearUndo()
```

Hier sind einige Hintergrundinformationen erforderlich. Wie bereits erwähnt, implementiert die Klasse *TextBoxBase* ein einstufiges Rückgängig-Feature. Beim Ändern des Textfeldinhalts wird die vorherige Version häufig gespeichert. Wie der nächste Abschnitt zeigt, enthält *TextBoxBase* auch eine *Boolean*-Eigenschaft *CanUndo*, die den Wert *True* zurückgibt, um das Vorhandensein einer vorherigen Version anzugeben, sowie die Methode *Undo*, die zur vorherigen Version zurückkehrt.

Gelegentlich ist es jedoch nicht wünschenswert, dass der Benutzer zum vorherigen Inhalt des Textfelds zurückkehren kann, z.B. wenn das Programm das Textfeld aus einer Datei lädt. Es macht bei dem Befehl *Rückgängig* (*Undo*) wenig Sinn, zum Zustand des Textfelds vor dem Laden der Datei zurückzukehren. In solchen Fällen ruft das Programm *ClearUndo* auf, um die vorherige Version des Textfeldinhalts zu löschen.

Es folgt die Version des Editor-Klons, die das Menü *Datei* (*File*) implementiert. Die drei Optionen für den Druck werden zunächst nicht implementiert. Der Code für diese Menüpunkte wird in Kapitel 21 im Programm NotepadCloneWithPrinting nachgeliefert.

NotepadCloneWithFile.vb

```vb
Imports Microsoft.Win32         ' Für Registrierungsklassen
Imports System
Imports System.ComponentModel   ' Für CancelEventArgs-Klasse
Imports System.Drawing
Imports System.IO
Imports System.Text             ' Für Encoding-Klasse
Imports System.Windows.Forms
Class NotepadCloneWithFile
    Inherits NotepadCloneWithRegistry
    ' Felder
    Protected strFileName As String
    Const strEncoding As String = "Encoding"        ' Für Registrierung
    Const strFilter As String = "Text Documents(*.txt)|*.txt|All Files(*.*)|*.*"
    Private miEncoding As MenuItem
    Private mieChecked As MenuItemEncoding

    ' Einstiegspunkt
    Shared Shadows Sub Main()
        Application.Run(New NotepadCloneWithFile())
    End Sub

    ' Konstruktor
    Sub New()
        strProgName = "Notepad Clone with File"
        MakeCaption()

        Menu = New MainMenu()

        ' Menü Datei
        Dim mi As New MenuItem("&File")
        Menu.MenuItems.Add(mi)
        Dim index As Integer = Menu.MenuItems.Count - 1

        ' Datei | Neu
        mi = New MenuItem("&New")
        AddHandler mi.Click, AddressOf MenuFileNewOnClick
        mi.Shortcut = Shortcut.CtrlN
        Menu.MenuItems(index).MenuItems.Add(mi)

        ' Datei | Öffnen
        Dim miFileOpen As New MenuItem("&Open...")
        AddHandler miFileOpen.Click, AddressOf MenuFileOpenOnClick
        miFileOpen.Shortcut = Shortcut.CtrlO
        Menu.MenuItems(index).MenuItems.Add(miFileOpen)

        ' Datei | Speichern
        Dim miFileSave As New MenuItem("&Save")
        AddHandler miFileSave.Click, AddressOf MenuFileSaveOnClick
        miFileSave.Shortcut = Shortcut.CtrlS
        Menu.MenuItems(index).MenuItems.Add(miFileSave)

        ' Datei | Speichern unter
        mi = New MenuItem("Save &As...")
        AddHandler mi.Click, AddressOf MenuFileSaveAsOnClick
        Menu.MenuItems(index).MenuItems.Add(mi)

        ' Datei | Codierung
        miEncoding = New MenuItem("&Encoding")
        Menu.MenuItems(index).MenuItems.Add(miEncoding)
        Menu.MenuItems(index).MenuItems.Add("-")
```

```vb
        ' Untermenü Datei | Codierung
        Dim eh As EventHandler = AddressOf MenuFileEncodingOnClick
        Dim astrEncodings() As String = {"&ASCII", "&Unicode", _
                                         "&Big-Endian Unicode", _
                                         "UTF-&7", "&UTF-&8"}
        Dim aenc() As Encoding = {Encoding.ASCII, Encoding.Unicode, _
                                  Encoding.BigEndianUnicode, _
                                  Encoding.UTF7, Encoding.UTF8}
        Dim i As Integer
        For i = 0 To astrEncodings.GetUpperBound(0)
            Dim mie As New MenuItemEncoding()
            mie.Text = astrEncodings(i)
            mie.encode = aenc(i)
            mie.RadioCheck = True
            AddHandler mie.Click, eh
            miEncoding.MenuItems.Add(mie)
        Next i
        ' UTF-8 als Standard vorgeben.
        mieChecked = DirectCast(miEncoding.MenuItems(4), MenuItemEncoding)
        mieChecked.Checked = True

        ' Datei | Seite einrichten
        mi = New MenuItem("Page Set&up...")
        AddHandler mi.Click, AddressOf MenuFileSetupOnClick
        Menu.MenuItems(index).MenuItems.Add(mi)

        ' Datei | Druckvorschau
        mi = New MenuItem("Print Pre&view...")
        AddHandler mi.Click, AddressOf MenuFilePreviewOnClick
        Menu.MenuItems(index).MenuItems.Add(mi)

        ' Datei | Drucken
        mi = New MenuItem("&Print...")
        AddHandler mi.Click, AddressOf MenuFilePrintOnClick
        mi.Shortcut = Shortcut.CtrlP
        Menu.MenuItems(index).MenuItems.Add(mi)
        Menu.MenuItems(index).MenuItems.Add("-")

        ' Datei | Beenden
        mi = New MenuItem("E&xit")
        AddHandler mi.Click, AddressOf MenuFileExitOnClick
        Menu.MenuItems(index).MenuItems.Add(mi)

        ' Systemereignis einstellen.
        AddHandler SystemEvents.SessionEnding, AddressOf OnSessionEnding
    End Sub

    ' Ereignisüberschreibungen
    Protected Overrides Sub OnLoad(ByVal ea As EventArgs)
        MyBase.OnLoad(ea)

        ' Befehlszeilenargument verarbeiten.
        Dim astrArgs As String() = Environment.GetCommandLineArgs()
        If astrArgs.Length > 1 Then
            If File.Exists(astrArgs(1)) Then
                LoadFile(astrArgs(1))
            Else
                Dim dr As DialogResult = MessageBox.Show("Cannot find the " & _
                                 Path.GetFileName(astrArgs(1)) & _
                                 " file." & vbLf & vbLf & _
```

```vb
                            "Do you want to create a new file?", _
                            strProgName, _
                            MessageBoxButtons.YesNoCancel, _
                            MessageBoxIcon.Question)
            Select Case dr
                Case DialogResult.Yes    ' Datei erstellen und schließen.
                    strFileName = astrArgs(1)
                    File.Create(strFileName).Close()
                    MakeCaption()
                Case DialogResult.No     ' Nichts tun.
                Case DialogResult.Cancel ' Programm schließen.
                    Close()
            End Select
        End If
    End If
End Sub
Protected Overrides Sub OnClosing(ByVal cea As CancelEventArgs)
    MyBase.OnClosing(cea)
    cea.Cancel = Not OkToTrash()
End Sub
' Ereignishandler
Private Sub OnSessionEnding(ByVal obj As Object, ByVal seea As SessionEndingEventArgs)
    seea.Cancel = Not OkToTrash()
End Sub
' Menüpunkte
Sub MenuFileNewOnClick(ByVal obj As Object, ByVal ea As EventArgs)
    If Not OkToTrash() Then Return

    txtbox.Clear()
    txtbox.ClearUndo()
    txtbox.Modified = False
    strFileName = Nothing
    MakeCaption()
End Sub
Sub MenuFileOpenOnClick(ByVal obj As Object, ByVal ea As EventArgs)
    If Not OkToTrash() Then Return

    Dim ofd As New OpenFileDialog()
    ofd.Filter = strFilter
    ofd.FileName = "*.txt"
    If ofd.ShowDialog() = DialogResult.OK Then LoadFile(ofd.FileName)
End Sub
Sub MenuFileEncodingOnClick(ByVal obj As Object, ByVal ea As EventArgs)
    mieChecked.Checked = False
    mieChecked = DirectCast(obj, MenuItemEncoding)
    mieChecked.Checked = True
End Sub
Sub MenuFileSaveOnClick(ByVal obj As Object, ByVal ea As EventArgs)
    If strFileName Is Nothing OrElse strFileName.Length = 0 Then
        SaveFileDlg()
    Else
        SaveFile()
    End If
End Sub
```

```vb
Sub MenuFileSaveAsOnClick(ByVal obj As Object, ByVal ea As EventArgs)
    SaveFileDlg()
End Sub
Protected Overridable Sub MenuFileSetupOnClick(ByVal obj As Object, ByVal ea As EventArgs)
    MessageBox.Show("Page Setup not yet implemented!", strProgName)
End Sub
Protected Overridable Sub MenuFilePreviewOnClick(ByVal obj As Object, ByVal ea As EventArgs)
    MessageBox.Show("Print Preview not yet implemented!", strProgName)
End Sub
Protected Overridable Sub MenuFilePrintOnClick(ByVal obj As Object, ByVal ea As EventArgs)
    MessageBox.Show("Print not yet implemented!", strProgName)
End Sub
Sub MenuFileExitOnClick(ByVal obj As Object, ByVal ea As EventArgs)
    If OkToTrash() Then Application.Exit()
End Sub
' Methodenüberschreibungen
Protected Overrides Sub LoadRegistryInfo(ByVal regkey As RegistryKey)
    MyBase.LoadRegistryInfo(regkey)

    ' Codierung einstellen.
    Dim index As Integer = DirectCast(regkey.GetValue(strEncoding, 4), Integer)
    mieChecked.Checked = False
    mieChecked = DirectCast(miEncoding.MenuItems(index), MenuItemEncoding)
    mieChecked.Checked = True
End Sub
Protected Overrides Sub SaveRegistryInfo(ByVal regkey As RegistryKey)
    MyBase.SaveRegistryInfo(regkey)
    regkey.SetValue(strEncoding, mieChecked.Index)
End Sub
' Hilfsroutinen
Protected Sub LoadFile(ByVal strFileName As String)
    Dim sr As StreamReader
    Try
        sr = New StreamReader(strFileName)
    Catch exc As Exception
        MessageBox.Show(exc.Message, strProgName, _
                        MessageBoxButtons.OK, MessageBoxIcon.Asterisk)
        Return
    End Try

    txtbox.Text = sr.ReadToEnd()
    sr.Close()
    Me.strFileName = strFileName
    MakeCaption()

    txtbox.SelectionStart = 0
    txtbox.SelectionLength = 0
    txtbox.Modified = False
    txtbox.ClearUndo()
End Sub

Private Sub SaveFile()
    Try
        Dim sw As New StreamWriter(strFileName, False, mieChecked.encode)
        sw.Write(txtbox.Text)
        sw.Close()
```

```vb
            Catch exc As Exception
                MessageBox.Show(exc.Message, strProgName, _
                                MessageBoxButtons.OK, _
                                MessageBoxIcon.Asterisk)
                Return
            End Try
            txtbox.Modified = False
        End Sub
        Private Function SaveFileDlg() As Boolean
            Dim sfd As New SaveFileDialog()

            If Not strFileName Is Nothing AndAlso strFileName.Length > 1 Then
                sfd.FileName = strFileName
            Else
                sfd.FileName = "*.txt"
            End If

            sfd.Filter = strFilter

            If sfd.ShowDialog() = DialogResult.OK Then
                strFileName = sfd.FileName
                SaveFile()
                MakeCaption()
                Return True
            Else
                Return False       ' Rückgabewerte für OkToTrash.
            End If
        End Function
        Protected Sub MakeCaption()
            Text = strProgName & " - " & FileTitle()
        End Sub
        Protected Function FileTitle() As String
            If Not strFileName = Nothing AndAlso strFileName.Length > 1 Then
                Return Path.GetFileName(strFileName)
            Else
                Return "Untitled"
            End If
        End Function
        Protected Function OkToTrash() As Boolean
            If Not txtbox.Modified Then
                Return True
            End If
            Dim dr As DialogResult = _
                    MessageBox.Show("The text in the " & FileTitle() & _
                                    " file has changed." & vbLf & vbLf & _
                                    "Do you want to save the changes?", _
                                    strProgName, _
                                    MessageBoxButtons.YesNoCancel, _
                                    MessageBoxIcon.Exclamation)
            Select Case dr
                Case DialogResult.Yes : Return SaveFileDlg()
                Case DialogResult.No : Return True
                Case DialogResult.Cancel : Return False
            End Select
            Return False
        End Function
End Class
```

```
Class MenuItemEncoding
    Inherits MenuItem
    Public encode As Encoding
End Class
```

Obwohl die Auswahl der Option *Öffnen* (*Open*) im Menü *Datei* (*File*) die gängigste Vorgehensweise zum Laden einer Datei in den Windows-Editor ist, können Sie den Editor auch von der Befehlszeile aufrufen und eine Datei als Argument übergeben. Auch NotepadCloneWithFile überschreibt die *OnLoad*-Methode und versucht, eine Datei zu laden, die über ein Befehlszeilenargument angegeben wurde.

Der Windows-Editor stellt im Dialogfeld *Speichern unter* (*Save As*) ein spezielles Kombinationsfeld bereit, mit dem die Dateicodierung angegeben werden kann.

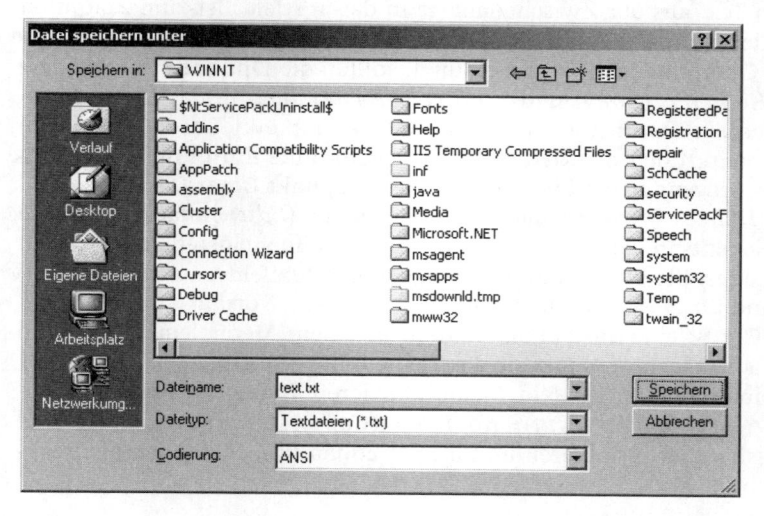

Sehen Sie das Feld ganz unten? Die Optionen für dieses Feld lauten *ANSI*, *Unicode*, *Unicode Big Endian* und *UTF-8*. (Wenn Sie mit diesen Begriffen und der Codierung von Textdateien unter Windows nicht vertraut sind, lesen Sie den Abschnitt »Text lesen und schreiben« in Anhang A.)

Leider bieten Windows Forms-Programme in Bezug auf die Erweiterung der Standarddialogfelder nicht dieselbe Flexibilität wie Windows-API-Programme. Aus diesem Grund habe ich dem Punkt *Encoding* zum Menü *Datei* (*File*) hinzugefügt. Dieser Menüpunkt ruft ein weiteres Untermenü auf, das fünf Codierungsoptionen anzeigt: *ASCII, Unicode, Big-Endian Unicode, UTF-7* und *UTF-8*. Die kleine Klasse *MenuItemEncoding* überschreibt *MenuItem*, sodass das entsprechende Objekt der Klasse *Encoding* zusammen mit jedem dieser fünf Menüelemente gespeichert werden kann.

NotepadCloneWithFile überschreibt die Methoden *SaveRegistryInfo* und *LoadRegistryInfo* in NotepadCloneWithRegistry, um die vom Benutzer gewählte Zeichencodierung zu speichern und später wieder zu laden. Beachten Sie, dass diese Methode weiterhin die Methoden der Basisklasse aufruft, damit Position und Größe des Fensters gespeichert und geladen werden.

Der Editor-Klon (Fortsetzung)

Das nächste zu untersuchende Programm heißt NotepadCloneWithEdit. Dieses Programm ist von NotepadCloneWithFile abgeleitet und implementiert das Menü *Edit* (*Bearbeiten*). Das Menü *Edit* wäre schwieriger zu implementieren (und würde Grundlagen erfordern, die erst in Kapitel 24 behandelt werden), gäbe es da nicht die integrierte Zwischenablageunterstützung von *TextBoxBase*. Schon bei den ersten Programmen der NotepadClone-Reihe können Sie STRG+Z, STRG+X, STRG+C und STRG+V drücken, um die Operationen Rückgängigmachen, Ausschneiden, Kopieren und Einfügen auszuführen.

Wie bereits erwähnt, stellt die Rückgängig-Operation die vorherige Version des Textes im Textfeld wieder her. Bei den Operationen Ausschneiden und Kopieren wird der markierte Text in die Zwischenablage kopiert. Die Operation Ausschneiden löscht den Text zusätzlich noch. Die Operation Einfügen kopiert den Text aus der Zwischenablage in das Textfeld. Ist zum Zeitpunkt der Einfügeoperation Text markiert, wird die Auswahl durch den eingefügten Text ersetzt.

Obwohl *TextBoxBase* diese Operationen direkt unterstützt, sollten die Optionen *Rückgängig* (*Undo*), *Ausschneiden* (*Cut*), *Kopieren* (*Copy*) und *Einfügen* (*Paste*) auch in das Menü *Bearbeiten* (*Edit*) aufgenommen werden. Darüber hinaus sollte der Menüpunkt *Löschen* (*Delete*) (mit zugeordneter Tastenkombination) den markierten Text löschen, ohne ihn in die Zwischenablage zu kopieren. (Bei einigen Anwendungen übernimmt der Menüpunkt *Clear [deutsch ebenfalls Löschen]* die Aufgabe von *Delete*). Wenn Sie das Menü *Bearbeiten* (*Edit*) einfach mit diesen Menüpunkten erstellen und die entsprechenden *Shortcut*-Eigenschaften einstellen, geschieht jedoch interessanterweise Folgendes: Sie blockieren die Fähigkeit des Textfelds, auf die Tastatureingaben zu reagieren! Der Grund für dieses Verhalten ist, dass das Menü Vorrang vor den Tastatureingaben hat. Wenn SRTG+C z.B. eine Tastenkombination in einem Menüelement ist, wird diese Tastatureingabe vom Menü verarbeitet, sodass sie das Textfeld nie erreicht.

Sie können die Tastenkombinationen im Textfeld wieder aktivieren, indem Sie für die Menüpunkte *Rückgängig* (*Undo*), *Ausschneiden* (*Cut*), *Kopieren* (*Copy*), *Einfügen* (*Paste*) und *Löschen* (*Delete*) *Click*-Ereignishandler installieren und die folgenden fünf Methoden als Reaktion auf die Ereignisse aufrufen:

TextBoxBase-Methoden (Auswahl)

```
Sub Undo()
Sub Cut()
Sub Copy()
Sub Paste()
Sub Clear()
```

Sie sollten für das Menü *Bearbeiten* (*Edit*) auch einen *Popup*-Ereignishandler installieren, um diese fünf Menüpunkte entsprechend zu aktivieren und zu deaktivieren. Sie können den Menüpunkt *Rückgängig* (*Undo*) in Abhängigkeit vom Rückgabewert der folgenden Eigenschaft aktivieren:

TextBoxBase-Eigenschaften (Auswahl)

Eigenschaft	Typ	Zugriff
CanUndo	Boolean	Get

Aktivieren Sie die Menüpunkte *Ausschneiden* (*Cut*), *Kopieren* (*Copy*) und *Löschen* (*Delete* oder *Clear*) nur, wenn die Eigenschaft *SelectionLength* größer als 0 ist. Andernfalls gibt es keinen markierten Text, der zu löschen oder in die Zwischenablage zu kopieren ist.

Am schwierigsten ist der Menüpunkt *Einfügen* (*Paste*). Er sollte nur aktiviert werden, wenn die Zwischenablage Text enthält. Bis Kapitel 24 müssen Sie mir leider einfach glauben, dass Sie den Menüpunkt *Einfügen* (*Paste*) nur aktivieren sollten, wenn der folgende Ausdruck *True* zurückgibt:

```
Clipboard.GetDataObject().GetDataPresent(GetType(String))
```

GetDataObject ist eine shared Methode von *Clipboard*, die ein Objekt vom Typ *IDataObject* zurückgibt. *GetDataPresent* ist eine Methode dieser Schnittstelle, die *True* zurückgibt, wenn die Zwischenablage Daten des im Argument angegebenen Typs enthält. Das ist in diesem Fall *String*.

Wenn das Menü *Bearbeiten* (*Edit*) nur *Rückgängig* (*Undo*), *Ausschneiden* (*Cut*), *Kopieren* (*Copy*), *Einfügen* (*Paste*) und *Löschen* (*Delete*) enthielte, wäre dies ein Kinderspiel. Sogar die Option *Alles markieren* (*Select All*) kann mit einem Aufruf von *SelectAll* implementiert werden. Auch der Menüpunkt *Uhrzeit/Datum* (*Time/Date*) im Editor-Menü *Bearbeiten* (*Edit*) ist mit der *ToString*-Methode der *DateTime*-Klasse problemlos zu realisieren.

Doch das Editor-Menü *Bearbeiten* (*Edit*) enthält auch *Suchen* (*Find*), *Weitersuchen* (*Find Next*) und *Gehe zu* (*Go To*). Über diesen letzten Menüpunkt kann der Benutzer zu einer bestimmten Zeile des Dokuments springen. Ich habe beschlossen, den Menüpunkt *Gehe zu* (*Go To*) nicht zu implementieren, da den Textfeldsteuerelementen eine Methode fehlt, die den Zeichenoffset einer bestimmten Zeile angibt. (Bei der Win32-API-Programmierung wird dieser Wert von der Meldung *EM_LINEINDEX* bereitgestellt.) Dieses Manko wird im Menü *Format* ausgeglichen, in dem ich ein Feature bereitstelle, das der Editor nicht vorweisen kann: die Auswahl von Text- und Hintergrundfarbe.

Die folgende Datei unterstützt Dialogfelder für die Optionen *Suchen* (*Find*) und *Ersetzen* (*Replace*). *FindDialog* und *ReplaceDialog* stammen aus der abstrakten (*MustInherit*) Klasse *FindReplaceDialog*. Die Klasse *FindReplaceDialog* erstellt alle Steuerelemente, die beide Dialogfelder gemeinsam haben. Die beiden von *FindReplaceDialog* abgeleiteten Klassen deaktivieren bestimmte Steuerelemente und verschieben (in einem Fall) eine Schaltfläche an eine geeignetere Position.

FindReplaceDialog.vb
```
Imports System
Imports System.Drawing
Imports System.Windows.Forms
Class FindDialog
    Inherits FindReplaceDialog

    Sub New()
        Text = "Find"
        lblReplace.Visible = False
        txtboxReplace.Visible = False
        btnReplace.Visible = False
        btnReplaceAll.Visible = False
        btnCancel.Location = btnReplace.Location
    End Sub
End Class
Class ReplaceDialog
    Inherits FindReplaceDialog
```

```vbnet
    Sub New()
        Text = "Replace"
        grpboxDirection.Visible = False
    End Sub
End Class
MustInherit Class FindReplaceDialog
    Inherits Form
    ' Felder
    Protected lblFind, lblReplace As Label
    Protected txtboxFind, txtboxReplace As TextBox
    Protected chkboxMatchCase As CheckBox
    Protected grpboxDirection As GroupBox
    Protected radbtnUp, radbtnDown As RadioButton
    Protected btnFindNext, btnReplace, btnReplaceAll, btnCancel As Button

    ' Öffentliche Ereignisse
    Event FindNext As EventHandler
    Event Replace As EventHandler
    Event ReplaceAll As EventHandler
    Event CloseDlg As EventHandler

    ' Konstruktor
    Sub New()
        FormBorderStyle = FormBorderStyle.FixedDialog
        ControlBox = False
        MinimizeBox = False
        MaximizeBox = False
        ShowInTaskbar = False
        StartPosition = FormStartPosition.Manual
        Location = Point.op_Addition(ActiveForm.Location, _
                   Size.op_Addition(SystemInformation.CaptionButtonSize, _
                                    SystemInformation.FrameBorderSize))

        lblFind = New Label()
        lblFind.Parent = Me
        lblFind.Text = "Fi&nd what:"
        lblFind.Location = New Point(8, 8)
        lblFind.Size = New Size(64, 8)

        txtboxFind = New TextBox()
        txtboxFind.Parent = Me
        txtboxFind.Location = New Point(72, 8)
        txtboxFind.Size = New Size(136, 8)
        AddHandler txtboxFind.TextChanged, AddressOf TextBoxFindOnTextCharged

        lblReplace = New Label()
        lblReplace.Parent = Me
        lblReplace.Text = "Re&place with:"
        lblReplace.Location = New Point(8, 24)
        lblReplace.Size = New Size(64, 8)

        txtboxReplace = New TextBox()
        txtboxReplace.Parent = Me
        txtboxReplace.Location = New Point(72, 24)
        txtboxReplace.Size = New Size(136, 8)

        chkboxMatchCase = New CheckBox()
        chkboxMatchCase.Parent = Me
        chkboxMatchCase.Text = "Match &case"
        chkboxMatchCase.Location = New Point(8, 50)
        chkboxMatchCase.Size = New Size(64, 8)
```

```vb
        grpboxDirection = New GroupBox()
        grpboxDirection.Parent = Me
        grpboxDirection.Text = "Direction"
        grpboxDirection.Location = New Point(100, 40)
        grpboxDirection.Size = New Size(96, 24)

        radbtnUp = New RadioButton()
        radbtnUp.Parent = grpboxDirection
        radbtnUp.Text = "&Up"
        radbtnUp.Location = New Point(8, 8)
        radbtnUp.Size = New Size(32, 12)

        radbtnDown = New RadioButton()
        radbtnDown.Parent = grpboxDirection
        radbtnDown.Text = "&Down"
        radbtnDown.Location = New Point(40, 8)
        radbtnDown.Size = New Size(40, 12)

        btnFindNext = New Button()
        btnFindNext.Parent = Me
        btnFindNext.Text = "&Find Next"
        btnFindNext.Enabled = False
        btnFindNext.Location = New Point(216, 4)
        btnFindNext.Size = New Size(64, 16)
        AddHandler btnFindNext.Click, AddressOf ButtonFindNextOnClick

        btnReplace = New Button()
        btnReplace.Parent = Me
        btnReplace.Text = "&Replace"
        btnReplace.Enabled = False
        btnReplace.Location = New Point(216, 24)
        btnReplace.Size = New Size(64, 16)
        AddHandler btnReplace.Click, AddressOf ButtonReplaceOnClick

        btnReplaceAll = New Button()
        btnReplaceAll.Parent = Me
        btnReplaceAll.Text = "Replace &All"
        btnReplaceAll.Enabled = False
        btnReplaceAll.Location = New Point(216, 44)
        btnReplaceAll.Size = New Size(64, 16)
        AddHandler btnReplaceAll.Click, AddressOf ButtonReplaceAllOnClick

        btnCancel = New Button()
        btnCancel.Parent = Me
        btnCancel.Text = "Cancel"
        btnCancel.Location = New Point(216, 64)
        btnCancel.Size = New Size(64, 16)
        AddHandler btnCancel.Click, AddressOf ButtonCancelOnClick
        CancelButton = btnCancel

        ClientSize = New Size(288, 84)
        AutoScaleBaseSize = New Size(4, 8)
    End Sub
    ' Eigenschaften
    Property FindText() As String
        Set(ByVal Value As String)
            txtboxFind.Text = Value
        End Set
        Get
            Return txtboxFind.Text
        End Get
    End Property
```

```
    Property ReplaceText() As String
        Set(ByVal Value As String)
            txtboxReplace.Text = Value
        End Set
        Get
            Return txtboxReplace.Text
        End Get
    End Property
    Property MatchCase() As Boolean
        Set(ByVal Value As Boolean)
            chkboxMatchCase.Checked = Value
        End Set
        Get
            Return chkboxMatchCase.Checked
        End Get
    End Property
    Property FindDown() As Boolean
        Set(ByVal Value As Boolean)
            If Value Then
                radbtnDown.Checked = True
            Else
                radbtnUp.Checked = True
            End If
        End Set
        Get
            Return radbtnDown.Checked
        End Get
    End Property
    ' Ereignishandler
    Sub TextBoxFindOnTextChanged(ByVal obj As Object, ByVal ea As EventArgs)
        btnReplace.Enabled = txtboxFind.Text.Length > 0
        btnFindNext.Enabled = btnReplace.Enabled
        btnReplaceAll.Enabled = btnReplace.Enabled
    End Sub
    Sub ButtonFindNextOnClick(ByVal obj As Object, ByVal ea As EventArgs)
        RaiseEvent FindNext(Me, EventArgs.Empty)
    End Sub
    Sub ButtonReplaceOnClick(ByVal obj As Object, ByVal ea As EventArgs)
        RaiseEvent Replace(Me, EventArgs.Empty)
    End Sub
    Sub ButtonReplaceAllOnClick(ByVal obj As Object, ByVal ea As EventArgs)
        RaiseEvent ReplaceAll(Me, EventArgs.Empty)
    End Sub
    Sub ButtonCancelOnClick(ByVal obj As Object, ByVal ea As EventArgs)
        RaiseEvent CloseDlg(Me, EventArgs.Empty)
        Close()
    End Sub
End Class
```

FindReplaceDialog hat vier Eigenschaften, die dem Hauptprogramm den Zugriff auf den Text der beiden Textfelder (den zu suchenden und den zu ersetzenden Text), das Kontrollkästchen *Groß-/Kleinschreibung* (*Match Case*) und das Optionsfeldpaar zum Angeben der Suchrichtung im Dokument ermöglichen.

FindDialog und *ReplaceDialog* sind als Dialogfelder ohne Modus gedacht. Sie sind in der Tat das klassische Beispiel für Dialogfelder, die ohne Modus am besten funktionieren. Das Dialogfeld soll aktiv sein und angezeigt werden, wenn Sie mehrmals hintereinander eine Suchen/Ersetzen-Operation ausführen. Wie Sie aus Kapitel 16 wissen, kommunizieren Dialogfelder ohne Modus in der Regel über Ereignisse mit dem aufrufenden Programm. In der Datei FindReplaceDialog werden vier öffentliche Ereignisse definiert:

```
Event FindNext As EventHandler
Event Replace As EventHandler
Event ReplaceAll As EventHandler
Event CloseDlg As EventHandler
```

Diese Ereignisse werden ausgelöst, wenn der Benutzer auf die Dialogfeldschaltflächen *Weitersuchen* (*Find Next*), *Ersetzen* (*Replace*), *Alle ersetzen* (*Replace All*) und *Abbrechen* (*Cancel*) klickt.

Es folgt das Programm NotepadCloneWithEdit, das neben dem Menü *Edit* selbst auch alle Optionen in diesem Menü implementiert.

NotepadCloneWithEdit.vb

```
Imports System
Imports System.Drawing
Imports System.Windows.Forms
Class NotepadCloneWithEdit
    Inherits NotepadCloneWithFile
    Private miEditUndo, miEditCut, miEditCopy As MenuItem
    Private miEditPaste, miEditDelete As MenuItem
    Private strFind As String = ""
    Private strReplace As String = ""
    Private bMatchCase As Boolean = False
    Private bFindDown As Boolean = True

    Shared Shadows Sub Main()
        Application.Run(New NotepadCloneWithEdit())
    End Sub

    Sub New()
        strProgName = "Notepad Clone with Edit"
        MakeCaption()

        ' Menü Bearbeiten
        Dim mi As New MenuItem("&Edit")
        AddHandler mi.Popup, AddressOf MenuEditOnPopup
        Menu.MenuItems.Add(mi)
        Dim index As Integer = Menu.MenuItems.Count - 1

        ' Bearbeiten | Rückgängig
        miEditUndo = New MenuItem("&Undo")
        AddHandler miEditUndo.Click, AddressOf MenuEditUndoOnClick
        miEditUndo.Shortcut = Shortcut.CtrlZ
        Menu.MenuItems(index).MenuItems.Add(miEditUndo)
        Menu.MenuItems(index).MenuItems.Add("-")

        ' Bearbeiten | Ausschneiden
        miEditCut = New MenuItem("Cu&t")
        AddHandler miEditCut.Click, AddressOf MenuEditCutOnClick
        miEditCut.Shortcut = Shortcut.CtrlX
        Menu.MenuItems(index).MenuItems.Add(miEditCut)
```

```vb
        ' Bearbeiten | Kopieren
        miEditCopy = New MenuItem("&Copy")
        AddHandler miEditCopy.Click, AddressOf MenuEditCopyOnClick
        miEditCopy.Shortcut = Shortcut.CtrlC
        Menu.MenuItems(index).MenuItems.Add(miEditCopy)

        ' Bearbeiten | Einfügen
        miEditPaste = New MenuItem("&Paste")
        AddHandler miEditPaste.Click, AddressOf MenuEditPasteOnClick
        miEditPaste.Shortcut = Shortcut.CtrlV
        Menu.MenuItems(index).MenuItems.Add(miEditPaste)

        ' Bearbeiten | Löschen
        miEditDelete = New MenuItem("De&lete")
        AddHandler miEditDelete.Click, AddressOf MenuEditDeleteOnClick
        miEditDelete.Shortcut = Shortcut.Del
        Menu.MenuItems(index).MenuItems.Add(miEditDelete)
        Menu.MenuItems(index).MenuItems.Add("-")

        ' Bearbeiten | Suchen
        mi = New MenuItem("&Find...")
        AddHandler mi.Click, AddressOf MenuEditFindOnClick
        mi.Shortcut = Shortcut.CtrlF
        Menu.MenuItems(index).MenuItems.Add(mi)

        ' Bearbeiten | Weitersuchen
        mi = New MenuItem("Find &Next")
        AddHandler mi.Click, AddressOf MenuEditFindNextOnClick
        mi.Shortcut = Shortcut.F3
        Menu.MenuItems(index).MenuItems.Add(mi)

        ' Bearbeiten | Ersetzen
        mi = New MenuItem("&Replace...")
        AddHandler mi.Click, AddressOf MenuEditReplaceOnClick
        mi.Shortcut = Shortcut.CtrlH
        Menu.MenuItems(index).MenuItems.Add(mi)
        Menu.MenuItems(index).MenuItems.Add("-")

        ' Bearbeiten | Alles markieren
        mi = New MenuItem("Select &All")
        AddHandler mi.Click, AddressOf MenuEditSelectAllOnClick
        mi.Shortcut = Shortcut.CtrlA
         Menu.MenuItems(index).MenuItems.Add(mi)

        ' Bearbeiten | Zeit/Datum
        mi = New MenuItem("Time/&Date")
        AddHandler mi.Click, AddressOf MenuEditTimeDateOnClick
        mi.Shortcut = Shortcut.F5
        Menu.MenuItems(index).MenuItems.Add(mi)
End Sub

Sub MenuEditOnPopup(ByVal obj As Object, ByVal ea As EventArgs)
    miEditUndo.Enabled = txtbox.CanUndo
    miEditCopy.Enabled = txtbox.SelectionLength > 0
    miEditCut.Enabled = miEditCopy.Enabled
    miEditDelete.Enabled = miEditCopy.Enabled

    miEditPaste.Enabled = Clipboard.GetDataObject().GetDataPresent(GetType(String))
End Sub

Sub MenuEditUndoOnClick(ByVal obj As Object, ByVal ea As EventArgs)
    txtbox.Undo()
    txtbox.ClearUndo()
End Sub
```

```vb
Sub MenuEditCutOnClick(ByVal obj As Object, ByVal ea As EventArgs)
    txtbox.Cut()
End Sub
Sub MenuEditCopyOnClick(ByVal obj As Object, ByVal ea As EventArgs)
    txtbox.Copy()
End Sub
Sub MenuEditPasteOnClick(ByVal obj As Object, ByVal ea As EventArgs)
    txtbox.Paste()
End Sub
Sub MenuEditDeleteOnClick(ByVal obj As Object, ByVal ea As EventArgs)
    txtbox.Clear()
End Sub
Sub MenuEditFindOnClick(ByVal obj As Object, ByVal ea As EventArgs)
    If OwnedForms.Length > 0 Then Return
    txtbox.HideSelection = False
    Dim dlg As New FindDialog()
    dlg.Owner = Me
    dlg.FindText = strFind
    dlg.MatchCase = bMatchCase
    dlg.FindDown = bFindDown
    AddHandler dlg.FindNext, AddressOf FindDialogOnFindNext
    AddHandler dlg.CloseDlg, AddressOf FindReplaceDialogOnCloseDlg
    dlg.Show()
End Sub
Sub MenuEditFindNextOnClick(ByVal obj As Object, ByVal ea As EventArgs)
    If strFind.Length = 0 Then
        If OwnedForms.Length > 0 Then Return
        MenuEditFindOnClick(obj, ea)
    Else
        FindNext()
    End If
End Sub
Sub MenuEditReplaceOnClick(ByVal obj As Object, ByVal ea As EventArgs)
    If OwnedForms.Length > 0 Then Return
    txtbox.HideSelection = False
    Dim dlg As New ReplaceDialog()
    dlg.Owner = Me
    dlg.FindText = strFind
    dlg.ReplaceText = strReplace
    dlg.MatchCase = bMatchCase
    dlg.FindDown = bFindDown
    AddHandler dlg.FindNext, AddressOf FindDialogOnFindNext
    AddHandler dlg.Replace, AddressOf ReplaceDialogOnReplace
    AddHandler dlg.ReplaceAll, AddressOf ReplaceDialogOnReplaceAll
    AddHandler dlg.CloseDlg, AddressOf FindReplaceDialogOnCloseDlg
    dlg.Show()
End Sub
Sub MenuEditSelectAllOnClick(ByVal obj As Object, ByVal ea As EventArgs)
    txtbox.SelectAll()
End Sub
Sub MenuEditTimeDateOnClick(ByVal obj As Object, ByVal ea As EventArgs)
    Dim dt As DateTime = DateTime.Now
    txtbox.SelectedText = dt.ToString("t") & " " & dt.ToString("d")
End Sub
```

```vb
Sub FindDialogOnFindNext(ByVal obj As Object, ByVal ea As EventArgs)
    Dim dlg As FindReplaceDialog = DirectCast(obj, FindReplaceDialog)
    strFind = dlg.FindText
    bMatchCase = dlg.MatchCase
    bFindDown = dlg.FindDown
    FirdNext()
End Sub
Private Function FindNext() As Boolean
    If bFindDown Then
        Dim iStart As Integer = txtbox.SelectionStart + txtbox.SelectionLength
        While iStart + strFind.Length <= txtbox.TextLength
            If String.Compare(strFind, 0, txtbox.Text, iStart, _
                              strFind.Length, Not bMatchCase) = 0 Then
                txtbox.SelectionStart = iStart
                txtbox.SelectionLength = strFind.Length
                Return True
            End If
            iStart += 1
        End While
    Else
        Dim iStart As Integer = txtbox.SelectionStart - strFind.Length
        While iStart >= 0
            If String.Compare(strFind, 0, txtbox.Text, iStart, _
                              strFind.Length, Not bMatchCase) = 0 Then
                txtbox.SelectionStart = iStart
                txtbox.SelectionLength = strFind.Length
                Return True
            End If
            iStart -= 1
        End While
    End If
    MessageBox.Show("Cannot find """ & strFind & """", strProgName, _
                    MessageBoxButtons.OK, MessageBoxIcon.Exclamation)
    Return False
End Function
Sub ReplaceDialogOnReplace(ByVal obj As Object, ByVal ea As EventArgs)
    Dim dlg As FindReplaceDialog = DirectCast(obj, FindReplaceDialog)
    strFind = dlg.FindText
    strReplace = dlg.ReplaceText
    bMatchCase = dlg.MatchCase
    If String.Compare(strFind, txtbox.SelectedText, Not bMatchCase) = 0 Then
        txtbox.SelectedText = strReplace
    End If
    FindNext()
End Sub
Sub ReplaceDialogOnReplaceAll(ByVal obj As Object, ByVal ea As EventArgs)
    Dim dlg As FindReplaceDialog = DirectCast(obj, FindReplaceDialog)
    Dim str As String = txtbox.Text
    strFind = dlg.FindText
    strReplace = dlg.ReplaceText
    bMatchCase = dlg.MatchCase
    If bMatchCase Then
        str = str.Replace(strFind, strReplace)
    Else
```

```
                Dim i As Integer
                For i = 0 To str.Length - strFind.Length - 1 Step 0
                    If String.Compare(str, i, strFind, 0, strFind.Length, True) = 0 Then
                        str = str.Remove(i, strFind.Length)
                        str = str.Insert(i, strReplace)
                        i += strReplace.Length
                    Else
                        i += 1
                    End If
                Next i
            End If
            If str <> txtbox.Text Then
                txtbox.Text = str
                txtbox.SelectionStart = 0
                txtbox.SelectionLength = 0
                txtbox.Modified = True
            End If
        End Sub
        Sub FindReplaceDialogOnCloseDlg(ByVal obj As Object, ByVal ea As EventArgs)
            txtbox.HideSelection = True
        End Sub
End Class
```

Wenn ein Menüelement ein Dialogfeld ohne Modus aufruft, sollen in der Regel nicht mehrere Kopien des Dialogfelds aktiviert werden. Aus diesem Grund prüfen die Menüpunkte *Suchen* (*Find*) und *Ersetzen* (*Replace*), ob die Eigenschaft *OwnedForms* (die ein Array von *Form*-Objekten zurückgibt) über eine *Length*-Eigenschaft verfügt, deren Wert größer als 0 ist. In diesem Fall ist ein Dialogfeld ohne Modus auf dem Bildschirm, und weitere sollten nicht angezeigt werden. Wie gewöhnlich wird der *Owner*-Eigenschaft des Dialogfelds ohne Modus *Me* zugewiesen, was auf das Programm selbst verweist.

Wenn das Programm eines der beiden Dialogfelder ohne Modus erstellt, installiert es auch Ereignishandler für die Ereignisse, die von den Dialogfeldern implementiert werden. Das Programm leistet die meiste Arbeit bei der Reaktion auf diese Ereignisse. Für die eigentliche Suchlogik verwendet das Programm die Methode *Compare* der Klasse *String*. Für das Ersetzen von Text werden *Remove* und *Insert* verwendet. Diese Methoden werden in Anhang C beschrieben.

Der nächste Schritt in der NotepadClone-Reihe ist vergleichsweise einfach. Implementiert wird das Menü *Format*, das die Funktionalität des Editors erweitert, indem zu den Standardoptionen *Zeilenumbruch* (*Word Wrap*) und *Schrift* (*Font*) die Option *Background Color* (*Hintergrundfarbe*) hinzugefügt wird. *Word Wrap* ist ein Menüpunkt, der nur aktiviert und deaktiviert werden kann; die Menüpunkte *Font* und *Background Color* machen dagegen von den Dialogfeldern *FontDialog* und *ColorDialog* Gebrauch.

NotepadCloneWithFormat.vb
```
Imports Microsoft.Win32
Imports System
Imports System.Drawing
Imports System.Windows.Forms

Class NotepadCloneWithFormat
    Inherits NotepadCloneWithEdit
```

```vb
' Zeichenfolgen für die Registrierung.
Const strWordWrap As String = "WordWrap"
Const strFontFace As String = "FontFace"
Const strFontSize As String = "FontSize"
Const strFontStyle As String = "FontStyle"
Const strForeColor As String = "ForeColor"
Const strBackColor As String = "BackColor"
Const strCustomClr As String = "CustomColor"
Private clrdlg As New ColorDialog()
Private miFormatWrap As MenuItem
Shared Shadows Sub Main()
    Application.Run(New NotepadCloneWithFormat())
End Sub
Sub New()
    strProgName = "Notepad Clone with Format"
    MakeCaption()
    ' Format
    Dim mi As New MenuItem("F&ormat")
    AddHandler mi.Popup, AddressOf MenuFormatOnPopup
    Menu.MenuItems.Add(mi)
    Dim index As Integer = Menu.MenuItems.Count - 1

    ' Format | Zeilenumbruch
    miFormatWrap = New MenuItem("&Word Wrap")
    AddHandler miFormatWrap.Click, AddressOf MenuFormatWrapOnClick
    Menu.MenuItems(index).MenuItems.Add(miFormatWrap)

    ' Format | Schrift
    mi = New MenuItem("&Font...")
    AddHandler mi.Click, AddressOf MenuFormatFontOnClick
    Menu.MenuItems(index).MenuItems.Add(mi)

    ' Format | Hintergrundfarbe
    mi = New MenuItem("Background &Color...")
    AddHandler mi.Click, AddressOf MenuFormatColorOnClick
    Menu.MenuItems(index).MenuItems.Add(mi)
End Sub
Protected Overrides Sub OnLoad(ByVal ea As EventArgs)
    MyBase.OnLoad(ea)
    ' Hilfe (?)
    Dim mi As New MenuItem("&Help")
    Menu.MenuItems.Add(mi)
    Dim index As Integer = Menu.MenuItems.Count - 1

    ' Hilfe | Info
    mi = New MenuItem("&About " & strProgName & "...")
    AddHandler mi.Click, AddressOf MenuHelpAboutOnClick
    Menu.MenuItems(index).MenuItems.Add(mi)
End Sub
Sub MenuFormatOnPopup(ByVal obj As Object, ByVal ea As EventArgs)
    miFormatWrap.Checked = txtbox.WordWrap
End Sub
Sub MenuFormatWrapOnClick(ByVal obj As Object, ByVal ea As EventArgs)
    Dim mi As MenuItem = DirectCast(obj, MenuItem)
    mi.Checked = mi.Checked Xor True
    txtbox.WordWrap = mi.Checked
End Sub
```

```vb
    Sub MenuFormatFontOnClick(ByVal obj As Object, ByVal ea As EventArgs)
        Dim fntdlg As New FontDialog()
        fntdlg.ShowColor = True
        fntdlg.Font = txtbox.Font
        fntdlg.Color = txtbox.ForeColor
        If fntdlg.ShowDialog() = DialogResult.OK Then
            txtbox.Font = fntdlg.Font
            txtbox.ForeColor = fntdlg.Color
        End If
    End Sub
    Sub MenuFormatColorOnClick(ByVal obj As Object, ByVal ea As EventArgs)
        clrdlg.Color = txtbox.BackColor
        If clrdlg.ShowDialog() = DialogResult.OK Then
            txtbox.BackColor = clrdlg.Color
        End If
    End Sub
    Sub MenuHelpAboutOnClick(ByVal obj As Object, ByVal ea As EventArgs)
        MessageBox.Show(strProgName & " " & Chr(169) & " 2002 by Charles Petzold", strProgName)
    End Sub
    Protected Overrides Sub LoadRegistryInfo(ByVal regkey As RegistryKey)
        MyBase.LoadRegistryInfo(regkey)
        txtbox.WordWrap = CBool(regkey.GetValue(strWordWrap))
        txtbox.Font = New Font(DirectCast(regkey.GetValue(strFontFace), String), _
            Single.Parse(DirectCast(regkey.GetValue(strFontSize), String)), _
            CType(regkey.GetValue(strFontStyle), FontStyle))
        txtbox.ForeColor = Color.FromArgb(CInt(regkey.GetValue(strForeColor)))
        txtbox.BackColor = Color.FromArgb(CInt(regkey.GetValue(strBackColor)))
        Dim i, aiColors(16) As Integer
        For i = 0 To 15
            aiColors(i) = CInt(regkey.GetValue(strCustomClr & i))
        Next i
        clrdlg.CustomColors = aiColors
    End Sub
    Protected Overrides Sub SaveRegistryInfo(ByVal regkey As RegistryKey)
        MyBase.SaveRegistryInfo(regkey)
        regkey.SetValue(strWordWrap, CInt(txtbox.WordWrap))
        regkey.SetValue(strFontFace, txtbox.Font.Name)
        regkey.SetValue(strFontSize, txtbox.Font.SizeInPoints.ToString())
        regkey.SetValue(strFontStyle, CInt(txtbox.Font.Style))
        regkey.SetValue(strForeColor, txtbox.ForeColor.ToArgb())
        regkey.SetValue(strBackColor, txtbox.BackColor.ToArgb())
        Dim i As Integer
        For i = 0 To 15
            regkey.SetValue(strCustomClr & i, clrdlg.CustomColors(i))
        Next i
    End Sub
End Class
```

Diese Programmversion implementiert auch das Menü *Help* (*Hilfe*) mit dem Menüpunkt *About* (*Info*). Hier habe ich die Erstellung dieses Menüpunkts in eine wieder andere Überschreibung der Methode *OnLoad* verlagert. Dadurch kann an den Menüpunkt *About* das Feld *strProgName* angehängt werden, das den Namen des Programms angibt. Würde der Punkt *About* im Konstruktor erstellt, enthielten alle von dieser Version abgeleiteten Programme in diesem Menüpunkt den falschen Programmnamen.

Alle Optionen, die Sie im Menü *Format* angeben, werden in der Registrierung gespeichert, auch dieses Programm überschreibt also wieder die Methoden *LoadRegistryInfo* und *SaveRegistryInfo*.

In Kapitel 21 wird das Programm NotepadClone nochmals erweitert, indem wir zum Menü *File* (in NotepadCloneWithPrinting) drei Druckoptionen hinzufügen. In Kapitel 24 wird das Programm (das in dieser endgültigen Version nur noch einfach NotepadClone heißt) durch ein Drag & Drop-Feature vervollständigt. Auf diese Weise können Sie in der endgültigen Programmversion eine Datei oder markierten Text aus einer anderen Anwendung in das Programm ziehen.

Textfelder für besondere Zwecke

Auch wenn Textfelder hauptsächlich zur Eingabe und Bearbeitung von Text dienen, bieten sie noch verschiedene Sonderfunktionen, die mit den folgenden Eigenschaften angegeben werden:

TextBox-Eigenschaften (Auswahl)

Eigenschaft	Typ	Zugriff
PasswordChar	*Char*	Get/Set
CharacterCasing	*CharacterCasing*	Get/Set
ReadOnly	*Boolean*	Get/Set

Sie können ein Textfeld in Situationen verwenden, in denen der Benutzer ein Kennwort oder andere Informationen eingeben muss, die anderen verborgen bleiben sollen. *PasswordChar* hat normalerweise den Wert 0. Wird eine andere Einstellung gewählt, werden alle Zeichen, die der Benutzer in das Textfeld eingibt, als das angegebene Zeichen angezeigt. Im Allgemeinen verwenden Kennwortfelder für diesen Zweck ein Sternchen. Die Eigenschaft *Multiline* muss den Wert *False* haben, damit *PasswordChar* funktioniert.

Manchmal muss in Verbindung mit der Kennworteingabe Text in Groß- oder Kleinschreibung konvertiert werden. Dies ist der Zweck der Eigenschaft *CharacterCasing*. Stellen Sie sie auf einen der folgenden Werte ein:

CharacterCasing-Enumeration

Member	Wert
Normal	0
Upper	1
Lower	2

Die Eigenschaft *ReadOnly* ist in *TextBoxBase* definiert und gilt auch für *RichTextBox*-Steuerelemente. Ist diese Eigenschaft auf *True* gesetzt, kann der Benutzer nichts in das Textfeld eingeben. Das Textfeld verfügt dennoch weiterhin über eine Einfügemarke. Außerdem kann Text weiter markiert und in die Zwischenablage kopiert werden. Ein schreibgeschütztes Feld ist besonders für Programme geeignet, die dem Benutzer Textinformationen anzeigen müssen, vor allem dann, wenn die Länge der Informationen nicht vorhergesagt werden kann. Während das *Label*-Steuerelement gut für kurze Zeichenfolgen geeignet ist, ermöglicht *TextBox* dem Benutzer einen Bildlauf durch längere Textblöcke. Die Möglichkeit zum Kopieren von Text in die Zwischenablage ist ein zusätzliches Extra. Das nächste Programm in diesem Kapitel (EnumerateEnumeration) verwendet ein solches schreibgeschütztes Textfeld.

RichTextBox

Die Klasse *RichTextBox* kann im Rahmen dieses Buchs leider nicht in erschöpfender Weise behandelt werden, da dieses Thema einfach viel zu umfangreich ist. Die Klasse heißt aus zwei Gründen so: Erstens unterstützt sie so genannten *Rich Text*, d.h. formatierten Text, der unterschiedliche Schriften, Absatzeinzüge und Tabulatoren enthalten kann. Zweitens importiert und exportiert *RichTextBox* Text gemäß der Spezifikation, die *Rich Text Format* (RTF) genannt wird. Das RTF-Format wurde 1986 von Microsoft für den Austausch von formatiertem Text zwischen Windows-Anwendungen entwickelt. Eine Dokumentation der RTF-Version 1.6 finden Sie im Web unter der Adresse *http://msdn.microsoft.com/library/specs/rtfspec.htm*.

Ein RTF-Dokument ist eine Textdatei, die für Formatierungstags einen umgekehrten Schrägstrich (wie z.B. \i am Anfang eines kursiven Textblock) verwendet und Taggruppen in geschweifte Klammern { } einschließt. Obwohl RTF eine lange Geschichte aufzuweisen hat und als Austauschformat von vielen Textverarbeitungen unterstützt wird, ist das größte Problem von RTF zu diesem Entwicklungszeitpunkt der, dass es kein HTML ist.

Während der Windows-Editor auf der Grundlage der Win32-Entsprechung des *TextBox*-Steuerelements entwickelt wurde, basiert Windows-WordPad auf der Win32-Entsprechung des *RichTextBox*-Steuerelements. In einem *TextBox*-Steuerelement können Sie eine Farbe oder Schrift für den gesamten Inhalt des Steuerelements angeben. In einem *RichTextBox*-Steuerelement können Sie mehrere Schriften, Farben, Absatzausrichtungen, Einzüge usw. angeben. Sie geben diese Formatierung für die aktuelle Auswahl mithilfe verschiedener Eigenschaften wie *SelectionFont, SelectionColor, SelectionAlignment, SelectionIndent* usw. an.

Für den Zugriff auf die RTF-Daten verwenden Sie diese beiden Eigenschaften:

RichTextBox-Eigenschaften (Auswahl)

Eigenschaft	Typ	Zugriff
Rtf	String	Get/Set
SelectedRtf	String	Get/Set

Die Klasse *RichTextBox* enthält zwei Methoden (mit je drei Überladungen), die Ihnen das direkte Laden einer Datei in das Steuerelement (*LoadFile*) und das direkte Speichern des Dokuments in einer Datei (*SaveFile*) ermöglichen.

QuickInfos (ToolTips)

Ein QuickInfo ist ein kleines rechteckiges Fenster, das in der Regel erläuternden Text anzeigt, wenn die Maus über ein bestimmtes Steuerelement bewegt wird. QuickInfos sind in Windows Forms in der Klasse *ToolTip* implementiert. Die QuickInfos von Windows Forms sind zwar weniger leistungsfähig als die der WIN32-API, können aber auch wesentlich einfacher eingesetzt werden.

Sie brauchen nur ein *ToolTip*-Objekt definieren, um für eine Auflistung von Steuerelementen QuickInfos bereitzustellen:

```
Dim tip As New ToolTip()
```

Im Allgemeinen definieren Sie ein *ToolTip*-Objekt für Ihr Formular (falls das Formular Steuerelemente enthält) und im Konstruktor aller Dialogfelder, die Ihr Programm erstellt. Wenn das Formular neben Symbol- und Statusleiste keine weiteren Steuerelemente enthält, benötigen Sie im Formular kein *ToolTip*-Objekt, da diese Steuerelemente über eine eigene QuickInfo-Funktionalität verfügen. (Symbol- und Statusleisten werden in Kapitel 20 behandelt.)

ToolTip ist eine der seltenen Klassen, in denen eine Reihe von Methoden wesentlich wichtiger ist als deren Eigenschaften und Ereignisse:

ToolTip-Methoden (Auswahl)

```
Sub SetToolTip(ByVal ctrl As Control, ByVal strTip As String)
Function GetToolTip(ByVal ctrl As Control) As String
Sub RemoveAll()
```

Für das eine *ToolTip*-Objekt, das Sie für ein bestimmtes Dialogfeld erstellen, können Sie für jedes Steuerelement einmal *SetToolTip* aufrufen, um den QuickInfo-Text mit dem Steuerelement zu verknüpfen:

```
Dim tip As New ToolTip()
tip.SetToolTip(btnBigger, "This button increases the font size")
tip.SetToolTip(btnSmaller, "This button decreases the font size")
```

Wenn der QuickInfo-Text in mehreren Zeilen angezeigt werden soll, verwenden Sie Zeilenvorschubzeichen (*vbLf*). Bei längerem QuickInfo-Text füge ich ca. alle 32 Zeichen ein Zeilenvorschubzeichen ein.

Wenn Sie die QuickInfo eines bestimmten Steuerelements entfernen möchten, setzen Sie den Text auf *Nothing*:

```
tip.SetToolTip(btn, Nothing)
```

Der folgende Aufruf entfernt alle QuickInfos:

```
tip.RemoveAll()
```

Es gibt keine Möglichkeit, eine Liste aller Steuerelemente abzurufen, für die QuickInfos definiert sind.

Die folgenden beiden Eigenschaften von *ToolTip* wirken sich auf die Anzeige des QuickInfo-Textes aus:

ToolTip-Eigenschaften (Auswahl)

Eigenschaft	Typ	Zugriff	Standardwert
Active	Boolean	Get/Set	*True*
ShowAlways	Boolean	Get/Set	*False*

Setzen Sie *Active* auf *False*, um die Anzeige von QuickInfo-Text für alle Steuerelemente, die mit dem *ToolTip*-Objekt verknüpft sind, zu deaktivieren. Setzen Sie *ShowAlways* auf *True*, um den QuickInfo-Text auch dann anzuzeigen, wenn das übergeordnete Formular des Steuerelements gerade nicht aktiv ist.

Um hektische Einblendaktivitäten auf dem Bildschirm zu vermeiden, werden QuickInfos nicht sofort angezeigt. Nach Beenden der Mausbewegung und vor Anzeige des QuickInfos vergeht ein festgelegter Zeitraum (standardmäßig eine halbe Sekunde). Nach Ablauf eines weiteren Zeitraums (standardmäßig 5 Sekunden) werden die QuickInfos wieder ausgeblendet. Die folgenden Eigenschaften steuern die einem bestimmten *ToolTip*-Objekt zugeordneten Zeitwerte:

ToolTip-Eigenschaften (Auswahl)

Eigenschaft	Typ	Zugriff	Standardwert
AutomaticDelay	Integer	Get/Set	500 (Millisekunden)
InitialDelay	Integer	Get/Set	*AutomaticDelay*
ReshowDelay	Integer	Get/Set	*AutomaticDelay* / 5
AutoPopDelay	Integer	Get/Set	10 × *AutomaticDelay*

Wenn Sie die Eigenschaft *AutomaticDelay* einstellen, werden die anderen drei Eigenschaften automatisch auf die aufgeführten Standardwerte eingestellt. Das Konzept ist hier, dass Sie alle Zeitangaben proportional ändern können, indem nur diese eine Eigenschaft geändert wird. Anschließend können Sie jedoch die anderen drei Eigenschaften auch einzeln ändern. Die anderen drei Eigenschaften sind diejenigen, die sich direkt auf die QuickInfo-Anzeige auswirken:

- *InitialDelay* gibt den Zeitraum zwischen Beendigung der Mausbewegung und Anzeige des QuickInfo-Textes an.
- *ReshowDelay* ist der Zeitraum, bevor eines neuen QuickInfos abgezeigt wird, wenn Sie den Mauszeiger von einem zum anderen Steuerelement bewegen.
- *AutoPopDelay* gibt die Dauer der QuickInfo-Anzeige an.

Werfen wir nun einen Blick auf ein Programm, das über drei einzeilige Textfelder, ein mehrzeiliges schreibgeschütztes Textfeld und QuickInfos verfügt, um die Benutzerfreundlichkeit zu erhöhen. Auch wenn in diesem Buch nur zwei Beispielprogramme QuickInfos enthalten, sollten diese immer implementiert werden, wenn Steuerelemente zum Einsatz kommen.

Im Verlauf dieses Buchs habe ich die verschiedenen Enumerationen der .NET Framework-Klassenbibliothek in Form von Tabellen vorgestellt, meistens zusammen mit den tatsächlichen numerischen Werten, die die jeweiligen Enumerationsmember aufweisen. Sie werden sich vielleicht gefragt haben, woher diese Tabellen stammen, da die .NET-Dokumentation die numerischen Werte nicht enthält. Ich habe diese Tabellen mithilfe eines Programms erstellt, das ich ganz am Anfang meiner Erkundung von .NET geschrieben habe, dem Programm EnumerateEnumeration:

```
EnumerateEnumeration.vb
Imports System
Imports System.Drawing
Imports System.Text                    ' Für die Klasse StringBuilder
Imports System.Windows.Forms
Class EnumerateEnumeration
    Inherits Form
    Private btn As Button
    Private txtboxLibrary, txtboxNamespace, txtboxEnumeration, txtboxOutput As TextBox
    Private chkboxHex As CheckBox
    Shared Sub Main()
        Application.Run(New EnumerateEnumeration())
    End Sub
    Sub New()
        Text = "Enumerate Enumeration"
        ClientSize = New Size(242, 164)
```

```
Dim lbl As New Label()
lbl.Parent = Me
lbl.Text = "Library:"
lbl.Location = New Point(8, 8)
lbl.Size = New Size(56, 8)

txtboxLibrary = New TextBox()
txtboxLibrary.Parent = Me
txtboxLibrary.Text = "system.windows.forms"
txtboxLibrary.Location = New Point(64, 8)
txtboxLibrary.Size = New Size(120, 12)
txtboxLibrary.Anchor = txtboxLibrary.Anchor Or AnchorStyles.Right

Dim tip As New ToolTip()
tip.SetToolTip(txtboxLibrary, "Enter the name of a .NET dynamic" & vbLf & _
                              "link libary, such as 'mscorlib'," & vbLf & _
                              "'system.windows.forms', or" & vbLf & _
                              "'system.drawing'.")

lbl = New Label()
lbl.Parent = Me
lbl.Text = "Namespace:"
lbl.Location = New Point(8, 24)
lbl.Size = New Size(56, 8)

txtboxNamespace = New TextBox()
txtboxNamespace.Parent = Me
txtboxNamespace.Text = "System.Windows.Forms"
txtboxNamespace.Location = New Point(64, 24)
txtboxNamespace.Size = New Size(120, 12)
txtboxNamespace.Anchor = txtboxNamespace.Anchor Or AnchorStyles.Right

tip.SetToolTip(txtboxNamespace, "Enter the name of a namespace" & vbLf & _
                                "within the library, such as" & vbLf & _
                                "'System', 'System.IO'," & vbLf & _
                                "'System.Drawing'," & vbLf & _
                                "'System.Drawing.Drawing2D'," & vbLf & _
                                "or 'System.Windows.Forms'.")

lbl = New Label()
lbl.Parent = Me
lbl.Text = "Enumeration:"
lbl.Location = New Point(8, 40)
lbl.Size = New Size(56, 8)

txtboxEnumeration = New TextBox()
txtboxEnumeration.Parent = Me
txtboxEnumeration.Text = "ScrollBars"
txtboxEnumeration.Location = New Point(64, 40)
txtboxEnumeration.Size = New Size(120, 12)
txtboxEnumeration.Anchor = txtboxEnumeration.Anchor Or AnchorStyles.Right

tip.SetToolTip(txtboxEnumeration, "Enter the name of an enumeration" & vbLf & _
                                  "defined in the namespace.")

chkboxHex = New CheckBox()
chkboxHex.Parent = Me
chkboxHex.Text = "Hex"
chkboxHex.Location = New Point(192, 16)
chkboxHex.Size = New Size(40, 8)
chkboxHex.Anchor = AnchorStyles.Top Or AnchorStyles.Right
AddHandler chkboxHex.CheckedChanged, AddressOf CheckBoxOnCheckedChanged
```

```vb
        tip.SetToolTip(chkboxHex, "Check this box to display the" & vbLf & _
                                  "enumeration values in hexadecimal.")
        btn = New Button()
        btn.Parent = Me
        btn.Text = "OK"
        btn.Location = New Point(192, 32)
        btn.Size = New Size(40, 16)
        btn.Anchor = AnchorStyles.Top Or AnchorStyles.Right
        AddHandler btn.Click, AddressOf ButtonOkOnClick
        AcceptButton = btn
        tip.SetToolTip(btn, "Click this button to display results.")
        txtboxOutput = New TextBox()
        txtboxOutput.Parent = Me
        txtboxOutput.ReadOnly = True
        txtboxOutput.Multiline = True
        txtboxOutput.ScrollBars = ScrollBars.Vertical
        txtboxOutput.Location = New Point(8, 56)
        txtboxOutput.Size = New Size(226, 100)
        txtboxOutput.Anchor = AnchorStyles.Left Or AnchorStyles.Top Or _
                              AnchorStyles.Right Or AnchorStyles.Bottom
        AutoScaleBaseSize = New Size(4, 8)
        ' Anzeige initialisieren.
        ButtonOkOnClick(btn, EventArgs.Empty)
    End Sub
    Private Sub CheckBoxOnCheckedChanged(ByVal sender As Object, ByVal ea As EventArgs)
        btn.PerformClick()
    End Sub
    Private Sub ButtonOkOnClick(ByVal sender As Object, ByVal ea As EventArgs)
        FillTextBox(txtboxOutput, txtboxLibrary.Text, _
                    txtboxNamespace.Text, txtboxEnumeration.Text, _
                    chkboxHex.Checked)
    End Sub
    Shared Function FillTextBox(ByVal txtboxOutput As TextBox, _
                                ByVal strLibrary As String, _
                                ByVal strNamespace As String, _
                                ByVal strEnumeration As String, _
                                ByVal bHexadecimal As Boolean) As Boolean
        Dim strEnumText As String = strNamespace & "." & strEnumeration
        Dim strAssembly As String
        Try
            strAssembly = System.Reflection.Assembly.LoadWithPartialName(strLibrary).FullName
        Catch
            Return False
        End Try
        Dim strFullText As String = strEnumText & "," & strAssembly
        ' Typ der Enumeration abrufen.
        Dim typ As Type = Type.GetType(strFullText, False, True)
        If typ Is Nothing Then
            txtboxOutput.Text = """" & strFullText & """ is not a valid type."
            Return False
        ElseIf Not typ.IsEnum Then
```

```
            txtboxOutput.Text = """" & strEnumText & """ is a valid type but not an enum."
            Return False
        End If
        ' Alle Member der Enumeration abrufen.
        Dim astrMembers() As String = System.Enum.GetNames(typ)
        Dim arr As Array = System.Enum.GetValues(typ)
        Dim aobjMembers(arr.GetUpperBound(0)) As Object
        arr.CopyTo(aobjMembers, 0)
        ' StringBuilder für den Text erstellen.
        Dim sb As New StringBuilder()
        ' Name und Überschrift für Enumeration anhängen.
        sb.Append(strEnumeration)
        sb.Append(" Enumeration" & vbCrLf & "Member" & vbTab & "Value" & vbCrLf)
        ' Textdarstellung und tatsächliche numerische Werte anhängen.
        Dim i As Integer
        For i = 0 To astrMembers.GetUpperBound(0)
            sb.Append(astrMembers(i))
            sb.Append(vbTab)
            If bHexadecimal Then
                sb.Append("&H" & System.Enum.Format(typ, aobjMembers(i), "X"))
            Else
                sb.Append(System.Enum.Format(typ, aobjMembers(i), "D"))
            End If
            sb.Append(vbCrLf)
        Next i
        ' Weitere Informationen anhängen.
        sb.Append(vbCrLf & "Total = " & astrMembers.Length.ToString() & vbCrLf)
        sb.Append(vbCrLf & typ.AssemblyQualifiedName & vbCrLf)
        ' Text-Eigenschaft des Textfelds auf den StringBuilder-Text einstellen.
        txtboxOutput.Text = sb.ToString()
        txtboxOutput.SelectionLength = 0
        Return True
    End Function
End Class
```

Der Konstruktor erstellt drei Paare aus *Label*-Steuerelementen und einzeiligen Textfeldern, damit der Benutzer einen DLL-Namen, einen Namespace in dieser Bibliothek und eine Enumeration in diesem Namespace eingeben kann. Über ein Kontrollkästchen können Sie angeben, dass die Ergebnisse hexadezimal angezeigt werden sollen. Mithilfe einer Schaltfläche können Sie angeben, dass Sie mit der Eingabe fertig sind und die Ergebnisse angezeigt werden sollen. Jedes dieser Steuerelemente weist QuickInfo-Text auf.

Die Ergebnisse werden in einem schreibgeschützten Textfeld angezeigt. Beachten Sie die Verwendung der *Anchor*-Eigenschaft, wodurch die Größe aller Textfelder als anpassungsfähig definiert ist. Wenn Sie das Formular verbreitern, werden alle drei einzeiligen Textfelder verbreitert. Wenn Sie die Höhe des Formulars verändern, ändert sich auch die Höhe des schreibgeschützten Textfelds.

So sah das Programm aus, als ich es das letzte Mal verwendet habe:

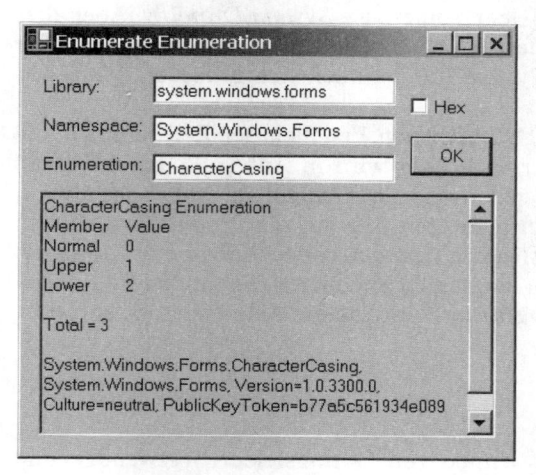

```
Enumerate Enumeration                    _ □ ×
Library:     system.windows.forms
                                         □ Hex
Namespace:   System.Windows.Forms
                                         ┌──────┐
Enumeration: CharacterCasing             │  OK  │
                                         └──────┘
┌─────────────────────────────────────────────┐
│ CharacterCasing Enumeration                 │
│ Member    Value                             │
│ Normal    0                                 │
│ Upper     1                                 │
│ Lower     2                                 │
│                                             │
│ Total = 3                                   │
│                                             │
│ System.Windows.Forms.CharacterCasing,       │
│ System.Windows.Forms, Version=1.0.3300.0,   │
│ Culture=neutral, PublicKeyToken=b77a5c561934e089│
└─────────────────────────────────────────────┘
```

Beachten Sie, dass das schreibgeschützte Textfeld eine andere Hintergrundfarbe hat als die normalen Textfelder. Da schreibgeschützte Textfelder weiterhin eine Einfügemarke und eine Schnittstelle für die Zwischenablage implementieren, kann ich den gewünschten Text im Textfeld markieren und STRG+C drücken, um ihn in die Zwischenablage zu kopieren. Anschließend füge ich den Text in mein Microsoft Word-Dokument des Kapitels ein und wandle den Text in eine Word-Tabelle um.

Nachdem Sie eine Weile mit diesem Programm gearbeitet haben, wird es Sie irgendwann stören, dass Sie die Namen häufig verwendeter Bibliotheken und Namespaces immer wieder neu eingeben müssen. Weiter unten in diesem Kapitel zeige ich Ihnen eine andere Version dieses Programms mit dem Namen EnumerateEnumerationCombo. Diese Version verfügt über Kombinationsfelder, welche die Windows-Registrierung verwenden, um alle gültigen Kombinationen aus Bibliotheksnamen, Namespaces und Enumerationen zu speichern.

Genau diese verbesserte Programmversion ist der Grund dafür, dass alle Routinen für die Anzeige in der Methode *FillTextBox* gekapselt sind, die ich außerdem als *Shared* definiert habe. Sie ist shared, da EnumerateEnumerationCombo die *FillTextBox*-Methode verwenden soll, ohne von EnumerateEnumeration abgeleitet zu sein. *FillTextBox* gibt bei einer zulässigen Kombination aus drei Textzeichenfolgen den Wert *True* zurück, sonst *False*. EnumerateEnumeration verwendet diese Informationen noch nicht, sondern erst EnumerateEnumerationCombo.

FillTextBox verwendet die *GetType*-Methode der Klasse *Type,* um ein *Type*-Objekt für die Enumeration abzurufen. Das Argument für *GetType* ist eine Textzeichenfolge mit folgendem Aufbau:

`namespace.enumeration,library`

Beachten Sie den Punkt zur Trennung von Namespace und Enumerationsname und das Komma vor dem Bibliotheksnamen. Der Bibliotheksname muss Versionsinformationen enthalten, weshalb *Assembly.LoadWithPartialName* aufgerufen wird. In einem Visual Basic-Programm muss dieser Methodenaufruf mit dem vollständigen Namen angegeben werden, inklusive des Namespaces *System.Reflection,* denn *Assembly* ist gleichzeitig ein Schlüsselwort von Visual Basic .NET.

Das Programm ruft Namen und Werte der Enumerationsmember über die shared Methoden *GetNames* und *GetValues* der Klasse *Enum* ab.

Die Beziehung zwischen Bibliotheksname und Namespace kann ein wenig kompliziert sein. Die Bibliothek *system.drawing.dll* enthält alles aus dem Namespace *System.Drawing*. Aber alles im Namespace *System.Drawing.Drawing2D* befindet sich ebenfalls in *system.drawing.dll*. Viele der grundlegenden Namespaces (wie *System* und *System.IO*) befinden sich in *mscorlib.dll,* was für »Microsoft Core Library« steht.

Beachten Sie die Verwendung der Klasse *StringBuilder* zum Erstellen der Zeichenfolge, die im schreibgeschützten Textfeld angezeigt wird. (*StringBuilder* wird in Anhang C beschrieben.) Die ursprüngliche Version legte den gesamten Text zeilenweise im Textfeld ab, wobei das Hinzufügen von Zeichenfolgen über den Operator &= erfolgte. Ich fing an, ein Problem mit diesem Ansatz zu vermuten, als die Enumeration *EmfPlusRecordType* bei Verwendung einer Vorabversion von Microsoft Visual Studio .NET und meinem langsamen Rechner 30 Sekunden für die Anzeige benötigte. Nach dem Wechsel zur Klasse *StringBuilder* erfolgte die Aktualisierung sofort.

ListBox

Das *ListBox*-Steuerelement wird häufig wie eine Gruppe von Optionsfeldern verwendet, und zwar um dem Benutzer die Möglichkeit zur Auswahl eines Elements aus einer Liste zu geben. Listenfelder benötigen allerdings weniger Platz auf dem Bildschirm und erlauben dem Benutzer zudem die Auswahl mehrerer Elemente. Das *ComboBox*-Steuerelement (das weiter unten in diesem Kapitel behandelt wird) benötigt noch weniger Platz und enthält häufig einen Bereich, in den der Benutzer wie bei einem *TextBox*-Steuerelement Informationen eingeben kann.

ListBox und *ComboBox* sind von *ListControl* abgeleitet, was aus der folgenden Klassenhierarchie hervorgeht:

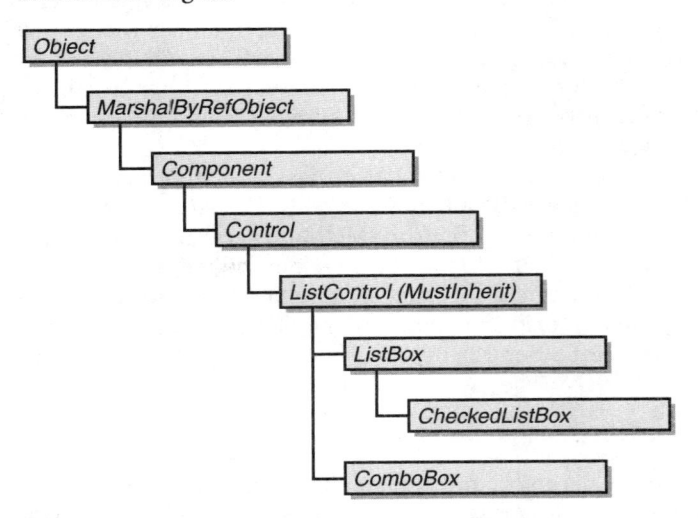

```
Object
  └─ MarshalByRefObject
       └─ Component
            └─ Control
                 └─ ListControl (MustInherit)
                      ├─ ListBox
                      │    └─ CheckedListBox
                      └─ ComboBox
```

Nach dem Erstellen eines Listenfelds können Sie es über die Eigenschaft *Items* mit Elementen füllen:

ListBox-Eigenschaften (Auswahl)

Eigenschaft	Typ	Zugriff
Items	ListBox.ObjectCollection	Get

Die Klasse *ObjectCollection* ist eine mittlerweile vertraute Implementierung der Schnittstellen *IList*, *ICollection* und *IEnumerable*. Sie können *Items* wie ein Array indizieren, mit den Methoden *Add* und *AddRange* Elemente zum Listenfeld hinzufügen und mit den Methoden *Contains* und *IndexOf* nach Elementen suchen.

Die Elemente in einem *ListBox*-Steuerelement werden mit dem Typ *Object* und nicht notwendigerweise als Zeichenfolgen definiert. Jedes Objekt in *ListBox* wird mithilfe der *ToString*-Methode des Objekts angezeigt. Wenn das Programm jedoch Elemente aus dem Listenfeld abruft, muss es die Objekte selbst in den entsprechenden Typ umwandeln.

Ein Listenfeld kann mehrere identische Elemente enthalten. Wenn Sie zu einem Listenfeld z.B. ein bereits vorhandenes Element hinzufügen, enthält die Auflistung anschließend zwei Exemplare des Elements. Das könnte den Benutzer verwirren, was natürlich nicht erwünscht ist.

Beim Hinzufügen von Elementen zu einem Listenfeld wird jedem Element ein Index zugewiesen, der bei 0 beginnt. Der Index bestimmt die Position des Elements im Listenfeld. Im Allgemeinen bleibt ein solcher Index beim Hinzufügen von Elementen fortlaufend. Wenn Sie jedoch die *Sorted*-Eigenschaft auf *True* setzen, basieren die Indizes auf der alphabetischen Reihenfolge.

ListBox-Eigenschaften (Auswahl)

Eigenschaft	Typ	Zugriff
Sorted	*Boolean*	Get/Set
TopIndex	*Integer*	Get/Set

Die Eigenschaft *TopIndex* gibt den Index des Elements an, das ganz oben im Listenfeld angezeigt wird. *TopIndex* hat den Standardwert 0.

Die Eigenschaft *PreferredHeight* gibt die Höhe des Listenfelds an, die zur Anzeige aller Elemente erforderlich ist.

ListBox-Eigenschaften (Auswahl)

Eigenschaft	Typ	Zugriff
PreferredHeight	*Integer*	Get
IntegralHeight	*Boolean*	Get/Set

Im Allgemeinen wird die Höhe des Listenfelds nicht auf *PreferredHeight* gesetzt. Die Eigenschaft *IntegralHeight* hat den Standardwert *True*, damit die vom Benutzer festgelegte Höhe so angepasst wird, dass Elemente nicht nur teilweise angezeigt werden.

Wenn die Höhe des Listenfelds nicht für die Unterbringung aller Elemente ausreicht, wird eine vertikale Bildlaufleiste angezeigt. Sie können die Bildlaufleiste auch unabhängig von der Anzahl der Elemente anzeigen. Außerdem können Sie optional eine horizontale Bildlaufleiste für Elemente anzeigen, welche die Breite des Listenfelds überschreiten:

ListBox-Eigenschaften (Auswahl)

Eigenschaft	Typ	Zugriff
ScrollAlwaysVisible	*Boolean*	Get/Set
HorizontalScrollbar	*Boolean*	Get/Set

Die folgenden *ListBox*-Eigenschaften beziehen sich auf die Elementauswahl:

ListBox-Eigenschaften (Auswahl)

Eigenschaft	Typ	Zugriff
SelectionMode	*SelectionMode*	Get/Set
SelectedIndex	*Integer*	Get/Set
SelectedItem	*Object*	Get/Set
SelectedIndices	*ListBox.SelectedIndexCollection*	Get
SelectedItems	*ListBox.SelectedObjectCollection*	Get

Die Eigenschaft *SelectionMode* ist eines der Member der Enumeration *SelectionMode*:

SelectionMode-Enumeration

Member	Wert
None	0
One	1
MultiSimple	2
MultiExtended	3

Die Standardeinstellung lautet *One,* d.h. es wird immer nur eine Element im Listenfeld markiert (invertiert angezeigt). Wenn das Listenfeld den Eingabefokus hat, wird das markierte Element von einer gepunkteten Linie umgeben (ähnlich wie ein Fokusrechteck bei einer Schaltfläche). Dieses Fokusrechteck ist mitunter schlecht zu erkennen, da es dieselbe Größe wie das invertierte Rechteck hat. Sie können ein Element auch mit der Maus markieren.

Bei einem neu erstellten und aufgefüllten Listenfeld ist standardmäßig kein Element markiert. In diesem Fall gibt *SelectedIndex* −1 und *SelectedItem* den Wert *Nothing* zurück. Mithilfe einer dieser beiden Eigenschaften können Sie das Listenfeld auf einen bestimmten Index bzw. ein bestimmtes Element initialisieren.

Bei der Verwendung der Option *MultiSimple* kann der Benutzer mehrere Elemente im Listenfeld auswählen. Alle ausgewählten Elemente werden invertiert angezeigt. Das Fokusrechteck ist unabhängig von den Auswahlrechtecken. Mit den Pfeiltasten können Sie das Fokusrechteck von einem Element zum anderen bewegen. Durch Drücken der Leertaste wird das vom Fokusrechteck markierte Element ausgewählt (oder dessen Auswahl aufgehoben). Außerdem können Sie ein Element mit der Maus auswählen (oder dessen Auswahl aufheben). Auch in diesem Fall wird das Element mit dem Fokusrechteck versehen.

Ein Listenfeld mit der Option *MultiExtended* sieht auf den ersten Blick wie ein einzeiliges Listenfeld aus. Mithilfe der Pfeiltasten können Sie sowohl das invertierte Auswahlrechteck als auch das mit einer gepunkteten Linie umgebene Fokusrechteck ändern. Sie können die Auswahl jedoch erweitern, indem Sie die Umschalttaste beim Betätigen der Pfeiltaste gedrückt halten. Doch wenn Sie die Umschalttaste dann loslassen und eine Pfeiltaste drücken oder mit der Maus auf ein Element klicken, wird die Auswahl wieder auf ein Element beschränkt. In einem *MultiExtended*-Listenfeld können Sie auch einzelne Elemente auswählen (oder deren Auswahl aufheben), indem Sie sie bei gedrückter STRG-Taste mit der Maus anklicken.

Das *MultiExtended*-Listenfeld ist am sinnvollsten, wenn der Benutzer einen *Bereich* von Elementen auswählen soll. Verwenden Sie *MultiSimple,* wenn der Benutzer höchstwahrscheinlich nur nicht aufeinander folgende Elemente auswählt.

Sie verwenden in einem Listenfeld mit Einzelauswahl *SelectedIndex* oder *SelectedItem*, um den ausgewählten Index oder das ausgewählte Element abzurufen. Wenn *lstbox* ein Objekt vom Typ *ListBox* ist, dann ist

```
lstbox.SelectedItem
```

gleichbedeutend mit

```
lstbox.Items(lstbox.SelectedIndex)
```

Sie können über die Eigenschaft *Text* auch die Textdarstellung des ausgewählten Elements abrufen. Der Ausdruck

```
lstbox.Text
```

entspricht

```
lstbox.SelectedItem.ToString()
```

In einem Listenfeld mit Mehrfachauswahl bieten die Eigenschaften *SelectedIndices* und *SelectedItems* Zugriff auf die ausgewählten Elemente. Die Klassen *SelectedIndexCollection* und *SelectedObjectCollection* verfügen sowohl über *Count*-Eigenschaften als auch über Indexer. Die Eigenschaft *Count* gibt die Anzahl der ausgewählten Elemente an. Der Indexer hat üblicherweise einen Bereich von 0 bis (*Count* – 1). Der Indexer des *SelectedIndices*-Objekts gibt den Index des ausgewählten Elements im Listenfeld zurück. Wenn *index* beispielsweise ein Wert von 0 bis (*Count* –1) ist, dann entsprechen sich die beiden folgenden Ausdrücke:

```
lstbox.SelectedItems(index)
```

```
lstbox.Items(lstbox.SelectedIndices(index))
```

Um ein Listenfeld mit Mehrfachauswahl zu initialisieren, können Sie die Methode *SetSelected* für jedes Element aufrufen, das Sie auswählen möchten:

ListBox-Methoden (Auswahl)

```
Sub SetSelected(ByVal index As Integer, ByVal bSelect As Boolean)
Function GetSelected(ByVal index As Integer) As Boolean
Sub ClearSelected()
```

Darüber hinaus gibt die Methode *GetSelected* für jeden Index den Wert *True* zurück, der einem ausgewählten Element entspricht. *ClearSelected* hebt die Auswahl aller Elemente im Listenfeld auf.

Wenn Sie in einem Dialogfeld Listenfelder verwenden, müssen Sie das bzw. die ausgewählten Element(e) häufig nur dann abrufen, wenn der Benutzer auf die Schaltfläche *OK* klickt. Gelegentlich werden Sie jedoch auf Änderungen der Elementauswahl auch direkt reagieren wollen. Für diesen Zweck gibt es zwei Ereignisse:

ListBox-Ereignisse (Auswahl)

Ereignis	Methode	Delegat	Argument
SelectedIndexChanged	*OnSelectedIndexChanged*	*EventHandler*	*EventArgs*
SelectedValueChanged	*OnSelectedValueChanged*	*EventHandler*	*EventArgs*

SelectedValueChanged ist in *ListControl* implementiert und steht auch in *ComboBox* zur Verfügung. Diese beiden Ereignisse sind grundsätzlich äquivalent und treten ein, wenn sich die Auswahl programmgesteuert oder durch Benutzereingaben ändert. In einem *MultiSimple*-Listenfeld werden diese beiden Ereignisse ausgelöst, wenn sich das Fokusrechteck ändert, nicht die Auswahl.

Es folgt ein einfaches Programm, das die Namen der aktuellen MS-DOS-Umgebungsvariablen in einem Listenfeld auflistet und den Wert des gerade ausgewählten Elements anzeigt.

EnvironmentVars.vb
```
Imports System
Imports System.Collections
Imports System.Drawing
Imports System.Windows.Forms
Class EnvironmentVars
    Inherits Form

    Private lbl As Label

    Shared Sub Main()
        Application.Run(New EnvironmentVars())
    End Sub
    Sub New()
        Text = "Environment Variables"

        ' Label-Steuerelement erstellen.
        lbl = New Label()
        lbl.Parent = Me
        lbl.Anchor = lbl.Anchor Or AnchorStyles.Right
        lbl.Location = New Point(Font.Height, Font.Height)
        lbl.Size = New Size(ClientSize.Width - 2 * Font.Height, Font.Height)

        ' ListBox-Steuerelement erstellen.
        Dim lstbox As New ListBox()
        lstbox.Parent = Me
        lstbox.Location = New Point(Font.Height, 3 * Font.Height)
        lstbox.Size = New Size(12 * Font.Height, 8 * Font.Height)
        lstbox.Sorted = True
        AddHandler lstbox.SelectedIndexChanged, AddressOf ListBoxOnSelectedIndexChanged

        ' Umgebungsvariablenzeichenfolgen im ListBox-Steuerelement einstellen.
        Dim dict As IDictionary = Environment.GetEnvironmentVariables()
        Dim astr(dict.Keys.Count - 1) As String

        dict.Keys.CopyTo(astr, 0)
        lstbox.Items.AddRange(astr)
        lstbox.SelectedIndex = 0
    End Sub
    Private Sub ListBoxOnSelectedIndexChanged(ByVal obj As Object, ByVal ea As EventArgs)
        Dim lstbox As ListBox = DirectCast(obj, ListBox)
        Dim strItem As String = DirectCast(lstbox.SelectedItem, String)

        lbl.Text = Environment.GetEnvironmentVariable(strItem)
    End Sub
End Class
```

Beachten Sie, dass die Umgebungsvariablennamen als Array aus Zeichenfolgen definiert sind, die mit der Methode *AddRange* zum Listenfeld hinzugefügt werden. Der Konstruktor wird mit dem Einstellen der Eigenschaft *SelectedIndex* auf 0 abgeschlossen. Dies erzeugt einen Aufruf des Ereignishandlers *SelectedIndexChanged*, der das ausgewählte Element abruft und es dem *Label*-Text zuweist.

Hier eine Beispielausgabe des Programms:

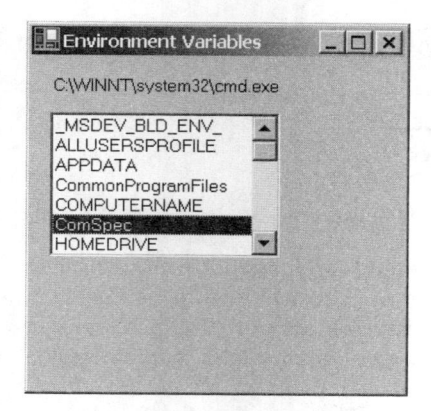

Listenfelder stellen ein Feature zur Besitzerzeichnung (owner draw) bereit, das Sie durch Einstellen der Eigenschaft *DrawMode* aktivieren können. Sie stellen diese Eigenschaft auf eines der Member der Enumeration *DrawMode* ein und geben so an, ob alle Elemente dieselbe oder eine unterschiedliche Höhe aufweisen:

DrawMode-Enumeration

Member	Wert
Normal	0
OwnerDrawFixed	1
OwnerDrawVariable	2

Wie gewöhnlich müssen Sie auch entsprechende Handler für die Ereignisse *MeasureItem* und *DrawItem* installieren.

Listenfeld + Textfeld = Kombinationsfeld

In seiner klassischen Form sieht ein Kombinationsfeld wie ein Textfeld mit einem Pfeil auf der rechten Seite aus. Wenn Sie auf den Pfeil klicken, wird ein Listenfeld eingeblendet. Doch Kombinationsfelder können auch anders eingesetzt werden. Die entscheidende Eigenschaft ist *DropDownStyle*:

ComboBox-Eigenschaften (Auswahl)

Eigenschaft	Typ	Zugriff
DropDownStyle	*ComboBoxStyle*	Get/Set
DroppedDown	*Boolean*	Get/Set

Die Eigenschaft *DropDownStyle* ist auf ein Member der Enumeration *ComboBoxStyle* eingestellt:

ComboBoxStyle-Enumeration

Member	Wert	Beschreibung
Simple	0	Bearbeitbares Feld, Liste wird immer angezeigt
DropDown	1	Bearbeitbares Feld, Liste wird eingeblendet (Standard)
DropDownList	2	Nicht bearbeitbares Feld, Liste wird eingeblendet

Ein von mir als *klassisch* bezeichnetes Kombinationsfeld hat den Standardstil *DropDown*. Der Benutzer kann etwas in das Bearbeitungsfeld eingeben oder eine Auswahl in der Liste treffen. Der Stil *DropDownList* entspricht nahezu einem normalen Listenfeld, benötigt jedoch weniger Platz. Die Eigenschaft *DroppedDown* hat den Wert *True*, wenn der Listenteil des Kombinationsfelds angezeigt wird.

Wie ein Listenfeld hat auch ein Kombinationsfeld die Eigenschaft *Items*, die alle Elemente in der Liste enthält:

ComboBox-Eigenschaften (Auswahl)

Eigenschaft	Typ	Zugriff
Items	*ComboBox.ObjectCollection*	Get

Die Klasse *ObjectCollection* hat eine *Count*-Eigenschaft, einen Indexer und vertraute Methoden wie *Add*, *AddRange*, *Insert* und *Remove*.

Die folgenden Eigenschaften geben den Index des ausgewählten Elements und das ausgewählte Element selbst an:

ComboBox-Eigenschaften (Auswahl)

Eigenschaft	Typ	Zugriff
SelectedIndex	*Integer*	Get/Set
SelectedItem	*Object*	Get/Set

Bei einem *ListBox*-Objekt sind *SelectedIndex* und *SelectedItem* normalerweise gültig. Sie sind es möglicherweise nicht, wenn ein Listenfeld gerade erstellt und die Eigenschaften nicht initialisiert wurden. Wenn der Benutzer in einem Kombinationsfeld jedoch etwas in das Bearbeitungsfeld eingibt, wird von *SelectedIndex* der Wert −1 und von *SelectedItem* der Wert *Nothing* zurückgegeben.

Die Eigenschaft *Text* gibt stets den Text an, der im Bearbeitungsfeld angezeigt wird. Demnach ändert sich die Eigenschaft *Text*, wenn der Benutzer andere Elemente im Listenteil des Kombinationsfelds auswählt oder etwas in das Bearbeitungsfeld eingibt.

Die folgende Tabelle zeigt die nützlichsten Ereignisse von *ComboBox:*

ComboBox-Ereignisse (Auswahl)

Ereignis	Methode	Delegat	Argument
TextChanged	*OnTextChanged*	*EventHandler*	*EventArgs*
SelectedIndexChanged	*OnSelectedIndexChanged*	*EventHandler*	*EventArgs*
SelectionChangeCommitted	*OnSelectionChangeCommitted*	*EventHandler*	*EventArgs*

Das Ereignis *TextChanged* tritt auf, wenn der Benutzer die Elemente im Listenfeld durchläuft oder etwas in das Bearbeitungsfeld eingibt. Das Ereignis *SelectedIndexChanged* wird nur ausgelöst, wenn der Benutzer die Elemente im Listenfeld durchläuft. Wenn bei Kombinationsfeldern vom Typ *DropDown* und *DropDownList* der Listenteil eingeblendet ist und der Benutzer die Elemente durchläuft, werden die Ereignisse *TextChanged* und *SelectedIndexChanged* ausgelöst. Nur wenn die Dropdownliste ausgeblendet wird, tritt das *SelectionChangeCommitted*-Ereignis ein. Wenn der Benutzer die Elemente jedoch mit den Pfeiltasten durchläuft, ohne dass die Dropdownliste eingeblendet wird, wird bei jeder Auswahländerung das Ereignis *SelectionChangeCommitted* ausgelöst. Bei Kombinationsfeldern vom Typ *Simple* wird bei jeder Auswahländerung das Ereignis *SelectionChangedCommitted* ausgelöst.

In der folgenden Weiterentwicklung des Programms EnumerateEnumeration werden alle drei Listenfelder durch Kombinationsfelder ersetzt, für die außerdem *TextChanged*-Ereignishandler implementiert werden. Durch die Behandlung von *TextChanged*-Ereignissen kann das Programm bei jeder Tastatureingabe des Benutzers im Bearbeitungsfeld die Gültigkeit der Kombinationen überprüfen. Die Schaltfläche wurde entfernt, da sie nicht mehr benötigt wird.

```
EnumerateEnumerationCombo.vb
Imports Microsoft.Win32
Imports System
Imports System.Drawing
Imports System.Windows.Forms
Class EnumerateEnumerationCombo
    Inherits Form

    Private comboHex As CheckBox
    Private comboLibrary, comboNamespace, comboEnumeration As ComboBox
    Private txtboxOutput As TextBox
    Const strRegKeyBase As String = "Software\ProgrammingWindowsWithVBdotNet\EnumerateEnumerationCombo"
    Shared Sub Main()
        Application.Run(New EnumerateEnumerationCombo())
    End Sub
    Sub New()
        Text = "Enumerate Enumeration (Combo)"
        ClientSize = New Size(242, 164)
        Dim lbl As New Label()
        lbl.Parent = Me
        lbl.Text = "Library:"
        lbl.Location = New Point(8, 8)
        lbl.Size = New Size(56, 8)
        comboLibrary = New ComboBox()
        comboLibrary.Parent = Me
        comboLibrary.DropDownStyle = ComboBoxStyle.DropDown
        comboLibrary.Sorted = True
```

```vbnet
        comboLibrary.Location = New Point(64, 8)
        comboLibrary.Size = New Size(120, 12)
        comboLibrary.Anchor = comboLibrary.Anchor Or AnchorStyles.Right
        AddHandler comboLibrary.TextChanged, AddressOf ComboBoxLibraryOnTextChanged
        lbl = New Label()
        lbl.Parent = Me
        lbl.Text = "Namespace:"
        lbl.Location = New Point(8, 24)
        lbl.Size = New Size(56, 8)
        comboNamespace = New ComboBox()
        comboNamespace.Parent = Me
        comboNamespace.DropDownStyle = ComboBoxStyle.DropDown
        comboNamespace.Sorted = True
        comboNamespace.Location = New Point(64, 24)
        comboNamespace.Size = New Size(120, 12)
        comboNamespace.Anchor = comboNamespace.Anchor Or AnchorStyles.Right
        AddHandler comboNamespace.TextChanged, AddressOf ComboBoxNamespaceOnTextChanged

        lbl = New Label()
        lbl.Parent = Me
        lbl.Text = "Enumeration:"
        lbl.Location = New Point(8, 40)
        lbl.Size = New Size(56, 8)
        comboEnumeration = New ComboBox()
        comboEnumeration.Parent = Me
        comboEnumeration.DropDownStyle = ComboBoxStyle.DropDown
        comboEnumeration.Sorted = True
        comboEnumeration.Location = New Point(64, 40)
        comboEnumeration.Size = New Size(120, 12)
        comboEnumeration.Anchor = comboEnumeration.Anchor Or AnchorStyles.Right
        AddHandler comboEnumeration.TextChanged, AddressOf ComboBoxEnumerationOnTextChanged

        comboHex = New CheckBox()
        comboHex.Parent = Me
        comboHex.Text = "Hex"
        comboHex.Location = New Point(192, 25)
        comboHex.Size = New Size(40, 8)
        comboHex.Anchor = AnchorStyles.Top Or AnchorStyles.Right
        AddHandler comboHex.CheckedChanged, AddressOf CheckBoxOnCheckedChanged

        txtboxOutput = New TextBox()
        txtboxOutput.Parent = Me
        txtboxOutput.ReadOnly = True
        txtboxOutput.Multiline = True
        txtboxOutput.ScrollBars = ScrollBars.Vertical
        txtboxOutput.Location = New Point(8, 56)
        txtboxOutput.Size = New Size(226, 100)
        txtboxOutput.Anchor = AnchorStyles.Left Or AnchorStyles.Top Or _
                              AnchorStyles.Right Or AnchorStyles.Bottom

        AutoScaleBaseSize = New Size(4, 8)
        ' Anzeige initialisieren.
        FillComboBox(comboLibrary, strRegKeyBase)
        UpdateTextBox()
    End Sub

    Private Sub ComboBoxLibraryOnTextChanged(ByVal obj As Object, ByVal ea As EventArgs)
        FillComboBox(comboNamespace, strRegKeyBase & "\" & comboLibrary.Text)
        ComboBoxNamespaceOnTextChanged(obj, ea)
    End Sub
```

```vbnet
    Private Sub ComboBoxNamespaceOnTextChanged(ByVal obj As Object, ByVal ea As EventArgs)
        FillComboBox(comboEnumeration, strRegKeyBase & "\" & _
                                       comboLibrary.Text & "\" & _
                                       comboNamespace.Text)
        ComboBoxEnumerationOnTextChanged(obj, ea)
    End Sub
    Private Sub ComboBoxEnumerationOnTextChanged(ByVal obj As Object, ByVal ea As EventArgs)
        UpdateTextBox()
    End Sub
    Private Sub CheckBoxOnCheckedChanged(ByVal obj As Object, ByVal ea As EventArgs)
        UpdateTextBox()
    End Sub
    Private Sub UpdateTextBox()
        If EnumerateEnumeration.FillTextBox(txtboxOutput, _
                comboLibrary.Text, comboNamespace.Text, _
                comboEnumeration.Text, comboHex.Checked) Then
            If Not comboLibrary.Items.Contains(comboLibrary.Text) Then
                comboLibrary.Items.Add(comboLibrary.Text)
            End If
            If Not comboNamespace.Items.Contains(comboNamespace.Text) Then
                comboNamespace.Items.Add(comboNamespace.Text)
            End If
            If Not comboEnumeration.Items.Contains(comboEnumeration.Text) Then
                comboEnumeration.Items.Add(comboEnumeration.Text)
            End If
            Dim strRegKey As String = strRegKeyBase & "\" & comboLibrary.Text & "\" & _
                                      comboNamespace.Text & "\" & comboEnumeration.Text
            Dim regkey As RegistryKey = Registry.CurrentUser.OpenSubKey(strRegKey)
            If regkey Is Nothing Then
                regkey = Registry.CurrentUser.CreateSubKey(strRegKey)
            End If
            regkey.Close()
        End If
    End Sub
    Private Function FillComboBox(ByVal combo As ComboBox, ByVal strRegKey As String) As Boolean
        combo.Items.Clear()
        Dim regkey As RegistryKey = Registry.CurrentUser.OpenSubKey(strRegKey)
        If Not regkey Is Nothing Then
            Dim astrSubKeys() As String = regkey.GetSubKeyNames()
            regkey.Close()
            If astrSubKeys.Length > 0 Then
                combo.Items.AddRange(astrSubKeys)
                combo.SelectedIndex = 0
                Return True
            End If
        End If
        combo.Text = ""
        Return False
    End Function
End Class
```

Wenn Sie das Programm das erste Mal ausführen, sind alle drei Kombinationsfelder leer. Es ist Ihre Aufgabe, eine gültige Bibliothek sowie einen gültigen Namespace und Enumerationsnamen einzugeben. Wie erwähnt, prüft das Programm bei jeder Tastatureingabe die Gültigkeit der Kombination. Wird eine zulässige Kombination gefunden, werden die Enumerationsinformationen über die shared Methode *FillTextBox* des ursprünglichen Programms EnumerateEnumeration angezeigt.

Das Programm speichert die gültige Kombination in der Registrierung, und jede weitere gültige Kombination wird zu den Kombinationsfeldern hinzugefügt. Die Struktur der Registrierung ist für eine Anwendung wie diese perfekt geeignet. Wenn Sie den Registrierungseditor anzeigen, nachdem einige gültige Kombinationen aus Bibliotheken, Namespaces und Enumerationen hinzugefügt wurden, werden Sie sehen, dass in der Registrierung nicht wirklich Daten gespeichert werden. Jede gültige Kombination wird zu einem Schlüssel. Es werden z.B. Einträge wie der folgende angezeigt:

```
Software\ProgrammingWindowsWithVBdotNet\EnumerateEnumerationCombo
\system.drawing\System.Drawing.Drawing2D\DashStyle
```

Oder wie dieser:

```
Software\ProgrammingWindowsWithVBdotNet\EnumerateEnumerationCombo
\system.windows.forms\System.Windows.Forms\DockStyle
```

Wenn Sie die Auswahl oder den Text im ersten Kombinationsfeld ändern (hier geben Sie den Bibliotheksnamen ein), ruft die Methode *FillComboBox* im Programm die Liste der Registrierungsunterschlüssel für den angegebenen Bibliotheksnamen ab. Anhand dieser Unterschlüssel wird das zweite Kombinationsfeld (für die Namespacenamen) aufgefüllt. Wenn Sie die Auswahl oder den Text im Kombinationsfeld für den Namespace ändern, ruft *FillComboBox* die Liste gültiger Enumerationen für das dritte Kombinationsfeld ab. Je mehr Sie mit dem Programm arbeiten, desto nützlicher wird es.

Auf-Ab-Steuerelemente

Das Auf-Ab-Steuerelement von Windows Forms ist besser unter der Bezeichnung *Drehfeld*-Steuerelement (*spin button*) bekannt. Es gibt zwei Typen von Auf-Ab-Steuerelementen, was auch in der folgenden Klassenhierarchie zu sehen ist:

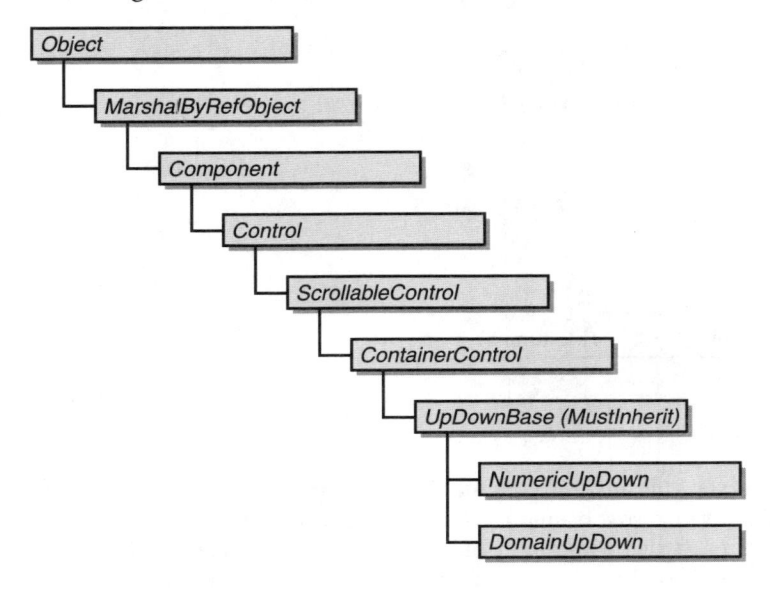

```
Object
  └─ MarshalByRefObject
       └─ Component
            └─ Control
                 └─ ScrollableControl
                      └─ ContainerControl
                           └─ UpDownBase (MustInherit)
                                ├─ NumericUpDown
                                └─ DomainUpDown
```

Die Steuerelemente bestehen aus einem Bearbeitungsfeld mit zwei Pfeilschaltflächen auf der rechten Seite. Das *NumericUpDown*-Steuerelement ermöglicht dem Benutzer die Auswahl aus einem Wertebereich. Mit dem *DomainUpDown*-Steuerelement kann der Benutzer ein Objekt aus einer Sammlung von Objekten auswählen, die anhand von Zeichenfolgen identifiziert werden. Der Schwerpunkt in diesem Abschnitt liegt auf dem *NumericUpDown*-Steuerelement.

Im Allgemeinen werden die folgenden Eigenschaften eingestellt, um das Steuerelement zu initialisieren:

NumericUpDown-Eigenschaften (Auswahl)

Eigenschaft	Typ	Zugriff
Value	Decimal	Get/Set
Minimum	Decimal	Get/Set
Maximum	Decimal	Get/Set
Increment	Decimal	Get/Set

Beachten Sie den Datentyp *Decimal*. Weitere Informationen zu *Decimal* finden Sie in Anhang B. Die Eigenschaft *Increment* gibt die Änderung in *Value* an, wenn auf die Pfeile nach oben oder nach unten geklickt wird. In den Standardeinstellungen hat *Value* einen Bereich von 0 bis 100 mit der Wertänderung 1. Sie können die Eigenschaften *Minimum* und *Maximum* auf *Decimal. MinValue* und *Decimal.MaxValue* setzen, um alle Einschränkungen zu entfernen.

Die Eigenschaften *Minimum* und *Maximum* sind sehr streng: Wenn der Benutzer manuell einen Wert außerhalb des Bereichs von *Minimum* und *Maximum* eingibt, ändert das Drehfeld-Steuerelement den Wert entweder in *Minimum* oder *Maximum*. (Beachten Sie das vor allem bei Dialogfeldern ohne Modus. Es ist möglich, dass die Schaltfläche *OK* das Dialogfeld ausblendet, bevor der Benutzer erkennen kann, ob sich der Wert geändert hat.) Stellt das Programm die Eigenschaft *Value* auf einen Wert außerhalb des Bereichs, wird eine Ausnahme ausgelöst.

Die folgenden Eigenschaften steuern die Anzeige des Werts im Steuerelement:

NumericUpDown-Eigenschaften (Auswahl)

Eigenschaft	Typ	Zugriff	Standardwert
DecimalPlaces	Integer	Get/Set	0
ThousandsSeparator	Boolean	Get/Set	*False*
Hexadecimal	Boolean	Get/Set	*False*

Das *ValueChanged*-Ereignis gibt an, dass der Wert des Steuerelements geändert wurde, und zwar sowohl bei einer Änderung durch den Benutzer als auch durch das Programm:

NumericUpDown-Ereignisse (Auswahl)

Ereignis	Methode	Delegat	Argument
ValueChanged	*OnValueChanged*	*EventHandler*	*EventArgs*

Um den Einsatz des *NumericUpDown*-Steuerelements zu demonstrieren, habe ich ein Programm geschrieben, das gleich neun davon verwendet. Das Programm Transform ermöglicht Ihnen das Experimentieren mit Matrizentransformationen. Hierbei können Sie entweder eines der sechs Matrixelemente ändern oder die verschiedenen Methoden der Klasse *Matrix* aufrufen (z.B. *Scale* oder *Shear*). Ich habe das Programm in drei Dateien aufgeteilt, eine für das Formular, die anderen beiden für die zwei Dialogfelder.

Der Großteil des Hauptformulars besteht aus zwei Methoden, die während des *Paint*-Ereignisses aufgerufen werden. *DrawAxes* zeichnet ein Koordinatensystem, *DrawHouse* ein kleines Haus. Das Haus wird unter Verwendung eines *Matrix*-Objekts gezeichnet, das als Feld gespeichert ist.

Transform.vb
```
Imports System
Imports System.Drawing
Imports System.Drawing.Drawing2D
Imports System.Drawing.Imaging         ' Für Bitmap
Imports System.Windows.Forms
Class Transform
    Inherits Form
    Private matx As New Matrix()
    Shared Sub Main()
        Application.Run(New Transform())
    End Sub
    Sub New()
        Text = "Transform"
        ResizeRedraw = True
        BackColor = Color.White
        Size = Size.op_Addition(Size, Size)

        ' Modales Dialogfeld erstellen.
        Dim dlg As New MatrixElements()
        dlg.Owner = Me
        dlg.Matrix = matx
        AddHandler dlg.Changed, AddressOf MatrixDialogOnChanged
        dlg.Show()
    End Sub
    Protected Overrides Sub OnPaint(ByVal pea As PaintEventArgs)
        Dim grfx As Graphics = pea.Graphics
        DrawAxes(grfx)
        grfx.Transform = matx
        DrawHouse(grfx)
    End Sub
    Private Sub DrawAxes(ByVal grfx As Graphics)
        Dim br As Brush = Brushes.Black
        Dim pn As Pen = Pens.Black
        Dim strfmt As New StringFormat()
        Dim i As Integer

        ' Horizontale Achse
        strfmt.Alignment = StringAlignment.Center
        For i = 1 To 10
            grfx.DrawLine(pn, 100 * i, 0, 100 * i, 10)
            grfx.DrawString((i * 100).ToString(), Font, br, _
                            100 * i, 10, strfmt)
            grfx.DrawLine(pn, 100 * i, 10 + Font.Height, _
                            100 * i, ClientSize.Height)
        Next i
```

```vb
        ' Vertikale Achse
        strfmt.Alignment = StringAlignment.Near
        strfmt.LineAlignment = StringAlignment.Center
        For i = 1 To 10
            grfx.DrawLine(pn, 0, 100 * i, 10, 100 * i)
            grfx.DrawString((i * 100).ToString(), Font, br, 10, 100 * i, strfmt)
            Dim cxText As Single = grfx.MeasureString((i * 100).ToString(), Font).Width
            grfx.DrawLine(pn, 10 + cxText, 100 * i, ClientSize.Width, 100 * i)
        Next i
    End Sub

    Private Sub DrawHouse(ByVal grfx As Graphics)
        Dim rectFacade As New Rectangle(0, 40, 100, 60)
        Dim rectDoor As New Rectangle(10, 50, 25, 50)
        Dim rectWindows() As Rectangle = {New Rectangle(50, 50, 10, 10), _
                                          New Rectangle(60, 50, 10, 10), _
                                          New Rectangle(70, 50, 10, 10), _
                                          New Rectangle(50, 60, 10, 10), _
                                          New Rectangle(60, 60, 10, 10), _
                                          New Rectangle(70, 60, 10, 10), _
                                          New Rectangle(15, 60, 5, 7), _
                                          New Rectangle(20, 60, 5, 7), _
                                          New Rectangle(25, 60, 5, 7)}
        Dim rectChimney As New Rectangle(80, 5, 10, 35)
        Dim ptRoof() As Point = {New Point(50, 0), _
                                 New Point(0, 40), _
                                 New Point(100, 40)}
        ' Bitmap und Pinsel für Schornstein erstellen.
        Dim bm As New Bitmap(8, 6)
        Dim bits() As Byte = {0, 0, 0, 0, 0, 0, 0, 0, _
                              1, 1, 1, 0, 1, 1, 1, 0, _
                              1, 1, 1, 0, 1, 1, 1, 0, _
                              0, 0, 0, 0, 0, 0, 0, 0, _
                              1, 0, 1, 1, 1, 0, 1, 1, _
                              1, 0, 1, 1, 1, 0, 1, 1}
        Dim i As Integer
        For i = 0 To 47
            If (bits(i) = 1) Then
                bm.SetPixel(i Mod 8, i \ 8, Color.DarkGray)
            Else
                bm.SetPixel(i Mod 8, i \ 8, Color.LightGray)
            End If
        Next i
        Dim br As New TextureBrush(bm)

        ' Das ganze Haus zeichnen.
        grfx.FillRectangle(Brushes.LightGray, rectFacade)
        grfx.DrawRectangle(Pens.Black, rectFacade)
        grfx.FillRectangle(Brushes.DarkGray, rectDoor)
        grfx.DrawRectangle(Pens.Black, rectDoor)
        grfx.FillRectangles(Brushes.White, rectWindows)
        grfx.DrawRectangles(Pens.Black, rectWindows)
        grfx.FillRectangle(br, rectChimney)
        grfx.DrawRectangle(Pens.Black, rectChimney)
        grfx.FillPolygon(Brushes.DarkGray, ptRoof)
        grfx.DrawPolygon(Pens.Black, ptRoof)
    End Sub
```

```
        Private Sub MatrixDialogOnChanged(ByVal obj As Object, ByVal ea As EventArgs)
            Dim dlg As MatrixElements = DirectCast(obj, MatrixElements)
            matx = dlg.Matrix
            Invalidate()
        End Sub
End Class
```

Das Programm zeigt außerdem ein Dialogfeld ohne Modus an. Dieses trägt den Titel *Matrix Elements* und wird in der folgenden Quellcodedatei implementiert. Das Dialogfeld verfügt über sechs *NumericUpDown*-Steuerelemente, mit deren Hilfe Sie die sechs Elemente der Matrix auswählen können. Außerdem wird ein *Changed*-Ereignis implementiert. Wenn Sie auf die Schaltfläche *Update* klicken, wird das *Changed*-Ereignis ausgelöst, um das Hauptprogramm darüber zu informieren, dass eine neue Matrix zur Verfügung steht. (Das Hauptprogramm verarbeitet dieses Ereignis im Ereignishandler *MatrixDialogOnChanged*.) Auf das *Matrix*-Objekt wird als Eigenschaft zugegriffen.

MatrixElements.vb
```
Imports System
Imports System.Drawing
Imports System.Drawing.Drawing2D
Imports System.Windows.Forms
Class MatrixElements
    Inherits Form

    Private matx As Matrix
    Private btnUpdate As Button
    Private updown(5) As NumericUpDown

    Event Changed As EventHandler

    Sub New()
        Text = "Matrix Elements"
        FormBorderStyle = FormBorderStyle.FixedDialog
        ControlBox = False
        MinimizeBox = False
        MaximizeBox = False
        ShowInTaskbar = False

        Dim strLabel() As String = {"X Scale:", "Y Shear:", _
                                    "X Shear:", "Y Scale:", _
                                    "X Translate:", "Y Translate:"}
        Dim i As Integer

        For i = 0 To 5
            Dim lbl As New Label()
            lbl.Parent = Me
            lbl.Text = strLabel(i)
            lbl.Location = New Point(8, 8 + 16 * i)
            lbl.Size = New Size(64, 8)

            updown(i) = New NumericUpDown()
            updown(i).Parent = Me
            updown(i).Location = New Point(76, 8 + 16 * i)
            updown(i).Size = New Size(48, 12)
            updown(i).TextAlign = HorizontalAlignment.Right
            AddHandler updown(i).ValueChanged, AddressOf UpDownOnValueChanged
```

```vbnet
            updown(i).DecimalPlaces = 2
            updown(i).Increment = 0.1D
            updown(i).Minimum = Decimal.MinValue
            updown(i).Maximum = Decimal.MaxValue
        Next i

        btnUpdate = New Button()
        btnUpdate.Parent = Me
        btnUpdate.Text = "Update"
        btnUpdate.Location = New Point(8, 108)
        btnUpdate.Size = New Size(50, 16)
        AddHandler btnUpdate.Click, AddressOf ButtonUpdateOnClick
        AcceptButton = btnUpdate

        Dim btn As New Button()
        btn.Parent = Me
        btn.Text = "Methods..."
        btn.Location = New Point(76, 108)
        btn.Size = New Size(50, 16)
        AddHandler btn.Click, AddressOf ButtonMethodsOnClick

        ClientSize = New Size(134, 132)
        AutoScaleBaseSize = New Size(4, 8)
    End Sub
    Property Matrix() As Matrix
        Set(ByVal Value As Matrix)
            matx = Value
            Dim i As Integer
            For i = 0 To 5
                updown(i).Value = CDec(Value.Elements(i))
            Next i
        End Set
        Get
            matx = New Matrix(CSng(updown(0).Value), _
                             CSng(updown(1).Value), _
                             CSng(updown(2).Value), _
                             CSng(updown(3).Value), _
                             CSng(updown(4).Value), _
                             CSng(updown(5).Value))
            Return matx
        End Get
    End Property
    Private Sub UpDownOnValueChanged(ByVal obj As Object, ByVal ea As EventArgs)
        Dim grfx As Graphics = CreateGraphics()
        Dim boolEnableButton As Boolean = True

        Try
            grfx.Transform = Matrix
        Catch
            boolEnableButton = False
        End Try

        btnUpdate.Enabled = boolEnableButton
        grfx.Dispose()
    End Sub
    Private Sub ButtonUpdateOnClick(ByVal obj As Object, ByVal ea As EventArgs)
        RaiseEvent Changed(Me, EventArgs.Empty)
    End Sub
```

```
        Private Sub ButtonMethodsOnClick(ByVal obj As Object, ByVal ea As EventArgs)
            Dim dlg As New MatrixMethods()
            dlg.Matrix = Matrix
            If dlg.ShowDialog() = DialogResult.OK Then
                Matrix = dlg.Matrix
                btnUpdate.PerformClick()
            End If
        End Sub
End Class
```

Das Dialogfeld *MatrixElements* enthält des Weiteren eine zweite Schaltfläche namens *Methods*. Diese Schaltfläche ruft ein modales Dialogfeld mit dem Titel *Matrix Methods* auf, das in der folgenden Quellcodedatei implementiert ist. *MatrixMethods* enthält drei weitere *NumericUpDown*-Steuerelemente, die Argumente für die verschiedenen Methoden der Klasse *Matrix* liefern, mit denen die Matrixelemente geändert werden. Jede Methode wird von einer Schaltfläche implementiert, die auch das Dialogfeld ausblendet.

MatrixMethods.vb
```
Imports System
Imports System.Drawing
Imports System.Drawing.Drawing2D
Imports System.Windows.Forms
Class MatrixMethods
    Inherits Form

    Private matx As Matrix
    Private btnInvert As Button
    Private updown(2) As NumericUpDown
    Private radbtn(1) As RadioButton

    Sub New()
        Text = "Matrix Methods"
        FormBorderStyle = FormBorderStyle.FixedDialog
        ControlBox = False
        MinimizeBox = False
        MaximizeBox = False
        ShowInTaskbar = False
        Location = Point.op_Addition(ActiveForm.Location, _
                    Size.op_Addition(SystemInformation.CaptionButtonSize, _
                                SystemInformation.FrameBorderSize))

        Dim astrLabel() As String = {"X / DX:", "Y / DY:", "Angle:"}
        Dim i As Integer

        For i = 0 To 2
            Dim lbl As New Label()
            lbl.Parent = Me
            lbl.Text = astrLabel(i)
            lbl.Location = New Point(8, 8 + 16 * i)
            lbl.Size = New Size(32, 8)

            updown(i) = New NumericUpDown()
            updown(i).Parent = Me
            updown(i).Location = New Point(40, 8 + 16 * i)
            updown(i).Size = New Size(48, 12)
            updown(i).TextAlign = HorizontalAlignment.Right
```

```vb
            updown(i).DecimalPlaces = 2
            updown(i).Increment = 0.1D
            updown(i).Minimum = Decimal.MinValue
            updown(i).Maximum = Decimal.MaxValue
        Next i
        ' Gruppenfeld und Optionsschaltfläche erstellen.
        Dim grpbox As New GroupBox()
        grpbox.Parent = Me
        grpbox.Text = "Order"
        grpbox.Location = New Point(8, 60)
        grpbox.Size = New Size(80, 32)

        For i = 0 To 1
            radbtn(i) = New RadioButton()
            radbtn(i).Parent = grpbox
            radbtn(i).Text = New String() {"Prepend", "Append"}(i)
            radbtn(i).Location = New Point(8, 8 + 12 * i)
            radbtn(i).Size = New Size(50, 10)
            radbtn(i).Checked = (i = 0)
        Next i
        ' 8 Schaltflächen für abschließenden Dialog erstellen.
        Dim astrButton() As String = {"Reset", "Invert", "Translate", _
                                      "Scale", "Rotate", "RotateAt", _
                                      "Shear", "Cancel"}
        Dim aeh() As EventHandler = {AddressOf ButtonResetOnClick, _
                                     AddressOf ButtonInvertOnClick, _
                                     AddressOf ButtonTranslateOnClick, _
                                     AddressOf ButtonScaleOnClick, _
                                     AddressOf ButtonRotateOnClick, _
                                     AddressOf ButtonRotateAtOnClick, _
                                     AddressOf ButtonShearOnClick}
        For i = 0 To 7
            Dim btn As New Button()
            btn.Parent = Me
            btn.Text = astrButton(i)
            btn.Location = New Point(100 + 72 * (i \ 4),8 + 24 * (i Mod 4))
            btn.Size = New Size(64, 14)

            If i = 0 Then AcceptButton = btn
            If i = 1 Then btnInvert = btn

            If i < 7 Then
                AddHandler btn.Click, aeh(i)
                btn.DialogResult = DialogResult.OK
            Else
                btn.DialogResult = DialogResult.Cancel
                CancelButton = btn
            End If
        Next i
        ClientSize = New Size(240, 106)
        AutoScaleBaseSize = New Size(4, 8)
    End Sub
    Property Matrix() As Matrix
        Set(ByVal Value As Matrix)
            matx = Value
            btnInvert.Enabled = Matrix.IsInvertible
        End Set
```

```vb
        Get
            Return matx
        End Get
    End Property
    Private Sub ButtonResetOnClick(ByVal obj As Object, ByVal ea As EventArgs)
        Matrix.Reset()
    End Sub
    Private Sub ButtonInvertOnClick(ByVal obj As Object, ByVal ea As EventArgs)
        Matrix.Invert()
    End Sub
    Private Sub ButtonTranslateOnClick(ByVal obj As Object, ByVal ea As EventArgs)
        Matrix.Translate(CSng(updown(0).Value), CSng(updown(1).Value), PrependOrAppend)
    End Sub
    Private Sub ButtonScaleOnClick(ByVal obj As Object, ByVal ea As EventArgs)
        Matrix.Scale(CSng(updown(0).Value), CSng(updown(1).Value), PrependOrAppend)
    End Sub
    Private Sub ButtonRotateOnClick(ByVal obj As Object, ByVal ea As EventArgs)
        Matrix.Rotate(CSng(updown(2).Value), PrependOrAppend)
    End Sub
    Private Sub ButtonRotateAtOnClick(ByVal obj As Object, ByVal ea As EventArgs)
        Matrix.RotateAt(CSng(updown(2).Value), New PointF(CSng(updown(0).Value), _
                            CSng(updown(1).Value)), PrependOrAppend)
    End Sub
    Private Sub ButtonShearOnClick(ByVal obj As Object, ByVal ea As EventArgs)
        Matrix.Shear(CSng(updown(0).Value), CSng(updown(1).Value), PrependOrAppend)
    End Sub
    Private Function PrependOrAppend() As MatrixOrder
        If radbtn(0).Checked Then
            Return MatrixOrder.Prepend
        Else
            Return MatrixOrder.Append
        End If
    End Function
End Class
```

So sieht das Programm aus, wenn beide Dialogfelder angezeigt werden:

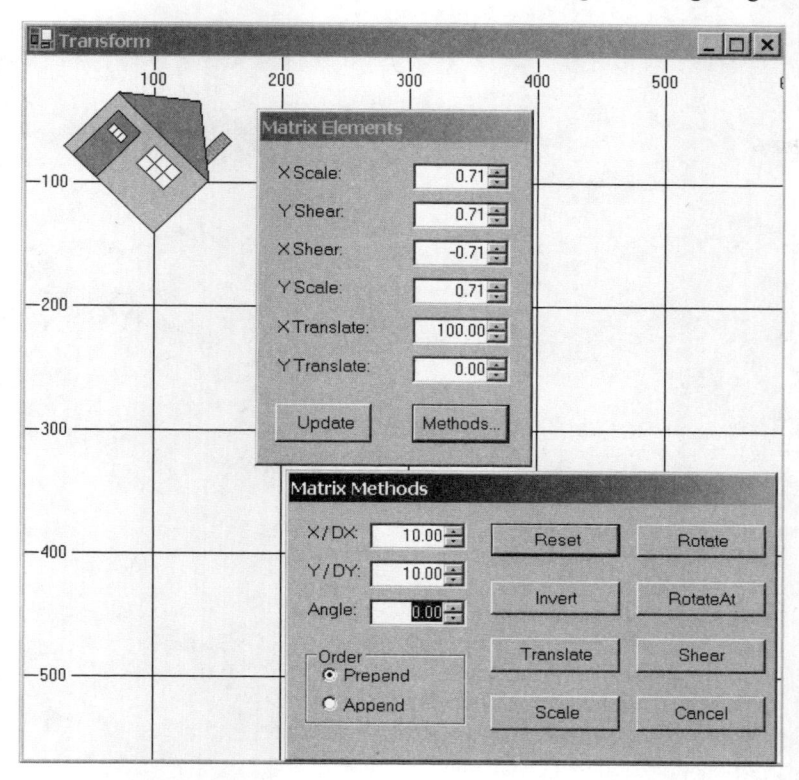

Für den Schornstein des Hauses wird ein *TextureBrush*-Objekt verwendet. Es basiert auf einem *Bitmap*-Bild, das wie Ziegelsteine aussieht. Ich hätte hier auch ein *HatchBrush*-Objekt mit *HatchStyle.HorizontalBrick* verwenden können. Doch wie Sie noch aus Kapitel 17 wissen, kann *HatchBrush* im Gegensatz zu *TextureBrush* keiner Transformation unterzogen werden. Wenn Sie das Haus vergrößern, werden die Ziegelsteine des Schornsteins ebenfalls größer. Die Ziegelsteine können auch geschert und gedreht werden. Ferner werden Sie feststellen, dass GDI+ einen Glättungsalgorithmus verwendet, um den Effekt zu vermeiden, dass das Bild wie aus Riesenpixeln zusammengesetzt aussieht.

19 Schriftspielereien

753	Erste Schritte
755	Text mit Pinseln schreiben
761	Schrifttransformationen
771	Text und Pfade
783	Nichtlineare Transformationen

Bei den in Windows Forms-Programmen zur Verfügung stehenden TrueType- und OpenType-Schriften handelt es sich um Outlineschriften, was bedeutet, dass jedes Zeichen durch Geraden und Kurven definiert ist. Wie wir in Kapitel 9 und den anschließenden Kapiteln erörtert haben, sind diese Schriften stufenlos skalierbar. Die Schriftdefinitionen enthalten darüber hinaus Hints zur Vermeidung von Verzerrungen, die sich beim Anpassen skalierter Gleitkommakoordinaten auf ein bestimmtes Pixelraster ergeben können.

Aufgrund der Tatsache, dass Schriftzeichen mit Geraden und Kurven definiert werden, ist ihre Integration in das übrige Grafiksystem von Windows Forms unproblematisch. Schriftzeichen können Transformationen unterzogen, mit einem beliebigen Pinsel eingefärbt und die Zeichenumrisse in Grafikpfade integriert werden.

Bei der Nutzung dieser grafischen Programmiertechniken (unabhängig davon, ob diese einzeln oder in Kombination zum Einsatz kommen) entfernt sich Text von seinem ursprünglichen Verwendungszweck (nämlich der Darstellung zu lesender Inhalte) und entwickelt sich zu einer eigenen Art von Kunst.

Erste Schritte

Seit Kapitel 5 habe ich mehrfach Ableitungen von einer Klasse mit der Bezeichnung *PrintableForm* (die in *PrintableForm.vb* implementiert ist) vorgenommen, um einige Techniken für die Bildschirm- und Druckerausgabe zu veranschaulichen. Eine von *PrintableForm* abgeleitete Klasse überschreibt zum Zeichnen der Grafiken die Methode *DoPage*. *DoPage* wird während der *OnPaint*-Methode des Formulars aufgerufen, um den Clientbereich zu zeichnen. Wenn Sie auf den Clientbereich klicken, wird ebenfalls die *DoPage*-Methode aufgerufen, um die Grafiken auf dem Drucker auszugeben.

In diesem Kapitel definiere ich eine neue Klasse namens *FontMenuForm*, die von der Klasse *PrintableForm* abgeleitet ist und ein einziges Menüelement mit der Beschriftung *Font!* enthält.

Das Element ruft das Standarddialogfeld *Schriften* auf, über das Sie das geschützte Feld *fnt* ändern können. Die Klasse *FontMenuForm* verfügt ferner über einige nützliche Methoden zur Anzeige von Text.

FontMenuForm.vb
```vb
Imports System
Imports System.Drawing
Imports System.Windows.Forms
Class FontMenuForm
    Inherits PrintableForm
    Protected strText As String = "Sample Text"
    Protected fnt As New Font("Times New Roman", 24, FontStyle.Italic)
    Shared Shadows Sub Main()
        Application.Run(New FontMenuForm())
    End Sub
    Sub New()
        Text = "Font Menu Form"
        Menu = New MainMenu()
        Menu.MenuItems.Add("&Font!", AddressOf MenuFontOnClick)
    End Sub
    Private Sub MenuFontOnClick(ByVal obj As Object, ByVal ea As EventArgs)
        Dim dlg As New FontDialog()
        dlg.Font = fnt
        If dlg.ShowDialog() = DialogResult.OK Then
            fnt = dlg.Font
            Invalidate()
        End If
    End Sub
    Protected Overrides Sub DoPage(ByVal grfx As Graphics, _
            ByVal clr As Color, ByVal cx As Integer, ByVal cy As Integer)
        Dim szf As SizeF = grfx.MeasureString(strText, fnt)
        Dim br As New SolidBrush(clr)
        grfx.DrawString(strText, fnt, br, (cx - szf.Width) / 2, (cy - szf.Height) / 2)
    End Sub
    Function GetAscent(ByVal grfx As Graphics, ByVal fnt As Font) As Single
        Return fnt.GetHeight(grfx) * fnt.FontFamily.GetCellAscent(fnt.Style) / _
                    fnt.FontFamily.GetLineSpacing(fnt.Style)
    End Function
    Function GetDescent(ByVal grfx As Graphics, ByVal fnt As Font) As Single
        Return fnt.GetHeight(grfx) * fnt.FontFamily.GetCellDescent(fnt.Style) / _
                    fnt.FontFamily.GetLineSpacing(fnt.Style)
    End Function
    Function PointsToPageUnits(ByVal grfx As Graphics, ByVal fnt As Font) As Single
        Dim fFontSize As Single
        If grfx.PageUnit = GraphicsUnit.Display Then
            fFontSize = 100 * fnt.SizeInPoints / 72
        Else
            fFontSize = grfx.DpiX * fnt.SizeInPoints / 72
        End If
        Return fFontSize
    End Function
End Class
```

Ein von der Klasse *FontMenuForm* abgeleitetes Programm sollte die *DoPage*-Methode überschreiben (wie bei Ableitung von der Klasse *PrintableForm*) und außerdem die Felder *fnt* und *strText* verwenden. Optional kann das Programm diese beiden Felder im Konstruktor auch auf andere Art und Weise initialisieren.

Die Methoden *GetAscent* und *GetDescent* berechnen Versalhöhe und Unterlänge einer bestimmten Schrift mithilfe einer Technik, die ich in Kapitel 9 beschrieben habe. Die Methode *PointToPageUnits* berechnet die Punktgröße einer Schrift in Seiteneinheiten. Die Methode geht dabei davon aus, dass für das Argument *Graphics*-Objekt die standardmäßigen Seiteneinheiten gelten. Die standardmäßige Seiteneinheit für Drucker lautet *GraphicsUnit.Display*, für den Bildschirm wird standardmäßig *GraphicsUnit.Pixel* verwendet.

Text mit Pinseln schreiben

In Kapitel 17 konnte ich mich mit Mühe und Not davon abhalten, Ihnen die ganze Vielfalt der Einsatzmöglichkeiten von *Brush*-Objekten bei Text zu demonstrieren, weil ich mir diesen Spaß für dieses Kapitel aufheben wollte. Hier sehen Sie beispielsweise ein Programm, das für die Textanzeige einen aus *HatchStyle.HorizontalBrick* erstellten *HatchBrush*-Pinsel verwendet.

```
Bricks.vb
Imports System
Imports System.Drawing
Imports System.Drawing.Drawing2D
Imports System.Windows.Forms
Class Bricks
    Inherits FontMenuForm
    Shared Shadows Sub Main()
        Application.Run(New Bricks())
    End Sub
    Sub New()
        Text = "Bricks"

        strText = "Bricks"
        fnt = New Font("Times New Roman", 144)
    End Sub
    Protected Overrides Sub DoPage(ByVal grfx As Graphics, _
            ByVal clr As Color, ByVal cx As Integer, ByVal cy As Integer)
        Dim szf As SizeF = grfx.MeasureString(strText, fnt)
        Dim hbr As New HatchBrush(HatchStyle.HorizontalBrick, Color.White, Color.Black)

        grfx.DrawString(strText, fnt, hbr, (cx - szf.Width) / 2, _
                                           (cy - szf.Height) / 2)
    End Sub
End Class
```

Bei ausreichender Vergrößerung des Clientbereichs sieht die Ausgabe so aus:

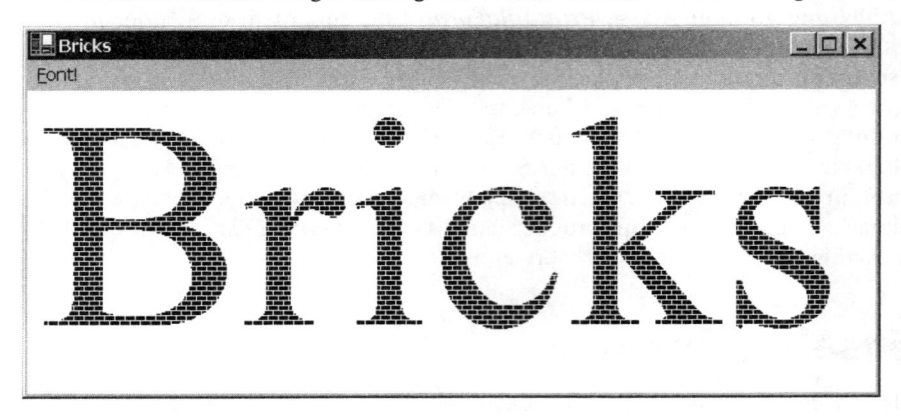

Schraffurpinsel funktionieren mit größeren Schriften am besten. Bei einfacheren Schraffuren können Sie die Ausgabe mithilfe einer Zeichenumrandung aufpolieren. Auf diese Technik gehe ich an späterer Stelle in diesem Kapitel ein.

Das folgende Programm verwendet für die Textanzeige einen Farbverlauf.

GradientText.vb
```
Imports System
Imports System.Drawing
Imports System.Drawing.Drawing2D
Imports System.Windows.Forms
Class GradientText
    Inherits FontMenuForm
    Shared Shadows Sub Main()
        Application.Run(New GradientText())
    End Sub
    Sub New()
        Text = "Gradient Text"
        Width *= 3
        strText = "Gradient"
        fnt = New Font("Times New Roman", 144, FontStyle.Italic)
    End Sub
    Protected Overrides Sub DoPage(ByVal grfx As Graphics, _
            ByVal clr As Color, ByVal cx As Integer, ByVal cy As Integer)
        Dim szf As SizeF = grfx.MeasureString(strText, fnt)
        Dim ptf As New PointF((cx - szf.Width) / 2, _
                              (cy - szf.Height) / 2)
        Dim rectf As New RectangleF(ptf, szf)
        Dim lgbr As New LinearGradientBrush(rectf, Color.White, Color.Black, _
                                            LinearGradientMode.ForwardDiagonal)
        grfx.Clear(Color.Gray)
        grfx.DrawString(strText, fnt, lgbr, ptf)
    End Sub
End Class
```

Der Text ist in der linken oberen Ecke weiß und in der rechten unteren Ecke schwarz und wird vor einem grauen Hintergrund angezeigt:

Wenn Sie diese Zeilen
```
szf.Width /= 8
szf.Height /= 8
```
vor der Erstellung von *RectangleF* einfügen und diese Zeilen
```
lgbr.WrapMode = WrapMode.TileFlipXY
```
nach der Erstellung des *Brush*-Objekts, erhalten Sie einen feiner abgestuften Farbverlauf:

Aber auch mit den guten alten einfarbigen Pinseln können interessante Effekte erzielt werden, wie das Programm DropShadow illustriert.

DropShadow.vb
```vb
Imports System
Imports System.Drawing
Imports System.Windows.Forms
Class DropShadow
    Inherits FontMenuForm
    Const iOffset As Integer = 10 ' Ungefähr 1/10 Zoll (auf dem Drucker genau).
    Shared Shadows Sub Main()
        Application.Run(New DropShadow())
    End Sub
    Sub New()
        Text = "Drop Shadow"
        Width *= 2
```

Schriftspielereien

```
        strText = "Shadow"
        fnt = New Font("Times New Roman", 108)
    End Sub
    Protected Overrides Sub DoPage(ByVal grfx As Graphics, _
            ByVal clr As Color, ByVal cx As Integer, ByVal cy As Integer)
        Dim szf As SizeF = grfx.MeasureString(strText, fnt)
        Dim x As Single = (cx - szf.Width) / 2
        Dim y As Single = (cy - szf.Height) / 2

        grfx.Clear(Color.White)
        grfx.DrawString(strText, fnt, Brushes.Gray, x, y)
        grfx.DrawString(strText, fnt, Brushes.Black, x - iOffset, _
                                                     y - iOffset)
    End Sub
End Class
```

Dieses Programm erzeugt einen Schatteneffekt, indem es denselben Text mit zwei verschiedenen Pinseln und einmal um 10 Einheiten versetzt zeichnet:

Wenn Sie einen niedrigen Versatzwert wählen und die richtigen Farben verwenden, können Sie einen Präge- oder Gravureffekt erzielen, wie ihn das Programm EmbossedText veranschaulicht.

EmbossedText.vb
```
Imports System
Imports System.Drawing
Imports System.Windows.Forms
Class EmbossedText
    Inherits FontMenuForm

    Private iOffset As Integer = 2

    Shared Shadows Sub Main()
        Application.Run(New EmbossedText())
    End Sub
    Sub New()
        Text = "Embossed Text"
        Width *= 2
        Menu.MenuItems.Add("&Toggle!", AddressOf MenuToggleOnClick)
```

```
            strText = "Emboss"
            fnt = New Font("Times New Roman", 108)
        End Sub
        Private Sub MenuToggleOnClick(ByVal obj As Object, ByVal ea As EventArgs)
            iOffset = -iOffset

            If (iOffset > 0) Then
                Text = "Embossed Text"
                strText = "Emboss"
            Else
                Text = "Engraved Text"
                strText = "Engrave"
            End If

            Invalidate()
        End Sub
        Protected Overrides Sub DoPage(ByVal grfx As Graphics, _
                ByVal clr As Color, ByVal cx As Integer, ByVal cy As Integer)
            Dim szf As SizeF = grfx.MeasureString(strText, fnt)
            Dim x As Single = (cx - szf.Width) / 2
            Dim y As Single = (cy - szf.Height) / 2

            grfx.Clear(Color.White)
            grfx.DrawString(strText, fnt, Brushes.Gray, x, y)
            grfx.DrawString(strText, fnt, Brushes.White, x - iOffset, _
                                                         y - iOffset)
        End Sub
    End Class
```

Das Programm zeichnet erst grauen Text und anschließend weißen Text vor einem weißen Hintergrund. Die Programmausgabe sieht standardmäßig zunächst so aus:

Über die Menüoption *Toggle!* wechseln Sie zum Gravureffekt:

Diese beiden Effekte sind im Prinzip identisch. Der einzige Unterschied besteht in der Auswahl eines positiven bzw. negativen Versatzwerts für die jeweilige Textanzeige. Wir gehen in der Regel davon aus, dass der Lichteinfall von oben erfolgt, deshalb nehmen wir einen vermeintlichen Schatten unterhalb und rechts der Zeichen als Ergebnis eines hervorgehobenen Textes und einen Schatten links oberhalb der Zeichen als »engravierten« Text wahr. Daher können Sie zur Umkehrung der Effekte auch einfach dieses Buch (oder von mir aus auch Ihren Monitor) auf den Kopf stellen.

Wie das Programm BlockFont verdeutlicht, können Sie dieselbe Textzeichenfolge unter Beibehaltung der Farbe mehrmals zeichnen, um einen Blockeffekt zu erzeugen.

BlockFont.vb
```
Imports System
Imports System.Drawing
Imports System.Windows.Forms
Class BlockFont
    Inherits FontMenuForm
    Const iReps As Integer = 50 ' Ungefähr 1/2 Zoll (auf dem Drucker genau).
    Shared Shadows Sub Main()
        Application.Run(New BlockFont())
    End Sub
    Sub New()
        Text = "Block Font"
        Width *= 2
        strText = "Block"
        fnt = New Font("Times New Roman", 108)
    End Sub
    Protected Overrides Sub DoPage(ByVal grfx As Graphics, _
            ByVal clr As Color, ByVal cx As Integer, ByVal cy As Integer)
        Dim szf As SizeF = grfx.MeasureString(strText, fnt)
        Dim x As Single = (cx - szf.Width - iReps) / 2
        Dim y As Single = (cy - szf.Height + iReps) / 2
        Dim i As Integer
```

```
        grfx.Clear(Color.LightGray)
        For i = 0 To iReps
            grfx.DrawString(strText, fnt, Brushes.Black, x + i, y - i)
        Next i
        grfx.DrawString(strText, fnt, Brushes.White, x + iReps, y - iReps)
    End Sub
End Class
```

Die Methode *DoPage* zeichnet zunächst mehrmals dieselbe Textzeichenfolge in schwarz, für die zuletzt gezeichnete Zeichenfolge wird die Farbe Weiß verwendet. Und so sieht das Ganze aus:

Sie können für die oberste Zeichenfolge auch eine Schrift mit Umrisslinie verwenden, um sie noch deutlicher von einem weißen Hintergrund abzuheben.

Schrifttransformationen

Bereits zu Anfang der Untersuchungen, die wir in Kapitel 7 zu den Welttransformationen angestellt haben, haben wir festgestellt, dass Textzeichenfolgen wie alle anderen Grafikobjekte auch skaliert, rotiert und geschert werden können. Das Programm RotatedFont ist eine Ableitung von *FontMenuForm* und dient dem Zeichnen einer Reihe identischer Textzeichenfolgen, die um die Mitte des Formulars angeordnet sind.

RotatedFont.vb
```
Imports System
Imports System.Drawing
Imports System.Windows.Forms
Class RotatedFont
    Inherits FontMenuForm
    Const iDegrees As Integer = 20      ' Sollte ein Teiler von 360 sein.
    Shared Shadows Sub Main()
        Application.Run(New RotatedFont())
    End Sub
```

```
    Sub New()
        Text = "Rotated Font"
        strText = "   Rotated Font"
        fnt = New Font("Arial", 18)
    End Sub
    Protected Overrides Sub DoPage(ByVal grfx As Graphics, _
            ByVal clr As Color, ByVal cx As Integer, ByVal cy As Integer)
        Dim br As New SolidBrush(clr)
        Dim strfmt As New StringFormat()
        Dim i As Integer
        strfmt.LineAlignment = StringAlignment.Center
        grfx.TranslateTransform(cx \ 2, cy \ 2)
        For i = 0 To 359 Step iDegrees
            grfx.DrawString(strText, fnt, br, 0, 0, strfmt)
            grfx.RotateTransform(iDegrees)
        Next i
    End Sub
End Class
```

Die *DoPage*-Methode ruft *TranslateTransform* auf, um den Mittelpunkt des Anzeigebereichs als Ursprung einzustellen. Anschließend werden 18 Versionen der Textzeichenfolge gezeichnet, die in Schritten von jeweils 20 Grad um den Ursprung rotiert werden. Der *DrawString*-Aufruf bedient sich eines *StringFormat*-Objekts, das die Textzeichenfolge relativ zum Ursprung vertikal zentriert. Um in der Mitte ein großes Durcheinander zu vermeiden, beginnen die Textzeichenfolgen mit drei Leerzeichen. Hier das Ergebnis bei Verwendung der vom Programm eingestellten Schrift Arial mit 18 Punkt:

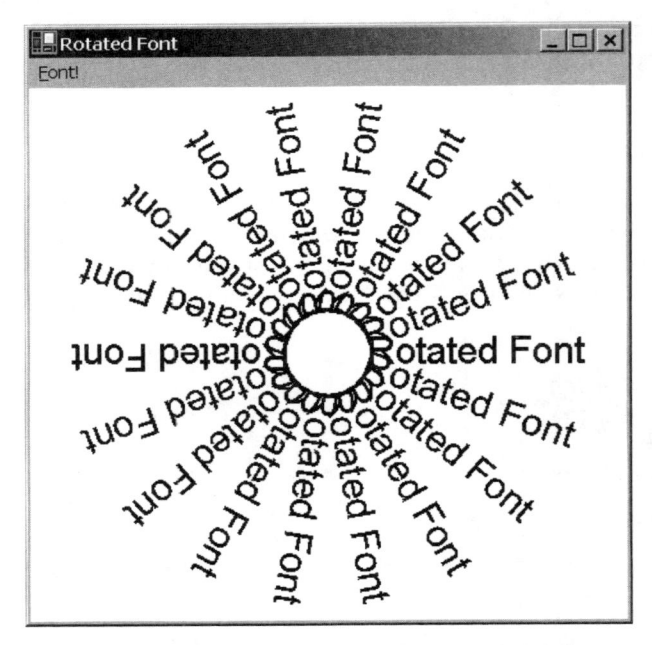

Über den Menüpunkt *Font!* können Sie natürlich auch eine andere Schrift als Arial auswählen.

Hier ein Programm, das sich der *GetAscent*-Methode von *FontMenuForm* bedient. In Kapitel 7 habe ich erläutert, dass negative Skalierungsfaktoren zu einer Spiegelung der Grafikobjekte an der horizontalen oder vertikalen Achse bzw. an beiden Achsen führen. Das Programm ReflectedText zeigt die Textzeichenfolge »Reflect« bei Verwendung vier unterschiedlicher Kombinationen aus positiver und negativer Skalierung an.

ReflectedText.vb
```
Imports System
Imports System.Drawing
Imports System.Drawing.Drawing2D
Imports System.Windows.Forms
Class ReflectedText
    Inherits FontMenuForm
    Shared Shadows Sub Main()
        Application.Run(New ReflectedText())
    End Sub
    Sub New()
        Text = "Reflected Text"
        Width *= 2
        strText = "Reflect"
        fnt = New Font("Times New Roman", 54)
    End Sub
    Protected Overrides Sub DoPage(ByVal grfx As Graphics, _
            ByVal clr As Color, ByVal cx As Integer, ByVal cy As Integer)
        Dim br As New SolidBrush(clr)
        Dim fAscent As Single = GetAscent(grfx, fnt)
        Dim strfmt As StringFormat = StringFormat.GenericTypographic
        Dim i As Integer
        grfx.TranslateTransform(cx \ 2, cy \ 2)
        For i = 0 To 3
            Dim grfxstate As GraphicsState = grfx.Save()
            Select Case (i)
                Case 0 : grfx.ScaleTransform(1, 1)
                Case 1 : grfx.ScaleTransform(1, -1)
                Case 2 : grfx.ScaleTransform(-1, 1)
                Case 3 : grfx.ScaleTransform(-1, -1)
            End Select
            grfx.DrawString(strText, fnt, br, 0, -fAscent, strfmt)
            grfx.Restore(grfxstate)
        Next i
    End Sub
End Class
```

Der *TranslateTransform*-Aufruf stellt den Ursprung auf den Mittelpunkt des Clientbereichs ein. Der für die vier Textanzeigen verwendete *ScaleTransform*-Aufruf verwendet für die Skalierung die Variable *i* zur Auswahl von vier unterschiedlichen Kombinationen aus 1 und –1.

Das Argument *–fAscent* in *DrawString* positioniert den Text mit dem linken Ende der Grundlinie am Ursprung:

Sie können auch unterschiedliche Effekte miteinander kombinieren. Hier sehen Sie dasselbe Programm mit einem *RotateTransform*-Aufruf zwischen *TranslateTransform* und *ScaleTransform*.

RotateAndReflect.vb
```
Imports System
Imports System.Drawing
Imports System.Drawing.Drawing2D
Imports System.Windows.Forms
Class RotateAndReflect
    Inherits FontMenuForm
    Shared Shadows Sub Main()
        Application.Run(New RotateAndReflect())
    End Sub
    Sub New()
        Text = "Rotated and Reflected Text"
        strText = "Reflect"
        fnt = New Font("Times New Roman", 36)
    End Sub
    Protected Overrides Sub DoPage(ByVal grfx As Graphics, _
        ByVal clr As Color, ByVal cx As Integer, ByVal cy As Integer)
        Dim br As New SolidBrush(clr)
        Dim fAscent As Single = GetAscent(grfx, fnt)
        Dim strfmt As StringFormat = StringFormat.GenericTypographic
        Dim i As Integer
        grfx.TranslateTransform(cx \ 2, cy \ 2)
        For i = 0 To 3
            Dim grfxstate As GraphicsState = grfx.Save()
            grfx.RotateTransform(-45)

            Select Case (i)
                Case 0 : grfx.ScaleTransform(1, 1)
                Case 1 : grfx.ScaleTransform(1, -1)
                Case 2 : grfx.ScaleTransform(-1, 1)
                Case 3 : grfx.ScaleTransform(-1, -1)
            End Select
```

```
            grfx.DrawString(strText, fnt, br, 0, -fAscent, strfmt)
            grfx.Restore(grfxstate)
        Next i
    End Sub
End Class
```

Ich habe die Schrift zudem ein wenig verkleinert, damit der Screenshot nicht allzu groß gerät:

Durch das Rotieren werden die einzelnen Zeichen nicht verzerrt. Wenn Sie dieses Buch ein wenig drehen, werden Sie feststellen, dass alle bislang dargestellten Textzeichenfolgen abgesehen von der veränderten Ausrichtung vollkommen normal angezeigt wurden. Wenn Sie eine Textzeichenfolge allerdings scheren, werden die einzelnen Zeichen schon verzerrt. Die horizontalen und vertikalen Striche stehen nicht mehr im rechten Winkel zueinander.

Im Folgenden sehen Sie ein Programm, das sich der *Shear*-Methode der Klasse *Matrix* bedient, um eine horizontale Scherung von 0,5 zu erreichen.

SimpleShear.vb
```
Imports System
Imports System.Drawing
Imports System.Drawing.Drawing2D
Imports System.Windows.Forms
Class SimpleShear
    Inherits FontMenuForm

    Shared Shadows Sub Main()
        Application.Run(New SimpleShear())
    End Sub
    Sub New()
        Text = "Simple Shear"
        strText = "Shear"
        fnt = New Font("Times New Roman", 72)
    End Sub
```

Schriftspielereien

```
Protected Overrides Sub DoPage(ByVal grfx As Graphics, _
        ByVal clr As Color, ByVal cx As Integer, ByVal cy As Integer)
    Dim br As New SolidBrush(clr)
    Dim matx As New Matrix()
    matx.Shear(0.5, 0)
    grfx.Transform = matx
    grfx.DrawString(strText, fnt, br, 0, 0)
End Sub
End Class
```

In diesem Programm ändert der *Shear*-Aufruf die standardmäßige Transformationsmatrix

$$\begin{vmatrix} 1 & 0 & 0 \\ 0 & 1 & 0 \\ 0 & 0 & 1 \end{vmatrix}$$

in

$$\begin{vmatrix} 1 & 0 & 0 \\ 0.5 & 1 & 0 \\ 0 & 0 & 1 \end{vmatrix}$$

und die Transformationsformeln

$x' = x$
$y' = y$

in

$x' = x + 0.5 \cdot y$
$y' = y$

Ganz oben im Clientbereich (oder auf der Druckseite) ist *y* gleich 0, die Scherung hat keine Auswirkung. Je weiter Sie sich jedoch im Clientbereich nach unten bewegen, desto größer wird *y*, folglich wird *x'* weiter nach rechts verlagert. Hier die sich ergebende Textzeichenfolge:

Die Zeichen neigen sich zwar nach links, befinden sich aber nach wie vor auf einer horizontalen Grundlinie; die Zeichen werden also nicht rotiert, sondern vielmehr verzerrt. Es handelt sich hier um einen umgekehrten Oblique- (bzw. Kursiv-) Effekt. Je höher der Wert des ersten *Shear*-Arguments liegt, desto deutlicher tritt der Effekt zu Tage; wenn Sie dem Argument einen negativen Wert zuweisen, erhalten Sie normal geneigten Oblique-Text.

Wenn Sie die Koordination der *Shear*-Methode folgendermaßen umstellen:

```
matx.Shear(0, 0.5)
```

erhalten Sie eine vertikale Scherung:

Hier sehen Sie, dass zwar die vertikalen Striche von *h* und *r* nach wie vor vertikal sind, die Grundlinie steht jetzt jedoch nicht mehr im rechten Winkel zur Horizontalachse.

Die Verwendung der Scherung kann ein bisschen knifflig sein. Angenommen, Sie möchten Text auf einer Grundlinie zeichnen, wie im Programm TextOnBaseline in Kapitel 9 auf Seite 317 geschehen:

Nun möchten Sie den Text künstlich kursiv (oblique) aussehen lassen und scheren. Der Text soll dabei zwar weiterhin auf derselben Grundlinie stehen, jedoch ein wenig nach vorn geneigt sein. Da die Scherung immer relativ zum Ursprung erfolgt, muss der grafische Ursprung auf die Grundlinie verschoben werden.

Das Programm BaselineTilt ist dem Programm TextOnBaseline sehr ähnlich, wurde jedoch dahingehend abgeändert, dass es von *FontMenuForm* abgeleitet ist. Das Programm BaselineTilt ist auch insofern ein wenig anders, als es die Grundlinie in einer Entfernung von drei Vierteln der Höhe des Clientbereichs von oben positioniert (statt der Hälfte, auf diese Weise kann der

Platz im Clientbereich am besten genutzt werden) und die *GetAscent*-Methode von *FontMenu-Form* einsetzt.

BaselineTilt.vb
```
Imports System
Imports System.Drawing
Imports System.Drawing.Drawing2D
Imports System.Windows.Forms
Class BaselineTilt
    Inherits FontMenuForm
    Shared Shadows Sub Main()
        Application.Run(New BaselineTilt())
    End Sub
    Sub New()
        Text = "Baseline Tilt"
        strText = "Baseline"
        fnt = New Font("Times New Roman", 144)
    End Sub
    Protected Overrides Sub DoPage(ByVal grfx As Graphics, _
            ByVal clr As Color, ByVal cx As Integer, ByVal cy As Integer)
        Dim yBaseline As Single = 3 * cy \ 4
        Dim cyAscent As Single = GetAscent(grfx, fnt)

        grfx.DrawLine(New Pen(clr), 0, yBaseline, cx, yBaseline)
        grfx.TranslateTransform(0, yBaseline)

        Dim matx As Matrix = grfx.Transform
        matx.Shear(-0.5, 0)
        grfx.Transform = matx

        grfx.DrawString(strText, fnt, New SolidBrush(clr), 0, -cyAscent)
    End Sub
End Class
```

Dieses neue Programm führt ebenfalls zu einer Scherung der Textzeichenfolge. Der *Translate-Transform*-Aufruf positioniert den Ursprung an der zu verwendenden Grundlinie in der linken Hälfte des Clientbereichs:

```
grfx.TranslateTransform(0, yBaseline)
```

Die folgenden drei Aufrufe führen zu einer negativen Horizontalscherung:

```
Matrix matx = grfx.Transform
matx.Shear(-0.5f, 0)
grfx.Transform = matx
```

Aufgrund des *TranslateTransform*-Aufrufs erfolgt die Scherung jedoch relativ zum neuen Ursprung. Die Transformationsformeln lauten folgendermaßen:

$x' = x - 0.5 \cdot y$
$y' = y + yBaseline$

Der Punkt (0, 0) in Weltkoordinaten entspricht dem Punkt (0, *yBaseline*) in Clientbereichskoordinaten, bei dem es sich um die Grundlinie handelt. Alle oberhalb der Grundlinie befindlichen Punkte (Weltkoordinaten mit negativen *y*-Werten) werden nach rechts geneigt. Punkte unterhalb der Grundlinie (mit positiven *y*-Werten) werden nach links geneigt.

Das Programm zeigt den Text an der Weltkoordinate (0, –*cyAscent*) an, wobei *cyAscent* die Höhe der Zeichen oberhalb der Grundlinie angibt. Ich verwende hier einen *DrawString*-Aufruf ohne *StringFormat*-Argument, damit die angegebenen Weltkoordinaten auf den Punkt verweisen, der der linken oberen Ecke der Textzeichenfolge entspricht. Die Transformationsformeln bilden die Koordinate (0, –*cyClient*) auf den Punkt (0.5 × *cyAscent*, *yBaseline* – *cyAscent*) ab. Der linke Bereich der Grundlinie der Textzeichenfolgen wird am Punkt (0, 0) in Weltkoordinaten angezeigt, der (wie ich bereits erwähnte) auf den Punkt (0, *yBaseline*) abgebildet wird, und damit genau dort liegt, wo wir ihn haben wollen:

Auf den ersten Blick scheint es sich um eine kursiv formatierte Textzeichenfolge zu handeln, doch der Schein trügt: das *a* ist defintiv kein echtes kursives Zeichen, sondern eben nur ein schräg gestelltes normales.

Nun, da wir wissen, wie normaler Text und geneigter Text auf derselben Grundlinie angezeigt werden, steht uns eine ausgesprochen interessante Technik zur Verfügung. Hier ein Programm, mit dessen Hilfe sich diese Technik demonstrieren lässt. Die Scherung ist hier besonders ausgeprägt, darüber hinaus wird der gescherte Text vergrößert angezeigt.

```
TiltedShadow.vb
Imports System
Imports System.Drawing
Imports System.Drawing.Drawing2D
Imports System.Windows.Forms
Class TiltedShadow
    Inherits FontMenuForm
    Shared Shadows Sub Main()
        Application.Run(New TiltedShadow())
    End Sub
    Sub New()
        Text = "Tilted Shadow"
        strText = "Shadow"
        fnt = New Font("Times New Roman", 54)
    End Sub
    Protected Overrides Sub DoPage(ByVal grfx As Graphics, _
            ByVal clr As Color, ByVal cx As Integer, ByVal cy As Integer)
        Dim fAscent As Single = GetAscent(grfx, fnt)
        ' Grundlinie wird im Clientbereich auf 3/4 der Höhe (von oben) eingestellt.
        grfx.TranslateTransform(0, 3 * cy \ 4)
        ' Grafikstatus speichern.
        Dim grfxstate As GraphicsState = grfx.Save()
```

Schriftspielereien

```
        ' Skalierung und Scherung einstellen und Schattierung zeichnen.
        grfx.MultiplyTransform(New Matrix(1, 0, -3, 3, 0, 0))
        grfx.DrawString(strText, fnt, Brushes.DarkGray, 0, -fAscent)
        ' Text ohne Skalierung oder Scherung zeichnen.
        grfx.Restore(grfxstate)
        grfx.DrawString(strText, fnt, Brushes.Black, 0, -fAscent)
    End Sub
End Class
```

Wie das Programm BaselineTilt ruft das Programm TiltedShadow *TranslateTransform* auf, um den Ursprung auf die Clientbereichskoordinate (0,3 * cy / 4) einzustellen. Der *MultiplyTransform*-Aufruf multipliziert dann die Transformation mit der Matrix:

$$\begin{vmatrix} 1 & 0 & 0 \\ -3 & 3 & 0 \\ 0 & 0 & 1 \end{vmatrix}$$

Die zusammengesetzte Transformation lautet entsprechend

$x' = x - 3 \cdot y$
$y' = 3 \cdot y + (3 * cy / 4)$

Die Scherung ist hier stärker als im vorigen Programm, und auch die y-Koordinaten wurden verdreifacht. Zusammen mit dem normal auf der Grundlinie angezeigten Text ergibt sich ein Schatteneffekt:

Dieser Effekt ist weniger eindrucksvoll, wenn einige der Textzeichen über Unterlängen verfügen, in diesem Fall wird der Schatten nämlich vor dem Text angezeigt. Um den Schatten so anzuzeigen, dass er vom unteren Bereich der Unterlänge geworfen zu werden scheint, muss die Variable *fAscent* so geändert werden, dass sie die Summe aus Versalhöhe und Unterlänge bildet.

```
Dim fAscent As Single = GetAscent(grfx, fnt) + GetDescent(grfx, fnt)
```

Natürlich sollte zur Verwendung einer geeigneten Textzeichenfolge die Variable *strText* geändert werden:

Nun hat der Schatten auch bei den Unterlängen der Buchstaben *q* und *y* die richtige Position.

Text und Pfade

Die Klasse *GraphicsPath* verfügt über eine Methode mit dem Namen *AddString*, mit deren Hilfe Sie eine Textzeichenfolge zu einem Pfad hinzufügen können. Die Geraden und Kurven, aus denen sich der Zeichenumriss zusammensetzt, werden zum Bestandteil des Pfads. Wie üblich weist Text jedoch einige kleinere Unterschiede zu anderen grafischen Objekten auf. Deshalb müssen vor dem Hinzufügen von Text zu einem Pfad einige Überlegungen angestellt werden.

Das erste Problem betrifft die Methode *AddString*. Wie Sie in Kapitel 15 gelernt haben, sind die meisten *Add*-Methoden in *GraphicsPath* den entsprechenden *Draw*-Methoden in der Klasse *Graphics* sehr ähnlich. So können Sie bei der Verwendung der Klasse *Graphics* eine Gerade zeichnen, indem Sie

```
grfx.DrawLine(pn, x1, y1, x2, y2)
```

aufrufen. Über den folgenden Aufruf fügen Sie eine Gerade zum Pfad hinzu:

```
path.AddLine(x1, y1, x2, y2)
```

Für die Methode *AddLine* ist kein *Pen*-Argument erforderlich, da im Pfad lediglich die Koordinaten der Linien gespeichert werden.

Im Gegensatz dazu unterscheiden sich die *AddString*-Methoden von *GraphicsPath* erheblich von den *DrawString*-Methoden der *Graphics*-Klasse. Hier werden (anders als in *DrawString*) keine Schriften, sondern vielmehr die drei Basiskomponenten einer Schrift (Schriftfamilie, Schriftschnitt und Schriftgröße) sowie das Ziel (entweder ein Punkt oder ein Rechteck) und ein *StringFormat*-Objekt angegeben:

AddString-Methoden von GraphicsPath

```
Sub AddString(ByVal str As String, ByVal ff As FontFamily, ByVal iStyle As Integer, ByVal fSize As Single,
        ByVal pt As Point, ByVal sf As StringFormat)
Sub AddString(ByVal str As String, ByVal ff As FontFamily, ByVal iStyle As Integer, ByVal fSize As Single,
        ByVal ptf As PointF, ByVal sf As StringFormat)
Sub AddString(ByVal str As String, ByVal ff As FontFamily, ByVal iStyle As Integer, ByVal fSize As Single,
        ByVal rect As Rectangle, ByVal sf As StringFormat)
Sub AddString(ByVal str As String, ByVal ff As FontFamily, ByVal iStyle As Integer, ByVal fSize As Single,
        ByVal rectf As RectangleF, ByVal sf As StringFormat)
```

Wie Sie sehen, ist das dritte Argument als *Integer* definiert. Tatsächlich handelt es sich dabei jedoch um ein Member der Enumeration *FontStyle,* das in ein *Integer* konvertiert wurde.

Bei der Erstellung einer Schrift für Zeichenzwecke wird dieser Schrift in der Regel eine bestimmte metrische Größe zugrunde gelegt. Häufig wird die Schriftgröße in Punkt angegeben, Sie können jedoch auch die Einheiten Zoll oder Millimeter verwenden. Wie ich in Kapitel 9 verdeutlicht habe, können Sie auch eine Schrift erstellen, die sich *nicht* auf eine bestimmte metrische Größe stützt. Möglich wird dies durch den Wert *Graphics.Unit.Pixel* bzw. *GraphicsUnit.World* im *Font*-Konstruktor. Die Größe einer solchen Schrift wird einfach als Zahl angegeben. Wenn Sie Text unter Verwendung dieser Schrift ausgeben, werden Größenangaben als aktuelle Seitenkoordinaten des Ausgabegeräts interpretiert.

Ein Pfad speichert keine Abmessungen, er ist vielmehr eine Sammlung von Koordinaten. Aus diesem Grund kann die *AddString*-Methode nicht unter Angabe von *Font* definiert werden. (Und für den Fall, dass es eine *AddString*-Methode gäbe, die tatsächlich über ein *Font*-Argument verfügt, würde es zweifellos auf ein *Font*-Objekt beschränkt sein, das mit *GraphicsUnit.Pixel* oder *GraphicsUnit.World* erstellt wurde.)

Nehmen wir einmal an, dass Sie eine Textzeichenfolge zu einem Pfad hinzufügen, indem Sie *AddString* im vierten Argument einen Wert von 72 übergeben. Was sagt diese Zahl aus? Wie groß ist in diesem Fall die Schriftgröße? All diese Faktoren hängen von der eingestellten Seitentransformation ab, wenn Sie den betreffenden Pfad durch Aufrufen von *DrawPath* oder *FillPath* ausgeben. Handelt es sich bei der Seiteneinheit um *GraphicsUnit.Point*, wird dieser Text mit derselben Größe ausgegeben wie eine mit *DrawString* angezeigte 72-Punkt-Schrift. Wenn Sie den Pfad jedoch auf einem Drucker mit der Standardseiteneinheit *GraphicsUnit.Display* ausgeben, werden die 72 Einheiten als 0,72 Zoll interpretiert und der Text genau so wiedergegeben wie eine 52-Punkt-Schrift. (Dies entspricht 0,72 Zoll mal 72 Punkt pro Zoll.) Geben Sie den Pfad auf dem Bildschirm unter Verwendung der Standardseiteneinheiten *GraphicsUnit.Pixel* aus, richtet sich die Schriftgröße nach der Bildschirmauflösung. Beträgt die Bildschirmauflösung beispielsweise 120 dpi, wird die Schriftgröße von 72 Einheiten als 72/120 Zoll interpretiert und ungefähr in der Größe einer 43-Punkt-Schrift dargestellt. (Dies entspricht 72/120 Zoll mal 72 Punkt pro Zoll.)

Wahrscheinlich ist Ihnen daran gelegen, dass der Text in einem Pfad zu dem normal angezeigten Text passt. Der wohl einfachste Ansatz besteht darin, *AddString* mit der gewünschten Punktgröße der Schrift aufzurufen. Dann stellen Sie, bevor Sie den Pfad ausgeben, als Seiteneinheit einfach Punkte ein:

```
grfx.PageUnit = GraphicsUnit.Point
```

Eine zweite Möglichkeit (die ich im Übrigen für die verbleibenden Beispielprogramme dieses Kapitels verwenden werde) besteht in der Verwendung der Standardseiteneinheiten bei der Ausgabe der Schrift. Dafür müssen Sie allerdings ein *fSize*-Argument für *AddString* auf Grundlage der gewünschten Punktgröße der Schrift und der Geräteauflösung berechnen. (Sie können also denselben Pfad nicht für Bildschirm und Drucker verwenden.) Angenommen, Sie verfügen bereits über ein *Font*-Objekt mit dem Namen *fnt* und möchten zu einem auf dieser Schrift basierenden Pfad Text hinzufügen. Das zweite Argument von *AddString* ist ganz einfach *fnt.FontFamily*. Das dritte Argument ist das in ein *Integer* umgewandelte *fnt.FontStyle*. Das vierte Argument wird folgendermaßen berechnet:

```
If grfx.PageUnit = GraphicsUnit.Display Then
    fFontSize = 100 * fnt.SizeInPoints / 72
Else
    fFontSize = grfx.DpiX * fnt.SizeInPoints / 72
End If
```

Die erste Berechnung wird für den Drucker, die zweite für den Bildschirm vorgenommen. Wenn Sie sich noch einmal das Programm FontMenuForm ansehen, werden Sie feststellen, dass ich diese Berechnung in der Methode *PointsToPageUnits* implementiert habe.

Unabhängig von den Vorkehrungen, die Sie zur Berechnung von Schriftgrößen treffen, gilt Folgendes: Text, der mithilfe von *DrawString* angezeigt wird, wird niemals exakt so angezeigt wie Text, dessen Ausgabe durch einen Pfad erfolgt, der zu einem früheren Zeitpunkt mit *AddString* erstellt wurde. Dies betrifft insbesondere die Ausgabe auf dem Bildschirm. Wenn Sie *DrawString* aufrufen, werden am Text einige Anpassungen vorgenommen, um dessen Lesbarkeit zu verbessern. Wenn zwei Textblöcke mit genau derselben Größe ausgegeben werden sollen (beispielsweise weil der eine Block über dem anderen liegen soll), ist davon abzuraten, für den einen Block einen Pfad, für den anderen hingegen *DrawString* zu verwenden. Verwenden Sie in beiden Fällen einen Pfad.

Ich habe im Zusammenhang mit Outlineschriften bereits den Begriff *Hints* erwähnt. Wenn Sie eine Textzeichenfolge zu einem Pfad hinzufügen, werden in diesem Pfad lediglich Gleitkommakoordinaten gespeichert, die *Hints* gehen dabei verloren. Wird der Pfad schließlich ausgegeben, müssen die Gleitkommakoordinaten in Pixel umgesetzt werden. Dabei wird eine Rundung vorgenommen, deren Ergebnisse nicht immer völlig einheitlich sind. So können etwa die Breiten der beiden vertikalen Striche des Zeichens *H* um ein Pixel voneinander abweichen. Bei großen Schriftgrößen fällt dieses Problem nicht auf. Auch bei hochauflösenden Geräten (wie z.B. dem Drucker) ist diese Abweichung nicht sichtbar. Auf dem Bildschirm führt sie bei normalen Schriftgrößen jedoch zu inakzeptablen Ergebnissen.

Über Pfade erzeugter Text sieht daher nur bei Verwendung größerer Schriften oder auf Ausgabegeräten mit hoher Auflösung (wie dem Drucker) überzeugend aus. *Verwenden Sie Pfade ausschließlich für besondere Texteffekte; vermeiden Sie Pfade bei der Darstellung von normalem Text.*

Wir wollen uns einmal ein Beispiel anschauen. Einige Grafiksysteme gestatten die Erstellung einer Outline-, bzw. einer innen *hohlen* Schrift, die lediglich aus einem Umriss ohne jegliches Innenleben besteht. Für diese Art der Darstellung gibt es in der Windows Forms-Enumeration *FontStyle* keine Entsprechung. Für das Anzeigen der Umrisse von Schriftzeichen können Sie jedoch einen Pfad verwenden, wie ich das im folgenden Programm HollowFont getan habe.

HollowFont.vb
```vb
Imports System
Imports System.Drawing
Imports System.Drawing.Drawing2D
Imports System.Windows.Forms
Class HollowFont
    Inherits FontMenuForm
    Shared Shadows Sub Main()
        Application.Run(New HollowFont())
    End Sub
    Sub New()
        Text = "Hollow Font"
        Width *= 2
        strText = "Hollow"
        fnt = New Font("Times New Roman", 108)
    End Sub
    Protected Overrides Sub DoPage(ByVal grfx As Graphics, _
            ByVal clr As Color, ByVal cx As Integer, ByVal cy As Integer)
        Dim path As New GraphicsPath()
        Dim fFontSize As Single = PointsToPageUnits(grfx, fnt)

        ' Koordinaten für eine zentrierte Zeichenfolge ermitteln.
        Dim szf As SizeF = grfx.MeasureString(strText, fnt)
        Dim ptf As New PointF((cx - szf.Width) / 2, _
                              (cy - szf.Height) / 2)

        ' Text zum Pfad hinzufügen.
        path.AddString(strText, fnt.FontFamily, fnt.Style, _
                    fFontSize, ptf, New StringFormat())

        ' Pfad zeichnen.
        grfx.DrawPath(New Pen(clr), path)
    End Sub
End Class
```

Bevor *AddString* aufgerufen wird, berechnet das Programm eine Schriftgröße, die hier in einer Variablen namens *fFontSize* gespeichert wird, und bedient sich dazu der an früherer Stelle beschriebenen Technik. Das Programm berechnet darüber hinaus ein *PointF*-Argument für *AddString*, das dafür sorgt, dass die Zeichenfolge bei der Erzeugung des Pfads (die am Ende der *DoPage*-Methode erfolgt) im Clientbereich zentriert angezeigt wird.

Das Programm HollowFont berechnet das *PointF*-Ziel des Textes vor dem Hinzufügen des Textes zum Pfad, da die *DrawPath*-Methode an sich über kein Argument verfügt, mit dem angegeben werden kann, wo der Pfad ausgegeben wird. Sämtliche Koordinaten in diesem Pfad werden beim Aufruf von *DrawPath* einfach als Weltkoordinaten interpretiert. Das *PointF*-Argument für *AddString* gibt jedoch die Koordinate der oberen linken Ecke der Textzeichenfolge an. Sämtliche Koordinaten der Textzeichen sind relativ zu diesem Punkt, und das sind auch die im Pfad gespeicherten Koordinaten. Das Programm HollowFont berechnet diesen Punkt unter Verwendung von *MeasureString* mit dem ursprünglichen *Font*-Objekt so, als sollte der Text mithilfe von *DrawString* angezeigt werden. Hier das Ergebnis:

```
┌─ Hollow Font ──────────────────────────── _ □ × ┐
│ Font!                                           │
│                                                 │
│    ┌──┐ ┌┐  ┌┐                                  │
│    │  │ ││  ││                                  │
│    │  │ ││  ││                                  │
│    │  │ ││  ││    ow                            │
│                                                 │
└─────────────────────────────────────────────────┘
```

Klicken Sie doch mal auf den Menüeintrag *Font!*, und ändern Sie die Schriftgröße auf 12 Punkt. Sie werden feststellen, dass der Text auf dem Bildschirm nicht besonders leserlich dargestellt wird. Dieses Anzeigeproblem ist auf die Rundung zurückzuführen.

Es gibt eine weitere Möglichkeit zur zentrierten Anzeige eines in einem Pfad gespeicherten Textes. Dieser Ansatz ist gleichzeitig allgemeiner gehalten, da er sich auf die im Pfad selbst gespeicherten Koordinaten stützt. Die *GraphicsPath*-Methode *GetBounds* gibt ein *RectangleF* zurück, bei dem es sich um das kleinste, sämtliche Pfadkoordinaten umfassende Rechteck handelt. Mit diesem Rechteck können Sie die Inhalte des Pfads zentrieren. Am einfachsten erreichen Sie dies durch Aufrufen von *TranslateTransform* mit dem Ziel-*Graphics*-Objekt.

Gehen Sie dabei nicht davon aus, dass das von *GetBounds* zurückgegebene Rechteck einen oberen linken Eckwert von (0, 0) haben wird, selbst wenn Sie *AddString* mit einem *PointF*-Argument von (0, 0) aufrufen. Die Eigenschaft *Left* des Rechtecks wird wahrscheinlich ein wenig größer sein als 0, da vor dem ersten Textzeichen für gewöhnlich ein kleiner Rand steht. Entsprechend wird der Wert der Eigenschaft *Top* größer sein als 0.

Hier nun ein Programm, das *AddString* mit einem *PointF*-Argument von (0, 0) aufruft und den Pfad anschließend mithilfe des Rechtecks um den Pfad im Clientbereich zentriert.

HollowFontCenteredPath.vb
```vb
Imports System
Imports System.Drawing
Imports System.Drawing.Drawing2D
Imports System.Windows.Forms
Class HollowFontCenteredPath
    Inherits FontMenuForm

    Shared Shadows Sub Main()
        Application.Run(New HollowFontCenteredPath())
    End Sub

    Sub New()
        Text = "Hollow Font (Centered Path)"
        Width *= 2
        strText = "Hollow"
        fnt = New Font("Times New Roman", 108)
    End Sub

    Protected Overrides Sub DoPage(ByVal grfx As Graphics, _
            ByVal clr As Color, ByVal cx As Integer, ByVal cy As Integer)
```

Schriftspielereien

```
        Dim path As New GraphicsPath()
        Dim fFontSize As Single = PointsToPageUnits(grfx, fnt)
        ' Text zum Pfad hinzufügen.
        path.AddString(strText, fnt.FontFamily, fnt.Style, _
                fFontSize, New PointF(0, 0), New StringFormat())
        ' Für die Zentrierung Pfadgrenzen ermitteln.
        Dim rectfBounds As RectangleF = path.GetBounds()
        grfx.TranslateTransform((cx - rectfBounds.Width) / 2 - rectfBounds.Left, _
                                (cy - rectfBounds.Height) / 2 - rectfBounds.Top)
        ' Den Pfad zeichnen.
        Dim pn As New Pen(clr, fFontSize / 50)
        pn.DashStyle = DashStyle.Dot
        grfx.DrawPath(pn, path)
    End Sub
End Class
```

Beachten Sie den Aufruf von *TranslateTransform,* der sich nach Breite und Höhe des Anzeigebereichs richtet, sowie die Maße und die obere linke Ecke des den Pfad umschließenden Rechtecks.

Ich habe zudem den Stift ein wenig anders definiert, indem ich die Breite in diesem Fall auf 1/50 von *fFontSize* eingestellt und für *DashStyle* den Wert *Dot* verwendet habe:

Ein Vergleich zwischen diesem Screenshot und dem Screenshot von HollowFont macht deutlich, dass die Zentrierung sich ein wenig unterscheidet. Die vertikale Zentrierung des HollowFont-Textes stützt sich auf die von *MeasureString* zurückgegebene Höhe, die ihrerseits mit der Schrift verknüpft ist und Unterlängen und diakritische Zeichen berücksichtigt, selbst wenn diese Elemente in der gerade gemessenen Textzeichenfolge gar nicht vorhanden sind. *MeasureString* gibt beispielsweise dieselbe Höhe für die Zeichenfolgen »Ã«, »a« und »y« zurück.

Die vertikale Zentrierung des von HollowFontCenteredPath angezeigten Textes basiert jedoch ausschließlich auf den Koordinaten im Pfad. Die Zentrierung des Textes ist sichtlich genauer.

Sie erinnern sich sicherlich noch an das Programm HowdyWorldFullFit aus Kapitel 9, mit dem eine Zeichenfolge mithilfe von *MeasureString* und *ScaleTransform* in ein Rechteck eingepasst werden sollte. Das Zielrechteck konnte nicht vollständig ausgefüllt werden, da *MeasureString* die Ränder für Unterlängen und diakritische Zeichen berücksichtigt. Im Folgenden sehen Sie ein Programm, das mithilfe des den Pfad umgebenden Rechtecks und *ScaleTransform* den Clientbereich mit einer kurzen Textzeichenfolge vollständig ausfüllt.

FullFit.vb

```vb
Imports System
Imports System.Drawing
Imports System.Drawing.Drawing2D
Imports System.Windows.Forms
Class FullFit
    Inherits FontMenuForm
    Shared Shadows Sub Main()
        Application.Run(New FullFit())
    End Sub
    Sub New()
        Text = "Full Fit"
        strText = "Full Fit"
        fnt = New Font("Times New Roman", 108)
    End Sub
    Protected Overrides Sub DoPage(ByVal grfx As Graphics, _
            ByVal clr As Color, ByVal cx As Integer, ByVal cy As Integer)
        Dim path As New GraphicsPath()
        ' Text zum Pfad hinzufügen.
        path.AddString(strText, fnt.FontFamily, fnt.Style, _
                       100, New Point(0, 0), New StringFormat())
        ' Welttransformation einstellen.
        Dim rectfBounds As RectangleF = path.GetBounds()
        Dim aptfDest() As PointF = {New PointF(0, 0), New PointF(cx, 0), _
                                    New PointF(0, cy)}
        grfx.Transform = New Matrix(rectfBounds, aptfDest)
        ' Den Pfad ausfüllen.
        grfx.FillPath(New SolidBrush(clr), path)
    End Sub
End Class
```

Das Programm legt die Welttransformation mithilfe des leistungsstarken *Matrix*-Konstruktors mit zwei Argumenten fest, einer *RectangleF*-Struktur und einem Array aus drei *PointF*-Strukturen:

```
grfx.Transform = New Matrix(rectfBounds, aptfDest)
```

Dieser Konstruktor berechnet eine Transformation, mit der die drei Ecken der *RectangleF*-Struktur auf die drei *PointF*-Strukturen abgebildet werden. Setzen Sie die *RectangleF*-Struktur einfach auf das den Pfad umgebende Rechteck und die drei *PointF*-Strukturen auf drei Ecken des Anzeigebereichs, damit der Pfad den verfügbaren Raum ausfüllt.

Sie möchten diese Programmausgabe bestimmt auch ausdrucken. Sie können die Schrift ändern, doch Sie werden feststellen, dass die ursprünglich angegebene Schriftgröße belanglos ist. Der Text wird immer auf den Clientbereich skaliert. Aus diesem Grund hat der *AddString*-Aufruf in diesem Programm einen willkürlichen und fest angegebenen Schriftgrößenwert von 100.

Ich habe bereits an früherer Stelle erwähnt, dass Sie bei der Verwendung eines Pfads zur Textdarstellung den Pfad auch für die Anzeige von weiterem Text in derselben Größe verwenden sollten, selbst wenn für den anderen Text eigentlich kein Pfad benötigt wird. Im Folgenden sehen Sie ein Programm, das denselben Pfad für zwei *FillPath*-Aufrufe und einen *DrawPath*-Aufruf verwendet. Die beiden *FillPath*-Aufrufe hätten theoretisch auch durch einen Aufruf von *DrawString* ausgeführt werden können, in dem Fall würde der Text auf dem Bildschirm jedoch nicht richtig ausgerichtet.

```
DropShadowWithPath.vb
Imports System
Imports System.Drawing
Imports System.Drawing.Drawing2D
Imports System.Windows.Forms
Class DropShadowWithPath
    Inherits FontMenuForm
    Const iOffset As Integer = 10 ' Ungefähr 1/10 Zoll (auf dem Drucker genau).
    Shared Shadows Sub Main()
        Application.Run(New DropShadowWithPath())
    End Sub
    Sub New()
        Text = "Drop Shadow with Path"
        Width *= 2
        strText = "Shadow"
        fnt = New Font("Times New Roman", 108)
    End Sub
    Protected Overrides Sub DoPage(ByVal grfx As Graphics, _
            ByVal clr As Color, ByVal cx As Integer, ByVal cy As Integer)
        Dim path As New GraphicsPath()
        Dim fFontSize As Single = PointsToPageUnits(grfx, fnt)
```

```
        ' Koordinaten für eine zentrierte Zeichenfolge ermitteln.
        Dim szf As SizeF = grfx.MeasureString(strText, fnt)
        Dim ptf As New PointF((cx - szf.Width) / 2, _
                              (cy - szf.Height) / 2)
        ' Den Text zum Pfad hinzufügen.
        path.AddString(strText, fnt.FontFamily, fnt.Style, _
                       fFontSize, ptf, New StringFormat())
        ' Löschen, füllen, verschieben, füllen und zeichnen.
        grfx.Clear(Color.White)
        grfx.FillPath(Brushes.Black, path)
        path.Transform(New Matrix(1, 0, 0, 1, -10, -10))
        grfx.FillPath(Brushes.White, path)
        grfx.DrawPath(Pens.Black, path)
    End Sub
End Class
```

Wenn Sie die Umrisse von Schriftzeichen zeichnen, können Sie den Schriftzeichen auch die gleiche Farbe zuweisen wie dem Hintergrund. Mir persönlich ist dieser Schlagschatteneffekt lieber als der zuvor gezeigte:

Für einen Blockeffekt vor einem weißen Hintergrund können Sie eine ähnliche Technik verwenden.

Hier sehen Sie ein Programm, das die Umrisse der Schriftzeichen mit einem Schraffurpinsel zeichnet, dessen Breite 1/20 des Werts von *fFontSize* beträgt. Das Ergebnis ist meines Erachtens nicht ganz so zufrieden stellend.

HollowFontWidePen.vb

```
Imports System
Imports System.Drawing
Imports System.Drawing.Drawing2D
Imports System.Windows.Forms
Class HollowFontWidePen
    Inherits FontMenuForm

    Shared Shadows Sub Main()
        Application.Run(New HollowFontWidePen())
    End Sub
```

```
    Sub New()
        Text = "Hollow Font (Wide Pen)"
        Width *= 2
        strText = "Wide Pen"
        fnt = New Font("Times New Roman", 108, FontStyle.Bold Or FontStyle.Italic)
    End Sub
    Protected Overrides Sub DoPage(ByVal grfx As Graphics, _
            ByVal clr As Color, ByVal cx As Integer, ByVal cy As Integer)
        Dim path As New GraphicsPath()
        Dim fFontSize As Single = PointsToPageUnits(grfx, fnt)

        ' Text zum Pfad hinzufügen.
        path.AddString(strText, fnt.FontFamily, fnt.Style, _
                    fFontSize, New PointF(0, 0), New StringFormat())

        ' Für die Zentrierung Pfadgrenzen ermitteln.
        Dim rectfBounds As RectangleF = path.GetBounds()
        grfx.TranslateTransform((cx - rectfBounds.Width) / 2 - rectfBounds.Left, _
                                (cy - rectfBounds.Height) / 2 - rectfBounds.Top)

        ' Pfad zeichnen.
        Dim br As New HatchBrush(HatchStyle.Trellis, Color.White, Color.Black)
        Dim pn As New Pen(br, fFontSize / 20)
        grfx.DrawPath(pn, path)
    End Sub
End Class
```

Hier wäre eine Umrandung der schraffierten Bereiche angebracht. Man könnte auch sagen, dass die Zeichenumrisse selbst umrissen werden sollen. Ist das überhaupt möglich? Selbstverständlich, rufen Sie einfach die Methode *Widen* der Klasse *GraphicsPath* auf. Auf Grundlage des bestehenden Pfads wird ein neuer Pfad so erstellt, als ob der erste Pfad mit einem Stift bestimmter Breite gezeichnet worden wäre. Hier ein Demonstrationsprogramm.

HollowFontWidened.vb
```
Imports System
Imports System.Drawing
Imports System.Drawing.Drawing2D
Imports System.Windows.Forms
```

```vb
Class HollowFontWidened
    Inherits FontMenuForm
    Shared Shadows Sub Main()
        Application.Run(New HollowFontWidened())
    End Sub

    Sub New()
        Text = "Hollow Font (Widened)"
        Width *= 2
        strText = "Widened"
        fnt = New Font("Times New Roman", 108, FontStyle.Bold Or FontStyle.Italic)
    End Sub
    Protected Overrides Sub DoPage(ByVal grfx As Graphics, _
            ByVal clr As Color, ByVal cx As Integer, ByVal cy As Integer)
        Dim path As New GraphicsPath()
        Dim fFontSize As Single = PointsToPageUnits(grfx, fnt)

        ' Text zum Pfad hinzufügen.
        path.AddString(strText, fnt.FontFamily, fnt.Style, _
                       fFontSize, New PointF(0, 0), New StringFormat())
        ' Für die Zentrierung Pfadgrenzen ermitteln.
        Dim rectfBounds As RectangleF = path.GetBounds()
        grfx.TranslateTransform((cx - rectfBounds.Width) / 2 - rectfBounds.Left, _
                                (cy - rectfBounds.Height) / 2 - rectfBounds.Top)

        ' Erweitern, füllen und Pfad zeichnen.
        path.Widen(New Pen(Color.Black, fFontSize / 20))
        Dim br As New HatchBrush(HatchStyle.Trellis, Color.White, Color.Black)
        grfx.DrawPath(New Pen(Color.Black, 2), path)
        grfx.FillPath(br, path)
    End Sub
End Class
```

Der gesamte neue Code befindet sich am Ende der *DoPage*-Methode. Das vorherige Programm rief *DrawPath* mit einem breiten, auf einem Schraffurpinsel basierenden Stift auf. Dieses neue Programm zeichnet im Wesentlichen dasselbe, indem es *Widen* auf Grundlage eines breiten Stifts und anschließend *FillPath* unter Verwendung des *Hatch*-Pinsels aufruft.

Sie können prüfen, ob die Ergebnisse übereinstimmen, indem Sie den *DrawPath*-Aufruf im Programm HollowFontWidened auskommentieren. Den gewünschten Effekt erhalten wir jedoch erst durch den *DrawPath*-Aufruf. Er zeichnet Umrisse um die bestehenden Umrisse:

Einige der Programmierentscheidungen für HollowBrushWidened sind durch bloßes Experimentieren gefallen. Ursprünglich habe ich *DrawPath* nach *FillPath* aufgerufen, allerdings zeichnete *DrawPath* eine ganze Reihe Schnörkel und Schleifen, die eine Folge des zum Erweitern des Pfads verwendeten Algorithmus sind. (Lassen Sie den *FillPath*-Aufruf weg, dann sehen Sie, was ich meine. Vielleicht gefällt Ihnen der Effekt ja sogar; er vermittelt den Eindruck, als sei er von einer etwas ungenau arbeitenden mechanischen Zeichenmaschine erstellt worden.) Ich habe *FillPath* hinter *DrawPath* gesetzt, um die Schnörkel zu verdecken, und benötigte in *DrawPath* dann eine Stiftbreite von 2, da der Pinsel einen großen Bereich des Stifts verdeckte.

Sie können auch einen Clippingbereich mit dem Pfad einstellen, um die Grafikausgabe auf die Innenbereiche der Textzeichenfolge zu beschränken. Nachfolgend sehen Sie ein Programm, das einen Clippingbereich einstellt und anschließend eine Gruppe von Bézier-Kurven in willkürlich eingestellten Farben zeichnet.

ClipText.vb
```
Imports System
Imports System.Drawing
Imports System.Drawing.Drawing2D
Imports System.Windows.Forms
Class ClipText
    Inherits FontMenuForm

    Shared Shadows Sub Main()
        Application.Run(New ClipText())
    End Sub

    Sub New()
        Text = "Clip Text"
        Width *= 2
        strText = "Clip Text"
        fnt = New Font("Times New Roman", 108, FontStyle.Bold)
    End Sub

    Protected Overrides Sub DoPage(ByVal grfx As Graphics, _
            ByVal clr As Color, ByVal cx As Integer, ByVal cy As Integer)
        Dim path As New GraphicsPath()
        Dim fFontSize As Single = PointsToPageUnits(grfx, fnt)

        ' Text zum Pfad hinzufügen.
        path.AddString(strText, fnt.FontFamily, fnt.Style, _
                    fFontSize, New PointF(0, 0), New StringFormat())

        ' Clippingbereich einstellen.
        grfx.SetClip(path)

        ' Pfadgrenzen ermitteln und Clippingbereich zentrieren.
        Dim rectfBounds As RectangleF = path.GetBounds()
        grfx.TranslateClip((cx - rectfBounds.Width) / 2 - rectfBounds.Left, _
                        (cy - rectfBounds.Height) / 2 - rectfBounds.Top)

        ' Linien im Clippingbereich zeichnen.
        Dim rand As New Random()
        Dim y As Integer
        For y = 0 To cy - 1
            Dim pn As New Pen(Color.FromArgb(rand.Next(255), _
                                    rand.Next(255), _
                                    rand.Next(255)))
```

```
            grfx.DrawBezier(pn, New Point(0, y), _
                            New Point(cx \ 3, y + cy \ 3), _
                            New Point(2 * cx \ 3, y - cy \ 3), _
                            New Point(cx, y))
        Next y
    End Sub
End Class
```

Hier das Ergebnis:

Nichtlineare Transformationen

Die Matrixtransformation ist fast überall im gesamten Windows Forms-Grafiksystem verfügbar. Sie können sie auf *Graphics*-Objekte, Pfade, Pinsel und Stifte anwenden. Bei der Matrixtransformation handelt es sich allerdings immer um eine *lineare* Transformation. Parallele Linien werden immer auf parallele Linien abgebildet, und mit der Zeit werden wahrscheinlich auch Ihnen diese einheitlich parallelen Linien wie die Gitterstäbe einer Gefängniszelle vorkommen.

Der Klasse *GraphicsPath* steht über die Methode *Warp* eine nichtlineare Transformation zur Verfügung. Sie sehen im Folgenden ein Programm, das Text in einem Pfad speichert und den oberen Bereich des Pfads anschließend mit der Methode *Warp* zusammenquetscht.

WarpText.vb
```
Imports System
Imports System.Drawing
Imports System.Drawing.Drawing2D
Imports System.Windows.Forms
Class WarpText
    Inherits FontMenuForm

    Private iWarpMode As Integer = 0

    Shared Shadows Sub Main()
        Application.Run(New WarpText())
    End Sub
```

Schriftspielereien **783**

```
    Sub New()
        Text = "Warp Text - " & CType(iWarpMode, WarpMode).ToString()
        Menu.MenuItems.Add("&Toggle!", AddressOf MenuToggleOnClick)
        strText = "WARP"
        fnt = New Font("Arial Black", 24)
    End Sub
    Private Sub MenuToggleOnClick(ByVal obj As Object, ByVal ea As EventArgs)
        iWarpMode = iWarpMode Xor 1
        Text = "Warp Text - " & CType(iWarpMode, WarpMode).ToString()
        Invalidate()
    End Sub
    Protected Overrides Sub DoPage(ByVal grfx As Graphics, _
            ByVal clr As Color, ByVal cx As Integer, ByVal cy As Integer)
        Dim path As New GraphicsPath()

        ' Text zum Pfad hinzufügen.
        path.AddString(strText, fnt.FontFamily, fnt.Style, _
                    100, New PointF(0, 0), New StringFormat())

        ' Den Pfad verzerren.
        Dim rectfBounds As RectangleF = path.GetBounds()
        Dim aptfDest() As PointF = {New PointF(cx \ 3, 0), _
                                    New PointF(2 * cx \ 3, 0), _
                                    New PointF(0, cy), _
                                    New PointF(cx, cy)}
        path.Warp(aptfDest, rectfBounds, New Matrix(), _
                CType(iWarpMode, WarpMode))

        ' Den Pfad füllen.
        grfx.FillPath(New SolidBrush(clr), path)
    End Sub
End Class
```

Im Programm FullFit habe ich einen Konstruktor von *Matrix* verwendet, um eine Transformation zu berechnen, mit der drei Ecken eines Rechtecks auf drei Punkte in einem Array abgebildet wurden. Die Methode *Warp* funktioniert ähnlich, bildet allerdings vier Ecken eines Rechtecks auf vier Punkte eines Arrays ab (auch hier verwende ich das den Pfad umgebende Rechteck). Für das Zielarray habe ich die beiden unteren Ecken des Clientbereichs und zwei Punkte im oberen Bereich des Clientbereichs verwendet, die der Mitte näher liegen als die oberen Ecken des Clientbereichs.

Mit dem Menüelement *Toggle!* können Sie zwischen einem perspektivischen und einem bilinearen Warp-Modus umschalten. Der bilineare Modus funktioniert bei diesem Bild nicht gut.

Die Methode *Warp* ist zwar die einzige nichtlineare Transformation, die Windows Forms-Programmierern unmittelbar zur Verfügung steht, mit dem Grafikpfad haben Sie jedoch faktisch die Möglichkeit, *jede beliebige* nichtlineare Transformation auszuführen, die Sie sich vorstellen können und die mathematisch beschrieben werden kann. Und so wird's gemacht:

- Rufen Sie über die Eigenschaft *PathPoints* das Array der Koordinaten im Pfad ab.
- Bearbeiten Sie diese Koordinaten unter Verwendung eigener Transformationsformeln.
- Erstellen Sie auf Grundlage der veränderten Koordinaten einen neuen Pfad.

Das Kniffligste ist hierbei natürlich das Ableiten der Transformationsformeln.

Das folgende Programm zeigt eine Textzeichenfolge, die zur Mitte hin immer höher wird.

TallInTheCenter.vb
```vb
Imports System
Imports System.Drawing
Imports System.Drawing.Drawing2D
Imports System.Windows.Forms
Class TallInTheCenter
    Inherits FontMenuForm
    Shared Shadows Sub Main()
        Application.Run(New TallInTheCenter())
    End Sub
    Sub New()
        Text = "Tall in the Center"
        Width *= 2
        strText = Text
        fnt = New Font("Times New Roman", 48)
    End Sub
    Protected Overrides Sub DoPage(ByVal grfx As Graphics, _
            ByVal clr As Color, ByVal cx As Integer, ByVal cy As Integer)
        Dim path As New GraphicsPath()
        Dim fFontSize As Single = PointsToPageUnits(grfx, fnt)

        ' Text zum Pfad hinzufügen.
        path.AddString(strText, fnt.FontFamily, fnt.Style, _
                       fFontSize, New PointF(0, 0), New StringFormat())

        ' Ursprung in die Pfadmitte verschieben.
        Dim rectf As RectangleF = path.GetBounds()
        path.Transform(New Matrix(1, 0, 0, 1, _
                                  -(rectf.Left + rectf.Right) / 2, _
                                  -(rectf.Top + rectf.Bottom) / 2))
        rectf = path.GetBounds()

        ' Den Pfad verändern.
        Dim aptf() As PointF = path.PathPoints
        Dim i As Integer
        For i = 0 To aptf.GetUpperBound(0)
            aptf(i).Y *= 4 * (rectf.Width - Math.Abs(aptf(i).X)) / rectf.Width
        Next i
        path = New GraphicsPath(aptf, path.PathTypes)
```

```
        ' Den Pfad füllen.
        grfx.TranslateTransform(cx \ 2, cy \ 2)
        grfx.FillPath(New SolidBrush(clr), path)
    End Sub
End Class
```

Bei Programmen dieser Art kann es überaus hilfreich sein, zur Vorbereitung des Pfads für eine nichtlineare Transformation zunächst eine lineare Transformation durchzuführen. Nach dem Ermitteln der Pfadbegrenzungen (die in der Variablen *rectf* gespeichert sind) verschiebt das Programm den Ursprung in die Mitte des Pfads:

```
path.Transform(New Matrix(1, 0, 0, 1, _
                          -(rectf.Left + rectf.Right) / 2, _
                          -(rectf.Top + rectf.Bottom) / 2))
```

Das Programm ruft anschließend erneut *GetBounds* auf, um das neue umgebende Rechteck in *rectf* zu speichern.

Zur Vorbereitung der nichtlinearen Transformation ruft das Programm das Array aus *PointF*-Strukturen ab, die den Pfad ausmachen:

```
Dim aptf() As PointF = path.PathPoints
```

Anschließend werden die Punkte modifiziert, indem die Y-Koordinate abhängig von der Entfernung zur Mitte vergrößert wird:

```
For i = 0 To aptf.GetUpperBound(0)
    aptf(i).Y *= 4 * (rectf.Width - Math.Abs(aptf(i).X)) / rectf.Width
Next i
```

Anschließend wird ein neuer Pfad erstellt:

```
path = New GraphicsPath(aptf, path.PathTypes)
```

Die Programmausgabe sieht so aus:

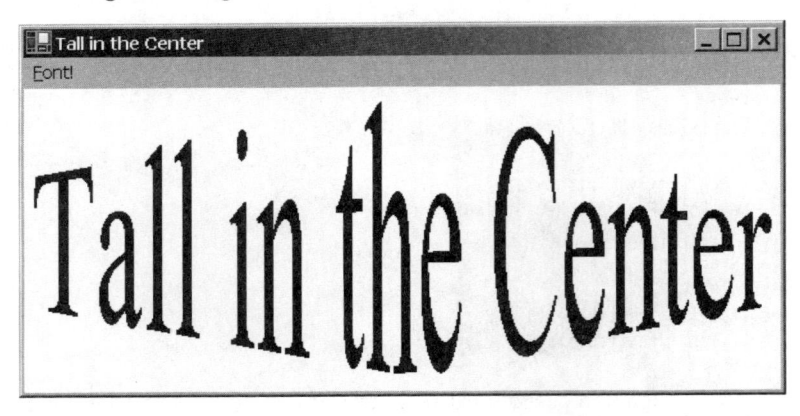

Wie im Programm FullFit spielt auch hier die Ausgangsgröße der Schrift keine Rolle.

Hier ein weiteres Beispiel: Das nächste Beispielprogramm trägt den Namen WrapText (nicht zu verwechseln mit WarpText); es hüllt eine Textzeichenfolge um die Außenseite eines Kreises. In diesem Programm ist die Ausgangsgröße der Schrift zwar ebenfalls unerheblich, es muss jedoch die Versalhöhe des Zeichens bekannt sein, daher basiert der *AddString*-Aufruf auf einer tatsächlichen Schrift.

```vb
' WrapText.vb
Imports System
Imports System.Drawing
Imports System.Drawing.Drawing2D
Imports System.Windows.Forms
Class WrapText
    Inherits FontMenuForm

    Const fRadius As Single = 100

    Shared Shadows Sub Main()
        Application.Run(New WrapText())
    End Sub

    Sub New()
        Text = "Wrap Text"
        strText = "e snake ate the tail of th"
        fnt = New Font("Times New Roman", 48)
    End Sub

    Protected Overrides Sub DoPage(ByVal grfx As Graphics, _
            ByVal clr As Color, ByVal cx As Integer, ByVal cy As Integer)
        Dim path As New GraphicsPath()
        Dim fFontSize As Single = PointsToPageUnits(grfx, fnt)

        ' Text zum Pfad hinzufügen.
        path.AddString(strText, fnt.FontFamily, fnt.Style, _
                       fFontSize, New PointF(0, 0), New StringFormat())

        ' Ursprung an linke Grundlinie verschieben, Erhöhen von y nach oben.
        Dim rectf As RectangleF = path.GetBounds()
        path.Transform(New Matrix(1, 0, 0, -1, -rectf.Left, GetAscent(grfx, fnt)))

        ' So skalieren, dass die Breite 2*PI entspricht.
        Dim fScale As Single = CSng(2 * Math.PI / rectf.Width)
        path.Transform(New Matrix(fScale, 0, 0, fScale, 0, 0))

        ' Den Pfad verändern.
        Dim aptf() As PointF = path.PathPoints
        Dim i As Integer
        For i = 0 To aptf.GetUpperBound(0)
            aptf(i) = New PointF(CSng(fRadius * (1 + aptf(i).Y) * Math.Cos(aptf(i).X)), _
                                 CSng(fRadius * (1 + aptf(i).Y) * Math.Sin(aptf(i).X)))
        Next i
        path = New GraphicsPath(aptf, path.PathTypes)

        ' Den Pfad füllen.
        grfx.TranslateTransform(cx \ 2, cy \ 2)
        grfx.FillPath(New SolidBrush(clr), path)
    End Sub
End Class
```

Beachten Sie, dass die Textzeichenfolge den gesamten Kreis umspannen soll. Es werden keine Leerzeichen am Anfang und Ende der Textzeichenfolge eingefügt, da Leerzeichen nicht zu einem Bestandteil des Pfads werden. Das letzte Zeichen würde daher in das erste übergehen.

In diesem Programm war die anfängliche Anwendung von Matrixtransformationen auf den Pfad von entscheidender Bedeutung für eine größtmögliche Vereinfachung der Transformationsformeln. Der Pfadursprung wird auf die linke Seite der Textgrundlinie eingestellt; der Pfad wird so skaliert, dass er eine Breite von 2π aufweist. Die *X*-Koordinaten des Pfads sind folglich lediglich ein Winkel im Bogenmaß und können direkt an die Methoden *Cos* und *Sin* übergeben werden.

Die Ergebnisse dieser Methoden werden anhand der *Y*-Koordinaten und des gewünschten Radius skaliert:

Wenn Sie sich das Bild genau ansehen, werden Sie feststellen, dass die Grundlinien aller Zeichen gewölbt sind und alle Zeichen oben breiter sind als unten. Mit einer kürzeren Textzeichenfolge können Sie diesen Effekt noch verstärken.

20 Symbol- und Statusleisten

790	Die einfache Statusleiste
792	Die Statusleiste und der automatische Bildlauf
794	Statusleistenflächen
796	Eigenschaften von *StatusBarPanel*
800	Hilfe zu Menüs
805	Die einfache Symbolleiste
809	Symbolleistenvarianten
812	Symbolleistenereignisse
816	Symbolleistenstile

Wenn Sie für Ihre Programme eine moderne Benutzeroberfläche bereitstellen möchten, sind nach Standardmenü und Dialogfeldern die Symbol- und Statusleisten der nächste Schritt. Wenngleich deren Funktionalität recht unterschiedlich ist (eine Symbolleiste enthält gewöhnlich Schaltflächen mit kleinen Bildern, die häufig Menüpunkte duplizieren, während eine Statusleiste dem Benutzer Textinformationen anzeigt), weisen diese beiden Steuerelementtypen im Microsoft .NET Framework mehrere Gemeinsamkeiten auf. Beide Klassen, *ToolBar* und *StatusBar,* sind von *Control* abgeleitet, und beide Steuerelemente werden in der Regel an einem Rand des Clientbereichs fest verankert, gewöhnlich die Symbolleiste oben und die Statusleiste unten. Beide Steuerelemente dienen im Allgemeinen als Container für kleinere Elemente. Eine Symbolleiste besteht aus mehreren *ToolBarButton*-Elementen. Eine Statusleiste verfügt in der Regel über mehrere Bereiche, bei denen es sich um Instanzen der Klasse *StatusBarPanel* handelt. *ToolBarButton* und *StatusBarPanel* sind von *Component* abgeleitet.

Wie Sie sich erinnern, wird ein Menü beim Hinzufügen zu einem Formular nicht über den Clientbereich gelegt, sondern der Clientbereich wird verkleinert, um das Menü aufzunehmen. Wenn Sie das Autobildlauffeature des Formulars aktivieren, wird der Clientbereich auf die gleiche Weise verkleinert, um die Bildlaufleisten aufzunehmen.

Symbol- und Statusleisten sind etwas ganz anderes als Menüs und Bildlaufleisten. Sie mögen sich vom Aufbau her ähnlich sein, doch sind Symbol- und Statusleisten Steuerelemente wie Schaltflächen und Textfelder. Sie besitzen eine *Parent*-Eigenschaft und befinden sich innerhalb ihres übergeordneten Objekts. Wenn das einer Symbol- oder Statusleiste übergeordnete Objekt ein Formular ist, befindet sich das Steuerelement im Clientbereich. Der Clientbereich wird *nicht* verkleinert, um das Steuerelement aufzunehmen. (Dieser Unterschied hat hauptsächlich historische Gründe. Menüs und Bildlaufleisten gibt es schon seit den Anfangstagen von Windows, sie werden deshalb als Teil eines Standardanwendungsfensters betrachtet. Symbol- und Statusleisten wurden später eingeführt und nicht in die Architektur des Standardfensters integriert.)

Die Auswirkungen sind nachvollziehbar: Wenn Sie eine Symbol- oder Statusleiste zu einem Formular hinzufügen, kann nicht mehr auf der gesamten Höhe des Clientbereichs gezeichnet werden. Die Symbolleiste verdeckt den oberen Clientbereich, die Statusleiste den unteren. Das Problem ist relativ einfach zu lösen. Statt auf dem Clientbereich zeichnen Sie auf ein *Panel*-Steuerelement, das den Raum zwischen Symbol- und Statusleiste ausfüllt.

Anwendungen, die eine Symbol- oder Statusleiste implementieren, sollten dem Benutzer die Möglichkeit geben, diese Elemente auszublenden. Der Benutzer kann dann selbst bestimmen, ob diese Elemente den Clientbereich verkleinern oder nicht. Sie können ein *Ansicht*-Menü (*View*) implementieren, um diese Optionen bereitzustellen. Das Ein- oder Ausblenden der Symbol- oder Statusleiste wird durch Umschalten der Eigenschaft *Visible* des Steuerelements gesteuert.

Die Statusleiste ist das einfachere der beiden Steuerelemente, fangen wir also damit an.

Die einfache Statusleiste

Wenn eine Statusleiste nur ein Element anzeigen soll (z.B. die Beschreibung von Menüelementen), können Sie eine Statusleiste erstellen und sie mithilfe von drei Codezeilen mit Text versehen, wie das nachfolgende Programm SimpleStatusBar veranschaulicht.

```vb
SimpleStatusBar.vb
Imports System
Imports System.Drawing
Imports System.Windows.Forms
Class SimpleStatusBar
    Inherits Form
    Shared Sub Main()
        Application.Run(New SimpleStatusBar())
    End Sub
    Sub New()
        Text = "Simple Status Bar"
        ResizeRedraw = True

        ' Statusleiste erstellen.
        Dim sbar As New StatusBar()
        sbar.Parent = Me
        sbar.Text = "My initial status bar text"
    End Sub
    Protected Overrides Sub OnPaint(ByVal pea As PaintEventArgs)
        Dim grfx As Graphics = pea.Graphics
        Dim pn As New Pen(ForeColor)
        grfx.DrawLine(pn, 0, 0, ClientSize.Width, ClientSize.Height)
        grfx.DrawLine(pn, ClientSize.Width, 0, 0, ClientSize.Height)
    End Sub
End Class
```

In einem echten Programm wird das *StatusBar*-Objekt nicht als lokale Variable des Konstruktors gespeichert, da Sie bei der Ereignisverarbeitung darauf zugreifen müssen. Ich habe die *OnPaint*-Methode lediglich hinzugefügt, um zu verdeutlichen, dass die Statusleiste den unteren Clientbereich verdeckt:

Beachten Sie, dass die diagonalen Linien anscheinend nicht bis zu den Ecken des Formulars durchgezeichnet wurden. Tatsächlich reichen die Linien bis zu den Ecken, werden jedoch von der Statusleiste verdeckt.

Das *StatusBar*-Steuerelement muss nicht explizit positioniert oder skaliert werden. Es belegt die vollständige Breite des unteren Formularbereichs. Wenn Sie die Größe des Formulars ändern, ändert sich auch die Größe der Statusleiste. Dieses Verhalten ist das Ergebnis der *Dock*-Eigenschaft des *StatusBar*-Steuerelements, das standardmäßig mit *DockStyle.Bottom* initialisiert wird. Rechts neben der Statusleiste wird ein Größenziehpunkt angezeigt. Er bietet dem Benutzer ein größeres Ziel für das Ziehen der linken unteren Ecke des Formulars, um dessen Größe zu ändern. Sie können den Größenziehpunkt entfernen, indem Sie die Eigenschaft *SizingGrip* auf *False* setzen:

StatusBar-Eigenschaften (Auswahl)

Eigenschaft	Typ	Zugriff
SizingGrip	Boolean	Get/Set

SizingGrip ist eine der wenigen Eigenschaften, die *StatusBar* selbst implementiert. Die meisten Eigenschaften von *StatusBar* sind von *Control* geerbt.

Die Eigenschaften *BackColor* und *ForeColor* der Statusleiste werden mit *SystemColors.Control* und *SystemColors.ControlText* initialisiert und können nicht geändert werden. (Sie können jedoch die Eigenschaft *BackColor* des Formulars ändern, damit die Statusleiste sich abhebt.) Die Eigenschaft *BackgroundImage* wirkt sich nicht auf die Statusleiste aus. Die Statusleiste hat keinen Rahmenstil.

Die Eigenschaft *TabStop* der Statusleiste wird mit *False* initialisiert, was Sie wahrscheinlich ohnehin nicht ändern werden. Wenn sich im Clientbereich andere Steuerelemente befinden, ist es im Allgemeinen nicht wünschenswert, dass die TAB-Taste den Eingabefokus an die Statusleiste weitergibt.

Wenn Sie in einer Statusleiste mehrere Elemente anzeigen möchten, müssen Sie die *Flächen* (*Panels*) der Statusleiste verwenden. Diese Flächen verfügen über eine wesentlich größere Vielfalt an Optionen als die Statusleiste selbst. Ich werde gleich näher auf die Statusleistenflächen eingehen.

Die Statusleiste und der automatische Bildlauf

Ich habe bereits warnend angedeutet, wie sich die Statusleiste auf die Anzeige des Clientbereichs auswirkt. Hier folgt eine weitere Warnung: Sie sollten keinesfalls das automatische Bildlauffeature des Formulars aktivieren, wenn Sie eine Statusleiste verwenden. Die Statusleiste wird wie jedes andere Steuerelement behandelt, das im unteren Bereich angedockt ist. Sie wird Teil des Anzeigebereichs, der mit den Bildlaufleisten durchlaufen wird.

Es folgt ein Programm, das die Eigenschaft *AutoScroll* auf *True* setzt, um dieses Problem zu demonstrieren.

```
StatusBarAndAutoScroll.vb
Imports System
Imports System.Drawing
Imports System.Windows.Forms
Class StatusBarAndAutoScroll
    Inherits Form
    Shared Sub Main()
        Application.Run(New StatusBarAndAutoScroll())
    End Sub
    Sub New()
        Text = "Status Bar and Auto-Scroll"
        AutoScroll = True

        ' Statusleiste erstellen.
        Dim sbar As New StatusBar()
        sbar.Parent = Me
        sbar.Text = "My initial status bar text"

        ' Dem Formular untergeordnete Label-Objekte erstellen.
        Dim lbl As New Label()
        lbl.Parent = Me
        lbl.Text = "Upper left"
        lbl.Location = New Point(0, 0)
        lbl.AutoSize = True

        lbl = New Label()
        lbl.Parent = Me
        lbl.Text = "Lower right"
        lbl.Location = New Point(250, 250)
        lbl.AutoSize = True
    End Sub
End Class
```

Wenn Sie dieses Programm ausführen, müssen Sie im Clientbereich einen Bildlauf nach unten durchführen, damit die Statusleiste zu sehen ist. Die folgende Abbildung zeigt, wie das Programm aussieht, wenn Sie einen Bildlauf zur rechten unteren Ecke des Clientbereichs durchführen:

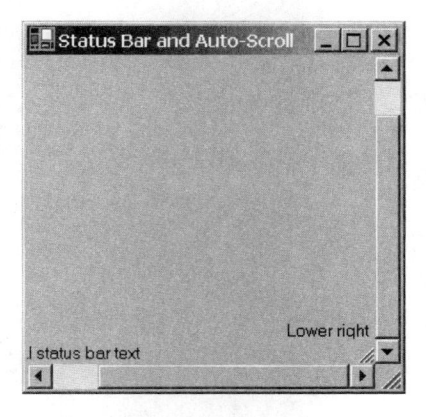

Hier stimmt einfach nichts. Die Statusleiste sollte durch die Bildlaufleisten nicht beeinflusst werden. Tatsächlich sollte sich die Statusleiste nicht einmal in dem Bereich befinden, der von den Bildlaufleisten umgeben wird. Sie sollte *unter* der horizontalen Bildlaufleiste angezeigt werden.

Um dafür zu sorgen, dass das Programm richtig aussieht und funktioniert (und um das Zeichenproblem zu lösen, das sich aus der Verkleinerung des Clientbereichs ergibt), können Sie das *Panel*-Steuerelement verwenden. Ein Programm, das Symbol- oder Statusleisten verwendet, sollte nahezu immer mit dem Erstellen eines *Panel*-Steuerelements (oder anderen Steuerelements) beginnen, das den Clientbereich am Anfang ausfüllt.

Sie können bewirken, dass das *Panel*-Steuerelement den Clientbereich ausfüllt, indem Sie dessen *Dock*-Eigenschaft auf *DockStyle.Fill* einstellen. Anschließend erfolgen alle Ausgaben, die Sie normalerweise im Clientbereich ausführen (ihn mit Steuerelementen versehen oder darauf zeichnen) im *Panel*-Steuerelement. Die einzigen Steuerelemente außer dem *Panel*-Steuerelement, die dem Formular untergeordnet bleiben, sind die Symbolleiste und die Statusleiste.

Hier ein Beispiel:

SimpleStatusBarWithPanel.vb
```
Imports System
Imports System.Drawing
Imports System.Windows.Forms
Class SimpleStatusBarWithPanel
    Inherits Form
    Shared Sub Main()
        Application.Run(New SimpleStatusBarWithPanel())
    End Sub

    Sub New()
        Text = "Simple Status Bar with Panel"

        ' Panel-Objekt erstellen.
        Dim pnl As New Panel()
        pnl.Parent = Me
        pnl.BackColor = SystemColors.Window
        pnl.ForeColor = SystemColors.WindowText
        pnl.AutoScroll = True
        pnl.Dock = DockStyle.Fill
        pnl.BorderStyle = BorderStyle.Fixed3D
```

Symbol- und Statusleisten

```
        ' Dem Formular untergeordnete Statusleiste erstellen.
        Dim sbar As New StatusBar()
        sbar.Parent = Me
        sbar.Text = "My initial status bar text"
        ' Dem Formular untergeordnete Label-Objekte erstellen.
        Dim lbl As New Label()
        lbl.Parent = pnl
        lbl.Text = "Upper left"
        lbl.Location = New Point(0, 0)
        lbl.AutoSize = True

        lbl = New Label()
        lbl.Parent = pnl
        lbl.Text = "Lower right"
        lbl.Location = New Point(250, 250)
        lbl.AutoSize = True
    End Sub
End Class
```

Beachten Sie, dass dieses Programm die *AutoScroll*-Eigenschaft des *Panel*-Objekts auf *True* setzt und zwei *Label*-Objekte als untergeordnete Objekte des *Panel*-Objekts erstellt.

Das *Panel*-Objekt erhält die *Dock*-Eigenschaft *DockStyle.Fill*, sodass es anfangs den Clientbereich ausfüllt. Wenn anschließend das *StatusBar*-Objekt erstellt wird, weist dieses sich selbst die *Dock*-Eigenschaft *DockStyle.Bottom* zu. *Panel* und *StatusBar* teilen sich damit den Clientbereich in zwei nicht überlappende Bereiche auf. Wird die *AutoScroll*-Eigenschaft des *Panel*-Objekts auf *True* gesetzt, wird die Statusleiste unterhalb der Bildlaufleisten angezeigt:

Statusleistenflächen

In den bisher gezeigten Beispielen bietet die Statusleiste nur wenig mehr Funktionen als ein *Label*-Steuerelement, das unten im Formular angedockt ist. Wenn Sie den Größenziehpunkt ausblenden, kann man die Statusleiste nur schwer von einem *Label*-Steuerelement unterscheiden.

Die Statusleiste wird vielseitiger, wenn Sie mit *StatusBarPanel*-Objekten arbeiten. Eine Statusleiste kann keine oder mehrere Statusleistenflächen enthalten. *StatusBar* weist zwei Eigenschaften auf, bei denen *StatusBarPanel*-Objekte zum Einsatz kommen:

StatusBar-Eigenschaften (Auswahl)

Eigenschaft	Typ	Zugriff
ShowPanels	Boolean	Get/Set
Panels	StatusBar.StatusBarPanelCollection	Get

Die Eigenschaft *ShowPanels* ist anfangs *False*, alle in der Statusleiste enthaltenen Flächen werden damit ignoriert. Es wird nur eine Textzeichenfolge angezeigt, bei der es sich um die Eigenschaft *Text* des *StatusBar*-Objekts selbst handelt. Wenn Sie die Eigenschaft *ShowPanels* auf *True* setzen, wird die *Text*-Eigenschaft von *StatusBar* ignoriert. Stattdessen werden die zu den *StatusBarPanel*-Objekten gehörenden Textzeichenfolgen angezeigt. Jeder Statusleistenfläche ist eine Textzeichenfolge und optional ein Symbol zugeordnet. Alternativ können Sie das Owner-Draw-Feature der Klasse *StatusBar* verwenden, das die Besitzerzeichnung ermöglicht.

Die Eigenschaft *Panels* von *StatusBar* ist eine weitere Auflistungsklasse, die einen Indexer bereitstellt und Methoden wie *Add*, *AddRange*, *Insert* und *Remove* implementiert, um eine Auflistung von *StatusBarPanel*-Objekten zu verwalten.

Es folgt ein einfaches Programm, das eine Statusleiste mit zwei Flächen erstellt.

```
TwoStatusBarPanels.vb
Imports System
Imports System.Drawing
Imports System.Windows.Forms
Class TwoStatusBarPanels
    Inherits Form
    Shared Sub Main()
        Application.Run(New TwoStatusBarPanels())
    End Sub

    Sub New()
        Text = "Two Status Bar Panels"
        BackColor = SystemColors.Window
        ForeColor = SystemColors.WindowText

        Dim sbar As New StatusBar()
        sbar.Parent = Me
        sbar.ShowPanels = True

        Dim sbp1 As New StatusBarPanel()
        sbp1.Text = "Panel 1"

        Dim sbp2 As New StatusBarPanel()
        sbp2.Text = "Panel 2"

        sbar.Panels.Add(sbp1)
        sbar.Panels.Add(sbp2)
    End Sub
End Class
```

Dieses Programm erstellt ein *StatusBar*-Objekt und zwei *StatusBarPanel*-Objekte. Das Programm sieht so aus:

[Abbildung: Fenster "Two Status Bar Panels" mit zwei Panels "Panel 1" und "Panel 2" in der Statusleiste]

StatusBarPanel ist nicht von *Control* abgeleitet. Die Klasse besitzt weder die Eigenschaften *BackColor*, *ForeColor* oder *Font* noch *Location* und *Size*. (Sie hat jedoch eine *Width*-Eigenschaft, die auf 100 Pixel initialisiert wird.) *StatusBarPanel* weist eine *Parent*-Eigenschaft auf, die jedoch schreibgeschützt ist.

Die einzige Möglichkeit, ein *StatusBarPanel*-Objekt mit einem *StatusBar*-Objekt zu verknüpfen, bietet die *Panels*-Eigenschaft von *StatusBar*. Das Programm TwoStatusBarPanels zeigt die gängigste Möglichkeit zur Herstellung dieser Verknüpfung: über die *Add*-Methode von *StatusBar.StatusBarPanelCollection*. Eine weitere Möglichkeit ist das Erstellen eines Arrays mit *StatusBarPanel*-Objekten und das Verwenden der Methode *AddRange*:

```
sbar.Panels.AddRange(New StatusBarPanel() {sbp1, sbp2})
```

Es ist auch möglich, die explizite Erstellung der *StatusBarPanel*-Objekte zu übergehen und eine Überladung der *Add*-Methode zu verwenden, die nur eine Zeichenfolge erfordert:

```
sbar.Panels.Add("Panel 1")
sbar.Panels.Add("Panel 2")
```

Wenn Sie Zugriff auf ein bestimmtes *StatusBarPanel*-Objekt benötigen, um z.B. die *Text*-Eigenschaft einzustellen, können Sie die *Panels*-Eigenschaft wie ein Array indizieren:

```
sbar.Panels(1).Text = "New panel 2 text"
```

Eigenschaften von *StatusBarPanel*

StatusBarPanel hat 10 nicht geerbte Eigenschaften. Die einzige schreibgeschützte Eigenschaft gibt das *StatusBar*-Steuerelement an, mit dem das angegebene *StatusBarPanel*-Objekt verknüpft ist:

StatusBarPanel-Eigenschaften (Auswahl)

Eigenschaft	Typ	Zugriff
Parent	StatusBar	Get

Die folgenden Eigenschaften von *StatusBarPanel* beziehen sich auf die Anzeige von Text auf der Fläche:

StatusBarPanel-Eigenschaften (Auswahl)

Eigenschaft	Typ	Zugriff
Style	StatusBarPanelStyle	Get/Set
Text	String	Get/Set
Icon	Icon	Get/Set
ToolTipText	String	Get/Set

StatusBarPanelStyle ist eine Enumeration, die im Wesentlichen angibt, ob die Fläche als *OwnerDraw* gekennzeichnet werden soll:

StatusBarPanelStyle-Enumeration

Member	Wert
Text	1
OwnerDraw	2

StatusBarPanel selbst implementiert keine Ereignisse. Die Klasse *StatusBar* verfügt über ein *DrawItem*-Ereignis. Die Ereignisargumente enthalten das *StatusBarPanel*-Objekt, das gezeichnet werden soll.

Die Eigenschaft *Text* ist zweifelsohne die am häufigsten verwendete Eigenschaft von *StatusBarPanel*. Die Fläche kann auch ein Symbol enthalten, das links vom Text angezeigt wird. Experimentieren Sie mit der Größe des Symbols, sodass es wie gewünscht in die Statusleiste passt.

Die Eigenschaft *ToolTipText* ist sehr praktisch. Stellen Sie diese auf eine kurze beschreibende Textzeichenfolge ein, die angezeigt wird, wenn der Mauszeiger über die Fläche bewegt wird. Im nächsten Programm DateAndTimeStatus werde ich die *ToolTipText*-Eigenschaft demonstrieren.

Die folgenden Eigenschaften wirken sich auf die Größe und das Aussehen der Flächen aus.

StatusBarPanel-Eigenschaften (Auswahl)

Eigenschaft	Typ	Zugriff
BorderStyle	StatusBarPanelBorderStyle	Get/Set
Alignment	HorizontalAlignment	Get/Set
AutoSize	StatusBarPanelAutoSize	Get/Set
Width	Integer	Get/Set
MinWidth	Integer	Get/Set

Jede Fläche kann basierend auf der folgenden Enumeration einen anderen Rahmenstil (border style) aufweisen:

StatusBarPanelBorderStyle-Enumeration

Member	Wert
None	1
Raised	2
Sunken	3

Die Standardeinstellung ist *Sunken*.

Die Eigenschaft *Alignment* wirkt sich auf den Text auf der Fläche und nicht auf die Ausrichtung der Fläche selbst aus. Sie macht Gebrauch von der Enumeration *HorizontalAlignment*, die auch von anderen Steuerelementen verwendet wird:

HorizontalAlignment-Enumeration

Member	Wert
Left	0
Right	1
Center	2

Standardmäßig basiert die Größe jeder Fläche auf deren *Width*-Eigenschaft (Standardwert ist 100 Pixel). Mithilfe der Eigenschaft *AutoSize* kann die Größe von Flächen automatisch an den Textinhalt oder den verfügbaren Raum angepasst werden:

StatusBarPanelAutoSize-Enumeration

Member	Wert	Kommentar
None	1	Standardeinstellung. Größe basiert auf der Eigenschaft *Width*
Spring	2	Verwendet den verbleibenden Raum
Contents	3	Größe basiert auf der Textbreite

Die Eigenschaft *MinWidth* wirkt sich nur auf Statusleistenflächen mit der *AutoSize*-Einstellung *StatusBarPanelAutoSize.Spring* aus. Die Standardeinstellung ist 10 Pixel.

Eine gängige Vorgehensweise ist das Einstellen der ersten Statusleistenfläche (ganz links) auf den Rahmenstil *StatusBarPanelBorderStyle.None* mit der *AutoSize*-Einstellung *StatusBarPanelAutoSize.Spring*. Diese Fläche wird häufig für Zeichenfolgen mit Hilfehinweisen zu Menüs verwendet. Die restlichen Flächen können den Rahmenstil *StatusBarPanelBorderStyle.Sunken* haben mit der *AutoSize*-Eigenschaft *StatusBarPanelAutoSize.None* oder *StatusBarPanelAutoSize.Contents*.

Es folgt ein Programm, das gemäß der vorherigen Beschreibung eine Statusleiste mit drei Flächen erstellt. Die beiden Flächen rechts von der Statusleiste zeigen das aktuelle Datum und die aktuelle Uhrzeit an.

DateAndTimeStatus.vb
```
Imports System
Imports System.Drawing
Imports System.Windows.Forms
Class DateAndTimeStatus
    Inherits Form
    Private sbpMenu, sbpDate, sbpTime As StatusBarPanel
    Shared Sub Main()
        Application.Run(New DateAndTimeStatus())
    End Sub
    Sub New()
        Text = "Date and Time Status"
        BackColor = SystemColors.Window
        ForeColor = SystemColors.WindowText
```

```vbnet
        ' Statusleiste erstellen.
        Dim sbar As New StatusBar()
        sbar.Parent = Me
        sbar.ShowPanels = True

        ' Statusleistenflächen erstellen.
        sbpMenu = New StatusBarPanel()
        sbpMenu.Text = "Reserved for menu help"
        sbpMenu.BorderStyle = StatusBarPanelBorderStyle.None
        sbpMenu.AutoSize = StatusBarPanelAutoSize.Spring

        sbpDate = New StatusBarPanel()
        sbpDate.AutoSize = StatusBarPanelAutoSize.Contents
        sbpDate.ToolTipText = "The current date"

        sbpTime = New StatusBarPanel()
        sbpTime.AutoSize = StatusBarPanelAutoSize.Contents
        sbpTime.ToolTipText = "The current time"

        ' Statusleistenflächen an Statusleiste anhängen.
        sbar.Panels.AddRange(New StatusBarPanel() {sbpMenu, sbpDate, sbpTime})

        ' Zeitgeber auf 1 Sekunde einstellen.
        Dim tmr As New Timer()
        AddHandler tmr.Tick, AddressOf TimerOnTick
        tmr.Interval = 1000
        tmr.Start()
    End Sub
    Private Sub TimerOnTick(ByVal obj As Object, ByVal ea As EventArgs)
        Dim dt As DateTime = DateTime.Now
        sbpDate.Text = dt.ToShortDateString()
        sbpTime.Text = dt.ToShortTimeString()
    End Sub
End Class
```

Dieses Programm fügt außerdem zu zwei der Statusleistenflächen *ToolTipText*-Eigenschaften hinzu. Die Statusleiste sieht so aus:

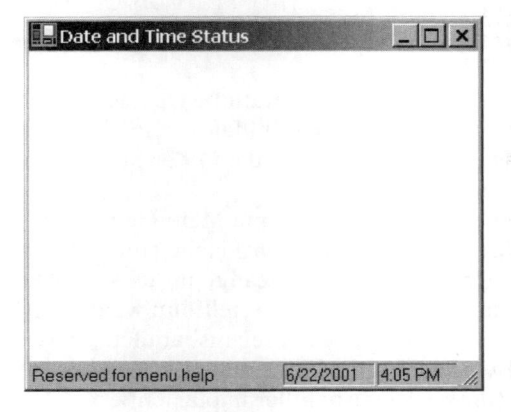

Hilfe zu Menüs

Einer der Hauptzwecke einer Statusleiste besteht darin, Hilfehinweise zu Menüs zu geben. Dazu gehört die Anzeige kurzer Textzeichenfolgen, die einen Menüpunkt beschreiben, wenn der Benutzer den Mauszeiger über die einzelnen Menüelemente bewegt.

Zur Bereitstellung einer Menühilfe werden verschiedene Features von Menüs und Formularen genutzt, die beim einfachen Einsatz von Menüs nicht verwendet werden. Wie Sie sich vielleicht erinnern, implementiert die Klasse *MenuItem* fünf Ereignisse. Bislang habe ich in diesem Buch das Ereignis *Popup* verwendet, wenn ein Popupmenü erstmals angezeigt wird, und das Ereignis *Click*, wenn der Benutzer eine Menüoption auswählt. Ich habe auch demonstriert, wie man die Ereignisse *MeasureItem* und *DrawItem* für die Implementierung von Menüelementen verwendet, die vom Benutzer gezeichnet werden.

Das fünfte *MenuItem*-Ereignis heißt *Select* und tritt ein, wenn der Mauszeiger über den Menüpunkt geführt wird oder der Benutzer die Pfeiltasten drückt, um zu einem anderen Menüelement zu wechseln. *Select* ist das Ereignis, das verwendet werden muss, um die Hilfe zum Menü anzuzeigen. Während der Mauszeiger von einem Menüelement zum nächsten bewegt wird, können Sie in der Statusleiste für jedes Element eine Textzeichenfolge anzeigen.

Wenn Sie das erste Mal versuchen, die Menühilfe in einem *Select*-Ereignishandler zu implementieren, stoßen Sie auf ein lästiges Problem. Die letzte Zeichenfolge mit Menühilfe bleibt in der Statusleiste stehen, nachdem der Benutzer auf einen Menüpunkt geklickt hat. Sie kommen jetzt vielleicht auf die Idee, dieses Problem durch das Zurücksetzen der Statusleiste in jedem *Click*-Ereignishandler der einzelnen *MenuItem*-Objekte zu beheben. Doch was passiert, wenn der Benutzer ein Menü durch Drücken der ESC-Taste ausblendet? Auch dann wird die letzte Zeichenfolge mit Menühilfe weiterhin in der Statusleiste angezeigt.

Natürlich gibt es eine Lösung für dieses Problem. Die Klasse *Form* verfügt über zwei Ereignisse, die Ihnen die Möglichkeit zur Initialisierung und Bereinigung einer Menühilfesitzung bieten:

Form-Ereignisse (Auswahl)

Ereignis	Methode	Delegat	Argument
MenuStart	*OnMenuStart*	*EventHandler*	*EventArgs*
MenuComplete	*OnMenuComplete*	*EventHandler*	*EventArgs*

Diese Ereignisse signalisieren den Anfang und das Ende einer Menüoperation. Das wichtigere Ereignis ist *MenuComplete*. Wenn dieses Ereignis eintritt, muss der Menühilfetext zurückgesetzt werden. Sie können ihn beispielsweise auf die Textzeichenfolge einstellen, die in der Statusleiste beim Empfang des *MenuStart*-Ereignisses angezeigt wurde.

Dieser Ansatz wird im nächsten Beispielprogramm verfolgt. Das Programm MenuHelpFirstTry erstellt eine Statusleiste mit nur einer Statusleistenfläche und zeigt auf dieser Fläche einen Menühilfetext an. Der Text der Statusleistenfläche wird mit der Zeichenfolge »Ready« initialisiert. Die Methode *OnMenuStart* speichert den Text, die Methode *OnMenuComplete* stellt ihn wieder her.

Das Programm installiert für alle Menüpunkte denselben *Select*-Ereignishandler. Dieser Handler ist die Methode *MenuOnSelect*. Da MenuHelpFirstTry nur ein einfaches Demonstrationsprogramm ist, werden für die Menüpunkte keine *Click*-Ereignishandler implementiert.

MenuHelpFirstTry.vb

```vb
Imports System
Imports System.Drawing
Imports System.Windows.Forms

Class MenuHelpFirstTry
    Inherits Form

    Private sbpMenuHelp As StatusBarPanel
    Private strSavePanelText As String

    Shared Sub Main()
        Application.Run(New MenuHelpFirstTry())
    End Sub

    Sub New()
        Text = "Menu Help (First Try)"
        BackColor = SystemColors.Window
        ForeColor = SystemColors.WindowText

        ' Eine Statusleiste mit einer Fläche erstellen.
        Dim sbar As New StatusBar()
        sbar.Parent = Me
        sbar.ShowPanels = True
        sbpMenuHelp = New StatusBarPanel()
        sbpMenuHelp.Text = "Ready"
        sbpMenuHelp.AutoSize = StatusBarPanelAutoSize.Spring
        sbar.Panels.Add(sbpMenuHelp)

        ' Ein einfaches Menü aufbauen.
        ' In diesem Demo können wird die Click-Handler ignorieren,
        '    was wir in Wirklichkeit brauchen, sind Select-Handler.
        Menu = New MainMenu()
        Dim ehSelect As EventHandler = AddressOf MenuOnSelect

        ' Elemente des Menüs Datei erstellen.
        Dim mi As New MenuItem("File")
        AddHandler mi.Select, ehSelect
        Menu.MenuItems.Add(mi)

        mi = New MenuItem("Open")
        AddHandler mi.Select, ehSelect
        Menu.MenuItems(0).MenuItems.Add(mi)

        mi = New MenuItem("Close")
        AddHandler mi.Select, ehSelect
        Menu.MenuItems(0).MenuItems.Add(mi)

        mi = New MenuItem("Save")
        AddHandler mi.Select, ehSelect
        Menu.MenuItems(0).MenuItems.Add(mi)

        ' Elemente des Menüs Bearbeiten erstellen.
        mi = New MenuItem("Edit")
        AddHandler mi.Select, ehSelect
        Menu.MenuItems.Add(mi)

        mi = New MenuItem("Cut")
        AddHandler mi.Select, ehSelect
        Menu.MenuItems(1).MenuItems.Add(mi)

        mi = New MenuItem("Copy")
        AddHandler mi.Select, ehSelect
        Menu.MenuItems(1).MenuItems.Add(mi)
```

```
        mi = New MenuItem("Paste")
        AddHandler mi.Select, ehSelect
        Menu.MenuItems(1).MenuItems.Add(mi)
    End Sub
    Protected Overrides Sub OnMenuStart(ByVal ea As EventArgs)
        strSavePanelText = sbpMenuHelp.Text
    End Sub
    Protected Overrides Sub OnMenuComplete(ByVal ea As EventArgs)
        sbpMenuHelp.Text = strSavePanelText
    End Sub
    Private Sub MenuOnSelect(ByVal obj As Object, ByVal ea As EventArgs)
        Dim mi As MenuItem = DirectCast(obj, MenuItem)
        Dim str As String
        Select Case mi.Text
            Case "File" : str = "Commands for working with files"
            Case "Open" : str = "Opens an existing document"
            Case "Close" : str = "Closes the current document"
            Case "Save" : str = "Saves the current document"
            Case "Edit" : str = "Commands for editing the document"
            Case "Cut" : str = "Deletes the selection and copies it to the clipboard"
            Case "Copy" : str = "Copies the selection to the clipboard"
            Case "Paste" : str = "Replaces the current selection with the clipboard contents"
            Case Else : str = ""
        End Select
        sbpMenuHelp.Text = str
    End Sub
End Class
```

Die Methode *MenuOnSelect* ermittelt den Text des ausgewählten Menüelements und verwendet ihn für die Auswahl einer Zeichenfolge mit Menühilfe. Diese wird anschließend zum Einstellen der *Text*-Eigenschaft des *StatusBarPanel*-Objekts verwendet. So sieht das Programm in Aktion aus:

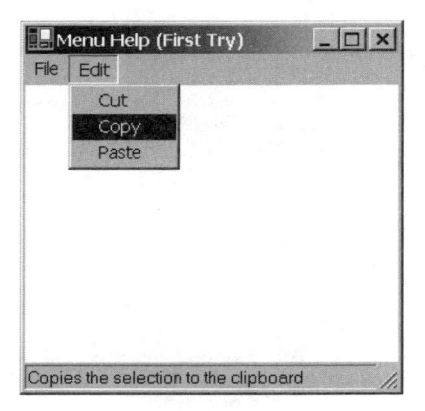

Die *Select*-Ereignisse werden unabhängig davon generiert, ob ein Menüelement aktiviert ist. Deshalb zeigt das Programm die Textzeichenfolgen auch dann an, wenn die Menüoptionen gerade nicht verfügbar sind. Mitunter sind Benutzer verwirrt, wenn bestimmte Menüpunkte deaktiviert sind. (Das gilt auch für mich.) Der Menühilftetext könnte in solchen Fällen erklären, warum der Menüpunkt gerade nicht zur Verfügung steht.

Das Programm MenuHelpFirstTry funktioniert gut, und vielleicht gefällt Ihnen die Idee des Unterbringens des gesamten Menühilfetexts an einer Stelle, wie z.B. in der *MenuOnSelect*-Methode. Ich bin von dieser Lösung jedoch nicht hundertprozentig begeistert. Ich möchte lieber jede Zeichenfolge mit Menühilfe mit dem tatsächlichen Menüpunkt verknüpfen. Auch benötigt die Methode *MenuOnSelect* definitiv eine bessere Möglichkeit, um zu ermitteln, welcher Menüpunkt ausgewählt wurde. In einem *Select/Case*-Konstrukt mit Verwendung der *Text*-Eigenschaft des *MenuItem*-Objekts müssen exakt dieselben Textzeichenfolgen angegeben werden, was ein Problem darstellen kann.

Ein interessanter Ansatz ist die Definition einer neuen Klasse (z.B. mit dem Namen *MenuItemHelp*), die eine Unterklasse von *MenuItem* definiert. *MenuItemHelp* fügt lediglich eine neue Eigenschaft namens *HelpText* hinzu, in der eine zusätzliche Textzeichenfolge gespeichert wird. Sie können die *HelpText*-Eigenschaft beim Erstellen der *MenuItemHelp*-Objekte einstellen:

```
mi.Text = "&Open..."
mi.HelpText = "Opens an existing document"
```

Die Methode *MenuOnSelect* wird auf diese Weise wesentlich vereinfacht:

```
Sub MenuOnSelect(Dim obj As Object, Dim ea As EventArgs)
    sbpMenuHelp.Text = DirectCast(obj, MenuItemHelp).HelpText
End Sub
```

Sie können noch einen Schritt weiter gehen und in *MenuItemHelp* eine weitere Eigenschaft zur Speicherung einer Angabe unterbringen, auf welcher Statusleistenfläche der Hilfetext angezeigt werden soll. Die Klasse selbst kann die *OnSelect*-Methoden überschreiben, um den Hilfetext in der Statusleistenfläche einzustellen. Die Datei *MenuItemHelp.vb* definiert eine solche von *MenuItem* abgeleitete Klasse.

MenuItemHelp.vb
```
Imports System
Imports System.Drawing
Imports System.Windows.Forms
Class MenuItemHelp
    Inherits MenuItem

    ' Private Felder
    Private sbpHelpPanel As StatusBarPanel
    Private strHelpText As String

    ' Konstruktoren
    Sub New()
    End Sub

    Sub New(ByVal strText As String)
        MyBase.New(strText)
    End Sub

    ' Eigenschaften
    Property HelpPanel() As StatusBarPanel
        Set(ByVal Value As StatusBarPanel)
            sbpHelpPanel = Value
        End Set
        Get
            Return sbpHelpPanel
        End Get
    End Property
```

Symbol- und Statusleisten

```
    Property HelpText() As String
        Set(ByVal Value As String)
            strHelpText = Value
        End Set
        Get
            Return strHelpText
        End Get
    End Property
    ' Methodenüberschreibung
    Protected Overrides Sub OnSelect(ByVal ea As EventArgs)
        MyBase.OnSelect(ea)
        If Not HelpPanel Is Nothing Then
            HelpPanel.Text = HelpText
        End If
    End Sub
End Class
```

Es folgt eine überarbeitete Version des Programms MenuHelpFirstTry, die anstelle von *MenuItem*-Objekten *MenuItemHelp*-Objekte erstellt. Jedem *MenuItemHelp*-Objekt werden bei seiner Erstellung die Eigenschaften *HelpPanel* und *HelpText* zugewiesen.

MenuHelpSubclass.vb
```
Imports System
Imports System.Drawing
Imports System.Windows.Forms
Class MenuHelpSubclass
    Inherits Form
    Private sbpMenuHelp As StatusBarPanel
    Private strSavePanelText As String
    Shared Sub Main()
        Application.Run(New MenuHelpSubclass())
    End Sub
    Sub New()
        Text = "Menu Help"
        BackColor = SystemColors.Window
        ForeColor = SystemColors.WindowText

        ' Eine Statusleiste mit einer Fläche erstellen.
        Dim sbar As New StatusBar()
        sbar.Parent = Me
        sbar.ShowPanels = True

        sbpMenuHelp = New StatusBarPanel()
        sbpMenuHelp.Text = "Ready"
        sbpMeruHelp.AutoSize = StatusBarPanelAutoSize.Spring
        sbar.Panels.Add(sbpMenuHelp)

        ' Ein einfaches Menü mit MenuItemHelp-Elementen erstellen.
        Menu = New MainMenu()

        ' Elemente des Menüs Datei erstellen.
        Dim mih As New MenuItemHelp("&File")
        mih.HelpPanel = sbpMenuHelp
        mih.HelpText = "Commands for working with files"
        Menu.MenuItems.Add(mih)
```

```
            mih = New MenuItemHelp("&Open...")
            mih.HelpPanel = sbpMenuHelp
            mih.HelpText = "Opens an existing document"
            Menu.MenuItems(0).MenuItems.Add(mih)

            mih = New MenuItemHelp("&Close")
            mih.HelpPanel = sbpMenuHelp
            mih.HelpText = "Closes the current document"
            Menu.MenuItems(0).MenuItems.Add(mih)

            mih = New MenuItemHelp("&Save")
            mih.HelpPanel = sbpMenuHelp
            mih.HelpText = "Saves the current document"
            Menu.MenuItems(0).MenuItems.Add(mih)

            ' Elemente des Menüs Bearbeiten erstellen.
            mih = New MenuItemHelp("&Edit")
            mih.HelpPanel = sbpMenuHelp
            mih.HelpText = "Commands for editing the document"
            Menu.MenuItems.Add(mih)

            mih = New MenuItemHelp("Cu&t")
            mih.HelpPanel = sbpMenuHelp
            mih.HelpText = "Deletes the selection and copies it to the clipboard"
            Menu.MenuItems(1).MenuItems.Add(mih)

            mih = New MenuItemHelp("&Copy")
            mih.HelpPanel = sbpMenuHelp
            mih.HelpText = "Copies the selection to the clipboard"
            Menu.MenuItems(1).MenuItems.Add(mih)

            mih = New MenuItemHelp("&Paste")
            mih.HelpPanel = sbpMenuHelp
            mih.HelpText = "Replaces the current selection with the clipboard contents"
            Menu.MenuItems(1).MenuItems.Add(mih)
        End Sub

        Protected Overrides Sub OnMenuStart(ByVal ea As EventArgs)
            strSavePanelText = sbpMenuHelp.Text
        End Sub

        Protected Overrides Sub OnMenuComplete(ByVal ea As EventArgs)
            sbpMenuHelp.Text = strSavePanelText
        End Sub
End Class
```

Die einfache Symbolleiste

Gegen Ende von Kapitel 11 habe ich die Klasse *ImageList* vorgestellt, bei der es sich um eine Auflistung von Bildern derselben Größe und Farbtiefe handelt. Ein *ToolBar*-Steuerelement ist im Wesentlichen ein *ImageList*-Objekt und eine Auflistung aus *ToolBarButton*-Objekten. Jede Schaltfläche zeigt eines der Bilder in *ImageList* an.

Die meisten Anwendungen verwenden quadratische Symbolleistenbilder mit 16 × 16 Pixeln. Dies ist die Standardgröße für *ImageList*, die auch in diesem Kapitel verwendet wird. Wenn Sie kleinere oder größere Schaltflächen (oder sogar nicht rechteckige Schaltflächen) verwenden möchten, müssen Sie natürlich zuerst einmal Bitmaps in der gewünschten Größe erstellen. (Dies ist wohl offensichtlich.) Bevor Sie zur *ImageList* Bilder hinzufügen, stellen Sie die Eigenschaft

ImageSize auf die Größe der Bilder ein. Diese Bildgröße gilt anschließend für alle weiteren *Tool-Bar*- und *ToolBarButton*-Objekte.

Es folgen die wichtigsten Eigenschaften von *ToolBar*:

ToolBar-Eigenschaften (Auswahl)

Eigenschaft	Typ	Zugriff
ImageList	ImageList	Get/Set
Buttons	ToolBar.ToolBarButtonCollection	Get
ShowToolTips	Boolean	Get/Set

Jedes *ToolBar*-Objekt ist mit einem *ImageList*-Objekt verknüpft, das in der Regel mehrere Bilder enthält.

Die Eigenschaft *Buttons* ist eine Auflistung der Art, wie wir sie schon häufiger eingesetzt haben. Sie können *Buttons* wie ein Array indizieren. Jedes Element ist ein Objekt vom Typ *ToolBarButton*. Die Klasse *ToolBarButtonCollection* hat mehrere Methoden, so z.B. *Add*, *AddRange*, *Insert* und *Remove*, mit denen Sie die einer Symbolleiste zugeordneten Schaltflächen verwalten können.

Ich habe die Eigenschaft *ShowToolTips* zu dieser Gruppe von wichtigen Eigenschaften hinzugefügt, da es relativ einfach ist, den Schaltflächen einer Symbolleiste QuickInfos zuzuweisen. Diese werden jedoch nur angezeigt, wenn die *ShowToolTips*-Eigenschaft auf *True* gesetzt ist.

Es folgen die wichtigsten Eigenschaften von *ToolBarButton*:

ToolBarButton-Eigenschaften (Auswahl)

Eigenschaft	Typ	Zugriff
ImageIndex	Integer	Get/Set
ToolTipText	String	Get/Set

ImageIndex ist ein Index, der angibt, welches Bild des *ImageList*-Objekts auf der Schaltfläche angezeigt wird. *ToolTipText* ist der QuickInfo-Text, der angezeigt wird, wenn die Maus über die Schaltfläche bewegt wird. Die Bilder auf den Schaltflächen der Symbolleiste können manchmal recht schwer verständlich sein, weshalb QuickInfos eine große Hilfe sein können.

Die *ToolBar*-Ereignisse werden weiter unten vorgestellt. Zuerst wollen wir jedoch ein einfaches Programm ohne besondere Aufgabe mit einem Menü ohne besondere Aufgabe und einer Symbolleiste ohne besondere Aufgabe betrachten, das auf einer Bildliste basiert, die wiederum auf der Bitmap StandardButtons.bmp basiert.

```
SimpleToolBar.vb
Imports System
Imports System.Drawing
Imports System.Windows.Forms
Class SimpleToolBar
    Inherits Form
    Shared Sub Main()
        Application.Run(New SimpleToolBar())
    End Sub
```

```
Sub New()
    Text = "Simple Toolbar"
    ' Ein einfaches Menü erstellen (nur zum Anzeigen).
    Menu = New MainMenu()
    Menu.MenuItems.Add("File")
    Menu.MenuItems.Add("Edit")
    Menu.MenuItems.Add("View")
    Menu.MenuItems.Add("Help")
    ' ImageList erstellen.
    Dim bm As New Bitmap(Me.GetType(), "StandardButtons.bmp")
    Dim imglst As New ImageList()
    imglst.Images.AddStrip(bm)
    imglst.TransparentColor = Color.Cyan
    ' Symbolleiste erstellen.
    Dim tbar As New ToolBar()
    tbar.Parent = Me
    tbar.ImageList = imglst
    tbar.ShowToolTips = True
    ' Symbolleistenschaltflächen erstellen.
    Dim astr() As String = {"New", "Open", "Save", "Print", "Cut", "Copy", "Paste"}
    Dim i As Integer
    For i = 0 To astr.GetUpperBound(0)
        Dim tbb As New ToolBarButton()
        tbb.ImageIndex = i
        tbb.ToolTipText = astr(i)
        tbar.Buttons.Add(tbb)
    Next i
End Sub
End Class
```

StandardButtons.bmp

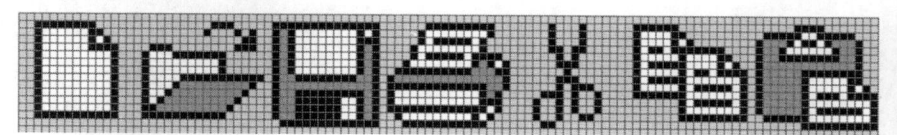

Sie können für jede Schaltfläche einzelne Bitmaps erstellen oder in einer Bitmap Bilder für mehrere Schaltflächen unterbringen. Im Programm SimpleToolBar habe ich die Standardbitmapgröße von *ImageList* (16 × 16 Pixel) verwendet. Die Datei StandardButtons.bmp enthält sieben Bilder für sieben Symbolleistenschaltflächen, sodass die Gesamtgröße der Bitmap 112 × 16 Pixel beträgt. Wenn Sie eine Bitmap für *ImageList* erstellen, muss die Breite ein ganzzahliges Vielfaches von dessen Höhe sein. Wenn Sie, wie in Kapitel 11 erläutert, in Microsoft Visual Basic .NET eine Bitmap in ein Projekt einfügen, müssen Sie die Eigenschaft *Buildaktion* auf *Eingebettete Ressource* stellen.

Wenn Sie auf das Erstellen eigener Schaltflächen verzichten wollen, können Sie die zu Microsoft Visual Studio .NET (aber leider nicht zu Visual Basic .NET) gehörenden Standardschaltflächen verwenden. Diese sind standardmäßig in Unterverzeichnissen des Verzeichnisses \Programme\Microsoft Visual Studio .NET\Common7\ Graphics\Bitmaps gespeichert. Die Unterverzeichnisse OffCtlBr und Assorted enthalten Bitmaps, die für Symbolleistenschaltflächen geeignet sind.

Das Programm SimpleToolBar beginnt mit der Erstellung einiger Menüpunkte auf oberster Ebene. Diese habe ich nur hinzugefügt, um zu verdeutlichen, wie ein Menü und eine Symbolleiste zusammen aussehen. Als Nächstes wird das Bild StandardButtons.bmp als Ressource geladen. (Einzelheiten zum Laden von Ressourcen finden Sie in Kapitel 11.) Das Programm erstellt ein *ImageList*-Objekt und verwendet die *AddStrip*-Methode der *Images*-Eigenschaft, um die gesamte Bitmap in die Bildliste aufzunehmen. Da die Standardeigenschaft *ImageSize* angibt, dass die Bilder 16 × 16 Pixel groß sind, kann das *ImageList*-Objekt problemlos feststellen, dass die Leiste sieben Bilder enthält.

Im Schwarzweißdruck dieses Buchs ist nicht erkennbar, dass die Hintergrundfarbe von StandardButtons.bmp Zyan ist, die im Programm SimpleToolBar als transparente Farbe für das *ImageList*-Objekt angegeben ist.

Der nächste Schritt besteht darin, die Symbolleiste zu erstellen. Es werden drei Eigenschaften zugewiesen: Die Eigenschaft *Parent* gibt an, dass die Symbolleiste ein untergeordnetes Objekt des Formulars ist. Die Eigenschaft *ImageList* verknüpft die Symbolleiste mit einer Auflistung von Bildern. Die Eigenschaft *ShowToolTips* aktiviert die QuickInfos.

Anschließend erstellt das Programm sieben *ToolBarButton*-Objekte. Dabei wird die Eigenschaft *ImageIndex* entsprechend den sieben Bildern auf die Werte 0 bis 6 gesetzt. (Wenn die Reihenfolge der Bilder nicht mit der gewünschten Erstellungsreihenfolge für die Schaltflächen übereinstimmt, können Sie die Bilder durch Einstellen des korrekten *ImageIndex*-Werts neu anordnen.) Jede Schaltfläche wird mit einer kurzen QuickInfo versehen. Mithilfe der *Add*-Methode der *Buttons*-Eigenschaft fügt das Programm die einzelnen Schaltflächen zur Symbolleiste hinzu:

```
tbar.Buttons.Add(tbb)
```

Und so sieht das Ergebnis aus:

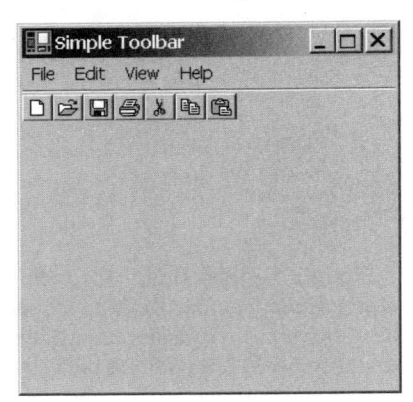

Wenn Sie ein bisschen mit diesem Programm experimentieren, werden Sie feststellen, dass die Symbole wie Schaltflächensteuerelemente funktionieren. Weiter unten in diesem Kapitel erläutere ich, wie Sie Schaltflächen erstellen, die zwischen zwei Statuswerten eines Menüs umschalten oder das Menü aufrufen.

Sicher möchten Sie, dass sich die Symbolleiste auf bestimmte Weise vom Clientbereich abhebt. Doch da anzunehmen ist, dass Sie für die Anzeige sowieso ein *Panel*-Steuerelement verwenden, können Sie dieses mit der Hintergrundfarbe *SystemColors.Window* (in der Regel weiß) versehen.

Symbolleistenvarianten

Bevor wir uns der Behandlung von Symbolleistenereignissen zuwenden, werfen wir noch einen Blick auf die verschiedenen Eigenschaften, die sich auf die Anzeige der Symbolleiste auswirken:

ToolBar-Eigenschaften (Auswahl)

Eigenschaft	Typ	Zugriff	Standardwert
Wrappable	Boolean	Get/Set	True
Divider	Boolean	Get/Set	True
BorderStyle	BorderStyle	Get/Set	BorderStyle.None
Appearance	ToolBarAppearance	Get/Set	ToolBarAppearance.Normal
TextAlign	ToolBarTextAlign	Get/Set	ToolBarTextAlign.Underneath

Ist das Formular schmaler als die Symbolleiste, gibt die Eigenschaft *Wrappable* an, ob die Symbolleiste in zwei Zeilen aufgeteilt oder rechts abgeschnitten wird. Standardmäßig erfolgt eine Aufteilung.

Die Eigenschaft *Divider* ist verantwortlich für die Linie zur Trennung von Symbolleiste und Menü. Wenn Sie diese Eigenschaft auf *False* setzen, wird die Linie entfernt:

Weil es besser aussieht, sollte die Trennlinie jedoch beibehalten werden.

Die Eigenschaft *BorderStyle* (die Sie auch auf *FixedSingle* oder *Fixed3D* einstellen können) wirkt sich auf die Anzeige eines Rahmens aus, der sich über die Breite des Formulars erstreckt. Hier ein Beispiel ohne Trennlinie, jedoch mit einer auf *FixedSingle* eingestellten *BorderStyle*-Eigenschaft.

Ich finde nicht, dass der Rahmen so gut aussieht wie die Trennlinie.

Die Eigenschaft *Appearance* kann eine der folgenden Eigenschaften der Enumeration *ToolBarAppearance* annehmen:

ToolBarAppearance-Enumeration

Member	Wert
Normal	0
Flat	1

Heutzutage hat sich in Anwendungen eher die *Flat*-Anzeige durchgesetzt. Die folgende Abbildung zeigt flache Schaltflächen, eine auf *True* gesetzte *Divider*-Eigenschaft und keine Rahmen:

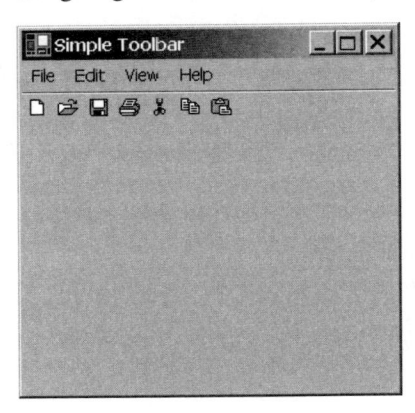

Die Anzeige mit *Flat* sieht besser aus, wenn der Bereich unter der Symbolleiste eine andere Farbe hat.

Die Eigenschaft *TextAlign* kann einen der Werte der Enumeration *ToolBarTextAlign* annehmen:

ToolBarTextAlign-Enumeration

Member	Wert
Underneath	0
Right	1

Bei der folgenden Eigenschaft geht es um ein Feature, das wir bislang noch nicht behandelt haben: Schaltflächen können auch Text enthalten.

ToolBarButton-Eigenschaften (Auswahl)

Eigenschaft	Typ	Zugriff
Text	*String*	Get/Set

Wenn Sie z.B. in die *For*-Schleife in SimpleToolBar die Anweisung

```
tbb.Text = astr(i)
```

aufnehmen, sehen die Schaltflächen so aus:

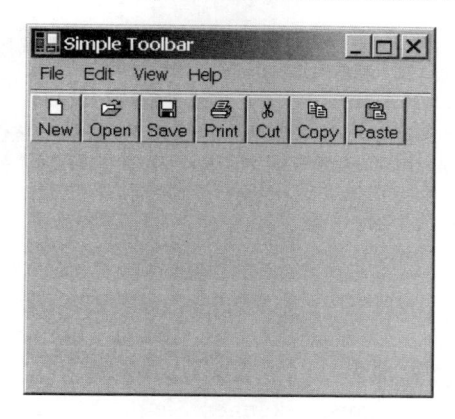

Beachten Sie, dass die Größe der Schaltflächen auf der Breite der Textzeichenfolge basiert. Wenn Sie die *TextAlign*-Eigenschaft der Symbolleiste auf *ToolBarTextAlign.Right* einstellen, werden die Schaltflächen breiter, dafür aber niedriger:

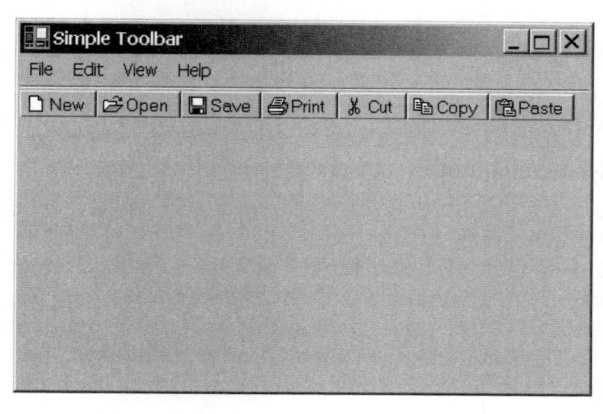

Symbolleistenereignisse

Das Programm SimpleToolBar behandelt keine Ereignisse, daher können als Reaktion auf Schaltflächenklicks keine Operationen ausgeführt werden. Zusätzlich zu den Ereignissen, die *ToolBar* von *Control* erbt, implementiert *ToolBar* zwei eigene:

***ToolBar*-Ereignisse**

Ereignis	Methode	Delegat	Argument
ButtonClick	*OnButtonClick*	*ToolBarButton-ClickEventHandler*	*ToolBarButtonClick-EventArgs*
ButtonDropDown	*OnButtonDropDown*	*ToolBarButton-ClickEventHandler*	*ToolBarButtonClick-EventArgs*

Von diesen Ereignissen ist *ButtonClick* das wichtigste; es tritt ein, wenn der Benutzer auf eine Schaltfläche in der Symbolleiste klickt. Das *ButtonDropDown*-Ereignis gilt nur für Schaltflächen mit einem bestimmten Stil, der für den Aufruf von Menüs gedacht ist. (Die Schaltflächenstile werde ich gleich besprechen.)

Diese beiden Ereignisse sind mit der Symbolleiste und nicht mit den einzelnen Schaltflächen verknüpft. Die Klasse *ToolBarButton* definiert keine Ereignisse. Aus diesem Grund werden alle Schaltflächenklicks auf eine Symbolleiste an einen einzigen Ereignishandler weitergeleitet. Der Ereignishandler muss also ermitteln, auf welche Schaltfläche geklickt wurde. Das Argument *Tool-BarButtonClickEventArgs* für den Ereignishandler verfügt über eine Eigenschaft, die genau diese Information bereitstellt.

***ToolBarButtonClickEventArgs*-Eigenschaft**

Eigenschaft	Typ	Zugriff
Button	*ToolBarButton*	Get/Set

Ein Ansatz für die Behandlung des *ButtonClick*-Ereignisses besteht darin, alle *ToolBarButton*-Objekte als Felder zu speichern. Während des *ButtonClick*-Ereignisses können Sie dann diese *Button*-Eigenschaft mit den Feldern vergleichen, um zu ermitteln, wie auf den Klick reagiert werden soll. Ein anderer Ansatz ist das Verwenden der *Tag*-Eigenschaft des *ToolBarButton*-Objekts, um Informationen zu speichern, die Ihnen bei der Behandlung des Ereignisses helfen:

***ToolBarButton*-Eigenschaften (Auswahl)**

Eigenschaft	Typ	Zugriff
Tag	*Object*	Get/Set

In vielen Fällen stellen Symbolleistenschaltflächen dieselben Funktionen bereit wie bestimmte Menüelemente. Aus diesem Grund ist es überaus sinnvoll, der *Tag*-Eigenschaft der Schaltfläche das *MenuItem*-Objekt des entsprechenden Menüelements zuzuweisen.

Sehen wir uns ein Beispiel an, das sowohl einfach als auch funktionell ist. Das Programm TextBoxWithToolBar ist eine vereinfachte Version des Programms NotepadClone aus Kapitel 18, die nur noch das Menü *Edit* mit den Punkten *Cut*, *Copy* und *Paste* enthält. Dieses Programm hat außerdem eine Symbolleiste, die dieselbe Funktion hat wie diese drei Menüpunkte. Das *ToolBar*-Objekt verwendet ein *ImageList*-Objekt, das auf der Bitmap StandardButtons.bmp des

Programms SimpleToolBar basiert. Es werden jedoch nur die Indizes 4, 5 und 6 für die Bilder *Ausschneiden* (*Cut*), *Kopieren* (*Copy*) und *Einfügen* (*Paste*) verwendet.

TextBoxWithToolBar.vb

```
Imports System
Imports System.Drawing
Imports System.Windows.Forms
Class TextBoxWithToolBar
    Inherits Form
    Private txtbox As TextBox
    Private miEditCut, miEditCopy, miEditPaste As MenuItem
    Private tbbCut, tbbCopy, tbbPaste As ToolBarButton
    Shared Sub Main()
        Application.Run(New TextBoxWithToolBar())
    End Sub
    Sub New()
        Text = "Text Box with Toolbar"
        ' Textfeld erstellen.
        txtbox = New TextBox()
        txtbox.Parent = Me
        txtbox.Dock = DockStyle.Fill
        txtbox.Multiline = True
        txtbox.ScrollBars = ScrollBars.Both
        txtbox.AcceptsTab = True

        ' ImageList erstellen.
        Dim bm As New Bitmap(Me.GetType(), "StandardButtons.bmp")
        Dim imglst As New ImageList()
        imglst.Images.AddStrip(bm)
        imglst.TransparentColor = Color.Cyan

        ' Symbolleiste mit ButtonClick-Ereignishandler erstellen.
        Dim tbar As New ToolBar()
        tbar.Parent = Me
        tbar.ImageList = imglst
        tbar.ShowToolTips = True
        AddHandler tbar.ButtonClick, AddressOf ToolBarOnClick

        ' Das Menü Bearbeiten erstellen.
        Menu = New MainMenu()
        Dim mi As New MenuItem("&Edit")
        AddHandler mi.Popup, AddressOf MenuEditOnPopup
        Menu.MenuItems.Add(mi)

        ' Das Menüelement Bearbeiten | Ausschneiden erstellen.
        miEditCut = New MenuItem("Cu&t")
        AddHandler miEditCut.Click, AddressOf MenuEditCutOnClick
        miEditCut.Shortcut = Shortcut.CtrlX
        Menu.MenuItems(0).MenuItems.Add(miEditCut)

        ' Die entsprechende Symbolleistenschaltfläche erstellen.
        tbbCut = New ToolBarButton()
        tbbCut.ImageIndex = 4
        tbbCut.ToolTipText = "Cut"
        tbbCut.Tag = miEditCut
        tbar.Buttons.Add(tbbCut)
```

```vb
        ' Das Menüelement Bearbeiten | Kopieren erstellen.
        miEditCopy = New MenuItem("&Copy")
        AddHandler miEditCopy.Click, AddressOf MenuEditCopyOnClick
        miEditCopy.Shortcut = Shortcut.CtrlC
        Menu.MenuItems(0).MenuItems.Add(miEditCopy)

        ' Die entsprechende Symbolleistenschaltfläche erstellen.
        tbbCopy = New ToolBarButton()
        tbbCopy.ImageIndex = 5
        tbbCopy.ToolTipText = "Copy"
        tbbCopy.Tag = miEditCopy
        tbar.Buttons.Add(tbbCopy)

        ' Das Menüelement Bearbeiten | Einfügen erstellen.
        miEditPaste = New MenuItem("&Paste")
        AddHandler miEditPaste.Click, AddressOf MenuEditPasteOnClick
        miEditPaste.Shortcut = Shortcut.CtrlV
        Menu.MenuItems(0).MenuItems.Add(miEditPaste)

        ' Die entsprechende Symbolleistenschaltfläche erstellen.
        tbbPaste = New ToolBarButton()
        tbbPaste.ImageIndex = 6
        tbbPaste.ToolTipText = "Paste"
        tbbPaste.Tag = miEditPaste
        tbar.Buttons.Add(tbbPaste)

        ' Zeitgeber für die Schaltflächenaktivierung einstellen.
        Dim tmr As New Timer()
        tmr.Interval = 250
        AddHandler tmr.Tick, AddressOf TimerOnTick
        tmr.Start()
    End Sub
    Private Sub MenuEditOnPopup(ByVal obj As Object, ByVal ea As EventArgs)
        miEditCopy.Enabled = txtbox.SelectionLength > 0
        miEditCut.Enabled = miEditCopy.Enabled

        miEditPaste.Enabled = Clipboard.GetDataObject().GetDataPresent(GetType(String))
    End Sub
    Private Sub TimerOnTick(ByVal obj As Object, ByVal ea As EventArgs)
        tbbCopy.Enabled = txtbox.SelectionLength > 0
        tbbCut.Enabled = tbbCopy.Enabled

        tbbPaste.Enabled = Clipboard.GetDataObject().GetDataPresent(GetType(String))
    End Sub
    Private Sub ToolBarOnClick(ByVal obj As Object, ByVal tbbcea As ToolBarButtonClickEventArgs)
        Dim tbb As ToolBarButton = tbbcea.Button
        Dim mi As MenuItem = DirectCast(tbb.Tag, MenuItem)
        mi.PerformClick()
    End Sub
    Private Sub MenuEditCutOnClick(ByVal obj As Object, ByVal ea As EventArgs)
        txtbox.Cut()
    End Sub
    Private Sub MenuEditCopyOnClick(ByVal obj As Object, ByVal ea As EventArgs)
        txtbox.Copy()
    End Sub
    Private Sub MenuEditPasteOnClick(ByVal obj As Object, ByVal ea As EventArgs)
        txtbox.Paste()
    End Sub
End Class
```

Wenn der Konstruktor das *ToolBar*-Objekt erstellt, wird die Methode *ToolBarOnClick* als Handler für das *ButtonClick*-Ereignis eingerichtet:

```
AddHandler tbar.ButtonClick, AddressOf ToolBarOnClick
```

Die *ToolBarButton*-Objekte werden nach jedem dazugehörigen *MenuItem*-Objekt erstellt. Der *Tag*-Eigenschaft jedes *ToolBarButton*-Objekts wird das entsprechende *MenuItem*-Objekt zugewiesen. So sieht die Zuweisung für die Schaltfläche *Ausschneiden* (*Cut*) aus:

```
tbbCut.Tag = miEditCut
```

Als großer Vorteil ergibt sich, dass die *ToolBarOnClick*-Methode relativ einfach ist:

```
Sub ToolBarOnClick(Dim obj As Object, Dim tbbcea As ToolBarButtonClickEventArgs)
    Dim tbb As ToolBarButton = tbbcea.Button
    Dim mi As MenuItem = DirectCast(tbb.Tag, MenuItem)
    mi.PerformClick()
End Sub
```

Die Methode ruft das geklickte *ToolBarButton*-Objekt ab, wandelt die *Tag*-Eigenschaft in ein *MenuItem*-Objekt um und simuliert einen Klick. Dieser Ansatz ist so elegant, dass Sie die eigentliche Methode sogar auf eine einzige Anweisung reduzieren können:

```
DirectCast(tbbcea.Button.Tag, MenuItem).PerformClick()
```

Kompliziert ist lediglich das Aktivieren und Deaktivieren der Schaltflächen in Abhängigkeit davon, ob die Operationen *Ausschneiden* (*Cut*), *Kopieren* (*Copy*) und *Einfügen* (*Paste*) zulässig sind. Wie gewöhnlich werden die Menüpunkte *Cut*, *Copy* und *Paste* während des *Popup*-Ereignisses für das Menü *Edit* aktiviert und deaktiviert. Die Schaltflächen werden jedoch ständig angezeigt und müssen mit einer anderen Technik aktiviert und deaktiviert werden.

Wäre das Textfeld im Programm kein *TextBox*-, sondern ein *RichTextBox*-Objekt, könnten Sie für das *SelectionChanged*-Ereignis einen Ereignishandler installieren. (*TextBox* definiert kein *SelectionChanged*-Ereignis.) Bei jeder Auswahländerung könnte der Ereignishandler die Schaltflächen *Ausschneiden* (*Cut*) und *Kopieren* (*Copy*) dann aktivieren, wenn Text markiert ist (ähnlich wie der *Popup*-Ereignishandler für das Menü *Edit*).

Dadurch wird das Problem für die Schaltfläche *Einfügen* (*Paste*) jedoch nicht gelöst. Die Schaltfläche *Einfügen* (*Paste*) muss aktiviert werden, wenn die Zwischenablage Text enthält. Da keine Win32-Nachrichten zum Abfangen von Änderungen an der Zwischenablage verfügbar sind, ist die vielleicht einzig wahre Lösung das Erstellen eines *Timer*-Objekts und das Aktivieren der Schaltfläche *Einfügen* (*Paste*) während des *Tick*-Ereignisses, wenn die Zwischenablage Text enthält. Da das *Timer*-Objekt ohnehin erstellt werden muss, habe ich beschlossen, alle drei Schaltflächen während dieses *Tick*-Ereignisses zu aktivieren.

Neben der Eigenschaft *Enabled* enthält die Klasse *ToolBarButton* auch die Eigenschaft *Visible*:

ToolBarButton-Eigenschaften (Auswahl)

Eigenschaft	Typ	Zugriff
Visible	Boolean	Get/Set
Enabled	Boolean	Get/Set

Symbolleistenstile

Bislang haben die von uns erstellten Symbolleistenschaltflächen wie normale Schaltflächen funktioniert. Sie können eine Symbolleistenschaltfläche jedoch auch so einrichten, dass sie wie ein Kontrollkästchen funktioniert, das aktiviert und deaktiviert werden kann. Oder Sie können mit einer Symbolleistenschaltfläche ein Menü aufrufen. Diese Optionen stehen über die folgenden Eigenschaften zur Verfügung:

ToolBarButton-Eigenschaften (Auswahl)

Eigenschaft	Typ	Zugriff
Style	ToolBarButtonStyle	Get/Set
Pushed	Boolean	Get/Set
PartialPush	Boolean	Get/Set
DropDownMenu	Menu	Get/Set

Entgegen ihrer Definition muss die Eigenschaft *DropDownMenu* tatsächlich vom Typ *ContextMenu* sein. Stellen Sie die *Style*-Eigenschaft auf einen der folgenden Enumerationswerte:

ToolBarButtonStyle-Enumeration

Member	Wert
PushButton	1
ToggleButton	2
Separator	3
DropDownButton	4

Die Standardeinstellung ist *ToolBarButtonStyle.PushButton*.

Die Eigenschaften *Pushed* und *PartialPush* gelten nur für Schaltflächen, deren *Style*-Eigenschaft auf *ToolBarButtonStyle.ToggleButton* eingestellt ist. Diese Schaltflächen können ein- oder ausgeschaltet sein. Wird auf die Schaltfläche geklickt, wird ein *ButtonClick*-Ereignis erzeugt, und der Wert der Eigenschaft *Pushed* wird umgeschaltet. Ihr Programm kann auch den Status der Schaltfläche initialisieren, indem die Eigenschaft *Pushed* eingestellt wird. Setzen Sie die Eigenschaft *PartialPush* auf *True*, um die Schaltfläche mit einem besonderen Aussehen zu versehen, das einen Zwischenzustand angibt (wie bei der Eigenschaft *ThreeState* des in Kapitel 12 beschriebenen *CheckBox*-Steuerelements).

Wenn Sie den Stil *ToolBarButtonStyle.Separator* verwenden, ignoriert die Schaltfläche jedes Bild bzw. jeden Text, das/der mit ihr verknüpft ist, und zeigt stattdessen ein Trennzeichen an. Bei Symbolleisten, deren *Appearance*-Eigenschaft auf *ToolBarAppearance.Flat* eingestellt ist, besteht das Trennzeichen aus einer vertikalen Linie, die so aussieht wie die horizontale Trennlinie zwischen Symbolleiste und Menü. Ist die *Appearance*-Eigenschaft auf *ToolBarAppearance.Normal* eingestellt, ist das Trennzeichen eine kleine Lücke zwischen den Schaltflächen.

Die Option *ToolBarButtonStyle.DropDownButton* ruft ein Menü auf, wenn auf die Schaltfläche geklickt wird. Sie geben das Menü in der Eigenschaft *DropDownMenu* der Schaltfläche an. Wenn Sie das Menü vor der Anzeige initialisieren möchten, können Sie dazu das *ButtonDropDown*-Ereignis verwenden.

Sehen wir uns zuerst die Umschaltfelder (*ToggleButtons*) an. Es folgt ein Programm, das auf der Basis der Bitmap FontStyleButtons.bmp eine Symbolleiste mit vier Schaltflächen anzeigt.

Mithilfe der Schaltflächen können Sie für eine angezeigte Textzeichenfolge die Formate *Fett* (*Bold*), *Kursiv* (*Italic*), *Unterstrichen* (*Underline*) und *Durchgestrichen* (*Strikeout*) angeben.

ToggleButtons.vb

```vb
Imports System
Imports System.Drawing
Imports System.Windows.Forms
Class ToggleButtons
    Inherits Form
    Protected pnl As Panel
    Protected tbar As ToolBar
    Protected strText As String = "Toggle"
    Protected clrText As Color = SystemColors.WindowText
    Private fntstyle As FontStyle = FontStyle.Regular
    Shared Sub Main()
        Application.Run(New ToggleButtons())
    End Sub
    Sub New()
        Text = "Toggle Buttons"
        ' Fläche für das Füllen des Innenbereichs erstellen.
        pnl = New Panel()
        pnl.Parent = Me
        pnl.Dock = DockStyle.Fill
        pnl.BackColor = SystemColors.Window
        pnl.ForeColor = SystemColors.WindowText
        AddHandler pnl.Resize, AddressOf PanelOnResize
        AddHandler pnl.Paint, AddressOf PanelOnPaint

        ' ImageList erstellen.
        Dim bm As New Bitmap(Me.GetType(), "FontStyleButtons.bmp")
        Dim imglst As New ImageList()
        imglst.ImageSize = New Size(bm.Width \ 4, bm.Height)
        imglst.Images.AddStrip(bm)
        imglst.TransparentColor = Color.White

        ' Symbolleiste erstellen.
        tbar = New ToolBar()
        tbar.ImageList = imglst
        tbar.Parent = Me
        tbar.ShowToolTips = True
        AddHandler tbar.ButtonClick, AddressOf ToolBarOnClick

        ' Symbolleistenschaltflächen erstellen.
        Dim afs() As FontStyle = {FontStyle.Bold, FontStyle.Italic, _
                         FontStyle.Underline, FontStyle.Strikeout}
        Dim i As Integer
        For i = 0 To 3
            Dim tbarbtn As New ToolBarButton()
            tbarbtn.ImageIndex = i
            tbarbtn.Style = ToolBarButtonStyle.ToggleButton
            tbarbtn.ToolTipText = afs(i).ToString()
            tbarbtn.Tag = afs(i)
            tbar.Buttons.Add(tbarbtn)
        Next i
    End Sub
```

```
    Private Sub ToolBarOnClick(ByVal obj As Object, ByVal tbbcea As ToolBarButtonClickEventArgs)
        Dim tbb As ToolBarButton = tbbcea.Button
        ' Ist Tag nicht vom Typ FontStyle, nichts tun.
        If tbb.Tag Is Nothing Then Return
        If Not tbb.Tag.GetType() Is GetType(FontStyle) Then Return
        ' Bits im fntstyle-Feld setzen oder löschen.
        If tbb.Pushed Then
            fntstyle = fntstyle Or CType(tbb.Tag, FontStyle)
        Else
            fntstyle = fntstyle And Not CType(tbb.Tag, FontStyle)
        End If
        pnl.Invalidate()
    End Sub
    Private Sub PanelOnResize(ByVal obj As Object, ByVal ea As EventArgs)
        Dim pnl As Panel = DirectCast(obj, Panel)
        pnl.Invalidate()
    End Sub
    Private Sub PanelOnPaint(ByVal obj As Object, ByVal pea As PaintEventArgs)
        Dim pnl As Panel = DirectCast(obj, Panel)
        Dim grfx As Graphics = pea.Graphics
        Dim fnt As New Font("Times New Roman", 72, fntstyle)
        Dim szf As SizeF = grfx.MeasureString(strText, fnt)
        grfx.DrawString(strText, fnt, New SolidBrush(clrText), _
                    (pnl.Width - szf.Width) / 2, (pnl.Height - szf.Height) / 2)
    End Sub
End Class
```

FontStyleButtons.bmp

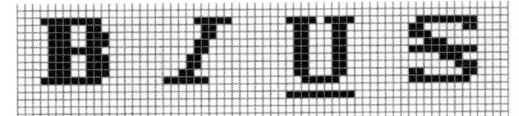

Dieses Programm erstellt ein *Panel*-Steuerelement, das den Clientbereich ausfüllt (zumindest bevor die Symbolleiste erstellt wird) und die Ausgabe anzeigt, die normalerweise im Clientbereich erfolgt. Der Ereignishandler *PanelOnPaint* zeigt zentrierten Text an. Da der Text zentriert angezeigt wird, muss die Fläche bei jeder Größenänderung neu gezeichnet werden. Die praktische Eigenschaft *ResizeRedraw* ist jedoch geschützt. Eine Möglichkeit ist das Erstellen einer Unterklasse von *Panel;* eine weitere (die für dieses Programm gewählt wurde) das Installieren eines Ereignishandlers für das *Resize*-Ereignis der Fläche, in dem die Fläche für ungültig erklärt wird.

Beachten Sie, dass das in der *PanelOnPaint*-Methode erstellte *Font*-Objekt ein *FontStyle*-Argument verwendet, das als Feld mit dem Namen *fntstyle* gespeichert wird. Dieses Feld wird von den Schaltflächen geändert.

Wie beim Programm TextBoxWithToolBar installiert das Programm ToggleButtons seine Methode *ToolBarOnClick* als Ereignishandler für das *ButtonClick*-Ereignis der Symbolleiste. Die Eigenschaft *Style* jeder Schaltfläche wird im Konstruktor auf *ToolBarButtonStyle.ToggleButton* eingestellt. Die Methode *ToolBarOnClick* weist der *Tag*-Eigenschaft jeder Schaltfläche den *FontStyle*-Enumerationswert zu, der mit der Schaltfläche verknüpft ist.

Auch hier macht die Wahl einer passenden *Tag*-Eigenschaft die *ToolBarOnClick*-Methode relativ überschaubar. Nach Abrufen des *ToolBarButton*-Objekts aus dem Ereignisargument und einer Prüfung, ob es sich bei dem *Tag* um ein *FontStyle*-Objekt handelt, wird von *ToolBarOnClick* im Feld *fntstyle* ein Bit gesetzt bzw. gelöscht.

```
If tbb.Pushed
    fntstyle = fntstyle Or CType(tbb.Tag, FontStyle)
Else
    fntstyle = fntstyle And Not CType(tbb.Tag, FontStyle)
End If
```

Die Methode erklärt die Fläche abschließend für ungültig und erzeugt damit einen Aufruf von *PanelOnPaint*.

Obwohl ich die Stile *PushButton* und *ToggleButton* getrennt demonstriert habe, sollten Sie bedenken, dass eine Symbolleiste verschiedene Schaltflächen mit unterschiedlichen Stilen enthalten kann. Der dritte Stil ist *ToolBarButtonStyle.DropDownButton*, der ein über die Eigenschaft *DropDownMenu* angegebenes Menü aufruft.

DropDownMenu ist zwar als Objekt vom Typ *Menu* definiert, es handelt sich jedoch tatsächlich um ein Objekt vom Typ *ContextMenu* (das von *Menu* abgeleitet ist). Definieren Sie ein für die Eigenschaft *DropDownMenu* geeignetes Objekt auf folgende Weise:

```
Dim menu As New ContextMenu()
menu.MenuItems.Add("First Item")
menu.MenuItems.Add("Second Item")
menu.MenuItems.Add("Third Item")
```

Sie würden natürlich auch Ereignishandler für die Elemente definieren. Weisen Sie anschließend folgende *ToolBarButton*-Eigenschaften zu:

```
tbb.Style = ToolBarButtonStyle.DropDownMenu
tbb.DropDownMenu = menu
```

Die folgende Eigenschaft von *ToolBar* gibt an, ob die Dropdownschaltflächen in der Symbolleiste mit kleinen Pfeilen angezeigt werden, um zu verdeutlichen, dass ein Menü aufgerufen wird:

ToolBar-Eigenschaften (Auswahl)

Eigenschaft	Typ	Zugriff
DropDownArrows	Boolean	Get/Set

Die Standardeinstellung ist *True*.

Bei den *DropDownMenu*-Schaltflächen gibt es einen kleinen Haken, den ich bisher noch nicht erwähnt habe. Es geht mehr um eine Konvention als um eine tatsächliche Voraussetzung, doch wenn Sie sich ein wenig mit der Verwendung von Symbolleistenschaltflächen in Anwendungen auskennen, wissen Sie, dass diese keine normalen textbasierten Menüs aufrufen. Die Menüs enthalten stattdessen in der Regel kleine Bilder. Zur Implementierung einer *DropDownMenu*-Schaltfläche gehört deshalb fast immer ein OwnerDraw-Menü.

Es folgt das Programm DropDownMenuButton, das von ToggleButtons abgeleitet ist und eine fünfte Schaltfläche zum Einstellen der Textfarbe hinzufügt. Die Schaltfläche ruft ein OwnerDraw-Menü mit 16 gängigen Farben auf und erstellt außerdem das Schaltflächenbild selbst neu, um die ausgewählte Farbe anzugeben.

DropDownMenuButton.vb
```vb
Imports System
Imports System.Drawing
Imports System.Windows.Forms
Class DropDownMenuButton
    Inherits ToggleButtons
    Shared Shadows Sub Main()
        Application.Run(New DropDownMenuButton())
    End Sub
    Sub New()
        Text = "Drop-Down Menu Button"
        strText = "Drop-Down"
        ' Bitmap für neue Schaltfläche erstellen und zur ImageList hinzufügen.
        tbar.ImageList.Images.Add(CreateBitmapButton(clrText))

        ' Menü für Schaltfläche erstellen.
        Dim menu As New ContextMenu()
        Dim ehOnClick As EventHandler = AddressOf MenuColorOnClick
        Dim ehOnMeasureItem As MeasureItemEventHandler = AddressOf MenuColorOnMeasureItem
        Dim ehOnDrawItem As DrawItemEventHandler = AddressOf MenuColorOnDrawItem
        Dim aclr() As Color = _
        { _
        Color.FromArgb(&H0, &H0, &H0), Color.FromArgb(&H0, &H0, &H80), _
        Color.FromArgb(&H0, &H80, &H0), Color.FromArgb(&H0, &H80, &H80), _
        Color.FromArgb(&H80, &H0, &H0), Color.FromArgb(&H80, &H0, &H80), _
        Color.FromArgb(&H80, &H80, &H0), Color.FromArgb(&H80, &H80, &H80), _
        Color.FromArgb(&HC0, &HC0, &HC0), Color.FromArgb(&H0, &H0, &HFF), _
        Color.FromArgb(&H0, &HFF, &H0), Color.FromArgb(&H0, &HFF, &HFF), _
        Color.FromArgb(&HFF, &H0, &H0), Color.FromArgb(&HFF, &H0, &HFF), _
        Color.FromArgb(&HFF, &HFF, &H0), Color.FromArgb(&HFF, &HFF, &HFF) _
        }
        Dim i As Integer
        For i = 0 To aclr.GetUpperBound(0)
            Dim mic As New MenuItemColor()
            mic.OwnerDraw = True
            mic.Color = aclr(i)
            AddHandler mic.Click, ehOnClick
            AddHandler mic.MeasureItem, ehOnMeasureItem
            AddHandler mic.DrawItem, ehOnDrawItem
            mic.Break = (i Mod 4 = 0)
            menu.MenuItems.Add(mic)
        Next i
```

```vbnet
            ' Die Schaltfläche selbst erstellen.
            Dim tbb As New ToolBarButton()
            tbb.ImageIndex = 4
            tbb.Style = ToolBarButtonStyle.DropDownButton
            tbb.DropDownMenu = menu
            tbb.ToolTipText = "Color"
            tbar.Buttons.Add(tbb)
        End Sub
        Private Sub MenuColorOnClick(ByVal obj As Object, ByVal ea As EventArgs)
            ' Neue Textfarbe einstellen.
            Dim mic As MenuItemColor = DirectCast(obj, MenuItemColor)
            clrText = mic.Color
            pnl.Invalidate()
            ' Neue Schaltflächenbitmap erstellen.
            tbar.ImageList.Images(4) = CreateBitmapButton(clrText)
            tbar.Invalidate()
        End Sub
        Private Sub MenuColorOnMeasureItem(ByVal obj As Object, ByVal miea As MeasureItemEventArgs)
            miea.ItemHeight = 18
            miea.ItemWidth = 18
        End Sub
        Private Sub MenuColorOnDrawItem(ByVal obj As Object, ByVal diea As DrawItemEventArgs)
            Dim mic As MenuItemColor = DirectCast(obj, MenuItemColor)
             Dim br As New SolidBrush(mic.Color)
            Dim rect As Rectangle = diea.Bounds

            rect.X += 1
            rect.Y += 1
            rect.Width -= 2
            rect.Height -= 2
            diea.Graphics.FillRectangle(br, rect)
        End Sub
        Private Function CreateBitmapButton(ByVal clr As Color) As Bitmap
            Dim bm As New Bitmap(16, 16)
            Dim grfx As Graphics = Graphics.FromImage(bm)
            Dim fnt As New Font("Arial", 10, FontStyle.Bold)
            Dim szf As SizeF = grfx.MeasureString("A", fnt)
            Dim fScale As Single = Math.Min(bm.Width / szf.Width, bm.Height / szf.Height)

            fnt = New Font(fnt.Name, fScale * fnt.SizeInPoints, fnt.Style)

            Dim strfmt As New StringFormat()
            strfmt.Alignment = StringAlignment.Center
            strfmt.LineAlignment = StringAlignment.Center

            grfx.Clear(Color.White)
            grfx.DrawString("A", fnt, New SolidBrush(clr), bm.Width \ 2, bm.Height \ 2, strfmt)
            grfx.Dispose()
            Return bm
        End Function
End Class
Class MenuItemColor
    Inherits MenuItem

    Private clr As Color
    Property Color() As Color
        Set(ByVal Value As Color)
            clr = Value
        End Set
```

```
            Get
                Return clr
            End Get
        End Property
End Class
```

Diese Datei enthält zudem eine Überschreibung der Klasse *MenuItem*, die eine Eigenschaft mit dem Namen *Color* speichert.

Die Methode *CreateBitmapButton* gegen Ende des Programms erstellt eine Bitmap mit 16 × 16 Pixeln, die ein »A« in der Schrift Arial enthält, und mit der Farbe, die der Methode als Argument übergeben wurde. Der Programmkonstruktor erstellt zunächst eine Ausgangsbitmap, die dann zu dem über ToggleButton erstellten *ImageList*-Objekt hinzugefügt wird.

Der Konstruktor erstellt anschließend am Ende des Programms auf der Grundlage der Klasse *MenuItemColor* ein Kontextmenü. Für die *Click-*, *MeasureItem-* und *DrawItem*-Ereignisse werden Ereignishandler installiert. Die Schaltfläche selbst hat die *Style*-Eigenschaft *ToolBarButtonStyle.DropDownButton*. Die Eigenschaft *DropDownMenu* wird auf das soeben erstellte Menü eingestellt.

Der *MeasureItem*-Ereignishandler stellt die Größe des Menüpunkts auf 18 × 18 Pixel ein. Der *DrawItem*-Handler zeichnet ein Rechteck 1 Pixel innerhalb der Grenzen des Menüpunkts. Und so sieht das angezeigte Menü aus:

Die Bilder im Menü sind nicht quadratisch, da der *MeasureItem*-Ereignishandler den zusätzlichen Raum nicht berücksichtigt, um den das Bild zur Aufnahme eines möglichen Kontrollkästchens verbreitert wird.

Der *MenuColorOnClick*-Ereignishandler stellt das Feld *clrText* ein, das die Methode *PanelOnPaint* für die Einfärbung des Texts verwendet, und erklärt *Panel* anschließend für ungültig. Zuletzt wird eine neue Bitmap für die Schaltfläche erstellt.

Die Standardsymbolleiste ermöglicht den Einsatz von Schaltflächen, Umschaltfeldern und Dropdownmenüs. Wenn Sie jedoch ein etwas leistungsfähigeres Steuerelement einfügen möchten (z.B. ein Kombinationsfeld), müssen Sie einen anderen Ansatz wählen. In diesem Fall erstellen Sie ein *Panel*-Steuerelement, das Ihrem *Form*-Objekt untergeordnet und den benötigten *ToolBar*- und *ComboBox*-Steuerelementen (oder beliebigen anderen Steuerelementen) übergeordnet ist.

21 Drucken

824	Drucker und Druckereinstellungen
830	Seiteneinstellungen
833	Definition eines Dokuments
835	Behandlung von *PrintDocument*-Ereignissen
840	Die Abmessungen einer Seite
843	Der Druckcontroller
846	Das Standarddruckdialogfeld
850	Seiteneinrichtung
853	Druckvorschau

Das Drucken ist in Windows Forms-Anwendungen eine relativ unkomplizierte Angelegenheit, wobei die Betonung auf *relativ* liegt. Wirklich einfach erscheint es wahrscheinlich nur denjenigen, die schon Erfahrungen mit der Drucker-API von Win32 gemacht haben. Das Drucken wird niemals so einfach sein wie die Darstellung von Text und Grafiken auf dem Bildschirm. Die Hauptursachen dafür sind die riesige Auswahl an unterschiedlichen Druckern, die relativ geringe Druckgeschwindigkeit, die unterschiedlichen Druckeroptionen (wie beispielsweise Papiereinzüge, Ablagefächer und Papierformate) sowie häufig auftretende Probleme wie z.B. Papierstaus.

Eine der Schwierigkeiten, die den Einstieg in das Drucken in Windows Forms so schwierig machen, besteht in der Existenz verschiedener zueinander in Beziehung stehender Klassen, die alle voneinander abzuhängen scheinen. So verfügt beispielsweise die Klasse *PrinterSettings* über eine Eigenschaft vom Typ *PageSettings*, und die Klasse *PageSettings* verfügt ihrerseits über eine Eigenschaft vom Typ *PrinterSettings*. Und das ist erst der Anfang. Nach einer Weile entsteht beim Namespace *System.Drawing.Printing* der Eindruck, es handle sich um ein Spiegelkabinett. Beim Erlernen der zum Drucken erforderlichen Schritte ist es sehr wichtig, sich zunächst einmal einen Überblick über die unterschiedlichen Klassen zu verschaffen.

Sie erhalten zwar bereits auf den ersten Seiten dieses Kapitels das Rüstzeug zur selbstständigen Realisierung von Druckvorgängen, aber vielleicht möchten Sie die Annehmlichkeiten der Standarddialogfelder (auf die ich gegen Ende des Kapitels näher eingehe) nutzen, die Ihnen das Drucken erleichtern und Ihren Anwendungen ein mit anderen Anwendungen übereinstimmendes Aussehen gibt. Mit den Klassen des Namespaces *System.Windows.Forms* können Standarddialogfelder für Druck- und Seiteneinrichtung sowie ein Druckvorschaufenster angezeigt werden.

Wenden wir uns als Erstes jedoch den Druckern selbst zu.

Drucker und Druckereinstellungen

Unter Windows kann der Benutzer mehrere Drucker installieren. (Genau genommen kann der Benutzer *Gerätetreiber* für verschiedene Drucker installieren. Die Drucker selbst müssen dafür nicht an den Computer angeschlossen werden.) Die Liste der installierten Drucker können Sie über das Dialogfeld *Drucker und Faxgeräte* anzeigen, das Sie über den Menüpunkt *Einstellungen* im *Start*-Menü öffnen. Es kann immer nur einer dieser Drucker der *Standarddrucker* sein. Welcher Drucker diese Aufgabe übernehmen soll, legt der Anwender im Dialogfeld *Drucker und Faxgeräte* fest bzw. ändert es dort.

Aus der Sicht eines Windows Forms-Programms handelt es sich bei einem bestimmten Drucker um ein Objekt vom Typ *PrinterSettings*, das wie die meisten der in diesem Kapitel beschriebenen Klassen (mit Ausnahme der allgemeinen Dialogfelder) im Namespace *System.Drawing.Printing* definiert ist. Die Klasse *PrinterSettings* verfügt lediglich über einen Standardkonstruktor, der ein Objekt für den Standarddrucker erstellt:

PrinterSettings-Konstruktor

```
PrinterSettings()
```

Diese Anweisung:

```
Dim prnset As New PrinterSettings()
```

erstellt beispielsweise eine neue Instanz von *PrinterSettings* für den Standarddrucker.

Die drei folgenden Eigenschaften liefern einige grundlegende Informationen zum Drucker:

PrinterSettings-Eigenschaften (Auswahl)

Eigenschaft	Typ	Zugriff
PrinterName	String	Get/Set
IsValid	Boolean	Get
IsDefaultPrinter	Boolean	Get

Die Zeichenfolge *PrinterName* gibt für gewöhnlich Hersteller und Modell des Druckers an. Diese Zeichenfolge sehen Sie auch im Dialogfeld *Drucker und Faxgeräte*. Hier einige Beispiele:

```
HP LaserJet 1100 (MS)
NEC Silentwriter LC890 v47.0
Hewlett-Packard HP-GL/2 Plotter
Fax
```

Während der Installation eines Druckers kann der Benutzer den Namen des Druckers ändern, sodass der Druckername, der Ihnen in einem *PrinterSettings*-Objekt begegnet, möglicherweise gar nicht dem wirklichen Namen entspricht.

Die Eigenschaften *IsValid* und *IsDefaultPrinter* sind beim Erstellen eines neuen *PrinterSettings*-Objekts in der Regel auf *True* gesetzt. Sind keine Drucker installiert, gibt *PrinterName* die Zeichenfolge »(Kein Standarddrucker)« zurück und *IsValid* hat den Wert *False*.

Beachten Sie, dass die Eigenschaft *PrinterName* nicht schreibgeschützt ist, Sie können ihr also eine Zeichenfolge zuweisen, die einen anderen installierten Drucker angibt. Wenn Sie die Eigenschaft *PrinterName* ändern, werden auch alle anderen Eigenschaften von *PrinterSettings* entsprechend geändert. Selbstverständlich muss die Zeichenfolge, auf die Sie *PrinterName* einstellen, mit dem Namen eines installierten Druckers übereinstimmen. Tut sie das nicht, wird zwar keine Ausnahme ausgelöst, aber die *IsValid*-Eigenschaft auf *False* gesetzt.

Am klügsten gehen Sie bei der Einstellung der *PrinterName*-Eigenschaft auf den Namen eines anderen installierten Druckers so vor, dass Sie erst über die einzige shared Eigenschaft von *PrinterSettings* eine Liste aller installierten Drucker abrufen.

PrinterSettings-Eigenschaft (*Shared*)

Eigenschaft	Typ	Zugriff
InstalledPrinters	PrinterSettings.StringCollection	Get

Die Klasse *StringCollection* ist in *PrinterSettings* definiert. Im Grunde genommen handelt es sich dabei um ein Array aus schreibgeschützten Zeichenfolgen. Nehmen wir einmal an, Sie verwenden die Eigenschaft *InstalledPrinter* folgendermaßen:

```
Dim sc As PrinterSettings.StringCollection = PrinterSettings.InstalledPrinters()
```

Anschließend können Sie mit dem Objekt *sc* die folgenden beiden Eigenschaften verwenden:

PrinterSettings.StringCollection-Eigenschaften

Eigenschaft	Typ	Zugriff
Count	Integer	Get
()	String	Get

Der Wert von *sc.Count* entspricht der Anzahl der installierten Drucker (0, wenn keine Drucker installiert sind), wobei *sc(0)* der Name des ersten Druckers ist, *sc(1)* der Name des zweiten usw.

Es ist nicht nötig, den Wert von *InstalledPrinters* in einer Variablen zu speichern, Sie greifen besser auf die Eigenschaft selbst zu. Beispiel:

```
PrinterSettings.InstalledPrinters.Count
```

ist die Anzahl der installierten Drucker, und

```
PrinterSettings.InstalledPrinters(1)
```

der Name des zweiten Druckers. Hier nun eine Routine, mit der alle installierten Drucker in einem Kombinationsfeld mit dem Namen *combo* gespeichert werden:

```
Dim str As String
For Each str In PrinterSettings.InstalledPrinters
    combo.Items.Add(str)
Next
```

Sie können den durch das *PrinterSettings*-Objekt angegebenen Drucker ändern, indem Sie der Eigenschaft *PrinterName* eine der Zeichenfolgen in der Auflistung zuweisen. Wenn Sie die *StringCollection*-Variable *sc* definiert haben, gehen Sie folgendermaßen vor:

```
prnset.PrinterName = sc(2)
```

Sie können der Eigenschaft *PrinterName* auch direkt durch Angabe des Indexes der Eigenschaft *InstalledPrinters* etwas zuweisen:

```
prnset.PrinterName = PrinterSettings.InstalledPrinters(2)
```

Falls es keine größeren Probleme gibt, sollte die *IsValid*-Eigenschaft von *prnset* dann den Wert *True* und *IsDefaultPrinter* den Wert *False* aufweisen, selbst wenn Sie *PrinterName* den Namen des Standarddruckers zugewiesen haben.

Lassen Sie mich wiederholen: Wenn Sie der Eigenschaft *PrinterName* den Namen eines installierten Druckers zuweisen, werden sämtliche Eigenschaften des *PrinterSettings*-Objekts so geändert, dass sie die Einstellungen dieses Druckers widerspiegeln.

Im Folgenden stelle ich einige Eigenschaften vor, die angeben, über welche Grundfunktionalität der Drucker verfügt:

PrinterSettings-Eigenschaften (Auswahl)

Eigenschaft	Typ	Zugriff
IsPlotter	*Boolean*	Get
SupportsColor	*Boolean*	Get
LandscapeAngle	*Integer*	Get

Ist die Eigenschaft *IsPlotter True*, sollten Sie nicht unbedingt darauf bauen, dass der Drucker Bitmaps ausgeben kann. Unterstützt der Drucker keine Farben, sollten Sie in einigen Grafiken Alternativen zur Darstellung von Farben verwenden. (Wenn Sie beispielsweise in Strichgrafiken oder Karten mit Farben arbeiten, sollten Sie beim Drucken Schraffuren verwenden, wie in Kapitel 17 erläutert.) Die Eigenschaft *LandscapeAngle* (Querformatwinkel) ist für gewöhnlich entweder auf 90 Grad oder 270 Grad eingestellt. Unterstützt der Drucker das Querformat nicht, lautet der Wert 0.

PrinterSettings liefert darüber hinaus keine weiteren Informationen zum Druckermodell (ob es sich dabei etwa um einen Laser-, Tintenstrahl- oder sonstigen Drucker handelt).

PrinterSettings verfügt aber über drei Eigenschaften, die Auflistungen von Elementen zurückgeben. Diese Eigenschaften geben Aufschluss über die verfügbaren Papierquellen (also Papierfächer und Einzüge), die vom Drucker unterstützten Papierformate (darunter auch Briefumschläge) und die unterstützten Auflösungen.

PrinterSettings-Eigenschaften (Auswahl)

Eigenschaft	Typ	Zugriff	Elemente
PaperSources	*PrinterSettings.PaperSourceCollection*	Get	*PaperSource*
PaperSizes	*PrinterSettings.PaperSizeCollection*	Get	*PaperSize*
PrinterResolutions	*PrinterSettings.PrinterResolutionCollection*	Get	*PrinterResolution*

Diese Eigenschaften verhalten sich alle recht ähnlich. Alle drei Klassen in der zweiten Tabellenspalte (mit der Überschrift *Typ*) sind in der Klasse *PrinterSettings* definiert und verfügen lediglich über zwei schreibgeschützte Eigenschaften: *Count*, bei der es sich um die Anzahl der Elemente in der jeweiligen Auflistung handelt, und einen Indexer, der ein Objekt des in der letzten Tabellenspalte (*Elemente*) angegebenen Typs zurückgibt.

Bei der Eigenschaft *PaperSources* handelt es sich beispielsweise im Prinzip um eine Auflistung aus *PaperSource*-Objekten. Der Wert

```
prnset.PaperSources.Count
```

gibt die Zahl dieser *PaperSource*-Objekte an. Sie können auf jedes dieser Objekte durch Indizierung der Eigenschaft zugreifen, sodass

```
prnset.PaperSources(2)
```

ein Objekt vom Typ *PaperSource* ist, und zwar das dritte in der Auflistung. Ist die Anzahl der Elemente in der Auflistung kleiner als 3, wird beim Versuch der Verwendung des dritten Arrayelements eine Ausnahme ausgelöst.

Werfen wir nun einen Blick auf die Klassen *PaperSource*, *PaperSize* und *PrinterResolution*. Die Klasse *PaperSource* verfügt über zwei schreibgeschützte Eigenschaften:

PaperSource-Eigenschaften

Eigenschaft	Typ	Zugriff
SourceName	String	Get
Kind	PaperSourceKind	Get

Die Eigenschaft *SourceName* ist beschreibender Text, der für den Benutzer Aussagekraft haben sollte (beispielsweise »Manuelle Papierzufuhr«). *PaperSourceKind* ist eine Enumeration:

PaperSourceKind-Enumeration

Member	Wert	Member	Wert
Upper	1	TractorFeed	8
Lower	2	SmallFormat	9
Middle	3	LargeFormat	10
Manual	4	LargeCapacity	11
Envelope	5	Cassette	14
ManualFeed	6	FormSource	15
AutomaticFeed	7	Custom	257

Vergessen Sie bitte nicht, dass die Eigenschaft *PaperSource* von *PrinterSettings* eine Auflistung *sämtlicher* möglicher Papierquellen des Druckers darstellt. Die Eigenschaft gibt *nicht* die aktuelle Standardpapierquelle an. (Das kommt später noch.)

Die Eigenschaft *PaperSize* von *PrinterSettings* liefert eine Auflistung aller vom Drucker unterstützten Papierformate. Jedes Element ist dabei ein Objekt vom Typ *PaperSize* und verfügt damit über die folgenden vier Eigenschaften:

PaperSize-Eigenschaften

Eigenschaft	Typ	Zugriff
PaperName	String	Get/Set
Width	Integer	Get/Set
Height	Integer	Get/Set
Kind	PaperKind	Get

Die Textzeichenfolge *PaperName* sollte für den Benutzer aufschlussreich sein, wie etwa »Umschlag C6«. Die Eigenschaften *Width* und *Height* legen das Format des Papiers (bzw. des Briefumschlags) in 1/100 Zoll fest. *PaperKind* ist eine Enumeration mit mehr Membern (nach letzter Zählung 117), als hier behandelt werden können. Es folgen nun einige Beispielwerte, die in den Vereinigten Staaten und Europa weit verbreitet sind:

PaperKind-Enumeration (Auswahl)

Member	Wert	Beschreibung
Letter	1	8,5 Zoll × 11 Zoll
Legal	5	8,5 Zoll × 14 Zoll
Executive	7	7,25 Zoll × 10,5 Zoll
A4	9	210 mm × 297 mm
A5	11	148 mm × 210 mm

Drucken

Die Eigenschaft *PrinterResolutions* von *PrinterSettings* ist eine Auflistung aus *PrinterResolution*-Objekten. Die Klasse *PrinterResolution* verfügt über drei Eigenschaften:

PrinterResolution-Eigenschaften

Eigenschaft	Typ	Zugriff
X	Integer	Get
Y	Integer	Get
Kind	PrinterResolutionKind	Get

PrinterResolutionKind ist eine weitere Enumeration:

PrinterResolutionKind-Enumeration

Member	Wert
Custom	0
Draft	−1
Low	−2
Medium	−3
High	−4

Jeder Drucker verfügt in der Auflistung *PrinterResolutions* über mindestens fünf Elemente. Vier dieser Elemente haben *PrinterResolutionKind*-Werte von *Draft*, *Low*, *Medium* und *High*, wobei die *X*- und *Y*-Eigenschaften auf −1 eingestellt sind. Diese vier Enumerationswerte müssen nicht unbedingt mit eindeutigen Druckerauflösungen verknüpft sein. Unterstützt der Drucker lediglich eine einzige Auflösung, führen alle diese Optionen auch nur zu derselben Auflösung.

Über das verbleibende Element bzw. die verbleibenden Elemente der Auflistung *PrinterResolutions* lassen sich die tatsächlich vom Drucker unterstützten Geräteauflösungen feststellen. Für alle diese Elemente stehen die *PrinterResolutionKind*-Werte auf *Custom*. Die Eigenschaften *X* und *Y* geben die tatsächliche Auflösung in dpi an.

Angenommen, ein Drucker unterstützt die Auflösungen 600 × 600 und 1200 × 1200. Die Auflistung *PrinterResolutions* verfügt in diesem Fall über sechs Elemente. Für zwei dieser Elemente lauten die *PrinterResolutionKind*-Werte *Custom*, eines von ihnen hat *X*- und *Y*-Werte von 600; für das andere Element lauten die *X*- und *Y*-Werte 1200. Die anderen vier Elemente lauten *Draft*, *Low*, *Medium* und *High* mit *X*- und *Y*-Werten von −1.

Die folgenden Eigenschaften von *PrinterSettings* kommen beim Drucken eines mehrseitigen Dokuments zum Tragen:

PrinterSettings-Eigenschaften (Auswahl)

Eigenschaft	Typ	Zugriff
CanDuplex	Boolean	Get
Duplex	Duplex	Get/Set
MaximumCopies	Integer	Get
Copies	Short	Get/Set
Collate	Boolean	Get/Set

Die Eigenschaft *CanDuplex* ist *True*, wenn der Drucker Dokumente beidseitig bedrucken kann. Ist die Eigenschaft auf *True* gesetzt, können Sie für die Eigenschaft *Duplex* einen der folgenden Werte einstellen:

Duplex-Enumeration

Member	Wert
Simplex	1
Vertical	2
Horizontal	3
Default	–1

Das Member *Simplex* gibt an, dass der Drucker lediglich den einseitigen Druck unterstützt. Die Optionen *Vertical* und *Horizontal* beziehen sich auf die beiden unterschiedlichen Methoden, mit denen doppelseitige Blätter bedruckt werden können. *Vertical* sagt aus, dass die Seiten vertikal gebunden werden sollen, wie bei einem ganz normalen Buch. Die Option *Horizontal* wird für Seiten verwendet, die horizontal gebunden werden sollen, was in der Regel oben an der Seite erfolgt.

Die Eigenschaft *Copies* steht standardmäßig auf 1. Sie können diesen Wert auf einen beliebigen Wert bis hin zu *MaximumCopies* einstellen, um mehrere Kopien auszudrucken. *Collate* gibt die Sortierreihenfolge der Kopien an. Wenn Sie zwei Kopien von drei Seiten drucken, während *Collate* auf *False* gesetzt ist, werden die Seiten in der Reihenfolge 1, 1, 2, 2, 3, 3 gedruckt. Ist *Collate* hingegen auf *True* gesetzt, lautet die Reihenfolge 1, 2, 3, 1, 2, 3. Die Voreinstellung von *Collate* richtet sich nach dem Drucker.

Wenn Sie die folgenden Eigenschaften im Programm einstellen, passiert nichts. Diese Eigenschaften sind nur in Verbindung mit der Klasse *PrintDialog* zu verwenden, auf die ich später in diesem Kapitel eingehe:

PrinterSettings-Eigenschaften (Auswahl)

Eigenschaft	Typ	Zugriff
PrintRange	PrintRange	Get/Set
MinimumPage	Integer	Get/Set
MaximumPage	Integer	Get/Set
FromPage	Integer	Get/Set
ToPage	Integer	Get/Set
PrintToFile	Boolean	Get/Set

Die letzte Eigenschaft der Klasse *PrinterSettings* ist ein Objekt vom Typ *PageSettings*, einer weiteren wichtigen Klasse in *System.Drawing.Printing*:

PrinterSettings-Eigenschaften (Auswahl)

Eigenschaft	Typ	Zugriff
DefaultPageSettings	PageSettings	Get

Auf die Klasse *PageSettings* werde ich in Kürze näher eingehen. Die Klasse beschreibt die Eigenschaften einer Druckseite. So verfügt *PrinterSettings* beispielsweise über eine Eigenschaft *PaperSources*, bei der es sich um eine Auflistung sämtlicher für den Drucker verfügbarer Papierquellen handelt. *PageSettings* verfügt über eine *PaperSource*-Eigenschaft, die eine Papierquelle für eine bestimmte Seite angibt.

Mit der Eigenschaft *DefaultPageSettings* in *PrinterSettings* werden – wie der Name schon vermuten lässt – die Standardseiteneinstellungen angegeben. Wie Sie feststellen werden, können Sie die Seiteneinstellungen für ein ganzes Dokument oder für jede Seite einzeln festlegen, während ein Dokument gedruckt wird.

PrinterSettings ist mit einigen Methoden ausgestattet, die eine Schnittstelle zu Win32-Code realisieren. Genauer gesagt können Sie die Informationen von *PrinterSettings* in Win32 *DEVMODE-* oder *DEVNAMES*-Strukturen kopieren, oder Sie können Informationen von einer *DEVMODE-* bzw. *DEVNAMES*-Struktur in *PrinterSettings* kopieren.

Darüber hinaus verfügt *PrinterSettings* über eine Methode, die auch für Windows Forms-Programme von Interesse sein kann, die keine Schnittstelle zum Win32-Code benötigen:

PrinterSettings-Methoden (Auswahl)

```
Function CreateMeasurementGraphics() As Graphics
```

Die Rückgabe dieser Methode wird in Win32 als *Informationskontext* bezeichnet. Mit dem *Graphics*-Objekt von *CreateMeasurementGraphics* können Sie zwar Informationen über den Drucker abrufen, jedoch nicht auf eine Druckerseite schreiben. Über diese Methode können Sie zu einem beliebigen Zeitpunkt zusätzliche Informationen zu allen installierten Druckern abrufen, beispielsweise während der Ausführung eines Programmkonstruktors. In Windows Forms ist die Fähigkeit zum Abrufen solcher Informationen weitaus weniger wichtig. Das liegt hauptsächlich daran, dass Schriften in Windows Forms geräteunabhängiger verarbeitet werden als in Win32-API-Programmen.

Wenden wir uns nun von *PrinterSettings* zu *PageSettings*, womit wir dann zwei grundlegende Klassen von *System.Drawing.Printing* behandelt haben.

Seiteneinstellungen

Die Klasse *PageSettings* beschreibt diejenigen Druckereigenschaften, die von Seite zu Seite verschieden sein können. So manch einer mag sich ein *PageSettings*-Objekt als etwas völlig Separates vorstellen. Tatsächlich ist es jedoch so, dass immer ein bestimmtes *PageSettings*-Objekt mit einem bestimmten Drucker verknüpft ist. Nach einiger Überlegung werden Sie verstehen, warum das so ist: Wenn das *PageSettings*-Objekt anzeigt, dass eine Seite auf Papier mit dem Format *Ledger* (also 17 Zoll mal 11 Zoll) gedruckt werden soll, sollte der Drucker dieses Format auch unterstützen.

Im Allgemeinen greifen Programme auf vorerstellte *PageSettings*-Objekte zu, wie etwa die Eigenschaft *DefaultPageSettings* in *PrinterSettings*. Unter Verwendung des Klassenkonstruktors können Sie jedoch auch ein neues *PageSettings*-Objekt erstellen.

PageSettings-Konstruktoren

```
PageSettings()
PageSettings(ByVal prnset As PrinterSettings)
```

Der erste Konstruktor erstellt ein *PageSettings*-Objekt für den Standarddrucker; der zweite erstellt auf der Basis eines vom *PrinterSettings*-Argument angegebenen installierten Druckers ein

PageSettings-Objekt. In beiden Fällen enthält das *PageSettings*-Objekt die Standardseiteneinstellungen für den Drucker.

Standardseiteneinstellungen für installierte Drucker werden vom Benutzer in den Dialogfeldern *Druckeinstellungen* vorgenommen, zu denen der Benutzer über das Dialogfeld *Drucker und Faxgeräte* gelangt. Ein Windows Forms-Programm kann diese Standardeinstellungen beim Druck eines Dokuments zwar ändern, die vom Windows Forms-Programm vorgenommenen Änderungen wirken sich jedoch *nicht* auf andere Anwendungen aus. Hat der Benutzer im Dialogfeld *Druckeinstellungen* beispielsweise das Querformat gewählt, kann ein Windows Forms-Programm ein Dokument zwar im Hochformat ausdrucken, es hat jedoch keine Möglichkeit, die Querformateinstellung in diesem Dialogfeld zu ändern.

Die Klasse *PageSettings* verfügt über acht Eigenschaften, von denen sieben nicht nur abgefragt, sondern auch eingestellt werden können:

PageSettings-Eigenschaften

Eigenschaft	Typ	Zugriff
PrinterSettings	PrinterSettings	Get/Set
Landscape	Boolean	Get/Set
Bounds	Rectangle	Get
Margins	Margins	Get/Set
Color	Boolean	Get/Set
PaperSource	PaperSource	Get/Set
PaperSize	PaperSize	Get/Set
PrinterResolution	PrinterResolution	Get/Set

Die erste Eigenschaft in dieser Tabelle ist die *PrinterSettings*-Eigenschaft, die den Drucker angibt, mit dem diese Seiteneinstellungen verknüpft sind. Wenn Sie über die Eigenschaft *DefaultPageSettings* eines *PrinterSettings*-Objekts ein *PageSettings*-Objekt abrufen, ist die Eigenschaft *PrinterSettings* des *PageSettings*-Objekts dasselbe Objekt wie das ursprüngliche *PrinterSettings*-Objekt.

Anders ausgedrückt: Wenn Sie ein *PrinterSettings*-Objekt mit der Bezeichnung *prnset* erstellen, gibt der Ausdruck

```
prnset.Equals(prnset.DefaultPageSettings.PrinterSettings)
```

den Wert *True* zurück. Behalten Sie im Hinterkopf, dass es sich bei den Objekten um Verweise handelt, folglich erfolgen alle Änderungen an sämtlichen Eigenschaften von *prnset* auch in *prnset.DefaultPageSettings.PrinterSettings*.

Erstellen Sie hingegen ein *PageSettings*-Objekt mit der Bezeichnung *pageset*, gibt der Ausdruck

```
pageset.Equals(pageset.PrinterSettings.DefaultPageSettings)
```

den Wert *False* zurück, auch wenn alle entsprechenden Eigenschaften der beiden Objekte anfangs identisch sind. Ein Objekt vom Typ *PageSettings* bezieht sich auf die Einstellungen einer bestimmten Seite. Eventuell möchten Sie ja die Einstellungen für eine bestimmte Seite ändern, ohne dabei die Standardseiteneinstellungen für dieses Dokument zu ändern.

In den meisten Fällen verwenden Sie die verbleibenden Eigenschaften in *PageSettings* lediglich zum Informationsabruf. Ihr Programm ist jedoch auch (in begrenztem Maß) in der Lage, die Eigenschaften so einzustellen, dass der Ausdruck einer Seite beeinflusst wird.

Die Eigenschaft *Landscape* zeigt beispielsweise über *False* an, dass das Hochformat eingestellt ist, und über *True*, dass das Querformat eingestellt ist. Das ist informativ. Mit dieser Information kann Ihre Anwendung den Druckvorgang je nach Seitenausrichtung anders ausführen. Ihr Programm kann die Eigenschaft jedoch auch selbst ändern, und zwar ohne einen Eingriff durch den Benutzer.

Die schreibgeschützte Eigenschaft *Bounds* ist ein *Rectangle*-Objekt, das das Format der Seite in Einheiten von 1/100 Zoll angibt und dabei das Papierformat und die *Landscape*-Einstellung berücksichtigt. So hat beispielsweise Papier mit Format *Letter* im Hochformat eine *Bounds*-Eigenschaft von (0, 0, 850, 1100). Im Querformat lauten die Werte der *Bounds*-Eigenschaft (0, 0, 1100, 850).

Die Eigenschaft *Margins* gibt die Standardseitenränder an, die anfangs an allen vier Seiten auf 1 Zoll eingestellt sind. Ein neues *Margins*-Objekt kann mithilfe der folgenden Konstruktoren erstellt werden:

Margins-Konstruktoren

```
Margins()
Margins(ByVal Left As Integer, ByVal Right As Integer, ByVal Top As Integer, ByVal Bottom As Integer)
```

Die Klasse verfügt über vier Eigenschaften, die die Ränder in 1/100 Zoll angeben:

Margins-Eigenschaften

Eigenschaft	Typ	Zugriff
Left	Integer	Get/Set
Right	Integer	Get/Set
Top	Integer	Get/Set
Bottom	Integer	Get/Set

Gelegentlich wird ein Benutzer angeben wollen, dass eine Seite nicht farbig gedruckt werden soll, selbst wenn der Drucker für den Farbdruck geeignet ist. Möglicherweise ist die farbige Druckerpatrone leer. Die Eigenschaft *Color* des *PageSettings*-Objekts zeigt an, ob der Benutzer die Seite in Farbe ausdrucken möchte.

Die nächsten drei Eigenschaften in der Tabelle sind *PaperSource*, *PaperSize* und *PrinterResolution*. Sie werden sich noch daran erinnern, dass die Klasse *PrinterSettings* die drei Eigenschaften *PaperSources*, *PaperSizes* und *PrinterResolutions* (im Plural) besitzt, die diesen drei Eigenschaften von *PageSettings* entsprechen. Die Eigenschaft *PaperSource* in *PageSettings* ist beispielsweise eines dieser Elemente aus der Auflistung *PaperSources* in *PrinterSettings*.

Wenn Sie eine dieser drei Eigenschaften in Ihrem Programm ändern möchten, stellen Sie sicher, dass Sie dazu ein Member aus der entsprechenden Auflistung verwenden. Wenn Sie etwa ein Objekt vom Typ *PageSettings* mit der Bezeichnung *pageset* verwenden und die Druckerauflösung in *Draft* ändern möchten, sieht der Code z.B. aus:

```
Dim prnres As PrinterResolution
For Each prnres In pageset.PrinterSettings.PrinterResolutions
    If prnres.Kind = PrinterResolutionKind.Draft Then
        pageset.PrinterResolution = prnres
        Exit For
    End If
Next
```

Die *For Each*-Anweisung durchläuft sämtliche Elemente der *PrinterResolutions*-Auflistung im *PrinterSettings*-Objekt, die mit dem *PageSettings*-Objekt verknüpft sind. Sofern eine Übereinstimmung gefunden wird, stellt der Code die Eigenschaft *PrinterResolution* ein und steigt dann aus. Es ist notwendig, die Eigenschaft *PrinterResolution* von *PageSettings* mithilfe zuvor erstellter *PrinterResolution*-Objekte einzustellen, da die Klasse *PrinterResolution* nicht über einen öffentlichen Konstruktor verfügt.

Es wird nicht häufig vorkommen, dass Ihr Programm versucht, die Eigenschaften *PaperSource* oder *PaperSize* zu ändern. Nehmen wir jedoch einmal an, Sie möchten eine Serienbrieffunktionalität implementieren und dann im Rahmen eines einzigen Druckauftrags abwechselnd Briefe und Umschläge bedrucken. In diesem Fall müssten Sie die Eigenschaften *PaperSource* und *PaperSize* entsprechend ändern, und zwar jeweils auf Grundlage der vom Benutzer in der Anwendung festgelegten Einstellungen.

Die Eigenschaft *PaperSize* wird durch die Eigenschaft *Landscape* nicht beeinflusst. Ist die Eigenschaft *Landscape* auf *False* gesetzt, entsprechen die *Bounds*-Eigenschaften *Width* und *Height* den *Width*- und *Height*-Eigenschaften der *PaperSize*-Eigenschaften. Ist *Landscape* aber auf *True* gesetzt, werden die *Bounds*-, *Width*- und *Height*-Eigenschaften vertauscht. Bei den *PaperSize*-Eigenschaften ist dies nicht der Fall.

Bislang sind wir noch nicht so weit, dass wir tatsächlich etwas drucken können. Dafür müssen wir zunächst ein Objekt vom Typ *PrintDocument* definieren.

Definition eines Dokuments

Ein Druckauftrag besteht aus einer oder mehreren auf einem bestimmten Drucker auszudruckenden Seiten und wird durch die Klasse *PrintDocument* dargestellt. *PrintDocument* besitzt lediglich einen Standardkonstruktor:

PrintDocument-Konstruktor

```
PrintDocument()
```

Im Allgemeinen erstellt ein Programm zu Beginn des Druckvorgangs ein Objekt vom Typ *PrintDocument*.

```
Dim prndoc As New PrintDocument()
```

Dieses Objekt könnten Sie für jeden Druckauftrag neu erstellen. Verwenden Sie jedoch die Standarddruckdialogfelder (oder andere Mittel, die dem Benutzer die Auswahl von Druckern und Druckeroptionen erlauben), werden Sie diese Einstellungen wahrscheinlich im *PrintDocument*-Objekt beibehalten wollen und dieselbe Instanz über die ganze Laufzeit des Programms verwenden. In diesem Fall definieren Sie *prndoc* als ein Feld und erstellen es lediglich einmal.

PrintDocument verfügt zwar insgesamt nur über vier Eigenschaften, davon sind allerdings zwei vom Typ *PrinterSettings* und *PageSettings;* dieses Objekt stellt also weitaus mehr Informationen bereit, als der erste Eindruck vermuten lässt.

PrintDocument-Eigenschaften

Eigenschaft	Typ	Zugriff
PrinterSettings	PrinterSettings	Get/Set
DefaultPageSettings	PageSettings	Get/Set
DocumentName	String	Get/Set
PrintController	PrintController	Get/Set

Wenn Sie ein neues *PrintDocument*-Objekt erstellen, gibt die Eigenschaft *PrinterSettings* den Standarddrucker an. Wenn Sie möchten, können Sie die *PrinterSettings*-Eigenschaft oder einzelne Eigenschaften der *PrinterSettings*-Eigenschaft verändern. Ein Beispiel:

```
prndoc.PrinterSettings.Copies = 2
```

Die Eigenschaft *DefaultPageSettings* wird zu Beginn auf die *DefaultPageSettings*-Eigenschaft des *PrinterSettings*-Objekts eingestellt. Auch dies können Sie ändern, bzw. Eigenschaften dieser Eigenschaft, wie nachfolgend gezeigt:

```
prndoc.DefaultPageSettings.Landscape = True
```

Für ein neues *PrintDocument*-Objekt gibt der Ausdruck

```
prndoc.PrinterSettings.Equals(prndoc.DefaultPageSettings.PrinterSettings)
```

den Wert *True* zurück, der Ausdruck

```
prndoc.DefaultPageSettings.Equals(prndoc.PrinterSettings.DefaultPageSettings)
```

hingegen *False*. Das liegt daran, dass Sie möglicherweise *DefaultPageSettings* für das Dokument ändern möchten, ohne dabei die standardmäßigen Seiteneinstellungen für den Drucker zu ändern.

Die Eigenschaft *DocumentName* wird auf die Textzeichenfolge »document« initialisiert. Das wollen Sie vielleicht ändern. Der Name dient zur Identifizierung des Druckauftrags und wird beispielsweise in dem Fenster angezeigt, das die noch zu verarbeitenden Druckaufträge anzeigt. Auf die Eigenschaft *PrintController* gehe ich in Kürze ein.

Die Klasse *PrintDocument* verfügt über vier öffentliche Ereignisse:

PrintDocument-Ereignisse

Ereignis	Methode	Delegat	Argument
BeginPrint	OnBeginPrint	PrintEventHandler	PrintEventArgs
QueryPageSettings	OnQueryPageSettings	QueryPageSettings-EventHandler	QueryPage-SettingsEventArgs
PrintPage	OnPrintPage	PrintPageEventHandler	PrintPageEventArgs
EndPrint	OnEndPrint	PrintEventHandler	PrintEventArgs

Die Ereignisse *BeginPrint* und *EndPrint* werden für jeden Druckauftrag jeweils einmal ausgelöst. Die Ereignisse *QueryPageSettings* und *PrintPage* werden für jede Seite im Druckauftrag ausgelöst. Der *PrintPage*-Ereignishandler gibt an, ob weitere Seiten zu drucken sind.

Mindestens für das *PrintPage*-Ereignis muss ein Handler eingerichtet werden. Wenn Sie für jede Seite andere Seiteneinstellungen verwenden möchten (um beispielsweise im Rahmen eines einzigen Druckauftrags abwechselnd einen Brief und einen Umschlag zu drucken), installieren Sie darüber hinaus einen Handler für das Ereignis *QueryPageSettings*. Installieren Sie Handler für *BeginPrint* und *EndPrint*, wenn Sie umfangreichere Initialisierungs- oder Bereinigungsvorgänge ausführen müssen. Die Argumente dieser Ereignishandler erläutere ich an späterer Stelle in diesem Kapitel.

Schließlich erfolgt die Initialisierung des Drucks durch den Aufruf der folgenden Methode, bei der es sich um die einzige Methode in *PrintDocument* handelt, der kein Ereignis zugeordnet ist:

PrintDocument-Methode

```
Sub Print()
```

Die Methode *Print* gibt die Steuerung erst nach Beendigung des Druckvorgangs durch das Programm zurück. Die Anwendung kann bis zu dem Zeitpunkt nicht auf Eingaben durch den Benutzer reagieren. In der Zwischenzeit werden die vom Programm installierten *PrintDocument*-Ereignishandler in folgender Reihenfolge aufgerufen: *BeginPrint*-Handler, anschließend die *QueryPageSettings*- und *PrintPage*-Handler für jede Seite und schließlich der *EndPrint*-Handler.

Behandlung von *PrintDocument*-Ereignissen

Die folgende Klassenhierarchie zeigt die von *EventArgs* abgeleiteten Klassen, die in Verbindung mit den *PrintDocument*-Ereignishandlern zum Einsatz kommen:

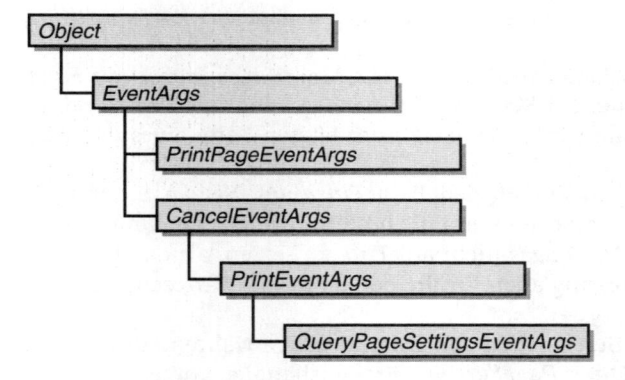

```
Object
  └─ EventArgs
       └─ PrintPageEventArgs
            └─ CancelEventArgs
                 └─ PrintEventArgs
                      └─ QueryPageSettingsEventArgs
```

CancelEventArgs ist im Namespace *System.ComponentModel* definiert. Das mit den Ereignissen *BeginPrint* und *EndPrint* gelieferte *PrintEventArgs*-Objekt verfügt über eine einzige Eigenschaft, die es von *CancelEventArgs* erbt:

PrintEventArgs-Eigenschaft

Eigenschaft	Typ	Zugriff
Cancel	Boolean	Get/Set

Der *BeginPrint*-Ereignishandler kann *Cancel* auf *True* setzen, um den Druckauftrag abzubrechen (wenn für den Druckauftrag beispielsweise nicht genug Speicher zur Verfügung steht).

Die Klasse *QueryPageSettingsEventArgs* fügt eine weitere Eigenschaft zu *Cancel* hinzu:

QueryPageSettingsEventArgs-Eigenschaft

Eigenschaft	Typ	Zugriff
PageSettings	PageSettings	Get/Set

Der Handler für das *QueryPageSettings*-Ereignis kann die *PageSettings*-Eigenschaften in Vorbereitung auf das entsprechende *PrintPage*-Ereignis ändern.

Die Klasse *PrintPageEventArgs* verfügt über vier schreibgeschützte und zwei Lese-/Schreib-Eigenschaften:

PrintPageEventArgs-Eigenschaften

Eigenschaft	Typ	Zugriff
Graphics	*Graphics*	Get
HasMorePages	*Boolean*	Get/Set
Cancel	*Boolean*	Get/Set
PageSettings	*PageSettings*	Get
PageBounds	*Rectangle*	Get
MarginBounds	*Rectangle*	Get

Das *Graphics*-Objekt wird für jede Seite neu erstellt. Wenn Sie für eine Seite bestimmte Eigenschaften des *Graphics*-Objekts einstellen, zum Beispiel *PageUnit* oder *PageScale*, dürfen Sie nicht erwarten, dass diese Eigenschaften auch für die Folgeseiten gelten. Die Standard-*PageUnit* ist *GraphicsUnit.Display*, mit dem der Drucker wie ein 100-dpi-Gerät behandelt wird. Die Eigenschaften *DpiX* und *DpiY* des *Graphics*-Objekts spiegeln die Eigenschaft *PrinterResolution* von *PageSettings* wider.

Am Anfang des Ereignishandlers für den Seitenausdruck ist *HasMorePages* immer auf *False* gesetzt. Zum Ausdrucken mehrerer Seiten müssen Sie den Wert nach Ausführung des Handlers auf *True* setzen, damit der Handler erneut aufgerufen wird. Bei der letzten Seite muss der Wert *False* dann beibehalten werden.

Auch die Eigenschaft *Cancel* weist für gewöhnlich den Wert *False* auf. Setzen Sie ihn auf *True*, falls das Programm den Druckauftrag abbrechen muss. Es besteht insofern ein Unterschied darin, *Cancel* auf *True* zu setzen oder *HasMorePages* nicht auf *True* zu setzen, als das Betriebssystem im ersten Fall versucht, den Druckvorgang auch für die bereits in die Warteschlange eingereihten Seiten abzubrechen.

Die Eigenschaft *PageSettings* dient dem Bereitstellen von Informationen während des Druckvorgangs. Die Eigenschaft spiegelt die im *QueryPageSettings*-Ereignishandler vorgenommenen Änderungen wider.

Praktischerweise verfügt das *PrintPageEventArgs* auch über ein *PageBounds*-Rechteck, das mit der *Bounds*-Eigenschaft von *PageSettings* identisch ist, sowie über ein *MarginBounds*-Rechteck, dessen Maße denen der Seite abzüglich der von der *Margins*-Eigenschaft von *PageSettings* angegebenen Ränder entsprechen. Ich werde gleich noch genauer auf diese Eigenschaften eingehen.

Sehen wir uns einmal ein wenig Code an. Als Erstes folgt ein einfaches Dialogfeld, über das der Benutzer einen der installierten Drucker aus einem Kombinationsfeld auswählen kann.

PrinterSelectionDialog.vb

```
Imports System
Imports System.Drawing
Imports System.Drawing.Printing
Imports System.Windows.Forms
Class PrinterSelectionDialog
    Inherits Form
```

```vb
        Private combo As ComboBox
        Sub New()
            Text = "Select Printer"
            FormBorderStyle = FormBorderStyle.FixedDialog
            ControlBox = False
            MaximizeBox = False
            MinimizeBox = False
            ShowInTaskbar = False
            StartPosition = FormStartPosition.Manual
            Location = Point.op_Addition(ActiveForm.Location, _
                    Size.op_Addition(SystemInformation.CaptionButtonSize, _
                                     SystemInformation.FrameBorderSize))

            Dim lbl As New Label()
            lbl.Parent = Me
            lbl.Text = "Printer:"
            lbl.Location = New Point(8, 8)
            lbl.Size = New Size(40, 8)

            combo = New ComboBox()
            combo.Parent = Me
            combo.DropDownStyle = ComboBoxStyle.DropDownList
            combo.Location = New Point(48, 8)
            combo.Size = New Size(144, 8)

            ' Die installierten Drucker zum Kombinationsfeld hinzufügen.
            Dim str As String
            For Each str In PrinterSettings.InstalledPrinters
                combo.Items.Add(str)
            Next str

            Dim btn As New Button()
            btn.Parent = Me
            btn.Text = "OK"
            btn.Location = New Point(40, 32)
            btn.Size = New Size(40, 16)
            btn.DialogResult = DialogResult.OK
            AcceptButton = btn

            btn = New Button()
            btn.Parent = Me
            btn.Text = "Cancel"
            btn.Location = New Point(120, 32)
            btn.Size = New Size(40, 16)
            btn.DialogResult = DialogResult.Cancel
            CancelButton = btn

            ClientSize = New Size(200, 56)
            AutoScaleBaseSize = New Size(4, 8)
        End Sub
        Property PrinterName() As String
            Set(ByVal Value As String)
                combo.SelectedItem = Value
            End Set
            Get
                Return combo.SelectedItem.ToString()
            End Get
        End Property
End Class
```

Da das Kombinationsfeld vom Typ *DropDownList* ist, kann der Benutzer im Bearbeitungsfeld keine Änderungen vornehmen. Über die Eigenschaft *PrinterName* mit Lese-/Schreibzugriff kann das Programm das im Kombinationsfeld ausgewählte Element auf den Standarddrucker einstellen und später das vom Benutzer ausgewählte Element abrufen.

Das Programm PrintThreePages nutzt dieses Dialogfeld. Damit der Benutzer den Druckauftrag starten kann, erstellt das Programm ein Menü mit einem Untermenü *File* (*Datei*), das das Element *Print* (*Drucken*) enthält. Der Handler für das *Print*-Menü zeigt das Dialogfeld an, in dem der Benutzer einen Drucker auswählen kann. Das Programm installiert sowohl den *QueryPageSettings-* als auch den *PrintPage*-Handler so, dass drei Seiten ausgedruckt werden, wobei auf jeder Seite die Seitenzahl in einer großen Schrift in der Seitenmitte ausgegeben wird. Spaßeshalber stellt das Programm die Auflösungseinstellungen für das gesamte Dokument in den Entwurfsmodusmodus (*Draft*), und wechselt von Seite zu Seite zwischen Quer- und Hochformat.

PrintThreePages.vb
```
Imports System
Imports System.Drawing
Imports System.Drawing.Printing
Imports System.Windows.Forms
Class PrintThreePages
    Inherits Form
    Const iNumberPages As Integer = 3
    Private iPageNumber As Integer
    Shared Sub Main()
        Application.Run(New PrintThreePages())
    End Sub
    Sub New()
        Text = "Print Three Pages"
        Menu = New MainMenu()
        Menu.MenuItems.Add("&File")
        Menu.MenuItems(0).MenuItems.Add("&Print...", AddressOf MenuFilePrintOnClick)
    End Sub
    Private Sub MenuFilePrintOnClick(ByVal obj As Object, ByVal ea As EventArgs)
        ' PrintDocument erstellen.
        Dim prndoc As New PrintDocument()

        ' Dialogfeld erstellen und Eigenschaft PrinterName einstellen.
        Dim dlg As New PrinterSelectionDialog()
        dlg.PrinterName = prndoc.PrinterSettings.PrinterName

        ' Dialogfeld anzeigen und aussteigen, falls nicht OK.
        If dlg.ShowDialog() <> DialogResult.OK Then Return

        ' PrintDocument auf den ausgewählten Drucker einstellen.
        prndoc.PrinterSettings.PrinterName = dlg.PrinterName

        ' Druckauflösung auf Entwurfsmodus (Draft) einstellen.
        Dim prnres As PrinterResolution
        For Each prnres In prndoc.PrinterSettings.PrinterResolutions
            If prnres.Kind = PrinterResolutionKind.Draft Then
                prndoc.DefaultPageSettings.PrinterResolution = prnres
                Exit For
            End If
        Next
```

```vb
        ' Verbleibende PrintDocument-Eigenschaften einstellen.
        prndoc.DocumentName = Text
        AddHandler prndoc.PrintPage, AddressOf OnPrintPage
        AddHandler prndoc.QueryPageSettings, AddressOf OnQueryPageSettings
        ' Druckvorgang starten.
        iPageNumber = 1
        prndoc.Print()
    End Sub
    Private Sub OnQueryPageSettings(ByVal obj As Object, ByVal qpsea As QueryPageSettingsEventArgs)
        If qpsea.PageSettings.PrinterSettings.LandscapeAngle <> 0 Then
            qpsea.PageSettings.Landscape = Not qpsea.PageSettings.Landscape
        End If
    End Sub
    Private Sub OnPrintPage(ByVal obj As Object, ByVal ppea As PrintPageEventArgs)
        Dim grfx As Graphics = ppea.Graphics
        Dim fnt As New Font("Times New Roman", 360)
        Dim str As String = iPageNumber.ToString()
        Dim szf As SizeF = grfx.MeasureString(str, fnt)
        grfx.DrawString(str, fnt, Brushes.Black, _
                        (grfx.VisibleClipBounds.Width - szf.Width) / 2, _
                        (grfx.VisibleClipBounds.Height - szf.Height) / 2)
        ppea.HasMorePages = iPageNumber < iNumberPages
        iPageNumber += 1
    End Sub
End Class
```

Werfen wir zunächst einen Blick auf die Methode *MenuFilePrintOnClick*. Sie wird ausgeführt, wenn der Benutzer im *File*-Menü die Option *Print* wählt. Als Erstes erstellt sie ein neues *PrintDocument*-Objekt und ein neues *PrinterSelectionDialog*-Objekt. Der Konstruktor in *PrinterSelectionDialog* füllt ein Kombinationsfeld mit den installierten Druckern. Anschließend stellt die Methode die Eigenschaft *PrinterName* des Dialogfelds auf den Standarddrucker ein.

```
dlg.PrinterName = prndoc.PrinterSettings.PrinterName
```

Dieser wird im Kombinationsfeld zum ausgewählten Element.

Wenn der Benutzer das Dialogfeld verlässt, indem er auf *OK* drückt, wird der Eigenschaft *PrinterName* der *PrinterSettings*-Eigenschaft vom *PrintDocument*-Objekt der Name des ausgewählten Druckers zugewiesen.

```
prndoc.PrinterSettings.PrinterName = dlg.PrinterName
```

Die Methode stellt dann die Eigenschaft *PrinterResolution* der *DefaultPageSettings*-Eigenschaft von *PrintDocument* auf den Entwurfsmodus. Der dazu verwendete Code ähnelt dem, den ich an früherer Stelle für die Ausführung dieser Art von Aufgaben erläutert habe. Nun werden sämtliche Seiten des Dokuments in der Auflösung gedruckt, die für den Entwurfsmodus gilt. (Um welche Auflösung es sich dabei handelt, können Sie prüfen, indem Sie die Eigenschaften *DpiX* und *DpiY* des *Graphics*-Objekts während der *PrintPage*-Methode untersuchen.)

Die Methode *MenuFilePrintOnClick* wird durch das Zuweisen der *DocumentName*-Eigenschaft des *PrintDocument*-Objekts abgeschlossen. Dabei werden Ereignishandler für die Ereignisse *PrintPage* und *QueryPageSettings* installiert, die Seitenzahl initialisiert und schließlich zum Starten des Druckvorgangs die *Print*-Methode in *PrintDocument* aufgerufen.

Der nächste ausgeführte Codeabschnitt ist der *OnQueryPageSettings*-Ereignishandler für die erste Seite. Wenn der Drucker das Querformat unterstützt, schaltet die Methode die als Eigenschaft von *QueryPageSettingsEventArgs* übergebene *Landscape*-Eigenschaft des *PageSettings*-Objekts um:

```
qpsea.PageSettings.Landscape = Not qpsea.PageSettings.Landscape
```

Nach der Ausführung der Methode *OnQueryPageSettings* wird der *OnPrintPage*-Ereignishandler für die erste Seite aufgerufen. Dieser Handler gibt eine große Zahl in der Seitenmitte aus.

Ist der Drucker standardmäßig auf das Hochformat eingestellt, wird die erste Seite im Querformat, die zweite im Hochformat und die dritte wieder im Querformat gedruckt. Beachten Sie, dass *PrintPage* nichts Besonderes macht, sondern lediglich die aktuelle *VisibleClipBounds*-Eigenschaft des *Graphics*-Objekts zum Zentrieren des Textes verwendet. *VisibleClipBounds* spiegelt die aktuelle Druckerausrichtung wider.

Jedes Mal, wenn Sie mit PrintThreePages drucken, wird das *PrintDocument*-Objekt wieder neu erstellt. Ihr Standarddrucker wird im Dialogfeld also stets als der ausgewählte Drucker angezeigt, selbst wenn Sie im Rahmen eines früheren Druckauftrags einen anderen Drucker ausgewählt haben. Es kann durchaus sinnvoll sein, das *PrintDocument*-Objekt als Feld zu speichern. Dafür brauchen Sie nur die folgende Anweisung außerhalb der Methode *MenuFilePrintOnClick* unterzubringen:

```
Dim prndoc As New PrintDocument()
```

Nun behält das Objekt alle Änderungen bei, die während der Ausführung des Programms vorgenommen werden. Wie an früherer Stelle bereits erwähnt, erfolgen keine Änderungen von Einstellungen, die andere Anwendungen oder die erneute Ausführung der aktuellen Anwendung beeinflussen.

Die Abmessungen einer Seite

Um Text und Grafiken auf einer Druckseite sinnvoll unterbringen zu können, müssen Ihnen einige Informationen über die Größe des bedruckbaren Bereichs vorliegen. Seit Kapitel 5 bin ich immer einfach davon ausgegangen, dass überall auf dem bedruckbaren Bereich einer Druckerseite gezeichnet werden kann. Tatsächlich sollte jedoch nur innerhalb bestimmter Grenzen gezeichnet werden, die vom Benutzer festgelegt wurden.

Bedauerlicherweise ist das Berücksichtigen benutzerdefinierter Seitenränder in Windows Forms-Anwendungen nicht ganz unproblematisch. Sie glauben wahrscheinlich, dass Sie alle notwendigen Informationen haben, tatsächlich ist dies jedoch nicht der Fall.

Machen wir doch mal eine kleine Bestandsaufnahme. Einem *PrintPage*-Ereignishandler wird ein Objekt vom Typ *PrintPageEventArgs* übergeben. Eine Eigenschaft dieser Klasse ist ein *Rectangle*-Objekt mit der Bezeichnung *PageBounds*. *PageBounds* entspricht der *Bounds*-Eigenschaft der Klasse *PageSettings* und gibt die Maße der Seite unter Berücksichtigung der Ausrichtung in Einheiten von 1/100 Zoll an. So entspricht *PageBounds* bei einer Seite mit den Maßen 8,5 × 11 Zoll im Hochformat den Werten (0, 0, 850, 1100).

Die Klasse *PageSettings* verfügt zudem über ein Objekt mit dem Namen *Margins*, das die vom Benutzer festgelegten Ränder an allen vier Seiten in 1/100 Zoll angibt. Standardmäßig sind alle vier Seitenränder zunächst auf den Wert 100 eingestellt.

Die Eigenschaft *MarginBounds* von *PrintPageEventArgs* ist ein *Rectangle*-Objekt, das zwar auf *PageBounds* basiert, jedoch die Ränder berücksichtigt. Bei Papier im Format *Letter* mit Standardrändern ist *MarginBounds* das Rechteck (100, 100, 650, 900).

So weit, so gut. Das Problem besteht allerdings darin, dass das *Graphics*-Objekt von *PrintPageEventArgs* auf den Druck im *bedruckbaren Bereich* dieser Seite eingestellt ist. Für gewöhnlich können Drucker die äußersten Ränder des Papiers nicht bedrucken. Das liegt an den Rollen, Papierführungen und ähnliche Einrichtungen im Drucker. Der Ursprung dieses *Graphics*-Objekts – also der Ort, an dem eine Grafik nach Einstellung des Punkts (0, 0) in den Zeichenmethoden angezeigt wird – ist die linke obere Ecke des bedruckbaren Bereichs der Seite. Der Ursprung stimmt mit der *VisibleClipBounds*-Eigenschaft des *Graphics*-Objekts überein.

Ist in meinem Drucker amerikanisches Standardpapier mit den Maßen 8,5 × 11 Zoll eingelegt und erfolgt der Druck im Hochformat, meldet *VisibleClipBounds* ein Rechteck mit den Punkten (0, 0, 800, 1060). Die hier verwendeten Einheiten werden standardmäßig in 1/100 Zoll angegeben, also ist der bedruckbare Bereich der Seite 8 Zoll breit und 10,6 Zoll hoch. Der nicht bedruckbare Bereich nimmt links und rechts zusammen 0,5 Zoll, oben und unten zusammen 0,4 Zoll ein.

Dabei können Sie jedoch nicht einfach davon ausgehen, dass der nicht bedruckbare Bereich meines Druckers links und rechts jeweils 0,25 Zoll und oben und unten jeweils 0,20 Zoll beträgt. Je nach Drucker kann der nicht bedruckbare Bereich ungleich zwischen links und rechts und oben und unten aufgeteilt sein.

Wir benötigen ein Rechteck, das die Position des bedruckbaren Bereichs der Seite relativ zur Gesamtseite beschreibt. Leider können wir keine weiteren Informationen abrufen. Weder in *PrinterSettings*, *PageSettings*, *PrintDocument* noch in *PrintPageEventArgs* gibt es Informationen darüber, wie die nicht bedruckbare Fläche auf die Seitenränder verteilt ist.

Wenn Sie mit ungefähren Werten leben können, haben Sie die Möglichkeit, relativ zu *VisibleClipBounds* (und damit in Verbindung mit den *Graphics*-Zeichenmethoden verwendbar) ein Rechteck zu berechnen, das den Bereich der Seite innerhalb der vom Benutzer festgelegten Ränder beschreibt. Wenn das *PrintPageEventArgs*-Objekt *ppea* heißt und das *Graphics*-Objekt die Bezeichnung *grfx* hat, handelt es sich bei dem Ausdruck

```
(ppea.PageBounds.Width - grfx.VisibleClipBounds.Width) / 2
```

um den ungefähren nicht bedruckbaren Rand links auf der Seite, und bei

```
(ppea.PageBounds.Height - grfx.VisibleClipBounds.Height) / 2
```

um den ungefähren nicht bedruckbaren Rand oben auf der Seite. Subtrahieren Sie diese beiden Werte von *ppea.MarginBounds.Left* bzw. *ppea.MarginBounds.Top*, erhalten Sie den Punkt in Zeichenkoordinaten, der in etwa der linken oberen Ecke desjenigen Seitenbereichs entspricht, innerhalb dessen Sie unter Berücksichtigung der vom Benutzer festgelegten Ränder drucken dürfen.

Hier nun eine Berechnung für ein Ausgaberechteck, das die vom Benutzer eingestellten Ränder berücksichtigt:

```
Dim rectf As New RectangleF( _
    ppea.MarginBounds.Left - _
    (ppea.PageBounds.Width - grfx.VisibleClipBounds.Width) / 2, _
    ppea.MarginBounds.Top - _
    (ppea.PageBounds.Height - grfx.VisibleClipBounds.Height) / 2, _
    ppea.MarginBounds.Width, ppea.MarginBounds.Height)
```

Ich möchte noch einmal betonen, dass es sich hier um eine ungefähre Berechnung handelt, in der von einer gleichmäßigen Verteilung der Ränder links und rechts sowie oben und unten ausgegegangen wird. Mehr ist bei der Windows Forms-Schnittstelle leider nicht drin.

Diese Rechteckberechnung verwende ich auch im folgenden Programm, mit dem einfach ein Rechteck sowie zwei Linien gezeichnet werden, die die Ecken miteinander verbinden.

PrintWithMargins.vb

```vb
Imports System
Imports System.Drawing
Imports System.Drawing.Printing
Imports System.Windows.Forms
Class PrintWithMargins
    Inherits Form
    Shared Sub Main()
        Application.Run(New PrintWithMargins())
    End Sub
    Sub New()
        Text = "Print with Margins"

        Menu = New MainMenu()
        Menu.MenuItems.Add("&File")
        Menu.MenuItems(0).MenuItems.Add("&Print...", AddressOf MenuFilePrintOnClick)
    End Sub
    Private Sub MenuFilePrintOnClick(ByVal obj As Object, ByVal ea As EventArgs)
        ' PrintDocument erstellen.
        Dim prndoc As New PrintDocument()

        ' Dialogfeld erstellen und Eigenschaft PrinterName einstellen.
        Dim dlg As New PrinterSelectionDialog()
        dlg.PrinterName = prndoc.PrinterSettings.PrinterName

        ' Dialogfeld anzeigen und aussteigen, falls nicht OK.
        If dlg.ShowDialog() <> DialogResult.OK Then Return

        ' PrintDocument auf ausgewählten Drucker einstellen.
        prndoc.PrinterSettings.PrinterName = dlg.PrinterName

        ' Verbleibende PrintDocument-Eingeschaften einstellen und starten.
        prndoc.DocumentName = Text
        AddHandler prndoc.PrintPage, AddressOf OnPrintPage
        prndoc.Print()
    End Sub
    Private Sub OnPrintPage(ByVal obj As Object, ByVal ppea As PrintPageEventArgs)
        Dim grfx As Graphics = ppea.Graphics
        Dim rectf As New RectangleF( _
            ppea.MarginBounds.Left - _
            (ppea.PageBounds.Width - grfx.VisibleClipBounds.Width) / 2, _
            ppea.MarginBounds.Top - _
            (ppea.PageBounds.Height - grfx.VisibleClipBounds.Height) / 2, _
            ppea.MarginBounds.Width, ppea.MarginBounds.Height)

        grfx.DrawRectangle(Pens.Black, rectf.X, rectf.Y, rectf.Width, rectf.Height)
        grfx.DrawLine(Pens.Black, rectf.Left, rectf.Top, rectf.Right, rectf.Bottom)
        grfx.DrawLine(Pens.Black, rectf.Right, rectf.Top, rectf.Left, rectf.Bottom)
    End Sub
End Class
```

Wenn Ihnen diese ungefähren Werte nicht ausreichen, müssen Sie mithilfe der Argumente *PHYSICALOFFSETX* und *PHYSICALOFFSETY* auf die Win32-Funktion *GetDeviceCaps* zurückgreifen.

Wenn Ihnen die Einheit 1/100 Zoll nicht besonders liegt, können Sie die *PageBounds*- und *MarginBounds*-Werte mithilfe der Klasse *PrinterUnitConvert* in eine andere Maßeinheit umwandeln. Diese Klasse verfügt über eine shared Methode namens *Convert*, die in sechs Varianten vorliegt:

Convert-Methode von *PrinterUnitConvert* (*Shared*)

```
Function Convert(ByVal iValue As Integer, ByVal puFrom As PrinterUnit,
                 ByVal puTo As PrinterUnit) As Integer
Function Convert(ByVal dValue As Double, ByVal puFrom As PrinterUnit,
                 ByVal puTo As PrinterUnit) As Double
Function Convert(ByVal pt As Point, ByVal puFrom As PrinterUnit,
                 ByVal puTo As PrinterUnit) As Point
Function Convert(ByVal sz As Size, ByVal puFrom As PrinterUnit,
                 ByVal puTo As PrinterUnit) As Size
Function Convert(ByVal rect As Rectangle, ByVal puFrom As PrinterUnit,
                 ByVal puTo As PrinterUnit) As Rectangle
Function Convert(ByVal marg As Margins, ByVal puFrom As PrinterUnit,
                 ByVal puTo As PrinterUnit) As Margins
```

PrinterUnit ist eine Enumeration:

PrinterUnit-Enumeration

Member	Wert
Display	0
ThousandthsOfAnInch	1
HundredthsOfAMillimeter	2
TenthsOfAMillimeter	3

Das Member *Display* gibt 1/100 Zoll an.

Der Druckcontroller

Bei der Besprechung der Klasse *PrintDocument* an früherer Stelle in diesem Kapitel habe ich die Eigenschaft *PrintController* ausgelassen. Diese Eigenschaft können Sie standardmäßig auf eine Instanz einer von der Klasse *PrintController* abgeleiteten Klasse setzen. Die Klassenhierarchie sieht folgendermaßen aus:

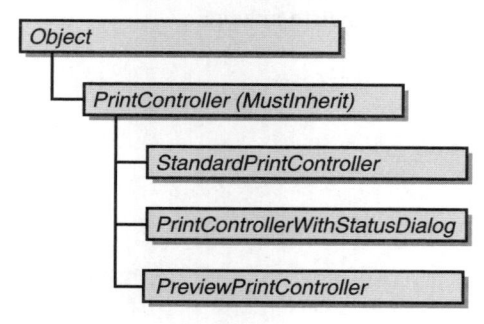

```
Object
└── PrintController (MustInherit)
        ├── StandardPrintController
        ├── PrintControllerWithStatusDialog
        └── PreviewPrintController
```

Die Klasse *PrintController* definiert vier Methoden:

PrintController-Methoden

```
Sub OnStartPrint(ByVal prndoc As PrintDocument, ByVal pea As PrintEventArgs)
Function OnStartPage(ByVal prndoc As PrintDocument, ByVal ppea As PrintPageEventArgs) As Graphics
Sub OnEndPage(ByVal prndoc As PrintDocument, ByVal ppea As PrintPageEventArgs)
Sub OnEndPrint(ByVal prndoc As PrintDocument, ByVal pea As PrintEventArgs)
```

Wenn ein Programm einen Druckvorgang durch Aufrufen der Methode *Print* der Klasse *PrintDocument* startet, löst das *PrintDocument*-Objekt die vier von der Klasse definierten Ereignisse aus. Diese Ereignisse heißen *BeginPrint*, *QueryPageSettings*, *PrintPage* und *EndPrint*.

PrintDocument ruft jedoch auch noch die vier Methoden des über die Eigenschaft *PrintController* angegebenen *PrintController*-Objekts auf. *PrintDocument* ruft die Methode *OnStartPrint* von *PrintController* nach Auslösen des eigenen *BeginPrint*-Ereignisses auf. *PrintDocument* ruft *OnStartPage* und *OnEndPage* jeweils vor und nach dem Auslösen der einzelnen *PrintPage*-Ereignisse auf. Und schließlich ruft *PrintDocument* in *PrintController* *OnEndPrint* auf, nachdem es das eigene *EndPrint*-Ereignis ausgelöst hat.

Genauer gesagt ist die Methode *OnStartPage* im *PrintController*-Objekt für das Abrufen des *Graphics*-Objekts verantwortlich, das schließlich an den *PrintPage*-Ereignishandler übergeben wird. (Beachten Sie den Rückgabewert der Methode *OnStartPage*.) Dieses *Graphics*-Objekt legt im Wesentlichen fest, auf welchem Gerät die Grafikausgabe in *PrintPage* erfolgt.

Gewöhnlich erfolgt die Grafikausgabe auf dem Drucker, und genau dafür ist das *PrintController*-Objekt verantwortlich. Mit dem Objekt *PreviewPrintController* ist jedoch etwas anderes beabsichtigt. Dieser Controller erstellt ein *Graphics*-Objekt, das sich auf eine Bitmap zur Darstellung der Druckerseite stützt. Und so (wie wir gegen Ende dieses Kapitels feststellen werden) wird die Seitenvorschau in Windows Forms implementiert.

Die Standard-*PrintController*-Eigenschaft von *PrintDocument* ist ein Objekt vom Typ *PrintControllerWithStatusDialog*, und dieser Name weist bereits auf eine weitere Aufgabe des Druckcontrollers hin: Er zeigt das Dialogfeld an, in dem der Name des Druckdokuments und die gerade gedruckte Seite angezeigt werden. Soll das Dialogfeld nicht angezeigt werden, ist die *PrintController*-Eigenschaft von *PrintDocument* auf ein Objekt vom Typ *StandardPrintController* einzustellen. *StandardPrintController* führt genau die gleichen Aufgaben wie *PrintControllerWithStatusDialog* aus, zeigt jedoch kein Dialogfeld an.

Wenn Sie den Druckfortschritt auf andere Weise als mithilfe des Dialogfelds darstellen möchten, können Sie von *StandardPrintController* eine Klasse ableiten. Hier sehen Sie beispielsweise einen Druckcontroller, der den Druckstatus in einem Teil der Statusleiste anzeigt.

StatusBarPrintController.vb

```vb
Imports System
Imports System.Drawing
Imports System.Drawing.Printing
Imports System.Windows.Forms
Class StatusBarPrintController
    Inherits StandardPrintController

    Private sbp As StatusBarPanel
    Private iPageNumber As Integer
    Private strSaveText As String
```

```
    Sub New(ByVal sbp As StatusBarPanel)
        Me.sbp = sbp
    End Sub
    Overrides Sub OnStartPrint(ByVal prndoc As PrintDocument, ByVal pea As PrintEventArgs)
        strSaveText = sbp.Text         ' Wahrscheinlich "Ready" oder ähnlich.
        sbp.Text = "Starting printing"
        iPageNumber = 1
        MyBase.OnStartPrint(prndoc, pea)
    End Sub
    Overrides Function OnStartPage(ByVal prndoc As PrintDocument, _
                                   ByVal ppea As PrintPageEventArgs) As Graphics
        sbp.Text = "Printing page " & iPageNumber
        iPageNumber += 1
        Return MyBase.OnStartPage(prndoc, ppea)
    End Function
    Overrides Sub OnEndPage(ByVal prndoc As PrintDocument, ByVal ppea As PrintPageEventArgs)
        MyBase.OnEndPage(prndoc, ppea)
    End Sub
    Overrides Sub OnEndPrint(ByVal prndoc As PrintDocument, ByVal pea As PrintEventArgs)
        sbp.Text = strSaveText
        MyBase.OnEndPrint(prndoc, pea)
    End Sub
End Class
```

Beachten Sie, dass die Klasse alle vier Methoden von *StandardPrintController* überschreibt, aber die entsprechenden Methoden in der Basisklasse aufruft. Auf diese Weise wird sichergestellt, dass alle normalen Aktivitäten des Druckcontrollers auch weiterhin ausgeführt werden. Die einzige Erweiterung, die diese Version einbringt, ist eine laufend aktualisierte Statusleiste. Das *Panel*-Objekt dafür muss im Klassenkonstruktor angegeben werden.

Hier sehen Sie eine Version von PrintThreePages, die auf das Dialogfeld für die Druckerauswahl verzichtet und stattdessen eine Statusleiste mit einem *Panel*-Objekt erstellt.

PrintWithStatusBar.vb
```
Imports System
Imports System.Drawing
Imports System.Drawing.Printing
Imports System.Windows.Forms
Class PrintWithStatusBar
    Inherits Form

    Private sbar As StatusBar
    Private sbp As StatusBarPanel
    Const iNumberPages As Integer = 3
    Private iPageNumber As Integer

    Shared Sub Main()
        Application.Run(New PrintWithStatusBar())
    End Sub
    Sub New()
        Text = "Print with Status Bar"
        Menu = New MainMenu()
        Menu.MenuItems.Add("&File")
        Menu.MenuItems(0).MenuItems.Add("&Print", AddressOf MenuFilePrintOnClick)
```

Drucken

```
            sbar = New StatusBar()
            sbar.Parent = Me
            sbar.ShowPanels = True
            sbp = New StatusBarPanel()
            sbp.Text = "Ready"
            sbp.Width = Width \ 2
            sbar.Panels.Add(sbp)
        End Sub
        Private Sub MenuFilePrintOnClick(ByVal obj As Object, ByVal ea As EventArgs)
            Dim prndoc As New PrintDocument()
            prndoc.DocumentName = Text
            prndoc.PrintController = New StatusBarPrintController(sbp)
            AddHandler prndoc.PrintPage, AddressOf OnPrintPage
            iPageNumber = 1
            prndoc.Print()
        End Sub
        Private Sub OnPrintPage(ByVal obj As Object, ByVal ppea As PrintPageEventArgs)
            Dim grfx As Graphics = ppea.Graphics
            Dim fnt As New Font("Times New Roman", 360)
            Dim str As String = iPageNumber.ToString()
            Dim szf As SizeF = grfx.MeasureString(str, fnt)
            grfx.DrawString(str, fnt, Brushes.Black, (grfx.VisibleClipBounds.Width - szf.Width) / 2, _
                                            (grfx.VisibleClipBounds.Height - szf.Height) / 2)
            System.Threading.Thread.Sleep(1000)
            ppea.HasMorePages = iPageNumber < iNumberPages
            iPageNumber += 1
        End Sub
End Class
```

Wird *PrintDocument* als Reaktion auf einen Klick im Menü ausgeführt, stellt diese Version auch die *PrintController*-Eigenschaft ein:

`prndoc.PrintController = New StatusBarPrintController(sbp)`

Da die drei Seiten nun so schnell ausgedruckt wurden, dass ich keine Möglichkeit zur Überprüfung hatte, ob das Programm ordnungsgemäß funktioniert, habe ich in der *OnPrintPage*-Methode einen Aufruf der *Sleep*-Methode der Klasse *Thread* eingefügt.

Leider kann dieser Ansatz für das Anzeigen des Druckerstatus leicht in die Irre führen. Das Fehlen des modalen Dialogfelds signalisiert dem Benutzer, dass die Anwendung weiterhin auf Benutzereingaben reagieren kann. Das entspricht jedoch nicht den Tatsachen. Die Anwendung kann erst wieder auf Benutzereingaben reagieren, nachdem die *Print*-Methode von *PrintDocument* ausgeführt wurde. Wenn ein Programm den Druckstatus in einer Statusleiste meldet, sollte es auch den Druck im Hintergrund implementieren, wofür ein zweiter Ausführungsthread benötigt wird.

Das Standarddruckdialogfeld

Zu den Standarddialogfeldern von *System.Windows.Forms* gehört *PrintDialog*, über das Benutzer einen Drucker auswählen und Änderungen an den Einstellungen für diesen Drucker vornehmen können. Über *PrintDialog* können Benutzer zudem angeben, ob ein ganzes Dokument, ein bestimmter Bereich von Seiten oder eine bestimmte Auswahl (also ein im Dokument markierter Abschnitt) gedruckt werden soll.

Die Erstellung eines neuen *PrintDialog*-Objekts erfolgt mithilfe des Standardkonstruktors:

PrintDialog-Konstruktor

```
PrintDialog()
```

Sie müssen in jedem Fall eine (jedoch nicht beide) der folgenden Eigenschaften initialisieren:

PrintDialog-Eigenschaften (Auswahl)

Eigenschaft	Typ	Zugriff
Document	*PrintDocument*	Get/Set
PrinterSettings	*PrinterSettings*	Get/Set

Es wird empfohlen, die Eigenschaft *Document* einzustellen; in diesem Fall verwendet das *PrintDialog*-Objekt die *PrinterSettings*-Eigenschaft dieses *PrintDocument*-Objekts, um seine eigene *PrinterSettings*-Eigenschaft einzustellen.

Die meisten der in *PrintDialog* zusätzlich verfügbaren Optionen ermöglichen dem Benutzer den Druck eines ganzen Dokuments, eines Bereichs von Seiten oder der aktuellen Auswahl. Das *PrintDialog*-Dialogfeld zeigt alle drei Optionen als Optionsfelder an: *All* (*Alles*), *Pages* (*Seiten*) und *Selection* (*Markierung*). Standardmäßig ist die Option *All* aktiviert und selbstverständlich auch markiert.

Auf Wunsch können Sie auch die Felder *Pages* und *Selection* aktivieren. Sie nehmen diese Änderung (sowie einiger weiterer Optionen im Dialogfeld) mit folgenden Eigenschaften vor:

PrintDialog-Eigenschaften (Auswahl)

Eigenschaft	Typ	Zugriff	Standardwert
AllowSelection	*Boolean*	Get/Set	*False*
AllowSomePages	*Boolean*	Get/Set	*False*
AllowPrintToFile	*Boolean*	Get/Set	*True*
PrintToFile	*Boolean*	Get/Set	*False*
ShowNetwork	*Boolean*	Get/Set	*True*
ShowHelp	*Boolean*	Get/Set	*False*

Wenn Sie *ShowHelp* auf *True* setzen, müssen Sie einen Handler für das (von *CommonDialog* geerbte) Ereignis *HelpRequest* installieren. Mit der Eigenschaft *AllowPrintToFile* wird das Kontrollkästchen zur Umleitung der Druckausgabe in eine Datei aktiviert. Die Eigenschaft *PrintToFile* gibt an, ob das Kontrollkästchen markiert ist.

Wenn Sie das Optionsfeld *Pages* (*Seiten*) aktivieren, hat der Benutzer die Möglichkeit, die zu druckenden Seiten einzugeben. Für diese beiden Felder können Sie Anfangswerte sowie Minimal- und Maximalwerte festlegen, jedoch nicht als Eigenschaften in *PrintDialog*. Die Eigenschaften werden stattdessen in *PrinterSettings* eingestellt. Nachdem Sie die *Document*-Eigenschaft von *PrintDialog* eingestellt haben, können Sie auf diese Eigenschaften über die *PrinterSettings*-Eigenschaft von *PrintDialog* zugreifen:

PrinterSettings-Eigenschaften (Auswahl)

Eigenschaft	Typ	Zugriff
PrintRange	*PrintRange*	Get/Set
MinimumPage	*Integer*	Get/Set
MaximumPage	*Integer*	Get/Set
FromPage	*Integer*	Get/Set
ToPage	*Integer*	Get/Set
PrintToFile	*Boolean*	Get/Set

Die Eigenschaft *PrintRange* ist eine Enumeration vom Typ *PrintRange*, die die folgenden Werte aufweist:

PrintRange-Enumeration

Member	Wert
AllPages	0
Selection	1
SomePages	2

Wahrscheinlich sind Sie versucht, *MinimumPage* auf 1 und *MaximumPage* auf die Gesamtzahl der Seiten im Dokument einzustellen. Sie können auch *FromPage* und *ToPage* mit denselben Werten initialisieren. Das ist allerdings für einige Anwendungen keine besonders gute Idee (z.B. für einen Editor-Klon). Wenn das *PrintDialog*-Dialogfeld angezeigt wird, hat der Benutzer die Möglichkeit, Drucker, Ausrichtung, Seitenformat usw. zu ändern, und jede dieser Einstellungen kann die Anzahl der Seiten im gedruckten Dokument beeinflussen.

Wie bei jedem Standarddialogfeld wird nach dem Initialisieren des *PrintDialog*-Objekts dessen *ShowDialog*-Methode aufgerufen. *ShowDialog* gibt einen Wert der Enumeration *DialogResult* zurück. Nachdem *PrintDialog* ausgeführt wurde, gibt die Eigenschaft *PrintRange* die vom Benutzer ausgewählte Option an. Soll ein Bereich von Seiten ausgegeben werden, geben *FromPage* und *ToPage* diesen an.

Fangen wir mit einem einfachen Beispiel an. Beim folgenden Programm handelt es sich um eine weitere Version von PrintThreePages, die sich eines *PrintDialog*-Objekts bedient.

```
SimplePrintDialog.vb
Imports System
Imports System.Drawing
Imports System.Drawing.Printing
Imports System.Windows.Forms
Class SimplePrintDialog
    Inherits Form
    Const iNumberPages As Integer = 3
    Private iPagesToPrint, iPageNumber As Integer
    Shared Sub Main()
        Application.Run(New SimplePrintDialog())
    End Sub
```

```
    Sub New()
        Text = "Simple PrintDialog"

        Menu = New MainMenu()
        Menu.MenuItems.Add("&File")
        Menu.MenuItems(0).MenuItems.Add("&Print...", AddressOf MenuFilePrintOnClick)
    End Sub
    Private Sub MenuFilePrintOnClick(ByVal obj As Object, ByVal ea As EventArgs)
        ' PrintDocument und PrintDialog erstellen.
        Dim prndoc As New PrintDocument()
        Dim prndlg As New PrintDialog()
        prndlg.Document = prndoc

        ' Angabe eines Seitenbereichs zulassen.
        prndlg.AllowSomePages = True
        prndlg.PrinterSettings.MinimumPage = 1
        prndlg.PrinterSettings.MaximumPage = iNumberPages
        prndlg.PrinterSettings.FromPage = 1
        prndlg.PrinterSettings.ToPage = iNumberPages

        ' Wenn das Dialogfeld OK zurückgibt, drucken.
        If prndlg.ShowDialog() = DialogResult.OK Then
            prndoc.DocumentName = Text
            AddHandler prndoc.PrintPage, AddressOf OnPrintPage

            ' Die zu druckenden Seiten ermitteln.
            Select Case prndlg.PrinterSettings.PrintRange
                Case PrintRange.AllPages
                    iPagesToPrint = iNumberPages
                    iPageNumber = 1

                Case PrintRange.SomePages
                    iPagesToPrint = 1 + prndlg.PrinterSettings.ToPage - _
                                    prndlg.PrinterSettings.FromPage()
                    iPageNumber = prndlg.PrinterSettings.FromPage
            End Select
            prndoc.Print()
        End If
    End Sub
    Private Sub OnPrintPage(ByVal obj As Object, ByVal ppea As PrintPageEventArgs)
        Dim grfx As Graphics = ppea.Graphics
        Dim fnt As New Font("Times New Roman", 360)
        Dim str As String = iPageNumber.ToString()
        Dim szf As SizeF = grfx.MeasureString(str, fnt)

        grfx.DrawString(str, fnt, Brushes.Black, _
                    (grfx.VisibleClipBounds.Width - szf.Width) / 2, _
                    (grfx.VisibleClipBounds.Height - szf.Height) / 2)
        iPageNumber += 1
        iPagesToPrint -= 1
        ppea.HasMorePages = iPagesToPrint > 0
    End Sub
End Class
```

Die größte Schwierigkeit bei diesem Programm besteht darin, dem Benutzer die Auswahl eines Bereichs von zu druckenden Seiten zu ermöglichen. Das Feld *iNumberPages* ist mit dem Wert 3 fest einprogrammiert. Neben dem Feld *iPageNumber* habe ich zusätzlich ein neues Feld *iPagesToPrint* eingefügt, das einen Wert von 1 bis *iNumberPages* annehmen kann.

Bevor *PrintDialog* aufgerufen wird, stellt das Programm sämtliche Eigenschaften von *Print-Dialog* ein (einschließlich der Eigenschaften in *PrinterSettings*, nicht der in *PrintDialog* selbst), die den Seitenbereich betreffen. Sobald *PrintDialog* ausgeführt wurde, prüft das Programm den Wert von *PrintRange* und initialisiert *iPagesToPrint* und *iPageNumber* (die erste zu druckende Seite) entsprechend.

Einige Features von *PrintDialog* werden automatisch für Sie erledigt. Wenn Sie die Option *Print To File* (*Ausgabe in Datei*) wählen, wird ein Dialogfeld angezeigt, in dem Sie zur Eingabe eines Dateinamens aufgefordert werden. In dieser Datei wird dann die Grafikausgabe für den Drucker gespeichert.

Wenn Sie ein wenig experimentieren, werden Sie feststellen, dass bei jedem Aufruf von *PrintDialog* sämtliche Einstellungen auf die jeweiligen Standardwerte zurückgesetzt werden. Wie Sie vielleicht schon in der Vergangenheit bemerkt haben, gibt es einige Windows-Anwendungen, bei denen dies ebenfalls passiert, was überaus lästig sein kann. Wenn Sie beispielsweise über mehrere Drucker verfügen, soll vielleicht von einer bestimmten Anwendung die Druckausgabe auf einem nicht als Standard eingestellten Drucker erfolgen. Wenn Sie diesen Drucker einmal in *PrintDialog* ausgewählt haben, sollte das Dialogfeld bei nachfolgenden Aufrufen diesen Drucker anzeigen. Das Gleiche gilt für andere in diesem Dialogfeld vorgenommene Einstellungen.

Damit die Einstellungen erhalten bleiben, sollten Sie sowohl das Objekt *PrintDialog* als auch *PrintDocument* als Feld speichern. Diese Anweisungen können Sie ganz einfach aus der Methode *MenuFilePrintOnClick* herausnehmen:

```
Dim prndoc As New PrintDocument()
Dim prndlg As New PrintDialog()
```

und diese Anweisung in den Konstruktor der Formulars einbauen:

```
prndlg.Document = prndoc
```

Diesen Ansatz werde ich auch in den restlichen Programmen des Kapitels verwenden.

Seiteneinrichtung

Das zweite Standarddialogfeld, das in Verbindung mit Druckvorgängen zum Einsatz kommt, ist *PageSetupDialog*. In diesem Dialogfeld kann der Benutzer für gewöhnlich Ränder, Seitenausrichtung, Papierquellen und -formate angeben. Sie können hier jedoch auch einen Standarddrucker und Druckeroptionen einstellen. *PageSetupDialog* verfügt über einen einzigen Konstruktor:

PageSetupDialog-Konstruktor

```
PageSetupDialog()
```

Sie stellen dann eine (und nur eine) der folgenden Eigenschaften ein:

PageSetupDialog-Eigenschaften (Auswahl)

Eigenschaft	Typ	Zugriff
Document	*PrintDocument*	Get/Set
PrinterSettings	*PrinterSettings*	Get/Set
PageSettings	*PageSettings*	Get/Set

Es wird empfohlen, die Eigenschaft *Document* einzustellen. *PageSetupDialog* stellt dann die Eigenschaften *PrinterSettings* und *PageSettings* über dieses *PrintDocument*-Objekt ein. Damit alles richtig funktioniert, müssen Sie sowohl für *PageSetupDialog* als auch für *PrintDialog* dasselbe *PrintDocument*-Objekt verwenden.

Hier die restlichen Eigenschaften von *PageSetupDialog*:

PageSetupDialog-Eigenschaften (Auswahl)

Eigenschaft	Typ	Zugriff
AllowMargins	*Boolean*	Get/Set
AllowOrientation	*Boolean*	Get/Set
AllowPaper	*Boolean*	Get/Set
AllowPrinter	*Boolean*	Get/Set
ShowNetwork	*Boolean*	Get/Set
ShowHelp	*Boolean*	Get/Set
MinMargins	*Margins*	Get/Set

Bis auf *ShowHelp* sind alle *Boolean*-Eigenschaften auf *True* gesetzt. Setzen Sie sie auf *False*, werden einige Elemente des Dialogfelds deaktiviert. Die Schaltfläche *Network* (*Netzwerk*) sehen Sie auf einem weiteren Dialogfeld, das durch Betätigen der Schaltfläche *Printer* (*Drucker*) angezeigt wird. Die Eigenschaft *MinMargins* ist standardmäßig auf Nullwerte initialisiert.

Alle Änderungen, die vom Benutzer im Dialogfeld *PageSetupDialog* vorgenommen werden, wirken sich auf das *PageSettings*-Objekt aus, das das Dialogfeld vom *PrintDocument*-Objekt abruft.

Das Programm ImagePrint ist von ImageIO aus Kapitel 16 abgeleitet (das seinerseits von ImageOpen abgeleitet ist), und fügt zum Menü *File* die Optionen *Page Setup* und *Print* hinzu. Sie können das Programm nun zum Laden, Speichern und Drucken von Bitmaps verwenden.

ImagePrint.vb
```
Imports System
Imports System.Drawing
Imports System.Drawing.Printing
Imports System.Windows.Forms
Class ImagePrint
    Inherits ImageIO
    Private prndoc As PrintDocument = New PrintDocument()
    Private setdlg As PageSetupDialog = New PageSetupDialog()
    Private prndlg As PrintDialog = New PrintDialog()
    Private miFileSet, miFilePrint, miFileProps As MenuItem
    Shared Shadows Sub Main()
        Application.Run(New ImagePrint())
    End Sub
    Sub New()
        strProgName = "Image Print"
        Text = strProgName
        ' PrintDocument und Standarddialogfelder initialisieren.
        AddHandler prndoc.PrintPage, AddressOf OnPrintPage
        setdlg.Document = prndoc
        prndlg.Document = prndoc
```

```vbnet
        ' Menüelemente hinzufügen.
        AddHandler Menu.MenuItems(0).Popup, AddressOf MenuFileOnPopup
        Menu.MenuItems(0).MenuItems.Add("-")

        ' Datei | Seiteneinrichtung
        miFileSet = New MenuItem("Page Set&up...")
        AddHandler miFileSet.Click, AddressOf MenuFileSetupOnClick
        Menu.MenuItems(0).MenuItems.Add(miFileSet)

        ' Datei | Drucken
        miFilePrint = New MenuItem("&Print...")
        AddHandler miFilePrint.Click, AddressOf MenuFilePrintOnClick
        miFilePrint.Shortcut = Shortcut.CtrlP
        Menu.MenuItems(0).MenuItems.Add(miFilePrint)
        Menu.MenuItems(0).MenuItems.Add("-")

        ' Datei | Eigenschaften
        miFileProps = New MenuItem("Propert&ies...")
        AddHandler miFileProps.Click, AddressOf MenuFilePropsOnClick
        Menu.MenuItems(0).MenuItems.Add(miFileProps)
    End Sub
    Protected Overrides Sub OnPaint(ByVal pea As PaintEventArgs)
        If Not img Is Nothing Then
            ScaleImageIsotropically(pea.Graphics, img, RectangleF.op_Implicit(ClientRectangle))
        End If
    End Sub
    Private Sub MenuFileOnPopup(ByVal obj As Object, ByVal ea As EventArgs)
        Dim bEnable As Boolean = Not img Is Nothing
        miFilePrint.Enabled = bEnable
        miFileSet.Enabled = bEnable
        miFileProps.Enabled = bEnable
    End Sub
    Private Sub MenuFileSetupOnClick(ByVal obj As Object, ByVal ea As EventArgs)
        setdlg.ShowDialog()
    End Sub
    Private Sub MenuFilePrintOnClick(ByVal obj As Object, ByVal ea As EventArgs)
        If prndlg.ShowDialog() = DialogResult.OK Then
            prndoc.DocumentName = Text
            prndoc.Print()
        End If
    End Sub
    Private Sub MenuFilePropsOnClick(ByVal obj As Object, ByVal ea As EventArgs)
        Dim str As String = "Size = " & img.Size.ToString() & vbLf & _
            "Horizontal Resolution = " & img.HorizontalResolution & vbLf & _
            "Vertical Resolution = " & img.VerticalResolution & vbLf & _
            "Physical Dimension = " & img.PhysicalDimension.ToString() & vbLf & _
            "Pixel Format = " & img.PixelFormat
        MessageBox.Show(str, "Image Properties")
    End Sub
    Private Sub OnPrintPage(ByVal obj As Object, ByVal ppea As PrintPageEventArgs)
        Dim grfx As Graphics = ppea.Graphics
        Dim rectf As New RectangleF( _
            ppea.MarginBounds.Left - _
            (ppea.PageBounds.Width - grfx.VisibleClipBounds.Width) / 2, _
            ppea.MarginBounds.Top - _
            (ppea.PageBounds.Height - grfx.VisibleClipBounds.Height) / 2, _
            ppea.MarginBounds.Width, ppea.MarginBounds.Height)
```

```
            ScaleImageIsotropically(grfx, img, rectf)
        End Sub
        Private Sub ScaleImageIsotropically(ByVal grfx As Graphics, _
                            ByVal img As Image, ByVal rectf As RectangleF)
            Dim szf As New SizeF(img.Width / img.HorizontalResolution, _
                                img.Height / img.VerticalResolution)
            Dim fScale As Single = Math.Min(rectf.Width / szf.Width, _
                                            rectf.Height / szf.Height)
            szf.Width *= fScale
            szf.Height *= fScale
            grfx.DrawImage(img, rectf.X + (rectf.Width - szf.Width) / 2, _
                                rectf.Y + (rectf.Height - szf.Height) / 2, szf.Width, szf.Height)
        End Sub
    End Class
```

PrintDocument und beide Dialogfelder (*PageSetupDialog* und *PrintDialog*) werden als Felder definiert und im Programmkonstruktor initialisiert. Der Konstruktor fügt zum Menü neben den Elementen *Page Setup* und *Print* ein *Properties*-Element hinzu (Bildeigenschaften), das Informationen zum Bild anzeigt.

Die Verarbeitung des Menüelements *Page Setup* (Seiteneinrichtung) ist ein Kinderspiel. Die Methode *MenuFileSetupOnClick* ruft einfach die Methode *ShowDialog* von *PageSetupDialog* auf. Dabei muss nicht einmal der Rückgabewert überprüft werden. Auch das Menüelement *Print* funktioniert ganz einfach: Die Methode *MenuFilePrintOnClick* ruft als Erstes *PrintDialog* auf. Wenn *PrintDialog* den Wert *DialogResult.OK* zurückgibt, stellt die Methode die Eigenschaft *DocumentName* des *PrintDocument*-Objekts ein und ruft *Print* auf. (Der Handler für das *Print-Page*-Ereignis wird während der Ausführung des Konstruktors eingerichtet.)

Die Methode *OnPrintPage* berechnet zunächst ein Ausgaberechteck mit Rändern und bedient sich dabei der anhand des Programms PrintWithMargins erläuterten Formeln. Anschließend zeigt die Methode die Bitmap innerhalb dieser Ränder unter Beibehaltung der richtigen Seitenverhältnisse so groß wie möglich an. Sie verwendet dafür eine leicht abgeänderte Version der Methode *ScaleImageIsotropically* aus dem Programm ImageScaleIsotropic aus Kapitel 11. (Um zu dem berechneten Anzeigerechteck kompatibel zu bleiben, habe ich das *Rectangle*-Argument in der ursprünglichen Version in ein *RectangleF* geändert.) Das Programm überschreibt ferner die vorherige *OnPaint*-Methode, um dieselbe Ausgabelogik zu verwenden.

Druckvorschau

Sobald Ihre Anwendung Druckvorgänge unterstützt, ist es vergleichsweise einfach, ein Feature für die Druckvorschau zu implementieren. Im Prinzip wird dabei Ihr normaler *PrintPage*-Ereignishandler zur Anzeige der Druckerausgabe in Form einer Bitmap verwendet. Diese Bitmap wird dem Benutzer anschließend angezeigt. Bevor ich Ihnen jedoch demonstriere, wie einfach das ist, wollen wir zunächst einen Blick hinter die Kulissen werfen. Die Kenntnis dieser Details kann durchaus sinnvoll sein, wenn Sie die Druckvorschaubitmaps auf anderem Weg verarbeiten möchten.

Der Schlüssel zur Druckvorschau ist die Eigenschaft *PrintController* von *PrintDocument*. *PrintController* ist zwar standardmäßig auf *PrintControllerWithStatusDialog* eingestellt, ich habe Ihnen jedoch bereits gezeigt, wie Sie diese Eigenschaft so ändern können, dass eine entsprechende Anzeige nicht im Statusdialogfeld erfolgt.

Um einen extremen Effekt zu erzielen, können Sie der Eigenschaft *PrintController* von *PrintDocument* ein Objekt vom Typ *PreviewPrintController* zuweisen.

```
Dim ppc As New PreviewPrintController()
prndoc.PrintController = ppc
```

Die Klasse *PreviewPrintController* verfügt über eine einzige Eigenschaft:

PreviewPrintController-Eigenschaft

Eigenschaft	Typ	Zugriff
UseAntiAlias	Boolean	Get/Set

Stellen Sie die übrigen Eigenschaften des *PrintDocument*-Objekts ganz normal ein, so als wollten Sie einen Druckvorgang ausführen. Starten Sie dann den Druckvorgang ganz normal, indem Sie die *Print*-Methode von *PrintDocument* aufrufen.

```
prndoc.Print()
```

Wie Sie wissen, ist der Druckcontroller dafür zuständig, das *Graphics*-Objekt abzurufen, das von *PrintDocument* an den *PrintPage*-Ereignishandler übergeben wird. *PreviewPrintController* ruft kein *Graphics*-Objekt für den Drucker ab. Es erstellt vielmehr für jede Seite eine Bitmap und ruft für das Zeichnen der betreffenden Bitmap ein *Graphics*-Objekt ab. Dabei handelt es sich tatsächlich um das an den *PrintPage*-Ereignishandler übergebene *Graphics*-Objekt.

Sobald die *Print*-Methode ausgeführt wurde, können Sie auf diese Bitmaps zugreifen. Die einzige nicht geerbte Eigenschaft von *PreviewPrintController* gibt ein Array aus *PreviewPageInfo*-Klassen zurück:

PreviewPrintController-Methode

```
Function GetPreviewPageInfo() As PreviewPageInfo()
```

Die Klasse *PreviewPageInfo* weist zwei Eigenschaften auf:

PreviewPageInfo-Eigenschaften

Eigenschaft	Typ	Zugriff
Image	Image	Get
PhysicalSize	Size	Get

Die Pixelgröße der Eigenschaft *Image* entspricht der Pixelgröße Ihrer Druckerseite. Die Eigenschaft *PhysicalSize* gibt die Maße in 1/100 Zoll an. Sie verfügen nun über eine Reihe von Bitmaps, bei der jedes Element jeweils einer Seite des zu druckenden Dokuments entspricht. Diese Bitmaps können Sie anzeigen, wie sie wollen.

Kann es einen noch einfacheren Ansatz geben? Und ob es den gibt. Dazu erstellen Sie zunächst ein Objekt vom Typ *PrintPreviewDialog*.

```
Dim predlg As New PrintPreviewDialog()
```

PrintPreviewDialog ist von *Form* abgeleitet, verfügt also über eine ganze Reihe von Eigenschaften, Methoden und Ereignissen. Aber viele davon brauchen Sie gar nicht zu beachten. Im Folgenden sehen Sie einige Eigenschaften, die *PrintPreviewDialog* selbst implementiert:

PrintPreviewDialog-Eigenschaften (Auswahl)

Eigenschaft	Typ	Zugriff
Document	PrintDocument	Get/Set
PrintPreviewControl	PrintPreviewControl	Get
UseAntiAlias	Boolean	Get/Set
HelpButton	Boolean	Get/Set

Die wichtigste von Ihnen einzustellende Eigenschaft ist *Document*, und dieser weisen Sie dasselbe *PrintDocument*-Objekt zu, das Sie für das Drucken und das Einrichten der Seite verwenden. *PrintPreviewControl* ist eine weitere in *System.Windows.Forms* definierte Klasse. Dabei handelt es sich um die Steuerelemente, die schließlich auf dem Formular für die Anzeige der Seitenbitmaps erscheinen.

Hier sehen Sie den üblichen Code zum Initialisieren und Starten der Druckvorschau:

```
predlg.Document = prndoc
predlg.ShowDialog()
```

Die Methode *ShowDialog* erledigt die ganze Arbeit. Sie ruft das als *Document*-Eigenschaft gespeicherte *PrintDocument*-Objekt ab, stellt *PrintController* auf *PreviewPrintController* ein, ruft die *Print*-Methode von *PrintDocument* auf und zeigt schließlich ein Formular mit den entsprechenden Bitmaps und einer Reihe von Steuerelementen an. Sie können von der Druckvorschau aus auch drucken. In diesem Fall verwendet das Dialogfeld für die Druckvorschau ganz einfach dasselbe *PrintDocument*-Objekt mit denselben Ereignishandlern. Sie sollten dann die Eigenschaft *DocumentName* von *PrintDocument* einstellen, bevor Sie *ShowDialog* aufrufen.

Wir wollen nun das Drucken mit Seiteneinrichtung und Druckvorschau in unserem Editor-Klon implementieren. Das Programm NotepadCloneWithPrinting erbt vom Programm NotepadCloneWithFormat aus Kapitel 18.

NotepadCloneWithPrinting.vb

```
Imports System
Imports System.Drawing
Imports System.Drawing.Printing
Imports System.IO
Imports System.Windows.Forms
Class NotepadCloneWithPrinting
    Inherits NotepadCloneWithFormat
    Private prndoc As New PrintDocument()
    Private setdlg As New PageSetupDialog()
    Private predlg As New PrintPreviewDialog()
    Private prndlg As New PrintDialog()
    Private strPrintText As String
    Private iStartPage, iNumPages, iPageNumber As Integer
    Shared Shadows Sub Main()
        Application.Run(New NotepadCloneWithPrinting())
    End Sub
    Sub New()
        strProgName = "Notepad Clone with Printing"
        MakeCaption()
        ' Druckerobjekte und -dialogfelder einstellen.
        AddHandler prndoc.PrintPage, AddressOf OnPrintPage
```

```vb
        setdlg.Document = prndoc
        predlg.Document = prndoc
        prndlg.Document = prndoc
        prndlg.AllowSomePages = True
        prndlg.PrinterSettings.FromPage = 1
        prndlg.PrinterSettings.ToPage = prndlg.PrinterSettings.MaximumPage
    End Sub
    Protected Overrides Sub MenuFileSetupOnClick(ByVal obj As Object, ByVal ea As EventArgs)
        setdlg.ShowDialog()
    End Sub
    Protected Overrides Sub MenuFilePreviewOnClick(ByVal obj As Object, ByVal ea As EventArgs)
        prndoc.DocumentName = Text     ' Für den Fall, dass der Name gedruckt wird.
        strPrintText = txtbox.Text
        iStartPage = 1
        iNumPages = prndlg.PrinterSettings.MaximumPage
        iPageNumber = 1
        predlg.ShowDialog()
    End Sub
    Protected Overrides Sub MenuFilePrintOnClick(ByVal obj As Object, ByVal ea As EventArgs)
        prndlg.AllowSelection = txtbox.SelectionLength > 0
        If prndlg.ShowDialog() = DialogResult.OK Then
            prndoc.DocumentName = Text
            ' Einige wichtige Felder initialisieren.
            Select Case prndlg.PrinterSettings.PrintRange
                Case PrintRange.AllPages
                    strPrintText = txtbox.Text
                    iStartPage = 1
                    iNumPages = prndlg.PrinterSettings.MaximumPage
                Case PrintRange.Selection
                    strPrintText = txtbox.SelectedText
                    iStartPage = 1
                    iNumPages = prndlg.PrinterSettings.MaximumPage
                Case PrintRange.SomePages
                    strPrintText = txtbox.Text
                    iStartPage = prndlg.PrinterSettings.FromPage
                    iNumPages = prndlg.PrinterSettings.ToPage - iStartPage + 1
            End Select
            ' Und den Druckvorgang starten.
            iPageNumber = 1
            prndoc.Print()
        End If
    End Sub
    Private Sub OnPrintPage(ByVal obj As Object, ByVal ppea As PrintPageEventArgs)
        Dim grfx As Graphics = ppea.Graphics
        Dim fnt As Font = txtbox.Font
        Dim cyFont As Single = fnt.GetHeight(grfx)
        Dim strfmt As New StringFormat()
        Dim rectfFull, rectfText As RectangleF
        Dim iChars, iLines As Integer
        ' RectangleF für Kopf- und Fußzeile berechnen.
        If grfx.VisibleClipBounds.X < 0 Then
            rectfFull = RectangleF.op_Implicit(ppea.MarginBounds)
```

```vb
        Else
            rectfFull = New RectangleF( _
                ppea.MarginBounds.Left - (ppea.PageBounds.Width - _
                    grfx.VisibleClipBounds.Width) / 2, _
                ppea.MarginBounds.Top - (ppea.PageBounds.Height - _
                    grfx.VisibleClipBounds.Height) / 2, _
                ppea.MarginBounds.Width, ppea.MarginBounds.Height)
        End If

        ' RectangleF für den Text berechnen.
        rectfText = RectangleF.Inflate(rectfFull, 0, -2 * cyFont)
        Dim iDisplayLines As Integer = CInt(Math.Floor(rectfText.Height / cyFont))
        rectfText.Height = iDisplayLines * cyFont

        ' StringFormat-Objekt für Anzeige des Textes im Rechteck einrichten.
        If txtbox.WordWrap Then
            strfmt.Trimming = StringTrimming.Word
        Else
            strfmt.Trimming = StringTrimming.EllipsisCharacter
            strfmt.FormatFlags = strfmt.FormatFlags Or StringFormatFlags.NoWrap
        End If

        ' Beim Druck eines Seitenbereichs erste Seite ausfindig machen.
        While iPageNumber < iStartPage AndAlso strPrintText.Length > 0
            If txtbox.WordWrap Then
                grfx.MeasureString(strPrintText, fnt, rectfText.Size, strfmt, iChars, iLines)
            Else
                iChars = CharsInLines(strPrintText, iDisplayLines)
            End If
            strPrintText = strPrintText.Substring(iChars)
            iPageNumber += 1
        End While

        ' Falls der Text vorzeitig zu Ende ist, den Druckauftrag beenden.
        If strPrintText.Length = 0 Then
            ppea.Cancel = True
            Return
        End If

        ' Den Text für diese Seite ausgeben.
        grfx.DrawString(strPrintText, fnt, Brushes.Black, rectfText, strfmt)

        ' Den Text für die nächste Seite abrufen.
        If txtbox.WordWrap Then
            grfx.MeasureString(strPrintText, fnt, rectfText.Size, strfmt, iChars, iLines)
        Else
            iChars = CharsInLines(strPrintText, iDisplayLines)
        End If
        strPrintText = strPrintText.Substring(iChars)

        ' StringFormat für Kopf- und Fußzeile zurücksetzen.
        strfmt = New StringFormat()

        ' Den Dateinamen oben ausgeben.
        strfmt.Alignment = StringAlignment.Center
        grfx.DrawString(FileTitle(), fnt, Brushes.Black, rectfFull, strfmt)

        ' Die Seitenzahl unten ausgeben.
        strfmt.LineAlignment = StringAlignment.Far
        grfx.DrawString("Page " & iPageNumber, fnt, Brushes.Black, rectfFull, strfmt)
```

```
        ' Entscheiden, ob eine weitere Seite gedruckt werden soll.
        iPageNumber += 1
        ppea.HasMorePages = (strPrintText.Length > 0) AndAlso (iPageNumber < iStartPage + iNumPages)
        ' Variablen für Druck aus Seitenvorschau wieder initialisieren.
        If Not ppea.HasMorePages Then
            strPrintText = txtbox.Text
            iStartPage = 1
            iNumPages = prndlg.PrinterSettings.MaximumPage
            iPageNumber = 1
        End If
    End Sub
    Private Function CharsInLines(ByVal strPrintText As String, ByVal iNumLines As Integer) As Integer
        Dim index As Integer = 0
        Dim i As Integer
        For i = 0 To iNumLines - 1
            index = 1 + strPrintText.IndexOf(vbLf, index)
            If index = 0 Then
                Return strPrintText.Length
            End If
        Next i
        Return index
    End Function
End Class
```

Weil mein Programm ein bisschen besser als der Editor sein soll, habe ich beschlossen, die beiden Optionen des *PrintDialog*-Dialogfelds zu implementieren, mit denen Sie eine Markierung oder einen Bereich von Seiten drucken können.

In diesem Programm sind das *PrintDocument*-Objekt und alle *drei* Druckdialogfelder als Felder definiert. Sie werden im Programmkonstruktor intalisiert. Als Felder werden ebenfalls vier Variablen gespeichert, die das Programm beim Druck eines Dokuments unterstützen.

Die Methode *MenuFilePrintOnClick* ist umfangreicher als alle anderen, mit denen wir uns bisher beschäftigt haben. Das liegt hauptsächlich daran, dass die Optionen zum Drucken einer Markierung bzw. einer Auswahl von Seiten oder des gesamten Dokuments implementiert worden sind. Die Variable *strPrintText* muss beispielsweise mit dem zu druckenden Text identisch sein. Dieser Variablen wird üblicherweise die *Text*-Eigenschaft des Textfelds zugewiesen, wenn jedoch nur die Markierung gedruckt werden soll, muss sie aus *SelectedText* abgerufen werden. Um es etwas zu vereinfachen: Dieser Code dient dazu, *iStartPage* (die erste zu druckende Seite) und *iNumPages* (die Anzahl zu druckender Seiten) in Abhängigkeit davon, welche der drei Druckoptionen gewählt wurden, auf unterschiedliche Werte einzustellen.

Die Methode *MenuFilePreviewOnClick* (die durch das Klicken auf das Menüelement *Seitenansicht* aufgerufen wird) stellt *strPrintText, iStartPage, iNumPages* und *iPageNumber* so ein, als würde das gesamte Dokument gedruckt.

Der *PrintPage*-Ereignishandler berechnet zunächst ein Ausgaberechteck. Bei einem normalen Druckvorgang wird hier die oben erläuterte Formel mit *MarginBounds, PageBounds* und *VisibleClipBounds* eingesetzt. Wird der *PrintPage*-Ereignishandler jedoch von der Seitenvorschau aufgerufen, ist der von *VisibleClipBounds* angegebene Zeichenraum größer als die Bitmap, und der Ursprung der Grafik ist die linke obere Ecke der Bitmap. In dem Fall wird als Ausgaberechteck einfach die Eigenschaft *MarginBounds* verwendet. Ist der Zeilenumbruch aktiviert, kann sich der *PrintPage*-Ereignishandler auf die Fähigkeiten von *DrawString* verlassen. Beachten Sie, wie die Methode das berechnete Textausgaberechteck (*rectfText*) anpasst, damit nur noch eine ganzzahlige Anzahl von Zeilen angezeigt wird. Mit dieser Anpassung werden Clippingprobleme vermieden. Entsprechend wird durch das Festlegen der *Trimming*-Eigenschaft des *StringFormat*-Objekts auf *StringTrimmingWord* sichergestellt, dass das letzte Wort der Seite nicht abgeschnitten wird. Die *MeasureString*-Überladung, die die Anzahl der ausgegebenen Zeichen zurückgibt, eignet sich ideal für die Anpassung der Variablen *strPrintText* für den Druck der nächsten Seite.

Bei Text, in dem die Option für den Zeilenumbruch nicht ausgewählt ist, ist das alles nicht ganz so unkompliziert. Die Methode *OnPrintPage* stellt die Eigenschaft *Trimming* des *StringFormat*-Objekts auf *StringTrimming.EllipsisCharacter* und die Eigenschaft *FormatFlags* auf *StringFormatFlags.NoWrap* ein, damit die korrekte Ausgabe aller Seiten gewährleistet ist. *MeasureString* hat es sich jedoch nicht nehmen lassen, die Anzahl der tatsächlich ausgegebenen Zeichen zurückzugeben, statt der Anzahl der Zeichen, die ausgegeben worden wären, wenn nicht alle Zeilen abgeschnitten worden wären. Ich war gezwungen, die kleine Routine *CharsInLines* zu schreiben, die die am Zeilenende stehenden Zeichen ausfindig macht und *strPrintText* entsprechend anpasst.

Ein weiterer Ansatz zum Drucken eines Textes ohne Zeilenumbrüche besteht in der Verwendung der Eigenschaft *Lines*, um ein *String*-Array mit allen einzelnen Textzeilen abzurufen. Die Methode *OnPrintPage* kann dann für jede Zeile einfach *DrawString* aufrufen. Dieser Ansatz kann jedoch nur für das Drucken eines ganzen Dokuments bzw. eines Bereichs von Seiten verwendet werden. Die Klasse *TextBoxBase* verfügt über keine Eigenschaft, die den *markierten* Text mit Zeilenumbrüchen zurückgibt.

Das Dialogfeld *Print Preview* (*Druckvorschau*) verfügt über eine Schaltfläche, mit der das Dokument gedruckt werden kann, bevor eine Rückkehr zur Anwendung erfolgt. Um für diese Möglichkeit gewappnet zu sein, werden, sobald *OnPrintPage* die letzte Seite erreicht hat, zur Vorbereitung auf einen regulären Druckauftrag darüber hinaus die Felder *strPrintText*, *iStartPage*, *iNumPages* und *iPageNumber* erneut initialisiert.

22 Struktur- und Listenansicht

862	Das Steuerelement *Splitter*
874	Strukturansichten und -knoten
878	Bilder in Strukturansichten
879	Ereignisse der Strukturansicht
880	Navigation durch die Knoten
882	Die Verzeichnisstruktur
887	Bilder anzeigen
893	Grundwissen zu Listenansichten
899	Ereignisse der Listenansicht

Ich nehme an, dass Sie mit dem Microsoft Windows-Explorer vertraut sind. Der Clientbereich des Windows-Explorers wird von zwei großen, leistungsstarken Steuerelementen dominiert. Das *TreeView*-Steuerelement sorgt für die Strukturansicht und zeigt eine hierarchische Liste der Laufwerke und Verzeichnisse auf dem System des Benutzers an. Das *ListView*-Steuerelement ist für den Detailbereich auf der rechten Seite verantwortlich und zeigt die Unterverzeichnisse und Dateien in ausgewählten Verzeichnissen in einem von vier Formaten an: als einfache Liste, als Tabelle mit mehreren Spalten, als Namen mit kleinen Symbolen oder als Namen mit großen Symbolen. (Neuere Versionen des Windows-Explorers enthalten auch eine Miniaturansicht.)

In diesem Kapitel wird die Windows Forms-Implementierung der Steuerelemente für die Struktur- und Listenansicht behandelt. Die Komplexität und Vielseitigkeit dieser Steuerelemente macht eine erschöpfende Diskussion unmöglich. Jedoch werde ich so weit ins Detail gehen, dass Sie Ihre ersten Schritte wagen können.

Doch bevor wir beginnen, möchte ich Ihre Aufmerksamkeit auf ein drittes Steuerelement im Windows-Explorer lenken: die dünne vertikale Leiste, die wie ein Größeneinstellungsrand aussieht, jedoch *zwischen* den Steuerelementen für Struktur- und Listenansicht angezeigt wird. Diesen Rand können Sie mit der Maus nach links oder rechts verschieben, um anzupassen, wie der Clientbereich des Windows-Explorers zwischen den beiden Steuerelementen aufgeteilt wird. Wird ein Steuerelement vergrößert, wird das andere verkleinert. Dieser Teiler wird als *Splitter*- oder Aufteilungssteuerelement oder auch kurz als Teiler bezeichnet.

Das Steuerelement *Splitter*

Teiler werden natürlich nicht nur im Windows-Explorer verwendet. In Microsoft Word können Sie z.B. im Menü *Fenster* (*Window*) auf *Teilen* (*Split*) klicken und das Dokument in zwei Ausschnitte mit einem horizontalen Teilerelement aufteilen. Mithilfe dieses Features können Sie einen Abschnitt eines Dokuments bearbeiten und einen anderen im Blick behalten. Auch hier passt der Teiler die relativen Größen der beiden Ausschnitte an. Microsoft Visual Basic .NET verwendet standardmäßig Teiler, um den Clientbereich in vier Bereiche aufzuteilen.

Teiler werden auch zum Anzeigen von Webseiten verwendet, die mit *Frames* arbeiten. Dieses Feature wurde mit HTML 4.0 eingeführt. Die *HTML 4.0-Spezifikation* (Abschnitt 16.1) enthält eine gute Erklärung des Grundprinzips der auf Frames basierenden Architektur:

»HTML-Frames ermöglichen Autoren die Anzeige von Dokumenten in mehreren Ansichten, bei denen es sich um unabhängige Fenster oder Unterfenster handeln kann. Mithilfe mehrerer Ansichten können Entwickler bestimmte Informationen angezeigt lassen, während andere Ansichten per Bildlauf durchlaufen oder ersetzt werden. Beispiel: Im selben Fenster kann z.B. ein Frame a) ein statisches Banner, b) ein Navigationsmenü und c) das Hauptdokument anzeigen, das per Bildlauf durchlaufen oder durch Navigation im zweiten Frame ersetzt werden kann.«

Obgleich die Größe dieser Frames fest sein kann, können sie standardmäßig mit Teilern angepasst werden. Auf derselben Webseite sind häufig horizontale und vertikale Teiler anzutreffen.

Das Teiler-Steuerelement von Windows Forms wird in der Klasse *Splitter* implementiert, die auf *Control* basiert. Nachdem Sie einen Teiler korrekt erstellt und positioniert haben, können Sie ihn in der Regel ignorieren, da Teilerereignisse nur selten verarbeitet werden müssen. Ein Teiler wirkt sich ähnlich wie ein Rahmen zur Größeneinstellung auf die Größe anderer Steuerelemente aus. Wenn Steuerelemente auf eine Größenänderung gut reagieren, erfolgt auch die Größenänderung mithilfe von Teilern problemlos.

Ein Teiler ist stets mit einem *Zielsteuerelement* verknüpft, dem Steuerelement, dessen Größe direkt vom Teiler geändert wird, wenngleich auch andere Steuerelemente von der Verschiebung des Teilers betroffen sein können. Ein Teiler wird einem Zielsteuerelement mithilfe des Andockmechanismus zugeordnet, den ich in Kapitel 12 beschrieben habe. Wie Sie sich erinnern, implementiert die Klasse *Control* die Eigenschaft *Dock,* der eines der folgenden Member der Enumeration *DockStyle* zugewiesen werden kann:

DockStyle-Enumeration

Member	Wert
None	0
Top	1
Bottom	2
Left	3
Right	4
Fill	5

Die Standardeinstellung ist *DockStyle.None*. Wenn Sie eines der nächsten vier Member in der Tabelle verwenden, wird das Steuerelement bündig an dieser Seite seines übergeordneten Objekts positioniert und bis zu den beiden angrenzenden Seiten erweitert. Wenn *ctrl* beispielsweise eine Instanz einer von *Control* abgeleiteten Klasse ist und Sie die Eigenschaft *Dock* auf

```
ctrl.Dock = DockStyle.Left
```

einstellen, dann wird *ctrl* an den äußersten linken Rand seines übergeordneten Objekts verschoben, und die Größe wird angepasst, um den vollständigen Raum zwischen der Ober- und Unterkante des übergeordneten Objekts einzunehmen. Wenn die Größe des übergeordneten Objekts geändert wird, ändert sich die Größe von *ctrl* entsprechend. Die Klasse *Control* führt diesen Zaubertrick in der *OnResize*-Methode aus. Aus diesem und anderen Gründen sollten Sie beim Überschreiben von *OnResize* stets die Version dieser Methode in der Basisklasse aufrufen.

Die Option *DockStyle.Fill* bewirkt, dass das Steuerelement die Oberfläche seines übergeordneten Objekts ausfüllt. Ich habe *DockStyle.Fill* im Programm AnalogClock aus Kapitel 10, im Programm PictureBoxPlusDemo aus Kapitel 11 und in den verschiedenen Klonen von Notepad ab Kapitel 18 eingesetzt.

Was passiert, wenn zwei oder mehr Steuerelemente an derselben Seite angedockt werden? Oder wenn Sie *DockStyle.Fill* mit zwei oder mehr Steuerelementen verwenden? Oder wenn Sie für ein Steuerelement *DockStyle.Fill* verwenden und es mit einem weiteren Steuerelement kombinieren, das nicht das Standardmember von *DockStyle* verwendet? In all diesen Fällen wird das Verhalten von der z-Reihenfolge der Steuerelemente bestimmt.

Die z-Reihenfolge, die ich bereits in Kapitel 12 vorgestellt habe, soll hier noch einmal kurz erläutert werden. Wenn Sie Steuerelemente zu einem übergeordneten Objekt hinzufügen, wird diesen untergeordneten Elementen ein bei 0 beginnender *Index* zugewiesen. Ein Steuerelement mit dem Index 0 befindet sich *oben* in der z-Reihenfolge. Wenn sich Steuerelemente überlappen, wird das untergeordnete Steuerelement ganz oben in der z-Reihenfolge über den anderen Steuerelementen angezeigt und empfängt Mausereignisse, wenn der Mauszeiger über das Steuerelement geführt wird. Das untergeordnete Steuerelement mit dem höchsten Index befindet sich ganz unten in der z-Reihenfolge.

Programme können Steuerelemente neu anordnen, indem sie die von *Control* implementierten Methoden *BringToFront* und *SendToBack* oder die von *Control.ControlCollection* implementierte Methode *SetChildIndex* aufrufen. Am einfachsten ist es, die Steuerelemente gleich am Anfang in der gewünschten Reihenfolge zu erstellen.

Was passiert also, wenn für zwei oder mehr untergeordnete Steuerelemente die Eigenschaft *Dock* auf *DockStyle.Fill* eingestellt wird? Das untergeordnete Steuerelement oben in der z-Reihenfolge, d.h. das untergeordnete Steuerelement, das zuerst zum übergeordneten Objekt hinzugefügt wurde und deshalb den niedrigsten Indexwert aufweist, wird vor den anderen angezeigt. Betrachten Sie beispielsweise den folgenden Code, der im Konstruktor einer von *Form* abgeleiteten Klasse enthalten sein könnte:

```
Dim pnl1 As New Panel()
pnl1.Parent = Me
pnl1.Dock = DockStyle.Fill

Dim pnl2 As New Panel()
pnl2.Parent = Me
pnl2.Dock = DockStyle.Fill
```

Das Steuerelement *pnl1* ist sichtbar, *pnl2* dagegen nicht. Allgemein gilt, dass nur ein untergeordnetes Steuerelement die *Dock*-Eigenschaft *DockStyle.Fill* haben sollte. (Im Programm ImageDirectory weiter unten in diesem Kapitel verstoße ich gegen diese Regel. Dieses Programm weist zwei Steuerelemente mit *DockStyle.Fill* auf, von denen jedoch nur eines zu einem beliebigen Zeitpunkt über die *Visible*-Eigenschaft *True* verfügt.)

Es ist möglich, weitere Steuerelemente vor dem Steuerelement mit *Dock*-Eigenschaft *DockStyle.Fill* zum übergeordneten Objekt hinzuzufügen. Beispiel:

```
Dim btn As New Button()
btn.Parent = Me
```

Struktur- und Listenansicht

```
Dim pn1 As New Panel()
pn1.Parent = Me
pn1.Dock = DockStyle.Fill
```

Das *Button*-Steuerelement befindet sich oben in der z-Reihenfolge und wird vor dem *Panel*-Steuerelement angezeigt. Das *Panel*-Steuerelement füllt den Clientbereich des übergeordneten Objekts aus. Es sieht so aus, als wäre das *Button*-Steuerelement dem *Panel*-Steuerelement untergeordnet, dies ist jedoch nicht der Fall. Die Steuerelemente überlappen sich lediglich, und dasjenige oben in der z-Reihenfolge erhält die Anzeigepriorität.

Im folgenden Fall verhält es sich ähnlich:

```
Dim pnl1 As New Panel()
pnl1.Parent = Me
pnl1.Dock = DockStyle.Fill
Dim pnl2 As New Panel()
pnl2.Parent = Me
pnl2.Dock = DockStyle.Left
```

Beachten Sie, dass das erste *Panel*-Steuerelement die *Dock*-Eigenschaft *DockStyle.Left* aufweist. Es befindet sich oben in der z-Reihenfolge und erhält demzufolge Priorität. Das zweite *Panel*-Steuerelement füllt weiterhin den Clientbereich seines übergeordneten Objekts aus, wenngleich der linke Teil von *pnl1* verdeckt wird. Dies ist nicht das gewünschte Ergebnis.

Der folgende Fall ist wesentlich sinnvoller und (bei Hinzufügen eines Teilersteuerelements) ein häufig verwendeter Ansatz:

```
Dim pnl1 As New Panel()
pnl1.Parent = Me
pnl1.Dock = DockStyle.Fill
Dim pnl2 As New Panel()
pnl2.Parent = Me
pnl2.Dock = DockStyle.Left
```

Hier habe ich lediglich die beiden *Dock*-Eigenschaften ausgetauscht, sodass beide Flächen nun vollständig angezeigt werden. Die erste Fläche wird rechts und die zweite links im Clientbereich angezeigt. Wenn Sie den Clientbereich breiter oder schmaler machen, ändert *pnl1* rechts aufgrund der *DockStyle.Fill*-Eigenschaft seine Größe. In diesem Fall ändert *pnl2* links im Clientbereich seine Größe nicht.

Ich habe diese Technik bereits im Programm SimpleStatusBarWithPanel am Anfang von Kapitel 20 demonstriert. Dieses Programm beginnt mit dem Erstellen eines *Panel*-Steuerelements mit der *Dock*-Eigenschaft *DockStyle.Fill,* auf das ein *StatusBar*-Steuerelement mit der Standardeinstellung *DockStyle.Bottom* folgt.

Wenn Sie die letzte Zeile des vorherigen Codes in

```
pnl2.Dock = DockStyle.Right
```

ändern, wird *pnl1* links und *pnl2* rechts im Clientbereich angezeigt. Wenn Sie die Größe des Clientbereichs ändern, ändert sich *pnl1* (nun links) entsprechend, *pnl2* behält seine Größe bei. Ein Teilersteuerelement zwischen diesen beiden Flächen wäre ideal.

Was passiert, wenn Sie dieselbe *Dock*-Eigenschaft mit zwei Steuerelementen verwenden? Hier ein Beispiel:

```
Dim pnl1 As New Panel()
pnl1.Parent = Me
pnl1.Dock = DockStyle.Left

Dim pnl2 As New Panel()
pnl2.Parent = Me
pnl2.Dock = DockStyle.Left
```

Beim Hinzufügen des zweiten Steuerelements zum übergeordneten Objekt wird das Steuerelement oben in der z-Reihenfolge (*pnl1*) in die Mitte des Clientbereichs verschoben. Das Steuerelement unten in der z-Reihenfolge wird am linken Rand des übergeordneten Objekts positioniert.

Es folgt ein Beispiel mit zwei Steuerelementen und unterschiedlicher *Dock*-Eigenschaft, bei denen die *Dock*-Eigenschaften im Konflikt zueinander zu stehen scheinen:

```
Dim pnl1 As New Panel()
pnl1.Parent = Me
pnl1.Dock = DockStyle.Left

Dim pnl2 As New Panel()
pnl2.Parent = Me
pnl2.Dock = DockStyle.Top
```

Die erste Fläche hat die *Dock*-Eigenschaft *DockStyle.Left*, die zweite *DockStyle.Top*. Anfangs ist die erste Fläche so positioniert, dass sie sich dicht an der linken Seite des Clientbereichs hält und sich im übergeordneten Objekt von oben bis unten erstreckt. Die zweite Fläche drückt die erste Fläche regelrecht herunter. Die zweite Fläche wird oben im Clientbereich positioniert und erstreckt sich über dessen volle Breite. Die erste Fläche landet unter der zweiten Fläche. Beide Flächen sind vollständig sichtbar.

Nun können wir diese Kombination mit Teilern ausstatten. Damit die Darlegung allgemein bleibt, verwende ich in diesen Beispielen weiterhin *Panel*-Steuerelemente. Diese Flächen können jedoch andere Steuerelemente enthalten und auch über Bildlaufleisten verfügen.

Es ist wichtig zu wissen, was passiert, wenn mehrere Steuerelemente am selben Rand des übergeordneten Objekts angedockt werden. Wenn Sie nicht aufpassen, kann es leicht passieren, dass Teiler am Rand des Fensters angezeigt werden, wo sie keinen Nutzen haben. Das Zielsteuerelement eines Teilers ist das Steuerelement, das am selben Rand wie der Teiler angedockt ist, jedoch eine niedrigeren z-Reihenfolgenwert hat. Aus diesem Grund wird der Teiler in der Regel *vor* dem Zielsteuerelement erstellt.

Am häufigsten werden Teilersteuerelemente zwischen zwei Steuerelementen platziert, sodass beim Bewegen des Teilers ein Steuerelement größer und das andere kleiner wird. Sie können Teiler noch auf einfachere Weise verwenden, um die Größe eines einzelnen Steuerelements zu verändern. Es folgt ein Programm, das einen Teiler zum Ändern der Größe eines einzelnen *Panel*-Steuerelements verwendet.

OnePanelWithSplitter.vb
```
Imports System
Imports System.Drawing
Imports System.Windows.Forms
Class OnePanelWithSplitter
    Inherits Form
    Shared Sub Main()
        Application.Run(New OnePanelWithSplitter())
    End Sub
    Sub New()
        Text = "One Panel with Splitter"
        Dim split As New Splitter()
        split.Parent = Me
        split.Dock = DockStyle.Left
```

```
        Dim pnl As New Panel()
        pnl.Parent = Me
        pnl.Dock = DockStyle.Left
        pnl.BackColor = Color.Lime
        AddHandler pnl.Resize, AddressOf PanelOnResize
        AddHandler pnl.Paint, AddressOf PanelOnPaint
    End Sub
    Private Sub PanelOnResize(ByVal obj As Object, ByVal ea As EventArgs)
        Dim pnl As Panel = DirectCast(obj, Panel)
        pnl.Invalidate()
    End Sub
    Private Sub PanelOnPaint(ByVal obj As Object, ByVal pea As PaintEventArgs)
        Dim pnl As Panel = DirectCast(obj, Panel)
        Dim grfx As Graphics = pea.Graphics
        grfx.DrawEllipse(Pens.Black, 0, 0, pnl.Width - 1, pnl.Height - 1)
    End Sub
End Class
```

Sowohl der Teiler als auch die Fläche weisen die *Dock*-Eigenschaft *DockStyle.Left* auf. Bedenken Sie jedoch, dass Steuerelemente unten in der z-Reihenfolge dem Andockrand am nächsten sind. Aus diesem Grund wird der Teiler zuerst erstellt. Die Fläche schiebt den Teiler praktisch vom linken Rand des übergeordneten Objekts weg, sodass sich der Teiler letztlich am rechten Rand der Fläche befindet.

In der Regel hat eine Fläche dieselbe Farbe wie ihr übergeordnetes Objekt. Deshalb habe ich absichtlich die *BackColor*-Eigenschaft des *panel*-Steuerelements geändert, damit deutlich zu sehen ist, dass das *Splitter*-Steuerelement seine Größe verändert. Im gesamten folgenden Abschnitt verwende ich Farben, um die Position anzugeben. In diesem Fall steht *lime* (lindgrün) für *links*. Außerdem habe ich Handler für die Ereignisse *Resize* und *Paint* installiert, sodass Sie auch sicher sein können, dass das gesamte *Panel*-Steuerelement angezeigt wird. Das Programm sieht so aus:

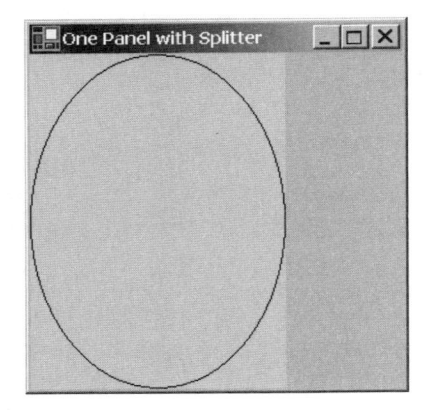

Sie können in diesem Beispiel den Teiler nicht sehen, da dessen *BackColor*-Eigenschaft der des übergeordneten Objekts entspricht. Doch wenn Sie die Maus auf die rechte Seite der Fläche bewegen, ändert sich der Cursor in kurze vertikale Linien. Sie können dann die Größe der Fläche ändern. Teiler haben keine Tastaturschnittstelle. Der von Teilern verwendete Cursor heißt *Cursors.VSplit* für vertikale Teiler (wie diesem) oder *Cursors.HSplit* für horizontale Teiler.

Es folgt ein Programm, das veranschaulicht, wie sich ein Teiler auf zwei Flächen auswirkt, die gemeinsam den Clientbereich ausfüllen. Die erste Fläche hat die *Dock*-Eigenschaft *DockStyle.Fill*, der Teiler und die zweite Fläche haben *DockStyle.Right*.

TwoPanelsWithSplitter.vb
```
Imports System
Imports System.Drawing
Imports System.Windows.Forms
Class TwoPanelsWithSplitter
    Inherits Form
    Shared Sub Main()
        Application.Run(New TwoPanelsWithSplitter())
    End Sub
    Sub New()
        Text = "Two Panels with Splitter"
        Dim pnl1 As New Panel()
        pnl1.Parent = Me
        pnl1.Dock = DockStyle.Fill
        pnl1.BackColor = Color.Lime
        AddHandler pnl1.Resize, AddressOf PanelOnResize
        AddHandler pnl1.Paint, AddressOf PanelOnPaint
        Dim split As New Splitter()
        split.Parent = Me
        split.Dock = DockStyle.Right
        Dim pnl2 As New Panel()
        pnl2.Parent = Me
        pnl2.Dock = DockStyle.Right
        pnl2.BackColor = Color.Red
        AddHandler pnl2.Resize, AddressOf PanelOnResize
        AddHandler pnl2.Paint, AddressOf PanelOnPaint
    End Sub
    Private Sub PanelOnResize(ByVal obj As Object, ByVal ea As EventArgs)
        DirectCast(obj, Panel).Invalidate()
    End Sub
    Private Sub PanelOnPaint(ByVal obj As Object, ByVal pea As PaintEventArgs)
        Dim pnl As Panel = DirectCast(obj, Panel)
        Dim grfx As Graphics = pea.Graphics
        grfx.DrawEllipse(Pens.Black, 0, 0, pnl.Width - 1, pnl.Height - 1)
    End Sub
End Class
```

Wenn Sie mit diesem Programm ein wenig experimentieren, wird die lindgrüne Fläche links und die rote Fläche rechts angezeigt. (Gut zu merken, oder?) Der Teiler ist nun besser zu sehen, da er jetzt grau ist. So sieht das Programm beim Start aus:

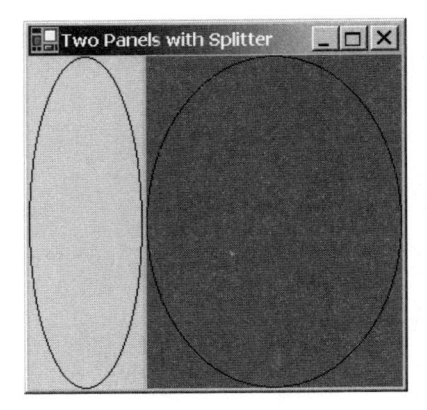

Das Ziel des Teilers ist die Fläche rechts, da beide die *Dock*-Eigenschaft *DockStyle.Right* haben, doch der Teiler wirkt sich in Wirklichkeit auf die Größe beider Flächen aus. Doch was passiert, wenn Sie das übergeordnete Formular breiter oder schmaler machen? Die erste Fläche (die auf der linken Seite) ändert ihre Größe, da sie die Eigenschaft *DockStyle.Fill* aufweist. Dieses Verhalten hat jedoch eine weitere Auswirkung. Wenn Sie den Clientbereich zu schmal machen, verschwindet die Fläche links und die Fläche rechts wird abgeschnitten.

Wenn Sie ein Programm mit zwei Steuerelementen (wie z.B. Flächen) erstellen, die durch einen Teiler getrennt werden, überlegen Sie, welches Steuerelement von Änderungen an der Größe des übergeordneten Objekts betroffen sein soll. Erstellen Sie dieses zuerst mit *DockStyle.Fill*.

Es folgt ein Programm, das diese Regel zum Erstellen eines Formulars mit drei Flächen befolgt. Die mittlere (mit der Farbe *Zyan* für *Zentrum*) hat die Eigenschaft *DockStyle.Fill*. Diese ändert also anschließend ihre Größe, wenn Sie die Größe des Clientbereichs ändern.

SplitThreeAcross.vb

```vb
Imports System
Imports System.Drawing
Imports System.Windows.Forms
Class SplitThreeAcross
    Inherits Form

    Shared Sub Main()
        Application.Run(New SplitThreeAcross())
    End Sub
    Sub New()
        Text = "Split Three Across"

        Dim pnl1 As New Panel()
        pnl1.Parent = Me
        pnl1.Dock = DockStyle.Fill
        pnl1.BackColor = Color.Cyan
        AddHandler pnl1.Resize, AddressOf PanelOnResize
        AddHandler pnl1.Paint, AddressOf PanelOnPaint

        Dim split1 As New Splitter()
        split1.Parent = Me
        split1.Dock = DockStyle.Left
```

```
        Dim pnl2 As New Panel()
        pnl2.Parent = Me
        pnl2.Dock = DockStyle.Left
        pnl2.BackColor = Color.Lime
        AddHandler pnl2.Resize, AddressOf PanelOnResize
        AddHandler pnl2.Paint, AddressOf PanelOnPaint

        Dim split2 As New Splitter()
        split2.Parent = Me
        split2.Dock = DockStyle.Right

        Dim pnl3 As New Panel()
        pnl3.Parent = Me
        pnl3.Dock = DockStyle.Right
        pnl3.BackColor = Color.Red
        AddHandler pnl3.Resize, AddressOf PanelOnResize
        AddHandler pnl3.Paint, AddressOf PanelOnPaint

        pnl1.Width = ClientSize.Width \ 3
        pnl2.Width = ClientSize.Width \ 3
        pnl3.Width = ClientSize.Width \ 3
    End Sub
    Private Sub PanelOnResize(ByVal obj As Object, ByVal ea As EventArgs)
        DirectCast(obj, Panel).Invalidate()
    End Sub
    Private Sub PanelOnPaint(ByVal obj As Object, ByVal pea As PaintEventArgs)
        Dim pnl As Panel = DirectCast(obj, Panel)
        Dim grfx As Graphics = pea.Graphics

        grfx.DrawEllipse(Pens.Black, 0, 0, pnl.Width - 1, pnl.Height - 1)
    End Sub
End Class
```

Da sich die Größe der mittleren Fläche ändert, wenn Sie die Größe des Formulars ändern, wird die mittlere Fläche wiederum aus der Ansicht entfernt, wenn Sie den Clientbereich zu schmal machen. Wenn Sie den Clientbereich noch schmaler machen, rutscht die rechte unter die linke Fläche, da die linke Fläche ganz oben in der z-Reihenfolge ist. Um sicherzustellen, dass beim Programmstart alle Flächen angezeigt werden, weise ich allen Flächen am Ende des Konstruktors eine Breite von 1/3 des Clientbereichs zu.

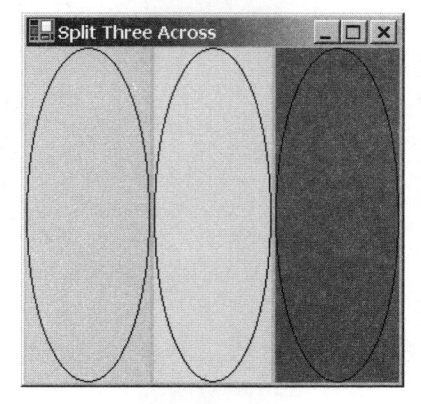

Bei einer solchen Anordnung muss die mittlere Fläche nicht diejenige sein, deren Größe sich mit dem Clientbereich ändert. Die Anforderungen der jeweiligen Anwendung bestimmen, welcher Ansatz am sinnvollsten ist.

Ein eventuell noch besserer Ansatz beim Entwerfen von Formularen mit zwei Teilern ist es, zuerst einen einzelnen Teiler zu erstellen, der die Größe der beiden Steuerelemente steuert, und anschließend zwei weitere Steuerelemente und einen Teiler als untergeordnete Objekte eines der vorhandenen Steuerelemente zu erstellen. Sie wählen diesen Ansatz dann, wenn Sie horizontale und vertikale Teiler in einem Formular kombinieren, das einem HTML-Frame ähnelt (siehe das folgende Programm).

SplitThreeFrames.vb
```
Imports System
Imports System.Drawing
Imports System.Windows.Forms
Class SplitThreeFrames
    Inherits Form
    Shared Sub Main()
        Application.Run(New SplitThreeFrames())
    End Sub
    Sub New()
        Text = "Split Three Frames"

        Dim pnl As New Panel()
        pnl.Parent = Me
        pnl.Dock = DockStyle.Fill

        Dim split1 As New Splitter()
        split1.Parent = Me
        split1.Dock = DockStyle.Left

        Dim pnl1 As New Panel()
        pnl1.Parent = Me
        pnl1.Dock = DockStyle.Left
        pnl1.BackColor = Color.Lime
        AddHandler pnl1.Resize, AddressOf PanelOnResize
        AddHandler pnl1.Paint, AddressOf PanelOnPaint

        Dim pnl2 As New Panel()
        pnl2.Parent = pnl
        pnl2.Dock = DockStyle.Fill
        pnl2.BackColor = Color.Blue
        AddHandler pnl2.Resize, AddressOf PanelOnResize
        AddHandler pnl2.Paint, AddressOf PanelOnPaint

        Dim split2 As New Splitter()
        split2.Parent = pnl
        split2.Dock = DockStyle.Top

        Dim pnl3 As New Panel()
        pnl3.Parent = pnl
        pnl3.Dock = DockStyle.Top
        pnl3.BackColor = Color.Tan
        AddHandler pnl3.Resize, AddressOf PanelOnResize
        AddHandler pnl3.Paint, AddressOf PanelOnPaint

        pnl1.Width = ClientSize.Width \ 3
        pnl3.Height = ClientSize.Height \ 3
    End Sub
```

```
    Private Sub PanelOnResize(ByVal obj As Object, ByVal ea As EventArgs)
        DirectCast(obj, Panel).Invalidate()
    End Sub
    Private Sub PanelOnPaint(ByVal obj As Object, ByVal pea As PaintEventArgs)
        Dim pnl As Panel = DirectCast(obj, Panel)
        Dim grfx As Graphics = pea.Graphics
        grfx.DrawEllipse(Pens.Black, 0, 0, pnl.Width - 1, pnl.Height - 1)
    End Sub
End Class
```

Das Programm SplitThreeFrames beginnt mit der Erstellung von zwei Flächen (eine links und eine rechts), zwischen denen sich ein vertikaler Teiler befindet. Die erste Fläche (die einfach *pnl* heißt) erhält die Eigenschaft *DockStyle.Fill*. Ich weise dieser Fläche keine Farbe zu, da sie das übergeordnete Objekt der anderen Flächen sein wird, die ihre Oberfläche vollständig verdecken. Die zweite Fläche (mit dem Namen *pnl1* und der Farbe Lindgrün) wird mit *DockStyle.Left* erstellt. Das Ergebnis sind zwei Flächen mit einem vertikalen Teiler dazwischen.

Das ist noch nicht alles. Die erste Fläche (mit dem Namen *pnl*) wird das übergeordnete Objekt für zwei weitere Flächen und einen Teiler. Das erste untergeordnete Objekt (*pnl2*) dieser Fläche erhält die Eigenschaft *DockStyle.Fill* und die Farbe Blau (für *bottom*, unten). Das Programm erstellt anschließend einen weiteren Teiler und die Fläche *pnl3* mit der Farbe Braun (*tan* für *top*, oben) und der Eigenschaft *DockStyle.Top*.

Der Konstruktor wird mit dem Einstellen der Anfangsgröße der linken und oberen Fläche abgeschlossen.

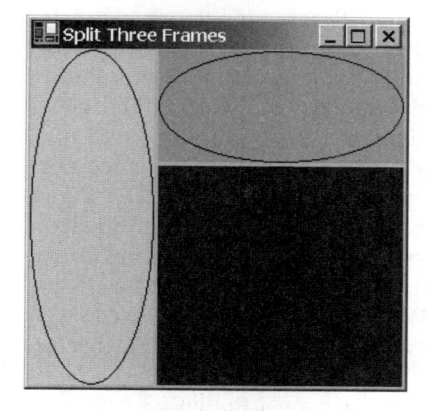

Wenn Sie die Größe des Clientbereichs verändern, ändert die Fläche rechts unten ihre Größe. Das liegt daran, dass sie die Eigenschaft *DockStyle.Fill* hat und ein untergeordnetes Objekt einer anderen Fläche mit der Eigenschaft *DockStyle.Fill* ist.

Die einzigen Eigenschaften der Klasse *Splitter*, die ich bislang verwendet habe, sind *Parent* und *Dock*. Die folgenden Eigenschaften der Klasse *Splitter* (von denen einige von *Control* geerbt sind) sind wohl am nützlichsten:

Splitter-Eigenschaften (Auswahl)

Eigenschaft	Typ	Zugriff
SplitPosition	Integer	Get/Set
MinSize	Integer	Get/Set
MinExtra	Integer	Get/Set
Width	Integer	Get/Set
Height	Integer	Get/Set
BorderStyle	BorderStyle	Get/Set
BackColor	Color	Get/Set

Die Eigenschaft *SplitPosition* gibt bei einem vertikalen Teiler die Breite des Zielsteuerelements und bei einem horizontalen Teiler dessen Höhe an. Wenn der Teiler noch nicht an ein Zielsteuerelement gebunden ist, hat die Eigenschaft den Wert –1. Wenn Sie Teiler in einem Konstruktor erstellen (wie wir es bisher getan haben), werden sie erst Zielsteuerelementen zugewiesen, nachdem der Konstruktor beendet wurde. Verwenden Sie aus diesem Grund *SplitPosition* nicht im Konstruktor. Wenn Sie die relativen Größen der Steuerelemente initialisieren müssen, die Teiler verwenden, passen Sie die Größe der Steuerelemente wie in den Programmen SplitThreeAcross und SplitThreeFrames an.

Die Eigenschaft *MinSize* gibt die Mindestbreite (oder -höhe) an, in die Sie die Größe des Zielsteuerelements mithilfe des Teilers ändern können. Die Eigenschaft *MinExtra* gibt die Mindestbreite (oder -höhe) des Steuerelements auf der anderen Seite des Teilers an. Standardmäßig sind diese Eigenschaften auf 25 Pixel eingestellt. (Sie können die Auswirkung dieser Eigenschaften leicht prüfen, indem Sie eines der in diesem Kapitel gezeigten Programme verwenden.) Ich empfehle, diese Eigenschaften nicht auf 0 zu setzen, da es für den Benutzer verwirrend sein kann, wenn ein Steuerelement beim Verkleinern plötzlich verschwindet. Sie können die Eigenschaften jedoch auf einen sehr niedrigen Wert stellen, wenn Sie dem Benutzer die Möglichkeit geben möchten, das Steuerelement fast vollständig aus dem Weg zu räumen.

Die Dicke eines vertikalen Teilers wird mit der Eigenschaft *Width* gesteuert, die eines horizontalen mit der Eigenschaft *Height;* der Wert dafür beträgt standardmäßig 3 Pixel. Die Eigenschaft *BorderStyle* des Teilers ist standardmäßig *BorderStyle.None*, wodurch der Teiler zu einem einfachen Streifen mit der Eigenschaft *BackColor* wird. *BorderStyle.Fixed3D* entspricht *BorderStyle.None* bei Teilern mit der Standarddicke. Bei Teilern dicker als 3 Pixel gibt *BorderStyle.Fixed3D* dem Teiler ein dreidimensionales Aussehen. Bei Wahl von *BorderStyle.FixedSingle* hebt sich der Teiler besser ab, da die äußeren Ränder schwarz angezeigt werden. Die Eigenschaft *ForeColor* hat keine Auswirkung auf Teiler.

Die Klasse *Splitter* fügt den in *Control* implementierten Ereignissen zwei Ereignisse hinzu:

Splitter-Ereignisse

Ereignis	Methode	Delegat	Argument
SplitterMoving	OnSplitterMoving	SplitterEventHandler	SplitterEventArgs
SplitterMoved	OnSplitterMoved	SplitterEventHandler	SplitterEventArgs

Mit beiden Ereignissen wird ein Objekt vom Typ *SplitterEventArgs* übergeben, das die folgenden Eigenschaften besitzt:

SplitterEventArgs-Eigenschaften

Eigenschaft	Typ	Zugriff	Beschreibung
X	Integer	Get	Mauszeigerposition
Y	Integer	Get	Mauszeigerposition
SplitX	Integer	Get/Set	Teilerposition
SplitY	Integer	Get/Set	Teilerposition

Alle Positionen sind relativ zum übergeordneten Fenster des Teilers zu verstehen. Die Eigenschaften *SplitX* und *SplitY* geben die Position der linken oberen Ecke des Teilers relativ zum Clientbereich an. Bei vertikalen Teilern ist *SplitY* gleich 0. Bei horizontalen Teilern ist *SplitX* gleich 0. Meinen Versuchen mit dem *SplitterMoved*-Ereignis war wenig Glück beschieden. Es scheint in der ersten Ausgabe des Microsoft .NET Frameworks nicht richtig zu funktionieren.

Es folgt ein Programm, das zwei Flächen mit einem Teiler erstellt. Zunächst belegt jede Fläche etwa die Hälfte des Clientbereichs, den Sie, wie Sie wissen, mit dem Teiler verändern können. Wenn Sie jedoch die Größe des Formulars ändern, ändert sich auch die Größe der beiden Flächen proportional.

SplitTwoProportional.vb

```
Imports System
Imports System.Drawing
Imports System.Windows.Forms
Class SplitTwoProportional
    Inherits Form
    Private pnl2 As Panel
    Private fProportion As Single = 0.5F
    Shared Sub Main()
        Application.Run(New SplitTwoProportional())
    End Sub
    Sub New()
        Text = "Split Two Proportional"
        Dim pnl1 As New Panel()
        pnl1.Parent = Me
        pnl1.Dock = DockStyle.Fill
        pnl1.BackColor = Color.Red
        AddHandler pnl1.Resize, AddressOf PanelOnResize
        AddHandler pnl1.Paint, AddressOf PanelOnPaint
        Dim split As New Splitter()
        split.Parent = Me
        split.Dock = DockStyle.Left
        AddHandler split.SplitterMoving, AddressOf SplitterOnMoving
        pnl2 = New Panel()
        pnl2.Parent = Me
        pnl2.Dock = DockStyle.Left
        pnl2.BackColor = Color.Lime
        AddHandler pnl2.Resize, AddressOf PanelOnResize
        AddHandler pnl2.Paint, AddressOf PanelOnPaint
        OnResize(EventArgs.Empty)
    End Sub
```

```
    Protected Overrides Sub OnResize(ByVal ea As EventArgs)
        MyBase.OnResize(ea)
        pnl2.Width = CInt(fProportion * ClientSize.Width)
    End Sub
    Private Sub SplitterOnMoving(ByVal obj As Object, ByVal sea As SplitterEventArgs)
        fProportion = CSng(sea.SplitX) / ClientSize.Width
    End Sub
    Private Sub PanelOnResize(ByVal obj As Object, ByVal ea As EventArgs)
        DirectCast(obj, Panel).Invalidate()
    End Sub
    Private Sub PanelOnPaint(ByVal obj As Object, ByVal pea As PaintEventArgs)
        Dim pnl As Panel = DirectCast(obj, Panel)
        Dim grfx As Graphics = pea.Graphics
        grfx.DrawEllipse(Pens.Black, 0, 0, pnl.Width - 1, pnl.Height - 1)
    End Sub
End Class
```

Dieses Programm merkt sich in einer Instanzvariablen mit dem Namen *fProportion* das Verhältnis der linken Fläche zur Breite des Clientbereichs. Sie wird auf 0,5 initialisiert und jedes Mal geändert, wenn der Benutzer den Teiler bewegt. Das ist das Ereignis *SplitterOnMoving*. Wenn der Benutzer die Größe des Clientbereichs ändert, legt die Methode *OnResize* die Größe der linken Fläche im Verhältnis *fProportion* relativ zum Wert der neuen Breite des Clientbereichs fest.

Da wir nun wissen, welcher Typ von Steuerelement sich *zwischen* einer Struktur- und einer Listenansicht befindet, können wir uns nun diese beiden Steuerelemente näher ansehen.

Strukturansichten und -knoten

Das *TreeView*-Steuerelement wird üblicherweise eingesetzt, um wie der Windows-Explorer im linken Fensterbereich eine Liste der Laufwerke und Verzeichnisse anzuzeigen. Sie können *TreeView*-Steuerelemente jedoch auch zum Anzeigen beliebiger hierarchischer Informationen verwenden. Microsoft Visual Basic .NET verwendet eine Strukturansicht zum Anzeigen von Projekten und Dateien. Auch der Microsoft Document Explorer (das Programm zur Anzeige der .NET-Dokumentation) verwendet eine Strukturansicht, um Namespaces, Klassen, Member usw. anzuzeigen.

Der Großteil der Implementierung der Strukturansicht in Windows Forms besteht aus den Klassen *TreeView*, *TreeNode* und *TreeNodeCollection*. Ein Objekt vom Typ *TreeNode* entspricht einem einzelnen Eintrag in der Strukturansicht. Ein *TreeNode*-Objekt weist eine Textzeichenfolge und optional ein Bild auf. Im Windows-Explorer ist die Zeichenfolge ein Laufwerks- oder Verzeichnisname. Die Bilder stellen Laufwerke und Ordner dar.

Die Klasse *TreeNode* enthält die Eigenschaft *Nodes*, bei der es sich um eine Auflistung anderer *TreeNode*-Objekte handelt:

TreeNode-Eigenschaften (Auswahl)

Eigenschaft	Typ	Zugriff
Nodes	TreeNodeCollection	Get

Die Eigenschaft *Nodes* enthält alle Unterknoten des Knotens. *TreeNodeCollection* ist eine uns bereits vertraute Art von Klasse. Sie implementiert die Schnittstellen *IList*, *ICollection* und *IEnumerable* und ermöglicht eine Indizierung der Auflistung wie bei einem Array:

TreeNodeCollection-Eigenschaften

Eigenschaft	Typ	Zugriff
()	TreeNode	Get/Set
Count	Integer	Get
IsReadOnly	Boolean	Get

Zu einem vorhandenen Knoten werden Unterknoten gewöhnlich mithilfe der Methoden *Add* und *AddRange* hinzugefügt.

TreeNodeCollection-Methoden (Auswahl)

```
Function Add(ByVal strNode As String) As TreeNode
Function Add(ByVal node As TreeNode) As Integer
Sub AddRange(ByVal anode() As TreeNode)
```

TreeNodeCollection enthält außerdem vertraute Methoden wie *Insert, Remove, Clear* usw. Alle Knoten im selben *TreeNodeCollection*-Objekt werden mitunter als *nebengeordnet* bezeichnet. Das *TreeNode*-Objekt, zu dem die Auflistung gehört, ist das übergeordnete Objekt.

Zu *TreeView* habe ich bislang noch nichts gesagt. *TreeView* ist im Wesentlichen eine Auflistung von *TreeNode*-Objekten auf oberster Ebene (Stammebene). *TreeNode* enthält ebenso wie *TreeView* eine *Nodes*-Eigenschaft:

TreeView-Eigenschaften (Auswahl)

Eigenschaft	Typ	Zugriff
Nodes	TreeNodeCollection	Get

Diese *Nodes*-Eigenschaft ist eine Auflistung aller *TreeNode*-Stammobjekte.

Vom Konzept her ist *TreeView* mit *MainMenu* bzw. *ContextMenu* zu vergleichen und *TreeNode* mit *MenuItem*. (Informationen zu Menüobjekten finden Sie in Kapitel 14.) Ebenso wie *MainMenu* oder *ContextMenu* eine Auflistung verschachtelter *MenuItem*-Objekte sind, ist *TreeView* eine Auflistung verschachtelter *TreeNode*-Elemente. Wie Sie sich sicher erinnern, sind diese drei menübezogenen Klassen jedoch von der Klasse *Menu* abgeleitet. *TreeView* und *TreeNode* verfügen nicht über eine solche Beziehung. *TreeView* ist von *Control* und *TreeNode* von *MarshalByRefObject* abgeleitet.

Mithilfe dieser Informationen können wir nun unsere erste Struktur erstellen. Es folgt ein Programm, das die Anfänge einer Tier-, Mineral- und Pflanzenhierarchie enthält.

SimpleTreeView.vb
```
Imports System
Imports System.Drawing
Imports System.Windows.Forms
Class SimpleTreeView
    Inherits Form
    Shared Sub Main()
        Application.Run(New SimpleTreeView())
    End Sub
    Sub New()
        Text = "Simple Tree View"
        Dim treevu As New TreeView()
        treevu.Parent = Me
        treevu.Dock = DockStyle.Fill
        treevu.Nodes.Add("Animal")
        treevu.Nodes(0).Nodes.Add("Dog")
        treevu.Nodes(0).Nodes(0).Nodes.Add("Poodle")
        treevu.Nodes(0).Nodes(0).Nodes.Add("Irish Setter")
        treevu.Nodes(0).Nodes(0).Nodes.Add("German Shepherd")
        treevu.Nodes(0).Nodes.Add("Cat")
        treevu.Nodes(0).Nodes(1).Nodes.Add("Calico")
        treevu.Nodes(0).Nodes(1).Nodes.Add("Siamese")
        treevu.Nodes(0).Nodes.Add("Primate")
        treevu.Nodes(0).Nodes(2).Nodes.Add("Chimpanzee")
        treevu.Nodes(0).Nodes(2).Nodes.Add("Ape")
        treevu.Nodes(0).Nodes(2).Nodes.Add("Human")
        treevu.Nodes.Add("Mineral")
        treevu.Nodes(1).Nodes.Add("Calcium")
        treevu.Nodes(1).Nodes.Add("Zinc")
        treevu.Nodes(1).Nodes.Add("Iron")
        treevu.Nodes.Add("Vegetable")
        treevu.Nodes(2).Nodes.Add("Carrot")
        treevu.Nodes(2).Nodes.Add("Asparagus")
        treevu.Nodes(2).Nodes.Add("Broccoli")
    End Sub
End Class
```

Der Konstruktor erstellt das gesamte *TreeView*-Steuerelement durch 20 Aufrufe der *Add*-Methode in *TreeNodeCollection*. Bei drei dieser Aufrufe geht es um die *Nodes*-Eigenschaft des *TreeView*-Objekts, sie erstellen also Knoten auf oberster Ebene:

```
treevu.Nodes.Add("Animal")
⋮
treevu.Nodes.Add("Mineral")
⋮
treevu.Nodes.Add("Vegetable")
```

Wenngleich sich das Programm nicht explizit auf ein *TreeNode*-Objekt bezieht, sind diese dennoch vorhanden. Jede der *Add*-Methoden erstellt ein *TreeNode*-Objekt. Der zweite Aufruf von *Add* lautet:

```
treevu.Nodes(0).Nodes.Add("Dog")
```

Der erste Teil der Anweisung (*treevu.Nodes(0)*) bezieht sich auf das erste *TreeNode*-Objekt in der Auflistung des *TreeView*-Objekts, d.h. auf »Animal«. Die zweite *Nodes*-Eigenschaft ist die Auflistung untergeordneter *TreeNode*-Objekte von »Animal«, zu denen der Knoten »Dog« hinzugefügt wird. Die folgende Anweisung fügt ebenfalls unter »Dog« einen untergeordneten Knoten hinzu:

```
treevu.Nodes(0).Nodes(0).Nodes.Add("Poodle")
```

So sieht das Programm mit einigen erweiterten Knoten aus:

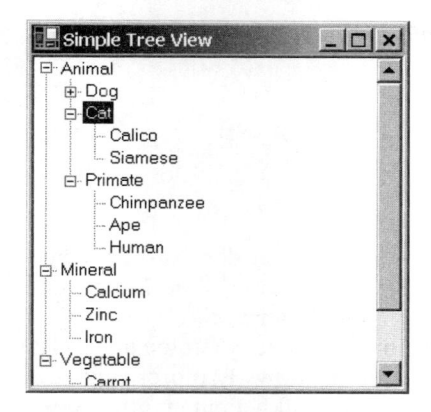

Sie sollten mit diesem Programm ein wenig experimentieren, um sich mit der Standardbenutzeroberfläche vertraut zu machen, die in *TreeView*-Steuerelementen implementiert ist. Mit den Nach-oben- und Nach-unten-Tasten können Sie das markierte Element (das invertiert angezeigt wird) ändern. Wenn sich links neben dem Element ein Pluszeichen befindet, können Sie mithilfe der Nach-rechts-Taste die untergeordneten Knoten anzeigen. Die Nach-links-Taste hat zwei Aufgaben: Wenn der markierte Knoten keine untergeordneten Knoten hat, wird die Markierung auf den übergeordneten Knoten bewegt. Wenn der markierte Knoten bereits erweitert ist (was durch ein Minuszeichen daneben angezeigt wird), blendet die Nach-links-Taste den Knoten aus. Sie können auch mit der Maus auf die Plus- und Minuszeichen klicken, um Knoten zu erweitern und zu reduzieren.

Standardmäßig werden bei Bedarf Bildlaufleisten angezeigt. Wenn Sie das nicht wünschen, können Sie die Eigenschaft *Scrollable* von *TreeView* auf *False* setzen.

Obwohl das Programm SimpleTreeView das gesamte *TreeView*-Steuerelement in seinem Konstruktor erstellt, muss ein Programm den Inhalt des *TreeView*-Steuerelements häufig später zur Laufzeit ändern. Sie können bewirken, dass Elemente sortiert werden, indem Sie folgende Eigenschaft auf *True* setzen:

TreeView-Eigenschaften (Auswahl)

Eigenschaft	Typ	Zugriff
Sorted	Boolean	Get/Set

Ganz gleich, ob die Elemente sortiert sind oder nicht, sollten Sie zur Vermeidung von Problemen mit der Systemleistung beim Ändern eines *TreeView*-Steuerelements die folgenden Methoden vor und nach Anweisungsfolgen aufrufen, die sich auf mehrere Knoten auswirken:

TreeView-Methoden (Auswahl)

```
Sub BeginUpdate()
Sub EndUpdate()
```

Bilder in Strukturansichten

Wie das Programm SimpleTreeView zeigt, erhalten Sie die Plus- und Minuszeichen »gratis«. Auf Wunsch können Sie sie jedoch unterdrücken. Die folgenden Eigenschaften sind alle standardmäßig auf *True* gesetzt:

***TreeView*-Eigenschaften (Auswahl)**

Eigenschaft	Typ	Zugriff
ShowPlusMinus	Boolean	Get/Set
ShowLines	Boolean	Get/Set
ShowRootLines	Boolean	Get/Set

Wird *ShowLines* auf *False* gesetzt, werden die Verbindungslinien zwischen den Knoten ausgeblendet. Wird *ShowRootLines* auf *False* gesetzt, werden die Stammelemente ohne Linien und Plus- und Minuszeichen angezeigt. Die anderen Elemente werden normal angezeigt.

Bei *TreeView*-Steuerelementen werden häufig kleine Bilder links von jedem Knoten angezeigt. Diese Bilder verändern sich, wenn der Knoten erweitert wird. Der Windows-Explorer zeigt z.B. bei einem reduzierten Verzeichnisknoten einen geschlossenen Ordner und bei einem erweiterten Verzeichnisknoten einen geöffneten Ordner.

Bilder in einem *TreeView*-Steuerelement basieren auf einem einzelnen *ImageList*-Objekt, das für das gesamte Steuerelement gilt:

***TreeView*-Eigenschaften (Auswahl)**

Eigenschaft	Typ	Zugriff
ImageList	ImageList	Get/Set
ImageIndex	Integer	Get/Set
SelectedImageIndex	Integer	Get/Set

Die Eigenschaft *ImageIndex* gibt das Standardbild an, das für einen nicht markierten Knoten angezeigt wird. *SelectedImageIndex* gibt das Standardbild für einen markierten Knoten an.

Häufig ist es ratsam, Indizes für jedes *TreeNode*-Objekt anzugeben:

***TreeNode*-Eigenschaften (Auswahl)**

Eigenschaft	Typ	Zugriff
ImageIndex	Integer	Get/Set
SelectedImageIndex	Integer	Get/Set

TreeNode besitzt jedoch keine eigene *ImageList*-Eigenschaft. Die Indizes beziehen sich auf die *ImageList*-Eigenschaft im *TreeView*-Steuerelement, zu dem das *TreeNode*-Objekt gehört.

Sie können diese Bilder auch angeben, wenn Sie ein *TreeNode*-Objekt erstellen. Es folgt eine vollständige Liste der *TreeNode*-Konstruktoren:

TreeNode-Konstruktoren

```
TreeNode()
TreeNode(ByVal strNode As String)
TreeNode(ByVal strNode As String, ByVal anodes() As TreeNode)
TreeNode(ByVal strNode As String, ByVal indexImage As Integer, ByVal indexImageSelected As Integer)
TreeNode(ByVal strNode As String, ByVal indexImage As Integer, ByVal indexImageSelected As Integer,
    ByVal anodes() As TreeNode)
```

Im Programm SimpleTreeView habe ich die *Add*-Methode von *TreeNodeCollection* verwendet, die über ein Zeichenfolgenargument verfügt. Eine weitere Version von *Add* hat ein *TreeNode*-Argument. Deshalb ist es möglich, zuerst ein *TreeNode*-Objekt zu erstellen und es anschließend zu einem *TreeNodeCollection*-Objekt hinzuzufügen. Zwei der *TreeNode*-Konstruktoren ermöglichen die Angabe von Arrays aus untergeordneten *TreeNode*-Objekten. Mit diesen Konstruktoren können Sie eine *TreeView*-Hierarchie vom untersten untergeordneten Element bis zum Stamm erstellen.

Ereignisse der Strukturansicht

Die Klasse *TreeNode* definiert keine eigenen Ereignisse. *TreeView* dagegen implementiert zusätzlich zu den von *Control* geerbten Ereignissen 11 weitere. Es folgen die sechs wichtigsten:

TreeView-Ereignisse (Auswahl)

Ereignis	Methode	Delegat	Argument
BeforeExpand	OnBeforeExpand	TreeViewCancelEventHandler	TreeViewCancelEventArgs
BeforeCollapse	OnBeforeCollapse	TreeViewCancelEventHandler	TreeViewCancelEventArgs
BeforeSelect	OnBeforeSelect	TreeViewCancelEventHandler	TreeViewCancelEventArgs
AfterExpand	OnAfterExpand	TreeViewEventHandler	TreeViewEventArgs
AfterCollapse	OnAfterCollapse	TreeViewEventHandler	TreeViewEventArgs
AfterSelect	OnAfterSelect	TreeViewEventHandler	TreeViewEventArgs

Diese Ereignisse treten ein, wenn der Benutzer (oder das Programm) einen Knoten erweitert, reduziert oder markiert. Wie Sie sehen, handelt es sich jeweils um Ereignispaare. Mit dem Wort *Before* beginnende Ereignisse erfolgen vor der Durchführung der Operation durch *TreeView*. Das *TreeViewCancelEventArgs*-Objekt, das diese Ereignisse begleitet, besitzt die folgenden Eigenschaften:

TreeViewCancelEventArgs-Eigenschaften

Eigenschaft	Typ	Zugriff
Node	TreeNode	Get
Action	TreeViewAction	Get
Cancel	Boolean	Get/Set

Die *Node*-Eigenschaft gibt das *TreeNode*-Objekt an, das der Benutzer zu erweitern, zu reduzieren oder zu markieren versucht. Die Eigenschaft *Action* ist eines der Member der folgenden Enumeration:

TreeViewAction-Enumeration

Member	Wert
Unknown	0
ByKeyboard	1
ByMouse	2
Collapse	3
Expand	4

Wenn das Programm aus irgendeinem Grund beschließt, dass die Operation nicht fortgesetzt werden soll, kann der Ereignishandler die Eigenschaft *Cancel* (die von *CancelEventArgs* geerbt wird) auf *True* setzen.

Andernfalls wird das Erweitern, Reduzieren und Markieren vom *TreeView*-Steuerelement ausgeführt, woraufhin die mit dem Wort *After* beginnenden Ereignisse eintreten. Das begleitende *TreeViewEventArgs*-Objekt hat die folgenden Eigenschaften:

TreeViewEventArgs-Eigenschaften

Eigenschaft	Typ	Zugriff
Node	TreeNode	Get
Action	TreeViewAction	Get

Für die anderen von *TreeView* implementierten Ereignisse werde ich keine Beispiele bringen. Die Ereignisse *BeforeLabelEdit* und *AfterLabelEdit* erfolgen nur, wenn die Eigenschaft *LabelEdit* auf *True* gesetzt ist. Dieses Feature ermöglicht Benutzern das Bearbeiten von Text in einem Strukturknoten. Die Ereignisse *BeforeCheck* und *AfterCheck* erfolgen nur, wenn die Eigenschaft *CheckBoxes* auf *True* gesetzt wird. Diese gibt an, dass neben die Knoten in der Struktur vom Benutzer aktivierbare Kontrollkästchen gestellt werden. *TreeNode* besitzt eine Eigenschaft mit dem Namen *Checked*, die angibt, ob der Knoten aktiviert ist. Das *ItemDrag*-Ereignis erfolgt, wenn ein Element in das *TreeView*-Steuerelement gezogen wird.

Bedenken Sie, dass *TreeView* viele Methoden, Eigenschaften und Ereignisse von *Control* erbt. Wenn Sie z.B. ein Kontextmenü mit Elementen implementieren möchten, die auf dem Knoten basieren, auf den mit der rechten Maustaste geklickt wurde, können Sie einen Handler für das *MouseDown*-Ereignis installieren und die Mauskoordinaten an die Methode *GetNodeAt* von *TreeView* übergeben.

Navigation durch die Knoten

Wenn ein *TreeView*-Ereignishandler aufgerufen wird, muss er abhängig vom erweiterten, reduzierten oder markierten *TreeNode*-Objekt eine bestimmte Operation ausführen. Die Knoten können auf verschiedene Art identifiziert werden. Es folgen einige nützliche grundlegende Eigenschaften:

TreeNode-Eigenschaften (Auswahl)

Eigenschaft	Typ	Zugriff
TreeView	TreeView	Get
Index	Integer	Get
Text	String	Get/Set
Tag	Object	Get/Set

Die Eigenschaft *TreeView* gibt das *TreeView*-Steuerelement an, zu dem das *TreeNode*-Objekt gehört. *Index* ist der Index des Knotens in der Auflistung seiner nebengeordneten Objekte. Die Eigenschaft *Text* enthält den vom Knoten angezeigten Text. Die Eigenschaft *Tag* ermöglicht das Hinzufügen beliebiger Informationen zum Knoten zu Identifikations- oder anderen Zwecken.

Die Klasse *TreeNode* enthält auch mehrere schreibgeschützte Eigenschaften, die einem Programm die Navigation durch die Knoten ermöglichen:

TreeNode-Eigenschaften (Auswahl)

Eigenschaft	Typ	Zugriff
Parent	TreeNode	Get
FirstNode	TreeNode	Get
LastNode	TreeNode	Get
NextNode	TreeNode	Get
PrevNode	TreeNode	Get
NextVisibleNode	TreeNode	Get
PrevVisibleNode	TreeNode	Get

Die Eigenschaft *Parent* gibt den übergeordneten Knoten an. Die Eigenschaften *FirstNode* und *LastNode* beziehen sich auf untergeordnete Knoten. (Diese stehen auch über die Eigenschaft *Nodes* des Knotens zur Verfügung.) Die Eigenschaften *NextNode* und *PrevNode* beziehen sich auf nebengeordnete Knoten. Die Eigenschaften *NextVisibleNode* und *PrevVisibleNode* können sich auf neben-, unter- oder übergeordnete Knoten beziehen. Es handelt sich dabei um die nächsten (oder vorherigen) Knoten, die mit der Nach-oben- oder Nach-unten-Taste ausgewählt werden können.

Die Klasse *TreeNode* enthält zwei Eigenschaften, mit denen ein Programm feststellen kann, ob ein Knoten erweitert, reduziert oder markiert ist.

TreeNode-Eigenschaften (Auswahl)

Eigenschaft	Typ	Zugriff
IsExpanded	Boolean	Get
IsSelected	Boolean	Get

Ein Programm kann ein *TreeNode*-Objekt ohne Benutzereingaben erweitern oder reduzieren.

TreeNode-Methoden (Auswahl)

```
Sub Expand()
Sub ExpandAll()
Sub Collapse()
Sub Toggle()
```

Die Methode *ExpandAll* erweitert alle untergeordneten Knoten des Knotens, für den die Methode aufgerufen wird. Um die gesamte Struktur zu erweitern oder zu reduzieren, verwenden Sie die folgenden Methoden in *TreeView*:

TreeView-Methoden (Auswahl)

```
Sub ExpandAll()
Sub CollapseAll()
```

Mit der folgenden Eigenschaft von *TreeView* können Sie den markierten Knoten abrufen oder einstellen:

TreeView-Eigenschaften (Auswahl)

Eigenschaft	Typ	Zugriff
SelectedNode	TreeNode	Get/Set

Es gibt noch eine weitere, mitunter recht bequeme Technik zur Identifizierung eines bestimmten Knotens, die über die Eigenschaft *FullPath* von *TreeNode* verfügbar ist:

TreeNode-Eigenschaften (Auswahl)

Eigenschaft	Typ	Zugriff
FullPath	String	Get
PathSeparator	String	Get/Set

FullPath gibt für jeden Knoten eine Textzeichenfolge zurück, die gebildet wird, indem der Text des Knotens mit allen seinen zum Stamm zurückführenden Knoten verknüpft wird. Die Textzeichenfolgen werden durch das mit *PathSeparator* angegebene Zeichen getrennt. *PathSeparator* ist standardmäßig der umgekehrte Schrägstrich (Backslash). Im Programm SimpleTreeView lautet *FullPath* für den Knoten »Siamese«: »Animal\Cats\Siamese«.

Diese *FullPath*-Eigenschaft ist ideal, wenn Sie mit einem *TreeView*-Steuerelement arbeiten, das Laufwerke und Verzeichnisse anzeigt. Dies ist (welch ein Zufall) die nächste Aufgabe, die wir angehen wollen.

Die Verzeichnisstruktur

Wie allgemein bekannt, ist das Anzeigen von Laufwerken und Verzeichnissen die häufigste Aufgabe eines *TreeView*-Steuerelements. Es wäre nicht weiter verwunderlich, wenn die Windows Forms-Bibliothek eine von *TreeView* stammende Klasse enthielte, die eine Standardverzeichnisstruktur implementiert. Doch selbst wenn dies der Fall wäre, ist es doch sicherlich interessanter, selbst eine zu erstellen.

Die folgende Klasse *DirectoryTreeView* ist von *TreeView* abgeleitet und wird in den nächsten beiden Programmen in diesem Kapitel und in einem weiteren Programm (ExplorerLike) am Ende des Kapitels verwendet. Die Klasse verwendet einige Dateiein-/-ausgabeklassen, die in Anhang A ausführlich beschrieben werden.

DirectoryTreeView.vb
```
Imports System
Imports System.Drawing
Imports System.IO
Imports System.Windows.Forms
Class DirectoryTreeView
    Inherits TreeView
    Sub New()
        ' Ein bisschen mehr Platz für lange Verzeichnisnamen schaffen.
        Width *= 2
        ' Bilder für die Struktur abrufen.
        ImageList = New ImageList()
        ImageList.Images.Add(New Bitmap(Me.GetType(), "35FLOPPY.BMP"))
        ImageList.Images.Add(New Bitmap(Me.GetType(), "CLSDFOLD.BMP"))
        ImageList.Images.Add(New Bitmap(Me.GetType(), "OPENFOLD.BMP"))
        ' Die Struktur aufbauen.
        RefreshTree()
    End Sub
    Sub RefreshTree()
        ' Aktualisierung ausschalten und Struktur leeren.
        BeginUpdate()
        Nodes.Clear()

        ' Laufwerke als Stammknoten definieren.
        Dim astrDrives() As String = Directory.GetLogicalDrives()
        Dim str As String
        For Each str In astrDrives
            Dim tnDrive As New TreeNode(str, 0, 0)
            Nodes.Add(tnDrive)
            AddDirectories(tnDrive)
            If str = "C:\" Then
                SelectedNode = tnDrive
            End If
        Next str
        EndUpdate()
    End Sub
    Private Sub AddDirectories(ByVal tn As TreeNode)
        tn.Nodes.Clear()
        Dim strPath As String = tn.FullPath
        Dim dirinfo As New DirectoryInfo(strPath)
        Dim adirinfo() As DirectoryInfo

        ' Fehlernachricht vermeiden, falls in Laufwerk A keine Diskette eingelegt ist!
        If Not dirinfo.Exists Then Return
        Try
            adirinfo = dirinfo.GetDirectories()
        Catch
            Return
        End Try
```

```
        Dim di As DirectoryInfo
        For Each di In adirinfo
            Dim tnDir As New TreeNode(di.Name, 1, 2)
            tn.Nodes.Add(tnDir)
            ' Wir könnten nun die gesamte Struktur jetzt mit dieser Anweisung auffüllen:
            '           AddDirectories(tnDir)
            ' Aber das würde zu lange dauern. Probieren Sie's selbst!
        Next di
    End Sub
    Protected Overrides Sub OnBeforeExpand(ByVal tvcea As TreeViewCancelEventArgs)
        MyBase.OnBeforeExpand(tvcea)
        BeginUpdate()
        Dim tn As TreeNode
        For Each tn In tvcea.Node.Nodes
            AddDirectories(tn)
        Next tn
        EndUpdate()
    End Sub
End Class
```

35Floppy.bmp

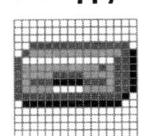

Clsdfold.bmp

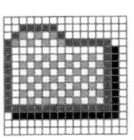

Openfold.bmp

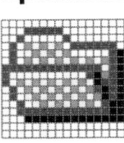

DirectoryTreeView benötigt drei kleine Bitmaps, die ich aus der mit Visual Studio .NET gelieferten Sammlung kopiert habe. Das Verzeichnis heißt standardmäßig *Programme\Microsoft Visual Studio .NET\Common7\Graphics\Bitmaps\Outline\NoMask*. (Diese Bitmaps sind in Visual Basic .NET nicht enthalten.) Obgleich ich es besser gefunden hätte, je nach Laufwerktyp (Diskettenlaufwerk, Festplatte, CD-ROM usw.) verschiedene Bilder anzuzeigen, ist es bei Verwendung der Windows Forms-Klassen nicht möglich, den Laufwerktyp abzurufen.

Die Klasse *DirectoryTreeView* implementiert eine öffentliche Methode mit dem Namen *RefreshTree*. Programme, die die Klasse *DirectoryTreeView* nutzen, können über diese Methode die Verzeichnisstruktur aktualisieren. (Wie Sie vielleicht wissen, verfügen Programme mit Verzeichnisstrukturansicht im Allgemeinen über den Menüpunkt *Aktualisieren* (*Refresh*). Der Konstruktor ruft *RefreshTree* auch auf, um die Struktur zu erstellen.

RefreshTree fragt Zeichenfolgendarstellungen der Laufwerke des Systems ab, indem die shared Methode *Directory.GetLogicalDrives* aufgerufen wird. Diese Methode gibt ein Array aus Zeichenfolgen zurück, die in der Regel mit *A:*, *C:* usw. beginnen. Diese Zeichenfolgen werden zu den Stammknoten. *RefreshTree* ruft für jedes Laufwerk *AddDirectories* auf.

AddDirectories hat ein *TreeNode*-Argument und ist für das Erstellen untergeordneter Knoten zuständig, die aus Unterverzeichnisnamen bestehen. Die Methode verwendet die wunderbare Eigenschaft *FullPath* von *TreeNode*, um ein *DirectoryInfo*-Objekt zu erstellen. Die Methode *GetDirectories* von *DirectoryInfo* ruft anschließend ein Array von *DirectoryInfo*-Objekten ab, aus denen die untergeordneten Knoten erstellt werden.

Es ist möglich, dass *GetDirectories* eine Ausnahme auslöst. Das passiert z.B. bei einem Diskettenlaufwerk, wenn keine Diskette eingelegt ist, aber auch bei einigen Verzeichnissen, auf die der Zugriff verweigert wird. Aus diesem Grund wird die Methode in einem *Try*-Block aufgerufen. Wenn ein Diskettenlaufwerk leer ist (was bei Laufwerk A: häufig der Fall ist), zeigt *GetDirectories* leider auch ein störendes Meldungsfeld an, das dem Benutzer das Problem mitteilt, *bevor* die Ausnahme ausgelöst wird. (Klicken Sie auf *Abbrechen* (*Cancel*) oder *Weiter* (*Continue*), damit das Meldungsfeld verschwindet.) Das Meldungsfeld wird sogar angezeigt, wenn Konsolenanwendungen *GetDirectories* aufrufen! Es handelt sich offensichtlich um ein Entwurfsfehler oder einen Bug in *GetDirectories*. Bis dies behoben ist, sollten Sie die Anzeige des Meldungsfelds verhindern, indem Sie vor dem Aufruf von *GetDirectories* die Eigenschaft *Exists* aufrufen, wie das in der *AddDirectories*-Methode von *DirectoryTreeView* zu sehen ist.

Mir ist durchaus bewusst, dass jeder Programmierer bei der Erstellung einer Verzeichnisstruktur sofort an eine *rekursive Funktion* denkt. Und tatsächlich kann *AddDirectories* rekursiv aufgerufen werden, um die gesamte Verzeichnisstruktur zu erstellen. Ich habe sogar eine (jedoch auskommentierte) Anweisung hinzugefügt, die *AddDirectories* rekursiv aufruft. Sie können gern das Kommentarzeichen entfernen und selbst herausfinden, warum ich diesen Ansatz verworfen habe: Es dauert einfach zu lange. Es ist wesentlich effizienter, *AddDirectories* nur bei Bedarf aufzurufen.

Warum, werden Sie sich fragen, ruft die Methode *RefreshTree* überhaupt *AddDirectories* auf? Zu Beginn muss die Struktur nur die Laufwerke anzeigen. Der Aufruf von *AddDirectories* für jedes Laufwerk scheint unnötig zu sein. Laufwerke, die Verzeichnisse enthalten, müssen jedoch mit einem Pluszeichen angezeigt werden, damit der Benutzer sie gegebenenfalls erweitern kann. Pluszeichen werden jedoch nur nach dem Hinzufügen untergeordneter Knoten angezeigt. Auch wenn anfangs nur die Laufwerke angezeigt werden, müssen auch die Unterverzeichnisse aller Laufwerke zur Struktur hinzugefügt werden.

Die Klasse *DirectoryTreeView* überschreibt ferner die Methode *OnBeforeExpand* von *TreeView*. Diese Methode wird zum ersten Mal aufgerufen, wenn der Benutzer einen der Laufwerksknoten erweitert. *OnBeforeExpand* braucht jedoch die untergeordneten Knoten des Laufwerks nicht mehr erstellen, da sie bereits vorhanden sind. Stattdessen muss die Methode untergeordnete Knoten für jeden der neu angezeigten Knoten erstellen. Auch besteht der einzige Grund darin, dass *TreeView* zum Anzeigen eines Pluszeichens gezwungen werden soll, wenn das Verzeichnis Unterverzeichnisse enthält.

Es folgt ein Programm, das DirectoryTreeView auf sehr einfache Weise nutzt. Dieses Programm erstellt rechts ein *Panel*-Steuerelement, links ein *DirectoryTreeView*-Steuerelement und dazwischen ein *Splitter*-Steuerelement. Es installiert einen Ereignishandler für das *AfterSelect*-Ereignis, das *DirectoryTreeView* von *TreeView* erbt, und zeigt eine Liste der Dateien in diesem Verzeichnis im *Panel*-Steuerelement an.

DirectoriesAndFiles.vb
```vb
Imports System
Imports System.Drawing
Imports System.IO
Imports System.Windows.Forms
Class DirectoriesAndFiles
    Inherits Form
    Private dirtree As DirectoryTreeView
    Private pnl As Panel
    Private tnSelect As TreeNode
```

```vb
    Shared Sub Main()
        Application.Run(New DirectoriesAndFiles())
    End Sub
    Sub New()
        Text = "Directories and Files"
        BackColor = SystemColors.Window
        ForeColor = SystemColors.WindowText

        pnl = New Panel()
        pnl.Parent = Me
        pnl.Dock = DockStyle.Fill
        AddHandler pnl.Paint, AddressOf PanelOnPaint

        Dim split As New Splitter()
        split.Parent = Me
        split.Dock = DockStyle.Left
        split.BackColor = SystemColors.Control

        dirtree = New DirectoryTreeView()
        dirtree.Parent = Me
        dirtree.Dock = DockStyle.Left
        AddHandler dirtree.AfterSelect, AddressOf DirectoryTreeViewOnAfterSelect

        ' Ein Menü mit einem Element erstellen.
        Menu = New MainMenu()
        Menu.MenuItems.Add("View")
        Dim mi As New MenuItem("Refresh", AddressOf MenuOnRefresh, Shortcut.F5)
        Menu.MenuItems(0).MenuItems.Add(mi)
    End Sub
    Private Sub DirectoryTreeViewOnAfterSelect(ByVal obj As Object, ByVal tvea As TreeViewEventArgs)
        tnSelect = tvea.Node
        pnl.Invalidate()
    End Sub
    Private Sub PanelOnPaint(ByVal obj As Object, ByVal pea As PaintEventArgs)
        If tnSelect Is Nothing Then Return

        Dim pnl As Panel = DirectCast(obj, Panel)
        Dim grfx As Graphics = pea.Graphics
        Dim dirinfo As New DirectoryInfo(tnSelect.FullPath)
        Dim fi, afi() As FileInfo
        Dim br As New SolidBrush(pnl.ForeColor)
        Dim y As Integer = 0
        Try
            afi = dirinfo.GetFiles()
        Catch
            Return
        End Try

        For Each fi In afi
            grfx.DrawString(fi.Name, Font, br, 0, y)
            y += Font.Height
        Next fi
    End Sub
    Private Sub MenuOnRefresh(ByVal obj As Object, ByVal ea As EventArgs)
        dirtree.RefreshTree()
    End Sub
End Class
```

Da dies nur ein Demonstrationsprogramm ist, ist die Dateiliste nur eine Spalte lang und wird eventuell abgeschnitten. Es folgt eine Ansicht eines der Unterverzeichnisse meines *WINNT*-Verzeichnisses (das in einigen Versionen von Windows WINDOWS heißt):

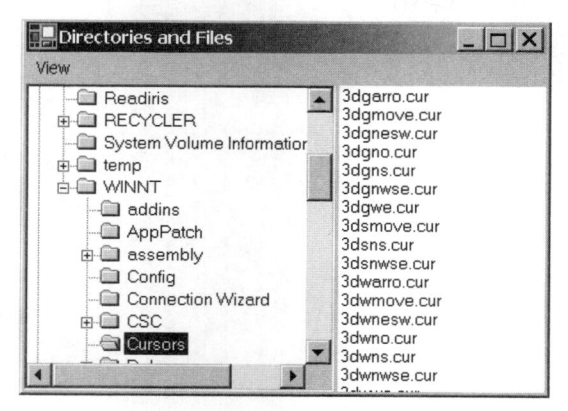

Dieses Programm verfügt außerdem über ein Menü *View* mit einem Menüelement: *Refresh*. Über diese Menüoption wird die Verzeichnisstruktur neu erstellt, indem die Methode *RefreshTree* der Klasse *DirectoryTreeView* aufgerufen wird.

Bilder anzeigen

In Kapitel 23 werde ich auf Metadateien zu sprechen kommen. Dabei handelt es sich um binäre Sammlungen von Zeichenbefehlen, die ein Bild beschreiben. Als Vorbereitung auf dieses Kapitel wollte ich mir verschiedene Cliparts anschauen, die in Form von Metadateien gespeichert sind. Wenn ich ein Verzeichnis mit vielen Bildern anzeigen möchte, verwende ich dazu üblicherweise ein bestimmtes Freewareprogamm. Das Programm zeigt links eine Strukturansicht und rechts Miniaturansichten. Wenn Sie auf eine Miniaturansicht klicken, wird das Bild in voller Größe angezeigt. Das Programm ist zwar für viele verschiedene Bitmapformate gut geeignet, kann jedoch keine Metadateien lesen. Neuere Versionen des Windows-Explorers zeigen Miniaturansichten von Bitmaps und Metadateien an, zur Anzeige der Bilder in voller Größe ist jedoch ein externes Programm erforderlich.

In Windows Forms stammen die Klassen *Bitmap* und *Metafile* von *Image* ab. Metadateien können mithilfe der shared Methode *Image.FromFile* wie Bitmaps von der Festplatte gelesen und mit *DrawImage* problemlos angezeigt werden. Bei einem Windows Forms-Programm zum Laden und Anzeigen von Bitmaps ist die Metadateiunterstützung schon enthalten.

Lassen Sie uns einige einfache Aufgaben ausführen. Ein Programm mit dem Namen Image-Directory soll links ein *TreeView*-Steuerelement zum Auflisten von Verzeichnissen anzeigen. Rechts soll das Programm eine Auflistung von Miniaturansichten aller Bilddateien (Bitmaps *und* Metadateien) im ausgewählten Verzeichnis zeigen. Durch einen Klick auf eine Miniaturansicht soll das Bild auf die Größe des Formulars vergrößert werden.

Wir haben mit dem *DirectoryTreeView*-Steuerelement bereits einen Großteil dieses Programms geschrieben. Die andere Hälfte des Clientbereichs des Programms wird aus einem *Panel*-Steuerelement bestehen. Jede Miniaturansicht soll ein *Button*-Steuerelement sein, welches das auf die Größe einer Schaltfläche verkleinerte Bild anzeigt. Es folgt ein *ImagePanel*-Steuerelement, das von *Panel* abstammt und diese Vorgaben erfüllt.

ImagePanel.vb

```vb
Imports System
Imports System.Drawing
Imports System.IO
Imports System.Windows.Forms
Class ImagePanel
    Inherits Panel

    ' Größe der Bildschaltfläche.
    Const cxButton As Integer = 100
    Const cyButton As Integer = 100
    Private btnClicked As Button
    Private tip As New ToolTip()
    Private tmr As New Timer()

    ' Felder für das Zeitgeberereignis.
    Private astrFileNames() As String
    Private i, x, y As Integer

    ' Öffentliches Ereignis
    Event ImageClicked As EventHandler

    ' Konstruktor
    Sub New()
        AutoScroll = True
        tmr.Interval = 1
        AddHandler tmr.Tick, AddressOf TimerOnTick
    End Sub

    ' Öffentliche Eigenschaften
    ReadOnly Property ClickedControl() As Control
        Get
            Return btnClicked
        End Get
    End Property
    ReadOnly Property ClickedImage() As Image
        Get
            Try
                Return Image.FromFile(btnClicked.Tag.ToString())
            Catch
                Return Nothing
            End Try
        End Get
    End Property

    ' Öffentliche Methode
    Sub ShowImages(ByVal strDirectory As String)
        Controls.Clear()
        tip.RemoveAll()
        Try
            astrFileNames = Directory.GetFiles(strDirectory)
        Catch
            Return
        End Try
        i = 0
        x = 0
        y = 0
        tmr.Start()
    End Sub
```

```vb
' Ereignishandler
Private Sub TimerOnTick(ByVal obj As Object, ByVal ea As EventArgs)
    Dim img As Image
    If i = astrFileNames.Length Then
        tmr.Stop()
        Return
    End If
    Try
        img = Image.FromFile(astrFileNames(i))
    Catch
        i += 1
        Return
    End Try
    Dim cxImage As Integer = img.Width
    Dim cyImage As Integer = img.Height
    ' Das Bild für die Schaltfläche verkleinern.
    Dim szf As New SizeF(cxImage / img.HorizontalResolution, _
                        cyImage / img.VerticalResolution)
    Dim fScale As Single = Math.Min(cxButton / szf.Width, _
                                    cyButton / szf.Height)
    szf.Width *= fScale
    szf.Height *= fScale
    Dim sz As Size = Size.Ceiling(szf)
    Dim bitmap As New bitmap(img, sz)
    img.Dispose()
    ' Die Schaltfläche erstellen und zu pnl hinzufügen.
    Dim btn As New Button()
    btn.Image = bitmap
    btn.Location = Point.op_Addition(New Point(x, y), _
                    Point.op_Explicit(AutoScrollPosition))
    btn.Size = New Size(cxButton, cyButton)
    btn.Tag = astrFileNames(i)
    AddHandler btn.Click, AddressOf ButtonOnClick
    Controls.Add(btn)
    ' Die Schaltfläche mit QuickInfo versehen.
    tip.SetToolTip(btn, String.Format("{0}" & vbLf & "{1}x{2}", _
                            Path.GetFileName(astrFileNames(i)), _
                            cxImage, cyImage))
    ' i, x, und y für das nächste Bild anpassen.
    AdjustXY(x, y)
    i += 1
End Sub
Private Sub ButtonOnClick(ByVal obj As Object, ByVal ea As EventArgs)
    btnClicked = DirectCast(obj, Button)
    RaiseEvent ImageClicked(Me, EventArgs.Empty)
End Sub
Protected Overrides Sub OnResize(ByVal ea As EventArgs)
    MyBase.OnResize(ea)
    AutoScrollPosition = Point.Empty

    Dim x As Integer = 0
    Dim y As Integer = 0
    Dim ctrl As Control
```

```
        For Each ctrl In Controls
            ctrl.Location = Point.op_Addition(New Point(x, y), _
                            Point.op_Explicit(AutoScrollPosition))
            AdjustXY(x, y)
        Next ctrl
    End Sub
    Private Sub AdjustXY(ByRef x As Integer, ByRef y As Integer)
        y += cyButton
        If y + cyButton > Height - SystemInformation.HorizontalScrollBarHeight Then
            y = 0
            x += cxButton
        End If
    End Sub
End Class
```

Der *ImagePanel*-Konstruktor setzt seine *AutoScroll*-Eigenschaft auf *True*. Wenn es mehr Schaltflächen gibt, als in das *Panel*-Steuerelement passen, müssen die Bildlaufleisten angezeigt werden, damit der Benutzer per Bildlauf auch die anderen Schaltflächen anzeigen kann.

ImagePanel implementiert die öffentliche Methode *ShowImages* mit einem einzelnen Argument, das einen Verzeichnisnamen angibt. *ShowImages* ist für Folgendes verantwortlich: 1. das Abrufen eines Arrays aller Dateien in diesem Verzeichnis, 2. das Laden eines *Image*-Objekts für jede Datei im Verzeichnis, die keine Ausnahme auslöst, wenn *Image.FromFile* aufgerufen wird, 3. das Erstellen einer Bitmap, die das auf die Größe der Schaltfläche verkleinerte Bild enthält, 4. das Erstellen der Schaltfläche und 5. das Erstellen einer QuickInfo mit dem Namen des Bilds und dessen Abmessungen in Pixeln.

Dies war die erste Version des Programms. Es stellte sich heraus, dass dieser Prozess für Verzeichnisse mit vielen großen Bitmaps viel zu lange dauerte. Meine Lösung war das Verteilen der Aufgabe mithilfe eines *Timer*-Objekts. (Dies ist eine einfache Form des Multitaskings, für die nicht die Verwendung mehrerer Threads erforderlich ist.) Das *Timer*-Objekt wird als Feld des *ImagePanel*-Objekts erstellt und erhält während des *ImagePanel*-Konstruktors ein *Tick*-Intervall von 1 Millisekunde. Nachdem die Methode *ShowImages* das Array mit Dateinamen abgerufen hat, initialisiert sie einige Variablen (einen Index in das Dateinamenarray sowie die Koordinaten *x* und *y* für die Schaltflächen) und startet den Zeitgeber.

Der *Tick*-Ereignishandler ist verantwortlich für das Aufrufen von *Image.FromFile* und das Erstellen einer auf diesem Bild basierenden Schaltfläche. Beachten Sie, dass *Image.FromFile* für jede Datei im Verzeichnis aufgerufen wird! Wenn *Image.FromFile* ordnungsgemäß zurückkommt, hat es erfolgreich ein Bild geladen. Wird eine Ausnahme ausgelöst, handelt es sich bei der Datei entweder um ein nicht unterstütztes Bildformat oder die Datei ist irgendwie beschädigt.

Beachten Sie auch, dass diese Aufgabe unterbrochen werden kann, bevor das gesamte Verzeichnis gelesen wurde. Immer wenn *ShowImages* aufgerufen wird, löscht die Methode alle Schaltflächen und QuickInfos und beginnt mit dem neuen Verzeichnis von vorn.

Die Klasse *ImagePanel* implementiert auch das öffentliche Ereignis *ImageClicked*. Dieses Ereignis wird ausgelöst, wenn auf eine der Schaltflächen geklickt wird. Die beiden schreibgeschützten Eigenschaften *ClickedControl* und *ClickedImage* geben die angeklickte Schaltfläche und das zugehörige Bild zurück.

Jetzt zum Programm selbst. ImageDirectory verwendet *ImagePanel* und *DirectoryTreeView* mit einem *Splitter*-Steuerelement, um die beiden im Clientbereich voneinander zu trennen. Der Konstruktor erstellt außerdem ein Objekt vom Typ *PictureBoxPlus*. Dies ist eine Klasse, die ich in Kapitel 11 erstellt habe. Die Klasse hier erweitert *PictureBox* so, dass sie über eine *NoDistort*-

Eigenschaft verfügt, die das korrekte Seitenverhältnis beibehält, wenn das Bild an die Größe des Steuerelements angepasst wird. Dieses *PictureBoxPlus*-Steuerelement wird verwendet, um das angeklickte Bild anzuzeigen, das auf die Größe des Clientbereichs vergrößert wurde. Die Eigenschaft *Visible* dieses Steuerelements ist zu Beginn auf *False* gesetzt.

ImageDirectory.vb
```
Imports System
Imports System.Drawing
Imports System.Windows.Forms
Class ImageDirectory
    Inherits Form
    Private picbox As PictureBoxPlus
    Private dirtree As DirectoryTreeView
    Private imgpnl As ImagePanel
    Private split As Splitter
    Private tnSelect As TreeNode
    Private ctrlClicked As Control
    Private ptPanelAutoScroll As Point
    Shared Sub Main()
        Application.Run(New ImageDirectory())
    End Sub
    Sub New()
        Text = "Image Directory"
        BackColor = SystemColors.Window
        ForeColor = SystemColors.WindowText

        ' Ein Steuerelement (nicht sichtbar) für die Anzeige eines großen Bilds erstellen.
        picbox = New PictureBoxPlus()
        picbox.Parent = Me
        picbox.Visible = False
        picbox.Dock = DockStyle.Fill
        picbox.SizeMode =.PictureBoxSizeMode.StretchImage
        picbox.NoDistort = True
        AddHandler picbox.MouseDown, AddressOf PictureBoxOnMouseDown

        ' Ein Steuerelement für Miniaturansichten erstellen.
        imgpnl = New ImagePanel()
        imgpnl.Parent = Me
        imgpnl.Dock = DockStyle.Fill
        AddHandler imgpnl.ImageClicked, AddressOf ImagePanelOnImageClicked

        split = New Splitter()
        split.Parent = Me
        split.Dock = DockStyle.Left
        split.BackColor = SystemColors.Control

        dirtree = New DirectoryTreeView()
        dirtree.Parent = Me
        dirtree.Dock = DockStyle.Left
        AddHandler dirtree.AfterSelect, AddressOf DirectoryTreeViewOnAfterSelect

        ' Ein Menü mit einem Element erstellen (Ansicht | Aktualisieren).
        Menu = New MainMenu()
        Menu.MenuItems.Add("&View")
        Dim mi As New MenuItem("&Refresh", AddressOf MenuOnRefresh, Shortcut.F5)
        Menu.MenuItems(0).MenuItems.Add(mi)
    End Sub
```

```vb
    Private Sub DirectoryTreeViewOnAfterSelect(ByVal obj As Object, ByVal tvea As TreeViewEventArgs)
        tnSelect = tvea.Node
        imgpnl.ShowImages(tnSelect.FullPath)
    End Sub
    Private Sub MenuOnRefresh(ByVal obj As Object, ByVal ea As EventArgs)
        dirtree.RefreshTree()
    End Sub
    Private Sub ImagePanelOnImageClicked(ByVal obj As Object, ByVal ea As EventArgs)
        ' Das angeklickte Steuerelement inklusive Bild abrufen.
        ctrlClicked = imgpnl.ClickedControl
        picbox.Image = imgpnl.ClickedImage
        ' Position für Autobildlauf speichern.
        ptPanelAutoScroll = imgpnl.AutoScrollPosition
        ptPanelAutoScroll.X *= -1
        ptPanelAutoScroll.Y *= -1
        ' Normale Steuerelemente ausblenden und deaktivieren.
        imgpnl.Visible = False
        imgpnl.Enabled = False
        imgpnl.AutoScrollPosition = Point.Empty
        split.Visible = False
        split.Enabled = False
        dirtree.Visible = False
        dirtree.Enabled = False
        ' Bildfeld sichtbar machen.
        picbox.Visible = True
    End Sub
    ' Ereignishandler und Methoden für die Steuerelementwiederherstellung.
    Private Sub PictureBoxOnMouseDown(ByVal obj As Object, ByVal mea As MouseEventArgs)
        RestoreControls()
    End Sub
    Protected Overrides Sub OnKeyDown(ByVal kea As KeyEventArgs)
        If kea.KeyCode = Keys.Escape Then
            RestoreControls()
        End If
    End Sub
    Private Sub RestoreControls()
        picbox.Visible = False
        dirtree.Visible = True
        dirtree.Enabled = True
        split.Enabled = True
        split.Visible = True
        imgpnl.AutoScrollPosition = ptPanelAutoScroll
        imgpnl.Visible = True
        imgpnl.Enabled = True
        ctrlClicked.Focus()
    End Sub
End Class
```

Bei jeder Änderung der Auswahl im *DirectoryTreeView*-Steuerelement (was durch einen Aufruf des Ereignishandlers *DirectoryTreeViewOnAfterSelect* angezeigt wird) ruft das Programm die Methode *ShowImages* von *ImagePanel* auf. In der folgenden Abbildung zeigt das Programm Metadateien in einem der Verzeichnisse von Visual Studio .NET an (das es in Visual Basic .NET nicht gibt).

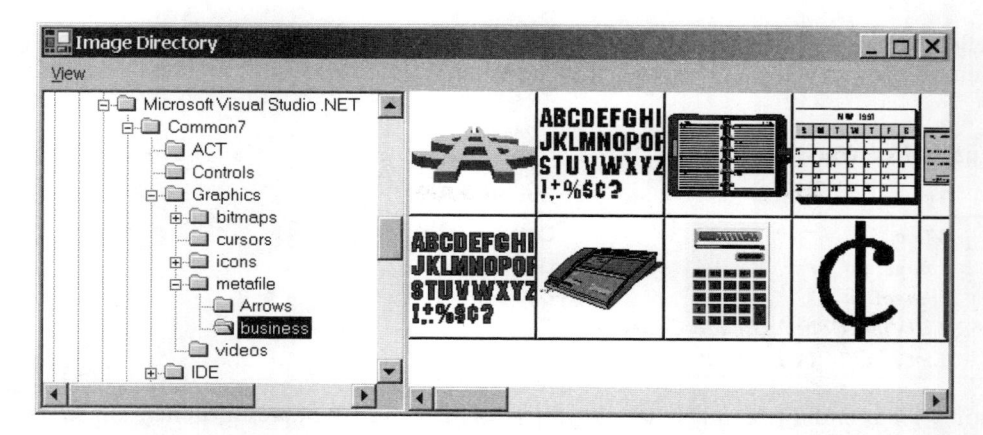

Wird auf eine der Schaltflächen geklickt, wird das Programm hierüber durch einen Aufruf seines *ImagePanelOnImageClicked*-Ereignishandlers benachrichtigt. Der Ereignishandler reagiert, indem er die drei angezeigten Steuerelemente ausblendet und das ausgeblendete Steuerelement (*PictureBoxPlus*) einblendet. Das Bild wird unter Beibehaltung seiner Seitenverhältnisse auf die Größe des Clientbereichs vergrößert.

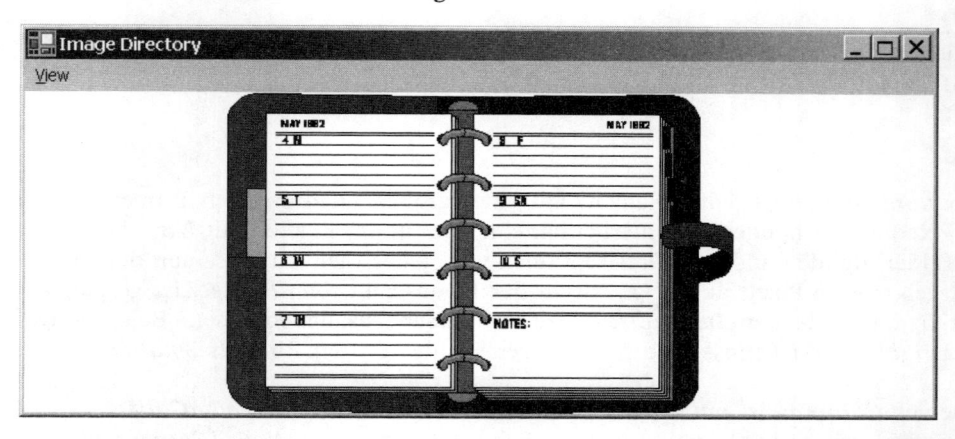

Der Clientbereich wird wieder normal angezeigt, wenn auf ihn geklickt oder die ESC-Taste gedrückt wird.

Grundwissen zu Listenansichten

In seiner anspruchsvollsten Form zeigt das *ListView*-Steuerelement Textinformationen in Zeilen und Spalten mit Spaltenüberschriften an. Die erste Spalte enthält die *Elemente* der Listenansicht. Die anderen Spalten enthalten *Unterelemente*, die jedem Element zugeordnet sind. Beispiel: Im Windows-Explorer ist der Dateiname das Element, während die Dateigröße, das Änderungsdatum und die Attribute dessen Unterelemente sind. Das *ListView*-Steuerelement kann auch eine einfache Liste der Elemente (ohne Unterelemente) sowie die Elemente in mehreren Spalten mit kleinen oder großen Symbolen anzeigen.

Zum Erstellen eines *ListView*-Objekts werden verschiedene Klassen benötigt. Unsere Untersuchung wollen wir jedoch mit der Klasse selbst beginnen. *ListView* besitzt mehrere wichtige Eigenschaften:

ListView-Eigenschaften (Auswahl)

Eigenschaft	Typ	Zugriff
View	*View*	Get/Set
SmallImageList	*ImageList*	Get/Set
LargeImageList	*ImageList*	Get/Set
Columns	*ListView.ColumnHeaderCollection*	Get
Items	*ListView.ListViewItemCollection*	Get

Die Enumeration *View* enthält Member für die vier verschiedenen Formate, in denen ein *ListView*-Steuerelement seine Daten anzeigen kann. Sie sind wahrscheinlich mit den vier Optionen vertraut, weil Sie sie schon in den verschiedensten Menüs gesehen haben, und auch in der Symbolleistenschaltfläche in den Standarddialogfeldern *OpenFileDialog* und *SaveFileDialog*.

View-Enumeration

Member	Wert
LargeIcon	0
Details	1
SmallIcon	2
List	3

Die Option *LargeIcon* zeigt jedes Element mit einer großen quadratischen Bitmap (in der Regel 48 × 48 Pixel) an. Es handelt sich hierbei um eines der in der Eigenschaft *LargeImageList* gespeicherten Bilder. Bei den anderen *View*-Optionen wird jedes Element mit einer kleinen Bitmap (in der Regel 16 × 16 Pixel) angezeigt, die in der Eigenschaft *SmallImageList* gespeichert ist. Die Bilder in diesen beiden *ImageList*-Objekten müssen zusammenpassen. Beispiel: Das dritte Bild in *LargeImageList* muss eine größere Version des dritten Bilds in *SmallImageList* sein.

Die Eigenschaft *Columns* ist ein Objekt vom Typ *ListView.ColumnHeaderCollection*, bei dem es sich um eine weitere Implementierung der Schnittstellen *ICollection*, *IEnumerable* und *IList* handelt. (Später kommen noch mehr.) Es folgt eine vollständige Liste der zugehörigen Eigenschaften:

ListView.ColumnHeaderCollection-Eigenschaften

Eigenschaft	Typ	Zugriff
()	*ColumnHeader*	Get
Count	*Integer*	Get
IsReadOnly	*Boolean*	Get

Wie Sie sehen, ist ein Objekt vom Typ *ListView.ColumnHeaderCollection* im Wesentlichen eine Auflistung schreibgeschützter *ColumnHeader*-Objekte. Die Klasse implementiert die gängigen Methoden *Clear*, *Insert*, *Remove*, *Add* und *AddRange*. Hier die beiden letzteren Methoden, wie sie in dieser Klasse implementiert sind:

ListView.ColumnHeaderCollection-Methoden (Auswahl)

```
Function Add(ByVal colhead As ColumnHeader) As Integer
Function Add(ByVal strText As String, ByVal iWidth As Integer,
             ByVal ha As HorizontalAlignment) As ColumnHeader
Sub AddRange(ByVal acolheads() As ColumnHeader)
```

Wie Sie an der zweiten *Add*-Implementierung sehen können, besteht ein *ColumnHeader*-Objekt grundsätzlich aus Text, einer Anfangsbreite der Spalte in Pixeln und einer Ausrichtung. Die Enumeration *HorizontalAlignment* ist Ihnen bereits bekannt:

HorizontalAlignment-Enumeration

Member	Wert
Left	0
Right	1
Center	2

Die Ausrichtung ist bei der Spaltenüberschrift ein wichtiger Faktor, da sie sich nicht nur auf den Text in der Spaltenüberschrift, sondern auch auf die Elemente bzw. Unterelemente auswirkt, die in dieser Spalte aufgelistet werden.

ColumnHeader selbst hat einen Standardkonstruktor und nur drei Eigenschaften mit Lese-/Schreibzugriff, die den Argumenten der bereits gezeigten *Add*-Methode entsprechen:

ColumnHeader-Eigenschaften (Auswahl)

Eigenschaft	Typ	Zugriff
Text	String	Get/Set
Width	Integer	Get/Set
TextAlign	HorizontalAlignments	Get/Set

Die anderen Eigenschaften von *ColumnHeader* sind schreibgeschützt. Sie geben das dem *ColumnHeader*-Objekt zugehörige *ListView*-Objekt sowie den Index dieser Spaltenüberschrift in der Auflistung der Spaltenüberschriften an.

Lassen Sie uns zur Tabelle der wesentlichen *ListView*-Eigenschaften zurückkehren. Das letzte Element in der Tabelle ist die Eigenschaft *Items*, ein Objekt vom Typ *ListView.ListViewItemCollection*. Hier die zugehörigen Eigenschaften:

ListView.ListViewItemCollection-Eigenschaften

Eigenschaft	Typ	Zugriff
()	ListViewItem	Get/Set
Count	Integer	Get
IsReadOnly	Boolean	Get

Die Eigenschaft *Items* von *ListView* ist im Wesentlichen eine Auflistung von *ListViewItem*-Objekten. Wie gewöhnlich erhalten Sie einen Hinweis darauf, um was es sich bei einem *ListViewItem*-Objekt handelt, indem Sie sich die Methoden *Add* und *AddRange* von *ListView.ListViewItemCollection* ansehen:

ListView.ListViewItemCollection-Methoden (Auswahl)

```
Function Add(ByVal lvitem As ListViewItem) As ListViewItem
Function Add(ByVal strItem As String) As ListViewItem
Function Add(ByVal strItem As String, ByVal indexImage As Integer) As ListViewItem
Sub AddRange(ByVal alvitems() As ListViewItem)
```

Das Argument *strItem* ist die mit dem Element verknüpfte Textzeichenfolge. Ganz gleich, welche Ansicht ausgewählt ist, diese Textzeichenfolge wird immer angezeigt. Die Option *View.Details* zeigt außerdem Unterelemente an, die wir bisher noch nicht behandelt haben. Das Argument *indexImage* ist ein Index in die beiden Eigenschaften *LargeImageList* und *SmallImageList* des *ListView*-Steuerelements.

ListViewItem weist sieben verschiedene Konstruktoren auf:

ListViewItem-Konstruktoren

```
ListViewItem()
ListViewItem(ByVal strItem As String)
ListViewItem(ByVal strItem As String, ByVal indexImage As Integer)
ListViewItem(ByVal astrItems() As String)
ListViewItem(ByVal astrItems() As String, ByVal indexImage As Integer)
ListViewItem(ByVal astrItems() As String, ByVal indexImage As Integer,
        ByVal clrFore As Color, ByVal clrBack As Color, ByVal fnt As Font)
ListViewItem(ByVal aSubItems() As ListViewItem.ListViewSubItem, ByVal indexImage As Integer)
```

Wenn Sie im Konstruktor ein Array mit Zeichenfolgen angeben, geben Sie tatsächlich ein Element sowie ein oder mehrere mit diesem Element verknüpfte Unterelemente an.

Die folgenden Eigenschaften der Klasse *ListViewItem* sind sehr wichtig:

ListViewItem-Eigenschaften (Auswahl)

Eigenschaft	Typ	Zugriff
Text	*String*	Get/Set
ImageIndex	*Integer*	Get/Set
Tag	*Object*	Get/Set
SubItems	*ListViewItem.ListViewSubItemCollection*	Get

Das Objekt *ListViewItem* enthält Text und einen Bildindex sowie eine *Tag*-Eigenschaft, mit der Sie beliebige Daten mit dem Element verknüpfen können. *ListViewItem* enthält ferner eine Auflistung aus Unterelementen, bei denen es sich um Objekte vom Typ *ListViewItem.ListViewSubItemCollection* handelt. Es folgt eine vollständige Liste der Eigenschaften dieser Klasse:

ListViewItem.ListViewSubItemCollection-Eigenschaften

Eigenschaft	Typ	Zugriff
()	*ListViewItem.ListViewSubItem*	Get/Set
Count	*Integer*	Get
IsReadOnly	*Boolean*	Get

Wie üblich erhalten wir einen Einblick in das Wesen eines Unterelements, indem wir die Argumente der Methoden *Add* und *AddRange* dieser Klasse untersuchen:

ListViewItem.ListViewSubItemCollection-Methoden (Auswahl)

```
Function Add(ByVal strText As String) As ListViewSubItem
Function Add(ByVal strText As String, ByVal clrFore As Color, ByVal clrBack As Color,
             ByVal fnt As Font) As ListViewSubItem
Function Add(ByVal lvsi As ListViewItem.ListViewSubItem) As ListViewSubItem
Sub AddRange(ByVal astrText() As String)
Sub AddRange(ByVal astrText() As String, ByVal clrFore As Color, ByVal clrBack As Color,
             ByVal fnt As Font)
Sub AddRange(ByVal alvsi() As ListViewItem.ListViewSubItem)
```

Die *ListViewItem.ListViewSubItem*-Konstruktoren erwarten ähnliche Argumente:

ListViewItem.ListViewSubItem-Konstruktoren

```
ListViewItem.ListViewSubItem()
ListViewItem.ListViewSubItem(ByVal lviOwner As ListViewItem, ByVal strText As String)
ListViewItem.ListViewSubItem(ByVal lviOwner As ListViewItem, ByVal strText As String,
                     ByVal clrForeground As Color, ByVal clrBackground As Color,
                     ByVal fnt As Font)
```

Die Klasse weist nur vier Eigenschaften auf:

ListViewItem.ListViewSubItem-Eigenschaften

Eigenschaft	Typ	Zugriff
Text	String	Get/Set
Font	Font	Get/Set
BackColor	Color	Get/Set
ForeColor	Color	Get/Set

Nun ist es an der Zeit, diese Informationen praktisch umzusetzen. Ich gehe davon aus, dass Ihnen die SysInfo-Programme (mit Systeminformationen) noch vertraut sind, die das Hauptthema von Kapitel 4 sind und auch in einigen nachfolgenden Kapiteln behandelt werden. Ich möchte nun eine Programmversion vorstellen, die ein *ListView*-Steuerelement verwendet. Das Programm verwendet auch die Datei SysInfoReflectionStrings.vb, die mehrere öffentliche shared Eigenschaften und Methoden bereitstellt, von denen die Eigenschaften *Labels* und *Values* am wichtigsten sind. Beide Eigenschaften geben Zeichenfolgenarrays zurück, die (jeweils) die Namen der shared Eigenschaften in der Klasse *SystemInformation* und deren aktuelle Werte angeben. Die Eigenschaft *Count* gibt die Anzahl der Zeichenfolgen in den Arrays zurück. Die Methoden *MaxLabelWidth* und *MaxValueWidth* geben die maximale Breite der Zeichenfolgen in den einzelnen Arrays zurück. Ich verwende diese Methoden in diesem Programm, um zu Beginn die Spaltenbreiten einzustellen.

SysInfoListView.vb

```vb
Imports System
Imports System.Drawing
Imports System.Windows.Forms
Class SysInfoListView
    Inherits Form
    Shared Sub Main()
        Application.Run(New SysInfoListView())
    End Sub
    Sub New()
        Text = "System Information (List View)"
        ' ListView-Steuerelement erstellen.
        Dim listvu As New ListView()
        listvu.Parent = Me
        listvu.Dock = DockStyle.Fill
        listvu.View = View.Details
        ' Spalten in Abhängigkeit von der maximalen Breite der Zeichenfolge definieren.
        Dim grfx As Graphics = CreateGraphics()
        listvu.Columns.Add("Property", _
            CInt(SysInfoReflectionStrings.MaxLabelWidth(grfx, Font)), _
            HorizontalAlignment.Left)
        listvu.Columns.Add("Value", _
            CInt(SysInfoReflectionStrings.MaxValueWidth(grfx, Font)), _
            HorizontalAlignment.Left)
        grfx.Dispose()
        ' Anzuzeigende Daten abrufen.
        Dim iNumItems As Integer = SysInfoReflectionStrings.Count
        Dim astrLabels() As String = SysInfoReflectionStrings.Labels
        Dim astrValues() As String = SysInfoReflectionStrings.Values
        ' Elemente und Unterelemente definieren.
        Dim i As Integer
        For i = 0 To iNumItems - 1
            Dim lvi As New ListViewItem(astrLabels(i))
            lvi.SubItems.Add(astrValues(i))
            listvu.Items.Add(lvi)
        Next i
    End Sub
End Class
```

Wie Sie sehen, ist der tatsächliche Code trotz der endlos verschlungenen Klassennamen in den verschiedenen *ListView*-Auflistungen relativ kurz und bündig. Der Konstruktor beginnt mit dem Erstellen des *ListView*-Objekts. Das Formular wird als dessen übergeordnetes Objekt zugewiesen, das Objekt erhält die *Dock*-Eigenschaft *DockStyle.Fill*, die *View*-Eigenschaft wird auf *View.Details* gesetzt. (Alles andere wäre für dieses Programm sinnlos.) Dieses spezielle *ListView*-Objekt verwendet keine Bildlisten.

Als Nächstes definiert der Konstruktor zwei Spaltenüberschriften, indem die *Add*-Methode der *Columns*-Eigenschaft mit den drei Argumenten aufgerufen wird. Die Elemente und Unterelemente werden in der *For*-Schleife unten hinzugefügt. In dieser *For*-Schleife erstellt das Programm ein *ListViewItem*-Objekt, das auf einem Element des Arrays *astrLabels* basiert. Es verwendet anschließend die *Add*-Methode der *SubItems*-Eigenschaft, um ein einzelnes Unterelement hinzuzufügen, ein Element des Arrays *astrValues*. Mithilfe der *Add*-Methode der *Items*-Eigenschaft wird das *ListViewItem*-Objekt dann zum *ListView*-Objekt hinzugefügt.

So sieht das Ergebnis aus:

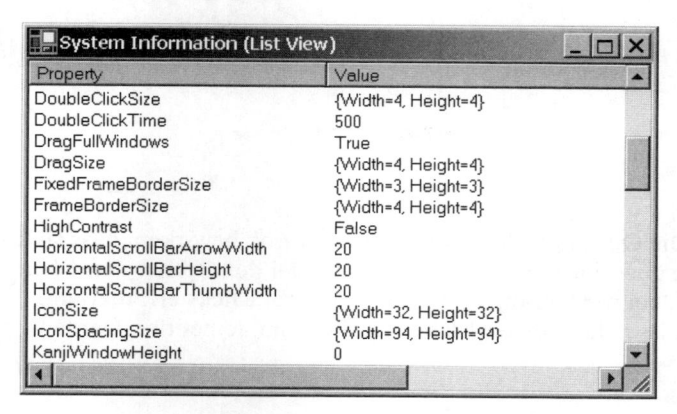

```
System Information (List View)                    _ □ ×
Property                         Value
DoubleClickSize                  {Width=4, Height=4}
DoubleClickTime                  500
DragFullWindows                  True
DragSize                         {Width=4, Height=4}
FixedFrameBorderSize             {Width=3, Height=3}
FrameBorderSize                  {Width=4, Height=4}
HighContrast                     False
HorizontalScrollBarArrowWidth    20
HorizontalScrollBarHeight        20
HorizontalScrollBarThumbWidth    20
IconSize                         {Width=32, Height=32}
IconSpacingSize                  {Width=94, Height=94}
KanjiWindowHeight                0
```

Die Bildlaufleisten werden automatisch hinzugefügt. Sie können mit diesem Programm ein wenig experimentieren, um die weiteren vom Standardobjekt *ListView* bereitgestellten Features zu untersuchen und um einige der Eigenschaften auszuprobieren, die hier nicht angesprochen wurden.

Ereignisse der Listenansicht

Beim Experimentieren mit dem Programm SysInfoListView werden Sie feststellen, dass Sie ein Element in der ersten Spalte mit der Maus oder der Nach-oben- oder Nach-unten-Taste markieren können. Bei gedrückter Umschalttaste können Sie die Auswahl auf mehrere Elemente erweitern. Durch Klicken mit der Maus bei gedrückter STRG-Taste können Sie einzelne Elemente markieren oder die Auswahl aufheben (ohne dass sich dies auf andere markierte Elemente auswirkt). (Um das Mehrfachauswahlfeature in einem *ListView*-Objekt auszuschalten, setzen Sie die Eigenschaft *MultiSelect* auf *False*.)

Einige Programme sind daran interessiert festzustellen, ob der Benutzer die Auswahl ändert, andere nicht. Programme, die ein *ListView*-Objekt nicht nur für simple Anzeigezwecke verwenden, sind jedoch fast immer an der so genannten *Aktivierung* von Elementen interessiert. Der Windows-Explorer startet bei der Aktivierung eines Elements zum Beispiel Anwendungen. Die Aktivierung erfolgt standardmäßig, wenn der Benutzer auf ein Element oder eine Elementgruppe doppelklickt oder die Eingabetaste drückt, wenn eines oder mehrere Elemente ausgewählt sind. Sie können dieses Verhalten mithilfe der folgenden Eigenschaft ändern:

ListView-Eigenschaften (Auswahl)

Eigenschaft	Typ	Zugriff
Activation	*ItemActivation*	Get/Set

Die Enumeration *ItemActivation* hat folgende Member:

ItemActivation-Enumeration

Member	Wert
Standard	0
OneClick	1
TwoClick	2

Standard ist die Standardeinstellung. Die Optionen *OneClick* und *TwoClick* bewirken, dass sich die Farbe ändert, wenn der Mauszeiger über ein Element bewegt wird. Bei der Option *OneClick* wird zur Aktivierung ein Klick benötigt, bei der Option *TwoClick* sind zwei Klicks erforderlich.

Hier sind die drei wichtigsten Ereignisse, die von der Klasse *ListView* implementiert werden:

ListView-Ereignisse (Auswahl)

Ereignis	Methode	Delegat	Argument
SelectedIndexChanged	*OnSelectedIndexChanged*	*EventHandler*	*EventArgs*
ItemActivate	*OnItemActivate*	*EventHandler*	*EventArgs*
ColumnClick	*OnColumnClick*	*ColumnClickEventHandler*	*ColumnClickEventArgs*

Keine der anderen mit dem *ListView*-Steuerelement verknüpften Klassen implementieren Ereignisse. Die weiteren *ListView*-Ereignisse umfassen das Bearbeiten, Aktivieren und Ziehen von Elementen.

ListView unterstützt außerdem alle in *Control* implementierten Ereignisse. Wenn ein Programm z.B. ein an das vom (durch Rechtsklick) aktivierte Element angepasstes Kontextmenü anzeigen möchte, kann es einen *MouseDown*-Ereignishandler installieren und über die Methode *GetItemAt* von *ListView* das angeklickte Element ermitteln.

Wenn der Benutzer auf eine Spaltenüberschrift klickt, wird das *ColumnClick*-Ereignis von den folgenden Informationen begleitet:

ColumnClickEventArgs-Eigenschaft

Eigenschaft	Typ	Zugriff
Column	Integer	Get

Die Ereignisse *SelectedIndexChanged* und *ItemActivate* werden nicht von Informationen begleitet. Das Programm, das diese Ereignisse behandelt, verwendet die folgenden beiden Eigenschaften von *ListView*, um die gerade markierten Elemente abzurufen:

ListView-Eigenschaften (Auswahl)

Eigenschaft	Typ	Zugriff
SelectedIndices	*ListView.SelectedIndexCollection*	Get
SelectedItems	*ListView.SelectedListViewItemCollection*	Get

Aber es gibt noch zwei weitere Auflistungen. Die erste ist lediglich eine schreibgeschützte Auflistung aus Integern:

ListView.SelectedIndexCollection-Eigenschaften

Eigenschaft	Typ	Zugriff
()	*Integer*	Get
Count	*Integer*	Get
IsReadOnly	*Boolean*	Get

Die Methoden *Add* und *AddRange* dieser Klasse sind nicht öffentlich. Die zweite Auflistung besitzt folgende Eigenschaften:

ListView.SelectedListViewItemCollection-Eigenschaften

Eigenschaft	Typ	Zugriff
()	*ListViewItem*	Get
Count	*Integer*	Get
IsReadOnly	*Boolean*	Get

Die Methoden *Add* und *AddRange* dieser Klasse sind ebenfalls nicht öffentlich. Um die Elementmarkierung im Programm zu initialisieren, verwenden Sie die folgende Eigenschaft von *ListViewItem*:

ListViewItem-Eigenschaften (Auswahl)

Eigenschaft	Typ	Zugriff
Selected	*Boolean*	Get/Set

Sie können diese Eigenschaft anstelle von *SelectedIndices* oder *SelectedItems* verwenden, um die markierten Elemente abzurufen. Sie müssen in einer Schleife alle Elemente des *ListView*-Objekts durchlaufen und prüfen, bei welchen die Eigenschaft *Selected* gesetzt ist.

Die folgende Klasse *FileListView* ist von *ListView* abgeleitet und zeigt eine Liste der in einem angegebenen Verzeichnis gespeicherten Dateien an. Im Gegensatz zu der Listenansicht im Windows-Explorer zeigt *FileListView* mit den Dateien keine Unterverzeichnisse an.

FileListView.vb
```
Imports System
Imports System.Diagnostics      ' Für Process.Start
Imports System.Drawing
Imports System.IO
Imports System.Windows.Forms
Class FileListView
    Inherits ListView
    Private strDirectory As String
    Sub New()
        View = View.Details
```

```vbnet
        ' Bilder für die Dateisymbole einlesen.
        Dim imglst As New ImageList()
        imglst.Images.Add(New Bitmap(Me.GetType(), "DOC.BMP"))
        imglst.Images.Add(New Bitmap(Me.GetType(), "EXE.BMP"))
        SmallImageList = imglst
        LargeImageList = imglst
        ' Spalten erstellen.
        Columns.Add("Name", 100, HorizontalAlignment.Left)
        Columns.Add("Size", 100, HorizontalAlignment.Right)
        Columns.Add("Modified", 100, HorizontalAlignment.Left)
        Columns.Add("Attribute", 100, HorizontalAlignment.Left)
    End Sub
    Sub ShowFiles(ByVal strDirectory As String)
        ' Verzeichnisname als Feld speichern.
        Me.strDirectory = strDirectory
        Items.Clear()
        Dim dirinfo As New DirectoryInfo(strDirectory)
        Dim fi, afi() As FileInfo
        Try
            afi = dirinfo.GetFiles()
        Catch
            Return
        End Try
        For Each fi In afi
            ' ListViewItem erstellen.
            Dim lvi As New ListViewItem(fi.Name)
            ' ImageIndex in Abhängigkeit von der Dateierweiterung zuweisen.
            If Path.GetExtension(fi.Name).ToUpper() = ".EXE" Then
                lvi.ImageIndex = 1
            Else
                lvi.ImageIndex = 0
            End If
            ' Dateilänge und geänderte Unterelemente für Zeitangabe hinzufügen.
            lvi.SubItems.Add(fi.Length.ToString("N0"))
            lvi.SubItems.Add(fi.LastWriteTime.ToString())
            ' Attributunterelement hinzufügen.
            Dim strAttr As String = ""
            If (fi.Attributes And FileAttributes.Archive) <> 0 Then
                strAttr &= "A"
            End If
            If (fi.Attributes And FileAttributes.Hidden) <> 0 Then
                strAttr &= "H"
            End If
            If (fi.Attributes And FileAttributes.ReadOnly) <> 0 Then
                strAttr &= "R"
            End If
            If (fi.Attributes And FileAttributes.System) <> 0 Then
                strAttr &= "S"
            End If
            lvi.SubItems.Add(strAttr)
            ' Fertiges ListViewItem-Objekt zu FileListView hinzufügen.
            Items.Add(lvi)
        Next fi
    End Sub
```

```
    Protected Overrides Sub OnItemActivate(ByVal ea As EventArgs)
        MyBase.OnItemActivate(ea)
        Dim lvi As ListViewItem
        For Each lvi In SelectedItems
            Try
                Process.Start(Path.Combine(strDirectory, lvi.Text))
            Catch
            End Try
        Next lvi
    End Sub
End Class
```

Doc.bmp

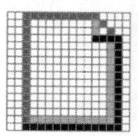

Exe.bmp

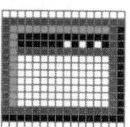

Der Windows-Explorer verwendet wahrscheinlich die API-Funktion *ExtractAssociatedIcon*, um ein Bild für jede angezeigte Datei abzurufen. Diese Funktion wird von den Windows Forms-Klassen jedoch nicht verfügbar gemacht. Um dennoch einige Beispielbilder anzuzeigen, lädt FileListView zwei Bitmaps, die ich aus dem Verzeichnis *Programme\Microsoft Visual Studio .NET\ Common7\Graphics\Bitmaps\Outline\NoMask* kopiert habe. Den Eigenschaften *SmallImageList* und *LargeImageList* wird dasselbe Paar kleiner Bilder zugeordnet. Der Konstruktor beendet seine Arbeit mit dem Erstellen von vier Spalten.

Die Klasse *FileListView* implementiert eine öffentliche Methode *ShowFiles*, die den Großteil der Arbeit dieser Klasse erledigt. Die Methode erstellt auf der Grundlage des angegebenen Verzeichnisses ein Objekt vom Typ *DirectoryInfo* und ruft dann ein Array von *FileInfo*-Strukturen ab, indem die Methode *GetFiles* aufgerufen wird. Jedes Member des Arrays wird zu einem Element mit drei Unterelementen. Der Großteil des Codes dient zur Formatierung der Elemente. Lautet die Dateinamenerweiterung .exe, wird die Eigenschaft *ImageIndex* auf 1 (für das Bild Exe.bmp) gestellt, ansonsten auf 0 (für das Bild Doc.bmp). (Ich weiß: Was ist mit .dll- oder .com-Dateien? Es steht Ihnen frei, die Symbolanzeige entsprechend weiterzuentwickeln.)

FileListView überschreibt noch die Methode *OnItemActivate*. Für jedes ausgewählte Element ruft das Programm die shared Methode *Process.Start* auf. Ist die Datei ausführbar, wird sie sofort gestartet. Ist die Datei ein Dokument mit einer bekannten Erweiterung, wird die Anwendung gestartet, der dieser Dokumenttyp zugeordnet ist.

Um anzuzeigen, wie dieses benutzerdefinierte *ListView*-Steuerelement aussieht, benötigen wir ein Programm, das dem Windows-Explorer ähnlich ist und *DirectoryTreeView* und *FileListView* kombiniert. ExplorerLike ist ein solches Programm.

ExplorerLike.vb

```
Imports System
Imports System.Drawing
Imports System.Windows.Forms
Class ExplorerLike
    Inherits Form
```

```
Private filelist As FileListView
Private dirtree As DirectoryTreeView
Private mivChecked As MenuItemView

Shared Sub Main()
    Application.Run(New ExplorerLike())
End Sub

Sub New()
    Text = "Windows Explorer-Like Program"
    BackColor = SystemColors.Window
    ForeColor = SystemColors.WindowText

    ' Steuerelemente erstellen.
    filelist = New FileListView()
    filelist.Parent = Me
    filelist.Dock = DockStyle.Fill

    Dim split As New Splitter()
    split.Parent = Me
    split.Dock = DockStyle.Left
    split.BackColor = SystemColors.Control

    dirtree = New DirectoryTreeView()
    dirtree.Parent = Me
    dirtree.Dock = DockStyle.Left
    AddHandler dirtree.AfterSelect, AddressOf DirectoryTreeViewOnAfterSelect

    ' Menü Ansicht erstellen.
    Menu = New MainMenu()
    Menu.MenuItems.Add("&View")

    Dim astrView() As String = {"Lar&ge Icons", "S&mall Icons", "&List", "&Details"}
    Dim aview() As View = {View.LargeIcon, View.SmallIcon, View.List, View.Details}
    Dim eh As EventHandler = AddressOf MenuOnView
    Dim i As Integer

    For i = 0 To 3
        Dim miv As New MenuItemView()
        miv.Text = astrView(i)
        miv.vu = aview(i)
        miv.RadioCheck = True
        AddHandler miv.Click, eh
        If i = 3 Then
            mivChecked = miv
            mivChecked.Checked = True
            filelist.View = mivChecked.vu
        End If
        Menu.MenuItems(0).MenuItems.Add(miv)
    Next i

    Menu.MenuItems(0).MenuItems.Add("-")

    ' Ansicht | Aktualisieren.
    Dim mi As New MenuItem("&Refresh", AddressOf MenuOnRefresh, Shortcut.F5)
    Menu.MenuItems(0).MenuItems.Add(mi)
End Sub

Private Sub DirectoryTreeViewOnAfterSelect(ByVal obj As Object, ByVal tvea As TreeViewEventArgs)
    filelist.ShowFiles(tvea.Node.FullPath)
End Sub
```

```
    Private Sub MenuOnView(ByVal obj As Object, ByVal ea As EventArgs)
        mivChecked.Checked = False
        mivChecked = DirectCast(obj, MenuItemView)
        mivChecked.Checked = True
        filelist.View = mivChecked.vu
    End Sub
    Private Sub MenuOnRefresh(ByVal obj As Object, ByVal ea As EventArgs)
        dirtree.RefreshTree()
    End Sub
End Class
Class MenuItemView
    Inherits MenuItem
    Public vu As View
End Class
```

Der Großteil dieses Programms dient dem Verarbeiten von Menübefehlen, mit denen Sie die *View*-Eigenschaft des *FileListView*-Steuerelements ändern und den Inhalt von *DirectoryTreeView* aktualisieren können. Die einzige Verbindung zwischen den beiden Steuerelementen ist im Ereignishandler *DirectoryTreeViewOnAfterSelect* implementiert, der die Methode *ShowFiles* von *FileListView* mit dem neu ausgewählten Verzeichnis aufruft. Und so zeigt das Programm den Inhalt des Windows-Systemverzeichnisses an:

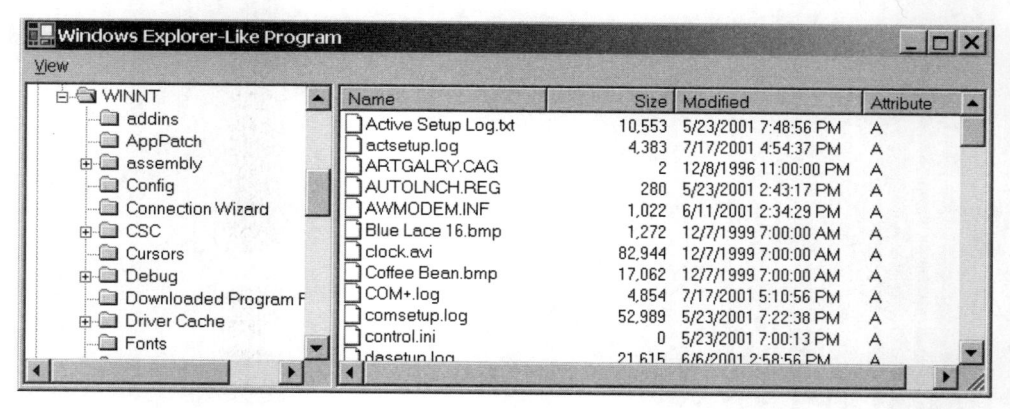

23 Metadateien

908	Vorhandene Metadateien laden und anzeigen
910	Metadateimaße und die Darstellung
916	Metadateien in Bitmaps umwandeln
918	Neue Metadateien erstellen
924	Das Begrenzungsrechteck in Metadateien
927	Metadateien und die Seitentransformation
930	Der Typ *Metafile*
932	*EnumerateMetafile*

Während Rastergrafiken in Form von Bitmaps gespeichert werden, stellen Metadateien das Format für Vektorgrafiken dar. Bitmaps beruhen im Allgemeinen auf realen Bildern, d.h. Fotos. Metadateien sind meistens das Ergebnis der Arbeit eines Menschen mit einem Computerprogramm. Eine Metadatei besteht aus einer Folge von binären Daten, die Aufrufen grafischer Funktionen entsprechen und der Darstellung von Linien, Kurven, gefüllten Flächen und Text dienen. In Metadateien können auch Bitmaps enthalten sein. Eine Metadatei kann in einer Datenträgerdatei, aber auch komplett im Arbeitsspeicher untergebracht werden.

Bildverarbeitungsprogramme erstellen Bitmaps, Zeichenprogramme erstellen Metadateien. In einem gut entworfenen Zeichenprogramm können Sie auf dem Bildschirm dargestellte Grafikobjekte mit der Maus schnell und einfach fassen und an eine andere Stelle verschieben. Dies ist möglich, weil die einzelnen Komponenten eines Bilds in separaten Datensätzen gespeichert werden. In einem Bildverarbeitungsprogramm sind solche Funktionen nur nach Durchführung aufwendiger Bildanalysen möglich, weshalb sie in der Regel auf das Verschieben oder Einfügen rechteckiger Bitmapausschnitte beschränkt sind.

Da eine Metadatei ein Bild mit grafischen Zeichenbefehlen beschreibt, kann das Bild ohne Auflösungsverlust beliebig skaliert werden. Mit Bitmaps ist das nicht so einfach möglich; stellt man eine Bitmap mit doppelter Größe dar, bedeutet das nicht, dass man die doppelte Auflösung erhält. Die Bits in der Bitmap werden schlicht horizontal oder vertikal dupliziert. Durch Glätten mögen Treppeneffekte aufgrund der Pixel vielleicht entfernt werden, dafür kann das Bild jedoch unscharf aussehen.

Eine Metadatei kann nur mit einem gewissen Informationsverlust in eine Bitmap umgewandelt werden, da die grafischen Objekte, aus denen die Metadatei besteht, nicht mehr einzeln vorliegen, sondern zu einem einzigen großen Bild zusammengeführt werden. Der umgekehrte

Prozess, das Umwandeln von Bitmaps in Metadateien, gestaltet sich weitaus schwieriger. Dieser Vorgang ist für gewöhnlich auf sehr einfache Bilder beschränkt und macht eine aufwendige Analyse von Rändern und Umrissen erforderlich. Wie oben angemerkt, besteht jedoch die Möglichkeit, eine Bitmap in eine Metadatei einzubetten.

Metadaten werden überwiegend für die gemeinsame Nutzung von Bildern durch mehrere Programme unter Einsatz der Zwischenablage sowie für Cliparts eingesetzt. Aufgrund der Tatsache, dass Metadateien ein Bild in Form grafischer Funktionsaufrufe beschreiben, benötigen sie meistens deutlich weniger Platz als Bitmaps und weisen dabei eine größere Geräteunabhängigkeit auf.

Die Darstellung einer Metadatei kann allerdings mehr Zeit in Anspruch nehmen als die Darstellung einer Bitmap mit demselben Bild. Die für das Anzeigen einer Bitmap erforderliche Zeit richtet sich ausschließlich nach Größe und Farbformat des Bilds, nicht nach der Komplexität des Inhalts. Die Zeit, die für das Anzeigen einer Metadatei zu veranschlagen ist, richtet sich unmittelbar nach der Anzahl der enthaltenen Zeichenbefehle.

Verwechseln Sie Metadateien bitte nicht mit Grafikpfaden. Während es sich bei einem Pfad einfach um eine Sammlung von Koordinaten handelt, enthält eine Metadatei zudem Angaben zu Zeichenstiften und -mustern. Ein Pfad speichert Text als eine Reihe von Zeichenumrissen; eine Metadatei speichert die Argumente des tatsächlichen *DrawString*-Aufrufs. Es gibt keine Standardformate für das Speichern von Pfaden in Dateien bzw. für das Übergeben dieser Pfade mithilfe der Zwischenablage. Metadateien wurden speziell dafür entwickelt, als Dateien gespeichert und mithilfe der Zwischenablage übergeben zu werden. (Auf den Einsatz von Metadateien mit der Zwischenablage gehe ich in Kapitel 24 ein.)

Metadateien werden unter Windows seit der Version 1.0 (1985) unterstützt. Das ursprüngliche Metadateiformat wird heute als Windows Metafile bezeichnet und hat die Dateierweiterung .wmf. Mit der Einführung der 32-Bit-Version von Windows wurden die Metadateien erweitert. Die 32-Bit-Version von Windows unterstützte weiterhin das alte Metadateiformat, führte darüber hinaus jedoch ein neues ein, das die Bezeichnung Enhanced Metafile und die Erweiterung .emf erhielt.

Das Grafiksystem GDI+ in Windows Forms führt eine Reihe neuer Zeichenbefehle ein, die auch Metadateien betreffen. Erweiterte Metadateien mit GDI+-Zeichenbefehlen werden als EMF+-Metadateien (»EMF Plus«) bezeichnet, die Dateierweiterung ist jedoch nach wie vor .emf. Es besteht die Möglichkeit, aus einem Windows Forms-Programm Metadateien zu erstellen, die zu dem ursprünglichen EMF-Format kompatibel sind und von herkömmlichen 32-Bit-Windows-Programmen gelesen werden können.

Vorhandene Metadateien laden und anzeigen

In Kapitel 11 haben Sie gelernt, wie Metadateien geladen und angezeigt werden. Sie können zum Laden einer Metadatei von der Platte dieselbe shared Methode *FromFile* der Klasse *Image* verwenden, mit der Sie auch ein Bitmapbild von Datenträgern laden:

```
Dim img As Image = Image.FromFile("PrettyPicture.emf")
```

Diese Metadatei können Sie auch genauso anzeigen wie eine Bitmap. Verwenden Sie dazu eine der zahlreichen *DrawImage*-Methoden der Klasse *Graphics*:

```
grfx.DrawImage(img, x, y)
```

Sind auf Ihrer Festplatte WMF- oder EMF-Dateien abgespeichert (wovon auszugehen ist, wenn Sie irgendeine Anwendung mit einer Clipartbibliothek installiert haben), können Sie diese Metadateien mit dem Programm ImageIO aus Kapitel 16 laden und anzeigen. Selbst Microsoft Visual Studio .NET (aber leider nicht Microsoft Visual Basic .NET) wird mit einer Sammlung von Metadateien geliefert, die standardmäßig im Verzeichnis *C:\Programme\Microsoft Visual Studio .NET\Common7\Graphics\Metafile* gespeichert sind.

Metadateien werden wie Bilder behandelt, da die Klasse *Metafile* – ebenso wie die Klasse *Bitmap* – von *Image* abgeleitet ist:

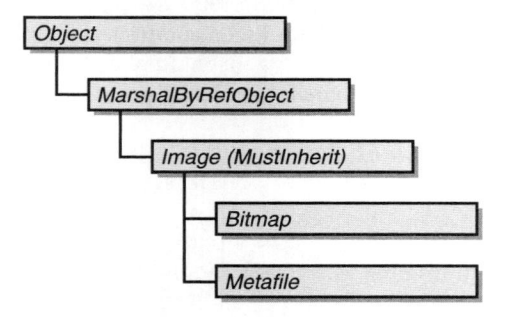

```
Object
  └─ MarshalByRefObject
       └─ Image (MustInherit)
            ├─ Bitmap
            └─ Metafile
```

Wie *Bitmap* ist auch die Klasse *Metafile* als *NotInheritable* definiert und kann folglich nicht vererbt werden. Im Gegensatz zu den Klassen *Image* und *Bitmap,* die im Namespace *System. Drawing* definiert sind, sind *Metafile* und die verwandten Klassen und Enumerationen im Namespace *System.Drawing.Imaging* definiert. Wenn Sie *GetType* mit dem Rückgabewert von *Image.FromFile* aufrufen, erhalten Sie entweder den Typ *System.Drawing.Bitmap* oder *System. Drawing.Imaging.Metafile.*

Achten Sie im Zusammenhang mit Metadateien und *Metafile*-Objekten genau auf die Terminologie. Eine Metadatei ist eine Sammlung von Zeichenbefehlen, die sowohl in einer Datenträgerdatei als auch im Speicher vorliegen kann. Ein *Metafile*-Objekt hingegen ist eine Instanz der Klasse *Metafile*. Die shared Methode *FromFile* der Klasse *Image* erstellt auf Grundlage einer bestehenden Metadatei ein *Metafile*-Objekt.

Den Großteil der Klasse *Metafile* machen ihre 39 Konstruktoren aus, wobei einige dieser Konstruktoren einfacher aufgebaut sind als andere. Wenn Sie ein *Metafile*-Objekt aus einer bestehenden Metadatei erstellen möchten, die entweder über einen Dateinamen oder über ein *Stream*-Objekt angegeben wird, können Sie die folgenden beiden Konstruktoren verwenden:

Metafile-Konstruktoren (Auswahl)

```
Metafile(ByVal strFileName As String)
Metafile(ByVal strm As Stream)
```

Diese beiden Konstruktoren sind im Wesentlichen mit den entsprechenden shared *FromFile*-Methoden der Klasse *Image* identisch, allerdings geben die Konstruktoren natürlich ein Objekt vom Typ *Metafile* zurück:

```
Dim mf As New Metafile("PrettyPicture.emf")
```

Da *Metafile* von *Image* abgeleitet ist, können Sie für das Anzeigen der Metadatei dieselben Methoden verwenden:

```
grfx.DrawImage(mf, x, y)
```

Sie können im Grunde genommen so ziemlich alles mit der Metadatei anstellen, was von der Klasse *Image* unterstützt wird. Wenn Sie eine bestehende Metadatei allerdings aus einer Datei oder einem Stream geladen haben, können Sie nicht die shared Methode *FromImage* der Klasse *Graphics* verwenden, um ein *Graphics*-Objekt zum Zeichnen in der Metadatei abzurufen. Diese Methode ist Metadateien vorbehalten, die Sie in Ihren Programmen neu erstellen.

Metadateimaße und die Darstellung

Wie Sie seit Kapitel 11 wissen, verfügt die Klasse *Image* über verschiedene Eigenschaften, die ein Bild beschreiben. Da *Metafile* von *Image* abgeleitet ist, gelten diese Eigenschaften auch für Metadateien. Bei der Arbeit mit Metadateien werden Ihnen besonders die folgenden Eigenschaften von Nutzen sein:

Image-Eigenschaften (Auswahl)

Eigenschaft	Typ	Zugriff
Size	Size	Get
Width	Integer	Get
Height	Integer	Get
HorizontalResolution	Single	Get
VerticalResolution	Single	Get
PhysicalDimension	SizeF	Get

Wie Sie wissen, geben bei *Bitmap*-Objekten die Eigenschaften *Size*, *Width* und *Height* die Pixelmaße der Bitmap an – also die Anzahl der Bitzeilen und -spalten. Die Eigenschaften *HorizontalResolution* und *VerticalResolution* liefern weitere Bitmapinformationen: die horizontale und vertikale Pixelanzahl pro Zoll. Die Abmessungen einer Bitmap in Zoll können Sie leicht errechnen, indem Sie *Width* durch *HorizontalResolution* und *Height* durch *VerticalResolution* teilen. Wenn Sie diese Maße in Millimeter umwandeln und mit 100 multiplizieren, sollten Sie Zahlen erhalten, die mit denen der Eigenschaft *PhysicalDimension* übereinstimmen, die die Größe der Bitmap in 1/100 Millimetern angibt. *PhysicalDimension* funktioniert bei Bitmaps jedoch nicht richtig.

Bei *Metafile*-Objekten verhält es sich mit den Eigenschaften *Size*, *Width* und *Height* ein wenig anders. In vielen Fällen geben diese Eigenschaften die Koordinaten und Größen sämtlicher Objekte in der Metadatei an. Besteht die Metadatei beispielsweise aus einem einzigen *DrawLine*-Aufruf mit den Endpunktkoordinaten (–50, 25) und (100, 250), entspricht *Width* wahrscheinlich in etwa 150 und *Height* ungefähr 225. Wie wir jedoch in Kürze feststellen werden, kann der Ersteller der Metadatei für die Eigenschaften *Width* und *Height* auch andere Werte einstellen. Zudem können breite Linien die Bildgröße und damit auch die Eigenschaften *Width* und *Height* beeinflussen. Obgleich Metadateien nicht mit Pixelmaßen arbeiten, verwenden sie doch eine Art Entsprechung der Pixelgröße.

Metafile-Objekte weisen auch gültige *HorizontalResolution*- und *VerticalResolution*-Eigenschaften auf, die das Verhältnis der Metadateikoordinaten zu Zolleinheiten angeben. Die hypothetische Metadatei mit einem einzigen *DrawLine*-Aufruf hat vielleicht *HorizontalResolution*- und *VerticalResolution*-Werte von 75, das Bild wäre also 2 Zoll breit und 3 Zoll hoch. Die Eigenschaft *PhysicalDimension* (die bei Metadateien besser zu funktionieren scheint als bei Bitmaps) hätte in diesem Fall den Wert (5080, 7620), das ist die Größe in 1/100 Millimeter.

Um eine Metadatei in ihren wirklichen Abmessung mit der oberen linken Ecke am Punkt (*x, y*) anzuzeigen, verwenden Sie

```
grfx.DrawImage(mf, x, y)
```

bzw. eine der *DrawImage*-Varianten, die mit *Point*- oder *PointF*-Argumenten arbeiten. Die Größe des angezeigte Bilds wird nicht durch die Seitentransformation, dafür jedoch durch die Welttransformation beeinflusst.

Die folgende *DrawImage*-Methode (und ihre Varianten mit *Rectangle*- und *RectangleF*-Argumenten) zeigen eine Metadatei an, die auf das Rechteck ausgedehnt wird:

```
grfx.DrawImage(mf, x, y, cx, cy)
```

Sowohl die Seitentransformation als auch die Welttransformation wirken sich auf die Interpretation der Argumente *x, y, cx* und *cy* aus. Wenn Sie eine Metadatei in ihrer Pixelgröße anzeigen möchten, stellen Sie die Seiteneinheiten auf Pixel ein und verwenden folgende Syntax

```
grfx.DrawImage(mf, x, y, mf.Width, mf.Height)
```

Über die von der Klasse *Image* geerbten Eigenschaften verfügt die Klasse *Metafile* über keine weiteren öffentlichen Eigenschaften. Die Metadatei selbst verfügt jedoch über einen Header, der zusätzliche Informationen über die Metadatei liefert. Der Metadateiheader ist in der Klasse *MetafileHeader* gekapselt. Ein Objekt vom Typ *MetafileHeader* können Sie mithilfe der folgenden Instanzmethode abrufen:

GetMetafileHeader-Methode von *Metafile* (nicht *Shared*)

```
Function GetMetafileHeader() As MetafileHeader
```

Bei einer Metadatei, für die kein *Metafile*-Objekt vorliegt, können Sie eine der folgenden shared Methoden verwenden:

GetMetafileHeader-Methoden von *Metafile* (*Shared*, Auswahl)

```
Function GetMetafileHeader(ByVal strFileName As String) As MetafileHeader
Function GetMetafileHeader(ByVal strm As Stream) As MetafileHeader
```

Es gibt zwei zusätzliche shared *GetMetafileHeader*-Methoden, die in Verbindung mit Win32-Handles für eine Metadatei oder eine erweiterte Metadatei verwendet werden können.

Die Klasse *MetafileHeader* verfügt über zehn schreibgeschützte Eigenschaften: Nachfolgend sehen Sie fünf dieser Eigenschaften:

MetafileHeader-Eigenschaften (Auswahl)

Eigenschaft	Typ	Zugriff
Type	*MetafileType*	Get
Version	*Integer*	Get
MetafileSize	*Integer*	Get
EmfPlusHeaderSize	*Integer*	Get
WmfHeader	*MetaHeader*	Get

Die Eigenschaft *Type* gibt den Typ der Metadatei mit Werten aus der Enumeration *MetafileType* an:

MetafileType-Enumeration

Member	Wert
Invalid	0
Wmf	1
WmfPlaceable	2
Emf	3
EmfPlusOnly	4
EmfPlusDual	5

Die Member, die mit *Wmf* beginnen, kennzeichnen die alten 16-Bit-Metadateien. Eine *Emf*-Metadatei ist mit einem 32-Bit-Windows-Programm mittels Windows API oder MFC erstellt worden. Mit einem Windows Forms-Programm erstellte Metadateien sind standardmäßig vom Typ *EmfPlusDual*, was bedeutet, dass sie sowohl GDI- als auch GDI+-Daten enthalten. Metadateien dieser Art können von Win32- und Windows Forms-Programmen verwendet werden. Eine Metadatei vom Typ *EmfPlusOnly* enthält ausschließlich GDI+-Einträge und kann nur von Windows Forms-Programmen verwendet werden.

Die Eigenschaft *MetafileSize* gibt die tatsächliche Speichergröße der gesamten Metadatei an. Bei Metadateien, die auf der Festplatte gespeichert sind, ist sie mit der Dateigröße identisch. Bei WMF-Typen liefert die Eigenschaft *WmfHeader* zusätzliche Informationen zu der Metadatei.

Bei den folgenden Methoden handelt es sich um Methoden von *MetafileHeader*, die hauptsächlich dazu dienen, eine *Boolean*-Schnittstelle für die *Type*-Eigenschaft bereitzustellen:

MetafileHeader-Methoden

```
Function IsWmf() As Boolean
Function IsWmfPlaceable() As Boolean
Function IsEmf() As Boolean
Function IsEmfPlus() As Boolean
Function IsEmfPlusOnly() As Boolean
Function IsEmfPlusDual() As Boolean
Function IsEmfOrEmfPlus() As Boolean
Function IsDisplay() As Boolean
```

Bei Metadateien vom Typ *MetafileType.Emf* geben die Methoden *IsEmf* und *IsEmfOrEmfPlus* den Wert *True* zurück. Bei Metadateien vom Typ *MetafileType.EmfPlusOnly* geben *IsEmfPlus*, *IsEmfPlusOnly* und *IsEmfOrEmfPlus* den Wert *True* zurück. Bei Metadateien vom Typ *MetafileType.EmfPlusDual* geben *IsEmfPlus*, *IsEmfPlusDual* und *IsEmfOrEmfPlus* den Wert *True* zurück.

Wie wir noch sehen werden, wird bei der Erstellung einer Metadatei immer ein bestimmtes grafisches Ausgabegerät zugrunde gelegt. Die Methode *IsDisplay* gibt bei einer Metadatei für den Bildschirm den Wert *True* und bei einer Metadatei für den Drucker den Wert *False* zurück.

Hier die übrigen *MetafileHeader*-Eigenschaften:

MetafileHeader-Eigenschaften (Auswahl)

Eigenschaft	Typ	Zugriff
Bounds	*Rectangle*	Get
DpiX	*Single*	Get
DpiY	*Single*	Get
LogicalDpiX	*Integer*	Get
LogicalDpiY	*Integer*	Get

Die Werte *Width* und *Height* der *Bounds*-Eigenschaft sollten mit den Eigenschaften *Width* und *Height* übereinstimmen, die das *Metafile*-Objekt von *Image* erbt. Die Eigenschaften *DpiX* und *DpiY* sollten mit den Eigenschaften *HorizontalResolution* und *VerticalResolution* der Klasse *Image* übereinstimmen. Die Eigenschaften *LogicalDpiX* und *LogicalDpiY* sind für Windows Forms-Programme ohne Belang, Sie sollten sie einfach ignorieren.

Die Eigenschaften *X* und *Y* der Eigenschaft *Bounds* haben nicht unbedingt den Wert 0. An früherer Stelle habe ich beispielsweise eine hypothetische Metadatei erwähnt, die aus einem einzigen *DrawLine*-Aufruf mit den Koordinaten (–50, 25) und (100, 250) besteht. Die Eigenschaft *Bounds* des Metadateiheaders ist für gewöhnlich das kleinste Rechteck, das sämtliche grafischen Objekte in der Metadatei umschließt. Eine einfache Berechnung lässt erwarten, dass die *Bounds*-Eigenschaft dann das Rechteck mit den Koordinaten (–50, 25, 150, 225) sein wird.

In diesem Fall ist allerdings eher mit einer *Bounds*-Eigenschaft von (–51, 24, 153, 228) zu rechnen. Aufgrund der Tatsache, dass GDI+ Linien bis hin zum und inklusive des zweiten Punkts zeichnet, ist die Linie tatsächlich ein Pixel länger als eine Berechnung vermuten lässt. Die Linie hat zudem eine Breite, wodurch die Gesamtmaße um ein weiteres Pixel an beiden Enden erhöht werden. Abgesehen davon kann das Programm, das die Metadatei erstellt, eine von der Vorgabe durch den Inhalt der Metadatei abweichende *Bounds*-Eigenschaft einstellen.

Der Ursprung des *Bounds*-Rechtecks – also dessen *X*- und *Y*-Eigenschaften – wirken sich bei der Darstellung der Metadatei nicht auf die Positionierung aus. Zeichnen Sie beispielsweise unsere hypothetische einfache Metadatei mithilfe des Aufrufs

```
grfx.DrawImage(mf, 0, 0)
```

dann sehen Sie die gesamte Metadatei. Die obere linke Ecke des *Bounds*-Rechtecks wird an dem im *DrawImage*-Aufruf angegebenen Punkt, in diesem Beispiel bei (0, 0), angezeigt.

Hier sehen Sie ein Programm mit einem *OpenFileDialog*-Objekt, das Metadateien von Datenträgern lädt und anzeigt.

MetafileViewer.vb
```
Imports System
Imports System.Drawing
Imports System.Drawing.Imaging
Imports System.Drawing.Printing
Imports System.IO                    ' Für Path-Klasse
Imports System.Windows.Forms
Class MetafileViewer
    Inherits Form
```

```
    Protected mf As Metafile
    Protected strProgName As String
    Protected strFileName As String
    Private miFileSaveAs, miFilePrint, miFileProps, miViewChecked As MenuItem
    Shared Sub Main()
        Application.Run(New MetafileViewer())
    End Sub
    Sub New()
        strProgName = "Metafile Viewer"
        Text = strProgName
        ResizeRedraw = True

        Menu = New MainMenu()

        ' Menü Datei
        Dim mi As New MenuItem("&File")
        AddHandler mi.Popup, AddressOf MenuFileOnPopup
        Menu.MenuItems.Add(mi)
        ' Datei | Öffnen
        mi = New MenuItem("&Open...")
        AddHandler mi.Click, AddressOf MenuFileOpenOnClick
        mi.Shortcut = Shortcut.CtrlO
        Menu.MenuItems(0).MenuItems.Add(mi)
        ' Datei | Speichern als Bitmap
        miFileSaveAs = New MenuItem("Save &As Bitmap...")
        AddHandler miFileSaveAs.Click, AddressOf MenuFileSaveAsOnClick
        Menu.MenuItems(0).MenuItems.Add(miFileSaveAs)
        Menu.MenuItems(0).MenuItems.Add("-")
        ' Datei | Drucken
        miFilePrint = New MenuItem("&Print...")
        AddHandler miFilePrint.Click, AddressOf MenuFilePrintOnClick
        Menu.MenuItems(0).MenuItems.Add(miFilePrint)
        Menu.MenuItems(0).MenuItems.Add("-")
        ' Datei | Eigenschaften
        miFileProps = New MenuItem("Propert&ies...")
        AddHandler miFileProps.Click, AddressOf MenuFilePropsOnClick
        Menu.MenuItems(0).MenuItems.Add(miFileProps)

        ' Menü Bearbeiten (provisorisch, mehr in Kapitel 24)
        Menu.MenuItems.Add("&Edit")

        ' Menü Ansicht
        Menu.MenuItems.Add("&View")
        Dim astr As String() = {"&Stretched to Window", "&Metrical Size", "&Pixel Size"}
        Dim eh As EventHandler = AddressOf MenuViewOnClick
        Dim str As String
        For Each str In astr
            Menu.MenuItems(2).MenuItems.Add(str, eh)
        Next str
        miViewChecked = Menu.MenuItems(2).MenuItems(0)
        miViewChecked.Checked = True
    End Sub
    Private Sub MenuFileOnPopup(ByVal obj As Object, ByVal ea As EventArgs)
        Dim bEnabled As Boolean = Not mf Is Nothing

        miFilePrint.Enabled = bEnabled
        miFileSaveAs.Enabled = bEnabled
        miFileProps.Enabled = bEnabled
    End Sub
```

```vbnet
Private Sub MenuFileOpenOnClick(ByVal obj As Object, ByVal ea As EventArgs)
    Dim dlg As New OpenFileDialog()
    dlg.Filter = "All Metafiles|*.wmf;.emf|" & _
                 "Windows Metafile (*.wmf)|*.wmf|" & _
                 "Enhanced Metafile (*.emf)|*.emf|" & _
                 "All files|*.*"
    If dlg.ShowDialog() = DialogResult.OK Then
        Try
            mf = New Metafile(dlg.FileName)
        Catch exc As Exception
            MessageBox.Show(exc.Message, strProgName)
            Return
        End Try
        strFileName = dlg.FileName
        Text = strProgName & " - " & Path.GetFileName(strFileName)
        Invalidate()
    End If
End Sub
Protected Overridable Sub MenuFileSaveAsOnClick(ByVal obj As Object, ByVal ea As EventArgs)
    MessageBox.Show("Not yet implemented!", strProgName)
End Sub
Private Sub MenuFilePrintOnClick(ByVal obj As Object, ByVal ea As EventArgs)
    Dim prndoc As New PrintDocument()
    prndoc.DocumentName = Text
    AddHandler prndoc.PrintPage, AddressOf OnPrintPage
    prndoc.Print()
End Sub
Private Sub MenuFilePropsOnClick(ByVal obj As Object, ByVal ea As EventArgs)
    Dim mh As MetafileHeader = mf.GetMetafileHeader()
    Dim str As String = _
        "Image Properties" & _
        vbLf & vbTab & "Size = " & mf.Size.ToString() & _
        vbLf & vbTab & "Horizontal Resolution = " & _
        mf.HorizontalResolution & _
        vbLf & vbTab & "Vertical Resolution = " & _
        mf.VerticalResolution & _
        vbLf & vbTab & "Physical Dimension = " & _
        mf.PhysicalDimension.ToString() & _
        vbLf & vbLf & "Metafile Header Properties" & _
        vbLf & vbTab & "Bounds = " & mh.Bounds.ToString() & _
        vbLf & vbTab & "DpiX = " & mh.DpiX & _
        vbLf & vbTab & "DpiY = " & mh.DpiY & _
        vbLf & vbTab & "LogicalDpiX = " & mh.LogicalDpiX & _
        vbLf & vbTab & "LogicalDpiY = " & mh.LogicalDpiY & _
        vbLf & vbTab & "Type = " & mh.Type & _
        vbLf & vbTab & "Version = " & mh.Version & _
        vbLf & vbTab & "MetafileSize = " & mh.MetafileSize
    MessageBox.Show(str, Text)
End Sub
Private Sub MenuViewOnClick(ByVal obj As Object, ByVal ea As EventArgs)
    miViewChecked.Checked = False
    miViewChecked = DirectCast(obj, MenuItem)
    miViewChecked.Checked = True
    Invalidate()
End Sub
```

```
        Private Sub OnPrintPage(ByVal obj As Object, ByVal ppea As PrintPageEventArgs)
            Dim grfx As Graphics = ppea.Graphics
            Dim rect As New Rectangle(ppea.MarginBounds.Left - _
                    (ppea.PageBounds.Width - CInt(grfx.VisibleClipBounds.Width)) \ 2, _
                    ppea.MarginBounds.Top - _
                    (ppea.PageBounds.Height - CInt(grfx.VisibleClipBounds.Height)) \ 2, _
                    ppea.MarginBounds.Width, _
                    ppea.MarginBounds.Height)
            DisplayMetafile(grfx, rect)
        End Sub
        Protected Overrides Sub OnPaint(ByVal pea As PaintEventArgs)
            If Not mf Is Nothing Then
                DisplayMetafile(pea.Graphics, ClientRectangle)
            End If
        End Sub
        Private Sub DisplayMetafile(ByVal grfx As Graphics, ByVal rect As Rectangle)
            Select Case miViewChecked.Index
                Case 0 : grfx.DrawImage(mf, rect)
                Case 1 : grfx.DrawImage(mf, rect.X, rect.Y)
                Case 2 : grfx.DrawImage(mf, rect.X, rect.Y, mf.Width, mf.Height)
            End Select
        End Sub
End Class
```

Dieses Programm verfügt über einige Features, die das Programm ImageOpen zum Laden und Anzeigen von Metadateien aus Kapitel 16 übertreffen. Zum einen verfügt es im *File*-Menü über das Element *Properties*, mit dem über die Eigenschaften *Image* und *MetafileHeader* die wichtigsten Informationen über die Metadatei angezeigt werden können. Darüber hinaus besitzt es ein Menüelement zur Auswahl von drei unterschiedlichen Methoden zur Anzeige der Metadatei mithilfe von *DrawImage*. Mit der Option *Print* können Sie die Metadatei in der Form der jeweiligen Menüauswahl ausdrucken.

Mehrere Menüelemente sind noch nicht implementiert. So verfügt das Programm über ein vollständiges *Edit*-Menü, dessen Code ich in Kapitel 24 erläutern werde. Im *File*-Menü befindet sich darüber hinaus ein bislang noch nicht implementiertes Element mit der Beschriftung *Save As Bitmap* (*Speichern als Bitmap*), das Gegenstand des nächsten Abschnitts sein wird.

Metadateien in Bitmaps umwandeln

Ich habe bereits angedeutet, dass die Konvertierung einer Metadatei in eine Bitmap leicht ist. Diese Fähigkeit ist in Windows Forms integriert. Wenn Sie mit dem Programm ImageIO eine Metadatei laden, können Sie sie als Bitmap speichern.

Möglicherweise möchten Sie die Konvertierung jedoch selbst vornehmen, da Sie entweder mehr Kontrolle über den Vorgang haben möchten, oder weil die Bitmap nicht in einer Datei gespeichert werden soll. Vielleicht haben Sie es mit einer Metadatei mit sehr vielen Zeichenbefehlen zu tun, und durch die Konvertierung in eine Bitmap würde die Anzeige beschleunigt.

Das folgende Programm erbt von MetafileViewer und verfügt über die Methode *MetafileToBitmap*, mit der ein *Metafile*-Objekt in ein *Bitmap*-Objekt konvertiert werden kann. Das Programm speichert die Bitmap letztendlich auch nur in einer Datei (genauso wie ImageIO), Sie können die Methode jedoch auch für andere Zwecke einsetzen.

MetafileConvert.vb
```
Imports System
Imports System.Drawing
Imports System.Drawing.Imaging
Imports System.IO                    ' Für Path-Klasse
Imports System.Windows.Forms
Class MetafileConvert
    Inherits MetafileViewer

    Shared Shadows Sub Main()
        Application.Run(New MetafileConvert())
    End Sub

    Sub New()
        strProgName = "Metafile Convert"
        Text = strProgName
    End Sub

    Protected Overrides Sub MenuFileSaveAsOnClick(ByVal obj As Object, ByVal ea As EventArgs)
        Dim dlg As New SaveFileDialog()
        If Not strFileName Is Nothing AndAlso strFileName.Length > 0 Then
            dlg.InitialDirectory = Path.GetDirectoryName(strFileName)
        End If
        dlg.FileName = Path.GetFileNameWithoutExtension(strFileName)
        dlg.AddExtension = True
        dlg.Filter = "Windows Bitmap (*.bmp)|*.bmp|" & _
                     "Graphics Interchange Format (*.gif)|*.gif|" & _
                     "JPEG File Interchange Format (*.jpg)|" & _
                        "*.jpg;*.jpeg;*.jfif|" & _
                     "Portable Network Graphics (*.png)|*.png|" & _
                     "Tagged Image File Format (*.tif)|*.tif;*.tiff"

        Dim aif As ImageFormat() = {ImageFormat.Bmp, ImageFormat.Gif, _
                                    ImageFormat.Jpeg, ImageFormat.Png, _
                                    ImageFormat.Tiff}

        If dlg.ShowDialog() = DialogResult.OK Then
            Dim bm As Bitmap = MetafileToBitmap(mf)
            Try
                bm.Save(dlg.FileName, aif(dlg.FilterIndex - 1))
            Catch exc As Exception
                MessageBox.Show(exc.Message, Text)
            End Try
        End If
    End Sub
    Private Function MetafileToBitmap(ByVal mf As Metafile) As Bitmap
        Dim grfx As Graphics = CreateGraphics()
        Dim cx As Integer = CInt(grfx.DpiX * mf.Width / mf.HorizontalResolution)
        Dim cy As Integer = CInt(grfx.DpiY * mf.Height / mf.VerticalResolution)
        Dim bm As New Bitmap(cx, cy, grfx)
        grfx.Dispose()

        grfx = Graphics.FromImage(bm)
        grfx.DrawImage(mf, 0, 0, cx, cy)
        grfx.Dispose()
        Return bm
    End Function
End Class
```

Um eine Metadatei in eine Bitmap konvertieren zu können, muss als Erstes ein *Bitmap*-Objekt mit einer bestimmten Größe erstellt werden. Anschließend ist ein *Graphics*-Objekt abzurufen, mit dem in der Bitmap gezeichnet werden kann:

```
grfx = Graphics.FromImage(bm)
```

Ist die Größe der Bitmap in den Variablen *cx* und *cy* gespeichert, können Sie mithilfe des folgenden Codes dafür sorgen, dass die Metadatei sich über die ganze Bitmap erstreckt:

```
grfx.DrawImage(mf, 0, 0, cx, cy)
```

Diese beiden Codezeilen funktionieren unabhängig von der Größe der zu erstellenden Bitmap. Wenn Sie beispielsweise ein Metadateibild auf einer Schaltfläche anzeigen möchten, können Sie die Bitmap an die Größe der Schaltfläche anpassen.

Die Methode *MetafileToBitmap* im Programm MetafileConvert erstellt eine Bitmap, die auf den Abmessungen der Metadatei basiert. Der *Bitmap*-Konstruktor dieser Methode verwendet ein *Graphics*-Objekt, in diesem Fall ein *Graphics*-Objekt für den Bildschirm. Die Bitmap verfügt auf diese Weise über dieselbe Auflösung wie der Bildschirm. Mit dieser Auflösung – sowie der Größe und Auflösung der Metadatei – können Sie leicht die Pixelgröße der Bitmap berechnen.

Die von *MetafileToBitmap* erstellte Bitmap hat dieselbe Größe wie die Bitmap, die mit der *Save*-Methode von *Image* durch das Konvertieren einer Metadatei in eine Bitmap erstellt wird.

Die folgende Möglichkeit zum Konvertieren einer Metadatei in eine Bitmap ist so simpel und offensichtlich, dass ich erst ziemlich spät darauf kam. Wie Sie sich erinnern, funktioniert einer der *Bitmap*-Konstruktoren mit einem einzelnen *Image*-Argument. Bei diesem Argument kann es sich um ein *Metafile*-Objekt handeln:

```
Dim bm As New Bitmap(mf)
```

Die entstehende Bitmap weist die gleiche Pixelgröße wie die ursprüngliche Metadatei auf, die Auflösung entspricht jedoch der des Bildschirms.

Neue Metadateien erstellen

Bislang habe ich lediglich 2 der insgesamt 39 *Metafile*-Konstruktoren besprochen. Bei diesen beiden handelt es sich um die einzigen Konstruktoren, die eine Metadatei direkt aus einer Datei oder einem *Stream* laden. Drei der *Metafile*-Konstruktoren erstellen ein Metadateiobjekt auf Grundlage von Win32-Metadateihandles und eignen sich gut für das Erstellen einer Schnittstelle zu vorhandenem Code. Mit den verbleibenden 34 Konstruktoren von *Metafile* können neue Metadateien erstellt werden. Oft bedeutet dies, dass die Konstruktoren in Vorbereitung auf die Erstellung einer neuen Metadatei eine neue Datenträgerdatei erstellen oder den Inhalt einer bestehenden Datei löschen. Nachfolgend sehen Sie die beiden einfachsten Konstruktoren für das Erstellen einer neuen Metadatei:

Metafile-Konstruktoren (Auswahl)

```
Metafile(ByVal strFileName As String, ByVal ipHdc As IntPtr)
Metafile(ByVal strm As Stream, ByVal ipHdc As IntPtr)
```

Das zweite Argument wird Ihnen etwas seltsam vorkommen. Die Metadatei muss mit einem bestimmten grafischen Ausgabegerät verknüpft werden, um Auflösungsinformationen zu erhalten. Sinnvoller wäre es, wenn es sich beim zweiten Argument um ein *Graphics*-Objekt handeln würde, sodass sich etwa folgender Code ergeben würde:

```
Dim mf As New Metafile("NewFile.emf", grfx)    ' Leider falsch!
```

Diese Funktionalität würde der des *Bitmap*-Konstruktors in der soeben beschriebenen Methode *MetafileToBitmap* entsprechen.

Stattdessen wurde das zweite Argument des *Metafile*-Konstruktors als ein Win32-Gerätekontexthandle definiert. Das *Graphics*-Objekt kapselt den Win32-Gerätekontext, Sie benötigen also die Methoden *GetHdc* und *ReleaseHdc* der Klasse *Graphics*, um dieses Handle abzurufen und freizugeben:

```
Dim ipHdc As IntPtr = grfx.GetHdc()
Dim mf As New Metafile("NewFile.emf", ipHdc)
grfx.ReleaseHdc(ipHdc)
```

In den meisten Fällen empfiehlt sich die Erstellung einer Metadatei mit der Auflösung des Bildschirms, in Ihrer *OnPaint*-Methode werden Sie jedoch keine neue Metadatei erstellen wollen. Wie Sie wissen, können Sie stattdessen in jeder von *Control* abgeleiteten Klasse zum Abrufen eines solchen *Graphics*-Objekts die Methode *CreateGraphics* verwenden. Sobald Sie die Arbeit an diesem *Graphics*-Objekt abgeschlossen haben, sollten Sie *Dispose* aufrufen. Das Erstellen einer neuen Metadatei sieht also folgendermaßen aus:

```
Dim grfxVideo As Graphics = CreateGraphics()
Dim ipHdc As IntPtr = grfxVideo.GetHdc()
Dim mf As New Metafile("NewFile.emf", ipHdc)
grfxVideo.ReleaseHdc(ipHdc)
grfxVideo.Dispose()
```

Wie Sie sehen, ist dieser Codeabschnitt länger als der entsprechende Win32-Code. Eine Option der Win32-Funktion zur Erstellung einer Metadatei ermöglicht die Verwendung eines *Nothing*-Geräts für die Angabe des Bildschirms, doch bedauerlicherweise ist diese Option im *Metafile*-Konstruktor nicht erlaubt.

Nach dem Erstellen der Metadatei müssen Sie ein weiteres *Graphics*-Objekt abrufen, um Zeichenbefehle zur Metadatei hinzuzufügen. Dieses *Graphics*-Objekt erhalten Sie mithilfe derselben shared Methode, die Sie auch für das Zeichnen in einer Bitmap verwenden:

```
Dim grfxMetafile As Graphics = Graphics.FromImage(mf)
```

Wegen der besseren Übersichtlichkeit habe ich diesen beiden *Graphics*-Objekten unterschiedliche Namen gegeben. Da ihre Verwendung sich jedoch nicht überschneidet, können Sie auf Wunsch auch lediglich eine *Graphics*-Variable verwenden.

Mit dem *Graphics*-Objekt von der Methode *FromImage* können Sie jede beliebige Zeichenmethode aufrufen. Es wird von jeder Methode ein codierter Datensatz in der Metadatei gespeichert. Die Klasse *Graphics* verfügt auch über eine Methode, die ausschließlich in Verbindung mit Metadateien eingesetzt werden kann:

Graphics-Methoden (Auswahl)

```
Sub AddMetafileComment(ByVal abyData() As Byte)
```

Nachdem Sie in einer Metadatei gezeichnet haben, sollten Sie auch für dieses zweite *Graphics*-Objekt *Dispose* aufrufen:

```
grfxMetafile.Dispose()
```

Im Folgenden sehen Sie ein kleines Programm, das von *PrintableForm* erbt und in seinem Konstruktor eine Metadatei erstellt. In der *DoPage*-Methode fragt das Programm CreateMetafile die Größe der Metadatei ab und verwendet sie zum Anzeigen mehrerer Kopien im Clientbereich oder auf der Druckerseite.

CreateMetafile.vb

```vb
Imports System
Imports System.Drawing
Imports System.Drawing.Imaging
Imports System.IO                    ' Bisher noch gar nicht verwendet!
Imports System.Windows.Forms
Class CreateMetafile
    Inherits PrintableForm
    Private mf As Metafile
    Shared Shadows Sub Main()
        Application.Run(New CreateMetafile())
    End Sub
    Sub New()
        Text = "Create Metafile"
        ' Metadatei erstellen.
        Dim grfx As Graphics = CreateGraphics()
        Dim ipHdc As IntPtr = grfx.GetHdc()
        mf = New Metafile("CreateMetafile.emf", ipHdc)
        grfx.ReleaseHdc(ipHdc)
        grfx.Dispose()
        ' In der Metadatei zeichnen.
        grfx = Graphics.FromImage(mf)
        grfx.FillEllipse(Brushes.Gray, 0, 0, 100, 100)
        grfx.DrawEllipse(Pens.Black, 0, 0, 100, 100)
        grfx.FillEllipse(Brushes.Blue, 20, 20, 20, 20)
        grfx.FillEllipse(Brushes.Blue, 60, 20, 20, 20)
        grfx.DrawArc(New Pen(Color.Red, 10), 20, 20, 60, 60, 30, 120)
        grfx.Dispose()
    End Sub
    Protected Overrides Sub DoPage(ByVal grfx As Graphics, _
            ByVal clr As Color, ByVal cx As Integer, ByVal cy As Integer)
        Dim x, y As Integer
        For y = 0 To cy Step mf.Height
            For x = 0 To cx Step mf.Width
                grfx.DrawImage(mf, x, y, mf.Width, mf.Height)
            Next x
        Next y
    End Sub
End Class
```

Das in der Metadatei enthaltene Bild besteht aus Aufrufen von *DrawEllipse*, *FillEllipse* und *DrawArc*. Diese Aufrufe werden – jeweils mit passenden Stiften und Pinseln – mithilfe der *DoPage*-Methode des Programms im Clientbereich dargestellt. Das Programm verwendet die *DrawImage*-Methode mit Breiten- und Höhenargumenten, um das Bild in seinen Pixelmaßen zu zeichnen:

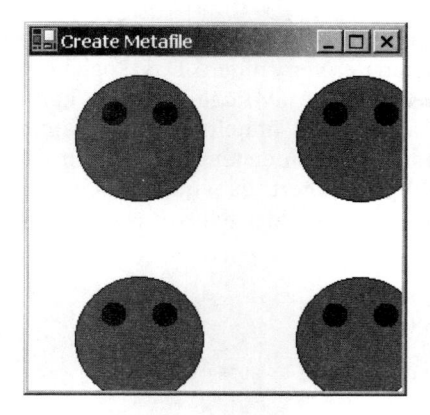

Die einzige Besonderheit, die Ihnen möglicherweise auffällt, ist die, dass die Bilder nicht aneinanderstoßen. Die Ränder, die jedes Bild umgeben, sind ein Nebeneffekt der Technik, mit der die Klasse *Metafile* die Gleitkommakoordinaten von GDI+-Kurven in Ganzzahlkoordinaten in GDI-Metadateieinträgen konvertiert. Sie werden in Kürze erfahren, welche Möglichkeiten Sie haben, die Abmessungen dieser Umrandung zu steuern und so diese Ränder zu entfernen.

Das Programm CreateMetafile setzt diese Form der *DrawImage*-Methode ein, um die Metadatei in ihrer Pixelgröße (statt mit ihren tatsächlichen Abmessungen) darzustellen:

```
grfx.DrawImage(mf, x, y, mf.Width, mf.Height)
```

Für den Bildschirm könnte ich die Metadatei ebenso gut in ihrer metrischen Abmessung anzeigen:

```
grfx.DrawImage(mf, x, y)
```

Da die Auflösungen von Metadatei und Bildschirm identisch sind, ist das Ergebnis dasselbe. Die beiden Versionen von *DrawImage* würden auf dem Drucker jedoch wahrscheinlich Bilder mit unterschiedlicher Größe ausgeben. Wie bei Bitmaps ist es einfacher, Metadateien genau zu positionieren, wenn die Anzeige in ihrer Pixelgröße erfolgt.

Wahlweise kann auch der gesamte Rumpf von *DoPage* durch die folgende Anweisung ersetzt werden:

```
grfx.FillRectangle(New TextureBrush(mf), 0, 0, cx, cy)
```

Die Anweisung füllt den Clientbereich mit einem aus der Metadatei erstellten *TextureBrush*-Objekt. Und Sie haben wahrscheinlich gedacht, Texturpinsel könnten nur aus Bitmaps erstellt werden!

Bei jeder Ausführung des Programms CreateMetafile wird die Datei *CreateMetafile.emf* neu erstellt. Ein erneutes Erstellen dieser Datei ist jedoch nicht jedes Mal erforderlich. Fügen Sie einmal den folgenden Code in den *CreateMetafile*-Konstruktor unmittelbar hinter der Zuweisung der *Text*-Eigenschaft ein:

```
If File.Exists("CreateMetafile.emf") Then
    mf = New Metafile("CreateMetafile.emf")
    Return
End If
```

Dieser Code lädt die Metadatei, sofern vorhanden, und beendet dann den Konstruktor. (Die shared Methode *Exists* der Klasse *File* ist im Namespace *System.IO* definiert. Das Programm CreateMetafile enthält natürlich eine *Imports*-Anweisung für diesen Namespace, er wird jedoch an keiner anderen Stelle im Programm verwendet.)

Das Programm CreateMetafile speichert das *Metafile*-Objekt (mit Namen *mf*) als Feld. Nur so kann die *DoPage*-Methode die vom Konstruktor erstellte Metadatei verwenden. Das Speichern des *Metafile*-Objekts ist jedoch nicht unbedingt erforderlich, denn die *DoPage*-Methode kann die Metadatei auch selbst laden. Das Programm CreateMetafileReload ähnelt dem Programm CreateMetafile insofern, als der Konstruktor die Metadatei lediglich dann erstellt, wenn sie noch nicht existiert. Das *Metafile*-Objekt wird jedoch nicht als Feld gespeichert. Es wird vielmehr der Dateiname als Feld gespeichert, und die *DoPage*-Methode lädt die Metadatei selbst.

CreateMetafileReload.vb
```
Imports System
Imports System.Drawing
Imports System.Drawing.Imaging
Imports System.IO
Imports System.Windows.Forms
Class CreateMetafileReload
    Inherits PrintableForm
    Const strMetafile As String = "CreateMetafileReload.emf"
    Shared Shadows Sub Main()
        Application.Run(New CreateMetafileReload())
    End Sub
    Sub New()
        Text = "Create Metafile (Reload)"
        If Not File.Exists(strMetafile) Then
            ' Metadatei erstellen.
            Dim grfx As Graphics = CreateGraphics()
            Dim ipHdc As IntPtr = grfx.GetHdc()
            Dim mf As New Metafile(strMetafile, ipHdc)
            grfx.ReleaseHdc(ipHdc)
            grfx.Dispose()

            ' In der Metadatei zeichnen.
            grfx = Graphics.FromImage(mf)
            grfx.FillEllipse(Brushes.Gray, 0, 0, 100, 100)
            grfx.DrawEllipse(Pens.Black, 0, 0, 100, 100)
            grfx.FillEllipse(Brushes.Blue, 20, 20, 20, 20)
            grfx.FillEllipse(Brushes.Blue, 60, 20, 20, 20)
            grfx.DrawArc(New Pen(Color.Red, 10), 20, 20, 60, 60, 30, 120)
            grfx.Dispose()
        End If
    End Sub
    Protected Overrides Sub DoPage(ByVal grfx As Graphics, _
            ByVal clr As Color, ByVal cx As Integer, ByVal cy As Integer)
        Dim mf As New Metafile(strMetafile)
        Dim x, y As Integer
        For y = 0 To cy Step mf.Height
            For x = 0 To cx - 1 Step mf.Width
                grfx.DrawImage(mf, x, y, mf.Width, mf.Height)
            Next x
        Next y
    End Sub
End Class
```

Ich habe den Einsatz von *Metafile*-Konstruktoren mit *String*-Argumenten zur Angabe von Dateinamen demonstriert. Sie können auch ein *Stream*-Argument verwenden. Beispielsweise können Sie den Konstruktor in der *DoPage*-Methode durch folgenden Code ersetzen und trotzdem das gleiche Ergebnis erhalten:

```
Dim fs As New FileStream(strMetafile, FileMode.Open)
Dim mf As New Metafile(fs)
fs.Close()
```

Nicht funktioniert hingegen der Einsatz eines *FileStream*-Konstruktors zum Öffnen der Datei nur zum Schreiben oder die Verwendung eines *FileMode*-Arguments zum Löschen des Dateiinhalts.

Sie können das *Metafile*-Objekt auch mithilfe eines *FileStream*-Objekts im Konstruktor des Programms erstellen:

```
Dim fs As New FileStream(strMetafile, FileMode.Create)
Dim mf As New Metafile(fs, ipHdc)
```

Beachten Sie, dass dieses *FileMode*-Argument angibt, dass die Datei neu zu erstellen ist. Schließen Sie den Stream, nachdem sämtliche zum Einfügen von Befehlen in die Metadatei erforderlichen *Graphics*-Aufrufe ausgeführt worden sind:

```
fs.Close()
```

Mithilfe eines *MemoryStream*-Objekts kann die Metadatei auch im Speicher erstellt werden. Da *MemoryStream*-Objekte jedoch keine Namen tragen, muss ein Programm entweder das *MemoryStream*-Objekt oder das *Metafile*-Objekt als Feld speichern.

Kehren wir zurück zum ursprünglichen CreateMetafile-Programm. Wenn Sie vorhin meinen Anweisungen gemäß einen Codeblock zum Aufrufen von *File.Exists* eingefügt haben, sollten Sie ihn nun wieder entfernen. Ersetzen Sie dann den *Metafile*-Konstruktor

```
mf = New Metafile("CreateMetafile.emf", ipHdc)
```

durch diesen Konstruktor:

```
mf = New Metafile(New MemoryStream(), ipHdc)
```

MemoryStream ist im Namespace *System.IO* definiert. Mit dieser Variante des Konstruktors wird die Metadatei im Speicher erstellt und geschrieben. Es wird keine Datenträgerdatei erzeugt.

Im folgenden Programm wird das *MemoryStream*-Objekt (nicht jedoch das *Metafile*-Objekt) als Feld gespeichert.

CreateMetafileMemory.vb
```
Imports System
Imports System.Drawing
Imports System.Drawing.Imaging
Imports System.IO
Imports System.Windows.Forms
Class CreateMetafileMemory
    Inherits PrintableForm

    ReadOnly ms As MemoryStream = New MemoryStream()

    Shared Shadows Sub Main()
        Application.Run(New CreateMetafileMemory())
    End Sub
```

```
Sub New()
    Text = "Create Metafile (Memory)"
    ' Metadatei erstellen.
    Dim grfx As Graphics = CreateGraphics()
    Dim ipHdc As IntPtr = grfx.GetHdc()
    Dim nf As New Metafile(ms, ipHdc)
    grfx.ReleaseHdc(ipHdc)
    grfx.Dispose()

    ' In der Metadatei zeichnen.
    grfx = Graphics.FromImage(mf)
    grfx.FillEllipse(Brushes.Gray, 0, 0, 100, 100)
    grfx.DrawEllipse(Pens.Black, 0, 0, 100, 100)
    grfx.FillEllipse(Brushes.Blue, 20, 20, 20, 20)
    grfx.FillEllipse(Brushes.Blue, 60, 20, 20, 20)
    grfx.DrawArc(New Pen(Color.Red, 10), 20, 20, 60, 60, 30, 120)
    grfx.Dispose()
End Sub
Protectec Overrides Sub DoPage(ByVal grfx As Graphics, _
        ByVal clr As Color, ByVal cx As Integer, ByVal cy As Integer)
    ms.Pcsition = 0
    Dim mf As New Metafile(ms)
    Dim x, y As Integer
    For y = 0 To cy Step mf.Height
        For x = 0 To cx Step mf.Width
            grfx.DrawImage(mf, x, y, mf.Width, mf.Height)
        Next x
    Next y
End Sub
End Class
```

Wie Sie sehen, setzt die erste Anweisung der *DoPage*-Methode die Position des *Memory-Stream*-Objekts auf 0 zurück. Sonst wird eine Ausnahme ausgelöst, die äußerst schwierig zu diagnostizieren ist.

Das Erstellen einer Metadatei im Speicher ist dann von Nutzen, wenn eine Metadatei lediglich über die Zwischenablage übergeben werden soll. Wie Sie die Zwischenablage zum Kopieren und Einfügen von Metadateien verwenden, zeige ich Ihnen in Kapitel 24.

Das Begrenzungsrechteck in Metadateien

Wenn Sie *Graphics*-Zeichenbefehle in eine Metadatei einfügen, berechnet die Metadatei ein Begrenzungsrechteck. Dabei handelt es sich um das kleinste Rechteck, das sämtliche in der Metadatei gespeicherten Objekte umschließt. Sie können die Breite und Höhe dieses Begrenzungsrechtecks mithilfe der Eigenschaften *Size*, *Width* und *Height* abrufen, die die Klasse *Metafile* von *Image* erbt. Oder Sie rufen das gesamte Begrenzungsrechteck über die Eigenschaft *Bounds* des mit der Metadatei verknüpften *MetafileHeader*-Objekts ab.

Die bislang in diesem Kapitel abgedruckten Programme haben gezeigt, dass die Metadatei häufig ein Begrenzungsrechteck berechnet, das größer ist, als der Inhalt annehmen lässt. Wenn Sie die Einstellung des Begrenzungsrechtecks selbst in die Hand nehmen möchten, können Sie andere Varianten des *Metafile*-Konstruktors einsetzen. Hier sehen Sie vier Varianten, mit denen

Sie bei der Erstellung einer in einer Datei gespeicherten Metadatei ein Begrenzungsrechteck angeben können:

Metafile-Konstruktoren (Auswahl)

```
Metafile(ByVal strFileName As String, ByVal ipHdc As IntPtr, ByVal rect As Rectangle)
Metafile(ByVal strFileName As String, ByVal ipHdc As IntPtr, ByVal rectf As RectangleF)
Metafile(ByVal strFileName As String, ByVal ipHdc As IntPtr, ByVal rect As Rectangle,
    ByVal mfu As MetafileFrameUnit)
Metafile(ByVal strFileName As String, ByVal ipHdc As IntPtr, ByVal rectf As RectangleF,
    ByVal mfu As MetafileFrameUnit)
```

Bei *MetafileFrameUnit* handelt es sich um eine im Namespace *System.Drawing.Imaging* definierte Enumeration. Die Enumeration gibt die Einheiten des im Konstruktor verwendeten Begrenzungsrechtecks an. *MetafileFrameUnit* spielt in der Metadatei anderweitig keine Rolle, und das von Ihnen verwendete Argument wird auch nicht gespeichert:

MetafileFrameUnit-Enumeration

Member	Wert	Beschreibung
Pixel	2	Pixel
Point	3	Einheiten von 1/72 Zoll
Inch	4	Einheiten von Zoll
Document	5	Einheiten von 1/300 Zoll
Millimeter	6	Millimeter
GdiCompatible	7	Einheiten von 1/100 Millimeter

Wenn Sie kein *MetafileFrameUnit*-Argument angeben, lautet es standardmäßig *GdiCompatible*. Das werden Sie wohl kaum wollen.

Für das bloße Erstellen einer Metadatei ist das einfachste *MetafileFrameUnit*-Argument mit Sicherheit *Pixel*. Hier ist beispielsweise die Anweisung zur Erstellung der Metadatei in der ursprünglichen Version von CreateMetafile:

```
mf = New Metafile("CreateMetafile.emf", ipHdc)
```

Setzen Sie stattdessen einmal folgende Anweisung ein:

```
mf = New Metafile("CreateMetafile.emf", ipHdc, New Rectangle(0, 0, 101, 101), MetafileFrameUnit.Pixel)
```

Dieses Rechteck ist in Übereinstimmung mit den Koordinaten definiert, die später an die unterschiedlichen *Graphics*-Methoden übergeben werden. Nun haben die während der Ausführung der Methode *DoPage* abgerufenen Eigenschaften *Width* und *Height* des *Metafile*-Objekts die Werte 101 und 101. Die angezeigten Bilder weisen damit einen Abstand von 101 Pixel auf:

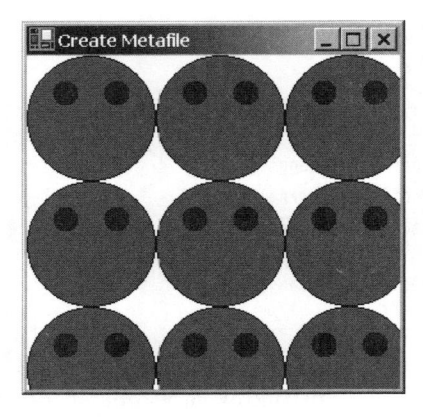

Sie werden sich jetzt fragen: »Warum ausgerechnet 101?« Weil das größte Objekt in der Metadatei mit diesem Aufruf erstellt wurde:

`grfx.DrawEllipse(Pens.Black, 0, 0, 100, 100)`

Wie Ihnen bekannt ist, entspricht die Breite und Höhe eines solchen Objekts bei einer Stiftbreite von einem Pixel 101 Pixel.

Dabei muss weder der Ursprung des Begrenzungsrechtecks bei (0, 0) liegen, noch muss das Begrenzungsrechteck die Koordinaten der Zeichenmethoden in der Metadatei genau beschreiben. Wenn Sie beispielsweise das Rechteckargument folgendermaßen ändern:

`mf = New Metafile("CreateMetafile.emf", ipHdc, New Rectangle(-25, -25, 75, 75), MetafileFrameUnit.Pixel)`

werden die Bilder so angezeigt:

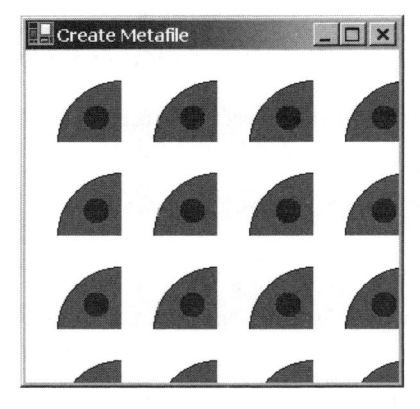

Das Metadateibild hat eine Breite und Höhe von je 75 Pixeln, der Ursprung ist jedoch (–25, –25). Da in den Grafikobjekten, die in die Metadatei eingefügt wurden, keine negativen Koordinaten eingesetzt wurden, sind die oberen und linken Seiten des Bilds leer. Beim Anzeigen der Metadatei wird das Bild auf das *Bounds*-Rechteck abgeschnitten.

Es besteht auch die Möglichkeit, das Rechteck in Verbindung mit einem *Stream*-Argument anzugeben.

Metafile-Konstruktoren (Auswahl)

```
Metafile(ByVal strm As Stream, ByVal ipHdc As IntPtr, ByVal rect As Rectangle)
Metafile(ByVal strm As Stream, ByVal ipHdc As IntPtr, ByVal rectf As RectangleF)
Metafile(ByVal strm As Stream, ByVal ipHdc As IntPtr, ByVal rect As Rectangle,
    ByVal mfu As MetafileFrameUnit)
Metafile(ByVal strm As Stream, ByVal ipHdc As IntPtr, ByVal rectf As RectangleF,
    ByVal mfu As MetafileFrameUnit)
```

Sie können den Metadateikonstruktor in der ursprünglichen Version des CreateMetafile-Programms beispielsweise durch das Folgende ersetzen:

```
mf = New Metafile(New MemoryStream(), ipHdc, New Rectangle(0, 0, 101, 101), MetafileFrameUnit.Pixel)
```

Sie können eine neue Metadatei auch erstellen, ohne dabei einen Dateinamen oder *Stream* anzugeben:

Metafile-Konstruktoren (Auswahl)

```
Metafile(ByVal ipHdc As IntPtr, ByVal rect As Rectangle)
Metafile(ByVal ipHdc As IntPtr, ByVal rectf As RectangleF)
Metafile(ByVal ipHdc As IntPtr, ByVal rect As Rectangle, ByVal mfu As MetafileFrameUnit)
Metafile(ByVal ipHdc As IntPtr, ByVal rectf As RectangleF, ByVal mfu As MetafileFrameUnit)
```

Wenn Sie weder einen Dateinamen noch einen *Stream* angeben, wird die Metadatei zwar im Speicher erstellt, Sie haben jedoch keinen Zugriff auf den Speicherpuffer (anders als bei der Verwendung eines *MemoryStream*-Objekts). Hier eine alternative Metadateierstellungsanweisung für CreateMetafile:

```
mf = New Metafile(ipHdc, New Rectangle(0, 0, 101, 101), MetafileFrameUnit.Pixel)
```

Diese letzte Gruppe von Konstruktoren vermitteln den Eindruck, als könne eine neue Metadatei durch bloße Angabe eines Gerätekontexthandles erstellt werden, einen solchen Konstruktor gibt es jedoch nicht.

Sie können ein anderes *MetafileFrameUnit*-Argument als *Pixel* verwenden, das ist jedoch nur dann sinnvoll, wenn Sie in der Metadatei tatsächlich in anderen Einheiten als Pixeln zeichnen. Werfen wir nun einen Blick auf das Zusammenspiel zwischen Metadatei und Seitentransformation.

Metadateien und die Seitentransformation

Eine Metadatei verfügt über eine Breite und eine Höhe, die in den Eigenschaften *Size*, *Width* und *Height* der Klasse *Image* und der Eigenschaft *Bounds* der Klasse *MetafileHeader* zur Verfügung stehen. Am einfachsten ist es, sich Breite und Höhe der Metadatei in der Einheit Pixel vorzustellen, ähnlich wie bei einer Bitmap. Breite und Höhe der Metadatei stehen tatsächlich jedoch in engerer Beziehung zu den Koordinaten und Größen der Grafikfunktionen, die in die Metadatei eingefügt wurden.

Eine Metadatei hat auch eine DPI-Auflösung, die über die Eigenschaften *HorizontalResolution* und *VerticalResolution* der Klasse *Image* und die Eigenschaften *DpiX* und *DpiY* der Klasse *MetafileHeader* abgerufen werden können. Diese Auflösungen geben darüber Aufschluss, wie die in der Metadatei codierten Koordinaten und Formate im Verhältnis zur Einheit Zoll stehen.

Darüber hinaus hat eine Metadatei ein metrisches Maß, das Sie aus dem Pixelmaß und der Auflösung berechnen können. Oder Sie verwenden die Eigenschaft *PhysicalDimension* der Klasse *Image*, um die Größe in 1/100 Millimeter zu erhalten.

Die Auflösung der Metadatei wird bei ihrer Erstellung festgelegt. Der *Metafile*-Konstruktor benötigt ein Gerätekontexthandle, und dieses Ausgabegerät liefert eine Auflösung für die Metadatei. Sämtliche Koordinaten und Größen der innerhalb der Metadatei codierten Grafikaufrufe müssen mit dieser Auflösung übereinstimmen. Sobald Sie Grafikaufrufe zur Metadatei hinzufügen, werden Koordinaten und Größen an die jeweils geltende Seitentransformation angepasst.

Sehen wir uns nun ein Programm an, mit dem eine Metadatei mit vier sich überschneidenden Rechtecken erstellt wird. Bei allen Rechtecken handelt es sich um Quadrate mit Seitenlängen von einem Zoll bei einer Stiftdicke von einem Punkt. Bei der Erstellung der einzelnen Rechtecke ist jedoch jedes Mal eine andere Seitentransformation eingestellt.

MetafilePageUnits.vb
```
Imports System
Imports System.Drawing
Imports System.Drawing.Imaging
Imports System.Drawing.Printing    ' Bisher noch gar nicht verwendet!
Imports System.Windows.Forms
Class MetafilePageUnits
    Inherits PrintableForm

    Private mf As Metafile

    Shared Shadows Sub Main()
        Application.Run(New MetafilePageUnits())
    End Sub

    Sub New()
        Text = "Metafile Page Units"

        ' Metadatei erstellen.
        Dim grfx As Graphics = CreateGraphics()
        Dim ipHdc As IntPtr = grfx.GetHdc()
        mf = New Metafile("MetafilePageUnits.emf", ipHdc)
        grfx.ReleaseHdc(ipHdc)
        grfx.Dispose()

        ' Graphics-Objekt zum Zeichnen in der Metadatei abrufen.
        grfx = Graphics.FromImage(mf)
        grfx.Clear(Color.White)

        ' In der Einheit Pixel zeichnen (Stiftbreite 1 Punkt).
        grfx.PageUnit = GraphicsUnit.Pixel
        Dim pn As New Pen(Color.Black, grfx.DpiX / 72)
        grfx.DrawRectangle(pn, 0, 0, grfx.DpiX, grfx.DpiY)

        ' In Einheiten von 1/100 Zoll zeichnen (Stiftbreite 1 Punkt).
        grfx.PageUnit = GraphicsUnit.Inch
        grfx.PageScale = 0.01F
        pn = New Pen(Color.Black, 100.0F / 72)
        grfx.DrawRectangle(pn, 25, 25, 100, 100)

        ' In der Einheit Millimeter zeichnen (Stiftbreite 1 Punkt).
        grfx.PageUnit = GraphicsUnit.Millimeter
        grfx.PageScale = 1
        pn = New Pen(Color.Black, 25.4F / 72)
        grfx.DrawRectangle(pn, 12.7F, 12.7F, 25.4F, 25.4F)
```

```
        ' In der Einheit Punkt zeichnen (Stiftbreite 1 Punkt).
        grfx.PageUnit = GraphicsUnit.Point
        pn = New Pen(Color.Black, 1)
        grfx.DrawRectangle(pn, 54, 54, 72, 72)
        grfx.Dispose()
    End Sub

    Protected Overrides Sub DoPage(ByVal grfx As Graphics, _
            ByVal clr As Color, ByVal cx As Integer, ByVal cy As Integer)
        grfx.DrawImage(mf, 0, 0)
    End Sub
End Class
```

Trotz der Tatsache, dass die vier Rechtecke in den Einheiten Pixel, Zoll, Millimeter und Punkt gezeichnet werden, werden sie glücklicherweise einheitlich gespeichert und dargestellt:

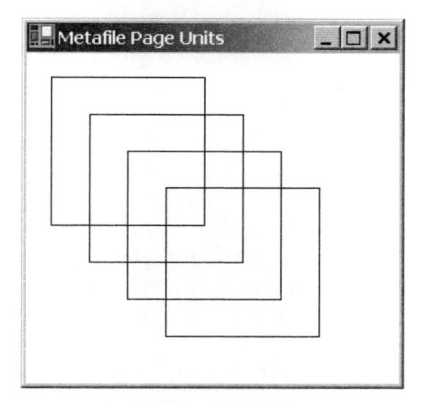

Das erste Rechteck (oben links) wurde mit der Einheit Pixel gezeichnet:
```
grfx.PageUnit = GraphicsUnit.Pixel
Dim pn As New Pen(Color.Black, grfx.DpiX / 72)
grfx.DrawRectangle(pn, 0, 0, grfx.DpiX, grfx.DpiY)
```
Die Standardeinstellung der Eigenschaft *PageUnit* für eine bildschirmbasierte Metadatei ist *GraphicsUnit.Pixel*, diese erste Anweisung ist also nicht unbedingt erforderlich. Sie ist allerdings sehr wohl erforderlich, wenn Sie die im Folgenden beschriebene Variation verwenden.

Bislang haben alle von uns erstellten Metadateien die Bildschirmauflösung verwendet. Sie können einer Metadatei jedoch auch den Drucker zugrunde legen. Ersetzen Sie einfach die Anweisung
```
Dim grfx As Graphics = CreateGraphics()
```
zu Beginn des Konstruktors durch diese Anweisungen, die ein *PrinterSettings*-Objekt für den Standarddrucker und anschließend ein für das Erstellen einer Metadatei geeignetes *Graphics*-Objekt abrufen:
```
Dim prnset As New PrinterSettings()
Dim grfx As Graphics = prnset.CreateMeasurementGraphics()
```
Bei der Darstellung der Metadatei auf Bildschirm und Drucker könnte der Eindruck entstehen, dass es sich hier um die ursprüngliche, auf der Bildschirmanzeige basierende Metadatei handelt. Bei genauerer Betrachtung werden Sie jedoch feststellen, dass die neue Metadateiauflösung nun

mit der Ihres Standarddruckers übereinstimmt. Darüber hinaus spiegeln alle in der Metadatei codierten Koordinaten und Größen die höhere Auflösung wider.

Der Typ *Metafile*

Eine Metadatei besteht aus einem Header und Einträgen (Datensätzen). Wie Metadateieinträge angezeigt werden können, erfahren Sie gegen Ende dieses Kapitels. Zunächst reicht es zu wissen, dass jeder Eintrag durch ein Member der Enumeration *EmfPlusRecordType* identifiziert wird, die im Namespace *System.Drawing.Imaging* definiert ist. Mit ihren 253 Membern ist *EmfPlusRecordType* die größte Enumeration im gesamten Microsoft .NET Framework. Hier sehen Sie drei Member der Enumeration:

***EmfPlusRecordType*-Enumeration (Auswahl)**

Member	Wert
EmfPolyline	4
DrawLines	16397
WmfPolyline	66341

Das dritte Element dieser kurzen Liste hat das Präfix *Wmf*, das für Windows Metafile steht und das 16-Bit-Metadateiformat angibt. Dieser Eintrag identifiziert einen GDI-Funktionsaufruf *Polyline* mit Punkten in 16-Bit-Koordinaten. Sie werden *WmfPolyline*-Einträge in Metadateien finden, die noch vor der 32-Bit-Version von Windows erstellt wurden, bzw. in von 32-Bit-Programmen erstellten Metadateien, die abwärtskompatibel zu früherem Code sind. Diese Metadateien finden in Clipartbibliotheken noch häufig Verwendung.

Das Member *EmfPolyline* hat das Präfix *Emf*, das für Enhanced Metafile steht und das 32-Bit-Metadateiformat angibt. Auch hier identifiziert der Eintrag einen Funktionsaufruf *Polyline*, die Punkte weisen allerdings 32-Bit-Koordinaten auf. Solche Einträge werden Sie in erweiterten Metadateien finden, die mit 32-Bit-Versionen von Windows erstellt wurden.

Der *DrawLines*-Eintrag kennzeichnet die Methode *DrawLines* der Klasse *Graphics*. Diese Art von Einträgen finden Sie ausschließlich in EMF+-Metadateien, die mit Windows Forms-Programmen erstellt wurden.

Bei einer Abwärtskompatibilität zu 32-Bit-Windows-Programmen führt das standardmäßige Verhalten der Klasse *Metafile* zu Metadateien mit zwei Sätzen von Einträgen: nämlich EMF-Einträgen (wie *EmfPolyline*) und EMF+-Einträgen (wie *DrawLines*). Die EMF-Einträge bilden die Funktionalität der EMF+-Einträge nach.

Sie können jedoch auch kürzere Metadateien erstellen, wenn Sie die Metadateien in einem eingeschränkteren Rahmen verwenden. Sollen die Metadateien beispielsweise ausschließlich von Win32-Programmen gelesen werden, benötigen sie keine EMF+-Einträge. Sollen die Metadateien nur von anderen Windows Forms-Programmen gelesen werden, benötigen die Metadateien keine EMF-Einträge.

Hier nun einige einfache *Metafile*-Konstruktoren, die über *EmfType*-Argumente in Verbindung mit einer optionalen Beschreibung verfügen:

Metafile-Konstruktoren (Auswahl)

```
Metafile(ByVal strFileName As String, ByVal ipHdc As IntPtr, ByVal et As EmfType)
Metafile(ByVal strFileName As String, ByVal ipHdc As IntPtr, ByVal et As EmfType,
        ByVal strDescription As String)
Metafile(ByVal strm As Stream, ByVal ipHdc As IntPtr, ByVal et As EmfType)
Metafile(ByVal strm As Stream, ByVal ipHdc As IntPtr, ByVal et As EmfType,
        ByVal strDescription As String)
Metafile(ByVal ipHdc As IntPtr, ByVal et As EmfType)
Metafile(ByVal ipHdc As IntPtr, ByVal et As EmfType, ByVal strDescription As String)
```

Die Beschreibungszeichenfolge *strDescription* beschreibt für gewöhnlich das Bild, zuweilen auch mit einem Copyrighthinweis. Sie steht im Metadateiheader. Die Enumeration *EmfType* ist folgendermaßen definiert:

EmfType-Enumeration

Member	Wert
EmfOnly	3
EmfPlusOnly	4
EmfPlusDual	5

Wenn Sie als *EmfType*-Argument *EmfOnly* angeben, enthält die Metadatei ausschließlich EMF-Einträge. Diese Option sollten Sie nutzen, wenn die von Ihrem Programm erstellten Metadateien ausschließlich von Programmen verwendet werden, bei denen es sich nicht um Windows Forms-Programme handelt.

Wenn Sie das *EmfType*-Argument *EmfPlusOnly* angeben, enthält die Metadatei ausschließlich EMF+-Einträge. Diese Metadateien sind relativ klein, können allerdings nur von anderen Windows Forms-Programmen verwendet werden.

EmfPlusDual als *EmfType*-Argument ist der Standard. Die Metadatei enthält sowohl EMF- als auch EMF+-Einträge. Folglich hat die Metadatei in etwa dieselbe Größe wie eine entsprechende *EmfOnly*-Metadatei plus eine *EmfPlusOnly*-Metadatei.

Wenn Sie aus einem Windows Forms-Programm eine 16-Bit-WMF erstellen möchten, müssen Sie mithilfe von Win32-Code zunächst ein WMF-Handle erstellen und dieses anschließend an den entsprechenden *Metafile*-Konstruktor übergeben. Sie können ein *Metafile*-Objekt auch auf der Grundlage eines mittels Win32-Code abgerufenen EMF-Handles erstellen.

Bislang habe ich Ihnen 22 der 39 Konstruktoren erläutert und bin dabei auch auf die drei Konstruktoren eingegangen, mit denen *Metafile*-Objekte mit Win32-Metadateihandles erstellt werden. Bei den verbleibenden 14 Konstruktoren können Sie sowohl ein Begrenzungsrechteck als auch einen Metadateityp angeben.

Zehn dieser Konstruktoren beginnen mit einem Dateinamen oder *Stream*, gefolgt von einem *IntPtr* auf ein Gerätekontexthandle. Als Nächstes folgt ein *Rectangle*- oder *RectangleF*-Objekt mit einem *MetafileFrameUnit*-Member. Der Konstruktor schließt mit einem *EmfType*-Member, einer Beschreibung oder beidem ab. Steht am Anfang des Konstruktors jedoch ein *Stream*, muss der Konstruktor auch über ein *EmfType*-Member verfügen.

Die anderen vier Konstruktoren beginnen mit einem *IntPtr* auf ein Gerätekontexthandle. Als Nächstes folgt entweder ein *Rectangle*- oder ein *RectangleF*-Objekt mit einem *MetafileFrameUnit*-Member. Der Konstruktor schließt mit einem *EmfType*-Member und einer optionalen Beschreibung.

Im Folgenden sehen Sie die drei allgemeinsten, umfassendsten und längsten *Metafile*-Konstruktoren:

Metafile-Konstruktoren (Auswahl)

```
Metafile(ByVal strFileName As String, ByVal ipHdc As IntPtr,
        ByVal rectf As RectangleF, ByVal mfu As MetafileFrameUnit,
        ByVal et As EmfType, ByVal strDescription As String)
Metafile(ByVal strm As Stream, ByVal ipHdc As IntPtr,
        ByVal rectf As RectangleF, ByVal mfu As MetafileFrameUnit,
        ByVal et As EmfType, ByVal strDescription As String)
Metafile(ByVal ipHdc As IntPtr, ByVal rectf As RectangleF,
        ByVal mfu As MetafileFrameUnit, ByVal et As EmfType,
        ByVal strDescription As String)
```

EnumerateMetafile

Aufgrund der Tatsache, dass Metadateien häufig auf der Festplatte gespeichert werden, ist der neugierige Programmierer unter Umständen versucht, sie wie normale Dateien zu öffnen und sich darin ein wenig umzusehen. Das klingt zwar ziemlich unterhaltsam, es gibt jedoch auch eine Methode der *Graphics*-Klasse, mit der Sie sich Metadateieinträge etwas strukturierter ansehen können. Im Wesentlichen stellen Sie in Ihrem Programm eine Methode zur Verfügung, die für jeden Eintrag in der Metadatei aufgerufen wird.

Es gibt 36 Versionen der Methode *EnumerateMetafile*, deren einfachste die folgende ist:

EnumerateMetafile-Methoden von Graphics (Auswahl)

```
Sub EnumerateMetafile(ByVal mf As Metafile, ByVal pt As Point,
        ByVal emp As Graphics.EnumerateMetafileProc)
```

Vielleicht kommt es Ihnen merkwürdig vor, dass es sich bei *EnumerateMetafile* um eine Methode unserer guten alten Klasse *Graphics* handelt. Sie werden jedoch schon bald feststellen, dass die Methode nicht bloß eine Metadatei auflistet, sondern darüber hinaus eine Möglichkeit bietet, diese Eintrag für Eintrag darzustellen. Da Ihre Methode auf sämtliche Einträge der Metadatei zugreifen kann, können Sie die Einträge wahlweise darstellen, auslassen oder (wenn Sie sehr mutig sind) ändern und anschließend darstellen. Aus diesem Grund gibt es auch so viele Varianten der Methode *EnumerateMetafile*. Diese Methoden weisen große Ähnlichkeiten mit den diversen Überladungen von *DrawImage* auf.

Anstatt nun alle 36 Versionen von *EnumerateMetafile* aufzulisten, folgt hier eine Übersicht der erforderlichen und optionalen Argumente:

- Beim ersten Argument handelt es sich stets um ein *Metafile*-Objekt.
- Beim zweiten Argument handelt es sich immer um ein Ziel. Sie können einen *Point*, einen *PointF*, ein Array aus drei *Point*- oder *PointF*-Strukturen, ein *Rectangle* oder ein *RectangleF* angeben. Genauso wie in *DrawImage*, wenn Sie ein Array aus drei *Point*- oder *PointF*-Strukturen angeben, stellen die Punkte das Ziel der Ecken oben links, oben rechts und unten links dar.

- Als Nächstes kann optional ein Argument folgen, das ein Quellrechteck innerhalb der Metadatei angibt. Handelt es sich beim Zielargument um einen *Point*, ein *Point*-Array oder um ein *Rectangle*, muss es sich beim Quellrechteck um ein *Rectangle* handeln. Ist das Zielargument ein *PointF*, ein *PointF*-Array oder ein *RectangleF*, muss das Quellrechteck ein *RectangleF* sein. Auf das Zielrechteck muss ein *GraphicsUnit*-Wert folgen, der die Einheiten des Quellrechtecks angibt.

- Das nächste Argument ist erforderlich. Es handelt sich dabei um eine Programmmethode, die Sie gemäß *Graphics.EnumerateMetafileProc*-Delegat definiert haben. Diese Methode wird für jeden Eintrag in der Metadatei aufgerufen.

- Das nächste Argument ist optional. Es handelt sich um einen *IntPtr*-Zeiger, der auf benutzerdefinierte Daten weist, die an die im vorherigen Argument definierte Enumerationsmethode übergeben werden sollen. Es gibt im *Graphics.EnumerateMetafileProc*-Delegat allerdings kein Argument für diese vom Programmierer definierten Daten.

- Wird das optionale Argument *IntPtr* verwendet, kann darauf ein weiteres optionales Argument folgen. Dabei handelt es sich um ein *ImageAttributes*-Objekt, das bestimmte Aspekte der Bilddarstellung festlegt.

Hier ist der einfachste Aufruf von *EnumerateMetafile*, wie er in einem wirklichen Programm vorkommen könnte:

```
grfx.EnumerateMetafile(mf, New Point(0, 0), AddressOf EnumMetafileProc)
```

Das letzte Argument macht Gebrauch von einer Methode mit dem Namen *EnumMetafileProc*, die in Übereinstimmung mit dem *Graphics.EnumerateMetafileProc*-Delegaten definiert ist. Eine solche Methode würde in Ihrem Programm ungefähr so aussehen:

```
Function EnumMetafileProc(ByVal eprt As EmfPlusRecordType, _
         ByVal iFlags As Integer, ByVal iDataSize As Integer, _
         ByVal ipData As IntPtr, _
         ByVal prc As PlayRecordCallback) As Boolean
    ⋮
    Return bContinue
End Function
```

Die Metadatei-Enumerationsmethode gibt *True* zurück, um die Aufzählung fortzusetzen, andernfalls wird *False* zurückgegeben.

Die Argumente der Enumerationsmethode (die ich hier nur kurz behandeln und erst an späterer Stelle näher erläutern möchte) beginnen mit einem Member der Enumeration *EmfPlusRecordType*, die den Eintrag identifiziert. Das Argument *iFlags* ist nicht dokumentiert.

Das Argument *iDataSize* gibt die Anzahl Bytes an, auf die das Argument *ipData* zeigt. Diese Daten werden bei jedem Eintragstyp angegeben. Ein Eintrag für eine Polylinie würde z.B. die Anzahl der Punkte und mehrere Punkte in *ipData* speichern.

Das letzte Argument ist vom Typ *PlayRecordCallback*, einem im Namespace *System.Drawing.Imaging* definierten Delegat. Wie Sie wissen, ist auch *EnumerateMetafileProc* ein Delegat. Es ist sehr ungewöhnlich, dass es sich bei einem Argument eines Delegats um einen weiteren Delegaten handelt. Und so wird der *PlayRecordCallback*-Delegat definiert:

```
Public Delegate Sub PlayRecordCallback(ByVal eprt As EmfPlusRecordType, _
                    ByVal iFlags As Integer, _
                    ByVal iDataSize As Integer, _
                    ByVal ipData As IntPtr)
```

Anstatt in Ihrem Programm eine Methode gemäß dem *PlayRecordCallback*-Delegat zu erstellen (was die übliche Verwendung eines Delegaten ist), gibt das letzte Argument Ihrer Enumerationsmethode die Methode an, die zum Darstellen des jeweiligen Metadateieintrags aufzurufen ist. Der Delegat gibt die Methodenargumente an. Sie könnten Ihre Enumerationsmethode also folgendermaßen definieren:

```
Function EnumMetafileProc(ByVal eprt As EmfPlusRecordType, _
         ByVal iFlags As Integer, ByVal iDataSize As Integer, _
         ByVal ipData As IntPtr, _
         ByVal prc As PlayRecordCallback) As Boolean
    ⋮
    prc(eprt, iFlags, iDataSize, ipData)
    Return True
End Function
```

Beachten Sie den Aufruf des *PlayRecordCallback*-Delegats. Wenn Sie *EnumerateMetafile* mit dieser *EnumMetafileProc*-Methode aufrufen, sollte *EnumerateMetafile* genau wie *DrawImage* ausgeführt werden, möglicherweise allerdings ein wenig langsamer, da *EnumMetafileProc* auf jeden Metadateieintrag einzeln zugreift.

Leider kann *PlayRecordCallback* nicht ausgeführt werden, und Sie sollten das letzte Argument der Enumerationsmethode am besten ignorieren. Verwenden Sie stattdessen die folgende Methode der Klasse *Metafile*, um einen Metadateieintrag in Ihrer Enumerationsmethode darzustellen:

PlayRecord-Methode von *Metafile*

```
Sub PlayRecord(ByVal eprt As EmfPlusRecordType, ByVal iFlags As Integer,
       ByVal iDataSize As Integer, ByVal abyData() As Byte)
```

Diese Methode sieht dem *PlayRecordCallback*-Delegaten ziemlich ähnlich. Allerdings ist das letzte Argument kein *IntPtr*, sondern ein Array aus Bytes. Für das Konvertieren zwischen dem *IntPtr*-Argument der Enumerationsmethode und dem von *PlayRecord* benötigten Bytearray können Sie die shared Methode *Copy* in der Klasse *Marshal* des Namespaces *System.Runtime. InteropServices* verwenden.

Da Sie *PlayRecord* in Ihrer Enumerationsmethode aufrufen und *PlayRecord* eine Methode der Klasse *Metafile* ist, muss das *Metafile*-Objekt in Ihrem Programm als Feld gespeichert werden. Nachfolgend eine Enumerationsmethode, die die Metadatei einfach nur darstellt:

```
Function EnumMetafileProc(ByVal eprt As EmfPlusRecordType, _
         ByVal iFlags As Integer, ByVal iDataSize As Integer, _
         ByVal ipData As IntPtr, _
         ByVal prc As PlayRecordCallback) As Boolean
    Dim abyData(iDataSize) As Byte
    Marshal.Copy(ipData, abyData, 0, iDataSize)
    mf.PlayRecord(eprt, iFlags, iDataSize, abyData)
    Return True
End Function
```

Das folgende Programm erstellt ein nicht bearbeitbares Textfeld und ein *Panel*-Steuerelement mit einem *Splitter*-Steuerelement dazwischen. Ferner wird ein *OpenFileDialog*-Dialogfeld zum Öffnen einer Metadatei implementiert. Die Metadatei wird normal auf dem *Panel*-Steuerelement angezeigt. Wenn die erste Metadatei geladen wird, erstellt das Programm ein *StringWriter*-Objekt und ruft anschließend *EnumerateMetafile* auf, um die Einträge der Metadatei mithilfe der im Programm definierten *EnumMetafileProc*-Methode durchzugehen. *EnumMetafileProc* formatiert die Informationen in das *StringWriter*-Objekt. Sobald *EnumerateMetafile* die Steuerung wieder abgibt, stellt das Programm die entstandene Zeichenfolge in das Textfeld.

EnumMetafile.vb

```vb
Imports System
Imports System.Drawing
Imports System.Drawing.Imaging
Imports System.IO
Imports System.Runtime.InteropServices
Imports System.Windows.Forms
Class EnumMetafile
    Inherits Form
    Private mf As Metafile
    Private pnl As panel
    Private txtbox As TextBox
    Private strCaption As String
    Private strwrite As StringWriter
    Shared Sub Main()
        Application.Run(New EnumMetafile())
    End Sub
    Sub New()
        strCaption = "Enumerate Metafile"
        Text = strCaption
        ' Das Textfeld zum Anzeigen der Einträge erstellen.
        txtbox = New TextBox()
        txtbox.Parent = Me
        txtbox.Dock = DockStyle.Fill
        txtbox.Multiline = True
        txtbox.WordWrap = False
        txtbox.ReadOnly = True
        txtbox.TabStop = False
        txtbox.ScrollBars = ScrollBars.Vertical
        ' Den Teiler zwischen Panel und Textfeld erstellen.
        Dim split As New Splitter()
        split.Parent = Me
        split.Dock = DockStyle.Left
        ' Die Fäche zum Anzeigen der Metadatei erstellen.
        pnl = New Panel()
        pnl.Parent = Me
        pnl.Dock = DockStyle.Left
        AddHandler pnl.Paint, AddressOf PanelOnPaint
        ' Das Menü erstellen.
        Menu = New MainMenu()
        Menu.MenuItems.Add("&Open!", AddressOf MenuOpenOnClick)
    End Sub
    Private Sub MenuOpenOnClick(ByVal obj As Object, ByVal ea As EventArgs)
        Dim dlg As New OpenFileDialog()
        dlg.Filter = "All Metafiles|*.wmf;*.emf|" & _
                    "Windows Metafile (*.wmf)|*.wmf|" & _
                    "Enhanced Metafile (*.emf)|*.emf"
        If dlg.ShowDialog() = DialogResult.OK Then
            Try
                mf = New Metafile(dlg.FileName)
            Catch exc As Exception
                MessageBox.Show(exc.Message, strCaption)
                Return
            End Try
            Text = strCaption & " - " & Path.GetFileName(dlg.FileName)
            pnl.Invalidate()
```

```
            ' Metadatei für das Textfeld durchgehen.
            strwrite = New StringWriter()
            Dim grfx As Graphics = CreateGraphics()
            grfx.EnumerateMetafile(mf, New Point(0, 0), AddressOf EnumMetafileProc)
            grfx.Dispose()

            txtbox.Text = strwrite.ToString()
            txtbox.SelectionLength = 0
        End If
    End Sub
    Private Function EnumMetafileProc(ByVal eprt As EmfPlusRecordType, _
            ByVal iFlags As Integer, ByVal iDataSize As Integer, _
            ByVal ipData As IntPtr, ByVal prc As PlayRecordCallback) As Boolean
        strwrite.Write("{0} ({1}, {2})", eprt, iFlags, iDataSize)

        If iDataSize > 0 Then
            Dim abyData(iDataSize) As Byte
            Marshal.Copy(ipData, abyData, 0, iDataSize)
            Dim by As Byte
            For Each by In abyData
                strwrite.Write(" {0:X2}", by)
            Next by
        End If
        strwrite.WriteLine()
        Return True
    End Function
    Private Sub PanelOnPaint(ByVal obj As Object, ByVal pea As PaintEventArgs)
        Dim pnl As Panel = DirectCast(obj, Panel)
        Dim grfx As Graphics = pea.Graphics

        If Not mf Is Nothing Then
            grfx.DrawImage(mf, 0, 0)
        End If
    End Sub
End Class
```

Dieses Programm kann seltsamerweise zwar mit keiner der in diesem Kapitel erstellten Metadateien ausgeführt werden (oder auch mit Metadateien, die mit Programmen aus meinem Buch *Windows-Programmierung* erstellt wurden), es zeigt jedoch die im Lieferumfang von Visual Studio .NET enthaltenen Metadateien an, wie hier zu sehen ist:

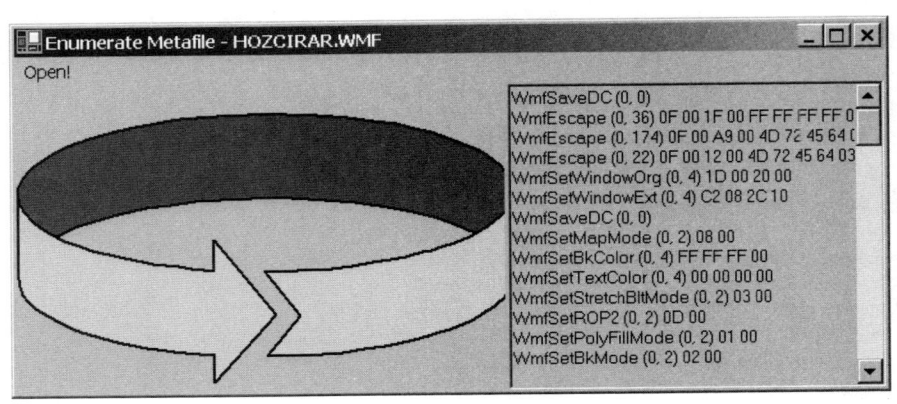

Die einzelnen Metadateieinträge werden rechts angezeigt. Auf den Eintragstyp folgen in Klammern Flag und Byteanzahl der Daten. Anschließend folgen die hexadezimalen Bytes. In diesem Programm wird nicht versucht, diese Bytes in sinnvolle Informationen umzuwandeln.

Wie Sie sehen, weisen die Metadateieinträge unterschiedliche Größen auf. Jeder Eintragstyp entspricht einem bestimmten GDI-Funktionsaufruf oder einem Aufruf einer *Graphics*-Methode. Die bei jedem Eintrag angezeigten Daten entsprechen den Argumenten des Aufrufs. Natürlich richten sich diese Daten nach dem Eintragstyp.

Die neuen Metadateieinträge der Methoden der Klasse *Graphics* waren zum Zeitpunkt der Drucklegung noch nicht dokumentiert, werden mit Sicherheit jedoch irgendwann in der nahen Zukunft beschrieben. Wenn Sie sich mit der Metadatei-Enumeration gut vertraut machen möchten, sollten Sie sich als Erstes mit dem Format der älteren WMF- und EMF-Einträge beschäftigen. Jeder Eintragstyp entspricht einer Struktur, deren Name mit den Buchstaben *EMR* (»Enhanced Metafile Record«) beginnt und die in der Win32-Headerdatei wingdi.h definiert ist.

Die Struktur *EMR* ist Bestandteil jedes Eintrags. Sie enthält den Eintragstyp und eine Größe. Hier ist die Struktur in C-Syntax, so wie sie in der Headerdatei definiert ist:

```
typedef struct tagEMR
{
    DWORD iType;
    DWORD nSize;
}
EMR;
```

Hier die Struktur für eine Polylinie. Sie beginnt mit einer *EMR*-Struktur.

```
typedef struct tagEMRPOLYLINE
{
    EMR emr;
    RECTL rclBounds;
    DWORD cptl;
    POINTL aptl[1];
}
EMRPOLYLINE;
```

Alle Informationen nach dem Feld *EMR* entsprechen den Daten, die zu dem Eintrag in der Windows Forms-Enumeration gehören.

Wenn Sie sich mit Win32-Strukturen nicht auskennen, sollten Sie unbedingt beachten, dass *RECTL* und *POINTL long*-Felder sind, bei denen es sich um 32-Bit-*long*-Ganzzahlen von C handelt, nicht um 64-Bit-*Long*-Ganzzahlen von Visual Basic .NET. Die Strukturen *RECTS* und *POINTS* verwenden 16-Bit-*short*-Felder, die dem Visual Basic .Net-Datentyp *Short* entsprechen. Zudem wird ein Rechteck über die obere linke Ecke und die untere rechte Ecke, nicht über die obere linke Ecke und die Breite und Höhe definiert.

24 Ausschneiden, Ziehen und Ablegen

940	Elemente und Formate
940	Die kleine (aber feine) Klasse *Clipboard*
942	Objekte aus der Zwischenablage abrufen
949	Datenformate der Zwischenablage
957	Zwischenablageviewer
965	Mehrere Zwischenablageformate einstellen
968	Drag & Drop

Mithilfe der Windows-Zwischenablage können Daten aus einer Anwendung in eine andere übertragen werden. Die Zwischenablage ist ein relativ einfacher Mechanismus, der weder in dem Programm, das Daten darin ablegt, noch in dem Programm, das die Daten später daraus einfügt, einen großen Aufwand erfordert. Die meisten Anwendungen verwenden die Windows-Zwischenablage auch dann, wenn sich das Ausschneiden und Einfügen auf die Übertragung von Daten innerhalb derselben Anwendung beschränkt.

Programme, die mit Dokumenten oder anderen Daten arbeiten, bieten dem Benutzer Zugriff auf die Zwischenablage über die Standardmenüoptionen *Ausschneiden* (*Cut*), *Kopieren* (*Copy*) und *Einfügen* (*Paste*) und die entsprechenden Tastenkombinationen STRG+X, STRG+C und STRG+V (die vom Apple Macintosh übernommen wurden). Wenn ein Benutzer *Ausschneiden* (*Cut*) oder *Kopieren* (*Copy*) wählt, überträgt das Programm die markierten Daten aus der Anwendung in die Zwischenablage. Die Daten haben ein bestimmtes Format, im Allgemeinen ein Text-, Bitmap-, Metadatei- oder Binärformat. Der Befehl *Ausschneiden* (*Cut*) bewirkt darüber hinaus, dass die Auswahl aus dem Dokument gelöscht wird. Wenn ein Benutzer den Menüpunkt *Einfügen* (*Paste*) wählt, prüft das Programm, ob die Zwischenablage Daten in einem Format enthält, welches das Programm verwenden kann. Ist dies der Fall, überträgt das Programm die Daten aus der Zwischenablage in die Anwendung.

Programme sollten ohne eine explizite Anweisung vom Benutzer keine Daten in die Zwischenablage übertragen. Der Grund: Ein Benutzer, der in einer Anwendung *Ausschneiden* (*Cut*) oder *Kopieren* (*Copy*) wählt bzw. STRG+X oder STRG+C drückt, sollte davon ausgehen können, dass die Daten bis zum nächsten *Ausschneiden* (*Cut*) oder *Kopieren* (*Copy*) in der Zwischenablage bleiben.

Wie in Kapitel 18 erläutert, implementieren die Steuerelemente *TextBox* und *RichTextBox* eigene Schnittstellen für die Zwischenablage. Ein Programm, das diese Steuerelemente verwendet, muss lediglich die entsprechenden Methoden aufrufen, die in *TextBoxBase* implementiert sind. In den meisten Fällen ist es jedoch nicht so einfach. Sie müssen stattdessen selbst auf die Zwischenablage zugreifen.

Die Drag & Drop-Funktionalität von Microsoft Windows zum Ziehen und Ablegen steht in engem Zusammenhang mit der Zwischenablage, weshalb sie ebenfalls in diesem Kapitel behandelt wird.

Elemente und Formate

In der Zwischenablage wird immer nur ein Element gleichzeitig gespeichert. Wenn ein Programm ein Element in die Zwischenablage kopiert, ersetzt das neue Element das vorherige.

Eine Anwendung kann jedoch ein bestimmtes Element in mehreren Formaten in die Zwischenablage kopieren. Nehmen Sie z.B. ein Tabellenkalkulationsprogramm, in dem der Benutzer ein Array aus Zeilen und Spalten markiert und dann den Befehl *Kopieren (Copy)* gibt. Das Tabellenkalkulationsprogramm verwendet zum Speichern dieser Zeilen und Spalten in der Zwischenablage wahrscheinlich eine ganze Reihe von Formaten. Am wichtigsten für die Anwendung selbst ist höchstwahrscheinlich ein Binärformat, das nur der Anwendung bekannt ist. Dieses private Format ermöglicht dem Programm das Abrufen der exakten Daten (mit allen vorhandenen Formatierungen), wenn der Benutzer den Befehl *Einfügen (Paste)* gibt.

Das Tabellenkalkulationsprogramm kann die ausgewählten Zeilen und Spalten auch in einem Textformat mit Kommas als Trennzeichen in die Zwischenablage kopieren, das andere Tabellenkalkulations- oder Datenbankprogramme verwenden können. Es könnte die Daten auch als Text mit Tabulatoren zwischen den Spalten formatieren. In diesem Format lassen sich die Daten gut in ein Textverarbeitungsprogramm einfügen. Das Tabellenkalkulationsprogramm erstellt vielleicht sogar eine Bitmap oder Metadatei mit einem Abbild der Zeilen und Spalten.

Die Anwendung, die Daten aus der Zwischenablage einfügt, muss nicht alle diese verschiedenen Formate verarbeiten können. Sie braucht sich lediglich das Format aussuchen, mit dem sie am besten zurechtkommt.

Erwartungsgemäß wird durch das Vorhandensein von Zwischenablagenelementen in mehreren Formaten die Programmierung der Zwischenablage komplizierter.

Die kleine (aber feine) Klasse *Clipboard*

Die Klasse *Clipboard* gehört zum Namespace *System.Windows.Forms*. Die Klasse ist als *NotInheritable* definiert und besitzt keine öffentlichen Konstruktoren. Diese Klasse kann weder instanziiert werden noch können Sie von dieser Klasse erben. Die Klasse besitzt keine Eigenschaften und nur zwei shared Methoden, von denen eine in zwei Varianten zur Verfügung steht. Mithilfe dieser Methoden können Sie Daten in der Zwischenablage ablegen oder daraus abrufen:

Clipboard-Methoden (Shared)

```
Sub SetDataObject(ByVal obj As Object)
Sub SetDataObject(ByVal obj As Object, ByVal bRemainAfterExit As Boolean)
Function GetDataObject() As IDataObject
```

Solange Sie nur mit einem Datenformat arbeiten, ist das Ablegen von Daten in der Zwischenablage die einfachere Operation. Wenn Sie beispielsweise ein *String*-Objekt mit dem Namen *str* in die Zwischenablage kopieren möchten, rufen Sie einfach Folgendes auf:

```
Clipboard.SetDataObject(str, True)
```

Der bisherige Inhalt der Zwischenablage wird dadurch gelöscht und durch dieses Element ersetzt. Ähnlich können Sie eine Bitmap in der Zwischenablage ablegen:

```
Clipboard.SetDataObject(bm, True)
```

Es kann aber eine Metadatei sein:

```
Clipboard.SetDataObject(mf, True)
```

In allen drei Fällen wird für die Zwischenablage eine Kopie des Objekts erstellt. Sie können das Objekt nach dem Aufruf von *SetDataObject* ändern, der Inhalt der Zwischenablage wird dadurch jedoch nicht verändert. Diese Anweisungsfolge verursacht keine Probleme:

```
Clipboard.SetDataObject(str, True)
str = Nothing
```

Nachdem ein Element in der Zwischenablage abgelegt worden ist, können Sie es nur durch einen weiteren Aufruf von *SetDataObject* ändern. Dieser zweite Aufruf von *SetDataObject* ersetzt das Element in der Zwischenablage durch ein neues.

Ich habe das zweite Argument von *SetDataObject* in diesen Beispielen auf *True* gesetzt, da Sie diese Einstellung wahrscheinlich verwenden werden, wenn Sie eine Zeichenfolge, eine Bitmap oder eine Metadatei in der Zwischenablage ablegen. Wenn Sie das zweite Argument auf *False* setzen

```
Clipboard.SetDataObject(str, False)
```

oder das Argument nicht verwenden

```
Clipboard.SetDataObject(str)
```

wird das Element aus der Zwischenablage entfernt, wenn das Programm beendet wird. Für den Benutzer ist es wahrscheinlich am besten, wenn das Element in der Zwischenablage verbleibt, unabhängig davon, ob das Programm weiter ausgeführt wird oder nicht.

Die Elemente, die Sie in der Zwischenablage ablegen können, sind indes nicht auf Zeichenfolgen, Bitmaps oder Metadateien beschränkt. Sie können *beliebige* Objekte in der Zwischenablage ablegen. Es folgt Code, der ein neues *Button*-Objekt erstellt, die *Text*-Eigenschaft einstellt und anschließend das Objekt in die Zwischenablage kopiert:

```
Dim btn As New Button()
btn.Text = "OK"
Clipboard.SetDataObject(btn)
```

In Fällen, in denen das an *SetDataObject* übergebene Objekt keine Zeichenfolge, keine Metadatei und keine Bitmap ist, müssen Sie die kurze Variante von *SetDataObject* verwenden oder das zweite Argument auf *False* setzen. Der Grund für diese Einschränkung ist, dass die Zwischenablage nicht zum Übertragen beliebiger Objekte (wie z.B. *Button*-Objekte) zwischen Anwendungen verwendet werden kann. Nur die Anwendung, die das *Button*-Objekt in der Zwischenablage abgelegt hat, kann es wieder abrufen. Aus diesem Grund darf das Objekt nicht in der Zwischenablage bleiben, nachdem das Programm beendet wurde.

Und das war alles, was mit dem Ablegen von Daten in der Zwischenablage zu tun hat. Im weiteren Verlauf dieses Kapitels werde ich noch demonstrieren, wie Sie mit mehreren Datenformaten in der Zwischenablage arbeiten.

Das Abrufen von Daten aus der Zwischenablage ist nicht so einfach wie das Ablegen. Die Methode *GetDataObject* ist so definiert, dass eine Instanz einer Klasse zurückgegeben wird, welche die Schnittstelle *IDataObject* implementiert. Dies bedeutet, dass Sie *GetDataObject* wie folgt aufrufen:

```
Dim data As IDataObject = Clipboard.GetDataObject()
```

Das *data* genannte Objekt enthält nun alles, was Sie über den Inhalt der Zwischenablage wissen müssen. Wir wenden uns jetzt der Schnittstelle *IDataObject* zu.

Objekte aus der Zwischenablage abrufen

Zuerst zeige ich eine relativ einfache und unkomplizierte Möglichkeit zum Abrufen von Objekten aus der Zwischenablage, die Sie wahrscheinlich als Reaktion auf die Wahl des Menübefehls *Einfügen* (*Paste*) ausführen werden.

Die shared Methode *GetDataObject* der Klasse *Clipboard* ist nicht so dokumentiert, dass ein Objekt einer bestimmten Klasse zurückgegeben wird. Sie ist nur so dokumentiert, dass eine Instanz einer Klasse zurückgegeben wird, welche die Schnittstelle *IDataObject* implementiert. Wir verfügen damit über genügend Informationen, um mit den in *IDataObject* definierten Methoden und mit dem von *GetDataObject* zurückgegebenen Objekt zu arbeiten. *IDataObject* definiert vier Methoden (zwölf, wenn die Überladungen mitgezählt werden). Hier sind zwei davon in ihrer einfachsten Form:

IDataObject-Methoden (Auswahl)

```
Function GetDataPresent(ByVal typ As Type) As Boolean
Function GetData(ByVal typ As Type) As Object
```

Die Schnittstelle *GetDataPresent* sollte besser *IsDataPresent* heißen, damit sie zu den restlichen Windows Forms-Methoden und -Eigenschaften passt. Wenn Sie über ein Objekt mit dem Namen *data* verfügen, das von *Clipboard.GetDataObject* zurückgegeben wurde, gibt der Ausdruck

```
data.GetDataPresent(GetType(String))
```

True zurück, wenn die Zwischenablage ein *String*-Objekt enthält. Beachten Sie die Verwendung des Operators *GetType*, um das *Type*-Objekt abzurufen, das die Klasse *String* identifiziert. Entsprechend gibt

```
data.GetDataPresent(GetType(Bitmap))
```

True zurück, wenn die Zwischenablage ein *Bitmap*-Objekt enthält.

```
data.GetDataPresent(GetType(Metafile))
```

gibt *True* zurück, wenn ein *Metafile*-Objekt verfügbar ist. Wenn Sie Objekte in der Zwischenablage ablegen, die keinem Standardobjekt entsprechen, können Sie auch einen Aufruf wie den Folgenden verwenden:

```
data.GetDataPresent(GetType(Button))
```

Es ist möglich, diese Aufrufe durchzuführen, ohne den Rückgabewert des Aufrufs von *Clipboard.GetDataObject* tatsächlich zu speichern. Der Aufruf

```
Clipboard.GetDataObject().GetDataPresent(GetType(Bitmap))
```

gibt z.B. *True* zurück, wenn die Zwischenablage ein *Bitmap*-Objekt enthält.

Die Methode *GetDataPresent* wird üblicherweise während des *Popup*-Ereignisses des Menüs *Bearbeiten* (*Edit*) verwendet. Der Menüpunkt *Einfügen* (*Paste*) wird nur aktiviert, wenn *GetDataPresent* für den Sie interessierenden Datentyp *True* zurückgibt.

Beachten Sie, dass die Tatsache, dass
```
data.GetDataPresent(GetType(String))
```
True zurückgibt, nicht bedeutet, dass *GetDataPresent* für andere Typen *False* zurückgibt. Wie gesagt, kann die Zwischenablage mehrere Formate desselben Zwischenablagenelements enthalten. Die Zwischenablage kann beispielsweise ein *String*-Objekt mit Text, ein *Metafile*-Objekt mit einem *DrawString*-Aufruf, der dieselbe Textzeichenfolge anzeigt, und eine *Bitmap*-Umsetzung desselben Texts enthalten. Die Anwendung, die Daten aus der Zwischenablage abruft, sollte das am besten geeignete Format wählen.

Um ein Objekt aus der Zwischenablage abzurufen, wird die Methode *GetData* aufgerufen. Beispiel:
```
Dim str As String = DirectCast(data.GetData(GetType(String)), String)
```
Da *GetData* ein *Object* zurückgibt, muss der Rückgabewerte in den gewünschten Datentyp umgewandelt werden. Hier ein weiteres Beispiel:
```
Dim bm As Bitmap = DirectCast(data.GetData(GetType(Bitmap)), Bitmap)
```
Wenn Sie mit *Option Strict Off* kompilieren, kann die Typumwandlung implizit erfolgen:
```
Dim bm As Bitmap = data.GetObject(GetType(Bitmap))
```
Das Abrufen eines Objekts aus der Zwischenablage wirkt sich nicht auf den Inhalt der Zwischenablage aus. Der Rückgabewert von *GetData* ist eine Kopie des in der Zwischenablage gespeicherten Objekts.

Nun ist es an der Zeit zu testen, wie dies alles in einem Programm funktioniert. Das folgende Programm kopiert bloß *String*-Objekte in und aus der Zwischenablage.

ClipText.vb
```vb
Imports System
Imports System.Drawing
Imports System.Windows.Forms
Class ClipText
    Inherits Form
    Private strText As String = "Sample text for the clipboard"
    Private miCut, miCopy, miPaste As MenuItem

    Shared Sub Main()
        Application.Run(New ClipText())
    End Sub

    Sub New()
        Text = "Clip Text"
        ResizeRedraw = True

        Menu = New MainMenu()

        ' Menü Bearbeiten
        Dim mi As New MenuItem("&Edit")
        AddHandler mi.Popup, AddressOf MenuEditOnPopup
        Menu.MenuItems.Add(mi)

        ' Bearbeiten | Ausschneiden
        miCut = New MenuItem("Cu&t")
        AddHandler miCut.Click, AddressOf MenuEditCutOnClick
        miCut.Shortcut = Shortcut.CtrlX
        Menu.MenuItems(0).MenuItems.Add(miCut)
```

```
        ' Bearbeiten | Kopieren
        miCopy = New MenuItem("&Copy")
        AddHandler miCopy.Click, AddressOf MenuEditCopyOnClick
        miCopy.Shortcut = Shortcut.CtrlC
        Menu.MenuItems(0).MenuItems.Add(miCopy)

        ' Bearbeiten | Einfügen
        miPaste = New MenuItem("&Paste")
        AddHandler miPaste.Click, AddressOf MenuEditPasteOnClick
        miPaste.Shortcut = Shortcut.CtrlV
        Menu.MenuItems(0).MenuItems.Add(miPaste)
    End Sub
    Private Sub MenuEditOnPopup(ByVal obj As Object, ByVal ea As EventArgs)
        miCopy.Enabled = strText.Length > 0
        miCut.Enabled = miCopy.Enabled
        miPaste.Enabled = Clipboard.GetDataObject().GetDataPresent(GetType(String))
    End Sub
    Private Sub MenuEditCutOnClick(ByVal obj As Object, ByVal ea As EventArgs)
        MenuEditCopyOnClick(obj, ea)
        strText = ""
        Invalidate()
    End Sub
    Private Sub MenuEditCopyOnClick(ByVal obj As Object, ByVal ea As EventArgs)
        Clipboard.SetDataObject(strText, True)
    End Sub
    Private Sub MenuEditPasteOnClick(ByVal obj As Object, ByVal ea As EventArgs)
        Dim data As IDataObject = Clipboard.GetDataObject()
        If data.GetDataPresent(GetType(String)) Then
            strText = DirectCast(data.GetData(GetType(String)), String)
        End If
        Invalidate()
    End Sub
    Protected Overrides Sub OnPaint(ByVal pea As PaintEventArgs)
        Dim grfx As Graphics = pea.Graphics
        Dim strfmt As New StringFormat()
        strfmt.LineAlignment = StringAlignment.Center
        strfmt.Alignment = StringAlignment.Center
        grfx.DrawString(strText, Font, New SolidBrush(ForeColor), _
                        RectangleF.op_Implicit(ClientRectangle), strfmt)
    End Sub
End Class
```

Das Programm ClipText enthält die *String*-Variable *strText*, die zentriert im Clientbereich angezeigt wird. Der Konstruktor erstellt das Menü *Edit* mit den Elementen *Cut*, *Copy* und *Paste*. Der *Popup*-Ereignishandler aktiviert die Menüelemente *Cut* und *Copy* nur, wenn die Zeichenfolge eine Länge größer Null hat. Der Menüpunkt *Paste* wird nur aktiviert, wenn die Zwischenablage ein *String*-Objekt enthält.

Der *Click*-Ereignishandler für den Befehl *Copy* verwendet die Methode *SetDataObject* von *Clipboard*, um *strText* in die Zwischenablage zu kopieren. Der *Cut*-Ereignishandler ruft den *Copy*-Ereignishandler auf und löscht auch die Zeichenfolge aus dem Programm, indem *strText* eine leere Zeichenfolge zugewiesen wird.

Der *Click*-Ereignishandler für den Befehl *Paste* prüft zuerst, ob die Zwischenablage noch ein Objekt vom Typ *String* enthält. Ihnen mag diese Prüfung überflüssig vorkommen, da der Menüpunkt *Paste* nicht aktiviert wird, wenn in der Zwischenablage kein Text gespeichert ist. Doch vor dem Hintergrund, dass Windows eine Multitaskingumgebung ist, kann es möglich sein, dass sich der Inhalt der Zwischenablage zwischen dem Zeitpunkt der Anzeige eines Untermenüs und dem Klick auf ein Element ändert. Das Aufrufen von *GetData* für einen Objekttyp, der nicht mehr in der Zwischenablage vorhanden ist, löst keine Ausnahme aus, doch *GetData* gibt den Wert *Nothing* zurück, worauf ClipText nicht vorbereitet ist. Wenn die Zwischenablage Text enthält, ruft der *Paste*-Ereignishandler *GetData* auf, um das *String*-Objekt abzurufen und anschließend diese Zeichenfolge der Variablen *strText* zuzuweisen.

Sie können mit ClipText und dem Windows-Editor oder Textverarbeitungsprogrammen und Webbrowsern experimentieren. Sie werden sehen, dass Text beim Kopieren aus einer Textverarbeitung oder einem Webbrowser und dem Einfügen in ClipText alle vorhandenen Formatierungen verliert. Dieses Ergebnis kommt nicht unerwartet. Sie wissen, dass *String*-Objekte normalerweise keine Formatierungen enthalten, und wären wahrscheinlich überrascht, wenn ClipText einen Textblock mit RTF- oder HTML-Tags anzeigen könnte. Ich werde in Kürze erklären, wie Sie mit formatiertem Text in der Zwischenablage arbeiten.

In Kapitel 23 habe ich das Programm MetafileViewer vorgestellt und das Programm MetafileConvert, das von MetafileViewer erbt. Das folgende Programm erbt von MetafileConvert und implementiert das Menü *Edit*, um Metadateien in die und aus der Zwischenablage zu übertragen.

MetafileClip.vb
```
Imports System
Imports System.Drawing
Imports System.Drawing.Imaging
Imports System.Windows.Forms
Class MetafileClip
    Inherits MetafileConvert
    Private miCut, miCopy, miPaste, miDel As MenuItem
    Shared Shadows Sub Main()
        Application.Run(New MetafileClip())
    End Sub
    Sub New()
        strProgName = "Metafile Clip"
        Text = strProgName
        ' Menü Bearbeiten
        AddHandler Menu.MenuItems(1).Popup, AddressOf MenuEditOnPopup

        ' Bearbeiten | Ausschneiden
        miCut = New MenuItem("Cu&t")
        AddHandler miCut.Click, AddressOf MenuEditCutOnClick
        miCut.Shortcut = Shortcut.CtrlX
        Menu.MenuItems(1).MenuItems.Add(miCut)

        ' Bearbeiten | Kopieren
        miCopy = New MenuItem("&Copy")
        AddHandler miCopy.Click, AddressOf MenuEditCopyOnClick
        miCopy.Shortcut = Shortcut.CtrlC
        Menu.MenuItems(1).MenuItems.Add(miCopy)

        ' Bearbeiten | Einfügen
        miPaste = New MenuItem("&Paste")
        AddHandler miPaste.Click, AddressOf MenuEditPasteOnClick
        miPaste.Shortcut = Shortcut.CtrlV
        Menu.MenuItems(1).MenuItems.Add(miPaste)
```

```
        ' Bearbeiten | Löschen
        miDel = New MenuItem("De&lete")
        AddHandler miDel.Click, AddressOf MenuEditDelOnClick
        miDel.Shortcut = Shortcut.Del
        Menu.MenuItems(1).MenuItems.Add(miDel)
    End Sub
    Private Sub MenuEditOnPopup(ByVal obj As Object, ByVal ea As EventArgs)
        Dim bEnable As Boolean = Not mf Is Nothing
        miCopy.Enabled = bEnable
        miCut.Enabled = bEnable
        miDel.Enabled = bEnable
        miPaste.Enabled = Clipboard.GetDataObject().GetDataPresent(GetType(Metafile))
    End Sub
    Private Sub MenuEditCutOnClick(ByVal obj As Object, ByVal ea As EventArgs)
        MenuEditCopyOnClick(obj, ea)
        MenuEditDelOnClick(obj, ea)
    End Sub
    Private Sub MenuEditCopyOnClick(ByVal obj As Object, ByVal ea As EventArgs)
        Clipboard.SetDataObject(mf, True)
    End Sub
    Private Sub MenuEditPasteOnClick(ByVal obj As Object, ByVal ea As EventArgs)
        Dim data As IDataObject = Clipboard.GetDataObject()
        If data.GetDataPresent(GetType(Metafile)) Then
            mf = DirectCast(data.GetData(GetType(Metafile)), Metafile)
        End If
        strFileName = "clipboard"
        Text = strProgName & " - " & strFileName
        Invalidate()
    End Sub
    Private Sub MenuEditDelOnClick(ByVal obj As Object, ByVal ea As EventArgs)
        mf = Nothing
        strFileName = Nothing
        Text = strProgName
        Invalidate()
    End Sub
End Class
```

Neben *Cut, Copy* und *Paste* enthält dieses Programm im Menü *Edit* auch die Option *Delete*. (Bei manchen Anwendungen entspricht der Menüpunkt *Clear [deutsch meist auch »Löschen«]* dem Menüpunkt *Delete*). Für die Option *Delete* wird die Zwischenablage nicht benötigt, da das Löschen (im Gegensatz zum *Ausschneiden [Cut]*) ohne vorheriges Kopieren in die Zwischenablage erfolgt. Wenn Sie jedoch *Delete* und *Copy* bereits implementiert haben, ist das Hinzufügen von *Cut* in der Regel einfach. Die Operation *Ausschneiden (Cut)* entspricht der Operation *Kopieren (Copy)*, auf welche die Operation *Löschen (Delete)* folgt. Genau so wird der *Click*-Ereignishandler für die Option *Cut* programmiert:

```
Private Sub MenuEditCutOnClick(ByVal obj As Object, ByVal ea As EventArgs)
    MenuEditCopyOnClick(obj, ea)
    MenuEditDelOnClick(obj, ea)
End Sub
```

Da das Programm MetafileClip nicht nur mit der Zwischenablage, sondern auch mit Dateien arbeitet, besteht die zweite Schwierigkeit in der Behandlung der Titelleiste des Formulars. In früheren Versionen des Programms habe ich die *Text*-Eigenschaft des Formulars auf den (in einzelne Worte aufgeteilten) Programmnamen eingestellt, der zusammen mit dem Namen der gerade geladenen Datei aus dem Feld *strFileName* im Feld *strProgName* gespeichert wurde, was ungefähr so aussah:

```
Metafile Viewer - Picture.emf
```

In der Version MetafileClip lautet der Text von *strProgName* »Metafile Clip«.

Wird die Option *Delete* gewählt, muss die Variable *strFileName* auf *Nothing* und *Text* auf *strProgName* eingestellt werden, das ist offensichtlich. Schwieriger zu entscheiden ist, was passieren soll, wenn eine Metadatei aus der Zwischenablage geladen wird. Ich habe mich dafür entschieden, das Feld *strFileName* auf »clipboard« einzustellen. Andere Möglichkeiten sind »untitled« oder »metafile«.

In Kapitel 16 habe ich die Programme ImageOpen und ImageIO zum Laden von Bildobjekten aus Dateien bzw. zu deren Speicherung vorgestellt. In Kapitel 21 wurden mit dem Programm ImagePrint Druckfunktionen hinzugefügt. Das Programm ImageClip erbt nun von ImagePrint und implementiert Zwischenablagefunktionen.

ImageClip.vb
```
Imports System
Imports System.Drawing
Imports System.Drawing.Imaging
Imports System.Windows.Forms
Class ImageClip
    Inherits ImagePrint
    Private miCut, miCopy, miPaste, miDel As MenuItem
    Shared Shadows Sub Main()
        Application.Run(New ImageClip())
    End Sub
    Sub New()
        strProgName = "Image Clip"
        Text = strProgName
        ' Menü Bearbeiten
        Dim mi As New MenuItem("&Edit")
        AddHandler mi.Popup, AddressOf MenuEditOnPopup
        Menu.MenuItems.Add(mi)
        Dim index As Integer = Menu.MenuItems.Count - 1
        ' Bearbeiten | Ausschneiden
        miCut = New MenuItem("Cu&t")
        AddHandler miCut.Click, AddressOf MenuEditCutOnClick
        miCut.Shortcut = Shortcut.CtrlX
        Menu.MenuItems(index).MenuItems.Add(miCut)
        ' Bearbeiten | Kopieren
        miCopy = New MenuItem("&Copy")
        AddHandler miCopy.Click, AddressOf MenuEditCopyOnClick
        miCopy.Shortcut = Shortcut.CtrlC
        Menu.MenuItems(index).MenuItems.Add(miCopy)
        ' Bearbeiten | Einfügen
        miPaste = New MenuItem("&Paste")
        AddHandler miPaste.Click, AddressOf MenuEditPasteOnClick
        miPaste.Shortcut = Shortcut.CtrlV
        Menu.MenuItems(index).MenuItems.Add(miPaste)
```

```
        ' Bearbeiten | Löschen
        miDel = New MenuItem("De&lete")
        AddHandler miDel.Click, AddressOf MenuEditDelOnClick
        miDel.Shortcut = Shortcut.Del
        Menu.MenuItems(index).MenuItems.Add(miDel)
    End Sub
    Private Sub MenuEditOnPopup(ByVal obj As Object, ByVal ea As EventArgs)
        Dim bEnable As Boolean = Not img Is Nothing
        miCopy.Enabled = bEnable
        miCut.Enabled = bEnable
        miDel.Enabled = bEnable
        Dim data As IDataObject = Clipboard.GetDataObject()
        miPaste.Enabled = data.GetDataPresent(GetType(Bitmap)) OrElse _
                          data.GetDataPresent(GetType(Metafile))
    End Sub
    Private Sub MenuEditCutOnClick(ByVal obj As Object, ByVal ea As EventArgs)
        MenuEditCopyOnClick(obj, ea)
        MenuEditDelOnClick(obj, ea)
    End Sub
    Private Sub MenuEditCopyOnClick(ByVal obj As Object, ByVal ea As EventArgs)
        Clipboard.SetDataObject(img, True)
    End Sub
    Private Sub MenuEditPasteOnClick(ByVal obj As Object, ByVal ea As EventArgs)
        Dim data As IDataObject = Clipboard.GetDataObject()
        If data.GetDataPresent(GetType(Metafile)) Then
            img = DirectCast(data.GetData(GetType(Metafile)), Image)
        ElseIf data.GetDataPresent(GetType(Bitmap)) Then
            img = DirectCast(data.GetData(GetType(Bitmap)), Image)
        End If
        strFileName = "Clipboard"
        Text = strProgName & " - " & strFileName
        Invalidate()
    End Sub
    Private Sub MenuEditDelOnClick(ByVal obj As Object, ByVal ea As EventArgs)
        img = Nothing
        strFileName = Nothing
        Text = strProgName
        Invalidate()
    End Sub
End Class
```

Die Weiterentwicklungen ähneln denen in MetafileClip, wobei das Programm ImageClip jedoch etwas komplexer ist. Das Programm arbeitet mit einem Objekt, das als *Image* definiert ist (das als Feld *img* gespeichert wird), bei dem es sich aber tatsächlich um ein *Bitmap-* oder ein *Metafile*-Objekt handelt. Ein *Image*-Objekt kann problemlos in der Methode *SetDataObject* verwendet werden:

```
Clipboard.SetDataObject(img, True)
```

Die Methode *SetDataObject* ruft wahrscheinlich für das erste Argument *GetType* auf, um den Objekttyp zu ermitteln. Abhängig vom Typ des *image*-Objekts gibt *GetType* entweder *System.Drawing.Bitmap* oder *System.Drawing.Imaging.Metafile* zurück.

Sie können *GetType(Image)* jedoch nicht in den Methoden *GetDataPresent* oder *GetData* der Schnittstelle *IDataObject* verwenden. Wenn Ihr Programm entweder eine Bitmap oder eine Metadatei einfügen kann, müssen Sie den Menüpunkt *Einfügen* (*Paste*) aktivieren, wenn die Zwischenablage entweder eine Bitmap *oder* eine Metadatei enthält:

```
miPaste.Enabled = data.GetDataPresent(GetType(Bitmap)) OrElse data.GetDataPresent(GetType(Metafile))
```

Es ist möglich, dass die Zwischenablage sowohl eine *Bitmap* als auch eine *Metadatei* enthält, die beide dasselbe Bild darstellen. Wenn der Benutzer *Einfügen* (*Paste*) wählt, muss das Programm sich entscheiden, welches Objekt geladen werden soll.

Ich habe mich dafür entschieden, dem *Metafile*-Objekt Vorrang zu geben:

```
If data.GetDataPresent(GetType(Metafile)) Then
    img = DirectCast(data.GetData(GetType(Metafile)), Image)
ElseIf data.GetDataPresent(GetType(Bitmap)) Then
    img = DirectCast(data.GetData(GetType(Bitmap)), Image)
End If
```

Diese Wahl habe ich nicht willkürlich getroffen. Überlegen Sie einmal, welches Programm sowohl eine Metadatei als auch eine Bitmap in der Zwischenablage ablegt. Es handelt sich wahrscheinlich um ein Zeichenprogramm, das hauptsächlich mit Metadateien arbeitet. Wenn eine solche Anwendung ein Bild in die Zwischenablage kopiert, wird das Bild auch in eine Bitmap konvertiert. Auf diese Weise steht das Bild Anwendungen zur Verfügung, die nicht mit Metadateien arbeiten können.

Es ist sehr unwahrscheinlich, dass die Metadatei aus einem Bildverarbeitungsprogramm stammt. Bildverarbeitungsprogramme können in der Regel Bitmaps nicht in Metadateien konvertieren. Diese Konvertierungen sind sehr kompliziert und funktionieren nur bei sehr einfachen Bildern.

Demzufolge ist die Metadatei das *echte* Bild und die Bitmap nur eine Konvertierung. Ein Programm, das sowohl mit Metadateien als auch mit Bitmaps arbeiten kann, sollte beim Laden aus der Zwischenablage Metadateien den Vorzug vor Bitmaps geben.

Datenformate der Zwischenablage

Auf den ersten Blick scheint alles ganz einfach: Sie legen ein Objekt vom Typ *String*, *Bitmap*, *Metafile* oder sogar *Button* in der Zwischenablage ab und holen ein Objekt vom Typ *String*, *Bitmap*, *Metafile* oder *Button* aus der Zwischenablage heraus.

Doch nicht alle unter Windows ausgeführten Anwendungen sind Windows Forms-Programme! Einige Windows-Programme legen Objekte in der Zwischenablage ab, die nicht Windows Forms-Typen entsprechen. Das Problem gilt für beide Richtungen. Windows-Anwendungen, die mit der Win32-API oder -MFC arbeiten, können ebenfalls nicht direkt mit Windows Forms-Objekten arbeiten.

Lassen Sie uns den scheinbar einfachen Datentyp Text untersuchen. Einige Windows-Programme speichern Text als Unicode, die meisten jedoch nicht. Wenn ein Windows-Programm 8-Bit-ANSI-Textzeichenfolgen an die Zwischenablage übergibt, sollte ein Windows Forms-Programm den Text als normales *String*-Objekt lesen können. Ferner gilt: Wenn ein Windows Forms-Programm ein *String*-Objekt in der Zwischenablage ablegt, sollte dieses von Programmen gelesen werden können, die nur mit dem ANSI-Zeichensatz arbeiten. Es gibt außerdem noch eine weitere Textcodierung, die OEM genannt wird und sich auf die Zeichenmodusumgebung von MS-DOS bezieht. OEM steht eigentlich für »Original Equipment Manufacturer«, wird jedoch in den USA zur Bezeichnung des 8-Bit-Zeichensatzes gebraucht, den IBM auf dem Original-PC verwendete.

(Vielleicht erinnern Sie sich noch an die Zeichen zum Zeichnen von Linien, die von Zeichenmodusprogrammen verwendet wurden.) ANSI- und OEM-Text unterscheiden sich bei den oberen 128 Zeichen.

Diese Anforderungen legen nahe, dass die Zwischenablage Konvertierungen zwischen verschiedenen Textcodierungen durchführen können muss. Unabhängig vom Text, der in der Zwischenablage abgelegt wird, muss die Zwischenablage anderen Anwendungen mehrere zusätzliche Codierungen zur Verfügung stellen.

Es ist bereits ziemlich klar, dass diese Konvertierungen zwischen verschiedenen Codierungen stattfinden. Das Programm ClipText überträgt mit Erfolg Text zwischen normalen Windows-Programmen, die entweder die ANSI- oder Unicode-Textcodierung verwenden.

Die Probleme mit Text enden jedoch nicht bei der Zeichencodierung. Nehmen Sie ein Textverarbeitungsprogramm, das einen Textblock in die Zwischenablage kopiert. Was geschieht mit der Formatierung des Textes? Wenn der Benutzer diesen Text in dasselbe Textverarbeitungsprogramm zurückkopieren möchte (in dasselbe oder ein anderes Dokument), sollte der Text seine Formatierung auf jeden Fall beibehalten. Wenn der Benutzer den Text dagegen im Windows-Editor einfügen möchte, sollten alle Formatierungen aus dem Text entfernt werden. Was aber soll geschehen, wenn Sie den Text in ein *anderes* Textverarbeitungsprogramm einfügen? Auch dann sollte die Formatierung erhalten bleiben. Dies bedeutet, dass der Text in der Zwischenablage auf eine Weise gespeichert werden sollte, die eine anwendungsunabhängige Formatierung verwendet (z.B. RTF oder HTML).

Anderes Beispiel: Sie kopieren Text aus einem Webbrowser in die Zwischenablage. Die HTML-Formatierung sollte für Anwendungen erhalten bleiben, die mit HTML arbeiten können, jedoch für Anwendungen entfernt werden, die das nicht können. Die meisten Benutzer verzichten wahrscheinlich gern auf die HTML-Tags, wenn sie Text aus einem Webbrowser in den Editor kopieren.

Es gibt Text, der nicht von Menschen, sondern von Programmen gelesen werden soll. Viele Datenbank- und Tabellenkalkulationsprogramme können z.B. Informationen im CSV-Format (Comma-Separated Values, durch Kommas getrennte Werte) kopieren und einfügen. Dieses Format bietet eine anwendungsunabhängige Möglichkeit zur gemeinsamen Nutzung von Datenbankdatensätzen und Zahlentabellen.

Deshalb führt die folgende einfache Anweisung, die eine Textzeichenfolge in die Zwischenablage kopiert

```
Clipboard.SetDataObject(str)
```

wahrscheinlich nicht das Gewünschte aus, wenn *str* eine Textzeichenfolge ist, die aus RTF-, HTML- oder CSV-Text besteht. Eine Anwendung sollte also eigentlich angeben können, welche Art von Text sie in der Zwischenablage ablegt.

Wenn eine Textverarbeitung Text in die Zwischenablage kopiert, ist sie wahrscheinlich selbst am besten in der Lage, ihr internes Format in RTF- und einfachen, unformatierten Text zu konvertieren. Die Folgerung ist, dass Anwendungen fähig sein sollten, Daten in der Zwischenablage in mehreren Formaten gleichzeitig ablegen zu können. (Dies scheint zuerst unmöglich, denn wenn Sie *SetDataObject* aufrufen, ersetzt das als Argument übergebene Objekt den aktuellen Inhalt der Zwischenablage. Sie können *SetDataObject* nicht mehrmals aufrufen, um mehrere Formate desselben Texts in der Zwischenablage abzulegen. Doch wie Sie bald sehen werden, kann das an *SetDataObject* übergebene Argument ein Objekt sein, das selbst mehrere verschiedene Objekte angibt.)

Für ein Windows Forms-Programm sind Bitmaps und Metadateien Objekte vom Typ *Bitmap* und *Metafile*. Für ein Nicht-Windows Forms-Programm gibt es dagegen zwei Typen von Bitmaps: die seit Windows 1.0 vorhandenen geräteabhängigen Bitmaps und die mit Windows 3.0 eingeführten geräteunabhängigen Bitmaps (DIBs, Device-Independent Bitmaps). Wie in Kapitel 23 erläutert, arbeiten Nicht-Windows Forms-Programme mit dem ursprünglichen Metadateiformat (WMF) und dem weiterentwickelten (enhanced) Metadateiformat (EMF).

Nun will ich erklären, wie all dies funktioniert. In der Zwischenablage werden nicht nur Datenblöcke, sondern auch Angaben über die Datenformate gespeichert. Einem Windows Forms-Programm wird ein bestimmtes Zwischenablageformat in der Regel mithilfe einer Textzeichenfolge wie »DeviceIndependentBitmap« oder »Text« angegeben. Diese Textzeichenfolgen sind außerdem mit ID-Nummern wie 8 für »DeviceIndependentBitmap« oder 1 für »Text« verknüpft. Die ID-Nummern entsprechen den mit *CF* (»Clipboard Format«) beginnenden Bezeichnern, die in den Win32-Headerdateien definiert sind, die von C-Programmierern verwendet werden.

Die in der Schnittstelle *IDataObject* definierte Methode *GetFormats* stellt eine Liste aller Datenformate bereit, die gerade in der Zwischenablage gespeichert sind:

GetFormats-Methoden von *IDataObject*

```
Function GetFormats() As String()
Function GetFormats(ByVal bIncludeConversions As Boolean) As String()
```

Der Aufruf
```
Dim astr() As String = data.GetFormats()
```
entspricht
```
Dim astr() As String = data.GetFormats(True)
```

Beide Aufrufe geben in Zeichenfolgen Angaben über alle Zwischenablageformate zurück, die momentan in der Zwischenablage verfügbar sind. Bei einigen dieser Formate handelt es sich um Konvertierungen der Daten, die momentan in der Zwischenablage gespeichert sind. Um die Liste nur auf unkonvertierte Formate zu beschränken, verwenden Sie
```
Dim astr() As String = data.GetFormats(False)
```

Mitunter werden Daten bei der Ablage in der Zwischenablage konvertiert. Diese Formate werden unabhängig von diesem *GetFormats*-Argument zurückgegeben.

Wenn z.B. ein Windows Forms-Programm ein *String*-Objekt in der Zwischenablage ablegt, gibt *GetFormats* (unabhängig vom Argument) diese Zeichenfolgen zurück:
```
System.String
UnicodeText
Text
```

Die Typen »UnicodeText« und »Text« ermöglichen einem Win32-API- oder -MFC-Programm das Abrufen des Texts aus der Zwischenablage in der Unicode- oder 8-Bit-ANSI-Codierung.

Wenn der Windows-Editor Text in der Zwischenablage ablegt, gibt *GetFormats* mit dem Argument *False* diese vier Zeichenfolgen zurück:
```
UnicodeText
Locale
Text
OEMText
```

Ein Aufruf von *GetFormats* ohne Argument oder mit dem Argument *True* gibt diese vier Zeichenfolgen sowie die folgende zurück:
```
System.String
```

Wenn ein Windows Forms-Programm ein *Bitmap*-Objekt in der Zwischenablage ablegt, gibt *GetFormats* unabhängig vom Argument diese Zeichenfolgen zurück:

```
System.Drawing.Bitmap
WindowsForms10PersistentObject
Bitmap
```

Wenn ein Windows Forms-Programm ein *Metafile*-Objekt in der Zwischenablage ablegt, gibt *GetFormats* unabhängig vom Argument diese Zeichenfolgen zurück:

```
System.Drawing.Imaging.Metafile
WindowsForms10PersistentObject
```

Es ist auch möglich, die Formatzeichenfolgen in den Methoden *GetDataPresent* und *GetData* zu verwenden, die in der Schnittstelle *IDataObject* definiert sind:

IDataObject-Methoden (Auswahl)

```
Function GetDataPresent(ByVal strFormat As String) As Boolean
Function GetDataPresent(ByVal strFormat As String, ByVal bAllowConversions As Boolean) As Boolean
Function GetData(ByVal strFormat As String) As Object
Function GetData(ByVal strFormat As String, ByVal bAllowConversions As Boolean) As Object
```

Der Aufruf

```
Dim str As String = DirectCast(data.GetData(GetType(String)), String)
```

entspricht

```
Dim str As String = DirectCast(data.GetData("System.String"), String)
```

Das ist einleuchtend. Doch diese beiden Aufrufe entsprechen auch dem Folgenden:

```
Dim str As String = DirectCast(data.GetData("UnicodeText"), String)
```

Die Methode *GetData* konvertiert die Daten in der Zwischenablage immer in einen Microsoft .NET Framework-Datentyp, sodass *GetData* in diesem Fall ein *String*-Objekt zurückgibt.

Sehen Sie sich folgenden Aufruf an:

```
Dim str As String = DirectCast(data.GetData("Text"), String)
```

Ist auch dieser äquivalent? Vielleicht, vielleicht aber auch nicht. Wenn ein Unicode-fähiges Programm eine Zeichenfolge in der Zwischenablage ablegt, die z.B. hebräische, arabische oder kyrillische Zeichen enthält, ist die mit »Text« bezeichnete Zeichenfolge eine 8-Bit-ANSI-Version des ursprünglichen Unicode-Texts. Die Unicode-Zeichen ohne Entsprechungen im ANSI-Zeichensatz werden durch Fragezeichen ersetzt.

Jedenfalls, wenn Sie das zweite Argument von *GetDataPresent* oder *GetData* auf *False* setzen, erhalten Sie keinen konvertierten Typ. Der Ausdruck

```
DirectCast(data.GetData("Text", False), String)
```

gibt *Nothing* zurück, wenn in der Zwischenablage Unicode-Text abgelegt wurde.

Wenn Sie diese Textzeichenfolgen nicht fest in Ihr Programm einprogrammieren möchten, können Sie mit der Klasse *DataFormats* arbeiten. Diese Klasse enthält 21 shared schreibgeschützte Felder, welche die Textzeichenfolgen für die Zwischenablageformate zurückgeben, die vom .NET Framework direkt unterstützt werden. Es folgen die Zwischenablageformate, die aus der Win32-API stammen. Die rechte Spalte zeigt die Win32-Zwischenablagen-ID-Nummer, die dem jeweiligen Format zugeordnet ist.

DataFormats-Felder(Shared, Auswahl)

Feld	Typ	Wert	ID
Text	*String*	"Text"	1
Bitmap	*String*	"Bitmap"	2
MetafilePict	*String*	"MetaFilePict"	3
SymbolicLink	*String*	"SymbolicLink"	4
Dif	*String*	"DataInterchangeFormat"	5
Tiff	*String*	"TaggedImageFileFormat"	6
OemText	*String*	"OEMText"	7
Dib	*String*	"DeviceIndependentBitmap"	8
Palette	*String*	"Palette"	9
PenData	*String*	"PenData"	10
Riff	*String*	"RiffAudio"	11
WaveAudio	*String*	"WaveAudio"	12
UnicodeText	*String*	"UnicodeText"	13
EnhancedMetafile	*String*	"EnhancedMetafile"	14
FileDrop	*String*	"FileDrop"	15
Locale	*String*	"Locale"	16

Der Ausdruck

`DataFormats.Text`

gibt beispielsweise die Zeichenfolge »Text« zurück. Der Ausdruck

`DataFormats.Dib`

gibt die Zeichenfolge »DeviceIndependentBitmap« zurück. Ich beziehe mich auf diese Formate mit ihren Textnamen, da die Textversionen am genauesten wiedergeben, wie die Zwischenablage das Datenformat kennzeichnet.

Die Formate »Text« und »OEMText« sind 8-Bit-Codierungen. Das Format »Text« ist die von den meisten Windows-Programmen verwendete ANSI-Codierung. Die Codierung »OEMText« ist der von MS-DOS-Programmen im Zeichenmodus verwendete Zeichensatz. Das Format »OEM-Text« wird bereitgestellt, damit Sie auch in der MS-DOS-Eingabeaufforderung die Operationen Kopieren, Ausschneiden und Einfügen durchführen können. Ein mit dem Format »Locale« gekennzeichnetes Element in der Zwischenablage ist eine Zahl, die in der Regel Codierungen mit 8-Bit-Zeichen begleitet, um den Zeichensatz anzugeben. Das Format »UnicodeText« kennzeichnet Unicode-Text.

Die Zeichenfolge »SymbolicLink« kennzeichnet Text im SYLK-Format (Symbolic Link), das von Microsoft für das Tabellenkalkulationsprogramm MultiPlan erstellt wurde. Die Zeichenfolge »DataInterchangeFormat« kennzeichnet Text im DIF-Format (Data Interchange Format), das von Software Arts für das Tabellenkalkulationsprogramm VisiCalc entworfen wurde. Diese beiden Zwischenablageformate wurden in Windows 1.0 eingeführt und werden, wie Sie sich denken können, heute nicht mehr oft verwendet.

Wenn ein Windows Forms-Programm in der Methode *GetData* das Zwischenablageformat »Text«, »OEMText«, »UnicodeText«, »SymbolicLink« oder »DataInterchangeFormat« angibt, gibt die Methode ein Objekt vom Typ *String* zurück.

Die Zeichenfolgen »Bitmap« und »DeviceIndependentBitmap« kennzeichnen die geräteabhängigen bzw. die geräteaunbhängigen Bitmaps. Das Format »Palette« kennzeichnet eine Farbpalette, die zusammen mit geräteunabhängigen Bitmaps mit 256 Farben verwendet wird. Die Zeichenfolge »TaggedImageFileFormat« kennzeichnet das Bitmapformat TIFF.

Die Zeichenfolgen »MetaFilePict« und »EnhancedMetafile« stehen für das alte bzw. das erweiterte Metadateiformat.

Wenn ein Windows Forms-Programm in der Methode *GetData* das Zwischenablageformat »Bitmap« oder »DeviceIndepedentBitmap« angibt, gibt die Methode ein Objekt vom Typ *Bitmap* zurück. Für »Enhanced Metafile« gibt *GetData* ein Objekt vom Typ *Metafile* zurück. Für »MetaFilePict« gibt *GetData* ein Objekt vom Typ *MemoryStream* zurück, das ist einfach ein Speicherblock, auf den ein Programm mithilfe der Methoden *ReadByte* und *Read* zugreifen kann, die in der Klasse *MemoryStream* definiert sind. *GetData* gibt ein *MemoryStream*-Objekt für »MetaFilePict« zurück, da Metadateien im alten Format nicht direkt in der Zwischenablage gespeichert werden. Stattdessen speichert die Zwischenablage eine kleine Datenstruktur, die auf ein Handle zur Metadatei verweist.

Die Zeichenfolge »PenData« wird zusammen mit den (nicht mehr unterstützten) PEN-Erweiterungen von Windows verwendet. »RiffAudio« kennzeichnet Multimediadaten im RIFF-Format (Resource Interchange File Format). »WaveAudio« kennzeichnet Waveform-Audiodateien. Das erste Release von Windows Forms bietet keine Multimediaunterstützung. Für diese Zwischenablageformate (und für »Palette«) gibt *GetData* ein Objekt vom Typ *MemoryStream* zurück.

»FileDrop« identifiziert schließlich eine Liste mit Dateien, die wahrscheinlich aus dem Windows-Explorer stammt. (Markieren Sie eine oder mehrere Dateien, und führen Sie dann *Kopieren* (*Copy*) oder *Einfügen* (*Paste*) durch, um ein »FileDrop«-Objekt in der Zwischenablage abzulegen. Für ein Windows Forms-Programm ist ein »FileDrop«-Objekt ein Array aus Zeichenfolgen. Obgleich Sie ein »FileDrop«-Objekt mit der Zwischenablage verwenden können, wird das Format häufiger zusammen mit den Operationen Ziehen und Ablegen (Drag & Drop) verwendet (die ich gegen Ende dieses Kapitels vorstelle).

Bislang sind die meisten dieser zusätzlichen Formate für den Windows Forms-Programmierer nicht sehr nützlich. Wenn ein Windows Forms-Programm ein *String*-Objekt in der Zwischenablage ablegt, wird das *String*-Objekt für andere Anwendungen automatisch in die Formate »Text« und »UnicodeText« konvertiert. Wenn eine andere Anwendung Text (oder andere Datentypen) in der Zwischenablage ablegt, wird der Text für ein Windows Forms-Programm automatisch in ein *String*-Objekt konvertiert.

Ähnlich können Windows Forms-Programme Bitmaps und Metadateien in die und aus der Zwischenablage übertragen, ohne die Konvertierungen durchführen zu müssen, die für Nicht-Windows Forms-Programme erforderlich sind.

In der Klasse *DataFormats* werden fünf weitere shared Felder definiert, die für Windows Forms-Programme nützlicher sind:

DataFormats-Felder(*Shared*, Auswahl)

Feld	Typ	Wert
CommaSeparatedValue	String	"Csv"
Html	String	"HTML Format"
Rtf	String	"Rich Text Format"
Serializable	String	"WindowsForms10PersistentObject"
StringFormat	String	"System.String"

Diese Formate sind zurzeit nicht in der Win32-Zwischenablage-Schnittstelle definiert. Die ersten drei werden jedoch von einigen Win32-Programmen verwendet.

»Csv« ist ein von Tabellenkalkulations- und Datenbankprogrammen verwendetes Format für den Austausch von Daten. In einem Block aus Zeilen und Spalten einer Kalkulationstabelle werden Spalten durch Kommas und Zeilen durch Zeilenendezeichen getrennt. Wenn eine Datenbank »Csv« verwendet, werden Felder durch Kommas und Datensätze durch Zeilenendezeichen getrennt. Zahlen werden in lesbarem ASCII-Format gespeichert. Text wird in Anführungszeichen eingeschlossen.

Obgleich »Csv« ein Textformat ist, gibt ein Aufruf von *GetData* mit dem Argument »Csv« kein Objekt vom Typ *String* zurück. Zurückgegeben wird ein *MemoryStream*-Objekt, das Text enthält, der mit einem Nullzeichen endet. Um das *String*-Objekt aus diesem *MemoryStream*-Objekt herauszulesen, können Sie den folgenden Code verwenden:

```
Dim ms As MemoryStream = DirectCast(data.GetData("Csv"), MemoryStream)
Dim sr As New StreamReader(ms)
Dim str As String = sr.ReadToEnd()
```

Außerdem benötigen Sie eine *Imports*-Anweisung für den Namespace *System.IO*. (In Anhang A finden Sie weitere Informationen zu den Klassen *MemoryStream* und *StreamReader*.) Das *String*-Objekt endet mit dem Zeichen &H0000.

Wenn ein Windows Forms-Programm in der Methode *GetData* »HTML Format« oder »Rich Text Format« angibt, gibt sie ein Objekt vom Typ *String* zurück. Im ersten Fall enthält das *String*-Objekt jedoch neben dem Text auch HTML-Tags. Im zweiten Fall kann das *String*-Objekt gegebenenfalls RTF-Tags enthalten. Da unformatierter Text eine Untermenge von RTF ist, kann das *String*-Objekt lediglich unformatierten Text enthalten.

Das Format »WindowsForms10PersistentObject« kommt vor, wenn ein Windows Forms-Programm ein *Bitmap*- oder *Metafile*-Objekt in die Zwischenablage kopiert hat. Der Rückgabetyp von *GetData* ist entweder *Bitmap* oder *Metafile*. Dieses Format brauchen Sie in der Regel nicht verwenden.

Wie bereits erwähnt, bewirkt das Format »System.String«, dass *GetData* ein Objekt vom Typ *String* zurückgibt. Dies entspricht exakt der Verwendung des Arguments *GetType(String)*.

Es folgt ein Programm, welches das Menü *Paste* um Optionen zum Einfügen von unformatiertem Text, RTF, HTML und CSV erweitert.

RichTextPaste.vb

```
Imports System
Imports System.Drawing
Imports System.IO
Imports System.Windows.Forms
Class RichTextPaste
    Inherits Form

    Private strPastedText As String = ""
    Private miPastePlain, miPasteRTF, miPasteHTML, miPasteCSV As MenuItem

    Shared Sub Main()
        Application.Run(New RichTextPaste())
    End Sub

    Sub New()
        Text = "Rich-Text Paste"
        ResizeRedraw = True
        Menu = New MainMenu()
```

Ausschneiden, Ziehen und Ablegen

```vb
        ' Menü Bearbeiten
        Dim mi As New MenuItem("&Edit")
        AddHandler mi.Popup, AddressOf MenuEditOnPopup
        Menu.MenuItems.Add(mi)
          ' Bearbeiten | Einfügen nur Text
          miPastePlain = New MenuItem("Paste &Plain Text")
          AddHandler miPastePlain.Click, AddressOf MenuEditPastePlainOnClick
          Menu.MenuItems(0).MenuItems.Add(miPastePlain)
          ' Bearbeiten | Einfügen RTF
          miPasteRTF = New MenuItem("Paste &Rich Text Format")
          AddHandler miPasteRTF.Click, AddressOf MenuEditPasteRTFOnClick
          Menu.MenuItems(0).MenuItems.Add(miPasteRTF)
          ' Bearbeiten | Einfügen HTML
          miPasteHTML = New MenuItem("Paste &HTML")
          AddHandler miPasteHTML.Click, AddressOf MenuEditPasteHTMLOnClick
          Menu.MenuItems(0).MenuItems.Add(miPasteHTML)
          ' Bearbeiten | Einfügen CSV
          miPasteCSV = New MenuItem("Paste &Comma-Separated Values")
          AddHandler miPasteCSV.Click, AddressOf MenuEditPasteCSVOnClick
          Menu.MenuItems(0).MenuItems.Add(miPasteCSV)
    End Sub
    Private Sub MenuEditOnPopup(ByVal obj As Object, ByVal ea As EventArgs)
        miPastePlain.Enabled = Clipboard.GetDataObject().GetDataPresent(GetType(String))
        miPasteRTF.Enabled = Clipboard.GetDataObject().GetDataPresent(DataFormats.Rtf)
        miPasteHTML.Enabled = Clipboard.GetDataObject().GetDataPresent(DataFormats.Html)
        miPasteCSV.Enabled = Clipboard.GetDataObject().GetDataPresent (DataFormats.CommaSeparatedValue)
    End Sub
    Private Sub MenuEditPastePlainOnClick(ByVal obj As Object, ByVal ea As EventArgs)
        Dim data As IDataObject = Clipboard.GetDataObject()
        If data.GetDataPresent(GetType(String)) Then
            strPastedText = DirectCast(data.GetData(GetType(String)), String)
            Invalidate()
        End If
    End Sub
    Private Sub MenuEditPasteRTFOnClick(ByVal obj As Object, ByVal ea As EventArgs)
        Dim data As IDataObject = Clipboard.GetDataObject()
        If data.GetDataPresent(DataFormats.Rtf) Then
            strPastedText = DirectCast(data.GetData(DataFormats.Rtf), String)
            Invalidate()
        End If
    End Sub
    Private Sub MenuEditPasteHTMLOnClick(ByVal obj As Object, ByVal ea As EventArgs)
        Dim data As IDataObject = Clipboard.GetDataObject()
        If data.GetDataPresent(DataFormats.Html) Then
            strPastedText = DirectCast(data.GetData(DataFormats.Html), String)
            Invalidate()
        End If
    End Sub
    Private Sub MenuEditPasteCSVOnClick(ByVal obj As Object, ByVal ea As EventArgs)
        Dim data As IDataObject = Clipboard.GetDataObject()
        If data.GetDataPresent(DataFormats.CommaSeparatedValue) Then
            Dim ms As MemoryStream = DirectCast(data.GetData("Csv"), MemoryStream)
            Dim sr As New StreamReader(ms)
```

```
            strPastedText = sr.ReadToEnd()
            Invalidate()
        End If
    End Sub
    Protected Overrides Sub OnPaint(ByVal pea As PaintEventArgs)
        Dim grfx As Graphics = pea.Graphics
        grfx.DrawString(strPastedText, Font, New SolidBrush(ForeColor), _
                        RectangleF.op_Implicit(ClientRectangle))
    End Sub
End Class
```

Machen Sie mal einen Test: Markieren Sie Text in einem Webbrowser, kopieren Sie ihn in die Zwischenablage und prüfen Sie anschließend mit diesem Programm, welche Formate verfügbar sind. Für CSV entspricht der Code zum Konvertieren des *MemoryStream*- in ein *String*-Objekt dem Code, den ich bereits zuvor gezeigt habe. Für RTF und HTML zeigt das Programm lediglich den Text an, ohne zu versuchen, die Syntax der Formatierungstags zu analysieren.

Zwischenablageviewer

Ein *Zwischenablageviewer* ist ein Programm, das den aktuellen Inhalt der Zwischenablage anzeigt. Es folgt ein Zwischenablageviewer mit 21 Optionsfeldern, die den 21 Feldern der Klasse *DataFormats* entsprechen. Das Programm stellt einen Zeitgeber von einer Sekunde ein und prüft den Inhalt der Zwischenablage während des *Tick*-Ereignisses. (Die Win32-Meldungen, die eine Anwendung über die Änderungen des Inhalts der Zwischenablage informieren, stehen einem Windows Forms-Programm nicht direkt zur Verfügung.) Die Optionsfelder werden passend zu den verfügbaren Formaten aktiviert. Wenn Sie auf ein Optionsfeld klicken, wird das Zwischenablageelement in dem jeweiligen Format auf der rechten Seite des Formulars ausgegeben.

```
ClipView.vb
Imports System
Imports System.Drawing
Imports System.Drawing.Imaging
Imports System.IO
Imports System.Windows.Forms
Class ClipView
    Inherits Form
    Private astrFormats() As String = _
        {DataFormats.Bitmap, DataFormats.CommaSeparatedValue, _
         DataFormats.Dib, DataFormats.Dif, DataFormats.EnhancedMetafile, _
         DataFormats.FileDrop, DataFormats.Html, DataFormats.Locale, _
         DataFormats.MetafilePict, DataFormats.OemText, _
         DataFormats.Palette, DataFormats.PenData, DataFormats.Riff, _
         DataFormats.Rtf, DataFormats.Serializable, _
         DataFormats.StringFormat, DataFormats.SymbolicLink, _
         DataFormats.Text, DataFormats.Tiff, DataFormats.UnicodeText, _
         DataFormats.WaveAudio}

    Private pnlDisplay As Panel
    Private aradio() As RadioButton
    Private radioChecked As RadioButton
```

```vb
Shared Sub Main()
    Application.Run(New ClipView())
End Sub
Sub New()
    Text = "Clipboard Viewer"
    ' Panel-Steuerelement mit variabler Breite für Zwischenablageanzeige erstellen.
    pnlDisplay = New Panel()
    pnlDisplay.Parent = Me
    pnlDisplay.Dock = DockStyle.Fill
    AddHandler pnlDisplay.Paint, AddressOf PanelOnPaint
    pnlDisplay.BorderStyle = BorderStyle.Fixed3D

    ' Teiler erstellen.
    Dim split As New Splitter()
    split.Parent = Me
    split.Dock = DockStyle.Left

    ' Panel-Steuerelement für Optionsschaltflächen erstellen.
    Dim pnl As New Panel()
    pnl.Parent = Me
    pnl.Dock = DockStyle.Left
    pnl.Width = 200

    ' Optionsschaltflächen erstellen.
    ReDim aradio(astrFormats.Length - 1)
    Dim eh As EventHandler = AddressOf RadioButtonOnClick
    Dim i As Integer
    For i = 0 To astrFormats.GetUpperBound(0)
        aradio(i) = New RadioButton()
        aradio(i).Parent = pnl
        aradio(i).Location = New Point(4, 12 * i)
        aradio(i).Size = New Size(300, 12)
        AddHandler aradio(i).Click, eh
        aradio(i).Tag = astrFormats(i)
    Next i

    ' Ausgangsgröße für automatische Skalierung einstellen.
    AutoScaleBaseSize = New Size(4, 8)

    ' Zeitgeber auf 1 Sekunde einstellen.
    Dim tmr As New Timer()
    tmr.Interval = 1000
    AddHandler tmr.Tick, AddressOf TimerOnTick
    tmr.Enabled = True
End Sub
Private Sub TimerOnTick(ByVal obj As Object, ByVal ea As EventArgs)
    Dim data As IDataObject = Clipboard.GetDataObject()
    Dim i As Integer

    For i = 0 To astrFormats.Length - 1
        aradio(i).Text = astrFormats(i)
        aradio(i).Enabled = data.GetDataPresent(astrFormats(i))
        If aradio(i).Enabled Then
            If Not data.GetDataPresent(astrFormats(i), False) Then
                aradio(i).Text &= "*"
            End If
            Dim objClip As Object = data.GetData(astrFormats(i))
            Try
                aradio(i).Text &= " (" & objClip.GetType().ToString() & ")"
```

```
                Catch
                    aradio(i).Text &= " (Exception on GetType!)"
                End Try
            End If
        Next i
        pnlDisplay.Invalidate()
    End Sub
    Private Sub RadioButtonOnClick(ByVal obj As Object, ByVal ea As EventArgs)
        radioChecked = DirectCast(obj, RadioButton)
        pnlDisplay.Invalidate()
    End Sub
    Private Sub PanelOnPaint(ByVal obj As Object, ByVal pea As PaintEventArgs)
        Dim panel As Panel = DirectCast(obj, Panel)
        Dim grfx As Graphics = pea.Graphics
        Dim br As New SolidBrush(panel.ForeColor)
        If radioChecked Is Nothing OrElse Not radioChecked.Enabled Then
            Return
        End If
        Dim data As IDataObject = Clipboard.GetDataObject()
        Dim objClip As Object = data.GetData(DirectCast(radioChecked.Tag, String))
        If objClip Is Nothing Then
            Return
        ElseIf objClip.GetType() Is GetType(String) Then
            grfx.DrawString(DirectCast(objClip, String), Font, br, _
                            RectangleF.op_Implicit(panel.ClientRectangle))
        ElseIf objClip.GetType() Is GetType(String()) Then
            Dim str As String = String.Join(vbLf, DirectCast(objClip, String()))
            grfx.DrawString(str, Font, br, RectangleF.op_Implicit(panel.ClientRectangle))
        ElseIf objClip.GetType() Is GetType(Bitmap) OrElse _
               objClip.GetType() Is GetType(Metafile) OrElse _
               objClip.GetType() Is GetType(Image) Then
            grfx.DrawImage(DirectCast(objClip, Image), 0, 0)
        ElseIf objClip.GetType() Is GetType(MemoryStream) Then
            Dim strm As Stream = DirectCast(objClip, Stream)
            Dim abyBuffer(16) As Byte
            Dim lAddress As Long = 0
            Dim fnt As New Font(FontFamily.GenericMonospace, Font.SizeInPoints)
            Dim y As Single = 0
            Dim iCount As Integer = strm.Read(abyBuffer, 0, 16)
            While iCount > 0
                Dim str As String = HexDump.ComposeLine(lAddress, abyBuffer, iCount)
                grfx.DrawString(str, fnt, br, 0, y)
                lAddress += 16
                y += fnt.GetHeight(grfx)
                If y > panel.Bottom Then Exit While
                iCount = strm.Read(abyBuffer, 0, 16)
            End While
        End If
    End Sub
End Class
```

Während des *Tick*-Ereignishandlers wird der Optionsfeldtext auf die Textversion des Zwischenablageformats eingestellt. Ist das Format verfügbar, enthält der Optionsfeldtext noch ein

Sternchen, wenn das Format aus einem anderen Zwischenablageformat konvertiert wurde. Der .NET-Datentyp des Zwischenablageformats wird in Klammern angezeigt.

So sieht das Programm aus, nachdem ein Teil des Programmtexts aus Visual Basic .NET in die Zwischenablage kopiert wurde:

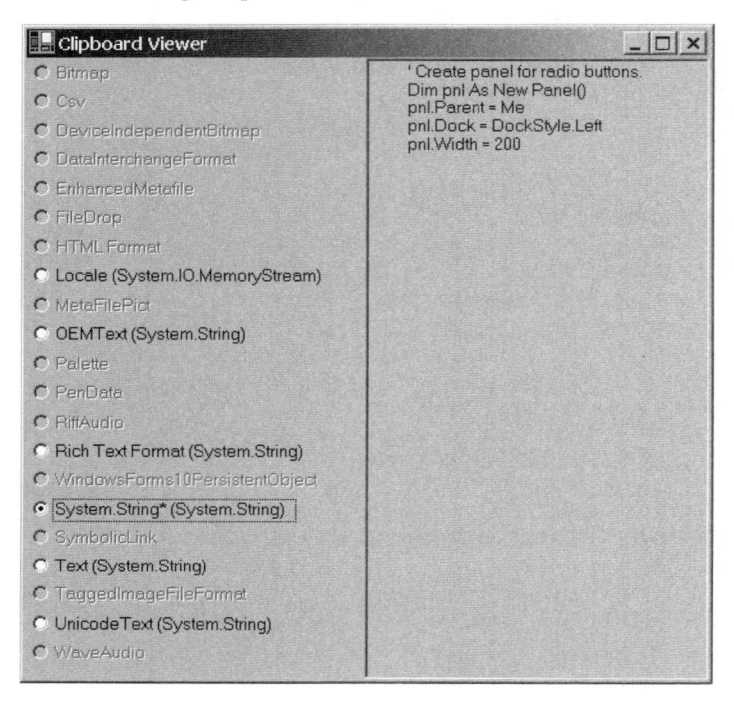

Die Methode *PanelOnPaint* ist für die Aktualisierung der rechten Fläche zuständig. Diese Methode kommt mit mehreren .NET-Datentypen klar. Für *String* wird der Text einfach mit *DrawText* angezeigt. *DrawText* wird auch für ein Array von *String*-Objekten verwendet, was beim Zwischenablagetyp »FileDrop« der Fall ist. Für die Datentypen *Bitmap* und *Metafile* verwendet die *PanelOnPaint*-Methode *DrawImage*. Für den Datentyp *MemoryStream* verwendet *PanelOnPaint* die shared Methode *ComposeLine* aus dem Programm HexDump in Anhang A.

Das Programm ClipView führt nicht alle Datenformate in der Zwischenablage auf. Es zeigt nur die Formate, die in Windows Forms direkt unterstützt werden, da diese als Feld in der Klasse *DataFormats* dargestellt werden. Wie bereits erwähnt, können Sie die von der Schnittstelle *IDataObject* definierte Methode *GetFormats* verwenden, um ein *String*-Array aller Formate des aktuellen Elements in der Zwischenablage abzurufen. Diese wird von dem folgenden Programm ClipViewAll verwendet.

ClipViewAll.vb

```
Imports System
Imports System.Drawing
Imports System.Drawing.Imaging
Imports System.IO
Imports System.Windows.Forms
```

```
Class ClipViewAll Inherits Form
    Private pnlDisplay, pnlButtons As Panel
    Private radioChecked As RadioButton
    Private astrFormatsSave(0) As String

    Shared Sub Main()
        Application.Run(New ClipViewAll())
    End Sub

    Sub New()
        Text = "Clipboard Viewer (All Formats)"

        ' Panel-Steuerelement mit variabler Breite für Zwischenablageanzeige erstellen.
        pnlDisplay = New Panel()
        pnlDisplay.Parent = Me
        pnlDisplay.Dock = DockStyle.Fill
        AddHandler pnlDisplay.Paint, AddressOf PanelOnPaint
        pnlDisplay.BorderStyle = BorderStyle.Fixed3D

        ' Teiler erstellen.
        Dim split As New Splitter()
        split.Parent = Me
        split.Dock = DockStyle.Left

        ' Panel-Steuerelement für Optionsschaltflächen erstellen.
        pnlButtons = New Panel()
        pnlButtons.Parent = Me
        pnlButtons.Dock = DockStyle.Left
        pnlButtons.AutoScroll = True
        pnlButtons.Width = Width \ 2

        ' Zeitgeber auf 1 Sekunde einstellen.
        Dim tmr As New Timer()
        tmr.Interval = 1000
        AddHandler tmr.Tick, AddressOf TimerOnTick
        tmr.Enabled = True
    End Sub

    Private Sub TimerOnTick(ByVal obj As Object, ByVal ea As EventArgs)
        Dim data As IDataObject = Clipboard.GetDataObject()
        Dim astrFormats() As String = data.GetFormats()
        Dim bUpdate As Boolean = False
        Dim i As Integer

        ' Feststellen, ob die Zwischenablageformate sich geändert haben.
        If astrFormats.Length <> astrFormatsSave.Length Then
            bUpdate = True
        Else
            For i = 0 To astrFormats.GetUpperBound(0)
                If astrFormats(i) <> astrFormatsSave(i) Then
                    bUpdate = True
                    Exit For
                End If
            Next i
        End If

        ' Anzeige auf jeden Fall für ungültig erklären.
        pnlDisplay.Invalidate()

        ' Schaltflächen nicht aktualisieren, wenn die Formate sich nicht geändert haben.
        If Not bUpdate Then
            Return
        End If
```

```vb
        ' Die Formate haben sich geändert, also Optionsschaltflächen neu erstellen.
        astrFormatsSave = astrFormats
        pnlButtons.Controls.Clear()

        Dim grfx As Graphics = CreateGraphics()
        Dim eh As EventHandler = AddressOf RadioButtonOnClick
        Dim cxText As Integer = AutoScaleBaseSize.Width
        Dim cyText As Integer = AutoScaleBaseSize.Height

        For i = 0 To astrFormats.GetUpperBound(0)
            Dim radio As New RadioButton()
            radio.Parent = pnlButtons
            radio.Text = astrFormats(i)

            If Not data.GetDataPresent(astrFormats(i), False) Then
                radio.Text &= "*"
            End If
            Try
                Dim objClip As Object = data.GetData(astrFormats(i))
                radio.Text &= " (" & objClip.GetType().ToString() & ")"
            Catch
                radio.Text &= " (Exception on GetData or GetType!)"
            End Try

            radio.Tag = astrFormats(i)
            radio.Location = New Point(cxText, i * 3 * cyText \ 2)
            radio.Size = New Size((radio.Text.Length + 20) * cxText, 3 * cyText \ 2)
            AddHandler radio.Click, eh
        Next i
        grfx.Dispose()
        radioChecked = Nothing
    End Sub
    Private Sub RadioButtonOnClick(ByVal obj As Object, ByVal ea As EventArgs)
        radioChecked = DirectCast(obj, RadioButton)
        pnlDisplay.Invalidate()
    End Sub
    Private Sub PanelOnPaint(ByVal obj As Object, ByVal pea As PaintEventArgs)
        Dim pnl As Panel = DirectCast(obj, Panel)
        Dim grfx As Graphics = pea.Graphics
        Dim br As New SolidBrush(pnl.ForeColor)

        If radioChecked Is Nothing Then Return

        Dim data As IDataObject = Clipboard.GetDataObject()
        Dim objClip As Object = data.GetData(DirectCast(radioChecked.Tag, String))

        If objClip Is Nothing Then
            Return
        ElseIf objClip.GetType() Is GetType(String) Then
            grfx.DrawString(DirectCast(objClip, String), Font, br, _
                            RectangleF.op_Implicit(pnl.ClientRectangle))
        ElseIf objClip.GetType() Is GetType(String()) Then
            Dim str As String = String.Join(vbLf, DirectCast(objClip, String()))
            grfx.DrawString(str, Font, br, RectangleF.op_Implicit(pnl.ClientRectangle))
        ElseIf objClip.GetType() Is GetType(Bitmap) OrElse _
                objClip.GetType() Is GetType(Metafile) OrElse _
                objClip.GetType() Is GetType(Image) Then
            grfx.DrawImage(DirectCast(objClip, Image), 0, 0)
```

```
            ElseIf objClip.GetType() Is GetType(MemoryStream) Then
                Dim strm As Stream = DirectCast(objClip, Stream)
                Dim abyBuffer(16) As Byte
                Dim lAddress As Long = 0
                Dim fnt As New Font(FontFamily.GenericMonospace, Font.SizeInPoints)
                Dim y As Single = 0
                Dim iCount As Integer = strm.Read(abyBuffer, 0, 16)
                While iCount > 0
                    Dim str As String = HexDump.ComposeLine(lAddress, abyBuffer, iCount)
                    grfx.DrawString(str, fnt, br, 0, y)
                    lAddress += 16
                    y += fnt.GetHeight(grfx)
                    If y > pnl.Bottom Then Exit While
                    iCount = strm.Read(abyBuffer, 0, 16)
                End While
            End If
        End Sub
End Class
```

Dieses Programm prüft jede Sekunde einmal, ob sich die Zwischenablageformate geändert haben. Ist dies der Fall, erstellt es für die einzelnen Formate eine neue Sammlung von Optionsfeldern. Wie beim Programm ClipView gibt der Text zu jedem Optionsfeld auch an, ob es sich um .NET-eigenes Format und um welchen .NET-Datentyp es sich handelt.

So sieht das Programm aus, nachdem Text aus Microsoft Word in die Zwischenablage kopiert worden ist:

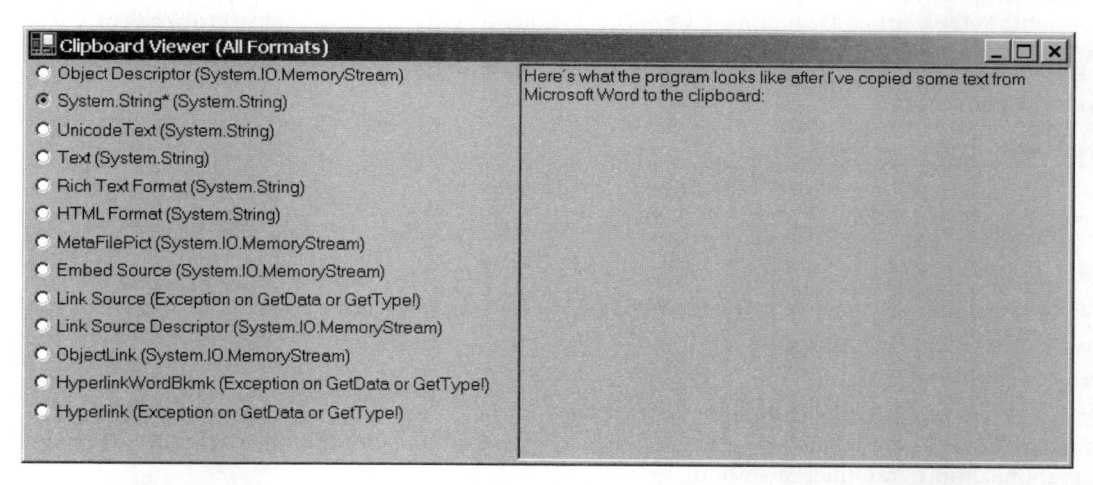

Diese Anzeige ist der Beweis dafür, dass die Zwischenablage tatsächlich 13 verschiedene Formate desselben Textelements enthält.

Da die Zwischenablage ein Mittel zum Austausch von Daten zwischen Anwendungen ist, müssen Sie Ihre Routinen für die Kommunikation mit anderen Anwendungen über die Zwischenablage gründlich testen. Die Programme ClipView und ClipViewAll sind nützlich für das Untersuchen der Zwischenablage aus der Sicht eines Windows Forms-Programms. Die Daten, die Ihr Programm in die Zwischenablage kopiert, müssen jedoch auch für Nicht-Windows Forms-Programme sinnvoll sein.

Wenn Sie die verschiedenen Zwischenablageformate untersuchen, die einige Anwendungen verwenden (wie z.B. die Liste der Formate in der zu Word gehörenden Anzeige von ClipView-All), werden Sie feststellen, dass einige von diesen auf die OLE-Spezifikation (Object Linking and Embedding) zurückgehen, während andere (wie »HyperlinkWordBkmk«) nur privat für die jeweilige Anwendung gelten.

Das Verwenden eines privaten Zwischenablageformats ist einfach. Sie bestimmen einen Namen für das Format, speichern ihn in einem *String*-Objekt und verwenden dieses *String*-Objekt als Zwischenablageformat. Um Konflikte mit anderen Anwendungen zu vermeiden, die ebenfalls ein eigenes privates Format verwenden, müssen Sie dem Format einen eindeutigen Namen geben. Das ist relativ einfach, wenn Sie den Namen der Anwendung als Teil des Namens für das Zwischenablageformat verwenden, z.B. »Vielschreiber Version 2.1 Formatierter Text«.

Win32-Programme beziehen sich in der Regel mithilfe von ID-Nummern auf Zwischenablageformate. (Die erste Tabelle der *DataFormats*-Felder am Anfang dieses Kapitels zeigt die ID-Nummern, die den Standardzwischenablageformaten zugeordnet sind.) Windows weist auch Identifikationsnummern zu, wenn Anwendungen nicht standardmäßige Formate verwenden. Die Klasse *DataFormats* enthält die shared Methode *GetFormat*, die im Wesentlichen den Formatnamen und die Format-ID übersetzt:

DataFormats-Methoden (*Shared*)

```
Function GetFormat(ByVal id As Integer) As Format
Function GetFormat(ByVal strName As String) As Format
```

Format ist eine weitere in *DataFormats* definierte Klasse, weshalb sie in der Dokumentation der Klassenbibliothek unter *DataFormats.Format* erscheint. Die Klasse besitzt nur zwei schreibgeschützte Eigenschaften:

Format-Eigenschaften

Eigenschaft	Typ	Zugriff
Id	Integer	Get
Name	String	Get

Der Aufruf

```
DataFormats.GetFormat("DeviceIndependentBitmap").Id
```

gibt z.B. 8 zurück. Der Aufruf

```
DataFormats.GetFormat(8).Name
```

gibt die Zeichenfolge »DeviceIndependentBitmap« zurück. Nicht standardmäßige Formate geben Nummern zurück, die von Sitzung zu Sitzung variieren können, weshalb Sie sie nicht fest in Ihre Programme einprogrammieren sollten.

Wenn Sie ein privates Zwischenablageformat verwenden, sollten Sie es um die Standardformate ergänzen. Dazu ist es erforderlich, dass Sie für dasselbe Zwischenablageelement mehrere Zwischenablageformate verwenden.

Mehrere Zwischenablageformate einstellen

Wie gezeigt, verwenden Sie die shared Methode *SetDataObject* der Klasse *Clipboard*, um Daten in der Zwischenablage abzulegen. Der folgende Aufruf legt Text in der Zwischenablage ab:

```
Clipboard.SetDataObject(strText)
```

Für das Ablegen von Objekten vom Typ *Bitmap* oder *Metafile* werden ähnliche Aufrufe verwendet.

Doch was passiert, wenn die Variable *strText* einen RTF- oder HTML-Textblock enthält? Wie geben Sie diese Tatsache im *SetDataObject*-Aufruf an? Was ist zu tun, wenn Sie mehrere Formate in der Zwischenablage ablegen müssen? Da jeder Aufruf von *SetDataObject* das bereits in der Zwischenablage vorhandene Element ersetzt, scheint dies unmöglich.

Die Lösung beider Probleme ist die Klasse *DataObject*. Sie werden sich erinnern, dass die shared Methode *GetDataObject* der Klasse *Clipboard* so dokumentiert ist, dass ein Objekt einer Klasse zurückgegeben wird, die die Schnittstelle *IDataObject* implementiert. *DataObject* ist die einzige Klasse im .NET Framework, welche die Schnittstelle *IDataObject* implementiert. (Dies bedeutet nicht unbedingt, dass *Clipboard.GetDataObject* ein Objekt vom Typ *DataObject* zurückgibt, da eine neue Klasse dynamisch erstellt werden könnte. Sie werden jedoch sehen, dass *Clipboard.GetDataObject* oft tatsächlich ein Objekt vom Typ *DataObject* zurückgibt.)

DataObject weist drei Konstruktoren auf:

DataObject-Konstruktoren

```
DataObject()
DataObject(ByVal objData As Object)
DataObject(ByVal strFormat As String, ByVal objData As Object)
```

Der Aufruf

```
Clipboard.SetDataObject(strText)
```

entspricht z.B.

```
Clipboard.SetDataObject(New DataObject(strText))
```

oder

```
Clipboard.SetDataObject(New DataObject(DataFormats.StringFormat, strText))
```

Wenn *strText* tatsächlich einen HTML-Textblock enthält, können Sie

```
Clipboard.SetDataObject(New DataObject(DataFormats.Html, strText))
```

verwenden, wenn das Element nach Beenden des Programms nicht in der Zwischenablage verbleiben soll, und

```
Clipboard.SetDataObject(New DataObject(DataFormats.Html, strText), True)
```

wenn es dort bleiben soll.

DataObject implementiert die Schnittstelle *IDataObject*, weshalb alle Methoden unterstützt werden, die für *IDataObject* definiert sind. Die Klasse unterstützt keine weiteren Methoden oder Eigenschaften. Über die Methoden *GetDataPresent*, *GetData* und *GetFormats* haben wir bereits gesprochen. Die einzige weitere Methode ist *SetData*, die Sie verwenden, wenn Sie *DataObject* zur Definition mehrerer Formate nutzen:

SetData-Methoden von *DataObject*

```
Sub SetData(ByVal objData As Object)
Sub SetData(ByVal typeFormat As Type, ByVal objData As Object)
Sub SetData(ByVal strFormat As String, ByVal objData As Object)
Sub SetData(ByVal strFormat As String, ByVal bConvert As Boolean, ByVal objData As Object)
```

Sie erstellen ein Objekt vom Typ *DataObject*, verwenden Aufrufe von *SetData*, um mehrere Formate eines einzelnen Elements zu speichern, und übergeben dann das *DataObject*-Objekt an *Clipboard.SetDataObject*. Die Elemente werden standardmäßig in kompatible Formate konvertiert, es sei denn, Sie verwenden die letzte Überladung in der Tabelle und setzen das Argument *bConvert* auf *False*.

Angenommen, *strText* ist eine Zeichenfolge mit unformatiertem Text, die Sie in die Zwischenablage kopieren möchten, *strHtml* enthält denselben Text mit HTML-Formatierung und *strRtf* ist dieselbe Zeichenfolge mit RFT-Formatierung. Die folgende Anweisungsfolge dient zum Speichern dieser verschiedenen Formate in der Zwischenablage:

```
Dim data As New DataObject()
data.SetData(strText)
data.SetData(DataFormats.Html, strHtml)
data.SetData(DataFormats.Rtf, strRtf)
Clipboard.SetDataObject(data, True)
```

Aber Achtung, es wird nicht geprüft, ob *strHtml* und *strRtf* tatsächlich HTML- und RTF-Blöcke sind! Desgleichen ist es möglich, dass Daten, die Ihr Programm aus der Zwischenablage abruft, nicht notwendigerweise den Bezeichnungen entsprechen. Gehen Sie beim Analysieren der Syntax von aus der Zwischenablage abgerufenen HTML- und RTF-Textzeichenfolgen sehr vorsichtig vor.

Es folgt das Programm MultiCopy, mit dem ein zweidimensionales Array aus *Single*-Werten (das als ein Feld mit dem Namen *afValues* definiert ist) in drei verschiedenen Formaten in die Zwischenablage kopiert wird: in einem privaten Format, im CSV-Format und als unformatierter Text.

MultiCopy.vb

```
Imports System
Imports System.Drawing
Imports System.IO
Imports System.Windows.Forms
Class MultiCopy
    Inherits Form
    Const strFormat As String = "MultiCopy.InternalFormat"
    Private afValues(,) As Single = {{0.12F, 3.45F, 6.78F, 9.01F}, _
                                     {2.34F, 5.67F, 8.9F, 1.23F}, _
                                     {4.56F, 7.89F, 0.12F, 3.45F}}
    Shared Sub Main()
        Application.Run(New MultiCopy())
    End Sub
    Sub New()
        Text = "Multi Copy"
        Menu = New MainMenu()
```

```vbnet
    ' Menü Bearbeiten
    Dim mi As New MenuItem("&Edit")
    Menu.MenuItems.Add(mi)

    ' Bearbeiten | Kopieren
    mi = New MenuItem("&Copy")
    AddHandler mi.Click, AddressOf MenuEditCopyOnClick
    mi.Shortcut = Shortcut.CtrlC
    Menu.MenuItems(0).MenuItems.Add(mi)
End Sub

Private Sub MenuEditCopyOnClick(ByVal obj As Object, ByVal ea As EventArgs)
    Dim data As New DataObject()

    ' Internes Zwischenablageformat definieren.
    Dim ms As New MemoryStream()
    Dim bw As New BinaryWriter(ms)
    Dim iRow, iCol As Integer
    bw.Write(afValues.GetLength(0))
    bw.Write(afValues.GetLength(1))

    For iRow = 0 To afValues.GetUpperBound(0)
        For iCol = 0 To afValues.GetUpperBound(1)
            bw.Write(afValues(iRow, iCol))
        Next iCol
    Next iRow

    bw.Close()
    data.SetData(strFormat, ms)

    ' Zwischenablageformat CSV definieren.
    ms = New MemoryStream()
    Dim sw As New StreamWriter(ms)

    For iRow = 0 To afValues.GetUpperBound(0)
        For iCol = 0 To afValues.GetUpperBound(1)
            sw.Write(afValues(iRow, iCol))
            If iCol < afValues.GetUpperBound(1) Then
                sw.Write(",")
            Else
                sw.WriteLine()
            End If
        Next iCol
    Next iRow

    sw.Write(Chr(0))
    sw.Close()
    data.SetData(DataFormats.CommaSeparatedValue, ms)

    ' Zwischenablageformat String definieren.
    Dim strw As New StringWriter()

    For iRow = 0 To afValues.GetUpperBound(0)
        For iCol = 0 To afValues.GetUpperBound(1)
            strw.Write(afValues(iRow, iCol))
            If iCol < afValues.GetLength(1) - 1 Then
                strw.Write(vbTab)
            Else
                strw.WriteLine()
            End If
        Next iCol
    Next iRow
```

```
            strw.Close()
            data.SetData(strw.ToString())
            Clipboard.SetDataObject(data, False)
      End Sub
End Class
```

Den größten Teil seiner Aufgaben führt dieses Programm während des Ereignishandlers *MenuEditCopyOnClick* aus. Diese Methode beginnt mit der Definition eines Objekts vom Typ *DataObject* und schließt mit einem Aufruf von *Clipboard.SetDataObject*, um das Objekt in die Zwischenablage zu kopieren. Dazwischen werden die Daten auf drei verschiedene Arten formatiert.

Das private Format wird mit der Zeichenfolge »MultiCopy.InternalFormat« gekennzeichnet. Das Array aus *Single*-Werten (vor denen die ganzzahlige Anzahl von Zeilen und Spalten steht) wird in einem Binärformat in einem *MemoryStream*-Objekt gespeichert. Die Methode verwendet die Klasse *BinaryWriter* (die in Anhang A besprochen wird), um das Schreiben von Binärobjekten in den Stream zu vereinfachen. Die Methode fügt den Speicherstream zum *DataObject*-Objekt mithilfe des Aufrufs

```
data.SetData(strFormat, ms)
```

hinzu. *strFormat* ist die Zeichenfolge »MultiCopy.InternalFormat«.

Als Nächstes formatiert die Methode die Daten als CSV. Wieder wird ein *MemoryStream*-Objekt für das Speichern der Daten erstellt. Dieses Mal wird ein *StreamWriter*-Objekt erstellt, um das Hinzufügen formatierter Textzeichenfolgen zum Stream zu vereinfachen. Werte in derselben Zeile werden durch Kommas getrennt. Zeilen werden durch Wagenrücklauf- und Zeilenvorschubzeichen getrennt. Die Methode fügt diesen Speicherstream zum *DataObject*-Objekt mithilfe des Aufrufs

```
data.SetData(DataFormats.CommaSeparatedValue, ms)
```

hinzu. Am Ende werden die Informationen als unformatierter Text formatiert. Dieser Vorgang entspricht nahezu der CSV-Formatierung mit der Ausnahme, dass Tabulatoren anstelle von Kommas verwendet werden, um Werte in derselben Zeile voneinander zu trennen. Ein weiterer Unterschied ist, dass der Text nicht in einem Speicherstream abgelegt wird. Stattdessen verwendet das Programm ein *StringWriter*-Objekt, um eine Zeichenfolge mit formatiertem Text zu erstellen. Dieses Format wird zum *DataObject*-Objekt mithilfe dieses Aufrufs hinzugefügt:

```
data.SetData(sw.ToString())
```

Drag & Drop

Die Ziehen-und-Ablegen- bzw. Drag & Drop-Funktionalität von Windows ermöglicht dem Benutzer, ein Element mit der Maus zu markieren und es an eine andere Stelle in derselben Anwendung oder in eine andere Anwendung zu ziehen. Im Allgemeinen markiert der Benutzer eine oder mehrere Dateien oder einen Textblock, allerdings können auch Bilder und andere Datentypen gezogen und abgelegt werden.

Die Anwendung, aus der Sie ein Objekt ziehen, wird als *Quelle* bezeichnet. Die Anwendung, in die Sie das Objekt ziehen, wird *Ziel* genannt. Beim Ziehen und Ablegen muss im Allgemeinen die linke Maustaste gedrückt werden, einige Anwendungen erlauben jedoch auch das Ziehen mit gedrückter rechter Maustaste.

Die Anwendung Windows-Explorer ist sehr häufig eine Quelle für das Ziehen und Ablegen einer Dateiliste (für die der Zwischenablagetyp »FileDrop« verwendet wird). Wenn Sie z.B. eine Datei im Windows-Explorer markieren und in den Clientbereich des Editors ziehen, wird sie im Editor geöffnet und angezeigt. Das Microsoft-Programm WordPad kann als Quelle und Ziel für das Ziehen und Ablegen von Text dienen. Wenn Sie in WordPad Text markieren, können Sie ihn in eine andere Anwendung ziehen, die als Ziel für das Ziehen und Ablegen fungiert. WordPad kann auch das Ziel für herübergezogenen Text sein.

Aus einer Anwendung in eine andere gezogene Daten werden abhängig vom Status der Umschalt- und STRG-Tasten verschoben, kopiert oder verknüpft.

Drag & Drop-Aktionen

Gedrückte Taste(n)	Aktion
Keine	Verschieben
STRG	Kopieren
Umschalttaste+STRG-Taste	Verknüpfen

Beim Verschieben löscht die Drag & Drop-Quelle das Objekt. Beim Kopieren empfängt das Ziel eine Kopie des Objekts. Beim Verknüpfen erhalten Quelle und Ziel Verweise auf dasselbe Objekt.

Wenn Sie mit der Maus im Windows-Explorer eine Dateiliste oder in WordPad einen Textblock markieren und in den Clientbereich eines der in diesem Buch vorgestellten Programme ziehen, ändert sich der Cursor in einen Kreis mit einem Schrägstrich (das internationale Zeichen für »Verboten«). Damit ein Steuerelement oder Formular ein Ziel für das Ziehen und Ablegen sein kann, muss zuerst einmal dessen Eigenschaft *AllowDrop* auf *True* gesetzt werden:

***Control*-Eigenschaften (Auswahl)**

Eigenschaft	Typ	Zugriff
AllowDrop	*Boolean*	Get/Set

Die folgenden vier Ereignisse haben mit den Zielen für das Ziehen und Ablegen zu tun:

***Control*-Ereignisse (Auswahl)**

Ereignis	Methode	Delegat	Argumente
DragEnter	*OnDragEnter*	*DragEventHandler*	*DragEventArgs*
DragOver	*OnDragOver*	*DragEventHandler*	*DragEventArgs*
DragDrop	*OnDragDrop*	*DragEventHandler*	*DragEventArgs*
DragLeave	*OnDragLeave*	*EventHandler*	*EventArgs*

Ein *DragEnter*-Ereignis erfolgt, wenn die *AllowDrop*-Eigenschaft eines Steuerelements oder Formulars auf *True* gesetzt ist und der ein Objekt ziehende Mauszeiger in den Clientbereich des Steuerelements oder Formulars gelangt. Nach dem *DragEnter*-Ereignis erfolgen *DragOver*-Ereignisse, wenn die Maus innerhalb des Steuerelements oder Clientbereichs bewegt wird. Wenn die Maus aus dem Steuerelement oder Clientbereich bewegt wird, erfolgt ein *DragLeave*-Ereignis.

Ein Steuerelement oder Formular kann während des *DragEnter*-Ereignisses oder eines der folgenden *DragOver*-Ereignisse seine Bereitschaft signalisieren, die gezogenen Daten anzunehmen. (Wie, das wird in Kürze erklärt.) Zu diesem Zeitpunkt ändert sich der Cursor von einem

Kreis mit Schrägstrich in einen Pfeil mit einem kleinen Feld am Ende, das möglicherweise von einem Pluszeichen (für einen Kopiervorgang) oder einem gekrümmten Pfeil (für eine Verknüpfung) begleitet wird. Wenn die Maustaste über dem Clientbereich losgelassen wird, erfolgt ein *DragDrop*-Ereignis.

Wenn das Steuerelement oder Formular die Daten nicht aufnehmen kann, bleibt der Cursor ein Kreis mit einem Schrägstrich. Wenn die Maustaste über dem Clientbereich losgelassen wird, erfolgt anstelle eines *DragDrop*- ein *DragLeave*-Ereignis.

In der Regel konzentrieren Sie sich auf die Ereignisse *DragOver* und *DragDrop*. Während des *DragOver*-Ereignisses entscheiden Sie, ob Sie die Daten akzeptieren können, die in das Steuerelement oder Formular gezogen werden. Wenn nur bestimmte Bereiche des Steuerelements oder Formulars das Ablegen zulassen, können Sie signalisieren, wann das Ablegen zulässig ist und wann nicht. Während des *DragDrop*-Ereignisses erhalten Sie dann Zugriff auf die Daten. (Das funktioniert genauso wie das Einfügen aus der Zwischenablage.)

Die Ereignisse *DragEnter*, *DragOver* und *DragDrop* werden alle von einem Objekt vom Typ *DragEventArgs* begleitet, das die folgenden Eigenschaften hat:

DragEventArgs-Eigenschaften

Eigenschaft	Typ	Zugriff
KeyState	Integer	Get
X	Integer	Get
Y	Integer	Get
Data	IDataObject	Get
AllowedEffect	DragDropEffects	Get
Effect	DragDropEffects	Get/Set

Die ersten drei Eigenschaften liefern Informationen über Tastatur und Maus zum Zeitpunkt des Ereignisses. Die Eigenschaft *KeyState* verwendet verschiedene Bitflags, um anzugeben, welche Maustasten und Zusatztasten gerade gedrückt sind:

KeyState-Bitflags

Taste bzw. Maustaste	Bitflag
Linke Maustaste	&H01
Rechte Maustaste	&H02
Umschalttaste	&H04
STRG-Taste	&H08
Mittlere Maustaste	&H10
ALT-Taste	&H20

Die Eigenschaften *X* und *Y* geben die Position des Mauszeigers in Bildschirmkoordinaten an. (Mit der Methode *PointToClient* von *Control* können Sie eine Konvertierung in Clientbereichskoordinaten durchführen.)

Die nächste Eigenschaft heißt *Data* und ist ein Objekt einer Klasse, welche die Schnittstelle *IDataObject* implementiert, und zwar wie in der Methode *GetDataObject* der Klasse *Clipboard*. Während des Ereignisses *DragEnter* oder *DragOver* können Sie die Methoden *GetFormats* oder *GetDataPresent* verwenden, um zu ermitteln, ob die Daten in einem Format vorliegen, das Ihr

Programm verarbeiten kann. Während des *DragDrop*-Ereignisses verwenden Sie die Methode *GetData*, um eine Kopie der Daten abzurufen.

Die Eigenschaft *AllowedEffect* enthält eines oder mehrere Member der Enumeration *DragDropEffects*:

DragDropEffects-Enumeration

Member	Wert
None	&H00000000
Copy	&H00000001
Move	&H00000002
Link	&H00000004
Scroll	&H80000000
All	&H80000003

Die Eigenschaft *AllowedEffect* wird durch die Drag & Drop-Quelle eingestellt, um die Optionen anzugeben, die dem Ziel für das Ziehen und Ablegen zur Verfügung stehen. In der Regel stellt das Drag & Drop-Ziel *AllowedEffect* auf

```
DragDropEffects.Copy Or DragDropEffects.Move Or DragDropEffects.Link
```

Während der Ereignisse *DragEnter* und *DragOver* und basierend auf den Eigenschaften *KeyState*, *X*, *Y*, *Data* und *AllowedEffect* des *DragEventArgs*-Objekts bestimmt das potenzielle Ziel, ob es die abgelegten Daten annehmen kann. Falls dies möglich ist, stellt es die Eigenschaft *Effect* auf eines der Member der Enumeration *DragDropEffects*, die in der Eigenschaft *AllowedEffect* enthalten ist. Im Allgemeinen verwendet das Ziel die Eigenschaft *KeyState*, um festzustellen, ob *Effect* auf das Member *Copy*, *Move* oder *Link* eingestellt werden soll. (Damit wird das Aussehen des Cursors gesteuert.) Das Einstellen der Eigenschaft *Effect* auf *DragDropEffects.None* signalisiert, dass das Ziel die Daten nicht annehmen kann. Nachdem der Benutzer das Objekt abgelegt hat, wird die Drag & Drop-Quelle darüber informiert, welches Member der Enumeration das Ziel angegeben hat.

Bei einer bestimmten Drag & Drop-Operation muss das potenzielle Ziel für das Ziehen und Ablegen die Eigenschaft *Effect* nur einmal einstellen. Dieser Wert wird vom *DragEventArgs*-Argument späterer *DragOver*- und *DragDrop*-Ereignisse übernommen. Dies ist so, als würde ein einzelnes *DragEventArgs*-Objekt für die gesamte Drag & Drop-Operation verwendet. Der *DragOver*-Ereignishandler ändert jedoch wahrscheinlich *Effect* auf der Grundlage des aktuellen Zustands der Umschalt- und STRG-Taste.

In Kapitel 18 habe ich mit einer Reihe von Programmen begonnen, mit denen nach und nach versucht wurde, den Windows-Editor vollständig nachzumachen. Dieses Vorhaben wurde in Kapitel 21 fortgeführt und soll nun zu seinem Abschluss kommen. Durch die folgende Datei wird das Programm zu einem Ziel für das Ziehen und Ablegen von Text oder einer »FileDrop«-Liste. (Der Windows-Editor arbeitet nur als Ziel für »FileDrop«.) Die Datei heißt einfach nur noch NotepadClone.vb, da das Programm im Rahmen dieses Buchs nicht mehr weiterentwickelt wird.

NotepadClone.vb
```
Imports System
Imports System.Drawing
Imports System.Windows.Forms
```

```vb
Class NotepadClone
    Inherits NotepadCloneWithPrinting
    Shared Shadows Sub Main()
        Application.Run(New NotepadClone())
    End Sub
    Sub New()
        strProgName = "NotepadClone"
        MakeCaption()

        txtbox.AllowDrop = True
        AddHandler txtbox.DragOver, AddressOf TextBoxOnDragOver
        AddHandler txtbox.DragDrop, AddressOf TextBoxOnDragDrop
    End Sub
    Private Sub TextBoxOnDragOver(ByVal obj As Object, ByVal dea As DragEventArgs)
        If dea.Data.GetDataPresent(DataFormats.FileDrop) OrElse _
            dea.Data.GetDataPresent(DataFormats.StringFormat) Then
            If (dea.AllowedEffect And DragDropEffects.Move) <> 0 Then
                dea.Effect = DragDropEffects.Move
            End If
            If ((dea.AllowedEffect And DragDropEffects.Copy) <> 0) AndAlso _
                ((dea.KeyState And &H8) <> 0) Then
                dea.Effect = DragDropEffects.Copy
            End If
        End If
    End Sub
    Private Sub TextBoxOnDragDrop(ByVal obj As Object, ByVal dea As DragEventArgs)
        If dea.Data.GetDataPresent(DataFormats.FileDrop) Then
            If Not OkToTrash() Then Return
            Dim astr() As String = DirectCast(dea.Data.GetData(DataFormats.FileDrop), String())
            LoadFile(astr(0)) ' In NotepadCloneWithFile.vb
        ElseIf dea.Data.GetDataPresent(DataFormats.StringFormat) Then
            txtbox.SelectedText = DirectCast(dea.Data.GetData(DataFormats.StringFormat), String)
        End If
    End Sub
End Class
```

Im Konstruktor setzt das Programm die Eigenschaft *AllowDrop* des *TextBox*-Steuerelements auf *True* und richtet die Handler für die Ereignisse *DragOver* und *DragDrop* des Textfelds ein. Während des *DragOver*-Ereignisses prüft das Programm auf die Datenformate »FileDrop« oder »System.String« und setzt dann die Eigenschaft *Effect* des *DragEventArgs*-Objekts auf *DragDropEffects.Move* oder *DragDropEffects.Copy*. Dies ist vom Status der STRG-Taste abhängig und davon, welche Operation die Quelle für das Ziehen und Ablegen unterstützt.

Während des *DragDrop*-Ereignisses führt das Programm je nach Datenformat etwas anderes aus. Das Format »FileDrop« bewirkt, dass das Programm die Datei lädt. Obgleich »FileDrop« üblicherweise eine *Liste* von Dateien angibt, kann NotepadClone nur eine verwenden. Beim Format »System.String« führt das Programm eine dem Einfügen vergleichbare Operation durch.

Sie können mit dem Übertragen von Text in NotepadClone experimentieren, indem Sie das Programm in Verbindung mit einer Drag & Drop-Quelle wie WordPad verwenden. Wenn Sie etwas aus WordPad nach NotepadClone ziehen, können Sie das Aussehen des Cursors steuern, indem Sie die STRG-Taste drücken oder wieder loslassen. Nachdem das *DragDrop*-Ereignis schließlich erfolgt ist, wird WordPad über die letzte Einstellung der Eigenschaft *Effect* informiert. WordPad ist verantwortlich für das Löschen bzw. Nichtlöschen des markierten Texts.

Lassen Sie uns nun untersuchen, wie eine Drag & Drop-Quelle erstellt wird. Jede von *Control* abstammende Klasse kann eine Ziehen-und-Ablegen-Operation auslösen, indem die folgende Methode – in der Regel als Reaktion auf ein *MouseDown*-Ereignis – aufgerufen wird:

Control-Methoden (Auswahl)

```
Function DoDragDrop(ByVal objData As Object, ByVal dde As DragDropEffects) As DragDropEffects
```

Das erste Argument ist das Objekt, das die Drag & Drop-Quelle zur Verfügung stellt. Dieses Argument kann ein Objekt vom Typ *DataObject* sein, wenn die Quelle für das Ziehen und Ablegen Daten in mehreren Formaten bereitstellen kann oder das Format der Daten genauer angeben möchte (indem z.B. für den Typ *String* »HTML Format« angegeben wird). Das zweite Argument enthält eines oder mehrere Member der Enumeration *DragDropEffects*.

Die Methode gibt die Steuerung erst wieder zurück, wenn die Drag & Drop-Operation abgeschlossen ist. Zu diesem Zeitpunkt gibt *DoDragDrop* ein Member der Enumeration *DragDropEffects*, das vom Ziel für das Ziehen und Ablegen angegeben wurde, oder *DragDropEffects.None* zurück, wenn das Ziel die Daten nicht angenommen hat oder die Operation anderweitig abgebrochen wurde.

Obgleich *DoDragDrop* die Steuerung erst zurückgibt, nachdem die Operation abgeschlossen ist, kann ein Steuerelement oder Formular regelmäßig Informationen über den Fortgang erhalten, indem das *QueryContinueDrag*-Ereignis verarbeitet wird. In der folgenden Tabelle werden die Ereignisnamen in Methode, Delegat oder Argument durch Auslassungszeichen (...) ersetzt:

Control-Ereignisse (Auswahl)

Ereignis	Methode	Delegat	Argument
QueryContinueDrag	*On...*	*...EventHandler*	*...EventArgs*

Das *QueryContinueDragEventArgs*-Objekt, welches das Ereignis begleitet, besitzt folgende Eigenschaften:

QueryContinueDragEventArgs-Eigenschaften

Eigenschaft	Typ	Zugriff
KeyState	*Integer*	Get
EscapePressed	*Boolean*	Get
Action	*DragAction*	Get/Set

Die Drag & Drop-Quelle kann die Eigenschaft *Action* auf eines der folgenden Member der Enumeration *DragAction* einstellen:

DragAction-Enumeration

Member	Wert
Continue	0
Drop	1
Cancel	2

Normalerweise wird die Drag & Drop-Operation abgebrochen, wenn der Benutzer die ESC-Taste drückt. Sie können dieses Verhalten abstellen oder die Operation auch aus anderen Gründen abbrechen, indem Sie dieses Ereignis behandeln.

Es folgt ein Programm, das ImageClip überschreibt und so weiterentwickelt, dass es Quelle und Ziel für das Ziehen und Ablegen wird.

ImageDrop.vb
```
Imports System
Imports System.Drawing
Imports System.Drawing.Imaging
Imports System.IO
Imports System.Windows.Forms
Class ImageDrop
    Inherits ImageClip
    Private bIsTarget As Boolean
    Shared Shadows Sub Main()
        Application.Run(New ImageDrop())
    End Sub
    Sub New()
        strProgName = "Image Drop"
        Text = strProgName
        AllowDrop = True
    End Sub
    Protected Overrides Sub OnDragOver(ByVal dea As DragEventArgs)
        If dea.Data.GetDataPresent(DataFormats.FileDrop) OrElse _
           dea.Data.GetDataPresent(GetType(Metafile)) OrElse _
           dea.Data.GetDataPresent(GetType(Bitmap)) Then
            If (dea.AllowedEffect And DragDropEffects.Move) <> 0 Then
                dea.Effect = DragDropEffects.Move
            End If
            If ((dea.AllowedEffect And DragDropEffects.Copy) <> 0) AndAlso _
               ((dea.KeyState And &H8) <> 0) Then
                dea.Effect = DragDropEffects.Copy
            End If
        End If
    End Sub
    Protected Overrides Sub OnDragDrop(ByVal dea As DragEventArgs)
        If dea.Data.GetDataPresent(DataFormats.FileDrop) Then
            Dim astr() As String = DirectCast(dea.Data.GetData(DataFormats.FileDrop), String())
            Try
                img = Image.FromFile(astr(0))
            Catch exc As Exception
                MessageBox.Show(exc.Message, Text)
                Return
            End Try
            strFileName = astr(0)
            Text = strProgName & " - " & Path.GetFileName(strFileName)
            Invalidate()
```

```
            Else
                If dea.Data.GetDataPresent(GetType(Metafile)) Then
                    img = DirectCast(dea.Data.GetData(GetType(Metafile)), Image)
                ElseIf dea.Data.GetDataPresent(GetType(Bitmap)) Then
                    img = DirectCast(dea.Data.GetData(GetType(Bitmap)), Image)
                End If
                bIsTarget = True
                strFileName = "DragAndDrop"
                Text = strProgName & " - " & strFileName
                Invalidate()
            End If
        End Sub
        Protected Overrides Sub OnMouseDown(ByVal mea As MouseEventArgs)
            If Not img Is Nothing Then
                bIsTarget = False
                Dim dde As DragDropEffects = DoDragDrop(img, DragDropEffects.Copy Or DragDropEffects.Move)
                If dde = DragDropEffects.Move AndAlso Not bIsTarget Then
                    img = Nothing
                    Invalidate()
                End If
            End If
        End Sub
End Class
```

Die Methoden *OnDragOver* und *OnDragDrop* ähneln den Ereignishandlern *DragOver* und *DragDrop* in NotepadClone. ImageDrop wird ebenfalls zu einer Drag & Drop-Quelle, indem *DoDragDrop* während der Methode *OnMouseDown* aufgerufen wird. Das Programm lässt die Vorgänge *Kopieren* und *Verschieben* zu. Wenn *DoDragDrop* den Wert *DragDropEffects.Move* zurückgibt, löscht das Programm seine Kopie des *Image*-Objekts, indem die Variable *img* auf *Nothing* gesetzt wird.

Eine meiner frühen Versionen dieses Programms funktionierte nicht richtig, wenn ich das Programm so verwendete, dass es die Operation *Verschieben* auf sich selbst anwendete. Der Grund dafür ist die Rückgabe der Steuerung durch *DoDragDrop* nach der *OnDragDrop*-Methode: Das Programm löscht das Bild, das es gerade abgerufen hat. Für diesen einen Sonderfall habe ich die Variable *bIsTarget* definiert. Das Programm löscht jetzt keine Bilder mehr, die im Programm selbst verschoben werden.

A Dateien und Streams

978	Die wichtigste Klasse für die Dateien-/-ausgabe
980	Eigenschaften und Methoden von *FileStream*
984	Das Problem mit *FileStream*
984	Andere Streamklassen
985	Text lesen und schreiben
992	Binäre Dateiein-/-ausgabe
995	Die Klasse *Environment*
997	Datei- und Pfadnamen analysieren
998	Parallele Klassen
1000	Die Arbeit mit Verzeichnissen
1005	Dateimerkmale abfragen und einstellen

Ein Großteil der Unterstützung für die Dateien-/-ausgabe im Microsoft .NET Framework ist im Namespace *System.IO* implementiert. Doch bei der ersten Forschungsreise in dieses Terrain, und auch noch bei späteren Streifzügen, kann *System.IO* ein unwirtlicher Ort sein. Da hilft auch die Versicherung nicht, dass das .NET Framework eine umfassende Auswahl an Dateien-/-ausgabeklassen und -tools zu bieten hat. Auf einen Visual Basic 6.0-Programmierer, dessen Hauptarsenal an Dateien-/-ausgabetools aus Funktionen wie *Open*, *Input*, *Print* und *Put* besteht, kann die Datei-E/A-Unterstützung von .NET ziemlich chaotisch und komplex wirken.

Absicht dieses Anhangs ist es, einen logischen Überblick über *System.IO* zu bieten. Ich möchte die wirklich wichtigen Faktoren herausarbeiten und sie mit dem logischen Grundprinzip der großen Zahl von Klassen vertraut machen.

Das .NET Framework unterscheidet zwischen Dateien und Streams. Eine *Datei* ist eine Sammlung von Daten, die auf einer Festplatte mit einem Namen und (häufig) einem Verzeichnispfad gespeichert ist. Wenn Sie eine Datei zum Lesen oder Schreiben öffnen, wird sie zu einem *Stream*. Ein Stream ist etwas, auf das Sie Lese- und Schreiboperationen anwenden können. Dennoch sind Streams mehr als nur geöffnete Festplattendateien. Über ein Netzwerk übertragene Daten sind ebenfalls ein Stream, und Sie können einen Stream auch im Arbeitsspeicher erstellen. Bei Konsolenanwendungen sind Tastatureingaben und Textausgaben ebenfalls Streams.

Die wichtigste Klasse für die Dateiein-/-ausgabe

Wenn Sie sich nur mit einer Klasse im Namespace *System.IO* vertraut machen könnten, sollte das *FileStream* sein. Mithilfe dieser Basisklasse können Sie Dateien öffnen, lesen, in sie hineinschreiben und sie schließen. *FileStream* erbt von der abstrakten (d.h. mit *MustInherit* definierten) Klasse *Stream*. Viele ihrer Eigenschaften und Methoden sind von *Stream* abgeleitet.

Um eine vorhandene Datei zu öffnen oder eine neue Datei zu erstellen, müssen Sie ein Objekt vom Typ *FileStream* erstellen. Die folgenden fünf *FileStream*-Konstruktoren verfügen über einen wohl geordneten Satz an Überladungen:

FileStream-Konstruktoren (Auswahl)

```
FileStream(ByVal strFileName As String, ByVal fm As FileMode)
FileStream(ByVal strFileName As String, ByVal fm As FileMode, ByVal fa As FileAccess)
FileStream(ByVal strFileName As String, ByVal fm As FileMode, ByVal fa As FileAccess,
          ByVal fs As FileShare)
FileStream(ByVal strFileName As String, ByVal fm As FileMode, ByVal fa As FileAccess,
          ByVal fs As FileShare, ByVal iBufferSize As Integer)
FileStream(ByVal strFileName As String, ByVal fm As FileMode, ByVal fa As FileAccess,
          ByVal fs As FileShare, ByVal iBufferSize As Integer, ByVal bAsync As Boolean)
```

Es gibt vier weitere *FileStream*-Konstruktoren, die auf dem Dateihandle des Betriebssystems basieren. Sie sind für Schnittstellen zu vorhandenem Code nützlich. *FileMode*, *FileAccess* und *FileShare* sind im Namespace *System.IO* definierte Enumerationen.

Die Enumeration *FileMode* gibt an, ob Sie eine vorhandene Datei öffnen oder eine neue Datei erstellen möchten. Ferner gibt die Enumeration an, was passieren soll, wenn die zu öffnende Datei nicht bzw. die zu erstellende Datei bereits vorhanden ist.

FileMode-Enumeration

Member	Wert	Beschreibung
CreateNew	1	Schlägt fehl, wenn die Datei vorhanden ist
Create	2	Löscht den Dateiinhalt, wenn die Datei bereits vorhanden ist
Open	3	Schlägt fehl, wenn die Datei nicht vorhanden ist
OpenOrCreate	4	Erstellt eine neue Datei, wenn die Datei nicht vorhanden ist
Truncate	5	Schlägt fehl, wenn die Datei nicht vorhanden ist. Löscht den Dateiinhalt
Append	6	Schlägt fehl, wenn die Datei zum Lesen geöffnet ist. Erstellt eine neue Datei, wenn die Datei nicht vorhanden ist. Positioniert ans Dateiende

Mit *fehlschlagen* meine ich, dass der *FileStream*-Konstruktor eine Ausnahme wie *IOException* oder *FileNotFoundException* auslöst. Sie sollten den *FileStream*-Konstruktor nahezu immer in einem *Try*-Block aufrufen, um auf jedes Problem reagieren zu können, das sich durch die fälschliche Annahme des Vorhandenseins bzw. Nichtvorhandenseins einer Datei ergibt.

Sofern Sie kein *FileAccess*-Argument angeben, wird die Datei sowohl zum Lesen als auch zum Schreiben geöffnet. Das *FileAccess*-Argument gibt an, ob Sie die Datei lesen, in die Datei schreiben oder beides möchten:

FileAccess-Enumeration

Member	Wert	Beschreibung
Read	1	Schlägt fehl für *FileMode.CreateNew*, *FileMode.Create*, *FileMode.Truncate* und *FileMode.Append*
Write	2	Schlägt fehl, wenn die Datei schreibgeschützt ist
ReadWrite	3	Schlägt fehl für *FileMode.Append* oder wenn die Datei schreibgeschützt ist

Es gibt einen Fall, in dem ein *FileAccess*-Argument erforderlich ist. Wenn Sie eine Datei mit *FileMode.Append* öffnen, schlägt der Konstruktor fehl, wenn die Datei zum Lesen geöffnet wird. Da Dateien standardmäßig immer zum Lesen und Schreiben geöffnet werden, schlägt der folgende Konstruktor immer fehl:

New FileStream(strFileName, FileMode.Append)

Wenn Sie *FileMode.Append* verwenden möchten, müssen Sie außerdem das Argument *FileAccess.Write* verwenden:

New FileStream(strFileName, FileMode.Append, FileAccess.Write)

Sofern Sie kein *FileShare*-Argument angeben, wird die Datei exklusiv für Ihren Prozess geöffnet. Kein anderer Prozess (auch nicht derselbe Prozess) kann dieselbe Datei öffnen. Doch nicht nur das: Auch wenn ein anderer Prozess die Datei bereits geöffnet hat und Sie das *FileShare*-Argument nicht angeben, schlägt der *FileStream*-Konstruktor fehl. Mithilfe des *FileShare*-Arguments können Sie die gemeinsame Dateinutzung genauer angeben:

FileShare-Enumeration (Auswahl)

Member	Wert	Beschreibung
Keine	0	Gestattet anderen Prozessen keinen Dateizugriff (Standardeinstellung)
Read	1	Gestattet anderen Prozessen Lesezugriff auf die Datei
Write	2	Gestattet anderen Prozessen Schreibzugriff auf die Datei
ReadWrite	3	Gestattet anderen Prozessen Vollzugriff auf die Datei

Wenn Sie eine Datei nur lesen müssen, wird üblicherweise auch anderen Prozessen das Lesen der Datei gestattet. Das bedeutet, dass *FileAccess.Read* in der Regel von *FileShare.Read* begleitet werden sollte. Dies gilt in beide Richtungen. Wenn ein anderer Prozess eine Datei mit *FileAccess.Read* und *FileShare.Read* geöffnet hat, kann Ihr Prozess sie nur öffnen, wenn auch Sie beide Flags angeben.

Eigenschaften und Methoden von *FileStream*

Nachdem Sie eine Datei durch Erstellen eines Objekts vom Typ *FileStream* geöffnet haben, haben Sie Zugriff auf die folgenden fünf Eigenschaften, die in *Stream* implementiert sind und von der Klasse *FileStream* überschrieben werden:

Stream-Eigenschaften

Eigenschaft	Typ	Zugriff
CanRead	Boolean	Get
CanWrite	Boolean	Get
CanSeek	Boolean	Get
Length	Long	Get
Position	Long	Get/Set

Die ersten beiden Eigenschaften richten sich nach dem *FileAccess*-Wert, den Sie zum Erstellen des *FileStream*-Objekts verwendet haben. Die Eigenschaft *CanSeek* ist bei geöffneten Dateien immer *True*. Die Eigenschaft kann für andere Streamarten (wie z.B. Netzwerkstreams) *False* zurückgeben.

Die Eigenschaften *Length* und *Position* gelten nur für positionierbare (seekable) Streams. Beachten Sie, dass sowohl *Length* als auch *Position* Ganzzahlen vom Typ *Long* sind und theoretisch Dateigrößen von bis zu 2^{63} Byte, also ungefähr 9×10^{18} Byte oder 9 Exabyte zulassen, was für die kommenden Jahre eine ausreichende maximale Dateigröße sein sollte. Das Einstellen der Eigenschaft *Position* ist eine einfache Möglichkeit zur Positionierung in der Datei. (Die herkömmliche *Seek*-Methode wird weiter unten besprochen.) Wenn z.B. *fs* ein Objekt vom Typ *FileStream* ist, können Sie mit der folgenden Anweisung auf das 100. Byte in der Datei positionieren:

```
fs.Position = 100
```

Mit der folgenden Anweisung können Sie (für eine Anfügung an die Datei) an das Ende der Datei positionieren:

```
fs.Position = fs.Length
```

Alle folgenden von *Stream* implementierten Methoden werden von *FileStream* überschrieben:

Stream-Methoden (Auswahl)

```
Function ReadByte() As Integer
Function Read(ByVal abyBuffer() As Byte, ByVal iBufferOffset As Integer,
              ByVal iCount As Integer) As Integer
Sub WriteByte(ByVal byValue As Byte)
Sub Write(ByVal abyBuffer() As Byte, ByVal iBufferOffset As Integer, ByVal iCount As Integer)
Function Seek(ByVal lOffset As Long, ByVal so As SeekOrigin) As Long
Sub SetLength(ByVal lSize As Long)
Sub Flush()
Sub Close()
```

Mit *ReadByte* können Sie einzelne, mit *Read* mehrere Bytes lesen. Beide Methoden geben einen *Integer*-Wert zurück, der jedoch für die einzelnen Methoden eine unterschiedliche Bedeutung hat. *ReadByte* gibt normalerweise das nächste Byte aus der Datei zurück, und zwar ohne Vorzeichenerweiterung umgewandelt in einen *Integer*-Wert. Das Byte &HFF wird z.B. zu der Ganzzahl &H000000FF bzw. 255. Der Rückgabewert –1 gibt an, dass versucht wurde, über das Dateiende hinaus zu lesen.

Read gibt die Anzahl der in den Puffer gelesenen Bytes zurück, das sind bis zu *iCount* Bytes. Bei Dateien gibt *Read* denselben Wert wie das *iCount*-Argument zurück, es sei denn, *iCount* ist größer als die verbleibende Anzahl von Bytes in der Datei. Der Rückgabewert 0 gibt an, dass die Datei keine weiteren zu lesenden Bytes enthält. Für andere Streamarten (z.B. Netzwerkstreams) kann *Read* einen Wert kleiner als *iCount* zurückgeben, muss jedoch stets mindestens 1 zurückgeben, außer der gesamte Stream wurde bereits gelesen. Das zweite Argument von *Read* und *Write* ist ein Offset in den Puffer und nicht in den Stream!

Die Methode *Seek* ähnelt den bekannten Dateipositionierungsfunktionen. Mit der Enumeration *SeekOrigin* gibt man an, von welcher Position das *lOffset*-Argument für die *Seek*-Methode gemessen wird:

SeekOrigin-Enumeration

Member	Wert
Begin	0
Current	1
End	2

Wenn der Stream beschreib- und positionierbar ist, legt die *SetLength*-Methode eine neue Länge für die Datei fest, wobei der Inhalt möglicherweise abgeschnitten wird, wenn die neue Länge kürzer als die bisherige ist. *Flush* bewirkt, dass alle Daten in Speicherpuffern in die Datei geschrieben werden.

Ganz gleich, welche Auswirkungen die Garbage Collection auch auf das *FileStream*-Objekt haben mag, sollten Sie stets für alle Dateien, die Sie öffnen, die Methode *Close* explizit aufrufen.

Wenn Sie die Ausnahmebehandlung weglassen, können Sie in den meisten Fällen eine vollständige Datei mit nur vier Anweisungen in den Arbeitsspeicher einlesen, und das inklusive der Reservierung eines Speicherpuffers in der Größe der Datei:

```
Dim fs As New FileStream("MyFile", FileMode.Open, FileAccess.Read, FileShare.Read)
Dim abyBuffer(fs.Length) As Byte
fs.Read(abyBuffer, 0, CInt(fs.Length))
fs.Close()
```

Ich sage »in den meisten Fällen«, da dieser Code davon ausgeht, dass die Datei kleiner als 2^{31} Byte (also 2 GB) ist. Diese Annahme ist von Bedeutung beim Umwandeln des letzten Arguments der *Read*-Methode von einem *Long*-Datentyp mit 64 Bit in einen *Integer*-Datentyp mit 32 Bit. Ist die Datei größer als 2 GB, muss sie mit mehreren Aufrufen von *Read* eingelesen werden. (Doch sollten Sie ohnehin nicht versuchen, eine Datei mit mehreren Gigabyte ganz in den Arbeitsspeicher einzulesen!)

FileStream ist eine hervorragende Wahl für ein herkömmliches Hex-Dump-Programm.

HexDump.vb

```vb
Imports System
Imports System.IO
Module HexDump
    Function Main(ByVal astrArgs() As String) As Integer
        ' Wenn kein Argument angegeben, Syntax anzeigen und Dateinamen abfragen.
        If astrArgs.Length = 0 Then
            Console.WriteLine("Syntax: HexDump file1 file2 ...")
            Console.Write("Enter file name(s): ")
            astrArgs = Console.ReadLine().Split(Nothing)
        End If

        ' Wenn nichts eingegeben wird, beenden.
        If astrArgs(0).Length = 0 Then
            Return 1
        End If

        ' Dump für jede Datei anzeigen.
        Dim strFileName As String
        For Each strFileName In astrArgs
            DumpFile(strFileName)
        Next strFileName
        Return 0
    End Function
    Sub DumpFile(ByVal strFileName As String)
        Dim fs As FileStream
        Try
            fs = New FileStream(strFileName, FileMode.Open, FileAccess.Read, FileShare.Read)
        Catch exc As Exception
            Console.WriteLine("HexDump: {0}", exc.Message)
            Return
        End Try
        Console.WriteLine(strFileName)
        DumpStream(fs)
        fs.Close()
    End Sub
    Private Sub DumpStream(ByVal strm As Stream)
        Dim abyBuffer(16) As Byte
        Dim lAddress As Long = 0
        Dim iCount As Integer = strm.Read(abyBuffer, 0, 16)

        While iCount > 0
            Console.WriteLine(ComposeLine(lAddress, abyBuffer, iCount))
            lAddress += 16
            iCount = strm.Read(abyBuffer, 0, 16)
        End While
    End Sub
    Function ComposeLine(ByVal lAddress As Long, _
                        ByVal abyBuffer() As Byte, _
                        ByVal iCount As Integer) As String
        Dim str As String = String.Format("{0:X4}-{1:X4}  ", _
                                          CInt(lAddress \ 65536), _
                                          CInt(lAddress Mod 65536))
        Dim i As Integer
```

```
            ' Bytes hexadezimal formatieren.
            For i = 0 To 15
                If i < iCount Then
                    str &= String.Format("{0:X2}", abyBuffer(i))
                Else
                    str &= "  "
                End If
                If i = 7 AndAlso iCount > 7 Then
                    str &= "-"
                Else
                    str &= " "
                End If
            Next i
            str &= " "
            ' Zeichenanzeige formatieren
            For i = 0 To 15
                Dim ch As Char = Chr(abyBuffer(i))
                If i >= iCount Then ch = " "c
                If Char.IsControl(ch) Then ch = " "c
                str += ch.ToString()
            Next i
            Return str
    End Function
End Module
```

Dieses Programm verwendet die *Main*-Version mit nur einem Argument. Das Argument ist ein Array aus Zeichenfolgen, wobei jede ein Befehlszeilenargument für das Programm ist. Wenn Sie das Programm wie folgt ausführen:

HexDump file1.vb file2.exe

ist das Argument für *Main* ein Zeichenfolgenarray mit zwei Elementen. Platzhalterzeichen in den Argumenten werden *nicht* automatisch erweitert. (Auf die Platzhaltererweiterung werde ich im weiteren Verlauf dieses Anhangs noch näher eingehen.) Wenn Sie kein Argument angeben, fragt das Programm eines ab. Wenn Sie das Programm von Visual Basic .NET aus starten, ist das einfachste Argument für den Test des Programms das Programm HexDump.exe selbst.

Nachdem HexDump die einzelnen Dateien erfolgreich geöffnet hat, verwendet das Programm die Methode *Read,* um 16 Byte große Blöcke einzulesen, die anschließend über die shared Methode *ComposeLine* von HexDump angezeigt werden. Die Methode *ComposeLine* habe ich bereits im Programm HeadDump in Kapitel 16 verwendet.

FileStream bietet verschiedene weitere Features, die ich kurz erwähnen möchte. Für die gemeinsame Dateinutzung können Sie Abschnitte der Datei für die exklusive Verwendung sperren bzw. die Sperre aufheben:

FileStream-Methoden (Auswahl)

```
Sub Lock(ByVal lPosition As Long, ByVal lLength As Long)
Sub Unlock(ByVal lPosition As Long, ByVal lLength As Long)
```

Wenn das Dateisystem asynchrone Lese- und Schreibvorgänge unterstützt und Sie dem letzten Konstruktor in der zuvor gezeigten Tabelle im letzten Argument den Wert *True* übergeben,

Dateien und Streams

können Sie die Methoden *BeginRead, EndRead, BeginWrite* und *EndWrite* für das asynchrone Lesen und Schreiben der Datei verwenden.

Das Problem mit *FileStream*

Ich habe zuvor versichert, dass *FileStream* die wichtigste Klasse in *System.IO* ist, da sie Dateien öffnet und Ihnen das Lesen und Schreiben von Bytes ermöglicht. Wenn Sie es jedoch mit anderen Datentypen zu tun haben, müssten Sie die einzelnen Bytes zu den Datentypen (wie *Char* oder *Integer*) zusammenbauen. Oder Sie müssen diese Datentypen als Vorbereitung auf den Schreibvorgang in Bytes zerlegen. Aber wollen Sie das alles selbst machen? Ich glaube kaum.

Nur wenn Sie mit dem Lesen und Schreiben von Bytearrays auskommen, dürfen Sie Ihr Datei-E/A-Wissen auf die Klasse *FileStream* beschränken. Wie ich gleich demonstriere, verwenden Sie die Klassen *StreamReader* und *StreamWriter* für das Lesen und Schreiben von Textdateien und die Klassen *BinaryReader* and *BinaryWriter* für das Lesen und Schreiben von Binärdaten, bei denen es sich nicht um Bytearrays handelt.

Andere Streamklassen

Die Klasse *FileStream* ist eine von mehreren Klassen, die von der abstrakten (*MustInherit*) Klasse *Stream* abstammen. Für eine Klasse, die nicht instanziiert werden kann, spielt *Stream* im .NET Framework eine sehr wichtige Rolle. Das nachstehende Hierarchiediagramm zeigt sechs von *Stream* abstammende Klassen.

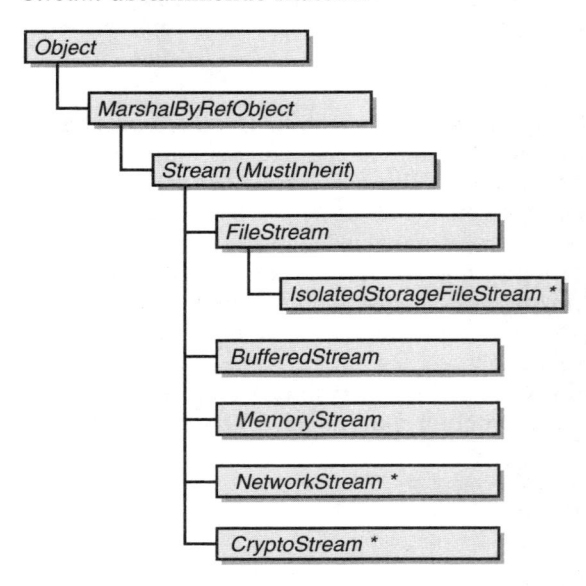

```
Object
└── MarshalByRefObject
    └── Stream (MustInherit)
        ├── FileStream
        │   └── IsolatedStorageFileStream *
        ├── BufferedStream
        ├── MemoryStream
        ├── NetworkStream *
        └── CryptoStream *
```

Die mit einem Sternchen versehenen Streamklassen sind in einem anderen Namespace als *System.IO* definiert.

Darüber hinaus geben verschiedene Methoden in anderen, über das gesamte .NET Framework verteilten Klassen Objekte vom Typ *Stream* zurück. So verwendet z.B. ein weiter unten in diesem Anhang gezeigtes .NET-Programm zum Einlesen von Dateien aus dem Web ein *Stream*-Objekt. Eines der Beispielprogramme aus Kapitel 11 zeigt, dass Sie aus Streams auch Bilddateien (wie z.B. JPEG-Dateien) laden können.

Aus Performancegründen erstellt die Klasse *FileStream* einen gepufferten Stream. Es wird ein Bereich des Arbeitsspeichers verwendet, damit nicht jeder Aufruf von *ReadByte*, *Read*, *WriteByte* und *Write* auch immer zu einem Aufruf des Betriebssystems zum Lesen aus der bzw. Schreiben in die Datei führt.

Wenn Sie über ein nicht gepuffertes *Stream*-Objekt verfügen, können Sie es mit der Klasse *BufferedStream* in einen gepufferten Stream umwandeln.

Die Klasse *MemoryStream* ermöglicht das Erstellen eines erweiterbaren Bereichs des Arbeitsspeichers, auf den Sie mit den *Stream*-Methoden zugreifen können. Im Programm CreateMetafileMemory in Kapitel 23 und mehreren Programmen in Kapitel 24 habe ich die Verwendung der Klasse *MemoryStream* demonstriert.

Text lesen und schreiben

Ein wichtiger Dateityp ist die Textdatei, die ausschließlich aus Textzeilen besteht, die durch Zeilenendezeichen voneinander getrennt sind. Die Klasse *System.IO* verfügt über besondere Klassen zum Lesen und Schreiben von Textdateien. Und so sieht die Objekthierarchie aus:

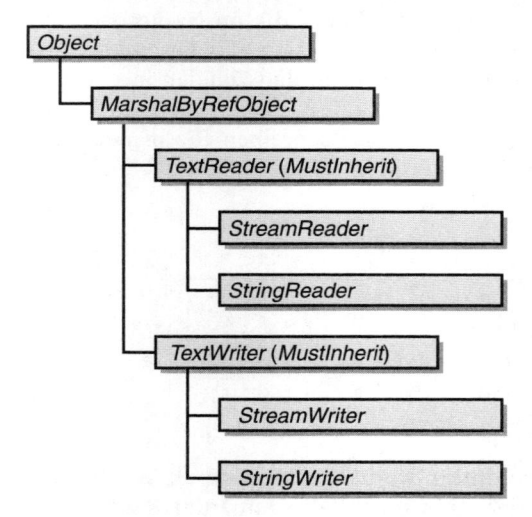

```
Object
└── MarshalByRefObject
    ├── TextReader (MustInherit)
    │   ├── StreamReader
    │   └── StringReader
    └── TextWriter (MustInherit)
        ├── StreamWriter
        └── StringWriter
```

Diese Klassen stammen zwar nicht von *Stream* ab, nutzen jedoch mit großer Wahrscheinlichkeit die Klasse *Stream*.

Die beiden Klassen, auf die ich mich hier konzentriere, sind *StreamReader* und *StreamWriter*, die für das Lesen und Schreiben von Textdateien oder Textstreams gedacht sind. Die beiden anderen vererbbaren Klassen sind *StringReader* und *StringWriter*, bei denen es sich im strengen Sinn nicht um Dateiein-/-ausgabeklassen handelt. Sie nutzen ähnliche Methoden, um aus Zeichenfolgen zu lesen und hinein zu schreiben. Ich werde diese Klassen am Ende von Anhang C kurz besprechen. Die Klasse *StringWriter* habe ich in Kapitel 23 im Programm EnumMetafile demonstriert.

Text scheint eine sehr einfache Form der Datenspeicherung zu sein. Doch in den letzten Jahren hat Text aufgrund der steigenden Verbreitung von Unicode einen hohen Komplexitätsgrad erreicht. Der Datentyp *System.Char* im .NET Framework (und der Alias *Char* in Visual Basic .NET) ist ein 16-Bit-Wert, der für je ein Zeichen im Unicode-Zeichensatz steht. Bei dem .NET Framework-Datentyp *System.String* (und dem Visual Basic .NET-Alias *String*) handelt es sich um eine Folge von Unicode-Zeichen. Doch was passiert, wenn Sie Zeichenfolgen aus einem Visual Basic .NET-Programm in eine Datei schreiben? Wollen Sie sie als Unicode schreiben? Das ist nur sinnvoll, wenn jede Anwendung, welche die Datei liest, die Ihr Programm erstellt hat, auf das Lesen von Unicode eingestellt ist. Sie werden Unicode wahrscheinlich vermeiden, wenn Sie wissen, dass andere Anwendungen, welche die Datei einlesen, 8-Bit-ASCII-Zeichen erwarten.

Die ersten 256 Zeichen in Unicode entsprechen den 128 Zeichen von ASCII und den 128 Zeichen der ASCII-Erweiterung ISO Latin 1. (Die Kombination dieser beiden Zeichensätze wird in der Windows-API-Dokumentation häufig als *ANSI*-Zeichensatz bezeichnet.) Das große *A* ist z.B. in ASCII &H41 und in Unicode &H0041. Unicode-Zeichenfolgen mit ausschließlich (oder hauptsächlich) ASCII-Zeichen enthalten viele Nullbytes. In einer Umgebung, in der Dateien auf mehreren Betriebssystemen verwendbar sein müssen, führen diese Nullen in vielen herkömmlichen, auf C oder UNIX basierenden Programmen zu Problemen, da sie ein Nullbyte als Zeichen für das Ende der Zeichenfolge interpretieren.

Um diese Probleme zu mildern, können Sie mithilfe der Klasse *StreamWriter* steuern, wie die Unicode-Zeichenfolgen in Ihrem Visual Basic .NET-Programm für die Speicherung in einer Datei umgewandelt werden. Diese Steuerung wird durch Klassen ermöglicht, die im Namespace *System.Text* definiert sind. Ähnlich ermöglicht *StreamReader* Ihrem Programm das Lesen von Textdateien in verschiedenen Formaten und das Konvertieren des Textes in den Dateien in Unicode-Zeichenfolgen in Ihrem Programm.

Zuerst wollen wir *StreamWriter* untersuchen. Mit dieser Klasse schreiben Sie in neue bzw. vorhandene Textdateien. Mit vier der *StreamWriter*-Konstruktoren können Sie ein Objekt vom Typ *StreamWriter* unter Angabe eines Dateinamens erstellen:

StreamWriter-Konstruktoren (Auswahl)

```
StreamWriter(ByVal strFileName As String)
StreamWriter(ByVal strFileName As String, ByVal bAppend As Boolean)
StreamWriter(ByVal strFileName As String, ByVal bAppend As Boolean, ByVal enc As Encoding)
StreamWriter(ByVal strFileName As String, ByVal bAppend As Boolean, ByVal enc As Encoding,
        ByVal iBufferSize As Integer)
```

Diese Konstruktoren öffnen die Datei zum Schreiben, intern wahrscheinlich durch Verwendung eines *FileStream*-Konstruktors. Ist die Datei vorhanden, geht ihr Inhalt standardmäßig verloren. Das Argument *bAppend* ermöglicht Ihnen das Außerkraftsetzen dieser Standardaktion. Die restlichen Konstruktoren erstellen ein *StreamWriter*-Objekt aus einem vorhandenen *Stream*-Objekt:

StreamWriter-Konstruktoren (Auswahl)

```
StreamWriter(ByVal strm As Stream)
StreamWriter(ByVal strm As Stream, ByVal enc As Encoding)
StreamWriter(ByVal strm As Stream, ByVal enc As Encoding, ByVal iBufferSize As Integer)
```

Wenn Sie einen Konstruktor ohne ein *Encoding*-Argument verwenden, speichert das resultierende *StreamWriter*-Objekt Zeichenfolgen *nicht* in einem Unicode-Format mit 2 Bytes pro Zeichen. Auch konvertiert es Ihre Zeichenfolgen nicht in ASCII. Stattdessen speichert das *StreamWriter*-Objekt Zeichenfolgen in einem UTF-8 genannten Format, auf das ich gleich noch zu sprechen komme.

Wenn Sie einen der *StreamWriter*-Konstruktoren mit einem *Encoding*-Argument verwenden, benötigen Sie ein Objekt vom Typ *Encoding*. Dies ist eine Klasse, die im Namespace *System.Text* definiert ist. Am einfachsten ist es (und in vielen Fällen auch ausreichend), eine der shared Eigenschaften der Klasse *Encoding* zu verwenden, um dieses Objekt abzurufen:

Encoding-Eigenschaften (Shared)

Eigenschaft	Typ	Zugriff
Default	Encoding	Get
Unicode	Encoding	Get
BigEndianUnicode	Encoding	Get
UTF8	Encoding	Get
UTF7	Encoding	Get
ASCII	Encoding	Get

Bei dem *Encoding*-Argument für den *StreamWriter*-Konstruktor kann es sich auch um eine Instanz einer der Klassen in *System.Text* handeln, die von *Encoding* abgeleitet sind. Diese Klassen heißen *ASCIIEncoding*, *UnicodeEncoding*, *UTF7Encoding* und *UTF8Encoding*. Die Konstruktoren für diese Klassen bieten oft einige Optionen, die Sie ausprobieren können, wenn die shared Eigenschaften nicht den gewünschten Erfolg haben.

Wenn Sie die Codierung *Encoding.Unicode* angeben, wird jedes Zeichen mit 2 Bytes mit dem niederwertigsten Byte zuerst in die Datei geschrieben. Dies erfolgt gemäß der so genannten Little-Endian-Architektur von Intel-Prozessoren. Die Datei oder der Stream beginnt mit den Bytes &HFF und &HFE, die dem Unicode-Zeichen &HFEFF entsprechen. Dieses Zeichen ist im Unicode-Standard als BOM (Byte Order Mark, Bytereihenfolge) definiert.

Die Codierung *Encoding.BigEndianUnicode* speichert das höherwertige Byte jedes Zeichens zuerst. Die Datei oder der Stream beginnt mit den Bytes &HFE und &HFF, die ebenfalls dem Unicode-Zeichen &HFEFF entsprechen. Das Unicode-Zeichen &HFFFE ist absichtlich undefiniert, damit Anwendungen die Bytereihenfolge einer Unicode-Datei anhand der ersten beiden Bytes feststellen können.

Wenn Sie Zeichenfolgen in Unicode speichern möchten, ohne dass die Byte Order Marks ausgegeben werden, können Sie stattdessen ein *Encoding*-Argument für den *StreamWriter*-Konstruktor abrufen, indem Sie ein Objekt vom Typ *UnicodeEncoding* erstellen.

```
New UnicodeEncoding(bBigEndian, bIncludeByteOrderMark)
```

Setzen Sie die beiden *Boolean*-Argumente entsprechend.

UTF-8 ist eine Zeichencodierung zur Darstellung von Unicode-Zeichen ohne Nullbyte (und deshalb gut für C und UNIX geeignet). UTF steht für *UCS Transformation Format* und UCS für *Universal Character Set*. Dies ist eine andere Bezeichnung für ISO 10646, einen Zeichencodierungsstandard, zu dem Unicode kompatibel ist.

In UTF-8 wird jedes Unicode-Zeichen in eine Folge von 1 bis 6 Bytes übersetzt, die nicht Null sind. Unicode-Zeichen im ASCII-Bereich (&H0000 bis &H007F) werden direkt in 1-Byte-Werte übersetzt. Demzufolge werden Unicode-Zeichenfolgen, die nur ASCII enthalten, in ASCII-Dateien übersetzt. UTF-8 ist in RFC 2279 dokumentiert. (RFC steht für »Request For Comment«, Anforderung zur Kommentierung, und stellt das Mittel zur Dokumentation von Internetstandards dar. RFCs können Sie aus vielen Quellen erhalten, so auch auf der Website der Internet Engineering Task Force: *http://www.ietf.org.*)

Wenn Sie *Encoding.UTF8* angeben, konvertiert die Klasse *StreamWriter* die Unicode-Textzeichenfolgen in UTF-8. Darüber hinaus schreibt sie die drei Bytes &HEF, &HBB und &HBF an den Anfang der Datei oder des Streams. Diese drei Bytes sind die in UTF-8 konvertierte Unicode-BOM.

Wenn Sie die UTF-8-Codierung verwenden möchten, ohne dass diese drei Bytes ausgegeben werden, sollten Sie nicht *Encoding.UTF8* verwenden. Verwenden Sie stattdessen *Encoding.Default* oder einen der Konstruktoren, der nicht über ein *Encoding*-Argument verfügt. Diese Optionen bieten auch eine UTF-8-Codierung. Die drei Identifikationsbytes werden jedoch nicht ausgegeben.

Alternativ können Sie ein Objekt vom Typ *UTF8Encoding* erstellen und es als Argument an *StreamWriter* übergeben. Verwenden Sie eine der folgenden Anweisungen

```
New UTF8Encoding()
New UTF8Encoding(False)
```

um die drei Bytes zu unterdrücken. Verwenden Sie

```
New UTF8Encoding(True)
```

um die Identifikationsbytes auszugeben.

UTF-7 ist in RFC 2152 dokumentiert. Unicode-Zeichen werden in eine Folge von Bytes übersetzt, deren oberes Bit 0 ist. UTF-7 ist für Umgebungen gedacht, in denen ausschließlich 7-Bit-Werte verwendet werden können, wie z.B. E-Mail. Verwenden Sie *Encoding.UTF7* im *StreamWriter*-Konstruktor für die UTF-7-Codierung. Bei UTF-7 gibt es keine Identifikationsbytes.

Wenn Sie die Codierung *Encoding.ASCII* angeben, enthält die sich ergebende Datei bzw. der resultierende Stream nur ASCII-Zeichen, d.h. Zeichen im Bereich von &H00 bis &H7F. Alle Unicode-Zeichen außerhalb dieses Bereichs werden in ein Fragezeichen (ASCII-Code &H3F) umgewandelt. Dies ist die einzige Codierung, bei der Daten verloren gehen können.

Aber was machen Sie, wenn Sie Zeichenfolgen haben, die nur Zeichen aus dem Windows-ANSI-Zeichensatz enthalten (die Zeichen &H00 bis &HFF), und Sie diese Strings in einem Format in eine Datei schreiben möchten, das nur ein Byte pro Zeichen verwendet? Sie können *Encoding.ASCII* nicht verwenden, denn dabei werden die Zeichen &H80 bis &HFF durch Fragezeichen ersetzt. Auch *Encoding.UTF8* können Sie nicht verwenden, denn die Zeichen von &H80 bis &HFF werden als Bytepaare in die Datei geschrieben. In dieser Situation müssen Sie ein *Encoding*-Objekt mit der shared Methode *GetEncoding* der Klasse *Encoding* abrufen und dabei als Argument 1252 verwenden (die Codepagenummer für den Windows-Zeichensatz). So sieht das Argument aus, das Sie an den Konstruktor von *StreamWriter* übergeben:

```
Encoding.GetEncoding(1252)
```

Nachdem Sie ein *StreamWriter*-Objekt erstellt haben, können Sie auf einige praktische Eigenschaften zugreifen:

StreamWriter-Eigenschaften (Auswahl)

Eigenschaft	Typ	Zugriff
BaseStream	*Stream*	Get
Encoding	*Encoding*	Get
AutoFlush	*Boolean*	Get/Set
NewLine	*String*	Get/Set

Die Eigenschaft *BaseStream* gibt entweder das für die Erstellung des *StreamWriter*-Objekts verwendete *Stream*-Objekt oder das *Stream*-Objekt zurück, das die Klasse *StreamWriter* aus dem angegebenen Dateinamen erstellt hat. Wenn der Basisstream die Positionierung unterstützt, können Sie mithilfe dieses Objekts Positionierungsoperationen auf diesen Stream anwenden.

Die Eigenschaft *Encoding* gibt entweder die im Konstruktor angegebene Codierung oder *UTF8Encoding* zurück, wenn Sie keine Codierung angegeben haben. Durch Setzen von *AutoFlush* auf *True* wird der Puffer nach jedem Schreibvorgang in die Datei geschrieben.

Die Eigenschaft *NewLine* ist von *TextWriter* geerbt. Dies ist standardmäßig die Zeichenfolge *vbCrLf* (Wagenrücklauf und Zeilenvorschub), die Sie jedoch in *vbLF* (Zeilenvorschub) ändern können. Wenn Sie eine andere Zeichenfolge verwenden, können Ihre Dateien von *StreamReader*-Objekten nicht eingelesen werden.

Die Vielseitigkeit der Klasse *StreamWriter* erstreckt sich auch auf die Methoden *Write* und *WriteLine*, welche die Klasse von *TextWriter* erbt.

TextWriter-Methoden (Auswahl)

```
Sub Write(...)
Sub WriteLine(...)
Sub Flush()
Sub Close()
```

TextWriter unterstützt (und *StreamWriter* erbt) 17 Versionen von *Write* und 18 Versionen von *WriteLine*, die Ihnen die Angabe eines beliebigen Objekts als Argument der Methode ermöglichen. Das angegebene Objekt wird mithilfe der Methode *ToString* des Objekts in eine Zeichenfolge umgewandelt. Die Methode *WriteLine* schreibt hinter die Zeichenfolge ein Zeilenendezeichen. Eine Variante von *WriteLine* erwartet kein Argument und schreibt nur ein Zeilenendezeichen. Die Methoden *Write* und *WriteLine* bieten auch Varianten mit Formatierungszeichenfolgen, die den Varianten der Methoden *Console.Write* und *Console.WriteLine* entsprechen.

Es folgt ein kleines Programm, das bei jeder Ausführung des Programms Text an dieselbe Datei anhängt.

StreamWriterDemo.vb

```
Imports System
Imports System.IO
Module StreamWriterDemo
    Sub Main()
        Dim sw As New StreamWriter("StreamWriterDemo.txt", True)
        sw.WriteLine("You ran the StreamWriterDemo program on {0}", DateTime.Now)
        sw.Close()
    End Sub
End Module
```

Beachten Sie das *True*-Argument im Konstruktor, das angibt, dass Text an die Datei angefügt wird. Die Unicode-Zeichenfolgen im Programm werden in UTF-8 konvertiert, sehen jedoch später wie ASCII aus.

Die Klasse *StreamReader* dient zum Lesen von Textdateien oder -streams. Es gibt fünf Konstruktoren zum Öffnen einer Textdatei zum Lesen:

StreamReader-Konstruktoren (Auswahl)

```
StreamReader(ByVal strFileName As String)
StreamReader(ByVal strFileName As String, ByVal enc As Encoding)
StreamReader(ByVal strFileName As String, ByVal bDetect As Boolean)
StreamReader(ByVal strFileName As String, ByVal enc As Encoding, ByVal bDetect As Boolean)
StreamReader(ByVal strFileName As String, ByVal enc As Encoding, ByVal bDetect As Boolean,
             ByVal iBufferSize As Integer)
```

Darüber hinaus gibt es eine weitere Gruppe von fünf Konstruktoren zum Erstellen eines *StreamReader*-Objekts auf der Basis eines vorhandenen Streams:

StreamReader-Konstruktoren (Auswahl)

```
StreamReader(ByVal strm As Stream)
StreamReader(ByVal strm As Stream, ByVal enc As Encoding)
StreamReader(ByVal strm As Stream, ByVal bDetect As Boolean)
StreamReader(ByVal strm As Stream, ByVal enc As Encoding, ByVal bDetect As Boolean)
StreamReader(ByVal strm As Stream, ByVal enc As Encoding, ByVal bDetect As Boolean,
             ByVal iBufferSize As Integer)
```

Wenn Sie *bDetect* auf *True* setzen, versucht der Konstruktor, die Codierung der Datei anhand der ersten zwei oder drei Bytes zu ermitteln. Sie können die Codierung auch explizit angeben. Wenn Sie *bDetect* auf *True* setzen und außerdem eine Codierung angeben, verwendet der Konstruktor die angegebene Codierung nur, wenn er die Codierung der Datei nicht ermitteln kann. (ASCII und UTF-7 können durch eine Untersuchung nicht auseinander gehalten werden, da sie nicht mit einer BOM beginnen und beide nur Bytes im Bereich &H00 bis &H7F enthalten.) Die Klasse *StreamReader* verfügt über die beiden folgenden schreibgeschützten Eigenschaften:

StreamReader-Eigenschaften

Eigenschaft	Typ	Zugriff
BaseStream	*Stream*	Get
CurrentEncoding	*Encoding*	Get

Die Eigenschaft *CurrentEncoding* kann sich zwischen dem Zeitpunkt der Objektkonstruktion und dem Zeitpunkt der ersten auf die Datei oder den Stream angewendeten Leseoperation ändern, da das Objekt erst nach der ersten Leseoperation Informationen über die Identifikationsbytes besitzt. Es folgen die Methoden zum Einsehen, Lesen und Schließen von Textdateien:

StreamReader-Methoden (Auswahl)

```
Function Peek() As Integer
Function Read() As Integer
Function Read(ByVal achBuffer() As Char, ByVal iBufferOffset As Integer,
              ByVal iCount As Integer) As Integer
Function ReadLine() As String
Function ReadToEnd() As String
Sub Close()
```

Die Methode *Peek* und die erste *Read*-Methode geben beide das nächste Zeichen im Stream zurück, oder –1, wenn das Ende des Streams erreicht wurde. Sie müssen den Rückgabewert explizit in den Datentyp *Char* umwandeln, wenn der Rückgabewert nicht –1 lautet. Die zweite *Read*-Methode gibt die Anzahl der gelesenen Zeichen oder 0 zurück, wenn das Ende des Streams erreicht wurde.

Die Methode *ReadLine* liest die Zeile bis zum nächsten Zeilenendezeichen und entfernt die Zeilenendezeichen aus der Zeichenfolge. Die Methode gibt eine Zeichenfolge mit der Länge Null zurück, wenn die Textzeile nur ein Zeilenendezeichen enthält. Die Methode gibt *Nothing* zurück, wenn das Ende des Streams erreicht wurde.

ReadToEnd gibt alles ab der aktuellen Position bis zum Ende der Datei zurück. Die Methode gibt *Nothing* zurück, wenn das Ende des Streams erreicht wurde.

Es folgt ein Programm, das davon ausgeht, dass das Befehlszeilenargument ein URI (Universal Resource Identifier) einer HTML-Datei (oder anderen Textdatei) im Web ist. Es ruft ein *Stream*-Objekt für diese Datei ab, indem Standardcode mit den Klassen *WebRequest* und *WebResponse* verwendet wird. Das Programm konstruiert anschließend ein *StreamReader*-Objekt aus diesem Stream, verwendet *ReadLine*, um die einzelnen Zeilen zu lesen, und zeigt dann jede Zeile mithilfe von *Console.WriteLine* mit einer Zeilennummer an.

HtmlDump.vb
```vb
Imports System
Imports System.IO
Imports System.Net
Module HtmlDump
    Function Main(ByVal astrArgs() As String) As Integer
        Dim strUri As String

        ' Wenn kein Argument angegeben, Syntax anzeigen und nach URI fragen.
        If astrArgs.Length = 0 Then
            Console.WriteLine("Syntax: HtmlDump URI")
            Console.Write("Enter URI: ")
            strUri = Console.ReadLine()
        Else
            strUri = astrArgs(0)
        End If

        ' Wenn keine Eingabe, beenden.
        If strUri.Length = 0 Then
            Return 1
        End If

        Dim webreq As WebRequest
        Dim webres As WebResponse
        Try
            webreq = WebRequest.Create(strUri)
            webres = webreq.GetResponse()
        Catch exc As Exception
            Console.WriteLine("HtmlDump: {0}", exc.Message)
            Return 1
        End Try

        If webres.ContentType.Substring(0, 4) <> "text" Then
            Console.WriteLine("HtmlDump: URI must be a text type.")
            Return 1
        End If
```

```
            Dim strm As Stream = webres.GetResponseStream()
            Dim sr As New StreamReader(strm)
            Dim strLine As String
            Dim iLine As Integer = 1
            strLine = sr.ReadLine()
            While Not strLine Is Nothing
                Console.WriteLine("{0:D5}: {1}", iLine, strLine)
                iLine += 1
                strLine = sr.ReadLine()
            End While
            strm.Close()
            Return 0
        End Function
End Module
```

Testen Sie das Programm mit dem URL *http://www.charlespetzold.com*.

Binäre Dateiein-/-ausgabe

Laut Definition ist jede Datei, die keine Textdatei ist, eine binäre Datei. Die Klasse *FileStream*, die das Lesen und Schreiben von Bytes ermöglicht, wurde bereits besprochen. Doch die meisten Binärdateien bestehen aus Datentypen, die als mehrere Bytes gespeichert werden. Außer wenn Sie Code schreiben möchten, der Integer und andere Typen aus ihren einzelnen Bytes zusammensetzt oder in einzelne Bytes zerlegt, können Sie die Klassen *BinaryReader* und *BinaryWriter* verwenden, die beide direkt von *Object* abgeleitet sind.

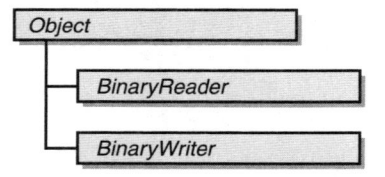

```
Object
    ├── BinaryReader
    └── BinaryWriter
```

Die Konstruktoren für diese Klassen benötigen ein *Stream*-Objekt. Wenn Sie auf eine Datei mit diesen Klassen zugreifen möchten, erstellen Sie zuerst ein neues *FileStream*-Objekt (oder rufen eines auf andere Weise ab). Bei der Klasse *BinaryWriter* wirkt sich die optional angegebene Codierung (*Encoding*) auf die Speicherung von Text im Stream aus.

BinaryWriter-Konstruktoren

```
BinaryWriter(ByVal strm As Stream)
BinaryWriter(ByVal strm As Stream, ByVal enc As Encoding)
```

Die Konstruktoren für *BinaryReader* sind genauso aufgebaut:

BinaryReader-Konstruktoren

```
BinaryReader(ByVal strm As Stream)
BinaryReader(ByVal strm As Stream, ByVal enc As Encoding)
```

Beide Klassen verfügen über nur eine schreibgeschützte Eigenschaft mit dem Namen *Base-Stream*, die dem *Stream*-Objekt entspricht, das Sie im Konstruktor angegeben haben.

Die *Write*-Methoden in *BinaryWriter* sind für alle Basistypen sowie für Byte- und Zeichenarrays definiert.

BinaryWriter-Methoden (*Public*)

```
Sub Write(...)
Sub Write(ByVal abyBuffer() As Byte, ByVal iBufferOffset As Integer, ByVal iBytesToWrite As Integer)
Sub Write(ByVal achBuffer() As Char, ByVal iBufferOffset As Integer, ByVal iBytesToWrite As Integer)
Function Seek(ByVal iOffset As Integer, ByVal so As SeekOrigin) As Long
Sub Flush()
Sub Close()
```

Als Argument für *Write* können Sie ein Objekt mit einem beliebigen Basistyp verwenden (*Boolean, Byte, Byte(), Char, Char(), Double, Decimal, Integer, Long, Short, Single* oder *String*).

Diese Methoden speichern keine Informationen über den Typ der Daten. Jeder Typ belegt so viele Bytes wie erforderlich. Ein *Single* wird z.B. mit 4 Bytes gespeichert. Ein *Boolean* benötigt 1 Byte. Die Größe von Arrays wird nicht gespeichert. Ein *Byte*-Array mit 256 Elementen wird in 256 Bytes gespeichert.

Zeichenfolgen, die in der Datei gespeichert werden, wird die Bytelänge vorangestellt, die als eine mit 7 Bit codierte Ganzzahl gespeichert wird. (Die 7-Bit-Ganzzahlcodierung verwendet so viele Bytes wie erforderlich, um eine Ganzzahl in 7-Bit-Blöcken zu speichern.) Das erste gespeicherte Byte besteht aus den niedrigsten 7 Bit der Ganzzahl usw. Das höchstwertige Bit jedes Bytes ist 1, wenn noch mehr Bytes folgen. Zur Klasse *BinaryWriter* gehört die geschützte Methode *Write7BitEncodedInt*, die diese Codierung durchführt.)

Die Methode *Close* schließt den Stream, auf dem das *BinaryWriter*-Objekt basiert.

Die Klasse *BinaryReader* hat separate Methoden, um die verschiedenen Typen einzulesen.

BinaryReader-Methoden (*Auswahl*)

```
Function ReadBoolean() As Boolean
Function ReadByte() As Byte
Function ReadBytes(ByVal iCount As Integer) As Byte()
Function ReadChar() As Char
Function ReadChars(ByVal iCount As Integer) As Char()
Function ReadInt16() As Short
Function ReadInt32() As Integer
Function ReadInt64() As Long
Function ReadSingle() As Single
Function ReadDouble() As Double
Function ReadDecimal() As Decimal
```

Diese Methoden lösen eine Ausnahme vom Typ *EndOfStreamException* aus, wenn das Ende des Streams erreicht wurde. In den meisten Fällen kennt Ihr Programm das Format der Binärdatei, auf die es zugreift, und kann Streamende-Bedingungen vermeiden. Für einen maximalen Schutz sollten Sie jedoch Ihre Leseanweisungen in *Try*-Blöcken unterbringen, falls Sie auf defekte Dateien stoßen sollten.

Sie können auch einzelne Zeichen sowie Byte- oder Zeichenarrays einlesen:

***BinaryReader*-Methoden (Auswahl)**

```
Function PeekChar() As Integer
Function Read() As Integer
Sub Read(ByVal abyBuffer() As Byte, ByVal iBufferOffset As Integer, ByVal iBytesToRead As Integer)
Sub Read(ByVal achBuffer() As Char, ByVal iBufferOffset As Integer, ByVal iBytesToRead As Integer)
Sub Close()
```

Bei *PeekChar* und der ersten *Read*-Methode geht es um Zeichen, nicht um Bytes; diese Methoden gehen davon aus, dass die Datei UTF-8-codiert ist, wenn Sie im Konstruktor nicht explizit eine Codierung angeben. Die Methoden geben –1 zurück, wenn das Ende des Streams erreicht wurde.

Wenn Sie die binäre Dateiein-/ausgabe häufig verwenden, sollten Sie Ihre Klassen darauf abstimmen. Wenn Sie eine Instanz einer Klasse in einer Datei speichern, speichern Sie genügend Informationen, um das Objekt wiederherzustellen, wenn Sie die Datei einlesen. In einer gut entworfenen Klasse werden deshalb am besten alle Eigenschaften der Klasse gespeichert, die für das Wiederherstellen des Objekts erforderlich sind.

Angenommen, Sie verfügen über die Klasse *SampleClass,* die drei Eigenschaften für das Wiederherstellen des Objekts aufweist: einen *Single* mit dem Namen *Value,* einen *String* namens *Text* und ein Objekt vom Typ *Fish,* das als Eigenschaft mit dem Namen *BasicFish* gespeichert wird. (*Fish* ist eine weitere Klasse, die Sie erstellt haben.) *SampleClass* verfügt auch über einen Konstruktor, mit dem ein neues Objekt aus diesen drei Elementen erstellt werden kann:

```
Public Sub SampleClass(ByVal fValue As Single, ByVal strText As String, ByVal fsh As Fish)
    ⋮
End Sub
```

Ferner soll angenommen werden, dass Sie eine Binärdatei verwenden müssen, um Informationen zu speichern, die aus vielen Objekten bestehen, einschließlich Objekten vom Typ *SampleClass*. Jede Klasse, die Sie erstellen, kann sowohl eine Instanzmethode mit dem Namen *Write* als auch eine shared Methode namens *Read* implementieren. Hier kommt die *Write*-Methode für *SampleClass*. Beachten Sie das Argument *BinaryWriter*.

```
Public Sub Write(ByVal bw As BinaryWriter)
    bw.Write(Value)
    bw.Write(Text)
    BasicFish.Write(bw)
End Sub
```

Da es sich bei den Eigenschaften *Value* und *Text* um Grundtypen handelt, kann diese Methode dafür einfach die *Write*-Methode von *BinaryWriter* aufrufen. Doch für die Eigenschaft *BasicFish* muss sie die entsprechende *Write*-Methode aufrufen, die Sie durch Übergabe des *BinaryWriter*-Arguments auch in der Klasse *Fish* implementiert haben.

Die *Read*-Methode ist shared, da sie nach dem Einlesen von Binärdaten aus der Datei eine Instanz von *SampleClass* erstellen muss:

```
Public Shared Function Read(ByVal br As BinaryReader) As SampleClass
    Dim fValue As Single = br.ReadSingle()
    Dim strText As String = br.ReadString()
    Dim fsh As Fish = Fish.Read(br)
    Return New SampleClass(fValue, strText, fsh)
End Function
```

Beachten Sie, dass die Klasse *Fish* auch über eine entsprechende shared *Read*-Methode verfügen muss.

Die Klasse *Environment*

Lassen Sie uns den Namespace *System.IO* kurz verlassen, um einen Blick auf die Klasse *Environment* zu werfen, die im Namespace *System* definiert ist. *Environment* verfügt über eine Sammlung verschiedener Eigenschaften und Methoden, die für das Abrufen von Informationen über den Computer nützlich sind, auf dem das Programm ausgeführt wird und an dem der aktuelle Benutzer angemeldet ist. Wie der Name andeutet, ermöglicht die Klasse *Environment* einem Programm auch das Abrufen von Umgebungszeichenfolgen. (Ich nutze dieses Feature in Kapitel 18 im Programm EnvironmentVars.)

Zwei Methoden in der Klasse *Environment* liefern Informationen über das Dateisystem:

***Environment*-Methoden (*Shared,* Auswahl)**

```
Function GetLogicalDrives() As String()
Function GetFolderPath(ByVal sf As Environment.SpecialFolder) As String
```

Ich arbeite mit einem relativ normalen Computersystem mit einem CD-ROM- und einem Iomega Zip-Laufwerk, sodass *GetLogicalDrives* auf meinem Computer die folgenden vier Zeichenfolgen in der angegebenen Reihenfolge zurückgibt:

A:\
C:\
D:\
E:\

Das Argument für *GetFolderPath* ist ein Member der Enumeration *Environment.SpecialFolder*. Die Spalte ganz rechts in der folgenden Tabelle gibt die Rückgabezeichenfolge von *GetFolderPath* auf einem Computer mit Microsoft Windows XP-Standardinstallation zurück. Ich habe ein Auslassungszeichen (...) verwendet, um anzugeben, dass die Rückgabezeichenfolge den Benutzernamen enthält (der entspricht dem Rückgabewert der shared Eigenschaft *Environment.UserName*).

Environment.SpecialFolder-Enumeration

Member	Wert	Gewöhnliche Rückgabewerte
Programs	2	C:\Dokumente und Einstellungen\...\Startmenü\Programme
Personal	5	C:\Dokumente und Einstellungen\...\Eigene Dateien
Favorites	6	C:\Dokumente und Einstellungen\...\Favoriten
Startup	7	C:\Dokumente und Einstellungen\...\Startmenü\Programme\Autostart
Recent	8	C:\Dokumente und Einstellungen\...\Recent
SendTo	9	C:\Dokumente und Einstellungen\...\SendTo
StartMenu	11	C:\Dokumente und Einstellungen\...\Startmenü
DesktopDirectory	16	C:\Dokumente und Einstellungen\...\Desktop
Templates	21	C:\Dokumente und Einstellungen\...\Vorlagen
ApplicationData	26	C:\Dokumente und Einstellungen\...\Anwendungsdaten
LocalApplicationData	28	C:\Dokumente und Einstellungen\...\Lokale Einstellungen\Anwendungsdaten
InternetCache	32	C:\Dokumente und Einstellungen\...\Lokale Einstellungen\Temporary Internet Files
Cookies	33	C:\Dokumente und Einstellungen\...\Cookies
History	34	C:\Dokumente und Einstellungen\...\Lokale Einstellungen\Verlauf
CommonApplicationData	35	C:\Dokumente und Einstellungen\All Users\Anwendungsdaten
System	37	C:\WINNT\System32 bzw. C:\WINDOWS\System32
ProgramFiles	38	C:\Programme
CommonProgramFiles	43	C:\Programme\Gemeinsame Dateien

Merkwürdigerweise ist die Enumeration *SpecialFolder* in der Klasse *Environment* definiert. Statt *GetFolderPath* mit

```
Environment.GetFolderPath(SpecialFolder.Personal)    ' Funktioniert nicht!
```

aufzurufen, müssen Sie vor *SpecialFolder* die Klasse stellen, in der diese Enumeration definiert ist:

```
Environment.GetFolderPath(Environment.SpecialFolder.Personal)
```

Die Klasse *Environment* enthält außerdem eine Reihe von Eigenschaften, die sich auf das Dateisystem und die Dateiein-/-ausgabe beziehen:

Environment-Eigenschaften (*Shared*, Auswahl)

Eigenschaft	Typ	Zugriff
SystemDirectory	String	Get
CurrentDirectory	String	Get/Set

Die Eigenschaft *SystemDirectory* gibt dieselbe Zeichenfolge zurück wie die Methode *GetFolderPath* mit dem Argument *Environment.SpecialFolder.System*.

Die Eigenschaft *CurrentDirectory* ermöglicht einem Programm das Abrufen oder Einstellen des aktuellen Laufwerks und Verzeichnisses für die Anwendung. Beim Einstellen des Verzeichnisses können Sie einen relativen Verzeichnispfad verwenden, auch die Zeichenfolge »..«, um das übergeordnete Verzeichnis anzugeben. Um zum Stammverzeichnis eines anderen Laufwerks zu wechseln, verwenden Sie den Laufwerkbuchstaben wie folgt:

```
Environment.CurrentDirectory = "D:\"
```

Wenn sich das aktuelle Laufwerk und Verzeichnis auf einem anderen Laufwerk als C befinden und Sie

`Environment.CurrentDirectory = "C:"`

verwenden, wird das aktuelle Verzeichnis auf das letzte aktuelle Verzeichnis auf Laufwerk C gestellt, bevor das aktuelle Laufwerk in ein anderes Laufwerk als C geändert wurde. Diese Technik scheint bei anderen Laufwerken nicht zu funktionieren. Der Aufruf

`Environment.CurrentDirectory = "D:"`

scheint stets das Stammverzeichnis als das aktuelle Verzeichnis von Laufwerk D einzustellen.

Wie Sie bald sehen werden, verfügen andere Klassen im Namespace *System.IO* über Äquivalente für *GetLogicalDrives* und *CurrentDirectory*.

Datei- und Pfadnamen analysieren

Gelegentlich werden Sie Datei- und Pfadnamen untersuchen und in ihre Bestandteile zerlegen müssen. Ein Beispiel: Ihr Programm hat einen vollständig angegebenen Dateinamen, aus dem Sie aber nur das Verzeichnis oder das Laufwerk benötigen. Die im Namespace *System.IO* definierte Klasse *Path* besteht ausschließlich aus shared Methoden und shared schreibgeschützten Feldern, die Aufgaben wie diese vereinfachen.

In der folgenden Tabelle zeigen die rechten beiden Spalten Beispiele für Rückgabewerte der Methoden, wenn das *strFileName*-Argument die oben in der Spalte angegebene Zeichenfolge ist. Diese Beispiele gehen davon aus, dass C:\Docs das aktuelle Verzeichnis ist.

Path-Methoden (*Shared*, Beispiele)

Methode	\DirA\MyFile	DirA\MyFile.txt
Function IsPathRooted (ByVal strFileName As String) As Boolean	*True*	*False*
Function HasExtension (ByVal strFileName As String) As Boolean	*False*	*True*
Function GetFileName (ByVal strFileName As String) As String	MyFile	MyFile.txt
Function GetFileNameWithoutExtension (ByVal strFileName As String) As String	MyFile	MyFile
Function GetExtension (ByVal strFileName As String) As String		.txt
Function GetDirectoryName (ByVal strFileName As String) As String	\DirA	DirA
Function GetFullPath (ByVal strFileName As String) As String	C:\DirA\MyFile	C:\Docs\DirA\MyFile.txt
Function GetPathRoot (ByVal strFileName As String) As String	\	

Hier ist interessant, dass weder DirA noch MyFile vorhanden sein müssen, damit diese Methoden funktionieren. Die Methoden führen hauptsächlich nur Zeichenfolgenbearbeitungen durch, gelegentlich in Kombination mit dem aktuellen Verzeichnis.

Die folgenden beiden Methoden geben einen neuen Pfad und Dateinamen zurück:

Path-Methoden (Shared, Auswahl)

```
Function Combine(ByVal strLeftPart As String, ByVal strRightPart As String) As String
Function ChangeExtension(ByVal strFileName As String, ByVal strNewExtension As String) As String
```

Die Methode *Combine* verknüpft einen Pfadnamen (links, *strLeftPart*) mit einem Pfad- und/oder Dateinamen (rechts, *strRightPart*). Verwenden Sie für diese Aufgabe anstelle einer Zeichenfolgenverkettung die Methode *Combine,* sonst ist nicht eindeutig, ob ein umgekehrter Schrägstrich (Backslash) das Ende des linken Teils oder den Anfang des rechten Teils kennzeichnet. Die Methode *ChangeExtension* ändert lediglich die Dateinamenerweiterung in eine andere Zeichenfolge. Geben Sie bei der neuen Erweiterung einen Punkt mit an. Setzen Sie das Argument *strNewExtension* auf *Nothing,* um die Erweiterung zu entfernen.

Die folgenden Methoden rufen ein zum Speichern temporärer Daten geeignetes Verzeichnis und einen vollständigen eindeutigen Dateinamen ab, den das Programm zum Speichern temporärer Daten verwenden kann:

Path-Methoden (Shared, Auswahl)

```
Function GetTempPath() As String
Function GetTempFileName() As String
```

Wenn Sie die Analyse und Zerlegung von Datei- und Pfadnamen manuell ausführen müssen, sollten Sie keine Sonderzeichen fest in den Code einprogrammieren, von denen sie annehmen, dass sie in den Zeichenfolgen auftauchen könnten. Verwenden Sie stattdessen die folgenden shared schreibgeschützten Felder von *Path*:

Path-Felder (Shared)

Feld	Typ	Zugriff	Windows-Standard
PathSeparator	Char	schreibgeschützt	;
VolumeSeparatorChar	Char	schreibgeschützt	:
DirectorySeparatorChar	Char	schreibgeschützt	\
AltDirectorySeparatorChar	Char	schreibgeschützt	/
InvalidPathChars	Char()	schreibgeschützt	" < >	

Parallele Klassen

Eine weitere gängige Aufgabe bei der Dateiein-/-ausgabe ist das Abrufen einer Liste aller Dateien und Unterverzeichnisse in einem Verzeichnis. Vier Klassen liefern Informationen zu Dateien und Verzeichnissen: *Directory, File, DirectoryInfo* und *FileInfo.* Alle vier Klassen (sowie die zuvor behandelte Klasse *Path*) sind *NotInheritable* (nicht vererbbar). So sieht die Klassenhierarchie aus:

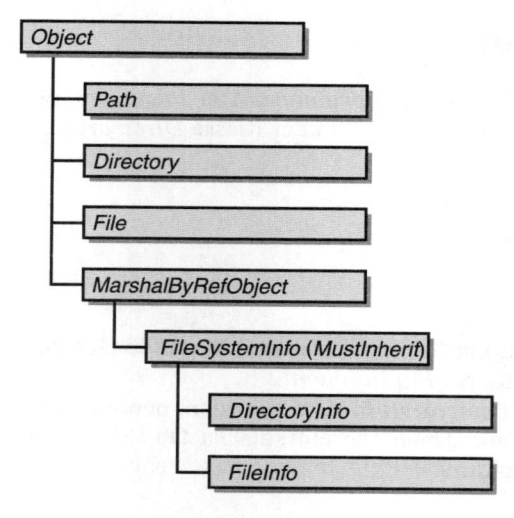

```
Object
 ├─ Path
 ├─ Directory
 ├─ File
 └─ MarshalByRefObject
     └─ FileSystemInfo (MustInherit)
         ├─ DirectoryInfo
         └─ FileInfo
```

Directory und *File* können nicht instanziiert werden. Die beiden Klassen bestehen ausschließlich aus shared Methoden.

DirectoryInfo und *FileInfo* enthalten *keine* shared Methoden oder Eigenschaften. Sie müssen ein Objekt vom Typ *DirectoryInfo* oder *FileInfo* abrufen, um diese Klasse zu verwenden. Beide Klassen sind von der abstrakten (*MustInherit*) Klasse *FileSystemInfo* abgeleitet, sodass sie einige Eigenschaften und Methoden gemeinsam haben.

Wie die Namen vermuten lassen, stellen *Directory* und *DirectoryInfo* ähnliche Methoden bereit. Die Methoden von *Directory* sind jedoch shared und erwarten als Argument den Verzeichnisnamen. Die Eigenschaften und Methoden von *DirectoryInfo* sind nicht shared. Das Konstruktorargument gibt den Namen des Verzeichnisses an, für das die Eigenschaften und Methoden gelten.

File und *FileInfo* stellen ähnliche Methoden bereit. Sie müssen jedoch in den Aufrufen der shared Methoden von *File* einen bestimmten Dateinamen angeben und eine Instanz von *FileInfo* erstellen, indem Sie im Konstruktor einen Dateinamen angeben.

Wenn Sie Informationen über eine bestimmte Datei benötigen, stellt sich die Frage, ob Sie besser *File* oder *FileInfo* (bzw. bei Verzeichnissen *Directory* oder *DirectoryInfo*) wählen. Wenn Sie nur eine Information benötigen, ist es bestimmt am einfachsten, die entsprechende shared Methode in *File* oder *Directory* zu verwenden. Wenn Sie mehrere Informationen benötigen, ist es sinnvoller, ein Objekt vom Typ *FileInfo* oder *DirectoryInfo* zu erstellen und anschließend die Instanzeigenschaften und -methoden zu verwenden. Es gibt keinen Grund, eine der Klassen vorzuziehen.

Die Arbeit mit Verzeichnissen

Lassen Sie uns mit den Klassen *Directory* und *DirectoryInfo* beginnen. Die folgenden drei shared Methoden der Klasse *Directory* haben keine Entsprechungen in der Klasse *DirectoryInfo*:

Directory-Methoden (*Shared*, Auswahl)

```
Function GetLogicalDrives() As String()
Function GetCurrentDirectory() As String
Sub SetCurrentDirectory(ByVal strPath As String)
```

Bei diesen Methoden handelt es sich im Wesentlichen um Kopien der shared Methode *GetLogicalDrives* und der Eigenschaft *CurrentDirectory* der Klasse *Environment*.

Um die Eigenschaften oder Methoden der Klasse *DirectoryInfo* zu verwenden, benötigen Sie ein *DirectoryInfo*-Objekt. Eine der Möglichkeiten, mit denen Sie ein solches Objekt abrufen können, ist das Verwenden des *DirectoryInfo*-Konstruktors:

DirectoryInfo-Konstruktor

```
DirectoryInfo(ByVal strPath As String)
```

Das Verzeichnis muss nicht vorhanden sein. Wenn Sie ein neues Verzeichnis erstellen möchten, ist das Erstellen eines Objekts vom Typ *DirectoryInfo* sogar grundsätzlich der erste Schritt.

Nach dem Erstellen eines Objekts vom Typ *DirectoryInfo* können Sie ermitteln, ob das Verzeichnis vorhanden ist. Auch wenn das Verzeichnis nicht vorhanden ist, können Sie verschiedene Informationen zum Verzeichnis so abrufen, als wäre es vorhanden. Die beiden rechten Spalten der folgenden Tabelle zeigen Beispiele. Die Spaltenüberschrift ist die Zeichenfolge, die an den *DirectoryInfo*-Konstruktor übergeben wurde. Diese Beispiele geben davon aus, dass C:\Docs das aktuelle Verzeichnis ist.

DirectoryInfo-Eigenschaften (Auswahl)

Eigenschaft	Typ	Zugriff	DirA	DirA\DirB.txt
Exists	*Boolean*	Get		
Name	*String*	Get	DirA	DirB.txt
FullName	*String*	Get	C:\Docs\DirA	C:\Docs\DirA\DirB.txt
Extension	*String*	Get		.txt
Parent	*DirectoryInfo*	Get	C:\Docs	C:\Docs\DirA
Root	*DirectoryInfo*	Get	C:\	C:\

FullName und *Extension* sind von der Klasse *FileSystemInfo* geerbt. Einige dieser Eigenschaften sind auch als shared Methoden in der Klasse *Directory* vorhanden. Da die Methoden shared sind, benötigen Sie ein Argument, das den gewünschten Pfadnamen angibt:

Directory-Methoden (*Shared*, Auswahl)

```
Function Exists(ByVal strPath As String) As Boolean
Function GetParent(ByVal strPath As String) As DirectoryInfo
Function GetDirectoryRoot(ByVal strPath As String) As String
```

Ich habe bereits erwähnt, dass Sie ein *DirectoryInfo*-Objekt mit einem Verzeichnis erstellen können, das nicht vorhanden ist. Sie können anschließend dieses Verzeichnis auf der Festplatte erstellen, indem Sie die Methode *Create* aufrufen, oder Sie können ein Unterverzeichnis des Verzeichnisses erstellen:

DirectoryInfo-Methoden (Auswahl)

```
Sub Create()
Function CreateSubdirectory(ByVal strPath As String) As DirectoryInfo
Sub Refresh()
```

Beachten Sie, dass der Aufruf von *CreateSubdirectory* ein weiteres *DirectoryInfo*-Objekt mit Informationen zum neuen Verzeichnis zurückgibt. Ist das angegebene Verzeichnis vorhanden, wird *keine* Ausnahme ausgelöst. Das Verzeichnis, das zum Erstellen des *DirectoryInfo*-Objekts verwendet oder an *CreateSubdirectory* übergeben wird, kann mehrere Ebenen mit Verzeichnisnamen enthalten.

Ist das Verzeichnis beim Erstellen des *DirectoryInfo*-Objekts nicht vorhanden, und rufen Sie anschließend *Create* auf, lautet der Wert der Eigenschaft *Exits* nicht plötzlich *True*. Sie müssen die Methode *Refresh* aufrufen (die von *FileSystemInfo* geerbt wird), um die *DirectoryInfo*-Informationen zu aktualisieren.

Die Klasse *Directory* verfügt auch über eine shared Methode zum Erstellen eines neuen Verzeichnisses:

Directory-Methoden (*Shared,* Auswahl)

```
Function CreateDirectory(ByVal strPath As String) As DirectoryInfo
```

Verzeichnisse können Sie mit der Methode *Delete* von *DirectoryInfo* löschen:

Delete-Methoden von *DirectoryInfo*

```
Sub Delete()
Sub Delete(ByVal bRecursive As Boolean)
```

Für diese Methoden gibt es entsprechende shared Versionen in der Klasse *Directory:*

Delete-Methoden von *Directory* (*Shared*)

```
Sub Delete(ByVal strPath As String)
Sub Delete(ByVal strPath As String, ByVal bRecursive As Boolean)
```

Wenn Sie die zweite Version von *Delete* in einer der beiden Tabellen verwenden und das Argument *bRecursive* auf *True* setzen, löscht die Methode auch alle Dateien und Unterverzeichnisse aus dem angegebenen Verzeichnis. Andernfalls muss das Verzeichnis leer sein, damit keine Ausnahme ausgelöst wird.

Die folgenden Informationen sind zwar nützlicher in Verbindung mit Dateien, aber die Tabelle mit vier Eigenschaften vervollständigt unsere Untersuchung der *DirectoryInfo*-Eigenschaften:

DirectoryInfo-Eigenschaften (Auswahl)

Eigenschaft	Typ	Zugriff
Attributes	*FileAttributes*	Get/Set
CreationTime	*DateTime*	Get/Set
LastAccessTime	*DateTime*	Get/Set
LastWriteTime	*DateTime*	Get/Set

Diese Eigenschaften werden mit Ausnahme von *Attributes* alle von der Klasse *FileSystemInfo* geerbt und es gibt von allen auch entsprechende shared Methoden in der Klasse *Directory*:

Directory-Methoden (*Shared*, Auswahl)

```
Function GetCreationTime(ByVal strPath As String) As DateTime
Function GetLastAccessTime(ByVal strPath As String) As DateTime
Function GetLastWriteTime(ByVal strPath As String) As DateTime
Sub SetCreationTime(ByVal strPath As String, ByVal dt As DateTime)
Sub SetLastAccessTime(ByVal strPath As String, ByVal dt As DateTime)
Sub SetLastWriteTime(ByVal strPath As String, ByVal dt As DateTime)
```

Die Struktur *DateTime* ist im Namespace *System* definiert. *FileAttributes* ist eine Sammlung von Bitflags, die als Enumeration definiert ist:

FileAttributes-Enumeration

Member	Wert
ReadOnly	&H00000001
Hidden	&H00000002
System	&H00000004
Directory	&H00000010
Archive	&H00000020
Device	&H00000040
Normal	&H00000080
Temporary	&H00000100
SparseFile	&H00000200
ReparsePoint	&H00000400
Compressed	&H00000800
Offline	&H00001000
NotContentIndexed	&H00002000
Encrypted	&H00004000

Bei Verzeichnissen ist immer das *Directory*-Bit (&H10) gesetzt.

Um ein Verzeichnis und seinen gesamten Inhalt in ein anderes Verzeichnis auf derselben Festplatte zu verschieben, können Sie die Methode *MoveTo* verwenden:

DirectoryInfo-Methoden (Auswahl)

```
Sub MoveTo(ByVal strPathDestination As String)
```

Sie können aber auch die shared Methode *Move* in der Klasse *Directory* nehmen:

Directory-Methoden (Shared, Auswahl)

```
Sub Move(ByVal strPathSource As String, ByVal strPathDestination As String)
```

Bei beiden Methodenaufrufen darf das Ziel noch nicht vorhanden sein.

Die restlichen Methoden von *DirectoryInfo* und *Directory* rufen ein Array aller Dateien und Unterverzeichnisse in einem Verzeichnis oder nur die Verzeichnisse und Dateien ab, die einem bestimmten, unter Verwendung von Platzhaltern (Fragezeichen und Sternchen) angegebenen Muster entsprechen. Es folgen die sechs Methoden von *DirectoryInfo*:

DirectoryInfo-Methoden (Auswahl)

```
Function GetDirectories() As DirectoryInfo()
Function GetDirectories(ByVal strPattern As String) As DirectoryInfo()
Function GetFiles() As FileInfo()
Function GetFiles(ByVal strPattern As String) As FileInfo()
Function GetFileSystemInfos() As FileSystemInfo()
Function GetFileSystemInfos(ByVal strPattern As String) As FileSystemInfo()
```

Die Methode *GetDirectories* gibt eine Auflistung von Verzeichnissen als Array von *DirectoryInfo*-Objekten zurück. Ähnlich gibt die Methode *GetFiles* eine Auflistung von Dateien als Array von *FileInfo*-Objekten zurück. Die Methode *GetFileSystemInfos* gibt sowohl Verzeichnisse als auch Dateien als Array von *FileSystemInfo*-Objekten zurück. Sie werden sich erinnern, dass *FileSystemInfo* die übergeordnete Klasse von *DirectoryInfo* und *FileInfo* ist.

Die Klasse *Directory* enthält eine ähnliche Gruppe mit sechs Methoden, die jedoch alle Zeichenfolgenarrays zurückgeben:

Directory-Methoden (Shared, Auswahl)

```
Function GetDirectories(ByVal strPath As String) As String()
Function GetDirectories(ByVal strPath As String, ByVal strPattern As String) As String()
Function GetFiles(ByVal strPath As String) As String()
Function GetFiles(ByVal strPath As String, ByVal strPattern As String) As String()
Function GetFileSystemEntries(ByVal strPath As String) As String()
Function GetFileSystemEntries(ByVal strPath As String, ByVal strPattern As String) As String()
```

Wir verfügen nun über alle Informationen, um das zuvor gezeigte Programm HexDump so weiterzuentwickeln, dass Dateiangaben mit Platzhaltern in der Befehlszeile funktionieren. Hier kommt WildCardHexDump.

WildCardHexDump.vb

```vb
Imports System
Imports System.IO
Module WildCardHexDump
    Function Main(ByVal astrArgs() As String) As Integer
        ' Wenn kein Argument angegeben, Syntax anzeigen and nach Dateinamen fragen.
        If astrArgs.Length = 0 Then
            Console.WriteLine("Syntax: WildCardHexDump file1 file2 ...")
            Console.Write("Enter file specifications(s): ")
            astrArgs = Console.ReadLine().Split(Nothing)
        End If
        ' Wenn keine Eingabe, beenden.
        If astrArgs(0).Length = 0 Then
            Return 1
        End If
        ' Dump für jede einzelne Datei oder eine Sammlung von Dateien ausgeben.
        Dim str As String
        For Each str In astrArgs
            ExpandWildCard(str)
        Next str
        Return 0
    End Function
    Private Sub ExpandWildCard(ByVal strWildCard As String)
        Dim strFile, astrFiles(), strDir As String
        Try
            astrFiles = Directory.GetFiles(strWildCard)
        Catch
            Try
                strFile = Path.GetFileName(strWildCard)
                If strDir Is Nothing OrElse strDir.Length = 0 Then
                    strDir = "."
                End If
                astrFiles = Directory.GetFiles(strDir, strFile)
            Catch
                Console.WriteLine(strWildCard & ": No Files found!")
                Return
            End Try
        End Try
        If astrFiles.Length = 0 Then
            Console.WriteLine(strWildCard & ": No files found!")
        End If
        For Each strFile In astrFiles
            HexDump.DumpFile(strFile)
        Next strFile
    End Sub
End Module
```

Neben der Verwendung normaler Platzhalter sollte es möglich sein, auch nur einen Verzeichnisnamen als Argument anzugeben. Ich wollte z.B., dass

```
WildCardHexDump c:\
```

dasselbe bedeutet wie

```
WildCardHexDump c:\*.*
```

Die Methode *ExpandWildCard* beginnt mit dem Versuch, alle Dateien im angegebenen Befehlszeilenargument abzurufen.

```
astrFiles = Directory.GetFiles(strWildCard)
```

Dieser Aufruf funktioniert, wenn *strWildCard* nur ein Verzeichnis angibt (wie z.B. *C:*), sonst wird eine Ausnahme ausgelöst. Aus diesem Grund steht der Aufruf in einem *Try*-Block. Der *Catch*-Block geht davon aus, dass das Befehlszeilenargument einen Pfad- und einen Dateinamen enthält, und ruft diese Komponenten mithilfe der shared *Path*-Methoden *GetDirectoryName* und *GetFileName* ab. Das erste Argument der Methode *GetFiles* von *Directory* darf jedoch weder *Nothing* noch eine leere Zeichenfolge sein. Vor dem Aufruf von *GetFiles* umgeht das Programm dieses Problem, indem der Pfadname auf ».« eingestellt wird, womit das aktuelle Verzeichnis angegeben wird.

Dateimerkmale abfragen und einstellen

Ebenso wie die Klassen *Directory* und *DirectoryInfo* sind sich die Klassen *File* und *FileInfo* sehr ähnlich. Sie haben viele Funktionen gemeinsam. Wie bei der Klasse *Directory* sind alle Methoden in der Klasse *File* shared. Das erste Argument jeder Methode ist eine Zeichenfolge, die den Pfadnamen der Datei angibt. Die Klasse *FileInfo* erbt von *FileSystemInfo*. Sie erstellen ein Objekt vom Typ *FileInfo* auf der Basis eines Dateinamens, der einen vollständigen oder relativen Verzeichnispfad enthalten kann.

FileInfo-Konstruktor

```
FileInfo(ByVal strFileName As String)
```

Die Datei muss nicht unbedingt vorhanden sein. Mithilfe der folgenden schreibgeschützten Eigenschaften können Sie ermitteln, ob die Datei vorhanden ist, und Informationen darüber abfragen:

FileInfo-Eigenschaften (Auswahl)

Eigenschaft	Typ	Zugriff
Exists	*Boolean*	Get
Name	*String*	Get
FullName	*String*	Get
Extension	*String*	Get
DirectoryName	*String*	Get
Directory	*DirectoryInfo*	Get
Length	*Long*	Get

Nur für eine dieser Eigenschaften gibt es in der Klasse *File* ein Entsprechung:

File-Methoden

```
Function Exists(ByVal strFileName As String) As Boolean
```

FileInfo verfügt über vier weitere Eigenschaften, welche die Attribute der Datei und die Datumsangaben zur Erstellung, zum letzten Zugriff und zum letzten Schreibvorgang verraten:

FileInfo-Eigenschaften (Auswahl)

Eigenschaft	Typ	Zugriff
Attributes	*FileAttributes*	Get/Set
CreationTime	*DateTime*	Get/Set
LastAccessTime	*DateTime*	Get/Set
LastWriteTime	*DateTime*	Get/Set

Diese Eigenschaften werden alle von der Klasse *FileSystemInfo* geerbt und es gibt sie als shared Methoden auch in der Klasse *File*:

File-Methoden (*Shared*, Auswahl)

```
Function GetAttributes(ByVal strFileName As String) As FileAttributes
Function GetCreationTime(ByVal strFileName As String) As DateTime
Function GetLastAccessTime(ByVal strFileName As String) As DateTime
Function GetLastWriteTime(ByVal strFileName As String) As DateTime
Sub SetAttributes(ByVal strFileName As String, ByVal fa As FileAttributes)
Sub SetCreationTime(ByVal strFileName As String, ByVal dt As DateTime)
Sub SetLastAccessTime(ByVal strFileName As String, ByVal dt As DateTime)
Sub SetLastWriteTime(ByVal strFileName As String, ByVal dt As DateTime)
```

Mit den folgenden Methoden können Sie die Datei kopieren, verschieben oder löschen. Ich habe hier die Methode *Refresh* hinzugefügt, welche die Objekteigenschaften aktualisiert, nachdem Sie Änderungen an der Datei vorgenommen haben:

FileInfo-Methoden (Auswahl)

```
Function CopyTo(ByVal strFileName As String) As FileInfo
Function CopyTo(ByVal strFileName As String, ByVal bOverwrite As Boolean) As FileInfo
Sub MoveTo(ByVal strFileName As String)
Sub Delete()
Sub Refresh()
```

Die Möglichkeit zum Kopieren, Verschieben und Löschen gibt es auch in der Klasse *File*:

File-Methoden (*Shared*, Auswahl)

```
Sub Copy(ByVal strFileNameSrc As String, ByVal strFileNameDst As String)
Sub Copy(ByVal strFileNameSrc As String, ByVal strFileNameDst As String, ByVal bOverwrite As boolean)
Sub Move(ByVal strFileNameSrc As String, ByVal strFileNameDst As String)
Sub Delete(ByVal strFileName As String)
```

Schließlich bieten die Klassen *File* und *FileInfo* mehrere Methoden zum Öffnen von Dateien:

FileInfo-Methoden (Auswahl)

```
Function Create() As FileStream
Function Open(ByVal fm As FileMode) As FileStream
Function Open(ByVal fm As FileMode, ByVal fa As FileAccess) As FileStream
Function Open(ByVal fm As FileMode, ByVal fa As FileAccess, ByVal fs As FileShare) As FileStream
Function OpenRead() As FileStream
Function OpenWrite() As FileStream
Function OpenText() As StreamReader
Function CreateText() As StreamWriter
Function AppendText() As StreamWriter
```

Diese Methoden sind praktisch, wenn Sie zuvor ein Array aus *FileInfo*-Objekten aus einem *GetFiles*-Aufruf des *DirectoryInfo*-Objekts abgerufen haben und nun in jeder Datei herumstöbern möchten.

Sie können auch die entsprechenden shared Methoden verwenden, die in der Klasse *File* implementiert sind:

File-Methoden (*Shared*, Auswahl)

```
Function Create(ByVal strFileName As String) As FileStream
Function Open(ByVal strFileName As String, ByVal fm As FileMode) As FileStream
Function Open(ByVal strFileName As String, ByVal fm As FileMode, ByVal fa As FileAccess) As FileStream
Function Open(ByVal strFileName As String,ByVal fm As FileMode, ByVal fa As FileAccess,
              ByVal fs As FileShare) As FileStream
Function OpenRead(ByVal strFileName As String) As FileStream
Function OpenWrite(ByVal strFileName As String) As FileStream
Function OpenText(ByVal strFileName As String) As StreamReader
Function CreateText(ByVal strFileName As String) As StreamWriter
Function AppendText(ByVal strFileName As String) As StreamWriter
```

Diese Methoden bieten jedoch keine echten Vorteile gegenüber den entsprechenden Konstruktoren der Klassen *FileStream*, *StreamReader* oder *StreamWriter*. Dass sie überhaupt in der Klasse *File* vorhanden sind, war anfangs einer der Aspekte des Namespaces *System.IO*, der mich sehr irritierte. Es ist nicht sinnvoll, eine Klasse wie *File* nur zum Abrufen eines Objekts vom Typ *FileStream* zu verwenden, damit Sie mit den Eigenschaften und Methoden von *FileStream* arbeiten können. Es ist einfacher, nur eine Klasse zu verwenden, wenn diese für Ihre Zwecke ausreicht.

B Die Klasse *Math*

1009	Numerische Datentypen
1010	Prüfen auf Ganzzahlüberlauf
1011	Der Datentyp *Decimal*
1013	Unendlichkeit und NaNs bei Gleitkommazahlen
1015	Die Klasse *Math*
1017	Der Rest bei Gleitkommaberechnungen
1018	Potenzen und Logarithmen
1019	Trigonometrische Funktionen

Die Arbeit mit Zahlen ist die grundlegendste Programmieraufgabe. Das Microsoft .NET Framework und Microsoft Visual Basic .NET warten in diesem Bereich mit neuen Features auf, die vielleicht sogar einem erfahrenen Visual Basic-Programmierer neu sind. In diesem Anhang möchte ich diese Features sowie die überaus wichtige Klasse *Math* vorstellen. Sie enthält Methoden, die die mathematischen Funktionen *Abs*, *Atn*, *Cos*, *Exp*, *Log*, *Round*, *Sgn*, *Sin*, *Sqr* und *Tan* von Visual Basic 6.0 ersetzen.

Numerische Datentypen

Die Sprache Visual Basic .NET unterstützt 7 numerische Datentypen, die in drei Kategorien fallen: Ganzzahlen, Gleitkommazahlen und Dezimalzahlen.

Numerische Datentypen von Visual Basic .NET

	Ganzzahlen			
Bit	mit Vorzeichen	ohne Vorzeichen	Gleitkomma	Dezimal
8		*Byte*		
16	*Short*			
32	*Integer*		*Single*	
64	*Long*		*Double*	
128				*Decimal*

In einem Visual Basic .NET-Programm hat ein ganzzahliges Literal (d.h. eine Zahl ohne Dezimalpunkt) den Typ *Integer*, es sei denn, der Wert ist größer als der maximale *Integer*-Wert. In diesem Fall wird der Datentyp *Long* angenommen. Ein Literal mit Dezimalpunkt (oder mit einem Exponenten, der mit einem *E* oder *e* angegeben wird, auf den eine Zahl folgt) hat den Typ *Double*. Für numerische Literale können Sie die folgenden Suffixe verwenden, um Ihre Absicht zu verdeutlichen.

Suffixe für numerische Literale

Typ	Suffix
Short	S
Integer	I
Long	L
Single	F
Double	R
Decimal	D

Das Suffix *F* steht für »float« (Gleikomma) und das suffix *R* für »real«, der mathematischen Bezeichnung für Gleitkommazahlen. Zur Angabe eines *Byte*-Literals verwenden Sie die Visual Basic-Funktion *CByte*.

Die Visual Basic .NET-Typnamen sind Aliase für Strukturen, die in der .NET Framework-Klasse *System* definiert sind. Diese Strukturen sind alle von *ValueType* abgeleitet, der wiederum von *Object* abstammt.

Numerische Datentypen von .NET

Bit	Ganzzahlen		Gleitkomma	Dezimal
	mit Vorzeichen	ohne Vorzeichen		
8	SByte	Byte		
16	Int16	UInt16		
32	Int32	UInt32	Single	
64	Int64	UInt64	Double	
128				Decimal

Die .NET-Datentypen *SByte*, *UInt16*, *UInt32* und *UInt64* sind nicht CLS-konform (Common Language Specification) und werden von Visual Basic .NET nicht unterstützt.

Prüfen auf Ganzzahlüberlauf

Sehen Sie sich folgenden Code an:

```
Dim x As Short = 32767
x += 1S
```

Und auch diesen Code:

```
Dim x As Short = -32768
x -= 1S
```

Dies sind Beispiele für den Über- und Unterlauf von Ganzzahlen. Beide Operationen zum Erhöhen bzw. Verringern des Werts führt zum Auslösen einer Ausnahme vom Typ *OverflowEx-*

ception. Das werden Sie wahrscheinlich auch wollen. Aber bisweilen arbeiten Programmierer auch mit dem Über- und Unterlauf von Ganzzahlen. Um clevere Techniken von hässlichen Bugs zu trennen, ermöglicht Visual Basic .NET das Ausschalten der Prüfung des Über- und Unterlaufs von Ganzzahlen durch die folgende Compileroption:

/removeintchecks+

Die folgende Compileroption führt zur Standardeinstellung:

/removeintchecks-

In Visual Basic .NET können Sie diese Compileroption einstellen, indem Sie zuerst für das Projekt das Dialogfeld *Eigenschaftenseiten* öffnen. Wählen Sie links im Dialogfeld unter *Konfigurationseigenschaften* die Option *Optimierungen*. Aktivieren Sie rechts im Dialogfeld die Option *Überprüfungen auf Ganzzahlüberlauf entfernen*.

Wenn Sie die Laufzeitprüfung auf Über- und Unterlauf deaktivieren, führen die zuvor gezeigten Erhöhungs- bzw. Verminderungsoperationen zu den Ergebnissen –32768 und 32767.

Ganz unabhängig davon, welche Compileroption verwendet wird, löst die Division von Ganzzahlen durch Null immer die Ausnahme *DivideByZeroException* aus.

Der Datentyp *Decimal*

Der Visual Basic 6.0-Typ *Decimal* ist in Visual Basic .NET zu einem vollwertigen Datentyp geworden. Der Datentyp *Decimal* verwendet zur Speicherung von Werten 16 Bytes (128 Bits). Die 128 Bits werden aufgeteilt in einen ganzzahligen Teil mit 96 Bits, ein Vorzeichen mit 1 Bit und einen Skalierungsfaktor, der von 0 bis 28 reichen kann. Mathematisch ist der Skalierungsfaktor eine negative Potenz von 10 und gibt die Anzahl der Dezimalstellen der Zahl an.

Verwechseln Sie den Datentyp *Decimal* nicht mit den in einigen Programmiersprachen zu findenden BCD-Zahlen (binary-coded decimal). Bei einem BCD-Datentyp wird jede Dezimalstelle mit 4 Bits gespeichert. Der *Decimal*-Typ speichert die Zahl als binäre Ganzzahl. Wenn Sie z.B. ein *Decimal* mit dem Wert 12,34 definieren, wird die Zahl als die Ganzzahl &H4D2 (oder 1234) mit dem Skalierungsfaktor 2 gespeichert. Bei einer BCD-Codierung wird die Zahl als &H1234 gespeichert.

Solange eine Dezimalzahl 28 Stellen (oder weniger) und 28 Dezimalstellen (oder weniger) hat, speichert der Datentyp *Decimal* die Zahl exakt. Bei Gleitkommazahlen ist das nicht so! Wenn Sie ein *Single* mit dem Wert 12,34 definieren, wird dieser als &HC570A4 (oder 12.939.428) geteilt durch &H100000 (oder 1.048.576) gespeichert, was nur *annähernd* 12,34 ergibt. Auch wenn Sie ein *Double* mit dem Wert 12,34 definieren, wird dieser als &H18AE147AE147AE (oder 6.946.802.425.218.990) geteilt durch &H2000000000000 (oder 562.949.953.421.312) gespeichert, was auch wieder nur *ungefähr* 12,34 ergibt.

Aus diesem Grund sollten Sie *Decimal* verwenden, wenn Sie Berechnungen durchführen möchten, bei denen nicht plötzlich auf geheimnisvolle Weise ganz kleine Beträge auftauchen und wieder verschwinden. Der Datentyp *Single* eignet sich hervorragend für wissenschaftliche und technische Anwendungen, für Finanzanwendungen ist er jedoch weniger geeignet.

Wenn Sie *Decimal* genauer untersuchen möchten, können Sie dazu den folgenden Konstruktor verwenden:

Decimal-Konstruktoren (Auswahl)

```
Decimal(ByVal iLow As Integer, ByVal iMiddle As Integer, ByVal iHigh As Integer,
        ByVal bNegative As Boolean, ByVal byScale As Byte)
```

Die ersten drei Argumente sind zwar als Integer mit Vorzeichen definiert, werden aber vom Konstruktor als Integer ohne Vorzeichen behandelt, um eine aus 96 Bits zusammengesetzte Ganzzahl ohne Vorzeichen zu bilden. Das Argument *byScale* (das einen Wert von 0 bis 28 haben kann) ist die Anzahl der Dezimalstellen. Der Ausdruck

```
New Decimal(123456789, 0, 0, False, 5)
```

erstellt z.B. die *Decimal*-Zahl.

```
1234.56789
```

Die größte positive *Decimal*-Zahl ist

```
New Decimal(-1, -1, -1, False, 0)
```

oder

```
79.228.162.514.264.337.593.543.950.335
```

die Sie auch aus dem Feld *MaxValue* der Struktur *Decimal* abrufen können:

```
Decimal.MaxValue
```

Die kleinste darstellbare *Decimal*-Zahl größer als 0 ist

```
New Decimal(1, 0, 0, False, 28)
```

Dies entspricht

```
0,0000000000000000000000000001
```

oder

1×10^{-28}.

Wenn Sie diese Zahl in einem Visual Basic .NET-Programm durch 2 dividieren, ist das Ergebnis 0.

Es ist auch möglich, die Bits abzurufen, die zum Speichern eines *Decimal*-Werts verwendet werden:

Decimal-Methoden (*Shared*, Auswahl)

```
Function GetBits(ByVal dValue As Decimal) As Integer()
```

Diese Methode gibt ein Array aus vier Integern zurück. Das erste, zweite und dritte Element des Arrays entspricht der entsprechenden Komponente der 96-Bit-Ganzzahl ohne Vorzeichen. Das vierte Element enthält das Vorzeichen und den Skalierungsfaktor: Die Bits 0 bis 15 sind 0. Die Bits 16 bis 23 enthalten einen Skalierungswert von 0 bis 28. Die Bits 24 bis 30 sind 0, und Bit 31 ist 0 für positiv und 1 für negativ.

Wenn Sie eine *Decimal*-Zahl mit dem Namen *dValue* haben, können Sie diese Anweisung ausführen:

```
Dim ai() As Integer = Decimal.GetBits(dValue)
```

Ist *ai(3)* negativ, ist auch die *Decimal*-Zahl negativ. Der Skalierungsfaktor lautet

```
(ai(3) \ &H10000) And &HFF
```

Ich habe bereits erwähnt, dass Gleitkommadarstellungen häufig nicht ganz genau sind. Wenn Sie anfangen, arithmetische Operationen auf Gleitkommazahlen anzuwenden, können die Werte immer ungenauer werden. Jeder, der schon einmal mit Gleitkommatypen gearbeitet hat, weiß, dass ein Wert, der eigentlich 4,55 betragen sollte, häufig als 4,549999 oder 4,550001 gespeichert wird.

Die Dezimaldarstellung ist da genauer. Angenommen, *d1* ist wie folgt definiert:

```
Dim d1 As Decimal = 12.34D
```

Intern hat *d1* die Ganzzahlkomponente 1234 und den Skalierungsfaktor 2. Nehmen wir weiter an, dass *d2* so definiert ist:

```
Dim d2 As Decimal = 56.789D
```

Die Ganzzahlkomponente ist 56789, der Skalierungsfaktor 3. Addieren Sie nun diese beiden Zahlen:

```
Dim d3 As Decimal = d1 + d2
```

Intern wird die Ganzzahlkomponente *d1* mit 10 multipliziert (um 12340 zu erhalten) und der Skalierungsfaktor auf 3 gesetzt. Nun können die Ganzzahlkomponenten direkt addiert werden: 12340 plus 56789 ist gleich 69129 bei einem Skalierungsfaktor 3. Der tatsächliche Wert ist 69,129. Die Zahlen sind exakt.

Multiplizieren sie die beiden Zahlen nun:

```
Dim d4 As Decimal = d1 * d2
```

Intern werden die beiden Ganzzahlkomponenten multipliziert ($1234 \times 56789 = 70.077.626$) und die Skalierungsfaktoren addiert ($2 + 3 = 5$). Das tatsächliche numerische Ergebnis ist 700,77626. Wieder ist die Berechnung ganz genau.

Divisionen liefern dagegen keine so genauen Ergebnisse, ganz gleich, welche Methode Sie auch verwenden. Doch meistens können Sie durch den Einsatz von *Decimal* die Genauigkeit der Ergebnisse wesentlich besser steuern.

Unendlichkeit und NaNs bei Gleitkommazahlen

Die beiden Gleitkommadatentypen *Single* und *Double* sind gemäß ANSI/IEE Std 754-1985, dem IEEE-Standard für binäre Gleitkommaarithmetik (*IEEE Standard for Binary Floating-Point Arithmetic*) definiert.

Ein *Single*-Wert besteht aus einer 24-Bit-Mantisse mit Vorzeichen und einem 8-Bit-Exponenten mit Vorzeichen. Die Genauigkeit beträgt etwa sieben Nachkommastellen. Die Werte reichen von

$-3,402823 \times 10^{38}$

bis

$3,402823 \times 10^{38}$.

Der kleinste *Single*-Wert größer 0 ist

$1,401298 \times 10^{-45}$

Sie können diese drei Werte aus Feldern in der Struktur *Single* abrufen:

Konstantenfelder in der *Single*-Struktur (Auswahl)

Feld	Typ
MinValue	*Single*
MaxValue	*Single*
Epsilon	*Single*

Ein *Double*-Wert besteht aus einer 53-Bit-Mantisse mit Vorzeichen und einem 11-Bit-Exponenten mit Vorzeichen. Die Genauigkeit beträgt etwa 15–16 Nachkommastellen. Die Werte reichen von

$-1{,}79769313486232 \times 10^{308}$

bis

$1{,}79769313486232 \times 10^{308}$.

Der kleinste *Double*-Wert größer 0 lautet

$4{,}94065645841247 \times 10^{-324}$.

Die Felder *MinValue*, *MaxValue* und *Epsilon* sind auch in der Struktur *Double* definiert.

Es folgen Anweisungen, die eine Gleitkommazahl durch 0 teilen:

```
Dim f1 As Single = 1
Dim f2 As Single = 0
Dim f3 As Single = f1 / f2
```

Handelte es sich hier um Ganzzahlen, würde bei einer Ganzzahlendivision (mit \) die Ausnahme *DivideByZeroException* ausgelöst. Es handelt sich jedoch um IEEE-Gleitkommazahlen, deshalb wird *keine* Ausnahme ausgelöst. Gleitkommaoperationen lösen *nie* Ausnahmen aus. Stattdessen nimmt *f3* in diesem Fall einen besonderen Wert an. Wenn Sie *Console.WriteLine* zum Anzeigen von *f3* verwenden, wird das folgende Wort angezeigt:

```
Infinity
```

Wenn Sie die Initialisierung von *f1* auf –1 ändern, führt *Console.WriteLine* zu folgender Ausgabe:

```
-Infinity
```

Im IEEE-Standard sind *positiv unendlich* und *negativ unendlich* zulässige Werte für Gleitkommazahlen. Sie können auf unendliche Werte sogar arithmetische Operationen anwenden. Der Ausdruck

```
1 / f3
```

ergibt z.B. 0.

Wenn Sie die Initialisierung von *f1* in den obigen Anweisungen auf 0 ändern, entspricht *f3* einem Wert, der als *Not a Number* (keine Zahl) bezeichnet und allgemein mit *NaN* abgekürzt und »Nan« ausgesprochen wird. *Console.WriteLine* zeigt einen NaN-Wert so an:

```
NaN
```

Sie können einen NaN-Wert auch erstellen, indem Sie einen positiv unendlichen Wert zu einem negativ unendlichen Wert addieren, oder auch mit einer Reihe anderer Berechnungen.

Die beiden Strukturen *Single* und *Double* verfügen über shared Methoden, um festzustellen, ob ein *Single*- oder *Double*-Wert unendlich oder NaN ist. Hier die Methoden in der Struktur *Single*:

Methoden der *Single*-Struktur (*Shared*, Auswahl)

```
Function IsInfinity(ByVal fValue As Single) As Boolean
Function IsPositiveInfinity(ByVal fValue As Single) As Boolean
Function IsNegativeInfinity(ByVal fValue As Single) As Boolean
Function IsNaN(ByVal fValue As Single) As Boolean
```

Der Ausdruck
```
Single.IsInfinity(fVal)
```
gibt z.B. *True* zurück, wenn *fVal* entweder positiv oder negativ unendlich ist.

Die Struktur *Single* verfügt auch über Konstantenfelder, welche diese Werte enthalten:

Konstantenfelder in der *Single*-Struktur (Auswahl)

Feld	Typ
PositiveInfinity	*Single*
NegativeInfinity	*Single*
NaN	*Single*

In der Struktur *Double* sind ähnliche Felder definiert. Diese Werte entsprechen bestimmten Bitmustern, die im IEEE-Standard definiert sind.

Die Klasse *Math*

Die Klasse *Math* im Namespace *System* besteht aus einer Reihe shared Methoden und den beiden folgenden Konstantenfeldern:

Math-Konstantenfelder

Feld	Typ	Wert
PI	*Double*	3.14159265358979
E	*Double*	2.71828182845905

Math.PI ist selbstverständlich das Verhältnis des Umfangs eines Kreises zu seinem Durchmesser. *Math.E* ist der Grenzwert von

$$\left(1+\frac{1}{n}\right)^n$$

wenn *n* gegen unendlich geht.

Die meisten Methoden in der Klasse *Math* sind nur für *Double*-Werte definiert. Einige Methoden sind jedoch auch für Ganzzahl- und *Decimal*-Werte definiert. Die folgenden beiden Methoden sind für jeden numerischen Datentyp definiert:

***Math*-Methoden (*Shared,* Auswahl)**

```
Function Max(ByVal n1 As numerischer Typ, ByVal n2 As numerischer Typ) As Typ
Function Min(ByVal n1 As numerischer Typ, ByVal n2 As numerischer Typ) As Typ
```

Die beiden Werte müssen vom selben Datentyp sein.

Die beiden folgenden Methoden sind für *Single, Double, Decimal, Short* und *Integer* definiert:

***Math*-Methoden (*Shared,* Auswahl)**

```
Function Sign(ByVal s As Typ mit Vorzeichen) As Integer
Function Abs(ByVal s As Typ mit Vorzeichen) As Typ
```

Die Methode *Sign* gibt 1 zurück, wenn das Argument positiv ist. Sie gibt –1 zurück, wenn das Argument negativ ist, und 0, wenn das Argument 0 ist. Die Methode *Abs* gibt den negativen Wert des Arguments zurück, wenn das Argument negativ ist, und das Argument selbst, wenn es 0 oder positiv ist.

Die Methode *Abs* ist die einzige Methode der Klasse *Math*, die eine Ausnahme auslösen kann. Dies gilt nur für Ganzzahlargumente und nur für einen bestimmten Wert jedes Ganzzahltyps. Wenn das Argument der Mindestwert *MinValue* des jeweiligen Ganzzahltyps ist (z.B. –32768 für *Short*), wird die Ausnahme *OverflowException* ausgelöst, da 32768 nicht als *Short* dargestellt werden kann.

Die folgenden Methoden wenden verschiedene Arten von Rundungen auf *Double*- und *Decimal*-Werte an:

***Math*-Methoden (*Shared,* Auswahl)**

```
Function Floor(ByVal rValue As Double) As Double
Function Ceiling(ByVal rValue As Double) As Double
Function Round(ByVal rValue As Double) As Double
Function Round(ByVal rValue As Double, ByVal iDecimals As Integer) As Double
Function Round(ByVal dValue As Decimal) As Decimal
Function Round(ByVal dValue As Decimal, ByVal iDecimals As Integer) As Decimal
```

Floor gibt die größte ganze Zahl größer oder gleich dem Argument zurück. *Ceiling* gibt die kleinste ganze Zahl größer oder gleich dem Argument zurück. Der Aufruf

`Math.Floor(3.5)`

gibt 3 zurück.

`Math.Ceiling(3.5)`

gibt 4 zurück. Dieselben Regeln gelten für negative Zahlen. Der Aufruf

`Math.Floor(-3.5)`

gibt –4 zurück.

`Math.Ceiling(-3.5)`

gibt –3 zurück.

Die Methode *Floor* gibt die nächste ganze Zahl in Richtung negativ unendlich an und wird deshalb manchmal als *Rundung in Richtung negativ unendlich* bezeichnet. Ähnlich gibt die Methode *Ceiling* die nächste Ganzzahl in Richtung positiv unendlich an und wird deshalb manchmal als *Rundung in Richtung positiv unendlich* bezeichnet. Eine Rundung in Richtung 0 ist ebenfalls möglich. Dadurch wird die Ganzzahl abgerufen, die 0 näher ist. Die Rundung in Richtung 0 erfolgt mit der Visual Basic .NET-Funktion *Fix*. Der Ausdruck

```
Fix(3.5)
```

gibt 3 zurück. Der Ausdruck

```
Fix(-3.5)
```

gibt –3 zurück. Das Runden in Richtung 0 wird mitunter als *Abschneiden* (truncation) bezeichnet.

Die Visual Basic-Funktion *Int* rundet in Richtung negative Unendlichkeit wie *Floor*, gibt aber einen *Integer*-Wert zurück. *Floor* führt keine Typumwandlung durch.

Die Methode *Round* mit einem Argument gibt die Ganzzahl zurück, die dem Argument am nächsten ist. Liegt das Argument für *Round* in der Mitte zwischen zwei ganzen Zahlen, ist der Rückgabewert die nächste gerade Zahl. Der Aufruf

```
Math.Round(4.5)
```

gibt 4 zurück. Der Ausdruck

```
Math.Round(5.5)
```

gibt 6 zurück. Auch die Visual Basic-Funktionen *CInt* und *CLong* runden Zahlen und konvertieren in einen Ganzzahlentyp. Bei *Round* können Sie optional eine Ganzzahl angeben, welche die Anzahl der Dezimalstellen im Rückgabewert angibt. Beispiel:

```
Math.Round(5.285, 2)
```

gibt 5,28 zurück.

Der Rest bei Gleitkommaberechnungen

Große Verwirrung umgibt die Funktionen, die den Rest von Gleitkommabeträgen berechnen. Für alle numerischen Datentypen ist in Visual Basic .NET der Rest- oder Modulus-Operator (*Mod*) definiert. Es folgt eine Visual Basic .NET-Anweisung, die *Single*-Zahlen mit dem Restoperator verwendet.

```
fResult = fDividend Mod fDivisor
```

Das Vorzeichen von *fResult* entspricht dem von *fDividend*. *fResult* kann mit dieser Formel berechnet werden

```
fResult = fDividend - n * fDivisor
```

n ist hier die größte Ganzzahl kleiner gleich *fDividend / fDivisor*. Der Aufruf

```
4.5 Mod 1.25
```

ist gleich 0,75. Lassen Sie uns nun die Berechnung durchgehen: Der Ausdruck 4,5 / 1,25 ist gleich 3,6, sodass *n* gleich 3 ist. Der Wert 4,5 minus (3 mal 1,25) ist gleich 0,75.

Der IEEE-Standard definiert einen Rest etwas anders, *n* ist darin nämlich die Ganzzahl, die *fDividend / fDivisor* am nächsten ist. Mit der folgenden Methode können Sie einen Rest nach IEEE-Standard berechnen:

Math-Methoden (*Shared*, Auswahl)

```
Function IEEERemainder(ByVal rDividend As Double, ByVal rDivisor As Double) As Double
```

Der Ausdruck
```
Math.IEEERemainder(4.5, 1.25)
```
gibt –0,5 zurück. Der Grund dafür ist, dass 4,5 / 1,25 gleich 3,6 ist. Die Ganzzahl, die 3,6 am nächsten ist, ist 4. Wenn *n* gleich 4 ist, ist der Wert 4,5 minus (4 × 1,25) gleich –0,5.

Potenzen und Logarithmen

Bei drei Methoden der Klasse *Math* geht es um Potenzen:

Math-Methoden (*Shared,* Auswahl)
```
Function Pow(ByVal rBase As Double, ByVal rPower As Double) As Double
Function Exp(ByVal rPower As Double) As Double
Function Sqrt(ByVal rValue As Double) As Double
```

Pow berechnet den Wert
$rBase^{rPower}$

Der Ausdruck
```
Math.Exp(rPower)
```
entspricht
```
Math.Pow(Math.E, rPower)
```

Die Quadratwurzelfunktion
```
Math.Sqrt(rValue)
```
entspricht
```
Math.Pow(rValue, 0.5)
```

Die Methode *Sqrt* gibt NaN zurück, wenn das Argument negativ ist.

Die Klasse *Math* enthält drei Methoden zur Berechnung von Logarithmen:

Math-Methoden (*Shared,* Auswahl)
```
Function Log10(ByVal rValue As Double) As Double
Function Log(ByVal rValue As Double) As Double
Function Log(ByVal rValue As Double, ByVal rBase As Double) As Double
```

Der Ausdruck
```
Math.Log10(rValue)
```
entspricht
```
Math.Log(rValue, 10)
```
und
```
Math.Log(rValue)
```
entspricht
```
Math.Log(rValue, Math.E)
```

Die Methoden zur Berechnung von Logarithmen geben für das Argument 0 *PositiveInfinity* und für ein Argument kleiner 0 *NaN* zurück.

Trigonometrische Funktionen

Trigonometrische Funktionen beschreiben die Beziehung zwischen den Seiten und Winkeln von Dreiecken. Die trigonometrischen Funktionen sind für rechtwinklige Dreiecke definiert:

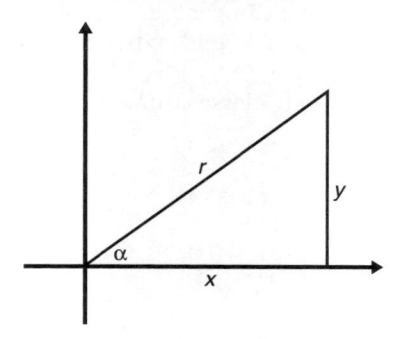

Für den Winkel α eines rechtwinkligen Dreiecks, in dem x die Ankathete, y die Gegenkathete und r die Hypotenuse ist, lauten die drei trigonometrischen Grundfunktionen:

$\sin(\alpha) = y / r$
$\cos(\alpha) = x / r$
$\tan(\alpha) = y / x$

Trigonometrische Funktionen können auch zum Definieren von Kreisen und Ellipsen verwendet werden. Für die Konstante r und den Winkel α von 0 bis 360 Grad definieren die Koordinaten (x, y) mit

$x = r \cdot \sin(\alpha)$
$y = r \cdot \cos(\alpha)$

einen im Ursprung zentrierten Kreis mit dem Radius r. In Kapitel 5 wird gezeigt, wie Sie mit trigonometrischen Funktionen Kreise und Ellipsen zeichnen können. Trigonometrische Funktionen werden auch in verschiedenen Zeichenübungen in den Kapiteln 13, 15, 17 und 19 verwendet.

Bei den trigonometrischen Funktionen in der Klasse *Math* dürfen Winkel nicht in Grad, sondern müssen im Bogenmaß angegeben werden. 360 Grad entspricht im Bogenmaß 2π. Der Grund für die Verwendung des Bogenmaßes kann gut veranschaulicht werden, indem wir den folgenden Bogen l betrachten, der dem Winkel α gegenüberliegt:

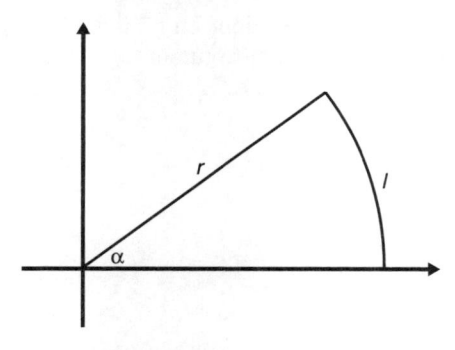

Wie groß ist die Länge des Bogens l? Da der Umfang des gesamten Kreises $2\pi r$ entspricht, entspricht die Länge des Bogens l $(\alpha/360)2\pi r$, wobei α in Grad gemessen wird. Wird α im Bogenmaß angegeben, entspricht die Länge des Bogens l einfach αr. In einem Einheitskreis (Radius = 1) entspricht die Bogenlänge l dem Winkel α im Bogenmaß. Und genau so ist das Bogenmaß definiert: In einem Einheitskreis wird ein Bogen der Länge l von einem Winkel l in Bogenmaß festgelegt.

Beispielsweise definiert im Einheitskreis ein Winkel von 90 Grad einen Bogen mit der Länge $\pi/2$. Demnach entspricht 90 Grad im Bogenmaß $\pi/2$. Ein Winkel von 180 Grad entspricht im Bogenmaß π. 360 Grad entsprechen im Bogenmaß 2π.

Hier folgen die drei trigonometrischen Grundfunktionen, die in der Klasse *Math* definiert sind:

Math-Methoden (*Shared,* Auswahl)

```
Function Sin(ByVal rAngle As Double) As Double
Function Cos(ByVal rAngle As Double) As Double
Function Tan(ByVal rAngle As Double) As Double
```

Wenn ein Winkel in Grad angegeben ist, multiplizieren Sie ihn mit π und dividieren ihn anschließend durch 180, um den Winkel in Bogenmaß zu erhalten:

```
Math.Sin(Math.PI * rAngleInDegrees / 180)
```

Die Methoden *Sin* und *Cos* geben Werte von –1 bis 1 zurück. Theoretisch sollte die Methode *Tan* bei $\pi/2$ (90 Grad) und $3\pi/2$ (270 Grad) unendlich ergeben, stattdessen gibt sie sehr große Werte zurück.

Die folgenden Methoden sind Umkehrfunktionen der trigonometrischen Funktionen. Sie geben Winkel im Bogenmaß zurück:

Math-Methoden (*Shared,* Auswahl)

Methode	Argument	Rückgabewert
Function Asin(ByVal rValue As Double) As Double	–1 bis 1	$-\pi/2$ bis $\pi/2$
Function Acos(ByVal rValue As Double) As Double	–1 bis 1	π bis 0
Function Atan(ByVal rValue As Double) As Double	$-\infty$ bis ∞	$-\pi/2$ bis $\pi/2$
Function Atan2(ByVal y As Double, ByVal x As Double) As Double	$-\infty$ bis ∞	$-\pi$ bis π

Um den Rückgabewert in Grad zu konvertieren, multiplizieren Sie ihn erst mit 180 und dividieren ihn dann durch π.

Die Methoden *Asin* und *Acos* geben NaN zurück, wenn das Argument nicht im gültigen Wertebereich liegt. Die Methode *Atan2* verwendet die Vorzeichen der beiden Argumente, um den Quadranten des Winkels zu bestimmen.

Rückgabewerte von *Atan2*

y-Argument	*x*-Argument	Rückgabewert
Positiv	Positiv	0 bis $\pi/2$
Positiv	Negativ	$\pi/2$ bis π
Negativ	Negativ	π bis $3\pi/2$
Negativ	Positiv	$3\pi/2$ bis 2π

Seltener werden die hyperbolischen trigonometrischen Funktionen verwendet. Während die gängigen trigonometrischen Funktionen Kreise und Ellipsen definieren, werden mit den hyperbolischen trigonometrischen Funktionen Hyperbeln definiert:

Math-Methoden (*Shared*, Auswahl)

```
Function Sinh(ByVal rAngle As Double) As Double
Function Cosh(ByVal rAngle As Double) As Double
Function Tanh(ByVal rAngle As Double) As Double
```

Der Winkel wird im Bogenmaß ausgedrückt.

C Stringtheorie

1025	Der Datentyp *Char*
1027	Konstruktoren und Eigenschaften von *String*
1029	Zeichenfolgen kopieren
1030	Zeichenfolgen konvertieren
1030	Zeichenfolgen verketten
1032	Zeichenfolgen vergleichen
1035	Zeichenfolgen durchsuchen
1036	Zurechtstutzen und Auffüllen
1038	Zeichenfolgen bearbeiten
1038	Zeichenfolgen formatieren
1039	Arrays sortieren und durchsuchen
1041	Die Klasse *StringBuilder*

Fast jede Programmiersprache implementiert Textzeichenfolgen (Strings) ein wenig anders. Im Gegensatz zu Gleitkommazahlen gibt es für Zeichenfolgen nicht den Segen (oder Fluch) eines Industriestandards.

Seit den Tagen, als es noch BASIC genannt wurde, hat Microsoft Visual Basic die Manipulation von Zeichenfolgen immer gut unterstützt. Visual Basic .NET erweitert die Sammlung an Zeichenfolgenfunktionen von Visual Basic 6.0 um zahlreiche Funktionen. In diesem Anhang beschreibe ich die Zeichenfolgenfunktionen des Microsoft .NET Frameworks.

In Visual Basic .NET wird der Datentyp für Textzeichenfolgen *String* genannt, was ein Alias für die Klasse *System.String* ist. Der Datentyp *String* ist mit dem Datentyp *Char* verwandt. Ein *String*-Objekt kann aus einem Array aus Zeichen (chars) konstruiert und ebenso in ein Array aus Zeichen konvertiert werden. Sowohl Zeichenfolgen- als auch Zeichenliterale werden mit doppelten Anführungszeichen definiert. Bei der Definition eines Zeichens folgt auf das abschließende Anführungszeichen ein *c*:

```
Dim ch As Char = "x"c
```

Eine Zeichenfolge hat eine bestimmte Länge, und nachdem eine Zeichenfolge erstellt wurde, kann ihre Länge nicht geändert werden. Auch kann keines der Einzelzeichen, aus denen eine Zeichenfolge besteht, geändert werden. Eine Visual Basic .NET-Zeichenfolge gilt deshalb als *unveränderlich.* Wenn Sie eine Zeichenfolge irgendwie ändern möchten, müssen Sie eine andere Zeichenfolge erstellen. Viele Methoden der Klasse *String* erstellen neue Zeichenfolgen auf der Grundlage vorhandener Zeichenfolgen. Viele Methoden und Eigenschaften überall im .NET Framework erstellen Zeichenfolgen und geben sie zurück.

Doch nun zu einem häufigen Stolperstein: Sie erwarten bestimmt, dass *String* eine Methode mit dem Namen *ToUpper* enthält, die alle Zeichen in einer Zeichenfolge in Großbuchstaben umwandelt, und genau dies ist auch der Fall. Doch bei einer *String*-Instanz namens *str* können Sie die Methode nicht einfach so aufrufen:

```
str.ToUpper()    ' Es passiert nichts!
```

Syntaktisch ist diese Anweisung zulässig, aber sie hat keine Auswirkung auf die Variable *str*. Zeichenfolgen sind unveränderlich, und deshalb können die Zeichen von *str* nicht geändert werden. Die Methode *ToUpper* erzeugt eine neue Zeichenfolge. Sie müssen den Rückgabewert von *ToUpper* einer anderen Zeichenfolgenvariablen zuweisen:

```
Dim strUpper As String = str.ToUpper()
```

Sie können sie jedoch auch derselben Zeichenfolgenvariablen zuweisen:

```
str = str.ToUpper()
```

Im zweiten Fall bleibt die Ausgangszeichenfolge (mit den Buchstaben in Kleinschreibung) weiter erhalten. Doch da sie wahrscheinlich im Programm nirgends mehr verwendet wird, wird sie ein Kandidat für die Garbage Collection.

Noch ein weiteres Beispiel: Angenommen, Sie definieren eine Zeichenfolge so:

```
Dim str As String = "abcdifg"
```

Sie können auf ein bestimmtes Zeichen einer Zeichenfolge zugreifen, indem Sie die Zeichenfolgeneigenschaft *Chars* wie ein Array indizieren:

```
Dim ch As Char = str.Chars(4)
```

In diesem Fall ist *ch* das Zeichen »i«. Die Eigenschaft *Chars* ist schreibgeschützt, Sie können also keinem bestimmten Zeichen der Zeichenfolge mit *Chars* einen neuen Wert zuweisen:

```
str.Chars(4) = "e"c    ' Funktioniert nicht!
```

Wie werden dann Zeichen in einer Visual Basic .NET-Zeichenfolge ersetzt? Es gibt mehrere Möglichkeiten. Der Methodenaufruf

```
str = str.Replace("i"c, "e"c)
```

ersetzt *alle* Vorkommen von »i« durch »e«. Alternativ können Sie zuerst *Remove* aufrufen, um eine neue Zeichenfolge zu erstellen, aus der ein oder mehrere Zeichen an einer angegebenen Indexstelle mit einer angegebenen Länge entfernt wurden. Der Aufruf

```
str = str.Remove(4, 1)
```

entfernt z.B. das Zeichen an der vierten Stelle (das »i«). Sie können anschließend *Insert* aufrufen, um eine neue Zeichenfolge einzufügen, in diesem Fall ein einzelnes Zeichen:

```
str = str.Insert(4, "e")
```

Sie können auch beide Aufgaben in einer Anweisung erledigen:

```
str = str.Remove(4, 1).Insert(4, "e")
```

Trotz der Verwendung einer einzelnen Zeichenfolgenvariablen mit dem Namen *str* erstellen die beiden Methodenaufrufe in dieser letzten Anweisung zwei zusätzliche Zeichenfolgen und das »e« in Anführungszeichen ist noch eine weitere Zeichenfolge.

Es ist auch eine andere Vorgehensweise möglich. Sie können die Zeichenfolge in ein Zeichenarray umwandeln, das entsprechende Element des Arrays zuweisen und anschließend eine neue Zeichenfolge aus dem Zeichenarray aufbauen:

```
Dim ach() As Char = str.ToCharArray()
ach(4) = "e"c
str = New String(ach)
```

Oder Sie setzen eine neue Zeichenfolge aus Teilzeichenfolgen zusammen:

```
str = str.Substring(0, 4) & "e" & str.Substring(5)
```

Alle diese Methoden der Klasse *String* werden im weiteren Verlauf dieses Anhangs noch ausführlich vorgestellt.

Der Datentyp *Char*

Jedes einzelne Element einer Zeichenfolge hat den Datentyp *Char*. Das ist ein Alias für die .NET-Struktur *System.Char*. Ein Programm kann ein einzelnes Literalzeichen mithilfe doppelter Anführungszeichen und dem Buchstaben *c* angeben:

```
Dim ch As Char = "A"c
```

Obgleich *Char* von *ValueType* abgeleitet ist, kann eine *Char*-Variable nicht direkt als Zahl verwendet werden. Um eine *Char*-Variable mit dem Namen *ch* z.B. in einen *Integer* zu konvertieren, sind die Visual Basic-Funktionen *Asc* bzw. *AscW* erforderlich:

```
Dim i As Integer = AscW(ch)
```

Um in der anderen Richtung ein *Integer* in ein Zeichen zu konvertieren, verwenden Sie die Visual Basic-Funktionen *Chr* bzw. *ChrW*. Das *W* in den Funktionsnamen *AscW* und *ChrW* zeigt an, dass sie mit *wide* (16-bit) Zeichen arbeiten. Die Funktionen *Asc* und *Chr* funktionieren nur mit 8-Bit-Zeichen.

Zeichenvariablen haben numerische Werte von &H0000 bis &HFFFF und beziehen sich auf Zeichen im Unicode-Zeichensatz. Das Buch *The Unicode Standard Version 3.0* (Addison-Wesley, 2000) gilt als wichtigste Referenz für Unicode.

Um zu ermitteln, ob ein bestimmtes Zeichen ein Buchstabe, eine Zahl, ein Steuer- oder sonstiges Zeichen ist, verwenden Sie in Visual Basic .NET die in der Struktur *Char* definierten shared Methoden. Als Argument wird entweder ein Zeichen oder eine Zeichenfolge mit einem Indexwert verwendet.

Char-Methoden (Shared, Auswahl)

```
Function IsControl(ByVal ch As Char) As Boolean
Function IsControl(ByVal str As String, ByVal index As Integer) As Boolean
Function IsSeparator(ByVal ch As Char) As Boolean
Function IsSeparator(ByVal str As String, ByVal index As Integer) As Boolean
Function IsWhiteSpace(ByVal ch As Char) As Boolean
Function IsWhiteSpace(ByVal str As String, ByVal index As Integer) As Boolean
Function IsPunctuation(ByVal ch As Char) As Boolean
Function IsPunctuation(ByVal str As String, ByVal index As Integer) As Boolean
Function IsSymbol(ByVal ch As Char) As Boolean
Function IsSymbol(ByVal str As String, ByVal index As Integer) As Boolean
Function IsDigit(ByVal ch As Char) As Boolean
Function IsDigit(ByVal str As String, ByVal index As Integer) As Boolean
Function IsNumber(ByVal ch As Char) As Boolean
Function IsNumber(ByVal str As String, ByVal index As Integer) As Boolean
Function IsLetter(ByVal ch As Char) As Boolean
Function IsLetter(ByVal str As String, ByVal index As Integer) As Boolean
Function IsUpper(ByVal ch As Char) As Boolean
Function IsUpper(ByVal str As String, ByVal index As Integer) As Boolean
Function IsLower(ByVal ch As Char) As Boolean
Function IsLower(ByVal str As String, ByVal index As Integer) As Boolean
Function IsLetterOrDigit(ByVal ch As Char) As Boolean
Function IsLetterOrDigit(ByVal str As String, ByVal index As Integer) As Boolean
Function IsSurrogate(ByVal ch As Char) As Boolean
Function IsSurrogate(ByVal str As String, ByVal index As Integer) As Boolean
```

Die beiden folgenden Aufrufe entsprechen sich:

```
Char.IsControl(str.Chars(index))
Char.IsControl(str, index)
```

Sie können diese Methoden für ASCII-Zeichen (Zeichenwerte von &H0000 bis &H007F) verwenden, sie gelten jedoch auch für alle Unicode-Zeichen. Die Methode *IsSurrogate* bezieht sich auf den Unicode-Bereich mit Werten von &HD800 bis &HDFFF, der für Erweiterungen reserviert ist.

Die Struktur *Char* definiert ferner verschiedene andere praktische Methoden. Eine gibt ein Member der Enumeration *UnicodeCategory* zurück (die in *System.Globalization* definiert ist). Eine andere gibt den numerischen Wert des Zeichens zurück, das in ein *Double* konvertiert wurde:

Char-Methoden (Shared, Auswahl)

```
Function GetUnicodeCategory(ByVal ch As Char) As UnicodeCategory
Function GetUnicodeCategory(ByVal str As String, ByVal index As Integer) As UnicodeCategory
Function GetNumericValue(ByVal ch As Char) As Double
Function GetNumericValue(ByVal str As String, ByVal index As Integer) As Double
```

Konstruktoren und Eigenschaften von *String*

In vielen Fällen definieren Sie eine Zeichenfolgenvariable mithilfe eines Literals:

```
Dim str As String = "Hello, world!"
```

oder eines Literals, das in einen Funktionsaufruf eingefügt wurde:

```
Console.WriteLine("Hello, world!")
```

oder als Rückgabewert einer der vielen Methoden, die Zeichenfolgenvariablen zurückgeben. Eine allgegenwärtige Methode, die eine Zeichenfolge zurückgibt, heißt *ToString* und konvertiert ein Objekt in eine Zeichenfolge. Der Ausdruck

```
55.ToString()
```

gibt z.B. die Zeichenfolge »55« zurück.

Um ein doppeltes Anführungszeichen in eine Zeichenfolge einzufügen, verwenden Sie zwei aufeinander folgende doppelte Anführungszeichen.

Eine der weniger gängigen Methoden zum Erstellen einer Zeichenfolge ist das Verwenden eines der acht *String*-Konstruktoren. Fünf der *String*-Konstruktoren enthalten Zeiger und sind nicht CLS-konform (Common Language Specification). Die restlichen drei *String*-Konstruktoren erstellen ein *String*-Objekt, indem ein Einzelzeichen wiederholt wird oder eine Konvertierung aus einem Zeichenarray erfolgt:

String-Konstruktoren (Auswahl)

```
String(ByVal ch As Char, ByVal iCount As Integer)
String(ByVal ach() As Char)
String(ByVal ach() As Char, ByVal iStartIndex As Integer, ByVal iCount As Integer)
```

Im dritten Konstruktor ist *iStartIndex* ein Index in das Zeichenarray. *iCount* gibt eine Anzahl von Zeichen an, die an diesem Index beginnen. Die Länge der resultierenden Zeichenfolge entspricht *iCount*.

Die Klasse *String* verfügt nur über die folgenden Eigenschaften, die beide schreibgeschützt sind:

String-Eigenschaften

Eigenschaft	Typ	Zugriff
Length	Integer	Get
Chars()	Char	Get

Die erste gibt die Anzahl der Zeichen in der Zeichenfolge an. Die zweite ist ein Indexer, der den Zugriff auf die einzelnen Zeichen der Zeichenfolge ermöglicht.

String ist ein Verweistyp. Sie können eine Zeichenfolge definieren, ohne sie zu initialisieren:

```
Dim str1 As String
```

Aber das ist dasselbe, als würden Sie der Zeichenfolgenvariablen den Wert *Nothing* zuweisen:

```
Dim str2 As String = Nothing
```

Der Wert *Nothing* bedeutet, dass für die Zeichenfolge kein Arbeitsspeicher reserviert wurde. Ein *Nothing*-Wert unterscheidet sich von einer leeren Zeichenfolge:

```
Dim str3 As String = ""
```

Bei einer leeren Zeichenfolge wird Arbeitsspeicher für die Instanz der Zeichenfolge reserviert, aber die Eigenschaft *str3.Length* ist 0. Beim Versuch, die Länge einer *Nothing*-Zeichenfolge abzufragen, z.B. durch Verwendung von *str2.Length*, wird eine Ausnahme ausgelöst.

Mithilfe des einzigen öffentlichen Felds der Klasse *String* können Sie auch eine Zeichenfolgenvariable mit einer leeren Zeichenfolge initialisieren:

String-Feld (Shared)

Feld	Typ	Zugriff
Empty	*String*	schreibgeschützt

Beispiel:
```
Dim str As String = String.Empty
```
Ein Zeichenfolgenarray kann folgendermaßen definiert werden:
```
Dim astr(5) As String
```
Es wird ein Array mit sechs Zeichenfolgen erstellt, die alle *Nothing* sind. Sie können auch ein Array mit initialisierten Zeichenfolgen erstellen:
```
Dim astr() As String = {"abc", "defghi", "jkl"}
```
Diese Anweisung erstellt ein Array mit drei Elementen, d.h. *astr.Length* gibt 3 zurück. Jede Zeichenfolge hat eine bestimmte Länge. *astr(1).Length* gibt z.B. 6 zurück.

Die Klasse *String* implementiert die Schnittstellen *IComparable*, *ICloneable*, *IConvertible* und *IEnumerable*, was bedeutet, dass die Klasse *String* bestimmte Methoden enthält, die in diesen Schnittstellen definiert sind. Da *String* die Schnittstelle *IEnumerable* implementiert, können Sie *String* mit der *For Each*-Anweisung verwenden, um die Zeichen in einer Zeichenfolge durchzugehen. Die Anweisungen
```
Dim ch As Char
For Each ch in str
    ⋮
Next ch
```
sind gleichbedeutend mit (und um einiges kürzer als)
```
Dim i As Integer
For i = 0 To str.Length - 1
    Dim ch As Char = str.Chars(i)
    ⋮
Next i
```
Im *For Each*-Block ist *ch* schreibgeschützt. Im *For*-Block ist *ch* nicht schreibgeschützt, aber die Zeichen in der Zeichenfolge können (wie gewöhnlich) nicht geändert werden.

Die nach *IEnumerable* vielleicht wichtigste Schnittstelle von *String* ist *IComparable*. Das bedeutet, dass die Klasse *String* eine Methode mit dem Namen *CompareTo* implementiert, die Ihnen den Einsatz von Zeichenfolgenarrays mit den in der Klasse *Array* definierten Methoden *BinarySearch* und *Sort* ermöglicht. Auf diese Methoden werde ich im Verlauf dieses Anhangs noch näher eingehen.

Zeichenfolgen kopieren

Es gibt mehrere Möglichkeiten zum Kopieren einer Zeichenfolge. Die einfachste ist das Verwenden des Gleichheitszeichens:

```
Dim strCopy As String = str
```

Wie jede Klasse im .NET Framework erbt die Klasse *String* die Methode *ToString* von *Object*. Da die Klasse *String ICloneable* implementiert, wird auch die Methode *Clone* implementiert. Diese Methoden bieten zusätzliche (wenngleich ein wenig redundante) Methoden zum Kopieren von Zeichenfolgen:

String-Methoden (Auswahl)

```
Function ToString() As String
Function Clone() As Object
```

Wenn Sie *Clone* verwenden, müssen Sie das Ergebnis in den Datentyp *String* umwandeln.

```
Dim strCopy As String = DirectCast(str.Clone(), String)
```

Die Klasse *String* implementiert auch eine shared Methode, die eine Zeichenfolge kopiert:

Copy-Methode von *String* (*Shared*)

```
Function Copy(ByVal str As String) As String
```

Zwei der *String*-Konstruktoren konvertieren ein Zeichenarray in eine Zeichenfolge. Sie können eine Zeichenfolge auch wieder in ein Zeichenarray umwandeln:

String-Methoden (Auswahl)

```
Function ToCharArray() As Char()
Function ToCharArray(ByVal iStartIndex As Integer, ByVal iCount As Integer) As Char()
Sub CopyTo(ByVal iStartIndexSrc As Integer, ByVal achDst() As Char,
           ByVal iStartIndexDst As Integer, ByVal iCount As Integer)
```

Die *ToCharArray*-Methoden erstellen das Zeichenarray. Das Argument *iStartIndex* gibt den Anfangsindex in der Zeichenfolge an. Um die Methode *CopyTo* verwenden zu können, muss das Array *achDst* bereits vorhanden sein. Das erste Argument ist der Anfangsindex für die Zeichenfolge. Das dritte Argument ist der Anfangsindex im Zeichenarray. Die Methode *CopyTo* entspricht

```
For i = 0 To iCount - 1
    achDst(iStartIndexDst + i) = str.Chars(iStartIndexSrc + i)
Next i
```

Die *Substring*-Methoden erstellen eine neue Zeichenfolge, bei der es sich um einen Abschnitt aus einer vorhandenen Zeichenfolge handelt:

Substring-Methode von *String*

```
Function Substring(ByVal iStartIndex As Integer) As String
Function Substring(ByVal iStartIndex As Integer, ByVal iCount As Integer) As String
```

Die erste Version gibt eine Teilzeichenfolge zurück, die beim Index beginnt und bis zum Ende der Zeichenfolge geht.

Zeichenfolgen konvertieren

Zwei Methoden mit jeweils zwei Varianten konvertieren Zeichenfolgen in Klein- oder Großschreibung:

String-Methoden (Auswahl)

```
Function ToUpper() As String
Function ToUpper(ByVal ci As CultureInfo) As String
Function ToLower() As String
Function ToLower(ByVal ci As CultureInfo) As String
```

Die Klasse *CultureInfo* ist in *System.Globalization* definiert und bezieht sich in diesem Fall auf eine bestimmte Sprache, die in einem bestimmten Land verwendet wird.

Zeichenfolgen verketten

Häufig ist es notwendig, zwei oder mehrere Zeichenfolgen zu verknüpfen. Dieser Vorgang wird *Zeichenfolgenverkettung* genannt. In Visual Basic .NET können Sie dazu den Operator + oder (wenn andere Objekte bei der Verkettung konvertiert werden sollen) den Operator & verwenden. Der Verkettungsoperator eignet sich für die Definition von Zeichenfolgenliteralen, die für eine Zeile etwas zu lang sind:

```
Dim str As String = "Those who profess to favor freedom and yet " & _
                    "depreciate agitation. . .want crops without " & _
                    "plowing up the ground, they want rain without " & _
                    "thunder and lightning. They want the ocean " & _
                    "without the awful roar of its many waters. " & _
                    ChrW(&Hx2014) + " Frederick Douglass"
```

Sie können auch die Operatoren += oder &= verwenden, um eine Zeichenfolge an das Ende einer vorhandenen Zeichenfolge anzuhängen:

```
str &= vbCrLf
```

Die Klasse *String* definiert ferner die shared Methode *Concat*:

Concat-Methode von *String* (*Shared,* Auswahl)

```
Function Concat(ByVal str1 As String, ByVal str2 As String) As String
Function Concat(ByVal str1 As String, ByVal str2 As String, ByVal str3 As String) As String
Function Concat(ByVal str1 As String, ByVal str2 As String, ByVal str3 As String,
                ByVal str4 As String) As String
Function Concat(ByVal ParamArray astr() As String) As String
```

Beachten Sie das Schlüsselwort *ParamArray* in der letzten Variante von *Concat*. Dieses Schlüsselwort bedeutet in diesem Fall, dass Sie entweder ein Array oder eine beliebige Anzahl von Zeichenfolgen angeben können. Wenn z.B. ein Array von Zeichenfolgen wie folgt definiert ist

```
Dim astr() As String = {"abc", "def", "ghi", "jkl", "mno", "pqr"}
```

und Sie dieses Array an die Methode *Concat* übergeben

```
Dim str As String = String.Concat(astr)
```

ist das Ergebnis die Zeichenfolge »abcdefghijklmnopqr«. Sie können die einzelnen Zeichenfolgen auch direkt an die Methode *Concat* übergeben:

```
Dim str As String = String.Concat("abc", "def", "ghi", "jkl", "mno", "pqr")
```

Obwohl die Klasse *String* die *Concat*-Varianten mit zwei, drei, vier oder einer variablen Anzahl von Argumenten definiert, ist nur die Version mit dem Argument *ParamArray* erforderlich. Diese Methode schließt eigentlich die anderen drei Methoden mit ein.

Eine weitere Gruppe von *Concat*-Methoden ist identisch, weist jedoch *Object*-Argumente auf:

Concat-Methode von String (*Shared*, Auswahl)

```
Function Concat(ByVal obj As Object) As String
Function Concat(ByVal obj1 As Object, ByVal obj2 As Object) As String
Function Concat(ByVal obj1 As Object, ByVal obj2 As Object, ByVal obj3 As Object) As String
Function Concat(ByVal ParamArray aobj() As Object) As String
```

Die *Object*-Argumente werden von der Methode *ToString* des jeweiligen Objekts in eine Zeichenfolge umgewandelt. Der Aufruf

```
String.Concat(55, "-", 33, "=", 55 - 33)
```

erstellt die Zeichenfolge »55-33=22«.

Mitunter ist es erforderlich, ein Array von Zeichenfolgen mit einem Trennzeichen zwischen den einzelnen Arrayelementen zu verketten. Dazu können Sie die shared Methode *Join* verwenden:

Join-Methode von *String* (*Shared*)

```
Function Join(ByVal strSeparator As String, ByVal astr() As String) As String
Function Join(ByVal strSeparator As String, ByVal astr() As String, ByVal iStartIndex As Integer,
        ByVal iCount As Integer) As String
```

Wenn z.B. ein Array von Zeichenfolgen wie folgt definiert ist

```
Dim astr() As String = {"abc", "def", "ghi", "jkl", "mno", "pqr"}
```

können Sie eine zusammengesetzte Zeichenfolge mit Zeilenendezeichen zwischen jedem Paar erstellen. Rufen Sie Folgendes auf

```
Dim str As String = String.Join(vbCrLf, astr)
```

Hinter der letzten Zeichenfolge wird das Trennzeichen nicht eingefügt.

Mit der zweiten Version von *Join* können Sie eine aufeinander folgende Teilmenge von Zeichenfolgen im Array auswählen, bevor sie verknüpft werden.

Zeichenfolgen vergleichen

String ist eine Klasse (keine Struktur) und *String* ist ein Verweistyp (kein Werttyp). Normalerweise würde dies bedeuten, dass die Vergleichoperatoren (= und <>) bei Zeichenfolgen nicht richtig funktionieren. Anstelle von Zeichen würden Objektverweise verglichen. Die Operatoren = und <> wurden jedoch für Zeichenfolgen umdefiniert und funktionieren wie erwartet. Die Ausdrücke

```
(str = "New York")
```

und

```
(str <> "New Jersey")
```

geben *Boolean*-Werte auf der Basis eines zeichenweisen Vergleichs unter Berücksichtigung der Groß-/Kleinschreibung zurück.

In der Klasse *String* sind auch mehrere Methoden definiert, die *Boolean*-Werte zurückgeben und das Ergebnis eines Zeichenvergleichs unter Beachtung der Groß-/Kleinschreibung angeben:

***String*-Methoden (Auswahl)**

```
Function Equals(ByVal str As String) As Boolean
Function Equals(ByVal obj As Object) As Boolean
Function StartsWith(ByVal str As String) As Boolean
Function EndsWith(ByVal str As String) As Boolean
```

Wenn eine Zeichenfolge so definiert ist

```
Dim str As String = "The end of time"
```

dann gibt

```
str.StartsWith("The")
```

True zurück.

```
str.StartsWith("the")
```

gibt dagegen *False* zurück.

Für die Methode *Equals* gibt es auch eine shared Variante:

***String*-Methoden (*Shared,* Auswahl)**

```
Function Equals(ByVal str1 As String, ByVal str2 As String) As Boolean
```

Beispiel: Statt

```
If str = "New York" Then
```

können Sie auch folgende Syntax verwenden:

```
If String.Equals(str, "New York") Then
```

Methoden wie diese werden hauptsächlich für Programmiersprachen bereitgestellt, die über keine Vergleichsoperatoren verfügen.

Die restlichen in *String* implementierten Vergleichsmethoden, die ich gleich bespreche, geben einen Ganzzahlwert zurück, der angibt, ob eine Zeichenfolge kleiner, gleich oder größer als eine andere Zeichenfolge ist.

Rückgabewerte der *String*-Vergleichsmethoden

Rückgabewert	Bedeutung
Negativ	str1 < str2
Null	str1 = str2
Positiv	str1 > str2

Passen Sie jedoch auf: Die Vergleichsmethoden sind so definiert, dass negative oder positive Ganzzahlen bzw. Null, und *nicht* genau –1, 0 oder 1 zurückgegeben werden.

Sie möchten gewöhnlich wissen, ob eine Zeichenfolge kleiner oder größer als eine andere ist, weil Sie die Zeichenfolgen sortieren wollen. Und dies bedeutet, dass Sie wahrscheinlich keinen Vergleich auf der Grundlage der wirklichen numerischen Werte von Zeichencodes durchführen möchten. So sollen z.B. die Zeichen *e* und *é* als kleiner als *F* interpretiert werden, wenngleich deren Zeichencodes höhere Werte haben. Ein solcher Vergleich wird als *lexikalischer* Vergleich bezeichnet im Gegensatz zu einem *numerischen* Vergleich.

Es folgt die Beziehung zwischen einigen ausgewählten Zeichen bei einem numerischen Vergleich:

D < E < F < d < e < f < È < É < Ê < Ë < è < é < ê < ë

Der lexikalische Vergleich sieht so aus:

d < D < e < E < é < É < è < È < ê < Ê < ë < Ë < f < F

Wird bei einem lexikalischen Vergleich auch die Groß-/Kleinschreibung berücksichtigt? Meistens ist dies der Fall. Die Zeichenfolge »New Jersey« gilt als kleiner als »new York« trotz des klein geschriebenen »n« in der zweiten Zeichenfolge. Wenn zwei Zeichenfolgen bis auf die Schreibung identisch sind, gelten Kleinbuchstaben als kleiner als Großbuchstaben. »das« ist demnach kleiner als »Das«, »dem« ist jedoch kleiner als »den«.

Ein lexikalischer Vergleich berücksichtigt standardmäßig nur dann Groß-/Kleinschreibung, wenn eine Methode entscheiden muss, ob 0 zurückgegeben werden soll oder nicht. Andernfalls werden Groß-/Kleinschreibung nicht berücksichtigt.

Der lexikalische Vergleich impliziert auch eine bestimmte Beziehung zwischen Buchstaben, Zahlen und anderen Zeichen. Im Allgemeinen sind Steuerzeichen kleiner als einfache Anführungszeichen und Bindestriche, die wiederum kleiner als Leerzeichen sind. Als Nächstes folgen Satzzeichen und andere Symbole, die Ziffern (0 bis 9) und schließlich die Buchstaben. Eine *Nothing*-Zeichenfolge ist kleiner als eine leere Zeichenfolge, die wiederum kleiner als jedes andere Zeichen ist. Beispiel:

"New" < "New York" < "Newark"

Die nicht shared Methode *CompareTo* führt einen lexikalischen Vergleich zwischen einer Zeichenfolgeninstanz und einem Argument durch:

CompareTo-Methode von *String*

```
Function CompareTo(ByVal str2 As String) As Integer
Function CompareTo(ByVal obj2 As Object) As Integer
```

Die erste Zeichenfolge ist das Zeichenfolgenobjekt, für das Sie *CompareTo* aufrufen. Beispiel:

```
str1.CompareTo(str2)
```

Die Methode *CompareTo* mit dem Objektargument ist erforderlich, um die Schnittstelle *IComparable* zu implementieren. Die Methode *CompareTo* wird von den shared Methoden *Array.BinarySearch* und *Array.Sort* verwendet, worauf ich gleich noch eingehe.

Alle anderen Vergleichsmethoden sind shared. Die Methode *CompareOrdinal* führt einen rein numerischen Vergleich auf der Grundlage der Zeichenwerte durch:

CompareOrdinal-Methode von *String* (Shared)

```
Function CompareOrdinal(ByVal str1 As String, ByVal str2 As String) As Integer
Function CompareOrdinal(ByVal str1 As String, ByVal iStartIndex1 As Integer,
                       ByVal str2 As String, ByVal iStartIndex2 As Integer,
                       ByVal iCount As Integer) As Integer
```

Die shared *Compare*-Methoden führen einen lexikalischen Vergleich durch:

Compare-Methode von *String* (Shared)

```
Function Compare(ByVal str1 As String, ByVal str2 As String) As Integer
Function Compare(ByVal str1 As String, ByVal str2 As String, ByVal bIgnoreCase As Boolean) As Integer
Function Compare(ByVal str1 As String, ByVal str2 As String, ByVal bIgnoreCase As Boolean,
                 ByVal ci As CultureInfo) As Integer
Function Compare(ByVal str1 As String, ByVal iStartIndex1 As Integer,
                 ByVal str2 As String, ByVal iStartIndex2 As Integer,
                 ByVal iCount As Integer) As Integer
Function Compare(ByVal str1 As String, ByVal iStartIndex1 As Integer,
                 ByVal str2 As String, ByVal iStartIndex2 As Integer,
                 ByVal iCount As Integer, ByVal bIgnoreCase As Boolean) As Integer
Function Compare(ByVal str1 As String, ByVal iStartIndex1 As Integer,
                 ByVal str2 As String, ByVal iStartIndex2 As Integer,
                 ByVal iCount As Integer, ByVal bIgnoreCase As Boolean,
                 ByVal ci As CultureInfo) As Integer
```

Das Argument *bIgnoreCase* wirkt sich nur auf den Rückgabewert aus, wenn die beiden Zeichenfolgen bis auf die Schreibung identisch sind. Vergleiche ohne Berücksichtigung der Groß-/Kleinschreibung sind wesentlich nützlicher für das Suchen als für das Sortieren. Die Methodenaufrufe

```
String.Compare("ë", "Ë")
```

und

```
String.Compare("ë", "Ë", False)
```

geben beide negative Werte zurück.

```
String.Compare("ë", "Ë", True)
```

gibt jedoch 0 zurück. Die Aufrufe

```
String.Compare("e", "ë", bIgnoreCase)
```

und

```
String.Compare("e", "Ë", bIgnoreCase)
```

geben stets unabhängig vom Vorhandensein oder Wert des *bIgnoreCase*-Arguments negative Werte zurück.

In der Klasse *String* ist keine Vergleichsmethode implementiert, die meldet, dass »André« gleich »Andre« ist.

Zeichenfolgen durchsuchen

Sie können Zeichen oder Zeichenfolgen innerhalb einer Zeichenfolgenvariablen mit Varianten der Methode *IndexOf* durchsuchen. Diese Methoden geben immer einen Index in die Quellzeichenfolge zurück.

IndexOf-Methoden von *String*

```
Function IndexOf(ByVal ch As Char) As Integer
Function IndexOf(ByVal ch As Char, ByVal iStartIndex As Integer) As Integer
Function IndexOf(ByVal ch As Char, ByVal iStartIndex As Integer, ByVal iCount As Integer) As Integer
Function IndexOf(ByVal str As String) As Integer
Function IndexOf(ByVal str As String, ByVal iStartIndex As Integer) As Integer
Function IndexOf(ByVal str As String, ByVal iStartIndex As Integer, ByVal iCount As Integer) As Integer
```

Sie können nach einem bestimmten Zeichen oder einer anderen Zeichenfolge suchen. Die Suche erfolgt unter Berücksichtigung der Groß-/Kleinschreibung. Die Methode gibt –1 zurück, wenn das Zeichen oder die Zeichenfolge nicht gefunden wird. Sie können optional einen Startindex und eine Zeichenanzahl angeben. Der Rückgabewert wird vom Anfang der Zeichenfolge und nicht vom Startindex an gemessen.

Wenn eine Zeichenfolge so definiert ist

```
Dim str As String = "hello world"
```

dann gibt

```
str.IndexOf("o"c)
```

4 zurück.

```
str.IndexOf("wo")
```

gibt 6 zurück.

Sie können die Suche auch am Ende der Zeichenfolge beginnen.

LastIndexOf-Methoden von *String*

```
Function LastIndexOf(ByVal ch As Char) As Integer
Function LastIndexOf(ByVal ch As Char, ByVal iStartIndex As Integer) As Integer
Function LastIndexOf(ByVal ch As Char, ByVal iStartIndex As Integer,
             ByVal iCount As Integer) As Integer
Function LastIndexOf(ByVal str As String) As Integer
Function LastIndexOf(ByVal str As String, ByVal iStartIndex As Integer) As Integer
Function LastIndexOf(ByVal str As String, ByVal iStartIndex As Integer,
             ByVal iCount As Integer) As Integer
```

Obwohl die Methoden vom Ende der Zeichenfolge her suchen, wird der zurückgegebene Index weiterhin vom Beginn der Zeichenfolge gemessen. Für die oben gezeigte Zeichenfolge gibt

```
str.LastIndexOf("o"c)
```

7 zurück.

```
str.LastIndexOf("wo")
```

gibt 6 zurück.

Die folgenden Methoden erwarten als erstes Argument ein Zeichenarray. Die Methoden ermitteln den ersten oder letzten Index eines Zeichens in der Zeichenfolge, das einem der Zeichen im Array entspricht:

String-Methoden (Auswahl)

```
Function IndexOfAny(ByVal ach() As Char) As Integer
Function IndexOfAny(ByVal ach() As Char, ByVal iStartIndex As Integer) As Integer
Function IndexOfAny(ByVal ach() As Char, ByVal iStartIndex As Integer,
                   ByVal iCount As Integer) As Integer
Function LastIndexOfAny(ByVal ach() As Char) As Integer
Function LastIndexOfAny(ByVal ach() As Char, ByVal iStartIndex As Integer) As Integer
Function LastIndexOfAny(ByVal ach() As Char, ByVal iStartIndex As Integer,
                       ByVal iCount As Integer) As Integer
```

Wenn ein Zeichenarray und eine Zeichenfolge so definiert sind:

```
Dim achVowel() As Char = {"a"c, "e"c, "i"c, "o"c, "u"c}
Dim str As String = "hello world"
```

dann gibt

```
str.IndexOfAny(achVowel)
```

1 zurück.

```
str.LastIndexOfAny(achVowel)
```

gibt 7 zurück.

Zurechtstutzen und Auffüllen

Beim Verarbeiten von Textdateien (z.B. von Quellcodedateien) ist es manchmal praktisch, *Leerräume* zu entfernen. Dabei handelt es sich um nicht sichtbare Zeichen, mit denen die Elemente einer Zeichenfolge getrennt werden. Die Klasse *String* bietet die dafür benötigten Methoden. Bei diesen Methoden entsprechen Leerraumzeichen den folgenden Unicode-Zeichen:

Unicode-Werte der Leerraumzeichen

&H0009	Tabulator	&H2003	Em-Zwischenraum
&H000A	Zeilenvorschub	&H2004	1/3 Em-Zwischenraum
&H0009	Vertikaler Tabulator	&H2005	1/4 Em-Zwischenraum
&H000A	Seitenvorschub	&H2006	1/6 Em-Zwischenraum
&H0009	Wagenrücklauf	&H2007	Zwischenraum ohne Zeilenumbruch
&H0009	Leerzeichen	&H2008	Punktzwischenraum
&H00A0	Geschütztes Leerzeichen	&H2009	Kleiner Zwischenraum
&H2000	En-Zwischenraum	&H200A	Winziger Zwischenraum
&H2001	Em-Zwischenraum	&H200B	Nullbreite [Zwischenraum]
&H2002	En-Zwischenraum	&H3000	Ideogramm für Leerzeichen

Sie können entweder diese vordefinierten Leerraumzeichen verwenden oder ein eigenes Zeichenarray definieren.

String-Methoden (Auswahl)

```
Function Trim() As String
Function Trim(ByVal ParamArray ach() As Char) As String
Function TrimStart(ByVal ParamArray ach() As Char) As String
Function TrimEnd(ByVal ParamArray ach() As Char) As String
```

Um die vordefinieren Leerraumzeichen am Anfang und am Ende einer Zeichenfolge mit dem Namen *str* zu entfernen, verwenden Sie

`str.Trim()`

oder

`str.Trim(Nothing)`

Sie können die vordefinierten Leerraumzeichen auch nur am Anfang einer Zeichenfolge entfernen, wie z.B. hier:

`str.TrimStart(Nothing)`

oder nur am Ende wie hier:

`str.TrimEnd(Nothing)`

Sie können auch die Zeichen angeben (nicht notwendigerweise Leerraumzeichen), die am Anfang oder Ende einer Zeichenfolge entfernt werden sollen. Sie können entweder ein Zeichenarray definieren und es an die Methode *Trim* (oder *TrimStart* oder *TrimEnd*) übergeben:

```
Dim achTrim() As Char = {" "c, "-"c, "_"c}
str.Trim(achTrim)
```

oder die Zeichen explizit im Methodenaufruf angeben:

`str.Trim(" "c, "-"c, "_"c)`

Beide Methodenaufrufe bewirken, dass diese drei Zeichen am Anfang und am Ende der Zeichenfolge entfernt werden.

Sie können auch am Anfang oder am Ende einer Zeichenfolge Leerzeichen (oder beliebige andere Zeichen) hinzufügen, um eine angegebene Gesamtbreite zu erreichen:

String-Methoden (Auswahl)

```
Function PadLeft(ByVal iTotalLength As Integer) As String
Function PadLeft(ByVal iTotalLength As Integer, ByVal ch As Char) As String
Function PadRight(ByVal iTotalLength As Integer) As String
Function PadRight(ByVal iTotalLength As Integer, ByVal ch As Char) As String
```

Zeichenfolgen bearbeiten

Es folgen diverse Methoden, mit denen Sie eine Zeichenfolge in eine andere einfügen, einen Bereich von Zeichen entfernen und ein bestimmtes Zeichen oder eine bestimmte Zeichenfolge innerhalb einer Zeichenfolge ersetzen. Am Anfang dieses Anhangs habe ich Beispiele für alle diese Methoden vorgestellt:

String-Methoden (Auswahl)

```
Function Insert(ByVal iIndex As Integer, ByVal strInsert As String) As String
Function Remove(ByVal iIndex As Integer, ByVal iCount As Integer) As String
Function Replace(ByVal chOld As Char, ByVal chNew As Char) As String
Function Replace(ByVal strOld As String, ByVal strNew As String) As String
```

Manchmal müssen Sie eine Zeichenfolge in so genannte *Token* aufteilen. *Token* sind Teilzeichenfolgen, die durch ein bestimmtes festes Zeichen, in der Regel ein Leerzeichen, voneinander getrennt werden. Verwenden Sie dazu die Methode *Split*:

Split-Methode von *String*

```
Function Split(ByVal ParamArray achSeparators() As Char) As String()
Function Split(ByVal ParamArray achSeparators() As Char, ByVal iReturnCount As Integer) As String()
```

Wenn Sie das erste Argument auf *Nothing* setzen, verwendet die Methode die weiter oben beschriebenen Leerraumzeichen.

Zeichenfolgen formatieren

Wie Sie aus Kapitel 1 wissen, kann als erstes Argument für die Methode *Console.Write* oder *Console.WriteLine* eine Zeichenfolge verwendet werden, welche die Formatierung der restlichen Argumente beschreibt. Um dieselbe Art von Formatierung durchzuführen, das Ergebnis aber in einer Zeichenfolge zu speichern, verwenden Sie die shared Methode *Format* der Klasse *String*:

Format-Methode von *String* (*Shared,* Auswahl)

```
Function Format(ByVal strFormat As String, ByVal obj As Object) As String
Function Format(ByVal strFormat As String, ByVal obj1 As Object, ByVal obj2 As Object) As String
Function Format(ByVal strFormat As String, ByVal obj1 As Object, ByVal obj2 As Object,
                ByVal obj3 As Object) As String
Function Format(ByVal strFormat As String, ByVal ParamArray aobj() As Object) As String
```

Der folgende Aufruf von *Format*

```
String.Format("The sum of {0} and {1} is {2}", 2, 3, 2 + 3)
```

erstellt z.B. die Zeichenfolge »The sum of 2 and 3 is 5«.

Arrays sortieren und durchsuchen

Die Klasse *String* implementiert die Schnittstelle *IComparable*, wozu lediglich die Implementierung der folgenden Methode erforderlich ist:

IComparable-Methode

```
Function CompareTo(ByVal obj As Object) As Integer
```

Diese Methode wird von den beiden nützlichen shared Methoden *Sort* und *BinarySearch* von *Array* verwendet. Sie können diese beiden Methoden mit Arrays aus Objekten beliebiger Klassen verwenden, die *IComparable* implementieren.

Hier sind die beiden grundlegenden *Sort*-Methoden:

Sort-Methoden von *Array* (Shared, Auswahl)

```
Sub Sort(ByVal arr As Array)
Sub Sort(ByVal arr As Array, ByVal iStartIndex As Integer, ByVal iCount As Integer)
```

Die zweite Variante ermöglicht die Verwendung einer Teilmenge des Arrays. Angenommen, Sie definieren ein Zeichenfolgenarray folgendermaßen:

```
Dim astr() As String = {"New Jersey", "New York", "new Mexico", "New Hampshire"}
```

Beachten Sie das kleine *n* in der dritten Zeichenfolge. Nach dem Aufruf von

```
Array.Sort(astr)
```

werden die Elemente des Arrays in der Reihenfolge »New Hampshire«, »New Jersey«, »new Mexico« und »New York« neu angeordnet. Da die Methode *Sort* die Methode *CompareTo* von *String* verwendet, wird die Groß-/Kleinschreibung bei der Sortierung ignoriert. Wenn das Array jedoch auch »New Mexico« (mit einem großen *N*) enthielte, würde »New Mexico« in dem sortierten Array hinter »new Mexico« stehen.

Die nächsten beiden Varianten der *Sort*-Methode benötigen zwei gleich aufgebaute und gleich große Arrays, optional mit einem Anfangsindex und der Anzahl der Elemente:

Sort-Methoden von *Array* (Shared, Auswahl)

```
Sub Sort(ByVal arrKeys As Array, ByVal arrItems As Array)
Sub Sort(ByVal arrKeys As Array, ByVal arrItems As Array,
         ByVal iStartIndex As Integer, ByVal iCount As Integer)
```

Die Methode sortiert das erste Array und ändert die Reihenfolge der Elemente im zweiten Array entsprechend. Ich verwende diese Version der *Sort*-Methode im Programm SysInfoReflectionStrings in Kapitel 4, um ein Array von Namen der Eigenschaft *SystemInformation* zu sortieren, die in *astrLabels* gespeichert sind:

```
Array.Sort(astrLabels, astrValues)
```

Das entsprechende Array von *SystemInformation*-Werten, die in *astrValues* gespeichert sind, wird ebenfalls neu angeordnet, sodass die Arrayelemente weiterhin einander entsprechen.

Wenn Sie einen Sortiervorgang mit einer anderen Methode als *CompareTo* durchführen möchten, verwenden Sie dazu eine der folgenden *Sort*-Methoden:

Sort-Methoden von *Array* (*Shared,* Auswahl)

```
Sub Sort(ByVal arr As Array, ByVal comp As IComparer)
Sub Sort(ByVal arr As Array, ByVal iStartIndex As Integer, ByVal iCount As Integer,
        ByVal comp As IComparer)
Sub Sort(ByVal arrKeys As Array, ByVal arrItems As Array, ByVal comp As IComparer)
Sub Sort(ByVal arrKeys As Array, ByVal arrItems As Array, ByVal iStartIndex As Integer,
        ByVal iCount As Integer, ByVal comp As IComparer)
```

Das Argument vom Typ *IComparer* kann eine Instanz einer beliebigen Klasse sein, welche die Schnittstelle *IComparer* implementiert. Bei der Klasse *String* ist dies nicht der Fall, *String* implementiert die Schnittstelle *IComparable,* nicht die Schnittstelle *IComparer.*

Die Schnittstelle *IComparer* ist im Namespace *System.Collections* definiert. Eine Klasse, die *IComparer* implementiert, muss die folgende Methode definieren:

*IComparer-*Methode

```
Function Compare(ByVal obj1 As Object, ByVal obj2 As Object) As Integer
```

Diese Methode ist nicht shared und daher in der Klasse *String* nicht definiert. (Die in *String* implementierten *Compare-*Methoden sind shared.)

Der Namespace *System.Collections* enthält zwei Klassen, die *IComparer* implementieren. Dies sind *Comparer* (um wie bei der Standardeinstellung einen Vergleich unter Berücksichtigung der Groß-/Kleinschreibung durchzuführen) und *CaseInsensitiveComparer* (für einen Zeichenfolgenvergleich ohne Beachtung der Groß-/Kleinschreibung). Beide Klassen enthalten das shared Member *Default,* das eine Instanz der Klasse zurückgibt.

Um z.B. das Zeichenfolgenarray *astr* unter Beachtung der Groß-/Kleinschreibung zu sortieren, rufen Sie Folgendes auf:

```
Array.Sort(astr)
```

oder

```
Array.Sort(astr, Comparer.Default)
```

Um ohne Berücksichtigung der Groß-/Kleinschreibung zu sortieren, verwenden Sie folgende Syntax:

```
Array.Sort(astr, CaseInsensitiveComparer.Default)
```

Der Vergleich ohne Beachtung der Groß-/Kleinschreibung ist bei der Methode *BinarySearch* (oder beim Sortieren zur Vorbereitung auf eine binäre Suche) wesentlich sinnvoller als bei der Methode *Sort:*

*BinarySearch-*Methode von *Array* (*Shared*)

```
Function BinarySearch(ByVal arr As Array, ByVal obj As Object) As Integer
Function BinarySearch(ByVal arr As Array, ByVal iStartIndex As Integer,
              ByVal iCount As Integer, ByVal obj As Object) As Integer
Function BinarySearch(ByVal arr As Array, ByVal obj As Object,
              ByVal comp As IComparer) As Integer
Function BinarySearch(ByVal arr As Array, ByVal iStartIndex As Integer,
              ByVal iCount As Integer, ByVal obj As Object, ByVal comp As IComparer)
```

Für eine binäre Suche muss das Array sortiert sein. Das sortierte Array mit vier Bundesstaatennamen enthält die Elemente

"New Hampshire", "New Jersey", "new Mexico", "New York"

Der Aufruf

Array.BinarySearch(astr, "New York")

gibt 3 zurück, da die Zeichenfolge mit *astr(3)* identisch ist. Der Aufruf

Array.BinarySearch(astr, "New Mexico")

gibt –4 zurück. Die negative Zahl gibt an, dass die Zeichenfolge nicht im Array enthalten ist. (Beim Suchen wird standardmäßig die Groß-/Kleinschreibung beachtet!) Das Komplement des Rückgabewerts ist 3. Das bedeutet, dass *astr(3)* das nächsthöhere Element des Arrays ist.

Der Aufruf

Array.BinarySearch(astr, "new Mexico"))

gibt 2 zurück, da das Argument *astr(2)* entspricht. Der Aufruf

Array.BinarySearch(astr, "New Mexico", CaseInsensitiveComparer.Default))

führt eine Suche ohne Berücksichtigung der Groß-/Kleinschreibung durch und gibt ebenfalls 2 zurück.

Die Klasse *StringBuilder*

Sie werden sich fragen, ob mit dem häufigen Neuerstellen von *String*-Objekten Leistungseinbußen verbunden sind. Mitunter ist dies der Fall. Sehen Sie sich das folgende Programm an, das den Operator &= verwendet, um mit 10000 Operationen zum Anfügen von Zeichenfolgen eine lange Zeichenfolge zusammenzubauen.

StringAppend.vb
```
Imports System
Module StringAppend
    Const iIterations As Integer = 10000
    Sub Main()
        Dim dt As DateTime = DateTime.Now
        Dim str As String = String.Empty
        Dim i As Integer
        For i = 1 To iIterations
            str &= "abcdefghijklmnopqrstuvwxyz" & vbCrLf
        Next i
        Console.WriteLine(DateTime.op_Subtraction(DateTime.Now, dt))
    End Sub
End Module
```

Das Programm ruft die Methode *Now* der Klasse *DateTime* am Anfang und am Ende auf, um die verstrichene Zeit zu berechnen, die in Stunden, Minuten, Sekunden und Einheiten von 100 Nanosekunden angezeigt wird. (Informationen zu *DateTime* und verwandten Klassen finden Sie in Kapitel 10.) Jede Operation zum Anfügen von Zeichenfolgen bewirkt die Erstellung eines neuen *String*-Objekts, wodurch eine weitere Speicherreservierung erforderlich wird. Jede vorherige Zeichenfolge wird für die Garbage Collection freigegeben.

Die Geschwindigkeit dieses Programms hängt natürlich von der Geschwindigkeit Ihres Computers ab. Die Ausführung kann aber etwa eine Minute dauern.

Eine bessere Lösung bietet in diesem Fall die passend benannte Klasse *StringBuilder*, die im Namespace *System.Text* definiert ist. Im Gegensatz zur Zeichenfolge der Klasse *String* kann die Zeichenfolge von *StringBuilder* auch geändert werden. *StringBuilder* weist den für die Zeichenfolge verwendeten Speicher dynamisch neu zu. Immer wenn die Größe der Zeichenfolge kurz vor der Überschreitung der Größe des Speicherpuffers steht, wird die Puffergröße verdoppelt. Um ein *StringBuilder*-Objekt in ein *String*-Objekt umzuwandeln, rufen Sie die Methode *ToString* auf.

Im Folgenden sehen Sie eine überarbeitete Fassung des Programms, die *StringBuilder* verwendet.

StringBuilderAppend.vb
```
Imports System
Imports System.Text
Module StringBuilderAppend
    Const iIterations As Integer = 10000
    Sub Main()
        Dim dt As DateTime = DateTime.Now
        Dim sb As New StringBuilder()
        Dim i As Integer
        For i = 1 To iIterations
            sb.Append("abcdefghijklmnopqrstuvwxyz" & vbCrLf)
        Next i
        Dim str As String = sb.ToString()
        Console.WriteLine(DateTime.op_Subtraction(DateTime.Now, dt))
    End Sub
End Module
```

Sie werden wahrscheinlich feststellen, dass die Ausführung dieses Programms nicht einmal eine Sekunde dauert. Es scheint für die Ausführung nur ca. 1/1000 der Zeit der ursprünglichen Version zu benötigen.

Ein weiterer sehr gut funktionierender Ansatz ist die Verwendung der Klasse *StringWriter*, die im Namespace *System.IO* definiert ist. Wie in Anhang A erwähnt, sind sowohl *StringWriter* und *StreamWriter* (die Sie zum Schreiben von Text in Dateien verwenden) von der abstrakten Klasse *TextWriter* abgeleitet. Wie *StringBuilder* stellt *StringWriter* eine Zeichenfolge zusammen. Der große Vorteil von *StringWriter* besteht darin, dass Sie die ganze Palette der *Write*- und *WriteLine*-Methoden verwenden können, die in der Klasse *TextWriter* definiert sind. Es folgt ein Beispielprogramm, das dieselbe Aufgabe wie die beiden vorherigen Programme erledigt, dazu jedoch ein *StringWriter*-Objekt verwendet.

StringWriterAppend.vb

```vb
Imports System
Imports System.IO
Module StringWriterAppend
    Const iIterations As Integer = 10000

    Sub Main()
        Dim dt As DateTime = DateTime.Now
        Dim sw As New StringWriter()
        Dim i As Integer

        For i = 1 To iIterations
            sw.WriteLine("abcdefghijklmnopqrstuvwxyz" & vbCrLf)
        Next i
        Dim str As String = sw.ToString()

        Console.WriteLine(DateTime.op_Subtraction(DateTime.Now, dt))
    End Sub
End Module
```

Die Geschwindigkeit dieses Programm ist mit der von StringBuilderAppend zu vergleichen.

Aus all dem können wir etwas lernen: Da Betriebssysteme, Programmiersprachen, Klassenbibliotheken und Frameworks immer abstrakter werden, verlieren wir Programmierer manchmal den Überblick über all die Vorgänge, die sich hinter den Kulissen abspielen. Was im Programm wie ein einfacher Vorgang aussieht, dafür können in Wirklichkeit rege Aktivitäten auf mehreren Schichten darunter erforderlich sein.

Wir mögen von diesen Aktivitäten isoliert sein, sollten jedoch nicht vergessen, dass sich unter der Haube noch eine Menge abspielen kann. Wenn Ihnen eine bestimmte Operation zu langsam vorkommt, zu viel Arbeitsspeicher benötigt oder übertrieben komplizierter Code dafür notwendig ist, versuchen Sie, den Grund herauszubekommen und anschließend eine Alternative zu finden. Es ist sehr wahrscheinlich, dass schon irgendjemand genau das entwickelt hat, was Sie gerade benötigen.

Stichwortverzeichnis

&-Zeichen 9, 337, 451
() (Klammern) 12
()-Eigenschaft 439, 468, 550, 825, 875, 894–896, 901
.NET Framework-Namespaces 6
.NET-Laufzeitumgebung 37
14-15-Puzzle 382
1-Pixel-Fehler 133, 164
35Floppy.bmp 884

A

A4-Member 827
A5-Member 827
Abfrage, serielle 49
Abmessungen
  Clientbereich 221
    einer Seite 840
    Zeichenfolge 328
Abort-Member 40, 603
AbortRetryIgnore-Member 39
AboutBox-Programm 610
Abs-Methode 1016
AcceptButton-Eigenschaft 606
AcceptsReturn-Eigenschaft 699
AcceptsTab-Eigenschaft 699
Acos-Methode 1020
Action-Eigenschaft 879, 880, 973
Activated-Ereignis 171
Activate-Methode 171
Activation-Eigenschaft 899
ActiveBorder-Eigenschaft 90, 91
ActiveBorder-Feld 92
ActiveCaption-Eigenschaft 90, 91
ActiveCaption-Feld 92
ActiveCaptionText-Eigenschaft 90, 91
ActiveCaptionText-Feld 92
Active-Eigenschaft 726
ActiveForm-Eigenschaft 171
AddArc-Methode 574
AddBezier-Methode 574
AddBeziers-Methode 574
AddClosedCurve-Methode 576
AddCurve-Methode 574
AddEllipse-Methode 576
AddExtension-Eigenschaft 641
AddFontFile-Methode 324
AddHandler-Anweisung 51
AddingConstructors-Programm 26
AddingMethods-Programm 15
AddLine-Methode 574
AddLines-Methode 574
AddMemoryFont-Methode 324

AddMetafileComment-Methode 919
Add-Methode 439, 469, 550, 875, 895–897
AddPath-Methode (GraphicsPath) 576
AddPie-Methode 576
AddPolygon-Methode 576
AddRange-Methode 469, 550, 875, 895–897
AddRectangle-Methode 576
AddRectangles-Methode 576
AddString-Methoden (GraphicsPath) 576, 772
AforAbout.ico 612
AfterCollapse-Ereignis 879
AfterExpand-Ereignis 879
AfterSelect-Ereignis 879
AgeOfInnocence-Programm 347
Aktivierungsreihenfolge 478
AliceBlue-Feld 92
Alignment-Eigenschaft 96, 333, 682, 797
AllAboutFont-Programm 309
All-Member 459, 971
AllowDrop-Eigenschaft 969
AllowedEffect-Eigenschaft 970
AllowFullOpen-Eigenschaft 627
AllowMargins-Eigenschaft 851
AllowOrientation-Eigenschaft 851
AllowPaper-Eigenschaft 851
AllowPrinter-Eigenschaft 851
AllowPrintToFile-Eigenschaft 847
AllowSelection-Eigenschaft 847
AllowSomePages-Eigenschaft 847
AllPages-Member 848
Alphakanal 86
Alpha-Member 402
AltDirectorySeparatorChar-Feld 998
Alt-Eigenschaft 173
Alternate-Member 165, 527
Alt-Member 180
AnalogClock-Programm 380
Anchor-Eigenschaft 462
AnchorMask-Member 691
AnchorStyles-Enumeration 462
Andocken 465
Anführungszeichen 1023, 1027
Animationen 432
ANSI-Zeichensatz 193
AntiAliasedText-Programm 326
AntiAliasGridFit-Member 326
Anti-Aliasing 144, 293, 326, *Siehe auch*
  Kantenglättung
AntiAlias-Member 145, 326
AntiAlias-Programm 144
Antiquaschriften 294

AntiqueWhite-Feld 92
AnyColor-Eigenschaft 627
Appearance-Eigenschaft 475, 809
Appearance-Enumeration 475
Append-Member 231, 978
AppendText-Methode 1007
Application.Run-Methode 46, 47
ApplicationData-Member 996
Application-Klasse 45
Apply-Ereignis 627
AppStarting-Eigenschaft 270
AppWorkspace-Eigenschaft 90, 91
AppWorkspace-Feld 92
ArbitraryCoordinates-Programm 224
Archive-Member 1002
Arial 294
Array-Klasse 32, 1039, 1040
ArrayList-Klasse 287
Arrays 32
   Anzahl Elemente ändern 12
   aus Punkten 73
   definieren 12
   mit Schriftfamilien 318
   Präfix 33
   sortieren und durchsuchen 131, 1039
   Speicher wieder freigeben 12
   verzweigte (jagged) 12
ArrowAnchor-Member 691
Arrow-Eigenschaft 270
Arrow-Member 560
ASCII-Eigenschaft 987
ASCII-Zeichen 11, 193, 987
Asin-Methode 1020
Asterisk-Member 39
Atan2-Methode 1020
Atan-Methode 1020
Attributes-Eigenschaft 1002, 1006
Auf-Ab-Steuerelemente 742
Auslassungszeichen 343
Ausnahmebehandlung 19
Ausnahmen
   abfangen 20
   auslösen 20, 21
   behandeln 19
Ausrichtung 333
AutoCheck-Eigenschaft 472, 491
AutoFlush-Eigenschaft 988
AutomaticDelay-Eigenschaft 727
AutomaticFeed-Member 827
AutoPopDelay-Eigenschaft 727
AutoScaleBaseSize-Eigenschaft 482, 484
AutoScaleDemo-Programm 485
AutoScale-Eigenschaft 482
AutoScroll-Eigenschaft 117, 119, 121, 124
AutoScrollMargin-Eigenschaft 120, 121
AutoScrollMinSize-Eigenschaft 121, 122, 124
AutoScrollPosition-Eigenschaft 121, 123, 128, 184
AutoSize-Eigenschaft 478, 502, 797
AutoSize-Member 441

B

BackColor-Eigenschaft 48, 120, 503, 559, 872, 897
BackgroundColor-Eigenschaft 648
BackgroundImage-Eigenschaft 503
BackwardDiagonal-Member 666

BarBreak-Eigenschaft 541
BaselineTilt-Programm 768
BaseStream-Eigenschaft 988, 990
BASIC 1
Basistypen 71
BeforeCollapse-Ereignis 879
BeforeExpand-Ereignis 879
BeforeSelect-Ereignis 879
Begin-Member 981
Beginner's All Purpose Symbolic Instruction Code (BASIC) 1
BeginPrint-Ereignis 834
BeginUpdate-Methode 877
Begrenzungsrechteck in Metadateien 924
Bereiche 567
   und das Clipping 596
Besitzerzeichnung 458
   Listenfelder 737
   Menüs 542, 558, 560
   Statusleisten 795
BetterBlockOut-Programm 261
BetterContextMenu-Programm 547
BetterDialog-Programm 609
BetterFamiliesList-Programm 320
BetterFontAndColorDialogs-Programm 629
BetterImageFromFile-Programm 398
BetterPieChart-Programm 161
Bevel-Member 687
Bézier, Pierre Etienne 507
Bezier3-Member 573
BezierArt-Programm 518
BezierCircles-Programm 517
BezierClockControl-Programm 512
BezierClock-Programm 513
Bézier-Kurven 507, 508, 516
   Entwicklung 507
   kollineare 514
   mathematische Ableitung 519
   Merkmale 511
   zeichnen 507
BezierManual-Programm 521
Bezier-Member 573
Bezier-Programm 510
Bézier-Skulpturen 518
Bibliotheken 36
BigEndianUnicode-Codierung 987
BigEndianUnicode-Eigenschaft 987
Bighelp.bmp 565
Bilder 389
Bildlauf
   automatischer 117
   Flächensteuerelement 117
   ohne Steuerelemente 122
Bildlauffeld 117, 120
Bildlaufleisten 81, 105, 117, 120, 124, 443, 494
Bildliste 437
Bildpunkte 207
Bildschirmauflösung 116, 125, 207, 208, 310, 401, 419
Bildschirmkoordinaten 85
Bildschirmposition 607
Bildverarbeitungsprogramme 390
Bilinear-Member 586
BinaryReader-Klasse 992–994
BinaryReader-Konstruktoren 992
BinaryReader-Methoden 993, 994

BinarySearch-Methode (Array) 1040
BinaryWriter-Klasse 992, 993
BinaryWriter-Konstruktoren 992
BinaryWriter-Methoden 993
BitmapButtons-Programm 456
Bitmap-Feld 953
Bitmap-Klasse 391, 423–425, 432
Bitmap-Konstruktoren 423, 424, 432
Bitmap-Methoden 425
Bitmaps 133, 389, 392
   anzeigen 135, 404
   auf Schaltflächen 455
   aus Metadateien 916
   Bildausschnitt anzeigen 412
   Bildinformationen 400
   Bildliste 437
   BMP-Format 394
   Clipping 593
   Dateiformate 392
   DIB-Format 394
   EXIF-Format 395
   für Pinsel 235
   GIF-Format 393, 394
   Hello World mit 425
   in ein Rechteck einpassen 406
   Komprimierung 393
   laden und anzeigen 396
   Pixelformat 401
   PNG-Format 395
   Rotation 411
   Schatten- 427
   Scherung 411
   TIF-Format 395
   Unterstützung in .NET 391
   zeichnen auf 416
Bitmapschriften 292
Bleisatz 294, 295
Blend-Eigenschaft 670
BlockFont-Programm 760
BlockOut-Programm 259
BMP-Dateien 391
Bmp-Eigenschaft 394
BMP-Format 394
Bögen 157, 516
BoldAndItalicBigger-Programm 302
BoldAndItalic-Programm 297
BoldAndItalicTighter-Programm 332
Bold-Eigenschaft 308
Bold-Member 297
Boolean-Datentyp 11, 32, 33
BorderStyle-Eigenschaft 440, 478, 797, 809, 872
BorderStyle-Enumeration 440, 478
Boss-Puzzle 382
Both-Member 503, 698
BottomCenter-Member 454
Bottom-Eigenschaft 78, 80, 832
BottomLeft-Member 454
Bottom-Member 462, 465, 862
BottomRight-Member 454, 503
Bounce-Programm 435
BouncingGradientBrushBall-Programm 674
Bounds-Eigenschaft 80, 559, 831, 913
BoxingTheClient-Programm 147
Break-Eigenschaft 541
Breitenangabe 33

Bricks-Programm 755
BringToFront-Methode 471
Browser- und Playertasten 179
Brush-Eigenschaft 683
Brushes-Eigenschaften 89
Brushes-Klasse 55, 89
Brush-Klasse 55, 646
Bullet-Member 560
Button1-Member 40
Button2-Member 40
Button3-Member 40
ButtonBase-Eigenschaften 453–456
ButtonBase-Klasse 444, 453–456
ButtonClick-Ereignis 812
ButtonDropDown-Ereignis 812
Button-Eigenschaft 249, 812
Button-Klasse 444
Button-Member 475
Buttons-Eigenschaft 806
ButtonState-Enumeration 459
ButtonStyles-Programm 455
ByKeyboard-Member 880
ByMouse-Member 880
ByRef-Schlüsselwort 12
Byte-Datentyp 10, 11, 32, 33, 1009, 1010
ByVal-Schlüsselwort 12

C

CalendarDate-Struktur 14
Calendar-Klasse 363, 364
Calendar-Methoden 364
Camel Casing 32
CancelButton-Eigenschaft 606
Cancel-Eigenschaft 835, 836, 879
Cancel-Member 40, 603, 973
CanDuplex-Eigenschaft 828
CanFocus-Eigenschaft 194
Canonical-Member 402
CanonicalSplineManual-Programm 529
CanonicalSpline-Programm 523
CanRead-Eigenschaft 980
CanSeek-Eigenschaft 980
CanUndo-Eigenschaft 712
CanWrite-Eigenschaft 980
Capture-Eigenschaft 258
CaptureLoss-Programm 263
caret Siehe Einfügemarke
Caret-Eigenschaften 198
Caret-Klasse 198, 199
Caret-Methoden 198
Caret-Programm 196
Catch-Block 20, 22, 25
Ceiling-Methode 75–77, 1016
CenterColor-Eigenschaft 672
CenterImage-Member 441
CenterImage-Programm 405
Center-Member 96, 333, 683, 699, 798, 895
CenterParent-Member 608
CenterPixelSizeImage-Programm 407
CenterPoint-Eigenschaft 672
CenterScreen-Member 608
ChangeExtension-Methode 998
CharacterCasing-Eigenschaft 724
CharacterCasing-Enumeration 724
Character-Member 341

Char-Datentyp 11, 32, 33, 1025
Char-Klasse 1025, 1026
Char-Methoden 1026
Chars()-Eigenschaft 1027
CheckAlign-Eigenschaft 474
CheckAndRadioCheck-Programm 543
CheckBoxDemo-Programm 473
CheckBox-Eigenschaften 472, 474, 475
CheckBox-Ereignisse 472, 476
CheckBox-Klasse 472–476
CheckBoxWithLabel-Programm 477
CheckedChanged-Ereignis 472, 492
Checked-Eigenschaft 472, 491, 543
Checked-Member 459, 476, 559
CheckerChild-Programm 280
CheckerChildWithFocus-Programm 283
Checker-Programm 277
CheckerWithChildrenAndFocus-Programm 283
CheckerWithChildren-Programm 281
CheckerWithKeyboard-Programm 278
CheckFileExists-Eigenschaft 637
Checkmark-Member 560
CheckPathExists-Eigenschaft 637
CheckStateChanged-Ereignis 476
CheckState-Eigenschaft 475
CheckState-Enumeration 476
Clamp-Member 659
Class 16
ClassesRoot-Feld 631
ClearMarkers-Methode 577
Clear-Methode 53, 94, 439, 470, 550, 697, 712
ClearSelected-Methode 735
ClearType 293, 326
ClearTypeGridFit-Member 326
ClearUndo-Methode 705
Click-Ereignis 266, 542
Clicks-Eigenschaft 249
Clientbereich 42, 81, 105, 123, 146, 184, 222, 255, 257, 415
   Koordinaten 57
   neu zeichnen 123
   ungültig erklären 51, 83
   ungültig werden 67
ClientEllipse-Programm 156
ClientRectangle-Eigenschaft 82
ClientSize-Eigenschaft 82, 221
Clipboard-Klasse 940
Clipboard-Methoden 940
ClipBounds-Eigenschaft 597
Clip-Eigenschaft 270, 597
Clipping 567
   bei Bitmaps 593
   mit Pfaden 589
   und Bereiche 596
Clippingbereich 143
ClippingCombinations-Programm 591
ClipRectangle-Eigenschaft 52, 127
ClipText-Programm 782, 943
ClipViewAll-Programm 960
ClipView-Programm 957
ClockControl-Programm 377
Clone-Methode 1029
CloseAllFigures-Methode 575
ClosedCurveFillModes-Programm 527
CloseFigure-Methode 575

CloseInFive-Programm 353
Close-Methode 631, 980, 989–994
CloseSubpath-Member 573
Clover-Programm 589
Clsdfold.bmp 884
Code, verwalteter 5
Codedateivorlage 4
Codemember 22
CollapseAll-Methode 882
Collapse-Member 880
Collapse-Methode 882
Collate-Eigenschaft 828
Color.FromArgb-Methoden 88
ColorDepth-Eigenschaft 438
ColorDepth-Enumeration 438
ColorDialog-Eigenschaften 627, 628
ColorDialog-Klasse 624, 627, 628
Color-Eigenschaft 626, 627, 646, 683, 831
Color-Eigenschaften 87
ColorFillDialogBox-Programm 613
ColorFillDialogBoxWithApply-Programm 618
Color-Klasse 55, 87
ColorPalette-Eigenschaften 403
ColorPalette-Klasse 403
ColorScrollDialogBox-Programm 620
ColorScroll-Programm 498
Color-Struktur 86
ColorTrackBar-Programm 503
ColumnClick-Ereignis 900
ColumnClickEventArgs-Argument 900
ColumnClickEventArgs-Eigenschaft 900
ColumnClickEventArgs-Klasse 900
ColumnClickEventHandler-Delegat 900
Column-Eigenschaft 900
ColumnHeader-Eigenschaften 895
ColumnHeader-Klasse 895
Columns-Eigenschaft 894
Combine-Methode 998
CombineMode-Enumeration 591
ComboBoxEdit-Member 559
ComboBox-Eigenschaften 737, 738
ComboBox-Ereignisse 739
ComboBox-Klasse 732, 737–739
ComboBoxStyle-Enumeration 738
CommaSeparatedValue-Feld 954
Common Intermediate Language (CIL) 5
Common Language Runtime 5, 37
CommonApplicationData-Member 996
CommonDialog-Klasse 624
CommonProgramFiles-Member 996
Compare-Methode 1040
Compare-Methode (String) 1034
CompareOrdinal-Methode (String) 1034
CompareTo-Methode 1039
CompareTo-Methode (String) 1033
Compileroptionen
   main 66
   reference 37
   removeintchecks 1011
   target 36
Complement-Member 591
Compressed-Member 1002
Concat-Methode 1030
Concat-Methode (String) 1030, 1031
ConsoleAdder-Programm 8

ConsoleHelloWithImports-Programm 7
ConsoleHelloWorld-Programm 6
Console-Klasse 36
ConsolidatingData-Programm 14
ContainerControl-Klasse 43
ContainsFocus-Eigenschaft 194, 195
Contains-Methode 80, 470, 550
ContentAlignment-Enumeration 454
Contents-Member 798
ContextMenuAdd-Programm 550
ContextMenuDemo-Programm 546
ContextMenu-Eigenschaft 534
ContextMenu-Klasse 533, 547
ContextMenu-Konstruktoren 533
ContextMenu-Methoden 547
Continue-Member 973
Control.ControlCollection-Eigenschaften 468
Control.ControlCollection-Klasse 468–470
Control.ControlCollection-Methoden 469, 470
ControlDarkDark-Eigenschaft 90, 91
ControlDarkDark-Feld 92
ControlDark-Eigenschaft 90, 91
ControlDark-Feld 92
Control-Eigenschaft 90, 91, 173, 198
Control-Eigenschaften 44, 45, 54, 80, 82, 84, 181, 194, 258, 267, 268, 274, 295, 296, 448, 462, 468, 479, 480, 534, 969
Control-Ereignisse 65, 83, 173, 184, 195, 249, 266, 268, 695, 969, 973
Control-Feld 92
Control-Klasse 44, 45, 48, 54, 65, 80, 82–84, 173, 181, 184, 194, 195, 249, 258, 263, 266–268, 274, 295, 296, 448, 453, 462, 468, 479, 480, 485, 533, 534, 695, 969, 973
ControlLight-Eigenschaft 90, 91
ControlLight-Feld 92
ControlLightLight-Eigenschaft 90, 91
ControlLightLight-Feld 92
Control-Member 180
Control-Methoden 44, 84, 115, 195, 263, 296, 453, 471, 485, 973
Control-Methoden-Klasse 471
ControlPaint-Klasse 458, 560
ControlPaint-Methoden 458
controls *Siehe* Steuerelemente
Controls-Eigenschaft 468
ControlText-Eigenschaft 90, 91
ControlText-Feld 92
Convert-Methode (PrinterUnitConvert) 843
Cookies-Member 996
Coordinated Universal Time 357
CoordinateSpace-Enumeration 222
Copies-Eigenschaft 828
Copy-Member 971
Copy-Methode 712, 1006, 1029
Copy-Methode (String) 1029
CopyTo-Methode 1006, 1029
Cosh-Methode 1021
Cos-Methode 1020
Count-Eigenschaft 439, 468, 550, 825, 875, 894–896, 901
CreateDirectory-Methode 1001
CreateGraphics-Methode 115
CreateMeasurementGraphics-Methode 830
Create-Member 978

CreateMetafileMemory-Programm 923
CreateMetafile-Programm 920
CreateMetafileReload-Programm 922
Create-Methode 1001, 1007
CreateNew-Member 978
CreatePrompt-Eigenschaft 640
CreateSubdirectory-Methode 1001
CreateSubKey-Methode 631
CreateText-Methode 1007
CreationTime-Eigenschaft 1002, 1006
Cross-Eigenschaft 270
CSng-Funktion 149
CSS-Standard 87
C-Suffix 1023
CultureInfo-Klasse 194
CurrentConfig-Feld 631
CurrentDirectory-Eigenschaft 996
Current-Eigenschaft 270
CurrentEncoding-Eigenschaft 990
CurrentInfo-Eigenschaft 366
Current-Member 981
CurrentTimeZone-Eigenschaft 359
CurrentUser-Feld 631
Cursor-Eigenschaft 49, 274
Cursor-Eigenschaften 270
Cursor-Klasse 269–271, 432
Cursor-Konstruktoren 432
Cursor-Methoden 271
Cursors-Eigenschaften 270
Cursors-Klasse 269, 270
Cursortasten 177
CustomCheckBox-Programm 480
CustomColors-Eigenschaft 628
CustomEndCap-Eigenschaft 692
Custom-Member 684, 691, 828
CustomStartCap-Eigenschaft 692
Cut-Methode 712

D

Darstellungsbereich 105
DashCap-Eigenschaft 687
DashCap-Enumeration 689
DashDotDot-Member 684
DashDot-Member 684
DashedEllipse-Programm 157
Dash-Member 684
DashMode-Member 573
DashOffset-Eigenschaft 684
DashPattern-Eigenschaft 684
DashStyle-Eigenschaft 684
DashStyle-Enumeration 684
Data-Eigenschaft 970
DataFormats-Felder 953, 954
DataFormats-Klasse 953, 954, 964
DataFormats-Methoden 964
DataObject-Klasse 965, 966
DataObject-Konstruktoren 965
DateAndTimeStatus-Programm 798
Date-Eigenschaft 356
Dateicodierung 711
Datei-E/A 992, 977, 987, 998, 1007
  binär 992
  Dateimanipulation und -informationen 1007
  Text lesen und schreiben 987
Dateimerkmale abfragen und einstellen 1005

Dateinamen analysieren 997
Datenformate der Zwischenablage 949
Datenmember 22
Datentyp-Alias 32
Datentypen 10
  .NET 32
  Decimal 10
  Ganzzahlen 10
  Gleitkomma 10
  Gleitkomma (floating-point) 10
  numerische 10, 1009
  numerische, von .NET 1010
  von Visual Basic .NET 32
Datentypsuffixe 10
DateTime-Eigenschaften 356, 360
DateTime-Formatierungsabkürzungen 367
DateTimeFormatInfo-Eigenschaften 366
DateTimeFormatInfo-Klasse 366
DateTime-Klasse 355–368
DateTime-Konstruktoren 355, 361, 362
DateTime-Methoden 358, 368
DateTime-Operatoren 357
DateTime-Struktur 355
Datumsformate von ToString 367, 369
Day-Eigenschaft 356
DaylightName-Eigenschaft 359
DaylightTime-Eigenschaften 360
DaylightTime-Klasse 360
DayOfWeek-Eigenschaft 356
DayOfYear-Eigenschaft 356
Days-Eigenschaft 361
Deactivate-Ereignis 171
Debuggen 5
Debug-Klasse 36
Decimal-Datentyp 11, 32, 33, 743, 1009–1011
Decimal-Klasse 1011, 1012
Decimal-Konstruktoren 1012
Decimal-Literalsuffix 1010
Decimal-Methoden 1012
DecimalPlaces-Eigenschaft 743
DefaultDesktopOnly-Member 40
Default-Eigenschaft 270, 987
DefaultFont-Eigenschaft 296
DefaultItem-Eigenschaft 541
Default-Member 145, 146, 559, 829
DefaultPageSettings-Eigenschaft 829, 834
DefiningTheClass-Programm 16
Delegaten 31, 50, 51
Delete-Methode 1001, 1006
Delete-Methoden (Directory) 1001
Delete-Methoden (DirectoryInfo) 1001
Delta-Eigenschaft 249, 360
Demoprogramme 354
Demoversionen 352
Descartes 56
Designmaße 315, 316, 317
DesktopBounds-Eigenschaft 81
DesktopDirectory-Member 996
Desktop-Eigenschaft 90, 91
Desktop-Feld 92
Desktopkoordinaten 85
DesktopLocation-Eigenschaft 81
Details-Member 894
Device-Independent Bitmaps 394
Device-Member 222, 1002

Dialogfelder 599
  abbrechen 606
  Beendigung 604
  Dateien öffnen 634
  Dateien speichern 640
  Druck- 846
  Eigenschaften 613
  Farbauswahl 627
  Farben auswählen 624
  Info 610
  modale 600
  ohne Modus 620
  Schriften auswählen 624
  Standard- 623
  systemmodale 600
  übernehmen 606, 617
Dialogfeldkoordinaten 484
Dialogfeldvorlage 484
DialogResult-Eigenschaft 603, 604
DialogResult-Enumeration 40, 603
DialogsWithRegistry-Programm 632
DiamondAnchor-Member 691
Dib-Feld 953
DIB-Format 394
Dif-Feld 953
DigitalClock-Programm 370
DigitalClockWithDate-Programm 372
DirectionRightToLeft-Member 330
DirectionVertical-Member 330
DirectoriesAndFiles-Programm 885
Directory-Eigenschaft 1005
DirectoryInfo-Eigenschaften 1000, 1002
DirectoryInfo-Klasse 998–1003
DirectoryInfo-Konstruktor 1000
DirectoryInfo-Methoden 1001, 1003
Directory-Klasse 998–1003
Directory-Member 1002
Directory-Methoden 1000–1003
DirectoryName-Eigenschaft 1005
DirectorySeparatorChar-Feld 998
DirectoryTreeView-Programm 883
Disabled-Member 559
DisplayFormatControl-Member 330
Display-Member 213, 303, 843
DisplayRectangle-Eigenschaft 84
Dispose-Methode 116, 134, 198
Divider-Eigenschaft 809
DLLs 37, 53
  mscorlib.dll 732
  System.dll 37
  system.drawing.dll 732
  System.Drawing.dll 37, 53
  System.Windows.Forms.dll 37, 129
  User32.dll 189, 196
Doc.bmp 903
Dock-Eigenschaft 462
DockStyle-Enumeration 465, 862
Document-Eigenschaft 847, 850, 855
Document-Member 213, 303, 925
DocumentName-Eigenschaft 834
DoDragDrop-Methode 973
Doppelklick 246, 266
Dot-Member 684
DotsPerInch-Programm 209
DoubleClick-Ereignis 266

DoubleClickSize-Eigenschaft 246
DoubleClickTime-Eigenschaft 246
Double-Datentyp 10, 11, 32, 33, 75, 1009, 1010, 1013, 1014
Double-Literalsuffix 1010
dpi 209
DpiX-Eigenschaft 209, 913
DpiY-Eigenschaft 209, 913
Draft-Member 828
Drag & Drop 258, 939, 968
   Aktionen 969
DragAction-Enumeration 973
DragDropEffects-Enumeration 971
DragDrop-Ereignis 969
DragEnter-Ereignis 969
DragEventArgs-Argument 969
DragEventArgs-Eigenschaften 970
DragEventArgs-Klasse 970
DragEventHandler-Delegat 969
DragLeave-Ereignis 969
DragOver-Ereignis 969
DrawArc-Methoden (Graphics) 157
DrawBackground-Methode 560
DrawBezier-Methoden (Graphics) 509
DrawBeziers-Methoden (Graphics) 509
DrawButton-Methode 458
DrawClosedCurve-Methoden (Graphics) 526
DrawCurve-Methoden (Graphics) 523, 526
DrawEllipse-Methoden (Graphics) 156
DrawFocusRectangle-Methode 458, 560
DrawHouse-Programm 147
DrawIcon-Methode 431
DrawImage-Methode 404
DrawImage-Methoden (Graphics) 405, 406, 411–416
DrawItem-Ereignis 558
DrawItemEventArgs-Argument 558
DrawItemEventArgs-Eigenschaften 559
DrawItemEventArgs-Klasse 559, 560
DrawItemEventArgs-Methoden 560
DrawItemEventHandler-Delegat 558
DrawItemState-Enumeration 559
DrawLine-Methoden (Graphics) 136
DrawLines-Member 930
DrawLines-Methode 147
DrawLines-Methoden (Graphics) 147
DrawMenuGlyph-Methoden (ControlPaint) 560
Draw-Methoden (ImageList) 440
DrawMode-Enumeration 737
DrawOnImage-Programm 418
DrawOnPixelSizeImage-Programm 419
DrawOrFillEllipse-Programm 616
DrawOrFillEllipseWithApply-Programm 619
DrawPath-Methode 577
DrawPie-Methoden (Graphics) 160
DrawPolygon-Methoden (Graphics) 155
DrawRectangle-Methoden (Graphics) 153
DrawRectangles-Methoden (Graphics) 155
DrawString-Methode 306
DrawString-Methoden 54
DrawString-Methoden (Graphics) 100, 324
Drehfelder 693
DropDownArrows-Eigenschaft 819
DropDownButton-Member 816
DropDownList-Member 738
DropDown-Member 738

DropDownMenuButton-Programm 820
DropDownMenu-Eigenschaft 816
DropDownStyle-Eigenschaft 737
Drop-Member 973
DroppedDown-Eigenschaft 737
DropShadow-Programm 757
DropShadowWithPath-Programm 778
Druckauftrag 833
Druckcontroller 843
Druckdokument, Definition 833
Drucken 135, 138, 210, 823, 829
   Druckereinstellungen 829
   Seiteneinrichtung 850
   Seiteneinstellungen 829
   Vorschau 853
Drucker 135, 210, 773, 823, 824
   Einstellungen 824, 829
   Seiteneinstellungen 830
Druckseite 139
   Abmessungen 840
Druckvorschau 853
D-Suffix 10, 1010
DualWink-Programm 434
Duplex-Eigenschaft 828
Duplex-Enumeration 829
DynData-Feld 631

E

E-Feld 1015
Effect-Eigenschaft 970
Eigenschaften 12, 22, 31, 143
   abfragen und einstellen 22
   Shared 31
Eigenschaftswerte 107
Ein/Aus-Tasten 172
Einfügemarke 195, 198
Eingabe, ereignisgesteuerte 49
Eingabefokus 170, 194
   Bildlaufleiste 496
Eingabegebietsschema 192
Eingabetaste 177
Einheiten 221
Einheitskreis 150
Einstiegspunkt 6, 29, 61
Elements-Eigenschaft 236
Ellipsen 151, 156, 162
EllipsisCharacter-Member 341
EllipsisPath-Member 341
EllipsisWord-Member 341
EmbossedText-Programm 758
Emf-Eigenschaft 394
EMF-Format 395, 417
Emf-Member 912
EmfOnly-Member 931
EmfPlusDual-Member 912, 931
EmfPlusHeaderSize-Eigenschaft 911
EmfPlusOnly-Member 912, 931
EmfPlusRecordType-Enumeration 930
EmfPolyline-Member 930
EmfType-Enumeration 931
Em-Höhe 293, 316, 317
Empty-Eigenschaft 439
Empty-Feld 72, 1028
Enabled-Eigenschaft 353, 448, 541, 815
Encoding-Eigenschaft 988

Encoding-Eigenschaften 987
Encoding-Klasse 987
Encrypted-Member 1002
EndCap-Eigenschaft 687
End-Eigenschaft 360
End-Member 981
EndPrint-Ereignis 834
EndScroll-Member 496
EndsWith-Methode 1032
EndUpdate-Methode 877
Engelbart, Douglas C 243
Enhanced Metafile Format (EMF) 395
EnhancedMetafile-Feld 953
Enter-Ereignis (Maus) 268
EnterLeave-Programm 269
Entries-Eigenschaft 403
Enum-Datentyp 32
EnumerateEnumerationCombo-Programm 739
EnumerateEnumeration-Programm 727
EnumerateMetafile-Methoden (Graphics) 932
Enumerationen 13, 31
  AnchorStyles 462
  Appearance 475
  BorderStyle 440, 478
  ButtonState 459
  CharacterCasing 724
  CheckState 476
  ColorDepth 438
  CombineMode 591
  ComboBoxStyle 738
  ContentAlignment 454
  CoordinateSpace 222
  DashCap 689
  DashStyle 684
  DialogResult 40, 603
  DockStyle 465, 862
  DragAction 973
  DragDropEffects 971
  DrawItemState 559
  DrawMode 737
  Duplex 829
  EmfPlusRecordType 930
  EmfType 931
  Environment.SpecialFolder 996
  FileAccess 979
  FileAttributes 1002
  FileMode 978
  FileShare 979
  FillMode 165, 527
  FlatStyle 454
  FontStyle 297
  FormBorderStyle 48
  FormStartPosition 608
  FormWindowState 701
  GenericFontFamilies 314
  GraphicsUnit 213, 303
  HatchStyle 652–655
  HorizontalAlignment 699, 798, 895
  HotkeyPrefix 338
  ItemActivation 900
  Keys 174–181
  KnownColor 92
  LinearGradientMode 666
  LineCap 691
  LineJoin 687

Enumerationen *(Fortsetzung)*
  MatrixOrder 231
  MenuGlyph 560
  MessageBoxButtons 39
  MessageBoxDefaultButton 40
  MessageBoxIcon 39
  MessageBoxOptions 40
  MetafileFrameUnit 925
  MetafileType 912
  MouseButtons 250
  Orientation 501
  PaperKind 827
  PaperSourceKind 827
  PathPointType 573
  PenAlignment 683
  PenType 684
  PictureBoxSizeMode 441
  PixelFormat 402
  PixelOffsetMode 146
  PrinterResolutionKind 828
  PrinterUnit 843
  PrintRange 848
  RichTextBoxScrollBars 698
  RotateFlipType 423
  ScrollBars 698
  ScrollEventType 496
  SeekOrigin 981
  SelectionMode 734
  Shortcut 535, 536
  SmoothingMode 145
  StatusBarPanelAutoSize 798
  StatusBarPanelBorderStyle 797
  StatusBarPanelStyle 797
  StringAlignment 96, 333
  StringFormatFlags 330
  StringTrimming 341
  TextRenderingHint 326
  TickStyle 503
  ToolBarAppearance 810
  ToolBarButtonStyle 816
  ToolBarTextAlign 811
  TreeViewAction 880
  View 894
  WarpMode 586
  WrapMode 659
EnumMetafile-Programm 935
Envelope-Member 827
Environment.SpecialFolder-Enumeration 996
Environment.SpecialFolder-Methode 41
Environment-Eigenschaften 996
Environment-Klasse 995, 996
Environment-Methoden 995
EnvironmentVars-Programm 736
Epsilon-Feld 1014
Equals-Methode 73, 1032
Ereignishandler 50, 59, 119
  wie viele 458
  Zeitgeber 351
Ereignisse 32, 36, 49, 65
  Abfolge bei einem Doppelklick 267
  Symbolleisten 812
Error-Member 39
EscapePressed-Eigenschaft 973
Euklid 133
EvenBetterBlockOut-Programm 265

EventArgs-Argument 83, 171, 195, 266, 268, 352, 472, 476, 492, 496, 503, 542, 627, 695, 735, 739, 743, 800, 900, 969
EventHandler-Delegat 83, 171, 195, 266, 268, 352, 472, 492, 503, 542, 627, 695, 735, 739, 743, 800, 900, 969
EventHandler-Handler 476, 496
Exception-Klasse 20
Exchangeable Image Format (EXIF) 395
Exclamation-Member 39
Exclude-Member 591
Exe.bmp 903
Executive-Member 827
Exif-Eigenschaft 394
EXIF-Format 395
Exists-Eigenschaft 1000, 1005
Exists-Methode 1000, 1005
ExitOnX-Programm 175
ExpandAll-Methode 882
Expand-Member 880
Expand-Methode 882
ExplorerLike-Programm 903
Exp-Methode 1018
Extended-Member 402
Extension-Eigenschaft 1000, 1005

F

Families-Eigenschaft 318
FamiliesList-Programm 321
Families-Name 323
Farbauswahl 627
Farbauswahl, Standarddialogfeld 627
Farben 70, 86, 87, 135
   auswählen 624
   System- 89
   vordefinierte 92
Farbschemas 89
Far-Member 96, 333
Favorites-Member 996
Felder 16, 17, 22, 31
   Shared 18, 19
Fenster 42
Figur 572
FileAccess-Enumeration 979
FileAttributes-Enumeration 1002
FileDialog-Eigenschaften 636–641
FileDialog-Klasse 624, 636–641
FileDrop-Feld 953
FileInfo-Eigenschaften 1005, 1006
FileInfo-Klasse 998, 1005–1007
FileInfo-Konstruktor 1005
FileInfo-Methoden 1006, 1007
File-Klasse 998, 999, 1005–1007
FileListView-Programm 901
File-Methoden 1005–1007
FileMode-Enumeration 13, 978
FileName-Eigenschaft 634
FileNames-Eigenschaft 634
FileShare-Enumeration 979
FileStream-Eigenschaften 980
FileStream-Klasse 978, 980, 983, 984
   Probleme 984
FileStream-Konstruktoren 978
FileStream-Methoden 980, 983
FillClosedCurve-Methoden (Graphics) 527
FillEllipse-Methoden (Graphics) 163
Fill-Member 465, 862
FillMode-Eigenschaft 572
FillMode-Enumeration 165, 527
FillModesClassical-Programm 166
FillModesOddity-Programm 167
FillPath-Methode 577
FillPie-Methoden (Graphics) 164
FillPolygon-Methoden (Graphics) 165
FillRectangle-Methoden (Graphics) 163
FillRectangles-Methoden (Graphics) 163
FillRegion-Methode (Graphics) 596
Filter-Eigenschaft 639
FilterIndex-Eigenschaft 639
Finally-Block 20
FindReplaceDialog-Klasse 713
FindReplaceDialog-Programm 713
FirstBasicProgram-Programm 3
FirstMainMenu-Programm 537
First-Member 496
FirstNode-Eigenschaft 881
FitBlackBox-Member 330
Fixed3D-Member 48, 440, 478
FixedDialog-Member 48
FixedPitchOnly-Eigenschaft 627
FixedSingle-Member 48, 440, 478
FixedToolWindow-Member 48
Flächenfüllungen 133
Flächensteuerelement *Siehe auch* Panel
   Bildlauf 117
Flags-Eigenschaft 403
Flat-Member 454, 459, 689, 691, 810
FlatStyle-Eigenschaft 454
FlatStyle-Enumeration 454
Flatten-Methoden (GraphicsPath) 583
Floor-Methode 1016
Flower-Programm 577
Flush-Methode 980, 989, 993
Focused-Eigenschaft 194
Focus-Member 559
Focus-Methode 195
Fokus 170, 194
FontAndColorDialogs-Programm 624
FontCollection-Eigenschaft 323
FontCollection-Klasse 323
FontDialog-Eigenschaften 626, 627
FontDialog-Ereignisse 627
FontDialog-Klasse 624, 626, 627
Font-Eigenschaft 54, 295, 559, 626, 897
Font-Eigenschaften 308
FontFamily-Eigenschaft 308, 318
FontFamily-Eigenschaften 314, 315
FontFamily-Klasse 313–315, 318, 320, 322
FontFamily-Methoden 314, 315, 322
FontHeight-Eigenschaft 296
Font-Klasse 295, 296, 298, 303, 308, 313
Font-Konstruktoren 296, 298, 303, 313
FontMenuForm-Programm 754
FontMenu-Programm 552
Font-Methoden 308
FontNames-Programm 299
FontSizes-Programm 301
FontStyleButtons.bmp 818
FontStyle-Enumeration 297
ForcedBoth-Member 698

ForcedHorizontal-Member 698
ForcedVertical-Member 698
ForeColor-Eigenschaft 135, 559, 897
ForegroundColor-Eigenschaft 648
Format-Eigenschaften 964
FormatFlags-Eigenschaft 329
Formatieren
  Ganzzahlen 9
  Zeichenfolgen 8
Formatierung 364
  in Spalten 109
Formatierungsangaben für Zahlen 9
Format-Klasse 964
Format-Methode (String) 1038
FormBorderStyle-Enumeration 48
Form-Eigenschaften 81, 171, 482, 533, 603, 606, 608, 622, 701
Form-Ereignisse 171, 194, 800
Form-Klasse 42, 43, 48, 81, 85, 86, 171, 194, 482, 533, 603, 606, 608, 622, 701, 800
Form-Methoden 171, 482, 603
FormProperties-Programm 48
FormSize-Programm 82
FormStartPosition-Enumeration 49, 608
Formulare 42, 47
  alsHauptanwendungsfenster 42
  anzeigen 43
  Bildschirmposition 607
  Clientbereich 81
  Eigenschaften 48
  Erstellung 53
  Größe 80
  Position 80
  untergeordnete Elemente 468
  Vererbung 61
Formularkoordinaten 85
Formularvererbung 61
FormWindowState-Enumeration 701
ForwardDiagonal-Member 666
FourByFours-Programm 164
FourCorners-Programm 97
FromArgb-Methode 88
FromFile-Methode 396
FromHbitmap-Methode 396
FromImage-Methode 417
FromLTRB-Methode 78
FromPage-Eigenschaft 829, 848
FromStream-Methode 396
F-Suffix 10, 1010
FullFit-Programm 777
Füllmodus 165, 166, 527
FullName-Eigenschaft 1000, 1005
FullOpen-Eigenschaft 627
FullPath-Eigenschaft 882
Function-Schlüsselwort 17
Fünfzehnerspiel 382
Funktionen 6
  trigonometrische 1019, 1021
Funktionstasten 172, 176

G

GammaCorrection-Eigenschaft 670
Ganzzahlen
  Datentyp (Integer) 9, 10
  Überlauf 1010

Garbage Collection 12
GDI (Graphics Device Interface) 52
  aktuelle Position 143
GDI+ (Graphics Device Interface) 52, 146
  kein XOR-Zeichenmodus 260, 432
  keine aktuelle Position 143
GdiCharSet-Eigenschaft 308
GdiCompatible-Member 925
Gdi-Member 402
GdiVerticalFont-Eigenschaft 308
Gedankenstrich 102, 348
GenericDefault-Eigenschaft 330
GenericFontFamilies-Enumeration 314
GenericMonospace-Eigenschaft 315
GenericSansSerif-Eigenschaft 315
GenericSerif-Eigenschaft 315
GenericTypographic-Eigenschaft 330
Geraden 136
Gerätetreiber für Drucker 824
Geräteunabhängigkeit 205, 206
Get-Accessoren 23
GetAttributes-Methode 1006
GetAutoScaleSize-Methode 482
GetBits-Methode 1012
GetBounds-Methoden (GraphicsPath) 585
GetCellAscent-Methode 315
GetCellDescent-Methode 315
GetChildIndex-Methode 470
GetCreationTime-Methode 1002, 1006
GetCurrentDirectory-Methode 1000
GetData-Methode 942, 952
GetDataObject-Methode 940
GetDataPresent-Methode 942, 952
GetDaylightChanges-Methode 359
GetDayOfMonth-Methode 364
GetDirectories-Methode 1003
GetDirectoryName-Methode 997
GetDirectoryRoot-Methode 1000
GetEmHeight-Methode 315
GetExtension-Methode 997
GetFamiliesList-Programm 323
GetFamilies-Methode 322
GetFileName-Methode 997
GetFileNameWithoutExtension-Methode 997
GetFiles-Methode 1003
GetFileSystemEntries-Methode 1003
GetFileSystemInfos-Methode 1003
GetFolderPath-Methode 41, 995
GetFormat-Methode 964
GetFormats-Methoden (IDataObject) 951
GetFullPath-Methode 997
GetHashCode-Methode 73
GetHeight-Methode 219, 295, 306, 308, 317
GetLastAccessTime-Methode 1002, 1006
GetLastWriteTime-Methode 1002, 1006
GetLineSpacing-Methode 315
GetLogicalDrives-Methode 995, 1000
GetMetafileHeader-Methode (Metafile) 911
GetMetafileHeader-Methoden (Metafile) 911
Get-Methoden 22
GetMonth-Methode 364
GetNumericValue-Methode 1026
GetParent-Methode 1000
GetPathRoot-Methode 997
GetPixelFormatSize-Methode 403

GetPreviewPageInfo-Methode 854
GetSelected-Methode 735
GetTabStops-Methode 346
GetTempFileName-Methode 998
GetTempPath-Methode 998
GetThumbnailImage-Methode 421
GetToolTip-Methode 726
GetType-Methode 31, 73
GetUnicodeCategory-Methode 1026
GetUpperBound-Methode 12
GetUtcOffset-Methode 359
GetValue-Methode 631
GetYear-Methode 364
Geviert 293
Gif-Eigenschaft 394
GIF-Format 393, 394
Gleichungen, parametrische 150
Gleitkommadatentypen 10
Gleitkommazahlen 1013
GotFocus-Ereignis 195
GoTo-Anweisung 20
GradientPen-Programm 681
GradientText-Programm 756
Grafikpfade 292, 568, *Siehe auch* Pfade
Grafikstatus 143, 220
Graphics-Eigenschaft 52, 558, 559, 836
Graphics-Eigenschaften 144, 209, 213, 236, 326, 597, 657
Graphics-Klasse 53, 94, 100, 134, 136, 144, 147, 153, 155–157, 160, 163–165, 209, 213, 220, 222, 231, 236, 237, 324, 326, 328, 404–406, 411–417, 431, 509, 523, 526, 527, 577, 589, 593–597, 657, 771, 919, 932
Graphics-Methoden 53, 94, 116, 220, 231, 237, 417, 431, 577, 919
Graphics-Objekt abrufen 134
GraphicsPath-Eigenschaften 572
GraphicsPath-Klasse 572, 574–577, 580, 583, 585, 586, 771, 772
GraphicsPath-Konstruktoren 574
GraphicsPath-Methoden 574–577
GraphicsUnit.Display (PageUnit-Wert) 219
GraphicsUnit.Document (PageUnit-Wert) 219
GraphicsUnit.Inch (PageUnit-Wert) 219
GraphicsUnit.Millimeter (PageUnit-Wert) 219
GraphicsUnit.Pixel (PageUnit-Wert) 219
GraphicsUnit.Point (PageUnit-Wert) 219
GraphicsUnit-Enumeration 213, 303
Gravureffekt 760
Grayed-Member 559
GrayText-Eigenschaft 90, 91
GrayText-Feld 92
Größenangaben, zweidimensionale 70
Größenanpassung 482
Grundlinie 315, 767
Gruppenfelder 491
Guid-Eigenschaft 404

H

Half-Member 146
Hand-Eigenschaft 270
Handled-Eigenschaft 173, 185
Hand-Member 39
HasExtension-Methode 997
HasMorePages-Eigenschaft 836
HatchBrushArray-Programm 649

HatchBrush-Eigenschaften 648
HatchBrush-Klasse 648
HatchBrush-Konstruktoren 648
HatchBrushMenu-Programm 650
HatchBrushRenderingOrigin-Programm 657
HatchFill-Member 684
HatchStyle-Eigenschaft 648
HatchStyle-Enumeration 652–655
Hauptanwendungsfenster 42
HeadDump-Programm 635
Heap 70
Hebräisches Alphabet 202
Height-Eigenschaft 48, 74, 78, 80, 295, 308, 400, 431, 827, 872, 910
Hello World-Konsolenprogramm 6
HelloCenteredAlignment-Programm 98
HelloCenteredMeasured-Programm 100
HelloCenteredRectangle-Programm 101
HelloPrinter-Programm 140
HelloWorldBitmap-Programm 425
HelloWorld-Programm 64
HelpButton-Eigenschaft 855
Help-Eigenschaft 270
HelpMenu-Programm 564
HelpRequest-Ereignis 627
Helvetica 294
Hexadecimal-Eigenschaft 743
Hexadezimalrechner 487
HexagonGradientBrush-Programm 680
HexCalc.ico 490
HexCalc-Programm 488
HexDump-Programm 982
Hidden-Member 1002
Hide-Member 338
Hide-Methode 44
Hide-Methode 198
Hide-Methode 271
HideSelection-Eigenschaft 696
Highlight-Eigenschaft 90, 91
Highlight-Feld 92
HighlightText-Eigenschaft 90, 91
HighlightText-Feld 92
High-Member 828
HighQuality-Member 145, 146
HighSpeed-Member 145, 146
Hilfe zu Menüs 800
Hintergrundfarbe 120, 135
History-Member 996
hit-testing *Siehe* Trefferprüfung
HitTestText-Programm 284
HKEY_CLASSES_ROOT 631
HKEY_CURRENT_CONFIG 631
HKEY_CURRENT_USER 631
HKEY_DYN_DATA 631
HKEY_LOCAL_MACHINE 631
HKEY_PERFORMANCE_DATA 631
HKEY_USERS 631
Höhenangabe 33
HollowFontCenteredPath-Programm 775
HollowFont-Programm 774
HollowFontWidened-Programm 780
HollowFontWidePen-Programm 779
HorizontalAlignment-Enumeration 699, 798, 895
Horizontal-Member 501, 666, 698, 829
HorizontalResolution-Eigenschaft 401, 910

Stichwortverzeichnis **1055**

HorizontalScrollbar-Eigenschaft 733
HotkeyPrefix-Eigenschaft 337
HotkeyPrefix-Enumeration 338
Hotkeys 337
HotLight-Member 559
Hotspot (Maus) 245, 249
HotTrack-Eigenschaft 90, 91
HotTrack-Feld 92
Hour-Eigenschaft 356
Hours-Eigenschaft 361
Hover-Ereignis (Maus) 268
HowdyWorldFullFit-Programm 312
HowdyWorld-Programm 310
HScroll-Eigenschaft 121
HSplit-Eigenschaft 270
HtmlDump-Programm 991
Html-Feld 954
HuckleberryFinnHalfHeight-Programm 339
HuckleberryFinn-Programm 102
HundredPixelsSquare-Programm 206
HundredthsOfAMillimeter-Member 843
HWnd-Eigenschaft 263
hyperbolische trigonometrische Funktionen 1021

I

IBeam-Eigenschaft 270
IButtonControl-Eigenschaft 604
IButtonControl-Methoden 607
IButtonControl-Schnittstelle 604, 607
IComparable-Methode 1039
IComparable-Schnittstelle 1039
IComparer-Methode 1040
IComparer-Schnittstelle 1040
Icon-Eigenschaft 394, 797
Icon-Eigenschaften 431
Icon-Klasse 430, 431
Icon-Konstruktoren 430, 431
IDataObject-Methoden 942, 952
IDataObject-Schnittstelle 942, 951, 952
Id-Eigenschaft 964
IEEERemainder-Methode 1017
IEEE-Standard 1013
Ignore-Member 40, 603
IL-Assembler 5
IL-Disassembler 5
ImageAlign-Eigenschaft 456
ImageAtPoints-Programm 412
ImageClip-Programm 947
ImageDirectory-Programm 891
ImageDrop-Programm 974
Image-Eigenschaft 440, 456, 661, 854
Image-Eigenschaften 400, 401, 403, 910
ImageFormat-Eigenschaften 394, 404
ImageFormat-Klasse 394, 404
ImageFromFile-Programm 397
ImageFromWeb-Programm 399
ImageIndex-Eigenschaft 456, 806, 878, 896
ImageIO-Programm 641
Image-Klasse 391, 394, 396, 400, 401, 403, 421, 423, 909, 910
ImageList.ImageCollection-Eigenschaften 439
ImageList.ImageCollection-Klasse 439, 468
ImageList.ImageCollection-Methoden 439
ImageList-Eigenschaft 456, 806, 878
ImageList-Eigenschaften 438

ImageList-Klasse 437, 438, 440, 805
Image-Methoden 396, 403, 421
ImageOpen-Programm 639
ImagePanel-Programm 888
ImagePrint-Programm 851
ImageReflection-Programm 410
ImageScaleIsotropic-Programm 409
ImageScaleToRectangle-Programm 408
Images-Eigenschaft 438
ImageSize-Eigenschaft 438
IME 180
Imports-Anweisung 38, 48, 53
InactiveBorder-Eigenschaft 90, 91
InactiveBorder-Feld 92
InactiveCaption-Eigenschaft 90, 91
InactiveCaption-Feld 92
InactiveCaptionText-Eigenschaft 90, 91
InactiveCaptionText-Feld 92
Inactive-Member 459, 559
Inch-Member 213, 303, 925
Increment-Eigenschaft 743
Indeterminate-Member 476
Indexed-Member 402
Index-Eigenschaft 549, 558, 559, 881
IndexOfAny-Methode 1036
IndexOf-Methode 550
IndexOf-Methoden (String) 1035
Indizierer 32
Infinity-Programm 515
Inflate-Methode 79
Info-Dialogfeld 610
Info-Eigenschaft 90, 91
Info-Feld 92
Informationen zu Dateien 1007
Information-Member 39
Informationskontext 829
InfoText-Eigenschaft 90, 91
InfoText-Feld 92
inheritance *Siehe* Vererbung
InheritHelloWorld-Programm 65
InheritingTheClass-Programm 28
InheritTheForm-Programm 61
InheritWithConstructor-Programm 62
InheritWithPaint-Programm 63
InitialDelay-Eigenschaft 727
InitialDirectory-Eigenschaft 636
InputLanguageChanged-Ereignis 194
InputLanguageChanging-Ereignis 194
Insert-Methode 1038
Inset-Member 683
InstalledFontsList-Programm 323
InstalledPrinters-Eigenschaft 825
InstantiateHelloWorld-Programm 67
Instanzen 16, 17, 28
Int16-Datentyp 1010
Int32-Datentyp 1010
Int64-Datentyp 1010
Integer-Datentyp 9–11, 32, 33, 1009
Integer-Literalsuffix 1010
IntegralHeight-Eigenschaft 733
interface 31
International Imaging Industry Association (I3A) 395
InternetCache-Member 996
InterpolationColors-Eigenschaft 670
Intersect-Member 591

Intersect-Methode 79
IntersectsWith-Methode 80
Interval-Eigenschaft 353
Invalidate-Methoden (Control) 83
Invalid-Member 145, 146, 912
InvalidPathChars-Feld 998
InvariantInfo-Eigenschaft 366
IsAlphaPixelFormat-Methode 403
IsCanonicalPixelFormat-Methode 403
IsClipEmpty-Eigenschaft 597
IsControl-Methode 1026
IsDaylightSavingTime-Methode 359
IsDefaultPrinter-Eigenschaft 824
IsDigit-Methode 1026
IsDisplay-Methode 912
IsEmf-Methode 912
IsEmfOrEmfPlus-Methode 912
IsEmfPlusDual-Methode 912
IsEmfPlus-Methode 912
IsEmfPlusOnly-Methode 912
IsEmpty-Eigenschaft 72, 74, 78
IsExpanded-Eigenschaft 881
IsExtendedPixelFormat-Methode 403
IsIdentity-Eigenschaft 236
IsInfinity-Methode 1015
IsInvertible-Eigenschaft 236
IsLetter-Methode 1026
IsLetterOrDigit-Methode 1026
IsLower-Methode 1026
IsNaN-Methode 1015
IsNegativeInfinity-Methode 1015
IsNumber-Methode 1026
isotrope Skalierung 408
IsParent-Eigenschaft 549
IsPathRooted-Methode 997
IsPlotter-Eigenschaft 826
IsPositiveInfinity-Methode 1015
IsPunctuation-Methode 1026
IsReadOnly-Eigenschaft 439, 468, 550, 875, 894–896, 901
IsSelected-Eigenschaft 881
IsSeparator-Methode 1026
IsStyleAvailable-Methode 314, 320
IsSurrogate-Methode 1026
IsSymbol-Methode 1026
I-Suffix 1010
IsUpper-Methode 1026
IsValid-Eigenschaft 824
IsVisibleClipEmpty-Eigenschaft 597
IsWhiteSpace-Methode 1026
IsWmf-Methode 912
IsWmfPlaceable-Methode 912
Italic-Eigenschaft 308
Italic-Member 297
ItemActivate-Ereignis 900
ItemActivation-Enumeration 900
ItemHeight-Eigenschaft 558
Items-Eigenschaft 732, 738, 894
ItemWidth-Eigenschaft 558

J

Jeu de Taquin 382
JeuDeTaquin-Programm 384
JeuDeTaquinTile-Programm 383
JeuDeTaquinWithScramble-Programm 539

Join-Methode (String) 1031
JPEG 395
Jpeg-Eigenschaft 394

K

Kalender, internationale 362
Kantenglättung 144, 293
Keine-Member 979
Kemeny, John G. 2
Kennworteingabe 724
KeyChar-Eigenschaft 185
KeyCode-Eigenschaft 173, 180, 181
KeyCode-Member 181
KeyData-Bitmasken 181
KeyData-Eigenschaft 173, 180, 181
KeyDown-Ereignis 173, 181
KeyEventArgs-Argument 173
KeyEventArgs-Eigenschaften 173, 181
   Tastenaktionen 181
KeyEventArgs-Klasse 173, 181
KeyEventHandler-Delegat 173
KeyExamine-Programm 186
KeyExamineWithScroll-Programm 191
KeyholeBitmap-Programm 595
KeyholeClipCentered-Programm 594
KeyholeClip-Programm 593
KeyPress-Ereignis 184
KeyPressEventArgs-Argument 184
KeyPressEventArgs-Eigenschaften 185
KeyPressEventArgs-Klasse 185
KeyPressEventHandler-Delegat 184
Keys-Enumeration 174, 175–181
KeyState-Bitflags 970
KeyState-Eigenschaft 970, 973
KeyUp-Ereignis 173, 181
KeyValue-Eigenschaft 173
Kind-Eigenschaft 827, 828
Klassen 16, 31, 37, 70
   Array 1039, 1040
   BinaryReader 992–994
   BinaryWriter 992, 993
   Bitmap 391, 423–425, 432
   Brush 646
   Brushes 89
   Button 444
   ButtonBase 444, 453–456
   Calendar 364
   Caret 198
   Char 1025, 1026
   CheckBox 472, 474–476
   Clipboard 940
   Color 87
   ColorDialog 624, 627, 628
   ColorPalette 403
   ColumnClickEventArgs 900
   ColumnHeader 895
   ComboBox 732, 737–739
   CommonDialog 624
   ContextMenu 533, 547
   Control 44, 45, 54, 65, 80–84, 173, 181, 184, 194, 195, 249, 258, 263, 266–268, 274, 295, 296, 448, 453, 462, 468, 479, 480, 485, 533, 534, 695, 969, 973
   Control.ControlCollection 468–470
   ControlPaint 458, 560

Klassen *(Fortsetzung)*
  Cursor 270, 271, 432
  Cursors 270
  DataFormats 953, 954, 964
  DataObject 965, 966
  DateTime 355–368
  DateTimeFormatInfo 366
  DaylightTime 360
  Decimal 1011, 1012
  Directory 998–1003
  DirectoryInfo 998–1003
  DragEventArgs 970
  DrawItemEventArgs 559, 560
  Encoding 987
  Environment 995, 996
  File 998, 999, 1005–1007
  FileDialog 624, 636–639, 641
  FileInfo 998, 1005–1007
  FileStream 978, 980, 983, 984
  Font 296, 298, 303, 308, 313
  FontCollection 323
  FontDialog 624, 626, 627
  FontFamily 313–315, 318, 322
  Form 81, 85, 86, 171, 194, 482, 533, 603, 606, 608,
    622, 701, 800
  Format 964
  Graphics 53, 94, 134, 136, 144, 147, 153, 155–157,
    160, 163–165, 209, 213, 220, 222, 231, 236, 237,
    324, 326, 328, 405, 406, 411–417, 431, 509, 523,
    526, 527, 577, 589, 593–597, 657, 919, 932
  GraphicsPath 572, 574–577, 580, 583, 585, 586, 772
  HatchBrush 648
  Icon 430, 431
  Image 396, 400–403, 421, 909, 910
  ImageFormat 394, 404
  ImageList 438, 440
  ImageList.ImageCollection 439
  Instanzen 28
  KeyEventArgs 173, 181
  KeyPressEventArgs 185
  Label 476, 478
  Lesen und Schreiben von Streams 987
  LinearGradientBrush 663, 665, 667, 668, 670
  ListBox 732–735
  ListControl 732
  ListView 894, 899, 900
  ListView.ColumnHeaderCollection 894, 895
  ListView.ListViewItemCollection 895, 896
  ListView.SelectedIndexCollection 901
  ListView.SelectedListViewItemCollection 901
  ListViewItem 896, 901
  ListViewItem.ListViewSubItem 897
  ListViewItem.ListViewSubItemCollection 896, 897
  MainMenu 533
  Margins 832
  Math 1009, 1015–1018, 1020, 1021
  Matrix 235, 236, 581, 582
  MeasureItemEventArgs 558
  Member 31
  Menu 533, 549
  Menu.MenuItemCollection 550
  MenuItem 533, 534, 541–543, 549, 558
  Message 263
  MessageBox 38
  Metafile 391, 909, 911, 918, 925, 927, 930–932, 934

Klassen *(Fortsetzung)*
  MetafileHeader 911–913
  MouseEventArgs 249
  Namespaces 6
  NumericUpDown 743
  Object 43
  ObjectCollection 733
  OpenFileDialog 624, 634, 637
  PageSettings 830, 831
  PageSetupDialog 624, 850, 851
  PaintEventArgs 52
  PaperSize 827
  PaperSource 827
  Path 997, 998
  PathData 573
  PathGradientBrush 671, 672, 675
  Pen 135, 136, 681–684, 687, 689, 692
  Pens 88
  PictureBox 440
  Point 72–76
  PointF 76
  PreviewPageInfo 854
  PreviewPrintController 854
  PrintController 844
  PrintDialog 624, 847
  PrintDocument 833–835
  PrinterResolution 828
  PrinterSettings 824–830, 848
  PrinterSettings.StringCollection 825
  PrinterUnitConvert 843
  PrintEventArgs 835
  PrintPageEventArgs 836
  PrintPreviewDialog 855
  PrivateFontCollection 324
  QueryContinueDragEventArgs 973
  QueryPageSettingsEventArgs 835
  RadioButton 491, 492
  Rectangle 77–80
  RectangleF 77
  Region 596
  Registry 631
  RegistryKey 631
  RichTextBox 694, 725
  SaveFileDialog 640
  ScrollableControl 121, 494
  ScrollBar 494–496
  ScrollEventArgs 496
  Size 74, 76
  SizeF 76
  SolidBrush 646
  Splitter 862, 872
  SplitterEventArgs 873
  StatusBar 791, 795
  StatusBarPanel 794, 796, 797
  Stream 977, 980, 984
  StreamReader 985, 990
  StreamWriter 985, 986, 988
  String 1027–1038
  StringBuilder 1041
  StringFormat 96, 329, 330, 333, 337, 341, 346
  StringFormat- 329
  StringWriter 985
  SystemBrushes 91
  SystemColors 90
  SystemInformation 246, 248

Klassen *(Fortsetzung)*
  SystemPens 91
  TextBox 698, 699, 724
  TextBoxBase 694, 696, 697, 704, 705, 712
  TextureBrush 658, 661
  TextWriter 989
  Timer 352, 353
  TimeSpan 361
  TimeZone 359
  ToolBar 806, 809, 812, 819
  ToolBarButton 806, 811, 812, 815, 816
  ToolBarButtonClickEventArgs 812
  ToolTip 726, 727
  TrackBar 501–503
  TreeNode 874, 878, 879, 881, 882
  TreeNodeCollection 875
  TreeView 875, 877–879, 882
  TreeViewCancelEventArgs 879
  TreeViewEventArgs 880
Vererbung 28
Verweistyp 31
Klick 246, 266
KnownColor-Enumeration 92
Kombinationsfelder 737
Kommentare 5
Komprimierungsverfahren 393
Konsole 1, 2, 33
Konsolenanwendungen 2, 4, 5
  E/A 977
  Namespaces 6
  Unterschied zu einer Windows-Anwendung 35, 36
  Visual Basic .NET-Version 4, 5
Konstruktoren 25, 31
  Standard- 25, 28
Konstruktorenvergleich Point und Size 76
Kontextmenüs 546
Kontrollkästchen 472
  mit drei Zuständen 475
Kontrollpunkte 508
Konturschriften 292
Koordinaten 33
  Bildschirm 85
  Desktop 85
  Dialogfeld 484
  DrawString 60
  Formular 85
  frei wählbare 224
  Welt- 136, 231
Koordinatenpunkte 56, 71, 440
  zweidimensionale 70, 71
Koordinatenraum
  Device 222
  Welt 222
Koordinatensystem 56
  kartesisches 56
  zweidimensionales 71
Kreise 516
Kurtz, Thomas E. 2
Kurven 133, 150, 507
  Ableitung 528

L
Label 443
Label-Eigenschaften 478
Label-Klasse 476, 478

Label-Steuerelement 476
LandscapeAngle-Eigenschaft 826
Landscape-Eigenschaft 831
LargeChange-Eigenschaft 495, 502
LargeDecrement-Member 496
LargeIcon-Member 894
LargeImageList-Eigenschaft 894
LargeIncrement-Member 496
LargerButton.bmp 457
LastAccessTime-Eigenschaft 1002, 1006
LastIndexOfAny-Methode 1036
LastIndexOf-Methoden (String) 1035
Last-Member 496
LastNode-Eigenschaft 881
LastWriteTime-Eigenschaft 1002, 1006
Lauflängenkodierung 393
Laufleisten *Siehe* Bildlaufleisten
LButton-Member 178
Leave-Ereignis (Maus) 268
Leere Projektmappe, Vorlage 4
Leerraumzeichen 1036
Left-Eigenschaft 78, 80, 832
Left-Member 250, 462, 465, 683, 699, 798, 862, 895
Legal-Member 827
Length-Eigenschaft 980, 1005, 1027
Lesen von Textdateien 987
Letter-Member 827
Lib-Schlüsselwort 190
LineAlignment-Eigenschaft 96, 333
LineArcCombo-Programm 568
LinearColors-Eigenschaft 668
LineArcPath-Programm 570
LinearGradientBrush-Eigenschaften 668, 670
LinearGradientBrush-Klasse 663–670
LinearGradientBrush-Konstruktoren 663, 665, 667
LinearGradientBrush-Methoden 668
LinearGradient-Member 684
LinearGradientMode-Enumeration 666
LineCap-Enumeration 691
LineCaps-Programm 691
LineJoin-Eigenschaft 687
LineJoin-Enumeration 687
LineJoins-Programm 687
LineLimit-Member 330
Line-Member 573
Lines-Eigenschaft 694
Linien 133, 136
  Enden 148, 687
  gestrichelte 157, 684
  Verbindungen 687
  verbundene 146
Linienenden 148, 687
Linienschriften 292
Linienverbindungen 687
Link-Member 971
ListBox-Eigenschaften 732, 733, 734
ListBox-Ereignisse 735
ListBox-Klasse 732–735
ListBox-Methoden 735
ListBox-Steuerelement 732
ListControl-Klasse 732
Listenansichten 861, 893, 899
Listenfelder 693, 732, 737
  Besitzerzeichnung 737
  mit Mehrfachauswahl 735

List-Member 894
ListView.ColumnHeaderCollection-Eigenschaften 894
ListView.ColumnHeaderCollection-Klasse 894, 895
ListView.ColumnHeaderCollection-Methoden 895
ListView.ListViewItemCollection-Eigenschaften 895
ListView.ListViewItemCollection-Klasse 895, 896
ListView.ListViewItemCollection-Methoden 896
ListView.SelectedIndexCollection-Eigenschaften 901
ListView.SelectedIndexCollection-Klasse 901
ListView.SelectedListViewItemCollection-Eigenschaften 901
ListView.SelectedListViewItemCollection-Klasse 901
ListView-Eigenschaften 894, 899, 900
ListView-Ereignisse 900
ListViewItem.ListViewSubItemCollection-Eigenschaften 896
ListViewItem.ListViewSubItemCollection-Klasse 896, 897
ListViewItem.ListViewSubItemCollection-Methoden 897
ListViewItem.ListViewSubItem-Eigenschaften 897
ListViewItem.ListViewSubItem-Klasse 897
ListViewItem.ListViewSubItem-Konstruktoren 897
ListViewItem-Eigenschaften 896, 901
ListViewItem-Klasse 896, 901
ListViewItem-Konstruktoren 896
ListView-Klasse 894, 899, 900
Literalsuffixe 10, 1010, 1023
LocalApplicationData-Member 996
Locale-Feld 953
LocalMachine-Feld 631
Location-Eigenschaft 78, 80, 119, 121
Lock-Methode 983
Log10-Methode 1018
Logarithmen 1018
LogicalDpiX-Eigenschaft 913
LogicalDpiY-Eigenschaft 913
Log-Methode 1018
Long-Datentyp 10, 11, 32, 33, 1009
Long-Literalsuffix 1010
LostFocus-Ereignis 195
Lower-Member 724, 827
Low-Member 828
LParam-Eigenschaft 263
L-Suffix 1010

M

MainMenu-Klasse 533
MainMenu-Konstruktoren 533
Main-Methode 5, 17, 29, 61, 63, 66
ManualFeed-Member 827
Manual-Member 608, 827
MarginBounds-Eigenschaft 836
Margins-Eigenschaft 831
Margins-Eigenschaften 832
Margins-Klasse 832
Margins-Konstruktoren 832
Massachusets Institute of Technology (MIT) 87
Maßeinheiten 206, 221, 306, 307
Math-Klasse 149, 1009–1021
Math-Konstantenfelder 1015
Math-Methoden 1016–1021
Matrix-Eigenschaften 236
MatrixElements-Programm 746
Matrix-Klasse 143, 234–236, 581, 582

Matrix-Konstruktoren 235
MatrixMethods-Programm 748
MatrixOrder-Enumeration 231
Matrixtransformation 143, 235
Matrizen 234
Maus 243
 Abfangen von Mauseingaben 249
 Bewegungen 254
 drei Tasten 247
 Eigenschaften 267
 Einführung 243
 Ereignisse 268
 ignorieren 245
 Informationen über 246
 kritzeln mit 285
 Schaltflächen 448
 verfolgen 258
 verfolgen und einfangen 256
Mauscursor 245, 269, 273, 276
Mausereignisse 248
Mauserfassung 262
Mausrad 247, 251
Maustasten 178, 246
 primäre 247
Maustracking 256
Mauszeiger 245
Maximized-Member 701
MaximumCopies-Eigenschaft 828
Maximum-Eigenschaft 495, 502, 743
MaximumPage-Eigenschaft 829, 848
MaxLength-Eigenschaft 694
Max-Member 402, 560
Max-Methode 1016
MaxValue-Feld 11, 1014
MButton-Member 178
MeasureItem-Ereignis 558
MeasureItemEventArgs-Argument 558
MeasureItemEventArgs-Eigenschaften 558
MeasureItemEventArgs-Klasse 558
MeasureItemEventHandler-Delegat 558
MeasureString-Methode 306
MeasureString-Methoden (Graphics) 328
MeasureTrailingSpaces-Member 330
Medium-Member 828
Meldungsfelder 37
 Symbole 39
 zu Debugzwecken 38
Member 17
MemoryBmp-Eigenschaft 394
Menu.MenuItemCollection-Eigenschaften 550
Menu.MenuItemCollection-Klasse 550
Menu.MenuItemCollection-Methoden 550
MenuComplete-Ereignis 800
Menu-Eigenschaft 90, 91, 533
Menu-Eigenschaften 549
Menüelemente 532
 Auflistung mit 549
 markieren 543
Menu-Feld 92
MenuGlyph-Enumeration 560
MenuHelpFirstTry-Programm 801
MenuHelpSubclass-Programm 804
MenuItem-Eigenschaften 541, 543, 549, 558
MenuItem-Ereignisse 541, 542, 558
MenuItemHelp-Programm 803

MenuItem-Klasse 533, 534, 541–543, 549, 558
MenuItem-Konstruktoren 534
MenuItems-Eigenschaft 549
Menu-Klasse 533, 549
Menüleisten 42, 81
Menüs 531, 532
   das erste 537
   Erstellung von oben nach unten 555
   Hilfe zu 800
   Kontext- 546
   mit Ausrufezeichen 539
   Vorschlag für Standard 553
MenuStart-Ereignis 800
MenuText-Eigenschaft 90, 91
MenuText-Feld 92
Me-Schlüsselwort 22, 62, 63, 119, 446, 721
MessageBoxButtons-Enumeration 39
MessageBoxDefaultButton-Enumeration 40
MessageBoxHelloWorld-Programm 37
MessageBoxIcon-Enumeration 39
MessageBox-Klasse 37, 38
MessageBoxOptions-Enumeration 40
Message-Eigenschaften 263
Message-Klasse 263
Metadateien 395, 417, 887, 907, 909
   Anwendungsbereiche 907
   Aufbau 930
   Begrenzungsrechteck 924
   Darstellung 910
   EMF-Format 395, 417
   in Bitmaps umwandeln 916
   laden und anzeigen 908
   Maße 910
   neue erstellen 918
   Typ Metafile 930
   und Seitentransformation 927
   WMF-Format 395, 417
   zeichnen 135
MetafileClip-Programm 945
MetafileConvert-Programm 917
MetafileFrameUnit-Enumeration 925
MetafileHeader-Eigenschaften 911, 913
MetafileHeader-Klasse 911–913
MetafileHeader-Methoden 912
Metafile-Klasse 391, 909, 911, 918, 925, 927, 930–934
Metafile-Konstruktoren 909, 918, 925, 927, 931, 932
MetafilePageUnits-Programm 928
MetafilePict-Feld 953
MetafileSize-Eigenschaft 911
MetafileType-Enumeration 912
MetafileViewer-Programm 913
Methoden 6, 22, 31
   File und FileInfo 1007
   Main 5
   Shared 17–19, 31, 37, 63
   Überladungen 8
Microsoft Intermediate Language (MSIL) 5
Microsoft-Tasten 178
MiddleCenter-Member 454
MiddleLeft-Member 454
Middle-Member 250, 827
MiddleRight-Member 454
Millimeter-Member 213, 303, 925
Millisecond-Eigenschaft 356
Milliseconds-Eigenschaft 361

MinAndMax-Programm 11
MinExtra-Eigenschaft 872
Miniaturansichten 421
Minimized-Member 701
Minimum-Eigenschaft 495, 502, 743
MinimumPage-Eigenschaft 829, 848
MinMargins-Eigenschaft 851
Min-Member 560
Min-Methode 1016
MinSize-Eigenschaft 872
Minute-Eigenschaft 356
Minutes-Eigenschaft 361
MinValue-Feld 11, 1014
MinWidth-Eigenschaft 797
MiterClipped-Member 687
MiterLimit-Eigenschaft 689
Miter-Member 687
Mnemonic-Eigenschaft 541
MobyDick-Programm 227
ModelessColorScroll-Programm 623
Modified-Eigenschaft 704
ModifierKeys-Eigenschaft 181, 268
Modifiers-Eigenschaft 173, 180, 181
Modifiers-Member 181
Modul 63
Module 14, 36
   Definition 6
Monitorgröße 207
Monospace-Member 314
Month-Eigenschaft 356
MouseButtons-Eigenschaft 246, 267
MouseButtons-Enumeration 250
MouseButtonsSwapped-Eigenschaft 246
MouseConnectWaitCursor-Programm 271
MouseCursors-Programm 272
MouseCursorsProperty-Programm 275
MouseDown-Ereignis 249
MouseEnter-Ereignis 268
MouseEventArgs-Argument 249
MouseEventArgs-Eigenschaften 249
MouseEventArgs-Klasse 249
MouseEventHandler-Delegat 249
MouseHover-Ereignis 268
MouseLeave-Ereignis 268
MouseMove-Ereignis 249, 254
MousePosition-Eigenschaft 267, 270
MousePresent-Eigenschaft 246
MouseUp-Ereignis 249
MouseWeb-Programm 254
MouseWheel-Ereignis 249
MouseWheelPresent-Eigenschaft 248
MouseWheelScrollLines-Eigenschaft 248
Move-Ereignis 83
Move-Member 971
Move-Methode 1003, 1006
MoveTo-Methode 1003, 1006
mscorlib.dll 732
Msg-Eigenschaft 263
MSIL (Microsoft Intermediate Language) 5
MultiCopy-Programm 966
MultiExtended-Member 734
Multiline-Eigenschaft 698
MultiplyTransform-Methode 237
Multiselect-Eigenschaft 634
MultiSimple-Member 734

Multitasking 351
MyDocumentsFolder-Programm 41

N

Nachrichtenschleife 47
NaiveFamiliesList-Programm 319
Name-Eigenschaft 308, 314, 480, 964, 1000, 1005
Namenskonventionen 32
   Namespaces 6
Namespace-Alias 7
Namespaces 31, 37
   .NET Framework 6
   System 32, 38
   System.Collections 287
   System.Drawing 38, 48, 70, 86, 296, 391
   System.Drawing.Drawing2D 53, 145, 146
   System.Drawing.Imaging 394, 403, 909
   System.Drawing.Printing 138
   System.Globalization 194
   System.Threading 44
   System.Windows.Forms 38, 42, 45, 51, 194, 269, 437, 823
NaN 1013, 1015, 1020
NaN-Feld 1015
NativeMouseWheelSupport-Eigenschaft 248
Near-Member 96, 333
NegativeInfinity-Feld 1015
neu zeichnen 93
NewForm-Programm 42
NewLine-Eigenschaft 988
New-Schlüsselwort 17, 25
NewValue-Eigenschaft 496
NextNode-Eigenschaft 881
NextVisibleNode-Eigenschaft 881
NoAccelerator-Member 559
NoAnchor-Member 691
NoClip-Member 330
Node-Eigenschaft 879, 880
Nodes-Eigenschaft 874, 875
No-Eigenschaft 270
NoFocusRect-Member 559
NoFontFallback-Member 330
No-Member 40, 603
NoMove2D-Eigenschaft 270
NoMoveHoriz-Eigenschaft 270
NoMoveVert-Eigenschaft 270
None-Member 39, 40, 48, 145, 146, 180, 250, 338, 341, 440, 462, 465, 478, 503, 559, 603, 698, 734, 797, 798, 862, 971
Normal-Member 441, 459, 475, 701, 724, 737, 810, 1002
NotContentIndexed-Member 1002
NotepadCloneNoMenu-Programm 700
NotepadClone-Programm 971
NotepadCloneWithEdit-Programm 717
NotepadCloneWithFile-Programm 706
NotepadCloneWithFormat-Programm 721
NotepadCloneWithPrinting-Programm 855
NotepadCloneWithRegistry-Programm 702
NotifyDefault-Methode 607
Now-Eigenschaft 356
NoWrap-Member 330
NumericUpDown-Eigenschaften 743
NumericUpDown-Ereignisse 743
NumericUpDown-Klasse 743

Numerische Datentypen 10, 1009
Numerische Steuerung (NC) 507
NUM-Taste 177

O

ObjectCollection-Klasse 733
Object-Datentyp 32, 33
Object-Klasse 28, 30, 38, 43
Objekte 13, 16, 111
objektorientierte Programmierung 16
OemText-Feld 953
off-by-1-pixel *Siehe* 1-Pixel-Fehler
Offline-Member 1002
Offset-Methode 73, 75, 79
OffsetX-Eigenschaft 236
OffsetY-Eigenschaft 236
OKCancel-Member 39
OK-Member 39, 40, 603
OldFashionedMenu-Programm 540
OnActivated-Methode 171
OnAfterCollapse-Methode 879
OnAfterExpand-Methode 879
OnAfterSelect-Methode 879
OnApply-Methode 627
OnBeforeCollapse -Methode 879
OnBeforeExpand-Methode 879
OnBeforeSelect -Methode 879
OnBeginPrint-Methode 834
OnButtonClick-Methode 812
OnButtonDropDown-Methode 812
OnCheckedChanged-Methode 472, 492
OnCheckStateChanged-Methode 476
OnClick-Methode 266, 542
OnColumnClick-Methode 900
OnDeactivate-Methode 171
OnDoubleClick-Methode 266
OnDragDrop -Methode 969
OnDragEnter-Methode 969
OnDragLeave -Methode 969
OnDragOver -Methode 969
OnDrawItem-Methode 558
OneClick-Member 900
One-Member 734
OnEndPage-Methode 844
OnEndPrint-Methode 834, 844
OnePanelWithSplitter-Programm 865
OnGotFocus-Methode 195
OnHelpRequest-Methode 627
OnItemActivate-Methode 900
OnKeyDown-Methode 173
OnKeyPress-Methode 184
OnKeyUp-Methode 173
OnLostFocus-Methode 195
OnMeasureItem-Methode 558
OnMenuComplete-Methode 800
OnMenuStart-Methode 800
On-Methoden 65
OnMouseDown-Methode 249
OnMouseEnter-Methode 268
OnMouseHover-Methode 268
OnMouseLeave-Methode 268
OnMouseMove-Methode 249
OnMouseUp-Methode 249
OnMouseWheel-Methode 249
OnMove-Methode 83

OnPaint-Methode 62, 65, 67
OnPopup -Methode 542
OnPrintPage-Methode 834
OnQueryPageSettings-Methode 834
OnResize-Methode 83
OnScroll-Methode 496, 503
OnSelect -Methode 542
OnSelectedIndexChanged-Methode 735, 739, 900
OnSelectedValueChanged -Methode 735
OnSelectionChangeCommitted-Methode 739
OnSplitterMoved -Methode 872
OnSplitterMoving-Methode 872
OnStartPage-Methode 844
OnStartPrint-Methode 844
OnTextChanged-Methode 695, 739
OnTick-Methode 352
OnValueChanged-Methode 496, 503, 743
op_Equality-Operator 357
op_GreaterThan-Operator 357
op_GreaterThanOrEqual-Operator 357
op_InEquality-Operator 357
op_LessThan-Operator 357
op_LessThanOrEqual-Operator 357
OpenFileDialog-Eigenschaften 634, 637
OpenFileDialog-Klasse 624, 634, 637
Openfold.bmp 884
Open-Member 978
Open-Methode 1007
OpenOrCreate-Member 978
OpenRead-Methode 1007
OpenSubKey-Methode 631
OpenText-Methode 1007
OpenWrite-Methode 1007
Operatoren 32
Option Strict 13
Optionsfelder 491
Orientation-Eigenschaft 501
Orientation-Enumeration 501
Ortszeit 357
OutlineClientRectangle-Programm 154
Outlineschriften 292
Outset-Member 683
OverlappingHatchBrushes-Programm 656
Overridable-Zugriffsmodifizierer 30
Overrides-Zugriffsmodifizierer 30
OverwritePrompt-Eigenschaft 640
owner draw *Siehe* Besitzerzeichnung
OwnerDrawButtons-Programm 459
OwnerDraw-Eigenschaft 558
OwnerDrawFixed-Member 737
OwnerDraw-Member 797
OwnerDrawMenu-Programm 560
OwnerDrawVariable-Member 737
Owner-Eigenschaft 622

P

PadLeft-Methode 1037
PadRight-Methode 1037
PageBounds-Eigenschaft 836
Page-Member 222
PageScale-Eigenschaft 143, 213
PageSettings-Eigenschaft 823, 835, 836, 850
PageSettings-Eigenschaften 831
PageSettings-Klasse 823, 830, 831
PageSettings-Konstruktoren 830

PageSetupDialog-Eigenschaften 850, 851
PageSetupDialog-Klasse 624, 850, 851
PageSetupDialog-Konstruktor 850
PageUnit-Eigenschaft 143, 213
Paint-Ereignis 51, 58, 65, 119
  Behandlung 51
Paint-Ereignishandler 58, 59, 65, 134
PaintEventArgs-Argument 65
PaintEventArgs-Eigenschaften 52
PaintEventArgs-Klasse 51, 52, 127, 134
PaintEventHandler-Delegat 51, 65
PaintEvent-Programm 52
PaintHello-Programm 57
PaintTwoForms-Programm 59
Palette-Eigenschaft 403
Palette-Feld 953
PAlpha-Member 402
PanEast-Eigenschaft 270
Panels-Eigenschaft 795
PanNE-Eigenschaft 270
PanNorth-Eigenschaft 270
PanNW-Eigenschaft 270
PanSE-Eigenschaft 270
PanSouth-Eigenschaft 270
PanSW-Eigenschaft 270
PanWest-Eigenschaft 270
PaperKind-Enumeration 827
PaperName-Eigenschaft 827
PaperSize-Eigenschaft 831
PaperSize-Eigenschaften 827
PaperSize-Klasse 827
PaperSizes-Eigenschaft 826
PaperSource-Eigenschaft 831
PaperSource-Eigenschaften 827
PaperSourceKind-Enumeration 827
PaperSource-Klasse 827
PaperSources-Eigenschaft 826
parametrische Gleichungen 150
Parent-Eigenschaft 549, 796, 881, 1000
PartialImage-Programm 413
PartialImageRotate-Programm 416
PartialImageStretch-Programm 415
PartialPush-Eigenschaft 816
Pascal Casing 32
PasswordChar-Eigenschaft 724
Paste-Methode 712
PathData-Eigenschaft 572
PathData-Eigenschaften 573
PathData-Klasse 573
Path-Felder 998
PathGradientBrush-Eigenschaften 672, 675
PathGradientBrush-Klasse 671, 672, 675
PathGradientBrush-Konstruktoren 671
PathGradient-Member 684
Path-Klasse 997, 998
PathMarker-Member 573
Path-Methoden 997, 998
PathPoints-Eigenschaft 572
PathPointType-Enumeration 573
PathSeparator-Eigenschaft 882
PathSeparator-Feld 998
PathTypeMask-Member 573
PathTypes-Eigenschaft 572
PathWarping-Programm 586
PeekChar-Methode 994

Stichwortverzeichnis **1063**

Peek-Methode 990
PenAlignment-Enumeration 683
PenDashCaps-Programm 689
PenDashStyles-Programm 685
PenData-Feld 953
Pen-Eigenschaften 135, 682–684, 687, 689, 692
Pen-Klasse 135, 136, 681–684, 687, 689, 692
 geräteunabhängig 216
Pen-Konstruktoren 136, 681
Pens-Eigenschaften 88
Pens-Klasse 88
PenType-Eigenschaft 683
PenType-Enumeration 684
PenWidths-Programm 216
PerformanceData-Feld 631
PerformClick-Methode 607
Personal-Member 996
Perspective-Member 586
Pfade 567, 572
 Clipping mit 589
 darstellen 577
 erstellen 574
 Transformationen 580
 und Text 771
 Veränderungen 583
Pfadnamen analysieren 997
Pfadverläufe 671
PhysicalDimension-Eigenschaft 401, 910
PhysicalSize-Eigenschaft 854
PictureBox-Eigenschaften 440
PictureBox-Klasse 440
PictureBoxPlusDemo-Programm 442
PictureBoxPlus-Programm 441
PictureBoxSizeMode-Enumeration 441
PieChart-Programm 160
PI-Feld 1015
Pinsel 55, 88, 645
 DrawString 55
 für Text 93
 in Volltonfarben 646
 nebeneinander anordnen 675
 Schraffur- 647
 Text schreiben mit 755
 Textur- 658
Pixel 82, 206
 Beziehung zu anderen Maßeinheiten 206
 quadratische 206
Pixelformat 401
PixelFormat-Eigenschaft 401
PixelFormat-Enumeration 402
Pixel-Member 213, 303, 925
PixelOffsetMode-Eigenschaft 144
PixelOffsetMode-Enumeration 146
Plattformunabhängigkeit 5
PlayRecord-Methode (Metafile) 934
Png-Eigenschaft 394
PNG-Format 395
PoePoem-Programm 251
PointCount-Eigenschaft 572
Point-Eigenschaften 72
PointF-Klasse 76
PointF-Struktur 75, 101
Point-Klasse 71–76
Point-Konstruktoren 74, 76
Point-Member 213, 303, 925

Point-Methoden 73, 75
Points-Eigenschaft 573
Point-Struktur 71, 72
PointToClient-Methode 85
PointToScreen-Methode 85
PolyEllipse-Programm 151
Polygone 165
 allgemeine 155
Polylinien 146, 292, 570, 937
Popup-Ereignis 542
Popup-Member 454
Portable Network Graphics (PNG) 395
Position, aktuelle 143
Position-Eigenschaft 198, 270, 980
PositiveInfinity-Feld 1015
PostScript 292, 507
Potenzen 1018
Pow-Methode 1018
Präfixe für Datentypen 33
PreferredHeight-Eigenschaft 478, 733
PreferredWidth-Eigenschaft 478
Prepend-Member 231
PreviewPageInfo-Eigenschaften 854
PreviewPageInfo-Klasse 854
PreviewPrintController-Eigenschaft 854
PreviewPrintController-Klasse 854
PreviewPrintController-Methode 854
PrevNode-Eigenschaft 881
PrevVisibleNode-Eigenschaft 881
PrintableForm-Klasse 300, 753
PrintableForm-Programm 141
PrintableTenCentimeterRuler-Programm 214
PrintController-Eigenschaft 834
PrintController-Klasse 844
PrintController-Methoden 844
PrintDialog-Eigenschaften 847
PrintDialog-Klasse 624, 847
PrintDialog-Konstruktor 847
PrintDocument-Eigenschaften 834
PrintDocument-Ereignisse 834, 835
PrintDocument-Klasse 833–835
PrintDocument-Konstruktor 833
PrintDocument-Methode 835
PrintDocumentOnPrintPage-Methode 139
PrinterName-Eigenschaft 824
PrinterResolution-Eigenschaft 831
PrinterResolution-Eigenschaften 828
PrinterResolutionKind-Enumeration 828
PrinterResolution-Klasse 828
PrinterResolutions-Eigenschaft 826
PrinterSelectionDialog-Programm 836
PrinterSettings.StringCollection-Eigenschaften 825
PrinterSettings.StringCollection-Klasse 825
PrinterSettings-Eigenschaft 823, 831, 834, 847, 850
PrinterSettings-Eigenschaften 824–829, 848
PrinterSettings-Klasse 823–830, 848
PrinterSettings-Konstruktor 824
PrinterSettings-Methoden 830
PrinterUnitConvert-Klasse 843
PrinterUnit-Enumeration 843
PrintEventArgs-Argument 834
PrintEventArgs-Eigenschaft 835
PrintEventArgs-Klasse 835
PrintEventHandler-Delegat 834
Print-Methode 835

PrintPage-Ereignis 834
PrintPageEventArgs-Argument 834
PrintPageEventArgs-Eigenschaften 836
PrintPageEventArgs-Klasse 836
PrintPageEventHandler-Delegat 834
PrintPreviewControl-Eigenschaft 855
PrintPreviewDialog-Eigenschaften 855
PrintPreviewDialog-Klasse 855
PrintRange-Eigenschaft 829, 848
PrintRange-Enumeration 848
PrintThreePages-Programm 838
PrintToFile-Eigenschaft 829, 847, 848
PrintWithMargins-Programm 842
PrintWithStatusBar-Programm 845
PrivateFontCollection-Klasse 324
PrivateFontCollection-Methoden 324
Private-Zugriffsmodifizierer 17, 21, 22
ProgramFiles-Member 996
Programme
  AboutBox 610
  AddingConstructors 26
  AddingMethods 15
  AgeOfInnocence 347
  AllAboutFont 309
  AnalogClock 380
  AntiAlias 144
  AntiAliasedText 326
  ArbitraryCoordinates 224
  Aufbau 5
  AutoScaleDemo 485
  BaselineTilt 768
  BetterBlockOut 261
  BetterContextMenu 547
  BetterDialog 609
  BetterFamiliesList 320
  BetterFontAndColorDialogs 629
  BetterImageFromFile 398
  BetterPieChart 161
  Bezier 510
  BezierArt 518
  BezierCircles 517
  BezierClock 513
  BezierClockControl 512
  BezierManual 521
  BitmapButtons 456
  BlockFont 760
  BlockOut 259
  BoldAndItalic 297
  BoldAndItalicBigger 302
  BoldAndItalicTighter 332
  Bounce 435
  BouncingGradientBrushBall 674
  BoxingTheClient 147
  Bricks 755
  ButtonStyles 455
  CanonicalSpline 523
  CanonicalSplineManual 529
  CaptureLoss 263
  Caret 196
  CenterImage 405
  CenterPixelSizeImage 407
  CheckAndRadioCheck 543
  CheckBoxDemo 473
  CheckBoxWithLabel 477
  Checker 277

Programme *(Fortsetzung)*
  CheckerChild 280
  CheckerChildWithFocus 283
  CheckerWithChildren 281
  CheckerWithChildrenAndFocus 283
  CheckerWithKeyboard 278
  ClientEllipse 156
  ClippingCombinations 591
  ClipText 782, 943
  ClipView 957
  ClipViewAll 960
  ClockControl 377
  ClosedCurveFillModes 527
  CloseInFive 353
  Clover 589
  ColorFillDialogBox 613
  ColorFillDialogBoxWithApply 618
  ColorScroll 498
  ColorScrollDialogBox 620
  ColorTrackBar 503
  ConsoleAdder 8
  ConsoleHelloWithImports 7
  ConsoleHelloWorld 6
  ConsolidatingData 14
  ContextMenuAdd 550
  ContextMenuDemo 546
  CreateMetafile 920
  CreateMetafileMemory 923
  CreateMetafileReload 922
  CustomCheckBox 480
  DashedEllipse 157
  DateAndTimeStatus 798
  DefiningTheClass 16
  DialogsWithRegistry 632
  DigitalClock 370
  DigitalClockWithDate 372
  DirectoriesAndFiles 885
  DirectoryTreeView 883
  DotsPerInch 209
  DrawHouse 147
  DrawOnImage 418
  DrawOnPixelSizeImage 419
  DrawOrFillEllipse 616
  DrawOrFillEllipseWithApply 619
  DropDownMenuButton 820
  DropShadow 757
  DropShadowWithPath 778
  DualWink 434
  EmbossedText 758
  EnterLeave 269
  EnumerateEnumeration 727
  EnumerateEnumerationCombo 739
  EnumMetafile 935
  EnvironmentVars 736
  EvenBetterBlockOut 265
  ExitOnX 175
  ExplorerLike 903
  FamiliesList 321
  FileListView 901
  FillModesClassical 166
  FillModesOddity 167
  FindReplaceDialog 713
  FirstBasicProgram 3
  FirstMainMenu 537
  Flower 577

Programme *(Fortsetzung)*
  FontAndColorDialogs 624
  FontMenu 552
  FontMenuForm 754
  FontNames 299
  FontSizes 301
  FormProperties 48
  FormSize 82
  FourByFours 164
  FourCorners 97
  FullFit 777
  GetFamiliesList 323
  GradientPen 681
  GradientText 756
  HatchBrushArray 649
  HatchBrushMenu 650
  HatchBrushRenderingOrigin 657
  HeadDump 635
  HelloCenteredAlignment 98
  HelloCenteredMeasured 100
  HelloCenteredRectangle 101
  HelloPrinter 140
  HelloWorld 64
  HelloWorldBitmap 425
  HelpMenu 564
  HexagonGradientBrush 680
  HexCalc 488
  HexDump 982
  HitTestText 284
  HollowFont 774
  HollowFontCenteredPath 775
  HollowFontWidened 780
  HollowFontWidePen 779
  HowdyWorld 310
  HowdyWorldFullFit 312
  HtmlDump 991
  HuckleberryFinn 102
  HuckleberryFinnHalfHeight 339
  HundredPixelsSquare 206
  ImageAtPoints 412
  ImageClip 947
  ImageDirectory 891
  ImageDrop 974
  ImageFromFile 397
  ImageFromWeb 399
  ImageIO 641
  ImageOpen 639
  ImagePanel 888
  ImagePrint 851
  ImageReflection 410
  ImageScaleIsotropic 409
  ImageScaleToRectangle 408
  Infinity 515
  InheritHelloWorld 65
  InheritingTheClass 28
  InheritTheForm 61
  InheritWithConstructor 62
  InheritWithPaint 63
  InstalledFontsList 323
  InstantiateHelloWorld 67
  JeuDeTaquin 384
  JeuDeTaquinTile 383
  JeuDeTaquinWithScramble 539
  KeyExamine 186
  KeyExamineWithScroll 191

Programme *(Fortsetzung)*
  KeyholeBitmap 595
  KeyholeClip 593
  KeyholeClipCentered 594
  LineArcCombo 568
  LineArcPath 570
  LineCaps 691
  LineJoins 687
  MatrixElements 746
  MatrixMethods 748
  MenuHelpFirstTry 801
  MenuHelpSubclass 804
  MenuItemHelp 803
  MessageBoxHelloWorld 37
  MetafileClip 945
  MetafileConvert 917
  MetafilePageUnits 928
  MetafileViewer 913
  MinAndMax 11
  MobyDick 227
  ModelessColorScroll 623
  MouseConnectWaitCursor 271
  MouseCursors 272
  MouseCursorsProperty 275
  MouseWeb 254
  MultiCopy 966
  MyDocumentsFolder 41
  NaiveFamiliesList 319
  NewForm 42
  NotepadClone 971
  NotepadCloneNoMenu 700
  NotepadCloneWithEdit 717
  NotepadCloneWithFile 706
  NotepadCloneWithFormat 721
  NotepadCloneWithPrinting 855
  NotepadCloneWithRegistry 702
  OldFashionedMenu 540
  OnePanelWithSplitter 865
  OutlineClientRectangle 154
  OverlappingHatchBrushes 656
  OwnerDrawButtons 459
  OwnerDrawMenu 560
  PaintEvent 52
  PaintHello 57
  PaintTwoForms 59
  PartialImage 413
  PartialImageRotate 416
  PartialImageStretch 415
  PathWarping 586
  PenDashCaps 689
  PenDashStyles 685
  PenWidths 216
  PictureBoxPlus 441
  PictureBoxPlusDemo 442
  PieChart 160
  PoePoem 251
  PolyEllipse 151
  PrintableForm 141
  PrintableTenCentimeterRuler 214
  PrinterSelectionDialog 836
  PrintThreePages 838
  PrintWithMargins 842
  PrintWithStatusBar 845
  ProgramWithIcon 430
  PropertiesAndExceptions 23

Programme *(Fortsetzung)*
  RadioButtons 492
  RandomClear 94
  RandomClearResizeRedraw 95
  RandomRectangle 354
  RectangleLinearGradientBrush 666
  ReflectedText 763
  RichTextPaste 955
  RotateAndReflect 764
  RotatedFont 761
  RotatedRectangles 240
  RoundRect 158
  RunFormBadly 45
  RunFormBetter 46
  Scribble 285
  ScribbleWithBitmap 427
  ScribbleWithPath 579
  ScribbleWithSave 288
  SevenSegmentClock 376
  SevenSegmentDisplay 373
  SharingMethods 17
  ShowForm 43
  ShowFormAndSleep 44
  SimpleButton 445
  SimpleClock 369
  SimpleDialog 600
  SimplePrintDialog 848
  SimplerDialog 605
  SimpleShear 765
  SimpleStatusBar 790
  SimpleStatusBarWithPanel 793
  SimpleToolBar 806
  SimpleTreeView 876
  SineCurve 149
  SixInchRuler 217
  Spiral 152
  SplitThreeAcross 868
  SplitThreeFrames 870
  SplitTwoProportional 873
  SquareTile 677
  StandardMenu 556
  StarGradientBrush 673
  StatusBarAndAutoScroll 792
  StatusBarPrintController 844
  StreamWriterDemo 989
  StringAlignmentPoint 335
  StringAlignmentRectangle 334
  StringAppend 1041
  StringBuilderAppend 1042
  StringWriterAppend 1043
  SysInfoColumns 109
  SysInfoEfficient 128
  SysInfoFirstTry 107
  SysInfoKeyboard 183
  SysInfoList 115
  SysInfoListView 898
  SysInfoPanel 118
  SysInfoReflection 131
  SysInfoReflectionStrings 129
  SysInfoScroll 122
  SysInfoStrings 111
  SysInfoUpdate 126
  TallInTheCenter 785
  TenCentimeterRuler 211
  TenCentimeterRulerAuto 215

Programme *(Fortsetzung)*
  TextBoxDemo 695
  TextBoxWithToolBar 813
  TextColumns 349
  TextOnBaseline 317
  TextureBrushDemo 659
  Thumbnail 421
  TiltedShadow 769
  ToggleButtons 817
  Transform 744
  TriangleGradientBrush 671
  TriangleTile 675
  TrimmingTheText 341
  TryOneInchEllipse 210
  TwentyFourPointPrinterFonts 305
  TwentyFourPointScreenFonts 304
  TwoButtons 450
  TwoButtonsAnchor 463
  TwoButtonsDock 466
  TwoForms 47
  TwoPaintHandlers 60
  TwoPanelsWithSplitter 867
  TwoPointLinearGradientBrush 664
  TwoStatusBarPanels 795
  TwoTriangleTile 679
  TypeAway 199
  UnderlinedText 338
  WarpText 783
  WhatSize 221
  WhatSizeTransform 223
  WidenPath 583
  WidePolyline 569
  WildCardHexDump 1004
  Wink 433
  WrapText 787
  XMarksTheSpot 137
Programs-Member 996
ProgramWithIcon-Programm 430
Projekte 4
Projektmappen 4
Projektmappen-Explorer 4
properties *Siehe* Eigenschaften
PropertiesAndExceptions-Programm 23
property *Siehe* Eigenschaften
Protected-Zugriffsmodifizierer 17, 30
Public-Zugriffsmodifizierer 17, 21, 22
Punkte konvertieren 85
Punkte pro Zoll 209
Punkte, Bézier-Kurve 507
PushButton-Member 816
Pushed-Eigenschaft 816
Pushed-Member 459

Q

QueryContinueDrag-Ereignis 973
QueryContinueDragEventArgs-Eigenschaften 973
QueryContinueDragEventArgs-Klasse 973
QueryPageSettings-Ereignis 834
QueryPageSettingsEventArgs-Argument 834
QueryPageSettingsEventArgs-Eigenschaft 835
QueryPageSettingsEventArgs-Klasse 835
QueryPageSettingsEventHandler-Delegat 834
Question-Member 39
QuickInfos 725

R

RadioButton-Eigenschaften 491
RadioButton-Ereignisse 492
RadioButton-Klasse 491, 492
RadioButtons-Programm 492
RadioCheck-Eigenschaft 543
Rahmen von Formularen 42
Raised-Member 797
RandomClear-Programm 94
RandomClearResizeRedraw-Programm 95
RandomRectangle-Programm 354
Rasteranpassung 331
Rastergrafiken 133, 389, 907
RawFormat-Eigenschaft 403
RButton-Member 178
ReadBoolean-Methode 993
ReadByte-Methode 980, 993
ReadBytes-Methode 993
ReadChar-Methode 993
ReadChars-Methode 993
ReadDecimal-Methode 993
ReadDouble-Methode 993
ReadInt16-Methode 993
ReadInt32-Methode 993
ReadInt64-Methode 993
ReadLine-Methode 990
Read-Member 979
Read-Methode 980, 990, 994
ReadOnly 23
ReadOnlyChecked-Eigenschaft 637
ReadOnly-Eigenschaft 724
ReadOnly-Member 1002
ReadSingle-Methode 993
ReadToEnd-Methode 990
ReadWrite-Member 979
Recent-Member 996
Rechtecke 70, 153, 162
   als Punkt und Größe 76
Rectangle-Eigenschaft 668, 675
Rectangle-Eigenschaften 78
RectangleF-Klasse 77
RectangleF-Konstruktoren 77
RectangleF-Struktur 77
Rectangle-Klasse 77–80
Rectangle-Konstruktoren 77
RectangleLinearGradientBrush-Programm 666
Rectangle-Methoden 77–80
Rectangle-Struktur 76, 78
RectangleToClient-Methode 86
RectangleToScreen-Methode 86
ReDim-Anweisung 12
reference-Compileroption 37
ReflectedText-Programm 763
Reflektion 128
Refresh-Methode 1001, 1006
Region-Klasse 596
Region-Konstruktoren 596
Registrierung 630
Registry-Felder 631
RegistryKey-Klasse 631
RegistryKey-Methoden 631
Registry-Klasse 631
Regular-Member 297
RemoveAll-Methode 726
RemoveAt-Methode 439, 470, 550
RemoveHandler-Anweisung 52
Remove-Methode 470, 550, 1038
RenderingOrigin-Eigenschaft 657
ReparsePoint-Member 1002
Replace-Member 591
Replace-Methode 1038
ResetBackColor-Methode 453
ResetClip-Methode (Graphics) 593
ResetFont-Methode 296, 453
ResetForeColor-Methode 453
ResetTransform-Methode 231
ReshowDelay-Eigenschaft 727
Resize-Ereignis 83
Ressourcen
   binäre 429
Rest bei Gleitkommaberechnungen 1017
RestoreDirectory-Eigenschaft 636
Restore-Methode 220
Result-Eigenschaft 263
RetryCancel-Member 39
Retry-Member 40, 603
Rich Text Format 725
RichTextBox-Eigenschaften 725
RichTextBox-Klasse 694, 725
RichTextBoxScrollBars-Enumeration 698
RichTextBox-Steuerelement 725
RichTextPaste-Programm 955
Riff-Feld 953
RightAlign-Member 40
Right-Eigenschaft 78, 80, 832
Right-Member 250, 462, 465, 683, 699, 798, 811, 862, 895
Root-Eigenschaft 1000
RotateAndReflect-Programm 764
RotateAt-Methoden (Matrix) 582
RotatedFont-Programm 761
RotatedRectangles-Programm 240
RotateFlip-Methode 421
RotateFlipType-Enumeration 423
Rotate-Methoden (Matrix) 581
RotateTransform-Methode 231
Rotation 411
RoundAnchor-Member 691
Round-Member 687, 689, 691
Round-Methode 75–77, 1016
RoundRect-Funktion (Win32) 158
RoundRect-Programm 158
R-Suffix 1010
RTF 725
Rtf-Eigenschaft 725
Rtf-Feld 954
RtlReading-Member 40
Rücktaste 177
RunFormBadly-Programm 45
RunFormBetter-Programm 46
Run-Length Encoding (RLE) 393

S

SansSerif-Member 314
SaveFileDialog-Eigenschaften 640
SaveFileDialog-Klasse 640
Save-Methode 220
Save-Methoden (Image) 421
SByte-Datentyp (.NET) 1010

Scale-Methode 485
Scale-Methoden (Matrix) 581
ScaleTransform-Methode 231
Schaltflächen 443, 444, 449
   Ausrichtung 453
   Aussehen 453
   Höhe 450
   in Meldungsfeldern 39
   Mausbedienung 448
   mit Bitmaps 455
   selber zeichnen 458
   Standard- 452
   Tastaturbedienung 448
   und Klicks 444
   verankern 462
Schattenbitmap 427
Scherungen 237, 411, 766
Schieberegler 501
Schlüsselloch auf dem Mond 594
Schnittstellen 31
   IButtonControl 604, 607
   IComparable 1039
   IComparer 1040
   IDataObject 942, 951, 952
Schraffuren, Ausgabeursprung 655
Schraffurpinsel 647
Schreiben von Textdateien 987
Schreibrichtung 202
Schriften 134, 291, 753
   Aharoni 319
   Antiquaschriften 294
   Arial 294
   Arrays 318
   Auflistungen 323
   auswählen 624
   Designmaße 316
   DrawString 54
   Erstellung mit Namen 298
   Größenangaben 303
   Helvetica 294
   Höhe 294
   Liste der installierten 323
   Maße 317
   mit variabler Zeichenbreite 284
   OpenType 292
   Schlagschatteneffekt 779
   Schnittnamen 293
   Schriftlage 293
   Serifen 294
   Standard- 295
   Strichstärke 293
   Terminologie 293
   Times 294
   Times New Roman 316, 317
   Transformationen 761
   TrueType 292
   Überhang 318
   unter Windows 292
   Zeichenbreite 293
   Zeilenabstand 294
Schriftfamilien 293, 294
   Arrays 318
Schrifthöhe 293, 294
Schriftmaße 317
Schriftschnitt 293

Schrifttransformationen 761
Scribble-Programm 285
ScribbleWithBitmap-Programm 427
ScribbleWithPath-Programm 579
ScribbleWithSave-Programm 288
scroll bars *Siehe* Bildlaufleisten
ScrollableControl-Eigenschaften 121
ScrollableControl-Klasse 43, 121, 184, 494
ScrollAlwaysVisible-Eigenschaft 733
ScrollBar-Eigenschaft 90, 91
ScrollBar-Eigenschaften 495
ScrollBar-Ereignisse 496
ScrollBar-Feld 92
ScrollBar-Klasse 494–496
ScrollBars-Eigenschaft 698
ScrollBars-Enumeration 698
Scroll-Ereignis 496–498, 503
ScrollEventArgs-Argument 496
ScrollEventArgs-Eigenschaften 496
ScrollEventArgs-Klasse 496
ScrollEventHandler-Handler 496
ScrollEventType-Enumeration 496
Scroll-Member 971
ScrollWindow-Funktion (Win32) 190
Second-Eigenschaft 356
Seconds-Eigenschaft 361
Seek-Methode 980, 993
SeekOrigin-Enumeration 981
Seiten 205
Seiteneinheiten 213
Seiteneinrichtung 850
Seitenskalierung 213
Seitentransformationen 219, 226, 307
   bei Metadateien 927
   Formeln 219
Select...Case-Anweisungen 41
SelectAll-Methode 697
Selected-Eigenschaft 901
SelectedImageIndex-Eigenschaft 878
SelectedIndexChanged-Ereignis 735, 739, 900
SelectedIndex-Eigenschaft 734, 738
SelectedIndices-Eigenschaft 734, 900
SelectedItem-Eigenschaft 734, 738
SelectedItems-Eigenschaft 734, 900
Selected-Member 559
SelectedNode-Eigenschaft 882
SelectedRtf-Eigenschaft 725
SelectedText-Eigenschaft 696
SelectedValueChanged-Ereignis 735
Select-Ereignis 542
SelectionChangeCommitted-Ereignis 739
SelectionLength-Eigenschaft 696
Selection-Member 848
SelectionMode-Eigenschaft 734
SelectionMode-Enumeration 734
SelectionStart-Eigenschaft 696
Select-Methode 697
SendToBack-Methode 471
SendTo-Member 996
Separator-Member 816
Serializable-Feld 954
serielle Abfrage 49
Serifen 294
Serif-Member 314
ServiceNotification-Member 40

Stichwortverzeichnis **1069**

Set-Accessor 23
　Gültigkeitsprüfung 25
　Time 379
SetAttributes-Methode 1006
SetBlendTriangularShape-Methode 668
SetChildIndex-Methode 470
SetClip-Methoden (Graphics) 589, 593, 597
SetCreationTime-Methode 1002, 1006
SetCurrentDirectory-Methode 1000
SetData-Methoden (DataObject) 966
SetDataObject-Methode 940
SetLastAccessTime-Methode 1002, 1006
SetLastWriteTime-Methode 1002, 1006
SetLength-Methode 980
SetMarkers-Methode 577
Set-Methoden 22
SetResolution-Methode 425
SetSelected-Methode 735
SetSigmaBellShape-Methode 668
SetTabStops-Methode 346
SetToolTip-Methode 726
SetValue-Methode 631
SevenSegmentClock-Programm 376
SevenSegmentDisplay-Programm 373
Shadows-Schlüsselwort 66
Shared Eigenschaften 31
Shared Felder 18, 19
Shared Methoden 17–19, 31, 37, 63
Shared-Zugriffsmodifizierer 17–19
SharingMethods-Programm 17
Shear-Methoden (Matrix) 582
Shift-Eigenschaft 173
Shift-Member 180
Shortcut-Eigenschaft 541
Shortcut-Enumeration 535, 536
Short-Datentyp 10, 11, 32, 33, 1009
Short-Literalsuffix 1010
ShowAlways-Eigenschaft 726
ShowApply-Eigenschaft 626
ShowColor-Eigenschaft 626
ShowDialog-Methode 603
ShowEffects-Eigenschaft 626
ShowFormAndSleep-Programm 44
ShowForm-Programm 43
ShowHelp-Eigenschaft 626, 627, 847, 851
ShowLines-Eigenschaft 878
Show-Member 338
Show-Methode 44, 198, 271, 547
Show-Methoden (MessageBox) 38
ShowNetwork-Eigenschaft 847, 851
ShowPanels-Eigenschaft 795
ShowPlusMinus-Eigenschaft 878
ShowReadOnly-Eigenschaft 637
ShowRootLines-Eigenschaft 878
ShowShortcut-Eigenschaft 541
ShowToolTips-Eigenschaft 806
Sieben-Segment-Anzeige 373
Sign-Methode 1016
Simonyi, Charles 32
SimpleButton-Programm 445
SimpleClock-Programm 369
SimpleDialog-Programm 600
Simple-Member 738
SimplePrintDialog-Programm 848
SimplerDialog-Programm 605

SimpleShear-Programm 765
SimpleStatusBar-Programm 790
SimpleStatusBarWithPanel-Programm 793
SimpleToolBar-Programm 806
SimpleTreeView-Programm 876
Simplex-Member 829
SineCurve-Programm 149
SingleBitPerPixelGridFit-Member 326
SingleBitPerPixel-Member 326
Single-Datentyp 10, 11, 32, 33, 75, 101, 1009, 1010, 1013
Single-Literalsuffix 1010
Single-Methoden 1015
Single-Struktur
　Konstantenfelder 1014, 1015
Sinh-Methode 1021
Sin-Methode 149, 1020
Sinuskurve 150
SixInchRuler-Programm 217
Sizable-Member 48
SizableToolWindow-Member 48
SizeAll-Eigenschaft 270
Size-Eigenschaft 78, 80, 198, 308, 400, 431, 910
Size-Eigenschaften 74
SizeF-Klasse 76
SizeF-Methoden 76
SizeInPoints-Eigenschaft 308, 317
Size-Klasse 74, 76
Size-Konstruktoren 74, 76
Size-Methoden 76
SizeMode-Eigenschaft 440
SizeNESW-Eigenschaft 270
SizeNS-Eigenschaft 270
SizeNWSE-Eigenschaft 270
Size-Struktur 74
　Additions- und Subtraktionsoperatoren 75
SizeWE-Eigenschaft 270
SizingGrip-Eigenschaft 791
Skalierung 213, 419
　automatische 483, 484
　isotrope 408
Sleep-Methode 44
SmallChange-Eigenschaft 495, 502
SmallDecrement-Member 496
SmallerButton.bmp 457
SmallIcon-Member 894
SmallImageList-Eigenschaft 894
SmallIncrement-Member 496
SmoothingMode-Eigenschaft 144
SmoothingMode-Enumeration 145
SolidBrush-Eigenschaft 646
SolidBrush-Klasse 646
SolidBrush-Konstruktor 646
SolidColor-Member 684
SolidColorOnly-Eigenschaft 627
Solid-Member 684
SomePages-Member 848
Sommer- und Winterzeit 358
Sondertasten 178
Sorted-Eigenschaft 733, 877
Sort-Methoden (Array) 1039, 1040
SourceName-Eigenschaft 827
SparseFile-Member 1002
SpecialFolder-Methode 41
Speicherreservierung 17

Speicherung, automatische 352
Spiral-Programm 152
Spline 507
Spline-Kurven 507
   kanonische Form 522
Split-Methode (String) 1038
SplitPosition-Eigenschaft 872
Splitter-Eigenschaften 872
Splitter-Ereignisse 872
SplitterEventArgs-Argument 872
SplitterEventArgs-Eigenschaften 873
SplitterEventArgs-Klasse 873
SplitterEventHandler-Delegat 872
Splitter-Klasse 862, 872
SplitterMoved-Ereignis 872
SplitterMoving-Ereignis 872
Splitter-Steuerelement 861, 862
SplitThreeAcross-Programm 868
SplitThreeFrames-Programm 870
SplitTwoProportional-Programm 873
SplitX-Eigenschaft 873
SplitY-Eigenschaft 873
Spring-Member 798
Sqrt-Methode 1018
SquareAnchor-Member 691
Square-Member 691
SquareTile-Programm 677
S-Suffix 1010
StandardButtons.bmp 807
Standarddialogfelder 623
   Drucken 846
   Farbauswahl 627
Standarddruckdialogfeld 846
Standarddrucker 138
Standardkonstruktor 25, 28
Standard-Member 454, 900
StandardMenu-Programm 556
StandardName-Eigenschaft 359
Standardschaltfläche 452
Standardschriften 295
Standardtitelleiste 85
Stanford Research Institute (RSI) 243
StarGradientBrush-Programm 673
StartCap-Eigenschaft 687
Start-Eigenschaft 360
StartFigure-Methode 575
Start-Member 573
StartMenu-Member 996
Start-Methode 353
Startobjekt 29
StartPosition-Eigenschaft 49, 608
StartsWith-Methode 1032
Startup-Member 996
State-Eigenschaft 559
Status, Grafik 143, 220
StatusBarAndAutoScroll-Programm 792
StatusBar-Eigenschaften 791, 795
StatusBar-Klasse 791, 795, 797
StatusBarPanelAutoSize-Enumeration 798
StatusBarPanelBorderStyle-Enumeration 797
StatusBarPanel-Eigenschaften 796, 797
StatusBarPanel-Klasse 789, 794, 796, 797
StatusBarPanelStyle-Enumeration 797
StatusBarPrintController-Programm 844

Statusleisten 789
   einfache 790
   Flächen 794
   und automatischer Bildlauf 792
Statusmeldungen 352
Steuerelemente 43, 117, 443, 444
   Größenanpassung 482
   Identifizierung 479
   z-Reihenfolge 471
Steuermenü 46
Steuertasten 177
Steuerzeichen 185
Stifte 88, 135, 645
   als Pinsel 681
   Breite 135, 216
Stop-Member 39
Stop-Methode 353
Stream-Eigenschaften 980
Stream-Klasse 980, 984
Streamklassen 984
Stream-Methoden 980
StreamReader-Eigenschaften 990
StreamReader-Klasse 985, 986, 989, 990
StreamReader-Konstruktoren 990
StreamReader-Methoden 990
Streams 977
   Klassen 977
   Lese- und Schreiboperationen 987
StreamWriterDemo-Programm 989
StreamWriter-Eigenschaften 988
StreamWriter-Klasse 985, 986, 988, 989
StreamWriter-Konstruktoren 986
StretchImage-Member 441
Strichstärke einer Schrift 293
Strikeout-Eigenschaft 308
Strikeout-Member 297
StringAlignment-Enumeration 96, 333
StringAlignmentPoint-Programm 335
StringAlignmentRectangle-Programm 334
StringAppend-Programm 1041
StringBuilderAppend-Programm 1042
StringBuilder-Klasse 732, 1041
String-Datentyp 32, 33
String-Eigenschaften 1027
String-Feld Empty 1028
StringFormat-Eigenschaften 96, 329, 330, 333, 337, 341
StringFormat-Feld 954
StringFormatFlags-Enumeration 330
StringFormat-Klasse 96, 329, 330, 333, 337, 341, 346
StringFormat--Klasse 329
StringFormat-Konstruktoren 329
StringFormat-Methoden 346
StringFormat-Optionen 329
String-Klasse 11, 1023, 1027–1038
   Schnittstellen 1028
String-Konstruktoren 1027
String-Methoden 1029–1038
Strings *Siehe* Zeichenfolgen
StringTrimming-Enumeration 341
String-Vergleichsmethoden, Rückgabewerte 1033
StringWriterAppend-Programm 1043
StringWriter-Klasse 985
Structure-Schlüsselwort 13, 16, 70

Strukturansichten 861, 874
   Bilder anzeigen 887
   Bilder in 878
   Ereignisse 879
   Navigation durch die Knoten 880
   Verzeichnisstruktur 882
Strukturen 13, 16, 31, 69, 70
   Member 31
   Werttyp 31
Strukturknoten 874
Stützpunkte 508
Style-Eigenschaft 308, 797, 816
SubItems-Eigenschaft 896
Subroutinen, Definition 12
Sub-Schlüsselwort 17
Substring-Methode (String) 1029
Suffixe für numerische Literale 1010
Suffixe, Datentyp 10
Sunken-Member 797
SupportsColor-Eigenschaft 826
SurroundColors-Eigenschaft 672
Symbole 430
SymbolicLink-Feld 953
Symbolleisten 789, 805, 809
   einfache 805
   Ereignisse 812
   Stile 816
SysInfoColumns-Programm 109
SysInfoEfficient-Programm 128
SysInfoFirstTry-Programm 107
SysInfoKeyboard-Programm 183
SysInfoList-Programm 115
SysInfoListView-Programm 898
SysInfoPanel-Programm 118
SysInfoReflection-Programm 131
SysInfoReflectionStrings-Programm 129
SysInfoScroll-Programm 122
SysInfoStrings-Programm 111
SysInfoUpdate-Programm 126
System.Collections-Namespace 287
System.Decimal-Datentyp 32
System.dll 37
system.drawing.dll 732
System.Drawing.dll 37, 53
System.Drawing.Drawing2D-Namespace 53, 145, 146
System.Drawing.Imaging-Namespace 394, 403, 909
System.Drawing.Printing-Namespace 138
System.Drawing-Namespace 38, 48, 70, 86, 296, 391
System.Globalization-Namespace 194
System.Int32-Datentyp 32
System.Int64-Datentyp 32
System.IO-Namespace 977
System.Object-Datentyp 32
System.Single-Datentyp 32
System.String-Datentyp 32
System.Threading-Namespace 44
System.Windows.Forms.dll 37, 129
System.Windows.Forms-Namespace 8, 38, 42, 45, 51, 106, 194, 269, 437, 823
SystemBrushes-Eigenschaften 91
SystemBrushes-Klasse 91
SystemColors-Eigenschaften 90
SystemColors-Klasse 90
SystemDefault-Member 326
SystemDirectory-Eigenschaft 996

Systemfarben 89
SystemInformation-Eigenschaften 107, 126, 246, 248
Systeminformationen 106, 115, 118
SystemInformation-Klasse 106, 246, 248
System-Member 454, 996, 1002
Systemmenü 46
System-Namespace 6, 7, 20, 32, 38
SystemPens-Eigenschaften 91
SystemPens-Klasse 91

T
TabIndex-Eigenschaft 479
TabStop-Eigenschaft 479
Tabstopps 345, 478
Tag Image File Format (TIFF) 395
Tag-Eigenschaft 480, 812, 881, 896
Takt, systemunabhängiger 352
TallInTheCenter-Programm 785
Tanh-Methode 1021
Tan-Methode 1020
target-Compileroption 36
Tastatur 169, 183, 278
   Browser- und Playertasten 179
   Buchstaben auf 174
   Cursortasten 177
   Eingaben ignorieren 170
   Funktionstasten 176
   IME 180
   internationale 191
   Microsoft-Tasten 178
   Schaltflächen 448
   Sondertasten 178
   Steuertasten 177
   Steuerzeichen 185
   Symbole 179
   Umschalttasten 177
   Zahlentasten 175
   Zahlentasten im Ziffernblock 176
   Ziffernblock 176, 177
   Zusatztasten 180, 181
Tastaturlayouts 192
Tasten 169, 172
   drücken und loslassen 173
   untersuchen 186
Tastenereignisse 173
Tastenkombinationen 535, 554
   für Menüs 535
Teiler 861, 862
Teilpfad 572
Teilzeichenfolgen 1029, 1038
Templates-Member 996
Temporary-Member 1002
TenCentimeterRulerAuto-Programm 215
TenCentimeterRuler-Programm 211
TenthsOfAMillimeter-Member 843
Text 291
   Anti-Aliasing 326
   Ausrichtung 333
   in Dateien und lesen und schreiben 987
   in einem Rechteck 100
   lesen und schreiben 985
   mit Pinseln schreiben 755
   Pinsel für 93
   und Pfade 771
   Zeilenabstand 106

TextAlign-Eigenschaft 453, 699, 809, 895
Textanpassung 331
Textanzeige 54, 291
Textausgabe 105
Textausrichtung 333
TextBoxBase-Eigenschaften 694, 696, 704, 712
TextBoxBase-Klasse 694, 696, 697, 704, 705, 712
TextBoxBase-Methoden 697, 705, 712
TextBoxDemo-Programm 695
TextBox-Eigenschaften 698, 699, 724
TextBox-Klasse 698, 699, 724
TextBoxWithToolBar-Programm 813
TextChanged-Ereignis 695, 739
TextColumns-Programm 349
Textdateien 985
Text-Eigenschaft 45, 541, 694, 797, 811, 881, 895–897
Text-Feld 953
Textfelder 693, 737
    einzeilige 694
    für besondere Zwecke 724
    Kennworteingabe 724
    mehrzeilige 698
TextLength-Eigenschaft 694
Text-Member 797
TextOnBaseline-Programm 317
TextRenderingHint-Eigenschaft 326
TextRenderingHint-Enumeration 326
TextureBrushDemo-Programm 659
TextureBrush-Eigenschaften 661
TextureBrush-Klasse 658, 661
TextureBrush-Konstruktoren 658
TextureFill-Member 684
Texturpinsel 658
TextWriter-Klasse 989
TextWriter-Methoden 989
ThousandsSeparator-Eigenschaft 743
ThousandthsOfAnInch-Member 843
ThreeState-Eigenschaft 475
Thumbnail-Programm 421
ThumbPosition-Member 496
ThumbTrack-Member 496
Tick-Ereignis 352
TickFrequency-Eigenschaft 502
Ticks 360
Ticks-Eigenschaft 360, 361
TickStyle-Eigenschaft 502
TickStyle-Enumeration 503
Tiff-Eigenschaft 394
Tiff-Feld 953
TIF-Format 395
TileFlipX-Member 659
TileFlipXY-Member 659
TileFlipY-Member 659
Tile-Member 659
TiltedShadow-Programm 769
TimeOfDay-Eigenschaft 360
timer *Siehe* Zeitgeber
Timer-Eigenschaften 353
Timer-Ereignis 50, 352
Timer-Klasse 352, 353
Timer-Methoden 353
Times New Roman 294
Times New Roman-Schrift 317
TimeSpan-Eigenschaften 361
TimeSpan-Klasse 361

TimeSpan-Konstruktoren 361
TimeZone-Eigenschaften 359
TimeZone-Klasse 359
TimeZone-Methoden 359
ToCharArray-Methode 1029
Today-Eigenschaft 356
ToggleButton-Member 816
ToggleButtons-Programm 817
Toggle-Methode 882
Token 1038
ToLocalTime-Methode 358, 359
ToLongDateString-Methode 368
ToLongTimeString-Methode 368
ToLower-Methode 1030
ToolBarAppearance-Enumeration 810
ToolBarButtonClickEventArgs-Argument 812
ToolBarButtonClickEventArgs-Eigenschaft 812
ToolBarButtonClickEventArgs-Klasse 812
ToolBarButtonClickEventHandler-Delegat 812
ToolBarButton-Eigenschaften 806, 811, 812, 815, 816
ToolBarButton-Klasse 789, 806, 811, 812, 815, 816
ToolBarButtonStyle-Enumeration 816
ToolBar-Eigenschaften 806, 809, 819
ToolBar-Ereignisse 812
ToolBar-Klasse 805, 806, 809, 812, 819
ToolBarTextAlign-Enumeration 811
ToolTip-Eigenschaften 726, 727
ToolTip-Klasse 726, 727
ToolTip-Methoden 726
ToolTips 725
ToolTipText-Eigenschaft 797, 806
ToPage-Eigenschaft 829, 848
TopCenter-Member 454
Top-Eigenschaft 78, 80, 832
TopIndex-Eigenschaft 733
TopLeft-Member 454, 503
Top-Member 462, 465, 862
ToPointF-Methode 76
TopRight-Member 454
Tortendiagramme 157, 160, 162
ToShortDateString-Methode 368
ToShortTimeString-Methode 368
ToSize-Methode 76
ToString-Methode 30, 73, 1029
    Datums- und Uhrzeitformate 367, 369
ToString-Methode (DateTime) 365
TotalDays-Eigenschaft 361
TotalHours-Eigenschaft 361
TotalMilliseconds-Eigenschaft 361
TotalMinutes-Eigenschaft 361
TotalSeconds-Eigenschaft 361
ToUniversalTime-Methode 358, 359
ToUpper-Methode 1030
TrackBar-Eigenschaften 501, 502, 503
TrackBar-Ereignisse 503
TrackBar-Klasse 501–503
Transformationen 136, 205, 219, 226
    bei Metadateien 927
    Formeln 219
    kombinieren 240
    lineare 232
    nichtlineare 783
    Pfade 580
    Schriften 761
    Welt- 307, 777

Transform-Eigenschaft 143, 236, 661, 668, 682
Transform-Methode (GraphicsPath) 580
TransformPoints-Methoden (Graphics) 222
Transform-Programm 744
TranslateClip-Methoden (Graphics) 594
Translate-Methoden (Matrix) 581
TranslateTransform-Methode 231
TransparentColor-Eigenschaft 438
Transparent-Feld 92
Transparenz 86
TreeNodeCollection-Eigenschaften 875
TreeNodeCollection-Klasse 874, 875
TreeNodeCollection-Methoden 875
TreeNode-Eigenschaften 874, 878, 881, 882
TreeNode-Klasse 874, 878–882
TreeNode-Konstruktoren 879
TreeNode-Methoden 882
TreeViewAction-Enumeration 880
TreeViewCancelEventArgs-Argument 879
TreeViewCancelEventArgs-Eigenschaften 879
TreeViewCancelEventArgs-Klasse 879
TreeViewCancelEventHandler-Delegat 879
TreeView-Eigenschaft 881
TreeView-Eigenschaften 875–882
TreeView-Ereignisse 879
TreeViewEventArgs-Argument 879
TreeViewEventArgs-Eigenschaften 880
TreeViewEventArgs-Klasse 880
TreeViewEventHandler-Delegat 879
TreeView-Klasse 874–882
TreeView-Methoden 877, 882
TreeView-Steuerelement 874
Trefferprüfung 276–284
    bei Text 284
    in untergeordneten Elementen 280
TriangleGradientBrush-Programm 671
Triangle-Member 689, 691
TriangleTile-Programm 675
trigonometrische Funktionen 149, 1019
TrimEnd-Methode 1037
Trim-Methode 1037
Trimming-Eigenschaft 341
TrimmingTheText-Programm 341
TrimStart-Methode 1037
Truncate-Member 978
Truncate-Methode 75–77
Try-Block 20, 25
TryOneInchEllipse-Programm 210
TwentyFourPointPrinterFonts-Programm 305
TwentyFourPointScreenFonts-Programm 304
TwoButtonsAnchor-Programm 463
TwoButtonsDock-Programm 466
TwoButtons-Programm 450
TwoClick-Member 900
TwoForms-Programm 47
TwoPaintHandlers-Programm 60
TwoPanelsWithSplitter-Programm 867
TwoPointLinearGradientBrush-Programm 664
TwoStatusBarPanels-Programm 795
TwoTriangleTile-Programm 679
TypeAway-Programm 199
Type-Eigenschaft 496, 911
Type-Klasse 31
Types-Eigenschaft 573

U

Überhang 318
Überladungen, Methoden 8
Überlauf 1010
Überschreibungen 30, 31
Uhr
    analoge 377
    digtiale 372
    kulturspezifische 369
    mit Bézier-Kurven 512
    Retro-Look 373
Uhrzeitformate von ToString 367, 369
UInt16-Datentyp (.NET) 1010
UInt32-Datentyp (.NET) 1010
UInt64-Datentyp (.NET) 1010
Umgebungszeichenfolgen 995
Umschalttasten 172, 177
Unchecked-Member 476
UnderlinedText-Programm 338
Underline-Eigenschaft 308
Underline-Member 297
Underneath-Member 811
Undo-Methode 712
Unendlichkeit 1013
Unendlichkeitszeichen 515
Unicode-Codierung von Zeichen 11
Unicode-Eigenschaft 987
Unicode-Standard 202
UnicodeText-Feld 953
Unicode-Werte der Leerraumzeichen 1036
Unicode-Zeichen 180
Union-Member 591
Union-Methode 79
Unit-Eigenschaft 308
Unknown-Member 880
Unlock-Methode 983
Unterklasse 28
Unterlänge 316, 317
Unterlauf 1010
UpArrow-Eigenschaft 270
Update-Methode 84
Upper-Member 724, 827
UseAntiAlias-Eigenschaft 854, 855
UseMnemonic-Eigenschaft 478
User32.dll 189, 196
UserPreferenceChanged-Ereignis 126
Users-Feld 631
UTC 357
UtcNow-Eigenschaft 356
UTF7-Eigenschaft 987
UTF-8- und UTF-7-Codierung 987
UTF8-Eigenschaft 987

V

Value 23
ValueChanged-Ereignis 496–498, 503, 743
Value-Eigenschaft 495, 502, 743
ValueType-Klasse 71
vbc.exe-Compiler 3
Vektor 389
Vektorgrafiken 133, 134, 389, 907
Vektorschriften 292
Verankern 462

Verbindungspunkte 148
Vererbung 28
    Formular 61
Verkettung von Zeichenfolgen 9
Verläufe
    lineare 662
    Pfad- 671
Versalhöhe 316, 317
Version-Eigenschaft 911
Vertical-Member 501, 666, 698, 829
VerticalResolution-Eigenschaft 401, 910
Verwalteter Code 5
Verweistyp 12, 31, 70
Verzeichnisse
    arbeiten mit 1000
    Projekte und Projektmappen 4
Verzeichnisstruktur 882
View-Eigenschaft 894
View-Enumeration 894
Visibility-Eigenschaft 198
VisibleClipBounds-Eigenschaft 224, 597
Visible-Eigenschaft 44, 448, 541, 815
Visual Basic .NET, Programmiersprache
    Aufbau von Programmen 5
    Datentypen 10
    Namespaces 6
Visual Studio .NET und Visual Basic .NET
    Projekte und Projektmappen 4
Volltonfarben 646
VolumeSeparatorChar-Feld 998
Vordefinierte Farben 92
Vorlagen, Projekte 4
VScroll-Eigenschaft 121
VSplit-Eigenschaft 270

W

WaitCursor-Eigenschaft 270
Warning-Member 39
Warp-Methoden (GraphicsPath) 586
WarpMode-Enumeration 586
WarpText-Programm 783
WaveAudio-Feld 953
Weltkoordinaten 136, 231
Welttransformationen 226, 233, 307, 777
Weltzeit 357
Werttyp 12, 31, 70, 71
WhatSize-Programm 221
WhatSizeTransform-Programm 223
Widen-Methoden (GraphicsPath) 583
WidenPath-Programm 583
WidePolyline-Programm 569
Width-Eigenschaft 48, 74, 78, 80, 135, 400, 431, 682, 797, 827, 872, 895, 910
WildCardHexDump-Programm 1004
Win32-API, Aufruf 189
Winding-Member 165, 527
Window-Eigenschaft 90, 91
Window-Feld 92
WindowFrame-Eigenschaft 90, 91
WindowFrame-Feld 92
Windows Forms 35
Windows Forms-Designer 449
    automatische Skalierung 483
Windows GDI 52
Windows-Anwendung

Unterschied zu einer Konsolenanwendung 35, 36
WindowsDefaultBounds-Member 608
WindowsDefaultLocation-Member 608
Windows-Editor-Klon 699, 704, 712, 855, 971
Windows-Registrierung 630
WindowState-Eigenschaft 701
WindowText-Eigenschaft 90, 91
WindowText-Feld 92
Wink-Programm 433
With-Anweisung 53
Wmf-Eigenschaft 394
WMF-Format 395, 417
WmfHeader-Eigenschaft 911
Wmf-Member 912
WmfPlaceable-Member 912
WmfPolyline-Member 930
WndProc-Methode 263
    überschreiben 264
Word-Member 341
WordWrap-Eigenschaft 698
World Wide Web Consortium (W3C) 87
World-Member 213, 222, 303
WParam-Eigenschaft 263
WrapMode-Eigenschaft 661, 668, 675
WrapMode-Enumeration 659
Wrappable-Eigenschaft 809
WrapText-Programm 787
Write- und WriteLine-Methoden 6, 7
WriteByte-Methode 980
WriteLine-Methode 989
Write-Member 979
Write-Methode 980, 989, 993
WYSIWYG 331

X

X Windows 87
XButton1-Member 178, 250
XButton2-Member 178, 250
X-Eigenschaft 72, 78, 249, 828, 873, 970
Xerox Palo Alto Research Center (PARC) 244
XMarksTheSpot-Programm 137
Xor-Member 591
XOR-Zeichenmodus 260, 432

Y

Year-Eigenschaft 356
Y-Eigenschaft 72, 78, 249, 828, 873, 970
Yellow-Feld 92
YellowGreen-Feld 92
Yes-Member 40, 603
YesNoCancel-Member 39
YesNo-Member 39

Z

Zahlentasten 175
Zahlentasten im Ziffernblock 176
Zeichen
    auf Tasten 172
    eingegebene anzeigen 199
    Unicode-Codierung 11
Zeichenbreite einer Schrift 293
Zeichenfolgen 70, 1023
    Abmessungen 99, 328
    auffüllen (Pad) 1036
    bearbeiten 1038

Zeichenfolgen *(Fortsetzung)*
   durchsuchen 1035
   formatieren 1038
   konvertieren 1030
   kopieren 1029
   vergleichen 1032
   verketten 9, 1030
   zentrieren 96
   zurechtstutzen (Trim) 1036
Zeichenfolgenformatierung 8
Zeichenmethoden 53
Zeichenstifte *Siehe* Stifte
Zeichentasten 172
Zeilenabstand 106, 294, 301, 316, 317
Zeilenvorschubzeichen 84
   DrawString 325
Zeit 351
   Ortszeit 357
   Weltzeit 357
Zeitgeber 351

Zentrieren Zeichenfolgen 96
Ziehen und Ablegen 258, 939
Ziffernblock 176, 177
z-Reihenfolge 471
Zugriffsmodifizierer 17, 30
   Overridable 30
   Overrides 30
   Private 17, 21, 22
   Protected 17, 30
   Public 17, 21, 22
   Shared 17–19
Zugriffstasten 170, 337, 535
Zusatztasten 180, 181
Zweidimensionale Koordinatenpunkte 71
Zwischenablage 939
   Datenformate 949
   Elemente und Formate 940
   mehrere Formate einstellen 965
   Objekte abrufen aus 942
   Viewer 957

Der Autor

Charles Petzold (*www.charlespetzold.com*) arbeitet hauptberuflich als freier Autor. Er programmiert bereits seit 1985 für Microsoft Windows und fast genauso lange schreibt er auch darüber. Von ihm stammt der allererste Zeitschriftenartikel über die Windows-Programmierung im *Microsoft Systems Journal* vom Dezember 1986. Sein Buch *Windows-Programmierung,* dessen Erstausgabe 1988 von Microsoft Press veröffentlicht wurde und inzwischen fünf Ausgaben erreicht hat, zeigte einer ganzen Generation von Programmierern, wie man Anwendungen für Windows entwickelt. Im Mai 1994 wurde Petzold als einer von insgesamt sieben Menschen (von denen er der einzige Autor war) vom *Windows Magazine* und der Microsoft Corporation für seine Verdienste um den Erfolg von Windows mit dem Windows Pioneer Award ausgezeichnet. Er ist auch der Verfasser einer außergewöhnlichen Einführung in die interne Arbeitsweise von Computern mit dem Titel *Code: The Hidden Language of Computer Hardware and Software.* Petzold recherchiert zurzeit für ein Buch über die Ursprünge der Software.

Wissen aus erster Hand

Dieses Buch ist ein umfassendes Nachschlagewerk für die Programmierung robuster und webfähiger Software auf Basis der revolutionären Microsoft .NET Entwicklungsplattform. Der Windows-Guru Jeff Prosise erklärt detailliert die Konzepte und Technologien, die .NET zugrunde liegen, wobei der besondere Schwerpunkt auf der allen Sprachen gemeinsamen Base Class Library liegt. Die im Buch beschriebenen C#-Beispiele befinden sich zusammen mit 25 kompletten Applikationen auf der CD, außerdem finden Sie dort den Inhalt als E-Book in Deutsch und Englisch.

Autor	Jeff Prosise
Umfang	720 Seiten, 1 CD-ROM
Reihe	Das Entwicklerbuch
Preis	49,90 Euro [D]
ISBN	ISBN 3-86063-642-1

Microsoft Press-Titel erhalten Sie im Buchhandel, PC-Fachhandel und in den Fachabteilungen der Warenhäuser

Microsoft® Press

Wissen aus erster Hand

Wer auf Basis des .NET Frameworks programmiert, muss sich intensiv mit den Mechanismen der Common Language Runtime und den wichtigsten Klassen und Typen der Framework Foundation Classes auseinandersetzen. Dieses Buch richtet sich an Entwickler, die bereits mit den Konzepten der objektorientierten Programmierung vertraut sind und nun auf Basis des .NET Frameworks entwickeln möchten. Die Autoren fokussieren auf die Bedürfnisse von Visual Basic-Programmierern und gehen detailliert auf Themen wie Eigenschaften mit Parametern, Ausnahmefilter und weitere besondere Fähigkeiten der Visual Basic-Syntax ein.

Autor	Richter, Balena
Umfang	544 Seiten
Reihe	Fachbibliothek
Preis	49,90 Euro [D]
ISBN	3-86063-682-0

Microsoft Press-Titel erhalten Sie im Buchhandel, PC-Fachhandel und in den Fachabteilungen der Warenhäuser

Microsoft Press